株洲年鉴

ZHUZHOU ALMANAC

2011

株洲年鉴编辑委员会编

方志出版社

图书在版编目（CIP）数据

株洲年鉴.2011 /《株洲年鉴》编辑委员会编.—北京：方志出版社，2011.9

ISBN 978-7-5144-0255-1

Ⅰ.①株… Ⅱ.①株… Ⅲ.①株洲市—2011—年鉴
Ⅳ.①Z526.43

中国版本图书馆CIP数据核字（2011）第200158号

株洲年鉴（2011）

编　　者：《株洲年鉴》编辑委员会
责任编辑：冯　松

出 版 者：方志出版社
（北京市建国门内大街5号中国社会科学院科研大楼12层）
邮编　100732
网址　http://www.fzph.org
发　　行：方志出版社发行部
（010）85195814　85196281
经　　销：新华书店总店北京发行所
法律顾问：北京市大禹律师事务所
印　　刷：深圳市新联美术印刷有限公司

开　　本：889×1194　1/16
印　　张：27.5
字　　数：1140千
版　　次：2011年9月第1版　2011年9月第1次印刷
印　　数：0001-3200册

ISBN 978-7-5144-0255-1/K·206　定价：220.00元

株洲年鉴编辑委员会

名誉主任	陈君文	中共株洲市委书记
主　　任	王　群	中共株洲市委副书记、市人民政府市长
第一副主任	张国浩	市人民政府副市长
副 主 任	何剑波	株洲市高新区管委会主任、天元区人民政府区长
	唐向阳	市人民政府副厅级干部、市公安局局长
	徐冬生	中共株洲市委副秘书长
	谭可敏	市人民政府党组成员、市财政局局长
	段晓茅	市人民政府副秘书长、市人民政府办公室主任
	林小军	市人民政府副秘书长、市地方志办公室主任
	金祖远	市地方志办公室副主任
	陈北宏	市地方志办公室副主任
委　　员(排名不分先后)		
	罗　琼	荷塘区人民政府区长
	冯建湘	石峰区人民政府区长
	王建勇	芦淞区人民政府区长
	蔡周良	株洲县人民政府县长
	蒋永清	醴陵市人民政府市长
	胡湘之	攸县人民政府县长
	彭新军	茶陵县人民政府县长
	龙志华	炎陵县人民政府县长
	董小平	市人民政府农村工作办公室主任
	周建光	市发展和改革委员会主任
	刘剑飞	市经济和信息化委员会主任
	钟　燕	市教育局局长
	晏首先	市科学技术局局长
	周光耀	市人力资源和社会保障局局长

何安国　　市国土资源局局长

刘玉平　　市交通局局长

袁生华　　市商务局局长

吴安浩　　市文化广电新闻出版局局长

廖社庚　　市卫生局局长

侯建国　　市审计局局长

刘春生　　市物价局局长

丁润高　　市统计局局长

沈柏兰　　市档案局局长

郑　剑　　市体育局局长

文　闻　　市委宣传部副部长，株洲日报社社长、总编辑

刘社会　　中国人民银行株洲市中心支行行长

杨宏莲　　市国家税务局局长

彭友山　　市地方税务局局长

张国平　　市工商行政管理局局长

高志强　　市烟草专卖局局长

株　洲　年　鉴

主　　　编	林小军
副　主　编	金祖远　陈北宏
编辑部主任	彭健森
编辑部执行主任	肖　玲
文字编辑	彭健森　肖　玲　郑德丽
美术编辑	金祖远　段俭哲　肖　玲
审　　　稿	林小军　金祖远　陈北宏　张广核 刘晓亚　王元长　刘建军　段俭哲
版式设计	林小军　金祖远　段俭哲　肖　玲
校　　　对	张广核　刘晓亚　王元长　刘建军 段俭哲　吴　娜　肖旭升　刘艳红 林　静　李良田　温民胜　吴　夏 彭健森　肖　玲　郑德丽　申智杨
编　　　务	孙　伟　潘海军　刘　云

株洲年鉴理事会

（排名不分先后）

	株洲高科集团有限公司党委书记、董事长	巢　亮
	南车株洲电力机车有限公司执行董事、总经理	徐宗祥
	株洲市第八中学校长	曾湘漳
	株洲市福彩中心主任	江广赞
理　　事	株洲市人民政府副秘书长、市政府创建办主任	苏　涛
	株洲市人口和计划生育委员会主任	汤少云
	株洲市审计局局长	侯建国
	株洲市人力资源和社会保障局局长	周光耀
	株洲市行业办公室主任	阳美玲
	株洲市农业机械管理局局长	卢　炜
	湖南省炎帝陵基金会办公室主任	张建兵
	株洲市公安局交通警察支队支队长	黄耀兵
	株洲市司法局党组成员、市劳动教养管理所所长	冯春岗
	株洲市道路运输管理处处长	谢跃飞
	株洲市灯饰管理处处长	刘海龙
	中国工商银行株洲分行行长	蒋　勤
	中国银行株洲分行行长	杨　斌
	株洲市城市管理行政执法支队支队长	晏东方
	湖南省地质矿产勘查开发局416队队长	张国华
	株洲千金药业股份有限公司董事长	江端预
	株洲天桥起重机股份有限公司董事长	成固平
	湖南华联瓷业股份有限公司董事长	许君奇
	中国平安人寿保险股份有限公司株洲中心支公司总经理	胡广桔
	株洲华天大酒店总经理	李观清
	株洲天伦商务酒店总经理	罗长河
	株洲市妇幼保健院院长	龙国锋
	株洲新奥燃气有限公司总经理	周金华
	株洲县第一中学校长	罗壮道
	株洲高新区(天元区)财政局局长	陈文君

株洲清水塘循环经济工业区管委会财政局局长、石峰区财政局局长	钟水根
天元区城市管理行政执法局局长	曾天青
芦淞区城乡建设局局长	肖立志
荷塘区宋家桥街道办事处党工委书记	方　芳
攸县酒埠江镇人民政府镇长	李奇跃
云龙示范区云田社区党委书记	易仕林
云龙示范区交通村村支部书记	周顶正
株洲县王家洲村支部书记	谭水林
株洲县戴永红炒货食品加工厂总经理	戴永红
天元区砖桥村村支部书记	陈正集
天元区铁篱村村支部书记	黄旭勋

编辑说明

一、《株洲年鉴》是株洲市人民政府主办，市年鉴编辑委员会编辑的一部综合性、纪实性、权威性大型年刊，是年度性政府公报。

二、《株洲年鉴》(2011)卷为创刊以来的第23卷。她全面、系统、真实地记录了2010年度株洲市政治、经济、文化和社会生活等方面的基本情况及重大事件。其编纂宗旨是：以马列主义、毛泽东思想、邓小平理论、“三个代表”重要思想和科学发展观为指导，如实记述2010年度全市经济社会发展的主要情况，为各级党政领导决策提供参考依据；为科研、企事业单位(部门)研究本部门事业发展提供翔实资料；为振兴株洲经济提供信息服务；为今后续修地方志收集真实储存可靠史料；为省内外人士了解株洲提供图文素材。

三、本年鉴着力记述全市国民经济各部门和社会各领域深化改革、扩大开放、促进发展的新举措、新进展、新经验、新问题，并以彩色画面多层面、多视角、系统而立体地反映全市坚持科学发展观，转方式，调结构，促“两型”，迅速掀起城市提质、园区攻坚、旅游升温“三大战役”新高潮，实现经济社会发展新的历史性跨越的实施历程。

四、本卷采用条目式记事体，分类编纂，基本结构为类目、分目、条目三个层次。部类设置大体沿用前卷。全书共设38个类目，计150万字。

五、为科学发展、优化环境、改善民生，株洲以现代工业文明为特征的生态宜居城市为目标，大力推进城市发展，出现了城市清洁美丽、经济快速发展的喜人局面，“国家卫生城市”、“国家交通管理模范城市”成功创建，城市品位大幅提升。本卷选取相关内容作了图文并茂的介绍，以展示株洲“两型社会”建设的辉煌成就及“和谐株洲”的美好形象。

六、本卷的“组织机构及领导人名单”，除各县市区外，全部列在一起，以2010年12月31日任职时为准。

七、本卷在采编过程中，力求内容真实，注重资料性、实用性和可读性。文稿由各单位提供，并经各单位领导审查，年鉴编委会领导审定，具有可靠性、真实性、权威性。统计数据由市统计局提供，文中所列数据有些由于统计口径不同而有差异，读者在引用时加以注意。

八、全书照片除极少数由株洲年鉴编辑部摄影外，其余均由各刊登单位提供。为防疏漏错误，照片一律不署作者姓名。湖南省、株洲市领导职务前一般省略“湖南省”、“株洲市”，其他情况依次类推。

九、为方便读者查阅，本卷刊有详细的中文目录和英文要目，卷末有按汉语拼音顺序排列的主题分析索引，文中所有信息均可由目录、索引、书眉获得。

十、本年鉴的编辑出版得到全市各级各部门和有关单位领导的大力支持，广大撰稿人员为此付出辛勤的劳动，在此一并致以诚挚的谢意。由于编辑水平有限，且本年鉴篇幅较大，图文虽经多次审核、校对，仍难免存在差错和疏漏之处，恳请各级领导和广大读者予以指正，并提出宝贵意见。

目　　录

特　　载

重大事件纪要

大　事　记

综　　述

中国共产党株洲市委员会

纪检·监察

株洲市人大常委会

株洲市人民政府

中国人民政治协商会议株洲市委员会

民主党派·工商联

群众团体

政　　法

武　　装

综合经济与管理

工　业

农业和农村工作

民营经济

交　　通

邮　　电

财 政·税 务

金　　融

保　　险

城 乡 建 设

城市管理

住宅与房地产业

环境保护

科学技术

教　　育

文　化

大众传媒

医疗卫生·体育

民政·计划生育

区·县市

示 范 区

人 物

市党、政、军及部门、单位负责人

Catalogues

Specially Published

Major Events Summary

Memorabilia

Summary

The CPC Zhuzhou Municipal Committee

Discipline Inspection and Supervision

Standing Committee of Zhuzhou Municipal People's Congress

ZhuzhouMunicipal People's Government

Zhuzhou Committee of the Chinese People's Political Consultative Conference

Democratic Parties and Associations Of Industry and Commerce

Mass Organizations

Politics and Law

Military Affairs

Overall Economy and Management

Industry

Agriculture and Rural Work

Domestic and Foreign Trade

Tourism

Nongovernmental Economics

Communications

Post and Telecommunication

Finance and Taxation

Money and Banking

Insurance

Urban and Rural Construction

Urban Management

Housing and Real Estate Industry

Environment Protection

Science and Technology

Education

Culture

Mass Media

Medical Care · Sport

Civil Administration and Family Planning

District County (City)

Demonstration District

People

Persons in Charge of the Party Committees, Governmental Departments and the PLA at Different Levels

彩 色 图 片

2010年12月26日，市委书记陈君文，市委副书记、市长王群出席北汽株洲生产基地轿车下线仪式

以现代工业文明为特征的生态宜居城市——株洲

改建后的神农广场

绿色出行——公共自行车租赁系统

亮丽的湘江风光带

提质改造后的芦淞市场群夜景

创“交模”成功后的城市交通

建成通车的株洲五桥（芦淞大桥）

华强文化园景点——海螺湾

华强文化园景点——卡通城堡

华强文化园景点——海螺湾过山车全景

落户株洲的北汽集团南方基地

国家湘江流域重金属污染治理重点工程——株洲清水塘重金属污水处理工程

株洲市直属机关工作委员会

机关工委领导班子成员

市直机关党的工作会议

机关工委书记颜国庆慰问老党员

组织举办创建全国交通管理模范城市工作培训

《株洲机关党建》杂志创刊

全省作风建设电视电话会议

省委作风建设督查组到株洲督查工作

市作风建设领导小组会议

市委常委、市委秘书长蔡典维一行视察机关工委

部分市州机关工委领导到株洲调研

全市县（市）区作风办主任工作会议

株洲市人民政府创建办

市人民政府副秘书长、市创建办主任 苏涛

“全民共创建”系列活动启动仪式

2009年，株洲市被评为“国家卫生城市”

全市创建国家交通管理模范城市动员大会

2010年，株洲市荣获“国家交通管理模范城市”

全市创环模领导小组成员会议

市委书记陈君文陪同省委副书记、省长徐守盛视察株洲市创建工作

市委副书记、市长王群，副市长李异建视察创建工作

办领导深入基层现场调研创建工作

办领导向到访客人介绍公共自行车租赁系统

办领导陪同客人视察

株洲市公安局

局领导冒雪慰问一线执勤民警

全市公安机关以"保一争先"、强能提质为目标，以解难治乱为突破，以强基创优为重点，以精细化管理为抓手，着力激活队伍，扎实工作，全局公安工作和队伍建设连年上台阶，执法质量和执法满意度大幅提升。局先后荣获"全国三基一化工程先进单位"、"全国正规化建设示范公安局"、"全省依法办事示范窗口单位创建活动组织工作先进单位"等称号。

市人民政府副厅级干部、市公安局局长唐向阳做客省政府门户网站在线访谈

"百车千警万人"治安大巡逻启动

着力打造"信息公安"

"信访110"开通

规范化的新公安办公大楼

专项整治会议

创“交模”表彰、创“环模”动员大会

“三基一化”成果展演，株洲公安夺魁

株洲市财政局

市人民政府党组成员、市财政局局长 谭可敏

省长助理、省财政厅厅长李友志指导株洲财政工作

团结务实的领导班子

2010年度总结表彰大会

廉政知识竞赛

市委书记陈君文指导财政工作

市委副书记、市长王群指导财政工作

财政部调研组在市财政局调研，对局“创先争优”活动给予高度评价

市委副书记、市委宣传部长阳卫国参观财政文化展示室

财政部社保司副司长余功斌到株洲指导工作

市委常委、市委组织部长程绍光在市财政局指导工作

与市武警支队开展警民共建活动

株洲财政收入
（由1951年132万元

局长谭可敏带队到株洲县堂市乡考察调研

局领导到云田调研

参观市廉政教育基地——“桥头堡”

参加全省财政系统创先争优“非税杯”辩论赛，勇夺亚军

全局科级以上干部2010年度述职述廉大会

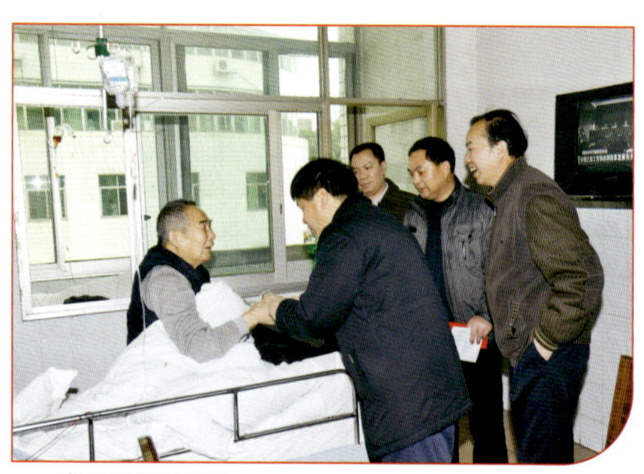
亲切慰问老干部

实现跨越发展

增长至2010年130.9亿元）

积极参加义务植树，为扮靓株洲添新绿

开展徒步看株洲文明行活动

"和谐大家庭"主题晚会

干净整洁的职工之家

春节联欢，给力新年

优雅舒适的机关院落

株洲市统计局

党组书记、局长　丁润高

获奖荣誉

局领导专题研究全国第六次人口普查工作

局领导深入社区指导统计工作

统计产品

国家统计局副局长谢鸿光到局检查指导工作

2011年全市统计工作会议

副市长肖文伟出席深化企业一套表改革实施联网直报工作会议

表彰全市“统计之星”

经济形势统计发布会

全省统计系统财务工作暨培训会议在株洲召开

庆祝建党90周年大会

株洲市民政局

市委书记陈君文慰问驻株部队官兵

市委常委、副市长黄曙光慰问市儿童社会福利院的小朋友

市委副书记、市长王群在市民政局党组书记、局长马民杰的陪同下视察民政工作

党组书记、局长马民杰现场指导工作

省民政厅副厅长杨明波到株洲县调研

云田农民文化广场

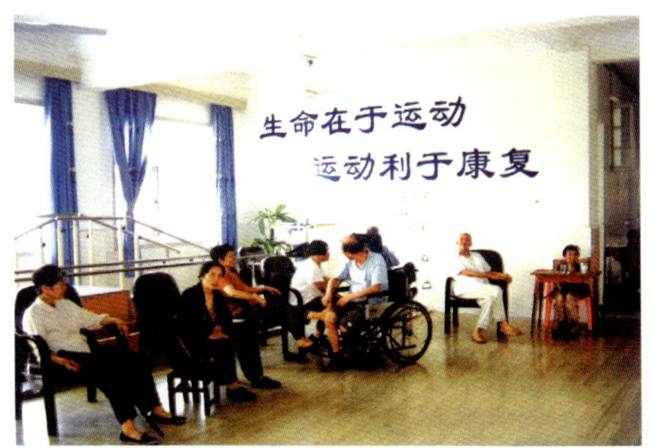

湘银社区老年活动康复中心

社区建设

醴陵市碧山老年公寓

茶陵县界首镇敬老院

社区工作会议

2011年减灾救灾暨农村危房改造工作会议

《株洲市低收入家庭认定办法(试行)》听证会

"双拥结对"授牌仪式

市国防教育、思想政治教育基地挂牌仪式

庆祝“八一”建军节双拥联欢晚会

防灾减灾学习宣传

“科技拥军”——向驻株部队赠书

爱心捐款

醴陵市福利中心开业庆典

市儿童社会福利院和流浪未成年人救助保护中心效果图

株洲市国土资源局

市委书记陈君文陪同国土资源部党组成员、副部长，国家测绘局党组书记、局长徐德明到株洲调研

国土资源部财务司司长赖文生考察茶陵县地质灾害隐患点

国土资源部规划司司长董祚继到株洲考察

省国土资源厅党组书记、厅长方先知到株洲考察园区建设

省国土资源厅党组成员、总工程师彭悦考察锡田矿区

荣获“全国国土资源管理先进集体”称号

市委副书记、市长王群实地调研土地综合整治工作

局党组书记、局长何安国在市首次城市用地增减挂钩指标交易会上接受记者采访

局领导深入储备土地征地拆迁现场指导工作

2010'土地招商推介会隆重召开

窗口服务进社区活动开展得有声有色

株洲市水务局

市委书记陈君文，市委副书记、市长王群等领导视察湘江防洪景观工程

省水利厅厅长戴军勇视察炎陵县防洪大堤

2010年全省防汛抗旱办公室工作会议在株洲召开

市委常委、副市长黄曙光深入农户家中了解农民安全饮水现状

农村安全饮水项目——醴陵市均楚自来水厂

党组书记、局长 朱剑波

2010年株洲市第8次夺得全省水利建设“芙蓉杯”

党组书记、局长朱剑波督查排渍站建设项目

株洲市排渍站首次使用新型自动化格栅除污机

重点水毁工程——整修后的攸县苏州坝水轮泵站

施工中的桐坝水利综合枢纽工程

株洲市商务局

局领导班子成员

开展“3·15诚信经营绿色消费”宣传活动

家电以旧换新启动仪式

假酒销毁现场

市委副书记、市长王群视察农贸市场建设改造工作

副市长杨玉芳参加“3·15”宣传活动

厅市合作签约仪式

湘浙经济合作暨重大项目签约仪式

与中国五矿湖南有色金属控股集团签署合作协议

株洲市司法局

省市领导到局指导法制宣传工作

市领导到现场指导“12348”法律服务热线

省司法厅副厅长刘道龙指导司法行政基层组织建设

局领导指导基层司法所建设

接受廉政教育

到企业提供法律服务

局领导班子成员

局机关荣获“全国妇女儿童权益先进集体”

拓宽人民调解工作领域

上街提供法律便民服务

群众上门致谢

支部活动

株洲市住房公积金管理中心

株洲市住房公积金管理委员会第二届四次会议

全市推进住房公积金制度建设工作大会

部署文明创建工作

2011年县（市）区住房公积金工作会议

中心所获荣誉奖牌

国务院《住房公积金管理条例》修订调研组到株洲调研

受托银行工作联席会议

中心干部到外地交流学习

《住房公积金管理条例》宣传活动

承办的全省住房公积金系统庆祝建党90周年红歌演唱会

服务大厅

株洲市人民防空办公室

2011年3月，市委书记陈君文，省人防办主任卜功富，市委常委、副市长龚凤祥，市委常委、军分区司令员黄跃视察人防工作

市委副书记、市长王群视察市人防疏散基地

市人大主任姜玉泉一行视察人防工作

2010年11月2日，株洲市获得“全国人民防空先进城市”荣誉称号

召开株洲市人防工作会议

武汉通信指挥学院少将曹永林到株洲观摩指挥通信演习

组织全办人员到“桥头堡”接受反腐倡廉教育

人民路人防工程路面竣工通车仪式

举行人防知识竞赛活动

著名歌唱家宋祖英到株洲拍摄大型音乐片人防之歌《爱的长城》

人防指挥通信演练

株洲市审计局

市委、市政府主要领导听取全市审计工作情况汇报

局长侯建国等局领导现场督办审计工作

审计业务培训

市审计系统2011年迎新年酒会

局办公大楼

全市审计系统第一届“春之歌”文艺比赛

特　　载

着力转方式　推进新跨越
为基本建成全面小康社会和“两型”社会示范区而奋斗

——2010年12月10日在市委十届十一次全体会议上的讲话

中共株洲市委书记　陈君文

同志们：

这次会议的主要任务是，贯彻落实党的十七届五中全会和省委九届十次全会精神，认真总结“十一五”成绩，科学谋划“十二五”发展，审议市委《关于制定株洲市国民经济和社会发展第十二个五年规划的建议》，动员全市上下着力转方式，推进新跨越，为基本建成全面小康社会、基本建成“两型”社会示范区而努力奋斗。下面，我代表市委常委会，讲四点意见。

一、充分看到今年和“十一五”的发展成效

今年来，全市上下按照“目标提高、标准提升、发展提速”的总体要求，紧扣转方式、促“两型”这条主线，着力打好“三大战役”，各项工作取得新的成效。

1、经济发展又好又快。全市经济“高开高走”，发展提速，质量提高。1－10月实现“五个大幅增长、两个明显下降”。完成GDP990亿元，增长15.6%；完成固定资产投资567.3亿，增长40.1%；社会消费品零售总额330.7亿，增长18.8%；完成财政收入103.1亿，增长33%；城镇居民人均可支配收入达16069元，农民人均现金收入达7053元，分别增长12.6%和16.6%。万元规模工业增加值能耗下降14.1%，化学需氧量削减任务今年上半年就已完成全年的85.7%。

2、城市品位不断提升。全力打好城市提质战，强力推进“四创四化”，城市更靓丽、更精彩、更宜居，涌现一批特色街道、精品景区和洁净乡村。神农城广场、湘江风光带在国庆前夕正式开放，国庆假期接待游客突破40万人次；数字化城管平台建设进一步完善；规划展览馆建成开放。创建国家交通模范管理城市一举成功；创建国家环保模范城市26项指标，已有19项达标；完成141个绿化新建改造项目，新增绿地面积481公顷，绿化率年底可达到50%；改造城市主次干道41条，亮化小街小巷33条，美化88栋建筑物，新建、改造农贸市场20个。城乡协调发展，县域经济实力进一步增强，占全市经济总量的49.2%。

3、项目建设成效显著。新上项目数量和质量都实现重大突破。实施基础建设项目62个，炎帝大道、时代大道、田心立交、长株高速建成通车。开工园区项目259个，一期投资70亿、总投资120亿的攸县煤电一体化工程，投资40亿的变流技术产业园等一批重大项目，正式动工。实施35个旅游项目，总投资超过500亿。特别是着力打好“三五牌”，“5115”工程、“5大百亿工程”和“5大千亿产业集群”，取得明显成效。今年电力机车销售收入可达180亿，时代集团、株冶将超过100亿，唐人神等5家企业可过50亿。投资100亿的职教大学城已有7所院校入园，2所年底可基本建成。投资150亿的华强文化产业基地项目，第一期明年5月可开园营业。轨道交通、汽车、航空航天、服饰、陶瓷等产业，共开工重点项目120个，完成总投资443.3亿元。北汽控股年产20万辆整车项目成功下线，总投资50亿的中航通用航空发动机项目已经签约，山河智能通用飞机项目正式落户。

4、民生保障明显加强。把保障和改善民生工作摆在更加突出位置，加大投入，提高标准，办好实事。城镇居民最低生活保障标准由170元提高到300元。五险七项参保人数达320万人次。新增城镇就业5.07万，新增农村劳动力转移就业6.9万。大力推行基本药物制度，实行药品零差价，就诊药品费用下降48%。投入1.05亿，市区新建学校3所，新增学位4860个。新增廉租住房7153套，“和谐家园”建设廉租住房1433套，第一批842户已正式入住。全市13080户、65.4万平方米的棚户区改造全面启动。

5、社会政治和谐稳定。深入开展创先争优活动，大力整顿机关作风，切实加强干部队伍建设，全市干事创业、风清气正的氛围更加浓厚。民主法治建设不断加强，“法治株洲”稳步推进，社会大局和谐稳定。全国“两会”、世博会等重大活动，确保了“零上访”。株洲赢得了方方面面的认同，整体形象进一步提升。周强书记、徐守盛省长对株洲给予高度评价，认为株洲的发展成效令人振奋，株洲的团结共事氛围令人欣慰,株洲已经迈上新的发展台阶。

总结成绩,我们欣慰地看到,“十一五”成为我市经济社会发展实现大突破的时期。

这五年,是综合实力显著增强的五年。从经济总量看,跃上了新台阶。“十一五”期间,实现“四个翻番”:GDP翻番,由2005年的521.6亿增加到1200亿,增长1.3倍,年均增速14%,高出预期目标2个百分点,比“十五”期间提高2.6个百分点。财政收入翻番,达到130亿,增长1.2倍,年均增长25.9%。消费品零售总额翻番,由181亿增加到450亿,增长1.5倍,年均增长18.8%,比“十五”时期快8.8个百分点。固定资产投资翻番,五年累计完成固定资产投资2200亿,增长2.6倍,年均增长36.4%。从发展质量看,体现了高水平。三次产业结构由13:50.5:36.5调整为9.5:54.5:36,产业结构更加优化。工业增加值占GDP比重超过50%,保持全省第一。高新技术产业增加值占GDP比重达20%。非公有制经济占GDP的比重由45%提高到60%。株洲综合实力稳居全省第二,在中部地区非省会城市中,由第八位上升到第一位。

这五年,是城乡环境明显提升的五年。加快推进新型城市化和城市现代化,城乡环境明显提升。近年来,强力实施“五改”工程,全力推进“四创四化”,成功创建中国优秀旅游城市、国家园林城市、国家卫生城市、国家交通管理模范城市,获评“中国十大最具投资价值城市”。福布斯“2010中国大陆最佳商业城市”排名从去年的第82位提升至第61位。现在,株洲的“天更蓝、地更绿、水更清、环境更优美”,人民群众的幸福感、自豪感、归属感普遍增强。城镇化率达到52%,高于全省7.1个百分点,比2005年提高9.5个百分点。城市绿化率今年可达到50%,五年新增改造绿化面积1689公顷,提高14.2个百分点,近两年就提高10.1个百分点。去年,空气质量良好天数由2005年的298天提高到352天,今年前10个月达到97.7%。“十一五”期间,全市万元GDP能耗累计下降21.5%,规模工业增加值能耗累计下降60.8%,超额完成省下达的节能减排任务。城乡基础设施日臻完善,城乡环境“一年一个样,五年大变样”。粮食生产连续7年丰产丰收,株洲连续21年没有发生恶性涉农事件。

这五年,是民生利益切实改善的五年。城镇居民人均可支配收入由11230元提高到19600元,年均增长11.8%;农民人均纯收入由3957元提高到7150元,年均增长12.5%。五年累计新增就业25万人。教育事业不断发展,免费义务教育覆盖城乡,建设农村寄宿制学校152所,创建合格学校326所。全面完成121所乡镇卫生院改扩建,新型农村合作医疗参合率达到95.3%,城区农民社会养老保险、社区卫生服务网络实现全覆盖。投资近9亿元建设了市中心医院。第7次荣获“国家科技进步先进城市”。民生投入力度不断加大,“十大”民生实事扎实推进,民生支出占财政总支出的70%。

这五年,是改革开放不断深化的五年。坚持把改革开放作为推动经济社会发展的强大动力,加快推进“两型”社会建设。“两型”试点初显成效,云龙、天易、清水塘循环经济三个示范区建设步伐加快。“两型”改革纵深推进,着重启动了行政管理、土地管理、投融资、城乡统筹发展体制等改革,激发发展活力,增强发展动力。特别是公立医院改革率先试点,民营水利、农村土地流转、招投标管理体制等改革经验,在全国推广。对外开放不断扩大,五年共引进项目1380个,来株洲投资的世界500强企业达到10家、央企达到15家,进出口总额从2005年的6.9亿美元增加到14亿美元。

这五年,是党的建设全面加强的五年。深入开展学习实践科学发展观和创先争优活动,全面加强党的建设,党的凝聚力、创造力和战斗力不断增强,涌现了兰才干等一批创先争优的先进典型。坚持“五个敢于”发展理念和“三有”用人导向,干部队伍建设不断加强。在中组部开展的选人用人公信度民调测评中,连续三年排名全省第一。社会大局和谐稳定,实现综治优秀地市“四连冠”,三次荣获“长安杯”,公众安全感满意度民调测评,连续两年排全省第一。严格落实党风廉政建设责任制,深入推进惩治和预防腐败体系建设,反腐倡廉成效明显。民主法制建设不断加强,宣传思想、统一战线工作,围绕大局,服务中心,发挥了重要作用。国防教育、党管武装和民兵预备役工作得到加强。特别是市委、人大、政府、政协、军分区几套班子坚持团结奋斗,聚精会神搞建设、一心一意谋发展的氛围更加浓厚。

成绩来之不易,应该倍加珍惜;经验尤为宝贵,值得认真总结。回顾五年来的发展历程,我们深刻感受到:

第一,必须在解放思想中创新发展思路。解放思想是加快发展的“总开关”。“十一五”的发展成效,就是解放思想、转变观念的结果;就是强化战略思维、开阔国际视野的结果。我们牢固树立“五个敢于”发展理念,不断创新发展思路,创造性地开展工作。在工作重心上,着力打好“三大战役”,这就是从战略上抓发展,抢占发展的制高点。打好城市提质战,就是发展城市经济,推进新型城镇化;打好园区攻坚战,就是发展工业经济,推进新型工业化;打好旅游升温战,就是发展富民经济,推进农业现代化,发展现代服务业;三者的共同支撑点,就是信息化。实践证明,这些思路就是转方式、调结构,就是落实“四化两型”战略,符合中央精神,符合省委要求,符合株洲实际,有力推进了科学发展。

第二,必须在干事创业中凝聚发展合力。干事凝聚人心,创业汇集合力。我们坚持“三有”用人导向,真正“让想干事的有机会、能干事的有舞台、干成事的有地位”,引导全市干部把心思集中到“想干事”上,始终对发展充满深情,对人民充满真情,对工作充满激情;把本领体现在“会干事”上,在总揽中把握全局,在兼顾中促进平衡,在协调中推动又好又快发展;把目标锁定在“干成事”上,坚持落实第一、结果第一,认准了的事就一往无前,部署了的事就一抓到底,形成了加快发展的强大合力。

第三,必须在项目建设中增强发展后劲。项目是加快发展的基础，是做强产业的支撑。有项目，产业才有依托；有项目，发展才有后劲。这几年，我们致力抓项目，想方设法上大项目、上好项目，突出抓“5115”工程、“5大百亿工程”、“5大千亿产业集群”，不仅增强了当前发展活力，更为长远发展打下了坚实基础。“5大百亿工程”建成后，将有力带动就业，增加税收，拉动经济增长，增强发展后劲。事实证明，抓项目就是抓发展，抓项目就是增后劲，抓项目就是对株洲的未来负责。

第四，必须在改善民生中共享发展成果。坚持发展为了人民、发展依靠人民、发展成果由人民共享，是科学发展观的本质要求，是执政为民的根本体现。我们牢固树立以人为本理念，尽力保障和改善民生，坚持群众收入、财政收入、社会事业与GDP同步增长，大力加强以全民社保、城镇低保、城乡环保和就业、就学、就医“三保三就”为重点的社会事业，努力实现机关干部、老干部、工人、农民收入年年都有提升，让群众得到更多实惠，提升幸福指数。在看到成绩的同时，我们应该清醒看到存在的困难和问题，主要是：解放思想力度还不大，特别是“两型”社会试验中，敢闯敢试、先行先试的办法不多；经济发展的体制性、结构性、要素性矛盾比较突出，结构调整、城乡统筹和协调发展任重道远；社会建设任务繁重，社会管理方式需要不断创新，维护稳定的任务仍然艰巨，经济社会转型中长期积累的一些矛盾需要有效化解。对这些问题，我们要高度重视并切实加以解决。

二、正确认识“十二五”的发展形势

认清形势才能抢抓机遇，把握大势才能加快发展。“十二五”时期，株洲将步入推进大发展、实现新跨越的关键时期。

未来五年，是可以大有作为的机遇期。放眼世界，和平与发展是主流，世界经济总体呈现复苏向好的态势，国际产业转移趋势明显，科技创新孕育新的突破；纵观国内，今后五年仍然是加快发展的黄金期，总体趋势向好，宏观政策利好；聚焦全省，加快科学发展、推进富民强省势头强劲，省委确立“四化两型”发展战略，着力建设“四个湖南”，为我们指明了前进方向；立足株洲，通过这些年的改革发展，奠定了坚实基础，蓄积了强大动力，株洲正处在加速发展的新起点。只要我们积极作为，奋发有为，完全可以实现更好更快发展。

未来五年，是基本实现全面小康的关键期。建设全面小康社会，是全市人民的共同愿望，是“十二五”时期的紧迫任务。目前，我市全面小康社会的总体实现程度达到了84.9%，到2015年将达到97.4%，经济发展、社会和谐、生活质量、资源环境、民主法制和文化教育等六个方面共23项监测指标，大部分都可以100%达标。但是，第三产业占GDP比重、地区经济发展差异程度、基本社会保险覆盖率、单位GDP能耗等4项指标，完成压力较大。这就要求，必须加快转变发展方式，调整经济结构，提高发展质量，更加注重统筹城乡协调发展，更加注重保障与改善民生，更加注重促进社会公平正义，坚决打好基本实现全面小康的总决战。

未来五年，是“两型”社会建设的攻坚期。建设“两型”社会，是转变发展方式的方向和目标。株洲作为“两型“社会建设综合配套改革试验区，理所当然要在“转方式、促两型”上作出表率，实现突破。株洲工业基础扎实，科技实力较强，同时拥有“两型”社会建设试验区、循环经济试点区、中部崛起战略、振兴老工业基地、国家级高新区和高新技术产品出口基地等6个方面的国家级政策优势，在全省市州中是唯一的，在全国也是少有的。我们一定要以等不起的紧迫感、慢不得的危机感、坐不住的责任感，抢抓机遇，攻坚克难，把政策优势转变为发展优势，把技术优势提升为竞争优势，走出一条具有株洲特色的发展转型之路。

未来五年，是推进新型城市化的加速期。国际经验表明，城市化率处于30%－70%之间，是城市化的加速发展期。城市是区域发展的重要引擎。城市化和城市现代化的过程，就是承载工业化的过程，产生巨大投资和消费的过程，推动经济结构优化升级的过程。城市化水平每提高1个百分点，可拉动GDP增长1.5到2个百分点，每增加1个城镇人口，可带动10万元投资，产生相当于3个农村人口的消费。当前，株洲城市化率是52%，处于推进城市化和城市现代化的加速期。“十二五”期间，我市城市化率要达到65%，每年就要提高2.3个百分点。我们要紧紧抓住新型城市化加速推进的契机，壮大城市规模，提升城市品位，拉动经济增长。

三、全面把握“十二五”的发展要求

“十二五”时期，全市经济社会发展总的指导思想是：高举中国特色社会主义伟大旗帜，坚持以邓小平理论、“三个代表”重要思想为指导，深入贯彻落实科学发展观，以加快转变发展方式为主线，围绕以现代工业文明为特征的生态宜居城市的定位，全面推进“四化两型”建设，深入持久打好城市提质、园区攻坚、旅游升温“三大战役”，大力实施科教先导、产业转型、城镇带动、民生优先战略，努力建设智慧株洲、实力株洲、绿色株洲、幸福株洲，实现经济社会又好又快发展，基本建成全面小康社会和“两型”社会示范区。总体目标是“两个基本建成、三个翻番、两个明显下降”：到2015年，基本建成全面小康社会，基本建成“两型”社会示范区；在2010年的基础上，实现GDP、财政总收入、城乡居民人均收入三个翻番；万元GDP能耗、主要污染物排放量明显下降。这是一个宏伟的发展蓝图，也是一个通过努力拼搏完全可以实现的奋斗目标。基本思路是“12345”：

（一）坚持“一条主线”。牢牢把握加快转变发展方式这条主线，坚定不移地做到“两个加快”：加快发展，加快转变。讲加快发展，就是要充分看到，发展不够仍然是株洲最大的实际。加快发展始终是第一要务，是解决一切问题的“总钥匙”，任何时候、任何情况下都不能放松。讲加快转变，就是要充分认识到，加快发展的本质是转变发展方式、实现科学发展。既要努力做大“蛋糕”，千方百计加快发展速度，做大经济总量；又要做好“蛋糕”、分好“蛋糕”，调整经济结构，提升发展质量，走优化发展、绿色发展、创新发展、人本发展的路子。

(二)突出“两型引领”。建设“两型”社会,是转变发展方式的目标。要始终以“两型”建设的力度,检验转变方式的力度;以“两型”建设的成果,检验转变方式的成效。着力打造“两型”环境。强化绿色发展理念,落实“拆除烟囱、净化空气、处理污水、变性土壤、清洁能源”五项举措,加大污染治理,加快技术改造,推动产业结构优化升级,实现资源利用效率显著提高,节能减排指标全面达标。特别要加大湘江重金属污染整治力度,抓好重点企业污染治理项目,降低能耗,减少排放,走生产发展、生活富裕、生态良好的文明发展道路。着力深化“两型”改革。着重抓好资源节约与环境保护体制、土地管理体制、金融财税体制、城乡统筹发展体制、行政管理体制,以及文化、教育、医疗等体制改革,推动重点领域和关键环节的改革取得突破。着力推进“两型”示范。在云龙、天易、清水塘循环经济三个示范区实现率先突破。把云龙示范区打造成解放思想的特区、办事高效的特区、先行先试的特区;把天易示范区建成高新工业园、创新科技园、生态宜居区;把清水塘循环经济示范区,建成全国循环经济发展的示范点。要按照省委、省政府的要求,努力把株洲建设成为“两型”社会的示范区、引领区。

(三)打好“三大战役”。打好城市提质、园区攻坚、旅游升温“三大战役”,就是转方式、调结构,就是落实“四化两型”战略,不是一时之举,而是长远之策。必须作为“十二五”的重中之重,深入持久地开展下去。

城市提质,重在“精细化打造、市场化经营、长效化管理”。精细化打造,就是要坚持以绿为美、以水为源、以人为本,突出特色,注重细节,精雕细刻,打造城市精品,提升城市品质。市场化经营,就是要牢固树立经营城市的理念,充分挖掘、利用城市各类资源,着力盘活存量、提升增量,增强城市发展动力。特别要做好土地经营文章,拓展城市融资渠道,实行资源资产化、资产资本化,把无形资产转化为有形效益。长效化管理,就是要有效整合管理平台,提高管理效率,建立健全城市管理长效机制。要坚持科学考评,将绿化、美化、亮化、数字化和交通秩序、市容市貌、环境治理等指标进行量化考核,巩固创卫、创交模成果,促进城市品位不断提升。

园区攻坚,重在抓“大企业、大项目、大集群”。抓大企业,就是要继续坚定不移地推进“5115”工程,对“5115”企业的“特殊政策、特殊奖励、特殊服务”始终不变,着力培育支撑作用大、带动能力强、发展后劲足的旗舰企业,加强产业配套,壮大一批中小企业,提升产业规模化水平,提升株洲工业在全国的影响力。抓大项目,就是要以大招商,上大项目,促大发展。在全力建好神农城、湘江风光带、职教大学城、华强文化产业基地、美旗物流等“5大百亿工程”的基础上,积极策划、包装、引进一批新项目,完善“十二五”项目库,争取更多项目进入国家和省级层面的笼子。抓大集群,就是要加快改造提升传统产业,推进优势产业向两型化、高端化、集群化发展。要坚持不懈地全力打造“5大千亿产业集群”,确保轨道交通产业过1000亿,加快汽车、服饰、陶瓷、航空航天产业集群建设步伐,建成株洲高新区和清水塘循环经济工业区2个工业总产值过1000亿、5个过50亿的特色园区,再造一个株洲工业。

旅游升温,重在“强化项目、强化特色、强化营销”。强化项目,坚持“突出两头、带动中间”战略,加快神农城、湘江风光带、炎帝陵等核心景区、景点的开发建设,完善旅游设施,以项目建设推进旅游升温。强化特色,积极打好“炎帝牌、生态牌、工业牌、红色牌”,整合旅游资源,打造精品线路,真正做大规模、做高水平、做出特色。强化营销,加大对外宣传推介力度,加强旅游包装营销,放大品牌效应、规模效应、市场效应,努力建设全国知名旅游目的地。

(四)实施“四大战略”,建设“四个株洲”。转变方式,推进跨越,必须突出工作重点,实施“四大战略”。

实施科教先导战略,打造智慧株洲。当前,信息化已成为不可阻挡的时代潮流,信息资源成为重要的生产要素,成为推进经济社会发展的重要驱动力。建设智慧株洲,就是要坚持科教先导,加快推进信息化,形成强劲的创新发展能力,高效的信息整合能力,科学的监测预警能力,高水平的智能控制能力。坚持把推进创新作为第一动力。创新就是发展动力、发展优势、发展后劲。要加大投入,完善平台,突出重点,坚定不移地走科技创新之路。充分发挥科研基础好、科研机构多、科研实力强的优势,在硬质合金、弹性材料、电动汽车、高速铁路系统等新能源、新材料行业,实施重点攻关,争取重大突破,提高核心竞争力,实现由株洲制造向株洲创造转变。到2015年,实现科技应用成果转化率由“十一五”末的80%提升到90%,科技进步对经济增长的贡献率由48%提高到60%,高新技术产业增加值占GDP的比重由20%提高到30%以上。坚持把发展教育摆在第一位置。百年大计,教育为本,我们要努力办好人民满意的教育。以促进教育公平为目标,以提高教学质量为核心,以优化资源配置为重点,推进各级各类教育全面协调发展,全面提高人的素质。要大力发展职业教育,把职教大学城建成中南地区职业教育基地,把株洲打造成“中部实用技术教育创新之都”。坚持把数字应用作为第一选择。周强书记高度评价株洲数字化建设,体现了现代化管理水平,走在全省前列,为“数字湖南”建设创造了经验。我们一定要认真总结经验,大力实施“数字城市工程”,完善数字管理应用平台,推进智能应用系统建设,建立集城镇管理、市政建设、社会服务、人口控制、应急处置、维护稳定等功能为一体的数字应用体系,加快信息化步伐。

实施产业转型战略,打造实力株洲。产业是城市的支撑,是发展的命脉。建设实力株洲,就是要加快转方式、调结构、促“两型”,提升发展质量,增强综合实力。围绕构建具有核心竞争优势的现代产业体系,推进新型工业化,由传统重化工业为主向“两型”产业转型,由低端产品向高端产品转型,大力发展战略性新兴产业、现代服务业和现代农业。要加快推进新型工业化。重点培育生物制药、健康食品、电子信息、风电装备、新能源汽车等新兴产业,创造新的增长点和竞争优势;运用高新技术和先进适用技术,改造提升有色冶炼、化工、陶瓷等传统产业,壮大规模,提高效益。要加快推进农业现代化。以促进农民增收为目标,积极推进农业结构调整,大力发展生态农业、特色农业、休闲农业和外向型农业。重点支持标志性农业龙头企业、外向型企业进行技术改造,突出抓好106国道沿线优势农业带和城郊休闲农业产业圈建设。着力提高农业综合生产能力,推进农业生产基地化、标准化、良种化、机械化。特别注重统筹农村经济社会发展,大力改善基础设施条件,增强县域经济实力,加快新农村建设步伐。要加快提升现代服务业。坚持特色化、市场化、社会化的方向,重点发展现代物流、职业培训、文化创意、商务服务、旅游休闲、房地产、社区服务等产业,提高服务业在第三产业中的比重,提升服务业拉动就业的能力。要积极鼓励具备条件的服务企业,实施连锁经营,实现从单一区域到跨区域发展、从家族管理向职业化管理转变,提升服务业发展水平,打造一批株洲服务业品牌。

实施城镇带动战略,打造绿色株洲。现代经济,就是城市经济。城市是经济的“命脉”、资源的“硅谷”、民生的支撑、文明的象征。哈佛大学教授、诺贝尔经济学奖得主斯蒂格利茨认为,影响21世纪人类文明进程的有两件大事:一件是以美国为首的新技术革命,另一件就是中国的城市化。中国的城市化将成为人类历史上最伟大的移动,到2030年,城市创造的GDP将达到95%,城市化率将达到70%。建设绿色株洲,就是要加快推进城镇化和城市现代化,以绿色理念打造城镇,以城镇提升带动发展,把城镇建设成为加快发展的强大“引擎”。要着力提升承载力。加强基础设施建设,拉开城市框架,完善城市布局,增强城市功能,提升城市承载能力。到2015年,市区面积达到150平方公里,人口达到150万。要着力提升品牌力。深入开展创建活动,打响城市品牌。全面创建国家环保模范城市、国家森林城市、国家创新型城市、国家创业型城市和全国文明城市,进一步提高株洲的知名度、美誉度。特别要抓好生态文明建设,注重能源资源节约利用,注重环境污染综合治理,注重生态修复保护,把株洲建设成为生态宜居的现代化城市。要着力提升带动力。充分发挥城市高地效应,有力招揽人才、吸引投资、引进项目、拉动消费、促进就业。充分发挥城市辐射带动作用,坚持以城带乡,大力促进城市公共服务向农村覆盖,城市现代文明向农村辐射,构建功能完善、优势互补、协调发展的城镇体系,形成城乡一体化发展新格局。

实施民生优先战略,打造幸福株洲。始终把改善民生放在优先位置,全面提升群众幸福指数。全力促进就业保障。把扩大就业作为民生之本,以项目扩大就业、创业带动就业、培训促进就业、政策扶持就业、服务保障就业,实现经济增长和就业增长良性互动,确保“十二五”内每年新增城镇就业5万人。编织“广覆盖、多层次、可持续”的社会保障安全网。重点抓好以城镇低保、全民社保和住房保障为重点的社会保障和救助体系建设,提高保障水平,做到“应保尽保”。大力发展文化事业。按照公益性、均等性、便利性原则,构建惠及全民的公共文化服务体系,促进文化大发展大繁荣。深化文化体制改革,加快推动经营性文化走向市场。加快以神农城为代表的文化基础设施建设,加强以动漫设计为代表的文化创意产业建设,将株洲打造成具有区域影响力的文化创意产业基地。努力加强民主法制建设。坚持党的领导、人民当家作主和依法治国的有机统一,坚持完善人民代表大会制度、中国共产党领导的多党合作和政治协商制度。着力扩大公民有序政治参与,保证人民群众知情权、参与权、表达权和监督权。以依法执政为核心,全面推进依法行政,促进行政管理制度化、法制化。强化司法监督,促进司法公正,维护社会公平正义。着力加强国防教育,争创全国“双拥模范城”五连冠。着力创新社会管理。适应社会转型的新形势,加快构建党委领导、政府负责、社会协同、公众参与的社会管理新格局。整合人口、计生、民政等公共服务职能,构建基层综合管理服务新平台。加强精神文明建设,加强公民道德建设,形成良好的社会风尚。严格落实安全维稳责任,加强社会治安综合治理,确保人民群众安居乐业,确保社会和谐稳定。

(五)落实“五个敢于”发展理念。思想解放的程度,决定转变方式的速度和“两型”建设的力度。实践证明,观念新,局面就新;思想活,全盘就活。实现“十二五”发展蓝图,必须始终开启解放思想的“总开关”,全面落实“五个敢于”发展理念,敢于负债搞建设、敢于放权活体制、敢于让利促开放、敢于创新谋发展、敢于大胆用干部。建设“两型”社会,没有现成的模式,没有照搬照抄的经验,我们最大的优势是先行先试,根本的出路是改革创新。只要法律法规没有禁止的,都要大胆尝试;只要有利于转方式、促“两型”的,都要大胆突破。

四、切实加强党对经济社会发展的领导

实现“十二五”发展目标和任务,必须全面加强党的建设,切实提供坚强保障。

1、切实提高领导科学发展的能力。推动科学发展,领导班子肩负重大责任。要努力提高学习能力。全市各级党组织和领导干部,要按照建设学习型政党、学习型社会的要求,紧密联系株洲的实际、工作的实际、岗位的实际,切实提高学习能力,增强学习效果,努力把学习成果转化为谋划工作的思路、促进工作的措施、指导工作的本领。要努力提高决策能力。始终尊重发展规律,增强民主法治意识,注重用民主的方法集中民智,用市场的办法配置资源,用法律的手段解决矛盾问题,真正做到科学决策、民主决策、依法决策。要努力提高统筹协调能力。切实改进领导方式和领导方法,充分发挥总揽全局、协调各方的作用,把各个层次、各个领域的力量和智慧凝聚到加快发展上来,形成聚精会神搞建设、一心一意谋发展的强大合力。

2、切实加强干部队伍建设。经济要发展,事业要进步,关键看干部。要深入开展创先争优活动。把创先争优作为推动科学发展的有力抓手和根本动力,引导基层党组织在完成中心任务上争先进,带动单位创先争优;引导党员立足本职岗位创优秀,带动广大群众创先争优,使创先争优成为全社会的价值追求。要科学选用干部。始终坚持"三有"用人导向,让想干事的有机会,能干事的有舞台,干成事的有地位。不断深化干部人事制度改革,加大竞争性选拔干部力度,加大干部轮岗与交流力度,加大公共领域人才培养力度,注重在实践中历练干部,在发展中检验干部,在干事创业中选用干部。要健全科学的考评机制,坚持考核内容定量化,考核评议社会化,考核操作简便化,考核运用刚性化,激励广大干部想干事、会干事、干成事。要严格监督干部。全面落实党风廉政建设责任制,全力构建和完善集教育、制度、监督、惩处于一体的惩治和预防腐败体系,着力整治发生在群众身边的腐败问题,着力防范权力运行中存在的廉政风险,着力打造党员干部清正廉洁的良好形象。

3、切实转变工作作风。作风就是凝聚力,作风就是生产力。要真抓实干。以"火车头"的精神狠抓落实,以"推土机"的魄力促进落实,以"马拉松"的毅力推动落实,认准的事、部署的工作,就要一往无前,一抓到底。要以更高标准、更严要求、更实举措,推进"治散、治懒、治玩、治浮"作风整顿,真正形成以实干促发展、以实绩论英雄的局面。要敢于担当。给了舞台就要唱好戏,担负职责就要尽到责。面对困难,面对矛盾,一定要敢于挑战、敢于碰硬、敢于克难。越是困难,越是艰苦,越能反映一个人的作风和能力。要做"推土机"式的干部,有果敢的作风、超常的能力,接受任务不找借口、执行任务不怕困难、完成任务不打折扣。要深入群众。深入研究和把握新形势下群众工作的新特点新变化,增强群众工作本领,在思想上尊重群众,感情上贴近群众,工作上依靠群众,多为民办事,多为民造福,让广大群众共享改革发展成果。

同志们,新的蓝图催人奋进,新的征程任重道远。我们要坚定信心,顽强拼搏,加快转变方式,推进"两型"建设,为基本建成全面小康社会和"两型"社会示范区而努力奋斗!

政府工作报告

——2011年1月11日在株洲市第十三届人民代表大会第四次会议上

市　长 王 群

各位代表：

现在，我代表市人民政府向大会作工作报告，请予审议，并请市政协各位委员和其他列席同志提出意见。

一、奋力跨越 超额完成“十一五”目标任务

过去五年，是株洲经济社会发展史上很不寻常、很不平凡的五年。五年来，我们在市委的正确领导下，以科学发展观统揽全局，围绕“保二争一、科学跨越”战略目标，成功抵御自然灾害、金融危机的强烈冲击，沉着应对建设高峰、偿债高峰的严峻挑战，充分把握“两型”社会建设综合配套改革试验区、中部崛起战略等历史性发展机遇，克难奋进，完成或超额完成“十一五”各项目标任务，全市经济社会发展跨越历史性的新台阶。

这五年，是经济结构不断优化、综合实力大幅提升的五年。全市GDP由2005年的521.6亿元增加到1274.8亿元，增长1.4倍，年均增长14.2%；财政收入由41.1亿元增加到130.9亿元，增长2.2倍，年均增长26%，是改革开放以来增长最快的时期；五年累计完成固定资产投资2252亿元，年均增长38.1%。非公经济占GDP比重由45%提高到60%，高新技术产业增加值从57.6亿元增加到259亿元，占GDP的比重达到20.3%，三次产业结构由2005年的13:50.5:36.5调整为9.7:58.5:31.8。轨道交通装备制造、有色冶金及深加工、汽车、陶瓷、服饰等产业集群不断壮大，涌现出3家过100亿元、4家过50亿元的龙头企业，全市工业增加值由225亿元增加到665亿元，增长1.95倍，新型工业化考核连续三年位居全省第二。园区产业集聚能力不断增强，园区规模工业增加值占全市规模工业增加值的比重达到53.7%。粮食年产量保持在185万吨以上，年出栏生猪达到440余万头，农产品加工企业发展到2700余家，加工产值超过150亿元。醴陵、攸县连续四年稳居全省县域经济十强县。社会消费品零售总额从181亿元增加到426.8亿元，年均增长18.7%。芦淞市场群进入全国十大服饰市场和服饰物流中心。中国驰名商标达到15件，被确定为国家商标战略实施示范城市。金融机构改革不断深化，金融体系日趋完善，新入驻股份制银行8家，获评中国金融生态城市。此外，房地产、现代物流、会展、保险、证券等服务业都有长足发展。

这五年，是基础设施继续完善、城乡面貌焕然一新的五年。大气魄推进重大基础设施建设。武广高铁客运专线、株洲西高铁站、醴潭高速、衡炎高速和长株高速竣工通车，实现“县县通高速”；杭长客运专线、长株潭城际铁路、衡茶吉铁路、浏醴高速、醴茶高速、茶界高速、分炎高速、炎睦高速、炎汝高速建设顺利推进；攸县煤电一体化项目开工建设，长株潭三市通信实现同号升位并网，天然气成功引入市区和醴陵。大手笔实施城市提质扩容。着力构筑“一体三极”格局，依托市区主体，向北打造云龙示范区，向西拓展河西新城，向南建设航空城；加快构建“一圈三环”路网，天元大桥、芦淞大桥建成通车，畅通了城市内环；中环大道东环北路开工建设，炎帝大道、时代大道、田心立交、王家坪立交等相继完工，荷塘大道开工建设，城市东西南北四张大门全部打开；体育中心、广电中心、规划展览馆投入使用，中心医院主体工程基本完工；强力实施“五改”工程，全力推进“四创四化”，城市功能日趋完善，城市品位明显提升，成功创建为中国优秀旅游城市、国家园林城市、国家卫生城市、全国交通管理模范城市。大力度完善农村基础设施。新建和改造干线公路205公里，建设乡村公路7645公里，基本实现“村村通水泥路”；投入资金124亿元，兴修水利工程15万处，治理病险水库275座，洮水水库基本建成；实施饮水安全工程，37万农民彻底告别了“喝水难”；在全省率先由政府支付农田灌溉水费；新建沼气池4.1万个；新造林76.3万亩，森林覆盖率达到61.5%；小城镇建设完成投资61.8亿元，城镇化率达到52%。炎陵县创建成国家卫生县城，并入选“中国十佳绿色城市”。

这五年，是“两型”建设率先突破、发展活力显著增强的五年。示范区建设全面铺开。云龙示范区完成投资45.6亿元，云峰湖国际旅游度假区、职教大学城、欧洲小镇等一批重大项目扎实推进；天易示范区拉开大河西发展框架，武广新城、栗雨中央商务区、湘水湾生态公园建设进展顺利，电动汽车、风电装备等战略性新兴产业项目相继开工；清水塘循环经济工业区着力“两改四提”，45个项目列入国家循环经济试点项目库，12个节能减排和5个限期治理项目稳步实施，产业正加速从“高碳”向“低碳”，从“制造”向“创造”转变。“两型”环境加速构建。大力开展“蓝天碧水净土静音”行动，关停污染企业123家，拆除工业烟囱284根，新建污水处理厂7座，实现城镇污水处理设施全覆盖；空气质量良好天数由298天提高到350天，湘江株洲段达到Ⅲ类水质标准，全市万元GDP能耗下降21.5%，规模工业增加值能耗下降61%。“两型”改革深入推进。按市场化运作理念，组建了城发集团、国投集团、地产集团等“6+2”投融资公司，公司法人治理结构逐步完善,经营意识逐步增强;城乡统筹改革和土地经营制度改革稳步推进,农村土地流转率达到33%,居全省第一;医药卫生体制改革、公立医院改革初见成效;省直管县财政体制改革、集体林权制度改革基本完成。对外开放不断扩大。进出口总额从6.9亿美元增加到14.7亿美元,年均增长16.3%。来株投资的世界500强企业达到10家,央企达到15家。

这五年,是社会事业全面进步、群众生活持续改善的五年。全市城镇居民人均可支配收入由11230元增加到19643元,年均增长11.8%;农村居民人均纯收入由3957元增加到7658元,年均增长14.1%。新增就业25万人次,农村劳动力转移就业年均稳定在68万人次,开发公益性岗位7133个,城镇零就业家庭动态为零,城镇登记失业率控制在4%以内;城镇居民医疗保险参保人数达71万人;新型农村养老保险开始试点;城区城镇居民最低生活保障线标准由每月170元提高到300元,始终保持全省领先水平;住房公积金发放贷款36.6亿元,支持城镇居民购房、建房440多万平方米;新增廉租住房1.5万套,新建经济适用房4545套,新建农村安居房5927栋。成功研制出我国首列高端A型地铁车辆;投入运营电动公交车达420台,是全国推广数量最多、运营里程最长的城市;第七次获评国家科技进步先进城市。大力推广“快乐德育、人文智育、阳光体育”,免费义务教育覆盖城乡,创建合格学校326所,新建城区中小学塑胶运动场52个,救助家庭贫困学生25万人次。甲型H1N1流感、手足口病等重大传染疾病防控取得明显成效。新型农村合作医疗参合率达到95.4%,社区卫生服务网络实现全覆盖;圆满承办省第十届体育运动会和2009年省艺术节。应急管理工作全面加强,防灾减灾能力不断提升。获评全省人口和计划生育模范城市,荣获“全国人民防空先进城市”称号,连续两年公众安全感和满意度民意测评居全省第一,连续两次荣获“长安杯”,连续四次荣获“全国双拥模范城”称号,连续五次被授予“全国民族团结进步模范集体”。与此同时,信访、妇女儿童、计划生育、广电、气象、市志、档案、国防、红十字、助残、老龄等事业都有新进步。

这五年,是政府职能加快转变、行政效能有效提升的五年。认真执行人大及其常委会决议、决定,自觉接受人大、政协和社会监督,共办结人大代表建议1317件,政协委员提案1436件,办结率、见面率均为100%,满意率99%以上。率先开展“法治株洲”创建,“大普法”、“大治理”格局基本形成。大力推进项目审批代理制、限时办结制、项目代建制等行政管理体制改革,行政审批事项减少69项。“数字株洲”建设步伐加快,政府信息公开深入推进,“12345”市长热线、市长信箱全面开通,妥善处理市民建议、投诉等事项5.2万件。行政监察、审计监督、廉政建设也取得新成效。

2010年是“十一五”的收官之年,我们按照“目标提高、标准提升、发展提速”的总体要求,紧扣转方式、促“两型”这条主线,着力打好“三大战役”,突出了四个重点。

一是突出打好“三大战役”。城市提质战果显著。四大精品工程完成投资35亿元,湘江风光带河西城区段、神农城广场对外开放,华强文化科技产业基地一期工程进展顺利,职教大学城已有7所院校入园。“四创四化”纵深推进,新增绿地面积481公顷,提质改造道路路面及人行道66条,亮化小街小巷33条,美化建筑物88栋,改造地下管网96处、老旧小区8个、门店橱窗200余栋,被列为国家数字化城管试点城市。创建国家环保模范城市26项指标已有21项达标。创建全国交通管理模范城市一举成功,获评“中国十大最具投资价值城市”。园区攻坚来势强劲。全年启动园区项目259个,固定资产投资达238亿元。南车株机公司实现销售收入159亿元,南车株洲所公司、株冶销售收入过100亿元。北汽集团南方基地年产20万辆整车项目成功下线,投资40亿元的变流技术产业园、投资50亿元的中航湖南通用航空发动机项目已经签约,山河智能通用航空产业项目正式落户。天桥起重成功上市,唐人神集团上市获批。旅游升温成效明显。旅游总人数达到1220万人次,实现总收入78亿元,增长30%;包装策划35个重点旅游项目,总投资578.7亿元,神农城、湘江风光带、荷塘月色、神农福地、酒埠江4A景区创建等项目全面启动,鹿原镇、酒埠江镇获评省特色旅游名镇。

二是突出推进“两型”建设。云龙、天易示范区和清水塘循环经济工业园规划编制全面完成。云龙示范区开发重大项目100余个,合同引资近1000亿元。云峰大道建成通车,迎宾大道基本建成,云龙大道全面开工。天易示范区高塘村完成土地改革试点,实现了“村组变社区、村民变居民、集体变国有”的历史性转变。完成霞湾港水变清一期工程、株冶总废水零排放工程,启动建设重金属污水处理厂和城市生活垃圾焚烧发电厂,“两型”环境建设初见成效。

三是突出统筹城乡发展。大力培育农业龙头企业,年产值过亿元的农产品加工企业达20家;实施“万村千乡市场工程”,新扩建农产品专业批发市场8家,新改建农贸市场21个、农家店600个;建设农业标准化示范基地48个。基本完成网株公路等4条干线公路改造,建成农村公路1135公里;建设生活垃圾处理系统356个,20万农户用上清洁能源;整理土地80多万亩,农业机械化率达60%。新增农村劳动力转移就业6.9万人;1.8万名农村“五保”老人得到供养,10.5万农民领到低保救济金。

四是突出改善民生民利。新增城镇就业5.1万人,失业人员再就业2.6万人。建成义务教育合格学校20所,市区新建学校3所,新增学位4860个,资助家庭贫困学生3.57万人。在城市四区及株洲县实现药品零差价销售,就诊药品费用下降38%。扩大新型农村养老保险试点,新增参保人数26.1万人,企业养老保险新增参保人数8.8万人。新增廉租住房7115套,新建公共租赁房470套,新建农村安居房1100栋。全市1.3万户、67万平方米的棚户区改造全面启动。十件民生实事全面完成。

各位代表,过去五年,我们始终坚持“保二争一、科学跨越”的战略目标不动摇,致力推进新型工业化、新型城镇化、农业现代化、信息化,发展思路更加清晰;我们始终坚持“以现代工业文明为特征的生态宜居城市”的发展定位不动摇,加快转变发展方式,着力调整产业结构,发展质量全面提升;我们始终坚持“内提外拓、统筹发展”的城市发展格局不动摇,“一体三极、一圈三环”城市框架初步构建,城市空间全方位拓展,发展后劲明显增强;我们始终坚持“以人为本、关注民生”的执政理念不动摇,坚定不移地实施惠民行动,想群众所忧,急群众所盼,解群众所难,切实做到发展依靠人民、发展造福人民,发展成果全民共享。五年风雨,五载耕耘,我们真切地体会到,做好政府工作,必须坚持解放思想,推进改革创新;必须坚持科学发展,注重统筹兼顾;必须坚持以人为本,重视民生民利;必须坚持激情工作,做到规范管理;必须坚持勤政廉政,严格依法行政。

发展的成绩来之不易,积累的经验弥足珍贵,创造的精神影响深远。这是市委正确领导、市人大和市政协监督、支持的结果,是各民主党派、工商联、无党派人士、各人民团体参政议政的结果,饱含了各位代表和委员的智慧力量,凝聚了全市人民的辛勤汗水。在此,我代表市人民政府,向各位人大代表和政协委员,向驻株部队官兵和全市人民,向关心、支持、参与株洲建设的各界人士,致以崇高的敬意和诚挚的谢意!

在总结成绩的同时,我们也清醒地看到,我市经济社会发展中还存在不少困难和问题,主要是:解放思想的力度还不大,实现“两型”改革率先突破的办法不多;经济总量不够大,产业结构不够优,转方式、调结构任务依然繁重;制约经济增长的资金、土地、人才等要素瓶颈有待破解,环境保护的压力仍然较大;项目策划和包装水平不高,推动跨越发展的大项目、好项目不多,发展后劲有待增强;统筹城乡发展任务艰巨,农民增收渠道有待拓宽;一些涉及群众切身利益的问题亟需解决,维护社会稳定的压力较大;政府自身建设需要继续加强,执行力、创新力有待进一步提升;等等。对此,我们将高度重视,认真研究,采取有力措施,切实加以解决。

二、奋勇前行 科学谋划“十二五”宏伟蓝图

“十二五”时期,是株洲大有作为的机遇期,是基本实现全面小康的关键期,是“两型”社会建设的攻坚期,是推进新型城镇化的加速期。未来五年,国内经济发展方式将发生重大转变,发展难度不断加大,但国家重大战略布局的实施和全省“四化两型”战略的推进,为株洲发展创造了难得的历史机遇。我们既要抓住机遇、用好机遇,又要应对挑战、战胜挑战,以强烈的事业心和使命感,争创新优势,推进新跨越。

“十二五”时期政府工作的指导思想是:高举中国特色社会主义伟大旗帜,坚持以邓小平理论、“三个代表”重要思想为指导,深入贯彻落实科学发展观,以加快转变发展方式为主线,围绕“以现代工业文明为特征的生态宜居城市”的定位,全面推进“四化两型”建设,深入持久打好城市提质、园区攻坚和旅游升温“三大战役”,大力实施科教先导、产业转型、城镇带动、民生优先战略,努力建设智慧株洲、实力株洲、绿色株洲、幸福株洲,实现经济社会又好又快发展,基本建成全面小康社会和“两型”社会示范区。

全市经济社会发展的总体目标是:“两个基本建成、三个翻番、两个明显下降”,即到2015年,基本建成全面小康社会、基本建成“两型”社会建设综合配套改革示范区,全市GDP、财政收入和城乡居民收入翻一番,万元GDP能耗下降15%、主要污染物排放量下降10%。GDP年均增长13%以上,达到2500亿元以上,三次产业结构调整到5:55:40;财政总收入年均增长15%以上,达到260亿元;居民消费率达到40%;固定资产投资年均增长20%;进出口总额年均增长13%;城乡居民收入年均增长14%;人口自然增长率控制在8‰以内。努力建成全国环境保护模范城市、国家生态园林城市、国家创业型城市、全国文明城市。

围绕上述指导思想和发展目标,我们将紧扣科学发展这一主题,突出转变发展方式这条主线,按照“两型”理念、国际视野、战略思维和务本求实的要求,转方式、促“两型”、保增长、惠民生,纵深推进“两型”社会建设,深入持久打好“三大战役”,大力实施“四大战略”,努力建设“四个株洲”,全面推动经济社会新跨越。

(一)实施科教先导战略,建设智慧株洲

加快构建完善的科技创新体系、现代教育体系、信息应用体系,形成强劲的创新发展能力、教育支撑能力、智慧管理能力,打造智慧株洲。

实施科技创新工程。充分发挥信息技术对科技创新的引领作用,抓好科技平台建设,强化企业创新主体地位,努力打造国家创新型城市。大力推进自主创新,力争在轨道交通、电动汽车等领域实现科技攻关的重大突破。加速科技成果转化,发展高新技术企业200家以上,争取实施50项以上国家“863”计划,新建10个以上国家级和省级工程实验室,力争高新技术对经济增长的贡献率提高到60%,高新技术产业增加值占GDP的比重提高到30%以上。

实施教育提升工程。抓紧实施《株洲市建设教育强市行动计划》和《株洲市城区基础教育三年攻坚计划》。均衡发展义务教育,优化资源配置,改善办学条件。优先发展职业教育,加快职教大学城建设步伐,积极构建职业教育“立交桥”,努力把株洲打造成为“中部地区职业教育创新之都”。重点发展高等教育,支持湖南工业大学做大做强。统筹发展学前教育、高中教育、成人教育、特殊教育,构建较为完备的国民教育体系,建设教育强市。

实施信息应用工程。加强信息基础设施建设,实现高速宽带城域网覆盖全市,推进“三网融合”,抓好电子商务、物联网和云计算的建设与推广,构建信息高速网络平台。加快建设新一代“数字株洲”电子政府,打造全市统一的政务网络平台和公众信息服务平台。继续完善数字城管、治安电子防控和智能交通管理系统,抓紧建设城市规划、医疗、社保、环保、统计、计生、民政等信息管理子系统,构建高效、现代化的公共管理指挥平台。不断完善智慧服务系统,建立集住房、教育、水电气供应、应急处置、社会治安等功能于一体的智慧应用体系。

(二)实施产业转型战略,建设实力株洲

做强传统产业,做优新兴产业,做大经济总量,优化产业结构,着力形成优势产业高端化、传统产业优质化、新兴产业规模化,构建具有核心竞争优势的"两型"产业体系,打造实力株洲。

加快推进新型工业化。继续实施"5115"工程,支持南车株机公司、南车株洲所公司、南车电机公司、株冶集团、株硬集团、北汽集团、中航南方、唐人神等企业继续做大做强,真正成为具有强劲引领和带动力的旗舰企业。深入实施中小企业成长工程,着力搭建融资、配套协作、技术创新和信息服务平台,解决中小企业发展难题。持续打好园区攻坚战役,进一步推进园区基础设施建设,破解土地、资金等要素瓶颈,优化园区管理和服务,加速产业向园区集中,园区向特色发展。突出轨道交通千亿产业园区建设,着力培育汽车千亿产业集群,推进八大特色专业园区建设,构筑工业高速发展的坚实平台。建成1个总产值过100亿元、4个总产值过50亿元的县域工业园区。认真落实"6+1+4"产业发展行动计划,改造提升交通装备制造、有色冶炼、化工、食品加工、陶瓷、烟花等传统优势产业,大力发展新能源、新材料、航空航天、生物医药等战略性新兴产业,加快建成"四城三基地",即轨道科技城、航空城、汽车城、服饰城和有色金属新材料精深加工基地、新能源产业基地、中药现代化和健康食品产业基地,再造一个株洲工业。

努力实现农业现代化。坚持"两跳"方针,跳出"农"字抓农业,以工业化理念发展现代农业,引导农产品加工企业进园区,培育一批年产值过100亿元、50亿元的农产品加工企业,五年内产值翻一番;跳出农业抓农村,以城镇化的理念建设新农村,切实提高城镇规划水平,加大城镇投入,做大城镇规模,提高城镇品位。强化"两调"举措,以调整农业产业结构为重点,不断调低农业在三次产业中的比重;大力发展生态、休闲、体验、观光等现代农业,努力调高现代农业在整个农业中的比重。加快"两转"步伐,加速推进农村土地流转,引导农业产业向规模发展集中、农民向城镇和新型社区集中、土地资源向土地资本集中;实施"百万农民进城工程",大力推进农业产业化,积极发展劳务经济,引导农民向城镇转移,向产业工人转变。

大力提升现代服务业。继续打好旅游升温战役,加强策划宣传,深化区域合作,打造精品线路,加快"一廊两片"、"一城三湖"、"一江八镇"建设步伐,推进炎帝陵创建国家5A景区、湘江风光带、云峰湖国际度假区、云阳山、酒埠江、荷塘月色等重大旅游项目的开发建设,精心打好"炎帝牌、红色牌、生态牌、工业牌"等特色旅游品牌,努力把株洲建成全国知名旅游目的地,力争旅游业产值占GDP比重达到7%以上。加快现代物流业发展,组建一批大型专业物流企业,建成长株潭国际物流园、芦淞现代服饰物流仓储配送中心、荷塘生活用品商贸城,努力构建面向全省、辐射中南地区的区域性物流中心。加强房地产市场引导调控,促进房地产业健康发展。加大招商引资力度,一手抓存量扩张,一手抓增量引进,在做大做强现有企业的同时,大力引进战略投资者。推进芦淞服饰市场群提质改造,扶持大型商业超市连锁经营,完善商贸流通体系,提升消费水平。推进金融生态环境建设,促进政银企交流对接,充分发挥金融对经济的支撑作用。积极发展信息咨询、会展、电子商务、服务外包、文化创意等新型服务业,打造一批服务业品牌。

(三)实施城镇带动战略,建设绿色株洲

科学制定城镇规划,调整优化城镇布局,加快城镇提质扩容步伐,增强城镇集聚和辐射能力,致力形成城镇相连、交通便捷、生态宜居的"两型"城镇体系,打造绿色株洲。

加快构建新型城镇体系。中心城市按照"两型"理念和"一体三极、三环七射"的战略构想,强力推进云龙示范区、天易示范区、航空城建设,进一步拉开城市发展框架。加快建设武广新城、金山新城、新马片区、白井片区,实施"一江八镇"城市拓展建设工程,力争2015年建成区面积达到150平方公里。深入持久打好城市提质战役,纵深推进城市创建工作,健全城市管理长效机制。抓好城区污水处理、停车场所、公交站场、消防设施、垃圾处理等市政设施建设,完善电力、自来水、燃气、新能源等供应保障设施,强化城市功能。按照"一主两次、两轴四带"的发展构想,以株洲市区为主中心,以醴陵市区、攸县县城为次中心,沿106国道、S211省道完善市域城镇体系,加快推进小城镇建设,着力提升县城在县域经济中的首位度。

加快构建交通能源体系。构筑大交通,建设大枢纽,形成铁路、公路、水运、航空等多种交通运输方式相互衔接、高效便捷的综合交通运输体系。建成沪昆高速客运专线、衡茶吉铁路株洲段,加快长株潭城际铁路株洲段建设,改造提升醴茶铁路。建成岳汝、泉南、分炎、炎睦、长株潭南环等高速公路,完成京港澳高速株洲段和左权大道等拓改工程,力争建成长株潭高速东环线,形成市域2小时高速通勤圈。建成洞株路、铜霞路等城际干道;开工建设湘江大道、长株攸快速路株洲段,完成茫渌公路、G106、S320等7条干线公路改造。完成湘江株洲段航道改造工程,建成铜塘湾新港区,使湘江主航道常年达到2000吨级航道标准。建成株洲通用机场,形成比较完善的区域立体交通网络。加快攸县煤电一体化项目、茶陵洮水电站、攸县桐坝电站等新增电源点的建设。完成"西气东输"二线工程,构建稳定、清洁、安全的能源供应体系。

加快构建绿色生态体系。按照“人在林中、城在园中、路在景中”的目标，扎实推进湘江防护林、退耕还林、生态公益林、“三边”造林等项目建设，确保森林覆盖率稳定在62%以上。以创建国家生态园林城市为抓手，完善城市绿地系统规划，抓好城区生态园林建设，增加城市绿化量，构建立体化的城市绿化系统，城区绿化覆盖率达到50%以上。

加快构建环境保护体系。继续开展“蓝天碧水净土静音”行动，加快淘汰落后产能，重点治理工业污染源。加强“一江四港”综合治理。推进清水塘地区环境污染综合整治，加快重金属污染土壤的生态修复和综合利用，加快建成重金属污水处理厂，彻底改变清水塘地区面貌，创建国家环保模范城市。落实国家耕地保护制度，确保跨区域占补平衡；严厉打击非法开采、乱采滥挖矿产资源行为，深入推进矿区环境综合治理。加强重点行业和企业节能工作，加大可再生能源建筑应用推广力度，倡导绿色消费，打造低碳示范城。扎实推进城镇、农村治污工作，构建生态宜居家园。

(四)实施民生优先战略，建设幸福株洲

高度关注民生，切实改善民生，努力解决人民群众最关心、最直接、最现实的利益问题，让人民群众共享发展成果，构建幸福株洲。

实施收入倍增工程。把促进就业作为保障和增加城乡居民收入的根本举措，努力拓宽就业渠道，通过大力发展经济带动就业，实现城乡比较充分就业。完善收入分配统筹机制，稳步提高机关事业单位和离退休人员工资水平。积极引导企业建立工资增长机制，不断提高企业职工劳动报酬。加强市场价格监控，努力保持物价基本稳定。加强农民就业培训，拓宽农民增收渠道，落实各项惠农政策，提高农民收入水平。

实施社保全覆盖工程。全面推行新型农村养老保险制度，建立健全城乡一体化的基本医疗保障制度，完善农民工社会保险制度，打造“广覆盖、多层次、可持续”的社会保障体系。加强社会救助体系建设，适度提高最低生活保障水平，增强社会救助能力，努力实现城乡居民人人享有社会保障。构建廉租住房、公共租赁住房和农村安居房等多层次住房保障体系，完成棚户区改造和“城中村”整治任务，推进非公组织公积金制度建设，努力改善中低收入居民的住房条件。

实施健康惠民工程。加强医疗卫生机构基础设施建设，落实市、县、乡、村(社区)四级医疗卫生机构建设项目，建成市中心医院并投入使用，构建结构合理、布局均衡、覆盖城乡的医疗卫生服务体系。落实国家基本药物制度，实施食品放心工程，建立健全食品药品供应和安全保障体系。推进公立医院改革，整合城区医疗资源，组建各具特色的医疗联合体，提高医疗服务质量。继续完善公共卫生体系，强化公共卫生和重大疾病防控工作，不断提高群众健康水平。

实施文化提升工程。突出抓好图书馆、博物馆、科技馆、大剧院、艺术中心等城市公共文化设施建设，让市民享受更高品质的现代城市生活。加快推进乡镇综合文化站和农家书屋等公共文化设施建设，构建比较完善的公共文化服务网络。创作一批艺术精品，举办系列重大节日文化活动，活跃人民群众文化娱乐生活。加快建成华强文化产业基地，发展壮大文艺演出、新闻出版等文化产业，推动文化事业大发展大繁荣。加强公共体育设施建设，推进全民健身运动，积极承接高规格高水平的体育赛事，打造有影响力的城市体育品牌。

三、奋起赶超 努力实现“十二五”良好开局

2011年，是“十二五”的开局之年，也是株洲建市60周年。抓好今年的工作，对于全面完成“十二五”目标任务至关重要。今年全市经济社会发展的主要预期目标是：GDP增长13.5%；财政总收入和一般预算收入增长13.5%；固定资产投资增长30%；社会消费品零售总额增长18%；力争城乡居民收入增长14%；万元GDP能耗下降5%以上，主要污染物排放总量下降3%以上；城镇登记失业率控制在5%以内；居民消费价格指数在4%以内；人口自然增长率控制在7.5‰。

为实现以上目标，我们将按照“保增速、保提质、保民生”的总体要求，加快转变发展方式，继续打好“三大战役”，突出抓好十大产业项目、十大基础工程、十大民生实事，努力推动经济社会又好又快发展，为“十二五”开好头，起好步。

十大产业项目：1.加快轨道千亿产业园区建设力度，重点推动时代研究院、第二制造中心、动车组等项目建设，着力完善园区基础设施。2.开工建设五矿集团有色金属新材料精深加工基地，提升传统冶炼产业。3.启动通用航空机场、通用航空发动机和轨型飞机等项目建设，着力打造国家航空高技术产业基地。4.推进北汽集团南方基地二期续建工程，为打造千亿汽车产业集群奠定基础。5.加快推进风电装备产业化进程，着力打造新能源产业基地。6.加快推进唐人神集团1000万头生猪产业链一体化工程建设，提升农业产业化水平。7.积极推进旗滨玻璃二期工程建设，提升现代建材产业水平。8.推进攸县煤电一体化项目建设，力争完成电厂厂房一期工程。9.加快推进湖南华强文化科技产业基地建设，确保年内开园营业。10.推动南车时代与曙光汽车合作，建设新能源客车基地。

十大基础工程：1.加速神农城建设，打造全球华人炎帝文化景观中心。2.加快推进湘江风光带建设，基本建成湘江河西防洪景观工程。3.启动“一江四港”整治工程，建成重金属污水处理厂，有效解决清水塘污染问题。4.完成铜塘湾港区主体工程，提升湘江港口吞吐能力。5.启动湘江六桥建设，完善主城区交通体系。6.启动湘江大道建设前期工程，逐步形成大河西发展格局。7.开工建设航空大道，基本完成荷塘大道主体工程，加快“一体三极”格局的形成。8.加快浏醴、醴茶、茶界、分炎、炎汝、炎睦等高速公路建设，构建市域2小时高速通勤圈。9.加快职教大学城建设步伐，开工建设7所院校，5所竣工投入使用。10.完成神农大剧院和神农艺术中心主体工程，启动图书馆和科技馆的建设，提升城市品位，丰富市民生活。

十件民生实事:1.积极扩大就业。新增城镇就业4.8万人、失业人员再就业2.2万人、"零就业家庭"动态援助100%、新增农村劳动力转移就业6万人。2.基本完成公立医院改革试点工作,切实解决看病难、看病贵的问题。新型农村合作医疗参合率巩固在90%以上,新农合政策范围内住院费用平均补偿率达到60%;城镇居民医疗保险住院补偿率稳定在53%以上,新建或改造社区卫生服务中心20所,建成中心医院并投入使用。3.改善就学条件。建成义务教育合格学校68所;资助家庭贫困学生1.85万人;完成城区基础教育扩容提质工程项目27个,启动市二中、白鹤小学武广新城分校建设。4.加强住房保障。新增廉租和公租住房6500套;改造国有林场危旧房865户;改造农村危房1000户;新增廉租住房租赁补贴家庭800户;住房公积金覆盖率达到85%。5.完善社保体系。稳定新型农村养老保险参保人数50万人;新增企业养老保险参保人数3.66万人,稳定城镇居民医疗保险参保人数69万人。6.保护生态环境。加大"一江四港"治理力度,确保湘江株洲段保持国家Ⅲ类以上水质,加大清洁能源推广和大气污染综合整治,确保空气质量达到二级;城市污水处理率、垃圾无害化处理率分别达到85%、100%;农村建设沼气池6000口;新增混合动力公交车207台。7.完善农贸市场。城区新建改造农贸市场12个,每个县市至少完成1个示范点。8.基本建成公共自行车租赁系统。9.加强社会救助。城区城镇低保保障线标准提高到330元,农村提高到65元,农村五保户分散供养标准提高至1600元/年,新建和改扩建敬老院4所。为困难群众实施法律援助案件1200件。10.保障食品药品安全。每年投入1000万元,扶持建设一批高标准无公害蔬菜基地。健全食品药品质量安全监管体系,确保各类食品抽检平均合格率达到95%以上;蔬菜农药残留超标率控制在8%以内;餐饮业餐饮服务许可证持有率达到100%;基本药物目录考核品种质量合格率98%以上;新解决11.5万农村人口饮水不安全问题。

重点抓好以下五个方面的工作:

(一)加快转变方式,提升发展质量。继续打好园区攻坚战役,重点抓好"十百千"工程,建好栗雨工业园、董家塅高科园、田心高科园、金山工业园、南洲工业园、醴陵陶瓷产业园、攸州工业园、金星工业园、九龙工业园和云龙创意产业园等十个产业园区;培育航空装备产业园、风电产业园、变流及电子信息产业园、钨钼铅锌精深加工产业园、纺织服饰产业园、釉下五彩创意园、电瓷电器园等百亿特色产业园区;加快推进轨道交通千亿产业园区和汽车及零部件千亿产业集群建设步伐。大力发展现代农业,稳定粮食生产面积在380万亩以上,提高粮食综合生产能力;加速农村土地流转,推进农业标准化建设,争创2个省级和8个塅市级农业标准化示范区;稳步推进茶陵现代烟草农业建设,扩大农产品精深加工,力争培育2个省级和10个市级龙头企业。努力扩大内需,完成芦淞服饰城综合提质改造工程,推动芦淞商圈新一轮发展;落实国家财政补贴政策,继续推进"家电下乡"、"以旧换新"工作;启动株洲烟草物流中心、荷塘生活用品商贸城、中南粮油交易中心等项目建设。继续打好旅游升温战役,重点抓好"123"工程,即办好以湖南旅游节为龙头的系列旅游节会活动;建设岳汝高速株洲段沿线和"醴陵仙岳山-婆仙岭-仙庾岭-云峰湖"城郊两大旅游长廊;突出抓好神农福地、云峰湖国际度假区、神农城三个重大项目;弘扬炎帝文化,办好辛卯年省长公祭炎帝陵活动,全力打造"炎帝五千年,中部欢乐谷"精品旅游品牌。

(二)加快"两型"建设,凸显示范效应。加速示范区建设步伐,云龙示范区抓紧建成云龙大道、华强路,加快推进云峰湖体育公园、职教大学城、欧洲小镇等项目建设;加快天易示范区栗雨中央商务区、武广新城、新马片区等项目开发建设。加强环境污染治理,加大"一江四港"综合整治力度,尽快启动建设白石港生活污水处理厂,完成南郊垃圾处理场渗漏液处理设施改造工程、建宁港和霞湾港清淤及港体整治工程;加快生活垃圾焚烧发电厂和城镇生活垃圾处理场建设;积极开展全国节水型试点城市创建工作,着力推进节能减排全覆盖工程,严格落实节能减排考核目标责任,引导企业加大污染治理和节能减排投入,狠抓重点工业污染源治理,突出抓好清水塘地区污染治理,确保清水塘重金属污水处理厂如期完工,做好市区洗水企业搬迁改造工作。加快推进"两型"改革,按照"资源资产化、资产资本化、资本证券化"的思路,深化投融资体制改革,发挥各类投融资公司的主体作用,为城市建设和产业发展提供更有力的支持;加快土地经营制度改革进程,启动耕地异地占补平衡、农村宅基地退出补偿和流转试点工作;启动主要污染物排污权交易改革;启动水务一体化改革,整合涉水事务管理职能;继续深化城区建设体制等领域的改革,力争取得新的突破。

(三)加快招商引资,增强发展后劲。以开展"招商引资年"活动为抓手,健全工作机制,扩大招商成效,确保全年完成招商引资任务200亿元,力争突破300亿元。瞄准世界500强、国内200强等大集团、大财团和战略投资者,策划包装一批对全市经济社会有重大影响的大项目。立足传统优势产业和新兴产业,大力开展以商招商、上门招商、节会招商和特色园区招商,积极参加"粤洽周"、"沪洽周"等招商活动,引进一批符合国家产业政策的大项目、好项目。全力抓好全球轨道交通发展论坛、全球华商峰会暨炎帝服饰节等会展招商活动,进一步扩大招商影响力,增强招商实效。加大资本市场融资力度,积极引进PE投资(私募股权投资)和风险投资。同时,着力优化对外贸易结构,鼓励有条件的企业"走出去",广泛开展对外交流合作,大力发展服务外包和加工贸易,致力打造以湖南华强和时代电气轨道交通为核心的服务外包示范园。

(四)加快城乡统筹,促进协调发展。继续打好城市提质战役,重点抓好"448"工程,即深入推进"四创四化",加快建设神农城、湘江风光带、职教大学城、华强文化科技产业基地等“四大精品工程”；积极稳妥地构建有利于城市发展的八大体系；启动智慧城市建设，加快推进“三网融合”步伐；动工兴建湘江六桥，全面建设自行车专用绿道；加快老旧小区水电改造。完善城乡基础设施，推进长株潭城际铁路、衡茶吉铁路、杭长客运专线等重大基础设施建设。建成分炎、炎睦高速公路，加快建设岳汝高速株洲段、茶界高速，不断完善区域交通网。建成S315龙下至攸县段、S322炎陵至牛岗排段、S211株洲段、G106炎陵至槽里段和芷渌公路。启动炎帝陵至神农谷、云峰湖至官庄水库等旅游环线建设。加大农村基础设施投入，新建农村公路1000公里，抓好新农村示范工程和示范片建设，进一步改善农村生产生活环境。抓紧云田、松西子、仙庾等城乡统筹改革试点，进一步巩固试点成果；稳步推进户籍制度改革，实现城市四区和云龙示范区村民变居民；着力开展农村产权制度改革，推动农村集体建设用地使用权流转，健全集医疗、养老、低保于一体的城乡保障体系，积极推进统筹城乡就业试点，实现农村劳动力转移就业70万人；启动村级治理制度改革，扩大农村社区建设试点范围，力争覆盖率达到30%。

(五)加快民生改善，构建和谐社会。继续完善保障体系，优化创业环境，推进就业创业指导中心建设，努力使我市成为要素集聚、功能配套的区域性创业中心，打造国家创业型城市；巩固新型农村养老保险试点成果，逐步在全市推行；加大保障性住房建设，启动廉租房“荷花家园”小区建设，兴建一批公共租赁住房。大力发展社会事业，加快建设轨道交通国家工程技术中心，全面完成公交车电动化三年行动计划；切实抓好各级各类教育，创建6所优质初中，30所乡镇中心幼儿园；加强重大传染疾病预防控制，完成20个社区卫生服务中心规范化建设；加快建设一批无公害蔬菜基地，加大食品市场整治力度，确保食品安全；加强价格执法，确保物价指数控制在全省平均水平以下；办好建党90周年、建市60周年庆祝活动。切实维护社会稳定，完善突发事件应急管理机制，全面提高基层应急救援能力；做好“六五”普法工作，推进依法治市进程；强化劳动保障监察执法，维护劳动者合法权益；加强社会救助、社会福利、慈善和红十字工作；全面落实安全生产责任制，严防重特大事故发生，加强社会治安综合治理，严厉打击各种违法犯罪活动，巩固“平安株洲”创建成果；提升全民国防意识，加强国防动员和民兵预备役部队建设，争创“双拥模范城”五连冠。

四、奋发有为　全力保障“十二五”跨越发展

实现“十二五”目标任务，我们必须落实“五个敢于”的发展理念，以更前瞻的思维，更超人的胆略，更优质的服务，更务实的政风，为经济社会又好又快发展提供坚强保障。

着力推进体制创新。创新行政管理体制。按照“精简、统一、效能”的原则，进一步加快政府职能转变，整合政府机构，优化政务流程，加快形成权责一致、决策科学、执行顺畅的管理体制。创新经济发展体制。紧扣转变发展方式这一主线，围绕产业升级、自主创新、统筹城乡、节能减排等重点领域，加大政策扶持力度，破解劳动力、土地、资金、市场、价格等要素瓶颈，努力形成地尽其利、物尽其用、货畅其流的良好格局。创新社会管理体制。加快收入分配、社会保障、医疗教育等社会事业领域改革，增强发展活力，提升保障水平，使人民群众生活更有尊严、更加幸福。

着力优化发展环境。弘扬“火车头精神”，提升城市精神状态，追求卓越，勇创一流，营造开放包容的人文环境。按照建设“法治湖南”的要求，全面推进依法行政，促进决策的制度化、科学化、法制化，规范行政执法权力，构建规范健全的法制环境。大力整顿市场经济秩序，加大反不正当竞争行为力度，严肃查处各种仿冒、欺诈行为，切实维护广大企业和消费者的合法权益，打造公平有序的市场环境。按照公开、透明、精简、统一的原则，制定更加优惠的政策，简化行政审批事项，减少审批环节，优化审批流程，提高审批效率；深入治理乱收费、乱检查、乱罚款、乱摊派，切实减轻企业和群众负担，建立宽松开明的政策环境。

着力打造人才高地。加强人力资源开发，设立人才培养基金，着力培养一批先进制造业、现代农业、医药食品、现代物流等产业发展的紧缺人才；加强企业家队伍建设，培养一批高素质的现代企业管理人才。开辟“绿色通道”，加快高端人才引进，突出抓好博士后科研工作站、企业研发中心以及科技工业园等各类人才基地建设。加大对各类优秀人才的奖励力度，改革企事业单位内部收入分配制度，鼓励专利、发明、技术、资金、管理等生产要素参与收益分配，逐步建立重实绩、重贡献、向优秀人才倾斜的分配激励机制。放宽人才政策，提高人才服务水平，努力营造人才荟萃、人尽其才的良好氛围。

着力加强政府建设。自觉接受同级人大及其常委会的监督，贯彻执行人大及其常委会的决议、决定，积极支持人民政协发挥政治协商、民主监督、参政议政的作用，认真办理人大代表建议和政协委员提案。建立和完善重大决策调研制度、专家咨询论证制度和社会公示听证制度，提高政府决策的科学化、民主化水平。妥善处理经济发展与社会和谐的关系，排查化解人民内部矛盾，切实维护群众利益；改进市长热线和信访工作，畅通群众利益诉求渠道，认真解决群众反映强烈的热点难点问题。全面落实党风廉政建设责任制，严格执行国有资产监管、财政、审计、监察等制度，切实加强廉政建设，主动接受法律监督、社会监督和舆论监督，提高拒腐防变能力，努力打造一支清正廉洁、作风过硬的公务员队伍。

各位代表，站在新的起点，迈上新的征程，我们信心百倍，激情满怀。让我们在市委的坚强领导下，同心同德，开拓创新，扎实工作，奋发图强，为实现“十二五”宏伟目标，全面建设智慧、实力、绿色、幸福的新株洲而努力奋斗！

附:名词解释

1、一圈三环,三环七射:“一圈”,即形成从市区至各县城2小时高速公路通勤圈。“三环”,即为株洲城区道路内、中、外三环。“七射”,是指建好进出中心城区的七条通道,即时代大道、迎宾大道、荷塘大道、左权大道、枫溪大道延伸段、湘江大道、株洲大道及延伸段。

2、一主两次、两轴四带:以株洲市区为主中心,以醴陵市区、攸县县城为次中心;以岳汝高速、长株攸快速路为纵向轴,以S313、S315、S320、S321等沿线为四个横向城镇发展带。

3、“6+1+4”产业发展行动计划:“6”是指提升轨道交通装备制造、有色金属冶炼及深加工、化工、陶瓷、医药食品、服饰加工贸易六个传统产业,“1”是指培育物流产业,“4”是指壮大新能源、航空航天、电子信息、新材料四大新兴产业。

4、一江四港:一江是指湘江,四港是指霞湾港、白石港、建宁港、枫溪港。

5、一廊两片、一城三湖、一江八镇:“一廊”是指炎帝文化景观长廊,即沿“岳汝高速”株洲段沿线景观布局;“两片”是指北部城市休闲娱乐片区,南部炎帝文化、生态旅游、红色旅游片区。“一城”是指神农城;“三湖”是指城区云峰湖、攸县酒仙湖、茶陵洮水水库(桃水湖)。“一江”是指湘江;“八镇”是指沿湘江开发八个古镇古村,分别是石湾、王十万、朱亭、淦田、堂市、三门、雷打石、马家河。

6、四馆六中心:四馆是指规划展览馆、科技馆、图书馆、博物馆,六中心是指体育中心、中心医院、广电中心、神农艺术中心、青少年活动中心、妇女儿童中心。

重大事件纪要

【株洲市被评为“国家交通管理模范城市”】 为了让城市交通更加适应城市经济的发展，株洲市委、市政府从2000年开始全力实施城市“畅通工程”，努力创造一个“交通有序畅通、管理科学高效、执法严格文明、服务热情规范、宣传广泛深入、设施齐全有效”的交通环境。2002年，株洲市达到国家B类城市三等管理水平，2005年达到国家B类城市二等管理水平。2008年初，株洲市委、市政府提出争创“畅通工程”一等管理水平即国家交通管理模范城市的工作目标，把“创模”工作作为推进发展、改善民生的工程来抓，孜孜以求，锲而不舍，全力推进。

一是城市交通规划先行。2007年以来，株洲市先后制定《株洲市综合交通体系规划》、《株洲市公共交通专项规划》、《株洲市道路交通管理规划》、《株洲市道路交通安全管理规划》、《株洲市停车场规划》等城市交通规划，发布《株洲市交通年度报告》，出台《关于开展建设项目交通影响评价的通知》、《城市建设项目交通影响评价报告编制管理暂行办法》等规范性文件，以政府文件形式将交通设施建设纳入道路建设范畴，实现了配套交通设施建设与道路建设“五同步”，即同步规划、同步设计、同步施工、同步验收、同步投入使用。城建、交通、规划、交警等部门建立城市大型建设项目交通影响评价机制，先后对全市70多个达到评价规模要求的新开发建设项目实施评价，保障了城市建设与开发的可持续发展。

二是不断完善基础设施。2007年以来，全市先后实施“三创五改”、“四创四化”、“三大战役”等47个市政基础设施工程，共完成城市交通基础设施投资54.38亿元。2008年全市实施“五改工程”，改造了38条城市主干道和156条小街小巷，全部铺设高级碱性沥青；对11条主次干道的步行道进行修缮，完善盲道和无障碍通行设施。2009年，石宋大道、炎帝大道、时代大道、田心立交等一批贯穿城区东西南北的主次干道相继建成，合理疏导了城区道路的车流量，打通了路网交通的瓶颈，最大限度地满足了车辆不断增长的交通需求。2010年，随着芦淞大桥的建成通车，株洲大道等对外骨干道路的改造完毕，城市内、外两环交通构架初步形成，路网结构得到优化，通行条件日趋完善。在交通设施完善方面，倡导交通安全设施建设以人为本，并根据新建、改建道路的功能配套状况，配齐配全交通安全设施。近3年来，全市累计投入1.2亿元用于完善交通管理设施建设，共新建、改造交通标志8237块，施划交通标线49.8万平方米，完善信号灯控路口93个，改造、渠化路口258个。全市156所大中小学校周边都设置了齐全的交通安全管理设施，在部分学校周边设置了行人过街自控灯。大胆采用突出式立体交通标线、骑跨式占道停车泊位、在交通标牌背面书写交通宣传标语、公交出租车专用信号灯等多项创新建设，交通基础设施建设水平得到了跨越式提升。

三是逐年提升交通意识。株洲日报、株洲晚报、电视台、电台等主流媒体先后开辟创建专栏，深层次、高密度、多角度地宣传交通法规和安全知识，倡导市民文明出行，曝光交通违法行为。在全市先后组织开展“珍爱生命，安全出行”、“小手牵大手”、“大拇指行动”等主题宣传活动，不仅在社会形成浓烈的畅通工程宣传氛围，更使交通法规、交通安全常识在全市的普及率逐步从2007年的84.9%上升至2010年的95.42%。2008年以来，株洲市坚持以“关爱生命，文明出行”为宣传教育主题，以“倡导文明出行，共创美好家园”为宣传教育主线，在人口密集的大型商场和居民社区设立5个“交通管理工作服务站”，全方位为广大市民提供交管业务、法规咨询面对面服务。2010年，全市共发布创建户外广告、公交广告1万多平方米，出动宣传车440台次，在城区中小学校张贴宣传画报1.5万张，印刷散发宣传资料47万份，发放宣传光碟4000张，巡回展宣传板报700块。根据2010年公安交警部门的调查统计显示，城区主干道机动车、非机动车、行人的守法率分别达99.17%、98.11%、99.19%，主干道违法停车率为0.16辆/5公里，让行标志守法率为95.30%，交通事故发生率同比下降23.1%。

四是政策倾斜，实施公交优先。随着“畅通工程”的深入实施，市委、市政府确立“公交优先”的发展战略，进一步加大公交运力的投入。2008年，全市投入7000余万元，在城市主干道开辟公交专用车道，施划专用标线45.83公里，增设港湾式公交停靠站211个，建设改造公交站亭239处，设置公交车专用信号灯4个。2009年，全市开通优化公交路线10条，启动“电动公交车三年（2009～2011年）行动计划”，拟投资4亿多元将城区627台骨干公交线路公交车全部电动化，打造全球第一个电动公交城。截止2010年底，株洲城区拥有公交车1093.15标台，城市居民万人拥有率超过10标台，城区居民选择公交出行比率达27.70%。

五是适应发展，科技为先。株洲市投资6000余万元建成城区道路智能交通管理系统，为路面民警配发移动警务通440台,在重点路口、路段安装了111个电视监控点、66套电子警察系统,在城区主干道安装了80个微波检测点、15处诱导显示屏,在城市标志性建筑上安装了5个制高控制点,在进出口安装了9个治安卡点,在建设路市府路口至太子路建宁大道路口等多个路段启用交通信号灯智能线控系统,实现了对全市100多平方公里范围进行全方位、全天候的实时监控,道路交通管理实现了由模拟信号人工化向数字信号智能化的转变。2008年以来,株洲通过实施“畅通工程”,先进的科学技术、设施、装备、管理手段得以进一步应用。

天道酬勤。2010年7月,株洲市从全国参加评价验收的394个城市中脱颖而出,被国家住建部、公安部正式评为B类城市交通管理一等水平,株洲跻身于全国一等模范管理城市的行列,株洲的畅通工程实现了历史性的跨越。 (陈昱名)

【在全市实施“城市提质、园区攻坚、旅游升温”三大战役】 2010年1月14日,在市委十届九次全会上,市委下发《关于着力打好“城市提质、园区攻坚、旅游升温”的决定》(株发〔2001〕01),号召在全市实施城市提质、园区攻坚、旅游升温“三大战役”,并进行全面部署。2月26日,在市政府礼堂召开2010年全市“三大战役”动员大会,由此吹响了“三大战役”进军的号角。

通过全市各相关单位的艰辛努力,取得了显著的成效。城市品位显著提升。全年4大精品工程完成投资35亿元,湘江风光带河西城区段、神农城广场于“十一”正式对外开放,华强文化科技产业基地一期附属工程已完工,所有单体工程进入主体施工阶段,职教大学城已有7所院校入园,4所院校全面施工。“四创四化”纵深推进,创建全国交通管理模范城市一举成功,国家卫生城市成果得到巩固,创建国家环保模范城市26项指标已有21项达标。全年新增绿地面积481公顷,城市绿化率达50%,绿地率达45.5%,提质改造道路路面及人行道66条,亮化小街小巷33条,美化建筑物88栋,改造地下管网96处、老旧小区8个、门店橱窗200余栋。数字株洲全面实现网格化、信息化管理,被列为国家数字化城管试点城市。株洲获评“中国十大最具投资价值城市”。

园区攻坚硕果累累。全年实现技工贸总收入1356亿元,同比增长40.23%;工业增加值394.5亿元,同比增长37.9%;高新技术产品产值726.9亿元,同比增长41.6%;上缴税金总额47.7亿元,同比增长48.2%。在全省新型工业化考核排名中,园区规模工业增加值占全市的比重达52.23%,稳居全省第二位。全年启动园区项目259个,固定资产投资达238亿元。南车株机公司实现销售收入159亿元,南车株洲所公司、株冶销售收入过100亿元。北汽集团南方基地年产20万辆整车项目成功下线,投资40亿元的变流技术产业园、投资50亿元的中航湖南通用航空发动机项目已签约,山河智能通用航空产业项目正式落户。天桥起重成功上市,唐人神集团上市获批。

旅游升温成效明显。通过突出项目建设,强化市场宣传和行业管理,有力推动了株洲旅游产业规模升温、品牌升温、市场升温,实现了旅游经济大幅提升。全年共接待游客达1220万人次,增长28%;实现旅游总收入82亿元,增长36.94%。全年共包装策划35个重点旅游项目,总投资578.7亿元。市百亿精品工程项目神农城完成神农广场改造,湘江风光带完成河西段大部分景观建设,2个景区已对外开放,投资50亿元的湘水湾生态园5月份正式开工建设,株洲县堂市土城休闲度假基地,茶陵云阳大酒店、云阳山配套工程,炎陵县红军标语博物馆,荷塘区荷塘月色,醴陵市釉下五彩陶瓷艺术园等重点项目加快建设步伐,部分项目已局部对外开放。神农城、湘江风光带、荷塘月色、神农福地、酒埠江4A景区创建等项目全面启动,鹿原镇、酒埠江镇获评省特色旅游名镇。

“三大战役”的有力实施,促进了株洲经济社会发展,为超额完成“十一五”的各项任务划上了圆满的句号,也为“十二五”目标的实现奠定了良好的基础。 (株 鉴)

【株洲市在党的基层组织和党员中深入开展创先争优活动】 创先争优活动是继学习实践科学发展观活动后,党中央部署的又一项重大活动。省委书记周强、省委副书记梅克保的创先争优活动联系点均定在株洲。按照中央、省委的要求,株洲市超前谋划、稳步推进,组织专门班子开展调研,确定“两型建设作表率,转变方式当先锋”的活动主题,设计“四看四比”的活动载体,提出“三实”的检验标准和“三结合”的推进方式。5月20日,召开全市创先争优活动动员大会,在8245个基层党组织、21.9万名党员中全面启动创先争优活动。全市各级党组织高度重视,迅速行动,成立活动领导小组和办公室,明确党组织书记为第一责任人。

株洲市开展创先争优活动始终注重“三个结合”。一是与继续抓好学习实践活动整改落实相结合。特别是第三批学习实践活动单位对照整改落实方案认真抓好整改,切实兑现整改承诺。二是与提升基层党建工作水平相结合。进一步加大乡镇“五小”设施建设力度,乡镇“五小”设施达到一类标准的增加22个;全面落实村党组织书记“一定三有”,推进街道社区“四有一化”,城市4区每个社区的工作经费平均达到17.5万元。三是与中心工作相结合。下发《创先争优活动服务“三大战役”的实施意见》,将活动与全市重点工作紧密结合,同步推进。配合打好“旅游升温战”,开展“红色七月·走进炎陵”主题活动。为推动项目建设,把党组织支部建在项目上,充分发挥基层党组织的战斗堡垒作用、领导干部的骨干带头作用和党员的先锋模范作用。

株洲市创先争优活动在具体推进过程中,坚持分类指导。成立15个指导小组,分别负责指导检查15个行业系统、10个县市区的创先争优活动,督促每个基层党组织和党员都参与到活动中来,确保全覆盖。加强公开承诺、领导点评和群众评议的指导检查，下发指导意见，指导各基层党组织和党员运用“五步工作法”，结合本职岗位、年度工作目标和中心工作分别作出共性承诺和个性承诺。运用专题点评、集中点评、会议点评、现场点评、结合工作点评、网络通讯点评等方式开展点评指导，扎实开展群众评议。整个活动组织严密、推进迅速，并在活动过程中涌现、培育了一大批典型。“七一”前后，集中宣传报道了30个先进基层党组织和优秀共产党员的事迹，其中炎陵县中村乡梅岗村党支部书记兰才干是全国重点宣传典型，中组部部长李源潮对此作出专门批示，株洲市组织了兰才干先进事迹宣讲报告团进行巡回报告。开展“转方式、促两型”十大标志工程、十大功勋人物评选表彰活动，组织“我身边的优秀共产党员和先进基层党组织”推荐活动，全市共有61000多名群众通过各种形式推荐优秀共产党员614人。

活动对外宣传力度大、效果好。全年在中央简报刊发4期，在省级简报刊发13期，在省级以上媒体发稿580多期。组织离退休干部开展创先争优活动的做法被中组部推介，在重点项目建设中创先争优、培树先进典型以及指导检查小组组长列席县市区委研究党建工作的常委会等做法，得到了中央创先争优办和省委创先争优办的充分肯定。省委书记周强、省委副书记梅克保先后2次到株洲市点评指导，评价株洲市创先争优活动领导重视，扎实推进，成效明显，党的建设得到加强。

（肖　伟）

【湖南省首个规划展览馆开馆】 5月22日，株洲城市规划展览馆正式开馆。市领导陈君文、王群、王志刚、龚凤祥、黄跃、盛佑生、蔡溪、贺夏盛等出席开馆仪式。展览馆位于天台路市政府东侧，总建筑面积10400余平方米，总投资1.2亿元，是湖南省目前唯一一家城市规划展览馆，也是国内目前设备最先进的城市规划展览馆。规划展览馆共分3层，陈列分为“印象株洲”、“蓝图总览”和“豪迈开拓”3个展厅、14个展区。主要介绍株洲古老的文明史和辉煌的工业发展史，宣传城市规划的建设成就，展示生态宜居之城的灿烂明天。

（株　鉴）

【清水塘重金属工业污水处理工程开工】 6月9日，清水塘重金属污水处理工程开工兴建。市委副书记、市长王群宣布项目开工，副市长肖文伟主持开工仪式。市城发集团党委书记、董事长王事兴作为业主代表发言。市领导姜玉泉、龚凤祥等出席开工仪式。株洲清水塘重金属工业污水处理工程是国家湘江流域重金属污染治理的重要工程，工程选址在石峰区清水塘循环经济工业区，预计工期18个月。项目竣工后，将对清水塘16平方公里核心区内的工业废水、生活污水进行深度处理，从源头治理湘江流域污染。工程建设项目包括新建日处理3万立方米的工业废水处理系统，提质改造日处理7万立方米的原霞湾污水处理厂，配套建设工业废水管网、生活污水管网及提升泵站，新建废水水质监测系统，设置事故缓冲站池，项目总投资3.6亿元。项目实施后，将全面取缔并整合现有霞湾港、铜塘港沿线17个企业排口和7个湘江直排口，实现区域污废水经处理后一个总排口外排湘江的目标。

（姚军辉　黎志明　李洪平　文　利）

【攸县煤电一体化项目开工】 7月9日，国家发改委正式核准攸县煤电一体化项目，这一长达7年争取的项目正式落户株洲，成功实现株洲电厂搬迁与攸县煤电一体化项目建设的对接，成为助力株洲市环境治理、项目建设和“两型”建设浓墨重彩的一笔。该项目位于株洲市煤炭和水资源丰富的攸县网岭镇，由大唐华银电力股份有限公司投资建设，是湖南省首个“煤电一体化”项目。项目集“上大压小”、“坑口电站”、“煤电一体”、“负荷中心”等多项优势于一身，规划建设4台600兆瓦超临界燃煤火力发电机组，一期建设2台600兆瓦超临界燃煤发电机组，同步建设烟气脱硫、脱氮（脱硝）装置；同步投资开发年产200万吨的煤矿，其中电厂投资53.12亿元，煤矿投资20亿元，项目总投资73.12亿元。项目建成后，每年可节约标准煤66万吨，二氧化硫、氮氧化物、烟尘排放量分别减少5131吨、8533吨、12120吨，年供电量将达56亿度，将缓解长株潭地区、湖南地区负荷中心电力供应紧张的矛盾，可向国家和地方年均上缴各种税收约4亿元。

（马太飞　文　魁）

【庚寅年海峡两岸首届炎帝神农文化祭隆重举行】 8月12日，由国务院台湾事务办公室、湖南省人民政府指导，湖南省台湾事务办公室、湖南炎帝陵基金会、株洲市人民政府、台湾中华神农大帝协进会主办，株洲市台湾事务办公室、炎陵县人民政府、全国台湾同胞投资企业联谊会、财团法人东莞台商育苗教育基金会协办的庚寅年海峡两岸首届炎帝神农文化祭在炎帝陵举行，全国台湾同胞投资企业联谊会会长郭山辉，湖南省副省长陈肇雄，湖南省政协副主席、炎帝陵基金会理事长石玉珍出席祭祖大典。台湾中华神农大帝协进会组织约24个宫庙的300名信众与大陆社会各界人士近万人同祭炎帝神农氏，是台湾民间规模最大的一次跨海峡祭祀先祖活动。此次炎帝神农文化祭在国家级非物质文化遗产——“炎帝陵祭典”仪式流程中，以文化交流为主线，融合台湾民间祭祀文化传统，增添源自大陆而在台湾发扬光大的“三献礼”祭典仪式和享誉国际的台湾庙会阵头文化“宋江阵”表演等。同时，举行两岸同胞共同点燃炎帝圣火、神农御膳、文化交流签约、炎帝神农文化讲座和民俗文化展演5大活动。祭祀仪式上点燃的圣火由中华神农文化协进会会员传递到台湾各炎帝庙中。（廖俊敏　刘文彦）

【长株高速公路建成通车】 8月31日，长株高速公路通车典礼在长株高速长沙东服务区隆重举行。长株高速公路是《湖南省公路网规划》主骨架的重要组成部分和长株潭3市融城的重要基础设施。项目是湖南省政府通过招商引资、采用“BOT”模式建设的项目,是武汉奥深集团投资建设的高速公路项目,是湖南省第一批由民营资本投资建设的高速公路项目之一,总投资概算25.85亿元,主线长34.7公里和株洲一级连接线6.9公里,全线设黄花、榔梨东、黄兴、团头、云龙、龙头、田心、仙人市等8处互通,采用双向4车道设计,具备高速公路和城市快速通道的双重功能,连接莲易高速公路(株洲时代大道)、醴潭高速公路、长沙机场高速公路、长永高速公路和长沙绕成高速东北、东南段。长株高速的建成通车,实现了长株潭半小时通勤圈,有利于长株潭“两型”社会建设,缓解了长株潭区域内交通拥挤现象,缩短了株洲及其以东以南和江西西部到长沙黄花机场的距离和通行时间,减轻京珠国道主干线长潭高速和107国道的交通压力。 (黄志平)

【轨道交通产业园12个项目成批入园】 轨道交通装备制造业是全省的“四个千亿工程”之一,轨道交通产业园是株洲市致力打造的首个千亿产业园区。2010年11月5日,南车株机、南车时代、青岛欧特美轨道交通等公司的12个项目与石峰区政府签订协议,进入株洲轨道交通千亿产业园区。12个项目总投资43.2亿元,需地120公顷,预计将新增产值超百亿元,新增就业岗位超5000个,将对加快推进轨道交通装备制造业发展,建成株洲第一个千亿产业园区、千亿产业集群提供重要支撑。12个项目中,总投资10亿元的轨道交通装备研发及产业化升级项目,将建设城际动车组制造基地、转向架二部制造基地、钢结构备料配套基地、电器制造基地等,形成年产800辆机车和1000辆城轨车辆配套的批量生产能力;总投资14亿元的时代电气IG-BT产业项目,将建设国际一流的大功率IG-BT(芯片、模块)专业制造基地,可形成10亿元的年销售收入。

(雷学文)

【全省首个垃圾焚烧发电项目——株洲市城市生活垃圾焚烧发电厂开工】 12月15日,株洲市城市生活垃圾焚烧发电厂项目成功奠基,这是湖南省第一家垃圾焚烧发电项目。项目位于石峰区长石村,规划建设用地11.73公顷,总投资5.05亿元,日处理城市生活垃圾1500吨,设计年最大上网发电量9545万度。项目拟分2期建设,预计2012年完成一期工程,建成后日可处理垃圾1000吨;二期工程增加1台炉排炉,配套2×12万千瓦发电机组。整个项目将按照清洁、低碳、环保的要求建设,采用国内外最先进的运营设备,各项环保指标都将严格控制在国家环保部制订的标准范围内。该项目的开工,标志着株洲市城市生活垃圾无害化、减容化、资源化处理水平迈上了一个新的台阶。项目建成后,将在很大程度上改善全市环境卫生,节省城市土地资源,营造良好的投资环境和清洁的城市生活环境,对打好“城市提质战役”,推进市“两型”社会建设和经济的可持续发展具有重大意义。

(姚军辉 黎志明 李洪平)

【北京汽车株洲基地正式落成】 12月26日,北京汽车株洲基地落成暨BC301Z轿车下线庆典,在株洲高新技术产业开发区隆重举行。省委书记、省人大常委会主任周强,省委常委、省委秘书长杨泰波,省人大常委会副主任、省发改委主任蒋作斌,副省长陈肇雄,市委书记陈君文,北汽集团党委书记、董事长徐和谊,北汽集团副董事长吕振清出席典礼,并共同开启BC301Z轿车下线仪式启动器,见证湖南、株洲汽车产业及北汽集团这一历史性时刻。市委副书记、市长王群主持庆典仪式。

北汽控股南方生产基地位于株洲高新区栗雨工业园内,项目总投资50亿元,其中基本建设投资35亿元,新厂区建设冲压、焊装、涂装、总装四大工艺以及动力配套设施。项目建成后,将形成包括乘用车和商用车两大系列,涵盖轻卡、中卡、皮卡、轻客、SUV和MPV6大品种,年产20万辆汽车整车生产能力。项目于2008年8月26日奠基;2010年7月5日,北汽控股自主研发的BC301Z工程样车交付;10月28日,BC306Z整车正式下线;12月26日,BC301Z轿车闪亮登场。该款车系北汽集团生产的首款自主品牌轿车,也是株洲生产的首款轿车。BC301Z整车正式下线,标志着株洲北汽控股南方生产基地正式落成。基地落成为株洲工业升级、经济又好又快发展提供动力引擎,推动株洲加速实现汽车千亿产业集群目标。 (株 鉴)

【芦淞大桥建成通车】 2010年12月26日,芦淞大桥(株洲湘江五桥)正式通车。自此,株洲城区第五条连接东西的通道顺利贯通。中交集团副总裁陈云,中交二航局党委书记汤永生,副总经理许四发,市委书记陈君文,市委副书记、市长王群等领导共同为大桥通车剪彩。

芦淞大桥东连芦淞区红港路,西接天元区庐山路。主桥桥型为三跨拱梁钢构组合体系,全桥主线全长2495.6米,其中主桥总长1821.6米,宽33米,双向6车道。工程概算总投资7.1亿元。工程采用BT模式,由中交二航局投资建设。2007年11月29日举行开工典礼,2008年5月18日正式动工,2010年6月22日主桥合龙,12月26日建成通车。大桥建成通车后,与天元大桥、建设路、长江路形成城市内环,构筑河东、河西互动发展动脉,将有效缓解城市中心区和株洲大桥交通堵塞问题,对进一步改善城市交通条件,优化发展环境,拓展发展空间具有重大意义。

(黄志平 李洪平)

大 事 记

2010年株洲大事记

1月

5日　南车株洲电力机车研究所有限公司下属的上市公司南车时代电气(HK3898)获批,正式成为联合国全球契约组织成员,成为中国轨道交通装备行业首家加入该组织的企业。

7日　株洲市首个农村信息化示范基地落户云田村。

8日　省委副书记梅克保、副省长陈肇雄率省相关部门负责人到株洲,就株洲市打造千亿元产业集群进行专题调研和现场办公。市委书记陈君文,市委副书记、市长王群陪同调研。

11日　市委十届九次全会暨经济工作会议召开。会议的主题是,认真贯彻落实中央和省委经济工作会议精神,总结2009年工作,部署2010年任务,动员全市上下鼓足干劲,乘势而上,夺取"保二争一、科学跨越"新胜利。

14日　新加坡莱佛士教育集团董事长周华盛考察株洲市职教园。市委书记陈君文会见周华盛一行。

16日　清水塘循环经济工业区与旗滨集团签订协议,由旗滨集团投资35亿元,在清水塘工业区建设2条节能玻璃生产线。石峰区成为旗滨集团发展低碳经济的重要生产基地。

18日　中国工程院院士、南车株洲电力机车有限公司专家委员会主任刘友梅荣获"2009年度湖南省科学技术杰出贡献奖"。

△　南车株洲电力机车有限公司为广州地铁二、八线研制的第一列A型地铁车辆,在广州地铁2号线上正式运营。

18～21日　政协株洲市第七届委员会第三次会议在市委礼堂开幕。来自31个界别的298名市政协委员共聚一堂,为夺取"保二争一、科学跨越"的新胜利积极建言献策。大会通过《中国人民政治协商会议株洲市第七届委员会第三次会议政治决议》、《中国人民政治协商会议株洲市第七届委员会第三次会议关于政协株洲市第七届委员会常务委员会工作报告的决议》。

19～22日　株洲市第十三届人民代表大会第三次会议隆重开幕。市委书记陈君文出席会议。市委副书记、市长王群代表市人民政府向大会作《政府工作报告》。市人大常委会主任姜玉泉主持会议。会议表决通过了《关于株洲市人民政府工作报告的决议》等6项决议草案。

22日　市农业科学研究所主持的《水稻温敏核不育系"株1S"的选育与应用》项目获"神农中华农业科技进步"二等奖。

24日　株洲市对口支援湘西自治州泸溪县工作座谈会在长沙召开。15年株洲市援助泸溪县钱物3700多万元。

25日　株洲市交通工作汇报会暨市厅合作签字仪式在长沙举行。市委书记陈君文主持。市委副书记、市长王群与省交通运输厅厅长吴亚中签署《关于加快株洲"资源节约型、环境友好型"交通运输发展合作协议》。

△　株洲硬质合金集团和株洲电力机车研究所有限公司2家企业实验室获准组建,标志株洲市科技实力和科技竞争力达到新的水平,自主创新体系建设取得重大突破。

2月

1日　市纪委十届六次全会暨反腐败工作会议召开。市委书记陈君文强调,要坚持"三个不动摇",以更坚决的态度,更有力的举措,更扎实的工作,坚定不移地推进全市反腐倡廉工作。

2日　株洲高新区被国家工信部授予第一批国家新型工业化产业示范基地(装备制造·轨道交通装备),成为新时期国家轨道交通装备产业的战略性、功能性部署区域之一。

3日　株洲市国有资产投资控股集团有限公司正式成立。

6日　国内又一条具有世界一流水平的长距离干线高速铁路——郑西客运专线正式开通,该线首期配置的全部4列CRH2型高速动车组使用的牵引动力,全部由南车株洲电机有限公司提供。此前在郑西线试运行时,创造出394.2公里的最高试验时速,成为"中国速度"新的代表作。

△　株洲职业技术学院漆靖同学被团中央、全国学联授予2009年度"中国大学生自强之星"称号。

10日　省委常委、统战部部长李微微,副省长韩永文率省直相关部门负责人到株洲,走访慰问困难企业、统战对象、职工和农户,开展"送温暖、解难题"活动。市委书记陈君文,市委副书记、市长王群参加慰问。

△　株洲市在英国卡莱尔成立商务联络处,开全省贸促系统的先河。

13日　省委书记、省人大常委会主任张春贤和省委常委、省委秘书长杨泰波专程到株洲市,看望慰问春节期间坚守工作岗位的干部职工,并向全市人民拜年,送来党和政府的关怀和新春祝福。市委书记陈君文,市委副书记、市长王群陪同走访慰问。

22~23日　重庆市合川区区委书记王作安率该区党政代表团到株洲,考察“两型”社会建设和新型城市化、新型工业化等工作。市委书记陈君文,市委副书记、市长王群陪同考察。株洲市与合川区签订协议,建立友好市区关系。

24日　株洲市正式成为全国16个公立医院改革试点城市之一。

25日　国家战略性新兴产业领导小组副组长、国家发展改革委高技术司巡视员綦成元率调研组到株洲调研。

26日　创建国家卫生城市授牌暨“三大战役”动员大会在市政府礼堂隆重召开。副省长郭开朗为株洲市成功创建国家卫生城市授牌。会议就打好城市提质、园区攻坚、旅游升温“三大战役”进行了全面部署。

△　市委、市政府为“5115”工程企业颁奖,南车株洲电力机车有限公司、南车株洲电力机车研究所有限公司获100万元、50万元奖金。

3月

1日　株洲县国税部门工作人员帅某、黄某、唐某等人利用职务之便,冒领裁剪发票转卖,致开票金额达4000余万元,造成国家税收损失达200余万元。这是株洲市历史上最大的一起非法出售发票案。

2日　全市2009年度文明建设暨创建文明城市工作总结表彰大会在市委礼堂召开。市委书记陈君文要求全面发动,全民参与,掀起创建全国文明城市的新高潮。市委副书记、市长王群主持会议并讲话。

△　南车株洲电力机车研究所有限公司与辽宁曙光汽车集团股份有限公司签署新能源客车合资合作框架协议,决定整合双方优质资源和技术,共同做大做强中国新能源客车产业。

4~9日　市委书记陈君文赴京,拜会国务委员兼国务院秘书长马凯,在株洲工作过的孙文盛、曹伯纯、周伯华等领导,以及环境保护部、交通运输部、财政部、中科院、中航集团等部委负责人,主动与中央各部委沟通联系,争取对株洲发展的支持。

5日　投资5亿元的非晶硅薄膜电池光伏幕墙项目正式签约。该项目有望将建在屋顶的太阳能光伏幕墙实现“株洲造”。中建股份公司同时与株洲高新区签订战略合作框架协议,合作项目包括神农城、城市基础设施、园区建设及房地产开发等,总投资达62亿元。

8日　株洲市举行纪念国际劳动妇女节百年华诞大会暨百名优秀女性颁奖典礼,表彰了妇女工作红旗集体和先进集体31个,各类妇女先进典型191人,其中包括100名优秀女性。市政府还首次给“三八红旗手”和“十佳巾帼标兵”记二等功和三等功。

11日　副省长郭开朗率省直相关部门负责人,就“提高自主创新能力,加快经济发展方式转变”主题到株洲考察调研。

15日　省道S211线株洲段正式动工改扩建,两年内,将建成路面宽9米、时速60公里的二级公路。

17日　交通运输部公路科学研究院与株洲市签订战略合作框架协议,双方将在交通建设、智能交通、交通物流、环保安全等方面加强合作交流,优势互补。

18日　国内最轻B型城轨车辆在南车株洲电力机车有限公司成功下线,并投入武汉城轨交通一号线二期工程运营。这是国内首列低碳城轨车辆。该车型比同类型车整列编组约轻8吨,创造了国内B型城轨车辆轻量化新纪录。

18~19日　市委书记陈君文,市委副书记、市长王群率全市党政代表团赴常德市,考察城市建设管理、旅游产业开发、食品安全、创建文明城市等工作,受到常德市市委书记卿渐伟,市委副书记、市长陈文浩等领导的热情接待。

19日　市委书记陈君文,市委副书记、市长王群率全市党政代表团到湘潭市,考察园区建设、旅游产业发展等工作。湘潭市市委书记陈三新,市委副书记、市长吴奇修等领导陪同考察。

20日　中组部老干部局局长陶治国一行到株洲,就贯彻落实中组发〔2008〕10号文件精神情况进行检查指导。市委书记陈君文陪同检查。

22日　省政协副主席魏文彬率省政协“加快湖南产业低碳化转型研究”调研组到株洲调研,希望株洲在加快转变发展方式上,在全省带好头。市委书记陈君文,市委副书记、市长王群陪同调研。

23~24日　湖北省黄石市市委副书记、市长杨晓波率团到株洲,考察城市规划建设和管理工作。

24日　全市深入学习实践科学发展观活动总结大会在市委礼堂举行。2008年9月~2010年2月,全市22万名党员分3批开展深入学习实践科学发展观活动。全市上下按照“党员干部受教育、人民群众得实惠、科学发展上水平、‘两型’建设见成效”的总体要求,深化理论武装,突出实践特色,加强分类指导,动员群众参与,创新领导方式,有效完成了各批次、各阶段的任务。

25日　芙蓉大道和红易大道正式建成通车,长株潭之间通车时间缩短1/3。

△　市重点工程——华新水泥(株洲)有限公司4500吨/日熟料水泥生产线项目竣工。项目于2007年12月开工建设,采用新型干法预分解生产工艺,年产熟料148.5万吨、水泥210万吨,年产值7亿元,年利税近5000万元。

26日　国土资源部副部长徐德明到株洲,考察国土资源管理、国土测绘等工作。市委书记陈君文陪同考察,并介绍了株洲市经济社会发展情况。

27~30日　市委书记陈君文率市建设、财政、房产、规划等部门负责人赴京,拜访住房和城乡建设部副部长仇保兴，并参加第六届国际绿色建筑与建筑节能大会暨新技术与产品博览会。株洲市获评“国家可再生能源建筑应用示范城市”。

31日　在2010年中国国际客车大赛上，“南车时代电动”选送的TEG6102PHEV油电混合动力城市客车、TEG6119SHEV纯电驱动城市客车和中小功率永磁电机驱动系统，分获“中国城市客车金奖”、“中国客车技术创新奖”和“中国客车零部件新能源技术奖”。

4月

1日　市政府机构改革动员大会召开，公布实施经省委、省政府批准的《株洲市人民政府机构改革方案》，全市政府机构改革工作全面启动。改革后，市政府共设工作部门32个（含直属特设机构1个），另设部门管理机构2个。

△　全市科技奖励大会召开，左之文等10人当选株洲市第二批科技领军人才，“大功率电力机车交流传动电气系统”等29项成果获2009年度市科学技术进步奖。

2日　省纪检监察机关（湘南片）查办案件工作会议在株洲召开。省委常委、省纪委书记许云昭，市委书记陈君文，市委副书记、市长王群出席会议。

△　重庆市合川区区委副书记、区长乔明佳率团抵达株洲。这是合川区代表团年内第二次组团考察株洲市。

3～8日　第八届亚洲及大洋洲荷式篮球锦标赛在株洲举行。中国、澳大利亚、印度、新西兰、韩国等8个国家和地区的队伍相继参加了比赛。据悉，亚大荷式篮球锦标赛是亚洲及大洋洲地区的顶级赛事，这是该项赛事首次在中国举办。中华台北队以27比19战胜了中国队，蝉联冠军。

4日　炎陵县社会各界在炎帝陵隆重举行庚寅年清明祭祀大典，炎陵、衡阳南岳、江西井冈山三大景区负责人首次共同点燃炎帝圣火。来自湖南省和江西、台湾等地的近万名各界人士参加盛典。

7～8日　市委书记陈君文赴广东深圳，考察深圳华强、中兴通讯等企业，并与企业负责人就相关项目进行洽谈，加强合作，共谋发展。

9～10日　长沙市市委副书记、市长张剑飞，副市长王扣柱到株洲市，考察神农城项目等城市建设工作。株洲市委书记陈君文，市委副书记、市长王群陪同考察。

11～12日　全国41个城市的市长到株洲教学考察。

12日　省政协副主席龙国键率省政协相关负责人到株洲调研。龙国键强调，株洲发展汽车产业很有希望，要进一步发挥汽车产业在经济转型中的作用。市委书记陈君文陪同调研。

13～14日　省人大常委会副主任谢勇率省人大常委会调研组到株洲市，就修订《湖南省安全生产条例》进行立法调研。市委书记陈君文出席座谈。

14日　“国家风力发电工程技术研究中心电机研究室”正式落户株洲，标志着株洲市风力发电机研发能力迈入国家级水平。

△　重庆市市委副书记张轩到株洲市考察新型工业化和新型城市化等工作。省委常委、统战部部长李微微，市委书记陈君文陪同考察。

15日　全国人大常委会副秘书长何晔晖率全国人大机关学习调研组到株洲，就株洲市经济社会发展情况及基层人大常委会工作情况等进行调研。

△　市委副书记、市长王群，副市长肖文伟赴京，与“中国五矿”副总裁李福利共谋株洲有色产业发展大计。

15～16日　北京市政协主席阳安江在省政协副主席阳宝华的陪同下，到炎陵县考察工作，拜谒始祖炎帝神农氏。市委书记陈君文陪同考察。

19日　中共株洲市委决定在全市开展向兰才干学习活动。

20日　潍柴动力公司董事长谭旭光、北汽福田公司总经理王金玉率多家汽车零部件企业负责人到株洲，考察汽车及零部件产业发展情况。市委书记陈君文，市委副书记、市长王群与客人进行会谈。

21日　中国南车株洲电力机车有限公司研制的首台新出口乌兹别克斯坦电力机车成功下线。这是中国低碳绿色环保机车首次走出国门，将为乌兹别克斯坦客货列车提速至160公里。

△　玉树地震灾情牵动着株洲人民的心。在天元超市前，陈君文、王群、姜玉泉、刘岁文等全体在家的市领导，市直机关负责人及机关干部代表，团员青年和社会各界代表，纷纷为玉树地震灾区捐款。

23日　市委常委会议召开，会议对“三大战役”、“四大百亿工程”、棚户区改造、公立医院改革等重点工作进行研究部署。市委书记陈君文主持会议并作重要讲话。他强调：打好“三大战役”，推进“四大工程”。

25日　在北京第六届中国金融（专家）年会上，株洲市被授予“国家金融生态城市”称号。这是株洲市目前在金融领域获得的最高荣誉。

26～28日　中国工程院院士、中国城市规划设计研究院学术顾问、教授级高级城市规划师邹德慈等21名院士专家莅临株洲，开展为期3天的2010年“院士专家株洲行”活动，为株洲发展献计献策。

27日　全省推进义务教育均衡发展现场会在株洲市召开。

28日　云龙大道正式开工。云龙大道总投资约14.6亿元，是长株潭城市群城际主干道——洞株路的株洲段，起于市区红旗路与红港路的交汇处，止于云龙示范区云田乡马鞍村与长沙的交界处，全长15.8公里。

△　株洲市区首批廉租房入住仪式举行。842户低收入家庭入住“和谐家园”。

△　株洲市工商局为株洲精工硬质合金有限公司、株洲天桥起重机有限公司和沙坡里农土产品深加工有限公司等企业48件商标授予“省著名商标”牌匾。

29日　株洲市庆祝“五一”国际劳动节暨2009年度劳动模范、先进工作者颁奖典礼隆重举行，30名劳动模范和先进工作者光荣受奖。

5月

5日　中共中央党校副校长石泰峰、国务院三峡办党组成员张宝欣到株洲考察农村土地流转等工作。石泰峰希望：株洲能成为中共中央党校调研、学习、研究基地。

△　在上海举行的第10届世界客车博览亚洲展览会上，中国南车株洲所旗下的湖南南车时代电动汽车股份有限公司的TEG6120EV1纯电动城市客车、TEG6119SHEV串联式混合动力城市客车夺得“2010年度最佳舒适巴士奖”和“年度最佳创新巴士奖”两项客车界世界顶级大奖；株洲公交总公司从600多家汽车运营商中脱颖而出，获得唯一一座“年度最佳电动汽车运营商奖”奖杯。

△　市十三中晋升为“湖南省示范性普通高中”。

6日　副省长陈肇雄到醴陵，就陶瓷产业如何打造成千亿产业进行考察、调研。市委书记陈君文陪同考察。

△　广州军区原副司令员周玉书到株洲市视察，参观了定位为城市新名片、新客厅和新坐标的“神农城”项目，以及市规划展览馆。

8日　湘潭市委副书记、市长吴奇修率考察组到株洲，考察武广客运专线株洲段建设及运营情况。

9日　2010株洲汽车零部件产业招商洽谈会隆重举行。北汽控股等7大整车企业及近300家汽车零部件企业代表与会。洽谈会上，株洲市与多家企业签订10个汽车产业项目，签约项目总投资金额达21.206亿元。

10日　省首家农村商业银行——炎陵农村商业银行开业。这是一家由县级农村信用合作联社“蜕变”而来的股份制银行。

11日　全球低碳城市联合研究中心在湖南工业大学成立。

△　国防科技大学副政委李宁少将率国防科大老将军、老教授一行到株洲考察，对株洲市的城市建设和发展给予高度评价。

12日　全省党委组织部办公室工作会议在株洲举行。

12～14日　株洲市自北向南普降大到暴雨，造成全市22.4万人受灾，因灾死亡1人，紧急转移安置3399人，农作物受灾面积15278公顷，倒塌房屋1064间，损坏房屋4385间，直接经济损失达2.5亿元。

13日　省政协主席胡彪到株洲考察调研。胡彪表示，株洲经济发展加快，大局保持稳定，民生逐步改善，班子团结务实；并希望株洲在全省当好领头羊。

△　湖南·株洲（佛山）建材产业暨旅游招商推介会在广东省佛山市举行，株洲市共引进内资52.006亿元，外资10.12亿美元。推介会上，茶陵正式成为全省首个“中国陶瓷产业转移承接示范基地”。

14日　全省国土资源信访工作座谈会在株洲召开。省国土资源厅厅长方先知、市委书记陈君文强调，要以慈母之心做好信访工作，切实维护信访群众的合法权益。

△　市首例“骨肿瘤关节置换手术”在市一医院获得成功。

14～17日　在深圳会展中心举办的第六届中国国际文博会上，株洲市神农城和荷塘月色·仙泉谷·耕食记2个项目签下6.92亿元的投资协议。

15日　副省长韩永文到长株高速施工现场督查项目进度。

16日　在全国妇联举办的中国和谐家庭建设与社会发展论坛上，株洲市牛万年家庭光荣当选“第七届全国五好文明家庭标兵”。

18日　株洲传媒大厦落成庆典暨媒体推介系列文化活动隆重举行。株洲传媒大厦坐落在天元区泰山路，占地3.33余公顷，总建筑面积4.7万平方米，总投资2.46亿元，主楼22层，建筑高度108米，标志着株洲市拥有了全省市州级规模最大的广电中心。

20日　株洲市在全市党的基层组织和党员中深入开展创先争优活动全面启动。

23日　在2010年全国企业家活动日暨中国企业家年会上，唐人神集团董事长陶一山、株洲硬质合金集团有限公司董事长杨伯华获评“全国优秀企业家”称号。

24日　株洲市举行第九届哲学社会科学优秀成果颁奖大会，《国有企业经营者最优报酬奖励机制研究》等53项优秀社科成果获得表彰。同时，《株洲社会科学》正式创刊。

△　省政府、国家开发银行、南车集团签订战略合作协议：5年内，南车集团在株洲累计投资100亿元以上，发展高性能的城际列车、城轨地铁车辆、磁悬浮列车等产品；国家开发银行提供全方位的金融服务。

25日　中国南车株洲变流技术产业园在田心高科园奠基。产业园主要发展轨道交通核心装备、太阳能光伏发电逆变器、风力发电变频控制器及整机制造、工业节能通用变频控制器4大高精尖产业，规划占地78.67公顷，总投资近40亿元，预计“十二五”末实现规模产值150亿元以上，并带动配套产业实现价值30亿元以上。

△　株洲市与省食品药品监督管理局正式签署共建《合作备忘录》，到2013年，将建成全省第一个食品药品安全诚信示范区，成为“食品药品安全监管示范区、餐饮药品消费放心区、医药产业发展先导区”。

27日　株洲市规划展览馆正式开馆。展览馆位于天台路市政府东侧，总建筑面积1.04万平方米，总投资1.2亿元，是省内目前唯一一家城市规划展览馆，也是目前国内设备最先进的城市规划展览馆。

△ 湘水湾生态公园正式开工建设。公园占地约120公顷,估算投资2.2亿元,2011年年底前建成。

△ 炎帝陵基金会第三届三次理事会在长沙召开,明确2010年将力争筹资500万元,进一步完善炎帝陵规划建设,逐步提升炎帝陵公祭规格。

28日 市委书记陈君文以《加快转变发展方式,推进新型城市化》为题,给省委党校的全体教职员工和学员讲课,赢得了一致好评。

31日~6月1日 市委书记陈君文率南车株洲电力机车有限公司执行董事兼总经理徐宗祥一行应邀出访土耳其共和国伊兹密尔、伊斯坦布尔两市,加快项目推进,开拓新的市场。

6月

1日 全国唯一法定授权的国家轨道交通高分子材料及制品质量监督检验中心暨株洲市产商品质量监督检验检测中心奠基。株洲市将拥有首个国家级质检中心。中心位于天元区黄河北路,建设用地2.60公顷,总建筑面积29144平方米,计划总投资8800万元。

2日 全国政协委员、中国工程院副院长邬贺铨率全国政协"加强战略性新兴产业的科技支撑"专题调研组到株洲调研。

3日 株洲籍姑娘胡亚丹在常州举办的跳水世界杯女子10米台单人比赛中,以452.80分的成绩获跳水世界冠军。

8日 农历四月二十六日是民间流传的炎帝神农氏诞辰日,省内外共5000余民众在炎陵县炎帝陵祭祀炎帝神农氏。

8~9日 市委书记陈君文应邀赴新加坡,考察访问新加坡莱佛士教育集团、新加坡晋和控股有限公司。期间,株洲市与新加坡莱佛士教育集团签订框架协议,该集团拟在株洲职业教育科技城建设莱佛士科教园。

9日 作为国家湘江流域重金属污染治理的重要工程,清水塘重金属污水处理工程开工兴建。工程选址在石峰区清水塘循环经济工业区,总投资3.6亿元,预计工期18个月。

9~17日 文化部在北京展览馆举办"巧夺天工——中国非物质文化遗产百名工艺美术大师技艺大展"活动。株洲市国宝级非物质文化遗产项目醴陵釉下五彩瓷代表性传承人陈扬龙,携《小菖兰》、《何荷》、《豌豆图》3件顶尖精品赴北京参展,并在活动现场展示他独创的薄施淡染技法。

10日 省委副书记梅克保一行在市委副书记、市长王群陪同下,赴醴陵市考察创先争优活动,并寄语醴陵市在全省创先争优活动中创造经验。

10~12日 全国人大环境与资源保护委员会副主任委员张文台率全国人大常委会清洁生产促进法执法检查组到株洲考察。省人大常委会副主任陈叔红陪同。市委书记陈君文,市委副书记、市长王群出席汇报会。张文台认为,株洲清洁生产工作领导重视,思路清晰,重点明确,措施实在。

11日 省委书记周强在中国南车董事长赵小刚,省委常委、省委秘书长杨泰波,市委书记陈君文,市委副书记、市长王群的陪同下到株洲考察。周强先后考察南车株洲电力机车研究所有限公司、南车株洲电力机车有限公司、南车电机公司、市规划展览馆和市容市貌,重点考察了轨道交通装备千亿产业集群和创先争优工作,并寄语株洲"争当全省科学发展的排头兵"。

13日 市首批5家"技能大师工作室"分别在南车株洲电力机车有限公司、南车长江车辆有限公司株洲分公司、中盐湖南株洲化工集团有限公司、株洲硬质合金集团有限公司、湖南省电力公司株洲电业局正式设立。

△ 中小企业促进园等10家园区成功入选株洲市创业示范园。

17~19日 全省党外代表人士队伍建设交流研讨会在株洲市举行。省委常委、省委统战部部长李微微出席并讲话。市委书记陈君文,市委副书记、市长王群出席会议或陪同参观。

18日 市委召开常委(扩大)会议。市委书记陈君文指出,加快发展,营造稳定环境。市委副书记、市长王群传达了省委关于做好维护社会稳定工作的有关精神。

△ 佛山德安居建筑陶瓷有限公司与茶陵县人民政府签订协议:投资10亿元,在茶陵县工业园兴办建筑陶瓷企业。

18~25日 株洲市两次出现连续强降雨,降雨覆盖了全市5县5区,个别地区连续降雨时间超过14个小时。全市平均降雨量超过100毫米的有40多个乡镇(街道办事处),其中降雨量最大的是天元区的马家河、群丰镇和醴陵市南桥镇、王坊镇,达182毫米。全市因灾直接经济损失达5.34亿元,57个乡镇均有不同程度受灾,受灾人口达86.3万人。

21日 市政协召开七届十二次常委会议,评议"三大战役"执行情况。市委书记陈君文希望:政协发挥独特优势,为全市经济社会发展积极作为,再立新功。

△ 市委副书记、市长王群率相关部门负责人赴福建晋江考察,就美旗国际采购与区域物流中心华中基地项目进行深层洽谈。

△ 南车株洲电力机车有限公司与西门子公司签署购销合同,向印度新德里古尔冈RMGL地铁项目提供15节(5列3节编组)地铁车辆。"株机"公司地铁产品将首次进入印度市场。

23日 株洲市与美国德拉姆市签署建立友好城市关系意向书。市委副书记、市长王群会见到访的玛格雷特·哈里森女士一行。

24日 中国工商银行湖南省分行行长吴宏波一行到株洲考察。市委副书记、市长王群会见吴宏波一行。

△ 省国资委主任莫德旺与市委副书记、市长王群代表双方签订"厅市合作"协议,双方将在央企、省企对接方面携手合作,谋求央企、省企在株洲进行新的产业布局。

25日 市十三届人大常委会举行

第十八次会议。会议听取和审议了2009年度市级财政决算情况汇报、审计工作报告,审查和批准了2009年度市级财政决算。

28日　应全国市长培训中心邀请,市委副书记、市长王群赴北京为该中心举办的“两型”城市专题研究班学员讲授株洲“两型”城市的做法与经验。这是株洲获批“两型”社会建设综合配套改革试验区以来,株洲市“两型”社会建设探索首次走上“国家级课堂”。

30日　长株潭城际铁路开工建设。城铁以长沙站为中心,向西过湘江至雷锋大道站,向南至暮云后分岔,分别接入既有株洲站和湘潭站。线路全长95.5公里,株洲段全长32.905公里,沿线设白马垅、时代、云龙、株洲、七斗冲5个站。预计2014年建成。

△　在2010中国国际旅游商品博览会上,由醴陵红官窑制作的一套《生命之巢》超薄高白玉瓷茶具获得本次全国旅游商品大赛铜奖。

△　在炎陵县十都镇密花村,发现一株胸围6.28米、高30米左右、1600多岁“高龄”的南方红豆杉。

7月

1日　市委书记陈君文与30余位优秀基层党组织及党员代表亲切座谈,共庆党的生日,共谋株洲发展。市领导程绍光、阳卫国参加座谈。

△　市职教城整体规划在市规划委员会专题会议上通过,市委副书记、市长王群,市人大常委会主任姜玉泉,常务副市长王志刚,副市长蔡溪等市领导听取了方案汇报。

2日　九三学社湖南省委六届十五次常委(扩大)会在株洲举行。市委书记陈君文介绍了株洲政治、经济、社会发展情况。全国政协常委、九三学社省委主委张大方,九三学社省委专职副主委王仁祥,市领导张雄、张国浩、历铁夫出席会议。

△　市委书记陈君文,市委副书记、市长王群邀请株洲网、株洲新闻网、株洲在线等网站的15位网友,就城市建设等话题于天台山庄举行座谈。

5日　株洲市举办首届职业教育发展论坛,民盟湖南省委专职副主委汤浊,市领导张雄、鲁立彬、段桂生等参加会议。

△　由北汽控股自主研发的BC301Z工程样车正式交付,市委书记陈君文,市委副书记、市长王群,北汽控股公司董事长徐和谊为样车揭幕,市领导季恩远、肖文伟、谢高进、何剑波等参加交付仪式。

6日　全省超级杂交稻“种三产四”丰产工程早稻现场会在醴陵市召开。省政协副主席袁隆平院士称超级杂交早稻亩产可超半吨。省农业厅厅长田家贵,市委常委、副市长黄曙光等出席会议。

7日　省委副书记、省政府代省长徐守盛率省直相关部门负责人到株洲考察调研,市委书记陈君文,市委副书记、市长王群陪同调研。徐守盛充分肯定株洲经济社会发展迈上了新台阶,希望株洲为全省发展挑重担、创经验、作贡献、探路子。

8日　来自巴西、尼日利亚、菲律宾等11个国家的17位国际水稻专家考察醴陵市的水稻生产。外国专家表示,将学习有“东方魔稻”之称的杂交水稻栽培技术,服务本国粮食生产。

△　省政协副主席龚建明一行到株洲市调研湘江水运及湘江流域航电枢纽建设情况。他强调要重视开发好水资源,加强通航能力建设。市委书记陈君文、市政协主席刘岁文出席座谈或陪同调研。

△　株洲市全新打造的交通“航母”——株洲市交通发展集团有限公司挂牌成立。这标志着株洲市交通系统资产有效整合及管理体制改革实现新的突破。市委副书记、市长王群为公司授牌。

9日　国家发改委正式下达《关于湖南株洲攸县电厂“上大压小”新建工程项目核准的批复》,同意建设该工程。攸县电厂“上大压小”项目位于攸县网岭镇,总投资49.2亿元,规划建设4×60万千瓦超临界燃煤火力发电机组,分两期建设,建成后每年可节约原煤100万吨,减排二氧化硫4441吨、烟尘3359吨。

13日　株洲市被国家公安部、住房和城乡建设部授予“国家交通管理模范城市”称号。

14日　四川省德阳市委常委、常务副市长邓国建率该市党政代表团到株洲考察。株洲市与德阳市正式签约成为友好城市。

16日　在2010年全国青少年摔跤锦标赛中,株洲市小将晏子凌在76公斤级比赛中以全胜战绩夺得金牌。

17日　第七届海峡两岸媒体来湘联合采访团抵达株洲,感受工业株洲、生态宜居株洲的魅力。

△　芦淞区庆云街道月形山棚户区部分建筑被挖掘机拆除,市区首个棚户区改造项目正式开工。

18日　在由中国500强企业领袖组成的评审委员会推选的“2010中国十大最具投资价值城市”中,株洲成功获评,是湖南省唯一获评的城市。

20~22日　召开市委十届十次全体会议。会议要求认真贯彻落实中央和省委的部署,动员全市上下转方式,促“两型”,迅速掀起“三大战役”新高潮。市委书记陈君文作重要讲话。市委副书记、市长王群主持大会。

22~23日　中央文献研究室调研组到株洲调研,对株洲市“两型”社会建设给予肯定。

23日　市委书记陈君文率领株洲市代表团,参加2010年湖南(上海)投资推介会暨重大项目签约仪式。株洲市签下的9大项目中6个外资项目投资额达19.76亿美元,3个内资项目总投资66.7亿元。

△　市政府举行十三届五次全体(扩大)会议,贯彻落实市委十届十次全会精神,安排部署下半年工作。市委副书记、市长王群要求转方式,促“两型”,再掀“三大战役”新高潮,确保全面完成2010年目标任务。

△ 株洲网获“全国地方网站最具人气活力品牌奖”。

25日 2010年上海世博会“株洲城市日”启动仪式在“魔比斯环”湖南馆隆重举行。株洲市分别向联合国、中国国家馆赠送永久珍藏陶瓷精品。

26日 国务院新闻办公室新闻局副局长华清在市委礼堂作“增强新闻舆论意识，提高同媒体打交道的能力”专题报告，市委书记陈君文，市委副书记、市长王群参加报告会。

27日 株洲市第一届中小企业服务周活动启动，市委书记陈君文，市委副书记、市长王群出席活动开幕式。

△ 省委常委、常务副省长于来山率省民政厅、发改委、国土资源厅、“两型”办、省政府研究室负责人到株洲考察株洲市经济社会发展情况以及“两型”社会建设工作。市委书记陈君文，市委副书记、市长王群等陪同考察。

△ 市作协第八次会员代表大会召开，120余名老中青作家和文学工作者代表汇聚一堂，共商繁荣发展文学事业大计。省作协党组书记、常务副主席龚政文到会祝贺。

28日 株洲市热烈庆祝“八一”建军节双拥文艺晚会在株洲传媒大厦举行，市委书记陈君文发表电视讲话，市委副书记、市长王群为烈士陈林之妻曾婧颁发荣誉市民证书。

△ 国内19家高校、科研院所、企业会盟株洲，成立通用航空发动机产业技术创新战略联盟，标志湖南省航空产业产学研合作步入一个新的层面，将为株洲市打造航空千亿元产业集群提供强大的科技支撑。

29日 副省长徐明华到株洲调研粮食生产。

△ 省国土资源厅厅长方先知一行到株洲考察。市委书记陈君文，市委副书记、市长王群陪同考察。

△ 国家发改委体改司司长孔泾源一行到株洲调研“两型”建设情况，对株洲市工作给予高度评价，希望株洲为全国“两型”建设探索经验。市委副书记、市长王群陪同调研。

△ 市十三届人大常委会举行第三十一次主任会议。

30日 株洲市中小企业新型工业化公共服务平台开通运行，这是全省首个中小企业公共服务平台。

△ 市政协召开七届二十五次主席会议，专题协商株洲市建设低碳城市的有关建议。

△ 伟大集团董事长邓天骥成功当选“中国城乡建设十大领军人物”，并应邀在“首届中国城乡建设发展论坛暨中国城乡建设典范推介活动”论坛上发表演讲。同时，集团开发建设的533.33公顷惠天然·城市公园荣获“中国城乡建设十大经典案例”，这是湖南省唯一获此殊荣的示范项目。

31日 市摄影家协会举行第七次会员大会，李晓英当选市摄影家协会主席，市领导阳卫国、张国浩等与会。

8月

2日 国内首创双能源地铁工程维护车在南车株洲电力机车有限公司投产。

3日 2010湖南·株洲(台湾)经贸合作恳谈会在台北举行，株洲市在恳谈会上签下4大项目，总投资达19729万美元，市委副书记、市长王群出席会议并致欢迎词。

△ 炎陵旅游资源在香港推介，设立中国炎帝发展基金。

8日 南车株洲电机有限公司配套生产的中国首台2.5兆瓦永磁直驱风电机组下线，标志着株洲风电技术迈入国内先进行列。

9日 省长株潭城市群“两型”社会建设督查调研组到株洲，对株洲市“两型”社会建设工作进行调研。市委书记陈君文，市委副书记、市长王群陪同督查调研。

△ 常德市市委常委、常务副市长刘小明率团到株洲考察财政收入征管等工作。市委书记陈君文参加考察。

10日 全省旅游项目建设会议在株洲市召开，副省长甘霖在考察株洲市重点旅游项目建设后，盛赞“株洲旅游正在跨越发展”。市委书记陈君文，市委副书记、市长王群参加会议。

△ 副省长韩永文考察醴茶高速公路攸县段建设工程，要求加快进度，如期如质完成工程任务。副市长肖文伟陪同考察。

11日 召开全市政情通报会，市委书记陈君文在会上强调打好“三大战役”造福全市人民，市委副书记、市长王群介绍全市经济社会发展情况。

12日 海峡两岸首届炎帝神农祭祀大典在炎陵县炎帝陵隆重举行。国务院台湾事务办公室交流局副局长曲萌，副省长陈肇雄，省政协副主席、炎帝陵基金会理事长石玉珍，市委书记陈君文，市委副书记、市长王群等领导，以及台湾中华神农大帝协进会组织24个宫庙的300名信众与大陆社会各界人士近万人参加盛典。

△ 海峡两岸炎帝神农文化讲座在炎陵举行，大陆著名剧作家、文化历史学者刘和平与台湾神农炎帝文化研究著名专家林安梧共同探讨两岸炎帝神农文化。

16日 副省长刘力伟到株洲督查重金属污染整治工作，表示支持株洲市环模工作，希望株洲建立环保产业园。

△ 长株潭地区电信网、广播电视网、互联网三网融合试点工作启动。

17日 市十三届人大常委会举行第32次主任会议。会议听取了全市行政效能监察工作汇报。

△ 株洲市南方中学在2010年全国阳光体育传统项目羽毛球比赛中勇夺2金1银。

18日 全国劳动模范、优秀村支书兰才干先进事迹报告会在市委礼堂举行。市委书记陈君文，市委副书记、市长王群等接见报告团全体成员。

19日 市委常委(扩大)会议召开，会议的主要任务是传达贯彻省委工作会议精神，进一步加快转变发展方式，推进“两型”社会建设。市委书记陈君文出席会议并发表讲话。

△ 兴业银行长沙分行行长陈伟

到株洲考察神农城项目,市委书记陈君文会见陈伟一行。

△ 中共中央党校教务部主任王东京一行到株洲考察,市委书记陈君文陪同考察,并介绍株洲市经济社会发展等工作情况。

△ 省文明办公布全省25个省级文明城市(城区、县城)的公共文明指数测评结果,株洲市天元区、石峰区进入前15名。

19~20日 省地税局局长吕兴胜到株洲调研税收环境,邀请株洲市15家重点企业负责人座谈。市委常委、常务副市长王志刚陪同吕兴胜一行专程拜谒了炎帝陵。

20日 省林业厅厅长邓三龙到株洲督查林业工作,实地查看醴陵等地的林业建设,并听取株洲市林业工作情况汇报。市委书记陈君文,市委副书记、市长王群出席汇报会。

△ 全市首个葡萄专业合作社——株洲县佳春葡萄种植专业合作社成立。

△ 市十三届人大常委会举行第19次会议,会议听取和审议了株洲市2010年上半年政府工作情况和市中级人民法院、市人民检察院工作情况的汇报。

24日 湖南省最大风电整机生产基地之一——南车株洲所风电产业基地正式在高新区投产,这标志着该公司风电产业已由小批量制造转为规模化生产。

25日 市政府与省粮食局签署"两型"社会建设合作备忘录,将在粮食规划编制与实施、百亿粮食产业工程,十亿粮食物流工程、粮食储备和农户科学储粮工程等方面进行紧密合作。市委书记陈君文,市委副书记、市长王群会见了省粮食局局长夏文星一行。

26~30日 全国体操锦标赛暨第16届广州亚运会、第42届荷兰世界体操锦标赛选拔赛在市体育中心举行。

27日 株洲籍妹子眭禄夺得全国体操锦标赛女子个人全能冠军。

29日 南车株洲电力机车有限公司研制的"ZED120-Co型电力机车三轴转向架"通过省科技成果鉴定,填补了世界大功率机车领域转向架技术的空白。

30日 副省长刘力伟率省"五五"普法检查验收组到株洲,对株洲市进行为期3天的检查。株洲"五五"普法工作获检查组高度评价。

△ 全国体操锦标赛圆满落幕,株洲妹子眭禄包揽女子平衡木、自由体操双项冠军。

△ 市委书记陈君文会见苏伊士环境集团升达废料处理有限公司亚洲区总裁兼CEO汪豪铭。双方表示,希望在税务、垃圾处理等公共事业方面开展合作,共同推进环境治理,加速"两型"建设。

31日 长株高速公路正式通车。长株高速起自长沙县黄花村北侧,终于株洲田心互通,全长41.629公里,其中株洲境内16.205公里(含株洲连接线6.9公里)。省市领导于来山、陈润儿、蔡力峰、韩永文、谭仲池、魏永景、陈君文等为长株高速通车剪彩。

△ 株洲北部城区的枢纽性交通工程——田心立交桥正式通车。田心立交桥是长株高速、320国道与株洲中环大道(响田路)的连接线工程。陈君文、王群、王志刚、蔡典维、王建敏、肖文伟、蔡溪等领导出席通车仪式。

△ 市政协召开七届二十六次主席会议,专题协商"突破瓶颈,优化配置,推进城区基础教育优质均衡发展"的建议案(草案)。市政协主席刘岁文主持会议。

△ 在2010年中国水上运动会中,株洲籍游泳名将李玄旭夺得女子400米自由泳金牌。

9月

1日 全市调整失业保险金发放标准。城区失业人员的失业保险金发放标准由每人每月488元上调至640元,县市发放标准由每人每月448元调整为580元。

△ 全市维稳工作调度会议召开。市委书记陈君文强调,实力决定一切,稳定压倒一切,群众利益高于一切。市委副书记、市长王群主持会议并讲话。

2日 在2010年中国水上运动会女子800米自由泳比赛中,株洲游泳小将李玄旭夺得金牌。

3日 十一届全国人大代表株洲小组就全市职业技术教育情况开展专题调研。省人大常委会副主任蔡力峰,市委副书记、市长王群陪同调研。

4日 经省政府批准的株洲市"两型"社会建设综改总体实施方案下发。

6日 市委常委会议召开,会议传达学习省委、省政府《关于加快经济发展方式转变、推进"两型"社会建设的决定》和《关于加快培育发展战略性新兴产业的决定》精神。市委书记陈君文主持会议并作重要讲话。

7日 英国驻广州总领事馆总领事戴伟绅,率领由19家企业负责人组成的英国贸易代表团到株洲考察。市委副书记、市长王群会见代表团一行。

△ 株洲县朱亭古镇、炎陵中村乡、醴陵东堡乡沩山村入选省级"历史文化名镇名村"。

△ "2010年中国企业500强发布暨中国大企业高峰会"上,株洲百货股份有限公司再度跻身"中国服务业500强",名列478位。

8日 招商证券首席运营官余维佳到株洲考察。市委书记陈君文会见余维佳一行,希望双方加深了解,加强对接,促进合作,寻求双赢。

△ 全国工商联发布的"2010中国民营企业500强"榜单中,唐人神集团名列203位,成为湖南省唯一入选的农业类民营企业。

△ 省畜牧水产局与市政府签署共建"两型"社会合作备忘录,双方承诺将建立联系的工作机制。

9日 株洲市人民政府与中航发动机有限责任公司战略合作协议暨中航湖南通用航空发动机有限公司出资协议签约仪式,在长沙华天大酒店举行,标志着投资约50亿元的中航通用航空发动机项目正式落户株洲。省委副书记、代省长徐守盛,中国航空工业集团公司总经理林左鸣,副省长陈肇雄,市委书记陈君文,市委副书记、市长王群等领导出席仪式。

△ 最高人民检察院副检察长柯汉民到株洲,调研“百万案件评查”活动、涉检信访和信息化建设等工作。市委书记陈君文等领导陪同调研。

△ 全省首家光伏建筑一体化生产基地——中建五局光伏生产基地开工建设。项目规划用地13.33公顷,建筑面积10万平方米,建成后将形成年产值上10亿元的现代化光伏建筑一体化研发加工中心。市委书记陈君文,市委副书记、市长王群出席开工仪式。

10日 全国城市老工业污染场地环境修复和再开发研讨会在株洲市举行。市委副书记、市长王群参加大会并致辞。

11日 由南车株洲电力机车有限公司生产的、具有划时代意义的A型地铁车辆,在深圳交车。该车辆打破了国外企业对中国A型地铁最核心部件的垄断,并且国产化率提高了20%多。

13日 省委巡视工作办副主任陈学文率抽查组到株洲,就株洲市第3批学习实践活动整改落实情况和基层创先争优活动成效进行检查。市委书记陈君文和抽查组成员进行交流,并交换意见。

16日 市委副书记、市长王群主持召开第22次政府常务会议,专题研究部署全市教育工作,共商教育发展大计,加快建设教育强市。

18日 北京海纳川部件股份有限公司株洲汽车零部件基地在天元区栗雨工业园奠基。市委书记陈君文,市委副书记、市长王群出席奠基仪式。

19日 省第十一届运动会闭幕,株洲健儿共获得123.5枚金牌。同时,团体总分名列全省第三,成年组团体总分名列全省第二。

△ 中央财经领导小组办公室经济二组张松涛组长一行到株洲考察全市企业推进自主创新工作,市委副书记、宣传部长阳卫国陪同考察。

20日 株洲市首届道德模范评选表彰电视晚会举行,兰才干、成昌龙等10人获“道德模范”称号。市委书记陈君文,市委副书记、市长王群为道德模范颁奖。

24日 株洲时代新材料科技股份有限公司生产的两款风力发电机叶片,首次出口,分别销往智利和俄罗斯,这是株洲产叶片首次走出国门。

25日 省文明办副主任周孟霞率考察组到株洲,对株洲市2010年申报省文明城区、文明县城、文明标兵单位、文明单位、文明村镇的单位进行考察、抽查,并对往届文明单位进行复查。市委书记陈君文陪同考察。

△ 省科技厅与株洲市政府签署“两型”社会科技创新体系建设合作协议,并建立厅市会商机制。省科技厅党组书记、厅长王柯敏,市委书记陈君文,市委副书记、市长王群出席签约仪式。

27日 大唐华银株洲攸县煤电一体化项目正式开工。该项目集上大压小、坑口电站、煤电一体等多项优势于一身,是湖南省首个煤电一体化项目,项目一期投资73.12亿元。

△ 国家统计局副局长谢鸿光率调研组到株洲市调研,主要是了解全市大中型企业的发展情况。副市长肖文伟陪同调研。

29日 市委书记陈君文率株洲代表团赴常德市参加2010湖南经济合作洽谈会暨第四届湘商大会。会上,株洲市共签订重大项目14个,总投资81.2亿元。

30日 市委、市人大常委会、市政府、市政协、株洲军分区等分别举行隆重的升国旗仪式,庆祝建国61周年,祝福伟大的祖国更加繁荣昌盛。

△ 神农城广场正式开放。

△ 株洲湘江风光带大景观开园。此次开放的主要景观位于城区,包括左岸、蝴蝶谷、水涧、航模广场、主题广场等景点。

10月

1日 首届“云田杯”自行车·钓鱼长株潭联谊赛在云龙示范区举行,市委书记陈君文宣布开幕,市委副书记、市长王群致辞。

9日 南车株洲电力机车研究所有限公司与英国英雄思铁路集团签署高层全球合作协议,携手抢占国内城轨信号市场。

△ 醴陵市枫林市乡发现北宋民窑,将醴陵瓷的烧制史提早近700年。

11日 湘潭市委书记陈三新,市委副书记、市长吴奇修率湘潭市党政代表团到株洲考察交流,市委书记陈君文,市委副书记、市长王群陪同考察。

△《长株潭城市群核心区建设管治规划》通过省政府组织的专家评审。按照规划,长株潭城市群核心区以长株潭3个市区为基础,包括与长株潭3个市区紧密相连的14个县(区)部分用地,总面积约8448平方公里。

△ 省农业厅与市政府签署共建“两型”社会、推进现代农业发展合作协议。省农业厅厅长田家贵,市委副书记、市长王群在合作协议上签字。

12~18日 市委副书记、市长王群率政府代表团赴天津、青岛、烟台、威海四地,探寻东部沿海发达地区解放思想、转变经济发展方式,推进“资源资产化、资产资本化、资本证券化”的经验与做法。

14日 省委常委、统战部部长李微微率省委统战部调研组到株洲就民营企业转方式、促发展情况开展调研。市委书记陈君文陪同调研。

△ 省水利厅厅长戴军勇到株洲市调研。市委书记陈君文会见戴军勇一行。

15日 株洲市2010年庆祝“老人节”暨“三好老干部”表彰大会在市委礼堂隆重举行,110名省、市“三好老干部”获表彰。陈君文、阳卫国、程绍光等市领导出席大会。

16~18日 中组部干部一局副巡

视员杨中华率调研组到湖南调研,全省部分县市委书记座谈会在株洲举行。省委组织部副部长郭树人主持座谈,市委书记陈君文介绍全市经济社会发展情况,市领导程绍光参加座谈。

17日　全省粮食系统公祭炎帝神农氏典礼在炎帝陵隆重举行,“杂交水稻之父”袁隆平亲手点燃炎帝圣火,并向中华民族始祖炎帝神农氏敬献花篮。主祭人市委书记陈君文,市委副书记、炎陵县委书记李晖致辞。

18日　投资1.6亿元、全长98公里的S315线攸县段路面工程开工。

19日　市红十字会召开第七届理事会第二次常务理事会议。市委书记陈君文强调,发展红十字事业就是保障和改善民生,就是促进社会进步,建设和谐社会。

△　湖南商业技术学院在株洲职业教育科技城奠基。市委书记陈君文出席仪式并考察职教科技城。

20日　省人大常委会原副主任周时昌到株洲考察。市领导陈君文、姜玉泉、蔡典维陪同考察。

22日　省人大常委会党组书记戚和平一行到株洲视察。戚和平称赞株洲的经济社会发展思路好、工作好、效果好,“株洲的变化令人耳目一新”。市领导陈君文、王群、姜玉泉、蔡典维、王建之、张政佳陪同视察。

△　广西壮族自治区原党委书记、自治区原人大常委会主任曹伯纯,在省委常委、统战部部长李微微,市委书记陈君文的陪同下到株洲考察。

△　株洲日报社攸县记者站正式成立,这是株洲日报社成立的首家驻县记者站。

△　农业部副部长张桃林到株洲专题调研,市委副书记、市长王群,市委常委、副市长黄曙光陪同调研。

23日　经环保部、商务部、科技部的专家联合论证,《株洲高新技术产业开发区国家生态工业园区建设规划》获得通过,株洲高新区成为湖南省首家通过论证的高新区。

25日　市委召开常委(扩大)会议,学习传达中共十七届五中全会精神。市委书记陈君文主持会议并作重要讲话。

26日　株洲市荣膺“全国人民防空先进城市”称号,市人防办主任褚彭明荣获“全国人防工作先进个人”。

△　省委党校副校长邓微率第39期中青班学员到株洲,就推进新型城镇化工作进行现场调研。市委副书记、市长王群陪同调研。

26~27日　市十三届人大常委会举行第二十次会议。会议听取和审议了2010年1~9月预算执行情况的汇报,听取了审计报告所反映问题的整改情况汇报,审议了预算调整方案。

27日　江西省新余市市委书记李安泽率该市党政代表团到株洲考察。市委书记陈君文,市委副书记、市长王群陪同考察。

28日　北京汽车自主品牌小型车战略平台启动暨BC306Z在北汽集团株洲基地下线。省经济和信息委员会主任谢超英,市委书记陈君文,市委副书记、市长王群,市人大常委会主任姜玉泉等领导及北汽集团董事长徐和谊出席庆典。

△　2010年秋季房交会正式拉开帷幕。房交会持续4天,共有50家企业参展,参展房地产开发项目45个。

△　国务院三峡办司处级领导干部考察组到株洲考察,对株洲市做好三峡移民工作给予了充分肯定。

△　被称为“株洲西大门”的京港澳高速株洲西互通,开始全面拓改,铜塘湾港区一期工程也同日开工。省交通厅厅长吴亚中,市委书记陈君文,市委副书记、市长王群出席开工仪式。

29日　湖湘文化博物馆群及影视文化村项目签约仪式在株洲市举行。项目选址株洲云龙示范区,占地约133.33公顷。省政协副主席魏文彬,省委宣传部、省文化厅领导蒋祖烜、吴友云,市领导陈君文、王群、阳卫国、姜玉泉、历铁夫等出席仪式。

△　株洲市第五届汽车消费节在汽车城开幕,50多家车商展出近300款品牌车,市委书记陈君文和市民一起观看车展。

△　株洲市召开市委人大常委会工作会议暨地方人大常委会设立30周年纪念大会。会上21名全市人大常委会先进工作者受表彰。

11月

1日　零时起,株洲市正式启动全国第六次人口普查工作。

△　以“倡导全民阅读,共建文明湖南”为主题的湖南省第二届“三湘读书月”活动在株洲市启动。副省长郭开朗宣布活动开幕。省军区政治部主任刘新,市委书记陈君文,市委副书记、市长王群等领导为首届“三湘读书月”活动先进典型颁奖。

1~2日　省委宣传部部务委员会成员、省文明办主任宋智富率团到株洲,对株洲市申报省级文明城市进行检查验收。验收团经检查后认定,株洲创建工作成效显著,促进了科学和谐发展,惠及了民生,完全达到了省文明城市的标准。市委书记陈君文,市委副书记、市长王群陪同考察。

2日　副省长郭开朗到株洲市红十字会考察。市委书记陈君文,市委副书记、市长王群陪同考察。

3日　清水塘循环经济工业区铜霞路改扩建一期工程竣工通车。

△　轨道交通千亿产业园田林路改扩建工程开工。市领导王群、阳卫国、姜玉泉、王志刚、陈建泽出席仪式。

3~4日　市委书记陈君文率商务考察团赴深圳考察。陈君文先后与深圳华侨城集团、创维集团等企业高层,就加强产业转移、促进经贸合作进行了深入友好的洽谈。

4日　中组部老干部局副局长赵宝江到株洲考察老干部工作,市委副书记、市长王群陪同考察。

5日　总投资43.2亿元的12个项目,成批签约入驻株洲轨道交通千亿产业基地(轨道科技城)。轨道交通装备制造业是全省的“四个千亿工程”之一，也是株洲市首个千亿产业工程。市委副书记、市长王群参加签约仪式。

△ 8时，湘江株洲水文站水位降至29.16米，再创历史最低纪录。自2005年以来，该站最低水位纪录连续6年一再刷新。

△ 中国轨道交通装备行业首次出口欧洲的整车项目——土耳其伊兹米尔市二号线轻轨列车，在中国南车株洲电力机车有限公司开工投产，这是国内首次出口欧洲城轨车辆在株洲投产。

6日 全国政协常委、全国政协人口资源环境委员会副主任、国家减灾委专家委员会主任、中国科学院院士秦大河率国家减灾委专家组到株洲市调研。

7日 株洲市隆重庆祝第11个中国记者节，由市委宣传部、市新闻工作者协会共同主办电视联欢晚会，并表彰“十佳”。市委副书记、宣传部长阳卫国致辞，并为“十佳新闻工作者”颁奖。

9日 中兴通讯股份有限公司副总裁、中兴网信总经理史立功一行到株洲考察，就中兴网信共享服务中心湖南基地进行选址。

△ 中国南车株洲电力机车有限公司被上海市授予“世博地铁保畅先进单位”称号。

△ 市政协七届十三次常委会议召开，专题协商《株洲国民经济和社会发展第十二个五年规划纲要(草案)》。市政协主席刘岁文主持会议。

10日 中国五矿集团公司与株洲市正式签署战略合作框架协议，共建有色金属新材料精深加工株洲基地，构建“一中心、两厂、两园”的产业格局。

11日 株洲市与省环保厅共同签署《共建“两型”社会，推进环境保护事业发展合作协议》，株洲市在创建国家环保模范城市、环境经济政策改革试点、湘江流域生态治理等7项工作获得省环保厅的重点支持。

△ 市委副书记、市长王群主持召开第24次政府常务会议，审议并原则通过《株洲市国民经济和社会发展第十二个五年规划纲要(草案)》、《株洲市加快推进医药卫生体制改革行动计划(2011－2015)》、《株洲市推进公立医院改革三年攻坚计划(2011－2013)》、《株洲市城市社区卫生服务机构管理》、《关于深化基本医疗保险制度改革合理引导参保人员到基层医疗机构就诊的意见》。

15日 湖南省领导科学学会2010年理论研讨会在株洲市举行。省人大常委会原副主任、学会会长罗海藩作主题报告，省人大常委会原副主任赵培义出席会议。市委书记陈君文致欢迎辞。

△ 在北京召开的中国金融生态城市发展年会上，醴陵市荣获“中国金融生态城市”称号，全国有8个县市区获此殊荣。

17日 株洲市16岁小将李玄旭夺得广州亚运会女子800米自由泳金牌。

18日 株洲中天恒基房产开发的莱茵小镇项目通过国家住房和城乡建设部审核，成为株洲首家通过2A住宅性能认定的楼盘。

19日 省委书记、省人大常委会主任周强，在大唐集团公司董事长、党组书记刘顺达，省委常委、秘书长杨泰波，市委书记陈君文，市委副书记、市长王群的陪同下到株洲考察创先争优等工作。

△ 常德市市委副书记、市长陈文浩一行到株洲市考察市规划展览馆建设。

20日 株洲市申报的湘江流域重金属污染治理4个项目，获得国家资金支持6000万元，4个项目总投资85464万元。

22日 市委副书记、市长王群赴深圳华强集团总部考察，参观华强电子交易市场，会见华强集团董事长兼总裁梁光伟。双方一致表示，加速推进湖南华强文化科技产业基地项目建设，确保2011年“五一”开园。

23日 炎陵县垄溪乡发现一座东汉古墓。

24日 全省新农村建设现场经验交流会在株洲召开，会上推介了株洲做法和经验。市委书记陈君文致辞。

25日 卫生部副部长、国务院医改办副主任、卫生部公立医院改革试点协调工作小组组长马晓伟到株洲市调研，副省长郭开朗，市委书记陈君文，市委副书记、市长王群陪同调研。

△ 株洲市第五次民族团结进步表彰大会召开，会议号召努力开创民族团结进步事业新局面，争创全国民族团结进步模范城市“六连冠”。市委书记陈君文发表讲话，市委副书记、市长王群主持会议。

△ 株洲姑娘胡亚丹夺得广州亚运会女子10米跳台冠军。

△ 全国首个日用炻瓷地方标准——湖南省日用炻瓷地方标准在醴陵诞生。

29日 省委常委、组织部长黄建国率省委组织部机关党员干部围绕“转方式、调结构、促发展”的主题到株洲考察。市委书记陈君文，市委副书记、市长王群陪同考察。

△ 省委常委、纪委书记许云昭率省委考核组到株洲，就落实党风廉政建设责任制，推进惩治和预防腐败体系建设情况进行检查考核。许云昭称，株洲市的反腐倡廉建设与经济社会发展实现了良性互动、协调发展。市委书记陈君文，市委副书记、市长王群参加汇报会或陪同考察。

△ 中国南车株洲电力机车有限公司自主研发的新型“机车高压安全联锁保护系统”获中国专利奖。这是中国专利领域的最高奖项，此次全国机车车辆系统仅有2家单位获奖。

12月

1日 副省长韩永文率全省金融部门、八大银行负责人到株洲考察调研，并主持召开金融工作会议。韩永文要求各金融机构对株洲经济给予最大支持，加速推进株洲又好又快发展。市委书记陈君文陪同考察、参加座谈。

3日　省政协副主席、世界杂交水稻之父、中国工程院院士袁隆平到株洲视察。市委书记陈君文陪同视察。

△　株洲市数字化城管信息系统成功通过住房和城乡建设部的验收。同时,株洲被纳入国家数字化城市管理试点城市。

5日　省农业厅党组书记、厅长田家贵率全省农业系统代表赴炎陵举行祭祀大典,深切缅怀农耕始祖炎帝神农氏。

8日　市十三届人大常委会召开第三十六次主任会议,听取市十三届人大四次会议工作的情况汇报,并视察了全市军事设施的保护情况。

8~9日　省委常委、纪委书记许云昭赴醴陵市、炎陵县考察调研。他要求抓好权力运行的制约和监督,推进经济社会发展,维护群众权益,促进社会和谐。市委书记陈君文陪同考察。

9日　省委副书记梅克保赴醴陵考察创先争优活动。他要求用科学发展的成果检验创先争优的成效。市委书记陈君文,市委副书记、市长王群陪同考察。

△　市政协召开七届三十次主席会议,协商讨论市政协七届四次全会有关事宜。

10日　市委十届十一次全体会议在市委礼堂召开。会议号召,全市上下着力转方式,推进新跨越,为基本建成全面小康社会、基本建成“两型”社会示范区而努力奋斗。市委书记陈君文作工作报告,市委副书记、市长王群出席会议并讲话。

△　株洲天桥起重机股份有限公司股票在中小板正式挂牌上市。“天桥起重”成为2004年以来,株洲市首家登陆证券市场的国有控股企业。

11日　中共新疆哈密地委书记郭连山率党政代表团到株洲考察。市委书记陈君文,市委副书记、市长王群陪同考察。

13日　市委书记陈君文率团赴北京拜会卫生部副部长马晓伟,并考察北京公立医院改革工作。

△　全国劳动模范、优秀村支书兰才干先进事迹报告会在湖南省委礼堂举行。

14日　在全省冬春水利建设工作会议上,株洲喜获湖南省“芙蓉杯”水利建设竞赛一等奖。这是由省政府颁发的全省水利建设的最高奖项。

△　省商务厅厅长刘捷与市委副书记、市长王群,共同签署厅市《共建“两型”社会,推进商务发展合作协议》,重点推介株洲,共促商贸发展。

15日　全省首个垃圾焚烧发电项目——株洲城市生活垃圾焚烧发电厂正式开工建设。生活垃圾焚烧发电厂位于石峰区长石村,规划建设用地11.73公顷,总投资5.05亿元,建设总规模为日处理城市生活垃圾1500吨,项目分2期建设,一期工程预计2012年建成。

△　株洲市与省经信委签订合作协议。市委书记陈君文致辞,省经信委主任谢超英与市委副书记、市长王群共同签约。

16日　全市2010年度政风行风公开测评大会在市政府礼堂举行。来自社会各界的800余名代表对全市52家行政执法单位的政风行风建设进行测评。市质量技术监督局、发改委、科技局以及国税局、财政局、气象局分获3个组的第一、二名;市食品药品监督管理局、物价局、烟草局分获3个组末名。市委书记陈君文参加大会。

17日　全市推进教育强市工作会议召开。会议明确,到2015年,基本实现教育现代化,基本形成学习型社会,率先在全省建成教育强市。市委书记陈君文出席会议并讲话,市委副书记、市长王群部署教育强市工作。

△　在第五届中国全面小康论坛上,株洲市芦淞区获得“2010年中国全面小康成长型百佳县市”称号,成为株洲市在本届论坛上唯一获此荣誉者。

19日　空军司令部向省人民政府复函同意设立株洲临时起降点,株洲通用机场(临时起降点)建设取得了准入证,进入正式建设阶段。这次批复结束了株洲无机场历史,对株洲通用航空产业的发展具有划时代的意义。通用机场选址芦淞区五里墩乡境内,一期工程预计投资近2亿元,计划2011年底完成一期工程建设。

△　世界最大釉下五彩版画在醴陵问世,由醴陵亚太陶瓷厂成功制作,版画长4.23米,宽1.73米。

20日　全省城市交通管理工作会议在株洲召开。副省长刘力伟、公安部交管局副局长刘钊出席会议并讲话。市委书记陈君文致辞。市委副书记、市长王群介绍株洲市城市交通管理工作经验。

△　市委副书记、市长王群主持召开政府常务会议,讨论并原则通过了《政府工作报告》(送审稿)、《株洲市2010年国民经济和社会发展计划执行情况与2011年计划草案的报告》(送审稿)、《株洲市市级2011年财政收支预算》(草案)。

21日　炎陵县被全国爱国卫生运动委员会命名为“国家卫生县城”,这是株洲市首个国家级卫生县城。

22日　“学习贯彻中央和省委‘十二五’规划建设,加快推进湖南‘四化两型’建设”专题报告会,在株洲市委礼堂举行。市委书记陈君文参加报告会。

△　市政府与湖南工业大学签订科技合作协议,共同打造“包装工业园”和“湖南工业大学科技城”,并签约11项市校合作项目。市委书记陈君文,市委副书记、市长王群出席签约仪式。

23日　市委书记陈君文主持召开市委经济工作务虚会。他强调突出保增长、保质量、保民生“三保”,实现“六新”,推进株洲科学跨越发展。市委副书记、市长王群出席会议并讲话。

24日　市政协召开七届十四次常委会议,协商七届四次全会相关事宜。市委书记陈君文出席会议并讲话,市政协主席刘岁文主持会议。

26日　芦淞大桥正式建成通车。大桥东连芦淞区红港路,西接天元区庐山路。主桥桥型为三跨拱梁钢构组合体系，全桥主线全长2495.6米，其中主桥总长1821.6米，宽33米，双向6车道。工程概算总投资7.1亿元。

△ 北京汽车株洲基地落成暨BC301Z轿车下线庆典隆重举行。省委书记、省人大常委会主任周强，省委常委、省委秘书长杨泰波，省人大常委会副主任、省发改委主任蒋作斌，副省长陈肇雄，市委书记陈君文，北汽集团党委书记、董事长徐和谊，北汽集团副董事长吕振清出席典礼，并共同开启BC301Z轿车下线仪式启动器。市委副书记、市长王群主持庆典仪式。

△ 荷塘大道项目举行开工仪式。市委书记陈君文宣布项目正式开工。市委副书记、市长王群参加开工典礼。荷塘大道以现有的S211沪昆联络线为基础进行扩建改造，南接新华东路，北接茶马线，与沪昆高速相交，全长4.27公里，路幅宽100米，其中主路宽60米，两侧绿化景观带各20米宽，工程概算总投资约6.3亿元。

29～30日 市十三届人大常委会举行第二十一次会议。会议听取了办理、督办市十三届人大三次会议及闭会期间代表建议、批评和意见情况的汇报。会议讨论了《政府工作报告(征求意见稿)》；讨论了《市人大常委会工作报告(征求意见稿)》，并提出了修改意见。会议通过了有关人事事项，决定任命杨玉芳为市人民政府副市长。

30日 市公安局综合办公大楼正式启用，市委书记陈君文，市委副书记、市长王群参加揭牌仪式。

△ 全市公安会议召开。会议提出，2015年，株洲将建成全国平安城市，群众安全感和满意度分别提升到87.85%和76.63%。

31日 市委经济工作会议在市委礼堂隆重召开。会议的主题是，认真贯彻中央、省委经济工作会议精神，总结2010年工作，部署2011年任务，动员全市上下加快转变发展方式，推进“两型”社会建设，努力实现“十二五”发展的良好开局。市委书记陈君文作工作报告，市委副书记、市长王群主持会议。

△ 株洲市“数字环保”工程方案通过专家评审。根据方案，株洲市将建设国内一流、省内第一的“数字环保”体系，实现环境监视可视化，环境信息采集、管理数字化，环境决策科学化。

△ 株洲市政府网站获地市级2010年度“中国政府网站优秀奖”，成为全省在这一级别唯一获此殊荣的地级市。

综　　述

人口状况

2010年，全市共有1136576户，比2009年增加15808户，增长率为14.10‰；全市总人口3875509人(其中城镇人口1061689人)，比2009年底增加7648人，增长率为0.19%；全市出生58174人，出生率为15.01‰；死亡58787人，死亡率为15.17‰；迁入33130人，迁出26318人；人口自然下降613人，机械增长6812人。在全市总人口中，男性为1978997人，女性为1896512人，性别比为104.35∶100，从绝对数来看，全市男性比女性多82485人。全市总人口中，天元区157305人，芦淞区191533人，荷塘区210965人，石峰区247278人，株洲县457417人，醴陵市1032290人，攸县784490人，茶陵县604617人，炎陵县189614人。

(雷　羽)

气候特点与气象灾害

气候特点

2010年是近10年来株洲地区极端天气气候事件发生频率、强度及影响最大的一年。全年出现极端降水事件的站(次)数为近10年来最多，全年株洲地区出现7次暴雨或大暴雨过程。12月共发生7站(次)暴雨，为历史罕见。除暴雨以外，5月出现长达11天的低温连续强降水过程。9月下旬出现长达8天的低温寒露风天气。夏季高温日数为1971年以来最多，夏季平均最高气温为1971年以来最高。尤其是雨水集中期结束后，株洲地区出现持续晴热高温天气，湘江水位持续走低，11月17日水位降至29.13米，再创历史新低，这是自2005年以来湘江株洲段水位连续6年刷新历史最低水位。2010年株洲地区气象灾害偏多。

2010年，株洲地区为异常偏暖年，年平均气温18.5℃，比常年偏高0.9℃；平均年降水量为1769.7毫米，较常年偏多293.3毫米。气温异常偏高，降水偏多，日照时数正常，极端高温和极端降水呈同时多发的特点。年内平均气温高、光照足、降水偏多，对农业属于正常年景。天气条件较适宜，树木生长情况较好，森林火险等级低，对林业属于偏好年景。入春较早、入冬正常，气温高、雨日少，对旅游而言是一个好年景。综上所述，2010年株洲地区气候年景正常。　(廖莉芝　张剑明)

【气温】　2010年，株洲地区年平均气温18.5℃，较常年偏高0.9℃，比上年偏低0.2℃，属异常偏高年份，仅次于1998年、2007年和2009年的第4高值。冬季平均气温8.3℃，较常年偏高1.3℃，比上年偏低0.4℃，为偏高年份。各县市冬季平均气温在7.3℃(株洲)~8.9℃(炎陵)之间，气温空间分布大致是西北部低、南部高。冬季平均气温距平北部低、南部高。春季平均气温17.2℃，较常年偏高0.2℃，比上年偏低0.8℃，为正常年份。各县市春季平均气温在16.9℃(醴陵)~17.5℃(茶陵)之间，气温空间分布大致是中部高、东北和南部低。夏季平均气温28.3℃，较常年偏高0.7℃，比上年偏低0.2℃，为偏高年份。各县市夏季平均气温在27.0℃(炎陵)~28.9℃(攸县)之间，气温空间分布大致是北高南低。秋季平均气温19.5℃，较常年偏高0.8℃，比上年偏低0.3℃，为偏高年份。各县市秋季平均气温在18.7℃(炎陵)~20.0℃(茶陵)之间，气温空间分布大致是北高南低。各县市4月、6月和10月偏低，其余月份均偏高。株洲各县市月平均气温在6.9℃(1月，株洲)~31.3℃(7月，攸县)之间。其中2月株洲(30.9℃)、攸县(31.3℃)和炎陵(31.7℃)最高气温为建站以来同期最高；8月醴陵(40.5℃)最高气温为建站以来同期最高气温，株洲(40.3℃)最高气温为建站以来同期第二高温。2010年株洲地区≥35℃天数为53.2天，较常年偏多20.7天，比上年偏多5.8天，属偏多年份。2010年极端最高气温为40.5℃，出现在8月6日，年极端最低气温-3.3℃，出现在12月17日。

(廖莉芝　张剑明)

【降水】　2010年，株洲地区平均年降水量为1769.7毫米，较常年偏多293.3毫米，为正常年份，较上年偏多720.8毫米。平均年雨日162.8天，较常年偏少4.8天，较上年偏多23.2天，属正常年份。各县市年降水量在1505.3毫米(茶陵)~2037.3毫米(醴陵)之间，年降水量的空间分布为北多南少。各县市冬季降水量为194.0毫米，较常年偏少34.5毫米，较上年偏多97.2毫米，属正常年份。各县市冬季降水在162.9毫米(攸县)~227.7毫米(醴陵)之间，冬季降水的空间分布为中部少、南北多。

春季平均降水量为791.0毫米，较常年偏多219.8毫米，较上年偏多339.2毫米，属偏多年份。各县市春季降水在638.3毫米(炎陵)~958.5毫米(醴陵)之间，春季降水的空间分布为北多南少。夏季平均降水量为484.2毫米，较常年偏多30.8毫米，较上年偏多68.6毫米，属正常年份。各县市夏季降水在377.2毫米(茶陵)~573.5毫米(醴陵)之间，夏季降水的空间分布为北多南少。秋季平均降水量为178.4毫米，较常年偏少44.9毫米，较上年偏多53.7毫米，属正常年份。各县市秋季降水在135.3毫米(茶陵)~263.4毫米(醴陵)之间，秋季降水的空间分布为中部偏多。从各月降水距平百分率分布来看，2月、7月、8月、10月和11月大部分县市降水量较常年同期偏少40%以上。12月各县市降水量较常年同期偏多250%以上;4月攸县、茶陵和炎陵，5月株洲和醴陵，6月醴陵和炎陵，9月株洲降水量较常年同期偏多80%以上。其中4月攸县(454.3毫米)降水量为建站以来最多，茶陵(383.8毫米)和炎陵(380.8毫米)降水量为建站以来第二多;5月醴陵(493.2毫米)降水量为建站以来最多;12月株洲(179.7毫米)、醴陵(205.4毫米)、攸县(179.2毫米)降水量为建站以来最多，茶陵(167.8毫米)和炎陵(147.6毫米)降水量为建站以来第二多。从各月雨日距平分布来看，1月、4月、6月和9月大部分县市雨日较常年偏多;2月、4月、7月、8月和10月大部分县市雨日较常年偏少。其中9月雨日较常年同期偏多4天以上;2月和3月雨日较常年同期偏少4天以下。 (廖莉芝 张剑明)

【日照】 2010年，株洲地区冬季日照时数为203.5小时，较常年偏少35.1小时，较上年偏少85.3小时，日照时数偏少。株洲各县市年日照时数在1409.1小时(攸县)~1638.0小时(醴陵)之间。与常年相比南部日照时数偏多，北部正常，中部偏少。其中攸县偏少130.2小时，茶陵偏少64.3小时，其余县市偏多37.6小时(株洲)~133.1小时(炎陵)之间。冬季日照时数为203.5小时，较常年偏少35.1小时，较上年偏少85.3小时，日照时数偏少。春季日照时数为313.3小时，较常年偏多28.6小时。夏季日照时数为607.6小时，较常年偏多8.6小时，较上年偏少26.0小时，日照时数正常。秋季日照时数为379.4小时，较常年偏少41.6小时，较上年偏少95.2小时，日照时数偏少。从各月日照时数分布来看，1月、6月、9月和10月日照偏少;4月和5月日照基本正常;3月、7月、8月、11月和12月日照偏多。 (廖莉芝 张剑明)

气象灾害

【寒潮、雨雪】 1月，冷空气活动较频繁，阴雨天数较多，前半月冷空气活动频繁且势力较强，气温较低且起伏较大。其中:1~2日、4~6日、9~10日、14日晚~16日、21~23日、26~31日共出现6次明显阴雨天气过程，其中4~6日受北方南下的强冷空气及高空低槽共同影响，出现一次雨雪、冰冻天气过程。 (廖莉芝 张剑明)

【2月、8月气温破历史纪录】 2月，各县市平均气温均偏高，月内气温变幅大，月最高气温北高南低，在30.7℃(醴陵)~31.7℃(炎陵)之间，较历史同期最高气温醴陵偏低0.3℃、茶陵偏低0.1℃、株洲偏高1.8℃、攸县偏高0.9℃、炎陵偏高0.4℃，破历史同期最高气温。8月平均气温较历年除炎陵正常，其余各县市均显著偏高，月最高气温南高北低，在38.4℃(炎陵)~40.5℃(醴陵)之间，较历史最高气温醴陵偏高0.2℃，其余县偏低0.2℃(株洲)~3.2℃(炎陵)之间。其中醴陵(40.5℃)最高气温为建站以来最高气温，株洲(40.3℃)最高气温为建站以来第二高温。 (廖莉芝 张剑明)

【暴雨洪涝】 2010年，各县市年总暴雨次数在3次(茶陵)~8次(醴陵、攸县)之间，暴雨次数的空间分布大致是北多南少。年总暴雨次数较历年除茶陵(0.3次)偏少外，其余各县市均偏多，为3.1次(炎陵)~4.4次(攸县)之间。全年株洲地区出现5次较大暴雨降水过程，尤其是12月共发生7站(次)暴雨，为历史罕见。全年暴雨致使全市5县市113个乡镇126.6万人受灾，倒塌房屋2470间，直接经济损失16.78亿元，其中水利设施损毁5.62亿元。

局地暴雨洪涝(攸县4月17日，炎陵县4月21日，醴陵市5月6日):4月17日20时~4月18日20时受强冷空气与暖湿气流共同影响，攸县24小时降水69.3毫米，加上4月初以来持续阴雨天气，4月1~18日攸县累计降水量达到364.5毫米，降水明显偏多，山塘、水库蓄水爆满，水位呈高位态势，全县各乡镇出现不同程度的洪涝灾情。全县受灾人口5.81万人;农作物受灾面积2950公顷，成灾面积2060公顷，绝收面积890公顷;房屋倒塌260间，其中居民住房134间、41户;造成直接经济损失2350万元，农业直接经济损失1310万元。4月21日14时~22日8时，炎陵普降大雨，部分乡镇出现暴雨，县城降雨量达64.4毫米，同时伴有雷电等强对流天气，造成该县鹿原、三河、东风、船形等乡镇出现灾情。全县受灾人口2000人，成灾人口850人，紧急转移安置人口36人;直接经济损失150余万元，其中农业直接损失50余万元。5月6日，醴陵普降暴雨、局地出现大暴雨天气。醴陵市区降雨量达147.5毫米。区域自动站显示，100毫米以上的有7个站，其中醴陵玉茶监测站(181.1毫米)降水量最大。因连续降雨，导致山洪暴发、河水猛涨、山体滑坡、交通堵塞，造成醴陵30个乡镇、298个村不同程度受灾，受灾人口50万人，成灾人口30万人，紧急转移安置4500人，因灾死亡2人;农作物受灾面积2.6

万公顷,成灾面积1.2万公顷,绝收面积7000公顷;倒塌房屋103栋415间,损坏房屋520间;山体滑坡82处,损毁渠道、堤防220处,直接经济损失达1.65亿万元,其中:农业直接经济损失4500万元,水利设施经济损失9800万元。

第一次暴雨过程(5月13日):5月13日,株洲市区、醴陵市和株洲县出现一次强降水过程,24小时株洲市区降水达157.0毫米,醴陵市降水120.6毫米。区域自动站显示:5月12日20时~14日08时有56站降水超过50毫米,其中有28站降雨超过100毫米,有3站降水超过200毫米,最大为株洲县鸿仙中学207.6毫米。此次暴雨降水时间较为集中,导致山体滑坡,城市出现内涝。造成62个乡镇(街道),590个村不同程度受灾;受灾人口37.4万人,紧急转移安置10899人;农作物受灾面积1.53万公顷,成灾面积8800公顷;倒塌房屋1159间,损坏房屋4385间;山体滑坡1901处,损毁渠道、堤防226处,损毁塘坝341处,鱼塘过水150口;造成直接经济损失达4.27亿元。

第二次暴雨过程(5月21~22日):5月20~22日除茶陵外,其余县市先后出现一次暴雨天气过程,其中攸县48小时降水量82.6毫米,县内各乡镇普遍降水在50毫米以上,导致攸县全县不同程度受灾,受灾村285个,受灾人口7.84万人,农作物受灾面积3077公顷,绝收面积637公顷,倒塌房屋57户223间,损坏房屋178户595间;山体塌方1028处,冲毁路面41.9公里,毁坏桥梁36座,损坏水库7座,冲毁鱼塘283口;造成直接经济损失3921万元。

第三次暴雨过程(6月19~20日):6月19日20时~20日08时,12小时内降雨量株洲市区66.1毫米,醴陵市87.5毫米,攸县99.2毫米,茶陵县79.0毫米,炎陵县74.1毫米。全市区域自动站有56个站超过50毫米,5个站超过100毫米,最大降水出现在炎陵县县鹿原123.9毫米。各县市出现不同程度的灾情,其中15.45万人受灾,紧急转移人口4985人,;农作物受灾面积1.34万公顷,绝收1020公顷;倒塌房屋459间,损坏房屋281间,死亡大牲畜400头;山体滑坡89处,河堤塌方890多米,损坏堤防76处、护岸190处、水闸5座、灌溉设施262处、机电泵站35座、损坏塘坝107口,损坏渠道12000米,造成供电中断11条次、冲断公路21条次、通讯中断28条次,35个工矿企业停产;全市直接经济损失3.95亿元。

第四次暴雨过程(6月23~24日):6月23日08时~6月24日20时,株洲地区出现一次较强降水过程,强降雨主要集中在北部株洲市区、醴陵市、株洲县和攸县。36小时降雨量株洲110.3毫米,醴陵市187.2毫米,攸县76.1毫米,茶陵县22.1毫米,炎陵县17.7毫米。全市有68个区域自动站降水超过50毫米,31个区域自动站降雨超过100毫米。此次强降雨全市共有57个乡镇不同程度受灾,受灾人口113.1万人,因灾死亡1人,紧急转移安置35049人,农作物受灾面积42698公顷,经济作物损失3888公顷,损坏房屋3431间,倒塌房屋4351间,全市因灾直接经济损失达6.37亿元。

第五次暴雨过程(12月12~15日):12月12~15日,株洲地区出现一次历史罕见的强降水过程,全市共发生7站(次)暴雨。11日20时~15日20时,降雨量株洲市区158.5毫米,醴陵市176.5毫米,攸县149.4毫米,茶陵县134.3毫米,炎陵县108.5毫米。本次过程影响时间较长,降水比较均匀,株洲地区未出现灾情。这次降水缓解了前期出现的干旱天气。

(廖莉芝　张剑明)

【干旱】 7月,受副热带高压控制,株洲天气以晴热高温为主,降雨量明显偏少,蒸发量偏大,江河水位持续回落,全市旱情严重。出现5段全市大范围连续5天大于35℃以上的高温时段,全市局部地区连续无有效降雨日数达30天以上。根据干旱级别划分标准,自7月下旬开始,炎陵及茶陵的局部地区首先出现轻旱;8月中旬末,全市绝大部分地区出现中旱;至8月下旬北部的市区、株洲县、醴陵市旱情基本解除;至9月30日,仅攸县、茶陵县局部地区维持轻旱;10月份,全市农业旱情基本缓解。但由于上游降雨减少,湘江株洲段水位持续下降,11月8日湘江出现历史最低水位29.14米,连续6年刷新历史最低,沿湘江城乡安全用水受到威胁。

(廖莉芝　张剑明)

【雷电灾害】 2010年,株洲地区主要发生雷击事件5起,死亡2人,直接经济损失41.02万元。3月3日晚上12点左右,芦淞区五里墩乡白井村钟家湾组殷仁义家的电冰箱、电视机、所有的接电盒、开关、电源线几乎全部被雷电毁坏,房屋的墙壁被雷击了几个大洞,无人员伤亡。6月19日晚上9时前后,醴陵市金狮花炮制作厂制引车间遭受雷击,车间设备全部受毁,直接经济损失2.4万元。6月27日晚上7时58分,醴陵市白兔潭镇栎塘村3家花炮厂遭受雷击,30户村民受灾,直接经济损失38.4万元。7月23日下午16点50分左右,茶陵县腰陂镇马加村遭受雷击,造成1人死亡。8月5日19点40分左右,炎陵县策源乡长兴村1人在家遭雷击死亡,直接经济损失2200元。

(廖莉芝　张剑明)

【龙卷大风】 7月22日18时40分左右,醴陵市王仙镇清潭村雷雨过后刮起龙卷风,造成一个3000平方米活动板房被龙卷风掀起卷到百米以外的河道上,近20台施工机械不同程度受损,有15人受伤,其中1人重伤。

(廖莉芝　张剑明)

水文状况

2010年,株洲市市区年平均降水量1912.6毫米,折合水量215.4亿立方米,比多年平均偏多26.7%;地表水资源量133.01亿立方米,折合年径流深1181.1毫米,比多年平均多30.0%,地下水资源量32.32亿立方米,扣除重复计算量32.32亿立方米,水资源总量(不包括入境流量)133.01亿立方米。

2010年全市范围属丰水年份,但降雨时空分布不均,北部比南部稍多;渌水中、上游流域较其他地区多。降雨集中期在4~6月,占汛期总降雨量的77.5%;旱涝较明显,降雨集中期结束后,受副高控制,天气以晴热高温为主,7月下旬开始,全市出现不同程度干旱。受降雨影响,湘江株洲站发生3次超警洪水;渌水大西滩站发生5次超警洪水(其中4次超保证水位),6月25日渌水大西滩站发生超历史洪水,洪水重现期略超30年一遇;洣水龙家山站发生1次超警洪水。汛期全市范围出现5次较强降雨过程。

6月16~25日,受中低层切变、高空低槽影响,湘江及其支流渌水、洣水区域内普降大到暴雨,受降雨影响,河漠水炎陵水文站、洣水龙家山水文站、南川水潼塘水文站、铁水泗汾水文站、渌水大西滩(二)水文站、湘江干流株洲水文站均出现全年最高洪水位,其中渌水大西滩(二)水文站6月25日出现设站以来最高洪水,洪峰水位达54.50米。

7月后,由于辖区内降水减少,泗汾站在8月出现年最低水位,龙家山站在10月份出现最低水位,炎陵、株洲、大西滩(二)、潼塘四站在11月出现全年最低水位,其中株洲站出现设站以来历史最低水位29.13米。为确保下游用水安全,省防指多次发布湘江枯水预警,并启动湘江干旱期水资源调度方案,主要通过东江水库和大源渡航电枢纽、株洲航电枢纽调水,补充湘江来水量。

2010年株洲市主要河流水文状况:湘江干流株洲水文站年降雨量为1691.4毫米,6月25日出现最高水位42.13米,6月22日出现最大流量16700立方米/秒。受降水偏少影响,株洲站11月17日出现历史最低水位29.13米,9月20日最小流量465立方米/秒,年径流量6796亿立方米。

渌水干流大西滩(二)水文站年降雨量为2038.7毫米,年最高水位54.50米,最大流量2810立方米/秒,均发生在6月25日。最低水位46.02米,最小流量8.70立方米/秒,均发生在11月6日。

铁水泗汾水文站年降雨量为1889.3毫米,最高水位56.74米,最大流量1260立方米/秒,均发生在6月24日。最低水位50.81米,最小流量9.51立方米/秒,均发生在8月5日。

南川水潼塘水文站年降雨量为1939.9毫米,最高水位97.88米,最大流量846立方米/秒,均发生在6月24日。最低水位93.54米,最小流量1.76立方米/秒,均发生在11月8日。

洣水龙家山水文站年降雨量为1602.4毫米,最高水位95.73米,最大流量2070立方米/秒,均发生在6月21日。最低水位90.56米,最小流量5.62立方米/秒,均发生在10月27日。

河漠水炎陵水文站年降雨量为1794.7毫米,最高水位91.24米,最大流量990立方米/秒,均发生在6月20日。最低水位86.07米,最小流量3.00立方米/秒,均发生在2月4日。

(胡良贵)

市十大基础工程、市十大产业项目、市10件实事完成情况

2010年,市十大基础工程主要包括:完善区域交通网;完善城市“四张大门”;建成湘江五桥(芦淞大桥),形成城市内环;建设湘江风光带河西城区段,提升城市品位;力争建成市中心医院并投入使用,改善就医条件;完善城市路网;提升垃圾无害化和污水处理水平;加快建设神农城,打造城市名片;提升物流优势;加快职教城建设步伐,打造“中部地区职业教育创新之都”。市十大产业项目主要包括:建设千亿产业园,打造轨道交通千亿产业集群;实现南车时代百亿工程,打造行业旗舰;完成北汽控股南方生产基地建设,实现轿车下线;推进湖南华强科技文化产业基地建设,力争一期工程开园面世;加快攸县煤电一体化项目建设,力争完成攸县电厂项目主体工程;加大有色产业技改力度,形成精深加工基地;加快航空城建设,发展民用航空高技术产业;基本建成风电产业园,培育战略性新兴产业;加速釉下五彩陶瓷创意产业园建设,打造百亿产业园区;打造文化娱乐休闲胜地。市10件实事主要包括:积极扩大就业;破解就医难题;改善就学条件;加强住房保障;完善社保体系;保护生态环境;新建改造农贸市场;创建平安株洲;加强社会救助;保障食品安全,健全食品药品质量安全监管体系。经过一年的努力,市十大基础工程、市十大产业项目、市10件实事全面完成任务。

(邹鹍彪)

2010年株洲市十大基础工程完成情况

表1

序号	工作任务		完成情况
1	完善区域交通网	建成长株高速	竣工通车
		加快浏醴高速公路建设	浏醴、醴茶、炎汝高速分别完成投资1.52亿元、23.04亿元和8.5亿元,全面完成征地拆迁和杆线搬迁工作
		加快醴茶高速公路建设	
		加快炎汝高速公路建设	
		加快炎睦高速公路建设	完成投资2.73亿元
		加快泉南高速茶陵段建设	全年完成投资6.18亿元,全面完成征地拆迁
		加快分炎高速公路建设	全年完成投资2.5亿元,全面完成征地拆迁扫尾工作
2	完善城市“四张大门”	建成迎宾大道	全年完成投资1.8亿元,迎宾东路基本实现通车,迎宾西路路基全线拉通
		建成株洲大道延伸段	累计投资5.2亿元,基本实现全线通车
3	建成湘江五桥(芦淞大桥),形成城市内环		竣工通车
4	建成湘江风光带河西城区段,提升城市品位		实现大景观开园
5	力争建成市中心医院并投入使用,改善就医条件		累计投资5.2亿元,基本完成主体装修工程
6	完善城市路网	打通长江路	长江西路启动建设,长江南路基本完成路基、沥青路面和公用管线工程。
		打通铜霞路	累计完成投资2.976亿元,正式通车
		打通株醴路	已开工建设
		打通石宋路	已开工建设
		启动云龙大道建设	已开工建设
		启动荷塘大道建设	已开工建设
		启动航空大道建设	已启动建设
7	提升垃圾无害化和污水处理水平	建设垃圾焚烧发电厂	已开工建设
		建设重金属工业废水处理厂	完成征地拆迁,基本完成主要工艺构筑物主体建设
8	加快建设神农城,打造城市名片。		神农广场正式开放
9	提升物流优势	加快铜塘湾港区建设	已启动建设
		加快物流园区建设	芦淞服饰物流园完成征地拆迁,已开工建设;株洲国际物流保税中心已向省里申报
10	加快职教城建设步伐,打造“中部地区职业教育创新之都”		已有7所院校入园,其中5所在建

(邹鹍彪)

2010年株洲市十大产业项目完成情况

表2

序号	工作任务	完成情况
1	建设千亿产业园区,打造轨道交通千亿产业集群	设计完成中国轨道交通城图纸,《株洲轨道科技城总体规划》通过省环科院评审;启动田心高科园标准厂房建设,批回土地90.73公顷;启动金山工业园二期土地开发
2	实现南车时代百亿工程,打造行业旗舰	栗雨工业园风电总机基地一期建成投产,实现销售收入12.55亿元;时代新材新产业园开工建设;电动汽车产业化项目一期建成投产,实现销售收入4亿元;时代电气IGBT项目建成投产,实现销售收入57亿元
3	完成北汽控股南方生产基地建设,实现轿车下线	完成主体厂房建设和设备安装、调试,实现批量出车
4	推进湖南华强科技文化产业基地建设,力争一期工程开园面世	完成征地拆迁和内外环道路建设,21个大型单位全部开工建设,基本建成第一个主题公园(方特欢乐世界)建筑主体

续表 2

序号	工作任务	完成情况	
5	加快攸县煤电一体化项目建设,力争完成攸县电厂项目主体工程	取得国家发改委“上大压小”新建工程项目核准批复,已开工建设	
6	加大有色产业技改力度,形成精深加工基地	株冶直接炼铅项目全年投资4.13亿元,土建工程完成80%,直接浸出锌项目投产达效,集团实现年销售收入110亿元;株硬超精细项目全年投资4200万元,完成厂房建设和设备安装,部分建成投产,集团实现年销售收入54亿元	
7	加快航空城建设,发展民用航空高技术产业	中航湖南通用航空发动机有限公司项目完成项目签约和公司注册;株洲通用机场临时起降点项目取得空军司令部批复;山河智能通用航空产业项目完成项目签约和土地报批	
8	基本建成风电产业园,培育战略性新兴产业	南车时代风电产业基地正式建成投产	
9	加速釉下五彩陶瓷创意产业园建设,打造百亿产业园区	全年完成投资2.4亿元,完成项目规划设计,12家陶瓷企业入园,启动路网工程建设	
10	打造文化娱乐休闲胜地	加快建设神农福地	已启动和一国际大酒店建设,基本完成坎平路路基建设
		加快建设湘水湾生态公园	全年完成投资5.79亿元,已开工建设

(邹鹍彪)

2010年株洲市10件实事完成情况

表 3

序号	工作任务	完成情况
1	积极扩大就业	新增城镇就业人员5.07万人,为年任务112.7%;失业人员再就业人数2.65万人,为年任务120.5%;城镇“零就业家庭”援助实现动态援助100%;新增农村劳动力转移就业人数6.89万人,为年任务104.4%
		移民培训人数3199人,为年任务139.1%
2	破解就医难题	新型农村合作医疗参合率95.34%,完成年任务
		城镇居民医疗保险住院医疗费补偿率56%,新型农村合作医疗住院补偿率63.46%,完成年任务
		城区及株洲县已全面启动基本药物零差价销售,完成年任务
3	改善就学条件	建设义务教育合格学校20所,为年任务100%;资助家庭贫困学生人数3.57万人,为年任务216.3%
		建设农家书屋600家,为年任务100%
4	加强住房保障	新增廉租住房7115套,为年任务116.9%;新增廉租住房租赁补贴家庭3541户,为年任务354.1%
		新建农村安居房1100栋,为年任务110%
		农村危房改造1000栋,为年任务100%
5	完善社保体系	云龙示范区、城市4区均已启动新型农村养老保险参保工作,新增参保26.1万人,为年任务100.3%
		新增企业养老保险参保人数8.8万人,为年任务135%;稳定城镇居民医疗保险参保人数71.27万人,为年任务104.8%
		城区低保保障线标准提高到300元,农村人均低保月补标准提高到53元,完成年任务
6	保护生态环境	“一江四港”治理,对湘江株洲段采砂市场、非法餐饮船进行了整治,完成了霞湾港水变清一期工程、老霞湾港重金属污染治理工程,湘江株洲段保持国家Ⅲ类以上水质,完成年任务
		林权发证率94.08%,城镇污水处理率88.2%,城镇生活垃圾无害化处理率100%,完成年任务
		移民避险和改善生存环境搬迁人数148人,为年任务194.7%;完成病险水库出险加固9座,为年任务100%
		新增混合动力公交车260台,为年任务100%

续表3

序号	工作任务	完成情况
6	保护生态环境	新建农村沼气池8161口,为年任务136%
		行政村实现互联网宽带上网107个,为年任务100%;新建农村综合信息服务示范点90个,为年任务100%
		新增通电话自然村69个,为年任务116.9%
		建设清洁工程示范村7个,为年任务100%
7	新建改造农贸市场	城区新建改造农贸市场21个,为年任务105%;县市农贸市场示范点5个,为年任务100%
		建设农民专业合作社省级示范点6个,为年任务100%
8	创建平安株洲	重点单位、要害部位技防设施安装联网率100%,完成年任务
		城市治安电子防控系统建设安装监控摄像机317个,为年任务105.7%
		为困难群众办理法律援助案件1536件,为年任务128%
		新建乡镇到村水泥(沥青)路1020公里,为年任务510%
9	加强社会救助	基本完成市儿童社会福利院和市救助管理站迁建工程主体建设,完成年任务
		新建和改扩建敬老院6所,五保对象集中供养率达28%,完成年任务
		对186名0~6岁贫困残疾儿童进行抢救性康复,为年任务128.3%
10	保障食品安全,健全食品药品质量安全监管体系	蔬菜农药残留超标率低于1.33%,生猪“瘦肉精”未检出1例,完成年任务
		基本药物目录考核品种质量合格率99.7%,完成年任务
		解决农村饮水不安全人数13.98万人,为年任务107.54%

(邹鹃彪)

“两型”社会建设

2010年,株洲市紧扣“两型”主题,大力推进“两型”社会建设改革工作。

一、重点领域和关键环节改革。

(一)统筹城乡发展改革。建立健全改革推动机制,正式组建领导小组办公室;定期召开6次统筹办主任及试点单位负责人联席会、试点工作碰头会等;安排统筹办人员进驻试点蹲点、指导。创新性制订《株洲市统筹城乡发展改革总体方案》和9个专项方案,并先后经市政府办公会议、市委常委会讨论通过,市委、市政府以株发〔2010〕10号文件下发《关于推进统筹城乡发展改革的意见》。认真测算改革成本,围绕将城区21.8万农业人口转为居民户口进行成本测算。扎实推进试点工作,确定6个区域15个村(社区)先行试点,着重在公共服务均等化、土地利用集约化、产业发展集聚化等方面力争突破,形成了全市统筹城乡发展改革的特色。

(二)投融资体制改革。积极推进投融资主体组建工作,交发集团已完成公司注册登记。教投集团组织构架调整完成,成立了全资子公司株洲云龙房地产开发公司;云发集团完成华强、云峰湖片区开发、园区开发、龙母河流域开发、房地产开发、基础设施建设等子公司组建工作;天易集团已完成天易房地产开发公司组建任务,神农城商业经营管理公司和神农城文化旅游产业公司组建工作有序推进;成功组建市第一家股权投资基金——湖南伟大股权投资基金。积极发展上市公司,确定25家企业为拟上市公司,其中“天桥起重”成功上市,唐人神已获准上市。积极推进地方金融改革,湖南炎陵农村商业银行股份有限公司成为省内第一家由县级农村信用合作联社改制的农村商业银行;市商业银行积极参加“四行一社”重组,成立了华融湘江银行株洲分行;银太等7家小额贷款公司获批正式营业,全市小额贷款公司达到8家,全年共发放贷款逾2亿元,294家(次)中小企业受惠。大力创新农村金融管理机制和金融方式与信贷产品,涌现出土地使用权质押贷款、商铺经营权质押、商标权质押、应收账款质押贷款等20多种产品和模式。全年累放贷款22亿元,余额17.6亿元。天元区壹加玖水果种植专业合作社以土地流转证抵押贷款290万元;湘江生态农业公司以“黄三爷”商标质押贷款150万元;株洲天地龙电源科技公司以核心专利—“超级蓄电池用双性极板”向浦发银行成功质押贷款500万元。

(三)土地经营制度改革。创新土地储备管理。市政府常务会议、市委常务会议讨论通过《株洲市地产集团组建方案》,地产集团组建有序推进。制定了《株洲市土地储备暂行办法》、《株洲市人民政府关于进一步加强土地储备工作的意见》,组织报批储备土地120人公顷。制定《株洲市土地经营制度改革实施方案》、《株洲市城乡建设用地增减挂钩工作实施细则》、《株洲市城乡建设用地增减挂钩工作资金管理办法》和《株洲市农村建设用地复垦指标置换和交易管理办法》及其配套政策。醴陵市已完成100公顷废弃宅基地复垦和验收；土地流转有序推进，全市流转农村土地253333公顷，占全市农用地面积的28.5%，其中流转耕地5.36万公顷，占耕地面积的33.5%。强化节约集约用地，制定下发《株洲市土地节约集约利用评价体系实施办法》、《株洲市村庄土地利用专项规划要点》；建立了各类建设用地定额指标体系、土地节约集约利用评价体系、土地节约集约利用奖励机制。

（四）城区建设体制改革。探索建立城市建设和管理新体制，印发《株洲市推进城区建设体制改革意见》，明确改革的基本原则、市区两级城建事权和财权职责划分，构建科学规范、权责明确、管理有序、资源共享、运转协调、监管到位的城区建设体制。

（五）医药卫生体制改革。下发《株洲市医药卫生体制改革实施方案》（株发〔2010〕2号）；出台《株洲市基本医疗保障制度建设方案》、《株洲市基层医疗卫生服务体系建设方案》、《株洲市建立国家基本药物制度实施方案》、《株洲市基本公共卫生服务均等化方案》等配套方案；覆盖城乡的医疗保障制度基本建立，参合农民261.3万人，参合率95.34%；启动国家基本药物制度试点，全市47个基层医疗机构实行了基本药物网上统一采购和"零差率"销售，覆盖人口157.4万人，基层医疗机构次均门诊药品费用下降35.2%、次均住院药品费用下降36.9%。基层医疗卫生服务体系进一步健全，全市113所乡镇卫生院全部完成新改扩建任务。

（六）公立医院改革。市政府印发了《株洲市公立医院改革试点实施方案》（株政发〔2010〕13号），财政补偿、绩效工资、医保基金支付、公立医院人员编制等13个相关子方案已编制形成初稿。推进了市政府主办的2家公立医院改革试点，并在推进企业医院改革、构建三级医疗服务体系、改革公立医院管办体制和补偿机制等方面进行了有效的探索。推行了门诊统筹和市、县、乡三级医疗机构"即生即补"。其中市三三一医院、恺德微创医院通过改革分别通过了三级综合医院和三级心血管专科医院省级评审，成为国企医院改制典型。

（七）户籍制度改革。《株洲市户籍管理制度改革实施方案》获市政府办公会通过并发文（株政发〔2010〕31号）；争取省公安厅针对全市户籍管理制度改革专门开发了一套应用系统；对城区8个试点村开展摸底调查，摸清了人口底数；天元区率先启动户籍制度改革，已完成16个村的户改工作。

（八）省直管县财政体制改革。下发《关于省以下财政体制调整后城市五区税收入库有关问题的通知》，明确新体制下的城区收入划分具体范围和预算级次，开始按新体制组织收入入库。确定市、县支出基数。对县的各类补助、配套资金数据及依据进行认真清理、核对，确定市与县的专项转移支付补助基数；组织完成市与省、市与县市区的往来资金对账工作；规范新体制下市本级对县补助的方法、方式和流程。

（九）国有企业改革。千金药业、建材供销等6家公司企业基本完成资产处置和职工安置，安置职工4600多人，处置资产2.4亿元；61家基本完成改革企业的遗留问题；59家企业基本完成了移交扫尾工作；市塑料八厂拖欠银行债务问题得到有效解决。市塑料二厂、印刷厂、无线电七厂等8家企业通过破产财产分配方案。电力电子设备厂、千金药业等12家公司完成资产处置变现；工业橡胶制品厂、水泥管厂、港务总公司等12家企业进入资产处置程序。

（十）集体林权制度改革。提前完成了省政府下达的主体改革任务，完成现场核实面积65.71万公顷，完成林权证发放面积54.18万公顷，占比分别为98%和80.8%。积极探索林业要素市场的建立和森林保险政策的制订等。炎陵县、株洲县、攸县林业要素市场已建立并正式对外开放。城市5区、炎陵、醴陵、茶陵、攸县等将林业行政事业经费全额纳入财政预算，林业基层两站人员财政供养体制改革正全面推进。

二、"两型"产业发展。一手抓培育发展战略性新兴产业，一手抓传统产业"两型"化改造，全力打好园区攻坚战、旅游升温战，促进产业从"高碳"向"低碳"、从"制造"向"创造"、从"黑色"向"绿色"转变，"两型"产业发展体系形成雏形。

（一）深入推进"5115"工程。2010年，株洲电力机车公司销售收入实现160亿元，时代集团、株冶超过100亿元，唐人神等5家企业过50亿元。"5115"企业全年实现销售收入750亿元，增长40%。其中电力机车公司、时代集团、南车电机公司销售收入分别增长140.5%、80.7%、141.3%，带动能力进一步增强。

（二）致力打造"5大千亿产业集群"。轨道交通、汽车、航空航天等"千亿产业集群"正在加快建设。全面启动轨道交通项目27个，汽车零部件项目32个，航空装备项目8个，陶瓷产业项目32个，完成总投资443.3亿元。北汽控股年产20万辆整车项目实现下线出车。中航通用发动机项目已经签约。株洲通用机场项目获批建设。山河智能通用飞机项目正式落户。投资40亿的变流技术产业园、投资35亿元的旗滨光伏玻璃产业基地、投资120亿元的攸县煤电一体化工程、中建五局光伏生产基地等一批重大项目开工，时代电动汽车公司与辽宁曙光集团联合组建了新能源汽车产业基地。

（三）大力发展旅游业。投资578.7亿元，实施35个重点旅游项目，全面启动荷塘月色、神农福地、酒埠江4A景区创建等项目，神农广场和湘江风光带一期工程于国庆节前建成开放。华强文化产业基地一期基础设施建设基本完成，进入主题场馆建设，2011年可开园营业；炎陵县、茶陵县被评为湖南旅游强县。鹿原镇、酒埠江镇获批省特色旅游名镇。全年旅游人数达到1220万人次,实现旅游总收入82亿元,分别增长28%和36.94%,创历史新高。

(四)大力发展现代农业。坚持发展高产、优质、高效、生态、安全的现代农业,农业现代化水平明显提高。全市农村经济合作组织达473家,农民专业合作社比上年增加116家,达389家,建成省级示范点6家,建设各类种养基地1000多个,带动农户近30万户;创建粮食高产示范片14个,其中万亩高产示范片8个,6.67公顷以上的种粮大户达550户;农机业机械化率达60%;休闲农庄达到240多家,其中五星级的7家;农产品加工企业达119家,年产值过亿元的达20家。

三、"两型"环境建设。以"城市提质战"为重点,巩固"五改"、"四创四化"、"蓝天碧水净土静音行动"的成果,环境质量进一步提高。

(一)污染减排扎实推进。严格执行环境影响评价和"三同时"制度;印发实施了《株洲市建设项目环境保护三同时保证金管理暂行办法》,审批建设项目环评文件216项,全市工业建设项目环评执行率100%,"三同时"执行率和合格率均为100%。加强污染减排项目建设,对全市7座新建城镇污水处理厂重点减排项目实行一月一督查。攸县、茶陵县已通过减排验收;22个化学需氧量、二氧化硫减排项目获得国家认可,减排能力达到1.12万吨。全年完成436家企业的规范化建设和环保型企业验收,关闭和停产企业82家,搬迁企业11家。加快推进环保监控平台建设,5个空气自动站实现与省站并网直连;对全市200余家企业的240余个排污口和92套环保设施进行废水在线监控。

(二)湘江流域综合整治顺利推进。争取到国家7部委湘江重金属治理项目5个,专项资金8200万元;省级环保治理项目17个,专项资金1720万元;启动湘江流域水污染综合整治项目129个;5县(市)生活垃圾填埋场加快建设,醴陵市生活垃圾填埋场已投产运行,攸县、茶陵县、炎陵县生活垃圾填埋场建设积极推进;完成茶陵县大地钨业公司、株洲市海达集团新材有限公司等5家工业企业限期搬迁任务;完成51家涉重金属企业整治工作,其中取缔关闭7家,淘汰落后生产工艺装备10家,停产整治16家,限期整改18家;"一江四港"治理有序推进,霞湾港水变清一期工程、老霞湾港重金属污染治理工程全面完成;建宁港治理也已基本完成,湘江株洲段水质保持在国家三类。

(三)城区环境综合整治强力推进。深入开展"四创四化",拆除废弃烟囱90根,其中市区拆除废弃烟囱50根,空气质量达到良好以上的天数为350天,环境空气质量良好率达95.8%;全市新建和提质绿化项目141个、拆围透(建)绿43处项目全面完成,新增绿地481公顷,全市绿化覆盖率达到50%;新建33条小街小巷路灯,改造10条主次干道路灯,亮化建筑物135栋,以及对3条主次干道142个门庭橱窗亮化改造;美化以湘江两岸为重点的建筑物88栋(处);改造卷闸门2 18张、地下管网96处,建设了4条特色街,被列为国家数字化城管试点城市。创建国家卫生城市进一步巩固,长效机制进一步健全;创建国家交通管理模范城市一举成功;创建国家环保模范城市26项指标已有21项达标;创建全国文明城市深入推进。印发实施《株洲市机动车排气污染防治管理暂行办法》;公交电动化三年行动计划超额完成年度计划,投入运营的电动公交车达到420台。

(四)农村生态环境建设有效推进。扎实推进农村环境连片综合整治,制定出台《株洲市农村环境连片整治初步方案》,醴陵市、炎陵县农村环境连片综合整治示范区整治方案获省环保厅批准,并分别获得中央、省级农村环保专项资金500万和1200万元的支持。积极开展生态创建,全年共创建省级环境优美乡镇10个和生态村19个,炎陵县下村乡等3个乡镇通过国家环境优美乡镇验收。全市116家规模化畜禽养殖污染整治已完成96.6%。

四、"两型"示范区建设。全面推进示范区建设,进一步增强示范带动作用。

(一)云龙示范区。基础设施进一步完善,"六纵四横三互通"路网骨架初具雏形。老株长路已完成提质改造;云峰大道建成通车;迎宾大道基本建成;云龙大道全面开工;华强路已完成2公里路基工程;云水路、玉龙路已启动征拆工作;龙头铺互通、云田互通、田心立交等"三互通"已与长株高速同步投入使用。同时,自来水配套管网、电网、天然气管网等工程正与路网建设同步推进。项目招商和建设有序推进,共策划包装重大开发项目80个,成功签约重点项目20个,合同引进资金600亿元、1.75亿美元;完成项目立项57个,其中正式动工27个;湖湘文化馆群及影视文化村等项目成功入驻;华强文化产业园、职教大学城、云峰湖国际生态旅游度假区、欧洲小镇等重点项目进展顺利,职教大学城已有湖南工贸技师学院、有色职院、湖南化工职院、铁路科技职院等7所院校入园。

(二)天易示范区。主攻低碳产业、战略性新兴产业,制定了《汽车及零配件产业千亿产业集群规划》和《风电特色产业发展规划》等规划;重点突出"两型"项目建设,开工建设湘水湾、北汽控股南方生产基地等产业项目。湘水湾项目已完成71.75公顷商住用地拆迁;海纳川汽车零部件项目已完成交地;时代风电联合厂房主体工程全面竣工验收;栗雨公园主体工程年底全面建成;开工建设中建股份非晶硅薄膜电池光伏幕墙项目。成功引进了高远电池、湘煤立达煤机·新能源产业装备制造产业基地、中都物流等一批"两型"项目,引进资金近18亿元;实现高新技术产品产值580亿元,占总产值79.5%,"两型"产业体系初步成型。

(三)清水塘循环经济工业园。切实加大治污减排力度,清水塘工业废水处理利用工程、清水塘工业区含重金属废渣综合治理工程开工建设，并获国家专项资金支持；全面完成21根废弃烟囱的拆除工作，共减排COD133吨、SO210714吨，全区空气质量良好率达98.7%，创历史同期最好水平。突出发展循环经济，建立园区循环经济指标体系，株冶、智成等企业的循环经济试点工作有效推进，兴建常压富氧直接浸出搭配锌浸出渣炼锌、废水废渣资源化等一大批循环经济项目；株化先后投资2.2亿元，新上了4万吨离子膜替代石墨烧碱清洁生产工程、硫酸污水处理污泥脱水项目等10大环保项目；霞湾建材利用株洲电厂粉煤灰加工新型建材项目，已有两条生产线投产；环美利用株冶的废渣回收利用项目，一期工程已投产。国际环保产业园已有环保装备制造等6个新项目签订入园协议，一期工程已启动建设；旗滨光伏玻璃基地开工建设。基础设施加强，铜霞路一期工程建成通车；长石路完成了拓宽改造；环保大道已启动征地拆迁。

五、"两型"文化建设。

(一)深入开展"两型"创建活动。组织召开全市"两型"创建座谈会，全面安排"两型"创建工作，创建内容由10项增加到了12项，增加了"两型"小城镇、"两型"建筑创建；进一步完善创建标准体系，"两型"街道创建，把可再生能源建筑应用纳入创建体系，完成嵩山路蓄能地温中央空调综合节能工程等6个项目。

(二)切实加强"两型"宣传。全年有关"两型"社会建设改革的新闻报道达300余篇。《香港商报》以《"两型"株洲爆发中国力量》为题，报道株洲市"两型"社会建设情况；新华社通稿《"高碳株洲"求索"低碳发展"》影响很广；编印《两型知识手册》。精心组织开展"低碳一小时"、"低碳减排、创造绿色生活"环保宣传日、"低碳达人"、"民族和谐与'两型'社会建设"论坛、"低碳骑行者"、"低碳生活从我做起"签名、"低碳乐活大动员"、"服务三大战役、共建'两型'社会"青年演讲比赛、"世界无车日"、"云田杯"自行车——钓鱼长株潭联谊赛等主题活动。

(三)组织"两型"培训和研讨。年内，在市委党校举办一期为期1个月，100多人参加的"两型"社会建设改革业务骨干培训班。开展第4次"院士专家株洲行"活动，共邀请21位院士专家为株洲的"两型"社会建设把脉。与湖南工大科院城市发展与环境研究所联合创办"全球低碳城市联合研究中心"，开展国内主要城市低碳发展指数的创建与发布。(杨明军　王琳芝)

文明建设

2010年，株洲市精神文明建设工作以建设社会主义核心价值体系为根本，深入贯彻落实科学发展观，巩固文明城市创建成果，大力推进群众性精神文明创建工作，努力提高公民道德素质和社会文明程度，不断增进精神文明建设的实效，为全市经济社会发展和"保二争一、科学跨越"提供了强大的精神动力和思想保证，营造了良好的社会环境。

一、扎实推进社会主义核心价值体系建设，公民思想道德建设再上新台阶。

1.公民道德教育宣传不断深化。一是组织株洲市首届道德模范评选。通过网络、信函等方式，从80多名候选人中择优评选出兰才干、瞿志英等10名道德模范和10名道德模范提名奖，并于9月20日，即第8个全国公民道德建设日晚上，举行了隆重的电视颁奖晚会。二是举办道德模范巡讲活动。7月，组织道德模范、身边好人代表共5人在全市基层单位举行巡讲报告，整个巡讲报告会共举办10场演讲，听众人数达5000多人次。承办湖南省"德行潇湘——道德模范三湘巡讲"活动启动仪式暨首场巡讲活动，做好《德行潇湘》一书的学习和发行工作。广泛宣传道德模范的先进事迹，在全社会形成了学习典型、关爱典型、崇尚典型和争当典型的浓厚氛围。三是组队参加中央文明办在常德市举办的"全国道德模范与身边好人"面对面交流活动。交流晚会上，株洲市刘修吾、龙秋华两名道德模范和身边好人的先进事迹以电视访谈的形式，通过网络、电视在全国得以广泛宣传。

2.志愿服务工作活动深入开展。一是志愿服务风尚逐步形成。以"奉献、友爱、互助、进步"为主题，围绕文明城市创建、保护母亲河——湘江、支援玉树抗震救灾等重大活动和重要工作，充分发挥新闻媒体舆论引导作用，大力宣传志愿服务理念，引导广大人民群众积极加入到志愿者行列，营造了"我为人人、人人为我"的社会氛围。截至2010年年底，全市有青年志愿者、巾帼志愿者、环保志愿者、红十字会志愿者及晚报义工等各类志愿者8.5万人。二是志愿服务活动扎实开展。6月初，市文明办与客运管理处、市交警支队、市广播电台交通频道等部门联合开展"爱心送考"活动，组织1000辆出租车和社会车辆参与，为考生提供爱心服务6000多人次。开展文明城市创建系列志愿服务活动——"志愿星期六"、"弘扬火车头精神、创建文明城市"、"白手套"行动、"护学旗"行动等，充分发挥志愿者作用，参与文明城市的创建工作。并组织志愿者在开展志愿服务中，撰写志愿者心得，在"迎世博讲文明树新风"志愿者心得征集活动中，株洲市有2篇志愿者心得入选。三是志愿服务队伍管理日益规范。以承办《湖南省志愿服务条例》立法调研会为契机，根据中央文明委《关于深入开展志愿服务活动的意见》要求，成立株洲市志愿服务工作协调领导小组，探索志愿服务工作协调机制，不断加强志愿者队伍建设，形成市、县(区)、企业学校、志愿者协会四级志愿组织网络。志愿者唐先华受到中共中央政治局常委、国务院总理温家宝的接见，蔡丽平作为湖南省杰出志愿者代表，参选全国百名优秀志愿者。肖敬自费创办"关爱生命万里行"志愿服务活动小组,在全国开展关爱生命志愿服务,干预自杀、生命教育、抗震救灾、心理安抚等,活动小组引起各界关注,得到了中共中央政治局常委、国务院总理温家宝和省委书记周强、省委宣传部长路建平的批示。

3.主题宣传教育活动氛围浓厚。一是实施“文明交通行动计划”。按照全国全省的统一部署,广泛开展“文明出行”宣传教育,通过组织现场咨询、文明劝导、学生演讲、知识讲座、文艺演出、典型评选等活动,引导广大群众养成文明出行的良好习惯。活动期间,共向全市发放宣传资料10余万份,组织宣传活动40余场次。株洲市文明交通行动计划工作经验在全省作典型推介。二是积极开展“我们的节日”主题活动。春节慰问、元宵文化、清明祭奠、中秋赏月、重阳敬老等活动广泛开展,各有特色,诵读经典,传承文明,丰富了群众文化生活。三是开展“株洲精神”大讨论活动。通过广泛征集和投票,正式确定“火车头精神”为株洲城市精神,并开展多种形式的宣传教育,“火车头精神”为广大市民所熟知。

二、积极创建和申报省级文明城市,文明城市创建工作实现新突破。

1.制定创建工作方案。对照《全国文明城市测评体系》,精心制定文明城市创建工作实施方案。召开创建全国文明城市工作动员大会和迎接省级文明城市考核验收工作会议。文明城市创建突出生态宜居、工业文明特色,继“创卫”成功之后,全面实施创“交模”、创“环模”、创建全国文明城市行动,加大环境整治力度,提升城市管理水平,完善领导体制和工作机制,切实加强督查指导。

2.完善城市基础设施。深入实施神农城、湘江风光带、华强文化产业基地、职教城、美旗物流5个“百亿工程”,全面加强基础设施建设,着力改善设施破损、设备落后的问题,全面实施“五改”工程,城乡基础设施尤其是市政设施状况得到明显改善;文体科普设施、市容日常维护、公共安全保障设施、环境保护基础设施等实行查漏补缺,实行全面配套,广播电视大厦投入使用,规划展览馆免费对外开放,市内公园的改造完成,城市规划、建设、管理三管齐下,城市管理和整治力度加大,城市品位迅速提升,城市功能大幅增强。

3.加大创建宣传力度。在《湖南日报》、《株洲日报》、株洲电视台、株洲广播电台、红网、株洲网等阵地上宣传株洲市文明城市创建成果,共发稿件600余篇。《株洲日报》、《株洲晚报》开设专版,株洲电视台、株洲广播电台开设专栏,推出创建文明城市专题;市文明委设立6块大型公益广告牌,宣传创建文明城市;城区大部分电子显示屏、公交站牌、建筑围挡都有创建文明城市的公益广告。城区各社区统一制作创建文明城市宣传栏,创建工作的氛围热烈浓厚。编印《创建文明城市项目与要求》10万余份。

4.开展公共文明指数测评。2010年,文明创建工作中首次开展公共文明指数测评,测评以暗访的形式推动创建工作的常态化。认真做好国家统计局省调查总队对株洲市申报省文明城市测评的迎检工作,组织国家统计局株洲调查队对城区和株洲县、炎陵县进行城市公共文明指数模拟测评;召开公共文明指数模拟测评情况通报会;指导天元区、石峰区、芦淞区迎接省城市公共文明指数测评工作取得了较好的成绩,2个区进入前15名(天元区第11、石峰区第12)。

三、办好作用大影响大的好事实事,群众性创建工作取得新进展。

1.强化创建工作管理。制订2010年年度群众性精神文明创建工作方案,及时在媒体上公布了2010年创建示范点名单。组织开展2010届省文明单位、文明村镇申报推荐工作和2006~2008届省文明单位、文明村镇复查工作。

2.加强创建工作指导。积极指导县市区开展文明社区和文明村镇创建;市文明办、市民政局、电视商务频道联合开展株洲市社区达人挑战赛;指导天元区开展社区艺术节,创新文明社区创建载体;以茶陵县火田镇贝水村为示范点,深化文明创建进农家活动,为贝水村筹集资金50万元以及一批图书、电脑等物资。

3.加大市民教育力度。编印《株洲市文明市民手册》10万册,免费发放给市民。文明素质教育电视学校《神农讲坛》在选题和制作方面求突破,求创新,全年播出专题节目52期,收视率名列前茅。国庆期间,向市民发出文明过节倡议,并发动群众发现和检讨身边不文明行为。

4.做好信息调研工作。配合省文明办完成基层文化志愿者现状的调研,参与全国重大社科规划课题《新城区精神文明建设》的撰写,完成省文明办的长株潭“两型”社会精神文明示范区建设的调研课题,在《湖南日报》发表理论研讨文章1篇,《湖南社会科学》发表理论文章1篇。信息工作保持全省前列,上中央文明办信息2篇、省3篇,市本级编印精神文明建设简报14期。

四、大力净化社会文化环境,未成年人思想道德建设取得新成效。

1.扩大教育覆盖面。进一步健全学校、家庭、社区“三位一体”的教育网络,各级教育部门加强师德教育,鼓励优秀教育工作者担任德育教师或班主任。全市中小学校成立家长委员会(家长学校),加强家校联系,启动“爱家大讲坛”,开展家庭教育讲座。在校内,升旗仪式、校会、班会、团队活动等道德实践教育丰富多彩,引导青少年坚定理想信念,提升思想品德,培育爱国情操。在校外,全市爱国主义教育基地和博物馆、文化馆面向未成年人免费开放,吸引中小学生参观。文化、新闻出版局等部门开展集中行动,重点检查文化出版市场、电脑音像市场,对“黑网吧”的打击保持高压态势,开展整治“黑网吧”专项行动。株洲晚报发挥媒体作用,专门召开会诊“黑网吧”各方代表座谈会,并连续6期刊发“关注‘黑网吧’系列报道”。市妇联、关工委等开展“家庭护卫行动”,引导未成年人“绿色上网”,为未成年人成长营造良好社会文化环境。

2.增强学生认识度。针对青少年特点,分层次组织开展“小志愿者”、“小记者”、“安全小卫士”等活动，培养学生的奉献精神。在全市中小学校开展“校园自强之星”的评选活动，教育学生做小主人，培养学生独立自主意识。根据中央文明办、教育部、团中央、全国妇联的统一安排，六一期间，组织全市小学生“传唱优秀童谣、做有道德的人”网上签名寄语活动，在白鹤小学举行隆重的启动仪式，大力宣传推广了优秀童谣，引导未成年人阅读享受健康向上的文化产品，做一个有道德的人。芦淞区网吧管理“六个一工程”、市文明办、市妇联组织的亲子教育讲师团被评为全省未成年人思想道德建设创新案例，炎陵县学生社会实践教育基地被评为全省未成年人先进活动基地，市妇联、市四中被评为全省未成年人思想道德建设先进单位。

3.注重活动参与性。为促进青少年健康快乐成长，在活动的组织上注重参与性。配合全市文明城市创建工作，在全市举行“小手拉大手、城市美容师”读书征文比赛。全市中小学校开展“三好杯”学生素质教育汇报演出和“阳光体育”活动，确定了市第18中学为省级“做一个有道德的人”主题实践活动联系点，以联系点为示范，组织中小学生广泛开展“我们的节日”主题文化活动。承办了三湘读书月——2010年湖南省少年儿童“G3杯迎世博迎亚运讲文明树新风”文明礼仪知识展演，推动中小学生讲文明、树新风。（廖 勇）

株洲市2010年度文明建设工作先进县市区、红旗单位、先进单位和先进个人

先进县市区

天元区 攸县

红旗单位

湖南南车时代电动汽车股份有限公司
炎陵县九龙工业园管委会
湖南茶陵经济开发区管委会
攸县网岭镇
醴陵市地方税务局
株洲县国家税务局
株洲百货股份有限公司
株洲千金药业股份有限公司
南车株洲电力机车研究所有限公司
株洲市云龙发展投资控股集团有限公司
市人民检察院

先进单位

天元区

株洲科瑞变流电气有限公司
城市建设发展集团有限公司
天元区国家税务局
天元区城市管理行政执法局
天元区马家河镇
天元区人力资源和社会保障局
天元区教育局

炎陵县

炎陵县人民检察院
炎陵县城市管理行政执法局
炎陵县中村乡
炎陵县工商行政管理局
炎陵县广播电视局

茶陵县

茶陵县林业局
茶陵县民政局
茶陵县工商行政管理局
茶陵县发展和改革局
茶陵县城关镇
中国移动公司株洲茶陵分公司
茶陵县人民检察院
茶陵县气象局

攸 县

攸县莲塘坳乡
攸县皇图岭镇
攸县人民检察院
攸县城市建设投资经营有限公司
攸县文化体育局
攸县国家税务局
攸县地方税务局
攸县公路局
攸县公安局交通警察大队
攸县人口和计划生育局

醴陵市

醴陵市石亭镇
醴陵市富里镇
醴陵市来龙门街道
醴陵市人民法院
醴陵市人口和计划生育局
醴陵市广播电视局
醴陵市房产管理局
醴陵市农业发展银行
株洲时代金属制造有限公司
醴陵市南桥镇潼塘村
醴陵市公安局

株洲县

株洲县地方税务局
株洲县国土资源局
株洲县民政局
株洲县公路局
株洲县烟草专卖局(分公司)
株洲时代电气绝缘有限责任公司
株洲县堂市乡

芦淞区

芦淞区国家税务局
市公安局芦淞分局
湖南省工业设备安装有限公司
市第八中学
市一医院
株洲江山置业有限公司
中航工业航空动力机械研究所
中国农业银行股份有限公司株洲分行
中国工商银行股份有限公司株洲分行
市国土资源局芦淞分局
市南方中学

荷塘区

荷塘区地方税务局
株洲新通铁路装备有限公司
市公共交通总公司
湖南省蓝马车业集团有限公司
荷塘区国家税务局
株洲长途电信线路局

市公安局荷塘分局
荷塘区宋家桥街道办事处
荷塘区人口和计划生育局
荷塘区城乡建设局

石峰区

南车株洲电机有限公司
株洲中铁电气物资有限公司
市城市排水有限公司
湖南化工职业技术学院
石峰区井龙街道
石峰区人民法院
市规划局石峰分局
石峰区城建局

云龙示范区

云龙示范区学林办事处
云龙示范区云田镇云田社区

市直机关

市国土资源局
市文化局
市科技局
市委老干部局
市审计局
市国资委
市公积金管理中心
市建设局
市商务局

军队系统

株洲军分区离职干部休养所

先进个人

天元区

孙亿秀　罗　彪　颜　赛
赵红梅　殷杏玲　陶伟文
陈　荣　陈　炼　包建龙
彭水明　吴立新　龙冬梅
曾天青　谢永忠　周　武
郭　飞

炎陵县

曾庆明　唐刘玉　谭军林
李　颖　梁力晖　吴荣文

茶陵县

杨定桃　彭映群　陈雪桃
李爱斌　吴刘春　胡军民
朱少东　陈晓红　祖幼珍
钟思平　刘维石　苏良荀
胡志勇　龙均来　彭　锋

攸　县

刘国志　黄　武　余　鹏
周雪飞　皮世平　丁振先
王宜斌　谭平华　王进喜
李剑平　吴小勇　丁卓胜
刘光大　谭志刚　刘铁汉
刘艳春　谭亚平　李立球
邓一星　邓新奇

醴陵市

宋友红　田安平　刘高飞
程曙光　钟国建　许君明
温国战　夏文华　刘晋湘
肖国平　陈建球　丁　辉
潘俊明　顾东来　石军生
何文立　钟森林　陈振江
张静文　龙理真　江小英
罗　哲　凌雪枚　曾喜来
肖　敬　余汉平　文巧凡

株洲县

彭学里　孙晓廷　唐志伟
贺石平　汤海涛　彭小林
崔谷妮　张　雄　谢建光
赵家早　郑小虎　唐城魁

芦淞区

郭志勇　喻志强　陈怀玉
苏　峰　龚　杰　张桂松
唐　云　何　荣　宁孝光
邹丽君　刘细满　茹建潮
赵　斌　彭进安　蔡建兵
言志泽　刘新辉　余四丰
谭立新　颜良青　段爱兰
郑艳红　罗增荣　刘剑萍
黄　强　毛张霞　胡喜林

荷塘区

何光闯　秦秋富　粟志松
何　立　丁新辉　郭泽龙
唐正国　宋智林　蒋伟红
夏　乐　赵闻喜　杨玉生
文　静　游　隽　刘胜贤
言胜利　刘志军　黄沛标
谢军伟　杨　红　龙丽娜
钟国英　周　武　李　剑
王　虎　刘国强　颜　峰
李继众　易万成　赵清明

石峰区

陈克明　钟甫龙　刘和平
于仙玉　罗云飞　吴熙君
沈辉平　郭爱军　孙志建
陈　伟　华满香　张　宇
刘俊杰　赵昊铭　杨小兰
文　海　夏俊辉　张丽芬
袁仙桃　袁艺文　刘端宜
程晒花　肖　亚　凌　波
张　莉　易　波　袁　智
殷　文　言中强

云龙示范区

吴洪斌　郭　满　田　亮
凌　斌　唐忠荣　刘宁元

市直机关

匡纯清　刘海梅　汤智勇
杨　帆　汪冬梅　陈继红
林　静　秦世跃　夏胜利
廖莉芝

株洲军分区

郑进中　谭亚平

（廖　勇）

优化经济发展环境工作

2010年，株洲市治理优化经济发展环境工作紧紧围绕“目标提高、标准提升、发展提速”的目标，紧扣年度工作要点和“机关效能建设年”活动主题，结合“营造与治理、查处与建制”的工作思路，纵深推进优化经济发展环境工作。全年优化、效能投诉共受理电话、网络、信件、当事人上访及上级和相关部门交办、转办等各类案件1536件，办结率为94.6%。督办案件约300起，交办案件约450起。查处影响优化经济发展环境典型案件34起，处理55人，群众满意率仍保持很高，收到感谢锦旗14面，近百人当面和200多个电话致谢。

营造工作氛围，创优工作条件。一是依据株洲市“三大战役”及全省“机关效能建设年”总体要求，先后出台《株洲市人民政府关于促进中小企业发展的若干意见》、《株洲市鼓励休闲农业发展八项优惠政策》等系列文件作为优化株洲市经济环境先导。二是领导要求明确，态度坚定，充分体现优化环境对全市经济建设的重要性。市委书记陈君文在市委十届九次全会暨经济工作会议上明确提出优化经济发展环境要用“三铁”(以铁的手腕、铁石心肠、铁面无私)手段整治，要用“三子”(该换位子的换位子，该摘帽子的摘帽子，该戴铐子的戴铐子)措施严肃查处“四乱”、“四难”、“吃拿卡要报”、“不作为”、“乱作为”、“恶意阻工”等侵占群众利益、加重企业负担、损害经济发展环境的不良行为。三是加强组织协调，落实各种保障措施。调整成立由市长王群任组长的领导小组，明确优化经济发展环境党政一把手为第一责任人，分管副职是直接责任人，具体责任人就是联动责任人，全市上下一盘棋、全力以赴抓优化经济发展环境的格局。四是努力夯实基础，加强优化工作的条件保障。市政府在对优化环境工作经费和硬件设施上给予大力支持，使工作从经费和条件上得到了可靠保障。

畅通投诉渠道，加强源头治理。2010年，全市优化、效能投诉受理中心立足现有工作网络，充分发挥并有机整合经济“89110”台、行政效能投诉中心“12342”接线台，优化经济发展环境监测点，特邀监督员等社会监督网络体系，受理投诉、接受举报信息的功能，在此基础上完善网上投诉、受理平台，拓宽投诉渠道，全方位、多层次地接受企业、个体经营户及市民等有关经济发展环境及机关行政效能建设方面的投诉、意见和建议。各地各单位在畅通投诉渠道积极受理办理各类投诉工作中有新的突破，在优化全市经济环境的同时，也为社会的发展构建了稳定和谐的社会环境，起到“降压阀”和“稳压器”的作用。

查办典型案件，狠刹不正之风。各地各单位把查处损害经济环境的大案要案，作为优化经济环境工作的重中之重来抓，在大要案件上求突破，在办理结果上严要求，在以案示警上求规范，形成协调有力、快速有效的办理工作机制。重点查处攸县鸾山镇林管站擅自设立“鸾山镇竹木验票站”违规收取林业“三防费”案；市公安局田心分局警察朱传中持枪威胁群众并违规扣其驾驶证和行驶证案；市优化办、天元区纪委监察局联合办理天元区法院某法官执法过程中违法损害投资人合法权益案；茶陵县下东乡工会主席陈政良伙同齐心村支书肖苟生利用职务之便骗取国家征地补偿款案；攸县能源办主任陈建彬伙同他人利用虚报冒领2007年农村沼气国债项目资金案；天元区区重点办工会主席段丽萍在征地拆迁过程中利用职务之便受贿案。

协调矛盾纠纷，维护企业权益。全年全市各级优化办及联动部门从优化环境、服务企业入手，积极主动地协调“政——企”、“企——企”及“企业与民众”之间的各类矛盾达1300余起，重点协调中意房产开发企业股权纠纷案，“水岸花城”房地产开发项目防洪排渍工程之间的矛盾问题，市检测中心土方施工纠纷案，湘运集团武广汽车综合枢纽站项目与湘银园林公司项目用地红线交叉纠纷案等。通过对各类投诉矛盾纠纷案件的查处和协调，全年为企业或经营户挽回直接经济损失约1.5亿元。

高标准严要求，完成重点工作。一是保驾护航“三大战役”，创优经济发展环境。全市各级优化办及相关部门充分利用全市优化环境联动工作机制的优势和相关职能，加强对园区项目运行相关环节的督查，全年协调和查处影响园区建设环境案件23起，为园区企业搭桥牵线解决问题65起。二是以“机关效能建设年”活动为契机，进一步优化政务环境。市委、市政府通过深入开展“机关效能建设年”活动，重点对“三大战役”、“十大基础工程”、“十大产业项目”、“十大民生实事”实施情况开展效能监察，在84家市直机关单位建立健全规范权力运行制度，通过网上审批系统办理行政许可事项12135件，平均办结时间比法定时限缩短50%以上，超过省规定“审批时间比法定期限缩短1/3”的要求。三是跟踪服务“政企结亲”，活动开展有声有色。全市优化环境工作依照“变被动受理为主动服务”的思路，于8～12月底在全市开展“跟踪服务企业活动”，各级各部门有针对性联系不少于2家对口企业解决1～3个实际问题。据统计，“跟踪服务企业活动”首批交办的87件问题解决了78件，办结率达90%，重点项目问题交办对接会议上交办的涉及15个项目的45多个问题100%解决到位。四是强化工作措施，减轻企业负担落到实处。各级优化办及优化工作联动部门采取一系列行之有效的措施，物价、财政、民政等部门提出“一停二减三清四规定”工作方案，陆续出台有关文件和规定，对160家外资企业226个收费项目，304家内资企业1984个收费项目，全部进行清理整顿，共撤销、调整139个收费项目，为企业减轻负担2.7亿多元。行业管理部门对全市72家行业性协会进行清理整顿，依法取缔4家未正常开展活动的行业协会，完成59家行业性协会与行政职能部门政会分开，落实78名公务人员辞去行业协会的职务，其中副处级以上干部37人，初步实现民间组织民间化管理，行业协会服务和收费行为得到进一步规范。国务院减轻企业负担检查组对株洲市减免对企业的行政事业性和服务性收费的做法和取得的成绩给予充分肯定。

健全制度建设,规范权力运行。一是试行并逐步推广“企业宁静日”制度。2010年,在开展的全市“机关效能建设年”活动中,试行并推出“企业宁静日”制度,规定每月1~20日为“企业宁静日”,在此期间,除涉及国家安全、公共安全、人民群众生命财产安全、环境保护与生态安全的执法检查以外,执法部门不得随意进入企业开展执法检查,为企业集中精力抓生产提供了坚实保障。据统计,全年全市减少涉企检查达33%,从而切实减轻了企业的应酬负担,为企业自主发展营造了更为宽松的环境。二是开辟招商引资“绿色通道”。2010年,进一步完善和畅通招商引资“绿色通道”,全市、市县区两级优化办会同相关部门通过优化招商引资、口岸通关环境,落实“绿色通道”等措施,对进入株洲创业的企业和投资者推行“一站式”服务,积极主动为入株洲投资商排忧解难。从而使株洲市获“全国最佳投资环境的十大城市”之一的殊荣,扩大和提升了株洲市对外开放招商引资的影响力。为确保到株洲市投资的外商的权益不受到侵害,市经济“89110”投诉台和市行政效能投诉中心“12342”接线台对100余起招商引资项目相关投诉、求助的受理、办理采取特事特办、急事急办、跟踪督办等手段,及时为投资商排忧解难、化解矛盾纠纷,为投资项目入株洲保驾护航。三是行政处罚自由裁量权进一步规范。2010年,《湖南省规范行政裁量权办法》于2010年4月17日正式颁布实施,市政府对全市各相关部门行政自由裁量权的规定作统一安排。市国土局、公路局、农业局、规划局、交警支队、公安局、卫生局等50家执罚执收单位制定行政处罚自由裁量权基准制度,明确了操作程序和规则,使执法不公、以权谋私而导致“人情案”、“关系案”、“油水案”、“糊涂案”等困惑全市经济发展环境多年的难题和热点问题得到有效抑制。四是四级联动机制得到完善。2010年,市、县、乡、村四级普遍建立优化发展环境领导和工作机构,聘请优化环境监督员,把优化发展环境作为扩大招商引资、发展壮大地方经济的重要抓手,初步形成“党委政府统一部署、各级优化办组织协调、部门联动负责、社会参与监督”的联动格局。四级联动为企业维权、为企业营造良好的发展环境起到积极作用,同时也为维护社会稳定减少群体事件作出应有的贡献,有关经济发展环境的问题真正做到“小事不出乡(村)、大事不出县、重大问题不出市”的工作局面。五是考核测评更趋科学化、常规化。将行政权置于阳光之下,将评议权交予公众之手,营造公正、公开、公平的发展环境,首先建立考核优化环境联动机制为主的日常工作考核,即组织考核测评;其次完善测评点为主的社会测评;最后形成各界参与的现场测评。将三项测评结果按一定权重进行加权统计,作为某一地区、某单位优化环境工作全年的最终评价结果。

强化工作措施,打造更优环境。一是开展走访调研。全年市优化办及相关联动部门开展10余次有关经济发展环境问题的专题调研,为2011年确定为“招商引资年”提供了有价值的决策依据。市人大组织调研课题组对株洲市“5115”工程的多家企业进行收费调研,掌握线索,分别检查有关部门,查处违法金额435万元,切实规范了全市各部门的收费和价格秩序,有力地维护了企业的权益。市纪委、市优化办、市经委、市国资委、市工商联、市商务局、市物价局等单位主要领导经常深入有关企业,围绕如何推进企业改制、优化经济环境、促进非公经济发展这一主题,展开深入细致调查研究并召开调研专题座谈会,发现问题、分析原因、研究对策、督办落实,为全市经济发展环境把脉,为企业解决一大批实际问题。二是加强宣传引导。市委宣传部和市优化办牵头各新闻单位做好各类优化环境专题栏目和系列采访报道,通过在主流媒体上开办“优化环境公开承诺”、“行风热线”、“深入开展机关效能建设”等一系列专题专栏,对全市优化企业发展环境工作的进展情况搞好动态宣传。全年市优化办、效能办编印《优化环境工作简报》10期,通报处理影响优化环境的典型案件,即时表扬在优化环境工作表现积极成绩突出的人和事。三是落实公开承诺。2010年,市委宣传部、市发改委、市经委、市交通局、市统计局等155家单位在2008年作出优化环境公开承诺内容的基础上进行进一步完善和修订,其中部分单位通过网站、窗口、大厅、新闻媒体等形式予以公开。此举进一步增强了全市各联动部门优化环境意识,提升了服务水平。四是强化队伍建设。市机关工委、市作风办、市优化办充分抓住2010年“机关效能建设年”的机遇,大力推进全市机关干部队伍建设,将机关干部队伍建设状况纳入优化和机关效能建设工作的考核之中。同时,继续深入开展“四治”作风整顿活动。全市先后组织5次大的明察和暗访,深入10个县市区、90余家市直机关、重点项目指挥部、企业(市场)、医院和20余个乡镇、社区以及其他涉及“三大战役”等中心工作的市直有关单位进行督查,对5个单位和14名当事人进行通报批评处理,有效减少全市干部作风中存在的工作漂浮、办事拖拉、效能不高、要求不严、执行不力等“软、懒、散”问题,在机关干部中起到有力的震慑作用。

(陈　曦)

国民经济和社会发展

2010年,全市按照“三提要求”,突出“三大战役”,加快转变经济发展方式和经济结构调整,经济发展呈现“高开稳走、稳中提速、转中提升、又好又快”的良好局面。全年及“十一五”规划各项预期目标全面实现,全市综合实力明显增强,各项社会事业稳步发展。

一、综合

经济总量再上台阶。初步核算,

2010年，全市地区生产总值1274.8亿元，增长15.3%。其中，第一产业增加值123.8亿元，增长4.2%；第二产业增加值745.5亿元，增长20.8%；第三产业增加值405.5亿元，增长10.5%。“十一五”期间，全市经济总量年均增长14.2%，较“十五”加快2.8个百分点。

经济结构继续优化。2010年，全市三次产业现价结构由上年的10.5:54.7:34.8调整为9.7:58.5:31.8。其中，第一产业比重下降0.8个百分点；第二产业比重提高3.8个百分点，工业比重为52.2%，提高4.1个百分点；第三产业比重下降3个百分点。财政收入占GDP比重为10.3%，提高0.5个百分点。非公有制经济增加值695.8亿元，增长15.1%，占GDP比重为54.6%。生产性服务业增加值163.6亿元，增长10.2%，占GDP比重为12.8%。

区域经济全面发展。2010年，城区生产总值650亿元，增长16%，占全市比重为51%；县域624.8亿元，增长14.8%，占全市比重为49%。城区财政总收入45.6亿元，增长25.6%，县域47.5亿元，增长35.3%。城区完成固定资产投资422.5亿元，增长34.6%，县域完成386亿元，增长54.9%。城区规模工业增加值367.4亿元，增长23.3%，县域完成238.4亿元，增长28.2%。醴陵、攸县连续四年稳居全省县域经济十强县。

安全生产形势趋好。2010年，全市发生各类生产安全事故991起，增长5.3%；死亡137人，减少17人，下降12.2%。亿元GDP生产安全事故死亡0.11人，下降28.7%；工矿商贸企业从业人员十万人生产安全事故死亡2.4人，下降7.7%；道路交通万车事故死亡2.06人，下降18.3%；煤炭百万吨事故死亡2.38人，增长4.8%。

市场物价上涨较快。2010年，全市居民消费价格累计上涨2.9%，其中居住类上涨6%，食品类上涨5.9%，医疗保健和个人用品类上涨2.7%。商品零售价格上涨2.5%，工业品出厂价格上涨6.9%。

二、投资、建设、环保

投资保持快速增长。2010年，全市固定资产投资完成808.5亿元，增长37.1%，其中房地产开发投资146.6亿元，增长40.9%，城市基础设施完成171亿元，增长53.3%，工业完成投资419.1亿元，增长35.9%。城镇固定资产投资749.1亿元，增长36.3%，其中第一产业投资2.7亿元，下降23.1%，第二产业投资391.1亿元，增长37.1%，第三产业投资355.3亿元，增长49.1%。全市重点投资项目完成投资160.3亿元，为年初计划投资的109.8%，其中基础设施类投资完成81.2亿元，产业发展类投资完成79.1亿元。“十一五”期间，全市累计完成固定资产投资2252亿元，年均增长38.1%，较“十五”加快12个百分点。

城市品位大幅提升。2010年，全市城市四大精品工程完成投资35亿元，湘江风光带河西城区段和神农城广场对外开放，华强文化科技产业基地一期和云龙职教城工程进展顺利。“四创四化”纵深推进，新增绿地面积481公顷，提质改造道路路面及人行道66条，亮化小街小巷33条，美化建筑物88栋，改造地下管网96处、老旧小区8个、门店橱窗200余栋，被列为国家数字化城管试点城市；芦淞大桥建成通车，畅通了城市内环。创建国家环保模范城市26项指标已有21项达标。荣获全省文明城市称号，创全国文明城市取得实质性进展；创建全国交通管理模范城市一举成功，跻身“中国十大最具投资价值城市”，“福布斯2010中国大陆最佳商业城市”排名跃居61位，较上年前移21位。

农村条件继续改善。2010年，全市大力实施“万村千乡市场工程”，新扩建农产品专业批发市场8家，新改建农贸市场21个、农家店600个；建设农业标准化示范基地48个、农村清洁示范村7个。基本完成网株公路等4条干线公路改造，建成农村公路1135公里；建设生活垃圾处理系统356个，新建农村沼气池8161座，20万农户用上清洁能源；整理土地80多万亩，农业机械化率达60%；农村自来水普及率59.3%，农村卫生厕所普及率58.5%。新增农村劳动力转移就业6.9万人；1.8万名农村“五保”老人得到供养，10.5万农民领到低保救济金。天易示范区高塘村完成土地改革试点，实现“村组变社区、村民变居民、集体变国有”的历史性转变。

节能减排成效明显。2010年，清水塘循环经济工业区着力“两改四提”，45个项目列入国家循环经济试点项目库，12个节能减排和5个限期治理项目稳步实施。大力开展“蓝天碧水净土静音”行动，累计关停污染企业123家，拆除工业烟囱284根，新建污水处理厂7座，实现城镇污水处理设施全覆盖，城镇污水处理率达到88.2%；投入环境污染治理投资23.1亿元，实施环境污染限期治理项目219个。城区空气质量良好天数达到345天，良好率为94.5%；湘江株洲段达到Ⅲ类水质标准。规模工业增加值能耗为0.99吨标煤/万元，下降14.5%。工业废水排放达标率94.6%，工业废水重复利用率85%，工业固体废物综合利用率82.6%；二氧化硫削减率为4%，化学需氧量削减率为2.3%。“十一五”期间，全市GDP能耗累计下降22.8%，规模工业增加值能耗累计下降67.3%，超额完成省政府下达的节能约束性目标。

三、财政、金融、保险

财政收支高位增长。2010年，全市财政总收入130.9亿元，净增26.2亿元，增长25%，加快2.8个百分点；一般预算收入78亿元，增长22.3%。总收入和一般预算收入均连续5年保持20%以上增幅。税收收入完成98.7亿元，净增25.3亿元，增长34.7%，占财政总收入的比重为75.4%，提高5.3个百分点，对财政收入增长贡献率达到96.9%，提高21.1个百分点。14个税收项目中，有7个税种增幅超过25%，其中增值税、营业税、企业所得税等三个税种分别增长 30.9%、25.3% 和 37.2%,三项合计净增 16.4 亿元,对税收增长贡献率达 64.8%。全市财政总支出 206 亿元,增长 60%;一般预算支出 156.98 亿元,增长 28.57%。"十一五"期间,全市财政收入增长 2.2 倍,一般预算收入增长 2.17 倍,年均增长 26.2%和 26%,较"十五"分别加快10.9 和 12.8 个百分点。

金融市场稳中有活。2010 年,年末各项存款余额为 1135.9 亿元,净增 169 亿元,增长 20.2%,增幅回落 4.9 个百分点,其中城乡储蓄余额为 677.6 亿元,增长 16.2%,净增 94.3 亿元;年末各项贷款余额 564 亿元,净增 79 亿元,增长 16.3%,增幅回落 22.5 个百分点。全市存贷比为 49.7%,回落 1.6 个百分点,不良贷款率为 6.6%,下降0.56 个百分点;新增存贷比为 46.7%,回落 24.9 个百分点。申报获批 8 家小额贷款公司,其中 7 家正式开业,累计发放贷款 4 亿元。"天桥起重"在深交所成功挂牌交易,融资 7.8 亿元,"时代新材"增发融资 8 亿元。

保险市场大幅回升。2010 年,全市有保险公司 30 家,其中寿险 15 家,财险 14 家。实现保费收入 27.4 亿元,净增 5.6 亿元,增长 25.7%,增幅加快 21.4 个百分点,其中财产保险收入 6.8 亿元,增长 24.1%;人身保险收入 20.6 亿元,增长 26.3%。各项赔款和给付额 5.18 亿元,增长 2.3%,其中财产保险赔付额 3.17 亿元,增长14.5%;人身保险赔付 2.01 亿元,下降 12.5%。

四、社会保障、人民生活

社会保障不断加强。2010 年,全市城镇登记失业人员 2.44 万人,年末城镇登记失业率 3.59%;新增城镇就业 5.07 万人,失业再就业 2.65 万人。基本养老保险参保 66 万人,增加 5.7 万人;基本医疗保险参保 56 万人,增加 1.6 万人;失业保险参保 28 万人,增加 1.93 万人;工伤保险参保 42 万人,增加 3.6 万人;生育保险参保 35.5 万人,增加 1.39 万人。新增农村劳动力转移就业 6.89 万人,农村外出务工人员 76.4 万人;农村社会养老保险参保 31.9 万人,增加 12.7 万人。城区、县市最低工资标准达到 800 元/月和 725 元/月。改建乡镇敬老院 6 所,五保对象集中供养率为 28%,城市低保对象月人均补助 180 元/人,农村低保对象月人均补助 53 元/人。城镇最低生活保障人数为 85621 人,减少 2007 人;优抚对象 35043 人,增加 1623 人。全市 48 件为民办实事全面完成目标任务,其中 22 项超额完成任务。教育、医疗、社会保障等民生领域支出 105.8 亿元,增长 29.7%,占一般预算支出的 67%。

居民收入较快增长。2010 年,全市城镇居民人均可支配收入 19643 元,增长 12.7%,提高 0.2 个百分点,其中工资性收入 12966 元,增长 19.5%,经营净收入为 1844 元,增长 62.4%,转移性收入为 4891 元,下降 4.4%,财产性收入为 1044 元,下降 8.5%。农村居民人均纯收入 7658,增长17.8%,提高6.4 个百分点,其中工资性收入为 3794 元,增长 22.6%,家庭经营纯收入为 3165 元,增长 11.5%,财产性和转移性收入为 699 元,增长 23.1%。城乡居民消费支出分别增长 8.2%和 7.9%;城镇居民恩格尔系数为 35.9%,提高 1.7 个百分点,农民恩格尔系数为 43.6%,下降 1.5个百分点。城乡居民收入差距比由上年的 2.68:1 缩小到 2.56:1。"十一五"期间,全市城乡居民人均收入年均增长 11.8%和 14.1%,分别比"十五"加快 0.8 和 6.1 个百分点。

五、科技、教育、文化、卫生、体育

科技事业稳步发展。2010 年,全市有国家认定企业(集团)技术中心 9 家,国家安排科技攻关计划项目 6 项,承担国家"863"计划项目 11 项,国家重点新产品试产项目 8 项。高新技术企业 138 家,实现高新技术产值 777.6 亿元,增长 32.8%,实现增加值 268.9 亿元,增长 31.6%。高新技术产品增加值占工业增加值比重为 40.4%,规模工业新产品产值占规模工业产值比重为 19.7%,提高 1.4 个百分点。全年申报专利 2276 件,增加 376 件;授权专利 1680 件,增加 568 件;荣获省部级以上科研成果 17 项,省科技进步奖 16 项。

教育水平稳步提升。2010 年,全市投入 1.2 亿元,建设义务教育合格学校 135 所,20 所省级实事校高标准完成;投资 1000 万元对城区 8 所中小学运动场进行塑胶改造;发放救助金 5000 万元,资助贫困学生 7.14 万人;安排外来务工人员子女学生 2.75 万人。3~5 岁幼儿毛入学率 88.8%,适龄儿童入学率 100%,小学合格率 100%,初中合格率达 94.8%,小学在校生年辍学率为零,初中在校生年辍学率 0.17%。高中学业水平考试合格率 94.8%,提高 15 个百分点。高考总上线率 98%,提高 8.8 个百分点,其中本科上线率 63.1%,提高 12.3 个百分点。全面推广阳光体育手语操,执行学生阳光体育"123"计划,阳光体育形成特色。全市幼儿园 740 所,其中民办 668 所,在校幼儿 9.75 万人,教职工 7806 人;小学 493 所,在校学生 21.5 万人,专任教师 1.22 万人;中学 37 所,在校学生 14.5万人,专任教师 1.26 万人。

文体卫生协调发展。2010 年,全市规划展览馆、市广电中心先后投入使用,华强文化产业基地一期即将建成;继续开展"新春音乐会"、"周周乐"、元宵节游园、烟火晚会等传统文化活动;参加全国第十五届"群星奖"评选喜获文化部设立的政府社会文化最高奖—"群星奖","城市春天"合唱团代表湖南参加由文化部主办的全国首届"中华红歌会"大赛,一举夺魁。全市完成了第三次文物普查野外实地调查工作,新发现文物点 1852 个,复查文物点 556 个,醴陵沩山村、株洲县朱亭镇、炎陵县中村乡申报全省第三批历史文化名村名镇顺利成功,实现了全市历史文化名村名镇零的突破。全市有线电视用户为 48.6 万户,增加 2.95 万户,有线传输线路 6588 公里;放映电影 4.1 万场,放映收入 3148 万元。

2010 年,成功承办了 2009~2010 年全国排球联赛株洲赛区比赛、全国体操锦标赛、亚洲及大洋洲荷球锦标赛、中澳篮球对抗赛等多个高水平体育赛事。全市有等级裁判员75人，等级运动员78人，荣获省级比赛奖牌473项；全年举办县级以上运动会60场次，参加人员2万人；举办全面健身运动项目146项，参加人员31.3万人；有各类体育场地1319个，其中体育馆15座、体育场34个，运动场204个、游泳池18个；人均体育场地面积达到1.2平方米，参加文体活动人数比例为69.4%。株洲籍运动员在羽毛球世锦赛获混双冠军，在广州亚运会夺6金1银，创造亚运会上的历史最好成绩；市体育代表团参加省十一运会，获成年组团体总分第二。

2010年，全市有卫生机构1359个，其中医院63家，乡镇卫生院113家，妇幼保健院10所；有床位16558张，卫生技术人员19297人，其中执业医师6218人；诊疗895.4万人次，其中住院治疗47.9万人。村组设置医疗点2142个，增加59个；参加新型农村合作医疗人数达到265万人，参合率达95.3%，提高2.7个百分点，平均住院费用报销率63.5%。改造乡镇卫生院4所、社区卫生服务中心25个、社区卫生服务站32个。全面启动城区、株洲县基本药品零差价销售制度，就诊药品费用下降38%，160余万群众受益。市中心医院主体工程基本完工。

六、行业经济

(一)农业

全市第一产业实现增加值123.9亿元，增长4.2%，其中农业增加值60.5亿元，增长4.1%，林业9.6亿元，增长4.5%，牧业46.5亿元，增长4%，渔业4.9亿元，增长7.2%。粮食种植面积400.2万亩，比上年增加5.2万亩，增长1.31%，其中优质稻170万亩，增长10.8%；粮食总产量184.5万吨，增产0.9万吨，增长0.47%，其中稻谷180.2万吨，增长0.26%；油料作物播种面积37.2万亩，增长32.5%；蔬菜播种面积84.5万亩，增长6.9%；水果产量20.7万吨，增长5.9%。生猪出栏441.4万头，增长2.1%；出栏牛羊58万头，增长5.2%；家禽出笼1925.8万羽，增长2.3%；水产品7.4万吨，增长6.4%。农村集体林权制度改革大力推进，林权发证率达到94.1%。农产品加工企业发展到2700余家，加工产值超过150亿元。全市退耕还林1.65万亩，完成造林22.8万亩，自然保护区2个，面积51万亩，森林覆盖率61.5%。

(二)工业、园区、建筑和房地产业

工业经济高位增长。2010年，全市工业总产值2041亿元，增长32%；工业增加值665亿元，增长21.6%，提高4.5个百分点。规模工业完成增加值605.8亿元，增长25.2%，加快6.6个百分点，其中国有及国有控股企业增长26%；股份制企业增长25.4%；外商及港澳台投资企业增长15.4%；其他经济类型企业增长29.5%。六大支柱行业中，交通运输设备制造业、非金属矿物制品业和纺织服装鞋帽制造业增长较快，分别增长29.7%、29.6%和23.5%；有色金属冶炼及压延加工业、化学原料及化学制品制造业和医药食品加工制造业分别增长18.1%、17.3%和12.3%。16家“5115”工程完成产值614.6亿元，增长37.4%，占规模工业总产值的36.3%。主要工业产品中，发电量58.2亿千瓦时，增长3.1%；水泥524.6万吨，增长38.2%；日用陶瓷60亿件，增长11.5%；电力机车772辆，增长80%；摩托车22.2万辆，增长1.3%；汽车2642辆，增长8.1倍，北汽控股南方基地顺利投产。规模工业综合效益指数为191.1%，提高28.1个百分点。实现主营业务收入1559.4亿元，增长41.7%，实现利税122.5亿元，增长40.8%，实现利润62.7亿元，增长43.7%，企业亏损面下降2.2个百分点。全省加速推进新型工业化考核，株洲名列全省第二。“十一五”期间，全市工业增加值增长1.9倍，年均增长17.8%，比“十五”加快4.9个百分点。

园区经济加快发展。2010年，全市园区规划面积为229.7平方公里，新增45.4平方公里，已开发面积43.7平方公里，新开发7.4平方公里；园区内有企业1683家，新增224家，其中规模工业529家，新增85家。实现技工贸收入1356亿元，增长40.2%；完成工业增加值394.5亿元，占全部工业的59.3%，其中规模工业增加值386.6亿元，占规模工业的63.8%；完成固定资产投资258.5亿元，增长63.1%，占全部投资的32%。

建筑房地产业较快增长。2010年，全市有资质以内建筑企业218家，完成总产值205亿元，增长13.5%，实现增加值80.5亿元，增长14.3%，加快5.1个百分点。有房地产企业331家，完成增加值44.7亿元，增长6%，回落8.3个百分点；商品房竣工面积357.2万平方米，增长50.5%；商品房销售额153.5亿元，增长39.9%，其中期房123.3亿元，增长46.3%；销售面积513.8万平方米，增长19.5%，其中期房413.3万平方米，增长22.2%。

(三)交通运输仓储邮政和电信业

2010年，全市交通运输仓储邮电业完成增加值53.2亿元，增长15.1%，加快3.7个百分点。全年完成交通投资75.6亿元，增长35%。全市高速公路通车总里程达205公里，建成与在建里程达462公里，实现“县县通高速”。全市货运周转量139亿吨公里，增长32.3%，公路客运周转量58.4亿人公里，增长31.7%。全市年末民用车辆拥有量为51.4万台，增长16%，其中汽车15.4万台，增长23.4%；公路运输汽车2.95万台，增长12.7%。全市私人汽车拥有量为12.1万台，增长28.8%，其中个人轿车60968台，增长33.5%，平均每百人拥有私车12台。城区公交车电动化率达70%，城区双燃料出租车比率达24%。全市邮政电信业务总量71亿元，增长35.7%，其中电信业务总量68.7亿元，增长36.1%；邮政业务总量2.3亿元，增长23.4%。年末固定电话用户79万户,增长5.8%;移动电话用户240.3万户,增长22.5%;国际互联网用户27.8万户,增长46.4%;平均每户电话拥有率2.8部/户,增长16.7%。

(四)内外贸易和旅游业

消费市场保持活跃。2010年,全市社会消费品零售总额426.8亿元,比上年增长19.1%;扣除价格因素,实际增长15.9%。其中限额以上企业商品零售额116.9亿元,增长32.8%,金银珠宝类、汽车类、家具类和餐饮类商品增长较快。按地域分,城镇消费品零售额393.5亿元,增长19.2%;乡村消费品零售额33.3亿元,增长17.9%。按行业分,批发业25.8亿元,增长17.4%;商品零售34.5亿元,增长19.2%;餐饮收入51亿元,增长18.2%;住宿业5.3亿元,增长33.6%。芦淞市场群进入全国十大服饰市场和服饰物流中心。中国驰名商标达到15件,株洲被确定为国家商标战略实施示范城市。"十一五"期间,全市社会消费品零售总额增长1.4倍,年均增长18.6%,较"十五"加快8.6个百分点。

外向经济稳步发展。全市实际到位的省外境内资金125亿元,增长31.8%,加快3.5个百分点,利用内资项目260项,净增82项;实际利用外资4亿美元,增长14.1%。全年完成进出口总额14.7亿美元,比上年增长28.6%。其中进口7.8亿美元,增长16.2%;出口6.9亿美元,增长46.3%,其中对美国、日本、加拿大等国家出口分别增长47.5%、72.4%和20.4%。

旅游产业加快发展。全市接待国内游客1214.1万人次,增长26.7%,接待境外游客5.9万人次,增长43%;实现旅游总收入78亿元,增长30.3%,其中旅游创汇2308.7万美元,增长50.6%。年末全市拥有旅游星级宾馆饭店36家,旅行社46家,国家AAAA级旅游景区3个。神农城、湘江风光带、荷塘月色、神农福地4A景区创建等项目全面启动,鹿原镇、酒埠江镇获评省特色旅游名镇。(黄　谷)

中国共产党株洲市委员会

【概况】 2010年，中共株洲市委紧扣转变发展方式这条主线，全力推进“两型”建设，着力打好“三大战役”，实现了“高开高走、又好又快”的局面，取得了“五个明显”的发展成效。

综合实力明显增强。突出加快发展、提高质量，综合经济实力迈上新台阶。从增长率看，实现了“五个大幅增长”。全市地区生产总值达1274.8亿元，增长15.3%；完成财政收入130.9亿元，增长25%；实现社会消费品零售总额426.8亿元，增长19.1%；完成固定资产投资808.5亿元，增长37.1%；城镇居民人均可支配收入19643元，增长12.7%，比上年提高0.2个百分点；农村居民人均纯收入7658元，增长17.8%，比上年提高6.4个百分点。从竞争力看，实现了位置前移。综合竞争力在中部地区非省会城市保持第一，稳居全省第二。经济社会发展的主要指标有3项排全省第一，4项排全省第二。获评“中国十大最具投资价值城市”，福布斯中国大陆最佳商业城市排名从上年第82位提升到第61位。从发展后劲看，实现了持续增强。实施基础建设项目62个，园区开工项目259个，旅游项目35个，新上项目数量和质量均创历史新高。特别是“5115”企业、“5大百亿工程”、“5大千亿产业集群”的有力推进，提升了经济实力，增强了发展后劲。电力机车公司销售收入达180亿元，电力机车研究所、株冶超过100亿元，唐人神等4家企业过50亿元。神农城广场、湘江风光带在国庆节前正式开放。投资100亿元的职教大学城有7所院校入园，2所基本建成。投资150亿元的华强文化产业基地项目，第一期2011年5月可开园营业。“5大千亿产业集群”共开工重点项目120个，完成总投资443.3亿元。总投资120亿元的攸县煤电一体化工程、投资40亿元的变流技术产业园等一批重大工程全面启动。北汽集团株洲基地年产20万辆整车项目正式出车，总投资50亿元的中航通用航空发动机项目已经签约，山河智能通用飞机项目正式落户，通用机场项目成功获批。

城乡环境明显提升。加快推进城市化和城市现代化，大力实施“四创四化”，提升了城市品位。城市承载力越来越强。提质改造主次干道10条、道路路面及人行道66条。炎帝大道、时代大道、长株高速、田心立交、五桥等竣工通车，长江南路基本打通，城市基础设施不断完善，城市功能日益提升。城市化水平达52%，高于全省8.1个百分点。城市吸引力越来越强。继上年创建国家卫生城市之后，2010年创建国家交通管理模范城市一举成功。获全省文明城市称号。创建国家环保模范城市的26项指标有21项达标。完成135栋建筑物亮化，湘江两岸88栋建筑物美化工程全面完工。城市绿化面积新增481公顷，绿化率达50%。城市品位的大幅提升，增强了城市的吸引力，引进省外境内资金125亿元，增长31.8%，加快3.5个百分点；引进内资项目260个，增长60%；在株洲央企达到15家；实际利用外资4亿美元，增长14.1%；外资企业数量居全省第二位，其中世界500强企业达到10家。城市带动力越来越强。加大以城带乡力度，县城、集镇和乡村面貌发生崭新变化。炎陵县成功创建国家卫生县城，入选“中国十佳绿色城市”。醴陵市、攸县连续4年进入全省县域经济“十强”，2009年分别列第5、第6位。全市接待国内游客1214.1万人次，增长26.7%；接待境外游客5.9万人次，增长43%。实现旅游总收入78亿元，增长30.3%，创历史最好成绩。

“两型”建设明显推进。坚持先行先试，“两型”社会建设扎实推进。“两型”环境不断改善。注重严管、严治、严罚，重拳治理污染，“拆除烟囱、净化空气、处理污水、变性土壤、清洁能源”5项举措有力推进，依法累计关停123家污染企业和落后生产线。城区累计拆除烟囱284根，环境空气质量良好率达97.7%。市区饮用水源水质达标率、水功能区达标率均达到100%。主要污染物排放量下降3.1%。“两型”示范有效推进。云龙、天易、清水塘循环经济3个示范区重点推进，率先突破。湖湘文化博物馆及影视文化村等项目成功入驻，云峰湖国际生态旅游度假区、欧洲小镇等重点项目建设顺利；清水塘工业废水处理利用工程、清水塘工业区重金属废渣综合治理工程全面推进。“两型”改革不断深化。把行政管理、投融资、土地管理、城区建设等综合配套改革，贯穿于“两型”社会建设的全过程,与建设同谋划、同推进、同考核,激发了发展活力,增强了发展动力。

民生利益明显改善。把保障和改善民生摆在重要位置,民生投入不断加大,民生实事扎实推进。保障更加有力。突出抓好以城镇低保、全民社保、城乡环保和就业、就医、就学为重点的社会事业。五险七项参保人数达320万人次,农村新型合作医疗参合率达95.3%,城镇居民最低生活保障标准由上年270元提高到300元。就业更加充分。新增城镇就业5.07万人,新增农村劳动力转移就业6.9万人,年末城镇登记失业率3.59%。就医更加便宜。大力推行基本药物制度,实行药品零差价,就诊药品费用下降48%。投资近9亿元的市中心医院,2011年6月可建成使用。就学更加方便。努力办人民满意的教育,市区新建学校3所,新增学位4860个。建设农村寄宿制学校累计达152所。住房更加宽敞。新增廉租住房7153套,“和谐家园”廉租住房1433套,第一批842户正式入住。社会更加和谐。全国“两会”、上海世博会等重大活动期间实现“零上访”。实现综治优秀地市“四连冠”,3次荣获“长安杯”。公安系统公共安全感满意度民调测评连续两年排名全省第一,中组部开展的选人用人公信度民调测评连续3年排名全省第一。计划生育、综合治理、安全生产3项工作,均排全省一类,在省委经济工作会议上受到表彰。

党的建设明显加强。全面加强党的思想建设、组织建设、作风建设、廉政建设,党的战斗力不断增强。扎实开展创先争优活动,大力弘扬“火车头”精神和“五个敢于”发展理念,坚持“三有”用人导向,干部队伍建设不断加强,涌现了兰才干等一批先进典型。严格落实党风廉政建设责任制,深入推进惩治和预防腐败体系建设,反腐倡廉成效明显。民主法制建设不断加强,宣传思想、统一战线工作围绕大局,服务中心,发挥了重要作用。国防教育、党管武装和民兵预备役工作得到加强。特别是市委、人大、政府、政协、军分区班子坚持团结奋斗,聚精会神搞建设、一心一意谋发展的氛围更加浓厚。(周伟任)

市委办公室工作

【概况】 2010年,株洲市委办公室紧紧围绕“保二争一、科学跨越”战略目标,充分发挥“智囊团、参谋部、服务队、润滑剂”作用,工作亮点纷呈。

政务服务有亮点。市委办公室紧贴大局、紧贴中心、紧贴领导参政设谋,调研出了成果,信息进了档次,督查树了权威,文稿文件上了台阶。2010年,市委大型会议召开了4次,分别是市委十届九次、十次、十一次全会和经济工作会议。每次会议的领导报告、文件文稿和会务工作,都力求精益求精,得到了全市上下的好评。信息工作在中办的排名,连年名列全省前茅;紧急信息和网络信息的处置经验分别被全省、全国推广。督查工作紧盯决策部署抓落实,跟踪重点工作抓推进,关注民生问题抓督办,为全市各项工作任务的落实发挥了重要作用。

事务服务有特色。市委办公室认真履行“总联络、总协调、总调度”职能,充分发挥“总务、总管、总揽”作用,加强协调服务,特色鲜明,成效显著。领导活动、公务接待,推行工作菜单制、全程服务制、方案预备制、精确控时制后,程序严格规范,效率大大提高。全年完成156次重宾接待任务,都得到了各级领导的充分肯定。全市的机要密码、保密、督查、信息、《中办通讯》征订、“双联”等工作获得全省先进,人事、信访、综治、档案管理等工作获得全市先进,市委机关大院通过了省卫生单位、省园林单位复检。值班联络、后勤保障、老干部服务、工会等各项工作都有声有色,市委机关春节联欢晚会得到广泛好评。

队伍建设有影响。市委办公室的队伍建设卓有成效,出了人才,出了品牌。市委办、政研室在公开选调干部时,进行了一场“捡垃圾”的特殊考试,在社会上引起了强烈反响,全国1000多家媒体予以报道或讨论。市委办作为市委书记新农村建设点的牵头单位,扎实工作,成效明显,云田村获得“全省新农村建设先进单位”。(刘茶生)

2010年度市委、市委办公室重要文件目录

表4

文　　号	文　件　标　题
株发〔2010〕1号	关于着力打好“城市提质战、园区攻坚战、旅游升温战”的决定
株发〔2010〕2号	关于印发《株洲市医药卫生体制改革实施方案(2010~2011)》的通知
株发〔2010〕3号	关于印发《株洲市人民政府机构改革方案的实施意见》的通知
株发〔2010〕4号	关于县市区政府机构改革的指导意见
株发〔2010〕5号	关于推动学习实践科学发展观向深度和广度发展的实施办法

续表 4

文　号	文件标题
株发〔2010〕6 号	关于进一步推进义务教育均衡发展的决定
株发〔2010〕7 号	关于学习贯彻《中国共产党党员领导干部廉洁从政若干准则》的实施意见
株发〔2010〕8 号	关于印发《株洲市领导班子和领导干部政绩考核办法(修订)》的通知
株发〔2010〕9 号	关于建立健全社会救助帮扶体系的意见
株发〔2010〕10 号	关于推进统筹城乡发展改革的意见
株发〔2010〕11 号	关于进一步加强农村征地拆迁和城市房屋拆迁工作的意见
株发〔2010〕12 号	关于进一步加强和改进人大工作的意见
株发〔2010〕13 号	关于进一步支持园区发展的若干意见
株发〔2010〕14 号	关于制定株洲市国民经济和社会发展第十二个五年规划的建议
株发〔2010〕15 号	关于印发《株洲市中长期人才发展规划纲要(2010～2020 年)》的通知
株发〔2010〕16 号	关于印发《株洲市贯彻落实(2010～2020 年深化干部人事制度改革规划纲要)的实施办法》的通知
株发〔2010〕17 号	关于印发《中国共产党株洲市代表大会代表任期制实施办法(试行)》的通知
株办发〔2010〕1 号	关于 2009 年度全市人口和计划生育工作评估与奖惩情况的通报
株办发〔2010〕3 号	关于加快推进新型城市化的意见
株办发〔2010〕4 号	关于印发《中共株洲市委常委会 2010 年工作要点》的通知
株办发〔2010〕5 号	转发《中共株洲市委组织部中共株洲市直属机关工委关于围绕全市工作大局加强机关党的建设(意见)》通知
株办发〔2010〕6 号	关于进一步加强劳动和社会保障工作的意见
株办发〔2010〕7 号	关于印发《株洲创建全省人口和计划生育模范市工作实施方案》的通知
株办发〔2010〕8 号	转发《市委组织部市委宣传部关于在党的基层组织和党员中深入开展创先争优活动的实施意见》的通知
株办发〔2010〕9 号	关于推进学习型党组织建设的实施意见
株办发〔2010〕10 号	关于印发《株洲市加速推进新型工业化考核奖励办法补充意见》的通知
株办发〔2010〕11 号	关于推进株洲市公立医院改革试点工作的意见
株办发〔2010〕12 号	关于印发《株洲市 2010 年落实党风廉政建设责任制,推进惩治和预防腐败体系建设检查考核办法》的通知
株办发〔2010〕13 号	关于印发《株洲市建设教育强市行动计划(2010－2015 年)》的通知
株办发〔2010〕14 号	印发《关于在全市推行社会稳定风险评估工作的实施意见》的通知
株办发〔2010〕15 号	关于印发《株洲市加速推进新型工业化考核奖励办法(修订)》的通知

(刘茶生)

组织工作

【概况】 2010年,全市各级党委组织部门坚持围绕中心、服务大局,突出重点、扎实推进,为打好“三大战役”、推进“两型”社会建设提供了强有力的组织保证和人才支持,各项工作取得了新进展、新成效。创先争优活动扎实开展,学习实践科学发展观活动试点工作被授予全省“组织工作创新奖”,组织工作满意度民意调查连续3年名列全省前列,株洲市委组织部和醴陵市委组织部、炎陵县委组织部被评为“全省先进组织部门”。

改革创新,班子队伍建设全面加强。干部教育培训力度不断加大,全年举办主体班22个,培训学员1220多人次。中组部对株洲市案例式、研讨式、情景模拟式教学等创新举措给予充分肯定。后备干部队伍集中调整全面完成,按职数配备要求,分别确定了一批县市区党政正职和县处级副职后备干部。干部人事制度改革深入推进,出台贯彻干部人事制度改革《规划纲要》的实施办法,竞争性选拔干部实现常态化,首次将市直机关科(局)级干部纳入集中公选,首次面向村(社区)党组织书记定向选拔6名乡镇(街道)副职,公开选拔5名县(处)级领导干部和42名科(局)级领导干部。实施第二批90名年轻干部的双向挂职锻炼工作。建立干部选拔任用工作全程纪实制度,全面落实“一报告两评议”制度,开展干部选拔任用工作检查,“大组工网”建设如期完成。

夯实基础,基层组织建设深入推进。全市各领域党建工作统筹推进。村级组织“四议两公开”工作法全面落实,113个村级组织活动场所建设如期完成,选聘134名高校毕业生到村工作,举办首届“十佳大学生村官”评选表彰活动,继续推进科学发展指导员选派工作。社区党建工作机制进一步健全完善。企业深入开展“四强”党组织、“四优”共产党员争创活动。机关、学校、非公企业和社会组织党建工作进一步加强。党建帮扶工作成效显著,联点领导高度重视,后盾单位认真履责,联络队员积极参与,基层单位主动配合,有力地夯实了基层组织,促进了新农村建设。全年新增48个非公企业作为后盾单位,各帮扶队为联点村引进项目100多个、资金6000余万元,各后盾单位共投入帮扶资金1500余万元。远程教育工作不断拓展。强化乡镇(街道)党委抓远教工作责任,加强株洲红星网站建设,组建远教专家服务团,完成《湖南远教工作通讯》改版,中组部沈跃跃、欧阳淞等领导称赞“反应最快,质量很好,内容很精”。

牵头抓总,人才工作成效明显。出台《株洲市中长期人才发展规划纲要》,适应转方式、促“两型”的要求,规划部署了一批重大人才工程。做好中组部人才工作联系点工作,建立16个市级人才工作联系点。组织开展以城市提质和医疗卫生改革为主题的“院士专家株洲行”活动。以“培养技能人才,服务三大战役”为主题,成功举办“技能月”活动和“赢在株洲”大中专院校学生创业大赛。继续加大公共服务领域人才培训力度,积极推进“351”人才培训计划和“311”人才引进计划,每年国(境)外重点培训50名、国内重点培训100名优秀人才;每年引进100名硕士以上高学历人才,100名中高层次专业人才。赴德、赴美和赴中国香港3个医卫培训项目有效实施,全年共引进硕士研究生和中高级技术人才119人。

从严治部,自身建设水平不断提升。严格贯彻市委“四治”精神,抓好组工干部的经常性教育,强化“严、高、快、细、实”的工作作风。认真开展“讲党性、重品行、作表率”、创先争优和“三访三送”等活动,弘扬政治坚定、公道正派、联系群众、务实高效的优良组工传统。大力推进学习型机关建设,坚持开展“一月一书、一月一课、一月一讲”学习活动,有效提高了组工干部综合素质。组织开展组工业务竞赛,引导组工干部立足岗位创先争优,组织系统创先争优活动经验在全省推介。带头深化干部人事制度改革,市委组织部机关通过考试选拔了4名年轻干部,拿出6个正科职位进行竞争性选拔,其中3个内部竞争上岗,3个面向全市公开选调。致力于部机关建设的制度化和规范化,出台《规范权力运行制度汇编》、《干部问责暂行办法》、《先进科室流动红旗评比暂行办法》等系列制度,建立新闻发言人制度并召开首次新闻发布会。全年上报各类组工信息1100多条,发表网络原创帖700多篇。 (邹 晖)

【学习实践科学发展观活动圆满结束】 2010年,株洲市继续把学习实践活动作为重大政治任务来抓,充分运用第一、二批学习实践活动的成果,扎实抓好第三批学习实践活动分析检查和整改落实阶段工作。认真分析和梳理制约本地本单位科学发展的重点、难点问题和群众反映强烈的突出问题。对梳理出来的13273个问题,研究制定整改落实方案和措施,共解决问题11289个,确保了后续整改问题“件件有着落,事事有回音”。召开全市深入学习实践科学发展观活动总结大会,对一批学习实践活动的先进进行表彰,分别授予二等功、三等功以及嘉奖称号。进一步巩固扩大活动成果,下发《关于推动学习实践科学发展观向深度和广度发展的实施办法》,将学习实践活动的成果制度化、长效化。3年来,株洲市学习实践活动主题突出、特色鲜明、组织有序、领导有力、成效显著,实现了提高思想认识、解决突出问题、创新体制机制、促进科学发展的目标,得到中央和省委的充分肯定,赢得群众的普遍赞誉。中央第四巡回检查组组长张维庆评价株洲市学习实践活动:战略定位好、发展思路好、关注民生好、生态环境好、干部导向好、发展态势好,归结起来是领导班子好。省委授予市委学习实践活动办1人一等功,市委授予市委学习实践活动办“特别嘉奖”的殊荣。 (肖 伟)

【巩固提升“讲重作”活动】 2010年是组织系统“讲党性、重品行、作表率”活动的“巩固提高年”。按照中组部和省委组织部的统一部署，全市组织系统将“讲重作”活动与创先争优活动并轨开展，以建设“模范部门”、打造“过硬队伍”为目标，以党性教育为重点，以“三学三比”、“三进三比”、“三评三比”活动为载体，着力提高组工干部形象认可度、组织工作满意度和服务“三大战役”的水平。通过组织部部长带头讲党课、邀请老干部讲传统、开展“对照典型找差距、学习典型当先进”大讨论，掀起了“远学王彦生，近学尹中强”的热潮，党性教育得到进一步加强。全市组工干部积极行动、广泛参与，立足本职争先进、作表率，深入“三大战役”一线直接服务发展，带头到基层搞调研、办联系点、走访群众。在“三访三送”活动中，全年共送去慰问金50多万元，与2100多名基层干部谈心交心，为1300多名专技人才建立对接服务，充分展现了组工干部的良好形象。结合3年一次的全省“创先争优”集中评比表彰，经过层层推荐、评比，在全市评选出13个先进组织部门和45名优秀组织工作者，授予10个单位组织工作创新奖、10名组工干部重点项目优质服务奖、12名组工干部组织工作业务能手奖，并隆重举行全市组织系统“讲重作”暨创先争优活动颁奖晚会，对先进集体和个人进行了表彰奖励。 （易 平）

【坚持举办“院士专家株洲行”活动】 株洲是国家确定的16个公立医院改革试点城市之一，也是中组部在湖南省唯一的人才工作联系点。4月26～28日，市委、市政府邀请19名城市建设、公立医院改革、流行病和慢病研究、肝病研究、骨肿瘤治疗与诊断等方面的院士专家(其中中国工程院院士3人)，开展以城市提质和医疗卫生为主题的“院士专家株洲行”活动。活动共安排学术讲座14堂，情况汇报会5次，座谈会4次，现场观摩、考察及临床教学检查5次，签订各类项目合作协议6项。活动期间，院士专家通过参观考察、听取汇报、座谈交流、学术讲座、现场指导、决策咨询，就株洲城市建设、公立医院改革、医疗卫生事业发展把脉问诊、出谋划策，共提出91条意见建议。参加活动的院士专家均被市委、市政府聘为“发展顾问”，为株洲长远发展提供了有力的人才支撑和智力支持。

（张 扬）

【认真落实4项监督制度】 2010年，株洲市组织部门从学习宣传、贯彻执行、监督检查3个环节入手，全面落实《党政干部选拔任用工作责任追究办法(试行)》等4项监督制度，规范选人用人行为。组织“4项监督制度集中学习宣传月”活动，举办组工干部“讲政策、讲程序、讲纪律”主题培训班，举办180多名组工干部参加的全市组工干部培训班。开展《干部任用条例》和4项监督制度知识测试，使4项监督制度入脑入心。着力提高选人用人的规范性，认真落实《领导干部工作实绩考察重点》，坚持把民主推荐作为干部考察的必经程序，坚持会前充分酝酿、集体充分讨论决定干部任免。扎实推进任前媒体公示，全面实行新提拔干部试用期制。为防止出现执行不到位的情况，对《干部任用条例》和4项监督制度贯彻执行情况进行集中检查。针对检查发现的问题进行专题分析研究，市委书记、组织部部长亲自找有关单位主要负责人谈话，并召开全市性大会进行通报，对各单位逐一发送整改意见函，督促各级各单位加强整改。全面开展“一报告两评议”工作，对县市区和市直单位报送的干部选拔任用事项进行严格审核。通过有力措施，全市各级各部门选人用人行为得到进一步规范，选人用人公信度不断提高，在中组部进行的组织工作满意度民调中，株洲市干部选拔任用和整治用人不正之风的满意度连续3年排名全省市州第一。

（刘华章）

宣传工作

【概况】 2010年，全市宣传思想工作紧紧围绕市委、市政府“保二争一、科学跨越”的工作目标，紧扣转方式、促“两型”这条主线，创新务实地开展工作，为全市经济社会发展营造了较好的思想文化环境。

理论工作坚持把推进学习型党组织建设作为深化理论武装的重要抓手，细化学习内容，优化学习载体，硬化考核措施，紧紧抓住领导班子和领导干部这个关键，在全市广泛开展学习型领导干部、学习型党组织评先活动，取得阶段性成果，产生广泛影响，推进了学习型党组织建设活动向广度和深度拓展。此活动在全省是一个创新，在省学习型党组织建设工作会议上作典型发言。

舆论引导围绕转方式、调结构这条主线和城市提质、园区攻坚、旅游升温“三大战役”抓报道，围绕树立株洲新形象抓宣传，组织十几项主题宣传活动，在新华社发稿103条，中央电视台《新闻联播》播发新闻23条，《经济日报》专题专版2个，《湖南日报》头版头条12条，湖南卫视《新闻联播》播发新闻232条，为市委、市政府重点工作的推进营造了良好的舆论氛围。突发事件新闻应急处置工作流程进一步规范，妥善处置了太子奶等舆论事件。

网络宣传开展株洲精神大讨论活动、首届道德模范评选活动网上投票活动，组织市委书记、市长与网民的见面会，受到国新办网络局的专门表扬。及时有效处置神农城征地拆迁、太子奶破产重整事件等10余起网络舆情事件，引导了网上舆论。制定《株洲市网络文化建设实施意见》、《株洲市网络新闻联系人暂行办法》，全年有43个职能部门设立网络新闻宣传联系人，网评员培训班使网评员队伍得到加强。

社会宣传组织严密，各种大型纪念活动反响良好，“五下乡”活动影响广泛。推出兰才干、肖敬两个重大典型，兰才干先进事迹得到中央政治局委员、书记处书记、中组部部长李源潮,省委书记周强等领导的批示,新闻媒体进行了广泛宣传。志愿者肖敬创办的"关爱生命万里行"活动小组,得到中共中央政治局常委、国务院总理温家宝的多次批示,省委书记周强、省委宣传部部长路建平亲自部署宣传推介。

文化建设稳步推进,群众文化活动活跃,文艺创作态势良好。读书月活动经验得到上级肯定和推介。11月2日,"第2届三湘读书月活动暨株洲市第4届读书月活动"启动仪式在株洲市举行。在全省"读书六进"活动评选中,株洲市获优秀组织奖和5个单项奖,还与深圳市互设"读书月"观察员,是深圳市读书月活动的第5个友好城市。基础设施建设进一步完善,市传媒大厦建成运营,拥有国内先进的广播影视节目制作设备,成为株洲新的文化地标。启动神农大剧院、神农艺术宫、图书馆的建设。举办"心系玉树"赈灾募捐晚会、传媒大厦落成庆典晚会、《军歌嘹亮》"八一双拥"等主题晚会,得到了社会各界的好评。 (邓一心)

【"学习型领导干部"、"学习型党组织"评先活动】 8月,株洲市委在全市县以上单位和企业党组织中开展"学习型领导干部"和"学习型党组织"评先活动。评审委员会由市委书记陈君文,市委副书记、市长王群任顾问,市委副书记、宣传部部长阳卫国任主任,活动分参评对象申报、参评对象确定、社会投票、评委会评审和市委审核表彰5个阶段,共评出学习型领导干部优秀个人10名、学习型领导干部先进个人20名、模范学习型党组织15个。评先活动声势大,影响广,反响好。 (邓一心)

【《走遍中国·株洲》专题片拍摄】 2010年,株洲市委宣传部组织策划并争取到中央电视台四套中文国际频道《走遍中国》栏目拍摄制作6集系列电视专题片《走进株洲》。专题片以纪实的手法,以《毛瓷秘事》、《釉下五彩瓷》、《倚天作画》、《红色印记》、《神奇的野生稻》、《动力之都》等题目突出展示株洲的历史变迁、人文风物和社会发展成就,在中央电视台四套黄金时段连续播出6天,播出时长共计540分钟。《走遍中国·株洲》的拍摄和播出,高密度、全方位地对外宣传了株洲,积极有效地对外展示了株洲形象。 (邓一心)

【新闻发言人培训班】 7月26~27日,市委宣传部举办具有较强指导性和操作性的新闻发言人培训班,国务院新闻办公室新闻局副局长华清,清华大学公共关系与战略传播研究所所长、中国公共关系协会常务理事、副秘书长董关鹏博士,《中国日报》英国专家、财经版执行主编马克先生,《中国日报》地方部主任兼记者部副主任詹维克先生,围绕"增强新闻舆论意识,提高同媒体打交道能力"、"如何面对媒体与公众:突发事件处置与媒体关系管理"、"外国专家眼中突发事件的新闻发布"、"新闻发言人如何运作媒体"等专题授课。全体在家市领导及160多家单位共300余人参加讲座。此次培训有效提高了新闻发言人业务水平。截至2010年年底,全市有180多家单位设立新闻发言人班子。 (邓一心)

【宣传文化系统拓展训练】 7月14日~8月20日,来自全市宣传文化系统20个县处级单位40个科级单位中层领导干部200多人,分6期在浏阳进行户外拓展培训。活动形式新、规模大、范围广、反响好,受到各类媒体及网站的深度关注,并得到了上级宣传部门领导的充分肯定。 (邓一心)

统战工作

【概况】 2010年,全市统战工作按照继续深化拓展五大平台、全力推进党外代表人士队伍建设、不断提升统战工作科学化水平的要求,凝心聚力,发挥优势,为全市经济社会发展贡献了积极力量。

充分发挥统一战线在坚持和完善党的领导制度中的独特作用。全力推进党外代表人士队伍建设。着眼于促进与党外人士可持续合作及2011年7个民主党派市委换届,建立800多人的党外人士资料库和60名市级班子后备干部队伍;并开展大调查,准确掌握代表人士情况,根据需要充实骨干和新生力量;对后备干部加强跟踪考察,为其成长铺台阶搭舞台。把握时机加大举荐,全年新提拔交流县处级党外干部4名;协助组织部门面向社会公选4名县处级党外干部。积极探索具有统战特色、系统完备的党外代表人士评价体系的建立与运用,力求多方位广角度地知情识行,及时把那些综合素养好、思想水平高、社会责任感强的人士选用上来。进一步扩大统战各界人士有序政治参与,为适应多种政治参与积极性不断提高的新情况,增强开放性和包容度,扩大覆盖面,丰富内容和形式。全年组织大型主题视察督办活动3次;市委、市政府先后向各民主党派和无党派代表人士就全市经济社会发展的重大问题、重大情况、重大人事变动作3次通报;形成提案224个,重点调研报告20篇,为帮助党委和政府有效地了解民情、倾听民声、集中民智,科学地总揽全局,起到了不可替代的作用。

紧紧围绕城市提质、园区攻坚、旅游升温"三大战役",广泛凝心聚力。坚持为非公经济发展鼓与呼,办实事。以联心、联动、联富深化万企联村。联心就是鼓励城乡企业家立足乡情亲情,把振兴家园与发展企业有机结合,返乡置业;联动就是运用统一战线牵头协调优势,整合部门职能、政策资源,聚成支援新农村建设的合力;联富就是企村产业相连,市场对接,各得所需,共同开辟富裕之路。引导民族宗教界融入社会服务社会。加强党的民族宗教理论及政策教育,正确把握和处理了这两大方面关系。民族关系方面,主要突出政策落实和少数民族干部培养选拔,还特别抓了瑶族乡瑶族文化整理挖掘。宗教方面,一抓规范管理,二抓抵御渗透,三抓维护和顺。运用多种方式拓展海外联络联谊。以骨肉亲情为纽带,以文化交流为背景,以寻根谒祖为牵手,面向台、港、澳及海外同胞、侨胞和社团,走出去,请进来,在观光访问中寻求经贸、科技、文化、教育等领域交流合作。加强社会主义核心价值观教育。民主党派和无党派人士的主题学教活动,民族宗教界人士的国家意识、公民意识学教活动,新的社会阶层人士的科学发展观学教活动,港澳台海外同胞的爱国主义教育活动都进一步深入。通过教育,增强了广大统战人士对党的领导、对社会主义道路、对社会主义核心价值观的认同感。全面提高统战工作科学化水平。加快构建规范有序的制度机制。一是健全统战部与组织部的党外干部培养选拔、统战部与宣传部的共同推动统战理论和方针政策的宣传教育、统战系统内部工作等联席会议制度;二是强化政情通报、党政主要领导与党外人士交朋友、民主党派和无党派人士对部门工作考察调研、政府部门与民主党派对口联系等制度;三是打造这些制度和机制的效能,更加衔接配套,工作的系统性、科学性和执行力得到提升。 (李朝晖)

【支持民主党派基层支部落实“五个有”】 2010年,株洲市委统战部在深入贯彻中发〔2005〕5号文件精神过程中,花大气力支持民主党派所有基层支部落实“五个有”,受到普遍拥护和欢迎。市县两级财政共安排专项资金76.3万元,使全市7个民主党派的135个基层主委和支部,落实了工作经费,解决了办公用房,完善了工作制度,基本达到工作经费正常化,办公场地规范化,角色位置常态化,教育培训经常化,评价考量制度化,使民主党派基层组织发挥优势有领域,实现价值有平台,利益表达有渠道,服务社会有作为。

(李朝晖)

【服务非公有制企业】 1~10月,全市新增186家非公企业对接项目38个,投资7600多万元。全市参加此项活动的非公经济人士达2800多名、企业706家、联村486个,投入资金26.7亿元,帮助农民增收2.7亿元。9个县市区共办样板点27个,走出了一条具有特色、企村共赢、社会欢迎的路子。与工行等开辟服务工商联会员企业专项行动和经营权质押、预期收入质押等全新贷款业务,为14家企业融资6600万元。充分利用“株洲民企人才网”,为非公企业提供职位信息。8636家企业成为网站注册会员单位;成功举办2010年“民营企业招聘周”和“民营企业专场招聘会”,登记求职6380人次,达成意向2400多个。组建中共株洲市工商业联合会直属会员单位委员会,设立党建工作部;在非公有制经济组织中广泛开展创先争优活动,参加的非公企业党组织有511个,党员8343名。通过活动开展,全年全市建立企业工会组织360个、共青团组织240个、妇女组织239个,找回120名“隐形”党员,新发展党员206名,培养入党积极分子223名,新建党组织18个。《光明日报》、《湖南日报》、中国人民网等10多家新闻媒体对株洲市非公企业创先争优活动情况进行了宣传报道。

(李朝晖)

政策研究工作

【概况】 2010年,株洲市委政策研究室突出调查研究、决策参谋和信息服务3个重点,积极进取,扎实工作,取得了显著的成效。

一、突出“三大战役”,专题调研呈现新成果。

2010年,市委政研室紧扣转方式、促“两型”这条主线和着力打好“三大战役”的工作重点,先后牵头组织和参与近20次专题调研,在理论和实践的结合上形成一系列质量较高的调研报告,部分建议得到市委主要领导的肯定。1.围绕加快城市提质、推进新型城市化,组织开展系列专题调研,形成《株洲市推进新型城市化调研报告》、《关于株洲市城市常态化管理调查报告》、《关于创建环保模范城市工作情况的调研报告》等。2.为加快转变发展方式,促进产业结构调整,开展株洲市发展新兴战略性产业的专题调研,形成《株洲市战略性新兴产业选择及布局》调研报告,为株洲市“十二五”规划提供了有效的参考;开展株洲工业结构调整的专题调研,形成《低碳经济背景下株洲工业结构调查的调查与思考》;开展转方式、促“两型”工作调研,形成《关于株洲市转方式,促“两型”情况的调研报告》。3.为促进旅游升温,推动全市旅游产业发展,开展专题调研,形成《关于株洲市旅游产业发展的调查报告》和《株洲市加快旅游业发展的调查与思考》。4.为全面掌握总结全市民生方面的主要成效及存在的问题,组织加强和保障民生的工作调研,形成《株洲市改善民生的调研报告》和《把民生作为最高关切》工作导向性文章。5.为解决发展中的瓶颈制约,加快城乡建设步伐,组织开展应对征地拆迁难、维护被征地拆迁当事人的合法权益的专题调研,形成《关于拆迁工作的调研报告》和考察报告以及《关于进一步加强和改进拆迁工作的意见》的“1+8”政策性配套文件。6.为应对生活必需品价格大幅上涨,开展专题调研,形成《关于应对食品价格上涨的调研报告》以及《稳定物价就是保障民生》的论文。7.着眼提升城市文化品位、探索株洲市文化资源保护、开发的对策,通过调研形成《株洲市历史文化资源调研报告》。8.整合调研资源,开展一些联合调研。联合有关部门开展“三大战役”实施进展、市委全会精神落实情况、全市人才发展状况、加快中小企业发展、推进“三网融合”、服饰产业发展政策、农民专业合作组织发展等专题调研,形成《三大战役进展调研督查报告》、《大力推动农民专业合作社快速发展》、《株洲国有企业党组织发挥作用调研》、《关于云龙示范区有关情况的报告》、《关于加快中小企业发展的调研》等调研成果。

二、着眼“三个提升”,决策参谋呈现新水平。

2010年,市委政研室共撰写各类重要文稿50余篇、40余万字;研究、修改的各类文稿达数百篇之多。

在政策研究上突出重点。围绕“十二五”规划工作,与市发改委等部门一起通过调查研究和进行充分论证,在就未来5年株洲经济、科技、社会发展的发展战略和主要目标提出构想,市委据此形成《关于制定株洲市国民经济和社会发展第十二个五年规划的建议》,并在市委十届十一次全体会议上获得通过;把握人才对发展的关键和支撑作用,与市人才办共同编制《株洲市中长期人才发展规划纲要(2010~2020)》;着力化解建设和发展难题,通过调研起草《关于进一步加强和改进拆迁工作的意见》(株发〔2010〕11号)及其相关的8个政策性配套文件。

在文稿服务上多出精品。全年市委政研室充分发挥以文辅政作用,组织撰写、推出一大批精品文章,其中在省级以上报刊发表的超过15篇,创近年来新高,得到市委领导的充分肯定。市委书记陈君文的署名文章《始终把保障和改善民生放在首位》、《立足大发展,推进新跨越》、《创新社会管理,促进社会和谐》、《推进两型社会建设,全力打造宜居城市》、《准确把握基本要求,加快转变发展方式》、《推进新型城市化,抢占发展制高点》,市委副书记李晖的署名文章《党建创新推动科学发展》、《突出炎陵特色,实现后发赶超》、《县委书记要做密切联系群众的表率》、《创造性地推进和实现科学发展》、《在“转方式”的保障上下工夫》、《千方百计促进“三个同步增长”》等,分别在《新湘评论》、《湖南日报》、《湖南工作》、《送阅件》、《城市经济论坛》、《党建》、《理论视野》等报刊发表。推介株洲工作的《大力推动农民专业合作社发展》、《追求民富改善民生的思考》、《突出全面提质,强化参谋服务》、《技防视角下的“社区创安”株洲模式》等文章,分别在《湖南工作》、《城市经济论坛》、《决策天地》刊发。

三、紧扣“六个着力”,刊物质量呈现新提升。

2010年,市委政研室进一步强化办刊的宗旨意识、精品意识和时效意识,着力打造特色的精品刊物,取得了新的突破。下半年对刊物进行改版,《株洲工作》定位“工作之声”,突出权威性、指导性和可读性;《领导参阅》定位“他山之石”,重在有前瞻性、启示性和操作性。全年《株洲工作》和《领导参阅》共出刊21期,采编、刊发各类文稿400余篇、100多万字,在及时反映中央和省委重大政策动态、准确传达市委决策意图、积极借鉴外地先进经验、总结宣传推介工作亮点、推动全市各项工作等方面发挥了积极作用。《领导参阅》第12期“十二五”规划专辑中,汇集了中央精神和部分省市的“十二五”规划的亮点、重点和基本思路,采编株洲市民、网民的建言献策,为主要领导提供了很好的参考依据,市委书记陈君文批示“很有价值”。(唐晖蓉)

机关党建工作

【概况】 2010年,全市市直各机关基层党组织认真贯彻落实中共中央颁布新的《中国共产党党和国家机关基层组织工作条例》和省、市机关党建工作会议精神,抓党建促发展,圆满完成各项工作任务。

一、服务大局作用发挥明显。2010年,市直各机关基层党组织精心组织机关党组织活动和深化“四治”作风整顿,带领党员、群众立足本职、狠抓落实,争创一流业绩。广大机关党员干部深入基层、企业、社区和农村,开展各种帮扶活动,解决发展和民生难题,在服务大局中充分发挥先锋模范作用,出色完成各项工作任务,为顺利完成株洲市“十一五”规划和成功创建国家交通管理模范城市等重点目标任务作出了积极贡献,很多机关党组织在市委、市政府的表彰中榜上有名。全年市直机关创建环保型机关达标的有独立院落的单位达61家,达标率为95%,大大超过市里规定的85%的目标要求,为全市“两型”社会建设和创建全国文明城市发挥了较好的带头作用。

二、机关党建工作不断加强。一是学习型党组织建设成效显著。机关学习制度不断健全,逐步形成良好的学习氛围。市人民检察院被评为全省“十佳书香机关”,市发改委等6个市直机关单位被评为全市“十佳书香机关”。市直机关20个领导干部被评为市学习型领导干部优秀个人和先进个人,10个单位被评为市模范学习型党组织。二是创先争优活动有声有色。市直机关96个单位(系统)、600余个基层党支部和16600余名党员,结合“讲、重、作”活动,深入开展创先争优活动,涌现出一批“五个好”基层党组织和“五带头”党员。同时,机关党的阵地建设有新发展,党员活动场地、设施等硬件设施普遍升级,功能进一步完善。三是加大机关党员和党务干部的培训力度。各基层党组织进一步严格“三会一课”等党内制度,加强党员的教育管理。2010年,市直机关工委举办2期机关党员集中党课教育,参课党员500余名;举办2期入党积极分子培训班,共培训600多人;举办4期党务干部培训班,培训党务干部350余名,其中岗前培训90余名。通过教育和培训,促进了机关党员和党务干部队伍建设。四是党建研究工作取得新的成果。4月,市直机关工委创办《株洲机关党建》刊物,为全市机关党建工作增加了一块新的阵地。积极开展机关党建研究,探索新时期机关党建工作的规律和作用,全年向市直机关工委上交调研论文50余篇。

三、机关作风和反腐倡廉建设扎实推进。一是作风建设主题月活动取得佳绩。3~4月,广泛开展“破解难题促转变、服务民生促和谐、‘三大战役’促发展”作风建设主题活动，机关干部深入一线，解决问题，办好实事。全市各级机关共派出工作组972个共8000余人，联系企业2000余个，联系乡镇、社区、村组4000余个，召开座谈会1000场次，走访群众8万余人，为基层群众解决各类问题6353个。株洲市被评为2009年、2010年全省作风建设主题活动先进单位。二是“四治”作风整顿活动扎实推进。继续深入推进“四治”整顿，组织召开全市作风建设经验交流会，开展5次大的调研、走访和明察暗访。全年全市通过明察暗访和受理举报等多种方式，共发现586起作风建设方面的问题，均按照有关规定进行了处理，对机关干部起到了较好的警示教育作用。按照“机关效能建设年”的要求，市直机关各单位全面贯彻落实《湖南省行政程序规定》，建立健全各类制度，取消涉企行政事业性收费项目15个，查处损害经济发展环境案件34件，为企业挽回经济损失1.53亿元。三是反腐倡廉建设得到加强。市直机关各单位从教育入手，先后组织党员观看《北极雪》等5部反腐倡廉教育片，到“桥头堡”、株洲县、醴陵市检察院开展警示教育，开展廉政文化进机关、《廉政准则》和从政提醒、党纪条规知识竞赛等活动。认真查处和协审机关党员违法违纪案件。2010年，市直机关纪工委自立案件4起，处分违纪党员4人；协审案件14起，处理涉案人员14人。

四、机关文明建设和工会工作有新的发展。一是进一步规范文明创建工作。市直机关工委完善创建文明单位的考核内容，规范考核评比办法。2010年，市直机关有1个单位被评为省文明标兵单位、5个单位被评为省文明单位、1个单位被评为市文明建设红旗单位、9个单位被评为市文明建设先进单位、10个单位被评为市文明机关。二是积极推进机关工会工作。进一步做好市直机关干部职工补充医疗保险工作；广泛开展丰富多彩的文化体育活动，活跃了机关气氛，增强了凝聚力。

（李正初）

【召开全市机关党的建设工作会议】 3月25日，市委召开全市机关党的建设工作会议。会议由市委常委、组织部部长程绍光主持，市直机关工委书记颜国庆、市委组织部副部长周琪分别作大会发言，市委书记陈君文出席会议并讲话。会上，炎陵县、荷塘区、市国土资源局进行经验交流，下发了《中共株洲市委组织部中共株洲市直属机关工委关于围绕全市工作大局加强机关党的建设的意见》（株办发〔2010〕5号）。

（李正初）

【市直机关开展“创先争优”活动】 5月，市直机关各单位按照市委的统一部署，在机关基层党组织中深入开展创先争优活动。市直机关工委成立市直机关创先争优活动领导小组，制定下发《关于在市直机关基层党和党员中深入开展创先争优活动的实施意见》和《市直机关创先争优活动2010年推进计划》。全市市直机关共有98个单位、600多个基层党支部、16600余名党员参加创先争优活动。（李正初）

【开展“破解难题促转变、服务民生促和谐、‘三大战役’促发展”作风建设主题活动】 3月，株洲市开展“破解难题促转变、服务民生促和谐、‘三大战役’促发展”作风建设主题活动。活动期间，全市各级机关共派出工作组972个，包括市县两级领导共8600余人次，联系企业2000余个，联系乡镇、社区、村组4000余个，召开座谈会1000余场次，走访群众8万余人次，共排查出问题7378个，解决问题6353个。（李正初）

【开展“重细节、严自律、强作风”专题讨论活动】 10月下旬～11月下旬，市直机关各单位为深化创先争优活动和加强机关作风建设，开展为期2个月的“重细节、严自律、强作风”专题讨论活动，进一步增强了党员自律意识，促进了自觉抓落实作风的形成。活动通过组织好一次集中讨论、上好一次专题党课、撰写一篇心得体会、树立一批先进典型，扎实认真地开展学习型、服务型、规范型机关建设，达到了不断加强学习、提高素质、改进作风的目的。

（李正初）

机构编制工作

【概况】 2010年，全市机构编制工作紧紧围绕“管住、管活、管好”的工作理念，积极构建“改革、管理、服务”三位一体的工作格局，不断提升服务大局的能力和水平，各项工作成效明显。

截至2010年12月31日，市直党政群机构85个，与上年度对比持平，其中：市委工作机构9个，人大机关9个，政府机关34个（含直属特设机构1个、部门管理机构2个），政协机关8个，民主党派机关7个，群团机关10个，市中级人民法院机关1个，市人民检察院机关1个。城市4区党政群机构183个，与上年对比净减少8个，县级市（醴陵市）党政群机构60个，各县党政群机构224个，街道办事处25个，乡镇机关107个。全市各级机关配备各类编制17174名，其中：行政编制16292名，工勤编制818名，机关其他编制64名。

截至2010年12月31日，全市事业单位3352个，与上年度对比净增加158个，其中：财政预算事业单位2941个（含全额拨款事业单位2444个和差额补贴事业单位497个），经费自理事业单位411个。全市事业单位共有事业编制74257名。其中：财政预算事业编制67306名（含全额拨款事业编制50466名和差额补贴事业编制16840名），经费自理事业编制6951名。全市事业单位实有人数64183人。其中：财政预算事业单位实有人数57927人（含全额拨款事业单位42165人和差额补贴事业单位15762人），经费自理事业单位实有人数6256人。（郭永祥）

【市政府机构改革】 市政府机构改革是市编办2010年工作的重中之重。4

月1日,组织召开市政府机构改革动员大会,下发一系列改革文件,全面启动市政府机构改革工作;举办1期全市"三定"工作业务培训班;组织开展"三定"调研月活动;成立6个审核小组,设置4道审核关,举全办之力完成"三定"规定的起草和审核;9月26日,经市编委会审议,原则通过35家行政机构的"三定"规定(草案)和27家行政机构的工作流程,其中15家行政机构的"三定"规定(草案)于12月21日经市委常委会审议通过。

在本轮市政府机构改革中,严格按照中央和省里的改革精神和要求,共设置32个市政府工作部门(含直属特设机构1个),部门管理机构2个,在大部制改革方面进行了有益探索,并明确51个市直部门和单位重新制定"三定"规定,从全省来看,将16个市政府直属事业单位纳入"三定"工作范围,是株洲市政府机构改革的特色。另外,在审核"三定"规定(草案)时,增加审核工作流程,这在全省也是首创。同时,集中解决和理顺21个职责交叉和分工的问题,并增加了有关部门责任的表述,成为改革的又一亮点。 (郭永祥)

【县市区政府机构改革】 2010年,为做好县市区政府机构改革工作,市编办多次赴省编办就县市区政府机构改革工作进行请示和汇报,认真指导县市区拟订政府机构改革方案。9月10日,各县市区改革方案经市委、市政府审批后,正式印发。12月初,市编办组织人员对县市区政府机构改革进行专项督查,确保改革不偏离方向、不发生偏差、不影响进度。 (郭永祥)

【事业单位分类改革】 一是积极参与医药卫生体制改革。以政府机构改革为契机,将市卫生局承担的技术性、服务性、辅助性的职责下移给相关事业单位承担,并在市卫生局和市食品药品监督管理局"三定"规定中明确建立国家基本药物制度,规范药品生产流通监管等职责。二是协同抓好公立医院改革。秉着先行先试的改革精神,在《株洲市公立医院改革试点工作机构设置和人员编制方案》中创新管理举措,对公立医院的人员编制实行动态管理。该方案受到了卫生部副部长、国务院医改办副主任、卫生部公立医院改革试点协调工作小组组长马晓伟的充分肯定。三是协同推进集体林权制度改革。拟订《株洲市集体林权制度改革有关林业行政事业机构编制人员安置工作指导性意见》,将70%的人员编制充实到基层林业执法、管理和服务岗位。通过改革,进一步理顺了林业管理体制,促进了全市林业事业的健康发展。 (郭永祥)

【机构编制保障工作】 对涉及经济社会发展全局的重点工作,及时设置机构,调整职责,努力解决影响发展的机构编制问题。一是助推产业发展。为加强对铁路和汽车产业的综合协调,经市编委会和市委常委会研究,设立汽车办、铁路办等机构。二是服务"三大战役"。为支持"园区攻坚"战,会同有关部门对全市9个工业园区进行专题调研,形成《关于我市工业园区管理体制的调研报告》,并为部分工业园区管委会增加了内设机构、人员编制和领导职数,为其放开手脚做大事、集中精力谋发展创造了条件;为支持"旅游升温"战,完善县市区旅游机构的设置;为支持"城市提质"战,理顺了城市建设、管理相关部门的职责,完善县市区城市管理机构的设置。三是大力支持创建工作。为支持创建国家级创业型城市,履行对县市区编办的指导和协调职能;为支持创建全国文明城市,根据市创建工作方案,积极指导、协调县市区编办为文明办搞好机构编制服务,助推文明城市创建工作。

(郭永祥)

【百名研究生引进计划】 2009年以来,市编办会同有关部门积极实施"百名研究生引进计划",每年面向国内"985工程"、"211工程"以及专业特色鲜明的院校引进100名以上优秀研究生,力争5年引进1000名,以整体改善机关事业单位人员结构。市编办下达全市年度引进人才计划后,凡未进入计划的市直事业单位,一律不得利用余编自行引进。2010年共下达173名研究生引进计划。全年通过3次联席会议审定,共实际引进研究生人才和中高级职称人才119名。"百名研究生引进计划"自实施以来,得到了市委、市政府的充分肯定,人民网、中国机构网、《株洲日报》等媒体均进行了推介。(郭永祥)

【机构编制日常管理】 一是严把人员进口关。对市直党政群机关和事业单位工作人员的调入或异动,始终坚持在编制限额内进行,并对新增人员的单位性质、人员身份、学历层次、新增途径等方面进行严格把关,特别是公务员和参照管理的事业单位人员调入严格坚持"凡进必考"的原则,并通过"三家"联席会议审核。二是严把机构设置关。根据湘发〔2007〕27号文件,上收县市区副科级事业单位设置的审批权后,县市区机构设置的数量得到严格控制,机构的级别和名称进一步规范。三是严把职数审核关。在2010年市政府机构改革"三定"工作中,部门领导职数严格按照省编办批复要求进行核定,内设机构职数根据人员和职责任务从严核定,并对纪检群团负责人的职数制定了核定标准,职数得到严格控制。四是严把审批程序关。凡涉及机构编制的事项,严格实行机构编制管理部门一家承办、一支笔审批、一家行文的"三个一"制度,坚持按照规定的程序,严格履行报批手续,严禁自行其是。五是严把军转干部安置关。为妥善安置株洲市2010年度军转干部,市编办结合实际,反复研究、综合平衡,选择有空编、超编少或历年来安排军转干部较少的单位,共拟订了77名军转干部的安置计划。六是严把机构编制督查关。制定《机构编制监督检查工作暂行规定》的细化措施,出台相应的配套文件和操作流程，增强了机构编制监督检查工作的规范性和操作性。2010年，对3起群众来信来访件，逐一进行调查和核实，澄清了事实，维护了机构编制管理的权威。

（郭永祥）

【事业单位登记管理】 一是全面完成年检工作。2009年度，共有420家市直事业单位法人按时参加年检，年检率和合格率均达100%。二是对全市事业单位法人进行全面清理。对未与主管部门分离的事业单位和零资产事业单位，要求限期整改，否则撤销其法人资格，2010年共注销登记34家市直事业单位。三是认真组织网络培训。年内，组织全市登记系统干部参加2期网上登记管理师资培训班。四是建立联合制约机制。同相关职能部门搞好协调，各把关口、保证了事业单位法人证书的使用效力。由于近年来，株洲市事业单位登记管理工作特色鲜明，成效显著，2010年，市事业单位登记管理局在全省事业单位登记管理局长会议上作典型发言。

（郭永祥）

反邪教工作

【概况】 2010年，全市防范处理邪教问题工作紧紧围绕上海世博会、省十一运会、广州亚运会等“三大安保战役”，着力加强防范控制和深挖打击工作，成功侦破公安部督办的“实际神”专案，抓获“实际神”违法犯罪分子20多人，受到了上级的充分肯定。全年侦破“法轮功”案件2起，打击处理2人；侦破其他邪教案件2起，打击处理16人。不断推进教育转化和回访帮教工作，回访帮教邪教“法轮功”人员200多人次，回访帮教率100%。夯实基层基础工作，深入开展“无邪教活动单位（社区、村）”创建工作，全市80%以上的单位（社区、村）达到“无邪教活动单位”的创建标准。全面实现“四不”和“三个零指标”管理目标，整体局势持续平稳。在全省综治考核中，株洲市防范和处理邪教工作再一次获得满分，成为全省迄今为止唯一一个“七连冠”地市。

（杨淑伟）

信访工作

【概况】 2010年，全市信访形势整体平稳、持续向好，各项指标全面大幅下降，信访工作整体推进，取得了重大突破。赴省、进京过激上访行为和“告洋状”现象全部为零，全国“两会”期间首次实现“零登记”，上海世博会、广州亚运会实现“零上访”。全年全市信访总量16543人（件）次，同比下降10.9%，其中来访14050人次，同比下降9.7%。进京非正常访97人次，同比下降73.8%，其中重复访44人次，同比下降53.7%。赴省访97批239人次，同比批次下降82.3%、人次下降87.5%，其中集访7批78人次，同比批次下降86%、人次下降89.5%，20人以上的集访一次也没有发生。到市上访736批3576人次，同比批次下降7.1%、人次下降9.3%；其中集访141批2206人次，同比批次下降5.6%、人次下降7.5%。2010年，株洲市被湖南省处理信访突出问题及群体性事件联席会议先后评为“全国‘两会’期间信访工作先进集体”、“上海世博会期间信访工作先进集体”、“广州亚运会期间信访工作先进集体”，被湖南省信访工作领导小组评为“2010年全省信访工作先进集体”。

一、领导重视形成常态，引领信访工作新跨越。全市各级领导对信访工作非常重视，当作分内的事抓部署、见成效。一是党政一把手切实履行第一责任。市委书记陈君文、市长王群等市领导和县市区委书记出席全市信访工作会议，市委书记陈君文发表重要讲话，把信访工作真正纳入党委、政府的一项重要工作进行统筹安排。各县市区党政一把手，自觉把信访工作当作本职工作来履行，扭转了过去被动应付的局面。二是市委常委会2次调度解决信访突出问题。市委书记陈君文和市长王群于6月18日、9月1日分别主持召开市委常委扩大会，对领导包案的信访积案及突出问题实行专题调度，极大地推动了问题解决。6月18日第一次调度的37个信访积案及突出问题，截至年底，销号达33个、占89.2%，许多拖了6、7年之久的老大难问题得到彻底化解。三是各级领导经常关注、关心信访工作。2010年，市委书记、市长、常务副市长、政法委书记、分管副市长和联席会议召集人等市领导专门就信访工作中的有关问题阅示152次，对重要时期的信访工作提要求、压任务、拨经费。

二、基层信访扎实有效，构建信访工作大平台。一是加强领导接访。全年市、县市区两级领导公开接访219场次，接待上访群众673批4071人次，处理各类信访问题525件。二是延伸接访层级。将县委书记和县市区长接访制度向下延伸，实行乡、镇、街道办事处党委书记和乡、镇长及街道办事处主任每周轮流接访1天，市、县两级政府职能部门一把手每半月公开接访1天，让老百姓遇到问题有地方找、找得到人。三是完善基层“五有”。全市各乡镇、街道办事处，市、县两级政府主要职能部门做到“有领导分管、有专人抓、有接待场所、有接访制度、有信访问题解决的登记和档案”，把基层“五有”建设列入乡镇、街道办事处和市、县两级政府主要职能部门信访工作考核的重点。四是建立信息员制度。全市推行聘任村、居委会支部书记为信访信息员制度，实行“考核加补贴”的信息员考评机制。五是坚持纠纷排查。全面贯彻落实中办发〔2009〕3号文件精神，把矛盾纠纷排查制度化；坚持定期小排查和敏感期间大排查相结合，及时掌握各类不稳定因素，赢得处置主动权；全年全市共排查各类纠纷187件、化解165件，化解率88.2%。

三、自身建设全面加强，适应信访

形势新发展。一是打造过硬队伍。全市信访系统在提高干部素质方面下工夫,开展了“爱岗敬业,创先争优”活动。二是创新工作方法。完善“凡去必接”机制,进一步理顺驻京劝返办与国家信访局、天安门公安分局和省驻京办的工作关系,进京非正常访大幅下降,2个区(石峰区、云龙示范区)实现全年无进京非正常访,6个县市区实现无进京重复非访。积极引导信访人“三级终结”,加大信访事项的复查复核,推进依法信访。三是硬件建设上台阶。全力推进信访大厅建设,全年全市各级共投入470多万元、新(改、扩)建信访大厅2300多平方米,除2个县区在建和拟建外,其他信访大厅基本符合要求。醴陵市、炎陵县、荷塘县、天元区信访局先后搬进新办公楼,信访部门自身办公条件显著改善。

四、协调督办凝聚合力,全力推动信访问题解决。一是加强与职能部门配合。与劳动、民政部门密切配合,落实“涉军”部分人员相关政策,使这些人员基本息访;与司法、房产部门密切配合,帮扶“刑事解教”特殊人员,排除了可能危害社会的隐患。二是信访渠道更加便畅。设立市长热线,“12345,有事找政府”成为老百姓的口头禅、誉为信访人的“民生线、连心线”,使得信访渠道更加畅通;截至10月29日热线开通1周年,接到有效电话33412个,办结率97.1%。开通网上信访,网上回复各类投诉1100多件。“人民来信”绿色通道逐渐为老百姓所熟悉,更加方便了他们通过来信表达诉求,降低了信访成本;共办理绿色通道群众来信415件,占来信总量的16.7%。三是维稳部门积极主动。公安、国安、维稳、信访4个部门加强情报信息交流,及时开展对涉稳对象的稳控、教育和疏导,变被动应付为主动出击,赢得了处置主动权。

五、信访宣传独树一帜,树立信访部门新形象。一是加强《湖南信访》的宣传报道。全年为《湖南信访》组稿10篇、发表8篇,即“一把手切实履行第一责任”、“‘亲民书记’抓信访、为民解难见真情”、“满腔热忱做好群众工作”、“激情成就事业”和工作动态4篇,基本实现“每期都有株洲声音”的工作目标。二是创建株洲信访网络报道专栏。和“中国新闻网”合作,创建株洲信访工作网络报道专栏,共发表有关全市信访工作方面的文章7篇,其中市委书记陈君文1篇。三是积极开展《信访条例》5周年专题宣传及纪念活动。积极响应省局组织的《信访条例》5周年征文活动,认真完成每个市州报送2篇文章的任务,且2篇全部发表。副市长李异建于5月1日在《株洲日报》发表题为“贯彻落实《信访条例》、依法促进社会和谐”的纪念文章,扩大信访工作知名度。历时近3个月,编印、发行了《信访指南50问》。四是认真开展经验交流。编印《工作简报》25期,加强经验交流,实现“齐步走”。

存在的问题与困难:从上访层面看,主要是3个方面:一是进京非正常访难以杜绝;二是要政策、突破政策的诉求越来越多;三是临时性、不可预见的突发性集访仍然存在。从工作层面看,主要是3个方面:一是工作机制受到约束,有待顺畅;二是集访处置稍为滞后,有待加强;三是自身建设相对薄弱,有待克服。 (龚向元)

老干部工作

【概况】 截至2010年底,全市共有离休干部2173人,其中厅局级158人,县处级1070人,科级及以下945人;红军时期参加革命工作的2人,抗日战争时期参加革命工作的187人,解放战争时期参加革命工作的1984人;行政机关451人,事业单位465人,企业单位1257人。副处级以上退休干部52716人。

2010年,全市各级老干部工作部门引导全市广大离退休干部积极投身“三大战役”、“四创四化”等全市中心工作,在落实老干部政治待遇和生活待遇、组织开展创先争优活动、保障老干部共享改革发展成果、提高老干部服务管理水平等方面,做了大量扎实有效的工作,取得了新的成绩。中组部老干部局领导两次到株洲考察,评价“株洲市的老干部工作走在了全国前列”。株洲市的老干部创先争优活动,得到中央和省委创争办及中组部老干部局、省委老干部局的高度肯定。株洲市委老干部局被评为全省老干部工作红旗单位、全省老干部宣传工作红旗单位、全市文明建设先进单位、全市政绩考核一等单位等荣誉称号。株洲市关工委连续3次被评为全国关心下一代工作先进集体。

一、离退休干部党员创先争优活动有大影响。在全党创先争优活动启动之初,株洲市就在全国率先成立老干部创先争优活动领导小组,加强对离退休干部党组织和党员创先争优活动的指导服务。根据老干部特点,精心设计活动主题、载体和推进方式,注重宣传发动,加强分类指导,加大典型宣传,充分调动老干部参与创先争优活动的热情,大力激发老干部自我教育、自我提高的内生动力,切实发挥老干部在献计科学发展、支持中心工作、促进和谐稳定等方面的积极作用。株洲市的做法和经验及先进典型,在《中央深入开展创先争优活动简报》、《湖南省创先争优活动简报》、中组部《组工信息》、《人民网》、《湖南日报》、《湖南卫视》、《湖南公共频道》、《老年人》等媒体上被推介。

二、离退休干部思想政治建设有新加强。邀请市委讲师团教授在城市4区举行以“打好‘三大战役’(城市提质、园区攻坚、旅游升温)、推动科学跨越发展”为主题的5场巡回报告会,2300多名离退休干部参加;组织离退休干部“三大战役”宣讲团,深入到学校、社区、乡村作巡回宣讲10多场次,使活动深入人心。召开重点工程情况通报会,向市级老领导介绍“神农城、湘江风光带、云龙示范区”三大“百亿工程”规划建设情况;与市委统战部联合组织市级老领导和民主党派人士政情通报会,国庆节组织老领导参观考察、观看焰火晚会和神农城喷泉展示,重阳节组织政情通报、参观考察、宴请等系列活动。组织市级老领导参观传媒大厦和规划展览馆。开展"我为三大战役作贡献"有奖征文活动，讴歌"三大战役"取得的成就。将3000多本《老年人》杂志送到城市4区敬老院。召开庆祝"老人节"暨"三好老干部"表彰大会，市委书记陈君文高度评价老干部的历史功勋，要求大力宣传和弘扬老干部的先进事迹。5名"省三好老干部"和105名"市三好老干部"受到表彰。

三、关心照顾老干部有新举措。认真贯彻落实湘纪发〔2009〕13号文件精神，推动离休干部津补贴占机关同级在职人员津贴比例由85%提高到90%的新增部分及时落实到位。同时根据经济社会发展水平，在提高机关在职干部待遇时，为离退休干部增发1个月离退休金(含津补贴)和3000元节日慰问金作为生活补贴。市属企事业单位同步调整到位。市里的老干部待遇提高后，通过"召开联席片会、下发协调函"等办法，加强沟通联络，搞好统筹协调，督促驻株洲中央省属单位离休干部按株洲市标准落实。在公立医院改革试点过程中，市委老干部局牵头对《离休干部医药费统筹管理办法》进行修订，保证向老干部提供更好医疗服务。争取有关部门重视支持，在市一医院建立市级老领导电子档案，随时掌握老领导健康状态；在市中心医院和省直中医院新建高标准老干综合楼、老干病房，新增一大批先进医疗设备，开设老干部ICU重症监护病房；协调中央省属驻株洲单位无固定收入离休干部配偶遗孀全部加入市城镇职工基本医保。株洲市市本级离休干部医保统筹金每人每年2万元，医药费实际发生额为人均4.6万元，离休干部医疗保障水平与省直和长沙基本相当。

四、离退休干部服务水平有新提高。继2009年株洲市在全省率先开通"E键通"急救系统后，2010年扩大安装到1200户，城区内离休干部、全体市级老领导和部分有特殊困难的退休干部覆盖到位。市委老干部局坚持每月检查，对系统运行情况进行跟踪服务，并督促医院切实负责。系统运行以来，共挽救7名老干部的生命。老干部及家人称赞"'E键通'是高龄老干部的保护神，是实实在在地为老干部着想"。湖南卫视、湖南公共频道、株洲日报对此作了报道。进一步深化拓展社区"四就近"(即离退休干部就近学习、就近活动、就近得到关心照顾、就近发挥作用)工作。积极探索退休干部管理方式方法，在城市4区各选择一个退休人员较多社区作为深化"四就近"工作示范点，成立专门工作项目组，经常到点上指导、督查和协调，把抓社区党建作为老干服务社区化、利用社区资源服务老干的重要手段，鼓励和支持示范社区探索创新，取得初步成效。社区"四就近"服务模式获"全市组织工作创新奖"。完善离退休干部困难帮扶机制，全年资助有特殊困难的离退休干部近100万元。攸县拿出7套廉租房安置居住农村的离休干部，方便他们就近看病，对仍居住农村的离休干部，按每人每月500元标准给予到县城就医交通补助。株洲县资助16名有特殊困难的老干部每人1000元，并为2户解决廉租房2套。 (周立刚)

【中组部老干部局局长陶治国到株洲考察】 3月20日，中组部老干部局局长陶治国一行在省委组织部副部长郭树人和省委组织部副部长、老干部局局长常世雄陪同下，到株洲就贯彻落实中组发〔2008〕10号文件情况进行检查指导，实地考察了荷塘区袁家湾社区老干活动中心，听取市老干部工作情况汇报，并召开了有关方面座谈会。陶治国对株洲市老干部工作和社区"四就近"工作给予了高度评价，认为"株洲市的老干部工作在基础工作、基层建设等方面，做得非常扎实。社区'四就近'工作无论在制度建设、队伍建设、机制建设、具体的服务措施等方面，都做得非常好，创造了经验，走在了全国前列"。 (周立刚)

【新《离休干部医药费统筹管理办法》出台】 2010年，在公立医院改革试点过程中，市委、市政府责成市委老干部局牵头，在深入调研的基础上，对《离休干部医药费统筹管理办法》进行修订，经市政府常务会议同意后，以株政发〔2010〕39号文件印发。新《办法》对定点医疗机构设定条件作出了严格规定，要求出资安装"E键通"急救系统、建设高档次老干病房，公开招标确定定点医疗机构；放宽了老干部看病用药限制性规定，提高了门诊刷卡自购药的费用额度、基本医疗保险新版《药品目录》与《三个目录》同时使用、有自付比例的任何药品价格再降低10%、兑现年度结余奖励；建立多层次就医体系，落实责任医师制度，对患大病造成生活困难或重病急救自付费用较高的实行救助；建立4家成员单位相互监督制约机制，不定期开展老干部满意度调查，聘请外地医疗专家对定点医院不定期抽查，进一步完善监管措施。 (周立刚)

【市老龄大学节目获全国金奖】 2010年，市老龄大学大力加强示范校建设，办学规模不断扩大，办学条件不断改善，招生人数大幅增加，使老龄大学成为老有所学、老有所乐的家园。组织老龄大学艺术团开展送文艺下基层活动，举办"神农杯"老年书画大赛。市老龄大学艺术团编排的节目《送你一支玫瑰花》，在上海"携手青春，走进世博"大型综艺活动中，以最高分荣获牡丹金奖和最佳舞台风采奖。市老龄大学校长唐方新撰写的论文荣获全省老年教育理论研讨会一等奖。 (周立刚)

【株洲市老年保健协会成立】 2010年4月，根据省老年保健协会要求，经市委同意，株洲市老年保健协会正式成立，成为全省较早成立老年保健协会的市州之一。该协会是由从事老年保健的专家、热心老年保健的人士、相关单位(机构)自愿组成的非盈利性社会团体，隶属市委老干部局管理。由市政协原主席赵占一担任会长。协会主要职责:开展健康知识讲座,宣传普及老年保健知识;联系省市医疗保健专家,建立为老干部服务医疗专家库;开展评选"健康之星"等有利于老年人健康的活动。协会成立后,积极开展了下基层义诊咨询活动。（周立刚）

关心下一代工作

【全市关心下一代工作表彰大会召开】 5月7日,株洲市委召开4年一度的全市关心下一代工作表彰大会。截至2010年,全市各级关心下一代工作组织建立校外辅导站1200多个,创办家长学校800余所,培训家长24.8万人次;建立帮教小组2248个,帮教失足青少年3725人次;8300余名"五老"人员参与网吧、电游室等文化场所的督查,转化有网恋倾向的青少年1760人。会上,对35个关心下一代工作先进集体和60名先进个人予以表彰。市领导程昭光、阳卫国、张国浩等参加会议。（肖　媛）

【努力推进"关爱明天、普法先进"青少年普法教育活动】 2010年,市关工委紧密结合"五五"普法教育,精心组织,层层落实,积极开展"关爱明天,普法先行"青少年普法教育活动。成立市级"关爱明天、普法先行"青少年普法教育活动领导小组,建立活动联席会议制度,制定印发翔实的实施方案,并举行了活动启动仪式。广泛开展主题宣传和法律宣讲下基层活动。联合市教育局在全市中小学生中开展"关爱明天、普法先行"书画评比活动;协同市司法局组建"法制专家宣讲团",开展法制进课堂活动;组织专家和"五老"宣讲团,开展法进校园、法进社区活动。建立健全法制副校长制度。在全市1080所大、中学校建立学校"每周一法"制度,全年全市共计1120名政法机关骨干被聘任为法制副校长,共上法制课2000余堂。通过各项普法教育活动的深入开展,校园法制宣传实现无死角,进一步增强了青少年遵纪守法观念和依法维权意识。（肖　媛）

【开展"三项创建"活动】 2010年,市关工委着眼基层,突出重点,采取经验交流、典型示范、开展督查等方式,以创建示范点为抓手,大力推进以关心下一代工作"示范乡镇"、"青少年教育示范社区"和"家庭教育示范县"、"示范家长学校"、"学习型家庭"为主要内容的"三项创建"活动。年初,对经验收合格的19个关心下一代工作示范点下发通报并授牌。全年全市新增"三项创建"示范点32个。通过各种途径和特色鲜明的示范点创建活动,有力地促进了关心下一代工作的科学化、规范化、制度化建设,夯实了基层工作基础。（肖　媛）

对台工作

【概况】 2010年,株洲市对台工作坚持以科学发展观为指导,认真落实省委对台工作会议精神,结合上级台办的工作部署,紧扣中心、服务大局、积极主动,各项工作取得了一定的成绩。

一、突出服务主导,做好对台经贸工作重点。一是对台招商效果好。2010年,新增台资企业7个,注册资本近6000万美元,签订台商投资意向8个,合同台资额20.5亿元人民币。二是对台招商活动多。加强与沿海台商密集地区联系,多次组织人员去上海、苏州、广州、东莞等地学习考察,推介株洲的投资环境和政策,邀请台商到株洲考察。其中大的对台招商活动有:"2010年台湾湖南周"以市长王群为团长的代表团赴台进行商务交流活动。2010年年底主管副市长龚风祥率有关部门负责人赴广东省东莞市招商,拜会郭山辉、叶宏灯等知名台商,并就台资企业内移以及职业教育、融资租赁等投资项目与台商进行洽谈。三是心系台商服务好。为了扎实服务好台商,从2010年开始市领导对重点台资企业实行"三个一"的服务制度:即:一名市县级领导挂点联络;挂点领导每半年带职能部门去企业搞一次现场办公,解决企业的实际困难;有关职能部门派出工作人员每月到台资企业了解一次情况,及时掌握和解决难题。下半年台办主要领导带队组织人员走访全市的所有台资企业,为他们解决实际困难7起。

二、突出民众主体,夯实对台交流交往工作平台。一是稳妥扎实地开展联络工作。6月安排台湾大学4位硕士研究生到攸县开展学术研究。7月接待台湾影视歌明星刘若英回乡观光。二是狠抓基础工作。中上层人士、涉台婚姻、定居、购房居住台胞和台籍台胞调查普查工作常做常新。2010年发现新对象360余人,涉台婚姻对象110对,定居台胞15人;购房居住台胞56余人;协查台属亲属关系48人。举办台胞台属中秋招待会,较好地联络了台胞台属,增进相互间的感情。三是积极组织赴台交流。2010年株台两地交流与交往更为频繁,仅市台办接待到株洲观光、商务考察、返乡探亲的团组有15个600多人次;全年入岛交流项目共12个,合计143人,比上年增加46人。

三、突出主要阵地,扩大对台宣传工作影响。一是入岛宣传。2010年,组织人员向海峡之声广播电台、中国华艺广播公司等对台、对外新闻媒体供稿30余篇。利用网站发表网络稿件,利用同乡会刊物进行入岛宣传并发表稿件。制作《炎帝陵》纪念邮册、《美丽株洲》宣传画册,不断向岛内输送。攸县、醴陵市分别利用县市创办的文学刊物《攸县印象》、《醴陵文学》刊登台胞文章,向岛内发行或免费赠阅;茶陵县、炎陵县、株洲县等自制风光片向台湾赠送发行。二是涉台教育搞活做实。充分利用各类报刊杂志、黑板报等载体进行涉台教育。此外,还举办台湾形势报告会,市县两级党校进行涉台教育等,通过系列涉台教育活动,不断推进涉台教育工作上新台阶。（杨卫平）

【“2010 台湾湖南周”活动暨第六届湘台经贸合作会成效斐然】 7 月 31 日～8 月 8 日，市委副书记、市长王群率领株洲赴台交流团参加“2010 年台湾湖南周”暨第六届湘台经贸交流合作会。在台期间，举行两岸经贸恳洽会，参观新竹科技园、高新企业，走访株洲籍老乡，拜访台湾知名人士、企业家。活动期间，高新区、芦淞区、醴陵市共签约台商投资项目 4 个，协议台资总额达 13.5 亿元人民币，名列全省第一。

（杨卫平）

【第一届“在台湘籍人士后裔湖南行”活动】 12 月 7～11 日，株洲市委、市政府举办首届“在台湘籍人士后裔湖南行”活动。共邀请了 60 多名台胞与后裔以及全国各地 40 多名台胞台商，特邀嘉宾包括全国台企联会长郭山辉、常务副会长叶宏灯，郑州、重庆、岳阳、张家界等地台协会会长。活动期间与台商签约经济合作项目 4 个，签约资金 6.5 亿元人民币。（杨卫平）

【第七届海峡两岸媒体到株洲联合采访】 7 月，第七届海峡两岸媒体采访团有 14 家媒体 20 人（其中 9 家台湾媒体 12 人、3 家中央媒体 4 人、2 家省媒体 4 人）到株洲市进行联合采访。在时任副市长蔡典维、市长助理余明刚的全程陪同下，采访团先后参观南车株洲电力机车股份有限公司以及市规划展览馆，时任市委常委、宣传部部长阳卫国代表市委、市政府宴请并介绍市情。采访的媒体记者纷纷赞叹株洲具有领先国内外先进水平、科技含量高的轨道交通工业及环境优美的城市建设。采访后，海峡两岸报刊、电视围绕株洲发展进行了 50 多次报道。

（杨卫平）

【台湾“宋江阵”民俗表演首次在株洲市亮相】 8 月 12 日，在“首届海峡两岸炎帝神农文化祭”活动中，台湾成功大学 42 名学生首次在株洲市表演了极富台湾特色的民俗表演“宋江阵”。“宋江阵”是一种结合中国武术和艺术的民俗表演。（杨卫平）

保密工作

【概况】 2010 年，株洲市保密工作努力实施“分层次管理”，着力实现“教育、防范、服务、创新”四轮驱动，取得明显成效。

一是突出“五进”抓教育。新修订《中华人民共和国保守国家秘密法》（以下简称《保密法》）于 2010 年 4 月 29 日正式颁布，于 10 月 1 日正式实施。为了宣传好《保密法》，株洲市委保密委召开专题会议进行部署，成立学习宣传活动领导小组，制订实施方案，在全市广泛开展《保密法》“进机关、进乡镇、进社区、进企业、进学校”活动。突出党政机关工作人员保密知识教育，举办学习《保密法》报告会，市直机关分管领导及保密人员共 500 余人参加。征订发放《保密法》单行本及《党政机关工作人员保密须知》图文版共 4000 余册。组织乡镇、社区抓保密知识普及教育，醴陵市、株洲县、攸县等在乡镇制作横幅标语、宣传板报，城市社区利用电子显示屏、宣传栏等形式，广泛宣传《保密法》。深入企业重点开展《保密法》宣传，南方公司、608 所、冶炼厂等企业单位积极组织宣传活动。充分发挥党校培训主阵地的作用，在各大主体班开设保密教育课。在株洲职业技术学院等大中专院校举办保密知识竞赛，把学习宣传引向深入。充分运用网站、报纸、电子屏、短信平台、电视台、广播等多种手段，扩大保密知识宣传教育的覆盖面，营造大宣传、大学习的良好氛围。

二是突出检查抓监管。2010 年，按照“分层次管理”办法，突出专项检查，提升监管水平。硬件装备上，大部分党政机关计算机信息系统都实行“双硬盘”物理隔离的保密管理措施。市国家保密局添置了 2 台保密深层次检测设备，各个县市区强制配备了检测设备。技术培训上，组织新调整到保密管理工作岗位的人员参加行政执法培训并取得行政执法资格证，做到持证上岗。始终把专项检查作为保密工作的拳头，做到日常检查与突击检查相结合、重点检查与一般检查相结合、抽查与自查相结合，加大技术监管的力度。全年共开展 5 次大的专项检查。11 月，在全市开展“学习宣传贯彻《保密法》工作督查月”活动，对 150 余家核心和重点涉密单位进行督查，主要督查学习宣传《保密法》、涉密载体销毁管理、信息系统和信息设备保密管理、要害部门部位保密管理和保密规章制度建设等情况。对督查中发现的问题和漏洞，督查组当场向单位提出整改意见，要求整改到位并报送结果。通过检查，达到以检查促教育、以检查促管理、以检查促提高、以检查树权威的效果。

三是突出分层抓管理。在管理上实施分层次管理工作方法。下发《关于对全市保密工作实行分层次管理的通知》（株保〔2010〕1 号文件），明确 247 家机关和企事业单位纳入保密管理，划分为核心涉密单位、重点涉密单位和一般涉密单位 3 个层次。改变“一刀切”的工作方式，避免了眉毛胡子一把抓的现象。在实施分层次管理的同时，对市委保密委成员实行工作责任制，开展“五个一”活动，明确保密委成员年内要“开一个会，建一套制度，组织一次保密检查，开展一次保密教育，写一篇调研报告”。为推动《保密法》的实施，进一步强化保密责任，联合市纪委、市委组织部、市监察局等部门出台《株洲市保密违纪事件报告和查处实施办法》。《实施办法》得到了上级保密部门和市委、市政府的肯定，在《湖南保密》刊载推介。

四是突出军工抓服务。2010 年，市委保密委围绕“三大战役”主动为军工企业服务。突出“全方位服务、全过程监管、全领域指导”的理念服务军工科研生产单位。全方位服务，积极协调有关部门，帮助千金药业产品争取列入国家秘密名录,“5115”企业——航空动力机械所建设项目进行保密认定。全过程监管,将全市一、二级军工单位列为核心涉密单位,将三级军工单位列为重点涉密单位,对涉密信息的产生、制作、复制、存放、传输、销毁的全过程进行监管。全领域指导,主要对全市军工单位保密工作进行技术指导,组织学习《军工保密资格审查认证标准》,指导建立各项保密规章制度,完善技术防范措施,协助做好军工保密认证工作。全年指导3家军工单位通过省军工保密资格现场认证和复查。指导航空动力机械研究所成为全省第一家通过信息系统分级保护测评评审企业,推动了企业加快发展的步伐。

(贺春福)

【实施“分层次管理”】 2010年,针对新形势下保密工作的发展需要,市委保密委决定对全市保密工作实行分层次管理,下发《关于对全市保密工作实行分层次管理的通知》(株保〔2010〕1号文件)。明确核心、重点、一般涉密单位3个层级,涉及党和国家核心秘密的单位,一、二级军工生产保密资质企业为核心涉密单位,涉及党和国家重要秘密或本市重要工作秘密的单位,三级军工生产保密资质企业为重点涉密单位,除核心和重点涉密单位以外的所有涉密单位为一般涉密单位,并对各层次涉密单位的管理制订不同要求,涉密单位分别与市国家保密局签订保密责任书,明确责任,各司其职,基本构建了党委(党组)统一领导、有关方面齐抓共管、一级抓一级、层层抓落实的保密工作责任体系。6月,省国家保密局领导到株洲考察调研,对株洲实施的分层次管理办法给予了充分肯定。

(贺春福)

【出台违纪报告和查处实施办法】 为加强保密违纪事件报告和查处工作,3月,市保密委、市国家保密局联合市纪委、市委组织部、市监察局、市人事局制定下发《株洲市保密违纪事件报告和查处实施办法》。该办法建立各单位保密违纪事件的报告机制,明确职责分工,为推进保密违纪事件报告和查处工作的科学化、规范化、制度化建设奠定了基础。《湖南保密》全文刊载了该办法。

(贺春福)

【举办全省宣传《保密法》株洲报告会】 8月10日,全省学习《保密法》宣讲团株洲报告会在市委礼堂举行,各县市区委办主任、保密局长,各企事业单位分管领导和办公室主任、保密干部共500余人参加。省国家保密局局长李文才出席报告会并作动员讲话,市委副书记、宣传部部长阳卫国主持报告会,湖南师范大学法学院院长肖北庚作专题讲座。

(贺春福)

【成立涉密信息系统安全保密评审专家组】 7月23日,株洲市涉密信息系统安全保密评审专家组成立,并通过《涉密信息信息系统安全保密评审专家工作职责》,聘任16人为评审专家。此举标志株洲市保密技术防范工作步入规范有序的发展轨道。

(贺春福)

接待工作

【概况】 2010年,株洲市委市政府接待处扎实工作,勇于创新,全面完成各项工作任务,推动了全市接待工作再上一个新台阶。

“三重”接待完成出色。2010年,公务接待任务异常繁重。据不完全统计,全年全市共接待各类宾客(接待范围内)1676批27670余人次。其中,接待周强、徐守盛等省部级领导146批3630余人次,接待全省推进义务教育均衡发展现场会、全省党外代表人士队伍建设现场会、全省党委组织部办公室主任会议等重要会议、重要活动26批6590余人次。面对如此繁重的“三重”接待任务,接待处精心组织、周密部署,热情服务、狠抓落实,确保了每一起“三重”接待任务的安全、高效、优质、有序,受到了中央、省、市各级领导的高度肯定。

方式创新、内容夯实。进一步改进接待方式、夯实接待内容。一是严格接待标准。坚持和完善“六个一”(即每起任务必须配置一本接待手册、一张温馨提示卡、一支玫瑰花、一套洗漱用品、一张席次座签和一张席位卡)的接待服务模式,充分体现接待服务的人性化、人情化、人文化,营造了热情得体、方便舒适、安全卫生的良好环境。在“五条精品”参观线路上,结合“四创四化”和“旅游升温”战役,进行相应调整和补充,重点增加城市规划馆、神农城、湘江风光带等参观景点,大大夯实了接待工作的内容。二是强化精细管理。不断强化接待人员的责任意识和细节意识,注重每一个细微之处,构建了接待员、责任科室负责人、分管处领导层层把关的“三道防线”,确保了接待任务不仅在实施过程中实现“零”差错,而且在准备工作中也实现了“零”差错。三是创新接待手段。为适应接待工作新的要求,在重宾的客房服务上推出电子相册。通过电子相册,来宾们不仅可以看到本人在株洲期间视察、考察的电子图片,还可以看到株洲的城市建设、自然风光、人文景观等,从而给来宾们带来惊喜的同时,也巧妙地宣传、推介了株洲,受到了来宾们的一致好评。四是全面更新CIS设计。认真总结原CIS设计的成功经验,大胆改革,推出全新的CIS设计,给来宾们带来了新的视觉美感,不断丰富了接待工作的文化内涵。

行业指导明显加强。一是强化各县市区接待工作的指导。积极督促各县市区健全工作机构,改善接待条件,提升接待服务水平。截至2010年年底,全市5个县市均成立专门的接待工作机构,配齐了人员,保障了经费,完善了设施,实现了机构、人员、经费、管理、服务“五到位”,大大提升了县市整体接待服务能力。与此同时,通过跟班、办培训班等形式积极开展接待业务培训,全年受训人员达300余人。二是加强市直机关的指导。坚持以市接待服务协会为载体，主动加强与市直机关的联系和交流，实现资源互享、信息互通、优势互补，形成了接待工作合力。三是加强对天台山庄的指导和管理。山庄的经营管理明显得到改善，接待服务水平尤其是重宾接待服务水平有了显著提高，实现了经济效益和社会效益的共同发展。

制度执行更加严格。为确保公务接待工作的开展科学有序、高效廉洁，在坚持严格执行《公务接待工作暂行规定》、《接待工作责任追究倒查制度》、《接待标准一览表》的基础上，着力建立健全《接待工作统筹安排制度》、《机关内务整理月考评制度》等规章制度及《会议布置工作标准》等5项工作标准。并编辑出版《株洲市接待工作规章制度汇编》，形成了纵向到底、横向到边的制度体系，不断推进接待工作的规范化、制度化和科学化。（黄　勇）

讲师团工作

【概况】 2010年，株洲市委讲师团认真做好理论教育、宣传和研究工作，被评为全省讲师团系统先进单位。

一是全力做好市委中心组的理论学习服务工作。年初制定好《2010年株洲市委中心组理论学习计划》，每季度初具体做好一次集中学习安排。学习内容上，在紧跟中央和省委部署的基础上，坚持贴近株洲发展重点、发展机遇、发展战略，精心选择和确立学习主题，全年市委中心组围绕打好"三大战役"、学习型党组织建设、加强反腐倡廉建设、贯彻落实五中全会精神等主题开展学习研讨，集中学习4次，共计16天时间。学习形式上，坚持理论辅导、中心发言、特邀发言与自由讨论相结合。第4次集中学习围绕"学习贯彻五中全会精神，谋划株洲'十二五'发展前景"的主题，邀请红旗出版社原副总编、《求是》杂志社研究员黄苇町作"'十二五'规划与宏观调控思路"专题辅导，邀请市发改委主任曾侃融作"株洲'十二五'规划总体思路"的特邀发言，同时安排黄曙光、肖文伟、王志刚、龚凤祥、张国浩5位副市长分别就分管的"三农"、工交信息、城市建设、商贸、社会事业等方面工作作中心发言，在此基础上，中心组成员围绕株洲"十二五"发展规划展开认真的讨论，为株洲"十二五"规划出台建议献策。坚持听、看、学、思相统一的学习方式，第3次集中学习，除邀请省纪委专家专题辅导《廉政准则》、省委组织部领导专题辅导"四项监督制度"，省高速公路管理局长冯伟林主讲的"共产党员应该保持怎样的精神"专题课并扩大到全市县以上单位党政一把手，此外组织市委中心组成员参观株洲市廉政反腐基地——"桥头堡"廉政教育展示厅，观看原市环保局局长文铁军、原株洲县委书记龙国华的忏悔警示教育片，最后由市委书记陈君文讲廉政党课，收到了显著的学习效果。在第2次集中学习时，邀请省团副厅级调研员薄小平旁听市委中心组理论学习，并受到其高度赞扬。

二是着力抓好县级党委及领导干部的理论学习工作。在为市委中心组理论学习服务的同时，设置对株洲"三大战役"的学习研究、调整经济结构与转变经济发展方式、加强学习型党组织建设，提高党建科学化水平、学习中共十七届五中全会精神，谋划株洲"十二五"发展蓝图、形势政策教育等五大核心课题，准备30多个理论辅导专题，并发送专题课"菜单"400多份，积极为县、科两级党委中心组理论学习服务，全年共授课90余场(次)。年初建立和完善全市县以上党委(党组)中心组学习秘书信息档案，组织15人参加全省党委中心组理论骨干培训班学习，并举办2次县级单位中心组成员大型报告会，1期全市县以上党委中心组学习秘书理论培训班，还会同市委宣传部、组织部和机关工委，向全市下发对50个县以上单位党委中心组理论学习情况考核督查情况通报。此外，认真落实旁听下级党委中心组学习制度，2010年分别到9个县市区委中心组和4个党委中心组学习示范点旁听集中学习1次；同时注重抓好株洲县委中心组、市教育局党委中心组、株洲铁路科技职业技术学院党委中心组、南车株洲电力机车有限公司党委中心组这4个县级党委理论学习中心组示范工作，加强全市县以上党委中心组理论学习规范化、制度化、常态化建设。

三是尽力搞好党员干部的理论学习辅导工作。围绕2010年理论学习五大主题，组织全团教员集体备课，把握基层干群关注的理论热点和难点，精心设计全年理论辅导课题，及时做好释疑解惑工作。全年策划重点理论宣讲课题6次，重点集中备课6个专题，制作多媒体课件29个，共准备"加强和改进新形势下党的建设的纲领性文献"、"实施'三大战役'，推动跨越发展"、"低碳经济理论及其对策"、"调整经济结构与转变发展方式"、"学习五中全会精神，谋划株洲'十二五'发展蓝图"、"建设马克思主义学习型政党，提高全党思想政治水平"等36个理论学习专题，人均7个专题，积极为基层广大党员干部群众理论学习服务。全年全团4名教员深入全市9县市区和机关、工厂、农村、学校、部队、社区，为基层单位授课90余场，听众逾万人(次)。

四是努力加大理论研究工作力度。2010年，市委讲师团加强理论调研工作力度，积极策划并组织参与全市大规模的"学习型党组织和学习型领导干部"评选活动，特别是通过占50%分值的网络投票方式，吸引了全市人民的热情，共投出800多万张选票，为株洲建设学习型城市造势鼓劲。全年全团教员完成8篇理论文章，其中，"走中国特色社会主义政治发展道路"被中央党校出版社收录在《科学发展观与新形势下基层党组织建设》大型文献集；"推进党委中心组学习制度化规范化常态化"、"实现低碳转型的途径选择和政策建议"2篇文章在省《学习导刊》上发表；1篇参加全国城市讲师团团长年会暨首届全国城市讲坛建设研讨会作书面交流。上报省《红网》理论信息4条;并向省团网络平台上传专题课件、中心组学习综述等信息。完成省团关于党委中心组理论学习建设、关于学习型党组织建设的两次调研任务。(陈 湘)

党校教育工作

【概况】 2010年,株洲市委党校、市行政学院积极推进教学创新和科研提质工程,大力实施人才强校战略,切实加强内部管理,努力提升后勤服务质量和水平,各项工作取得新的成效。全市县级党校办学水平评估全部被评为甲等。市委党校顺利通过省委党校组织的终审,获湖南省全民国防教育先进单位、株洲市创环保型机关先进单位等称号。

工作持续向好。一是教学反映持续向好。按照分类别、分层次对主体班进行教学布局和教学改革创新。围绕市委中心工作开设一批短平快班次,围绕"三大战役"、"两型"社会建设、"四创四化"和学员岗位及成长需要,开设81个教学专题,其中新专题64个,新专题年更新率达79%,深受学员好评。在教学方式的创新方面取得预期效果,研究式、双讲式、案例式、模拟式、体验式、无领导小组等教学方式较好地实现教学相长、学学相长。学员评估优良率一直稳定在94%以上,学习效果满意率始终保持在95%以上。二是科研质量持续稳定。科研工作继续围绕"二为"方针,在稳定数量的基础上,科研成果质量和档次有大的提升。全年共在省级以上公开刊物发表学术文章73篇,其中国家级16篇;省社科基金课题立项1项,结项1项;结项省社科基金重大课题《长株潭城市群蓝皮书2010》子课题1项,并获成果二等奖;省社科评审委员会课题结项1项;省情课题和软科学课题各立项1项;省委党校课题立项4项,结项5项;市社科课题立项1项,立项课题2项;出版专著2部。三是党校形象持续改善。坚持内强素质,外树形象,党校的美誉度和知名度持续提升。《湖南日报》、《湖南党校报》、《株洲日报》、《中央党校学习时报》等媒体先后对学校办学经验进行报道。重庆酉阳党校、大度口区委党校,常德、湘潭等兄弟党校到株洲市党校学习取经。中组部干教局、中央党校和省委党校领导均对学校办学水平和质量给予高度评价和充分肯定。

事业有新亮点。一是主体班培训创新高。全年共开办主体班19期,培训干部1122人;开办9个计划外培训班,培训人员共1200人。特别中青班,是全市后备干部选拔后的第一次办班,组织部实行点名调训。二是教学改革效果明显。在班次设计上注重短期培训班多开,1个月的主体班多开,专题培训班的比例平均达到主体班总数的50%以上。教学专题板块也开始多起来,大多是紧扣市委中心工作开设的专题。市委书记陈君文亲自到党校讲课。组织200多场高水平的学术报告会。全年共有10位常委、市级领导到党校讲课、作报告15人次,各部门领导到党校授课4堂。三是教学方式和内容不断创新。在主体班推行菜单式教学,获得预期效果。培训式和无领导小组讨论教学方式在中青班、县干班推行后,取得理想的教学效果,大大调动了学员学习主动性。对于案例式教学和模拟式教学,学员普遍反映强烈,增强了学员应对突发事件能力。在清华大学、北京大学和井冈山开展的异地培训,都取得很好的教学效果。四是科研成果质量和影响亮点多。《建立健全权力制约协调机制之策》、《我国科技创新的演进特点及未来战略重点》2篇文章被《新华文摘》转摘。《株洲日报》理论版刊发党校教研人员3篇文章,并刊出了1期"学员论坛"专版。

(刘 伟)

【举办"两型"社会建设改革业务骨干培训班】 10月8日,"两型"社会建设改革业务骨干培训班顺利结业。在为期1个月的培训过程中,市委党校根据本期特色培训班开设"两型"社会建设中环境保护工作、低碳经济研究、"两型"社会改革建设的战略思路、株洲市"两型"社会建设有关规划介绍和长株潭区域规划条例解读等有针对性地专题,还邀请市领导讲"两型"社会建设并安排培训班学员深入基层开展调研。通过培训学习,提升了能力,开阔了视野,形成了一批有价值的调研报告,达到了预期的培训效果,为株洲"两型"社会建设贡献力量。 (刘 伟)

【举办"三大战役"业务骨干培训班】 10月11日~11月5日,市委党校(行政学院)举办为期1个月的"三大战役"业务骨干培训班。在专题设置上改变以往侧重讲述理论知识的方式,通过校内专题、清华大学的远程教学、外请一线领导讲授"三大战役"的实际进展情况、外地调研借鉴改革经验等专题,着重与理论知识、株洲发展实际、领导工作实践、外地发展经验相结合,多方位提升"三大战役"一线骨干的业务能力和应用水平。 (刘 伟)

【中青班学员党校培训有成效】 2010年9月6日~2011年1月7日,市委党校(行政学院)举办为期4个月的中青年干部培训班,本期中青班是株洲市县处级后备干部调整后的第一期培训班。为确保培训效果,提升培训水平,市委党校根据中青班的特点,对教学模式和教学内容进行大胆改革,在保留传统教学内容和教学方式的基础上,增加到农村进行体验式教学、井冈山重走红军路、忠诚教育、警示教育、清华大学异地教学以及菜单式教学等一系列新模式、新内容。为提高学员研究问题、解决问题的能力,市委党校根据学员所从事或熟悉的行业以自愿的方式分为13个调研小组,深入基层、企业和厂矿等进行调研,并撰写了调研论文。 (刘 伟)

【全市党校系统2010年度理论研讨会召开】 11月5日,株洲市党校系统2010年度理论研讨会暨科研工作会议在株洲县委党校召开。市委党校(行政学院)校(院)长聂方红出席并作主题报告,株洲市社会科学联合会副主席陈建光作题为《如何做好课题研究》的专题讲座,株洲县委副书记、县长蔡周良,市委党校(行政学院)副校(院)长赖建明等出席会议。会上,聂方红传达全省党校校长联席会议的主要精神,深刻分析党校发展的社会环境及党校的优势与不足,指明了党校发展的方向和前景;并就全市党校系统深入贯彻落实《2010~2020年干部教育培训改革纲要》精神作出工作部署。大会对参会的63篇论文进行评奖,共评选出一等奖3篇、二等奖6篇、三等奖12篇。中共株洲县委党校、中共炎陵县委党校被评选为"科研工作先进单位"。(刘　伟)

党史工作

【概况】 2010年,全市党史工作按照市委"保二争一、科学跨越"的要求和"依靠社会,开门办史"的工作思路,围绕中心,服务大局,在党史资料征编、党史宣传教育、资政育人等方面,取得了实质性进展。

党史正本编撰有新进展。《中共株洲历史》第二卷完成第三次修改,下发5县市党史部门和有关专家征求修改意见后,已形成评审稿。它全面记述了株洲地区1949~1978年29年中探索前进、曲折发展的历史进程、发展成就和经验教训。《中共攸县历史》第三卷、《中共醴陵历史》一、二卷和《中共茶陵历史》第三卷公开出版。

资料丛书编写有新成果。2010年,株洲市委党史工作办公室继续坚持"依靠社会、开门办史"方针,组织并与市经委、文化局、广播电视局、发改委合作,先后出版《株洲工业发展史》、《株洲文化发展史》、《株洲广播电视发展史》、《株洲改革和发展史》。《株洲财政发展史》、《株洲宣传发展史》完成初稿。

专著进展顺利。记述和反映株洲工业发展历程的《株洲工业发展60年》出版;《株洲党委工作纪事》2010卷的征编工作完成,正在付印;"共和国元帅情系株洲"等文章在《湘潮》杂志发表;"新中国铁路工业文明的璀璨明珠——电力机车之都神奇演绎"被《中共交通大战略》一书收录;"株洲服饰加工产业的调研与思考"被收录到湖南省《资政文集》第四集中;《毛泽东学习型政党思想建设的历史考察和现实启示》入选全国学术研讨会。(汪冬梅)

警卫工作

【概况】 2010年,株洲市警卫处以出色完成各项警保卫任务为中心,从服务于全面建设小康社会的大局出发,紧密结合株洲警卫工作实际,提高各项工作的效率和水平。全年共完成警卫任务1批次,省部级保卫任务54批次,其他保卫任务56批次。

全面促进队伍建设。一是坚持政治学习。2010年,市警卫处以学习科学发展观、当代军人核心价值观、"四个意识"教育为重点,通过集中学习、个人自学、组织研讨、撰写心得等多种形式,增强警卫人员的政治观念和政治责任感。二是开展业务练兵。继续以《警卫工作教程》、《警卫工作规定》为重点,开展警卫理论知识学习活动,并结合新形势下警卫工作呈现的新情况、新特点,有针对性地选择课题进行深入探讨研究。

努力完善执勤机制建设。一是完善执勤指挥机制。按照"无缝对接"的工作标准,拟定《株洲市警卫任务组织指挥工作规定》,进一步明确警卫勤务的组织指挥流程及各公安业务职能部门在警卫勤务中的分工与职责,确保了各警种在勤务中的有效衔接。二是完善执勤应急机制。成立由多名巡特警支队队员组成的市警卫工作预备队,并组织进行警卫战术及应急处突教学演练,确保每一名队员熟悉掌握警卫战术、应急处突的各种方法。三是完善执勤考核机制。继续把县区警(保)卫任务的完成情况列入市局年终综合考评警卫工作项目的内容之一,并下发《湖南省警卫勤务实施细则》,把警卫勤务规范化工作进一步向基层公安机关延伸。

深入基层,加大对基层单位警卫业务的指导力度。2010年,市警卫处先后10次深入基层公安部门指导调研业务工作。10月,组织全市9个区县公安局两个企业分局的警卫专干进行业务培训,培训内容主要包括警卫基础知识讲座和常备方案制作等,取得了较好的效果。(张　涌　胡　达)

纪检·监察

【概况】 维护发展大局。全市各级纪检监察机关紧紧围绕贯彻执行中央和省、市重大决策部署，深入开展监督检查工作，确保了政令畅通，维护了发展大局。2010年，中共株洲市纪律检查委员会牵头组成检查组，认真开展对新增投资项目财政性资金管理使用情况的监督检查，共发出整改通知书33份。积极开展禁止领导干部违反规定插手干预工程项目建设专项检查，挽回经济损失1100余万元。规范对因公出国(境)的审批，全年全市党政干部因公出国(境)同比下降10%。全面铺开强农惠农资金专项清理检查工作，发现并整改到位违规违纪资金1925万元。加强节能减排、环保工作的监督检查，市区环境明显改善。开展"企业宁静日"活动，在市区和5县市开设政风行风热线，处理影响经济发展环境问题236个。

严查腐败案件。2010年，全市各级纪检监察机关共受理信访举报1250件。新立案405件，其中涉及县处级干部8件，乡科级干部68件。结案460件，移送司法机关17人。处分党员干部432人，其中受党纪处分322人、政纪处分146人，受党纪、政纪双重处分36人，涉及县处级干部10人，涉及乡科级干部82人。在市公安局成立非国家工作人员职务经济犯罪侦查大队，得到中央纪委副书记黄树贤等上级领导的充分肯定，并在全国纪检监察系统中南片案件检查工作会议上予以推介。重点查处文铁军、李艳平等领导干部严重违纪违法案件。通过查办案件，为国家挽回经济损失1978万元。

深化廉政教育。切实加强廉政反腐教育基地建设，2010年，株洲县预防腐败警示教育中心、市"桥头堡"廉政教育展示厅和报告厅先后建成开放。组织编写大型报告文学读本《纪魂监魄之歌——党的忠诚卫士贺秀连》，制作完成专题警示教育片《权力之殇》和"两规"对象教育片《走出桥头堡》。重点开展《廉政准则》系列学习宣传教育活动。扎实推进廉政文化建设，建成一批有特色、有影响的示范点。抓好网络廉政文化建设，运用《株洲廉政网》、报刊电台等媒介推进反腐倡廉宣传工作。

健全制度体系。认真落实党风廉政建设责任制，构建了横向到边，纵向到底的责任网络。制定完善《关于进一步加强党政机关事业单位公务用车管理的若干规定》、《株洲市招标代理机构信用等级评价试行办法》、《株洲市招标投标违法行为记录公告办法》等制度，进一步加强对公务用车、招投标活动的监督管理。严格执行《领导干部操办婚丧喜庆事宜报告回复制度》，全年全市共有337名领导干部履行了有关手续。推进阳光政务，政务公开、厂务公开、村务公开等办事公开制度得到有效推行。健全领导接访制度，市纪委、监察局领导班子成员轮流接访，并对受理的信访问题实行领导包案处理。市电业局、醴陵、攸县、株洲县等单位坚持关口前移，探索建立廉政风险点查纠制度，取得了良好效果。

强化监督制约。探索开展县处级党政正职公开述廉测评活动，反响良好。2010年，市纪委在84家市直机关单位建立健全规范权力运行制度，对52个重点项目的决策、招投标、工程质量等情况进行重点检查。重点对"三大战役"、"十大基础工程"、"十大产业项目"、"十大民生实事"开展效能监察，推动了重点项目提质加速。不断完善电子政务监察系统，提高审批效率，全年全市通过网上审批系统办理行政许可事项15172件，实际平均办结时间比法定时限缩短50%以上。对8个权力较为集中、社会关注度较高的市直机关进行了党风廉政巡查和谈话。 (邓　斌)

【召开市纪委十届六次全会暨全市反腐败工作会议】 2月1日，市纪委十届六次全会暨全市反腐败工作会议在市委礼堂召开。会议传达贯彻中央和省委关于加强党风廉政建设和反腐败斗争会议精神，回顾总结2009年全市党风廉政建设和反腐败工作，部署2010年的党风廉政建设和反腐败工作任务。会议要求，全市纪检监察机关要坚持以邓小平理论和"三个代表"重要思想为指导，全面落实科学发展观，开拓进取，扎实工作，深入推进反腐倡廉建设，为落实市委、市政府提出的"三大战役"这一重大战略决策、头等发展大事，提供坚强的政治保证。 (邓　斌)

【市级领导带队考核落实党风廉政建设责任制和推进惩防体系建设工作】 2010年年底，由市委常委、副市长担任组长的落实党风廉政建设责任制和推进惩防体系建设检查考核组集中在半个月时间内，采取听取情况汇报、查阅有关资料和工作台账、召开座谈会、开展民主测评、实地察看等方式分别对10个县市区、46个市直单位，进行了全面的检查考核。 (邓　斌)

【开展政风行风公众测评】 12月16日，株洲市2010年度政风行风公众测评大会在市政府礼堂举行。全市52个有行政执法权的单位，接受人大代表、政协委员、民主党派、特邀监督员、个体工商户以及城乡居民代表等800多人的现场测评打分。测评采用现场填写测评卡、现场统计、现场公布结果、现场颁奖以及现场上台表态整改的“5个现场”方式。市质量技术监督局、株洲市发改委、株洲市科技局分别排获3个组第一名。（邓　斌）

【株洲市12名处级党政领导干部公开“晒”家底】 11月19日，株洲市纪委召开县处级党政领导述廉测评大会，12名县处级党政领导干部在会上公开述廉“晒”家底，并接受现场测评。述廉报告的重点有8个方面，包括一岗双责、集体决策、干部任用、行使职权、资金使用、工程招投标、作风建设、个人事项等内容。述廉之后，由市纪委委员、县市区纪委书记、市政风行风监督员、民营企业代表、城市居民等组成的470名与会代表无记名现场填写测评计分表。通过述廉测评，进一步强化了党政领导干部认真贯彻落实《廉政准则》、正确行权履职的意识，增强了防治职务腐败问题产生的有效性。（邓　斌）

【市廉政反腐教育基地对外开放】 9月13日，株洲市廉政教育展厅正式建成对外开放，并迎来了首批参观者——市委理论学习中心组全体成员。建成后的市廉政反腐教育基地集教育、办案、培训三大功能于一体，短短5个月，已经接待市内外212批9600多人到基地参观学习。株洲市廉政反腐教育基地位于株洲市南环线旁，坐落在株洲湘江三桥和城市立交桥的桥头，因而得名“桥头堡”，寓意是党风廉政建设和反腐败工作的前沿堡垒。省委常委、省纪委书记许云昭参观桥头堡后称赞：株洲的“桥头堡”很有特色，集案件检查、干部培训和廉政教育三位一体，地方不大，但容量很大，内容很丰富、科技含量很高、效果很好，在全省来说，是最好的廉政反腐教育基地，应该推介。（邓　斌）

【在全省率先推行市直机关纪检监察机构协作运行机制】 为有效整合纪检监察工作资源，强化组织协调功能，更好地推进党风廉政建设和反腐败工作。7月22日，在株洲市纪委十届七次全会上正式启动市直机关纪检监察机构协作运行机制的试点工作，在全省首开先河。实行协作运行后，市直纪检监察工作达到了“五个更加”的目标：即领导更加重视、队伍更加精干、后勤保障更加有力、工作重点更加突出、监督实效更加明显。（邓　斌）

株洲市人大常委会

【概况】 2010年，株洲市人大常委会依法履行各项职权，召开常委会会议7次，主任会议14次，听取和审议专项工作报告32项，作出决议、决定6项，为推动市委重大决策部署落实、促进转变发展方式、保障民生持续改善、维护社会和谐稳定、推进民主法治建设作出了积极贡献。

积极推动市委决策部署落实，倾力促进经济社会发展。为贯彻落实市委关于打好城市提质、园区攻坚、旅游升温“三大战役”的决策部署，作出《关于支持、促进打好“三大战役”的决定》；为推进“两型”社会建设，保护自然生态环境，作出《关于在城乡建设中加强对山体、水域保护的决定》；为支持和促进全市重点工程建设，批准云龙示范区基础设施、职教大学城、芦淞大桥等7项重点工程建设项目贷款的议案，支持政府融资17.65亿元；坚持党管干部原则和人大依法任免干部相结合，审议并决定任免国家机关工作人员82人次。听取和审议上半年经济运行情况、“十一五”规划完成和“十二五”规划编制情况、预算执行和审计情况等专项工作报告；就城乡低保、成品油税费改革、野生水生动物保护、文物保护利用、社区建设、集体林权制度改革等事关民生和社会事业发展的事项，开展视察调研12次，下发审议意见书15份，提出一系列建设性、指导性意见。按照省人大常委会的统一部署，深入开展环保世纪行、农产品质量安全行、农民健康行、民族团结进步行活动，积极推动民生和社会事业全面发展。

积极保障国家法律法规实施，大力推进民主法治建设。重点开展《食品安全法》综合执法检查，提出加大安全监管力度、提高执法监管水平、构筑食品安全长效机制等审议意见，认真督促市政府整改落实，重点查处食品生产加工环节违法添加非食用物质、滥用添加剂和地沟油等突出问题，积极创建国家食品安全城市。开展科技“两法三条例”、水法等执法检查，听取和审议土地管理法、招投标法、禁毒法等法律法规贯彻执行情况的报告，参与和配合省人大常委会开展执法检查活动，就法律执行和修改提出具体建议。分别对市公安、交通、国土、城管、人口和计划生育、质监等工作开展专项工作评议，支持、促进政府及其部门依法行政、履职为民。制定《关于加强司法监督的若干规定》，促进司法监督工作的制度化、规范化。进一步完善《人大代表听审评议人民法院公开审理案件办法》，组织全市各级代表580余人次，听审评议两级法院庭审案件82件，促进审判质量的提高。听取法院、检察院工作情况汇报，视察刑事审判、诉讼监督、刑事和解等工作，维护和促进社会公平正义。加强规范性文件备案审查工作，依法对报备的58件规范性文件进行备案和审查，维护国家法制统一。

积极做好代表联系服务工作，全力发挥代表主体作用。采取分片组织、分批进行、分级开展等多种形式，对各级人大代表进行履职培训。坚持走访、联系代表，切实解决代表履职遇到的困难与问题；坚持邀请代表列席常委会会议，组织代表130余人次参加专项工作评议、综合执法检查、党政领导干部述廉测评等活动，代表履职积极性不断提高。协助组织驻株洲全国人大代表、省人大代表开展调研，提出质量较高的议案、建议。报经市委下发《关于进一步加强和改进市人大代表建议、批评和意见办理工作的通知》，切实强化建议办理工作。全年办理代表建议262件，代表建议办结率、办理结果满意率均为100%，建议所提问题解决率明显提高。

积极加强自身建设，着力提升人大工作水平。进一步加强常委会履职能力建设、作风建设和制度建设。建立常委会组成人员履职报告制度，提请市委下发《关于进一步加强和改进人大工作的意见》，召开市委人大工作会议暨地方人大常委会设立30周年纪念大会，总结经验，表彰先进，明确了新形势下地方人大工作的目标和任务。高度重视人大信访工作，全年接待群众来访934批次2000余人次，办理人民来信来电536件，一批群众反映强烈的实际问题得到较好解决。加强人大制度理论研究和新闻宣传工作，加深与基层人大、各级代表的联系，加强与外地人大的交往，抓好人大机关基础设施建设，为常委会各项工作顺利开展营造了良好环境。（言　鹏）

【市十三届人大三次会议】 2月18～22日，株洲市第十三届人民代表大会第三次会议在株洲市会议中心举行。会议听取并审查通过了市人民政府工作报告、市人大常委会工作报告、市中级人民法院工作报告、市人民检察院工作报告，审查、批准了株洲市2009年国民经济和社会发展计划执行情况的报告及2010年国民经济和社会发展计划，审查、批准了株洲市2009年财政预算执行情况的报告和2010年市本级财政预算；补选张政佳为株洲市第十三届人民代表大会常务委员会副主任，补选刘柏生、江小忠、罗勇、唐亚明、颜峻为株洲市第十三届人民代表大会常务委员会委员，通过黄洪波为株洲市第十三届人民代表大会内务司法委员会主任委员，通过唐亚明为株洲市第十三届人民代表大会财政经济委员会主任委员。（言　鹏）

【市十三届人大常委会第十六次会议】 2月25日，株洲市十三届人大常委会第十六次会议在市人大机关举行。会议审议通过《株洲市十三届人民代表大会三次会议至四次会议期间常务委员会工作要点》、《株洲市人大常委会关于支持、促进打好“三大战役”的决定》、《市人大常委会组成人员2010～2011年度联系、走访代表方案》、《市人大常委会组成人员联系基层代表方案》、《市人大常委会不驻会委员联系专门委员会名单》以及有关人事事项，并对市十三届人大三次会议期间代表建议、批评和意见进行了集中交办。（言　鹏）

【市十三届人大常委会第十七次会议】 4月23日，株洲市十三届人大常委会第十七次会议在市人大机关举行。会议听取和审议了全市城乡最低生活保障工作情况的报告；听取了《市人大常委会关于〈城乡规划法〉执法检查情况的审议意见》办理情况的报告；听取了关于神农城规划情况的报告；审议通过《株洲市人民代表大会常务委员会关于加强司法监督的若干规定》；审议了市人大常委会主任会议提请的相关议案，决定接受王建之、冯建湘辞去湖南省第十一届人民代表大会代表职务，补选胡湘之、蔡周良为湖南省第十一届人民代表大会代表，并报请湖南省第十一届人民代表大会代表资格审查委员会确认。（言　鹏）

【市十三届人大常委会第十八次会议】 6月24～25日，株洲市十三届人大常委会第十八次会议在市人大机关举行。会议听取和审议了《关于株洲市2009年度财政决算的报告》、《关于2009年度市本级预算执行和其他财政收支情况的审计工作报告》，审议通过《株洲市人大常委会关于批准2009年度市本级财政决算的决议》、《株洲市人大常委会关于在城乡建设中加强对山体、水域保护的决定》、《全市贯彻实施科技“两法三条例”情况的审议意见》；听取和审议了全市园区攻坚工作情况的报告、全市贯彻实施《中华人民共和国禁毒法》情况的报告，听取和审议通过了市人大常委会代表资格审查委员会关于个别代表代表资格的报告，审议通过了有关人事事项。（言　鹏）

【市十三届人大常委会第十九次会议】 8月23日，株洲市十三届人大常委会第十九次会议在市人大机关举行。会议听取了市人民政府、市中级人民法院、市人民检察院2010年上半年工作情况的报告；听取和审议了全市《食品安全法》综合执法检查情况的报告、全市贯彻实施《中华人民共和国水法》及相关法律法规情况的报告；审议了市人大常委会主任会议提请的相关议案，决定接受余明刚辞去湖南省第十一届人民代表大会代表职务，补选毛朝晖为湖南省第十一届人民代表大会代表，并报请湖南省第十一届人民代表大会代表资格审查委员会确认；审议通过了有关人事事项，决定免去蔡典维的株洲市人民政府副市长职务，决定任命龚凤祥为株洲市人民政府副市长。（言　鹏）

【市十三届人大常委会第二十次会议】 10月26～27日，株洲市十三届人大常委会第二十次会议在市人大机关举行。会议听取和审议了《关于2010年1～9月财政预算执行情况及市级预算调整方案（草案）的报告》，听取了《关于2009年度市本级预算执行和其他财政收支审计查出问题整改情况的报告》，审议通过了《株洲市人大常委会关于批准2010年全市地方债券资金安排及市级财政预算调整方案的决定》；听取和审议了全市旅游升温工作情况的报告；分别对公安、交通、国土、城管、人口和计划生育、质监等6项专项工作进行了评议；审议通过了《关于召开株洲市第十三届人民代表大会第四次会议的决定》；听取和审议通过了市人大常委会代表资格审查委员会关于个别代表代表资格的报告；审议通过了有关人事事项。（言　鹏）

【市十三届人大常委会第二十一次会议】 12月29～30日，株洲市十三届人大常委会第二十一次会议在市人大机关举行。会议听取了《株洲市2011年国民经济和社会发展计划（草案）和“十二五”规划编制情况的报告》、《株洲市2011年市级财政收支预算（草案）编制情况的报告》；听取和审议了全市城市提质工作情况的报告；听取了《市人大常委会关于加强武广客运站片区规划用地控制的决定》贯彻执行情况的报告、办理和督办市十三届人大三次会议及闭会期间代表建议、批评和意见情况的报告、《关于加强全市城乡低保工作的审议意见》办理情况的报告、市十三届人大四次会议筹备工作情况汇报，审议决定了有关名单及事项，讨论了《政府工作报告（征求意见稿）》和《市人大常委会工作报告（征求意见稿）》；听取和审议通过了株洲市人大常委会代表资格审查委员会关于个别代表代表资格的报告；审议通过了《关于表彰2009～2010年度市人大代表优秀代表小组长、先进代表小组和代表活动积极分子的决定》以及有关人事事项，决定任命杨玉芳为株洲市人民政府副市长。（言　鹏）

【深入开展人大代表听审评议案件专项活动】 2010年，常委会认真组织、深入开展全市人大代表听审评议案件专项活动，活动在案件数量质量、听案范围、代表履职水平等方面有新的进步。全年市县两级人大常委会共组织人大代表听审评议案件82件，其中：刑事25件，民商事49件，行政6件，执行1件，劳动争议案件1件,参评代表580余人次。听审评议活动注重抓好案件筛选、组织旁听、评议测评、意见反馈和督办落实5个环节。一是注重案件典型性。根据法院提交的案件排期开庭表,随机选取听审案件,把社会影响较大、群众关注、涉法上访较多的案件作为听审重点。二是注重代表专业性。根据代表的专长,让代表听审自身所熟悉、从事专业领域的案件,提前让代表熟悉案情,掌握相关法律,保证听审评议活动顺利进行。三是注重评议的针对性。听审案件结束后,随即召开听审代表座谈评议会,围绕庭审中审判、检察人员、律师及侦查人员的表现,案件的审理程序,诉讼权利的保障等进行座谈评议,提出客观中肯的建议和意见,督促相关单位及时改进工作。四是注重听审形式的多样性。采取定期或不定期、告知或不告知等方式,组织人大代表进行听审,评议时采取会议评议与书面评议等多种形式,促进了法院审判质量的整体提高。 (王隽)

【全力助推“三大战役”】 2010年,常委会把全力助推“三大战役”工作作为全年的重点工作之一,采取视察、检查、听取专项工作情况汇报等多种形式,加强工作监督,推动相关工作不断取得新成效。6月,常委会组成人员对株洲市园区发展情况进行集中视察,市十三届人大常委会第十八次会议听取和审议了全市园区攻坚工作情况,针对工作中存在的一些矛盾和困难,提出了着力缓解生产要素瓶颈制约、优化园区运行体制机制、加快园区大项目引进、加强政策支持等建议。10月,市十三届人大常委会第二十次会议听取和审议了全市旅游升温工作情况汇报,提出旅游升温工作一定要按照“把旅游产业培育成为国民经济的战略性支柱产业和人民群众更加满意的现代服务业”的总体目标,坚持高起点规划、高质量建设、高水平管理、高满意度服务、高速度推进等建议。12月,市十三届人大常委会第二十一次会议听取和审议了全市城市提质工作情况的汇报,提出进一步突出工作重点,巩固提质成果,强化项目监管等建议,有力促进了全市“三大战役”工作的顺利开展。 (龙凤志)

【开展《食品安全法》综合执法检查】 开展《中华人民共和国食品安全法》综合执法检查是常委会全年重点工作之一。年初,常委会制定工作方案,召开动员大会。6月下旬~8月中旬,常委会组成6个执法检查组深入市卫生局、市食品药品监督管理局等11个职能部门和各县市区,采取听汇报、查资料、开座谈会、明察暗访、书面问卷、受理举报投诉、网络征求意见、督促整改落实等多种方式,对全市实施《中华人民共和国食品安全法》及《中华人民共和国产品质量法》等相关法律法规的情况进行检查。市十三届人大常委会第十九次会议对执法检查情况进行认真审议,分析了全市食品安全工作状况,针对所面临的食品安全法制意识不强、食品安全监管不到位、食品安全形势严峻等三大问题,提出了5条意见和建议,形成审议意见书,交市政府逐项落实,保障了《食品安全法》及相关法律法规的进一步贯彻落实,推动了全市食品安全状况的逐步好转。 (刘娅娟)

【积极促进民族团结进步】 2010年,常委会将“启聪扶贫”作为“民族团结进步行动”活动的主题,动员社会力量,捐资救助有生理残疾和家境困难的少数民族儿童和学生。全年通过市、区两级组委会的共同努力,市区内有4名智障、肢残儿童得到资助,在市妇幼保健院、同心圆康复学校进行抢救性康复培训,取得良好疗效。常委会通过与市教育基金会联系,募集资金5万元捐助龙渣瑶族乡赵烈茂、平乐乡车平瑶族村刘焕等12名贫困生上高中和大学。编发15期民族团结进步行动简报,通报活动开展情况。9月中旬,省人大民侨外委专程组织全国和省内多家媒体到株洲市进行采访,《湖南日报》、湖南卫视、民族论坛、《株洲日报》等媒体刊发多篇报道,对全市民族工作和“民族团结进步行动”活动给予了高度评价。 (刘娅娟)

【加强城乡开发建设中山体、水域的保护工作】 5月,常委会对全市在城乡开发建设中保护山体、水域的情况进行调查,并依据有关法律法规,起草《关于在城乡开发建设中加强对山体、水域保护的决定》草案。6月28日,市十三届人大常委会第十八次会议审议通过这一决定。《决定》规定,规划部门要按照科学发展观的要求,围绕“资源节约、环境友好”的可持续发展目标,秉承“以水为源、以绿为美、以人为本”的理念,精心编制好城乡生态建设体系规划;要将“两型”社会建设核心区1861平方公里及各县市城市总体规划范围内的山体、水域作为重点保护对象,划定山界、水界,立碑保护;各有关部门必须各负其责,对山体、水域监管不力,造成严重后果的单位、部门,市、县市区人大常委会应依法问责,追究主要责任人的责任,必要时,市、县市区人大常委会可启动质询、罢免程序。 (文中东)

【努力督促提升农产品质量安全水平】 2010年,常委会以提升农产品质量安全水平、提高农产品市场竞争力、增加农民收入、维护公众健康为目标,按照“有重点、有特色、有影响、有实施”的要求,坚持“标准化创品牌、市场准入促管理、体系建设夯基础、专项整治强效果”的工作思路,有计划、有重点地开展“株洲农产品质量安全行”活动。年初传达了省“三湘农产品质量安全行”活动会议精神,制定了全年“农产品质量安全行”活动方案,并召开会议进行了安排部署。6月,到各县市区督促了解上半年农产品质量安全工作开展情况。7月,组织常委会主任会议组成人员和农产品质量安全工作相关单位负责人专项视察全市农产品质量安全工作以及农产品质量监管体系建设情况。11月,召开部分农产品质量安全工作领导小组成员单位座谈会，督查2010年全市农产品质量安全工作开展情况，共同探讨如何进一步加强农产品质量安全工作。12月，对全市农业标准化、农产品市场准入、农产品质量安全基础体系建设、农产品标志化流通等工作进行专题视察。省组委会对株洲市“农产品质量安全行”活动所取得的成效给予了充分肯定，株洲市在全省“三湘农民健康行”活动总结表彰会上获一等奖。 （龙　迪）

【组织各级人大代表开展活动】 9月，常委会组织驻株洲全国人大代表就全市职业技术教育工作情况开展专题调研，视察株洲职教大学城建设，听取相关工作情况汇报，提出建议和意见，讨论形成调研报告提交全国人大，为促进株洲职业技术教育事业的发展，推动城市新型工业化进程起到积极作用。省人大常委会副主任蔡力峰和省人大常委会联工委、省发改委、省教育厅、省财政厅的相关领导参与调研。12月，组织驻株洲全国、省人大代表视察株洲城市提质工作，先后视察神农城、职教大学城、湘江风光带、华强文化产业基地等重点项目，在充分肯定株洲市城市提质工作取得显著成绩的同时，就进一步做好城市建设和管理工作提出建议，得到有关部门认真落实。全年驻株洲全国、省人大代表和市人大代表各小组开展代表小组活动120余次，代表们积极参与，认真履职，踊跃建言献策，为株洲“两型”社会建设作出了积极贡献。 （熊梓任）

【不断创新代表建议办理和督办工作】

2010年，市委下发《关于进一步加强和改进人大工作的意见》，强调要支持和保障人大代表依法履职，建立健全代表建议办理和督办工作的相关制度，不断提高建议办理质量。市委办下发《关于进一步加强和改进市人大代表建议、批评和意见办理工作的通知》，对全市人大代表建议办理工作作出安排和部署。在市委的领导下，市人大常委会多途径、多举措创新和改进代表建议督办工作。一是探索实行代表建议办理“销号制”，就建议办理情况分次分项征求代表意见，充分发挥代表主体作用。二是构建和规范市人大常委会主任会议组成人员重点督办机制，由常委会领导分头领办，联工委协调综合，各专门委员会配合参与，形成建议督办合力，取得明显效果。三是密切代表与职能部门的联系，组织召开全市人大代表建议办理工作座谈会，代表与职能部门负责人面对面沟通交流，进一步提升了各职能部门的人大意识、代表意识。 （熊梓任）

株洲市人民政府

【概况】 2010年，全市上下坚持以科学发展观为指导，围绕"保二争一，科学跨越"的战略目标，大力推进"两型"社会建设，大力实施"三大战役"，加快结构调整和发展方式转变，全市经济社会呈现平稳较快发展的良好态势。全市GDP达到1274.8亿元，增长15.3%，财政收入130.9亿元，增长25%；全社会固定资产投资808.5亿元，增长37.1%；城镇居民人均可支配收入19643元，农民人均纯收入7658元，分别增长12.7%、17.8%；万元GDP综合能耗下降21.5%。全市综合实力明显增强，各项社会事业稳步发展。

（邹鹏彪）

【市十三届人民政府全体（扩大）会议】 1月13日，召开市十三届人民政府第四次全体（扩大）会议，会议回顾总结了2009年政府工作，并分组讨论修改市人民政府提请市十三届人大三次会议审议的《政府工作报告》（送审稿）。7月23日，召开市十三届人民政府第五次全体（扩大）会议，会议贯彻落实市委十届十次全会精神，安排部署下半年工作，转方式，促"两型"，再掀"三大战役"新高潮，确保全面完成2010年目标任务。（邹鹏彪）

【市政府常务会议】 2010年共召开8次市政府常务会议。1月9日，研究《政府工作报告》的有关工作，原则通过《政府工作报告》的基本框架和结构；对当前和春节期间的工作进行安排。2月8日，落实2010年《政府工作报告》责任分解有关工作；创建环保模范城市工作；"5115"工程企业建设项目特殊费用减免政策制定工作；全市医改工作；2010年迎新春系列文化活动安排；行政监察案件有关工作；省委农村工作会议精神贯彻的有关工作。3月22日，研究行政区划调整工作；社区建设工作；引进天然气投资供应商和压缩天然气加气站布局工作；加强重点项目工作；棚户区改造和城中村整治工作；修订《株洲市城市户外广告管理办法（实行）》工作；当前信访工作。4月19日，研究全市公立医院改革试点工作；市交建投公司重组工作；办理《市人大常委会关于〈中华人民共和国城乡规划法〉执法检查情况的审议意见》的工作；全市防汛抗旱工作。9月8日，专题研究市政府绩效评估暨为民办实事工作。9月16日，研究全市教育工作；全市蔬菜生产和供应工作；全市户籍制度改革工作；征地拆迁有关文件出台工作；城中村改造工作；城市建设体制改革方案和市政工程大中修及改扩建工程管理工作。11月11日，研究株洲市"十二五"规划纲要（草案）编制工作；卫生工作。12月20日，研究2011年《政府工作报告》和《2011年全市经济社会发展思路》起草工作；株洲市市级2011年财政收支预算（草案）编制工作。（邹鹏彪）

【市长办公会议】 2010年共召开16次市长办公会。主要事项：2月22日，研究增强株洲城市文化吸引力工作；创建国家级创业型城市工作；全市城市提质、园区攻坚、旅游升温"三大战役"工作；2009年市科技进步奖评审工作；落实湘政督函〔2009〕55号工作，原则同意《株洲市人民政府重大行政决策程序规则》、《株洲市重大行政决策听证办法》、《株洲市规范性文件管理实施细则》；创卫等9项工作奖励表彰。3月9日，研究株洲环球国际商贸中心"10·7"火灾事故调查工作；株洲市商业银行改革重组工作。4月6日，研究民政工作；公布新一轮基准地价更新成果工作；修订《株洲市县市区人民政府统计工作规划》和《株洲市部门统计工作规范》工作；千金药业股份有限公司董事会组成人选的安排。4月12日，研究加快推进棚户区改造的有关工作；"旅游升温战"重点项目有关工作；株洲市中心医院建设的有关工作；株洲市教育资产投资管理有限公司重组的有关工作；城市提质战役重点项目计划工作；全市体育工作；2009年度株洲市劳动模范和先进工作者评选工作。5月4号，研究统筹城乡发展改革方案的有关工作；长株潭城际铁路有关工作；市残疾人事业有关工作；茶陵"12·22"火灾事故调查工作；从东江水库引水解决湘江流域城镇用水安全的有关工作。5月27日，研究轨道交通千亿产业园区建设；株洲市土地经营制度改革实施方案和修改《株洲市土地储备暂行办法》的有关工作；进一步支持园区发展的有关工作；食品药品安全及食品药品产业发展工作。6月7日，研究市学校安全工作；商业银行改革重组工作；市湘江流域水污染综合整治工作；当前稳定工作。6月21日，研究《株洲天易示范区"两型"社会建设改革发展纲要》编制工作；淘汰落后产能工作；"12348"法律服务协调指挥中心筹建工作；"五五"普法依法治理工作；全市休闲农业发展工作。7月5日，研究加快推进城市可再生能源建筑应用工作；城市生活垃圾处理收费调整工作；全市人口和计划生育工作；儿童社会福利院和救助管理站项目建设工作;"海峡两岸炎帝神农文化祭"活动工作;国家交通管理模范城市创建工作。7月28日,研究制定《株洲市旅游市场促销奖励办法(试行)》的工作;《株洲市科学技术奖励办法》修订工作;全市禁毒工作;全市第六次人口普查户口整顿工作;攸县煤电一体化项目工作;非财政全额拨款事业单位和已改制、撤销、转体的原事业单位津贴补贴调整工作。8月9日,研究中药现代化产业基地项目的前期工作;《简化政府投资市政重点工程中小项目招投标手续办法》的制定工作;对城区出租车经营权实行特许经营的工作;修订《规范基本建设报建规费征收备忘录》工作;农村土地综合整治工作;名牌产品创建工作。8月23日,研究食品质量安全监管工作;今冬明春城区园林绿化建设计划及"生态宜居城市"建设工作;迎接国家扩大内需项目审计调查工作;住房公积金管理工作;建立全市医疗纠纷人民调解工作机制工作;制定2010年株洲市地产招商(推介)地块优惠政策工作。10月8日,研究《株洲市土地市场交易规则》有关情况;《关于进一步加快发展资本市场的实施意见》及《株洲股权投资企业和股权投资管理企业管理试行办法》的有关情况;进一步加强行业协会管理工作;城发集团拟发行第二期企业债券的情况;株洲市2008~2009年度为民办实事先进集体和先进个人评比表彰情况;给予曾兰秋、周泽忠行政开除处分的情况;四季度工作安排。10月28日,同意市人大申请给予杨长春等7人以及茶陵县申请给予胡松田等23人记二等功;研究市本级离休干部医药费统筹工作;消防工作情况;给予2009年度加工贸易企业奖励情况;安全生产三个文件情况;第一批国有破产改制企业领导人员安置情况。11月8日,研究编制云龙示范区"两型"建设实施方案有关情况;调整市居民天然气价格的情况;城市生活垃圾处理收费的情况;城区启动新农保试点的工作;株洲市三网融合试点工作的情况;中医伤科医院整体移交的情况;市委610办请求给予黄斌等13人表彰的情况;武警株洲市支队基础建设有关问题的情况。12月13日,研究节能减排工作;农业产业化工作;市国有林场危旧房改造工作;全市城镇独生子女父母奖励工作;株洲市电子政务外网建设、管理及资源共享平台一期工程建设工作;提高全市机关事业单位工作人员和离退休人员生活待遇问题;信访工作;《关于加快公共租赁住房建设的实施意见》和《株洲市公共租赁住房管理试行办法》修订工作;《关于促进物业管理健康发展的若干意见》修订工作;建立城管长效机制工作;《株洲市政府投资工程招标代理单位比选暂行规定》和《株洲市政府投资工程投标人资格预审办法》修订工作;湖南有线电视株洲网络有限公司参与湖南有线集团股权重组相关问题及广电中心工程投资情况;加油(气)站规划用地招标拍卖挂牌出让工作。 (邹鹍彪)

【市政府专题会议】 2010年共召开市政府专题会议105次。主要研究事项:融资工作有关问题、风林绿洲暨原拖配厂有关问题、株洲湘江电焊条有限公司搬迁至金山工业园有关问题、株洲摩托车厂和芙蓉机械制造公司破产有关问题、旗滨集团新建高档玻璃生产线项目有关问题、关于献血屋和流动采血车停靠点有关问题、云龙示范区人口计生工作协调问题、民办教师维稳工作协调问题、株洲市商业银行改革重组协调问题、完善市商业银行重组中土地资产法律手续等问题、公交电动化三年行动计划工作、株洲市商业银行改革重组领导小组关于进一步完善市商业银行公司类贷款手续协调问题、改革企业维护稳定有关问题、重点拟上市公司有关问题、环保工作方面的有关问题、唐人神集团上市有关问题、交通协管员增聘工作有关问题、环卫车辆和电动公交车上牌问题、旗滨集团新建生产线项目有关问题、电力建设项目有关问题、栗雨中央商务区相关工作、长株高速公路有关问题、全市安全生产相关工作、清水塘工业污水处理项目建设协调相关工作、研究市教育基金会有关事项、中南国际(汇亚)服饰广场相关问题、沪昆高铁建设有关问题、接收企业办中小学退休教师遗留问题、旗滨集团上市及新建项目有关问题、新芦淞服装(都市)工业园项目建设有关问题、南车株洲电机有限公司有关问题、市区棚户区改遣问题、湖南省食品药品监督管理局商洽共建株洲市食品药品安全诚信示范区相关工作、企业改革有关问题、保障株洲冶炼集团循环经济项目氧气供应有关问题、迎宾大道建设有关问题、轨道交通千亿产业园区区划调整有关问题、株洲万锋农资有限公司上市有关问题、芦淞服饰物流仓储配送中心项目建设有关问题、市区棚户区改造的相关工作、编制株洲市加油站2011~2020年行业发展规划及有关问题、长株高速迎宾大道建设有关问题、武术学校新校址选址有关问题、重点工程调度有关问题、全市交通工作有关问题、旗滨集团上市和新项目立项有关问题、"数字株洲"资源共享问题协调、株洲县湘渌农信社与市兴业公司债务纠纷协调、轨道交通千亿产业园区建设有关问题、株洲千金药业股份有限公司税收征管有关问题、天然气利用工程有关问题、加强司法行政机关业务用房建设工作有关问题、人民南路人防工程建设问题、株洲市中心医院建设有关问题、市水泥管有限责任公司等5家企业护坡垮塌有关问题、落实株洲市公交车电动化三年行动计划纲要相关工作、南方公司改制和航空大道建设等有关问题、铁路建设有关问题、中盐株化公司废渣处置问题、株洲财富中心项目建设有关问题、解决原株洲市商业汽车队改制遗留问题、全市公路工作有关问题、创建水环境改善和饮用水安全保障示范城市问题、中小学运动场塑胶改造项目有关问题、莲易路 、铜塘湾港区、株洲西互通、株洲东互通改造建设有关问题、株洲天源纺织有限责任公司改制资产处置有关问题、云龙示范区卫生工作有关问题、酒埠江灌区抗旱工作有关问题、清水塘重金属污水处理厂建设有关问题、安全生产有关工作、京港澳株洲西互通改造项目有关问题、株洲高新区建设发展有关问题、市统计局、国家统计局株洲调查队工作有关问题、城市内涝有关问题、“四化”工程建设遗留问题、测绘工作有关问题、伟大集团重组上市有关问题、云龙示范区建设发展有关问题、中秋国庆两节前安全生产相关工作、全市电力建设有关问题、市医改领导小组相关工作、2010’株洲秋季房地产交易展示会有关工作、株洲港铜塘湾港区一期工程有关问题、湘江风光带建设有关问题、株洲千金药业股份有限公司现场办公会、株洲电力机车有限公司现场办公会、市国有资产经营工作座谈会、株洲职教城建设发展有关问题、株洲轮船运输总公司破产职工安置有关问题、TD网络通信工程建设有关问题、2009年度绿化项目审计工作有关问题、情归故里动力株洲演唱会有关工作、神农医药物流项目有关问题协调、当前全市企业改革有关问题、枫溪国际生态水城有关工作、2011年城区园林绿化建设项目招投标及管理工作、开通电煤运输绿色通道有关问题、长城小区电改问题、市国投集团土地运营等有关问题、公安相关工作、福泰国际有关问题、支持湖南经仕集团公司维稳发展有关问题、天隆化工实业有限公司有关问题、加快京港澳高速株洲西互通改造和株洲港铜塘湾港区一期工程项目建设有关问题、株洲市机动车环保检测工作协调。 （邹鹍彪）

【重要政事活动】 1月8日，省委副书记梅克保、副省长陈肇雄率省相关部门负责人到株洲，就株洲市打造千亿产业集群进行专题调研和现场办公。1月14日，新加坡莱佛士教育集团董事长周华盛考察市职教园。1月16日，国务院长株潭“两型”社会建设土地管理专项改革调研组到株洲，考察全市城乡建设用地增减挂钩及土地整治有关情况。2月8日，省委组织部副部长李宗文一行，到株洲市看望慰问基层干部和困难党员。2月10日，省委常委、统战部部长李微微，副省长韩永文率省直相关部门负责人到株洲，走访慰问困难企业、统战对象、职工和农户，开展“送温暖、解难题”活动。2月25日，国家战略性新兴产业领导小组副组长、国家发展改革委高技术司巡视员綦成元率调研组到株洲调研。2月26日，国家工业和信息化部副部长苗圩一行到株洲考察产业发展状况。3月1日，省卫生厅党组书记肖策群到株洲调研公立医院改革工作。3月2日，副省长徐明华率省农办、省农业厅、省供销社等单位负责人，到株洲督查春耕生产、农资供应、新农村建设等“三农”工作。3月4~6日，省民政厅厅长余长明到株洲考察。3月5日，省人大常委会原副主任黄道奇、省检察院原检察长齐振瑛等省老领导到株洲考察城市建设和管理工作。3月11日，副省长郭开朗率省直相关部门负责人到株洲考察调研。3月11日，国土资源部宏观调控与监测司司长刘随臣一行到株洲调研。3月22日，省政协副主席魏文彬率省政协“加快湖南产业低碳化转型研究”调研组到株洲调研。3月23~24日，湖北省黄石市市委副书记、市长杨晓波率团到株洲考察城市规划建设和管理工作。3月26日，国土资源部副部长徐德明到株洲，考察国土资源管理、国土测绘等工作。3月31日，省“两型”办副主任陈晓红到株洲考察“两型”社会建设工作。4月1日，意大利马尔凯大区主席姜马里奥斯巴伽率考察团到湖南，重点就株洲市的投资环境进行考察。4月6日，国家环保部原副部长祝光耀一行到株洲考察环境保护工作。4月11~12日，全国41个城市的市长到株洲教学考察。4月13~14日，省人大常委会副主任谢勇率省人大常委会调研组到株洲，就修订《湖南省安全生产条例》进行立法调研。4月20日，省政协副主席何报翔一行到株洲调研城乡统筹发展工作。4月19日，省绩效评估组到株洲市进行评估检查。4月26日，中国工程院院士、中国城市规划设计研究院学术顾问、教授级高级城市规划师邹德慈等21名院士专家莅临株洲，为期3天的2010年“院士专家株洲行”活动拉开帷幕。5月5日，中共中央党校副校长石泰峰、国务院三峡办党组成员张宝欣到株洲考察农村土地流转等工作。5月6日，副省长陈肇雄到醴陵，就陶瓷产业如何打造成千亿产业进行考察、调研。5月14日，副省长韩永文到长株高速施工现场督查项目进度。5月17~18日，省人大常委会副主任谢勇率省人大常委会科技进步法执法检查组到株洲调研。5月21日，国家科技部副部长杜占元一行到株洲市考察高新技术产业发展情况。5月23日，中国美旗控股集团战略决策委员会主席谢秉臻一行到株洲考察。6月10日，省委副书记梅克保一行赴醴陵市考察创先争优活动。6月11日，省委书记周强到株洲市考察。6月10~12日，全国人大环境与资源保护委员会副主任委员张文台率全国人大常委会清洁生产促进法执法检查组到株洲市检查。7月7日，省委副书记、省政府代省长徐守盛率省直相关部门负责人到株洲考察调研。7月26日，国务院新闻办公室新闻局副局长华清在市委礼堂，作“增强新闻舆论意识，提高同媒体打交道的能力”专题报告。7月27日，省委常委、常务副省长于来山率省民政厅、发改委、国土资源厅、“两型”办、省政府研究室负责人到株洲，考察市经济社会发展情况以及“两型”社会建设工作。7月29日，副省长徐明华到株洲调研粮食生产情况。7月29日，省国土资源厅厅长方先知一行到株洲考察。7月29日，国家发改委体改司司长孔泾源一行到株洲调研。8月9日，省长株潭城市群“两型”社会建设督查调研组到株洲，对市“两型”社会建设工作进行调研。8月10日，副省长韩永文考察醴茶高速公路攸县段建设工程。8月10日，全省旅游项目建设工作会议在株洲市召开，副省长甘霖考察市重点旅游项目建设。8月16日，副省长刘力伟到株洲督查重金属污染整治工作。8月20日，省林业厅厅长邓三龙到株洲督查林业工作。8月22～23日，省双拥工作考评组通过军地座谈、查阅资料、实地考察、双拥测评等方式，全面考评全市双拥工作。8月30日，副省长刘力伟率省"五五"普法检查验收组到株洲市检查。9月3日，省科协党组书记邹志强一行到株洲考察科普工作。9月7日，英国驻广州总领事馆总领事戴伟绅，率领由19家企业负责人组成的英国贸易代表团到株洲考察。9月27日，省委常委、统战部部长李微微宣布大唐华银株洲攸县煤电一体化项目正式开工。9月27日，国家统计局副局长谢鸿光率调研组到株洲市调研。9月27～28日，省水利厅副厅长詹晓安到株洲市督查。10月14日，省委常委、统战部部长李微微率省委统战部调研组到株洲调研。10月14日，省水利厅厅长戴军勇到株洲市调研。10月14日，省国土资源厅厅长方先知赴茶陵县考察指导国土资源管理工作。10月22日，广西壮族自治区党委原书记、自治区人大常委会原主任曹伯纯，在省委常委、统战部部长李微微陪同下到株洲考察。10月22日，省人大常委会党组书记戚和平一行到株洲视察。10月22日，农业部副部长张桃林到株洲专题调研。10月26日，省委党校副校长邓微率第39期中青班学员到株洲，就推进新型城镇化工作进行现场调研。11月1日，副省长郭开朗到市红十字会考察。11月1～2日，省委宣传部部务委员会成员、省文明办主任宋智富率团到株洲，对株洲市申报省文明城市进行检查验收。11月6日，全国政协常委、全国政协人口资源环境委员会副主任、国家减灾委专家委员会主任、中国科学院院士秦大河率国家减灾委专家组在株洲市调研。11月9日，中兴通讯股份有限公司副总裁、中兴网信总经理史立功一行到株洲考察。11月19日，省委书记、省人大常委会主任周强，在大唐集团公司董事长、党组书记刘顺达，省委常委秘书长杨泰波陪同下到株洲市考察创先争优等工作。11月24日，省委常委、秘书长杨泰波参加在株洲市召开的全省新农村建设经验现场交流推介会。11月25日，卫生部副部长、国务院医改办副主任、卫生部公立医院改革试点协调工作小组组长马晓伟，在副省长郭开朗陪同下到株洲调研。11月29日，省委常委、组织部部长黄建国率省委组织部机关党员干部围绕"转方式、调结构、促发展"的主题到株洲考察。11月29日，省委常委、纪委书记许云昭率省委考核组到株洲，就落实党风廉政建设责任制，推进惩治和预防腐败体系建设情况进行检查考核。12月1日，副省长韩永文率全省金融部门、八大银行负责人到株洲考察调研。12月3日，省政协副主席、世界杂交水稻之父、中国工程院院士袁隆平到株洲市视察工作。12月5日，省农业厅党组书记、厅长田家贵率全省农业系统代表赴炎帝陵举行祭祀大典。12月9日，省委副书记梅克保在醴陵考察创先争优活动。12月26日，北京汽车株洲基地落成暨BC301Z轿车下线庆典，在高新技术产业开发区隆重举行。12月26日，市委书记陈君文郑重宣布芦淞大桥正式建成通车。12月26日，荷塘大道项目在荷塘区分路口举行开工仪式。（邹鹍彪）

【政务督察】 2010年，市政府督查室按照"保二争一、科学跨越"的工作要求，紧紧围绕市委、市政府的重大决策部署和重点工作组织开展各类督查活动，重点对"三大战役"工作、《政府工作报告》确定的"十大基础建设、十大产业项目、十件民生实事、十大改革"工作，以及33次市政府常务会议、办公会议、专题会议议定的450多个事项进行跟踪督查。及时组织对"四创四化"、"四大精品工程"建设、交通设施建设、农贸市场建设、高速公路及铁路建设、棚户区改造、中小学校舍安全、农产品安全、城市内渍、灌区退休职工待遇等事项开展专项督查，对参评2010年中国十大最具投资价值城市、创建国家交通管理模范城市、迎宾大道杆线搬迁、湘江五桥征地拆迁、中心医院建设等重点项目进行积极协调，有力推动了各项工作落实。全年共开展各类督查活动90余次，编发《政务督查》通报、专报30期，撰写督查专题汇报33篇，下发督办函14期。共办理反馈中央、省、市领导批示件153件。（邹鹍彪）

【建议提案办理】 2010年，市政府系统地把认真研究、采纳、落实代表委员建议，作为自觉接受人大、政协监督的重要形式，作为了解民意、集中民智的主要渠道，作为推进工作的重要举措，致力提高办结率和满意率。全年共督办落实省政府交由市政府承办的建议提案两件；实际督办市人大、市政协交由市政府系统办理的建议、提案662件，其中建议335件，提案327件；连续两年实现了办结率100%、见面率100%、满意率100%的工作目标，出色完成了省市建议提案办理任务。（邹鹍彪）

【综合调研】 2010年，共编发《决策参考》22期，《调查与研究》5期。撰写《关于我市创建国家食品安全城市的调查与思考》、《关于打造"轨道科技城"的调查与思考》、《高铁经济对株洲的影响分析及对策建议》、《棚户区改造的调查与建议》、《关于株洲市"城中村"改造的调研报告》、《城区建设体制改革的思考与建议》、《关于我市实行"朝九晚五"作息制度的调查与思考》等调研报告9篇、近7万字。其中，《关于我市创建国家食品安全城市的调查与思考》、《关于建立株洲市公共自行车租赁系统的调查与思考》得到了市领导的肯定，创建国家食品安全城市和基本建成公共自行车租赁系统被列入2011年政府十件民生实事。筹划成立了"株洲市经济发展研究协会"，成员单位有50个，进一步整合了全市调查研究工作力量，搭建大调研格局。撰写了《政府工作报告》、市委全会、市委经济工作会议、市政府全会、经济形势分析会等重要会议上的领导讲话文稿123篇,起草其他各类汇报材料共计306篇,在省以上刊物发表理论文章37篇,编辑《政务通报》26期。组织撰写的《株洲市创建全国职业教育改革试验区基本构想》和王群市长在全国市长培训中心的讲课稿《构建资源节约与环境友好型城市的做法与经验》,获得与会者和社会各界的高度肯定。(邹鹍彪)

【电子政务建设】 全年市政府系统共向省政府办公厅报送信息1023条,累计得分740分,在全省14个市州中排名第三。其中,调研信息《粮食最低收购价执行预案亟待完善》被《湖南快讯》采用,并得到了副省长徐明华的专门批示。《株洲市财政收入突破百亿大关》、《株洲市加强乡村医生队伍建设的主要做法》、"株洲市财政收入突破百亿大关"等信息被省政府办公厅采用,进一步扩大了株洲的知名度和影响力。全年共编辑《政务信息(网络版)》248期、《舆情专报》286期,确保了重大舆情信息及时准确上报,为领导了解情况、指导工作、做好决策提供了有效参考。2010年,市政府系统继续以"数字株洲"建设为总抓手,建设全省最大的政务内网办公平台,完成526个单位共1445个节点的接入,建成"数字株洲"视频融合平台、全市应急指挥系统、株洲市三维城市仿真、GPS共享平台等一批全市基础共享应用系统。市政府门户网站在全省地市政府门户网站综合测评中排名第二,在全国地市级政府门户网站绩效评估中名列第25名,连续3年荣获"中国政府门户网站优秀奖"。全年共发布各类政务信息近7万条,有效推进了政府信息的公开。在网站首页增设历史上的今天、株洲人物、调研成果、今日关注等栏目,调整充实公告公示、便民服务等栏目内容。积极服务市委、市政府中心工作,开辟了园区攻坚、城市提质、旅游升温"三大战役"、十大基础工程、十大产业项目、十件民生实事、十大改革等66个专题。配合全市旅游升温战役的开展,策划设置了名乡古镇栏目,全面展示全市134个乡镇(街道)的产业发展、特产美食、乡风民俗、桑梓人物、组织机构。进一步完善网站信息采集、审核、发布机制,建立了380人的信息工作人员队伍,形成了"横向到边、纵向到底"的建设管理体系。按照"一级政府一个门户网站、一个部门一个子网站"的建设原则,托管了10个部门网站的服务器,为市旅游局、市保密局、市科技局、市粮食局等26个单位新建了子网站,形成了子站共同支撑门户主站、子站与门户主站同步发展的良好局面。(邹鹍彪)

【"12345"市长热线】 2010年,"12345"市长热线逐步整合"12369"环保热线、"12348"法律服务热线、"12318"文化市场举报电话等部门热线和市政府门户网站"市长信箱",24小时受理市民来电(信),形成了以市长热线为中心、各级各部门为成员的工作网络。炎陵县、芦淞区开通了"12345"县长(区长)热线。全年"12345"市长热线共接到市民有效电话36581个,其中投诉类占81.8%,市长热线当场答复或交办有关单位限时办结35656个,办结率97.5%;"市长信箱"共收到市民有效来信6290件,办结率94.5%。全年共编发《市长热线工作简报》32期,还建立了门户网站专题栏目。一些市民主动来电来信或在网上发帖表示感谢。"12345"市长热线办公室被评为2010年度"株洲市青年文明号"。(邹鹍彪)

【办文办会】 2010年,全年共处理发文稿件1145件,印发株政发、株政令、会议纪要等各类正式文件900件,其中规范性普发文件株政发42件,株政办发65件。处理各类上级来文电报1217件,各类下级来文1084件,信访及非正式文件153件。全年共组织各类会议31次,组织、安排领导重大公务活动500次,市政府主要领导在市内考察、调研、现场办公、慰问、签约等活动79次,市政府主要领导到域外学习考察、招商引资、项目洽谈签约活动6次。(邹鹍彪)

2010年度株洲市人民政府文件目录

表5

文号	文件标题
株政发〔2010〕1号	关于公布株洲市2010年重点项目的通知
株政发〔2010〕2号	关于印发株洲市市政工程设施管理办法的通知
株政发〔2010〕3号	关于印发株洲市国资委监管企业负责人经营业绩考核暂行办法和薪酬管理暂行办法的通知
株政发〔2010〕4号	关于印发株洲市区农村宅基地管理暂行办法的通知
株政发〔2010〕5号	关于印发株洲市城市建筑垃圾管理办法的通知
株政发〔2010〕6号	关于印发株洲市人民政府重大行政决策程序规则重大行政决策听证办法和规范性文件管理实施细则的通知
株政发〔2010〕7号	关于公布第二批市级非物质文化遗产名录的通知

续表 5

文　　号	文　件　标　题
株政发〔2010〕8 号	撤销建设用地批准书注销土地使用权证的决定
株政发〔2010〕9 号	关于公布株洲市城区基准地价更新成果的通知
株政发〔2010〕10 号	关于印发株洲市县市区人民政府统计工作规范和部门统计工作规范的通知
株政发〔2010〕11 号	关于公布征地补偿标准的通知
株政发〔2010〕12 号	关于印发株洲市城市户外广告管理办法的通知
株政发〔2010〕14 号	关于印发株洲市交通影响分析(评价)编制管理暂行办法的通知
株政发〔2010〕15 号	关于印发株洲市机动车排气污染防治管理暂行办法的通知
株政发〔2010〕16 号	关于印发株洲市土地储备管理办法的通知
株政发〔2010〕17 号	关于印发株洲市残疾人扶助实施办法的通知
株政发〔2010〕18 号	关于印发株洲市国家建设项目审计监督办法的通知
株政发〔2010〕19 号	关于进一步加强社区建设的意见
株政发〔2010〕20 号	关于印发株洲市旅游市场促销奖励办法(试行)的通知
株政发〔2010〕21 号	关于促进中小企业发展的若干意见
株政发〔2010〕22 号	关于印发鼓励休闲农业发展八项优惠政策的通知
株政发〔2010〕23 号	关于加快推进我市可再生能源建筑应用工作的意见
株政发〔2010〕24 号	关于印发株洲市科学技术奖励办法的通知
株政发〔2010〕25 号	关于推进农村土地综合整治的实施意见
株政发〔2010〕26 号	关于印发株洲市资源节约型和环境友好型社会建设综合配套改革试验总体实施方案的通知
株政发〔2010〕27 号	关于进一步加快发展资本市场的实施意见
株政发〔2010〕28 号	关于印发株洲市土地市场交易规则的通知
株政发〔2010〕29 号	关于印发马安健教育奖奖励暂行办法的通知
株政发〔2010〕30 号	关于印发株洲市城区基础教育三年攻坚计划的通知
株政发〔2010〕31 号	关于统筹城乡户籍制度改革的实施意见
株政发〔2010〕32 号	关于收回株洲大成运业有限公司天元区体育中心北侧地块国有土地使用权的决定
株政发〔2010〕33 号	关于收回株洲县电力局天元区划拨地块国有土地使用权的决定
株政发〔2010〕34 号	关于印发株洲市城区新型农村社会养老保险试点工作实施办法的通知
株政发〔2010〕35 号	关于印发株洲市规划管理技术规定的通知
株政发〔2010〕36 号	关于印发株洲市城市中小学幼儿园规划建设管理办法的通知
株政发〔2010〕37 号	关于印发株洲市城市生活垃圾处理收费管理实施办法的通知
株政发〔2010〕38 号	关于印发株洲市城市房屋拆迁管理实施办法的通知
株政发〔2010〕39 号	关于印发株洲市离休干部医药费统筹管理办法的通知
株政发〔2010〕40 号	关于进一步贯彻实施湖南省信访事项复查复核办法的通知
株政发〔2010〕41 号	关于印发株洲市征地拆迁安置房建设管理办法的通知
株政发〔2010〕42 号	关于进一步规范城区征地拆迁工作的通知

（邹鹏彪）

2010年度株洲市人民政府办公室文件目录

表6

文　　号	文　件　标　题
株政办发〔2010〕1号	关于印发株洲市城市提质战役实施方案的通知
株政办发〔2010〕2号	关于印发加强中小企业信用担保管理实施办法的通知
株政办发〔2010〕3号	转发市信息产业局移动电子商务发展规划的通知
株政办发〔2010〕4号	关于印发株洲市建设项目环境保护三同时保证金管理暂行办法的通知
株政办发〔2010〕5号	关于印发株洲市园区攻坚战役实施方案的通知
株政办发〔2010〕6号	关于印发株洲市旅游升温战实施方案的通知
株政办发〔2010〕7号	关于印发2010年市十大基础工程十大产业项目十件民生实事任务分解表和政府工作要点分解表的通知
株政办发〔2010〕8号	关于印发株洲市推进十大改革总体方案的通知
株政办发〔2010〕9号	关于进一步加强重点项目工作的意见
株政办发〔2010〕10号	关于印发湘江株洲段砂石开采经营管理办法的通知
株政办发〔2010〕11号	关于印发株洲市免费开展婚前医学检查工作实施方案的通知
株政办发〔2010〕12号	关于印发株洲市城市节约用水管理办法的通知
株政办发〔2010〕13号	关于印发加快推进棚户区改造若干意见的通知
株政办发〔2010〕14号	转发株洲市依法行政领导小组办公室关于株洲市依法行政考核方案的通知
株政办发〔2010〕15号	关于印发株洲市破损污损褪色或者不合规格国旗回收处理办法的通知
株政办发〔2010〕16号	关于落实“5115”工程企业生产性建设项目特殊费用减免政策的通知
株政办发〔2010〕17号	关于进一步加强语言文字工作的意见
株政办发〔2010〕18号	关于切实做好规范性文件清理工作的通知
株政办发〔2010〕19号	关于印发株洲市农村土地综合整治项目管理暂行办法的通知
株政办发〔2010〕20号	关于做好第六次人口普查登记工作的通知
株政办发〔2010〕21号	关于印发清收农村信用社不良贷款及行政事业单位公职人员拖欠银行不良贷款工作方案的通知
株政办发〔2010〕22号	关于印发全面推进住房公积金制度建设的若干意见的通知
株政办发〔2010〕23号	关于印发株洲市创建保障性安居工程示范区工作方案的通知
株政办发〔2010〕24号	关于印发株洲市整治矿山超深越界开采专项行动工作方案的通知
株政办发〔2010〕25号	关于印发株洲市科技创新工程实施方案的通知
株政办发〔2010〕26号	转发市金融证券办等10个单位关于株洲市股权投资企业和股权投资管理企业管理试行办法的通知
株政办发〔2010〕27号	关于印发株洲市征地拆迁补偿安置工作监督管理办法的通知
株政办发〔2010〕28号	关于印发株洲市被征地农民和城中村改造安置人员就业培训和基本生活保障实施办法的通知
株政办发〔2010〕29号	关于印发株洲市推进城区建设体制改革意见的通知
株政办发〔2010〕30号	关于印发株洲市市政基础设施改造工程管理办法的通知
株政办发〔2010〕31号	关于印发进一步加强基层劳动保障公共服务工作的意见
株政办发〔2010〕34号	关于印发进一步规范行业协会发展和管理意见的通知

续表 6

文号	文件标题
株政办发〔2010〕35 号	关于开展全市统计业务工作规范达标活动的通知
株政办发〔2010〕36 号	关于印发株洲市燃气事故保险规定的通知
株政办发〔2010〕37 号	关于印发进一步加强和改进统计工作的意见的通知
株政办发〔2010〕38 号	中国人民解放军株洲军分区司令部关于印发《2010 年冬季新老兵在株洲市中转协调工作实施方案》的通知
株政办发〔2010〕39 号	关于印发株洲市财政局主要职责内设机构和人员编制规定的通知
株政办发〔2010〕40 号	关于印发株洲市规划局主要职责内设机构和人员编制规定的通知
株政办发〔2010〕41 号	关于印发株洲市环境保护局主要职责内设机构和人员编制规定的通知
株政办发〔2010〕42 号	关于印发株洲市民族宗教事务局主要职责内设机构和人员编制规定的通知
株政办发〔2010〕43 号	关于印发株洲市人民政府国有资产监督管理委员会主要职责内设机构和人员编制规定的通知
株政办发〔2010〕44 号	关于印发株洲市人民政府法制办公室主要职责内设机构和人员编制规定的通知
株政办发〔2010〕45 号	关于印发株洲市安全生产监督管理局主要职责内设机构和人员编制规定的通知
株政办发〔2010〕46 号	关于印发株洲市民政局主要职责内设机构和人员编制规定的通知
株政办发〔2010〕47 号	关于印发株洲市统计局主要职责内设机构和人员编制规定的通知
株政办发〔2010〕48 号	关于印发株洲市商务局招商合作局主要职责内设机构和人员编制规定的通知
株政办发〔2010〕49 号	关于印发株洲市教育局主要职责内设机构和人员编制规定的通知
株政办发〔2010〕50 号	关于印发株洲市司法局主要职责内设机构和人员编制规定的通知
株政办发〔2010〕51 号	关于印发株洲市人民政府外事侨务办公室港澳事务办公室主要职责内设机构和人员编制规定的通知
株政办发〔2010〕52 号	关于印发株洲市人口和计划生育委员会主要职责内设机构和人员编制规定的通知
株政办发〔2010〕53 号	关于印发株洲市物价局主要职责内设机构和人员编制规定的通知
株政办发〔2010〕54 号	关于印发株洲市文化局主要职责内设机构和人员编制规定的通知
株政办发〔2010〕55 号	关于印发株洲市科学技术局主要职责内设机构和人员编制规定的通知
株政办发〔2010〕56 号	关于印发株洲市人民防空办公室主要职责内设机构和人员编制规定的通知
株政办发〔2010〕57 号	关于印发株洲市林业局主要职责内设机构和人员编制规定的通知
株政办发〔2010〕58 号	关于印发株洲市审计局主要职责内设机构和人员编制规定的通知
株政办发〔2010〕59 号	关于印发株洲市知识产权战略实施意见重点工作推进计划的通知
株政办发〔2010〕60 号	关于印发株洲市医疗纠纷预防与处置暂行办法的通知
株政办发〔2010〕61 号	关于深化基本医疗保险制度改革合理引导参保人员到基层医疗机构就诊的意见
株政办发〔2010〕62 号	关于印发株洲市城乡建设用地增减挂钩复垦指标有偿使用管理暂行办法的通知
株政办发〔2010〕63 号	关于印发株洲市乡镇人民政府街道办事处统计工作规范的通知
株政办发〔2010〕64 号	关于印发株洲市政府投资工程招标代理单位比选暂行规定的通知
株政办发〔2010〕65 号	关于印发株洲市打击侵犯知识产权和制售假冒伪劣商品专项行动实施方案的通知

（邹鹍彪）

政务服务

【概况】 2010年,株洲市政务服务中心坚持“规范审批、方便群众、服务经济”的目标,以行政许可网上审批及电子监察系统为主线,以项目代理和联合收费为平台,加强部门协调互动和窗口规范管理,努力提高中心的办事效率和服务水平。全年中心共办理各类行政许可事项36696件,集中收费1.26亿元。

一、全面完善行政许可网上审批及电子监察系统建设。截至2010年底,网上审批系统入网单位38家,许可项目240余项。办理各类行政许可事项16398件,其中承诺件11229件,承诺件平均承诺天数10.75天,平均办结天数5.35天,平均提前天数5.4天,提前办结率93.41%。通过对网上审批系统中各单位审批过程的监控,各个部门的许可办理得到进一步规范,基本实现对社会的全过程公开、全时限监督,系统建设水平居省内同行前列。

二、加强中心窗口规范化管理,构筑高效便民服务平台。一是加强窗口管理制度建设。根据网上审批系统的特点,重新修订《窗口及窗口工作人员考核实施细则》,进一步完善和加强岗位考勤和网上请假制度;出台《窗口工作监督检查暂行办法》,中心管理人员手册一本窗口巡查工作台账手册,定期检查。二是加强许可项目运转监督。结合网上审批及电子监察系统,中心管理人员每天登录系统,检查所有办理项目的详细运转情况,对审批信息更新、分步时限及总时限超期、后台节点IP地址状态、网上投诉及咨询、门户网站更新等情况予以及时掌控,对超期办结事项及时发出网上督办函,督促许可事项尽快办理。同时,对许可项目运转中发现的审批系统缺陷,进一步提出改进和完善意见。1月,中心与市监察局联合编发《株洲市集中行政审批情况通报》,将各单位网上审批绩效情况综合打分排名。

三、服务大局,硬件建设成效显著。中心硬件设施水平得到提升。2010年,中心积极争取市政府支持,投资近百万元,对一、二楼大厅部分受潮开裂的墙面进行翻新改造,新砌办公柜台,增加办证席位36个,新建电子监察中心办公室,增建了纯净直饮水系统。

存在的问题和困难:网上审批系统需进一步完善、数据对接工作没到位、辅助子系统未完全上线运行、部分单位网上审批存在代批补录现象等。

(王　平)

【项目代理】 为更好地服务企业和社会经济发展,进一步做好项目代理工作,中心主动和相关职能部门沟通协调,重点解决“边报建边审批”、“提前放线”、“同步审批”、“项目公示”等问题,并督促市规划局建立“‘5115’工程绿色通道”制度;通过走访、座谈和电话问讯等有效形式,及时向企业传达政策,建立工作互动机制。2010年,中心先后共代理和协调服务中铁轨道、南车电力机车厂、中盐株化、千金药业、株冶集团等企业的工业投资项目22个,累计为相关企业报建项目依法减免费用1290万元。

(王　平)

【徐守盛到中心视察】 7月7日,湖南省委副书记、代省长徐守盛在市委书记陈君文,市委副书记、市长王群等陪同下到中心视察。徐守盛认真听取了中心的工作汇报,并与现场服务对象亲切交谈,详细了解中心运作情况,对中心的工作给予了较高评价。

(王　平)

法制工作

【概况】 2010年,全市政府法制工作以全面推进依法行政为主线,以加快建设法治政府为目标,以贯彻《湖南省行政程序规定》(以下简称《规定》)和《湖南省规范行政裁量权办法》(以下简称《办法》)为抓手,较好地完成了各项工作任务。

一、以召开行政决策听证会为重点,大力促进依法科学民主决策。全年全市共召开行政决策听证会60多次。其中,株洲市政府法制办组织指导召开调整城市生活垃圾处理费征收方式和收费标准、建设项目环境保护“三同时”制度、社区建设等事关人民群众切身利益的决策听证会。通过举行听证会,广泛听取人民群众和专家的意见和建议,不仅促进了政府决策工作的公开性、透明度,保障了人民群众的知情权、参与权、表达权和监督权,增进了社会各界对政府工作的理解、支持,增强了政府决策行为的合法性与公信力。市政府法制办还精选了7次听证会,编辑成《行政决策听证会案例选编》。

二、以落实“三统一”为重点,全面加强规范性文件管理。各级政府法制机构认真履行规范性文件合法性审核职责,全年共审核规范性文件260余件。其中市政府法制办审核市政府、政府办规范性文件105件。重点把握合法性、合理性这一核心内容,坚持“四个是否”(是否具有必要性和可行性、是否与法律法规规章和上位规范性文件相抵触、是否与其他规范性文件相冲突、是否与现行管理体制相脱节)的原则,着力审查规范性文件与法律法规规章依据的直接关联性,兼顾前瞻性、可行性、协调性。全年修改直接违反上位法规定的内容200余处,提出其他书面修改意见700余条。对涉及多个部门职能职责和公民、法人或其他组织重大权利义务的,都按规定组织召开征求意见座谈会、听证会,力求规范性文件合法合理适当。全面落实规范性文件登记制度。认真做好规范性文件的统一登记、统一编号、统一公布工作。在审查过程中,着重对制定主体资格、制定权限进行审查,存在违法情形的,不予登记;内容不当或有违法情形的,由起草单位修改完善后再进行登记。做到有件必审,确保了主体资格、制定权限合法。全年市政府法制办收到部门报请登记的规范性文件80件,其中予以登记65件,不予登记5件,不予受理10件。

三、以规范行政裁量权为重点,进一步规范行政执法行为。各级政府法制机构认真贯彻落实《湖南省规范行政裁量权办法》,大力推行规范行政裁量权基准制定工作。截至2010年,公安局、国土局、农业局、卫生局、规划局、交警支队等近50家单位及各县市区大多数执法单位制定了行政处罚自由裁量权基准制度。全市逐步形成"阶次裁量、流程运作、制度控权"的工作机制。

四、以考核评议为重点,进一步提高依法行政的能力和水平。市政府法制办起草《株洲市依法行政考核方案》,以株政办发〔2010〕14号文件下发。新的考核方案进一步优化了考核指标和考核方式,实行日常考核、年终考核和外部评议相结合。建立日常考核档案。12月,与市人大、市纪委组成联合检查组对9个县市区政府、76个市直和垂直管理单位的依法行政情况进行考核。从考核的情况看,领导依法行政意识进一步增强、制度建设逐步完善、法制学习宣传力度加大、行政执法力度进一步加大、行政执法行为进一步规范。株洲市的依法行政考核工作得到上级主管部门和兄弟单位的认可,广东省东莞市、惠州市法制局先后到株洲市考察行政执法监督和依法行政考核工作经验和做法。

五、以创新工作机制为重点,充分发挥行政复议化解矛盾、促进和谐的积极作用。各级法制机构积极履行行政复议工作职责,依法办理行政复议案件,实现法律效果和社会效果的有机统一。2010年,全市共收到行政复议申请147件,比上年增长26.7%,受理136件,比上年增长19.3%,不予受理11件,审结135件,结案率99.27%。其中维持60件,撤销20件,驳回申请7件,确认违法3件,终止42件,责令履行、调解、其他各1件。其中市政府法制办收到向市政府提起的行政复议申请79件,比上年增长43.6%,其中受理71件,不予受理7件,转送其他机关1件。其中维持33件,申请人撤回申请而终止23件,撤销8件,确认违法1件,驳回申请5件,调解1件,纠错率达46.5%。对每一件行政复议申请,坚持重事实、重证据,力求撤销的有理有据,维持的合法合理。10月,国务院法制办对株洲市行政复议工作进行专项检查,高度肯定了株洲市行政复议工作在规范行政执法程序、强化复议监督效应方面的做法。

六、以协调处理重大矛盾纠纷为重点,着力发挥法律顾问和参谋助手作用。2010年,市政府法制办对武术学校强制拆除、五景花苑项目后续建设、市商业银行重组、市天然气利用工程项目、闲置土地处理方案等进行法律审核把关。积极为福泰房产续建、保利房产重复抵押、神农城项目拆迁、天源纺织、拖配厂、创润公司内部退养职工、董家塅百货商场等矛盾纠纷的处理提供法律上的意见和建议,确保了矛盾纠纷的依法处理。在政府机构改革中,协助市编办对35家单位的法定职能进行合法性审查,对职能交叉和重叠的问题依法进行厘清。(陈惠南)

【召开全市政府法制工作会议】 3月30日,株洲市召开政府法制工作会议。市领导王群、杨宋虎、贺夏盛、陈立新出席会议。各县市区政府分管法制工作的领导、法制办主任,市政府各局委办、直属机构分管法制工作的领导、法制科长参加会议。会上,省政府法制办主任许显辉,市委副书记、市长王群作了重要讲话。市政府法制办主任龙松林作工作报告。市政府法制办副主任刘海英评析了2009年度的全市行政复议案件。(陈惠南)

【国务院法制办到株洲市检查行政复议工作】 10月11~12日,国务院法制办会同全国人大法工委等部门对株洲市行政复议工作进行专项检查。在省政府法制办、市政府领导的陪同下,国务院法制办的领导先后到醴陵市、市政府检查指导工作,并听取了攸县政府、醴陵市政府和株洲市政府的行政复议工作情况汇报。国务院法制办对株洲市的行政复议工作,特别是规范行政执法程序、强化复议监督效应等方面的经验与做法给予了高度赞扬与肯定;并要求全市各级行政机关,进一步加强行政复议能力建设,推动依法行政水平不断提高。(陈惠南)

【召开调整城市生活垃圾处理费征收方式和收费标准听证会】 9月20日,株洲市召开调整城市生活垃圾处理费征收方式和收费标准听证会。共有人大代表、政协委员、相关行业、居民、经营者代表等25位听证代表参加了会议。听证会上,市城管局介绍株洲市城市生活垃圾处理基本情况、生活垃圾处理费征收情况以及调整征收方式和收费标准的理由、依据、建议,并对调整后产生的影响进行了分析;市物价局通报成本审核情况,对城管部门的申请方案作了初审意见发言。听证代表就调整征收方式和收费标准积极发表意见和建议。基本赞同调整方案,认为此次城市生活垃圾处理费的调整,对改善城市生态环境、实现垃圾无害化处理有积极意义,与市民、企业的切身利益息息相关。但应加强对收费的监管,既要防止重复收费,又要保证资金用在实处。市物价局表示将充分听取听证代表的意见和建议,进一步完善调整方案。听证会由市政府副秘书长谭伟奇主持,省物价局、市人大、市政府、市政协、市政府法制办等单位的领导出席听证会。(陈惠南)

【行政复议听证】 2010年,市政府法制办就山林权属纠纷、规划许可、征收土地闲置费等重大、复杂的行政复议案件先后举行5场听证会。其中对攸县渌田镇存阳村塘尾组不服山林权属纠纷决定一案,市法制办在进行现场踏勘后,当即就在附近的渌田镇政府会议室召开了听证会,充分体现了便民原则,也极大地提高了行政复议工作的质量、效率和公信力。通过举行行政复议案件听证会,保障了行政复议案件的公开、公正审理,维护了公民、法人和其他组织的合法权益,有效地化解了行政争议,实现了案结事了。（陈惠南）

【规范性文件清理】 2010年,各级政府法制机构对2008年10月1日～2010年6月30日制定的规范性文件进行及时清理,共清理规范性文件2762件,其中,市本级1203件,宣布继续有效789件,废止70件,失效286件,重新公布50件,修改8件;县市区级1346件,宣布继续有效539件,废止31件,失效700件,重新公布56件,修改20件;乡镇级213件,宣布继续有效55件,废止31件,失效115件,重新公布11件,修改1件。（陈惠南）

人事工作

【概况】 2010年,全市人事系统大力深化人事制度改革,积极发展人事公共服务,着力为株洲实现“保二争一,科学跨越”的战略目标提供人才支撑,各项工作取得新成效。

一、牵头抓总,绩效评估和为民办实事深入开展。一是政府绩效评估工作扎实推进。按照省、市评估指标任务,通过下发指导文件、量化评估指标、细化分解责任、定期督查检查、科学评估验收等措施和手段,突出重点、难点和亮点,深入开展政府绩效评估工作,大大促进了服务政府、责任政府、法治政府和廉洁政府建设。全市5大类70项评估指标全部完成年度任务,顺利通过省里评估,评估总分名列全省第二。二是为民办实事成效明显。认真履行检查督导、考核验收、评比表彰等职能,推动为民办实事工作全面落实,全年48项实事指标任务全部完成,其中21项指标任务超额完成。市实事考核办被省政府评为“2008～2009年湖南省为民办实事先进单位”。

二、夯实基础,人才队伍建设稳步推进。一是公务员队伍建设有新加强。坚持“凡进必考”,实行“阳光招考”,公务员考录工作更加科学、规范、严谨。全年招考公务员347人,定向招录培养基层干警57人,选拔高校毕业生到基层工作25人。公务员管理规范有序,年度考核、登记统计、评先推荐审核和非领导职务审批、大中专毕业生转正等日常工作圆满完成。公务员管理科被省里评为2009年度公务员统计工作先进单位。积极探索完善公务员考核办法,4篇经验材料在全省进行了交流。公务员培训力度不断加大,全市有302人进行了初任培训,并选派了9人参加上级部门组织的各类培训。二是专业技术人才队伍建设有新进展。高层次人才选拔培养成效明显,全年推荐上报11名国务院政府特殊津贴人选,3人获省通过且已考察;推荐省第三批新世纪121人才工程人选40人;推荐2人入选省、市优秀专业技术人才。人才开发培养载体建设得到加强,608研究所、中国南车集团株洲电力机车厂等5个企业的博士后工作站通过评估验收。高层次人才激励制度日趋完善,给予在株洲工作的院士、国务院特殊津贴专家、湖南省优秀专家和市级学术技术带头人及时发放了地方津贴、专项津贴。科技扶贫力度不断加大,农村实用人才培养措施得力,选送100名农村实用人才参加省厅培训。专业技术职务评聘及职称管理等日常工作全面完成,全年完成各类职称评定2740人。省人社厅对株洲市在中小学高中级教师职称评审中实行“外地专家评委评审制”的创新做法给予充分肯定。三是国外智力引进和外国专家管理服务有新突破。全年争取项目立项21个,出国(境)培训项目4个,获得国家、省扶持资金43万元,引进外国专家39名。外国专家管理和服务日趋完善,外国专家测评体系得到推广,普通外国文教专家及专业人员工资不断规范,外国专家在株洲的医保工作不断完善,日常走访慰问和解困工作得到较好落实。

三、科学统筹,人事制度改革不断深化。一是机关事业单位分配制度改革深入推进。全面启动实施公共卫生与基层医疗卫生事业单位绩效工资,调整了全市司法助理员和信访部门岗位津贴标准。完成对市属7家公立医院工作人员工资收入情况的摸底调查,积极开展公务员职务与职级并行、实行职级与待遇挂钩等政策的调研工作。全年完成各类工资审批22012人次,办理2009年度军转干部工资65人,更改工龄认定63人,办理死亡抚恤审批39人,办理退休425人,高级专家延长退休年龄2人。各类退休人员退休费、部分已改制撤销事业单位退休人员津贴补贴及时核发。二是事业单位体制改革稳步展开。认真贯彻落实《事业单位公开招聘人员暂行规定》,指导和督促事业单位推行人员聘用制和岗位管理制,事业单位公开招聘工作逐步铺开,24家单位面向社会公开招聘304人。积极开展研究生引进工作,为市直事业单位引进硕士研究生119人。人事人才统计工作被省厅评为先进单位。三是军转安置和流动调配工作有序运转。2010年军转干部安置任务圆满完成。军转干部培训工作有所加强,对2009年度安置在县市区属机关、事业单位的49名军转干部进行了岗前适应性培训,推荐了15名自主择业干部参加省厅组织的技能培训。企业军转干部解困维稳工作扎实有效,防止了大规模群体性事件和集体赴省进京上访。

四、服务大局,公共服务水平显著提升。一是人事考试安全平稳。在继续推行公务员招考网上报名的基础上,在全省率先实现职称外语、经济师等执业资格考试网上报名。人事考试制度有效落实,措施得力,成效明显。全年组织各类人事考试及资格报名共49次,报名参考31076人次,没有出现任何差错。二是人才交流日趋活跃。人才服务中心全年举办现场招聘会94场,其中大型招聘会6场,2400余家企业入场招聘,提供就业机会40000余次，帮助14000余人实现就业。全新改版株洲人才网，网站功能进一步完善，服务领域进一步拓展，成为株洲市流量最大的专业性人才门户网站，全年点击率高达150万人次。三是人才服务再上台阶。年底在人才中心实行人事代理的人员达11620人，代理单位183家。大力扶持自主创业，推行人才流动"一站式"服务。株洲市人才中心服务窗口被省人社厅评为"人力资源和社会保障系统2008～2010年度优质服务窗口"。四是干部培训扎实有效。先后举办公务员初任培训、专业技术人员外语培训、强化培训、专业技术人员计算机考前培训等24期培训班，参培人员达1600余人。（凌应良）

【政府绩效评估工作全面推进】 2010年是全省开展政府绩效评估工作第二年。年初，株洲市人事局制定下发《株洲市2010年政府绩效评估实施方案》、《2010年政府绩效评估指标任务分解表》等文件，将绩效评估指标分解到各县市区和市直责任单位，量化到具体责任部门，落实到具体责任人。同时，加强对绩效评估指标完成情况的督查，先后3次召开市直机关和县(市)区绩效评估调度会，2次对责任单位进行半年督查和考核验收，确保了各项指标任务的完成。4月、9月和12月，先后3次高标准迎接了省绩效评估组对株洲市进行的半年督查和综合评估。省评估组对株洲市绩效评估工作给予充分肯定，一致认为，株洲市政府绩效评估工作领导重视，目标明确，勇于创新，绩效明显，各项指标圆满完成，群众幸福指数不断提高。（凌应良）

【"百名研究生引进计划"进展顺利】 为进一步改善全市人才队伍结构，为株洲经济社会发展提供人才智力支撑，从2009年开始，株洲市启动"百名研究生引进计划"，决定在3年内每年从全国重点大学引进优秀研究生100名，充实到市直事业单位。计划进展顺利。2009年，从中国人民大学、复旦大学、武汉大学、中南大学等高校引进政治法律、经济管理、环境保护、临床医疗等8大类71名高层次人才到株洲工作，其中研究生65名，高级职称人员6名。2010年，通过事业单位自主引进和全市统一公开招考两种方式，从中国科技大学、国防科技大学、湖南大学、中南大学等省内外多所"211工程"、"985工程"重点大学引进优秀硕士研究生119名。（凌应良）

【职称评审实行"外地专家评委评审制"】 为更好地排除干扰，公平公正地做好职称评审工作，确保评审质量，2010年在社会关注度高的中小学教师高、中级职称评审工作中，首次实行"外地专家评委评审制"。所有评委全部从外地评委库中随机抽取，并且在评审期间实行封闭式管理，评委一律谢绝会客，手机由专人统一保管，市人事局、教育局纪检人员全程监督。这一举措，在全省尚属首次，省人社厅领导对此给予充分肯定。（凌应良）

【公共卫生与基层医疗卫生事业单位绩效工资全面实施】 12月30日，株洲市召开全市公共卫生与基层医疗卫生事业单位绩效工资部署会议，市发改委、人事局、财政局、卫生局等相关单位负责人出席会议。为做好此项工作，从2009年年底开始，市人事局按照国家和省相关部门要求，积极进行前期准备，做了大量艰苦细致的工作。2010年12月20日，株洲市《公共卫生与基层医疗卫生事业单位绩效工资实施意见》经市政府同意后组织实施。此次公共卫生与基层医疗卫生事业单位绩效工资的实施范围，主要是按照国家规定执行事业单位岗位绩效工资的公共卫生与基层医疗卫生事业单位正式工作人员，执行时间从2009年10月1日起。绩效工资实施后，公共卫生与基层医疗卫生事业单位工作人员平均工资水平将不低于当地事业单位平均工资水平。（李　旗）

外事侨务工作

【概况】 2010年，株洲市外事侨务办公室牢牢把握"为国家总体外交服务、为地方经济社会发展服务、为人民大众服务、为祖国统一大业服务"的主题，稳步推进，扎实有效，各项工作均取得了实效。

一、出国管理严谨、规范、有序。

贯彻落实中办发〔2008〕号、中纪发〔2008〕10号、湘办发〔2008〕号和株办发〔2009〕8号文件精神，坚决执行湖南省制止公款出国(境)旅游电视电话会议精神。2010年，全市党政机关因公出国57批142人次，出境20批75人次，企事业单位因公出国22批75人次，出境11批49人次。其中党政干部出国(境)人数与上年持平。没有出现国家机关工作人员走因私渠道出国(境)执行公务，变相公款旅游，不按规定程序报批，私存因公护照、通行证等违法违规现象。

一是用制度把好出国(境)关口。制定出国管理工作"十条规定"，对全市各级各部门领导因公出国(境)实行量化管理。从任期出访次数、团组人数、出访性质、邀请函、出访地点、时间跨度、经费标准各方面做出更为细化、更为具体的硬性规定。违规者给予警告，暂停受理其下次出国(境)申请和审核审批事宜。

二是严格规范因公出国(境)审批程序。严格依据任务因公、人数从少、成果实在的要求，认真编制市领导干部因公出国(境)年度计划并报市外事工作领导小组研究决定。计划确定之后，任何人无权随意更改，杜绝了审批搞人情、拉关系的现象。

三是规范操作程序。坚持"六审六看"的原则，从审任务、审人员、审出访地点、审出访时间、审出访人员单位、审出访邀请函入手，从严把关，有效从源头上预防了公款出国(境)旅游现象的发生。省制止公款出国旅游专项整治小组到株洲市检查,对株洲工作给予充分肯定。

四是加强护照管理。制定护照、通行证收缴制度。每个出访团组出国前,要求团组负责人签订证照收缴承诺书,回国后专人收取并在7日内送市外侨办安全保管。全年共上交公务护照62本,因公普通护照66本,港澳通行证41本。

二、外事交流频繁、活跃、务实。

2010年,市外侨办多层次、多领域、多地域的外事交流与合作,极大地促进了全市外向型经济的发展,提高了株洲市的国际知名度。高质量完成省办交给的外事接待任务,统筹安排市领导外事活动,严格规范外事礼宾接待;有效运行非政府组织管理机制,定期召开联席会议;发放《外国人在株洲指南》,有序稳妥做好外国人到株洲市的管理工作;建立外国记者采访管理和舆论引导联席会议机制;建立南车集团、株洲展览馆等多个涉外参观点。充分利用媒体和自办的《简报》等渠道,宣传株洲市对外开放形象和优势,有力地促进了中外交流与合作。截至12月中旬,共办理外国人到株洲签证通知函75批171人次。先后有英中贸易协会顾问代表团、意大利马尔凯大区主席、土耳其伊兹米尔市、英国经贸代表团等到株洲市进行项目洽谈或签订投资、采购协议。先后有韩国青少年代表团、韩国圆光大学医院代表团、法国中央大区森林中学交流团、非洲莱索托国家艺术团到株洲市进行教育、文化、艺术、医疗等交流;成功举行了一年一度的外国友人国庆招待会。

三、以引进项目为龙头,致力服务全市经济发展大局。

在外引内联上出实招。为扩大企业国际市场,提高国际影响力,协助株洲电力机车厂扩大土耳其的市场份额,参加株洲电力机车厂与乌兹别克斯坦的项目业务洽谈;数次参与美国谢立安博士与株洲高新区生物制药项目的洽谈和项目落户工作;安排英中贸易协会顾问团到市区和醴陵数家企业考察,寻找合作商机。

在助推企业发展上下工夫。侨办主要领导率队数次深入醴陵陶瓷工业园和株洲高新区、云龙示范区和7家园区办,实地考察57家企业,尽可能在外事政策上提供便利,利用掌握的海外信息,为企业牵线搭桥。为使更多的外向型企业拓展海外市场,提升企业竞争力,经多方努力,在2009年度为18家企业办理因公出国(境)"直通车"基础上,2010年为株洲钻石刀具厂等12家企业办理了因公出国(境)"直通车"审批,同时选出30家因公出国(境)要求较多的企业,拟作为2011年度的省级"直通车"企业。

在引进项目上出成效。成功举办"第四届侨领侨商湖南投资合作周"活动,期间促成了香港阳光集团与湖南金世纪集团签订总金额为19.2亿元的金三角国际商贸城开发合作协议书。

四、加强友城交往,缔结新的友城关系。

2010年,在国际友城缔结和交往上,借海外华人之力,借上海世博会之势,借湖南省国际友城论坛之机,邀请美国北卡州德拉姆市的友人成功访问株洲。期间,签署了建立友好城市合作意向书。举办第二届中(株洲)韩(抱川)青少年交流活动,在形式上有所创新;既有醴陵自制瓷,又有韩方学生在中方学生家庭体验生活;既有荷塘拓展,又有景炎集中才艺展示。在国内友城交往上。8月,市党政代表团应邀出席友城宁夏石嘴山市50周年庆典活动,就两市进一步的全方位的合作与交流达成了高度共识;与重庆合川区、四川德阳市正式签订了友城协议文本,接待友城党政代表团的来访;多次与在株洲的浙江温州商会沟通、商谈,经过共同努力,助成株洲市与浙江温州市签订了友好城市框架协议书。

五、凝聚侨心侨力,倾心扶持和服务侨资企业。

建立海外侨情资源库,加强与海外侨团及重点人士联系,并保持密切的高端接触。由华侨提供数万美元资助,选派数名教师赴美国短期进修,组织实施"万侨助万村"活动。增强扶持和服务侨资企业的针对性,召开全市侨资企业座谈会,深入侨资企业进行市场调研。为解决侨资企业公司资金瓶颈问题,反复与银企及有关部门协商,问题得以妥善解决。及时搜集侨资企业发展经营状况,协助相关部门为企业解忧,尽一切能力为企业提供良好的发展环境。拓展侨资企业国内国际市场,组织3家侨资企业参加"侨资企业西部行"和第七届"哈洽会"招商、考察活动。期间1家企业在哈尔滨找到了代理商,1家企业与大庆一家企业签订了合作开发协议,1家企业与俄罗斯企业建立了合作伙伴关系。协同省外侨办授予湖南金世纪集团全省重点联系服务的侨港澳资企业匾牌,并为该企业新投资项目的启动与当地区政府协调关系。重点扶持炎帝酒业公司,在市场营销上提供信息,联系业务。

六、乘势而上,加强港澳交流与合作。

2010年,借加挂港澳事务办公室牌子的东风,加强港澳交流与合作。积极创造条件,在严格管理的基础上,为党政干部和企业因公赴港澳提供便利。全年共办理党政干部因公赴港澳执行公务20批75人次,企事业单位赴港澳考察、洽谈、签约22批75人次。以项目为载体,以服务市领导与港澳交流合作为重点,实时、及时为交流与合作开绿灯。年内,云龙示范区与香港海创投资有限公司、澳门怡景(国际)集团、澳门合和股份有限公司等港澳投资商进行紧密接触,就示范区数码科技城、旅游集散中心、高档综合性酒店、彩票中心等项目进行洽谈。为使项目成功运行,顺利落户株洲市,市外侨办为市领导和相关部门往返港澳办理通行证上大开绿灯,申办了"三个月两次赴港澳"通行证。优化企业发展环境,协调有关部门解决港澳企业发展难题,维护企业合法权益。牵线搭桥,为金轮房地产有限公司引进来自香港的财务总监1名。

(谭立伟)

【市领导出国访问】 11月下旬，市委副书记、市长王群出访澳大利亚、新西兰等国，与澳、新两国的政府、企业、华人华侨社团进行沟通协商。访问期间与当地政府间就城市规划、城市管理和城市建设进行交流，并深入当地企业就有色金属矿产资源分布、资源储量、资源供给等开展调研，举办当地华人华侨招商洽谈会等。（谭立伟）

档案工作

【概况】 2010年，株洲市档案局以创建国家一级档案馆为工作主线，继续抓好企业改制档案处置、“三重档案”采集网络构建等重点工作，圆满完成年初各项工作任务。年内，获“2010年全省档案工作先进单位”、“2010年全省档案宣传工作先进单位”、“2006～2010年全省档案法制宣传教育先进单位”、“湖南省第二届档案文化优秀成果评选活动组织奖”、“湖南省第二届档案文化优秀成果评选活动档案史料编研成果二等奖”等多项荣誉。（肖力庚）

【档案宣传法制建设】 2010年，市档案局制定株洲市《档案行政处罚裁量权基准》、《档案行政裁量权程序控制制度》、《行政处罚案例指导制度》、《重大行政决策规则》等相关规定。将档案年检年审工作与档案执法检查有机结合。9～11月，采取听汇报、看现场等方式，对全市243个市直单位和各县市区开展一次“地毯式”的档案行政执法大检查，并把执法检查结果与各单位档案工作年度评优评先挂钩，发出整改通知书15份，使档案业务工作更加规范。充分利用“五五”普法契机，加强档案法制宣传工作。充分挖掘馆藏档案资源，广泛利用各种新闻媒介，多渠道、多角度地开展档案工作宣传。全年全市各级档案部门在市级以上报刊、媒体宣传档案工作达50多次。市档案局报送各类信息600余条，在全市政府信息公开考核中名列前茅。6月，全省档案宣传工作现场会在株洲召开。

（肖力庚）

【狠抓规范化管理】 2010年，市档案局对100多家市直机关、事业单位进行上门指导，共接收71家单位的到期档案26491卷。加大市档案馆作为市政府信息公开场所的职能，下发《关于向市档案馆报送政府文件资料的通知》，建立联系人制度，全年共接收30多个重点单位的现行文件资料400余份。按照国家一级档案馆的要求，完成馆藏各门类档案整理共计6万多卷(件)，照片档案400余册、共计24249张，输入移交档案目录88082条。重新鉴定有重要价值的印章1177枚，审定开放档案4539卷。在机关企事业单位，深入贯彻国家档案局8号令，完成所有一级单位的“文件材料归档范围和保管期限表”的审核工作，并开展市直二、三级机构和国有企业单位的编制工作。严格按照湖南省地方标准《档案工作规范化管理》积极开展评估和认定工作，对荷塘区档案馆认定省二级，对株洲银监分局、醴陵市烟草局、醴陵市人民检察院等3家单位认定省特级。

（肖力庚）

【档案便捷服务】 将重要的信息及时传输到株洲政府门户网站，让老百姓足不出户可以浏览到相关文件。结合创先争优活动，将接待利用岗确定为“共产党员示范岗”，把微笑服务、百问不厌、速查速办作为服务的宗旨。全年共接待档案查阅利用980余人次，调卷860卷，诸多涉及房产继承、工龄计算等与群众密切相关的问题，均在市档案馆获得有效凭证。其中，为湘潭市成功举办省十一运会，调阅省十运会案卷200余次，复印近3000张，接待人员加班60多个小时，得到了兄弟市州的高度赞誉。（肖力庚）

修志编鉴

【概况】 2010年，株洲市志办以国务院《地方志工作条例》为指导，在市委、市政府的正确领导下，全市地方志系统紧紧围绕为经济建设和社会发展服务这个主旋律，开拓进取，团结拼搏，以第二轮修志为重点的各项工作取得了较好的成绩。志书编修工作进度位居全省前列，《株洲年鉴》编辑工作饮誉全国，党组书记、主任林小军被评为全国方志系统先进工作者。肖玲、张晓健、阳旺娥荣获“全省地方志工作先进个人”称号。石峰区档案区志局被评为“全省地方志工作先进集体”。

（吴　娜）

【志书合编工作快速推进】 2010年，市志办继续遵循“党委领导，政府主持，单位组稿，志办总纂”的工作体制，按照年初确定的工作思路，快速推进《株洲市志》新、旧两部分的合编对接工作。通过实行责任到人，分片运作，到12月份已完成《环境保护》篇、《人大》篇、《政治协商》篇、《军事人防》篇、《新闻媒体》篇、《体育》篇、《科学技术》篇等28个较大篇章的内容，字数达300多万字，工作进度位居全省前列。（吴　娜）

【积极开展修志业务指导】 市志办以二轮修志为中心，集中主要精力抓进度、抓指导、抓质量。上半年，指导茶陵县、攸县的修志工作，对他们拟定的篇目进行全面认真地审查、调整和修改。在对石峰区的修志工作指导中，不但进行具体业务指导，还多次选派专家，加强其修志力量。同时，还加强对编修部门志单位的业务指导。（吴　娜）

【年鉴编辑质量稳步提升】 2010年，年鉴编纂工作在2009年版《株洲年鉴》的基础上，认真总结经验，在版面设计、内容上进行改革创新，突出新颖的特点，努力向精品年鉴迈进。一是精心组织,认真收集资料。精心制定年鉴篇目,并将篇目发到年鉴编委会成员和全市主要撰稿单位征求意见,进行修改、补充,使其更加科学、完善。然后按照年鉴篇目、内容的要求,将年鉴的资料分解到各部门,年鉴编辑人员责任到人,分工负责收集汇总。二是突出重点,切实加强指导。为确保年鉴按时、按质完成编审工作,年鉴科与各单位加强联系,督查各单位年鉴资料撰写情况,并对年鉴资料撰稿人给予适时指导。通过对60多家重点年鉴撰稿单位进行业务指导,确保了原稿的质量。三是落实责任,反复修改完善。年鉴编纂实行规范操作,稿件严格实行"四审制",即作者单位领导审定、年鉴编辑部审定、年鉴编委会领导及主编审定、出版社审定。10月份,《株洲年鉴》(2010)卷由方志出版社公开出版发行。该部年鉴为创刊以来的第22卷,全书共设38个部类,计120万字,全面、系统、翔实地记载了全市2009年度经济、社会、文化等方面的基本面貌、发展状况和各行各业取得的新进展、新成就、新经验,为项目论证、旅游开发、招商引资等工作提供准确的信息,是认识株洲、研究株洲、建设株洲的必备工具书。

(吴　娜)

【创新思路,炎帝文化开发成效显著】 近年来,市志办充分利用修志掌握的大量地情资料的独特优势,积极开发炎帝文化,认真编纂《中国炎帝陵志》。通过多方努力,该书列入了全省十一五地方志规划重点志书,敲定了篇目。并派专人赴陕西宝鸡、河南新郑、山西高平、湖北随州等地收集资料和图片。12月份,初稿撰写工作已完成。另外,市志办协调、指导电视连续剧《始祖炎帝》的拍制工作进展顺利,国家广电总局已正式批准立项并公示,相关工作有条不紊地进行。 (吴　娜)

【认真编纂《株洲辉煌六十年》】 为真实记录株洲建市60年来发生的重大变化和取得的辉煌成就,市志办按照市委、市政府的安排部署,精心组织《株洲辉煌六十年》一书的编纂工作。全书设政治、经济、文化、城建、政法、民生、军事、县市区8大篇和附录,字数100万字。通过组建专班、召开会议、强化分工等措施全力推进编纂工作。聘请了数名对株洲情况熟、文字功底厚、政治素质高的专业人士参与编辑,并就不同的行业分别召开了9次稿件撰写人员座谈会进行针对性的业务指导。到12月底,该书已完成初稿撰写工作,正在对稿件进行设计排版。 (吴　娜)

【方志队伍素质不断提高】 市志办始终把队伍建设作为开展方志工作首要和基础的工作。注重从源头上杜绝不和谐、不团结的不良风气,努力构建"风正气顺、人和业兴"的和谐机关。组织业务人员赴浙江、上海、北京、山东等地学习考察,积极参加全国地方志工作学术年会等,鼓励业务人员在实践中潜心钻研业务,深入进行理论研究,进一步吸取和借鉴各地的好做法好经验,拓宽眼界,开阔思维,不断提高自身的综合业务素质。同时,紧密结合双联工作,党建帮扶、创先争优等工作开展思想政治教育。积极走访双联单位——攸县桃水煤矿,全面了解该企业生产经营状况,亲切慰问企业工人工作生活情况,把党组织的关怀传递给他们。志办领导班子带队走访了攸县档案史志局、株洲县档案史志局、炎陵县档案史志局、石峰区档案区志局等单位,积极收集和征求工作意见和建议,全面梳理并整改。7月1日,组织全体党员赴岳阳平江学习考察,参观平江起义旧址、杜甫墓祠,重温入党誓词,缅怀革命先烈,激发创业激情。

(吴　娜)

民族宗教工作

【概况】 2010年,株洲市民族宗教事务局紧紧抓住民族团结宗教和睦主题,服务"三大战役",创新发展,全面完成工作目标。成功举办"民族和谐与长株潭两型社会发展论坛";圆满召开全市第五次民族团结进步表彰大会;努力挖掘开发以龙渣"五瑶"(瑶服、瑶餐、瑶歌、瑶舞、瑶拳)为特色的民族文化项目,瑶拳在全省民运会上获表演项目金奖。积极创建"和谐寺观教堂活动",创建活动取得阶段性成果。截至年底,全市有100个宗教活动场所达标,2个宗教团体、35个宗教场所和20名宗教界人士受到表彰,其中3个集体1名个人受到国家宗教局的表彰。宗教活动场所财务监管、教职人员认定登记备案、宗教旅游活动场所文明燃香试点工作稳步推进,宗教文化建设效果明显,全市宗教界通过多种形式筹集宗教文化建设资金1亿元以上,各重点宗教活动场所初步各具特色的宗教文化设施,为打造株洲市特色宗教文化旅游品牌打下了良好基础。组织参加全省第七届少数民族传统运动会,株洲代表队实现金牌、金奖历史性突破,夺得男子团体毽球金牌,龙渣瑶拳获表演金奖。市民族宗教事务局被国家宗教局授予全国宗教工作系统"五五"普法工作先进集体,被省委、省政府授予"全省民族团结进步模范集体",在全市社会公认分组测评中排名第五,被市直统战系统推荐为年度市级文明单位。 (蒋　龙)

【释妙开当选中国佛教协会理事】 2月3日,为期3天的中国佛教协会第八次全国代表会议在北京圆满闭幕。株洲市佛教协会会长、资福寺住持、方丈释妙开当选为中国佛教协会第八届理事会理事。这是株洲市建市以来第一位全国佛协理事会理事。 (蒋　龙)

【创建"和谐寺观教堂"活动】 2010年,株洲市积极开展创建和谐寺观教堂活动。成立以市委常委、统战部部长张雄,副市长张国浩任顾问,市政府副秘书长任组长,市委统战部副部长、市民宗局局长任副组长,有关部门和5大宗教团体负责人为成员的创建工作领导小组。制定工作方案，出台《株洲市创建和谐寺观教堂评比表彰标准》，广泛宣传发动，多次专项督查，全面落实推进。截至年底，全市有100个宗教活动场所达标，2个宗教团体、35个宗教场所被评为市以上“创建和谐寺观教堂活动”先进集体，20名宗教界代表人士被评为先进个人。其中株洲市天主堂、株洲市基督教株洲堂、株洲市天主教爱国会和王燕平被中央统战部、国家宗教局分别授予首届全国创建“和谐寺观教堂”活动先进集体和先进个人。株洲市开展“创建和谐寺观教堂活动”的做法和经验在全省宗教工作会议上得到推介。（蒋　龙）

【民族和谐与长株潭两型社会发展论坛】 5月21日，依托“四月八”少数民族传统节日，株洲市成功举办“民族和谐与长株潭两型社会发展论坛”。长株潭地区的专家、学者参加论坛，就如何做好新时期民族工作、少数民族干部队伍建设、高校民族关系协调处理、少数民族就业问题、长株潭城市群的发展等热点问题进行探讨，积极为政府的决策出谋划策。省、市领导对论坛所取得的成果给予高度评论，省民委党组书记、主任王德靖，市委书记陈君文分别为论坛的《论文集》作序。

（蒋　龙）

【全市第五次民族团结进步表彰大会】 11月25日，市委、市政府召开全市第五次民族团结进步表彰大会，共有500余人参加会议。会议表彰模范集体30个、模范个人60名和“少数民族十佳”10人。市委书记陈君文作主题报告，市委副书记、市长王群主持大会，省民委主任王德靖向株洲市政府颁发“全国民族团结模范集体”奖牌。这次会议成为株洲市有史以来规格最高、人数最多、内容最丰、效果最好、影响最大的一次民族工作盛会。（蒋　龙）

【挖掘保护龙渣“瑶拳”】 “龙渣瑶拳”为瑶民所崇奉的祖先盘瓠所创，随着社会的发展，作为一种优秀的传统武术文化，面临着后继乏人的窘境。2010年，市民族宗教事务局与有关部门多次深入瑶乡，拜访瑶拳传人，整理有关历史资料，挖掘瑶拳套路中的精髓，投入几十万元邀请知名武术教练、音乐制作人、词作家和服饰设计师，对套路、曲、词和服饰进行进一步的提升，形成了一套既极具民族特色，又具观赏和健身的“龙渣瑶拳”。（蒋　龙）

【全省宗教信息宣传工作会议】 10月20日，全省宗教信息宣传工作会议在株洲召开。全省14个市州宗教工作部门负责人、信息宣传工作联络员，40个宗教工作重点县市区宗教工作部门负责人，全省宗教团体信息宣传工作联络员近120人参加会议。国家宗教局办公室综合信息处副处长王蕾，省委办公厅信息处副处长黄星，省政府办公厅政务公开处处长蒋新建，省委统战部信息中心副主任唐盛华，株洲市市委常委、统战部部长张雄，株洲市政府副市长张国浩应邀出席会议，省宗教局局长汤新华作重要讲话。与会代表参观考察了市资福寺、市龙山寺、市天主教堂的创建工作和株洲规划展览馆等株洲市政市容建设。（蒋　龙）

无线电管理

【概况】 湖南省无线电管理委员会办公室（以下简称省无委办）株洲市管理处（株洲市无线电管理处），受省无委办和市政府领导，行使辖区内无线电管理行政职能。下辖株洲市无线电监测站，负责辖区内无线电信号监测。2010年，市无线电管理处内抓素质，外树形象，不断加强频率、台站、秩序的管理，促进全市无线电事业新发展，圆满完成各项工作任务。无线电频谱监测月报工作排全省第一，无线电管理技术人员岗位资格证书考试团体总分名列全省第一，获评全省无线电管理工先进单位，市政府办2010年度先进单位。

一、加强频率台站管理，促进无线电业务健康发展。按照工信部第6号令和省政府第246号令的要求，以执照管理为抓手，以无线电台站执照年审和设备的年审年检工作为契机，积极探索频率台站精细化管理方法。全年完成3000余份无线电台（站）执照年审，核（换）发电台执照623份，审批无线对讲频率4个（对），清理收回闲置频率2对，对三大公众通信运营商220座新建基站进行电磁环境测试，检测在用基站设备70余台（套），初审956座新建通信基站。

二、加强无线电监测，有效保护电磁环境。搞好日常监测工作，重点监测保护京广、沪昆航线和武广高铁及公众通信等重点频率，“两节”、全国和全省的“两会”、高考、“国庆”等重要敏感期间，坚持全天24小时值班监测，确保无线电通信安全。全年累计完成值班监测时间12431小时，提供各类考试中的无线电保障60余场（次）；查处利用无线电设备进行考试舞弊案件3起，暂扣无线电设备4台（套）；查处各类无线电干扰12起。

三、开展专项行政执法活动，强化执法监管。深入开展清理违法使用对讲机专项行政执法活动，检查清理40余家单位，下发整改通知书10余份，补办设台手续3个，追缴无线电频率占用费近万元。（陈　勇）

【开展全国无线电管理宣传月活动】 9月，按照国家、省无线电管理机构开展全国无线电管理宣传月活动的统一部署，株洲市通过现场咨询、广播电视报纸等媒体、手机短信、广告展板、电子显示屏、网站等多种形式开展无线电管理宣传活动。宣传月中，拍摄制作30秒无线电管理公益宣传片并在电视台播放，编印散发《无线电管理知识宣传册》、《中华人民共和国无线电管制规定》35500余册（份），制作张贴宣传海报7000余份，发送手机短信宣传400余万条，制作宣传展板7块，播放宣传标语

(口号)5000余条,广播电视、网络动态宣传26次,现场咨询近1000人次,召开政策宣贯会4次。(陈 勇)

【保障武广高速铁路专用频率使用安全】 8月以来,武广高铁动车组多次发生因GSM－R频率受干扰,而引起动车组列控数据传输超时,导致列车不能正常运行,严重影响武广高铁运行秩序和行车安全。市无线电管理处接到干扰投诉后,迅速组织技术力量对辖区内武广高铁沿线进行摸排,及时查清引起干扰的原因,在三大公众通信运营商的积极配合下,成功排除了武广高铁GSM－R基站频率干扰,确保了武广高铁动车运行安全。(陈 勇)

【保障广州亚运会期间京广航线飞行安全】 11月10日,市无线电管理处出动技术人员和设备,迅速排除了株洲市某县交通广播电台与邻市一座大功率广播电台因三阶互调而产生的京广航线导航通信频率干扰,确保了广州亚运会期间民航飞行在株洲境内的绝对安全,受到民航空管局和省无委办领导的一致好评。(陈 勇)

金融证券

【信贷支持力度不断加大】 2010年,株洲市政银企攻坚克难,深化合作,信贷投入稳步增长,信贷总量稳居全省第二。年末,全市金融机构各项存款本外币余额1135.94亿元,比上年末增加190.98亿元,增长20.21%;各项贷款本外币余额563.97亿元,比上年末增加78.94亿元,增长16.28%,为全市经济社会发展提供了有力的资金支持。

(傅心力)

【答谢湖南省金融机构工作汇报会议】 1月22日,为感谢全省金融机构近年对株洲市的大力支持,市委、市政府主办,株洲市金融证券办承办的答谢湖南省金融机构工作汇报会议在长沙举行,市委书记陈君文致辞,市委副书记、市长王群介绍株洲市经济社会发展情况。会上,16家银行与市政府签订全面金融合作协议,涵盖重点项目推荐、金融生态环境优化、支持中小企业和特色产业发展、创新金融产品和服务等方面。省政府金融工作办公室主任张志军、湖南银监局局长施爱平、湖南证监局局长杨晓嘉等省市领导参加答谢会。(傅心力)

【全市金融工作暨处置非法集资工作会议】 3月22日,全市金融工作暨处置非法集资工作会议召开,市委副书记、市长王群,副市长季恩远出席会议并讲话。会议对2009年金融工作和处置非法集资工作情况进行总结,表彰了2009年金融工作先进单位,授予醴陵市、炎陵县市级金融安全区达标县市称号,并部署2010年金融工作任务。最后,对处非成员单位分管领导和处非专干进行了处非工作培训。

(傅心力)

【"三大战役"融资合作洽谈会】 4月20日,"三大战役"融资合作洽谈会在株洲华天酒店举行,洽谈会由市政府主办,市金融证券办、发改委、企业发展促进局等单位联合承办。会上,企业与银行对接项目113个,总金额达256.69亿元,其中现场签约项目48个,总金额约107.92亿元;4月12日,参加湖南省融资合作洽谈会,签约项目13个,总金额138.22亿元。市委副书记、市长王群等领导参加洽谈会。(傅心力)

【副省长韩永文到株洲考察调研】 12月1日,副省长韩永文率省政府金融办、人民银行长沙中支、省银监分局及工、农、中、建、交、省农信社等金融机构到株洲考察,并亲自主持召开金融工作座谈会,就株洲市相关重点项目进行对接,各省分行行长纷纷表示将对株洲项目给予重点信贷支持。韩省长对株洲市经济社会发展、金融生态环境和金融工作给予充分肯定;并要求各银行要深入项目单位,加大金融服务力度,支持株洲项目建设,促进株洲经济社会发展。(傅心力)

【银行目标考核和督查】 2010年,市金融证券办与人民银行株洲市中心支行、株洲银监分局组成联合调研督察组,就辖内各银行机构1～5月份信贷投放情况、年度信贷计划进展情况、两次银企签约对接项目资金实际到位情况、各行最新信贷政策、银行服务方式和产品创新及存在的问题、建议等,进行跟踪落实。同时,完善银行目标考核方案和实施细则,并逐月对银行信贷投放进行考核,对信贷投放工作靠前,存贷比较高的银行进行奖励,对部分排名靠后、存贷比偏低的银行机构进行通报督促。(傅心力)

【金融改革创新不断加强】 2010年,金融工作创新发展,各项改革、试点工作亮点纷呈。

一、全市第一家股权投资基金成立。4月,株洲市"湖南伟大股权投资基金"、"湖南伟大股权投资基金管理有限公司"获省市两级政府批准,正式挂牌成立。"湖南伟大股权投资基金"是全市第一家正式挂牌的股权投资基金,为项目融资开辟了新渠道。

二、农信社改组升级。根据国务院《关于进一步深化农村信用社改革试点方案》精神,着力推进全市农村金融体制改革。5月,炎陵农信社改组为湖南炎陵农村商业银行股份有限公司,并正式开业,成为省内第一家由县级农村信用合作联社改制组建的农村商业银行,为农村金融体制改革拉开了序幕。

三、完成市商行改革重组工作。积极配合"四行一社"改革重组办公室完成株洲商行各阶段改革重组工作任务;做好与省政府金融办的联系汇报协调工作;积极争取省政府的支持,在资产评估、产权清理中,最大限度维护地方政府和股东的权益,圆满完成"四行一社"改革重组工作。10月12日,株洲商业银行作为华融湘江银行株洲分行挂牌营业。

四、小额贷款公司试点工作深入推进。自2009年12月全市第一家小额贷款公司开业以来，株洲市金融证券办积极在辖内各县市区进行布点，全面推进试点工作。2010年，全市有7家小额贷款公司正式开业，除云龙示范区、石峰区、株洲县外，各县市区均设有1家小额贷款公司。全年累计放贷近400笔，放贷总额近4亿元，400余家中小企业受惠。

五、大力引进村镇银行。大力推进村镇银行落户，充实市金融服务薄弱区域。由哈尔滨银行为发起行的村镇银行，于年底正式获得银监部门的批复，落户株洲县。

六、顺利完成OTC(四板)市场建设。积极参加省OTC市场(四板市场)建设；协调做好株洲市国投控股公司参股组建工作。湖南股权交易所于12月6日正式成立，在交易所2600万元注册资本中，株洲持股11.54%。这为全市非公众公司、高新技术企业、高成长性企业进行股权融资和交易服务创建了新的平台，对拓宽全市企业融资渠道、推动产业结构的调整升级，促进经济社会发展具有重要意义。

七、其他金融创新工作有条不紊。年内引进大有期货有限公司在株洲设立分支机构；稳步推进探索建立中药现代化基地的前期工作。（傅心力）

【企业上市步伐不断加快】 2010年，企业上市工作成效显著。“天桥起重”于10月29日通过发审会，获准上市，并于12月10日成功在深交所挂牌交易，直接融资7.8亿元，成为株洲市股权分置改革以来第一家本土上市公司；“唐人神”于11月15日通过发审会，获准上市；“旗滨集团”、“华联瓷业”完成股份制改造进入券商辅导期；“华鑫电瓷”开始部署股份制改造相关工作。

一、加强培训引导，提高对上市工作的认识。2010年，举办多次拟上市公司、证券、期货机构座谈会议，加强业务指导和沟通交流。先后与有关部门和专家联合，举办“发展多层次资本市场，推动私募股权融资株洲高峰论坛”、“防范金融风险，规范资本运作”专题报告会、企业高管培训班、期货知识专题培训等形式多样的专题知识培训活动；组织全市相关企业参加湖南企业赴香港上市融资座谈会、湖南企业赴境外上市暨私募股权融资洽谈会；协助指导华联瓷业等企业参与省中小企业集合债申报工作，探索多层次融资途径，提高了企业对资本市场和上市工作的认识水平。

二、加强分类指导，培育上市后备资源。2010年，按照“申报一批、辅导一批、改制一批、培育一批”的原则，与市经委、券商等中介机构深入全市各类中小企业进行调研摸底，了解企业经营状况及上市意愿，通过摸底、审核、筛选，确定“天桥起重”等23家企业为株洲市拟上市公司，其中，11家企业(2010年新增3家)进入省重点上市后备企业资源库，享受省政府有关上市优惠政策，“天桥起重”、“永利化工”、“唐人神”、“湘依电器”、“华鑫电瓷”、“福来喜鹅业”等6家企业申请获得省重点上市后备企业专项引导资金300万元。

三、完善政策措施，加大扶持力度。根据省政府《关于进一步加快发展资本市场的若干意见》精神，结合株洲市实际，起草出台《关于进一步加快发展资本市场的实施意见》和《株洲市股权投资企业和股权投资管理企业管理试行办法》等政策支持文件，提出株洲市发展资本市场主要工作和发展资本市场政策支持措施两大方面内容，鼓励更多优质企业积极拓宽融资渠道，利用境内外资本市场，通过股权融资、发行股票、债券等方式筹措发展资金，促进企业发展。

四、深入企业调研，解决实际问题。针对拟上市企业申报过程中遇到的实际问题，一是提请市政府召开相关部门参加的上市专题会议，帮助解决其上市过程中遇到的问题；二是与省政府金融办、省发改委、省证监局加强协调联系，加快申报、确认、审核、整改进程，确保上市材料及时上报；三是配合拟上市企业加强与国家发改委、证监会等部门的沟通联系，促推企业成功上市；四是指导上市公司做优做强，协调处理上市公司存在的问题。（傅心力）

【保险市场发展不断规范】 2010年，保险业强化管理，优化服务，保险市场发展不断规范。全市保险公司30家，其中寿险15家，财产险14家，保险中介机构1家，保险协会1家，从业人数近万人，形成涵盖国有和股份企业、商业性和政策性保险、产险和寿险共同发展的多元化市场体系，为人民群众的生命财产安全保障发挥了积极的“稳定器”作用。截至11月末，全市保险业共实现保费收入25.29亿元，同比增加5.30亿元，增长率达26.53%，其中：财产险保费收入6.13亿元，占全市总保费的24.25%；人身险实现保费收入19.16亿元，占全市总保费的75.75%。各项赔款和给付达4.67亿元，同比增加0.12亿元，其中：产险赔款2.83亿元，人身保险赔款和给付1.84亿元。

（傅心力）

【株洲市被评为“中国金融生态城市”】 株洲市围绕创建金融生态模范城市这一目标，不断健全社会信用体系，防范和打击非法集资、非法证券等活动，金融生态环境不断优化。2010年4月，株洲市被评为“中国金融生态城市”。

一、加大对非法金融活动的防范打击力度。一是进一步加强调研督办，防范和打击非法集资。牵头市银监分局及处非办组成联合调研督察组，赴县市进行专题督察和调研。督察组围绕市委、市政府提出的“保增长、保民生、保稳定”目标，就辖内非法集资案的处理及维稳情况和非法集资的新动向，处非中遇到的困难，“处非”一线对“处非”工作的建议等，与各县(市)政府分管领导及处非办等防范、打击非法集资的职能部门有关人员进行沟通交流,并形成专题报告。二是加强信息沟通,防止非法证券活动发生。参加湖南证监局主办的全省证券期货监管工作会议,开展打击非法证券期货活动,建立证券期货、拟上市公司信息报送机制,做好金融风险防范工作,确保无非法证券期货活动发生。

二、深入推进金融安全区创建工作。分别于年初和年中组织召开全市金融及处置非法集资工作大会和全市打击非法集资暨金融安全区创建工作会议,对处非和金融创安工作进行安排部署,积极推进金融安全区创建工作。攸县获批“省级金融安全区”(待授牌),天元区、醴陵市建成“市级金融安全区”。助推株洲县等县市区开展市级金融安全区创建工作,助推符合条件的县(市)区争创省级金融安全区。

三、加强金融生态环境宣传。为进一步深化社会诚信体系建设,提高社会诚信自觉性和惩治社会失信的震慑力。先后与市委宣传部、人民银行、银监分局、株洲广电局就市金融生态环境建设宣传活动方案进行讨论研究,并以市政府名义下发《关于在全市开展金融生态环境建设宣传工作的通知》,全市启动金融生态环境建设宣传活动,包括处非、诚信等内容的主题宣传活动。 (傅心力)

行　业　办

【概况】 2010年,株洲市行业办公室各项工作迈上新台阶,老干服务水平不断提升。年内,获省文明标兵单位、全省老干工作先进单位、全市民族团结进步模范集体、“双联”和困难职工帮扶维权工作先进单位等称号。在2010年株洲市干部选拔任用工作“一报告,两评议”的民主测评中5个项目满意度均为满分,在全市91个参评单位中排名第一。

一、坚持“目标提高”,扎实开展文明建设。在2006年获得省级文明单位称号以后,办党委提出创全省文明标兵单位目标。成立以一把手为组长的省文明标兵单位创建领导小组,领导小组下设创建办公室,为常设机构,具体抓创建工作。领导班子在文明创建中,处处模范带头,一把手经常到省市文明办、业务主管部门请示汇报创建工作。把文明创建与日常工作紧密结合起来,制定创建工作方案,任务层层分解,落实到人。各科室、部门、各老干活动室递交创建文明科室、文明活动室责任书。全体在职和离退休人员及家属近5000余人签订了争创文明家庭,做文明员工(公民)计划书。重新修订、补充、完善部分工作制度,加大考核力度,把文明创建工作与业务工作同布置、同考查,并纳入年度目标考核与评先评优、干部晋级挂钩。加强经费保证,创建工作中必需的软、硬件建设和开展活动的开支,都作出安排,做到创建工作人、财、物有保障。

二、坚持“以人为本”,做好老干服务工作。深化“视老干部为父母”的服务理念,巩固“敬老尊贤,乐于奉献”机关文化。在政治上真正尊重老干部,做到“三及时、三不忘”:凡是老干部应阅看的文件及时送到,凡是老干部应知晓的精神及时传达,凡是老干部应参加的会议及时组织;重大会议,不忘宣传老干部的历史功绩;重大决策,不忘征求老干部的建议和意见;工作再忙,不忘参加老干部的有关活动;加强老干党支部建设。何家坳等支部被评为省先进老干党支部。在生活上做到热心帮助,做到“三到位、六必访”:各项费用及时发放到位,政策待遇落实到位,活动经费安排到位;生日祝寿必访,伤病住院必访,来信来电必访,重大节日必访,突发事件必访,逝者家属必访。开展形式多样的文体活动,丰富老干部的精神生活。一是以服务为重点,加强老干沟通。加深在职人员和老干部的思想感情交流,各支部联系领导和支部书记经常到老干部家中进行走访慰问。截至2010年11月份,为老干上门服务2431人次,为64位老干部上门祝寿,看望住院的老干部221人次,对老干部电话慰问5206人次,接待老干部来电来访331人次,为88名老干部办理了老年人优待证。二是发挥支部作用,加强老干学习教育。切实加强老干的学习教育,组织老干部参加市委老干局主办的全市离退休干部形势报告会和全市关心下一代工作表彰大会,及时让他们了解最新的时事政治;积极引导老干部参与“我为三大战役作贡献”的征文活动,大力开展争当“三好”老干部的活动。全年有20人被评为行办“三好”老干部,刘祥华、胡第云两人被评为市“三好”老干部,谭敬炎被评为全省“三好”老干部。特别是老干党支部的建设工作在3月20日中组部老干部局局长陶治国到株洲调研会上作典型发言并给予了高度肯定。三是积极开展活动,丰富老干生活。组织老干部到户外开展“爱我株洲,净美株洲”、“关爱生命、文明出行”等一系列的公益活动。6月,组织全体离退休老干部参观新落成的市规划展览馆,观看“印象株洲”电影,体验4D影院,共同感受株洲城市的变迁。9月,与市经委联合组织离退休老干部开展以“体验三大战役、共话创先争优”为主题的株洲工业经济发展成果参观活动,组织老干部参观高新区北汽控股南方生产基地、南车时代风电产业园及电动汽车股份有限公司。10月,分批组织老干部参观神龙城、湘江风光带,到清荷生态园钓鱼、游园,丰富了老干部生活。

三、服务“三大战役”,认真做好中心工作。2010年,围绕市委、市政府的统一部署,认真完成好各项中心工作。派出8人参与炎陵县龙渣乡龙渣村党建帮扶,株洲松本林化有限公司、608所双联工作,株洲啤酒厂、市中亚人造板厂企业改制等中心工作。办被评为市“双联”、企业改制先进单位,为株洲经济社会的发展起到了积极的促进作用。

(刘德苏)

创建工作

【概况】 株洲市人民政府创建工作领导小组办公室于2009年6月18日挂牌成立，为副处级（高配正处）事业单位，隶属株洲市人民政府办公室领导和管理。具体职能为开展城市创建工作调查研究，制定全市城市创建工作规划和年度计划；负责全市城市创建工作的综合、协调、指导、督办、考核；负责城市创建工作宣传策划与组织实施；负责创建责任单位目标管理责任制的制定和考核评价；参与城市创建工作有关经费的计划编制和管理等。内设综合科、业务科、督查科3个科室。

2010年，在全市各级各部门配合支持下，在全市人民积极参与下，株洲市城市创建工作取得丰硕成果。创建“国家卫生城市”、“国家交通管理模范城市”一举成功；创建“国家环保模范城市”工作26项指标达标21项，进入攻坚克难阶段；创建全国文明城市进展顺利；创建国家食品安全城市前期准备工作有序推进。

创卫、创交模先后授牌。2月26日，副省长郭开朗受全国爱卫办的委托为株洲授予“国家卫生城市”的牌匾，株洲市正式成为湖南继常德、岳阳之后的第3个国家卫生城市；4月12日，创交模以97.6分的成绩在全省夺冠，顺利通过省初检；7月1日，株洲从394个参评城市中脱颖而出，成为2010年全国4个新评定的“国家交通管理模范城市”之一；9月15日，国家住建部、国家交管局为株洲市授牌，株洲正式成为全省继常德后的第二个国家交通管理模范城市；12月20日，全省交通管理工作现场会议在株洲召开，株洲经验在全省得到推广。

专项整治效果明显。全年牵头组织查处“摩的”4000多台次，暂扣“黑的士”222台次、叭叭车233台，劝退残疾人车主32名，集中销毁“摩的”、叭叭车188台；整治处罚湘江餐饮船13艘次；拆除废弃烟囱90根；清理芦淞市场群地下停车场，还场于车2300余平方米。

创建调研成果丰硕。专题调研得到市委、市政府的高度肯定和采纳，《对城市创建工作的思考》、《建立城市管理长效机制的意见》、《创交模长效管理的十项措施》、《绿色低碳，时尚出行》等调研成果已经或正在变成现实：高位协调的大城管体制呼之欲出，公共自行车租赁系统正着手启动，公交普遍降价付诸实施，一江四港（湘江、枫溪港、建宁港、白石港和霞湾港）整治责任明确，食品安全城市创建提上议事日程。

创建手臂得以延伸。在城区创建取得良好成效的同时，各县市创建工作有声有色、成绩斐然。炎陵县被授予“全国卫生县城”，攸县、茶陵县成功创建省级卫生县城，醴陵市创省卫通过考核验收，县城“首位度”得以提升，农村卫生状况大为改观，创建氛围得以形成。

创建宣传有声有色。新闻媒体积极参与创建宣传，开展形式多样的宣传主题活动。株洲日报、晚报开辟《创建周刊》，刊发主题稿件46篇，其中《创卫启示录》、《抓创建就是践行科学发展观》、《公共自行车何时“骑”进株洲》等文章先后被湖南日报、长沙晚报和搜狐网、新浪网等多家媒体转发；株洲电台交通频道组织的“玫瑰传香、满城答谢”、“绿色株洲揭开新一页”等主题宣传活动反响强烈；株洲电视台法制频道的《创建进行时》、《老樊策交通》受到市民热捧；新闻综合频道跟踪创建热点、宣传创建知识。媒体的鼓与呼为创建工作营造了良好的舆论氛围。

（高　翔）

中国人民政治协商会议株洲市委员会

【概况】 2010年，中国人民政治协商会议株洲市委员会深入贯彻落实科学发展观，始终围绕促进科学发展"第一要务"履行政治协商、民主监督、参政议政职能，圆满完成七届三次全会确定的各项任务，为全市实现"保二争一、科学跨越"战略目标作出了积极贡献。

政治协商有序开展。高度重视全会组织工作，把全会打造成各民主党派、工商联、各族、各界人士与党委、政府共商大计的最高协商平台。七届三次全会上，组织大会发言15件，对中小企业集群发展、绿色经济等重大问题，进行协商建言，所有发言均获领导批示。市政府召开现场协调会，切实采纳落实相关建议。加强环境污染治理、加强马路市场整顿等联组协商意见得到采纳落实。委员们还通过20多件集体提案，就加大节能减排力度、解决中小企业融资难等重大问题进行了协商。认真组织对"十二五"规划的协商。在内容、形式、程序上都做了精心安排，密切关注，提前调研，充分准备。召开主席会议，对制定规划的思路提出意见建议30多条。规划草案出台后，及时召开常委会议开展专题协商讨论，提出修改意见百余条，其中40多条得到了采纳。

民主监督深入实施。坚持"准确定位，把握适度"原则，围绕市委、市政府决策执行过程中的重大问题，通过民主评议、委员视察等方式行使民主监督职能。围绕"三大战役"的执行情况，以常委会的形式，开展民主评议。在深入调研的基础上，提出"在炎帝陵建设大型文化园"、"设立绿色公积金"、"加快发展创业风险投资"等13条建设性的意见，助推了重大决策落实，达到了市委、市政府满意，职能部门满意和政协委员满意的良好效果，《湘声报》对此进行了宣传推介。提高民主监督的组织化程度。抓住"三大战役"重大项目、民生工程等重点，开展委员视察团视察、常委会议视察、主席会议视察、界别视察等多层次视察活动，深入"三大战役"第一线开展民主监督。9月，组织委员视察团，对城区基础教育发展现状进行视察，为推进城区基础教育均衡发展积极鼓与呼，推动了相关政策的制定和落实。全年市政协有50余名委员被邀请担任市直有关部门、单位的民主监督员，积极参加行风评议、绩效考核、政策听证等活动，充分体现了在支持中监督、在监督中支持的独特作用。

参政议政富有成效。按照"市委选题，政协调研"的方式，进一步完善主席会议成员牵头、专委会承办、界别和县市区政协参与的调研机制。围绕"三大战役"的实施，完成"打造全国知名旅游目的地"、"建设低碳城市"、"推进项目建设"、"推进城区基础教育均衡发展"等重大课题调研，其中《关于把我市建设成为全国知名旅游目的地的调查报告》获得省政协优秀调研报告评比一等奖。向市委、市政府提交《关于把我市建设成为全国知名旅游目的地》、《关于我市建设低碳城市若干问题》、《致力打造人民满意的基础教育若干问题》、《以项目突破为总抓手，把园区建设成为现代产业高地》等主席会议建议案，得到了市委、市政府主要领导认真批示。每份建议案市政府常务会议都进行了认真讨论，制定落实措施，并以文件形式进行反馈。所提建议有的上升为政策措施，有的纳入工作规划，有的转化为具体项目，有的成为重要参考。市委牵头、政协参与的中共中央2006年"5号文件"督查调研，促进了基层党委、政府对政协工作的重视和支持。委员积极通过提案参政议政，全年共征集提案329件，立案办理292件，172件提案得到解决或基本解决，提案按期办结率100%。市政协组织提案办理"回头看"等活动，对80余家办理单位进行评议打分，有效提高了提案办理质量。驻株洲省政协委员"关于建设长株潭循环经济示范城市群的建议"被省政协列为2010年第2号提案，评为省政协优秀提案，所提建议获国家领导批示；民建市委关于治理农村环境污染的建议引起了省委书记周强高度重视，省财政安排了几千万元专项经费。

凝心聚力共助发展。坚持团结、民主两大主题，定期到民主党派走访，听取民主党派人士意见；支持民主党派通过调研、提案、反映社情民意等形式，发挥政治协商、民主监督、参政议政职能。各民主党派坚持在中共株洲市委的领导下，服务发展大局，坦诚直谏、献计出力，在政协组织中发挥了重要的作用。民主党派组织的"新农保试点"、"'两型'农业发展方式"、"工业旅游"、"服饰产业"、"园区发展现状"等调研体现了很高的价值；提交的"巩固创卫成果"、

“促进信息产业发展”等集体提案得到落实；反映的“国共战争纪念地列为爱国主义教育基地值得商榷”等社情民意信息，获全国政协采纳；就“党派作用”、“网络政治参与”、“民主监督”等方面撰写的论文，获得了好评。注重团结和发挥各界别群众的作用。通过视察、提案、建议案、社情民意等形式，积极反映和解决民生热点问题。全年共提交和办理民生改善类提案126件，协助党委、政府把改善民生各项措施，促进社会事业发展有关部署和政策落到了实处。广大委员深入基层，密切联系各界群众，主动做好理顺情绪，化解矛盾的工作。关心少数民族及宗教事业，加强港澳台侨工作，密切了与新阶层人士的联系，促进了“五大关系”的和谐。

自身建设切实加强。提升助推科学发展的能力。组织学习活动，邀请知名专家学者对“产业集群”、“战略性新兴产业”、“十二五”规划、“三大战役”等进行专题辅导。组织委员深入到“百亿工程”一线，了解全市重点工程的决策背景和进展情况。市委书记、市长多次向政协常委会议通报情况，既统一了思想认识，又为政协知情参政创造了有利条件。以开展创先争优活动为契机，通过开展党性教育、警示教育、党员公开承诺、领导点评等活动，深化了“四治”和“五型”机关建设。健全界别工作机制。完善和健全专委会联系界别、界别召集委员和界别工作考核等工作机制，对委员履职行为进行量化考核，确保委员完成“一二三”的履职要求。各界别根据自身特点，积极开展调研、视察等活动，有组织地履行职能。全年各界别共完成调研课题30多个，近20件界别调研成果转化成为全会发言。全年征集文史资料47万字，编辑出版了文史专集《赤脚医生》；网上发布社情民意信息200多条，编发社情民意信息专报26期；在《人民政协报》等媒体上发表20多篇理论文章、300多篇新闻报道。加强人民政协理论研究，全年组织评选政协优秀论文45篇，优秀调研报告33篇。《试论新形势下地方政协的政治协商》在省“人民政协理论征文”评选中获得一等奖。切实为中心工作服务，按照市委、市政府的安排部署，市政协领导牵头联系百万生猪养殖加工销售一体化、中材水泥二期、陶瓷创意产业园、铁路枢纽物流园、廉租房建设、千金女性健康产业基地、航空产业、华强文化产业园等重点项目、重点工程进展顺利，为“三大战役”的深入实施作出了应有的贡献。 （肖学慧）

【政协株洲市七届三次会议】 政协株洲市委员会第七届委员会第三次会议于2010年1月18～21日在西苑宾馆和新天大酒店举行。会议听取并审议了市政协主席刘岁文所作的第七届常委会工作报告，市政协副主席陈建泽所作的第七届常委会关于七届二次会议以来提案工作报告，听取了提案委员会关于七届三次会议提案审查情况的报告；委员们列席株洲市第十三届人民代表大会第三次会议，听取和协商了人民政府工作报告，协商了市计划、市财政、市中级人民法院和市人民检察院工作报告；通过了七届三次会议各项决议。市委书记陈君文在闭幕会上作了重要讲话。 （闫春杰）

【政协株洲市七届十次常委会议】 1月20日，政协株洲市七届十次常委会议在西苑宾馆举行。会议听取了市政协七届三次会议各讨论组召集人关于审议市政协常委会工作报告、提案工作报告情况的汇报，协商讨论了市政协工作报告、计划、财政工作报告，市中级人民法院、市人民检察院工作报告，审议通过了市政协七届三次会议政治决议(草案)和关于常委会工作报告决议(草案)。 （闫春杰）

【政协株洲市七届十一次常委会议】 1月21日，七届三次会议闭幕式后，市政协在市委一楼西头会议室举行七届十一次常委会议。会议协商通过有关人事问题。市政协党组副书记历铁夫列席会议。 （闫春杰）

【政协株洲市七届十二次常委会议】 6月21日，市政协在市委一楼东头会议室举行七届十二次常委会议，会议就“三大战役”执行情况进行了评议，特邀市委书记陈君文，市委副书记、市长王群，市委副书记李晖，市委常委、常务副市长王志刚，市委常委龚凤祥，市政府副市长肖文伟、蔡典维，市政协党组副书记历铁夫出席会议。 （闫春杰）

【政协株洲市七届十三次常委会议】 11月9日，市政协在政协机关5楼会议室举行七届十三次常委会议。会议分组协商讨论了《株洲市国民经济和社会发展第十二个五年规划纲要(草案)》，市长王群在会上作重要讲话，各县市区政协主席列席会议。 （闫春杰）

【政协株洲市七届十四次常委会议】 12月24日，市政协在政协机关5楼会议室举行七届十四次常委会议。会议协商了七届四次全会时间、日程等相关事项；审议通过了《全会工作报告》和《提案工作报告》及有关表彰决定；协商了有关人事事项。会议还听取了市委常委、市人民政府常务副市长王志刚关于全市2010年经济社会发展情况的通报和关于2010年政协建议案、提案办理情况的通报。市委书记陈君文应邀出席会议并作重要讲话。 （闫春杰）

【《赤脚医生》一书出版】 10月，市政协编辑出版文史专辑《赤脚医生》。该书35万字，大32开本，由湖南人民出版社出版发行。书中真实记录了上世纪六七十年代，为落实毛泽东主席关于“把医疗卫生工作的重点放到农村去”的指示，一大批赤脚医生深入到株洲农村，为改变农村缺医少药状况和落后的卫生面貌，积极开展预防工作，用朴素实用的方法为群众救死扶伤的感人故事；并热情歌颂了赤脚医生一心一意为群众服务，“出诊愿翻千层岭，采药敢登万丈崖”的吃苦耐劳、无私奉献的革命精神。 （周祥新）

民主党派·工商联

中国国民党革命委员会株洲市委员会

【概况】 2010年，中国国民党革命委员会株洲市委员会按照中共株洲市委“目标提高，标准提升，发展提速”的总体要求，认真履行政治协商、民主监督、参政议政职能，全面发动基层党员开展学习和践行社会主义核心价值体系活动，1人被评为民革全国学习和践行活动先进个人，1名党员论文被评为“学与行”二等奖。参加民革省委量化考核，参政议政、办公室、组织、宣传联络全面合格，组织工作被评为全省第一名。全年民革集体和个人获得多种荣誉和奖励，其中国家级5人次，省级以上12人次，市级28人次。（何长春）

【参政议政】 围绕“两型”社会建设、株洲市“三大战役”（城市提质、园区攻坚、旅游升温）工作重点，紧扣国计民生、群众关注的问题，进一步加大参政议政工作力度。全年组织专题调研17次，参与人员90余人次，形成调研报告22篇，调查研究深入到“两型”社会建设、旅游开发、国民教育、环境保护、社会主义新农村建设等领域。通过多种途径，转化调研成果，向县区级人大和政协递交建议和提案27件，向市一级递交建议和提案18件，向省一级递交建议和提案5件。在政协大会上发言的《切不可再错失农业装备制造业发展的良机》提案，得到市长当场批示；《农村的生活垃圾治理不容忽视》、《培育和发展农村物流市场》2件提案被市政协评为优秀提案；《关于我省实施基本药物制度试点工作存在的问题及建议》提案被中共省委、省政府《内参》采纳。向中共湖南省委统战部三湘统战网和电子专网递交社情民意信息。多条社情民意被民革中央、省政协、民革省委、市政协采纳。上报民革省委8篇调研报告中，获一等奖1个，二等奖2个，三等奖5个。召集各支部负责人和骨干党员，邀请两届全国政协委员王沛清，围绕株洲市城市提质、园区攻坚、旅游升温方面的参政议政，并举办了写好社情民意信息的专题报告会。（何长春）

【积极参与政务】 2010年，全市共有40余名民革党员分别在各级行政岗位上担任职务，自觉坚守参政为民、激情工作。市委会副主委刘春生担任市物价局局长，紧紧围绕促发展保民生主题，带领全局干部真抓实干，围绕服务经济发展及解决群众“三最”价格问题，实施基本药物制度，对试点1县4区严格实行基本药物零差率销售，认真实施“三牌一手册”，做到标准一致、规格一致、摆放一致，试点医院药价整体下降达50%，群众用药负担明显减轻。特别是对市二中违规收取学生空调电费和食堂IC卡工本费处罚举行的听证会，受到了社会各界的好评。市委副主委褚洪波担任市环保局副局长，分管主要污染物减排，年年实现污染物总量排放双下降，提前一年完成二氧化硫总量减排任务、提前三年完成重金属镉和砷的总量减排任务；分管环境监测工作两年，使市环境监测技术水平和能力建设从全省排名靠后一跃进入前三名。（何长春）

【探索对台工作】 2010年，民革株洲市委不断加强对台工作，针对台海两岸形势的变化，及时组织学习，以座谈会、专题学习、读报看电视等多种方式，掌握台情知识、中共中央最新对台政策。通过学习宣传，进一步增强党员维护国家主权和领土完整的坚定信念，激发全体党员以实际行动促进对台工作的热情。发挥市委宣传平台的作用，在《株洲民革》和株洲民革工作网站上开辟专栏，刊登对台有关理论和资料文章，宣传和平统一。配合民革省委，开展对台工作的研讨活动。中秋佳节，举办“三胞”亲属活动，参观株洲市规划展览馆，激发“三胞”亲属党员热爱株洲的自豪感，鼓励他们积极联络海外亲朋到株洲投资发展。醴陵民革党员发挥“三胞”亲属联谊会作用，全年共接待台属、侨属28人次，走访、定期看望台胞、侨胞12人次。积极主动为台胞台属做好出境入台、日常接待、调处矛盾纠纷、扶危解困等服务。（何长春）

【服务经济有新成绩】 2010年，民革株洲市委突出经济建设中心，围绕如何转变发展方式，在发展中促转变，在转变中谋发展，深入调研，积极献计出力。一是召开民革经济工作会议。二是发挥在国有大中型企业担任管理和技术骨干党员们的专长。株化支部李纲要担任株化集团氯气厂厂长，合理组织生产，坚持装置经济运行，严抓细管，为公司发展作出了巨大贡献。株冶支部党员周华文作为铅厂新产品开发技术主管；主持研制开发铅基合金B97～B99、H05等4个新品种，做到了研制生产一次成功；主持的铅钙合金理化性能的试验研究成果，应用到铅及铅钙合金中，为株冶年创效205万元；主持铅钙合金无溢流浇铸系统开发研究，形成2项专利技术，年节约成本在100万元以上，该项目作为节能减排典型案例，被湖南日报、中国有色报等多家媒体报道。三是大力支持党员个人创办的民营企业，为国家创缴税费累计达到130余万元，提供就业岗位810多个。（何长春）

【深化自身建设】 全面深入开展学习和践行社会主义核心价值体系的活动。一是召开主委会、市委会、机关干部会、支部大会等各类会议，组织主题报告会，邀请专家讲课，以会代训，市委会和基层先后组织51次主题突出的学习会，参加民革省委培训12人次，省社会主义学院学习1人次，市委党校学习7人次。二是8月中旬在天元支部举办支部负责人和骨干培训班，深入开展支部建设交流会，先进支部和特色支部作典型发言。三是开展学习和践行核心价值体系征文活动。结合民革省委学习践行社会主义核心价值体系要求，下发征文通知，号召各级组织积极组织党员围绕学习主题，积极撰稿，在《株洲民革》和株洲民革网站开设学习和践行社会主义核心价值体系征文专栏，在《湖南民革》发表5篇文章，向民革中央《团结报》投递相关学习活动稿件6篇。注重载体功能，发挥民革宣传阵地作用，认真编辑《株洲民革》刊物和《株洲民革工作简讯》。不断提高株洲民革工作网站水平，增强网络宣传效果。严格按照中共株洲市委统战部的要求，进一步完善民主党派基层“五个有”工作，确保每个支部(小组)有场地、有经费、有培训、有平台、有评价，实现了活动场地有统一规范布置，经费管理有制度，强化了支部和属地统战部的联系，推动民革开展参政议政、提升组织建设再上新台阶。2010年，株洲市13个支部完成换届选举工作，醴陵市委完成届中调整。加强对基层支部的工作指导，争取中共党委对民革工作的支持。2010年获省先进支部2个，全国先进支部1个，获省优秀党员8人，优秀党务工作者2人，获全国优秀党员1人。严把组织发展质量关，全年发展党员21人，全部具有本科以上学历，其中研究生3人，中级以上职称6人。（何长春）

中国民主同盟株洲市委员会

【概况】 2010年，中国民主同盟株洲市委员会新成立石峰区教育支部，发展新盟员36人。截至年底，全市有成建制的基层组织33个，其中区工委1个，基层委员会1个，总支1个，支部30个；在册盟员总数579人，平均年龄49.4岁；具有高级职称274人，占47.3%；具有中级职称的289人，占49.9%。年内，组织开展“作风建设年”、树立和践行社会主义核心价值体系、创建活力支部、“工学扶贫教育行动”、职教论坛等重大活动；获省部级以上奖励和荣誉称号20个，其中株洲市人大副主任、盟市委主委鲁立彬获第五届湖南人口奖；基层组织获盟省委“活力支部”称号19个；完成市级调研课题7个和区级调研课题22个。（罗卫云）

【树立和践行社会主义核心价值体系】 2010年，株洲民盟将树立和践行社会主义核心价值体系作为全年工作主线，举办“树立和践行社会主义核心价值体系研讨班”；组织盟员骨干和机关干部参加“树立和践行社会主义核心价值体系”报告会、中央统战部举办的社会主义核心价值体系学与行电视电话报告会、先进事迹报告会。组织学习《社会主义核心价值体系学习读本》和《六个“为什么”读本》。组织部分骨干盟员，到革命老区延安进行学习考察。组织基层组织开展树立和践行社会主义核心价值体系征文活动，共向省、市两级统战部和盟省委提交11篇征文，其中被盟省委采用6篇，获省委统战部“社会主义核心价值体系征文”二等奖2篇、三等奖1篇，获市委统战部统战理论研究优秀成果1篇。（罗卫云）

【参政议政工作成绩显著】 2010年，全市盟员在各条战线上积极参政议政。全年有30余人次应邀参加各项视察、检查和调研活动。市人大副主任、主委鲁立彬多次参加中共株洲市委、市人大、市委统战部等单位组织的协商会、园区攻坚、土地资源配置的考察调研等。专职副主委尹剑峰多次参加有关单位的协商会、课题研究座谈等；在政协株洲市第七届委员会第三次会议上的发言《建设株洲第二水源刻不容缓》，受到中共株洲市委、市政府的高度重视。为实施中共株洲市委、市政府科教先导决策，围绕职业教育改革发展，为充分发挥民盟的参政议政作用，6月29日，民盟株洲市委联合株洲市教育局成功举办首届“株洲市职业教育发展论坛”。组织盟员教师考察职教园。为庆祝第26个教师节，盟市委组织盟内省、市、区三级政协委员及教师40余人，到株洲职业教育科技园进行考察、调研。全年共提交省人大代表建议1条，省政协委员提案2条，市人大代表建议4条，市政协委员提案24条，市级社情民意6条，区政协委员提案26条。盟市委完成市级课题7个，17个支部完成所在县市区委统战部的课题22个。获市政协优秀调研报告1篇、市政协优秀提案2篇；获区级优秀调研报告一等奖1篇、区级优秀提案2篇；获市优秀政协委员称号5人、区级优秀人大代表称号1人、区优秀政协委员称号2人。社情民意被盟中央采用1条，盟省委采用21条(全省排名第2)，省《统战要情》快报采用1条，三湘统战网采用11条，省委统战部内网采用24条。调研成果和理论文章获省、市级奖励9个。加强“特约四员”工作，有21人担任28个特约职务。2次邀请盟省委重点课题组到株洲调研。邀请全国政协常委、民盟湖南省委主委杨维刚率《长株潭“两型”社会农业产业发展最优方式选择》重点课题组等到株洲调研、座谈。（罗卫云）

【"作风建设年"主题活动取得实效】 2010年,盟市委以"作风建设年"为主题,针对当前思想作风、学风、工作作风中存在的各种问题进行整改。主要采取4项措施:一是动员部署。召开"作风建设年"动员大会,通过《民盟株洲市委关于开展作风建设年活动的意见》,并制定出详细的实施方案。二是内练素质。盟市委机关实施"六个一"目标考核,即在机关专干实施一人联系一片基层、一人联系一个课题、一人上一堂课、一人一个创新、一人一条社情民意、一人一篇统战理论文章或学习心得,共"六个一"目标考核。三是健全工作制度,签订工作目标考核责任书,落实创建目标。盟市委把各项工作目标层层分解到各科室,各科室签订工作目标责任书。四是督促考核,强化活动效果。机关人员按分片联系的方法,督促各自联系的基层组织开展"作风建设年"主题活动。年底召集各基层组织集中统一进行创建活力支部暨年度考核的评比活动。"作风建设年"主题活动得到各基层组织的积极响应。大部分基层组织制订出活动计划,认真组织实施,并完善支部各项管理制度,做到活动经常化、形式多样化,活动有主题、有报道、有记录。通过"作风建设年"主题活动的开展,各基层组织在活动开展、参政议政、制度建设、支部凝聚力等方面得到了明显增强和提高。

(罗卫云)

【开展"创建活力支部"活动】 2010年,盟市委精密部署,广泛发动,组织基层组织积极开展"创建活力支部"活动,修订《民盟株洲市委基层工作年度考核办法》,要求各基层组织对照文件,认真组织实施。召开全会和主委会议对"创建活力支部"活动进行部署,要求把创建活力支部活动的各项工作落实到人,落实到位。将所有基层组织划分为5片,机关专干一人负责一片,主要负责各基层组织的联系、指导、督促和检查创建工作,大大增强了机关专干的紧迫感和责任感。落实基层组织有经费、有场地、有培训、有平台、有评价"五有"建设,激发基层组织活力。截至2010年底,全市绝大多数基层组织落实好活动场地,全市所有民盟基层组织的活动经费全部纳入区(县、市)财政预算,经费到位率达100%。在全省民盟评比中,株洲民盟共有19个基层组织被民盟湖南省委评为"活力支部"称号,在全省各市州中数量是最多的,取得预期效果。

(罗卫云)

中国民主建国会株洲市委员会

【概况】 2010年,中国民主建国会株洲市委员会始终坚持"三个为主"的方针和"注重质量、注意数量"的原则,准确把握发展与巩固、数量和质量的关系。保持与经济界密切联系的特点,积极审慎地做好非公经济代表人士的发展工作,全年发展新会员18人,均为大专以上学历,其中研究生以上学历4人,高级职称3人,中级职称7人,平均年龄32.3岁,是历年来平均年龄最低的。

2010年是中国民主建国会成立65周年和民建在湘建立组织60周年。民建株洲市委以此为契机,全面加强自身建设,积极履行参政党职能,进务实诤言,献发展良策。一是突出思想建设,不断创新学习方法,采取多样形式,结合民建建会65周年暨在湘建立组织60周年主题,深入开展学习贯彻科学发展观和中共十七届五中全会重要精神,在会内集中进行中国特色社会主义理论体系、社会主义核心价值体系的学习教育活动,集中深入进行会章会史、会的优良传统以及"五个坚持、四种精神"的学习教育活动,引导会员继承和发扬会的光荣传统,进一步激发会员参政议政的意识与热情,不断增强广大会员的责任感、使命感。二是积极开展对重大理论和实际问题的调查研究,争取理论研究工作的新进步。三是进一步强化宣传工作,调动会员积极性,认真组织好向《民讯》、《湖南民建》、《社情民意》、《诤友》、《统战信息》等刊物的投稿工作,向原全国人大常委会副委员长、民建中央主席成思危约稿《经济全球化背景下的世界与中国》,成为市委统战部与各民主党派联合主办的《诤友》杂志的卷领之文。向"三湘统战网"、《株洲统战信息》投稿数10篇,《湖南民建会员"爱岗敬业、乐于奉献"先进事迹报告会在株宣讲》、《袁隆平式的研发致富能手——记株洲民建会员凌受明》等多篇稿件被省、市级新闻媒体刊载,及时宣传报道民建株洲市委会有关活动、参政议政重要成果和先进基层组织、优秀会员的典型事迹,广泛有力地扩大了民建组织的社会影响。

(卞武宗)

【民建株洲芦淞总支获"民建全国先进基层组织"称号】 在民建中央举行的中国民主建国会成立65周年纪念大会上,民建株洲芦淞总支被授予"民建全国先进基层组织"称号。民建芦淞总支成立于2007年,前身是连续20年荣获省、市先进支部称号的株洲市拖拉机配件厂支部,下辖4个支部,有会员80人。多年来,民建芦淞总支在民建株洲市委、中共芦淞区委的领导下,在自身建设、参政议政、社会服务等方面均取得了突出成绩。2008年,芦淞区委、区政府专门为总支提供了固定的办公、活动场所,并将总支的工作、活动经费列入了政府的财政预算,每年拨专款1万元,这在全省乃至全国的民主党派基层组织建设工作中都是开先河之举。2009年,全国人大常委会副委员长、民建中央主席陈昌智到株洲调研时,盛赞民建芦淞总支基层组织建设工作有突破、有创新、有成效,并要求总支写出经验材料在民建全国范围进行推介。在芦淞总支的带动下,这种相互依靠、互相支持的参政模式和工作方法,得到了株洲市其他兄弟党派普遍赞赏和借鉴。

(卞武宗)

【参政议政有实效】 2010年，在市政协七届三次全会上，作为全市政协委员人数最多的民主党派，民建市委19名政协委员围绕全市中心工作和热点难点问题广泛建言献策，参政议政直击民生，大会发言铿锵有力。委员王平安代表民建界别作题为《加快自主创新步伐，推动企业快速成长》的大会发言，委员俞天兰代表科技界别作题为《促进产学研结合》的大会发言，副主委徐良剑代表民建市委作《大力发展小额担保贷款，创新和完善农村金融服务》的联组发言，均受到市委、市政府主要领导的高度重视，引起了社会的强烈反响。调研报告《加快发展生产性服务业，促进我市工业跨越发展》被市政协评为一等奖，全市民主党派仅该篇调研报告获此殊荣。唐琪、宋开明、秦素兰等3位会员荣获优秀市政协委员，民建界别连续第二年蝉联市政协优秀界别。 （卞武宗）

【组织建设有突破】 2010年，民建株洲市委新成立2个基层支部。7月6日，民建湖南工业大学支部举行成立大会，湖南工业大学党委书记侯清麟、副校长张昌凡，民建湖南省委参政议政处处长杨继烈等领导出席大会。12月1日，民建株洲荷塘三支部成立大会在株洲市四中举行。市政协副主席、民建市委主委戴卫丁等领导出席大会。湖南工业大学支部是株洲民建成立的第一个高校直属支部；荷塘三支部是株洲民建成立的第一个中小学教育界支部，她们的成立标志着株洲民建基层组织建设迈上了一个新的台阶，使基层组织结构更加完善，在株洲民建的发展史上具有里程碑式的意义。

（卞武宗）

中国民主促进会株洲市委员会

【概况】 2010年，中国民主促进会株洲市委员会发展新会员16名，减员5名，净增长率为3.1%，在册会员362名，平均年龄40.3岁。年内，成立湖南工业大学总支委员会，有基层组织26个，其中总支2个，支部17个，小组7个。民进市委机关通过公务员公开招考，引进专职干部1人，在编机关干部5人。

民进市委按照“有思有行，集智聚力，顺势而为”的工作理念，内强素质，夯实根基，突出重点，会务工作有实效，有创新，有突破。思想建设同频共振。重视学习型参政党建设，建立思想政治工作宣讲团，通过以会代训、专题培训、报告会、座谈会、现场交流会等多种形式，加大学习培训力度。开展社会主义核心价值体系主题教育活动，下发《六个“为什么”——对几个重大问题的回答》读本，邀请理论专家作辅导报告，思想建设高度提升，理论研讨蔚然成风，各类征文频频获奖。民进市委的《试析网络政治参与对我国民主政治建设的重要影响》等3篇文章，分获市政协理论征文一、三等奖，会员谢一明撰写的《“科学发展观”背景及理论探析》被中共中央党校《求是先锋——新中国六十年发展的理论与实践》丛书收录。组织建设多措并举。对基层组织建设以“五有”（有经费、有场地、有平台、有培训、有评价）为标准，建立和采取“建言献策”、“建功立业”、“人物推荐”、“量化考核”、“综合评价”等多项行之有效的平台和措施，推进基层组织建设上水平、上台阶。同时，以“基层组织建设年”为契机，开展创建全国、全省先进地方组织、基层组织活动，民进株洲县支部及湖南工业大学总支等6个支部分别获得全国和省级先进集体。建言献策提质扩容。围绕中共株洲市委、市政府提出的“转方式，调结构”、“两型”社会、“三大战役”建设目标，履全会力量，开展专题调研40余项，并通过政协平台，提交调研报告、大会发言及联组发言材料。在市政协七届三次全会期间，委员陈代陆代表民进市委作的《促进我市信息产业发展的对策与建议》，市委书记陈君文、市长王群分别作出书面批示，督促有关部门实施；民进市委向市政协提交的《合理开发株洲慈善募捐资源的几点建议》等2篇调研报告获二等奖，《关爱精神病人》等3篇提案获优秀提案，多篇联组发言材料被《株洲日报》全文刊登，上报的《加强农村安全用药》等多篇“社情民意”被民进中央和省政协采用。社会服务凸显特色。年内，开展西部教师培训跟踪服务、下乡支教、抗震募捐、爱眼护眼等社会公益活动。 （刘珊珍 杨 清）

【《改进株洲市基本医疗保险》提案获市长督办】 2010年，民进株洲市委关注民生、重视民意，通过调研，针对株洲市基本医疗保险存在整体性、系统性不够；各险种发展不平衡；统筹层次低，独木难支，不利于分散风险；参保率、续保率较低；医保优惠政策执行不到位等问题，提出5条对策和建议：理顺管理体制，整合有效资源；建立保障机制，实现参保转变；完善风险机制，提高抗险能力；强化网络建设，实现高效管理；加大宣传力度，使医院收费更加透明。并形成题为《改进株洲市基本医疗保险现状》的提案，在市政协全会上，引起了市长王群的高度重视。11月11日，市长王群主持召开由卫生、劳动保障等部门参加的专题议卫工作会议，研究制订并原则通过《株洲市加快推进医药卫生体制改革行动计划》、《株洲市推进公立医院改革三年攻坚计划》，制订了一系列具体措施，有效提高了市民医保待遇。

（刘珊珍 杨 清）

【争先创优硕果累累】 2010年，民进市委以“基层组织建设年”为契机，在全会开展创建全国、全省先进基层组织活动，以创建活动促进基层支部工作的规范化建设，以争先创优，树立发挥典型的引领作用与示范效应。一是制定实施方案，明确指导思想，设置领导机构，提出创建标准；二是出台并下发《民进株洲市委2010年支部目标管理实施细则》、《民进株洲市2010年支部目标管理指标》，编印《民进株洲市委2010年支部工作手册》指导各基层组织深入开展创建活动,取得了明显效果。年内,民进株洲市委获“民进全国先进地方组织”,民进株洲县支部获“民进全国先进基层组织”称号。同时,广大会员立足本职,争做贡献,成绩卓著:会员袁尚峰获“株洲市十佳医生”称号;陈平方获株洲“百优教师”称号;彭子辉撰写的2篇文章在“千古敦煌,重金求赋”全球征集《敦煌赋》征文活动中分获一等奖、三等奖;张广军主演的现代小花鼓戏《早春》,获首届全国戏剧文化奖及小戏剧本一等奖,并被省文化厅列为“2009~2010年度国家舞台艺术精品工程申报剧目”;由会员邹艳君排练、指挥的株洲“城市春天”合唱团,代表湖南获全国首届“中华红歌会”的最高奖励——“中华杯”(金奖)。湖工大支部、省中医药专科学校支部、职工大学支部、实验小学支部、醴陵总支获民进全省先进基层组织,邹艳君、欧阳华、文奇英、袁尚峰、陈代陆、陈平方、卞华获民进全省优秀会员称号。　(刘珊珍)

【民进湖南工业大学总支成立】 12月28日,民进湖南工业大学总支部委员会在河西新校区会议厅召开成立大会。省政协副秘书长、民进湖南省委专职副主委汤泽培,民进湖南省委组织处副处长赵品山等领导出席会议。会上副处长赵品山宣读同意湖南工业大学成立总支部委员会以及第一届领导班子成员的批复,副主委刘朝晖授予印章。付冬毛教授代表筹委会作工作报告,新当选总支部主委卞华教授讲话。株洲县政协代表民进兄弟支部、九三学社湖南工业大学总支代表学校兄弟党派、人民团体致贺词。汤泽培等领导先后讲话,他们充分肯定了民进湖南工业大学支部取得的成绩,并对新成立的总支部委员会提出了新要求,希望民进湖南工业大学总支发挥自身优势,不断开拓创新,成为团结互助的集体、参政议政的桥梁、培养人才的基地。

(杨　清　刘珊珍)

中国农工民主党株洲市委员会

【概况】 中国农工民主党株洲市委员会有基层组织13个,党员316人,其中担任省政协委员2人,市政协副主席1人,常委3人,委员12人;区人大副主任1人,常委1人,代表3人;区政协常委4人,委员11人;担任副处以上实职的党员15人,出任全市各大医疗机构的科室主任或学科带头人58人。

一、思想建设方面。组织党员坚持学习新时期统战理论政策和传达贯彻各有关会议或文件精神。召开市委四届十次全委(扩大)会议、支部主委会议,组织党员认真学习2010年全国“两会”和农工党中央《关于树立和践行社会主义核心价值体系,推进本党基层组织建设的通知》等精神。选送1名骨干党员参加省委统战部在省社院举办的培训班学习;选送6名优秀党员参加农工党湖南省委和福建省委在省社院联合举办的暑期骨干党员培训班;选送6名骨干党员参加市委统战部在市委党校举办的党外骨干成员培训班学习;落实基层支部建设“五有”工作。13个支部开展了支部活动。做好宣传报道工作,努力扩大农工党的社会影响面。撰写5篇理论文章参与市委统战部组织的“社会主义核心价值体系学与行”的征文活动;撰写30余篇(条)信息、新闻稿件和理论文章发表在各级媒体网站和刊物上,其中三湘统战网站4篇,农工党中央刊物《前进论坛》2篇。组织党员开展一系列庆祝农工党成立80周年活动,加强了党员之间的交流和联系。坚持开展送温暖活动,走访历届老主委、老委员和70岁以上的老党员,增进了党员间的感情,增强了市委会和基层组织的凝聚力。

二、参政议政方面。2010年,市委会组织4次课题调研活动;完成4篇调研报告,1篇调研论文,向市政协和农工党湖南省委报送社情民意10余条,在市政协七届三次全会上,获“优秀集体提案”1篇,优秀调研报告1篇,4人被评为优秀政协委员,递交集体和个人提案共24件,大会发言材料《我市绿色产业发展的建议》得到市委书记陈君文和市长王群的批示。全年全市党员中被各级部门聘为特约监督员、检查员、审计员和政风行风评议代表的有9人(次)。党员们认真履行职责,积极参加执法监督、廉政建设检查、行风评议、接待来信来访、重点提案督办等工作,较好地发挥了民主监督作用。

三、组织建设方面。2010年,机关干部10余人次参与各项调研,在各类网站、刊物上发表文章10余篇,市委专职副主委10多次参与行风评议等民主监督活动。市委会被农工党省委评为优秀地方组织,申玉华等12名党员被评为优秀党员。市委会积极引进人才,建立后备干部队伍,全年共批准发展新党员15名。

四、社会服务方面。发挥农工党医务界人才荟萃的优势,积极开展医疗咨询义诊宣传等活动。6月23日,农工党株洲市天元区支部和天元区统战部联合千金药业,组织50多位区域内的老干部参加营养健康专家的健康知识讲座。6月26日,农工党株洲市委会与中共天元区区委统战部、农工党天元区支部一道,联合株洲市伤科医院、千金药业股份公司,组织20多位医疗学者专家,携带常用药物价值1万多元,前往天元区群丰镇开展义诊和免费送药活动,前后为200多位村民提供了服务。这些活动的开展,获得了社会的一致好评。　(陈　芳)

【农工党株洲市委率骨干成员赴韶关考察】 9月3~5日,农工党部分骨干成员在市政协副主席、农工党市委主委申玉华的率领下,一行20多人赴广东韶关考察,就旅游资源的开发利用和旅游项目的管理,结合株洲的实际进行了有针对性的调研。考察过程中农工党员们就两地资源开发的程度进行了对比,对株洲旅游业的发展提出许多建设性意见。　(陈　芳)

中国致公党株洲市委员会

【概况】 中国致公党株洲市委员会辖天元区、芦淞区2个工作委员会和湖南工业大学总支委员会,20个支部。有322名党员,平均年龄49.4岁,其中归侨、侨眷、归国留学生及其他有海外关系的代表性人士占68.4%,具有中、高级职称263人。在各级政府和职能部门担任副处级以上领导干部15人。2010年,致公党株洲市委把助推株洲"三大战役"作为履行职能、建言献策的主攻方向,深入开展情系民生的社会服务工作,积极拓宽海外联谊工作渠道,切实加强自身建设,各项工作扎实、有序开展。 (皮贻茂)

【自身建设迈上新台阶】 思想建设进一步加强。一是组织党员认真学习十七届四中全会、致公党中央十三届三中全会、2010年全国"两会"等精神。二是市委委派21名新党员参加致公党湖南省委"第二十三期党员思想建设学习班"的培训学习。三是选送2人参加"省社院第七期党外中青年干部培训班"学习,选送1人到省委党校培训学习,选送8人参加市社院党外干部骨干培训班培训学习。

组织基础进一步夯实。一是发展党员13人,其中公务员4人、医卫界4人、新社会阶层2人、教育界1人、经济界2人,文化程度均在本科以上,研究生3人,副科以上5人,平均年龄36.6岁。二是制定《致公党株洲市委基层支部建设年活动实施方案》和《致公党株洲市委基层支部建设暂行办法》,要求各支部围绕思想建设好、组织建设好、制度建设好、开展活动好、发挥作用好开展创建"五好"支部活动,每合格一项,市委"以奖代补"奖励1500元创建基金。在基层组织建设年活动中做到了有方案、有布置、有指导、有特色活动、有检查、有考评、有表彰、有效果。 (皮贻茂)

【宣传信息工作打开新局面】 一是编辑5期《株洲致公》信息刊物。二是重新编印党员通讯录。三是全年有2篇信息在中国致公网站刊登;41篇信息在湖南致公网站刊登;9篇文章在《湖南致公》刊物发表;19篇新闻稿件在三湘统战网站发表;130余篇信息在湖南统战信息电子专网刊登。四是积极参与市委统战部组织的"社会主义核心价值体系学与行"征文活动,撰写7篇理论文章,其中《试论社会主义核心价值观教育方法的丰富和发展》荣获湖南省委统战部一等奖,《践行社会主义核心价值观,必须"感""知""行"》、《民主党派应成为社会主义核心价值体系建设的践行者与推动者》荣获湖南省委统战部二等奖。 (皮贻茂)

【参政议政工作体现新水平】 以"两会"为舞台积极建言献策。在政协株洲市七届三次全会上,市委提交的《加强农村土地流转中的金融支持》获"优秀集体提案",提交的《发展株洲市农业产业电子商务》获"优秀个人提案",提交的《推进自来水户表改造 切实解决好民生问题》被评为优秀调研报告;致公党界别被评为市政协先进工作界别;委员曾思华、余群明、丁红春被评为优秀政协委员;市委向大会递交《株洲市饮水安全不容忽视》等集体和个人提案共27件。深入开展专项课题调研,积极反映社情民意。市委及基层支部相继撰写《关于加快株洲纺织服饰产业发展的策略思考》等8篇调研报告;撰写《我国农民工政治参与问题探讨》等2篇调研文章;撰写《做大旅游蛋糕应坚持"食、购、游"并重》等2篇大会发言材料;向省市政协及本党中央反映社情民意40余条。其中《关于党外代表性人士发现工作的思考》荣获株洲市委统战部统战理论研究优秀成果奖;《我国农民工政治参与问题探讨》荣获市政协优秀论文二等奖;《做大旅游蛋糕应坚持"食、购、游"并重》大会发言材料得到市委书记陈君文和市长王群的批示;《反映国共战争历史的纪念地列为爱国主义教育基地是否合适值得商榷》被中共中央统战部、全国政协、致公党中央《建言策》、省政协采用;《城郊结合部土地流转进程的几点建议》被致公党中央《建言策》采用;《建议重视妇女合法权益难以得到保障的问题》被省政协《社情民意》专刊采用。致公党株洲市委荣获2010年度市政协反映社情民意和信息工作先进单位。切实履行民主监督职能。2010年全市党员中被各级部门聘为特约监督员、检查员、审计员和政风行风评议代表的有16人(次),他们积极参加各种行风评议、执法检查、信访接待和听证等活动。 (皮贻茂)

【联络联谊工作凸显新特色】 为侨服务工作得到加强。2010年,完成对党员"侨""海"关系信息的重新登记,建立相关的数据库,加强与归侨、侨眷的联系。海外联谊渠道不断拓宽。2010年,有5名党员分赴澳大利亚、加拿大、法国等地探亲访友,1名党员外派伊朗作技术指导,1名党员赴韩国考察学习,党员接待"三胞"20余人次。12月18日,市委专职副主委曾思华随致公党湖南省委代表团出访美国、加拿大,这是致公党在株洲建立组织20多年来,市委领导第一次以致公党的名义出国访问。此次考察访问,加深了湖南致公党与美国、加拿大洪门社团的相互了解,建立了友好关系;向美国与加拿大华人、华侨宣传了株洲,并面邀了实业界人士到株洲参观考察和交流访问。联谊活动丰富多彩。9月16日,致公党株洲市委在国宾大酒店举行庆中秋茶话会,来自全市20个基层支部的老归侨、侨眷、归国留学人员等代表欢聚一堂,喜迎中秋、国庆佳节的到来;全年20个基层支部相继开展各种联络联谊活动30余次。 (皮贻茂)

【社会服务工作取得新成效】 社会捐赠献爱心。8月19日,芦淞区工委主委、湖南金世纪集团有限公司董事长张季宝以"金世纪助学"的方式,对4名即将步入大学校门的贫困新生进行资助,分别给予他们4000元/年的学费。9月

14日，天元区二支部、新华支部党员一行，前往荷塘区前进社区，向因患脑动脉瘤、乳腺癌而造成生活贫困的4户困难家庭分别送去1200元、1000元不等的(共计4600元)慰问金，并送上月饼，表达对贫困家庭的关爱之情和中秋佳节的祝福。医疗义诊显真情。4月15日，市委组织市一医院支部党员一行10余人到天元区泰园社区开展医疗义诊活动，医疗专家共义诊患者157人，测血压87人，接受各类咨询76人次。4月24日，市委组织市二医院支部党员在白马垅镇开展新型农村合作医疗的宣传和大型医疗义诊服务。接受咨询的有80余人，测血压的有60余人次，义诊病人50余人，发放宣传资料150余份。牵线搭桥有成效。11月13日，市委通过党员牵线，邀请部分湖南省汽车行业精英、专家学者到株洲，在天台山庄举行"株洲汽车零部件研发中心及产业园建设可行性研讨会"。专家学者们就调整株洲汽车产业的发展思路发表了很有借鉴和指导作用的意见、建议。　　(皮贻茂)

九三学社株洲市委员会

【概况】 2010年，九三学社株洲市委员会有基层委员会1个，区工委3个，支社15个，直属小组2个，社员272人，平均年龄51岁。社员中具有高级职称的132人，占52%。出任各级人大、政府、政协等部门领导职务的社员20人，担任各级政协委员、人大代表40人，被各级各部门聘为特约监督员、检查员、审计员和政风行风评议代表的社员11人。

一、思想政治建设常抓不懈。一是在全市社员中开展"树立和践行社会主义核心价值观"活动，承办社省委常委(扩大)会议暨"践行社会主义核心价值观"讲座，积极组织全体社市委委员和支社领导班子认真听取社中央研究室岳庆平主任所作的社会主义核心价值体系辅导讲座。二是狠抓理论学习，提高社员政治把握能力，召开各级各类学习会、座谈会、主委办公会、市委(扩大)会、专题调研会10余场(次)；组织集中学习中共中央十七大五中全会精神与中共株洲市委十届十次全会精神。三是加强理论研究，不断增强参政党理论研究队伍建设，并向社省委推荐李文亮、周建明等一批理论素养高、政治敏锐度强的社员担任理论研究员。4月，完成中共市委统战部组织的"关于党外代表人士队伍建设"的调研报告；主委张国浩、副主委肖运平撰写的《谈民主党派在人民政协的作用》获市政协理论研究优秀论文，副主委肖运平撰写的《践行社会主义核心价值观 加强参政党自身建设》、《浅谈民主党派评价体系的构建》等理论文章，得到社省委和中共株洲市委统战部的肯定。四是加大宣传信息工作力度。全年向社省委、市政协和中共株洲市委统战部报送各类信息30余条，很多被相关刊物、网站、媒体采用、发表。加强宣传信息工作，将2009年优秀提案、优秀调研报告、优秀理论文章以及部分优秀宣传信息进行整理，出版社市委机关刊物《株洲九三》1期。

二、组织建设稳步发展。严格发展新社员手续。2010年，社市委发展成员18人，其中硕士以上学历4人；高级职称3人，中级职称12人；平均年龄36岁。基层组织建设成效显著。4月23日，社市委成立千金支社；5月29日，成立九三学社株洲市委荷塘区工委、芦淞区工委和石峰区工委；10月31日，将醴陵支社分立为2个支社，同时对部分支社组织进行了支委班子换届。9月，社中央在纪念建设65周年之际，对5年来工作中取得优异成绩的基层组织和个人予以表彰，社株洲市芦淞区工委被社中央授予优秀基层组织荣誉称号，社员李文亮、李蓓被社中央授予全国优秀社员荣誉称号。"五有"工作得到进一步落实。2010年，各支社的活动经费、场地均基本落实到位，同时给各支社按50元/人的标准下拨经费；各级各类培训顺利完成；各支社围绕辖区党委、政府的中心工作和经济社会发展的热点分别开展专题调研，反映社情民意；7月13~14日，社中央组织部文文部长到株洲就基层组织建设问题进行视察调研时，重点视察了芦淞区工委、醴陵支社等几个基层支社的活动场地，并详细听取了社市委主委张国浩和专职副主委肖运平就株洲九三基层组织建设工作的汇报，文文部长对社市委基层组织建设和"五有"工作表示了充分肯定。

三、参政议政成效显著。一是积极参与政治协商。2010年，社市委主要领导应邀参加中共株洲市委、市人大、市政府、市政协召开的市委全会、民主协商会、政情通报会和各级各类座谈会20余次，就株洲的"十二五规划"、国民经济和社会发展战略、市政府工作报告、市委重要人事安排、贯彻中共中央和国务院不同时期的重要工作部署等重大问题认真负责地发表意见，提出建议。二是加强参政议政专题调研。7月14~15日，社市委组织成员中的省、市政协委员，人大代表及部分骨干社员20余人，就"关于农村医疗状况的调查"、"园区建设与科技创新的研究"、"关于中央惠农政策落实情况的调查"等课题分赴株洲地区南4县1市开展调研和视察。活动分为5个调研组。各调研组按照社市委要求，在各县市召开座谈会、走访乡镇村卫生院所、农户，获得真实可靠的第一手资料，形成调研报告《农村医疗卫生现状调查》、《株洲市县域工业园区科技创新严重乏力》、《中央惠农政策在株洲地区落实情况调查》。在政协株洲市第七届委员会第四次会议上，九三界别被政协株洲市委员会授予2010年度"先进工作界别"称号；肖运平、邓群、肖宏琳等3人被评为"优秀政协委员"，社市委集体提案《农产品安全生产刻不容缓》和个人联名提案《加强和规范住宅专项维修资金管理》、《进一步促进我市社区助老服务产业发展》、《关注农村"留守老人"》被评为2010年度优秀提案，社市委课题调研组的《株洲市工业园区现状的调查》、《株洲地区农村医疗卫生考察报告》被评为优秀调研报告。三是社员工作展风采。2010年，文艺支社程邦化、王红蓓参与的花鼓戏《腊鱼庙的传说》获2010年湖南省首届县改剧团优秀剧目金奖；社员马智力创作的现代小花鼓戏《早春》获首届全国戏剧文化奖剧本一等奖，并由湖南省文化厅推荐入围"中央文化部2009～2010年全国舞台艺术精品工程"；社员曹光辉出版长篇报告文学《洁灵卫士之歌》，文学评论《深沉的现实内涵和沉痛的情感世界》一文被《理论与创作》杂志刊登；社员宋才逢多篇文章与诗集在省市报刊中发表，得到许多专家与读者的好评。湖南工业大学委员会积极开展学术研究，取得许多科研成果，主持国家级科研课题3项，主持省重大科技项目1项，承担国家级科研项目5项，主持各类省部级科研项目40多项，获省级教学成果奖2项，省教育厅科技进步一等奖1项，发表论文多篇，其中被SCI收录的论文有60多篇，EI收录的有30多篇，申请专利20多项，与不少企事业单位建立了横向联系，及时把科研成果应用到生产实践中去，为企业解决生产实际问题。（丁　倩）

【九三学社株洲市委荷塘区工委、芦淞区工委、石峰区工委成立】 5月29日，九三学社株洲市委荷塘区工委、芦淞区工委、石峰区工委成立大会在新天大酒店召开。九三学社湖南省委专职副主委王仁祥、中共株洲市委统战部副部长杨剑涛出席会议并作重要讲话。九三学社株洲市委新设立3个工委，是为加强区辖各支社间的横向联系、发挥党派的群体优势、促进基层支社服务于所在辖区的经济建设和社会发展、在所在的行政辖区代表社市委全面履行职责。会上，副市长、社市委主委张国浩，社省委副主委王仁祥，市委统战部副部长杨剑涛为新成立3个工委授章、授牌。（丁　倩）

【九三学社株洲市委醴陵一支社、醴陵二支社成立】 为进一步完善组织建设，更好地开展组织活动，发挥基层支社的凝聚力和战斗力，10月31日，醴陵支社全体社员会议在醴陵市建设局召开，会上将原醴陵支社撤销，分别成立醴陵一支社和醴陵二支社；撤销原醴陵支社支委班子，由新成立的醴陵一支社、醴陵二支社分别选举产生出支社领导班子。（丁　倩）

【九三学社湖南省委六届十五次常委（扩大）会在株洲召开】 7月2～3日，九三学社湖南省委六届十五次常委（扩大）会在株洲天台山庄隆重召开。九三学社中央研究室主任岳庆平、中共株洲市委书记陈君文、中共株洲市委统战部部长张雄、株洲市政协副书记历铁夫、九三学社湖南省委主委张大方等领导参加会议。九三学社省委各处室负责人、各地市州专职副主委列席会议。会议的主题是树立和践行社会主义核心价值体系学习研讨。7月2日上午，常委（扩大）会开幕式上，市委书记陈君文发表讲话，介绍了株洲的经济社会发展情况。九三学社湖南省委主委张大方作开幕讲话。社中央研究室主任岳庆平作社会主义核心价值体系辅导讲座。下午会议围绕"树立和践行社会主义核心价值体系"进行了大会交流发言。7月3日，与会人员参观了南车株洲电力机车厂、团结大院和株洲市规划展览馆。（丁　倩）

株洲市工商业联合会（总商会）

【概况】 2010年，株洲市工商业联合会（总商会）积极服务全市经济社会发展主战场，各项工作取得显著成效。全年新建行业商会2个，即株洲市郴州商会、女企业家联合会。全市共有会员10433人，其中，企业会员4613家，团体会员112家，基层组织60家，行业商（协）会50家，异地商会4家。全年非公经济完成产值640亿元，占GDP总量的52%；实现税收62.7亿元，占税收总额的73%；完成投资518亿元，对全市经济增长的贡献率达62.8%。非公经济成为拉动经济增长的重要力量。全市个体私营企业从业人员达到110万人，占社会就业总人数的70%；非公企业为农村转移劳动力和城镇新增就业提供70%的岗位，城乡居民收入的60%以上来自于非公经济。（陈云华）

【融资服务成效显著】 积极推进会员信用互助联保机制，全年共有370家企业自愿组成100个互助联保组，总计放贷3.4亿元；通过"株洲市世富投资有限公司"融资平台，为20家工商联会员企业融资8600万元，以鸿运担保公司和鑫鼎担保公司为平台，帮助会员企业担保贷款达1.1亿元；帮助会员企业新申办2家小额贷款公司。截至2010年，全市6家小额贷款公司逐步进入正常良性运行，总注册资本3亿元；帮助企业会员办理120多张30～100万元的信用透支卡，总计约2亿元。组织会员单位参加"三大战役"融资合作洽谈会，签约78个项目，总金额149亿元。

（陈云华）

【人才服务渠道多样】 2010年，市工商联开办"株洲民企人才网"积极为非公企业提供职位信息服务，网站点击量持续上升，在省内颇有影响；成功举办"民营企业招聘周"和"民营企业专场招聘会"，登记求职3682人次，达成初步意向1290个；与市劳动社会保障局、株洲电视台联合举办《职场练练看》大型公益电视求职节目，反响良好；继续做好"中南大学创新实践教学株洲基地"的工作，13家会员企业接收中南大学思想政治学院40名学生为期1个月的实习；与湖南工业大学研究生部建立长效合作机制，唐人神等10家会员企业成为湖南工业大学19个研究生专业的"实践教学基地"，为非公企业引进和储备人才开辟了多样途径。（陈云华）

【参政议政质量提升】 组织开展“2009年度上规模民营企业情况调查”、“民营企业参与光彩事业调查”、“2010年全国第九次私营企业调查”等专题调研活动6次。撰写《株洲非公经济发展报告》。积极建言献策,“建议出台促进中小企业信用互助联保贷款工作实施细则”、“非公经济如何突破瓶颈谋求科学发展”、“加强两新组织党建工作的建议”等10篇建言献策材料和理论文章分别被湖南省“两会”、湖南零讯稿、三湘统战网采用。提交提案议案13个,其中“关于科学规范洗水行业的建议”被市政协评为优秀提案。选派30名非公经济代表人士作为全市政务环境测评员。 (陈云华)

【宣教工作再上台阶】 开通工商联门户网站,为会员提供政策信息服务,宣传推介会员企业及其产品;改版并编印《株洲商会》5期;与株洲南楚画苑艺术有限责任公司联合创办发行《淘友报》4期;完成《株洲市民企人才网》栏目改版工作;全年上报信息98条,其中被省、市采用65条。在会员企业中积极开展评选评优活动,大力宣传表彰非公经济领域中典型事迹和先进人物。陶一山、胡红霞、罗波、泉州商会分别获“全国优秀企业家”、“湖南省优秀女企业家”、“株洲市岗位技能明星”、“株洲市红十字救灾工作先进集体”称号;陈菊香、邹丽君、文波获“湖南省杰出创业女性”殊荣。发动非公企业及其员工参与株洲市第二届“劳动技术能手”的评选活动。先后组织269家企业600多名企业家、企业高管参加省、市组织的“清华大学EMBA高峰论坛”、“首届湖南私募股权投资基金高峰论坛”、“株洲本土私募股权投资基金洽谈”、“株洲中小企业融资培训”等活动;举办有300多名非公经济人士参加的“最新税收知识与纳税筹划知识”讲座;在市委党校举办有50多名非公企业管理人员参加的非公企业管理人员培训班,赢得了良好赞誉。 (陈云华)

【光彩事业贡献巨大】 按照“互补互惠、实现共赢”的原则推进“万企联村、共同发展”活动,2010年,全市共有2800多名非公经济人士、706家非公企业与486个村对接项目501个,转移农村剩余劳动力8.8万人,帮助农民增收2.7亿元。非公企业实现增加值570亿元,新增产值过亿元的非公有制企业达25家。组织51个会员单位参加株洲市31个基层党建帮扶点的工作。组织会员单位参加“五下乡”和“玉树地震”赈灾活动,工商联及各会员单位捐赠款物共计328.8万元。和《株洲晚报》联合发动“为特困低保户送年货”大型公益活动,共募集善款、爱心物资总价值404435元,受助低保家庭1100多户。积极开展“金秋助学见行动”活动,会员企业共捐款57.52万元,捐助贫困大学生和高中生300多人。 (陈云华)

群众团体

株洲市总工会

【概况】 2010年，株洲市总工会机关有干部职工89人，其中在岗职工45人，离退休人员44人，内设10个部(室)，下辖2个工人文化宫。全市共有工会基层组织6699个，工会会员73.3万人。年内，市总工会按照“更加扎实，更多亮点，更大影响，更有作为”的工作要求，创新思路，尽心履职，创造性地开展工作，圆满完成全年工作任务，在省总工会对各市州工会和省直工会的年度考核中，株洲市总工会再次荣获一等奖。 (陈建智)

【开展服务“三大战役”劳动竞赛活动】 2010年，市总工会紧紧围绕城市提质、园区攻坚、旅游升温“三大战役”，积极开展以服务“三大战役”为主题的“先锋杯”系列劳动竞赛活动，600多家中小企事业单位、40多万名职工参赛，其中各县市区总工会及旅游行业、建设行业、城市管理行业、餐饮行业、卫生行业等行业工会，围绕“三大战役”主题，结合各自实际和职能特点，开展形式多样、特色鲜明的竞赛活动；各工业园区积极组织园区非公企业参赛，形成“横向到边，纵向到底”的社会化劳动竞赛格局，充分激发了广大职工建功立业、服务大局的热潮。围绕转方式、促两型，在新产品研发、节能减排、革新挖潜等领域，广泛开展岗位练兵、技能比武、技术培训、合理化建议和节能减排“金点子”等群众性经济技术创新活动，进一步提高职工技能，提升企业效益，推进企业发展。 (陈建智)

【株洲项目化维权帮扶模式在全省推广】 2010年，按照“改善民生，促进和谐”的总体要求，市总工会研究制定《领导小组成员职责》和《关于明确工作项目和落实部门责任的意见》，并整合工会、劳动、民政、财政、教育、司法等16个部门帮扶维权资源，实行项目运作，共细化分解成“双联”工作、困难职工和农民工就业创业援助、低保救助、国有困难企业职工医疗保险、金秋助学等15个维权帮扶工作项目，实行项目负责制，每个部门签订《共同约定书》。每个项目都明确牵头部门、配合部门、相关职责，将工作内容进行量化分解，基本形成“党政主导，一方牵头，多方配合，社会监督”的项目化维权帮扶运作模式。在12月20日召开的湖南省“双联”帮扶工作现场经验交流表彰会上，株洲就项目化维权帮扶工作模式作题为《健全网络，创新机制，努力创建项目化帮扶维权工作新模式》的书面发言，得到省总的充分肯定，并在全省推广。 (陈建智)

【“两个普遍”工作有序推进】 2010年，株洲市将依法推进企业普遍建立工会组织、普遍开展工资集体协商统一起来，一同研究，一同部署，全面推进。9月20日，全市召开推进“两个普遍”工作会议，制定下发《全市工会系统开展创先争优落实“两个普遍”工作实施方案》，确定推进“两个普遍”工作3年行动计划。坚持“党建带工建，党工共建”的原则，重点加强规模以下非公企业工会组建力度，积极探索区域性、行业性党工共建新路，大力发展农民工、劳务派遣工会员。稳妥推进非公企业工会主席职业化试点工作。全年新组建基层工会457家，发展会员42899人。依法推进工资集体协商工作，加强分类指导，规范协商程序，力求工作实效。加强工资集体协商指导员队伍建设，培训指导员360余人。培养和选树工资集体协商示范企业40家，确立区域性、行业性工资集体协商试点单位20家，以点带面推动工作。全市共有1206家企业签订工资集体协议，覆盖职工36万余人。 (陈建智)

【“双联”工作卓有成效】 2010年，全市“双联”机构和参联单位不断完善工作机制，创新方式方法，突出工作重点，打造亮点特色，在服务企业发展、帮扶困难职工、促进社会和谐中发挥积极作用。全市745个机关联系654个企业，1.5万名机关干部联系2万多名困难职工，其中市直98个机关联系72家困难企业和26家优势企业，“双联”工作网络不断健全，覆盖面不断扩大。全年全市“双联”机关为企业优化经济发展环境办实事1000余件；帮助80家企业解困，100多家企业减亏增效；帮助企业协调引进资金1.5亿元；为困难企业职工发放救助金400余万元。部分参联机关将工会组织建设、推动工资集体协商等工作纳入“双联”工作范畴，做了积极有效的工作。年内，株洲市被评为2010年全省“双联”和困难职工帮扶工作先进市。 (陈建智)

【扎实推进职工素质工程建设】 2010年，市总工会积极开展“首席技师命名”、“名师带高徒”等活动，推荐26名技师获“湖南省首席技师”称号，选配名师带高徒167对。大力实施园区攻坚高技能人才培养带动计划，组织30多家企业的700多名员工参加园区攻坚高技能人才培养带动计划培训班。举办71人参加的企业班组长和基层管理人员通用管理能力认证培训班。积极组织参加全国职工优秀成果申报工作,株洲市2项成果获全国表彰。以第六轮女职工“芙蓉杯”竞赛活动为载体,组织开展“学习成才、技能提升、岗位建功”三大竞赛活动,提升女职工队伍素质。加强“职工书屋”建设,开展“创建学习型组织,争做知识型职工”活动和职工职业道德建设活动,多渠道、全方位提高职工素质。 (陈建智)

【大力发展和谐劳动关系】 坚持和完善职工代表大会制度,积极推进企事业单位厂务公开民主管理工作。进一步完善工会、劳动、企业家协会3家协商会议制度。全力推进“共同要约”行动,全年共有365家企业开展“共同要约”行动。继续开展“安康杯”竞赛活动,组织260家企事业单位、21万职工参赛。联合市劳动和社会保障局、市农业局等部门开展返乡农民工就业创业援助行动,组织6000余名返乡农民工参加各种就业培训。与劳动和社会保障局等部门联合开展“民营企业招聘周”等7场招聘会,安置大中专毕业生、城镇失业人员3700余人就业。积极参与劳动争议仲裁调解,全年参与仲裁调解156件次,其中工会仲裁二庭开庭76次,裁决34件次,调解成功42件次。认真开展普法和法律援助工作,全年为331名困难职工提供法律援助,为职工讨回工资、社保费、工伤待遇等576万元。 (陈建智)

【“金秋助学”成效显著】 2010年,株洲市按照项目化维权帮扶运作模式,首次明确“金秋助学”帮扶项目由市教育局牵头,并将申报工作由全市教育系统统一受理,市总工会、市教育基金会、市财政局、市工商联、团市委、市妇联、市慈善办、市红十字会、株洲日报等部门积极筹资,鼎力配合。改变以往由教育、工会、妇联、团委等部门多管齐下、各自为战的做法,避免了分散救助、重复救助的现象,形成帮扶合力,提升了帮扶效率。全年全市各级各部门共筹集助学资金800余万元,资助学子4000多名,其中市、县区两级工会筹集资金220万元,助学资金、救助人数均居全省各地(州)市首位。 (陈建智)

【举办庆祝“五一”国际劳动节暨2009年度劳动模范、先进工作者颁奖典礼】 4月29日,株洲市庆祝“五一”国际劳动节暨2009年度劳动模范、先进工作者颁奖典礼在市委礼堂举行。陈君文、王群、姜玉泉、刘岁文等市领导和省总工会领导出席颁奖典礼,并给获得2009年度劳动模范和先进工作者的30人颁奖。市委书记陈君文为颁奖典礼致辞。颁奖典礼上,30名劳模和先进工作者向全市职工发出“发挥主力军作用,服务三大战役”的倡议。

(陈建智)

2010年全国劳动模范

株洲冶炼集团股份有限公司质保部原料检验站 谢平根
中国南车长江车辆有限公司株洲分公司组装车间中梁电焊班 欧清莲
株洲百货股份有限公司大家电部 彭永健
南车株洲电力机车研究所有限公司 丁荣军
炎陵县中村乡梅岗村 兰才干
株洲荷塘区明照乡亭子前村 宾 文
醴陵市国家税务局 颜建民
株洲市第二中学 陈金娇

2010年湖南省劳动模范、先进工作者

中盐湖南株洲化工集团有限公司氯气抢险队 伍月生
中航工业南方动力机械有限公司国际工贸分公司机匣线 袁健松
南车株洲电力机车有限公司机车事业部总成车间钳工班 陆 斌
株洲齿轮有限责任公司齿轮车间 易 萍
大唐华银株洲火力发电有限公司控制部电控 黄 姝
株洲市炎陵县环卫处 叶辉平
株洲县自来水公司 李 曙
株洲冶炼集团有限责任公司锌焙烧厂沸腾炉 谢华涛
南车长江车辆株洲分公司备料车间 罗云富
中国航空动力机械研究所总师办 李东杰
南车株洲电力机车研究所有限公司 刘可安
湖南省工业设备安装有限公司深圳华侨城项目部 易新河
湖南省醴陵市吉利鞭炮烟花有限公司 黎 毅
湖南省第五工程有限公司 郭秋菊
茶陵县城关镇企业服务站 谭回来
南车株洲电力机车有限公司 徐宗祥
湖南省火电建设公司 钟术蒙
株洲联诚集团有限责任公司 肖勇民
株洲惠丰养殖合作社 田 立
炎陵惠农白鹅养殖专业合作社、湖南福来喜鹅业有限责任公司 廖定胜
株洲市金龙大酒店餐饮部 张水清
攸县新市镇新联村 易福元
醴陵市孙家湾乡孙家湾村、醴陵银和瓷厂 叶志钢
群丰镇合花村 周水强
茶陵龙盛矿产品加工厂 刘龙生
株洲攸县桃水镇 周矩矩
株洲云龙示范区云田乡 易仕林
株洲市城市管理行政执法局 胡才强
醴陵市公路局 欧国荣
株洲市荷塘区六〇一社区居委会 刘 平
株洲市天元区市政维护管理处 冯正根

株洲市一医院肝胆外科 唐才喜
株洲市农业科学研究所水稻研究室 石天宝
茶陵县第一中学 陈庚发
株洲景炎学校 范希娟
株洲市地方税务局 祝卫平
中共株洲市委、市城市管理行政执法局 朱振湘

2009年度株洲市劳动模范、先进工作者

株洲冶炼集团有限责任公司 柳祥国
南车长江公司株洲分公司 刘朝辉
中航工业南方公司 龙宪翼
湖南中兴设备安装公司 贺朝辉
中盐株化集团钛白粉厂 谭玉林
株洲硬质合金集团有限公司 刘明福
湖南神龙米业有限责任公司 胡亚平
株洲海联出租车公司爱心车队 沈智勇
株洲国宾酒店 屈　恺
天元区环卫处天台路清扫班 易桂芝
湖南智成化工有限公司 刘定惠
南车株洲电力机车有限公司 刘厚林
株洲兴隆化工实业有限公司 周　敏
株洲博雅实业有限公司 周　博
湖南省电力公司电瓷电器厂 万四海
湖南省地矿局416队 张国华
湖南省贵派电气公司 范桥平
天元区高塘村 罗　平
株洲县龙凤乡中田村 谢建光
茶陵县潞水镇元王村 谭运华
醴陵市浦口镇顺达福利工厂 彭喜平
攸县莲塘坳乡下田村 欧阳珍奇
株洲市妇幼保健院 周春惠
市政府创建办督查科 黄　萍
荷塘区地方税务局 伍　昭
芦淞区交警大队二中队 袁宣日
炎陵县一中政教处 谭小春
株洲电视台法制频道 游盟长
株洲市伤科医院 蔡安烈
株洲市中心血站 罗贤瑞

共青团株洲市委员会

【概况】 共青团株洲市委员会内设办公室、团务部、联络部、宣传部、研究室、志愿者指导中心6个部室，专职团干16人。截至2010年年底，全市共青团系统有团委342个，团总支398个，基层团支部3656个，覆盖团员16.1万名。

2010年，株洲共青团团结奋进，争创一流，组织覆盖进一步扩大，工作影响进一步加强，全市共青团工作取得可喜成绩。先后获得2010年度湖南共青团工作先进单位、株洲市创建国家交通管理模范城市工作先进单位、2010年度市直机关文明建设先进单位、2010年度全市环保型机关等多项荣誉称号。 （谭德伟　袁霄飞）

【扎实推进就业创业工程】 2010年，团市委成功举办“2010年技能月”活动，联合市委人才办、市劳动局等单位组织全市54家企业、14家职业院校的近千名青年技工参加职业技能竞赛，选出一批高素质的青年技工人才，受到有关企业的高度关注；成功举办株洲市首届大学生创业大赛，共为参赛大学生筹集创业扶持资金近50万元，参赛大学生的创业意识和创业素质得到有效加强；成功开展“送金融知识下乡、圆青年创业梦想”活动；联合市银监局组织全市14家金融机构在炎陵县开展金融知识宣传、金融知识培训、行长论坛和项目对接等6大主题活动，普及了金融知识，切实服务了青年创业融资；积极打造青年创业新平台，指导、帮助芦淞区团委依托产业优势，成立芦淞服饰青年创业俱乐部，在芦淞服饰市场群创办全省首家城市新青年创业学校，培训青年“网商”近千名，《中国青年报》进行了报道。 （谭德伟　袁霄飞）

【基层组织建设不断加强】 一是建立纵向联系、横向帮扶的工作机制。制定实施《“强基兴团”工程工作方案》，采取团市委领导办点与企业、高校、机关结对帮扶相结合的形式，整合资源，共同帮助县市区加强基层团组织建设。实施片组交流制度，定期开展片组交流活动，整体推进基层工作，这一做法在全省得到推介。二是全力推进非公企业团建工作。积极争取县市区委的支持，在所有县市区的工业园区成立团工委，按照“应建必建”的原则推动园区内企业建立团组织。启动“非公团建百日攻坚行动”，全年共新建“两新”团组织386家，超额完成团省委下达的任务。三是大力推进驻外团工委建设。依托驻外党建优势，按照市县两级同步建的模式，在株洲籍务工青年聚集的深圳市成立株洲驻深圳团工委和5县市驻深圳团工委，并协助湖南驻深团工委成功举办“首届湘籍在深务工青年文化艺术节”，社会影响进一步提升。四是切实加强大学生村官队伍建设。联合市委组织部开展全市首届“十佳大学生村官”评选活动，10名优秀大学生村官受到表彰和宣传，进一步坚定全市大学生村官立足农村、矢志创业的决心。

（谭德伟　袁霄飞）

【扎实推进志愿服务工程】 一是志愿服务运行机制得到不断完善。进一步规范全市各级青年志愿者协会、青年志愿者服务队的组织管理。在城市4区的所有社区成立“社区志愿者工作站”，全面开展“四个一”活动，社区志愿服务网络不断完善。二是志愿服务重点内容得到有效突出。开展“志愿星期六、共创交模城”活动，活动历时5个月，万余名志愿者发放宣传资料5万余册，劝导违章行为3万余起，团市委被评为“全市创建国家交通管理模范城市先进

单位”。开展创建文明城市万名志愿者宣传活动和神农城及湘江风光带“青年文明示范区”创建活动,吸引市民主动参与。“一瓶水、一份情”支援西南灾区募捐行动、“情暖玉树大爱无疆”支援玉树募捐行动,共筹集善款75万余元。“关爱农民工子女志愿服务行动”,结对农民工子女1.3万名,捐赠物资、资金累计50余万元,被团中央评为第八届中国青年志愿者优秀项目奖。三是志愿服务精神得到广泛宣传。积极推广志愿服务理念,大力宣传志愿服务活动的经验和志愿者的感人事迹。市青年志愿者协会经常深入基层为广大团员青年讲授“志愿服务”主题培训课程。注重大型志愿服务活动和纪念日的宣传,“学雷锋活动月”、“六一”期间、春节前夕分别在《株洲日报》、《株洲晚报》开辟志愿服务宣传专版。在“中国共青团”网站开通“关爱农民工子女”博客。

(谭德伟　袁霄飞)

【扎实推进成长领航工程】 一是青少年权益保护工作进一步强化。开展重点青少年群体排查摸底专项行动,实施青少年违法犯罪数据月报、年中督察、年底检查考评制度。组织“青少年远离毒品”活动,石峰区成立全市第一支禁毒青年志愿者服务队。年初在“两会”期间,围绕“青少年安全绿色上网”的主题,举行“共青团与人大代表、政协委员面对面”活动座谈会;下半年先后2次邀请有关市领导和人大代表、政协委员就“新生代农民工子女的教育问题”进行专题调研,并向有关部门提出具体的工作建议。二是学校共青团工作进一步巩固。认真贯彻落实团省委下发的《关于进一步加强高职学校共青团工作的意见》精神,对全市高职高专共青团工作建立信息库,加强高职学校团干部队伍建设。积极开展中职学校学生社会化技能培训,努力提高中职学生适应社会的能力。大力开展以“服务新农村,建设新家园”为主题的大中专学生暑期“三下乡”社会实践活动,有基层医疗卫生服务团等7支服务队申报为省级“三下乡”社会实践活动重点服务团队。三是团外围组织建设得到进一步拓展。市青联、青企协成功召开换届选举大会,增选一大批优秀青年人才和青年企业家,分别选出新一任领导班子。四是少先队工作进一步加强。在全市少先队组织广泛开展“喜迎少代会,争当‘四好少年’”主题活动。成功推选2名少代会代表赴京参加全国第六次少代会。组织参加全省首届少儿艺术大赛,并获得优秀成绩。

(谭德伟　袁霄飞)

【扎实推进素质拓展工程】 一是“双争”活动成效明显。在全市各级团组织和广大团干部中深入开展“争创学习型团组织、争当学习型团干部”主题活动,并提出“五个一”的具体要求(即:每周一次集中学习、每月阅读一本好书、每季听取一次讲座、每半年举行一次交流、每年撰写一篇以上调研文章)。各级团组织严格执行规定动作,着力创新自选动作,迅速掀起“双争”活动的热潮。通过开展“团委书记讲团情、上团课”等活动,全市团干部队伍综合素质明显提升,学习力、思考力、执行力和创造力明显增强。二是队伍建设不断加强。团市委坚持把干事业和带队伍有机结合,加强干部协管力度,建立健全上级团委与下一级党委分管领导的纵向沟通机制,切实关心团干部成长。2010年,团市委机关中层干部转岗2人,各县市区团委书记、副书记转岗6人,各级团的班子结构得到进一步优化。与市委组织部联合举办市委党校团青班,对40多名基层团干和青年干部进行为期2个月的集中培训,有力提升了青年干部的综合素质,夯实了团的工作基础。(谭德伟　袁霄飞)

株洲市妇女联合会

【概况】 2010年,株洲市妇女联合会按照“重实效”、“重推进”、“有特色”、“有影响”的工作思路,在促进妇女创业、弘扬和谐文化、建设文明家园、维护妇女权益等方面开创了新局面。先后被授予全国维护妇女儿童合法权益先进单位、全国五好文明家庭创建活动先进协调组织、全国创建学习型家庭示范城市等多项荣誉称号。

一、服务发展有新作为。2010年,会同财政局、劳动局和人民银行转发《关于完善小额担保贷款财政贴息政策推动妇女创业就业工作的通知》,推动市委、市政府把小额贷款纳入《株洲市创建国家级创业型城市创建工作具体实施细则》,协调推动贷款额度由5万元升至8万元。截至2010年12月底,全市共有448名女性先后获得2370万元贷款,占全市小额贷款总额的74%,带动就业1241人。指导株洲市女企协和女商会在全省率先实现整合,做到优势互补,强强联合,发挥出“1+1>2”的作用。2月25日,联合市劳动保障局、市人事局、市教育局、市总工会举办株洲市2010年“春风行动”首场大型专场招聘会,为广大进城务工人员、大中专院校毕业生、就业困难人员提供岗位1500多个,接待应聘者2万余人。6月2日,联合女企业家举办“招贤纳士凤舞株洲”专场招聘会,44名民营女企业家亲自招聘,提供岗位858个,达成意向348人,其中女性占8成,招聘成功率达50%。

二、推进妇儿工作有新进展。一是维权先行。开通“12338”维权热线,全年接待来电来信来访966起,1632人次;与市中级人民法院在全省率先推出“圆桌审判”模式。依托“引航心理咨询”团,利用“三八维权周”,开展法律咨询活动,接待妇女600余人次。二是民生为先。加大“两癌”检查项目推进力度,全年全市近6万名农村妇女参加妇女病普查普治,办理女性安康保险27.27万元。株洲县19个乡镇全部启动防“两癌”普查工作,为3789名农村妇女提供免费检查,普查完成率达101.2%。三是公益为主。组建“亲子教育讲师团”,邀请台湾婚姻家庭专家魏晓峰博士等知名人士到株洲开设公益讲座。成功举办庆“六一”春蕾计划20周年庆祝活动，协助九方中学开办春蕾高中班，招收80名品学兼优的贫困学生，为他们提供高中期间学杂费、住宿费全免资助。走访慰问59名春蕾高中生，送去助学金5.9万元。联合施燕美容公司在炎陵县开展“关爱春蕾共建和谐”助学活动，20名学生每人获1000元支助。全年共接受社会爱心人士资助款18万多元，帮助困难儿童169名。

三、打造组织活力有新成效。一是开展基层组织建设示范乡（镇、街道）和示范村（社区）评选活动。炎陵县龙溪乡获评全国妇联基层组织建设示范乡，株洲县朱亭镇黄洲村、天元区嵩山街道湘银社区等25个村（社区）获评全国妇联基层组织建设示范村（社区），天元区嵩山街道小湖塘社区获评全国创建学习型家庭示范社区。二是开展基层妇女干部生存状况调研，了解妇女发展和妇女干部成长的实际问题。规范“妇女之家”创建工作，活动场地、设施设备、管理制度统一标准，统一要求，全面落实。三是开展党建帮扶和双联帮困工作，深化“走进妇女、共促和谐”主题实践活动，通过“大走访、大调研”，全年慰问困难群众1150人次。开展“我身边的优秀女共产党员”群众推荐活动，7000多名群众参与，推荐优秀女党员123名。　（李华迎　杨　媛）

【举行纪念“三八”妇女节百年华诞大会暨颁奖典礼】　2010年3月8日，市妇联在市政府礼堂举行三八国际劳动妇女节百年华诞暨株洲市百名优秀女性颁奖典礼。会上，表彰妇女工作红旗集体和先进集体31个，表彰各类妇女先进典型191人，其中包括100名优秀女性。她们当中有勇攀科学高峰的女科技工作者，有挑战命运、勇立潮头的下岗女工等等。她们是新时期优秀株洲女性的一次集中展现。市政府还首次给“三八红旗手”和“十佳巾帼标兵”记二等功和三等功。（李华迎　杨　媛）

【选树典型 构建和谐】　全年组织评选了30户文明家庭，表彰了6户绿色家庭。推荐的3个低碳家庭、2个书香家庭分别获得省级和国家级表彰。其中，攸县牛万年、欧阳珍娥家庭获评全国“五好文明家庭”标兵户称号。2010年，新增创建18个市级巾帼文明岗，芦淞区会计管理局等9个岗台被评为省级巾帼文明岗，天元区群丰镇湘云村等4个村被授予省级巾帼示范村荣誉称号，荷塘区晏家湾等2个社区被评为全国妇女健身示范站点。

（李华迎　杨　媛）

【推进妇女培训体系建设】　2010年，市妇联把提升女性人才综合素质作为推进妇女发展的重要抓手。充分利用技能培训学校、高等院校、科研院所等教育机构开展分级分类、有针对性和实用性的素质培训。8月，与市委组织部、市人才办联合在上海复旦大学开办株洲市女性人才高级研修班，共有59名学员参加培训，其中副处级以上女干部25人，科级女干部29人，女企业家5人，这是历年妇联在名校高校举办培训班人数最多的一次。年内，选送19名妇联干部参加省市各类培训学习，各级妇联组织开办各类技能培训班86期，培训妇女4.9万余人次，发放培训资料5万余份。

（李华迎　杨　媛）

【春蕾爱心屋】　2010年，市妇联自筹资金30万元创办全市首家公益平台——春蕾爱心屋，通过搭建互助平台，借助项目化运作，使公众需求与公共服务有机结合，为全市贫困低收入家庭及进城务工子女提供免费艺术培训、免费图书吧、免费成长体验营。全年春蕾爱心屋开展免费培训13260人次。创办的以“生命教育”为主题免费成长体验营，通过全方位、多视角，将传统文化与现代元素在青少年中正确引导和传播，为未成年人身心健康发展打造优质环境。　（李华迎　杨　媛）

【爱·家大讲坛】　12月8日，株洲市妇联主办的爱·家大讲坛启动仪式在太阳宫举行，市领导阳卫国、杨宋虎、贺夏盛、刘迪恺参加仪式。讲坛是面向广大市民免费开放的纯公益项目，通过邀请国内著名教育专家、学者、社会知名人士到株洲开坛授课，以讲座、沙龙、主题活动等形式，引导和传播中国传统文化、现代婚姻家庭理念、健康心理、道德修为。具有群众性、普惠性、持续性创办特色。首期讲坛以《学习优秀传统文化，构建和谐美满婚姻家庭》拉开帷幕，特邀湖南大学文学院教授胡遂主讲，当日座无虚席。大讲坛启动以来，越来越多的株洲市民喜欢上了这种不设门槛的社会课堂，通过培训学习、互动交流进一步提升了株洲市文明家庭建设水平，为构建幸福家庭、幸福株洲提供了智力支撑。　（李华迎　杨　媛）

株洲市归国华侨联合会

【概况】　2010年，株洲市归国华侨联合会切实履行“群众工作，维护侨益、参政议政、海外联谊”的职能，进一步凝聚侨心、汇集侨智，各项工作取得新进展。

一、服务全市工作大局，招商引资工作有新进展。2010年，全市各级侨联充分发挥侨界人力、财力、智力资源丰富的优势，充分发挥侨资侨企在推动自主创新、产业升级、实现中部崛起等方面的积极作用，开展适合地方经济发展的招商引资、招贤引智活动。一是侨联常委张季宝代表金世纪集团与香港阳光集团在“第四届侨领、侨商洽谈周”上签订“金三角国际商贸城”合作项目，合同总投资19.2亿元。二是扩大侨联组织的社会影响力，吸引更多的侨商到株洲投资兴业，为株洲经济社会发展贡献力量。积极促进株洲企业“走出去”，引导海外侨胞帮助株洲企业开展跨国经营、合作开拓国际市场,不断提高企业经营的国际化水平。正积极协调湘火炬股份有限公司与美国通用公司的合作事宜。三是积极向世界推介芦淞经济。赴韩国、日本、英国、澳大利亚等地开展政治、经济、文化等多领域内的交流合作,邀请毛里求斯、美国等国家的朋友到芦淞进行经贸洽谈,增强了芦淞与这些地区的联系和交往,活跃了芦淞区的政治、经济、文化等发展氛围。截至2010年,有39位海外友人和归侨侨眷在芦淞区投资置业,引进外资项目8个,合同资金近5亿元,实际到位资金2亿元,为芦淞区的经济发展引入了强劲的活力。四是澳大利亚客人艾迪、陈达尼一行到炎陵县考察水果、蔬菜生产状况,为正斥资5000万美元的果品加工项目组织货源。通过洽谈,双方就合作的细节进行了磋商,对实行订单农业,大规模种植花生、南瓜等系列农产品达成投资意向。五是日本国际知名建筑设计师六角鬼丈先生偕助手菅根史郎到炎陵县实地考察,为"湘山美境"项目做规划设计。湘山位于炎陵县城西,是炎帝陵风景区的组成部分,"湘山美境"项目是炎陵县与邦和集团在谈的旅游综合开发项目。六是炎陵县侨联成功引进香港胜伟新织造制衣项目在炎陵总投资4000万元,企业生产针织服装,年产规模为300万件以上。项目建成达产后,将实现年销售收入1.5~2亿元人民币,安排劳动力就业500~1000人,实现各项税收300万元以上。七是利用与海外联系密切的优势,积极开展招商引资,推介株洲的投资环境。通过牵线搭桥,截止2010年,株洲侨联先后引进金轮时代广场、文化园三期、大蓉和株洲店等投资项目,引资额达40亿元。

二、发挥侨联工作优势,侨界公益事业有新突破。市侨联以活动促活力,积极发动归侨侨眷和海外侨胞参与社会主义建设,引导海外华人华商致力公益事业,巩固和扩大"百、千、万侨心工程"。2010年,中国海外教育基金会又在炎陵县资助48名贫困学生,资助金额达57490元。5月,由香港弱视儿童基金会负责募集善款,长沙光彩明天眼科医院定点治疗,省、市、县(区)三级党委统战部负责组织协调的"湖南省贫困弱视儿童光明行"活动在炎陵县开展,炎陵县对400余名低视力儿童进行筛查,23名弱视儿童在长沙光彩明天眼科医院接受完免费治疗,视力提高率100%。全年芦淞区归侨侨眷人士向社会各界捐款共达100多万元,捐款项目达50多项。

三、加强联络联谊,侨联活动空间有新拓展。一是积极与泛珠三角9个省区的侨联加强合作,成功参与泛珠三角省区侨联(社团)协作年会,这对于整合侨务资源支持株洲发展具有重要意义。二是积极参与"亲情中华世博行"活动,组织各县市区侨联工作人员赴浙江、江苏、上海等地考察学习,取得了一定成效。三是与长沙侨联、湘潭侨联签订合作框架协议,并接待湘潭侨界人大代表、政协委员到株洲考察调研。四是牵线促使美国三华公司与株洲北师大附中于2月达成合作,株洲北师大附中已输送6名赴美交流生及留学生。4~6月市侨联副秘书长刘芳陪同株洲北师大附中副校长王迎春赴新加坡英仕学院考察,商讨签订两校教育交流等有关协定。五是由株洲动力前线赛车俱乐部承办、市侨联协办的中国(湖南)民间摩托车越野赛于4月份成功举办,对促进旅游升温起到了积极作用。六是举办新春联谊会、"归侨侨眷中秋荷塘行"活动,促进了侨界的和谐、增强了侨联的凝聚力。

四、强化工作职能,参政议政能力有新提升。2010年,全市各级侨联紧扣党委、政府的中心工作,围绕全市经济社会发展的重大问题,抓住关系归侨侨眷根本利益的大事,积极组织各级侨界人大代表、政协委员围绕"三大战役"开展调查研究,大胆建言献策。积极做好侨界人大代表和政协委员的推荐工作,协助侨界人大代表、政协委员搞好建议提案。广大归侨侨眷主动发挥参政议政和民主监督的作用,为全市经济社会发展积极献计献策、贡献才智,提交一批高质量的建议、提案和调研报告。政协侨务界被评为市政协先进界别,侨界政协委员张季宝被评为"政协委员先进个人";政协委员陈跃撰写的《建立环保应急队伍》提案引起市委、市政府领导的高度重视,主要领导专门作重要批示,提案引起省应急办的关注并拟在全省进行推广;政协侨务组在市政协联组作专题发言。天元区"两会"期间,区侨界政协委员郑毅提出《帮扶企业走出困境》,建议强化政府经济职能,帮扶企业走出困境,得到政府相关职能部门的积极采纳。（王　珩）

株洲市社会科学界联合会

【概况】 2010年,株洲市社会科学界联合会、株洲市社会科学院拓宽思路,整合资源,自身建设、学会管理、课题研究、科普宣传"四翼齐飞",社科工作迈上新台阶。在2010年度全省14个市州社科联综合考评中名列第二,被评为2010年度全省社科联系统先进单位。

（张秋华）

【创办《株洲社会科学》】 5月,株洲市社科联、社科院正式创办双月刊《株洲社会科学》。省人大常委会副主任肖雅瑜,省政协副主席、省文联主席谭仲池,中国作协副主席谭谈,省社科联党组书记、副主席周发源,省社科院党组书记、院长朱有志,市委书记陈君文,市委副书记、市长王群,市人大常委会主任姜玉泉,市政协主席刘岁文受邀担任该刊顾问;市委副书记阳卫国、副市长张国浩任编委会主任。社会各界对《株洲社会科学》好评如潮。国家工商行政管理总局局长周伯华,新闻出版总署党组副书记、副署长蒋建国,省委常委、长沙市委书记陈润儿也纷纷来函来电,对《株洲社会科学》给予充分肯定和高度评价。

（张秋华）

【成立市级社科专业研究所】 5月，株洲市社科联原加挂牌子社科研究所经市编办批复更名为社科院。12月，第一个专业研究所——株洲市园区与县域经济研究所在湖南铁路科技职业技术学院正式成立，在全省率先开创市级成立社科专业研究所先河。该研究所由市委副书记阳卫国，市委常委、常务副市长王志刚，省社科联巡视员刘晓敏任顾问，省社科院副院长、研究员罗波阳任名誉所长，湖南铁路科技职业技术学院院长、研究员万友根任所长。株洲市园区与县域经济研究所在市社科联、社科院直接领导下开展工作，办公室设在湖南铁路科技职业技术学院，主要职责是“七个一”的年度工作目标：即一个以上理论成果（年初由全体会议研究决定，所长或副所长牵头组织实施）；一个以上工作实践案例（由成员单位申请，并牵头组织实施）；一次务实研讨（由成员单位申请，并牵头组织实施）；一次深度考察（由成员单位申请，并牵头组织实施）；一季一情况通报（由所长召集副所长、秘书长总结后印发给全体成员）；半年一全体会议（由成员单位轮流举办）；每县市区各一次以上决策咨询或评估（可以现场或通信两种形式）。 （张秋华）

【开展科普宣传和理论研讨活动】 2010年，市社科联、社科院积极开展科普宣传和理论研讨活动。一是积极参加市委、市政府组织的“五下乡”活动。二是积极参加2010年省社会科学普及宣传月活动启动式及宣传活动周，株洲市送展的2个整版，集中展示了株洲转变经济发展方式，促进创业就业的辉煌成就。三是以贯彻落实省委、省政府关于“转方式、促‘两型’”的决定为契机，邀请中国管理科学研究院高级研究员、美国西海岸大学工商管理博士班导师刘炽隽教授到株洲作题为《加快转变经济发展方式——区域经济与产业发展模式创新》的专题讲座。四是组织召开“火车头精神”座谈会，《株洲日报》、株洲电视台等媒体进行了报道。 （张秋华）

【理论研究出现新气象】 一是领导越来越重视社科理论研究。5月24日召开的市第九届哲学社会科学优秀成果颁奖大会，是历届与会领导规格最高、颁发奖金额度最大的一次。市委书记陈君文、市委副书记阳卫国、市人大常委会副主任鲁立彬等领导参加会议并对53名获奖者进行颁奖。一等奖奖金由每项3000元提高到每项1万元。二是社科工作者从事理论研究积极性越来越高。县市区要求做课题的积极性高涨，大中院校年轻教师立项课题较多，市社科联带头向省社科联申报2项社科课题。三是课题管理更加规范化。2010年，制定印发《株洲市社会科学研究课题管理办法》，加强立项课题管理，确保课题结题率和结题优良率。 （张秋华）

株洲市残疾人联合会

【概况】 株洲市残疾人联合会是全市残疾人联合性群众团体组织。2010年，市残联机关下设1室3部，即办公室、教育就业部、康复部、组织宣传文体基金部，二级机构2个，包括残疾人就业管理中心和残疾人权益维护中心。有在职干部职工29人、退休干部5人。

2010年，市残联以加强残疾人社会保障和服务体系建设为重点，以解决残疾人最关心、最直接、最现实的问题为出发点，以全面完成“十一五”计划纲要为落脚点，强化目标管理，各项工作稳步推进，取得了新的成绩。在全省残疾人工作目标管理考核中被评为第一名，省为民办实事项目获一等奖，市残疾人权益维护中心被评为全省先进单位；在省第八届残运会上，株洲市夺得金牌26枚、银牌25枚、铜牌9枚，团体总分、奖牌总数均在第二名；在省第四届残疾人职业技能竞赛上，株洲市获团体总分第一名。荷塘区、天元区、醴陵市分别成功创建“全国社区康复示范区”、“全国白内障无障碍区”和“全省社区康复示范县（市）”。 （宁召东）

【政策法规更有力】 认真贯彻落实《国务院办公厅转发中国残联等部门和单位关于加快推进残疾人社会保障体系和服务体系建设意见的通知》和《中共湖南省委 湖南省人民政府关于促进残疾人事业发展的实施意见》。7月，市残联依据《中华人民共和国残疾人保障法》和《湖南省残疾人扶助办法》，综合全市40多个部门建议和意见的基础上，由株洲市人民政府颁布“含金量重、操作性强”的《株洲市残疾人扶助实施办法》。该办法明确将全市残疾人在医疗、教育、就业、创业等工作生活中的多种优惠政策以法规的形式予以落实，为全市残疾人平等、充分参与社会生活、发展自我提供了保障，成为株洲市残疾人法制建设的新里程碑。 （宁召东）

【保障体系更健全】 2010年，市残联加大危房改造力度，保障项目资金足额到位，狠抓房屋工程质量，确保了全市200户农村危房户或无房户年前全部顺利入住新房。炎陵县积极争取残疾人危房改建项目扶助资金，投入资金70.1万元，对全县71户残疾人建房户实行建房补贴，全面完成了危房改建工作。5～7月，在全市开展贫困残疾人摸底调查及办证残疾人享受低保情况调查，掌握了全市残疾人的基本生存状况，为市委、市政府推行残疾人“两个体系”建设提供了详尽的决策依据。全面开展城镇残疾人个体户养老保险补贴工作，荷塘区作为试点区补贴工作进展顺利。新农保、两项制度衔接试点工作有序开展，试点地区在当地政府统一部署下，相继制定了对残疾人参保的具体特惠政策。继续开展残疾人扶贫基地建设，建立1个市级扶贫基地，10个县级扶贫基地。认真做好茶陵县、炎陵县财政扶贫项目申报工作，积极联系推荐康复扶贫贷款项目，扎实开展扶贫开发计划检查验收评估工作。从2001年起经过10年扶贫计划的实施,全市共解决温饱残疾人6.45万人,扶持残疾人1.28万人。残疾人社会福利和慈善事业得到大力发展,“千手千眼——助残一日捐”活动广泛开展,全市共设置助残公益箱50个,全年共募集助残资金6882元。（宁召东）

【服务体系更完善】 扎实开展救助维权工作。2010年,全市各级残联共接待残疾人来信来电来访3000余人次,上门调查并回复市委、市政府有关残疾人求助信件5人次,为残疾人申请法律援助20例,典型维权案件5例,成功解决了湘东铁路伤残民工的工伤待遇以及天津残疾人杨士起太子奶清算等典型问题,全年救助残疾人资金达75万元。醴陵市加强维权机构建设,向市编办申请成立残疾人权益维护中心,增编1人,做到了有机构、有人员、有牌子。充分利用社会资源,大力扶持盛康托养中心建设,该中心已接纳45名残疾人入住托养。全市完成“阳光家园计划”居家托养残疾人700人,建立托养机构3个,完成市残疾人托养服务中心初步立项工作。大力加强网络服务建设,开通就业信息平台,为残疾人就业提供全方位服务。印发《株洲市按比例安排残疾人就业工作政策问答》宣传手册,让社会用工单位了解相关政策,从而促进残疾人就业。主动开展各项政策解释工作,积极做好无障碍设施建设,圆满完成全市无障碍建设问卷调查,全市共抽样调查1922人,取得了无障碍设施改造第一手资料。荷塘区在全市率先开展无障碍实施进家庭的试点工作,投入近8万元对40名重症残疾人给予居家无障碍改造及家庭康复设施的配备和安装补贴。积极联络市法律援助机构,成功举办全市残疾人法律援助培训班,为构建“和谐株洲”作出了巨大贡献。严格按照省残联残疾人就业服务中心规范化建设标准要求,建成集按比例安置残疾人就业年审、残疾人就失业登记、残疾人培训登记及用工登记于一体的残疾人综合服务厅。天元区残疾人综合服务中心于10月8日正式挂牌并开展工作。株洲县投入200多万元,建设残疾人扶贫教育就业培训基地。第二代残疾人证换发工作有序开展,对行动不便和路途较远致办证困难的残疾人采取上门服务的方式,切实把办证工作落到实处,全年全市共换发第二代残疾人证3.7万本。（宁召东）

【为民办实事项目成效显著】 作为2010年省为民办实事项目之一的“0~6岁贫困残疾儿童抢救性康复项目”是全年残疾人工作的重中之重。市残联做了大量工作:一是强化政府主导作用。在5月4日召开的市长办公会议上,市劳动和市民政部门对项目全力支持,配套经费70万元准时拨付到位。8月19日,副市长黄曙光冒着酷暑亲自看望了在各个康复机构训练的孩子及家长和工作人员,充分体现了市委、市政府对项目工作的重视。二是广泛宣传,积极发动社会力量。6月份,广东狮子会心连心服务队对项目捐款5万元,并增加35名贫困肢体残疾儿童配发辅助器具。三是精心开展工作。从饮食住宿到培训课程,市残联都全方位考虑,切实做到思想认识到位,责任到位,学习、培训、康复到位。项目共投入经费202.1万元,完成任务186名,超额41名,完成率128%;100名康复训练对象经最终效果评估,总有效率为99%。（宁召东）

【就业培训开拓创新】 2010年,市残联实施从重培训向重就业转变,同时实行订单式培训。全市举办各类职业技能和实用技术培训班30期,共培训残疾人1800人,20余家用人单位积极招收培训班学员,就业率达80%以上,其中盲人按摩就业率达98%。长江新里程高科技培训项目,株洲市采取“以省保市”、“2+4+3”的培训模式,得到中残联的高度肯定。加强创业扶持,全年共组织203名残疾人参加由市劳动局开办的创业培训,帮助47名残疾人成功创业,并在全市开展“创业明星”的选拔活动。5月下旬组织全市规模最大、参赛人数最多、项目最多的残疾人职业技能选拔赛,选拔出32名优秀选手参加全省第四届残疾人职业技能竞赛并取得了团体总分第一名的佳绩。68人参加首次国家盲人医疗按摩职务职称考试,通过率占全省25%;3人获得中级职称评审资格。（宁召东）

【组织建设格局良好】 2010年,全市在巩固原有基层组织建设的基础上,新增村残协339个,专职委员860名,实现100%乡镇(街道)残联、社区残协和80%村残协机构的建立。同时,狠抓基层残疾人组织规范化建设,“横向到边、纵向到底”的全市残疾人工作组织网络基本形成。株洲县积极争取资金,将部分残疾人专职委员纳入政府公益岗位管理,让专职委员岗位实现从“有”到“优”的转变。荷塘区、醴陵市、攸县相继召开代表大会,扎实做好了换届选举工作,尤其是天元区群丰镇和马家河镇残联,均筹备召开了第一次代表大会,是基层残疾人工作的一种改革、创新和探索。茶陵县、芦淞区通过举办专职委员培训班,进一步推动了残疾人工作在基层的广泛开展。加大干部培训工作力度,全年举办各级干部学习班11期,选送5人参加市委党校学习。年底,为186名城区残疾人专职委员争取公益性岗位补贴50万元。各专门协会的工作有创新,开展聋协的书画作品义卖活动、肢残协会的辅助器具创新设计征集大赛、精亲和智亲协会的特奥日活动、盲协的伟人故里游等一系列专题活动。志愿者队伍建设工作进一步巩固,全市建立助残志愿者联络站10个,各乡镇、街道残联分设助残志愿者联络站158个,村、社区残协设助残志愿者联络小组1853个,在册助残志愿者23000名,全年开展助残主题活动50多场(次),为近700名残疾人提供了服务。

（宁召东）

【康复救助】 全年全市共投入康复经费639万元，其中省级资金184万元，市级资金180万元，县市区资金120万元，其他资金155万元。1707名贫困精神病患者采取医疗救助卡的形式免费服药，98名重症精神病患者接受住院补助；774名贫困白内障患者接受免费白内障手术；免费发放辅助器具781件；114名低视力残疾人、76名盲人、57名聋儿、118名肢体残疾人、40名智力残疾儿童、20名孤独症儿童以及130名残疾人家属先后接受了专业的康复训练；完成白内障复明手术3072例，大小腿假肢安装完成54例，贫困残疾人矫形器装配55例，共为残疾人提供用品用具140个品种、3080件；投入经费20万元为54个具备条件的社区装配了康复训练器材；全市有10.29万名残疾人在各级服务网络接受了不同内容的康复治疗、训练和服务。采取整合优势资源形式，与市康复医院合作建设市康复中心；计划由市康复医院出地，市残联负责出资，力争建成符合省残联要求的残疾人辅助器具服务中心。12月，醴陵市成立残疾人辅助器具供应站，开展了对残疾人的辅助器具供应服务。 （宁召东）

【教育、就业整体带动】 大力开展扶残助学，积极保障残疾人受教育权利，分别完成彩票公益金助学任务110人和交通银行助学项目任务30人。贯彻落实贫困残疾学生资助办法，全年共向省特教中专输送新生9人，并对每位残疾学生给予了1000元/年的学费资助。继续加大就业保障金征收力度，严肃年审纪律、规范操作程序，在各级地税和财政部门的亲切关怀下，全市共代征代扣就业保障金2190.64万元，超额完成了征缴任务。全年按比例安排残疾人就业1105人，涌现出了一大批按比例安排残疾人就业的先进单位和个人。茶陵县进一步加大推进依法按比例安排残疾人就业工作力度，3月份首次开展对残疾人按比例就业情况的统一检查。积极创新方式，大力推广残疾人职业能力测评，使每一位残疾人对自身职业定位更加清晰，就业方向更加明确。此外，首创残疾人就业服务信息平台，将招聘单位和就业登记的残疾人朋友信息一同录入信息平台，按招工条件和残疾类别依次分类，使招聘企业和残疾人朋友能及时收到供需短信。全年共计50余家单位通过该平台发布200个招聘岗位，累计向残疾人朋友发送招聘短信万余条。 （宁召东）

株洲市老龄工作委员会

【概况】 2010年，全市老龄工作以继续推动和完善社会保障、推动和发展养老服务、维护老年人合法权益为重点，深入调查研究，加强督促检查，加大综合协调力度，取得了很好的成绩。株洲市老龄工作委员会被评为全国老龄工作先进单位，攸县常务副县长李能斌被评为全国老龄工作先进个人，高秋元、刘荷等10人被评为全国孝亲敬老之星，茶陵县老龄办被评为全国敬老模范单位。

一、继续推动建立和完善老年社会保障制度。全市实行向90周岁以上的高龄老年人每人每月发放不低于60元的高龄生活补贴，共发放高龄补贴5425人，发放高龄津贴160万元。

二、推进城乡居家养老服务工作。农村依托乡镇敬老院开展综合性老年福利服务中心示范点建设，2010年建省级示范点3个，投入资金14.5万元；市级示范点7个，投入资金14万元；县级示范点1个，投入资金20万元。

三、促进落实老年优待和维权工作。市委、市政府于2月印发《关于进一步加强老年人优待工作的意见》，攸县、荷塘区、茶陵县、醴陵市先后出台优待老年人政策。全市百岁老人长寿保健补助标准由每人每月200元提高到300元，攸县提高到600元。《老年人优待证》的领取年龄由70周岁降为65周岁，全年共发放老年人优待证7万本。

四、努力丰富老年人精神文化生活。组织开展第四届全国敬老爱老助老主题教育活动评选表彰工作，评选出敬老模范单位5个，孝亲敬老之星10名。攸县将2010年定为“敬老孝亲宣传年”，全县印发宣传资料13万余份，组织宣讲队伍3000多人，举办报告会110场次。市老龄大学艺术团在第二届全国老年文化艺术节上获铜奖。

（肖亚平）

株洲市慈善总会

【概况】 2010年，株洲市慈善总会充分把握人道主义、扶贫济困、社会救助的慈善工作宗旨，使株洲慈善在快速发展中平稳前进。全年为青海玉树灾区重建筹募资金1157万元；联合县区慈善会筹集资金500万元开展“迎新春、送温暖”活动；“金秋助学”项目筹募资金180万元，资助766名贫困学子；“希望之心”项目培训教师25人；“社区居家养老”项目为4家社区配置养老器材共20万元；“金叶慈善卡”项目救助1600名群众共计80万元。 （冯　谦）

【玉树地震募捐】 4·14玉树地震发生后，市慈善总会积极协调新闻媒体和各相关部门，广泛宣传，唤起广大民众爱心，形成了全社会众志成城抗御灾害的精神力量。4月25日，“情暖格桑花”心系玉树·株洲市赈灾募捐活动特别节目在市传媒大厦温情上演。通过广泛宣传和动员，赈灾工作进展顺利，市慈善总会为灾区共募集了赈灾款物1157万元。 （冯　谦）

【迎新春送温暖】 1月24～27日，市慈善总会联合县区慈善会筹募资金500万元，为全市1万名特困户及五保老人送去春节慰问。此次慰问活动为株洲市历年来筹募金额最高、覆盖面最广、救助人数最多、社会影响最大的一次春节慰问活动。 （冯　谦）

株洲市消费者委员会

【大力开展“3·15”庆祝活动】 围绕“消费与民生”年主题,株洲市消费者委员会在“3·15”国际消费者权益日期间开展多种形式年主题活动。一是充分依托新闻媒体,开展大规模“3·15”系列公益宣传活动。通过电视、报纸、电台等媒体大力传播消费与民生的有关知识;组织与老百姓生活息息相关的“水、电、气”企业参与电视专题访谈,并公开向社会承诺,提供更多更好地符合改善和保障民生政策要求的产品和服务,与消费者共同努力改善消费环境,推动经济社会科学发展和社会和谐建设;通过报纸进行消费维权有关法律法规宣传,公布消费投诉情况,发布消费预警,披露典型案例。二是现场接受咨询投诉,拉近消费维权距离。3月15日,与市工商局、市质监局、物价局、房产局和部分企业共30多家单位,100余人在市中心广场、长江广场现场接受消费者投诉、咨询,给消费者提供有针对性的帮助和指导。现场受理投诉200余起,接受消费者咨询300余人次,发放宣传资料8千余份。同时,联合株洲市广播电视台把“3·15”消费维权特别节目的现场设在市中心广场,与交通频道进行现场连线,便于群众投诉、咨询,提高了维权服务效能。

(刘漫江　唐文敏)

【及时发布消费者警示】 株洲市消费者委员会根据网络系统电视消费日渐成为消费热点,消费投诉逐渐增多的现象,及时通过报纸、电视台等媒体向消费者发布消费警示。全年全市各级消费者委员会共发布消费警示16条,其中市消委发布5条。 (唐文敏)

【做好消费者投诉受理处理工作】 2010年,市消委会认真处理消费者的每一件投诉,依法维护消费者的合法权益,把消费维权工作作为“为政府分忧、为百姓解难”的民心工程来抓,用热心、细心、耐心、诚心、公心的“五心”服务宗旨做好消费维权工作。全年全市消委系统共受理消费者投诉6396件,解决6316件,解决率为98.75%,赔偿案件148件,赔偿金额14.85万元,使消费者免受经济损失86.53万元,支持消费者起诉19件,受理消费者来电、来信、来人咨询6万余人次。 (唐文敏)

政　法

【概况】 2010年，全市各级政法综治部门认真履职，主动服务，真抓实干，各项工作取得新的成效，为全市经济社会又好又快发展提供了有力的法治保障。在全省社会治安综合治理考评中，株洲市被评为“全省社会治安综合治理先进市州”。

一、全力化解社会矛盾，和谐稳定局面不断巩固。各级党委、政府切实履行第一责任，坚持抓源头、抓苗头、抓基础，积极探索社会稳定风险评估机制，深入开展矛盾纠纷“大排查、大调处”活动，全市维稳工作力度空前、成效显著。市委、市政府坚持一季一调度，对37个重大信访维稳事项集中交办、限期办结，落实化解销号制度。各地各部门坚持开门接访、定期排查、领导包案、严格考评，着力化解了一大批重大矛盾纠纷，稳妥处置了一批因人民内部矛盾引发的群体性事件。加强情报信息的搜集和网络舆情的稳控，全年各地共建立2760名基层信访维稳信息员和395名网评员队伍。进一步深化“三调联动”工作，加强县级矛盾纠纷调处中心建设，在交通事故、医患关系等矛盾纠纷多发领域探索建立人民调解组织，成功化解大量矛盾纠纷，取得良好的法律效果和社会效果。全市进京非正常访和赴省上访总量大幅下降，其中进京非正常访同比下降73.8%、赴省上访同比下降87.5%，全国“两会”期间进京上访首次实现“零登记”，上海世博会、广州亚运会、十一届省运会期间实现“零拦截、零上访、零登记”。公安、国家安全、反邪防邪部门加强基层基础建设，加强社会面防控，有力打击了境内外敌对势力、“法轮功”等邪教组织的渗透、捣乱、破坏活动。

二、深入推进社会管理，平安建设水平大幅提升。坚持社会化防范，强化行业自律、社区自治、单位自保，全面推进“科技创安”工程，全面整合防控资源，加强群防群治队伍建设，社会治安防控体系进一步健全，科技创安、社区创安水平进一步提升，株洲市开展社区创安工程的经验和做法受到了中央政法委的充分肯定。坚持人性化管理，认真落实“以证管人、以房管人、以业管人”的机制，探索建立专职协管员队伍，全面启动流动人口“居住证”发放工作，加强对流动人口的服务管理。切实加强对刑释解教、吸毒人员、社区矫正人员、上访老户等社会重点管理人员的规范管理和教育转化工作，减少了社会乱源。进一步整合政法、综治、维稳、信访等方面的力量，建立健全乡镇(街道)综治维稳中心，攸县等地积极推进村级(社区)定期联合办公制度，基层综治维稳等社会管理工作有人抓、有人管、有成效。坚持常态化严打整治，深入开展命案侦破、打黑除恶、打击涉枪涉爆、秋季严打整治、冬季“两打三清”、打击拐卖妇女儿童犯罪等专项行动，加大“黄赌毒”等社会丑恶现象的治理。全年共破获各类刑事案件8474起，摧毁涉黑涉恶团伙22个，现行命案发57起破53起，破案率达92.98%。积极吸纳中央、省驻株洲企事业单位和学校、驻军单位参加综治维稳工作，深入开展平安单位、平安小区、平安校园、平安乡镇等基层平安创建活动，扎实推进综治工作规范化建设，平安创建卓有成效。突出治理治安复杂的校园周边、城乡结合部、边界交接地、“城中村”等重点，扎实推进社会治安重点地区排查整治工作，23个市级重点整治地区的治安状况明显好转，人民群众安全感进一步增强。

二、积极护航经济建设，服务发展成效显著增强。全市政法机关紧紧围绕服务“三大战役”、“四大百亿工程”等市委、市政府的中心工作，充分发挥职能作用，强化服务发展举措，为促进经济社会又好又快发展作出积极贡献。公安机关制定优化经济发展环境工作意见等文件，组织开展打击防范经济犯罪、打击制售假发票、非法传销等行动，共侦破重大经济案件399起，为国家挽回经济损失2082万元。检察机关出台服务“三大战役”10条意见，加大查处和预防职务犯罪的力度，共立案查办贪污贿赂案件96件115人，立案查办渎职侵权案件41件52人，查办和预防职务犯罪成效明显。法院系统积极开展服务“三大战役”专项行动，集中力量执结涉及湘江风光带、云龙示范区和洮水水库等重点工程建设的大批行政非诉执行案件，保障了重点项目工程的顺利推进。全年共审结民商事案件11690件，执结各类案件3444件，兑现执行标的4.43亿元。司法行政部门深入推进“法治株洲”创建，大力开展服务“三大战役”专项法律服务活动和法律援助便民服务主题活动，为经济建设提供了优质高效的法律服务。

四、全面加强队伍建设，执法公信力进一步提高。全市政法系统以“深化职业道德建设，推进公正廉洁执法”活动为抓手，加大教育、管理、监督力度，改进执法作风，提高了执法水平，提升了执法公信力。加强干警培训长效机制建设，分层次、有针对性地开展全员大培训、大练兵，切实提高了政法干警的业务素质。进一步建立健全政法领导干部巡视制度，对县市区政法委及政法部门领导班子开展专项巡视，有力推进了政法领导班子建设。积极试行法院量刑规范化、检察院量刑建议制度，公安机关全面推行网上执法办案，执法规范化建设有效推进。中央政法委、省委政法委充分肯定了株洲市开展“深化职业道德建设，推进公正廉洁执法”活动的经验和做法，并在全国、全省推介。进一步加大司法救助力度，法院系统在全省率先对劳动争议案件免收诉讼费用，全市各级政法机关共设立使用涉法涉诉救助金272万元，彻底解决了一批涉法涉诉信访老户的问题。认真组织案件评查和积案清理，全年全市共评查案件1100件，化解涉法涉诉信访积案688起，涉法涉诉信访同比下降30%。（汤　绯）

【召开全市政法工作会议】 2月1日，全市政法工作会议在天台山庄召开。市委书记陈君文代表市委、市政府讲话；市委常委、政法委书记毛爱良作政法工作报告。会上，市政法委对攸县政法委等32个单位和黄铁勇等52人分别授予“创五好，争一流”竞赛活动先进集体和先进个人称号；市社会治安综合治理委员会对芦淞区等44个单位和童建芳等81人分别授予社会治安综合治理先进单位和先进个人称号；市维护稳定工作领导小组对炎陵县等4个县市区、市劳动局等9个单位、周祥会等30名个人分别授予维护稳定工作先进单位和先进个人称号，并予以表彰奖励。各县市区向市委书记、市长递交了综治维稳责任状。（汤　绯）

【全面推行道路交通事故民事损害赔偿人民调解工作】 8月1日，株洲市道路交通事故民事损害赔偿人民调解工作在城市4区同时启动，首批经过聘用、培训的专业调解员正式执证上岗。为有效化解因道路交通产生的民事纠纷和社会矛盾，维护道路交通事故当事人的合法权益，提高道路交通事故处理效率，创新社会管理，促进社会和谐稳定，株洲市综治办组织法院、公安、司法、财政、保险行业协会等部门和单位，制定《株洲市道路交通事故民事损害赔偿人民调解工作实施意见》，成立株洲市人民调解委员会调解道路交通事故民事损害赔偿工作领导小组，明确了各相关部门和单位的职责任务，制定了人民调解委员会调解道路交通事故民事损害赔偿工作规范。各县市区、高管交警大队至少建立1个道路交通事故民事损害赔偿人民调解室，从政法系统退休或退居二线的老交警、老司法行政人员、老法官等群体和法律专业大学毕业生中选聘2~5名调解员，统一标识、统一文本、统一流程。各县市于9月1日正式启动道路交通事故民事损害赔偿人民调解工作。（汤　绯）

【评选2010年度见义勇为先进个人】 2010年，全市广大干部群众积极参与社会治安综合治理，自觉维护社会治安，为建设平安和谐株洲作出积极贡献，涌现出一大批见义勇为先进典型。市人民政府对刘春香等9名见义勇为先进个人予以了表彰奖励。（汤　绯）

株洲市2010年度见义勇为先进个人事迹名录

刘春香　女，1983年出生，攸县菜花坪镇高塘村人。2010年5月31下午，小学生刘金花在放学途中不慎失足落入水库，同行其他3名同学大声呼救。正在地里干活的刘春香听到喊声，立即跑到事发地，不顾自己不识水性，毅然跳入水中，为救落水者结束了花样年华。刘春香生前经常帮助孤寡老人，是村民交口称赞的“活雷锋”。

徐伟杰　男，1977年7月出生，湖南化工职业技术学院教师。2010年4月5日下午，徐伟杰带着女儿到神农公园游玩时，救上一位落水的小女孩。徐老师不但没有声张，而且当场谢绝热心市民索要名字和电话。徐老师的英雄事迹受到社会各界的广泛赞誉，中国化工报、三湘都市报、株洲日报、株洲晚报、湖南教育网、株洲网等媒体对此进行了相继报道。

方英琴　女，1943年出生，南车株洲电力机车有限公司退休职工。2010年10月25日，6名年轻人对田心天兴电货市场管理员刘光辉进行殴打，方英琴挺身而出，上前制止。在与凶徒反复搏斗中，方英琴胸部、背部受伤，但她仍然以受伤的身躯护住刘光辉。凶徒们慑于方英琴的凛然正义，逃离了现场。方英琴20世纪60年代参加工作以来，多次被评为先进个人。退休后，她多次参加义务献血活动，是一位有爱心和社会责任感的人。

易小利　女，1971年11月出生，醴陵市公交公司职工。2010年8月23日，当班售票员易小利及时提醒乘客注意保管好现金及贵重物品。致使扒手没有得逞。扒手恼羞成怒，用刀片将易小利手掌划伤，然后仓皇下车。在满车乘客的帮助下，一起将其中一名扒手制服，并交公安机关处理。易小利右手手掌被划开一条长5.6厘米的伤口，法医鉴定为轻微伤。

余宏伟　男，1979年4月出生，华容县新河乡菱湖村村民。2010年5月26日，芦淞区南大门小商品市场门口发生飞车抢夺案件，2名犯罪嫌疑人抢走受害人万国权一根男式黄金项链(约60克，价值18000余元)，骑摩托车沿建设路向北逃窜。骑摩托车途经此地的余宏伟连忙搭乘万国权随后紧追，将嫌疑人的车子撞倒，并不顾伤痛与赶来的市场保安员及群众一起将嫌疑人黄明行抓获。

邹拥军　男，1968年出生，醴陵市信用联社渌江信用分社职工。李政伟，男，1971年出生，醴陵市来龙门街道北门社区居民。2010年4月12日，邹拥军和李政伟驾车从株洲返回醴陵，发现湘BA3010汽车掉入一路面养护工程产生的坑洞中，车内驾驶员昏迷，车头部分起火，随时有爆炸的可能，情况万分危急。邹拥军和李政伟一边拨打“120”求助，一边脱下衣服奋力扑灭车头明火，并将昏迷的驾驶员救出险境。

王彦宇 男，1979年6月出生，荷塘区个体工商户。2010年4月7日，王彦宇乘坐16路公交车，因协助司机抓2名扒手，鼻子被嫌疑人打得鲜血直流。王彦宇事后表示：“当时第一反应就是要抓住扒手，如果下次再遇上这样的情况，我还是会出手的。”

袁法良 男，1952年8月出生，石峰区响石岭街道仁和小区11栋居民。2010年10月9日凌晨，袁法良因追赶小偷右脚髌骨粉碎性骨折，治疗费用上万元。 （汤 绯）

公安工作

【概况】 2010年，株洲市公安局坚持科学统筹抓治安，积极维护大稳定；着眼化解社会矛盾、破解治安难题、维护群众权益，统筹谋划全市政治环境和治安环境“大稳定”工作格局；坚持重点护航保建设，积极响应市委、市政府“三大战役”、“两型”、“四创”等总体部署，严格落实“重点建设”、“重大项目”、“重点工程”的保障、管理和服务，有力维护了全市社会政治稳定和治安大局平稳。

一、从源头化解上入手，主动型维稳效力不断增强。

坚持情报先行、机制运作、层级互动、突出重点、掌握主动、着力化解的原则，切实加强对维稳工作的源头化解能力。在上海世博会、湖南省运会和广州亚运会安保的重点敏感时期，加强重点群体情报收集，超前化解1413条不安定因素。进一步健全党政联动、分级负责、包干落实的稳控机制，成功稳控“213”群体、涉法涉诉老上访户等一批重点对象，成功处置为民担保储户集访等各类群体性事件354起。深入开展反邪教斗争，成功破获各类邪教案件26起。进一步完善安保工作机制，圆满完成全国体操锦标赛暨世锦赛、亚运会选拔赛、“世博会”焰火产品湖南境内运输、国庆焰火晚会等安全保卫工作。

二、从提升实效上着力，精确型打击效能不断提升。

始终把维护人民群众的生命财产安全作为公安机关首要职责，全面提升打击刑事犯罪的工作力度，全年共侦破各类刑事案件8474起。深入开展命案侦破攻坚，全市共发生现行命案57起，破获53起，5个县市区实现命案全破，现行命案侦破率达92.98％；综合运用刑事技术、侦查网络、情报跟踪等多种手段，成功破获荷塘区“2009·10·30”入室抢劫杀人案、攸县“2010·1·25”入室抢劫杀人案、株洲县“6·27”雇凶杀人案、冒充的士司机抢劫强奸案等一批大要恶性案件，摧毁了以刘友文黑社会组织为代表的恶势力团伙22个，抓获团伙成员100余人。组织开展打击多发性侵财犯罪大会战、“冬季行动”、“迎亚运、保稳定、促平安”严打整治、打击“两抢一盗”等专项行动，共破获“两抢一盗”犯罪案件6126起，摧毁以陈灵纲为代表的盗抢团伙22个，抓获违法犯罪嫌疑人100余人。持续开展秋季治安大巡逻、治爆缉枪、查禁娱乐场所黄赌毒、打击拐卖儿童妇女犯罪、“网安工程”、“扫黄打非”等治安整治行动，社会治安秩序明显好转。

三、从群众利益上考量，社会化防控模式不断完善。

按照“党政主导、市场运作、公安牵头、部门齐抓”的思路，制定“科技创安”工程考核办法，将592户目标任务分到各区县政府（县市公安局），定期将工程进度情况报告党委政府，市委书记陈君文、市长王群先后多次深入施工现场指导协调工作，确保了550个重点行业、单位技防设施建设任务的顺利完成，完成率达92.91%。全年所有联网用户同步签定保额为11.3万元的家庭财产盗抢损失险、30万元的人身盗抢意外伤害险和3万元的附加意外险。截至年底，未发生过一起技防用户被盗事件。不断推进“数字株洲”建设，出台全市《安全技术防范建设实施意见》，推进居民区智能防盗、城市视频监控、治安复杂场所监控点与监所电子巡更系统等联网合并，中央政法委在全国推介了株洲市“科技创安”的做法。进一步完善实战指挥、情报信息、勤务运作、警务联动、监督考评等巡逻防控工作机制，切实加强学校、幼儿园的安全防范措施，破获伤害学生刑事案件27起，查处行政案件23起，刑事拘留14人，确保了校园安全无重大案（事）件。

（余 令）

【保障重点建设】 在内部运行机制上，严格局领导分管、责任警种主抓、各部门配合的运作机制，采取重点项目责任分解、重大建设专项调度、重要情况联合处置等措施，开展“环境建设年”、重点项目护航等专项行动，主动跟踪全市在建的省、市重点项目，落实责任领导21名，责任部门13个、责任民警476名，有效保证了武广高铁、长株高速、神农城、职教城、沿江风光带等重点项目建设顺利进行。在外部环境整治上，开展重点项目护航、打击和防范经济犯罪等行动，先后为武广高铁、长株高速、神农城、职教城、沿江风光带等重点项目解决多个难题，破获危害环境建设的刑事案件196起、治安案件507起；积极配合全市“四创四化”、拆迁拆违等工作，依法拆除湘江风光带周边等各类违章建筑50余处；组织开展打击制售假发票、非法传销等专项行动，共侦获省厅督办“9·3”特大虚开增值税费发票，市委、市政府交办福泰国际非法集资等重大经济案件399起，为国家挽回经济损失达20822802元。 （余 令）

【推进管理创新】 加快推进数字化株洲建设,开展"基础信息采集攻坚年"活动,严格实行"信息质量终身负责制",全年创录入旅客信息100万余条,系统比对报警128次,抓获各类逃犯62人,初步实现行业、阵地网上实时管控。积极开展"全国交通管理模范城市"创建活动,实行机关民警上路、分时划区控制、连续倒班机制,查处各类交通违法行为49097起,查扣违法车辆9831辆,确保了在公安部验收评估中一次过关,摘得"交模"奖牌,株洲市被评为"全国畅通工程一等管理水平城市"。大力推进消防安全"防火墙"工程,将火灾隐患排查整治工作纳入政府及各职能部门年度考核,保持了全市火灾形势的持续平稳。持续开展治爆缉枪、网上贩卖枪支弹药爆炸物品专项治理、缉捕涉爆涉枪在逃人员会战等行动,共排查整治爆炸物品从业单位337家、剧毒化学品单位32家、放射源单位42家、易致爆化学品生产经营单位30家,侦破涉爆案件25起、涉枪案件34起,收缴炸药1339.8公斤、雷管805发、各类枪支75支,销毁废置剧毒化学品900余公斤。(余 令)

【优化公共服务】 启动道路交通事故民事损害赔偿人民调解工作,开创车、驾"一窗式"综合服务模式,成立车、驾管业务代办服务中心,为驾驶员提供了便利。开通港澳旅游签注网上受理渠道,制定流动人口居住证登记制度,将居住管理、公共服务和社会保障纳入流动人口居住登记制度。配套实施户籍制度改革,采取征求意见、试点实验、全面铺开"三步走"的方式,办理"三投靠"、购房等入户1.22万户3.12万人,采取"村组整体征收、整体拆迁,村民整体安置、整体转城,农村集体土地征转分离、先征后转"的模式,一次性将天元区高塘村等8个村民小组850名农民转为城镇户口,享受城镇居民同等的养老、医疗、生活补助等社保政策。深入推进社区戒毒(康复)工作,逐步统一职责制度,配强基础设施,规范工作流程,社区戒毒(康复)工作由天元区嵩山办事处和石峰区铜塘湾办事处2个试点单位发展到各个街道办事处(乡镇)和居委会(村组)全面铺开。(余 令)

【全面推进执法规范化建设】 全面推进执法规范化建设,实行"网上执法办案管理"、"网上执法办案考核和责任追究办法"等机制,先后开展业务讲座培训60余场次,参训人员达760余人,全面实现所有非涉密案件网上流转、执法网上审批、电子签章网上签署、笔录网上制作。出台《领导干部问责暂行规定》、《执法过错责任追究规定》等制度,强化执法动态监督。以深化执法质量考评为重点,建立完善对案件当事人权利义务告知、办案进展情况回告、执法办案承诺等制度,先后组织开展"涉案财物管理"专项治理以及经济案件、吸毒案件和交警执法等专项检查20余次。2010年,市公安局网上执法案件录入绝对数排名保持了全省前3名,市局作为全省唯一的市州申报全国执法示范单位。(余 令)

【和谐警民关系】 部署"争先创优"活动,"文明窗口"创建、"问计于警"、"金点子"等活动,狠抓内务管理、态度冷硬横、作风软懒散和执法不作为、乱作为等专项治理,全年受理群众举报投诉86件,办结率100%;深入开展"七必访"等走访活动,全年共走访群众5152户,为群众化解矛盾纠纷1894起,征求意见、建议892条,解决实际问题383件。以市人大专项评议公安工作为契机,从全社会各界人士中,选聘23位代表担任市局警风警纪监督员,开展警风警纪、窗口服务暗访。推行机关部门大竞赛,组织召开动员会和表彰会,对在争先创优活动取得突出成绩的10个先进基层党组织、8名优秀党务工作者和30名优秀党员进行表彰,促进了民警思想观念、工作作风、工作效率不断改善,窗口服务质量不断提高。(余 令)

交通管理

【概况】 株洲市公安局交通警察支队下设24个正科级二级机构,其中:2个党群机构,即纪委、工会;9个内设科室,即警务督察科、办公室、政工科(含团总支)、后勤保障科、安全宣传科、法制科、交通秩序管理科、机动车安全技术检测管理科、交通事故业务指导科;5个直属机构,即车辆管理所、驾驶员管理所、出租车交通安全管理所、交通管理科技所、直属大队;6个下属机构,即荷塘大队、芦淞大队、天元大队、石峰大队、莲易高等级公路大队、快速环道管理大队;3个事业单位,即后勤服务中心、道路交通安全事务所、机动车安全技术检验中心(与机动车安全技术检测管理科一套人马两块牌子)。5个直属机构和6个下属机构中又下设59个内设单位,均为副科级机构,其中24个中队、35个室。担负着全市近50万辆机动车,48.6万名驾驶员,11000多公里城乡道路的交通安全管理任务。

2010年,全市公安交警部门以创建国家交通管理模范城市为主线紧扣"强素质、正风纪、树形象、创满意"主题扎实开展"队伍建设年"活动,狠抓"3个专项治理"和创先争优工作,交警队伍的凝聚力、战斗力和社会形象不断提升,株洲市荣获"国家交通管理模范城市"称号。2010年1月1日~11月30日,全市共发生道路交通事故693起,死亡87人,伤1113人,直接财产损失96.61万元,事故四项指数分别比上年同期下降9.65%、7.45%、14.45%、11.2%。全年未发生一起死亡3人以上的特大道路交通事故。截至11月30日,全市机动车达492292台,驾驶员达481478人。

一、以提升城市交通管理水平为切入点,推进社会管理创新。

1.硬件设施焕然一新。2010年,新增信号灯控路口6个、车行灯40组、行人灯38组,新设交通标志1117块,施划道路标线3.74万平方米。同时，配合各类专项行动，本着"向基层倾斜、为实战服务"的原则，新购2台拖吊一体的新型清障车、21台酒精检测仪、2台道路清障车、440台移动警务通、700套个人防洪装备，更新配备执勤车20台，不断加大警务保障投入力度。

2.宣传方式推陈出新。借力"文明交通行动计划"的实施，紧扣交通安全宣传社会化方向，打造"亮化工程"、"教育基地"、"媒体宣传"三大宣传阵地。建成宣传牌213块、大型公益广告403块、巨型户外公益广告4幅，电子宣传屏15块，融合成为城市的亮丽风景和人文景观。建立5个集电教室、宣传走廊、事故模拟展台一体的大型专业警示教育基地，定期组织重点驾驶员、中小学生进行参观。联合社会各界开展"保护生命、平安出行"等10大主题宣传活动，出版《文明出行》一书。在全市开展"志愿星期六"文明劝导活动，营造了浓厚的交通安全宣传氛围。

3.交通秩序耳目一新。一是力克"两难"。城区部分道路实行重、中型货车限时通行，芦淞市场群道路实行单向通行等交通组织措施。重新规划株洲火车站周边客运车辆停放，建议对长株潭汽车站实行整体搬迁。积极倡导"公交优先"，新增公交专用道1条、港湾式停靠站45个。参与部门联动打击摩托车、"叭叭车"非法营运活动，全力破解中心城区"行车难"、通行效率低下的问题，确保中心城区道路有序和畅通。在30多条主次支路上施划占道临时停车泊位572个，扩大停车供给，缓解"停车难"。二是力保道路安全。对无证驾驶、酒后驾驶、机动车涉牌涉证、超速、超载等各类交通顽症及严重交通违法行为进行严格管控。行动期间，共查处涉牌涉证违法行为42127起、酒后驾驶违法行为1000起、行政拘留28人，取得了涉牌涉证整治全省排名第一、酒驾整治和冬季大会战全省排名第二的好成绩。全年共累计完成警保卫157批次，查处各类交通违法647333起，暂扣驾驶证522本，现场教育284772人次，行政拘留123人，有力地震慑了各类道路交通违法行为的发生，确保了路面秩序状况良好。

二、以树立交警队伍优良形象为着眼点，不断强化队伍管理。

1.坚持素质强警，推行常态化教育。严格落实每周二政治学习制度，旗帜鲜明地开展思想政治教育。广泛开展警示教育，分6批组织全体民警观看警示教育片《触规的代价》和《苦果》，组织副科实职以上领导干部108人到株洲市反腐倡廉教育基地"桥头堡"进行参观。开展"三个专项治理"以及"五个严禁"、"六个严禁"等多项教育活动，倡导和培养民警树立令行禁止、艰苦奋斗、求真务实"三大作风"。强化"四种技能"。开发应用集《指南》学习、教育、练习、考试、竞赛于一体的网上考试考核系统，着力提高民警警务实战、计算机操作、交通秩序疏导、简易事故处理"四种技能"。7月，参加全省交警系统"大学习、大训练、大比武"竞赛取得射击单项第一、牌证识别单项第二、综合排名靠前的好成绩。

2.坚持机制束警，推进规范化管理。一是健全分析研判机制。建立健全队伍建设月报、重大事项报告、支队领导接待民警日、队伍建设例会等制度，定期分析研判队伍形势和民警思想状况。全年累计召开队伍建设例会10次，队伍形势研判会议3次，谈心谈话508人次。二是强化内部监督机制。内部监督关口前移，在驾驶证考试、机动车登记、事故调处等关键环节安装77套高清监控设备，全方位跟踪监督。加大警务督察力度，全年共组织开展明察暗访156次，督察单位68个，下发督察通报25期、公安督察通知书31份、督察要件6件。科目三考场成立至今，共有4万余人参加考试，没有发生一起考场违纪案件。三是完善考核评价机制。不断完善综合考评、精细化管理考核、领导班子及领导干部政绩考核等评价机制。建立支队、大队（科室）、中队三级考核体系，充分发挥综合考评对各单位工作的评价激励和导向作用。精细化管理真抓实考，奖惩兑现，单位得分排名前30%的民警优先提拔任用，年度公务员优秀岗只能从前30%的民警中产生。7月，据考核结果提拔任用干部51名。

3.坚持铁腕治警，保持高压态势。一是抓苗头。坚持抓早、抓小、抓苗头，对有轻微违纪违规但尚不够纪律处分的民警，实行待岗。先后有9名民警受到待岗处理，通过打好教育、培训、劳动、考核的"组合拳"，待岗人员思想不端、工作不实、作风不硬等问题有了明显转变。二是抓整治。先后开展民警参与经营娱乐休闲场所专项整治行动、警车和涉案车辆清理整治、集中整治涉案人员非正常死亡专项行动等活动。3名民警亲属在规定期限内主动退出休闲娱乐场所的经营，城区7个大队14间询问室、讯问室均按要求进行统一规划、统一建设。对9名违反公务用车使用规定的正、副科职干部进行戒勉谈话，对4名违规使用警车的副科职干部给予暂扣所用车辆、停止执行职务、待岗学习一个月的处理。三是抓查处。认真查纠执勤执法活动中出现的侵民、扰民、伤民等问题，严肃查处贪赃枉法、贪污受贿、失职渎职等违法违纪案件。全年支队纪检督察部门共立案调查违纪案件8起，给予纪律处分11人，报请市公安局辞退2人。

4.坚持形象塑警，引导社会化宣传。广泛开展创先争优活动，及时发现、培养典型。先后推荐醴陵市公安局交警大队车管所、荷塘大队一中队教导员曾铁明参加全省"人民满意交警基层所队"、"人民满意交通民警""双十"评选活动，评选8名示范标兵和8个示范岗，开展"十佳交通民警"评选活动，推出株洲市劳动模范袁宣日等先进典型，充分发挥了导向引领和辐射作用。在株洲日报、电视台开设"践诺爱民"、《我身边的交警》、《警风纪实》、《老樊策交通》等栏目，全方位、多渠道地开展公安交管工作和交警队伍宣传。全年被市以上新闻媒体采稿924篇，其中中央级30篇、省级43篇、市级851篇。成立专门的网评员队伍，建立网络舆情专用工作QQ群，通过“四个一”(即一套领导班子、一个工作制度、一个处理流程、一个工作群)网络舆情应对机制，妥善引导网络舆论，及时处置网络舆情1038条，回复市长热线896条、市长信箱来信145封，维护了交警队伍的形象和声誉。

三、以提升民警自身法制素养为着力点，推进执法规范建设。

1.在完善机制上求提升。从整章建制入手，制定支队《执法安全工作规定》，修改完善支队执法质量状况考评标准，出台《交通协管员管理办法》，征订、下发《公安机关执法细则》和《公安机关执法细则释义》，并组织培训讲座，按照《湖南省行政程序规定》，进一步规范行政程序和自由裁量。实行交通事故复核会制度、执法工作月讲评制度，抓执法质量月检查、季考评工作，开展执法整治活动1次，示范案卷考评1次，季度检查3次，执法指导21次，纠正整改执法质量问题246个。

2.在岗位练兵上下功夫。建立“支队统筹安排监督考核、业务科室指导培训、基层大队自行练兵”3个层次的练兵制度，形成分岗培训、情景训练、案例教学、实战演练相结合的培训模式，针对交通指挥调度、交通事故处理、专职法制员等重点岗位及交通安保、警卫开道等重点技能知识，组织开展网络执法、非现场执法、科技应用、法律文书制作、事故处理等岗位练兵8批20余次，上级调训3批40人次，组织信息化培训14批1580人次，真正将练兵融入实战，做到了“苦练真考，以考促练”，并进一步提高了民警的业务技能和法律素养。

3.在科技手段上找突破。按正规化要求改造基层办案场所，强力推行交警队信息平台综合应用考核，信息化工作在全省交警系统排名第一。全面推进办公自动化，制定下发有关办法和方案3份，举办系统管理和公文处理培训2期，开展工作座谈交流1次，梳理上报并解决各类问题24个。10月20日开始，所有文件资料全部实现网上流转。全年所有刑事和行政拘留案件一律网上流转，限时录入、及时审批，全程监督管控。截至2010年5月支队一线民警和机关中层负责人共配备移动警务400台，移动警务执法占整个执法量的80%，用信息化管理手段提升了规范执法水平。先后举行5次大规模的网络执法工作指导和培训，现场指导示范180人次。全年网上办理刑事案件43起，刑事拘留20人，提请逮捕19人，取保22人，移诉33人，网络执法运行平稳。

四、以提高人民群众满意度为服务点，构建和谐警民关系。

1.延伸交管服务触角。实行交通事故处理快处快赔以来，全年15家保险公司在“快处快赔”服务中心处置的赔付案达9517起。全市15块交通信息诱导屏实时发布道路路况信息和出行提示服务，实现可视化交通分流。相继在全市9家汽车4S专卖店开展车管业务代办。车管所“一窗式”服务模式和全省首家车、驾管业务代办服务所广受好评。醴陵车管所获评“全国优秀县级车辆管理所”称号。5县市全部开通除进口机动车、危险化学品运输车、校车、中型以上载客汽车以外的其他机动车登记业务和所有准驾车型的补换证、年审业务。株洲考场启用科目二场地驾驶技能电子路考仪，攸县分考场正式投入使用，车驾管服务范围不断延伸。

2.扩大交管服务内涵。业务大厅的触摸式查询机，方便群众自主查询。启用田心社区、汽车城、嵩山路、株百超市、南方公司社区等5家交管服务站，提供4大类20项交管服务。全年累计办理交管业务20424笔，代收金额达714万元。全市各级财政投入68.39万元，完成“村村通”安保工程344.9公里，醴陵大队交通安全宣传“萤火虫”经验在全省得到推广；开展平安畅通县区创建活动，全市9个县市区全部达到创建标准，其中攸县获评2009年度“部级平安畅通县区”，株洲县、茶陵县达到省级一等标准。完善市区155所大中小学校、204所幼儿园周边的交通标志标线和安全设施，在4所学校门前设置行人自助式人行横道交通信号灯，设立护学岗28个。排查并完成治理公路危险路段26处。

3.提高交管服务质量。组织民警开展“爱民实践大走访”活动，出台各类便民利民服务举措228条。实现省内异地罚款本地缴纳。积极开展交通事故人民调解工作，建立并充实道路交通事故救助基金，通过特殊号牌有偿发放等手段筹措事故救助金140.08万元，对3起死人事故共计支付救助金11万元。排查清理、妥善处理信访积案，全年共办结信访案件23起，办结率达100%，办理建议提案46起，全年无行政复议申请和行政诉讼案。自主研发警务调查回访系统，对办理交通违法处理、机动车上户、车辆检测以及驾驶证业务的群众进行电话回访，了解队伍建设和交管工作中存在的问题。共拨打有效回访电话2400个，有效地化解了社会矛盾，促进了警民关系和谐。

(陈昱名)

【获评“国家畅通工程一等管理水平城市”】 6月26日，公安部、住房和城乡建设部联合发文，对2008~2009年城市道路交通管理等级评价情况进行通报。在新增的4个一等管理水平城市的名单中，株洲市获评“国家畅通工程一等管理水平城市”。自2007年10月启动创建国家交通管理模范城市工作以来，全市累计投入54.38亿元，用于城市道路提质和城区道路交通基础设施建设，道路通行能力明显增强；投入6000余万元，用于道路交通设施建设，交通标志规范设置率、标线施划率、路口渠化率、信号灯规范设置率、让行标志设置率、建成区道路管控率、机动车登记率、路口监控设备设置率等均达到100%；投入5000多万元，建成智能交通管理系统，交通管理实现了数字化、智能化、高清化；加强秩序整治与规范，城区30余条主干道机动车守法率、非机动车守法率、行人守法率、违法停车率等指标全部以高分通过验收。

（陈昱名）

【湖南省城市交通管理工作会议在株洲市召开】 2010年12月20日，湖南省城市交通管理工作会议在株洲会议中心隆重召开，这是湖南省历史上第一次就城市交通管理召开的专门会议，具有里程碑式的意义。省人民政府副省长、省道路交通安全委员会主任刘力伟，公安部交通管理局副局长刘钊，省文明办主任宋智富，省道路交通安全委员会副主任、省公安厅副厅长袁友方，省交通运输厅副厅长胡建新，省住房和城乡建设厅党组成员、总工程师易继红，省交警总队总队长、省道路交通安全委员会办公室主任杨琪君，株洲市委书记陈君文、市长王群等领导出席会议，全省14个地州市的分管副市长等有关单位部门共150余名代表参加会议。会议由省政府副秘书长谈敬纯主持。（陈昱名）

检察工作

【概况】 2010年，全市检察机关紧紧围绕全市发展大局，全面履行法律监督职责，各项检察工作取得新的进步。株洲市人民检察院先后被评为“全国基层检察院建设组织奖”、“全国检察机关纪检监察工作先进单位”、“全市文明建设红旗单位”，攸县人民检察院被评为“全国先进基层检察院”、醴陵市人民检察院被评为“全省文明单位”。

注重打击犯罪与促进稳定相结合，全力推进平安创建。全年全市检察机关共受理提请逮捕案件1930件3265人，批准逮捕1668件2779人，不捕267件494人；受理审查起诉案件2548件4168人，起诉2142件3492人，不诉190件313人。典型案件有：丁鹏等20人持枪持械聚众斗殴案；刘友文等33人涉黑团伙犯罪案和以李文辉、陈奎文为首的网络赌博案等等。

注重查处与预防相结合，促进反腐败斗争深入开展。2010年，两级检察院共立案查办贪污贿赂类案件96件115人，渎职侵权类案件41件52人，其中大案83件，要案7人。典型案件有：湘潭市原副市长朱少中涉嫌滥用职权、受贿案；市政府原副秘书长、市金融证券办原主任尹群辉涉嫌受贿案；市环保局原党组书记、局长文铁军涉嫌受贿案等等。深入开展发案单位个案预防、案件多发行业系统预防、重大工程专项预防、法制宣传警示预防等工作，从源头上防治腐败。全年共开展专项预防调查138次，完成分析报告135份，提出预防检察建议165件，提供预防咨询275次、行贿档案查询1065次，开展警示宣传教育281次、职务犯罪预防专题讲座126次，受教育人数达2万余人次。

注重协调配合与强化诉讼监督相结合，切实维护司法公正。全年共向公安机关发出要求说明不立案理由通知书109份，公安机关主动立案103件；追捕148人；监督公安机关不应当立案而立案案件164件。追诉漏犯76人，对量刑畸轻畸重等刑事判决提起抗诉22件。对认为确有错误的民事行政判决、裁定案件依法进行监督，共向法院提出抗诉及再审检察建议31件，采纳13件，再审改判或调解结案5件（含积案）。加强刑罚执行和监管活动监督，发出《检察建议书》850份、《纠正违法通知书》99份。

注重教育培训和文化育检相结合，努力建设高素质检察队伍。切实加强干警的教育培训，积极开展学历教育、业务培训、岗位练兵和理论研讨活动。先后邀请专家学者到检察院授课4场次，举办各类业务培训班11期，培训检察人员500余人（次）。组织市检察院领导班子成员和基层院检察长及部分中层干部，赴北京大学等高校培训学习。深入推进以“正理念、强素质、促发展”为主题的读书活动，营造了良好的学习风气。市检察院被评为全省“十佳书香机关”，并在全国检察机关文化建设工作座谈会上作典型发言。

（陈 璇）

【大力开展检察文化建设】 2010年，市检察院坚持把文化建设作为检察工作发展的基础和根本，大力实施文化育检战略，开展“金剑论坛”、“金剑讲堂”、“金剑品读”等7个金剑系列活动和以“正理念、强素质、促发展”为主题的读书活动，编印《读行天下》读书心得精粹、优秀散文诗歌集《检察放歌》和检察理论研究《潇湘检察论坛》（株洲卷），制作检察文化建设电视专题片和《检魂》画册，得到了最高人民检察院原常务副检察长张耕、副检察长柯汉民，中纪委驻最高人民检察院纪检组组长莫文秀，省委常委、纪委书记许云昭，省委常委、统战部部长李微微和省人民检察院检察长龚佳禾等领导的充分肯定。2010年，株洲市检察院先后被评为“全省十佳书香机关”、“全市模范学习型党组织”、“全市十佳书香机关”，并在全国检察机关文化建设工作座谈会上作典型发言；上海、四川、河南洛阳、江苏镇江、广东深圳、韶关等地检察机关先后到株洲市考察交流检察文化建设。

（陈 璇）

【开展“恪守检察职业道德，促进公正廉洁执法”主题实践活动】 2010年，全市检察机关深入开展“恪守检察职业道德，促进公正廉洁执法”主题实践活动。注重从思想认识和实践形式入手，采取各种措施，进一步打牢检察干警实践检察职业道德的思想基础，着力解决在检察工作中与检察职业道德要求不相符的各种问题。通过“百万案件评查”、调研征文活动、诗歌朗诵会、金剑讲堂等形式，不断深化主题实践，取得明显成效。6月起开展“公正执法在检察”主题宣传活动。在《株洲日报》、株洲电视台、红网株洲站、株洲广播电台开辟“公正执法在检察”专题及专栏，集中宣传检察工作的创新亮点和检察队伍的先进典型,有效地提升了社会各界对全市检察机关的认知度和美誉度。

(陈 璇)

【株洲市检察院6个派驻检察室揭牌】 11月、12月,株洲市检察院驻省白马垅劳教所检察室、驻市第一看守所检察室、驻市第二看守所检察室、驻市劳教所检察室、驻省网岭监狱检察室、驻省茶陵监狱检察室相继挂牌成立。这标志着6个市级以上监管场所的检察室全部收归市检察院派驻管理,改变了原来由监管场所所在县区基层检察院派员驻所的工作格局,是株洲市检察机关适应司法体制改革的要求所推行的一项重要工作举措。 (陈 璇)

【举办全市检察机关领导素能提升高级研修班】 10月15~21日,株洲市检察院在北京大学法学院举办为期1周的全市检察机关领导素能提升高级研修班,邀请北京大学知名教授授课,学习内容涵盖领导艺术、法律、政治、经济、古典文学、社交礼仪等方面。这次研修班是株洲两级检察机关开展"恪守检察职业道德、促进公正廉洁执法"主题实践活动的一项重要内容,也是市检察院开展主题读书活动,提高干部队伍素质的一项创新举措。参加此次研修班的有市院部分班子成员、部门负责人和基层院检察长及部分副职领导。《检察日报》"基层采风"栏目对此进行了专版报道。 (陈 璇)

【最高人民检察院常务副检察长张耕到株洲调研】 1月28~29日,最高人民检察院党组副书记、常务副检察长张耕在省院党组书记、检察长龚佳禾,省委政法委副书记石民生的陪同下,深入到炎陵县检察院调研并慰问基层检察干警。张耕在听取了工作汇报后,对株洲检察机关取得的成绩给予了充分肯定和高度评价。省院党组副书记、副检察长周世雄,市委常委、政法委书记毛爱良,市检察院党组书记、检察长魏启敏等领导陪同调研。 (陈 璇)

【宋晋湘受贿、挪用公款、巨额财产来源不明案】 2000~2008年,宋晋湘在担任长沙市信用联社理事长和湖南省信用联社副主任期间,利用职务上的便利,为他人在咨询审查、审批贷款中提供方便而非法收受他人财物,共计收受现金及物资折款476万余元。另有213万余元的巨额财产不能说明来源。经法院审理,宋晋湘犯受贿罪,判处有期徒刑15年,剥夺政治权利2年,并处没收个人财产200万元;犯巨额财产来源不明罪,判处有期徒刑2年,合并决定执行有期徒刑16年,剥夺政治权利2年,并处没收个人财产200万元。

(陈 璇)

【文铁军受贿案】 2001~2010年期间,株洲市环境保护局局长、党组书记文铁军利用职务之便,为他人在环保行政许可、环保工程承包等方面谋取利益,非法收受他人财物共计人民币129万元,美金2000元。经法院审理,文铁军犯受贿罪,判处有期徒刑6年,并处没收财产人民币10万元。 (陈 璇)

审判工作

【概况】 2010年,全市两级法院围绕创建"创新型、规范型、和谐型、服务型和廉洁型"法院的工作目标,服务发展大局,加强队伍建设,狠抓审执工作,完善司法管理,加快推进"五型"法院创建,为全市经济社会又好又快发展作出了应有贡献。全年全市法院共受理各类案件20345件,审执结20062件,结案率为98.61%;其中中院受理各类案件3670件,审结3571件;结案率为97.30%。中院商事审判工作做法及经验在全国法院商事审判工作会议上得到推介。司法绩效、案件质量分别在全省法院排名第一和第二,被评为全省先进法院。 (罗成效)

【发挥审判职能】 刑事审判认真贯彻宽严相济的刑事政策,推进量刑规范化,积极参与平安株洲建设,依法打击各类严重刑事犯罪,营造安全稳定的社会环境。全年全市法院共审结一审刑事案件2243件,二审刑事案件234件;在判决发生法律效力的2028案3841人中,判处5年以上有期徒刑直至死刑494人。依法公正审理了原湖南省信用联社主任宋晋湘受贿、巨额财产来源不明案和湘西非法集资案等重大刑事案件。在严厉打击刑事犯罪的同时,认真贯彻宽严相济的刑事政策,对具有法定从轻、减轻和免除处罚情节的,依法从轻、减轻或者免除处罚,全年两级法院共判处缓刑916人,免予刑事处罚88人。坚持教育、感化、挽救的方针,继续做好未成年人犯罪审判工作,共审结判决未成年人罪犯109人,其中判处缓刑33人。根据犯罪分子的改造情况,公正办理减刑假释案件,共依法减刑1965人,假释132人。

民商事审判坚持"调解优先,调判结合"的原则,注重发挥"三调联动"等多元纠纷解决机制的功能,及时、公正地审理与市场经济发展、企业生产经营、人民群众生产生活密切相关的各类纠纷案件,平等保护各类主体的合法权益,化解了大量的矛盾纠纷,促进了社会和谐;坚持能动司法,兼顾利益平衡,高度关注、审慎处理因宏观经济政策和金融形势变化引发的合同、信贷纠纷案件,维护社会诚信与金融安全,促进生产发展、市场繁荣。共审结一审民商事案件11090件,二审民商事案件600件,其中调解结案6371件。

行政审判充分发挥在构建和谐社会中的特殊作用,建立和完善行政诉讼案件经常性协调机制,切实保护行政相对人合法权益,坚决支持行政机关依法行政,有力地推动了社会管理创新。共审结一、二审行政案件199件,执结非诉行政案件1103件。

执行工作继续以破解"执行难"为工作重点,全面加强对工作的统一调度和指挥,大胆探索创新执行工作机制和方式，完善执行威慑机制和联动协作机制，对拒不履行义务的被执行人融资、经营、置业等活动依法进行禁止或限制，进一步加大执行工作力度。全年共执结执行案件3444件，兑现标的款4.43亿余元；另审结执行异议、复议案件40件。（罗成效）

【服务发展大局】 认真开展调查研究。为贯彻落实市委十届九次全会暨经济工作会议精神，为“城市提质、园区攻坚、旅游升温”三大战役提供强有力的司法保障与服务，在全市法院开展“服务大局月”活动，两级法院院领导带队深入神农城、湘江风光带、云龙示范区、职教园、北汽控股、华强文化产业园、洮水水库等重点工程和南车集团、硬质合金、千金药业等重点企业走访调研。在认真分析研究的基础上，中院出台《关于为“三大战役”提供司法保障与服务的工作意见》，落实责任措施，保障了服务的针对性和有效性。

积极组织专项审判。围绕“三大战役”等重点项目建设的推进，加强与有关部门的联系沟通，积极协调解决建设过程中的征地拆迁等难题；并通过靠前服务和提出司法建议等方式，促进有关部门进一步规范和提升行政执法水平。着眼计划生育国策实施，开展“为全市计生工作提供法律保障”专项服务活动，充分运用法律手段支持全市计划生育工作，共办结该类非诉执行案件829件，标的2116.29万元。跟进市委、市政府加快推进全市企业改制的战略决策，在全市法院开展“服务企业改革、促进企业发展”的专项审判活动，共审理涉企案件1980件，涉及资产总额30余亿元。

延伸司法服务职能。认真开展调查研究，对企业生产经营和项目建设中存在的全局性问题，及时发出司法建议。为依法支持全市重点项目征地拆迁工作，编印派送《征地拆迁法律服务手册》500份，明示征地拆迁工作流程和申请法院强制执行流程，加强了对重点工程建设征地拆迁行政执法的指导。同时，集中力量执结了涉及神农城、湘江风光带、云龙示范区和洮水水库建设等重点工程、项目的非诉行政拆迁案件63件，其中先予执行案件3件，促进了重点项目建设的顺利推进。天元区法院坚持能动司法，抽调精干力量组成司法服务工作组，进驻神农城和湘江风光带建设指挥部现场办公，为工程建设的顺利推进提供了坚实的法律保障。茶陵县、炎陵县法院班子成员带队，深入洮水水库、衡茶吉铁路征地拆迁村组开展专项法制宣传，实现了和谐拆迁。（罗成效）

【涉诉信访工作】 认真落实院长接待日、院领导接访周负责制和中院领导联系县区信访维稳等工作制度，部署开展集中清理涉诉信访积案活动，对清理出来的信访积案明确“四定四包”的工作要求，通过带案下访、依法纠错和司法救助，全力化解涉诉信访积案。全市法院化解信访积案196案，化解率达79.3%，中政委交办的6件案件全部息访；出台《涉诉信访听证操作规程（试行）》，推进了全市法院涉诉信访听证工作的规范化、制度化。同时，继续狠抓案件质量，强化裁判文书说理和判后答疑，提高案件的调解率和自动履行率，对重大案件实行信访风险评估，运用诉访分离机制，防止和减少涉诉信访，全市法院涉诉信访形势得到好转。

（罗成效）

【司法绩效】 加强司法公开促进公正。主动把法院工作置于全市工作大局中谋划和部署，自觉接受人大、政协、检察机关、人民群众以及媒体的监督。继续开展人大代表听审评议活动，将听审案件拓展至刑事、民事、行政和执行案件，并强化听审评议活动的保障措施，努力增强听审评议实效。全年共有485名人大代表听审评议了全市法院80件案件。继续向人大代表、政协委员寄送法院情况通报，让代表及时了解法院工作动态；继续推行裁判文书网上发布、网上庭审直播和案件审理信息公开，举办“法院开放日”活动，积极推动法院、法官和人民群众的互动交流。全年中院共网上发布各类裁判文书1234份，上网率达83.72%。

强化绩效监控保障公正。紧紧围绕“五提两降”绩效工作目标，修改完善全市法院《司法状况考评细则》，突出目标引导，不断加大了司法管理和督查工作力度。强化审判监管，加强对基层法院的业务指导和审判监督力度，改进和完善案例指导制度，促进了全市法院司法能力的整体提高。全年共组织召开战线业务培训和质量讲评会议8场次，编辑《株洲审判》2期；强化质量评查，对改判、发回重审、申诉再审案件进行重点评查，共评查各类案件1887件；强化审限跟踪，继续实行内定审限制度，中院审结的1474件案件中，在内定审限内结案1399件，内定审限结案率达94.91%；认真执行瑕疵案件责任追究机制，严格过错责任追究。各项工作措施的强化，促进了全市法院司法绩效的进一步提升。全市法院民事案件调解率为55.22%，同比提高3.11个百分点；一审民事行政案件息诉率为94.22%，同比提高0.14个百分点；执结率为98.97%，同比提高0.50个百分点；一审裁判案件被改发率为2.05%，同比下降0.61个百分点。

强化权力制约维护公正。出台《关于进一步规范财产保全和先予执行工作的规定》，进一步细化财产保全和先予执行的职权分解，明确各环节的办理要求和期限，切实保护当事人的合法权益。推进刑事审判方式改革，出台《量刑规范化工作指导意见（试行）》，将试点案件的量刑情节纳入法庭审理，并进行量刑事实的调查和辩论，增强了量刑的公正和均衡，更好地维护了社会的公平与正义。全年全市法院共适用量刑规范化程序审理刑事案件777案1612人。出台《关于规范执行行为，加强执行监督的若干规定》，建立分段集约执行工作机制，将执行过程分为财产调查、控制和处分等环节，明确各个环节工作时限，打破一个人负责到底的传统执行模式,防止了过度集权。加强统一对外委托管理,确保了对外委托工作的阳光操作。7月中旬,中院首次在全国法院入册中介机构中采取公开竞争的方式选定了湖南太子奶三公司合并重整案的管理人。 (罗成效)

【司法为民】 认真落实便民措施。开展"立案信访窗口"创建活动,加大资金投入,添置完善立案信访窗口硬件设施,完善窗口服务的诉讼引导、立案审查、立案调解、救助服务、查询咨询、判后答疑和信访接待等功能;建立健全窗口工作制度,规范立案和信访各工作流程,为群众提供热情、优质、高效、方便、全方位、多角度的服务。加大巡回审判工作力度,将法庭开进乡镇街道,方便群众诉讼。攸县网岭法庭方便群众诉讼的做法被《人民法院报》推介,并被确定为全市政法干部培训班3个现场教学点之一。石峰区法院开通立案在线QQ和网上电子邮箱,让当事人网上零距离咨询有关立案问题,解决当事人多次往返法院的"立案难"状况。

积极化解社会矛盾。依法稳妥审理民间借贷、损害赔偿以及教育、医疗、住房、社会保障、食品药品安全、劳动争议、涉农等案件,进一步完善立案调解、诉讼调解和执行和解工作机制,推动司法调解与人民调解、行政调解的联动对接,形成调解合力,积极化解矛盾纠纷,切实保障人民群众合法权益。醴陵市法院设立交通事故巡回法庭,进驻交警大队办公,全年共审结道路交通事故案件135件,其中有112件系与交警大队共同做工作调解结案,取得了较好的社会效果和法律效果。芦淞区法院在一医院、中医院、妇幼保健院、服饰城发管委等建立了6个巡回办案点,定期巡回办案,第一时间化解各种矛盾纠纷,方便群众诉讼,促进了社会和谐。天元区法院率先推行"圆桌审判"模式审理民事案件,邀请心理辅导员和调解专家参与案件庭审,协助做好当事人的思想疏导工作,取得了很好的效果。自2010年5月份"圆桌审判"模式运行以来,共审结民事案件121件,其中调解102件、撤诉16件,调撤率达97.53%。攸县法院依托巡回审判联系点和人民调解工作室,缩小诉调对接缝隙,全面整合资源,效果明显。全年该院共指导、协助调解纠纷120余起,邀请人民调解员参与调解或执行150次。

加大司法救助力度。在全省法院率先实行劳动争议案件免收诉讼费,全年全市法院585件劳动争议案件诉讼费用全部实行免收,部分基层法院对追索"抚养费、抚育费、赡养费"的案件免收诉讼费,彰显了司法的人文关怀。积极筹措资金,加大对困难执行申请人和信访当事人的司法救助力度,全年共发放司法救助金239.3万元,为弱势群体和特困群众依法减、缓、免诉讼费共计157.24万元,使党的惠民政策在司法领域得到了充分体现。

稳步推进基层基础。积极指导和支持基层法院加强人民法庭和审判大楼建设,炎陵县法院审判大楼正式投入使用,株洲县、芦淞区和茶陵县法院审判法庭建设已启动。积极推进信息化建设,中院、石峰区法院和醴陵市法院先后建成5个集庭审过程全程记录、证据展示电子显示、庭审网络同步直播和远程视频提审等功能于一体的数字法庭,充分运用现代科技手段,实时记录和真实再现审判活动的全过程,实现网上办公和审判过程的电子化、网络化,增强了审判工作的透明度,促进了公正、高效司法。全年共有26件案件使用了数字法庭进行审理。

(罗成效)

司法行政

【概况】 2010年,株洲市司法行政系统有公务员161人(含市劳教所干警),司法助理员165人,注册律师297人,注册公证员32人,司法鉴定工作人员286人,基层法律服务工作者244人。全市司法行政工作紧扣经济社会发展大局,认真履行工作职能职责,不断提升行政效能和工作效率,圆满地完成年度确定的各项工作指标。株洲市司法局先后被授予全国"五五"普法法制宣传先进城市、全国维护妇女儿童权益先进集体、全国优秀青少年维权岗、全国人民调解宣传工作先进单位等荣誉称号。年度工作考核获全省第一。

(陶文汇)

【"三大战役"专项法律服务活动】 2010年,全市司法行政系统部署开展服务城市提质、园区攻坚、旅游升温"三大战役"专项法律服务活动。活动中,共联系指导园区企业160多家、城市建设项目56个、旅游项目18个,化解矛盾纠纷2056起,减免法律服务费用300余万元,为服务对象避免和挽回经济损失4000余万元,有效促进了全市经济平稳较快发展。特别是市局专门成立"神农城项目建设法律服务团",派出骨干律师和公证员常驻项目指挥部现场服务,为项目的顺利推进发挥了积极而独特的作用。市委书记陈君文给予了充分肯定和表扬,市委、市政府主要内刊《领导参阅》、《株洲工作》和《调查与研究》专门进行了推介。市公证处为云龙新区、沿江风光带建设等重点项目推进作出积极贡献,为唐人神公司申请上市事宜提供"绿色通道"服务,有效化解了公司与股东间的矛盾,为园区企业发展壮大提供了有力的帮助。在服务"5115"工程中,市司法局联系智成化工集团,为企业的基础建设和扩大生产两大难题多方协调,为企业争取经费、节约费用200余万元,促成了项目的顺利实施,为企业实现扭亏为盈作出了积极贡献。 (陶文汇)

【普法依法治理】 2010年是全国"五五"普法的检查考核验收之年,也是株洲市"法治株洲"创建工作的全面检查提高年。为进一步提高普法工作实效,突出宣教工作重点,株洲市开展一系列形式创新、实效突出的普法活动。注重加强宣教创新。一是在抓普法队伍建设上出“硬招”。把会教、能讲、热情高作为优化普法队伍的重要标准和要求,不断提升“三支队伍”整体水平。全市通过选聘知名法学专家、学者充实到普法讲师团,使讲师团队伍扩大到210人,年度开展普法宣传讲座300余场次。全市1080所大、中学校共聘请1120名法制副校长,创新推行学校“每周一法”教育制度。全市132个机关事业单位、126个市属以上企业、2014个村(社区)聘任法制宣传员或法律顾问,每个村(社区)都有法制宣传志愿者,并建立一支由195名大学生村官组成的农村法制宣传队伍。二是在抓普法工作深化上出“实招”。在全省率先实行将“普法合格证”、“年度学法考试成绩登记卡”纳入干部个人档案管理的制度;率先在县处级以下干部中实行分系统命题制卷;率先在各县市区、市直机关单位“一把手”及班子成员中实行年度“述法”制度。县处级领导干部年度学法考试的参考率、合格率均达100%。三是突出抓好青少年课堂受教育。全市各中、小学校均编印《青少年法制教育读本》作为课堂法制教材,同时,结合青少年法制宣传教育周、学生入学、毕业和假期,突出加强问题少年、留守儿童的帮扶教育工作。突出抓好农(居)民身边受教育。实施百名律师进社区、千名志愿者进楼栋、普法送法进万家等法制宣传工程,每年开展专题法制讲座和培训班160余场次,受到广大群众的欢迎。积极创新普法宣传方式,通过网络、杂志、电台、电子显示屏、公益广告牌等进行法制宣传,《法制频道》、《法治视点》、《法律与服务》、《法治县市区》等一系列法制节目开播,普法宣传影响力不断扩大。创建湖南法治网站“法治株洲”网页,开通市政府门户网“法律服务在线”专栏,每天通过网络平台接受法律咨询达10余人次,深受群众喜爱。努力打造“百里法制宣传长廊”、“十里法制宣传街”、“一公里法制宣传队”、“‘一品楼’普法广场”等法制宣传品牌,大力举办“春联普法”、“扑克普法”、“雨伞普法”、“书信普法”等“零距离”法制教育宣传活动,营造了良好的法制教育宣传氛围。

始终把依法治理,全面提高社会法治化管理水平,建设“法治株洲”,作为普法依法治理工作的重点来抓,整体推进,增强实效。以省行政程序建设和“依法、民主、科学规范行政决策”试点市为契机,全力推进“法治政府”建设。出台《株洲市人民政府重大行政决策程序规则》等20余项制度,对市级1994年以来的文件进行全面清理,将废止的7件、失效的524件、继续有效的160件规范性文件,向社会进行公布,并将行政许可项目由377项减为309项,着力提高办事效力。坚持把创建“法治机关”、“法治学校”、“法治企业”等作为行业创建工作的重点,全年全市共有112个机关单位被授予省、市级“依法办事示范窗口单位”,20所中、小学校被授予省、市“依法治校示范学校”,16家企业被授予市“诚信守法企业”,司法部门未出现重大错案、重大涉法上访事件,执法质量明显提高。在深化行业法治创建的同时,株洲市针对全市经济建设和民生方面的热点、难点问题开展专项治理,进一步优化经济社会发展环境。始终将基层法治创建工作作为推进基层民主建设、维护基层社会稳定的重要载体,以试点为先导,以示范为重点,以点带面,整体推进,在全市开展“十佳法治乡镇(街道)”、“平安乡镇”、“民主法治示范村(社区)”等一系列基层创建活动,取得实效。全年全市被授予“全国民主法治示范村”3个,授予“省级民主法治示范村(社区)”36个,授予市级“民主法治示范村(社区)”47个。基层法治创建基础得到夯实,基层干部依法办事意识得到增强,依法管理水平得到提高。

8月30日~9月1日,省“五五”普法检查验收组在副省长刘力伟的带领下,到株洲市进行为期3天的检查验收。检查验收组对株洲市“五五”普治工作给予了高度评价。株洲市蝉联全国法制宣传教育先进城市“三连冠”。

(陶文汇)

【人民调解】 2010年,全市有260个社区调委会,1866个村调委会,村居调委会设置率100%,乡镇街道调委会133个,驻法院调解室23个,驻检察院调解室11个,驻公安派出所调解室93个,专业调解委员会31个,有人民调解员14297人,基本做到持证上岗。市、县、乡、村“四级”调解网络进一步完善,各行业、企事业调委会发展良好,社会矛盾纠纷调处机制不断创新,矛盾纠纷社会大调解格局正逐步形成,化解矛盾纠纷力量不断壮大,社会矛盾纠纷得到了有效控制和化解。全年全市成功化解各类矛盾纠纷8643起,调处成功率99.5%,排查重大疑难纠纷154起,防止群体性上访135起,制止群体性械斗64起,防止纠纷引起的自杀26起。9个专业调委会成功调处交通事故矛盾纠纷近400起,市医患纠纷调处中心调处纠纷13起,社会反响良好。一是人民调解化解矛盾纠纷专项攻坚活动取得实效。2010年市司法局开展“人民调解化解矛盾纠纷专项攻坚活动”,从9月开始,开展专项攻坚“百日会战”活动,对辖区内矛盾纠纷进行地毯式排查,化解了一大批人民群众十分关注的“热点”、“难点”矛盾纠纷,以及经济改革过程中产生的新型矛盾纠纷,将专项攻坚活动推向高潮。二是大调解工作格局不断完善。全市矛盾纠纷调解格局呈多样化发展趋势,攸县成立县长亲自挂帅的联合人民调解委员会,下设5个专业调解委员会和1个急调中心,有专门工作经费,配备了流动调解车。株洲县率先在全市启动专职人民调解员聘用机制。荷塘区建立健全矛盾纠纷预警网络,推行“中心户长信息员”预警机制,增强了矛盾纠纷信息反馈的时效性。三是创新举措规范发展。在加强传统的人民调解工作基础上,积极鼓励企事业、行业调委会平稳发展,市消协及9个县市区消协人民调解委员会组织进一步完善,作用进一步发挥,市消费领域每年受理举报1.5万元起左右，除按消费调解程序解决纠纷外，人民调解成功调处纠纷860起。2010年，株洲市在株洲县和攸县进行劳动争议纠纷试点。两县都成立劳动争议纠纷人民调解委员会，成立领导机构、配备相关人员，设立劳动争议纠纷调解庭。攸县还成立矿山职业病专门调解委员会，配备专职人员，政府解决部分经费。株洲县劳动争议人民调解委员会自成立以来受理纠纷17件，成功17件，成功率100%。2010年，株洲市人民调解工作在全省年度考评中记满分，市局被评为全省人民调解化解矛盾纠纷专项攻坚活动先进单位，市局基层科被评为全省基层工作先进单位，市局还被司法部基层司评为人民调解宣传工作先进单位。（陶文汇）

【法律服务】 2010年，全市司法行政系统进一步发挥优化经济发展环境律师服务中心的作用，引导各类法律服务机构丰富服务手段、提升服务水平，更好地服务经济发展。全年全市律师共担任法律顾问950家，刑事诉讼辩护代理908件，民事诉讼代理2658件，行政诉讼代理88件，非诉讼律师事务939件，咨询和代写法律文书23000余次(件)，提供法律援助511件，业务收费2100万元。办理各类公证15548件，公证收费358万元，办证数量和公证收费分别比上年增长22.6%、47.7%，增幅非常明显，制止不法经济活动涉及金额337万元。司法鉴定管理更加规范，鉴定质量不断提高，全年共办理司法鉴定案件5661件，比上年上升14%，鉴定结论采信率达99.99%，实现零投诉。

2010年，省政府将“法律援助20000件”列入省为民办实事项目，省司法厅分解给株洲市的办案基数为1200件。市法援中心将1200件基本办案任务，按照各县市区的人口基数、弱势群体的分布状况、法律援助的工作基础等情况进行分解。6月底、10月中旬，开展2次专项工作督查。重点加强与市总工会、市残联、市妇联、市劳动争议仲裁院的工作协调，开辟农民工、残疾人、妇女儿童法律援助绿色通道。全年全市共办理法律援助案件1536件，完成任务数的128%，切实维护好了弱势群体的合法权益，超额、高质量完成为民办实事任务。

10月上旬，株洲市“12348”法律服务专线与市长热线并网调试成功，专门聘请23名律师、公证员担任法律服务专线咨询顾问，向公众提供免费的法律咨询和联动服务，截至年底，接听和解答电话咨询400多个。（陶文汇）

【安置帮教和社区矫正】 2010年，全面落实县市区及乡镇(街道)建立、完善刑释解教人员，特别是重点高危人员信息库，落实一人一档，建立市、县、乡三级刑释解教人员信息管理系统，进一步规范了接茬工作。全年安置帮教工作机构共摸排刑释解教人员4927人，安置率达90%以上，帮教率100%，落实低保226人，重新违法犯罪率控制在3%以内。建立健全过渡性安置基地10个，年内过渡性安置237人，常年安置238人，基本实现“组织机构完善、内部管理规范、帮教措施有效、实际效果明显”的工作任务。在全市9个县市区全面铺开社区矫正试行工作。截至年底，全市共接管社区矫正对象188人，解除矫正30人，重新犯罪率为零。社区矫正工作在全省年度考评中位列市州第一名。（陶文汇）

劳教工作

株洲市劳教所

【概况】 2010年，株洲市劳教所以精细化管理为抓手，开拓进取，创先争优，各项工作取得明显成效。被省司法厅评为湖南省监狱劳教系统“四无”先进单位、省劳教系统精细化管理考核先进单位、执法执纪先进单位。

一、强化“首位责任”，安全稳定长效机制逐步完善，高质量实现“六无”。2010年，全所转变安全防范理念，实现由被动保安全向主动抓安全的转变。一是建立安全稳定工作研判机制。所党委每月召开一次所情动态分析会议，研判安全稳定形势，对场所不安全因素做到预知、预判、预演、预防，牢牢掌握安全稳定的主动权。二是健全落实隐患排查治理机制。逐步完善视频监控系统，对矫治对象实行24小时全程监控，提高了监管效率。定期开展安全排查工作“18查”、防止矫治对象非正常死亡和因病死亡“46查”、警戒护卫工作“24查”，全年50多项问题和隐患得到整改落实，在为期100天的“场所稳定隐患专项排查整治活动”中，市劳教所成立5个工作指导小组进行分线排查、综合治理，这一工作机制得到省局的充分肯定。三是加强警戒护卫工作。专职警戒护卫力量得到较好配备，建立半小时巡逻打卡机制，场所全天候定时巡查得到较好落实。科学制定、修改、完善各类应急处置预案、应急处置机制，定期开展预案演练，应急处置能力得到提高。强化外来人员、车辆、物品入出所管理制度，有效杜绝了违禁物品和社会乱源流入管教大院。四是健全落实安全管理机制，制定《集中整治非正常死亡问题及严防因病所内死亡工作方案》，贯彻落实《规范管教基础工作的七项规定》。坚持五级值班、五级督查、五查五看、5个优先解决、5项生卫保障机制和执法集体审批制度。强化劳教人员高度集中下的民警直接管理、违禁危险物品清查管理以及重点对象、重点时段、重点部位、重点物品、重点环节管理。12月，针对学员中的不良现象及时开展“打歪风、树正气，净化改造环境”活动，有效地改造了矫治氛围。全年劳教人员违纪率4.2%，低于上级规定10%的标准，全所实现真正意义上的“六无”。

二、贯彻“首要标准”，树立矫治新理念，教育工作“三化”（规范化、科学化、社会化）进程日益加快。一是全面

株洲千金药业股份有限公司

千金药业

打造女性产业和养生领域知名品牌

ZHU ZHOU QIAN JIN YAO YE GU FEN YOU XIAN GONG SI

株洲千金药业股份有限公司前身为株洲市中药厂，创建于1966年；1993年进行股份制改革，2004年在上海证券交易所上市；公司旗下拥有9家控股子公司；员工4000余人。

公司注册资本3.05亿元，总资产11.35亿元，净资产9.38亿元。“十一五”期间，累计实现主营业务收入49.44亿元，上缴国家税收5.34亿元。经济效益综合指标在湖南省医药行业同行中排名第一，位居国内中药行业前列。

公司核心产品妇科千金片连续十年保持了妇科口服消炎类中成药第一品牌地位，其核心技术获得国家秘密技术保护；“千金”商标被认定为中国驰名商标；公司主要品种妇科千金片、妇科千金胶囊均进入国家基本药物目录；补血益母颗粒、断红饮胶囊等多个产品进入多个省的医保目录。

公司“十二五”战略目标是：将千金打造成女性健康产业和养生领域知名品牌；实现集团公司年销售收入达50亿元；实现员工收入增长翻番；使千金药业成为“快乐千金”、“和谐千金”、“富裕千金”和“品牌千金”。

“有千金 是福气”

河西千金女性健康基地鸟瞰图

南车株洲电力机车有限公司

公司为2009年销售收入过百亿举行隆重庆典暨表彰大会

南车株洲电力机车有限公司是中国电力机车和城轨车辆主要研制、生产基地，研制生产的电力机车已有5000多台，约占全国电力机车总量的三分之二，且有多种型号电力机车出口运行在中亚和中东的铁路线上，为中国乃至世界铁路运输发挥着重要的作用；研制生产的高品质城轨车辆畅行在上海、广州、深圳、武汉等发达城市中，并将漂洋过海驶进马来西亚、土耳其、印度等国。2009年，公司销售收入成功突破百亿元大关；2010年，实现销售收入160亿元。经过75年的发展壮大，该企业已成为一个以现代工业文明为特征、以精益制造为品牌，能媲美国际一流企业的现代化大公司。

2010年公司获得马来西亚城际动车组订单

公司出口伊朗的TM2型电力机车

2010年，公司为第26届世界大学生运动会量身打造的高端A型地铁车辆

2010年，公司研制生产的新一代出口乌兹别克斯坦电力机车

2010年，公司为武汉地铁研制生产的国内最轻量化的B型城轨车辆

株洲天桥起重机股份有限公司

公司领导

技术交流

为股东创造效益

为社会创造财富

2010年11月，“天桥起重”在深圳交易所成功上市

铝冶炼电解专用起重机

200T桥式起重机

180T铸造起重机

龙头铺厂区

株洲高科集团有限公司

市委书记陈君文到栗雨休闲谷视察

市委副书记、市长王群到园区视察

集团党委书记、董事长巢亮主持召开工作会议

职工运动会

参加天元区首届艺术节合唱比赛

集团搬迁新址揭牌仪式

颐景园

颐乐园

汽配园一期

栗雨休闲谷

湖南华联瓷业股份有限公司

华联瓷业坐落于中国陶瓷历史文化名城湖南醴陵，始建于1966年，以色釉炻瓷为依托，公司迅猛发展。17年来，获得中国驰名商标、高新技术企业、中国出口名牌、国家认定企业技术中心等殊荣，同时也是北京奥运会、上海世博会、广州亚运会合作伙伴，拥有日用瓷、釉下高温瓷、特种陶瓷、电瓷电器等四大陶瓷研发生产体系。

和谐盛世天球对瓶以228万元拍卖

华联瓷业“红官窑”品牌——“四季花卉”毛瓷碗四件套

国际奥委会主席罗格受赠华联瓷业亚运特许陶瓷欢乐羊城瓶

第二届中国陶瓷艺术大师评审活动在公司举行

公司外贸产品展示厅

中国平安人寿株洲中心支公司

开展庆祝党的生日、创先争优当模范活动

开展“3·15”消费者权益日街头宣传活动

“舞动奇迹”手语舞

快乐工作　健康生活

中国农业银行股份有限公司株洲分行

行领导班子成员

省分行行长许涛到株洲调研

株洲分行行长张定坤在2010年新年客户答谢会上致词

省分行副行长陈奇与唐人神集团签约1000万头生猪产业链工程银企合作协议

与高新区举办中小企业融资洽谈会

积极与各类社团组织合作，共同为中小企业和个体经营者提供金融支持

举办第三届柜台技术比赛

庆贺中国农业银行A+H股成功同步上市

发放农户小额贷款，支持农民发展特色农业

上街宣传普及金融知识，为市民提供服务

中国工商银行株洲分行

行领导出席新营业办公大楼奠基仪式

欢迎“第二届感动工行员工”肖义华载誉归来

举办中小企业集中授信暨2010年经济合作发展论坛

举办黄金投资理财沙龙

召开全市非公有制经济融资服务推动会

朝气蓬勃的基层网点客户服务队伍

中国银行株洲分行

中国银行湖南省分行行长赵濛到县支行调研，考察当地特色企业

2010年，中国银行株洲分行在以行长杨斌为班长的行党委领导下，取得了长足发展。一年来，全行紧扣发展主题，转变发展方式，调结构、扩规模、创效益，实现了经营绩效争先进位。全辖实现净利润1.38亿元，同比增长74%，创历史新高。与此同时，建立了具有本行特色的内控“小三道防线”，在防范金融风险中发挥了重要的作用，成为全省中行系统的典范，实现了无案件无事故的安全目标。

2010年11月12日,株洲县支行挂牌成立

2010年6月25日，在省市分行的大力支持下，醴陵支行抗洪救灾，很快恢复了营业

株洲分行与株洲电业局联合发行长城“居家安心卡”

在湖南省分行举办的“强基础，抓管理，促服务”辩论赛中，株洲分行获得第一名

举办株洲分行2010年新春联欢晚会

株洲市烟草专卖局

国家烟草专卖局烟基建设项目检查组到株洲检查指导工作

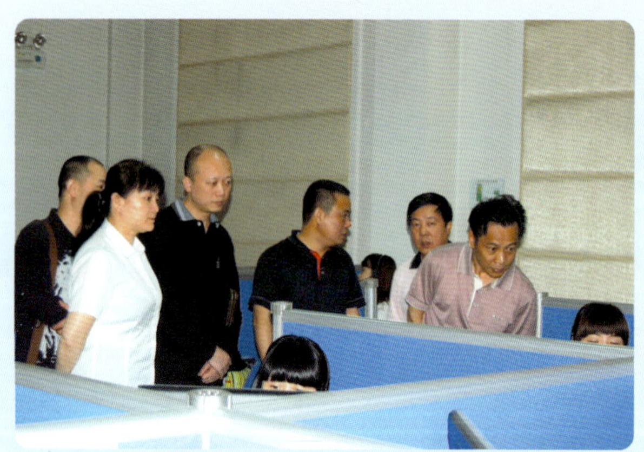

省烟草专卖局（公司）局长、总经理杨先杰到株洲调研烟草工作

省人大执法检查组深入株洲检查烟草专卖法律法规贯彻实施情况

浙江省烟草公司到公司调研交流卷烟物流工作

市烟草专卖局（公司）ISO9001质量管理体系顺利通过认证

召开政风行风建设工作动员会

开展卷烟真假鉴别知识宣传

组织零售户进行培训

组织向玉树灾区捐款

举办“容之颂”创先争优诗歌朗诵比赛

市政府法制办召开卷烟零售点合理布局听证会

株洲市劳动和社会保障局

市委书记陈君文视察劳动保障工作

市委副书记、市长王群到局调研

局领导班子集中学习

市政协副主席贺夏盛、市劳动和社会保障局局长周光耀为创业基地揭牌

开展“技能月”活动，局领导为岗位技能明星颁奖

全市首届大学生创业计划大赛

株洲市农业机械管理局

副省长徐明华视察醴陵农机

农业部副部长张桃林到醴陵泗汾农机站调研

局长卢炜接受新闻媒体采访

局领导班子成员

醴陵机械插秧示范会

局连续八次荣获全省农机化工作先进单位

株洲市行业办公室

行办党委书记阳美玲与到株洲视察的中组部老干部局长陶治国合影

市委书记陈君文、省文明办副主任周孟霞等领导到行办视察文明创建工作

2011年全国文明单位考察验收汇报会

行办领导走访慰问老干部

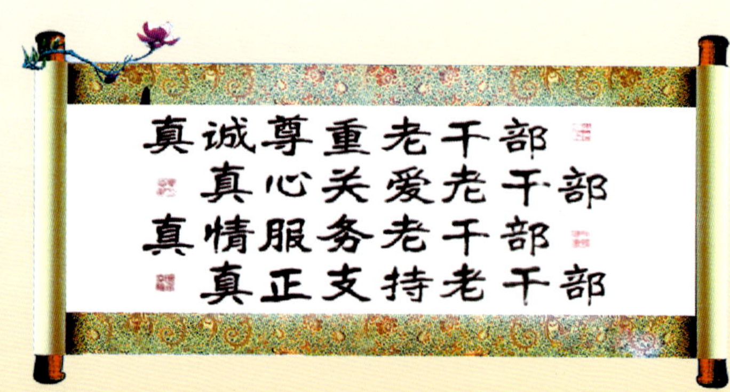

湖南省炎帝陵基金会办公室

办领导班子成员

湖南省炎帝陵基金会办公室成立于1998年，是炎帝陵基金会常设工作机构，加挂炎帝陵祭祀办公室，下设综合科、筹资科、宣传联络科、规划建设科。近年来，共募集规划建设资金1.5亿余元，自2000年以来，启动炎帝陵公祭区建设，至今共建成庙前、祭祀、朝觐、鹿鹰、入口等5个广场和神农大殿、咏丰台、圣火台、阙门、五谷柱、崇德坊、功德林、九鼎九簋等20余处人文景观。先后承办了时任省长周强、市委书记陈君文、市长王群公祭炎帝陵典礼及庚寅年海峡两岸首届神农祭祀、庚寅年首届中国百名书画家祭祀炎帝陵和其他形式多样的文化活动，扩大了炎帝陵在海内外的影响。

办党组书记、主任　张建兵

神农城炎帝塑像安土重光“三山五岳之石、中华大地之土”活动采集“香港之土”现场

“庚寅年首届中国百名书画家祭祀炎帝陵”——丹青绘画现场

2009年中华茶祖节暨祭炎帝神农茶祖大典

株洲市人口和计划生育委员会

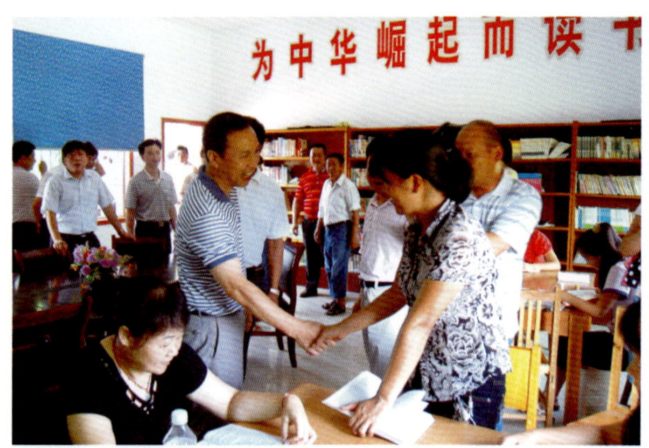

市委书记陈君文到基层调研，与群众亲切交谈

市人口计生委主任汤少云陪同市委副书记、市长王群下乡督查人口计生工作

委党组成员在研究工作

株洲市人口和计划生育委员会是主管全市人口和计划生育工作的政府组成部门，分为三大块：委机关、协会、技术服务中心，分别负责行政管理、群众活动和技术服务，共有干部职工43人。

近年来，市人口计生委机关干部职工上下一心，求真务实，开拓创新，取得了可喜的成绩。株洲市连续19年被省委、省政府评为计划生育工作先进，2010年度被省委、省政府评为全省人口和计划生育模范市，还被授予“全国计划生育综合改革示范市”、“全国婚育新风进万家活动示范市”称号。2010年，国家人口计生综合改革专家组专程到株洲调研，对株洲市人口计生工作给予了高度肯定，“阳光计生”、信访工作、打击“两非”、流动人口服务与管理、关爱女孩、约具发放、青春期性教育等经验先后被国家、省推广。

委领导到乡镇宣讲胡锦涛总书记关于人口计生工作讲话精神

市人口计生委与电信公司携手合作建设“实时通”

株洲市劳动教养管理所

所长 冯春岗

株洲市劳教所于1983年成立，1996年创建为省级劳动教养学校，2001年创建为省级现代化文明劳教所和部级劳动教养学校，2008年设立"株洲市照明强制隔离戒毒所"。

近几年来，劳教所坚持"首位责任意识"，贯彻"首要标准"，推行规范化管理，劳教人员违纪率控制在2.7%以内，实现"零报警"；生产管理实现"零事故"；公共卫生实现"零疫情，零死亡"；行政管理实现"零纠纷，零上访"；执法管理实现"零过错，零举报，零处分"；连续10年达到场所安全稳定"四无"目标。所先后被评为"全省劳教系统执法执纪先进单位、目标管理考核先进单位"、市"创五好，争一流"先进集体、"全国监狱劳教系统先进集体"、"全省监狱劳教系统四无先进单位"。

局领导与获奖先进科室人员合影

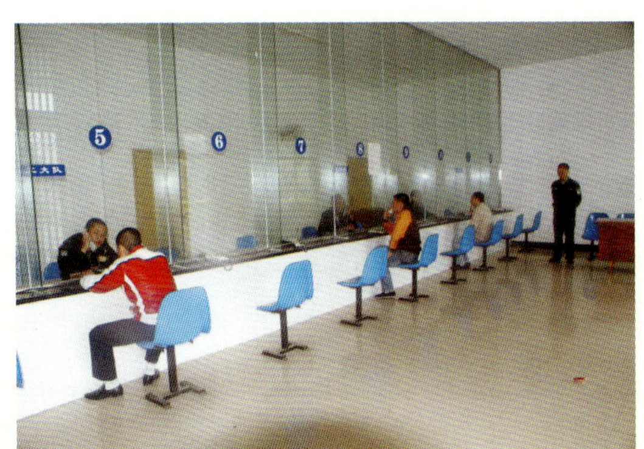

亲友定期探狱，感化劳教人员

喻新楼

办公楼

株洲市公安局交通警察支队

市委书记陈君文亲切慰问执勤民警

株洲市荣获“国家交通管理模范城市”称号

支队领导班子成员

公安部交管局局长杨钧到支队视察

“忠诚、公正、廉明、奉献”的交警队伍

株洲市灯饰管理处

2010年，株洲市灯饰管理处围绕“城市提质”工作重点，实行社会服务承诺制，开展24小时“全天候”、“无假日”服务，共完成43条小街小巷路灯新建、改建的民心工程和300多栋建筑物的亮丽工程。其路灯维护指标、单位综合实力位居全省同行业前列，被授予“全国道路照明协会先进单位”、“省道路照明协会先进单位”、“市城市管理目标红旗单位”等荣誉称号，处长刘海龙被授予“全国道路照明协会先进个人”等荣誉称号。

市委副秘书长，市城管局党组书记、局长朱振湘深入一线慰问灯饰工人

处长 刘海龙

处领导班子成员

灯饰工人在烈日下装扮城市，营造节日氛围

开展“创先争优、绿色湘江、健康青春”为主题的趣味运动会

绚丽多姿的株洲大桥

株洲市道路运输管理处

全市道路运输工作会议

处领导班子成员

优化经济发展环境监督员座谈会

市第四届机动车教练员技能竞赛

全市运管系统法律知识竞赛参赛选手

开展职工文艺活动

株洲市城市管理行政执法支队

支队长 晏东方

2010年在全省城管系统率先统一协管员制服

规范执法 文明执法

开展为民服务“三个一”活动

对城区渣土运输实施24小时无缝隙巡查监管

参加全市城管系统建党90周年红歌赛获二等奖

株洲市残疾人联合会

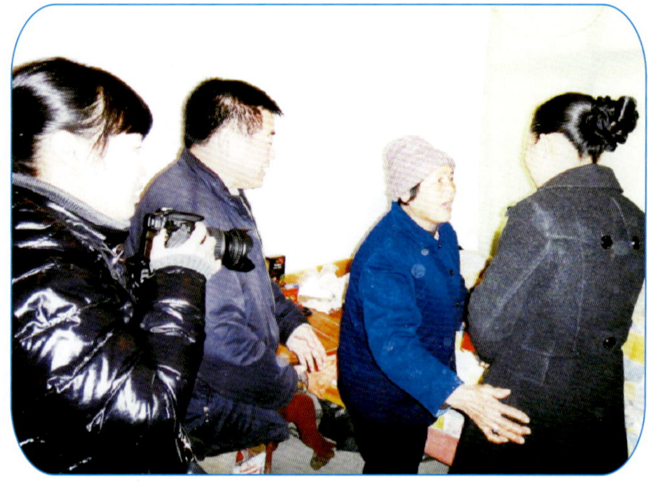

时任理事长胥明浩陪同市领导看望炎陵县特困残疾人

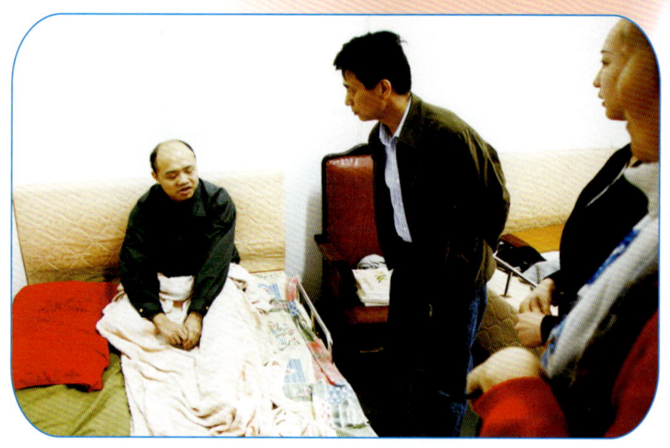

中残联领导在盛康托养中心实地考察调研

市委常委、副市长黄曙光亲切慰问残疾儿童

省残联康复部部长侯斌考察市辅助器具机构建设

副理事长戴碧蓉看望贫困残疾儿童

召开 2011年全市残联工作会议

市残联领导在残疾人职业技能培训班开班仪式上与学员交流

表彰2010年度安排残疾人就业工作先进单位

举办基层残疾人就业指导员培训班

召开基层残疾人专职委员座谈会

开展“爱耳日”活动，免费为聋儿检查

举办2011年株洲市残疾人就业专场招聘会

实施贫困残疾儿童抢救性康复项目工作汇报演出

一对新人在单身残疾人交友联谊会牵手成功

举办全市残疾人企业家企业管理研修培训

市残疾运动员在省第八届残运会上奋力拼博

市领导和市残联领导看望慰问残疾人运动员

欢迎参加省第八届残运会的运动员及教练员载誉归来

株洲市福彩中心

中心主任江广赞到马家河敬老院慰问老人

福彩中心慰问残疾人

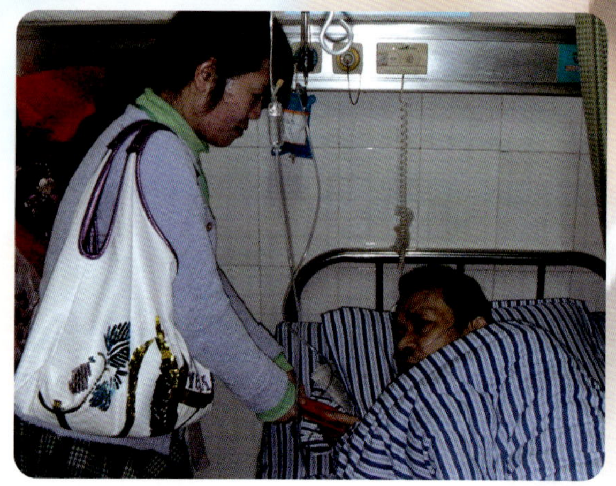

中心领导看望病重的“铁杆”彩民

株洲市首个福彩宏志班开班典礼

市民政局为福彩·宏志班授旗

中心每年资助优秀贫困高中生100名

福彩"双色球"1486万元大奖颁奖仪式

中心领导为儿童福利院送去慰问物资

开展福彩投注站业主营销培训

福彩"双色球"5521万元大奖庆典

召开2010年度全市福彩工作会议

醴陵喜中福彩"刮刮乐"百万大奖

株洲市妇幼保健院

市委常委、副市长黄曙光到院考察“0-6岁贫困残疾儿童抢救性康复项目”

院长龙国锋、书记周春慧陪同副市长张国浩和益阳考察团参观医院建设

“长株潭衡”四市妇幼保健院工作交流会在株洲召开

院领导带队到党建帮扶点——南湖塘社区看望慰问革命老前辈、老党员

医患和谐　环境温馨

夯实教育基础,促进教育工作规范化。加强民警教育能力建设,全年组织教研活动5次,召开理论创新研讨会1次、入所教育创新专题研讨会3次。坚持以课堂教育为主体,实施"5+1+1"的教育管理模式,扎实开展日常教育工作,充分保障教学时间、不断丰富教学内容,努力创新教育形式,将入所教育"十个一·心"模式定为教育矫治创新的重点内容,树立启发式矫治理念。全年开办入所教育11期,出所教育3期,入出所教育入学率、结业率均100%;政治统考参考率100%,合格率100%;开设分类教育4期;举办9期职业技术培训班,培训298人次,获证率100%;岗位培训11期,培训199人次,培训率100%。二是深化个别谈话教育改革,促进教育矫治科学化。实行所领导、科队领导、大队民警三级个别谈话机制,采取平时考核与定期考核相结合的方式,每月底对管教民警、所、科(队)领导的个别谈话记录进行逐篇检查和个别谈话现场抽查,建立个别谈话教育责任追究机制,进一步端正民警的工作态度,增强了责任意识。全年开展个别谈话教育2632人次,落实率100%。加强危难、重点人员教育,较好转化了一些重点、难改人员,所内转化率达100%。三是加强辅助教育,促进教育工作社会化。全年开展各类文体活动13次,主题教育活动12次,大型社会帮教活动7次,个体心理咨询24人次,团体咨询11次共177人。出版《浪花报》6期,开展黑板报评比11次,组织观看专题纪录片2次,大型知识讲座2次。

三、强化作风纪律,突出教育培训,队伍整体素质得到进一步提高。一是组织开展"执法大培训、岗位大练兵、技能大比武"活动,所内办班9期,培训民警职工100人次,外出培训6期,20人次,组织外出考察学习5期59人次,组织2批为期15天的全员警体训练,90人参训。二是强化执法监督,全年开展学员解教谈话127人次,反馈整改意见17条,每季度组织开展所内执法状况检查并印发整改通报,进一步规范执法行为,提高执法水平,确保了公正文明执法,全年实现民警执法工作"零违纪、零处分";作风建设不断加强,不定期对"六个严禁"、"六条禁令"执行情况进行督查,全年进行督查21次、开展警示教育5次、诫勉谈话4次。9月,开展行风评议和"个案回访",向劳教人员家属、来所办事人员和周边群众发放问卷调查,满意率100%。 (帅辉云)

湖南省白马垅劳教(强戒)所

【概况】 2010年,湖南省白马垅劳教(强戒)所坚持以场所安全稳定和经济平稳运行为底线,带领全所民警职工抓重点、攻难点、树亮点,圆满完成年初既定目标任务:场所实现连续14年"六无"目标,劳教工作和强制隔离戒毒工作全面推进,亮点纷呈;经济工作稳健发展,产业转型初见成效,企业实现营业收入3586.65万元,利润76.22万元。违法违纪率持续实现零指标,民警职工队伍稳定,年内获"全国监狱劳教系统先进集体"、"全省法轮功教转工作先进单位"、"省直机关文明单位"、省局精细化管理考核工作第一名、"执法状况考评优秀单位"、全省"文明卫生单位"等10余项省厅级以上荣誉和奖励。

一是坚持主业立所,执法工作开创新局面。完成红外监控、指纹系统、门卫一体化改造,提高了物防技术含量;对场所不安全因素全面预知、预判、预演、预防,风险动态评估体系更加完善;全面推行省局强戒工作两个办法,不断完善强制隔离戒毒人员诊断评估办法,强戒人员管理工作流程初步建立;以推进心理咨询工作应用创新、探索重点人员管教新方法、拓展社会帮教渠道、强化职业技能培训为抓手,教育矫治质量稳步提高;扎实推进习艺模式转变,习艺劳动示范性模式规模初成,矫治功能和经济效益双赢效果出现并持续扩大影响;生活卫生保障水平全面提高,以权益保障落实人文关怀,矫治对象学习、劳动和生活条件有了质的提高。

二是坚持减负盘活,企业发展进入新阶段。以"减负、挖潜、盘活"6字方针为指导,稳步探索"靠大联强",盘活土地、资金、设施、政策资源,筑巢引凤,通过承包名达起重机厂,与恒泰公司、方华公司、德辰公司等开展租赁和股份合作,初步实现产业转型。厂内已形成电炉制造、起重机制造、电焊条生产、电子产品生产、铸件加工等9大项目集聚一堂的"工业园"格局,"工业园"模式产生的集聚效应、产业链效应和整合效应使企业发展走上了快车道。同时,通过逐步消化、妥善解决遗留人员问题,使企业发展轻装上阵。 (向淑芳)

【文明创建】 2010年,白马垅劳教(强戒)所以"落实科学发展观统筹全局,努力建设现代化和谐文明法治女所"为工作思路,明确了实现"四个突破"(即思想观念突破、体制和机制改革突破、经济结构调整突破、分配方式改革突破)和"四项建设"(即加强学习型机关和文明单位建设、和谐领导班子建设、人才队伍建设、法治和谐场所建设)为基本框架,深入开展"省直机关文明单位"创建活动。在创建工作中,劳教所围绕深入推进"社会矛盾化解、社会管理创新、公正廉洁执法"3项重点工作和公正文明执法这一中心,以科学发展观为统揽,内强素质、外树形象,着力打造一个团结务实的领导班子、一支素质优良的文明之师,努力推进劳教工作改革创新,注重树立执法机关的良好形象。通过加强班子建设,提高队伍素质,夯实了文明创建工作的人才基础。通过提升主业水平,推进文明执法,树立了劳教场所的良好形象。尤其是在"法轮功"邪教人员、涉法涉诉人员等突出社会矛盾的化解工作中,攻坚克难,不断探索,得到了社会各界的高度赞扬与认可。11月23日,劳教所"省直机关文明单位"创建工作一次性通过省直机关工委检查验收。 (向淑芳)

湖南省网岭监狱

【概况】 2010年,湖南省网岭监狱不断强化自身应对复杂局面的能力,全力确保队伍稳定、监管安全、生产安全和经济增长,各项工作健康发展。

一是突出增强首位意识,狠抓安防措施落实,监管安全工作创新局面。改善监管安全设施,并不断加强监管安全隐患整治,不断改进重要时段防范措施,不断完善、强化落实监管安全制度,不断加大罪犯权益保障力度,不断健全安全生产长效机制,罪犯教育改造质量不断提高,全年监狱罪犯严重违规率、传染病发病率、病亡率低于全省平均水平,监管安全工作开创了新局面。

二是突出经济基础地位,强化内部经营管理,监狱经济发展上新台阶。本着为罪犯提供充分劳动技能岗位和确保国有资产保值增值的目的,不断加强资源整合、优化项目结构,不断强化内部管理、加强罪犯劳动保护,不断创新营销手段、挖掘生产潜力,罪犯劳动改造环境不断优化,罪犯学习谋生技能的积极性高涨,监狱经济基础得到进一步加强。

三是始终坚持政治建警,努力强化从严治警,监狱警察职工队伍建设上新水平。扎实开展"执法大培训、岗位大练兵、技能大比武"和一系列作风建设主题教育活动,高标准、高要求开展"创先争优"活动和学习型党组织建设活动,着力加强警察职工队伍组织能力建设、纪律作风建设和党风廉政建设,斥资300多万元保障和改善民生,确保了队伍的和谐稳定。

四是提高政务服务水平,增强后勤保障能力,行政后勤工作有新气象。监狱中心押犯区于12月1日正式开工建设,监狱布局调整建设取得实质性进展;投资2000余万元的饲料厂技改工程全面竣工并通过验收。 (邹建军)

【监狱中心押犯区开工建设】 12月1日,网岭监狱举行中心押犯区项目开工庆典仪式,省司法厅、监狱局及株洲市、攸县、武警株洲市支队的有关领导参加开工典礼。经过2年多时间的积极争取,网岭监狱布局调整建设终于得到上级部门的批准,同意收缩押犯点,集中建设一个中心押犯区。网岭监狱中心押犯区的开工建设,标志着网岭监狱布局调整建设正式进入实质性的实施阶段。 (邹建军)

湖南省茶陵监狱

【概况】 2010年,湖南省茶陵监狱一手抓监管改造安全秩序稳定,一手抓监狱经济发展,一手抓从严治警和公正文明执法,求真务实,开拓进取,各项工作取得新的成绩和进步。

一、监管改造实现安全稳定。监狱狠抓监管安全制度落实,开展专项整治活动,加强隐患排查,建立多层次全方位预警系统;夯实教育工作基础,严格执行"5+1+1"制度,开展社会和亲情帮教,加强个别谈话教育和心理疏导,全面提高了改造质量;严格落实"八项经费",确保了罪犯生活经费和实物量标准足额到位,严密防控高致病性禽流感、甲型H1N1流感、传染性疾病的传播,建立监内超市,杜绝了违禁物品流入监内的漏洞,提高了物资采购效益;规范罪犯劳作秩序,加强劳动现场管理,防止职业病和意外事件的发生,狠抓安全制度建设,完善安全考核管理体系;严格规范办案程序,努力提高办案质量,全年共办理罪犯减刑案件690件,假释31件,办理8名保外就医和3名罪犯的续保,各项考核指标圆满完成。

二、经济实现大幅增长。2010年,监狱引进电子项目,压缩针织生产,扩大服装规模,形成劳务加工基本项目格局。劳务经济连创新高,同比增加300多万元,创造历史最好成绩,排名稳居全省前5名。加大茶叶生产投入力度,分批分类改良茶园,启动百亩茶园改良改造项目建设,创新研制"野生、野趣、高品、高价"的高山野茶,"洣江春绿茶"获第二届湖南"茶博会"创新茶产品金奖,"炎陵牌"商标成为湖南省著名商标;采取调结构、压缩商品猪,挖潜降耗、节约成本和非生产开支、优化品种改良等措施,畜牧经济止跌企稳。全年共完成劳务加工收入2700多万元,出栏生猪6800多头,茶业收入300多万元,保持了监企双方规范运行和健康发展。 (罗 霓)

【开展大培训大练兵大比武活动】 5月,监狱全面拉开"执法大培训岗位大练兵技能大比武活动"培训的序幕。培训以"全警参训、立足岗位、内强素质、外树形象"为基本要求,内容包括政治理论、法律法规、监狱工作有关规定、舆论宣传、信息化实战应用训练、突发事件防范和应急处置训练、岗位技能训练、警容风纪和警体技能训练等8个方面。培训以全脱产方式进行,每期50人左右,每期学习共安排5天时间,全部培训分5期完成。 (罗 霓)

【深化执法公开试点】 12月,监狱在二监区召开服刑人员大会,部署全狱深化执法公开试点工作,决定从2010年12月1日起率先在二监区开展工作,为2011年在全狱全面推行执法公开工作奠定基础。具体做法:一是多渠道全方位推进阳光执法,将该公开的内容全部公开;二是接受监督促公开;三是将执法公开与日常管理相结合。

(罗 霓)

仲裁工作

【概况】 2010年,株洲仲裁委员会及其秘书处发挥仲裁制度在纠纷解决方面的作用,为化解社会矛盾、调处民商纠纷做了大量卓有成效的工作,使仲裁工作跃上了新台阶。全年受案331件,结案276件，调解结案248件，调解成功率89.9%，涉案标的额达2.3亿元，均创历史最好成绩。

2010年，株洲仲裁委员会加大培训力度，队伍素质在政治、业务两个方面明显提高。对仲裁员队伍进行全员培训。通过以“坚持和谐仲裁，促进社会和谐”、“解读新规则”、“掌握基本要素，提高庭审驾驭能力”3个专题为主要内容的培训，增强了仲裁人员服务党和政府中心工作的意识、维护社会稳定的意识、坚持依法办案和和谐仲裁的意识，掌握了仲裁规则，熟悉了办案程序，提高了庭审驾驭能力，涌现出了一大批办案能手。对所办案件，不论涉案标的额大小，收费数额多少、案情复杂容易，都认真办理，依法公平合理进行处理，并建立了严格的责任追究制。每起案件的仲裁员和书记员都将调解贯穿于仲裁办案的全过程，甚至于执行中的每个环节都提倡调解、着手调解。全年有47名新仲裁员获得参与办案的机会。有74起案件是在组庭前双方或一方不愿调解，坚持要通过仲裁分出胜负，后在其他环节中通过仲裁员或书记员的耐心劝导达成调解或和解协议，友好息诉的。调解结案率高达89.9%，在全国名列前茅。依法办案，做到事实清楚，证据确凿，裁决有据，结论合法。裁决结案的案件合格率达100%。年内创办了《仲裁工作简报》，新建株洲仲裁委株洲县道路交通事故调解中心、株洲仲裁委员会攸县分会、株洲仲裁委员会民商事案件调解中心行业与物流调解庭。（汪涌波）

武　　装

株洲军分区

【概况】 2010年，株洲军分区紧紧围绕全面打好军事训练翻身战、基层建设阵地战、基础设施建设攻坚战、党管武装工作持久战、安全稳定保卫战“五大战役”决策部署和“能力提高、标准提升、发展提速”工作目标，加强统筹，凝聚力量，狠抓落实，军分区全面建设呈现强劲推动、协调发展、整体提高的良好态势。

一、思想政治建设有效加强。一是狠抓学习型党组织建设和创先争优活动。师团两级坚持把学习型党组织建设和创先争优活动，作为年度重大的政治任务。军分区常委先后多次召开会议，研究审定实施方案，并组织召开动员部署电视电话会议，编印知识手册“口袋书”下发全体党员。结合抓好两项重大任务，加大对学习实践活动7个中长期整改问题的督查力度，坚持讲评与指导相结合、任务与责任相统一，确保按规定时限和标准整改到位；充分利用红色资源和干休所先进典型抓培育，通过调研考察，确定22个红色景点为“国防教育基地”、“思想政治教育基地”，并与市委宣传部一起在茶陵工农兵政府旧址举行隆重的挂牌仪式；持续开展“知恩、明责、有作为”教育，引导干部战士以先辈为榜样感悟责任、以先进为尺子查找差距，激发干事创业的内在动力。广泛开展“五好、五比、五治”活动，结合教育整顿、训练比武、征兵工作等重大活动，扎实开展“一诺三评”活动，促进工作质量和效果的提高。坚持把工作研究贯穿于学习型党组织建设和争创活动之中，区分部队建设和民兵预备役工作19个重难点问题，分区常委、机关部门和各团级单位分工进行专题调研。加强新形势下征兵工作、在民兵基层建立党的组织等3篇调研成果被解放军报内参刊载，其中2篇总政治部李继耐主任作了重要批示。二是狠抓作风建设。结合班子调整和干部思想作风教育整顿，2010年先后2次进行干部集中教育讲评、3次利用可视系统开展专题党课教育，并组织全体党员干部到株洲市廉政教育基地参观见学。坚持深入一线帮抓，常委带工作组4次下基层指导，着力解决部队建设重难点问题和官兵实际困难。拨款35万元，为干休所和茶陵县、炎陵县人武部解决实际问题。

二、军事斗争准备稳步提升。紧贴株洲实际和应急应战要求，以民兵整组和国防动员潜力调查为契机，逐级完成各类作战方案的拟制和对接。注重首长机关训练，聘请国防科大和南京陆院教授进行复杂电磁环境和军事动员业务专题辅导，组织国动委成员单位进行动员指挥业务训练和县市区领导观摩高炮训练汇报表演。坚持按纲依法施训，研究制定每月一次计划审定、一次检查汇总、一次通报讲评、一次经费审批，每季度组织人武部进行一次训练形势分析，年终一次训练成绩评定和奖惩兑现的“六个一”运行机制，年度民兵训练任务基本完成，全年出动4042人次遂行抗洪抢险、森林扑火、维稳处突等急难险重任务。参加省军区“四会”教学能力考核、政工干部集训比武、后勤专业比武竞赛，均取得较好成绩。围绕迎接省军区“一考三评”，集中组织全区干部进行为期半个月的封闭式强化训练，修订完善三大体系65种方案预案，收集整理近60万字的战备训练资料，“一考三评”训练成绩在省军区排名靠前。

三、基层建设阵地不断巩固。2010年，在攸县召开全市民兵基层建设座谈会，表彰先进，明确任务、标准和要求。采取建立联系点和蹲点帮抓等形式，组织力量深入基层进行具体指导，一些困扰基层的突出矛盾和问题逐步得到解决。石峰区、醴陵市、攸县等采取财政拨付与乡镇(街道)自筹经费相结合的办法，对基层武装部和村级民兵营基础建设进行规范。各人武部均相继召开基层建设现场会，全面展开基层达标建设。醴陵市、株洲县人武部均完成100%的基层武装部、40%以上的民兵营达标建设任务。

四、后勤保障和基础设施建设加速推进。1.抓后勤战备训练，夯实能力基础。一是修订完善后勤战备方案计划。二是狠抓后勤战备设施建设。突出抓军分区后勤“三室一库”和人武部“二室一库”内部设施建设，完善各类资料，充实各类器材设备。军分区机关投入3万多元，购置了训练被服和训练鞋。三是着眼使命任务，狠抓后勤干部岗位练兵。先后组织4期共60人(次)的后勤干部业务集训，着重对战勤、财务、营房等业务进行培训，提高了全区后勤干部业务素质。4月、5月，参加省军区组织的战勤和财务业务集训，军分区机关获预算会审三等奖。6月，组织为期1个月的后勤专业岗位比武竞赛集训，其中8人参加省军区组织的后勤专业岗位比武竞赛，李祖成和黄隼分别获“训练标兵”称号。四是狠抓后勤保障分队建设。结合年度民兵整组，突出抓民兵后勤保障分队的组织建设,并对所有分队进行点验。2.抓保障服务,提升保障水平。一是做好军人保障卡信息采集、录入、上报工作。9月初,对全区干部、战士、职工、退休老干部及部分家属的基本信息进行采集、录入,并及时上报。二是做好军需物资保障工作。4月、10月分别做好夏季、冬季被装物资请领、发放工作。每月及时做好军分区机关、人武部及干休所等军粮供应工作。三是做好油料保障工作。采取定点定车加油,加强油料安全管理和消耗监控,搞好油料供应管理正规化建设。四是做好军交运输保障工作。严格军车牌证和运行管理工作,加大军车监理力度,进一步规范牌证发放程序。3月,省军区对全区车辆和持军队驾驶证的驾驶员进行年审,为车辆运行秩序和行车安全打下良好基础。8月,对机关和人武部、干休所专业驾驶员换发新式驾驶证。3.抓基础设施建设,推进营院置换工作。联合市政府专门与各县市区签订武装工作基础设施建设责任书。按照责任书确定的目标,2012年年底前完成师、团两级单位营院置换新建任务。茶陵县人武部新营院建成,总建筑面积5017平方米,总投资1600万元,于10月搬迁投入使用。炎陵县人武部新营院建设完成施工图设计和招投标工作,在进行基础工程建设。芦淞区人武部新营院建设正在办理用地手续和方案设计。醴陵市和天元区人武部新营院完成用地选址,正办理用地报批手续。荷塘区和攸县人武部协调政府,分别投入52万元和90万元对办公楼和营院进行改造装修,石峰区和株洲县人武部新营院建设均已纳入政府规划。

五、安全稳定基础更加扎实。认真开展"条令月"活动,坚持条令函测作业和队列会操,提高了官兵条令意识,纠治非军事化倾向。扎实开展"学习贯彻新条令、防范重大安全问题"教育整顿活动,认真落实安全工作责任制,坚持每季度一次安全形势分析、一次安全工作巡回检查,突出人员、车辆、枪弹、保密、资金和营院等安全防范重点,军分区被省军区评为"安全管理工作先进单位"。积极主动做好涉军维稳工作,"两会"期间,株洲市实现赴省进京"零上访",攸县人武部被省军区评为"涉军维权工作先进单位"。

六、党管武装工作逐步规范。积极探索从制度机制上推动全市党管武装工作创新发展的方法路子。年初,组织市委常委、各县市区党政军主要领导过"军事日"活动,组织9名人武部党委第一书记进行述职。5月,协调常务副市长代表书记、市长到军分区现场办公,年底前,专题召开市委议军会议,组织新任县市、区人武部党委第一书记履职谈话,以及国动委主任进行述职。市委议军会研究制定《株洲市军民融合式发展的意见》,形成"十个进一步"的建设目标,为各级推动经济建设与国防建设协调发展,提供了科学指导和基本遵循,其做法被省军区转发。天元区人武部协调组织区党委中心组到124师炮兵团过"军事日"。茶陵县、炎陵县、株洲县、荷塘区人武部严格武装工作绩效考核,把基层武装部的党管武装工作、民兵组织建设等纳入考核范畴,促进了基层武装工作的开展。

(刘笑一　杨　欢)

【征兵工作】 2010年,征兵工作按照"工作到位、措施到位、保障到位"和加大"宣传教育力度、大学生征集力度、体检政审工作力度、廉洁征兵力度、组织领导力度"的要求开展。6月,进入高校进行宣传和预征登记。省征兵工作会议后,及时调整成立征兵领导小组。10月12日,召开全市征兵工作会议。10月25日,组织开展征兵宣传启动活动。为激发适龄青年报名应征的积极性,各地结合实际,果断出台激励措施,市政府及时研究下发《关于进一步做好当前征兵工作的紧急通知》,(株政办函〔2010〕152号)分别给进藏和进疆(青海)新兵发放10000元和8000元艰苦地区补助。此举受到省征兵领导小组主要领导的高度肯定,被省征兵办《征兵工作简报》头版转发。株洲县对在外打工返乡应征体检青年每人发放路费补助、攸县对超额完成征集任务数的乡镇给予奖励等措施,有效激发了青年报名应征的积极性。廉洁征兵不断深化。全程实行"阳光工程",确保公开透明,全市实现"零举报"目标。

(刘笑一　杨　欢)

【株洲市民兵预备役基层建设座谈观摩会】 4月23日,由株洲军分区牵头,组织召开全市民兵预备役基层建设座谈观摩会。来自各县市区分管武装工作的领导和各人武部的部长、副部长一行,依次参观天元区马家河镇武装部、荷塘区人民武装部、醴陵市孙家湾乡武装部和攸县人民武装部等不同层次的基层建设典型,对照样板寻找差距,进一步明确了基层建设的任务、标准和要求。市委常委、常务副市长王志刚出席会议。

(刘笑一　杨　欢)

【株洲市党管武装工作述职暨军事日活动】 1月12日,株洲市举行党管武装工作述职暨军事日活动。上午,与会人员赴长沙,参观空军十八师史馆、长沙市天心区人武部正规化建设工作。在省军区召开的党管武装工作座谈会上,市委书记陈君文汇报了株洲市经济建设和党管武装工作情况。省委常委、省军区政治委员杨忠民对株洲经济社会发展和党管武装工作给予充分肯定。省军区张永大、万建华、魏永景、李兰田、刘新、李昌进等领导参加会议。下午,县市区人武部党委第一书记进行党管武装工作述职,立足区域实际,坚持主动作为,在国防动员、全民国防教育、基层武装部建设和基础设施建设、党管武装长效机制建设等方面都有较大发展。市委书记陈君文对此表示肯定。

这次活动的开展,进一步增强了各级党管武装的意识,极大地推动了当地国防建设与经济建设的协调发展。市领导王群、姜玉泉、刘岁文等参加活动。

(刘笑一 杨 欢)

【广州军区副司令员郑勤将军莅临检查调研】 3月25日,广州军区副司令员郑勤将军一行莅临株洲,就株洲市民兵预备役工作情况进行检查调研。省军区司令员张永大,军分区常委黄跃、黄敏、陈拴柱等陪同。

(刘笑一 杨 欢)

【市国防教育基地、思想政治教育基地挂牌】 2010年,为充分利用株洲市红色资源抓教育,大力营造全民开展国防教育的良好氛围,株洲市国教委和株洲军分区联合确定22个红色景点为"国防教育基地"、"思想政治教育基地"。4月19日,株洲军分区与市委宣传部一起在茶陵县工农兵政府旧址前举行隆重的挂牌仪式。

(刘笑一 杨 欢)

【市委议军会】 12月16日,株洲市召开市委常委议军会议暨县市区国动委主任述职会议。会上,军分区司令员黄跃组织学习传达省委书记周强、省人民政府省长徐守盛在省军区调研时的讲话和广州军区"长沙会议"精神及讲评国防动员工作情况,部署2011年工作。军分区政委黄敏作2010年军分区建设形势的说明。与会人员对即将出台的《关于推进株洲市军民融合式发展的实施意见》进行了讨论研究。市委书记陈君文充分肯定了军分区为地方经济建设所作出的成绩和突出贡献。市长王群对《实施意见》的完善提出修改意见,要求明确武装工作经费的保障力度、兑现各项优抚安置政策,体现双拥模范城的特点。对新任县市区人武部党委第一书记、国防动员委员会主任进行任职谈话。各县市区分别进行口头和书面述职。市领导李晖、阳卫国、姜玉泉、刘岁文等出席到会。

(刘笑一 杨 欢)

【重大荣誉】 军分区被省军区评为"安全工作先进师级单位";军分区政治部被广州军区政治部评为"新闻宣传工作先进单位";被省委、省政府、省军区评为"国防教育先进单位";在省军区政治干部比武中获总分第二名、备课授课第二名、调查研究第二名、微机标图第四名、手枪射击第五名,被省军区评为"优胜单位";军分区后勤部参加省军区预算会审获三等奖;军分区干休所被广州军区评为"现代营房管理先进单位"、被省军区评为"先进干休所"。天元区人武部被省政府、省军区评为"拥政爱民模范单位";石峰区人武部被省军区评为"军事训练先进团级单位";攸县人武部被省委政法委、省军区政治部评为"涉军维权工作先进单位";炎陵县人武部被省军区评为"学雷锋学李向群学英模先进单位";醴陵市人武部党委被省军区评为"先进团级党委";醴陵市人武部被省军区评为"全面建设先进团级单位"、"结合工作搞报道先进单位";军分区政治部主任曹友华被广州军区政治部评为"业余报道先进个人"、被省军区授予"新闻报道特殊贡献奖"、被省军区通令嘉奖一次,张建武被广州军区纪委、政治部评为"廉政法规知识竞赛优胜个人"、被省军区评为"优秀共产党员";刘笑一被广州军区政治部评为"法纪警示教育活动优质课"三等奖、被广州军区战士报评为"优秀特约记者"、被省军区政治部评为"新闻报道先进个人";杨欢被广州军区政治部评为"优秀通讯员";后勤部部长王政文被省军区评为"现代营房建设管理工作先进个人";黄隼在省军区后勤业务比武中获"基建营房专业标兵";李祖成在省军区后勤业务比武中获"财务专业标兵"。荷塘区人武部杨金华在省军区"四会"教学比武中获第二名。天元区人武部刘建南被省军区评为"优秀共产党员"、"优秀旅团主官"。攸县人武部杨峥嵘被省军区评为"优秀旅团主官"并在省军区"四会"教学比武中获第四名;茶陵县人武部尹楚平在省军区"四会"教学比武中获优胜奖。醴陵市人武部周刚被省军区记三等功一次、被省军区评为"抢险救灾先进个人",陈浩被省军区政治部评为"对台宣传工作先进个人";军分区干休所杨玉被省军区评为"先进离退休干部",王细毛被省军区评为"先进老干部工作者",苏清泉被省政府、省军区评为"涉军维权工作先进个人"。(刘笑一 杨 欢)

预备役步兵师炮兵团

【概况】 2010年,驻株洲预备役步兵师炮兵团紧紧围绕年初提出的"围绕使命任务,适应发展变化,抓根本、突重点、打基础、保稳定,在新起点上谋求新发展"的工作思路,认真贯彻中共中央十七届五中全会和全军党的建设座谈会精神,以开展学习型党组织建设和创先争优活动为推手,部队全面建设继续保持了良好的发展势头。

一是学习型党组织建设和创先争优活动扎实推进。扎实开展"争创学习型党组织、争当学习型党员干部"和创先争优活动,研究制订《加强学习型党组织建设的措施》,对照师制定的"双十条",认真落实各项制度,不断创新方法手段。8月6日,中央电视台7套以《注重学习成果转化,提升部队战斗力》为题,对炮兵团开展学习型党组织活动情况进行了专题报道。成立创先争优活动领导小组办公室,制定《开展创先争优活动实施方案》,有计划、按步骤地开展创先争优活动,落实动员部署、公开承诺、主题实践等活动,抓好司令部党支部和榴炮2营5连预建党支部的试点工作。推出先进典型人物蒋虎韬,其事迹于11月4日在中央电视台7套《当代军人》专题进行了播报,《经济日报》、《法制日报》、《人民网》等中央级媒体和《战士报》相继进行了报道。

二是首长机关和干部骨干训练成效明显。按照"参训、参考、合格"3个100%的要求,完成4期首长机关在职训练;5月4日~6月20日,组织6名参谋苗子进行参谋业务封闭式训练;8月下旬~9月初,团长带各部门领导和作训股长参加军区预备役部队首长机关训练。组织1期舟桥骨干集训;组织2010年新入队人员集训。组织炮兵专业骨干集训参加代号为“湘预-1010”的快速动员指挥所演习。狠抓首长机关、干部骨干和一些基础性课目训练落实,提高了官兵的综合素质和能力,促进了部队战斗力整体跃升。

三是后装保障能力不断提高。炮兵团围绕保障完成多样化军事任务,积极探索军民融合式发展的方法路子,努力提高保障效益和保障能力。5月,迎接广州军区“十一五”装备检查,受到了广州军区检查组和省军区李参谋长的高度评价,在广州军区“两成两力”建设十周年总结表彰大会上,作为战区唯一的预备役部队受到表彰,被评为“十一五”期间军区部队装备工作先进单位。

四是组织部队完成急难险重任务出色。团针对预备役部队寓军于民特点,积极发挥参加经济建设优势,在急难险重任务面前当尖刀、打头阵,积极组织针对性训练。3月,利用2周时间组织现役官兵进行警棍盾牌训练,该科目在师集训中表演并受到好评;主动参与营区周边2所学校的安保工作,其经验做法被师转发。投入20余万元经费购买冲锋舟、警棍、盾牌、油锯等,补充配齐了用于抗洪抢险、应急处突和森林扑火所需的物资器材。全年团先后2次参加地方扑救山火、4次参加抗洪抢险。　（唐　迪）

【抗洪抢险】　2月24日、28日和3月21日,株洲县先后3次发生大面积森林火灾,炮兵团部迅速行动,共出动官兵300余人次,扑灭山火80公顷,清砍隔离带5000余米,受到了株洲县政府和群众高度赞誉。6月24~26日,醴陵市普降大雨,6小时内降水量达160毫米,大部分村庄和房屋被洪水淹没,情况十分危急。炮兵团迅速出动人员转战醴陵市东富镇和石亭镇,连续抢险40余小时,转移被困群众480余人,转移物资100余吨。7月17日,黄盖湖大堤出现重大险情,炮兵团奉命赶赴黄盖湖抗洪抢险,连续奋战4天4夜,圆满完成抢险救灾任务。　（唐　迪）

【扶贫帮困】　炮兵团以支持地方建设为己任,主动融入到新农村建设、重点工程建设和“两型”社会示范区建设等经济建设活动中。全年共筹措资金10余万元结对帮扶贫困村2个,帮扶困难群众100余人,完成22个义务劳动日,为驻地群众修整公路1200米,义务理发650余人次,为民治病、看病121人次,修理家用电器、农具674台(件),清理污水塘、沟、渠19公里,清除垃圾200余吨,抢收农作物3万多公斤。

（唐　迪）

武警株洲市支队

【概况】　2010年,中国人民武装警察部队株洲市支队着力从“建强班子、带好队伍、正规秩序、纯正风气,狠抓经常性基础性工作落实”5个方面入手,圆满完成以执勤处突为中心的各项任务。支队被总队评为基层建设先进单位、支队级“三无单位”和机要工作先进单位,政治处被评为先进政治机关。

思想政治建设卓有成效。深入开展“培育当代革命军人核心价值观,永远做党和人民的忠诚卫士”主题教育活动,广泛宣传炎陵县中队践行当代革命军人核心价值观的先进事迹,引导官兵坚定理想信念,筑牢听党指挥、服务人民、英勇善战的思想根基。广泛开展以“用好‘小课堂’、树好‘小典型’、抓好‘小事情’、建好‘小环境’”为主要内容的“四小”活动。利用营区广播、板报墙报、支队局域网等宣传载体,努力营造政治氛围,增强了教育的实效性。及时更新制作支队政治工作网页,并设立“经常性思想工作方法大家谈”专栏,收集整理报刊、网站的经验做法,为基层思想骨干提供学习参考资料。重视发挥“148”法律服务热线作用,开展第6个“法律服务到基层月”活动,帮助官兵解决涉法问题。11月,在抓好退伍老兵教育的基础上,深入开展以“为老兵做一件有意义的好事、为老兵点一首歌、组织一次创业培训、给老兵发一封慰问信、刻一张军旅生活纪念光碟、组织一次主题演讲”为主要内容的“六个一”活动,确保了满服役期战士“留的安心、走的舒心”,支队开展老兵创业培训的经验做法被总队转发。

中心任务完成出色。严格落实《正规化执勤等级评定标准》和《中国人民武装警察部队执勤中队“三员一兵一组”值班执勤暂行办法》,深入开展“三共”、“三个一遍”等评比竞赛活动,严格“三项纪律”、“五条禁令”执勤纪律,严格重大节假日、重要敏感期战备检查和干部值班制度,严格远程监控查勤,勤务秩序进一步规范,确保了执勤目标绝对安全。临时勤务坚持靠前指挥,严密组织,先后完成春运、广州亚运安保战备、调犯专列警戒和各类押运、押解、抢险救灾等安全保卫任务,确保了临时勤务安全圆满。圆满完成亚运安保备勤、火车站春运执勤、城市武装巡逻、武装押解、公判大会现场警戒、县市区“两会”现场警戒等临时勤务,完成调犯专列安全警戒备勤任务,成功处置在押犯企图自杀事件,参与扑救山火、抗洪抢险、事故救援等任务,挽回经济损失上千万元。超前谋划急难险重任务。担负广州亚运会安保机动任务,做到及早修订跨区增援方案和应急作战预案,严格按照上级有关通知要求转换战备等级,做好随时应急准备。九中队排长符浩被总部评为亚运安保先进个人。及时合理调整补选退期间的勤务部署,加强执勤方案演练,确保执勤万无一失。

军事训练成绩显著。按照“以任务为牵引,以质量为核心,坚持4个贴近,突出训练重点,严格按纲施训,依法从严治训”的抓训思路,坚持贴近任务实际,注重素质培养,以落实新大纲为主线,以强化首长机关和基层警官、士官训练为重点,突出抓好首长机关体能训练、要素演练、指挥所演习、指挥自动化系统操作培训和干部骨干与分队训练,提升部队训练水平。支队机关坚持每周安排5个小时进行集中训练,着重加强机关干部军事技能和业务素质的培训。5~7月,通过组织勤训轮换,有效解决执勤分队勤训矛盾突出、训练场地受限、教学力量薄弱、重点难点课目难完成等问题,训练成效显著。2010年总队组织的建制中队军事业务和共同条令竞赛中,支队分别获建制中队军事训练竞赛第二名和训练尖子比武团体第六名的好成绩。加强司令机关干部的参谋"六会"技能、公文写作等训练,大大提高了参谋人员的综合素质,圆满完成总队"卫士——10"演习任务。

部队管理严格正规。深入开展"治'三松'、严纪律、保安全"教育整顿,结合实际下发《支队官兵"六条禁令"》。扎实开展"新条令学习"活动,获总队条令知识竞赛第三名的好成绩。严格落实枪弹动态和静态管理制度,搞好枪弹管理人员的政治考核、岗前培训、日常教育,确保枪弹绝对安全。充分用好GPS定位系统,严格军车进出营区审批、登记制度,对外出车辆进行有效管控。建立安全预测预警机制,及时下发安全预防工作指导意见。结合新兵"第二适应期"、老兵退伍等重要阶段基层官兵思想实际,加大工作指导力度,认真抓好警示性系列教育。对服满役期士兵进行摸底,严格按照"宣传教育、调查摸底、本人申请、群众评议、基层推荐、机关审查考核、选前公示、党委审批"8个步骤组织实施士官选取,重点突出事务公开和群众参与的内容。

基层建设全面进步。认真贯彻武警部队《加强党委(支部)班子考察帮建工作实施意见》和武警部队基层建设座谈会精神,严格落实蹲点调研帮建、干部代职、"双向讲评"等制度。帮助基层解决实际困难,收集整理合理化建议,提高了"一线战斗堡垒"按纲抓建能力。7月,依托勤训轮换,举办基层党委(支部)书记培训,有效提升了基层党委、支部书记队伍的能力素质。8月,在总队优秀"四会"政治教员比赛中,七中队政治指导员米东获第一名。

(李新伟)

【株洲市委召开武警工作会议】 4月23日,株洲市委召开武警工作会议,专题研究加强武警支队建设问题。会议由市委书记陈君文主持,支队党委书记、政治委员董冬林向市委常委会作专题报告,市委副书记、市长王群等其他领导参加会议。会上,市委书记陈君文作重要讲话,对支队近年来全面建设所取得的成绩给予了充分肯定,并着眼全市工作大局对加强支队全面建设提出了明确要求和殷切期望。会议重点讨论研究支队基层"四项设施"配套建设、反恐基地和装备建设、增加四类经费预算、加快支队信息化建设步伐、推动"五景花苑"项目建设、随军家属就业等6个方面的问题。同时,制定加强武警支队建设的长效机制,成立由市委常委、常务副市长王志刚为组长的武警支队建设领导小组,具体负责解决支队建设中遇到的具体问题。

(李新伟)

【副司令员何映华到支队视察】 6月10日,武警部队副司令员何映华中将深入支队茶陵县中队、炎陵县中队,亲切看望慰问基层官兵,重点检查部队后勤设施建设。他强调部队设施建设要坚持以人为本原则,精心谋划、科学设计,不断提升部队综合保障效益。

(李新伟)

【圆满完成"6·25"抗洪抢险任务】 6月25日4时50分,受强降雨影响,株洲市白石港河水水位急剧上涨,洪水漫过河堤,直接威胁临近河堤的金盆岭社区500多户居民和多家公司厂房的安全。支队150多名官兵在支队长张忠、政委董冬林的率领下紧急出动实施抢险。经过7个多小时的连续奋战,官兵们运沙袋26000多个、土石方4万立方米,筑起了一道长100余米、宽3米、高近2米的新堤坝,险情得到有效控制。

(李新伟)

【市政府议警工作会议召开】 10月20日,株洲市政府议警工作会议召开,常务副市长王志刚,市委常委、株洲军分区司令员黄跃,武警株洲支队、株洲市公安局、财政局、规划局以及株洲市各区政府领导出席会议。会议认真听取了政委董冬林的专题汇报,对支队所提出"四配套"建设经费不足、年度保障经费预算偏低的问题进行认真研究和讨论,制定了解决的办法。

(李新伟)

武警消防支队

【概况】 2010年,武警株洲市消防支队严格队伍管理教育,深入开展打造消防铁军和火灾隐患排查整治工作,确保了部队管理和火灾形势的稳定。全年全市部队共接警出动919次,出动车辆1547台次,出动人员9282人次,抢救人员344人,圆满完成以世博、亚运安保为中心的各项工作任务。

(谢小东)

【班子和队伍建设】 2010年,支队共举办各类干部培训班6期,有37人参加在职研究生或函授本科学习、63人参加全国士兵学历教育考试,官兵文化素质得到进一步提升。深入推进精细化管理考评工作,部署开展"五条禁令"专项整治、纪律作风教育整顿和安全防事故年活动。先后有6个单位,9人获省级以上荣誉,8人被总队记功,涌现出了全国十大杰出消防卫士、湖南省杰出公安民警、湖南省青年岗位能手和株洲市首届道德模范等先进典型。

(谢小东)

【执勤岗位练兵】 围绕破解特殊灾害事故灭火救援难题,深入开展大跨度大空间建筑等5类场所灭火救援准备工作专项执勤活动。突出抓好辖区情况"六熟悉",对全市烟花鞭炮厂、大跨度大空间建筑、化工场所进行普查摸底，建立健全各类基础台账。针对株洲易发灾害事故特点，广泛开展各类灾害事故的预案编制、战术研讨和实战演练活动，组织油罐区、隧道、高层建筑等类型火灾跨区域联合演练，先后承办全省消防部队执勤队长助理培训、全省消防部队灭火救援准备专项执勤活动、总队参加全国公安消防部队南方片区打造消防铁军比武竞赛集训、省厅“三基一化”成果展演阅警式水枪方队集训、全省“3+5”城市群跨区域灭火救援演练5个全省性的重大活动，参与并完成全国应急救援通信现场会和省厅“三基一化”成果展演中高层建筑区灭火救援任务2项汇报表演任务。大跨度大空间建筑灭火救援工作得到部消防局通报肯定。在总队比武竞赛中夺得团体总分第三名。在部局南方地区比武竞赛中，选派官兵代表总队参加4个集体项目夺得3个集体第一。

（谢小东）

【应急救援】 部署开展应急救援队伍建设试点工作，积极推动醴陵市应急救援试点工作取得初步成效，并在全省基层应急救援工作会议上作典型经验介绍。督促指导各地针对辖区灾害事故特点，进一步整合社会资源，理顺体制机制，依托乡镇社区、社会单位成立醴陵市烟花爆竹事故处置应急救援分队和芦淞市场群、合泰地区“三合一”场所应急救援中队，逐步建立了覆盖全市的应急救援队伍网络。（谢小东）

【火灾隐患整治】 深入推进构筑社会消防安全“防火墙”工程和“五大”活动（大排查、大整治、大宣传、大培训、大练兵），提请市政府3次召开推进会，2次开展专项督查，将“防火墙”工作纳入各级政府、各职能部门政绩考核内容，有力推动了“防火墙”工程建设向纵深发展。对照“防火墙”建设标准，狠抓各个部门和层面的试点选型和典型培育，共培育乡镇街道、农村社区、公安机关以及社会单位等各级各类典型112个，完成38个建制镇政府专（兼）职消防队建队任务，公安消防机构列管的347个人员密集场所重点单位“四个能力”建设全部达标，有效提高了社会单位消防安全管理水平。先后部署开展市场群、“三合一”、在建工程、人员密集场所以及重大节会、“平安使命”等多项专项治理。全年全市共检查单位4534家，整改隐患2987处，责令三停116家，依法查封84家，行政拘留37人，罚款757万余元。

（谢小东）

【消防宣传活动】 以“平安生活无弱者”和119消防宣传周两大主题宣传活动为重点，策划开展株洲市“消防特殊教育基地”挂牌仪式、“全民关注消防、生命安全至上”、119消防宣传周暨《爱民模范宋文博》赠书仪式等一系列宣传活动，在市内主流媒体开设“一报一刊一栏一网一站一台一讯”7大消防宣传阵地，通过多形式、多渠道开展消防安全知识培训，定期开展疏散逃生演习，进一步增强了公众消防安全素质。全年全市共举办大型消防宣传活动21次，开展消防志愿者服务活动15次，培训各类人员2400余人，发放消防宣传资料近10万份，发送消防短信30万条，制作大型户外消防宣传广告牌30块，支队在中央和省市媒体发稿342篇，营造了浓厚的消防宣传氛围。

（谢小东）

【基层基础建设】 2010年，全市共投入装备建设经费1498万元，装备成交总量达3452万元，成交各类消防车辆24台，个人基本防护装备1993件套、抢险救援器材178件套。先后投入400余万元完成全市部队营房基础设施的维修改造任务，全面启动荷塘区、芦淞市场群、天元区栗雨工业园和醴陵市第二消防站等4个消防站和指挥中心建设，前期投入达1100余万元。

（谢小东）

【重大荣誉】

集体荣誉

2006～2010年度全省公安机关“三基一化”工程建设先进单位：株洲市公安消防支队

省级青年文明号：芦淞大队

全省消防部队学习践行“三句话”总要求先进基层党组织：炎陵县消防大队

构筑“防火墙”工程先进支队：株洲市消防支队

打造公安消防铁军先进支队：株洲市消防支队

构筑“防火墙”工程先进基层单位：株洲市天元区消防大队

消防宣传先进支队：株洲市消防支队

全面建设先进大队：株洲市天元区消防大队

全面建设先进中队：株洲县消防中队

安全防事故先进支队：株洲市消防支队

执法质量考评先进大队：株洲县消防大队

全省消防部队先进部门：株洲市消防支队司令部

个人荣誉

2010年度全省消防部队先进个人：

十佳警官：伍海峰

十佳士兵：王永能

十佳合同制消防员（文职雇员）：胡里波

省级青年岗位能手：吴朝亮

第四届“湖南省杰出公安民警”、株洲市首届十大道德模范：成昌龙

全省消防部队学习践行“三句话”总要求优秀共产党员：陈圣勇

全省消防部队学习践行“三句话”总要求优秀党务工作者：张泽锋

全省消防部队学习践行“三句话”主题征文比赛：游新军的《责任的解读精神的诠释》获优秀奖

全省消防部队学习践行“三句话”主题征文比赛：谢恩东的《双肩挑起千斤担 矢力前行》获优秀奖

株洲市2010年度政法工作先进个人:李勇军

2010年度株洲市优秀志愿者:龙义坤、肖建新

被公安厅记一等功:成昌龙

全国公安消防部队打造铁军南方地区比武竞赛中记一等功:王永能

全国公安消防部队打造铁军南方地区比武竞赛中记二等功:伍海峰、覃天标

茶陵"12·22"大火扑救中记二等功:叶坤雄、刘国栋

参加总队打造消防铁军比武竞赛中记三等功:涂强、刘昆、朱航迪、覃天标、王永能、吴浩、刘礼江、郑启、刘钦辉、罗斌、胡宗樟

支队打造消防铁军比武竞赛中记三等奖:何昌君、王翔、叶坤熊

参加全国公安消防部队打造铁军南方地区比武竞赛活动记三等功:胡棕樟、成昌龙、刘礼江

乒乓球比赛中记三等功:胡滨

广州亚运安保记三等功:聂育林

茶陵"12·22"火灾扑救中记三等功:凌敏、马孝北、和宗文

参加总队灭火救援攻坚组集训记三等功:汤晶、易彦

国庆安保记三等功:胡阳

全国应急救援总队挂牌汇报表演记三等功:覃天标、陈梓泽、刘礼江

全省灭火救援攻坚组集训记三等功:刘昆

年度记三等功:邓维民、何卫国、左永军、黄洪波、罗声、姚文华、徐可、陈涛、郑崇祥、邹启、谭浩、孙先焱、卢家才、喻波动

省公安厅"三基一化"成果汇报展演记三等功:唐智、黄金贤、李建新 、马彪 、彭兵、史宏杰　　（谢小东）

人民防空

【概况】 2010年,株洲市人民防空办公室被定为市政府的工作部门。全年市人防办坚持人民防空建设与经济建设融合发展、与城市建设相结合的原则,认真贯彻人防法律法规,全面落实人防工作目标责任制,积极开展人防"工程建设年"活动,继续推进市人防疏散基地建设、抓好人民南路人防工程建设管理、"1503"指挥所改造、启动"520"指挥所工程改造和做好中心广场人防工程建设的前期准备工作,市人防各项工作呈现出又好又快发展的良好态势。年内,株洲市被评为"全国人民防空先进城市";市人防办通过"省文明标兵单位"复查。　　（谢泽勇）

【获两个全国先进荣誉称号】 10月26~27日,在北京召开的第六次全国人民防空会议上,株洲市被评为"全国人民防空先进城市",市人防办主任、党组书记褚彭明获"全国人防工作先进个人"称号。"全国人民防空先进城市"是由国家国防动员委员会主任温家宝总理亲自签发,是国家授予人民防空建设的最高荣誉。市委常委、常务副市长王志刚和市人防办主任、党组书记褚彭明赴北京参会,受到了胡锦涛等党和国家领导人的亲切接见,市委常委、常务副市长王志刚作为广州军区获"全国人民防空先进城市"的政府领导代表上台领奖。　　（谢泽勇）

【建立市民、学生参与应急疏散演练机制】 2010年11月1日上午,株洲市举行全市防空警报试鸣暨疏散隐蔽演练活动,全市19个演练点近2万名市民和学生进行了疏散隐蔽演练,这是株洲市改革开放30多年来市民、学生首次参与的疏散演练。　　（谢泽勇）

【建立固定警报器投入机制】 2010年,株洲市规定在城区建设3万平方米以上的居民小区报建时,要求开发商必须建设1台防空警报器,全年安装和报建防空警报器的数量达到60年来株洲市所有防空警报器建设的三分之一,实现了防空警报器建设由人防办行政性投入向社会性投入转变。　　（谢泽勇）

【强力推进人防工程建设】 一是强力推进人民路人防工程建设。人民路人防工程是市人防办第一个引进社会资金,全省第一个采取逆作法施工的单建式人防工程。总投资2亿元,建设面积2.58万平方米,该工程是一个人防工程,通过对芦淞市场老化破损、不堪重负的城市给水、排水等管网实施改造,对燃气、电力、通信等设施进行扩容,对路面、路灯、绿化带等进行提质;增加了芦淞市场群人员、物资的掩蔽防护面积,提高城市防空防灾能力;将分散的人防工程连片成网,繁荣了芦淞区商业圈;方便了市民购物出行,提高了市民的生活质量,成为人防参与城市建设的亮点。二是稳步推进人防疏散基地建设。人防疏散基地项目总投资1.2~1.8亿元,位于天元区马家河镇太高村,占地面积一期13.33公顷(二期计划13.33公顷),目前为全国最大的人防疏散基地。战时作为领导机关工作人员机关疏散地、物资储备库,平时作为专业队伍培训中心。规划总建筑面积22000多平方米,年内做好了疏散基地征地补偿方案、安置、补偿款发放等工作,完成疏散基地征地工作,开始进行疏散基地的围墙建设。三是启动"1503"指挥所续建工程改造。市人防办拟追加1900万元左右投资,对"1503"指挥所工程项目未完成部分进行配套完善,使其与已建成的应急机动指挥所共同构成株洲市委、市政府战时防空袭,平时防灾救灾的"两防一体化"基本战备指挥所,以适应未来城市反空袭斗争和平时防灾应急的需要。四是启动"520"指挥所工程改造。市人防办"520"指挥所位于沿江中路8号,地面有2栋办公楼和3栋居民楼,地下有人防指挥所以及疏散主干道。该工程因建成时间长,安全隐患较大,严重影响使用,由市人防办出资收购原工青妇办公楼及土地,连同人防办的土地,进行商业开发。结合城市整体规划和湘江风光带建设要求,建设一座城市标志性建筑。预算投资7500万元,占地0.39公顷(含道路),总建筑面积3.5万平方

米，同时将地下指挥所改造好，建设期为2年。五是做好中心广场人防工程的前期工作。该项目引进社会资金约2.5亿元，在中心广场建设路，建设人员掩蔽及疏散干道工程。（谢泽勇）

【市人防公共工程维护费征收创新高】 2010年，建立株洲市2009年度企业单位从业人数和工资总额数据库，结束了全市人防公共工程维护费征收靠估计的历史，从而促进了市人防公共工程维护费的征收，全年全市征收人防公共工程维护费达历史新高。（谢泽勇）

【建立人防工作目标考核体系】 2010年，市人防办建立市政府对县市区政府、对市发改委、财政局、建设局、规划局、教育局等相关职能部门，市办对内部科（处）室、对县市区办四位一体的政绩考核体系。在这个考核棒的指挥下，县区人防工作出现了可喜的变化，年内，县级人防行政审批全部进入政务中心；“11·1”人防警报试鸣，县市区政府非常重视，政府领导亲自参与；同时，荷塘区、芦淞区、石峰区、攸县等县区人防办在政府的支持下正积极筹建地面指挥所，醴陵市地面指挥所在12月21日破土动工。（谢泽勇）

【组织拍摄《人民防空之歌》】 2010年9月9日，由市人防办组织，海政文工团副团长、著名歌唱家宋祖英主唱的中国首次《人民防空之歌》主题歌（又名《爱的天空》）大型音乐电视片在株洲市拍摄，全部在株洲市取景，其中包括市体育中心、株洲大道、神农城、湘江风光带等场景，集中展现了株洲城市风貌与经济社会发展。此次拍摄活动，全市有十几个相关单位协助，250名公安、武警、消防战士参与安保，1000余名大学生、小学生和省、市人防办干部职员参与演出，创音乐专题片拍摄人数之最。在六次全国人防会议文艺晚会上，《人民防空之歌》代表株洲第一次作为主题曲演出；10月份，在中央电视台1、3、4、7台等多个频道播出，让株洲、株洲人防走进了千家万户，宣传了株洲，推介了株洲人防。（谢泽勇）

综合经济与管理

发展和改革

【概况】 2010年，株洲市发展和改革委员会紧紧围绕全市经济社会发展重点工作，在调研设谋、争资引项、协调服务、园区攻坚和"两型"社会改革试验等方面取得突破性成效。在2010年的全市政风行风社会公众测评中再次获第一名，并成功创建省级文明单位，被授予"全市民族团结进步模范集体"和"书香机关"等多项殊荣。

一、突出综合调研，参政设谋取得新成果。一是积极抓好规划编制，着重围绕"十二五"规划编制工作，完成30多个专项课题调研，形成"十二五"总体规划纲要，在市人大常委会上通过。二是积极抓好经济运行监测，组织主要经济部门开展季度形势分析，及时分析宏观经济形势，提出一系列应对措施和办法建议，为市委、市政府的科学决策提供参谋。编辑《全市经济形势分析》3期、《领导干部经济工作手册(2010年版)》、《株洲发展》内部刊物4期。三是积极开展专项调研。围绕株洲市经济结构调整、项目建设、园区建设开展一系列调研工作，形成《实施重点突破打好园区攻坚战》、《关于株洲转变发展方式的思考》等20余项调研成果。

二、突出争资引项，项目投资取得历史性突破。突出把投资作为拉动全市经济发展的主要动力，通过大抓项目、抓大项目，不断扩大投资总量，优化投资结构。一是千方百计争取上级资金，全年争取到上级各类资金11亿元，实现连续3年争资突破10亿元，创历史新高。实际利用内资125亿元，增长32%，增幅位居全省前列。二是扎实开展项目前期工作，进一步加强项目开发与管理，组织发改系统开展"项目策划月"活动，新策划基础设施、教育文化、节能减排等一批优质项目，策划筛选"十二五"项目1000多个，总投资超过1.3万亿元。三是大力推进重点项目建设。全市62个重点项目加快推进，全年完成投资165亿元，超额完成年计划16%，株洲职业教育科技基地、市中心医院、湘江生态经济带沿江景观道路等44个项目超额完成年度投资计划。通过大项目带动，有效地推动了全市全社会固定资产投资增长，全年完成固定资产投资808.5亿元，增长37.1%，连续5年投资平均增幅保持在36%以上。

三、突出中心工作，重点攻坚取得新进展。一是园区攻坚。紧扣全市园区攻坚战"118"战略目标，扎实开展园区攻坚各项工作。完成园区一系列规划编制工作，组织"深入园区看攻坚"活动，着力解决园区建设的土地、融资等主要问题，园区基础设施和项目建设取得明显成效。2010年，园区实现技工贸总收入1356亿元，同比增长40.23%；工业增加值394.5亿元，同比增长37.9%；高新技术产品产值726.9亿元，同比增长41.6%；上缴税金总额47.7亿元，同比增长48.2%。在全省新型工业化考核排名中，园区规模工业增加值占全市的比重达52.23%，稳居全省第二位。二是医改工作。牵头制定的全市医改整体方案，相关11个子方案陆续出台。公立医院改革有序推进，《公立医院改革试点方案》获省政府批准，12个相关子方案均形成送审稿，选择两家三甲医院实施按病种收费和绩效工资试点。基本公共卫生服务均等化稳步推进，9大类基本公共卫生项目全面实施。启动株洲县、攸县、炎陵县和城市5区26个乡镇卫生院及21个城市社区卫生服务中心基本药物试点工作。基层医疗卫生服务体系建设进展顺利，基本医保进一步扩面，报销比例进一步提高，城镇职工、居民医保参保率、新农合参合率达95%以上。全市向上争取、市县筹措医改资金累计14.5亿元，占3年医改总投入的59.3%。

四、突出重点服务，综合协调有新起色。以"特事特办、急事急办、难事助办"为总体服务要求，着力提升服务意识和水平，努力促进经济社会发展。一是重点项目协调。不遗余力地开展攸县煤电一体化、旗滨玻璃等重大项目的协调工作，成功争取攸县煤电一体化项目获国家发改委批准，于9月顺利开工建设。二是重点工作协调。积极开展服务业改革综合试点城市申报工作，向省申报并上报到国家发改委。牵头组织参加省银企融资洽谈会，完成华强文化园配套建设等13个项目签约127.5亿元。积极组织园区参加"经洽会"、"珠洽会"等招商活动，取得良好成效。积极开展项目稽查工作，严格按照法律规定开展招投标工作，全年依法核准工程建设项目90多个。三是其他工作协调。完成人大建议和政协提案办理工作。积极开展国民经济动员、政务信息、对口支援等工作的协调，完成援藏资金150万元、湘西泸溪110万元。

(凌显德)

【"两型"社会建设如火如荼】 经过了3年改革建设，株洲市"两型"试验区建设第一阶段目标任务圆满完成，取得阶段性成果。一是示范区建设加快。云龙、天易、清水塘3个片区的发展规划全面编制完成,3个片区基础设施、产业建设步伐加快,云龙示范区铺开“六纵四横三互通”路网建设。二是“两型”产业发展和项目建设全面加速。轨道交通产业发展提速,北汽控股汽车生产线成功投产。长株高速、云峰大道建成通车,云龙大道、迎宾大道、华强文化产业园、湘江风光带、职教园等重点项目加快推进。启动湘江流域综合整治项目129个,完成霞湾港水质变清一期工程、株冶总废水零排放工程,启动建设重金属废水处理厂。三是改革试点工作全面推进。统筹城乡发展、投融资体制、户籍制度、土地经营制度、城区建设体制、医药卫生体制等十大改革扎实推进,创新性形成城乡统筹发展的政策体系。稳妥推进核心区行政区划调整。首个农村信息化基地落户云田。(马太飞)

【市“十二五”规划编制进展顺利】 2010年,株洲市国民经济和社会发展第12个5年规划编制工作在开展前期调研的基础上,形成《规划基本思路》、《规划纲要》、《规划项目库》初稿。株洲市“十二五”编制工作在全省率先完成《规划纲要(草案)》文本,率先通过高规格专家咨询、评审,并在全市人大会上一致通过。规划围绕株洲市以现代工业文明为特征的生态宜居城市定位,确立未来5年全市发展战略为:科教先导、产业转型、城镇带动、民生优先战略,努力建设智慧株洲、实力株洲、绿色株洲、幸福株洲。并形成“十二五”规划“三个一”、“三个七”的项目库,即“十二五”期间动态储备1万亿元总投资、1000个重点项目、100个综合性工程,5年累计完成7000亿元以上的投资总量、建设700多个重点项目、组织实施70多项综合性工程。(马太飞)

【争取上级资金创历史新高】 2010年,株洲市发改委共争取中央及省各类专项资金114970万元。其中,中央预算内专项资金(国债)72398万元;中央预算内投资17003万元;中央其他专项113万元;省预算内拨款22456万元;其他专项3000万元。与市直相关部门配合,积极开展招商引资工作,积极抓好项目推介和引进。全年实际利用外资4.02亿美元,同比增长14.1%,实际利用省外境内资金125亿元,同比增长31.8%,利用内资项目260项,净增82项。(马太飞)

【项目投资成效显著】 围绕全市发展重点,大力开展项目包装策划,积极推进项目建设和管理。2010年,全市62个重点投资项目完成投资165亿元,超额完成年计划16%。全市城市四大精品工程完成投资35亿元,湘江风光带河西城区段和神农城广场对外开放,华强文化科技产业基地一期和云龙职教城工程进展顺利,城市主干道建设、职教城、华强文化城和北汽南方生产基地等4大重点项目完成投资均超10亿元,有效地带动了全社会投资增长。“十一五”期间,全市累计完成固定资产投资2252亿元,年均增长38.1%,较“十五”加快12个百分点。(马太飞)

【医药卫生体制改革全面推进】 2010年,全市医改工作取得阶段性成果。一是公立医院改革试点有序推进。编制完成公立医院改革试点等方案,并通过省政府批准。基本公共卫生服务均等化稳步推进,9大类基本公共卫生项目全面实施,为81.6万名城镇居民和63.1万名农村居民建立健康档案。二是基本医保覆盖城乡。城镇职工医保参保率达98%、居民医保参保率达98.3%、新农合参合率达95.34%,城镇职工医保报销比例接近80%,各类医保报销比例均上调5个百分点以上,进一步降低了个人支付比例。三是基本药物试点平稳推进。全市10个县市区(含云龙新区),有8个启动基药试点,占比80%,试点单位超过60%。为第一批基药试点的株洲县和城市各区共筹措并拨付到位补助经费1832.83万元。增补88种基本药物补充目录,基本满足了基层医疗卫生机构的用药需求。四是基层医疗卫生服务体系建设进展顺利。制定《基层医疗卫生服务体系建设方案》、市区三级医院对口支援县级医院、城市二级医院对口支援社区卫生服务中心等帮扶方案,陆续出台财政补偿、绩效工资、医保基金支付、公立医院人员编制等12个相关子方案。医改启动以来,组织申报各类卫生项目126个,为市精神病医院和4家县级医院、29所乡镇中心卫生院、13个城市社区卫生服务中心、47个村级卫生室等94个卫生项目安排建设资金2.24亿元(县市区自筹6700万元)。(马太飞)

【园区攻坚来势强劲】 2010年,株洲市紧紧围绕园区攻坚“118”战略目标,深入推进园区攻坚工作。一是突出产业集群攻坚。以骨干企业为龙头,加快产业配套,推动产业集群发展,特色园区现雏形。轨道交通千亿产业园建设来势喜人,南车株机、南车时代销售收入过百亿元,南车电机销售收入近50亿元,轨道交通产业类企业达到73家,年总产值突破400亿元。汽车及其零部件产业集群强势推进,年产20万辆整车的北汽株洲基地一期工程基本建成,截至2010年年底,全市汽车及零部件企业达91家。河西风电产业园竣工,时代新材风电叶片项目业投产。航空城建设进展顺利,投资50亿元的中航通用航空发动机项目落户株洲,通用机场项目获国家批准。芦淞服饰城、陶瓷特色产业园项目建设进展顺利。二是突出项目攻坚。全年全市园区共实施项目460个,其中基础设施项目121个,产业类项目339个,项目库中有策划包装类项目110个,招商引资类项目62个,开工建设项目140个,竣工投产项目148个。开工建设项目及竣工投产项目总投资额达566.8亿元,完成投资213亿元,投资创历史最高水平。三是突出招商攻坚。入园企业纷至沓来,全年共引进内资项目120个,投资124.8亿元;引进外资21个,引进资金

1.96亿美元。四是突出要素攻坚。在省市国土部门的大力支持下,全市园区批回土地1255.33公顷,园区项目建设用地得到保障。通过商业土地开发、引进战略投资者和民间资金、加强银园合作、发行企业债券等多种渠道,全市园区融资70.6亿元,云龙示范区和河西示范园区融资规模分别达30.9亿元、19.3亿元,要素制约明显得到缓解。

(马太飞)

统　计

【概况】 2010年,全市统计工作紧紧围绕“统计双基建设年”活动,扎实推进,全面完成各项任务,取得了新的成绩。全国第六次人口普查数据质量得到国务院检查组的高度评价,全国R&D资源清查工作获得国家级先进;在全省统计工作26项专业评比中,株洲市有24项被评为全省先进,市统计局获评全省统计工作综合考核先进单位、株洲市“文明机关”等荣誉称号。

一、基层基础有力夯实。

全市统计基层基础建设成效明显。健全统计工作规范。市政府相继颁发《株洲市县市区人民政府统计工作规范》、《株洲市部门统计工作规范》、《株洲市乡镇(街道)统计工作规范》、《株洲市企业事业单位统计工作规范》等4个规范,从统计的机构设置、人员、经费等方面明确了新的标准,规范了统计工作保障机制。稳定和加强统计机构。市委在关于县市区机构改革的指导意见中,明确规定了统计机构的设置意见,各县市区全部独立设置了统计局,以及副科级的普查中心和调查中心。醴陵市还增设了副科级的考核办,芦淞区2个园区都设置了统计机构。整改基层工作。2010年,在全国统计执法、新型工业化考核、政府绩效考核等重大检查过程中,各县市区通过创新工作方法,对统计基层基础工作进行认真扎实的自查、检查和巡查,提高了统计数据质量,得到了各个检查组的充分肯定。同时,通过坚持统计执法检查经常化,依法整改了基层单位统计行为。全年共对147家单位进行了执法检查,处理统计违法案件61起,公开曝光6起,有力规范了基层统计工作。改造网络中心。市政府投入近300万元,对市统计网络中心进行改造升级,全市统计系统信息化水平显著提高。提升业务素质。全市共组织670多名基层统计人员接受统计继续教育,500多人参加统计从业资格培训和考试,都取得了合格的成绩。广泛开展专项培训,统计法律法规培训2300多人,工业统计培训1100多人,计算机培训160多人等,增强了统计人员的专业知识。加强考核管理。对市直部门、县市区、乡镇(街道)和企业的统计工作实施量化考核。经过全面考核,市人民银行、市财政局、市畜牧水产局等单位荣获全市部门统计工作先进单位;醴陵市、芦淞区、茶陵县、荷塘区等地统计局荣获全市县市区统计工作先进单位;千金药业、时代新材、九龙工业园等企业单位荣获全市企业(园区)统计工作先进单位;株洲县渌口镇统计站、攸县黄丰桥镇统计站、石峰区响石岭街道办事处统计站等乡镇(街道)统计站荣获全市乡镇(街道)统计工作先进单位,基层统计工作进一步规范。

二、服务水平整体提升。

2010年,全市统计部门认真履行“信息、监督、咨询”的服务职能,积极开展调查分析,服务领导决策,调研分析数量和质量整体有进步、有特色、有水平。准确把握大势。2010年全市完成GDP 1274.8亿元,增长15.3%,统计部门认定全市经济发展的特点是“高开高走,又好又快”,有力服务了中心。2010年,市县统计部门共撰写统计分析报告410多篇,绝大部分被决策采用,20个重点调研课题得到市领导批示。全年突出服务“三大战役”,定期编印《“三大战役”与新型工业化统计月报》;服务人大、政协“两会”,专门编发图文并茂的《两会统计特刊》;服务全市“文明、环保、创业、安全”等国家模范城市创建,满足了中心工作对统计的要求。切实加强宣传。适时发布统计公报,定期召开统计发布会,高质量编发统计年鉴、统计手册、统计月报。注重网络宣传,对网站进行改版,及时更新网站统计资料,得到了网民的好评,92%的登陆网民评价市统计局的网站为“很好”;与市级新闻媒体联合开展十大房产、十大市场、十大零售、十大住宿餐饮、十大建筑业企业统计发布活动,扩大了统计的影响。注重经普宣传,积极组织力量,编辑出版株洲市经济普查《数据集》和《名录集》。强化形象宣传,2010年《湖南日报》和《中国信息报》以“坚持三抓三提、推进统计发展”为题,介绍株洲市的统计改革和建设经验;各县市区在国家统计“一报两刊”上发表系列文章,宣传了株洲统计工作。科学评价绩效。较好地完成省市新型工业化考核、投资考核、县域经济考核、政府绩效评估、园区经济考核、乡镇(街道)综合实力评价等考核统计任务,为株洲市争得了荣誉。醴陵和攸县继续居于全省县域经济“十强”,株洲县和炎陵县进入全省县域经济发展“十快”行列;首次发布“全市十强乡镇街道”评价结果,醴陵市、株洲县分别开展“五强五快”、“三强三快”乡镇街道评价等,产生了良好的社会反响。在各项考核评价中,统计部门与各相关部门密切配合,建立完善各项考核指标体系、考核工作方案和考核数据认定办法,定期深入检查核实,确保了考核结果客观公正,树立了统计的权威。

三、人口普查扎实推进。

2010年,全国第六次人口普查工作有序推进,株洲市代表湖南省接受国家登记后的质量检查,得到了检查组的充分肯定。6月底,全市普查工作机构组建完成,市县乡都配备了工作人员,安排了办公场地,购置了办公用品和设备,全市构建了纵横交错的人口普查工作网络。10个县市区都落实了普查专项经费。宣传广泛深入。采取多形式的宣传手段,有深度、有广度、有力度,平时宣传不断,集中宣传为主,使人口普查政策家喻户晓,人人皆知,营造了全社会了解普查、配合普查、支持普查的浓厚氛围。工作扎实精细。普查区的划分、地址编码和地图绘制、户口整顿、业务培训、综合试点、正式登记、数据处理等工作环环相扣,扎实到位,整体进展顺利,取得重大阶段性成果。

四、部门统计切实加强。

各部门认真执行市政府关于部门统计工作规范的各项要求,强化统计意识,明确分管领导,设立统计岗位,部门数据有力地支撑了全市国民经济核算。在反映发展上,各部门及时为编制统计公报提供了大量部门统计数据。在评价发展中,有关部门为新型工业化考核、政府绩效评估等考核工作,提供了大量数据。在宣传发展中,各部门积极编制各种反映行业发展的统计信息资料,人民银行、财政、房产等部门定期编制了月报、月度分析资料,满足了各级领导决策和行业管理的需要。

(黄　谷)

【株洲市首次评定经济社会发展综合实力10强乡镇街道】 3月25日,株洲市政府召开全市统计和普查工作暨乡镇街道考核表彰会议,对首次评选的2009年度经济社会发展综合实力10强乡镇街道进行了表彰。市委常委、常务副市长王志刚,市委常委、副市长黄曙光以及市人大、政协的主要领导出席会议,并为荣获"2009年度株洲市经济社会发展综合实力10强"的醴陵市嘉树乡、攸县莲塘坳乡、株洲县堂市乡、攸县城关镇、攸县黄丰桥镇、株洲县渌口镇、云龙示范区龙头铺镇、醴陵王仙镇、石峰区田心街道办事处、天元区嵩山街道办事处10个乡镇街道颁奖。

(黄　谷)

【实施《株洲市县市区人民政府统计工作规范》和《株洲市部门统计工作规范》】 为提高统计能力,提高统计数据质量,提高政府统计公信力,确保全市各项统计改革和建设的顺利实施,2010年,株洲市政府重新修订并决定实施《株洲市县市区人民政府统计工作规范》和《株洲市部门统计工作规范》。新修订的《株洲市县市区人民政府统计工作规范》共20条,从县级政府统计机构的设置、职责、任务、队伍建设、经费保障、信息化和统计基层基础建设、法制保障与绩效考核等方面,进行了全面而具体的规范,具有较强的可操作性。《株洲市部门统计工作规范》共16条,有效解决了"数出多门"的问题,进一步强化了政府统计部门的行业管理职能。《规范》规定,凡是与同级人民政府统计机构重复的部门统计数据,以同级人民政府统计机构的统计数据为准;部门使用的区域性统计数据必须是同级人民政府统计机构认可或公布的数据。任何部门和个人公开发表本部门管辖系统内有关国民经济和社会发展的统计数字,须经同级人民政府统计机构审查。《规范》还对各部门统计机构的设置、职责、任务、队伍建设、统计数据发布与审批、统计资料审核评估和档案管理、信息化和统计基层基础建设、法制保障与绩效考核等方面作了明确而具体的规定。(黄　谷)

【发布《株洲市乡镇人民政府(街道办事处)统计工作规范》】 为提高统计能力,提高统计数据质量,提高统计公信力,切实加强统计基层基础建设,确保全市各项统计改革和建设的顺利实施,12月16日,株洲市政府制定发布并决定实施《株洲市乡镇人民政府(街道办事处)统计工作规范》。

《株洲市乡镇人民政府(街道办事处)统计工作规范》共13条,从乡镇人民政府(街道办事处)统计机构的设置、职责、任务、队伍建设、经费保障、信息化和统计基层基础建设、法制保障与绩效考核等方面,进行了全面而具体的规范。一是明确乡镇人民政府(街道办事处)必须依法配备专职综合统计员与本级有关部门统计人员共同组成统计站,统计站站长由综合统计员担任,同时兼任党政办副主任。二是要求乡镇、街道统计站明确综合统计人员岗位,其中3万人口以下乡镇设1名以上,3万~5万人口乡镇设2名以上,5万人口以上乡镇设3名以上,各街道均设2名以上,并根据统计工作任务需要增加兼职统计人员。三是强调乡镇人民政府(街道办事处)要保障统计机构足额的人员经费和业务经费,并列入财政预算,同时随着统计工作任务的增多和经济规模的扩大逐年增加。普查等专项经费应按照标准纳入财政预算。四是规定乡镇、街道统计站执行区域综合统计的职能,依法履行开展统计调查、实施区域统计、加强统计管理、组织联网直报、提供统计服务、进行统计业务检查及培训、实行统计代理、建立健全统计信息网络等8项工作职责。

(黄　谷)

统计调查

【概况】 2010年,国家统计局株洲调查队不断夯实基层基础工作,持续优化株洲调查品牌形象,圆满完成居民消费价格调查(CPI)、城乡居民生活情况调查、主要畜禽监测调查、退耕还林调查、工业生产者价格调查、房地产价格调查、规模以下工业企业调查、企业景气调查等10多项常规报表任务和部分专业样本轮换工作以及10多项快速反应调查,用真实、全面、及时有效的统计调查数据和信息,真诚服务于国家和地方党委政府的科学决策。(艾　婷)

【快速反映调查工作】 2010年,株洲调查队全面及时地完成国家、省、市各级政府和有关部门布置的10多项快速反应调查任务。一是受中组部的委托,根据国家统计局和省总队的统一部署及市委的要求,完成了株洲地区的全国组织工作满意度民意调查及株洲市各县市区的组织工作满意度民意调查。二是根据中纪委的要求,按照国家统计局和省总队的安排,完成了国有企业党风廉政建设情况调查。三是根据省委的要求,按照省作风建设办和省总队的部署,开展了省直机关作风建设人民群众满意度调查工作。四是根据国家环保部的要求,按照国家统计局和省总队的统一部署,完成了2009年度公众对环境保护满意度调查。五是受市委、市政府的委托,开展2009年度市直工作部门、县市区领导班子政绩考核民意调查,圆满完成近20000份问卷调查、数据处理和意见、建议搜集整理工作。六是受市委、市政府的委托,组织实施2次株洲市创建文明城市模拟测评工作的问卷调查、实地考核和材料审核等工作,并选派骨干力量参与了全省公共文明指数测评及文明城市创建测评调查工作。（艾 婷）

【专题调研工作】 2010年,株洲调查队深入开展调查研究,充分利用信息资源,拓展信息服务功能。全年共完成33篇调查分析和34篇短平快的重要信息,其中29篇调查分析和15篇重要信息分别被国家局、省委省政府、市委市政府和省总队采用,重复采用率达125%,《企业景气逐季增强 企业家信心大幅回升》、《株洲市农民专业合作组织发展情况调查》、《百姓呼唤食品安全》等被市委书记批示,调研分析取得了较好的社会效果。（艾 婷）

【经济先行指标和民生指标】 企业景气V型反转:从对全市108家企业景气调查结果来看:一季度景气指数为132.9,二季度为135.1,三季度为125.79,四季度为134.3。从国民经济各行业的景气指标运行来看,8大行业均进入“景气”区间,显示出企业总体经济运行状况正朝着积极的方向发展。

城镇居民收支稳步增加:据株洲市200户城镇居民生活情况抽样调查资料显示:株洲市城市(市区)居民人均可支配收入首次突破2万元,达20335.0元,同比增长12.5%。其中,人均工资性收入14477元,同比增长12.3%,拉动可支配收入8.8个百分点;人均经营性收入951元,同比增长20%;人均财产性收入为807元,同比增长6.5%;人均转移性收入为5284元,同比增长11.5%。收入的稳步增长,主要是受政府健全社会保障、加大就业扶持力度等原因的推动。据调查资料显示,2010年株洲市城镇居民家庭人均消费支出达14954元,同比增长11.8%,从消费结构来看,呈现出8大类消费支出均稳步增长的态势。其中,人均食品支出为4508元,同比增长5.2%。恩格尔系数为30.1%,较上年降低2个百分点,显示居民生活质量进一步提高。

消费价格企稳上扬:2010年全市CPI上涨2.9%,其中市区CPI上涨2.8%,涨幅较上年同期提高3个百分点。从居民消费价格8大类指数来看,呈现出“五涨三降”,其中食品价格上涨5.9%;居住类价格上涨6.0%,烟酒及用品、医疗保健和个人用品、娱乐教育文化用品及服务分别上涨1.6%、2.7%、2.7%;衣着、家庭设备及维修服务、交通和通信价格分别下降1.1%、2.0%、0.1%。（艾 婷）

审　计

【概况】 2010年,株洲市审计局在编67人。设有18个职能科室:办公室、人事教育科、审计技术科、法制审理科、经济责任审计处、重点建设项目审计中心、财政审计科、金融与社会保障审计科、行政事业审计科、固定资产投资审计科、外资运用审计科、农业与环保审计科、经贸审计科、驻城发集团审计室、后勤服务中心,另设机关党委、纪检监察室和内部审计等机构。

2010年,全市审计机关共完成审计和审计调查项目343个,查出各类违规金额37337万元,处理上缴财政金额4746万元,责成归还原渠道资金4398万元,移送司法、纪检监察机关案件线索3件,涉案人员5人。提交审计工作报告、信息683篇,被采用356篇。年内荣获全省审计信息、审计统计、“五五”普法、校舍安全工程和退耕还林资金审计等先进单位,全市文明建设、行政执法和机关财务管理先进单位。市政府领导对2010年审计工作给予了“最放心、最满意、最相信”的充分肯定。

一、着眼统筹政府财力资源,深化财政预算执行审计,努力做到“五个突出”。即在审计项目安排上,突出以财政资金流向为主线的综合型审计;在审计对象的选择上,突出有资金审批权和执收执罚权等重点部门单位以及惠民资金的审计;在审计内容上,突出提升预算管理的统一性、完整性和财政资金的使用效益;在审计方法和技术上,突出计算机审计;在审计目标上,突出规范财政管理,注重提高审计整改效果。2010年,市局对16个市直单位的预算执行情况和7个县市区政府的财政决算进行了审计,共查处违规金额608万元,处理上缴财政312万元,《株洲日报》全文刊登市本级预算执行和其他财政收支审计工作报告,市人大常委会在听取和审议整改工作报告后,认为“2010年的审计整改是历年来工作质量和整改效果最好的”。

二、着眼提高资金使用效益,加强政府投资审计,切实把好“四道关口”,即把好政府投资审计“准入关”、“质量关”、“效益关”和“基础关”,充分发挥审计整体优势。开展武广高铁株洲联络线工程、株洲职教园(一期)征地拆迁资金管理使用情况的审计和工程建设领域突出问题专项审计调查,开展中心医院、体育中心、园林绿化等政府投资项目预决算审计,查出并纠正了项目超预算、挤占建设成本、未按规定进行招投标和未按规定缴纳税费等问题。全年市局共审定政府投资项目54个,核减金额近3亿元,推动了工程建设顺利进行,为政府决策提供了依据,增强了监督效果。

三、着眼服务政府机构改革,加强经济责任审计,实现“三个转变”。即审计目标、内容由关注经济活动的真实合法性向关注被审计对象履行“四权一廉”的职责审计转变，进一步促进领导干部依法行政和树立正确的政绩观；审计结果运用由发挥局部作用向发挥整体效能转变，保证审计结果运用作为评价衡量项目质量的根本尺度；审计质量控制由单向型向复合型转变，积极实行目标、内容、范围、评价、责任界定、审计处理“六统一”。全市通过对141个经济责任人的审计，查出直接责任金额2530万元，查出1人涉嫌个人经济问题，涉案金额32万元，为党委、政府进一步加强干部管理、促进党风廉政建设和建设法治政府发挥了积极作用。

四、着眼经济社会和谐发展，加强专项资金审计和审计调查，着重“两个关注”。着重关注民生。全市通过对农业综合开发资金、住房公积金，发改委专项资金以及政府外债、退耕还林、就业指导、中小学校舍安全工程等31项重点民生项目和资金的专项审计和调查，处理上缴财政金额132万元，责成归还原渠道资金212万元，促进资金拨付到位1016万元。着重关注效益。积极强化绩效审计理念，对审计中发现的问题从制度、机制和体制上进行分析，提出了有针对性的建议，引起了领导机关的重视，促进了专项资金管理的加强和使用效益的提高。（刘美飞）

物价管理

【概况】 2010年，全市价格部门积极发挥价格职能作用，强化价格服务，特别是在调控物价的“国16条”和“湘19条”出台后，迅速结合当地实际，采取应对措施，为经济社会发展营造了良好的价格环境，全年CPI上升2.9%，低于全省和全国平均水平，达到了年初市政府确定的预期目标，各项工作取得了显著成效。株洲市物价局获“全国农产品成本调查工作优秀集体”、“全国收费统计工作先进集体”、“全省物价系统先进集体”、“全省价格监督检查先进集体”、“全省先进价格认证中心”等荣誉称号。

一、围绕中心，服务经济社会和谐发展。2010年，全市价格部门将工作的重中之重确定为发挥价格职能作用，服务全市城市提质、园区攻坚、旅游升温“三大战役”这个中心。一是服务“城市提质”战，积极向省物价局、省财政厅争取到了延续市城市基础设施配套费、城市绿化赔偿费及补偿费政策，全市每年可筹集城建资金2亿多元。认真调研、反复修改，市城市生活垃圾处理费征收方式和收费标准调整方案听证会一次通过，实行垃圾处理费与水费合并收取后，每年可征收垃圾处理费4000多万元。顺利召开居民用天然气价格调整听证会，并按程序调整工业用气和车用然气的价格，社会反应平稳。二是服务“园区攻坚”战，落实市委、市政府对“5115”工程企业建设项目特殊费用优惠政策，并争取对园区企业的天然气入户建设费在省定标准基础上予以优惠。三是服务“旅游升温”战，调低全市旅游星级饭店、餐饮、住宿的水、电、气价格，为企业减少成本2000多万元，根据市政府要求，调高炎帝陵、神农谷等部分景区门票价格，做好了景区的价费公示，为景区的建设和发展筹集资金打好基础。

二、维护民生，各项惠民政策落到实处。一是着力规范教育收费等行为，取消“《高中生》月刊”自愿收费项目，规范中小学书籍课本和作业本收费标准。进一步完善职业技能鉴定收费和行政事业性单位考试收费政策。二是加大对有线电视服务收费的规范力度，降低农村无线数字电视安装开通费及普通机顶盒、有线电视机顶盒、IC卡、遥控器等价格，取消报停费、过户费、端口迁移费等手续性收费。三是降低大众理发店用水价格，将其用水性质由特种行业用水调整为非居民用水，下调4.75元/立方米，减轻了老百姓负担。四是切实降低农副产品流通成本。落实鲜活农产品运输绿色通道政策，自2010年12月1日起，全市所有收费公路(含收费的独立桥梁、隧道)全部纳入鲜活农产品运输“绿色通道”网络范围，对整车合法装载运输鲜活农产品车辆免收车辆通行费。五是降低部分药品价格。从12月12日起，降低头孢曲松等部分单独定价药品的最高零售价格，涉及抗生素、心脑血管等17大类215种药品。六是加大低保困难群体价费优惠政策扶持力度，低保户和特困户天然气由每月免收2立方米提高到6立方米(长沙、湘潭为4立方米)，自来水减免额度由6吨增加到8吨。由于工作突出，市局荣获“全省落实10件价格实事工作先进单位”。

三、推进医改，全面落实基本药物制度。株洲市作为公立医院改革试点城市，价格部门积极作为，做好相关工作。株洲县、荷塘区、芦淞区、天元区、石峰区作为全省的第一批试点县区，在价格部门的强力推动下，47个乡镇卫生院和社区卫生服务中心试点单位，在2010年3月16日全部启动基本药物零差率销售，并迅速落实了“五个一”价格监管要求，确保基本药物制度的实施到位。作为第二批试点的攸县和炎陵县也在规定时间内启动基本制度，基本药物价格整体下降达40%以上。由于措施有力，成效显著，其做法在全省基本药物制度工作经验交流会上得到推广，受到省政府和省物价局的好评，并制成光碟在交流会上播放。市局被评为“全市医药卫生体制改革工作先进单位”。

四、严格执法，优化经济发展环境。始终把服务于政府经济工作中心和维护企业、消费者利益作为物价部门工作的出发点和落脚点，建立案件主办人制度，完善案审制度，提高办案效率。2010年全市共查处价格违法案件133起，查处价格违法金额5420.61万元，实施经济制裁1599.4万元，其中清退给用户和消费者508.66万元，收缴财政1070.37万元，罚款20.37万元。一是高质量完成各类价费专项检查。二是切实依法规范市场价格秩序。各级价格部门还认真落实稳定物价“国16

条”和“湘19条”,加大市场巡查力度,维护正常市场秩序。三是着力打造“12358”品牌。24小时开通“12358”价格举报热线,确保全市接听无障碍,共办理价格投诉举报3561件,处理有效投诉320件,所有价格举报案件均做到了按期办结,实行经济制裁1.2万元。市局被评为“全市治理优化经济发展环境工作先进单位”。

五、拓展领域,努力完善价格服务。一是农产品成本调查稳步推进。对全市早籼稻、中籼稻、晚籼稻、生猪、肉鸡等开展专项调查,形成相关调查分析材料,为领导决策提供了重要依据。撰写调查文章《关于发挥规模种植优势的思考》,为政府的农村经济决策提供了重要依据。二是价格成本监审工作规范有序。围绕调定价,完成18项成本监审,核减成本1.28亿元,减轻企业和群众负担。三是强化价格认证工作。全市共受理涉案物价格鉴证业务1355件,鉴证标的总金额3.4亿元,市本级价格认证中心完成价格鉴证费119万多元,被省物价局认定2家丙级价格评估机构资质。市局、茶陵县、醴陵市被省物价局授予“2009~2010年度全省先进价格认证中心”荣誉称号。四是规范价调管理制度,强化价调征管工作。重新修订并正式下发《株洲市价格调节基金征收管理办法》,宾馆娱乐业价格调节基金改由随水价代征,提高了建设项目价格调节基金征收标准,同时新增国有土地出让、砂石采掘经营价调项目。全市共征收价格调节基金3237万元(不含煤炭价格调节基金),其中市本级入库金额1989万元,再创历史新高。市局、醴陵市、茶陵县被评为省价调征管工作先进单位。市本级价格调节基金用于“菜篮子”工程和扶建农产品市场等支出1300多万元。五是大力加强对市场价格的监测预警和调研分析工作。针对通货膨胀愈益明显的价格形势,确定10个重点商品监测点,完成360种商品和服务的价格监测,编制报表340多份,上报数据无一差错。加强市场巡视和调查,全年撰写各类监测分析材料84篇,不定期印发《株洲价格监测》刊物,得到领导和相关部门的好评。 (钟武强)

劳动和社会保障

【概况】 2010年,全市劳动保障系统以服务“三大战役”为中心,认真做好统筹城乡劳动就业和统筹城乡社会保障工作,大力开展“就业服务年”和“社会保险扩面年”活动,全面完成了全年各项目标任务,为实现“保二争一、科学跨越”发挥了积极作用。

坚持把就业再就业工作摆在头等重要的位置。通过项目扩大就业、创业带动就业、政策扶持就业、服务促进就业、培训拉动就业等一系列积极有效的措施,确保了全市就业局势的基本稳定。全年全市城镇新增就业5.07万人,失业人员再就业2.65万人,城镇零就业家庭动态就业援助保持100%,全市城镇登记失业率控制在3.52%,新增农村劳动力转移就业6.89万人,农村劳动力转移就业规模达76万人,均全面超额完成年目标任务。全市企业养老保险、职工医疗保险、失业保险、工伤保险、生育保险分别新增参保8.97万人、1.56万人、2.88万人、3.2万人、1.4万人,新型农村养老保险参保人数26.11万人,城镇居民医疗保险参保人数71.27万人,机关事业单位养老保险参保7.89万人;全市社会保险参保总人数达320万人次,共征缴各项社会保险基金27.37亿元。基金规范运作率和安全完整率均为100%。在城市4区(含云龙示范区)全面启动新型农村社会养老保险,继医疗保险之后,养老保险制度基本实现城乡覆盖。

深入贯彻落实《劳动合同法》和《劳动争议仲裁法》,大力推进劳动用工备案制度,对签订的劳动合同进行合法性审查,劳动合同签订率稳步提高。全市国有及国有控股企业劳动合同签订率为100%,非国有企业劳动合同签订率为90%。2010年7月1日起,市区由610元/月提高到800元/月、5县由560元/月提高到725元/月,涨幅达31%。全年共立案受理劳动争议案件602件,涉及劳动者1042人,其中集体争议115件,涉及人数555人;当期结案604件,涉案金额1235万元。全市处理拖欠农民工工资案件350起,为1.5万名农民工追回工资2500万元。督促签订劳动合同1.4万份,取缔非法职介机构5家,开设农民工工资保障金账户146个,存入工资保障金6500万元,通过保障金账户为2.8万名农民工发放工资3500万元,从源头上治理了农民工工资拖欠问题。安排专门人员,审核了2009年年底启动的44家破产改制企业的职工安置补偿方案,在劳动保障政策允许的最大范围内,协调解决了涉及职工切身利益的历史遗留问题。所有改革企业离退休人员全部纳入医疗保险,筹集资金1200余万元,将9500余名破产改制尚未终结且医保费用未缴纳或预留不到位的30家企业职工纳入了医疗保障。在资金不到位的情况下,为提前退休的6000余人垫付养老金7300余万元。

技能培训发展迅速,“技能月”品牌效应不断提升。全年完成高技能人才培养人数6000人,其中政策性补贴培训高级工1800人;全市技校注册生7999人,其中高技班以上招生3667人,技校毕业生合格率95%,就业率98%;全市职业技能鉴定总人数49345人,取证办结人数达42000人;全年全市完成培训总人数109404人,其中农村劳动力转移就业培训31826人,创业培训16074人,企业在职职工培训43614人,下岗失业人员再就业培训10368人,劳动预备制培训7522人。围绕服务“三大战役”,大力实施园区攻坚高技能人才培养带动计划、十大岗位技能明星评比和创业培训工程等三大全市性主题活动,为“5115”工程企业等培养高技能人才0.2万人,在5家企业设立“技能大师工作室”;首次评选表彰导游员、汽车驾驶员、营业员、保洁员(环卫工人)

等十大公共服务行业岗位明星，举办第二届旅游行业技能大赛、“金牌发型师”职业技能竞赛和全市首届大学生创业计划大赛等。在省人力资源社会保障工作会议上，株洲市醴陵釉下五彩国瓷研究所朱占平、湖南火电建设公司姚罡被省政府授予“湖南省技能大师”荣誉称号。（黎锡营）

【就业再就业】 全力创建国家级创业型试点城市。建立健全组织领导、政策扶持、创业培训、创业服务、考核评价“五大体系”，形成政府主导、部门联动、全社会广泛参与的工作机制，初步形成创业带动就业的积极效应。2010年7月，株洲市创建工作顺利通过省里的初检，名列全省第二。一是完善扶持政策。制定出台创建工作实施细则，协调成员单位分别制定落实鼓励支持创业的财政、税务、工商、金融等方面的优惠政策，调整完善小额担保贷款体系，基本形成“创业零障碍”的良好环境。二是积极开展创业服务。开通“株洲市创业服务网”，编印《株洲创业指导手册》，组建创业专家咨询团，建立创业项目库，筛选审定进库项目500余项，其中227个项目得到开发利用，项目引导率接近50%。三是加大创业基地建设。株洲高新区中小企业促进园等10家全市首批创业孵化基地成为全市创业示范基地，吸纳扶持创业1120人，新开办创业企业486家，带动就业1.39万人。

全力落实积极的就业政策。全面落实“六补两贷一扶持”的积极就业政策，全年支出就业资金3.27亿元。精心组织“就业服务年”十大主题活动。全年累计举办272场招聘会，提供岗位24.8万个，入场求职人员达11.6万人次，介绍成功5.49万人次。做细做实就业援助工作，将就业困难对象分类帮扶，实施“一人一策”的就业援助。先后帮扶351户城镇零就业家庭实现就业再就业，7067名就业困难对象走上了公益性岗位，发放公益性岗位补贴4663万元。

全力加强“双基”工作。截至2010年年底，全市所有的街道、乡镇、社区全部建立劳动保障站或服务中心，所有行政村全部明确1名劳动保障信息员。并计划用3年时间，投入900万元用于市本级公共就业服务体系及县市区、街道（乡镇）、社区（村）等基层劳动保障服务信息平台建设，努力实现公共就业服务体系的规范化、标准化。在2010年全省双基工作会上，株洲市作为唯一的市州政府代表在会上作典型发言，湘银社区被评为“国家级充分就业社区”，前进社区被评为“省级星级充分就业社区”。（黎锡营）

【社会保障体系建设】 调整完善失地农民生活保障政策，将城中村纳入失地农民生活保障范围，全年共有3.21万名被征地人员参保，初步实现即征即保。探索建立城乡医疗救助一体化机制，由民政部门统一资助，5000多名城乡医疗救助对象参加居民医保。医疗救助对象因病住院后，可以直接在定点医院享受居民医保与医疗救助“双重待遇”。与招投标局联合发文，健全完善建筑行业农民工工伤保险参保政策，由招投标部门凭参保证明和缴费收据向中标单位发放中标通知书。根据社保基金综合承受能力，尽量考虑老百姓的切身利益，不断提高各项社保待遇。全年为16.5万名企业退休人员发放养老金21.5亿元。以公立医院改革试点为契机，全面调整完善城镇职工医保、城镇居民医保等政策，大幅提高医保待遇，城镇职工医保、居民医疗保险综合报销比例分别提高到78%和56%，灵活就业人员无需另外缴费即可享受生育保险待遇，生育保险实现项目内全免费。全面落实“五缓四减三补贴”政策，全年为企业减少社会保险费支付6056万元，从失业保险基金中为株机、株冶、株硬等25家企业提供了待岗职工技能培训补贴247万元，全年为55家困难企业提供社保补贴1800万元。（黎锡营）

【举办株洲市第二届“技能月”活动】 5月，联合市委人才办、市总工会、市经委等12家单位在全市举办为期1个月的株洲市第二届“技能月”活动。这次“技能月”活动主要是围绕打好城市提质、园区攻坚、旅游升温“三大战役”，期间开展3大全市性主题活动：实施园区攻坚高技能人才培养带动计划、开展十大岗位技能明星评比表彰活动、实施创业培训工程。通过高技能人才培养带动计划，基本摸清了8大特色产业园高技能人才需求，组织具备条件的职业技工院校开展“一对一”培训，全市有50多家企业的2096余名员工参加高技能人才培养带动计划培训班。在有职工获得“湖南省技能大师”、省市“技术能手”荣誉称号以及专业在国家、省、市或行业中有很强影响力，并且职工培训工作成绩突出的企业中，授予5家“技能大师工作室”，充分发挥技能大师项目带头人及其技能梯级团队在企业技能攻关、传授技艺等方面的作用。按照公开、公平、公正的原则，采取广泛推、集中考、专家评的方式，在全市公推公选产生10名公共服务行业岗位技能明星。通过广泛宣传发动，首届“学大师、练技能，实现技能成才”演讲比赛及大学生创业计划大赛引起社会关注，全市有7家“5115”工程企业、11所职业技工院校和7家民办职业培训机构100余名选手参加演讲比赛初赛，全市10所高校数千名大学生递交了1000多份参赛作品，21份作品获创业计划大赛奖，同时，对高校学生、农村劳动力、残疾人等开展特色鲜明的创业培训活动，参培人数达1000余人，坚持重点对象与特色培训相结合，把各种群体纳入创业培训的服务范围，让更多的劳动者成为创业者。（黎锡营）

国土资源管理

【概况】 2010年,株洲市国土资源工作围绕建设“两型”社会、打好“三大战役”的要求,严格规范管理,积极主动服务,圆满完成保障发展和保护资源任务,为全市经济社会可持续发展作出了积极贡献。全年全市上报建设项目用地3066公顷,批回1481公顷,上缴财政纯收益22.64亿元,土地储备融资9.82亿元,开发复垦新增耕地面积1300公顷,连续12年实现耕地占补平衡。规范矿产资源开发秩序,地质找矿成果显著,地勘“锡田模式”在全国推介;先后获“国土资源部‘国土资源管理’先进单位”、“全国‘五五普法’先进单位”、“全国整顿和规范地理信息市场秩序工作先进集体”等称号,党组被市委授予“株洲市学习型党组”称号,被省厅评为“国土资源行政处罚案件质量评查先进单位”,地产所被评为“湖南省文明窗口”,发证中心被评为“湖南省职工职业道德建设十佳单位”,行政审批科荣膺湖南省“青年文明号”,团总支被评为株洲市“五四”红旗团总支。

一、创新举措,保障发展。

一是攻坚克难解决用地难题。2010年是株洲市新土地利用总体规划实施的第一年,中心城区建设用地范围由原来的90平方公里扩大到150平方公里,市本级绝大部分的新增建设用地集中在“圈内”,加上轨道交通千亿产业园、汽车工业园及航空城工业园区等重点工程的建设都需要大量用地,土地供需矛盾激增,报批任务十分艰巨。市国土局通过多方式拓宽报批途径,一般的经营性用地采取增减挂钩方式上报,湘水湾生态公园、天台公园三期等生态修复、城市公园用地项目采取只征不转方式上报,特别是在争取重金属污染土地治理指标的工作中,通过积极协调,最终争取到国土资源部特批,同意给株洲市单列重金属污染指标,并允许株洲市申报第二批次报国务院“圈内”项目用地,使株洲市成为全国84个大城市中心城区报国务院批准城市建设用地唯一一个报批两次的城市,第二批次项目用地560公顷上报到国土资源部,有效缓解了用地压力。全年全市共上报土地面积3066公顷,其中市本级2361公顷;全市批回用地面积1481公顷,市本级1062公顷,有力地保障了全市各类建设用地需求。

二是齐心协力服务三大战役。优先保障基础工程、重点工程和“三大战役”项目用地需求,完成石宋大道、千亿产业园、云龙示范区长株高速云田互通建设项目的用地上报工作,其中为千亿轨道产业园争取先行用地25.33公顷,为湘水湾生态公园一期只征不转项目争取到55.13公顷,为园区攻坚战提供用地保障。不断推进城市社会综合改革,促进城市的全面和谐发展,完成8个第一批城中村改造项目的前期工作,为32个棚改项目75.33公顷办理用地手续;加强供地管理,完善45宗土地1200公顷的划拨供地手续,保障了近3年供地率不低于40%,对市本级土地进行清理,清查出闲置土地44宗,面积76公顷,批而未用项目129个,用地面积1112公顷,有效促进城区土地开发利用。矿山环境治理和地质遗迹保护工作为旅游升温增添亮色,完成酒埠江国家地质遗迹保护第三期项目,第四期项目申请国家投资1000万元获批准;茶陵县云阳山地质公园获省级地质公园资格;炎帝陵滑坡群地质灾害治理分期实施,第二期治理项目资金600万元获批准;天元恐龙化石遗址及恐龙化石开发利用纳入神农城统筹规划。

三是想方设法激活地产市场。面对国家各种土地调控政策的出台,地产市场低迷萎缩导致土地市场不景气,国土部门采取“分宗签订出让合同、分宗办理使用权证、减免报建行政事业费和服务费用、延长土地开竣工期限”等扶持政策,逆势实现株洲市土地市场成交的历史新高,全年市本级出让土地108宗,出让面积462.4公顷,土地成交总价款57.3亿元,实现土地出让纯收益22.64亿元,与上年相比实现增长翻番。8月,由市国土局承办的“2010中国·株洲土地招商(推介)会暨商业地产发展高峰论坛”,吸引了全国400余家大型房地产企业和投资公司参加,成功拍卖土地7宗,土地出让价款总额达16亿多元,为激活地产市场积累了宝贵经验。

四是多方协调做活土地经营。突破国家国土资源的政策瓶颈限制,多次到国土资源部、省厅等主管部门沟通、汇报、争取,组建地产集团。在全省率先开展“地票”交易工作,对醴陵市已完成复垦的废弃宅基地103.1公顷,以指标的形式进行公开竞拍,最终总成交价为7091万元,溢价440万元。这是盘活、优化利用农村闲置的建设用地,解决城市建设用地指标紧缺的有益尝试,也是确保城市反哺农村,促进城乡统筹发展的“双赢”举措。

五是做强储备预留发展空间。按照“八统一”的原则,即统一土地储备、统一土地出让计划、统一土地交易场所、统一地价管理、统一土地推介招商、统一土地出让收益管理、统一征地拆迁政策、统一集中安置,加强土地集中管理,提高土地集约利用和综合收益水平,全年向市场供应储备土地434.27公顷,收购、收回储备土地26宗共93.07公顷,开征储备土地139公顷,并破解了融资难题,将市国土局土地储备中心注册资本金由2000万元变更到6亿元,全年完成储备融资9.82亿元。为解决储备地块征地成本过高的难题,市政府与城市4区、云龙示范区签订《株洲市储备土地征地拆迁及报批工作责任状》,有效分解了储备土地征拆任务,全年在征土地总项目47宗,面积688.6公顷,已完成征地拆迁项目36个,面积408.47公顷。

二、全力以赴,保护资源。

一是适应形势,研究对策,力保耕地占补平衡。经过11年占补平衡,耕地补充后备资源严重不足,在短时间内筹集资金完成建设占用耕地的补充任务十分艰巨。市国土局从增强积极性和拓宽途径2个方面入手，拿出资金270多万元用于耕地保护专项奖励，调动基层组织补充耕地工作积极性，同时积极开展自筹资金补充耕地试点工作，在攸县和茶陵县共实施项目3个，醴陵市开展农村宅基地复垦试点工作。全年市建设用地报批补充耕地1200多公顷，补充耕地面积1300公顷，连续12年实现耕地占补平衡。

二是整合资源，强化监管，规范勘察开发秩序。2010年，株洲市国土局全面落实12部委《关于进一步推进矿产资源开采整合工作的通知》文件精神，对攸县漕泊铁矿区、黄兰煤矿区、茶陵县、醴陵市等重点矿区进行资源整合，向社会出让3个探矿权、10宗采矿权，完成57个地勘项目和174个矿山采矿许可证的年检，发现问题，及时督办整改，有效地提高了全市矿产资源开发规范化和集约水平；完成523家矿业权实地核查的数据库建库、更新和采矿许可证的换证工作，编写市、县级发证采矿实地核查工作报告，核查成果被省厅作为样本予以展示；在全省率先开展煤矿超深越界开采专项检查和整治工作，共检查109家煤矿，检测出62家矿山存在超深越界行为，并全部立案查处，有效地防止矿山安全事故的发生；开展矿山"打非治违"活动，对非法开采、乱采滥挖行为开展集中整治，封闭、炸毁、填埋非法井硐1365座，拆除工棚763个，切断电缆线5000余米，捣毁机器设备322台(套)，遣散非法开采人员2000余人，移送公安机关20人。通过一系列行动，全市矿产资源开发秩序明显好转。

三是创新机制，狠抓地勘，推进储量动态监测。积极拓宽投资渠道，初步建立中央、地方、企业多维投资体系，全年共投入各类勘查资金4000余万元，较近几年有大幅度提高；主动与地勘单位联系，争取省厅的支持，组织完成株洲市重点矿区带浏阳——醴陵官庄地区金矿项目和攸县丫江桥地区铀矿普查整装勘查项目的立项与审查；进一步优化勘查环境，加大矿权整合力度，全力推进部、省及五方合作项目——茶陵锡田地区整装勘查进程，经初步勘查估算，该区钨锡资源储量32万吨以上，远景资源量超过70万吨，达特大钨锡矿床规模，潜在价值超过600亿元以上；锡田地区特大型钨锡矿床的发现，不仅是近年来南岭地区在找矿理论、找矿方法和找矿成果的重大突破，更为重要的是总结并催生了"公益先行、商业跟进；统一部署、有序推进；矿权整合、地方支持；快速突破、多方共赢"为特点的"锡田模式"，《中国国土资源报》对其勘查机制和成功经验向全国进行了推介。其他地勘项目也取得好的找矿成果，新增资源储量煤1468万吨、钨锡2万吨、地下热水2300立方米/日等。储量管理：建立较为完善的资源储量监管工作机制和相关制度，全面推进了矿山资源储量动态监测，完成第七轮矿山储量监测工作，其工作进度、检测广度、监测质量居全省各市州前列；强化资源储量动态监测成果的应用，及时为矿产资源规划、采矿权审批发证、矿山年检、查处违反矿法行为等矿产资源开发监督管理提供了准确的检测成果技术资料，为实现矿政管理"一张图"夯实了基础。

四是创新体制，规范管理，提升执法监察水平。加挂株洲市测绘局的牌子，召开全市测绘工作专题会议，进一步理顺了全市测绘管理体制；株洲市区似大地水准面精化工程完工，结合上年建成使用的卫星定位连续运行基准站(CORS站)，株洲市城区范围建成高精度、实时、三维的现代测绘基准体系，成为全省首个建成城市现代化测量基准的地级市；"数字株洲"地理空间框架建设与应用推广计划城市获国家测绘局的批复，省厅和市政府签订"数字株洲"的合作共建协议，国家测绘局和省厅将从技术和资金上给予大力支持；开展基础测绘成果清理，120平方公里1:500新测地形图数据如期入库；联合市保密、安全、工商、新闻出版等部门，开展全市地理信息市场专项整治工作，市国土局被评为"全国整顿和规范地理信息市场秩序工作先进集体"；地籍管理全省领先，全年共颁发土地使用证2万多本，及时准确，并配合省厅在株洲市召开全省地籍管理工作座谈会；顺利完成了全市第二次土地大调查工作，编制1:5万和1:2.5万县市区土地利用现状图和城镇土地利用总图含基本农田分布图，为全市建设"数字国土"工程提供了可靠数据；全面展开农村宅基地清理工作，走在全省前列。科学设置市、县、所"三级一体"依法行政体系；统一机构设置、制度体系、办事程序、规范管理和考评机制，形成职能明确、职责分明、各司其职、各负其责、相互协调、上下通畅的"五统一"运行机制。在全省率先实行县市区执法监察大队大队长进县市局(分局)领导班子的做法，并建立起支队——大队——中队三级执法体系，执法重心下移，充实基层执法力量，采取分片包干、登记报告、跟踪处理等方式，加强对国土资源违法行为的动态巡查，全年共开展巡查3270次，发现并制止违法行为为876件，拆除违法建设38.09万平方米，在卫片执法检查中共发现违法用地53宗，面积70.6公顷。

三、着眼长远，关注民生。

一是推进土地综合整治。出台《株洲市人民政府关于推进农村土地综合整治的实施意见》和《株洲市农村土地综合整治项目管理暂行办法》。全年共向省厅申报农村土地综合整治项目24个，建设总规模为3878公顷，土地整理预算总投资1.38亿元。

二是完善征拆补偿模式。市政府出台《关于进一步加强农村征地拆迁和城市房屋拆迁工作的意见》、《关于进一步规范城区征地拆迁工作的通知》、《集体土地上房屋拆迁补偿安置办法》等文件，明确职责，规范程序，加强监管，真正实现征拆全程公开、公平、公正。同时，加大安置房建设力度，支持安置房建设用地的审批、报批，确保安置房建设用地，积极开展"货币补偿+就业服务+社会保障"三位一体的新型安置模式，维护了被征地居民合法权益。

三是加强地质环境保护。严格实

施国家专项拨款的黄兰矿区、湘东钨矿矿区、湘东铁矿矿区、潘家冲铅锌矿矿区矿山地质环境治理项目，每道环节按规范要求把关，严密组织实施。督促指导所有矿山编制矿山土地复垦方案，严把矿山地质环境恢复治理验收关。全年全市收存矿山地质环境治理备用金176万元。

四是加强地质灾害防治。各县市局、直属分局成立地质灾害应急中队，完善由31名专家组成的地质灾害防治专家库，健全地质灾害预防预警预报制度和市、县、乡、村一体的群测群防网络。加大地质灾害气象预警预报力度，联合气象部门发出地质灾害预警消息2万多条，为及时强化地质灾害预防和应急处置发挥了重要作用。全年巡查300多次，成功处置5月13日石峰公园西侧沿江路湘江河岸垮塌、岸河岸崩塌、醴陵西山滑坡等一大批地质灾害险情。特别是6月24日醴陵市国土资源局组织西山办事处万宜村23户116人成功避让泥石流地质灾害，无一人伤亡，创造了成功避让的奇迹，省国土资源厅将此成功经验列入全省乡镇国土资源所所长地质灾害防治“五到位”培训教材。在全国地质灾害预警预报工作经验交流与研讨会上，株洲市地质灾害预警预报和成功避让灾险的经验在会上作典型发言。

存在的一些困难和问题：一是外部压力不减。土地供需矛盾突出，耕地保护压力巨大，执法监察形势严峻，征地拆迁任务艰巨。二是内部创新不够。

(郭淑珍　崔　戈)

安全生产与监督管理

【概况】 2010年，全市安全生产状况保持总体稳定、持续好转的态势。全市各类生产安全事故死亡人数、受伤人数、直接经济损失和较大事故起数及死亡人数同比分别下降12.17%、10.28%、29.34%、33.33%、68.42%，实现了全市安全生产死亡指标连续7年“负增长”，亿元国内生产总值事故死亡率、工矿商贸企业从业人员十万人事故死亡率、道路交通万车死亡率、煤矿百万吨死亡率同比稳步下降，连续20年未发生重大以上事故。株洲市被评为2010年度全省安全生产目标管理先进单位，局党组书记、局长裴晋平荣立省一等功。

“打非治违”工作成效显著。2010年，按照国家、省相关文件精神，结合全市实际，突出煤矿、非煤矿山、交通运输、建筑施工、危险化学品、烟花爆竹、民用爆炸物品、冶金、人员密集场所、特种设备、电力等重点行业和领域，针对高危产业集中、非法违法和违规违章现象严重、重大安全隐患大量存在以及2009年以来事故多发频发的重点地区、重点矿区和重点企业实施重点监管，主要打击煤矿、非煤矿山非法违法开采，烟花爆竹、危险化学品非法违法生产经营，合泰、龙泉地区“三合一”场所和公共娱乐场所等人员密集场所非法违法经营，道路交通超速、超载、超限和非客运车辆非法载客，非客运船只非法载客，建筑非法违法设计、施工，非法违法使用管道燃气以及非法违法制造、使用压力容器等行为，重中之重是打击技改整合煤矿、无证非煤矿山非法违法生产经营建设行为。打非治违活动开展以来，投入安全生产专项资金14571.25万元，投入宣传经费44.4万元，开展宣传活动140次，参与宣传人员3954人次。全市共开展执法行动1659次，出动执法人员9129人次，检查企业3635家，发现隐患5113处，其中已整改4764处，责令停产整顿516处，关闭生产经营单位579家，抓捕涉嫌犯罪人员47人，经济处罚276.95万元。

专项整治继续深化。深入开展专项整治，切实消除安全隐患。道路交通安全方面：市交通管理部门加强汽车客运站场、危货运输企业的源头安全监管，督促运输企业全面完成GPS监控系统建设，与公安交警部门互通互联实施全程适时监控，提高了监管科技水平；采取坚决措施，整治消除了铜塘湾港区港口高压线安全距离不足等重大安全生产隐患。市公安交警部门对无证驾驶、酒后驾驶、机动车涉牌涉证、超速超载等各类交通顽症及严重交通违法行为进行严格管控，全年共查处各类交通违法64.7万起，其中查处涉牌涉证违法行为4.2万起、酒后驾驶违法行为1000起、暂扣驾驶证522本，现场教育28.5万人次，行政拘留123人，取得了涉牌涉证整治全省排名第一、酒驾整治和冬季大会战全省排名第二等多项好成绩。建筑安全方面：市建设部门完善安全监管手段，规范行政监督行为，扎实开展建筑起重机械安全等12项专项整治行动，严厉打击了全市建筑市场存在的先上车后补票、签订阴阳合同、轻安全违强标、多次整改不力、靠天保佑无事故5大顽症，确保了全市建设工程和公用事业行业的生产安全。消防安全方面：以构筑社会消防安全“防火墙”工程为契机，坚持把“5加2”、“白加黑”作为火灾隐患排查整治的常态化工作模式，深入开展各种类型的专项整治活动，严格落实34项刚性措施，始终保持整治火灾隐患的高压态势。芦淞区佳和大厦等9处政府挂牌督办的重大火灾隐患全部整改销案，合泰和龙泉地区服饰加工场所和芦淞市场群的消防安全条件逐步改善。全年全市共查改火灾隐患2987余处。煤矿安全方面：市国土资源部门以煤矿超深越界开采专项整治为契机，对全市116家煤矿进行全面的检测，进一步摸清了家底，规范了矿产资源开发秩序，确保了全市矿山企业生产安全。

安全基础继续夯实。按照“总量控制、依法准入、优化结构、做优做稳”的方针，严格实行第二轮行政许可，共审查发放危险化学品经营许可证30个，累计发放513个；受省安监局委托，全年颁发非煤矿山许可证96个，累计发放236个，其中尾矿库3个；颁发烟花爆竹安全生产许可证250家；全市114

个煤矿中已有92个煤矿通过技术改造工程竣工验收，另有10个煤矿已申请技术改造竣工验收。截至2010年底，全市71个煤矿持有煤矿安全生产许可证，49个煤矿持有煤炭生产许可证，无论是煤矿资源整合和技术改造进度，还是重新核发证照情况，均居全国、全省榜首。

安全隐患整改到位。全面开展计划执法。2010年共监督检查单位2262家，覆盖率12.2%；监督监察5729次，复查率153.3%。查处一般事故隐患7571条，完成整改7340条，隐患整改率为96.9%；对排查出的隐患，做到了整改措施、整改经费、整改责任人、整改时限和应急预案5落实。攸县财政专门安排3000万元奖励基金，引导企业投入资金近1.5亿进行煤矿企业技改扩能和开展非煤矿山、烟花企业、危化企业安全标准化建设，积极整改隐患，有效遏制了隐患引发的各类事故。

安全意识得到增强。一是结合"安全生产月"活动积极开展安全生产主题宣传活动。开展"一套挂图进企业、一场电影进社区、一堂课进学校"等安全生产月系列活动，共组织企业播放安全警示片412场次，观看人数4万余人，组织1600家企业悬挂宣传挂图，组织企业法人代表给企业员工上课1092堂，受教育员工15.6万人，广大从业人员安全技能得以提高。二是全面开展党政领导干部党校培训、学校新生入校、企业新员工进厂时的"安全生产第一课"，有效地提高了党政领导干部、广大师生和从业人员参与安全生产的积极性，健全了生产经营单位自我约束、自我完善、自我发展的安全诚信机制。三是强化农民工安全教育培训。根据国家7部委局《关于加强农民工安全生产培训工作的意见》文件要求，采用企业自培、委托培训机构组织培、安监人员进企业培训等方法，共培训农民工15.7万余人，有效提高了企业农民工的安全意识和技能。（王明锋）

国有资产监督与管理

【概况】 株洲市人民政府国有资产监督管理委员会为市人民政府直属特设机构，行政编制28名，机关后勤服务全额拨款事业编制2名。2010年，成立市资本合作处，内设机构有办公室、组织干部科、政策法规科、业绩考核与分配科、国有资本经营预算科、产权管理科、改革改组与规划发展科、监事会工作科等8个。管理的企事业单位从98家减少到73家，直接监管企业14家。2010年，监管企业实现营业收入22.5亿元，同比增长117.4%，其中主营业务收入22.3亿元，同比增长118.7%；实现利润11.1亿元，同比增长222.69%；净资产收益率为5.71%；资产总额为382亿元，增长46.2%；资产负债率为38.4%，同比下降5个百分点；所有者权益为235.2亿元，增长59.48%，资产保值增值率为107.55%。（朱艳辉）

【重点工程加快建设】 2010年，监管企业共完成融资38.11亿元，占年计划的111%，完成投资48.4亿元，占年计划的123%。城发集团承建的田心立交、湘江五桥竣工通车；国投集团承建的湘江风光带，城发集团承建的迎宾大道、武广联络线，教投集团承建的职教城，交发集团承建的铜塘湾港区，云龙集团承建的华强文化产业基地，云龙大道等一批重点工程建设按计划顺利实施，市国资系统在全市推进"三大战役"中发挥了重要作用。（朱艳辉）

【企业改革重组稳步推进】 截至2010年年底，有潍柴动力株洲企业、千金湘江药业、醴陵瓷业公司、搪瓷厂等14家企业改革基本完成，安置职工8100多人，处置资产4.7亿元。全面启动44家企业的水电改造工作，有26家已完成水电改造。为2120名企业"4050"人员办理养老和医疗协保手续，为1150名企业职工办理提前退休手续，为49家企业的5878名"4050"下岗职工办理养老、医疗、失业保险补助3194万元。（朱艳辉）

【国资监管体系逐步完善】 2010年，市国资委加强国资监管制度建设。按照"两级出资、三层构架、全面覆盖"的要求，研究制订《株洲市国资委监管企业负责人经营业绩考核和薪酬管理暂行办法》、《株洲市国有产权转让管理暂行办法实施意见》等20多项规范性文件，初步建立国资监管制度体系。组织部分企业开展清产核资，分户编制"企业清产核资信息系统"。加强资产评估和产权交易监管，全年共审核资产评估项目29项，总资产评估价值达130亿元。对14家监管企业进行经营业绩考核，规范了监管企业年度经营业绩考核工作程序。（朱艳辉）

【企业党组织建设不断加强】 创先争优活动扎实推进，2010年，市国资委负责对81家市属企业创先争优活动的组织和58家中央、省属在株洲的企业进行原则指导。将醴陵陶瓷行业的14家企业党组织整体移交醴陵市委管理，将市区完成改革改制的28家企业党组织移交属地管理。指导桃水煤矿、联诚集团、华升雪松等7家基层党组织进行换届选举，对天桥起重等3家党委班子进行增补。配合市委组织部推荐、考察直接监管企业领导班子和产权代表，完善了市交发集团、新奥燃气的法人治理机构。对低压电器厂等5家企业领导班子进行调整。制定下发《企业分类考核暂行办法》，将系统内86家企业分为6类制定了考核细则。全年共培训入党积极分子335人，发展新党员184人。（朱艳辉）

国有资产投资经营

【概况】 株洲市国有资产投资控股集团有限公司是经株洲市人民政府批准并出资，在株洲市国有资产投资经营有限公司的基础上改组设立的国有大型投资类企业，注册资本10亿元人民币。主要经营范围为：国有资产投资、经营，农业综合开发，房地产开发、经营，物业管理，企业经营管理咨询服务。公司内设综合管理部、财务部、人力资源部、投资发展部、资产经营部、地产经营部、审计考核部、法律事务部、产业与金融研究所等机构。2010年末，公司在职员工49人，参、控股企业36家，其中上市公司5家。

2010年，公司突出“产业发展商”的战略定位，着力构建集团运行机制、加强股权投资、做大资产规模、拓宽经营领域，为公司健康、持续发展奠定了坚实的基础。一是加强股权管理，充分履行出资人职能。对全资子公司功能进行重新定位，理清发展思路，为专业化、市场化、纵深化经营奠定基础；对控股上市公司加强战略引导，强化大股东地位，促进公司发展；对出资企业重大事项慎重决策，严格防范风险；建立内部审计制度，规范出资企业运作。二是深入项目调研和论证，积极开展股权投资。以产业发展为主线，围绕市政府的重点产业项目，加大股权投资力度和强度，年内完成股权现金投资3.48亿元，实物资产投资1800万元，为公司持续稳定发展打下了坚实的基础。三是着力强身塑体，夯实产业发展基础。清理并重新评估公司土地资产，壮大资本实力；转换执行企业会计制度，做大资产规模。年末，公司资产总额57.05亿元，负债总额14.21亿元，净资产42.84亿元，资产负债率24.91%。与年初比，资产总额增加34.28亿元，负债总额减少0.91亿元，净资产增加35.19亿元，资产负债率下降41.5个百分点。2010年，公司投资建设的湘江风光带项目被市政府评为“2010年度重点基础设施建设优秀项目”。

(陈小玲)

【国投集团成立】 1月26日，国投集团工商注册登记完成。2月3日，集团公司成立暨授牌仪式在株洲华天大酒店举行。仪式由副市长肖文伟主持，市人大常委会主任姜玉泉、副市长张国浩等市领导以及市委、市政府有关部门和单位负责人、有关金融机构负责人、有关新闻媒体、集团公司参控股企业代表参加。市人大常委会主任姜玉泉宣布株洲市国有资产投资控股集团有限公司成立并授牌。 (陈小玲)

【股权投资创纪录】 2010年，市国有资产投资控股集团有限公司加大股权投资力度和强度，新设全资子公司1家、参股公司10家(含基金2家)，投资数额创历史纪录。一是投资9000万元参股组建株洲轨道交通产业发展股份有限公司，打造轨道交通千亿产业园区基础设施和项目建设投资主体。二是投资5000万元参股组建株洲神农城开发建设有限公司，打造百亿工程“神农城”项目开发建设平台。三是投资1635万元参股组建湘煤立达矿山装备股份有限公司，整合全市矿山机械产业，促进矿山机械产业的发展。四是投资设立全资子公司株洲市国投水木开发建设有限公司，搭建土地深度开发平台，年内投入第一期注册资本1900万元。五是投资986.4万元参股组建湖南山河航空动力机械股份有限公司。六是投资1500万元和500万元分别参与组建新能源产业投资基金和兆富成长企业创新发展基金。七是认缴出资500万元参股组建湖南特科能热处理有限公司，年内已投入150万元。八是认缴出资6000万元参股组建中航湖南通用航空发动机有限公司，2011年投资到位。九是认缴出资8000万元参股组建大唐华银攸县能源有限公司，年内已投入1600万元。十是认缴出资300万元参股组建湖南股权交易所，年内已投入180万元。 (陈小玲)

【重要子公司增资】 一是对株洲市湘江风光带建设开发有限公司增资扩股，将该公司注册资本由设立时的5000万元增加到2亿元，其中现金增资部分10000万元已全部到位，进一步提升了该公司的融资能力和资本运作实力。二是对株洲市恒通资产管理有限责任公司现金增资2370万元，实物资产增资1800万元，将该公司注册资本由630万元增加到4800万元，另投入实物及债权资产4212万元，进一步扩大了该公司的资产规模，提升了运作实力。三是支持株洲千金药业股份有限公司实施公积金转增股本，该公司总股本由21773万股增加到30482万股，公司持股由4215万股增加到5901万股。

(陈小玲)

【天桥起重股票成功上市】 12月10日，国有控股企业株洲天桥起重机股份有限公司首发A股在深圳证券交易所挂牌上市。天桥起重是2004年以来株洲首家成功登陆资本市场的国有控股企业。股票发行价19.5元/股，发行4000万股，计划募集资金2.04亿元，实际募集资金7.8亿元，超募5.76亿元。天桥起重成立时总股本400万元，其中市级国有股本160万元，上市后总股本1.6亿股，其中市级国有股3290万股。上市当天收盘价22.2元。天桥起重的成功上市，实现了国有资产价值的大幅提升。 (陈小玲 朱艳辉)

【潍柴动力股票处置】 2010年，株洲市国有资产投资控股集团有限公司在市委、市政府领导下，与参股上市公司潍柴动力股份有限公司积极沟通股票解禁和处置事宜，经反复磋商谈判，7月21日，与潍柴动力达成股票转让协议。7月30日，通过证券大宗交易系统完成潍柴动力1589.45万股股票交易，每股价格70.34元，交易总金额11.18亿元。此外，另833万股承诺再锁定3年。 (陈小玲)

【资本实力壮大】 9月，公司组织专门队伍，对名下地产进行全面清理、过户、重新评估入账和处置，做大公司资产规模。一是清理并重新评估存量土地资产。公司及全资子公司存量土地资产75宗，原来大部分未入账，权属不清，证件不齐，并以原始状态出现，资产价值低。9月初启动地产、房产清理工作，向市政府申请将土地变性为商业用地，采取打捆挂牌等方式，使资产升值并成为融资资产。12月底，完成57宗土地的变性过户手续，土地变性后，重新评估价值7.29亿元，比原值0.76亿元增值6.53亿元，公司的总资产和净资产相应增加。二是完成市政府划入的341.07公顷蓝线控规土地的预期收益评估。聘请专业机构进行勘测，按预期收益32.11万元/亩计算，评估总价值16.43亿元，公司资产相应增加。三是出让天元区29区土地资产。12月，公司将29区16.53公顷土地出让，成交价177.89万元/亩，总成交金额44117万元，增值逾3亿元。 （陈小玲）

【启动经营性项目】 2010年，公司确定全资子公司株洲市恒通资产管理有限责任公司为地产一级开发主体，负责341.07公顷控规土地一级开发和标准厂房建设，实现融资、建设、经营一条龙。341.07公顷控规地是市政府为弥补公司原来在城市基础设施建设方面10亿元投入而划给公司的，其中19.2公顷土地被列入株洲市2010年第二批次新增建设用地上报计划。二是确定全资子公司株洲市国投水木开发建设有限公司为地产二级开发主体，公司在地产深度开发方面开展了大量的考察调研工作。 （陈小玲）

【加强股权管理】 2010年末，公司出资企业36家，资本总额116.25亿股，其中公司持股8.6亿股。一是加强全资子公司管理，夯实发展基础。二是坚持对控股上市公司战略引导，强化大股东地位。在千金药业董事长、总经理新老交替过程中做了大量沟通、协调工作，确保了平稳过渡；针对千金药业第二大股东大额减持的情况，及时深入分析研究，提出应对预案，确保控股地位；对千金药业发展战略进行引导，帮助实现二次创业。积极帮助、协调解决天桥起重上市过程中面临的实际困难，完善上市条件，年内天桥起重成功上市。三是慎重决策出资企业重大事项，严格防范风险。四是建立内部审计机制，规范出资企业运作。 （陈小玲）

不良资产管理

【概况】 2010年，株洲市兴业资产管理有限公司贯彻执行“一手抓清收，一手抓转型”的方针，高效优质地完成各项经营目标任务。全年公司累计清收货币资金631.8万元，为年计划的105.3%；清收实物资产价值1736.83万元，为年计划的144.7%；实现资产处置变现124.13万元，完成年计划的155.17%；实现利润总额104万元。切实维护了国有资产的利益，为国有资产的保值增值作出了应有贡献。

立足市场，积极拓展新的业务领域。3月，公司新成立株洲弘业投资有限公司。5月，弘业投资有限公司按市场化运作方式，成功收购市学堂冲蔬菜店，顺利完成该企业的改革改制，取得了经济效益与社会效益的双丰收。

（邓　细）

工商行政管理

【概况】 2010年，株洲市工商行政管理局切实履行工商行政管理职能，锐意开拓，务实进取，为服务株洲经济发展作出了积极贡献。截至年底，全市有内资企业5108户，外资企业312户，私营企业13866户，个体工商户109624户，农民专业合作社401户；有中国驰名商标15件，省著名商标127件，均居全省第二。株洲市工商局被国家工商总局授予“全国工商行政管理系统法制工作先进集体”称号。

大力提升服务质量，促进经济发展成效显著。一是推进企业实施商标战略实现历史性突破。2010年，株洲联诚集团的“联诚”、株洲雪松有限公司的“雪松”、南方阀门的“珠华及图形”、韶峰服饰的“韶峰”、贵派电器的“贵派”等5件商标被国家工商总局认定为中国驰名商标。“攸县麻鸭”、“攸县豆腐”、“茶陵大蒜”、“茶陵黄牛”成功注册，实现株洲市地理标志证明商标零的突破。全市新增省著名商标55件。株洲市被国家工商总局授予“国家商标战略实施示范城市”称号，成为全国首批53个获得该项殊荣的城市之一。二是竭诚服务招商引资。在外资企业及招商引资项目企业注册登记过程中，实行事前提供法律法规咨询，事中注册指导，事后跟踪服务，特别对重大投资项目企业，切实做到提前介入、专人帮扶、全程服务。积极帮助外商投资企业缓解出资困难。对已交付首期出资、无违法记录、因资金暂时紧张无法按期出资的外资企业，及时为其办理延长出资期限的变更登记。三是积极帮助企业破解融资难题。充分发挥职能作用，全年帮助各类企业融资总计45.3亿元。其中，办理企业股权出质登记133宗，累计出质股权数额5.4亿元，累计担保债权数额12.4亿元，与上年同期相比分别增长486%、75%和321%；办理动产抵押登记211份，主债权金额达9.7亿元；拍卖备案111次，成交金额3.1亿元；引导和支持拥有驰名商标和著名商标的企业通过国家工商总局办理商标专用权质押登记进行融资，促成株洲市首笔著名商标专用权质押贷款150万元；组织举办两次湖南省促进个体私营经济发展银企融资洽谈签约会株洲分会场签约活动，全市共有104家企业、个体工商户与中国工商银行达成银企合作协议，融资金额达20.1亿元。四是大力支持全市投融资体制改革。在株洲市交通发展集团公司、株洲教育投资发展公司等投融资企业的重组和注册登记工作中，指导企业通过有效地整合资源，盘活了存量资产，拓宽了资产利用空间。切实维护民间资本的投资积极性，全年新设立登记投融资企业

13家，其中注册资本1亿元以上的4家，私营资本占10家，增强了资本市场活力，民间资本在株洲市资本市场所占比重和发挥作用越来越大。为促进中小企业融资发展，积极支持小额贷款公司设立，全年全市共设立登记各类贷款公司和担保公司25家。五是全面推行网上年检。在全市系统大力推行企业年检网上申报，大幅提高了企业年检效率。全年共年检内资企业3496户、私营企业7460户、外资企业229户。

全面提升监管水平，维护市场秩序力度加大。深入开展创建"五无"监管区活动，2010年，全市系统68个工商所227个监管区，开展创建工作的有156个，创建覆盖率达68.7%。经考核验收，有139个创建区合格，合格率达89.1%。同时，以创建"五无"监管区活动为载体，大力开展八大集中专项整治行动，取得了明显成效。在"红盾护农"专项行动中，共检查各类农资经营户375户，对化肥、农药等54个农资品种进行抽样检查，立案查处违法经营农资案件21起；在市场主体普查和取缔无照经营专项行动中，引导办照2798户，取缔无照经营651户，城区主次干道的无照经营率控制在5%以内；在食品安全专项整治行动中，共出动执法人员17825人次，检查经营户59559户次，查处食品违法案件372件，查获各类假冒名牌白酒和红酒1696瓶，没收禁止经营的各类食品14吨；在打击传销和规范直销专项行动中，捣毁传销窝点80个、遣散传销人员3580人次、配合公安机关抓获传销头目骨干15人，查处传销案件26件，其中大要案5件、涉案金额800余万元，株洲市工商局查处的深圳金科海公司传销案被评为全省"十大传销案件"之一；在保护驰名、著名商标和地理标志商标专用权专项行动中，一举查获假冒驰名商标"波司登"羽绒服5220件，案值180万元；在虚假违法广告专项整治行动中，共立案查处虚假违法广告51件，拆除违法发布的户外广告26块；在烟酒市场专项整治行动中，共检查烟草经营户3300户、查处无证无照经营烟草案件422件，并查获一个迄今为止株洲市查处的规模最大、存货量最多的假酒制作窝点，当场收缴茅台、五粮液、水井坊、剑南春等名酒包装盒2232个、空酒瓶700多个、"防伪标志"1300多张、散装制酒原料650公斤，查处情况被国家工商总局政务信息网发布。进一步强化肉品市场监管，查获问题猪肉5800公斤，其中白板肉5125.25公斤、注水和病死猪肉674.75公斤，确保市场内销售的肉品100%来自定点屠宰企业。进一步加大反不正当竞争执法力度，重点查处盐业、银行、电力、自来水、移动和电信等行业中存在的不正当竞争行为以及各类商业贿赂行为，共立案查处20起，其中查处一起反不正当竞争大案为一银行利用其独占地位在贷款中滥收费用案，涉案金额高达130万元。

着力提升维权效能，消费维权工作扎实推进。以"3·15"消费者权益保护日主题活动为平台，积极开展消费维权宣传，集中销毁假烟、假酒、假劣食品等假冒伪劣商品，案值达200万元。对大芯板、电风扇、服装以及汽车配件等与消费者生活起居密切相关的商品进行质量监测，并根据监测结果立案查处9起案件。同时，根据群众举报，对城区独家经营民用瓶装液化气的铁达燃化公司在液化气中掺混"二甲醚"的行为进行立案查处，从源头上消除了含"二甲醚"瓶装液化气给城区消费者带来的消防安全隐患。进一步加强"12315"行政执法体系建设，不断延伸消费维权覆盖面。为配合打好"旅游升温"战役，提升旅游业的服务质量和消费保障水平，大力开展"12315"进景区活动，在全市所有A级景区设置"12315"申诉举报联络站。截至年底，在企业(商场)、学校、乡镇村和旅游景区共建立"12315"消费者申诉举报联络站1395个。深入落实申诉举报回访制度和企业约谈制度，形成出动快、调处快、解决问题快"三快"的"12315"消费维权机制，消费者满意度明显提高。截至11月底，"12315"申诉举报系统共登记受理咨询、申诉、举报18067个，其中受理申诉1322件，调解成功1289件，调解成功率97.50%，为消费者挽回经济损失79.12万元；受理举报935件，办结897件，办结率95.94%。为避免更多消费者的合法权益受到侵害，市工商部门对来自社会的大量咨询、申诉、举报信息进行统计分析和深度发掘，及时发布维权提示和消费警示，共发布消费警示5期。充分发挥消委会社会监督作用，对电力、燃气、自来水、电信等公用企业开展消费者评议"回头看"，重点检查2009年消费者评议提出问题的整改落实情况，有力促进了以上企业规范诚信经营。 (江广念)

质量技术监督

【概况】 2010年，株洲市质量技术监督局完成非税收入5473.4万元，完成进度113.9%。罚没任务完成483.38万元，同比增长198.6%。市质监局连续3年获全省质监系统先进集体称号。

一、行政执法拓新路。

2010年，市质监局重点围绕民生，开展食品、特种设备、农资、液化气以及家电下乡产品等各种专项执法打假行动40余次，办理行政案件434起，其中立案查处316起，现场处罚118起，移送公安机关案件1起，申请强制执行案件7起，端掉制假售假黑窝点11个，没有一起被法院撤销或败诉案件。

1.执法模式由粗放型向专业型转变。改变以前区域化执法模式，根据株洲产业特点和产品质量违法案件的特点，借助科、所的行政监管职能和技术手段，走高、精、深的专业化、技术型执法道路，并从多途径加强对执法人员的技能培训。上半年，开展执法人员办案能力和执法技巧集中培训，输送7名执法人员到省局参训，组织全体执法人员深入学习《湖南省规范行政裁量权办法》和《湖南省质量技术监督行政处罚自由处罚权实施办法(试行)》。下半年,举办全系统执法技能大比武,特邀著名的全国科技打假第一人——吕长富讲授科技打假技能。

2.执法方式由单兵型向联动型转变。由业务科室、稽查支队、技术机构组成综合服务队对全市大型企业、“5115”工程企业、新办证企业、上市企业、名牌申报企业等开展集中上门服务,一次性为企业解决质量、计量、标准、特种设备等各种质量工作难题,既更好地履行了职责,又有效地规范了行为,更减轻了企业负担。稽查部门和特检所的联合行动,促使200多台特种设备纳入了正常监管。截至11月,共对114家企业开展综合服务,收到良好的效果。加强与市直相关部门的工作联合。中秋期间,与公安、畜牧水产等部门联手捣毁一利用病死猪肉制造腊制品的黑窝点,收缴并销毁病死猪肉和成品近2吨,省、市媒体进行了集中报道。

二、两大战略齐发力。

2010年,市质监局以“质量提升”为重点,紧紧围绕质量兴市和标准化战略,在质量、标准、计量、认证认可、技术检测、打假治劣等方面搞好服务,为富民强市搭建质量平台。质量兴县(市)工作全面铺开,组织企业申报湖南名牌产品14个,推荐1家企业申报省长质量奖,向市政府申请落实2009年度名牌产品奖励资金90万元,制定《株洲市名牌产品管理办法》,规范了名牌产品的后续监督管理,帮助全市21家企业做好上市准备。对全市1500家生产企业标准实施情况进行监督检查,发放产品标准实施证书1000余个、产品标准监督合格证500余个、企业标准审查备案53个,帮助南车株洲时代电气股份有限公司等8家企业申报“标准化良好行为企业”试点。积极参与国家标准、地方标准制修订。截至2010年,株洲市企业承担39项国家标准的制定任务并发布实施。帮助指导湖南华联瓷业制定了全国首个日用炻瓷地方标准——《日用炻瓷》湖南地方标准,通过专家评定,结束了炻瓷产品没有统一、专门产品标准的现状,为其健康、有序、快速发展奠定了基础。完成炎陵竹笋两用林、攸县麻鸭、株洲市云田花木基地3个第6批国家农业标准化示范区项目的考核验收。建立组织机构代码电子档案信息库,完成电子档案扫描12338家,新办组织机构代码电子档案归档上报率达100%。稳步开展产品质量定期监督检查,全年共完成监督检验3780批次,受检产品159类,受检企业2412家,完成率为100%,其中合格3362批次,合格率88.9%,对不合格产品全部进行后处理。市质检所与全市200余家企业签订全年委托检验服务协议,完成委托检验1441批次。加大举报投诉和区域整治工作力度。全年共受理投诉电话240个,接待消费者来访670余人次,投诉处理率100%,为消费者挽回直接经济损失90余万元。彻底整治、规范省级区域整治重点——醴陵市的电力电瓷行业,对区域内近100家生产企业进行全面巡查,准确掌握了企业生产、质量管理、产品质量、销售情况等动态信息,提高了企业质量意识、质保能力和检验水平,规范了企业生产行为。加强计量认证工作,成立认证科,完成4家证书到期实验室的复评审、1家新实验室的首次评审、20家实验室的监督评审;着手开展认证企业建档工作,完成36家认证企业建档工作。

三、计量检定维民生。

突出“民生、能源、服务”三大主题,深入扎实推进计量工作。全年检定强制检定计量器具113381台(件),其中首检民用三表85453台(件),重点强制检定计量器具周期检定27928台(件),受检率为100%。对全市18家企业的118项企业最高计量标准进行复查考核,新建标1项,新发计量检定人员证书24人次50项,到期复查换证40人次85项,培训加油站计量操作人员70人。“计量六进”活动全面铺开,到全市各社区、农贸市场、医院、眼镜店、加油站、餐饮单位开展广泛的计量服务和计量校准工作,向市民免费发放公平交易保护器5500枚,为居民免费量血压1000余人次,发放宣传资料10000余份。制定《株洲市重点耗能企业节能工作实施方案》以及《关于做好2010年服务节能减排工作推进方案》,将服务企业节能降耗工作纳入全局年度工作目标考核内容,组织专家对全市能耗万吨以上标煤的企业实行“一对一”现场指导,对16家能耗万吨标煤以上的企业进行《计量器具配备通则》的验收,其中合格6家,限期整改10家,逐步建立企业能源计量档案。强化对计量授权机构的监督管理,对电力局、新奥燃气、石油公司计量检定授权站进行省级监督检查。开展“国庆”、“中秋”两节和商品过度包装、定量包装专项检查,检查加油站24家、集贸市场16家、餐饮业20家、超市18家,检查加油机54台、电子计价秤140台、定量包装商品15批次。

四、“三大安全”促和谐。

1.食品安全监管有成果。一是强化日常巡查监管。加强和改进食品生产加工企业的巡查回访、监督抽查、年度审查等日常监管措施,2010年共出动3300人次对食品生产加工企业进行巡查,完成食品定期监督抽查和安全监督抽查2382批次,其中不合格产品123批次。同时严格复查验收程序,加大后处理力度,查处违法案件36起,涉及金额290余万元,及时消除了食品安全隐患。二是突出重点专项整治。开展用乳企业、饮用水、蔬菜、化妆品、一次性塑料餐具、肉制品、米粉、茶油、糕点、月饼、面粉、大米等专项整治11次,重点检查企业356家,发现安全隐患27起并全部整改到位。8月,举行食品安全专项整治启动仪式,在全市范围内深入开展食品添加剂专项整治,共出动执法人员1022人次,对892家企业进行全面摸排,重点检查企业121家,查处滥用食品添加剂企业3家,对全市6家茶油生产企业实行驻厂监管。三是紧盯源头严格准入。继续加强食品生产许可的转发证和换证工作,做到不突击发证、不降低标准、不搞地方保护、不搞人情照顾,全年新办、换证企业200家,全部达到合格以上条件。

2.特种设备安全有保障。全年共完成检验各类特种设备9064台套,同比增长16.6%,检验压力管道26000米、气瓶33000只、安全阀检验2450只,从源头上保证了特种设备的安全运行。先后开展厂(场)内机动车、起重机械、电梯、压力管道元件、压力容器等专项整治,共召开专题会议6次,检查生产使用单位600多家,下发安全检查指令25份,督促企业整改隐患300多处。加强安全责任体系、应急救援体系、日常监管体系建设,强化特设安全知识宣传和特设作业人员培训工作,做到责任明确、监管到位、处置有力。积极开展节能监管工作,成立专家库,对高能耗特种设备实施强力监管,全年共对120个锅炉房进行考核,达标67个,为株洲节能减排工作贡献了力量。

3.烟花爆竹安全有力度。进一步强化对烟花爆竹生产加工企业的监管,特别是在生产主体责任、产品检验把关和安全监管体系方面加大力度。在保障国庆、上海世博、广州亚运专供焰火品质量安全方面,继续推行驻厂监管和批批检验制度,确保了株洲产品没有出现一起重特大责任事故,有力保障了株洲人民的生命财产安全,提升了株洲城市形象,维护了社会安定和谐。

五、科技强检迈阔步。

一是搞好规划,选好项目。对技术机构进行改革前期规划,按照资源整合、特色明显、优势突出、投入集中、效益倍增的原则,制定改革长远目标。根据株洲产业特色筛选优质项目建立项目库,向上积极争取到了国家总局的信息化试点项目,株洲有望成为全省第一家金质工程试点单位。同时,与长沙、湘潭合力争取的国家风电项目进展顺利。二是保障投入,改善措施。2010年,全系统投入技术机构建设资金为历史之最,仅国检中心项目就投入达1100余万元,各技术机构、各县市局新购设备60余台件,价值100余万元,改造基础设施投入30余万元,有力确保了技术机构建设步伐不落伍、不掉队。三是突出重点、保证进度。经过近3年的努力,6月1日,株洲市首个国家级检验中心即国家轨道交通高分子材料及制品质量监督检验中心正式奠基。该项目对于促进株洲交通装备产业发展、提高株洲经济地位和竞争力、推进新型工业化进程具有十分重要的作用。 (袁　鸿)

【株洲市首个国家级质检中心奠基】 6月1日,全国唯一法定授权的国家轨道交通高分子材料及制品质量监督检验中心暨株洲市产商品质量监督检验检测中心奠基。株洲市将拥有首个国家级质检中心。省质量技术监督局党组书记、局长蒋新祺宣布奠基,市委副书记、市长王群出席仪式并讲话,奠基仪式由副市长肖文伟主持。省质监局负责人及株洲市领导、市直有关部门负责人等共400余人参加奠基仪式。该中心由市质量技术监督局集资筹建,位于天元区黄河北路。项目建设用地2.60公顷,总建筑面积3万平方米,总投资1.2亿元。项目建成后,将集7家国家级、省级、市级检验机构于一体,融产商品、计量、特种设备等多类检测项目于一处,将于2011年年底投入使用。轨道交通装备制造业是株洲市6大支柱产业之一。该中心建成后,不仅将全面提升株洲市轨道交通装备制造产业的集群优势和竞争力,而且对推动全市产品质量提升、技术进步和加速经济社会发展具有十分重要的意义。

(袁　鸿)

食品药品监督管理

【加强药品、医疗器械日常监管】 2010年,株洲市食品药品监督管理局加强药品医疗器械研发、生产、流通、使用过程的日常监管,确保药品质量安全,延续了11年没有发生源发性药品安全事故的良好态势,确保了国家局通报的在外省市发现的假劣药品没有流入株洲。在全省食品药品监管系统绩效考核中连续3年被评为先进集体,在2010年度省食品药品监督管理局开展的9个专项评估中获6项优秀,列全省市州第一。在生产环节,开展GMP跟踪检查,指导企业通过整改消除潜在的质量隐患;以抓好药品注册工作为手段,推动药品安全管理上台阶。在流通环节,严格零售企业市场准入。所有新开药店严格按照分级管理标准,有一项不符标准即予否决。加强特殊药品的日常监督,开展特殊药品的专项检查,确保不发生流弊事件。在使用环节,加强药品和医疗器械不良事件监测,全年上报药品不良反应报表2680份,医疗器械不良事件报表604份,药品不良反应监测工作在全省名列前茅。 (汪海峰)

【开展药品、医疗器械专项整治】 坚持严格执法与科学监管相结合,切实整顿和规范药品医疗器械市场秩序。2010年共查处药品、医疗器械违法违规案件100余起,受理并办结群众投诉举报25起。开展药品安全专项整治行动,重点开展"非药品冒充药品"等4项专项检查,查处一批非药品冒充药品销售,无证经营药品行为。结合"问题疫苗"、"工业氧冒充医用氧"等多起药品应急事件,开展专项检查,确保全市没有发生一起假劣药品事故。 (汪海峰)

【加强食品安全综合监管】 2010年,市食品药品监督管理局继续履行食品安全综合协调职能,组织食品各监管职能部门深入开展食品安全专项整治,重点整治违法添加非食用物质和滥用食品添加剂、农产品质量安全、畜牧水产养殖、食品生产环节、食品进出口环节、食品流通环节、餐饮环节、保健品和畜禽屠宰等9个环节存在的突出问题。联合有关部门开展打击"地沟油"、"不合格一次性筷子"等专项行动,取得很好的整治效果。市食品安全监管工作

代表湖南省迎接了国务院食安委组织的全国考核评估，得到了考核评估组的充分肯定。（汪海峰）

【开展基本药物质量考核】 2010年，株洲市率先在全省开展基本药物质量考核工作，对全市基本药物生产情况进行摸底，制定国家基本药物评价性抽验方案，完成评价性抽验350批次，合格率达100%，超额完成株洲市2010年《政府工作报告》中“基本药物目录考核品种质量合格率98%以上”的工作目标。株洲市药品质量整体水平居全省前列，人民用药安全得到保障。（汪海峰）

【创建食品药品安全诚信示范区】 5月25日，湖南省食品药品监督管理局与株洲市人民政府在株洲签署《共建食品药品安全诚信示范区合作备忘录》。这是湖南省食品药品监督管理局采用市厅合作的方式，在全省打造的第一个食品药品安全诚信示范区。省食品药品监督管理局党组书记、局长张光荣，副局长李赤群，株洲市委书记陈君文，市委副书记、市长王群，副市长肖文伟等领导出席签约仪式。王群与张光荣共同签署备忘录。《合作备忘录》将把实施“365”工程作为共建食品药品安全诚信示范区的总体框架。即通过“市厅共建”，推进市县区食品药品监管机构建设、乡镇食品药品监管机构建设、食品药品检验能力建设、食品药品安全监管信息化和教育培训基地建设、食品药品产业发展等5大项目，构建责权明晰的食品药品责任体系、高效快捷的检验检测体系、完整共享的信息体系、客观公正的诚信评价体系、科学敏捷的预警及应急体系、食品药品产业发展的服务体系等6个体系，实现把株洲市打造成为“食品药品安全监管示范区，餐饮药品消费放心区，医药产业发展先导区”等3个工作目标，从而提升株洲市食品药品安全保障水平和产业发展水平。

株洲市在全省率先开展食品药品安全诚信示范区创建工作，在全国产生较大影响。12月6~7日，株洲市作为全国唯一的地市局代表参加国家局在湖北省召开的食品药品安全诚信示范区共建合作备忘录实施座谈会，推荐经验。（汪海峰）

【推进食品药品监管城乡一体化】 2010年，株洲市围绕“监管理念同一、监管信息同网、监管行动同步、检测资源同享、考核标准同等、监管成果同惠”的思路开展食品药品监管城乡一体化工作。在攸县、株洲县开展以乡镇食品药品安全监管站建设为切入点的“城乡一体化”建设。全年全市建立乡镇食品药品监管站41个，配备专干42人、监管员63人，食品药品信息员903人，并为试点县开展食品药品安全诚信建设工作配备了设施设备。株洲市编办下发文件，在全省各市州率先设置乡镇食品药品安全监管机构，并明确了名称、人员、职责、工作要求等有关具体事项。攸县、株洲县在全省各县率先明确设立乡镇食品药品监管站，配备专门人员，并完善相应的工作机制，县、乡、村三级食品监管网络初步建成，在确保农村地区食品药品安全方面发挥着重要作用。（汪海峰）

【推动全市医药经济发展】 2010年，株洲市就食品医药产业发展开展调查研究，摸清了全市食品医药产业的发展现状、比较优势和发展思路，了解了企业在发展过程中遇到的困难，将“中药现代化和健康食品产业基地”建设列入全市“四城三基地”，作为实施产业转型，推进新型工业化的重要工作，制订系列优惠政策。在重点项目上，启动中药现代化科技产业基地项目、医药研发产业园、医药食品物流园、中草药材种植园建设。医药物流园的建设完成规划设计。国家级中药现代化科技产业基地完成申报。市食品药品监督管理局积极指导全市医药企业加强生产质量管理，提高产业竞争软实力；争取省食品药品监管局支持，将“株洲千金”列为全省重点扶植的18家示范性医药企业之一；帮助株洲千金的控股企业湘江药业成功获得治疗乙肝病毒首选药物“拉咪呋啶”的制剂和原料批文，成为全国第一个获此批文的企业。（汪海峰）

工　业

【概况】 2010年，全市工业战线抢抓机遇，锐意进取，扎实工作，全市工业经济呈现出增长速度快、经济效益好、运行质量高的良好态势，规模工业增加值增幅排名全省第一，总量排名全省第三，连续4年被评为全省推进新型工业化工作“红旗单位”。株洲市经济委员会党组被评为全市模范学习型党组，行风评议在全市名列小组前三。

一、工业发展大幅提速。2010年，全市工业总产值首次突破2000亿元大关，达2041亿元。完成全部工业增加值665亿元，其中规模工业增加值连续实现500亿元和600亿元的两级跨越，达606亿元，同比增长24.8%，居全省第一位，创历史最高水平。全市规模以上企业达1491家，同比增加163家。17家“5115”工程企业完成总产值785亿元，同比增长40.1%，占全市规模工业比重达46.4%。南车株机、电力机车研究所、株冶集团等3家企业过100亿元，唐人神等4家企业集团主营业务收入过50亿元。

二、效益质量稳步提升。2010年，全市规模工业企业完成主营业务收入1559.4亿元，同比增长41.7%。规模工业经济效益综合指数为191.07%，同比提高28.1个百分点。规模工业完成利税122.6亿元，同比增长40.8%，实现利润62.7亿元，同比增长43.7%，工业税收成为财政增收的主要源泉。“两高一资型”产业比重降低为44%，同比下降4个百分点，以轨道交通、航空航天、新能源装备为重点的战略性新兴产业蓬勃发展，占全市工业的比重提高到31%；高新技术产业占全市规模工业比重达44.4%。

三、发展后劲显著增强。2010年，全市实施工业项目1810个，完成工业投资419亿元，同比增长35.9%，完成工业技改投资374亿元，增长36.1%。全年累计开发新产品技术216项，其中达到国际先进水平的78项，工业企业授权专利890件。建立国家级企业技术中心9家，省级企业技术中心14家，数量均位列全省第二位。北汽株洲基地整车批量下线，风电产业园一期竣工投产。南车电动汽车与辽宁曙光汽车集团成功合作，中航通用航空发动机项目正式签约，山河智能通用飞机项目正式落户，通用机场项目获批。

四、园区攻坚硕果累累。2010年，全市实现园区技工贸总收入1356亿元，同比增长40.23%，园区企业上缴税金总额47.7亿元，同比增长48.2%，园区规模工业增加值占全市规模工业比重达63.8%，完成固定资产投资258.5亿元。投资150亿元的华强文化产业园项目一期工程加速推进，2011年可开园营业；投资100亿元的职教园项目有7所院校签订入园协议，2所院校基本建成。北汽控股、千亿轨道城、变流技术产业园、旗滨光伏玻璃、株冶直接炼铅、汽车零部件产业园、亮点保鲜等一批重大项目进展顺利。

五、节能减排卓有成效。2010年，市企业发展促进局把握政策机遇，精心编制项目，加强沟通协调，成功向国家和省里争取各类专项资金2.7亿元，超额完成年初计划。制定实施全市淘汰落后产能工作方案，采取建立补偿机制、执行差别电价等措施，淘汰落后产能企业或生产线22家，推动醴陵市74家陶瓷企业完成“油改气”窑炉改造，启动智成化工等28家企业“两型”示范企业试点工作，全市砷、镉、二氧化硫、COD等主要污染物进一步大幅削减，万元规模工业增加值能耗同比降低14%，超额完成了节能减排任务。

六、服务企业亮点纷呈。一是深入推进“5115”工程。通过建立竞争淘汰机制、规范费用减免办法，选优配强特派员队伍，加强服务责任单位考核，进一步提高服务水平，促进“5115”工程企业迅速发展。北汽控股株洲基地成功下线，南车株机主营业收入过150亿元，株冶集团、南车时代主营业收入过100亿元，唐人神等4家企业主营业收入过50亿元。二是启动中小企业成长工程。开展“十佳中小企业”评选活动，举办“首届中小企业服务周”，落实银行授信12.6亿元，促进产品配套3.9亿元。投入400万元，在全省率先建立中小企业公共服务平台，可为1000家以上中小企业提供融资、配套、管理等信息化服务，2010年，在458家中小企业中应用推广。三是加快推进产品协作配套。编制发行《株洲工业产品目录》，收集182家工业企业的主要工业产品信息559条。拟定《促进轨道交通产业产品本地配套的政策意见》，鼓励轨道交通龙头企业扩大零部件本地化采购。

（雷学文）

2010年株洲市工业企业主营收入前30强名录

1.南车株洲电力机车有限公司
2.株洲冶炼集团股份有限公司
3.株洲南车时代电气股份有限公司

4.唐人神集团股份有限公司
5.株洲南车电机股份有限公司
6.株洲硬质合金集团有限公司
7.南车长江车辆有限公司株洲分公司
8.中盐湖南株洲化工集团有限公司
9.中国航空工业有限责任公司
10.株洲时代新材料科技股份有限公司
11.株洲联诚集团有限责任公司
12.南车株洲电力机车研究所有限公司
13.株洲钻石切削刀具股份有限公司
14.大唐华银株洲发电有限公司
15.中铁轨道系统集团有限公司道岔分公司
16.株洲湘江电焊条有限公司
17.中铁株洲桥梁有限公司
18.株洲旗滨玻璃集团有限公司
19.株洲齿轮有限责任公司
20.湖南利德集团股份公司
21.株洲九方装备模具实业有限公司
22.湖南航翔燃气轮机有限公司
23.株洲兴隆化工实业有限公司
24.株洲建设雅马哈摩托车有限公司
25.株洲金元化学建材有限公司
26.株洲西门子牵引设备有限公司
27.中材株洲水泥有限责任公司
28.株洲时代电子技术有限公司
29.株洲金元新型管件有限公司
30.南车株洲电力机车研究所有限公司风电事业部 （雷学文）

2010年株洲工业企业利润前30强名录

1.株洲南车时代电气股份有限公司
2.南车株洲电力机车有限公司
3.中铁轨道系统集团有限公司道岔分公司
4.株洲时代新材料科技股份有限公司
5.株洲南车电机股份有限公司
6.株洲旗滨玻璃集团有限公司
7.株洲钻石切削刀具股份有限公司
8.南车长江车辆有限公司株洲分公司
9.株洲时代电子技术有限公司
10.唐人神集团股份有限公司
11.中国航空工业有限责任公司
12.株洲联诚集团有限责任公司
13.株洲西门子牵引设备有限公司
14.株洲天桥起重机股份有限公司
15.湖南华联瓷业股份有限公司
16.株洲时菱交通设备有限公司
17.株洲千金药业股份有限公司
18.株洲湘火炬火花塞有限责任公司
19.株洲航电枢纽空洲水电站
20.株洲新奥燃气有限公司
21.中铁株洲桥梁有限公司
22.株洲宏达电子有限公司
23.株洲兴隆化工实业有限公司
24.株洲亮点保鲜设备制造有限公司
25.株洲九方装备模具实业有限公司
26.湖南利德集团股份公司
27.醴陵市华鑫电瓷电器有限公司
28.株洲建设雅马哈摩托车有限公司
29.南车株洲电力机车研究所有限公司
30.南车株洲电力机车研究所有限公司风电事业部 （雷学文）

2010年株洲工业企业总产值前30强名录

1.南车株洲电力机车有限公司
2.株洲冶炼集团股份有限公司
3.株洲南车时代电气股份有限公司
4.唐人神集团股份有限公司
5.湖南省电力公司株洲电业局
6.株洲硬质合金集团有限公司
7.株洲南车电机股份有限公司
8.南车长江车辆有限公司株洲分公司
9.中盐湖南株洲化工集团有限公司
10.株洲时代新材料科技股份有限公司
11.中国航空工业有限责任公司
12.株洲联诚集团有限责任公司
13.株洲钻石切削刀具股份有限公司
14.中铁轨道系统集团有限公司道岔分公司
15.株洲旗滨玻璃集团有限公司
16.株洲湘江电焊条有限公司
17.株洲齿轮有限责任公司
18.南车株洲电力机车研究所有限公司
19.大唐华银株洲发电有限公司
20.湖南利德集团股份公司
21.株洲九方装备模具实业有限公司
22.中材株洲水泥有限责任公司
23.株洲兴隆化工实业有限公司
24.株洲建设雅马哈摩托车有限公司
25.中铁株洲桥梁有限公司
26.株洲金元化学建材有限公司
27.株洲时代电子技术有限公司
28.株洲金元新型管件有限公司
29.株洲时代电气绝缘有限责任公司
30.湖南智成化工有限公司 （雷学文）

冶金·机械

株洲冶炼集团有限责任公司

【概况】 2010年，株洲冶炼集团有限责任公司围绕“精细管理强基础，节能减排求实效，经营转型谋发展，循环经济增后劲”的年度工作方针，团结一心，努力拼搏，战胜各种困难，保持生产经营持续稳定发展，实现了挖潜保平的总体目标。全年公司完成工业总产值（现价）101.5亿元；完成铅锌产品总产量61.107万吨，为年目标的101.2 %，较上年增长15.55%，创历史最高水平；实现销售收入126亿元，为年目标的97.22%，较上年增长6.78%，再次跨入了百亿企业行列。安全管理达到控制目标。年内，公司以安全基础管理为突破口，坚持现场督促管理、安全思想教育和经济责任制考核相结合的方式做好安全生产工作，共排查整改安全隐患62项，问题整改率100%。全年实现无工亡、无重大设备、交通、火灾事故的目标。 （肖建成）

【生产管理】 2010年，面对环保压力加大、资源紧张的局面，公司主动调整生产组织模式，合理调度各类生产要素，努力提高生产运营效率，保持了生产的稳定运行，使铅锌总产量等再创历史最高纪录。

一、适应原料的变化，调整生产组织模式，实现均衡生产。全年公司完成电锌50.8万吨，电铅10.3万吨，分别为年目标的100.8%和103%。其中，热镀锌合金30.63万吨、铸造锌合金3.84万吨、铅钙合金4.65万吨,锌深加工比例79.83%,铅深加工比例46.64%,铅锌产品合计深加工比例74.24%,分别较上年提高7.78个百分点、5.4个百分点和8.1个百分点。完成析出锌39.23万吨、粗铅6.72万吨、析出铅8.84万吨。铸造锌、析出锌、铅钙合金等产品产量超上年水平,铅锌总产量、电锌、热镀锌合金、粗铜等产品创历史最高纪录。

二、综合回收再创佳绩。优化资源配置,强化工艺管理,效益型生产有成效。全年完成粗铜4540吨、精铋191吨、精镉1246吨、氧化钴10吨、精碲2011千克,其中粗铜产品同比增长61.67%,创历史新高。公司有价元素综合回收率达到73%(包括硫则达到80%)。铅系统处理浸出渣4.15吨,从西门转进浸出渣1.05万吨,消灭了困扰株冶多年的"老渣山"。全年挖潜增效项目实施率100%,创效6500万元。

三、直接浸出系统逐步达产达效。经过累计900多项的整改后,直浸系统全部拉通且稳定性不断提高,成为锌系统持续稳定的金属投入点,也是全年增产的重点之一。全年直接浸出共投入锌精矿18万吨,浸出率98%以上,直收率93%以上,指标达到国内外先进水平;砷盐净化处理量从年初的150立方/小时提升到330立方/小时;全年电解八系列完成析出锌4.86万吨,直流电单耗从年初的4000千瓦时/吨逐步降低至3450千瓦时/吨,攻关取得初步成效。 (肖建成)

【经营管理】 2010年,公司积极应对市场变化,不断调整经营策略,按照保价、保质、保量、保渠道等基本原则,把原料采购和产品营销方案落到实处,实现了预期的经营目标。

一、原料采购满足生产需求。公司充分利用区域优势、政策优势,努力拓展国内外原料市场。全年国内采购铅锌原料36万吨金属量,其中各类铅原料7万吨金属量,各类锌原料28万吨金属量,其中采购锌焙砂2.8吨金属量,粗铅1.8吨金属量。同时进口锌精矿28万吨,1#锌招标采购约7.45万吨,其他各类原料、燃辅材料均较好地满足了生产需求。

二、产品销售实现预期目标。针对有色金属市场行情变化,公司充分发挥自身的优势,坚持以质量、服务、信誉取胜,全面推进"火炬"品牌战略。全年销售锌、铅等有色金属58.66万吨,比上年增加5.73万吨,铅锌产品产销率实现100%,其中热镀锌合金销售35.32万吨,同比增长24.5%,铸造锌合金售量3.8万吨,同比增长35.7%。全年锌销售价格比上海有色金属网的价格高出400元/吨。铅销售采用长单策略,全年销售10万吨,其中铅合金4.8万吨,比上年增长13.7%,出厂价格与上海有色金属网到岸价基本持平。全年硫酸销售把握趋势,量价控制得当,全年平均售价高于区域同期均价。

三、"转型"工作继续向前推进。面对复杂多变的市场形势,公司调整经营策略,使向"生产服务型"转变工作不断深化。各子公司和事业部的自营业务、品牌整合、科技创收均较上年大幅增长。特别是品牌整合力度加大,实现销售收入20.35亿元,完成年目标的107.11%。其中加工0#和1#锌12.5万吨,加工1#铅1.5万吨,粗金属加工比上年增长35.6%,创效2500万元。

(肖建成)

【节能减排】 2010年,公司围绕"两型"目标,把节能减排作为一项战略性举措,通过技术升级和管理强化等手段,使节能减排工作持续向前发展,节能减排成绩斐然,完成2万吨标准煤的节能目标,实现全年无重大污染事故的环保目标。

一、节能降耗工作有长足进步。深入开展节能降耗活动,全年万元产值能耗指标为0.446吨标准煤,同比下降24.29%,单位产品综合能耗为0.7415吨标准煤,同比下降4.24%。燃气工业窑炉改造效果明显,煤气单耗下降35%以上。挥发窑以煤代焦攻关有效降低了挥发窑燃料成本。低压变频器的推广运用及锌一系统废液泵的改造,使节电率达15%以上。充分利用电价优惠政策,分时用电,全年分时用电创效4930万元以上,余热发电量2853万千瓦时。

二、废水零排放项目取得明显效果。废水零排放工程项目投入运行后,废水产生量实现大幅减少,车间重金属废水大部分实现直接回用,公司工业废水回用率达90%以上。废水处理率、总外排水达标率均保持100%,全年工业废水排放总量71.3万吨,减少44.7万吨,下降幅度达36.6%,创历史最好水平。

三、环保减排取得阶段性成果。通过加强气型污染物排放控制,严格执行生产设施与配套环保设施"三同时",各技术经济指标保持在较好水平,全年工艺烟气净化率100%,烟气净化达标率95.68%。铅鼓风炉二氧化硫烟气治理等7个环保治理项目完成,并通过省、市环保部门验收,各项目实现稳定达标运行。二氧化硫排放总量得到有效控制,下降幅度达33.32%。挥发窑一系统钠碱法脱硫稳定运行,亚硫酸钠品位稳定在92%,产量达6000吨。4#、5#挥发窑脱硫项目进入主体设备安装阶段,按照新《铅锌工业污染物排放标准》要求,对原设计指标进行了调整。

(肖建成)

【循环经济】 2010年,公司科技工作围绕循环经济建设、技术改造、产品和技术开发、科技创收等方面展开。

一、直接炼铅项目有序实施。年初完成工程初步设计,主体工程于8月开工建设,土建施工、设备订货等工作全面铺开,累计完成投资2.45亿元。

二、科技工作向前推进。全年53项技改项目,41项完成方案论证。科研立项55项,签订对外合同42项,各个项目均按计划进度执行,科研项目执行率100%。科技管理工作不断改进,全年申请专利66件,23项专利获得授权,其中,发明专利 12 件。开展《湿法炼锌企业废水循环利用规范》等 3 项国家标准,《高纯锡》等 3 项行业标准的制修定工作;制修订《金锭》、工艺操作规程、中间物料等 204 项企业技术标准,并发布、实施;对新增加的 21 种锌及锌合金、10 种铅合金进行非常规合同评审,制定出相应的技术标准。

三、产品开发与产业化见成效。全年生产高纯金属量 22 吨,生产成品靶材 4500 千克,比上年同期增长 40%;生产铬靶 20 吨,是上年同期的 2 倍;ITO 粉平均月产量 800 千克,是上年同期的 2 倍;ITO 靶材成材率取得突破,由原来的 30% 提高到 60%,全年各类新材料销售收入达 4350 万元,与上年相比增长 30%。生产、销售硝酸银 27 吨,实现销售收入 8143 万元,完成利润 60 万元;生产无汞锌粉 391 吨,销售 342 吨,生产净化用锌粉 8600 吨,实现销售收入 590 万元。 (肖建成)

株洲硬质合金集团有限公司

【概况】 株洲硬质合金集团有限公司主要生产金属切削工具、矿山及油田钻探掘采工具、硬质材料、钨钼制品、钽铌制品、稀有金属粉末制品等 6 大系列产品。下设 2 个专业产品事业部、12 个生产厂、6 家控股子公司,拥有国家级技术中心、分测中心和博士后科研工作站,建有国际先进水平的硬质材料研发中心、切削刀具研发中心、微型钻头研发中心,同时成为硬质合金国家重点实验室建设单位。产品国内市场占有率 30% 左右,并销往世界 70 多个国家和地区。

公司产量创历史新高。2010 年共完成硬质合金产量 5000 余吨,由上年占总产量的 26.83% 增加到 29.67%;硬质合金成品在出口创汇中的比重实现新的突破,由 40% 提高到 60%。全年集团公司完成营业总收入 38.2 亿元,同比增长 37.94%;实现利润总额 2.05 亿元,同比增加 2.44 亿元;出口创汇 1.3 亿美元,同比增长 50.17%。同时以切削刀具公司、深圳金洲公司等为代表的子公司发展迅速,分别实现营业收入 12 亿元和 4 亿元,同比增长 45%、41%。 (李四兴)

【科研技改】 一是技术改造取得新进展。全年完成固定资产投资 3.7 亿元,其中:钢结硬质合金生产线技改项目通过国家国防科技工业局验收;湖南省重大科技专项《钨产业链关键技术开发及产业化》顺利通过湖南省科技厅评审验收;PCB 棒材及混合料生产线技改正式投入生产;株洲钻石切削工具生产线扩能项目为产品生产组织和提质扩能奠定了基础。二是科研开发赢得新进步。全年集团公司投入研发费用 1.53 亿元,兑现科研奖励 542.27 万元,完成专利申报 72 项,其中获专利授权 65 项,开发新产品 81 项,新产品贡献率达28.7%。PA 系列轧辊全面替代进口产品,抢占了轧辊高端市场;复合轧辊产品获国际大客户认可,产品市场影响力不断扩大。冷镦模系列新产品达到国内领先水平,市场竞争力稳步提升;微孔拉丝模新牌号产品供不应求;新工艺双螺旋孔棒生产出多个规格的产品,市场推广全面铺开。

(李四兴)

【大事摘要】 年初,公司获准建设硬质合金国家重点实验室。

3 月 26 日,公司天然气锅炉投产点火成功,结束了公司 56 年燃煤锅炉时代,年节约标准煤可达 13000 余吨。

5 月 23 日,在 2010 年全国企业家活动日暨中国企业家年会上,董事长杨伯华获"全国优秀企业家"称号。

(李四兴)

南车株洲电力机车有限公司

【概况】 2010 年,南车株洲电力机车有限公司(简称"株机公司")全面开启第三次创业新征程,并初见成效。一是各项工作开局良好:成功进入城际动车组产业领域;轨道工程车的市场影响和客户认同不断提升;磁悬浮项目资源整合进展顺利;公司"3 + X"产业格局已见成效;公司"1 + Y"区域布局得到进一步拓展。二是产能进一步释放,经营规模再创历史新高:全年公司共新造交出电力机车 728 台、城轨车辆 86 列 488 辆,实现销售收入 160 亿元、利润 3.87 亿元。三是市场营销成果丰硕:共计完成 40 次整车、82 次零部件投标,中标订单近 240 亿元。其中,机车 692 台,继续占据国内电力机车龙头地位;城轨车辆中标 8 次,年度市场占有率首次突破 50%;海外订单占据南车海外订单总额的 64%,产品成功打入马来西亚和印度。四是公司机车、城轨车辆、动车组及核心部件新产品研制平台进一步丰富,技术创新能力再上新台阶。全年成功申报国家级科技项目 4 项、中国南车股份有限公司项目 10 项、湖南省科技项目 2 项。五是内部管理持续优化,整体效能不断提升,形成面向市场、加速培育新产业的组织运作模式。年内顺利通过国际铁路行业标准(IRIS)质量管理体系年度监督审核,并高水平通过电力机车、地铁车辆车体、转向架焊接质量体系 DIN6700 - 2 标准第二次年度监督审核。铁道部、南车集团产品质量监督抽查合格率 100%。年内公司被评为湖南省创建学习型党组织示范点,湖南省委把公司作为省委书记周强创先争优活动的联系点。

(俞鸣霞)

【公司地铁车辆成为上海世博、广州亚运运输主力】 5 ~ 10 月上海世博会期间,公司投入近 600 辆高端地铁车辆服务上海世博会。其间,公司提供的地铁车辆实现安全载客超过 1.4 亿人次,平均每天约有 168.5 万人次乘客乘坐公司的地铁车辆,实现"零救援,零清客,零下线"的目标。11 月 9 日,在上海申通地铁集团总部举行的表彰仪式上,公司被上海市授予"世博地铁保畅先进单位"。在广州亚运会期间,公司作为广州亚运主要地铁车辆供应商和地铁专业保障志愿者单位,提供的地铁车辆总数达 414 辆,占广州地铁投入运营的地

铁车辆总数的三分之一,确保了亚运旅客乘坐舒适、旅行便捷。 (俞鸣霞)

【大事摘要】 1月18日,公司举行百亿庆典,庆祝2009年销售收入成功突破百亿元,并表彰作出突出贡献的集体和个人。

3月18日,公司为武汉地铁研制的国内最轻量化的B型城轨车辆成功下线。

3月22日,公司研制的首台设计时速200公里、功率为4800千瓦的KZ4AC型出口哈萨克斯坦交流传动机车成功落车。

3月23日,由公司控股的洛阳南车城市轨道车辆有限公司揭牌暨项目开工仪式在洛阳市隆重举行。

4月,公司"和谐1型大功率交流传动八轴9600千瓦电力机车"荣获铁道学会科技奖特等奖。

4月21日,公司研制的新一代出口乌兹别克斯坦电力机车成功下线。

4月30日,由公司与广州地铁公司共同投资创建的广州南车城市轨道装备有限公司在广州揭牌。

6月21日,公司与西门子在北京签署向印度新德里古尔冈RMGL地铁项目提供15节(5列3节编组)地铁车辆购销合同。

7月,公司自主研发的A型地铁车辆获由科技部、国家税务总局、商务部、国家质检总局和国家环保总局5部联合认证的2010年度"国家重点新产品"奖。

7月7日,省委副书记、代省长徐守盛一行到公司视察指导工作。

7月15日,继电器事业部3月份转制为分公司之后,公司新组建的制动分公司在株洲河西揭牌成立。

7月23日,公司获马来西亚近40亿元城际动车组订单。

7月28日,铁道部成都铁路局与公司在北京正式签署590台总额近86亿元的大功率电力机车购销合同。

7月28日,公司联合中国南车香港公司等投建的昆明南车城市轨道车辆有限公司在昆明轨道交通产业园正式奠基。

9月11日,公司为第26届世界大学生运动会制造的首列高端A型地铁车辆顺利交车。

10月15日,公司与广西南南铝加工有限公司在南宁市签署战略合作框架协议。

10月27日,公司和伊林(西门子)牵引设备有限公司签订马来西亚城际动车组牵引传动系统采购合同。

11月5日,公司成功签约入驻株洲轨道交通千亿产业基地(轨道科技城)。

11月18日,公司出口新加坡的"绿色低碳"地铁工程维护车车体成功下线。

12月3日,公司第一次党代会隆重召开。

12月24日,公司自主研制的近200台"和谐型"六轴7200千瓦大功率交流传动电力机车开进西部,担当兰州——嘉峪关、兰州西——新丰镇货运牵引任务。

12月28日,公司与上海申通地铁集团签署12亿元上海轨道交通11号线南段工程车辆购销合同。 (俞鸣霞)

【重大荣誉】

先进人物

刘友梅院士获"2009年度湖南省科学技术杰出贡献奖"

徐宗祥、陆斌被评为湖南省劳动模范

任颖获"全国技术能手"

彭博、任颖获"湖南省五一先锋"称号

樊运新获2009年度"茅以升铁道工程师奖"

彭博获"湖南省技术能手"

易红梅获"湖南省优秀女职工干部"称号

集体荣誉

株机公司获"第十六届国家级企业管理现代化创新成果一等奖"

株机公司城轨事业部获中央企业"全国青年文明号"称号

株机公司技术中心团委获"全国五四红旗团委(团支部)"称号

株机公司获湖南省"首批创新型企业"称号

株机公司被评为"湖南省纳税50强企业"

株机公司被评为"湖南省创建学习型党组织示范点"

株机公司获"湖南省五一先锋集体"称号

株机公司制造服务中心顶盖班、城轨事业部电六班获"中央企业红旗班组"

株机公司城轨事业部获"火车头奖杯"

株机公司获"湖南省职工技能大赛特别贡献奖"

株机公司获湖南省"安康杯"竞赛优胜企业

株机公司获"新中国成立60年湖南省职工文化事业发展贡献奖"

株机公司被上海市授予"世博地铁保畅先进单位"

株机公司上海世博会城轨车辆运营保障专项服务队获中央企业"迎世博、展风采"优秀服务窗口青年文明号创建单位

株机公司广州亚运会城轨车辆运营保障专项服务队获中央企业"迎亚运盛会、展央企风采"优秀服务窗口青年文明号创建单位

株机公司机车事业部工会获"湖南省模范职工小家"

株机公司转向架事业部物检班获"湖南省工人先锋号" (俞鸣霞)

中航工业南方航空工业(集团)有限公司

【概况】 中航工业南方航空工业(集团)有限公司隶属于中国航空工业集团公司,是中国中小航空发动机研制生产基地。资产总额64亿元,员工7400余人。2010年,公司完成营业收入24.2亿元,实现了平稳较快发展。

航空产品科研生产取得重大成绩。

合资合作迈出新步伐。与湖南省、株洲市合资组建中航湖南通用航空发动机有限公司。与昌航、西工大等签署了战略合作协议。联合国内 19 家高校、院所与企业成立通用航空发动机产业技术创新战略联盟。申报“湖南省中小型航空发动机工程技术中心”获得立项。加大与国际航空企业的合作力度,在发动机维修、生产合作、售后服务、技术引进、航空转包等方面的合作洽谈进展良好。与奇瑞、众泰等汽车公司进行水冷转子发动机项目合作取得良好进展。

非航产品发展呈现良好势头。兆瓦级燃气轮机完成工程设计评审。与西门子燃机合作加深,QDR20 燃机发电机组在黄磷尾气、驰放气燃料领域取得重要突破。汽车电动助力转向器(EPS)销售 20 多万套,再次实现倍增,P-EPS研制成功,填补国内空白。航模车模首次进入南美市场。电动汽车、环保工程取得较大进展。商用沼气成功点火,迈出了进军新能源领域的重要一步。进出口业务多元化经营取得明显效果,地产、现代服务业开始起步。

改革重组工作取得较大进展。按照中航工业统一部署,完成公司分立工作;推进废品回收、宾馆、运输等非主营业务单位的改制;大力推进生活用电供水分离改造移交、破产资产处置等破产遗留工作,完成大集体企业关闭破产方案上报。

管理基础得到进一步夯实。全面推进综合平衡计分卡、6S、经济增加值 EVA 等管理方法。加强供应商管理。加快信息化建设,ERP 系统深入应用。完成专利申报 115 项,申报部级科技奖 5 项。继续推进薪酬制度改革,完善职工福利待遇体系,实施“长、家、匠”分离评聘。完成专项技改投资 1.2 亿元。强化隐患排查治理,安全生产事故大幅下降,各种污染物排放控制在达标范围。 (廖金亮)

【总装备部副部长李安东到公司视察】 3 月 9 日,总装备部副部长李安东在中航工业集团公司党组副书记、副总经理谭瑞松的陪同下到公司视察指导工作。公司董事长、总经理李宗顺作工作汇报,谭瑞松向李安东一行介绍了中航工业对航空发动机的整体规划及型号发展思路。李安东殷切希望公司全体干部职工强化质量管理,以持之以恒的决心,抓好航机科研生产工作。

(廖金亮)

【总参陆航部部长张鸣到公司视察】 5 月 18 日,总参陆航部部长张鸣一行在中航工业集团公司党组副书记、副总经理谭瑞松的陪同下到公司视察,调研公司航机科研生产工作。张鸣听取了公司概况、航机科研生产进展情况等方面的汇报,并深入航机装配车间、精密加工中心、航空城详细了解各型号特别是涡轴系列发动机研制生产进展,他对公司制造水平及能力迅速提升、基础建设条件不断完善及科研生产取得的成绩给予了充分的肯定。

(廖金亮)

【公司发起成立通用航空发动机产业技术创新战略联盟】 7 月 28 日,来自国内 19 家高校、科研院所、企业会盟株洲,正式成立通用航空发动机产业技术创新战略联盟。公司作为中小航空发动机科研生产基地,在通用航空动力的研制生产上积累了大量的经验和能力。此次发起成立通用航空发动机技术创新战略联盟,是“企业为主体,市场为导向”产学研合作的具体行动。该战略联盟的成立,对弥补国内动力不足,带动通用航空动力的发展以及国民经济建设有着非常重要的作用。

(廖金亮)

【株洲市政府与中航发动机控股有限公司开展战略合作】 9 月 9 日,中航发动机控股有限公司与株洲市人民政府在长沙市签署战略合作协议,双方就共同促进湖南航空产业的快速发展,开展全方位战略合作等事项达成了广泛共识。湖南省委副书记、代省长徐守盛,副省长陈肇雄,中航工业集团公司党组书记、总经理林左鸣,株洲市委书记陈君文、市长王群以及省市和中航工业有关部门的领导出席了签字仪式。根据战略合作协议,公司、608 所与湖南湘江产业投资有限责任公司、株洲市国有资产投资控股集团有限公司 4 家单位出资共同组建中航湖南通用航空发动机有限公司,项目预计总投资 50 亿元。 (廖金亮)

【湖南省中小型航空发动机工程技术中心立项】 10 月,湖南省科技厅通过公司湖南省中小型航空发动机工程技术中心的立项。省科技厅技术评审专家认为,湖南省中小型航空发动机工程技术中心具有科技含量高、产业化前景好、相关产业带动广、前途广阔、实力雄厚等多种优势。省工程技术中心是湖南省以加速科技成果工程化和产业化为目标,旨在推动全省高新技术产业发展步伐和运用高新技术提高传统产业整体技术水平的重要项目。 (廖金亮)

【青岛南方国能商业用沼气点火成功】 10 月 25 日,公司控股的青岛南方国能清洁能源有限公司商业用沼气点火成功。青岛南方国能清洁能源有限公司地点在山东省即墨市,主要经营沼气、沼渣、沼液及其衍生产品的生产、销售及服务。该项目是利用秸秆、牛粪及蔬果等废弃物进行工业化生产出沼气,进而商业应用,项目在全国为首创,符合国家新型产业政策和建设“两型”社会的要求。 (廖金亮)

【公司 19 个项目通过国防科技成果鉴定】 11 月 26 日,由中航工业科技委、湖南省国防科工局、株洲市科技局等单位特邀领导及专家组成的鉴定组,对公司申报的19项国防科技成果进行了技术鉴定,一致同意公司申报的19个项目通过国防科技成果鉴定。这些科技成果,制造工艺有重大突破和创新,整体技术达到国内领先水平,有部分技术达到国际先进水平,应用前景广阔,具有显著的经济、社会效益。

(廖金亮)

【完成分立工作】 12月28日,公司分立的工商登记工作圆满完成。本次分立采取派生分立的方式进行,分立后,上市资产部分仍存续并沿用"中国南方航空工业(集团)有限公司"名称,未上市部分另行组建具有独立法人资格的有限责任公司——"湖南南方航空科技有限公司"。 (廖金亮)

株洲齿轮有限责任公司

【概况】 株洲齿轮有限责任公司是由潍柴动力股份有限公司控股的高新技术企业,是中国汽车齿轮行业骨干企业、"中国机械500强"、连续3年被评为"中国百佳汽车零部件供应商",是中国机械行业管理创新示范企业。

2010年,株齿公司抢抓市场机遇,加大技改投入,扩大旺季产出,产销屡创历史新高,呈现了快速发展的良好态势。公司成为国内最大最强的桥齿轮研发制造基地,国内动力总成最完整的公司。分动器成为产品系列最全,国内第一品牌,市场占有率第一。轿车变速器成为国内自主品牌汽车企业首选产品。"株齿"牌商标被评为湖南省著名商标。公司被认定为国家级技术开发中心,并进入美国、奥地利、俄罗斯、印度等国际知名企业的配套体系。

(秦 辉)

【技改投入】 2010年,株齿公司进行大规模的技术改造,3大齿轮项目和特种传动总成项目全部获集团公司的批准,新增设备200台,新增8条螺伞生产线,新增7条热处理生产线,新增和调整生产面积1万多平方米,新增员工500余人。

螺伞项目一期第一阶段的设备采购招标工作全部完成,主要设备的采购合同已签订,第二阶段的设备采购招标工作已展开。2010年年底形成年产80万套重中型螺伞齿轮的生产能力,工艺装备水平大幅度提升,螺伞齿轮生产能力再翻一番,株齿成为"全国最大的重中型螺伞齿轮生产基地"。

精锻齿轮项目1000万件的设备招标工作全部完成,并签订了设备采购合同。锻造、机加工、热处理等设备陆续到位,2010年年底形成年产300万件的生产能力,2011年公司将建成国内一流、国际先进的1000万件精锻齿轮自动生产线。

过桥箱主从动齿轮项目的滚齿加磨齿的工艺已较为成熟,在国内同行业中处于领先地位,2010年年底滚齿机和磨齿机等10余台新设备到位,形成12万套生产能力。投资2亿元的行星传动项目,将使公司成为"国内知名的工程机械核心零部件供应商"。

2010年,随着技改大投入,产能大发挥,株齿螺伞齿轮、精锻齿轮、轿车变速器、重型分动器等能力大幅提升,全年销售收入达7.8亿元以上,同比增长40%以上,企业盈利实现大幅度增长,结束了株齿多年来停滞不前的局面。12月,销售收入首次突破8亿元,取得了历史性的突破。 (秦 辉)

【技术创新】 2010年,株齿荣膺国家发改委、科技部、财政部、海关总署和国家税务总局联合授予的"国家认定企业技术中心"资质和匾牌,成为潍柴集团内部又一家拥有国家级技术中心的企业。年内,公司顺利地通过国家军标质量管理体系审核,先后获"湖南省名牌产品"、"湖南省著名商标"等称号。

2010年,公司新产品开发工作取得可喜成绩:一是成功研发低噪音螺伞,并实现批量生产,开始与国内几家车桥厂合作推出产品。二是为汉德公司成功开发25吨工程机械桥齿轮、大速比矿用轮边桥齿轮以及TGA轻量化重卡车桥齿轮。三是开始进军工程机械领域,为中联重科开发100吨工程起重机用ZQC2500分动器,并开始小批供货。四是为印度2家公司先后开发ZQC1600和ZQC2000改型分动器并完成送样,为俄罗斯公司开发ZQC1600改型分动器并开始批量供货。五是25吨工程起重机用的卷扬及回转减速机于12月底全面完成样件试制。六是150~200吨工程起重机用分动器、泵车用分动器在加紧研发,已制定试制方案。七是轿车变速器重新调整产品战略平台,加大研发投入,建立变速器实验室,实现与力帆汽车、海马汽车和众泰汽车的批量配套,向东南汽车小批量供货,并向华泰汽车和北汽控股送样品。八是积极研究轻卡变速器和轻型桥总成,委派2位工程师参与上海研发中心的轻卡设计并出样品。2010年,公司新工艺、新材料的应用取得突破:螺伞干切工艺、螺伞刀具增加涂层、热后硬车工艺及取消磷化等一批工艺得到推广,并创造了良好的经济效益;加大力度研发低噪音螺伞,果断调整工艺,采用进口数控设备进行加工,积极推进磨齿工艺;斯太尔内齿圈采用无缝钢管代替棒材工艺向售后市场推广,并进入小批验证阶段;北奔内齿圈通过正火保证齿坯拉削性能,取消调质处理工艺,在很大程度上降低了热处理成本。

(秦 辉)

【易萍被评为全国五一劳动奖章获得者、湖南省劳动模范】 易萍,1964年7月出生,中共党员,株洲齿轮有限责任公司齿轮分厂厂长,高级技师,2002~2005年连续评为公司劳动模范,2005年获"湖南省经贸建设系统芙蓉岗位明星",2006年获"株洲市劳动模范",2010年获"株洲市巾帼十佳标兵"等称号。

自1984年5月参加工作以来,易萍26年如一日,爱岗敬业,攻坚克难。她潜心钻研,努力提高自己的综合素质和技术理论水平,获工人技师资质证书,2002 年被公司聘为齿轮工技师,2003 年在公司开展的“三大工种”技能比武中获齿轮工第一名。2005 年通过高级技师评定,被公司聘为齿轮工高级技师,成为公司不可多得的齿轮工技术尖子和优秀车间主任。她先后和分厂技术人员一起或独自解决了 1200 分动箱系列轴类齿轮、菲亚特系列轴类齿轮、3B60 系列轴齿轮等一系列加工难度大、精度要求高的产品并取得很好的效果。同时,为解决分厂 ZQC6T75 付轴的插齿无法加工难题,与设备、技术人员一起,将一台闲置插齿机 Y5132C 进行改造,发挥了闲置设备效益。 (秦 辉)

株洲联诚集团有限责任公司

【概况】 株洲联诚集团有限责任公司是省工业企业 100 强和制造业 50 强,株洲市“5115”工程企业。2010 年,公司实现销售收入 16.9 亿元,较上年同比增长 62.98%。全年完成各型机车共计 874 台份及城轨车辆共计 510 节的配套产品交付,分别较上年同比增长 61%和 45%。风机市场、路用配件市场、海外业务市场均实现不同程度的增长。

市场拓展:确保了株机公司既有产品的市场份额,并与同车公司、永济工厂、四方股份、长客公司、二七工厂、大连工厂、青岛庞巴迪等签订配套产品销售合同,持续保证了良好的市场份额。加大拓展力度,积极开拓国际市场,实现了市场的整体突破。

技术工艺:2010 年,公司继续推进技术领先战略,完成研发项目 63 项,组织实施工艺提升项目 37 项,工艺攻关 10余项。全年申报专利 9 项,获授权专利 10项。

基础管理:完成增资扩股工作,银行综合授信额度大幅提高,确保了集团公司高速发展的投入需求。加强质量、成本的控制力度,初步建成精益生产示范线,达到精益生产改善项目的年度目标。组建焊接研究所,完成 EN15085 焊接体系首次统一联合认证。

产业发展:组建刮雨器事业部并实现正式运行,为刮雨器的专业化发展和重塑产业形象奠定基础。将海外事业部并入地铁铝部件事业部,结构件资源效力进一步提升。电子电器、风机、新材料产业规模大幅提升,呈现全面发展的整体态势。 (李春红)

株洲天桥起重机股份有限公司

【概况】 株洲天桥起重机股份有限公司成立于 1999 年,注册资本 1.6 亿元,有员工 800 余人,是中国南方地区最大的桥、门式起重设备制造商,也是中国重型机械工业协会常务理事单位、物料搬运专业委员会副理事长单位、桥式起重机专业委员会副理事长单位。根据《2009 年中国重型机械工业年鉴》,公司在全国桥、门式起重行业排名第七,公司商标被评为“湖南省著名商标”。公司主要生产通用桥式起重机、通用门式起重机、铝电解多功能机组、阳极焙烧炉用多功能机组、阳极炭块堆垛机组、铸造起重机、夹钳起重机、电磁挂梁起重机、核电起重设备、提梁机、港口门座式起重机、公路架桥设备等多种产品。产品销售网络覆盖全国 30 多个省、市、自治区,并出口德国、阿曼、俄罗斯、越南、赞比亚等国。2010 年,公司积极提升管理水平,不断加大科研力度,稳步拓展市场领域,统筹规划技改项目,加强文化建设,取得了较好的成绩。全年实现营业收入6.06亿元,较上年同期增长 8%;实现净利润 7551 万元,较上年同期增长 35%。控股子公司株洲天桥起重配件制造有限公司,全年实现营业收入 7864 万元,较上年同期增长 24%,;实现净利润 668 万元,较上年同期增长 43%。 (陈 学)

【公司股票成功实现挂牌上市】 2010 年,公司完善上市申请材料,加强与审核部门、中介机构以及媒体之间的沟通,充分做好各项相关工作,顺利通过了证监会发审委审核,并于 12 月 10 日在深圳交易所中小企业板挂牌上市,股票代码为 002523,其发行价为 19.5 元,募集资金 7.8 亿元。“天桥起重”成为 2004 年以来,株洲市首家登陆证券市场的国有控股企业,是株洲市第 8 家上市公司。公司股票的成功上市,为公司进一步扩大生产能力、提升技术水平、拓展市场领域创造了有利条件。 (陈 学)

【市场领域有新突破】 2010 年,公司在老市场上创下了青铜峡迈科铝业二期项目 12 台电解铝多功能天车全数中标的业绩,取得了柳钢冷轧二期项目 25 台起重设备订单。在市场开拓方面取得了新的突破。成功打开淬火起重机、铅电解专用行车、核电站用远程数控起重机等新产品市场,进一步拓展了公司专业起重设备销售领域。同时,新增江西铜业、长沙有色院、昆明有色院、北起所、新泰钢铁、长城特钢、新疆众和、重庆天泰等一批优秀客户。成功入围宝钢合格供应商,并取得了近 4000 万元的订单,为进一步开发宝钢市场奠定了良好的基础。公司全年签订销售合同 5.2956 亿元,同比增长 16.4%,较好地稳固了市场份额。 (陈 学)

【科研开发取得新成果】 2010 年,公司坚持以市场需求为导向,自主创新,联合开发,丰富产品结构,科研开发取得了新的进展。在新产品开发方面,完成福清核电项目 09 - Q114、M03 的设计和制造;完成江西铜业铅电解专用起重机设计及工艺编制;完成 80t 淬火桥式起重机设计、制造并交付用户,为公司填补了该领域的空白;完成 48 米跨度起重机开发制造并交付用户,为公司大跨度桥式起重机的设计制造积累了经验。在技术创新方面,成功应用自动控制和高精度定位技术、四绳抓斗变频控制技术。研发吸布料天车、卷筒内置减速器、捞渣松绳开关、新型打壳机构等,产品技术含量得到进一步提升。科技管理方面,全年申报专利 7 项,获专利证书 9 项。出口型多功能机组、核电起重机被列入 2010 年度湖南省企业技术创新指导项目计划。 (陈 学)

【技改项目有序推进】 2010年,公司投入技改资金2971万元,先后完成老办公楼改建、配件公司汽吊车间新建、龙头铺厂区及西部厂区的辅助设施等项目建设,并购置了部分生产所必需的设备,较好地体现了投资效益。（陈　学）

化工·医药

中盐湖南株洲化工集团有限公司

【概况】 中盐湖南株洲化工集团有限公司(简称中盐株化)拥有资产总额31.3亿元,销售收入30多亿元,占地230多万平方米;在册员工6000余人,其中工程技术和管理人员1200余人。中盐株化以生产和经营基本化工原料、化肥、农药及化学建材为主,有氯碱化工、硫化工、精细化工及化学建材4条主线,共50多种产品。其中主要产品装置能力为:硫酸(66万吨/年)、磷肥(36万吨/年)、PVC树脂(30万吨/年)、复肥(30万吨/年)、烧碱(30万吨/年)、钛白粉(6万吨/年)、液氯(6万吨/年)、盐酸(6万吨/年)、电石(12万吨 /年)、水合肼(40%,2万吨/年)、水泥(20万吨/年)、化学建材(2.5万吨/年)。产品广泛用于农业、农药、冶金、电子、建筑、建材、印染、纺织、医药、食品、造纸、油漆、皮革、塑料加工等行业。其中盐酸、烧碱、钛白粉、PVC树脂、化学建材等产品远销中国香港地区及东南亚、欧洲和南美洲地区。2010年,公司主导产品产量同比大幅增长,PVC树脂、烧碱、钛白粉、硫酸、水合肼等产量创历史新高。主要产品产销量PVC树脂同比增长29.66%,烧碱同比增长16.65%,水合肼同比增长16.02%,硫酸同比增长24.37%,钛白粉同比增长82.27%。全年完成现价工业总产值28亿元,同比增长55.35%。（佘艳凤）

【降本增效取得佳绩】 为消化外部各种减利因素,全力提升企业效益,2010年,中盐株化对内紧盯行业先进,全方位开展对标挖潜,同时严格控制费用支出;对外积极转变观念,不断创新营销思路,科学制定营销策略,努力实现经营创效,全年降本增效取得佳绩。目前公司许多关键性消耗指标已达到或接近行业先进水平,全年实现节能降耗创效2387万元;期间费用较预算下降1677万元。实现营业收入25.6亿元,同比增长55.93%。（佘艳凤）

【技术改造有序推进】 2010年,中盐株化科学调整技改工作思路,兵分两路推进技术工作:一方面紧紧围绕现有装置对标挖潜,通过实施水合肼装置挖潜改造、钛白粉2#窑进料和尾气系统改造等技术创新和攻关项目,提升装置产能,降低各类消耗;另一方面稳步推进技术改造,通过实施4000吨/帕VC木塑板材项目、烧碱系统节能改造工程、2#机立窑水电除尘代替布袋除尘项目等,为企业发展创造了良好条件。（佘艳凤）

【产品质量有效提升】 2010年,中盐株化分产品制定质量攻关方案,使产品质量得到有效提升。其中PVC塑钢型材一次合格率同比提高10个百分点;磷肥内外在质量明显提升;复肥氧分控制合格率同比大幅提高,且解决了行业中普遍存在的结块难题。2010年,"株化牌"水合肼被再次认定为"湖南省著名商标";中盐株化下属诚信公司被评为湖南省质量管理先进企业。（佘艳凤）

株洲千金药业股份有限公司

【概况】 株洲千金药业股份有限公司系国家大中型中药制药企业,全国中成药行业工业企业20强,有9家控股子公司:湖南千金湘江药业股份有限公司、湖南千金医药股份有限公司、湖南千金金沙大药房零售连锁有限公司、株洲千金文化广场有限公司、株洲千金物流有限公司、陇西千金药材有限公司、湖南千金投资控股股份有限公司、湖南千金卫生用品股份有限公司、株洲神农千金医药食品物流有限公司。公司注册资本3.05亿元,总资产11.35亿元,净资产9.38亿元。2010年初,千金药业被列入株洲市"5115"工程企业。公司有国内最大、工艺最成熟的中药片剂生产线,日产量为1200万片,年产量可达35亿片。有片剂、颗粒剂、胶囊剂等8大剂型,13条生产线,全部通过GMP认证。

公司专注于女性健康产业,形成了女性健康系列产品。主要产品有:妇科千金片(胶囊)、补血益母颗粒、养阴清肺糖浆、千金椿乳凝胶、痛经宁糖浆(胶囊)、乳癖康胶囊、妇科调经片、千金宁洗液、千金止带丸、八珍益母片、加味逍遥丸、乳泉颗粒等。截至2010年,公司有14个独家产品,近50个生产批文,申请各项专利171件,获授权109项。建立近千人的专业化特质营销队伍,在全国除西藏、台湾、香港、澳门外的50多个省市设有联络处。妇科千金片市场占有率在全国妇科炎症口服中成药连续8年排名第一。12月9日,在第64届全国药交会上,千金药业主导产品妇科千金片获"最受欢迎妇科用药奖",妇科千金片"为女性健康加分"广告获"最佳药品广告奖"。（漆智慧）

【千金药业陇西中药材综合开发基地落成】 6月30日,千金药业陇西中药材综合开发基地举行落成暨揭牌典礼。陇西中药材综合开发基地是公司支持工业规模快速扩大、着眼未来的重要战略布局。基地位于甘肃省定西市陇西县中医药循环经济产业园区内,项目分2期建设。总投资约1000万元。落成后,公司中药材原料战略储备能力将大为提高,中药材质量保证条件也将有突破性的提升。（漆智慧）

湖南千金湘江药业股份有限公司

【概况】 湖南千金湘江药业股份有限公司,是一家集生产、销售化学合成原料药及制剂产品为一体的现代制药企业,是株洲千金药业股份有限公司的控股子公司,公司产品主要涵盖原料药及制剂产品中的片剂、胶囊剂、颗粒剂及散剂等剂型。

2010年,公司的成长能力强劲,营销中心3项重要的考核指标均创新高。年度发货总额超过2.06亿元,同比增长55.4%;年度回款总额达2.02亿元,同比增长54.5%;年度销售总额突破1.74亿元,同比增长40.3%。

(王雨人)

【口服固体制剂车间生产Ⅱ线通过GMP认证检查】 8月,湘江药业口服固体制剂车间生产Ⅱ线顺利通过省食品药品监督管理局委派的药品GMP认证检查组的现场检查。新增颗粒剂、胶囊剂、散剂3种剂型,共占地3120平方米,建筑面积2304平方米,洁净区面积1063平方米,全线投产后,制剂Ⅱ线可年产胶囊剂3亿粒、颗粒剂2亿袋、散剂1亿袋,年产值可达2亿元。制剂一、二楼2条生产线的产能可达5亿元。

(王雨人)

【拉米夫定片、缬沙坦胶囊获药品生产批文】 9月,湘江药业新开发的2种新药——拉米夫定片和缬沙坦胶囊获药品生产批件。拉米夫定片是高效、直接抗HBV感染的药物。在加拿大、美国、欧盟、日本、新西兰、中国、新加坡等50多个国家被批准用于治疗乙型肝炎。缬沙坦胶囊是血管紧张素Ⅱ受体AT1拮抗剂。降压作用平稳,具有高度的血管选择性,耐受性良好,成为治疗高血压的一线药物。湘药研发的拉米夫定片在乙肝治疗领域属于国内首研。这2个品种将成为公司今后新的利润增长点。　(王雨人)

轻工·食品

湖南华联瓷业股份有限公司

【概况】 湖南华联瓷业股份有限公司有色釉炻瓷、釉下五彩瓷、电瓷电器和特种陶瓷4大瓷业板块,1个国家认定企业技术中心,1个世界级的陶瓷设计中心,有员工7000余名,其中科研人员300余名,年生产能力逾1亿件,日用陶瓷出口销量连续多年蝉联中国第一,是中国综合实力最强的日用陶瓷企业。2010年,公司实现销售收入7.03亿元,同比增长49.3%;实现净利润6413万元,同比增长10.8%,实现出口创汇6058万美元,同比增长32.4%,上缴税金9013万元,市场营销水平、技术创新能力和品牌影响力均得到较大提高,连续5届入选中国工业行业排头兵企业名单。　(石署光)

【中国第二届陶瓷艺术大师评审活动在华联瓷业举办】 11月,中国第二届陶瓷艺术大师评审活动在公司隆重举行。此次评审有来自全国200多名艺术家、600余件作品参评,共评出93位国家陶瓷艺术大师。华联瓷业股份有限公司钟放平、汪宪平2位艺术大师以精美绝伦的作品获评委会的一致好评,并升格为国家级陶瓷艺术大师。

(石署光)

【华联瓷业参与世博会获大丰收】 12月30日,中国2010年上海世博会特许产品经营表彰大会在上海国际会议中心举行,来自全国各地的400多家世博会特许产品生产企业代表参加表彰大会,公司世博瓷龙凤呈祥瓶获上海世博会特许产品创新奖。　(石署光)

【华联红官窑瓷业成为国家级非物质文化遗产醴陵釉下五彩瓷烧制技艺传承基地】 2010年,为有效地保护、传承和发展国际非物质文化遗产保护名录项目"醴陵釉下五彩瓷烧制技艺",促进醴陵釉下五彩瓷产业的发展,经市非物质文化遗产保护中心评定并报市非物质文化遗产保护工作领导小组,决定在红官窑瓷业有限公司等13家企业设立国家级非物质文化遗产项目"醴陵釉下五彩瓷烧制技艺"首批传承基地。红官窑瓷业彩绘专家、国家高级工艺美术师彭云琨、易莎妮成为委托传承人。

(石署光)

【华联瓷业成功解决餐具刀叉划痕世界性的难题】 2010年,华联成功开发出"整体成型252KV六氟化硫断路器瓷套",整体成型工艺与公司过去采用的无机粘接工艺相比更具优势,达到国内行业领先水平。用氧化锆世界首创国瓷邮票、世博场馆邮票和亚运邮票,受到中央电视台等媒体广泛关注。申报外观专利125项,发明专利2项。解决了宜家愉快系列产品的刀叉划痕难题,成为世界上首家解决金属刀叉划痕难题的日用陶瓷企业,被誉为解决了陶瓷界的"哥德巴赫猜想"。通过资源替代开发,公司推广钠长石尾砂、东乡泥、攸县泥,全年节约100万元以上。2010年,华联瓷业主持编写了《湖南省日用炻瓷地方标准》。　(石署光)

煤炭·建材

株洲旗滨玻璃集团股份有限公司

【概况】 株洲旗滨集团股份有限公司系由株洲旗滨玻璃集团有限公司依法整体变更设立的股份有限公司,注册资本5亿元,于2010年3月26日在株洲市工商行政管理局登记注册。公司占地面积28.67公顷,员工1000多名,有3条优质浮法玻璃生产线,日熔量1700吨,是中南部最大的玻璃制造企业;有1个湖南最大的玻璃深加工中心及1个湘江码头,年产优质浮法玻璃1100

万重量箱,各类深加工玻璃185万平方米。经营范围:玻璃及制品生产、销售;建筑材料、原辅材料批零兼营。普通货运,在港区内从事普通货物装卸、仓储,堆码,货运代理。2010年,公司获株洲市人民政府“社会保险工作先进单位”、株洲市人民政府“全市加速推进新型工业化三等奖”、省建材行业管理办“湖南省建材工业过千亿突出贡献企业”等荣誉称号。 (刘 星)

【余热发电项目开工】 为更好地进行余热回收,降低能源消耗,2010年,投资5370万元,新增1套7500kW纯低温余热发电机组,4月10日,余热发电项目开工。项目完成后利用烟气余热发电量可达到5442万千瓦小时/年,按大型火电厂发电效率为0.353公斤标煤/千瓦时计算,年节约标准煤19210吨,每年减少二氧化碳排放量45700吨,产生较好的环境效益;同时由于发电全部用于生产,可节约外购电费3482万元,取得较好的经济效益。 (刘 星)

【污染治理】 为增加污染治理能力,2010年,投入600多万元在一、二线新建石灰——石膏法烟气处理系统。5月31日,二线脱硫除尘系统完工,进入试运行。6月10日,一线脱硫除尘系统完工,进入试运行。经过处理后的烟气达到国家排放标准,年减少二氧化碳排放200多吨。 (刘 星)

【大事摘要】 1月16日,株洲清水塘循环经济工业区光伏玻璃产业基地项目签约仪式在天台山庄举行,市委书记陈君文、市长王群、集团总裁俞其兵出席签约仪式。

7月8~9日,国家环保部到公司进行《株洲旗滨集团股份有限公司株洲600t/d在线Low-E玻璃生产线和800t/d超白光伏玻璃基片生产线环境影响报告书》技术评估会。

10月14日,省委常委、统战部部长李微微一行到公司视察工作。

10月20~22日,中国国际工程咨询公司到公司进行株洲旗滨集团股份有限公司株洲600t/d在线Low-E玻璃生产线和800t/d超白光伏玻璃基片生产线项目可行性论证会。 (刘 星)

中铁株洲桥梁有限公司

【概况】 中铁株洲桥梁有限公司隶属于中国铁道建筑总公司下设的中铁轨道系统集团有限公司,系混凝土预制构件专业承包二级资质、桥梁工程专业承包二级资质企业。主要生产铁路预应力混凝土T型桥梁和箱型桥梁、预应力混凝土轨枕(包括桥枕、宽轨枕、双块式轨枕、岔枕、道岔板)、地铁管片、环形预应力电杆等系列产品,以及桥梁锚具、混凝土外加剂、桥梁轨枕钢模等附属产品。2010年,公司下设14个二级机构,其中制枕基地6个:混凝土制品分公司、信阳分公司、咸宁轨枕场、兰州分公司、六安分公司、新化制枕场;制梁基地4个:重庆制梁场、哈密分公司、玉门制梁场、隆回制梁场;4个辅业系统经营单位:工程公司、工业实业公司、五金钢模公司和物业公司;完工项目4个:京沪线的大兴、武清、凤阳和卫辉梁场。在岗员工1421人,各类专业技术管理人员226人。公司资产7.82亿元,注册资金7000万元,固定资产总额28527万元,净值13835万元。公司年生产能力10亿元~12亿元。全年公司共生产各类轨枕622601根,岔枕664组,双块式轨枕235888根,箱梁660孔,T梁78孔,完成产值7.28亿元,实现利润3599万元,实现营业收入10.1亿元。公司连续4年获“平安企业”称号。 (李 俊)

【任务承揽创历史新高】 2010年,公司把承揽的重点放在轨枕系列产品上,不断调整经营思路,采取分片区责任制,合理选择投标项目,全年共计参与82项轨枕项目投标,陆续中标汉宜铁路、阜六铁路、兰新铁路、沪昆铁路湖南段等20个项目,并成功进入西部铁路建设市场。全年中标金额达19亿元,新签合同14.2亿元,产品结构合理,大部分都是含金量高的轨枕系列产品,公司任务承揽创下了历史新高。 (李 俊)

【援建沙特麦加轻轨项目】 2010年,举世瞩目的沙特麦加轻轨铁路项目建设处在攻坚的关键时刻,7月19日,株桥公司接到集团公司紧急援建命令后,迅速抽调60多名生产骨干和优秀管理人员赴沙特麦加参加会战,7月底顺利抵达沙特。全体援建将士克服高温酷暑、水土不服、工具材料不到位、现场交叉施工人员众多、环境复杂、任务急难重等困难,争分夺秒、连续作战,圆满、超额完成施工任务,为保证铁路在穆斯林朝觐日前开通运营作出了贡献。11月29日,援建队伍平安载誉归来;12月3日,集团公司召开欢迎表彰大会,授予王珠江、曾琼、黄琪彬、康文彬、孙云鹤等5人“突出贡献奖”,授予冯少波、李长虎、罗立新、袁军等4人“优秀员工”称号。12月6日,股份公司在北京召开视频会议,表彰沙特麦加轻轨铁路会战先进集体和先进个人,援建人员王石平被授予“工人先锋号标兵”称号。 (李 俊)

【劳动竞赛如火如荼】 2010年,公司开展“上产量,提质量,降成本,保安全”为主要内容的劳动竞赛,项目建设捷报频传。凤阳、武清、大兴梁场组织开展“大干100天”、“奉献在岗位、立功在京沪”等多种形式的劳动竞赛,实现月月高产,分别于1月20日、2月20日、3月20日按期完成全部制梁任务,武清制梁场获“绿牌”;湘潭梁场在大年初一完成桥梁发运工作,实现株桥武广项目的完美收官;重庆制梁场承接24孔2051T梁的生产任务,克服诸多困难按期完成,得到指挥部的赞赏;卫辉梁场最大限度实现人员优化配置,及时出台冬季施工措施,召开“大干120天动员大会”,月产量突破68孔,创造了箱梁月产量的历史最高纪录,并于6月12日完成全部制梁任务。2010年，公司新开工建设玉门制梁场、哈密分公司、兰州轨枕场、新化项目部，玉门制梁场、哈密分公司顺利实现投产，玉门制梁场在推行标准化管理方面得到业主的充分肯定，被推介为兰新线甘青段标杆。

（李　俊）

【技术创新获多项成果】　2010年，公司先后研究完成Ⅲc型轨枕和Ⅲqc型桥枕、客专42号无砟岔枕、GLC(07)02W和GLC(07)03W岔枕生产技术，客专18号无砟岔枕机组流水法生产技术，沪杭客专18号道岔板生产工艺和模具设计方案；开发研制出GLC(08)01－300岔枕，研线0014和研线0714过渡段轨枕；咸宁轨枕场成功试制出全国首根LX—I型双块式轨枕；公司新Ⅲ桥枕等6个产品相继通过生产许可和上道审查，自主设计、制造的双块式轨枕生产线运用于兰新客专项目，有5项发明专利荣获国家专利证书，3篇论文获市级优秀学术论文二等奖，《高速铁路长线台座岔枕生产技术研究》获中国铁建科技成果三等奖。（李　俊）

【积极推进"千人转岗"工程】　2010年，中铁轨道集团公司对株桥的产业结构进行局部调整，从以桥梁为主导产品的产业逐步向以轨枕、岔枕、管片为主的新型产业转变，株桥富余人员达600人左右，决定实施"千人转岗工程"，将富余人员分期分批进行转岗培训，培养一批技工队伍，通过转岗提高人均营业收入、人均净利润和员工收入，为企业争取最好的经济效益，同时为员工的职业发展提供了更为广阔的舞台。通过层层宣讲、广泛动员，第一批参加转岗培训员工总计212人，有109人经培训后已转入新的岗位上岗。

（李　俊）

【大事摘要】　2月，咸宁轨枕场被咸宁区委区政府授予"经济发展突出贡献奖"。

2月2日，株洲桥梁外加剂厂成功转制经营。

2月27日，公司被省委、省政府授予"全省加速推进新型工业化红旗企业"称号。

3月，钟吉明获中铁建总公司"效能监察工作先进个人"称号。

3月8日，刘红桃获株洲市"百名优秀女性"称号。

3月26日，公司新Ⅲ桥轨、Ⅲc型轨枕和SK－2型双块式轨枕顺利通过铁道部上道技术审查。

3月28日，第九届中国土木工程詹天佑奖颁奖典礼在北京隆重举行，公司参建的北京至天津城际轨道交通工程获殊荣。

4月2日，公司召开二届五次职代会暨2010年工作会议。

4月15日，咸宁轨枕场党支部被中铁建党委授予"先进工程项目部党组织"称号。

4月，公司中标新建铁路衡茶吉项目、新建武汉至宜昌铁路项目2个轨枕标，金额总计9146万元。

5月，公司在甘肃玉门新建制梁场。

5月，公司承接厦深铁路（广州段）、兰渝铁路和阜六铁路项目3个轨枕标，金额总计约1.32亿元。

6月，公司党委被评为中铁建股份公司先进基层党委。

7月，公司中标新建兰新铁路第二双线DK1＋700～DK240＋430段站前工程LXGZ－1标段79万块双块式轨枕，中标金额达2.886亿元。

7月12日，公司正式组建"兰新铁路兰州制枕场"。

7月25日，公司成立哈密分公司，具体负责哈密南环线及兰新铁路桥梁生产及供应工作。

8月9日，集体企业电杆厂完成改制成为独立经营的民营企业。

8月24日，公司中标新建长沙至昆明铁路客运专线湖南段42万块根双块式轨枕任务，中标金额达3.395亿元。

8月，公司与中铁十二局签订箱梁435孔，合同金额3.49亿元；与哈密桥梁厂签订T梁303孔，合同金额8247万元。

8月，咸宁制枕场成功生产出全国第一根LX－I型双块式轨枕。

9月10日，公司成立"沪昆客专长昆湖南段项目经理部"。

10月29日，公司中标京石及石武（河北段）铁路客运专线工程5万根轨枕标，中标金额2061.2万元。

11月23日，公司通过方圆认证公司三标一体外部监督审核。（李　俊）

株洲中铁电气物资有限公司

【概况】　株洲中铁电气物资有限公司拥有固定资产5000多万元，占地面积27万多平方米，各类大型制造设备、装卸设备和仓储设备300多台套，仓储面积10多万平方米，铁路专用线1.172千米，年物资吞吐能力40万吨。有"电气化制品、钢结构产品、物流、贸易、电磁线和战备物资"5大专业板块。公司在岗正式职工155名；劳务派遣人员135名；内设5个职能部门，6个生产经营单位，在岗职工中各类中级以上职称17名。全年公司新签合同2.155亿元；实现销售收入2.07亿元；实现利润总额963万元，实现净利润714万元，上缴利税2500万元，较好地完成各项经济指标。年内，公司通过三标一体认证，被湖南省经委评为"五星级货场"，成为株洲市第一家"五星级货场"铁路专用线单位；被湖南省科技厅、财政厅、国税局和地税局评为"高新技术企业"；被株洲市委、市政府评为"文明建设先进单位"、"思想政治工作先进单位"等荣誉称号。

（顾　箐）

【围绕生产经营工作开拓思路】　2010年，公司在5大经营板块基础上增加贸易板块，并对6大板块的侧重点作了战略部署和调整。一是砼支柱生产：在方杆任务不足的情况下，大力开发大容量等径杆新产品。在新产品研制中，通过改进工艺设计、工装设备和配合比试验,打出了符合标准要求的大容量等径杆,并达到批量生产的条件。二是钢结构生产:拓宽业务承揽,突破"走出去"的短板,大力发展钢结构产品,钢结构产品初具规模成效。下半年公司独自完成湖北鄂州钢铁公司铁水车的设计和制作,与兄弟单位签订24套盾构机的配套件生产的合同。在确保砼支柱生产配件加工制作的情况下,完成转向架、桥墩模、料架等的承揽制作。如期完成鄂钢150T铁水车的研制和盾构机后配套构件制作。三是贸易工作:围绕着荣仕、长江两大客户开展业务合作,与南车长江公司建立长期的供求合作关系,提高了公司营业收入。四是电磁线生产:严控原材料采购价格,从源头上控制成本,加大任务承揽,加大老款回款力度,减少了资金占用。资金占用比上年有较大幅度的降低,保证了电线分厂资金正常周转。五是物流仓储:全年完成装卸3150车,其中砼支柱产品发运420车,外委货物装卸1400车。物流仓储采取"走出去,请进来"的办法,留住老客户,发展新客户。4月份与中铁20局签订沪昆高铁20万吨材料中转合同,取得较好的收益。物流在加强任务承揽的同时,积极与株洲北站进行沟通、合作,建立了良好业务合作关系,保证了专用线各项业务。六是战备器材租赁:全年新签合同13份,租赁设备10台套,租赁器材1400吨,维修保养战备器材470吨。高速公路市场有突破,新签合同4个。

(顾 箐)

【安全质量防控结合成效显著】 2010年,公司制定《安全生产管理办法》,逐级签订安全目标责任状。组织一线员工进行安全操作演示,认真开展"在岗一分钟,安全六十秒"的安全意识教育。对各生产实体安全生产进行定期检查,排查整改安全隐患24项。积极开展"安全月"活动和安全员培训。圆满完成"三标一体"的内、外审工作。狠抓质量管控,认真开展"质量月"活动和质量知识培训,提高员工质量意识,加强质量管控力度及质量隐患排查。砼支柱产品合格率达98.6%,钢结构产品合格率达100%,电线产品合格率达100%。

(顾 箐)

【大事摘要】 3月8日,砼支柱、、3种规格等径支柱型式检验顺利完成,力学性能、外形尺寸、外观质量全部满足设计要求。其中带法兰等径支柱代表了国内最先进水平,结构设计风速下标准检验弯矩达160千牛·米,混凝土强度等级达C80。

3月30日,在长沙召开的湖南省铁路专用线管理工作会议上,公司获"铁路专用线管理五星级先进单位"称号,并通过省经委对株洲市五星级文明货场的验收,成为株洲市首家获此殊荣的单位。

5月18日,公司获由湖南省科学技术厅、湖南省财政厅、湖南省国家税务局、湖南省地方税务局联合颁发的湖南省高新技术企业证书。

9月18日,钢结构分厂为主研制生产的第一台T150型铁水车正式下线,并一次性通过湖南省技术监督局、株洲市技术监督局联合评审验收。

(王 健)

中材株洲虹波有限公司

【概况】 2010年,中材株洲虹波有限公司(原株洲纤维水泥制品厂)继承和发扬"虹波"的优良传统,秉承"质量为本、诚信至上、品牌兴业、共同发展"的经营方针和"扬虹波美名、谱世纪华章"的企业宗旨,在质量、服务、诚信等方面追求完美,主导产品"虹波"牌纤维水泥波瓦得到市场和广大消费者的高度认可,"虹波"商标连续第4次获湖南省著名商标称号,企业通过ISO9001:2008质量管理体系认证和职业健康安全管理体系认证。

2010年,公司实现主营业务收入5596.91万元,与上年同比增长4.73%;实现利润40.03万元,归属母公司净利润47.16万元,同比增长78.64%,超额完成目标;生产纤维水泥波瓦341.37万张;销售纤维水泥波瓦352.29万张;纤维水泥波瓦实现销售收入5183.62万元;纤维水泥波瓦产销率103.2%,与上年同期相比增长1.75个百分点。

(钟春秀)

【做好企业持续发展】 5月,按照国资委和中国中材集团有限公司的要求,工厂进行改制。年内,公司围绕三大目标,做好持续发展。一是瓦业争当行业排头兵。彩色纤维水泥波瓦作为升级换代产品,公司在机构、人员、政策等方面投入更大的精力,使彩色纤维水泥波瓦逐渐为市场接受。二是积极融入集团主业。以托辊为切入点,加快水泥装备及配件的研发与制造,积极与集团所属天津院天津仕名机电备件有限公司合作,为建成集团中南地区水泥装备的仓储与维修中心迈出坚实的一步。三是加大新产品开发力度。加强与行业协会、同行企业的交流,捕捉机遇,对新型屋面材料、新型节能墙体材料进行大量的市场调研和论证。对开发新疆彩色瓦市场进行前期调研,为公司在新疆、江西投资建厂打下基础。(钟春秀)

【安全生产】 2010年,公司安全工作坚持"安全第一、预防为主、综合治理"的方针,以"安全发展"为理念,贯彻国家和集团对安全工作的要求,加大安全投入,加强安全监管,改善生产环境,创造安全氛围。在坚持安全生产的同时,公司重视环保工作,积极履行环保社会责任,积极参与株洲市开展的"环保创模百日宣传"活动,6月被株洲市人民政府评为"株洲市绿色企业"。

(钟春秀)

电力电瓷

供 电

【概况】 株洲电业局是湖南省电力公司直属大二型供电企业,担负着株洲市及所辖5县市的供电任务,同时担负着全省长株潭负荷中心安全营运的重责，供电区域面积11420平方公里，供电区域人口380万人。株洲电业局下设株洲县、醴陵市、攸县、茶陵县4个县级电力局(炎陵县供电公司代为管理)及城东供电局、城西供电局2个城区供电局，其中攸县、醴陵市2个县级电力局迈入全国一流县供电企业的行列；并设4个专业管理所和6个管理中心。截至2010年年底，株洲电业局有在册职工1612人，全员劳动生产率84.11万元/人·年。全年完成供电量97.34亿千瓦时，售电量84.05亿千瓦时，最高负荷151万千瓦，综合线损率3.98%，售电均价632.82元/千千瓦时。全年销售收入首次突破50亿元大关，达53.19亿元；综合电压合格率99.78%，RS3城市供电可靠率99.95%。

全年株洲地区电网建设累计完成投资约7亿元。株洲地区电网有35千伏及以上公用变电站84座，主变压器143台，总变电站容量699.8万千伏安；其中，500千伏云田变电站是全国特大型变电站；35千伏及以上输电线路达153条，总长2414千米。随着500千伏株洲南(古亭)变电站、110千伏张家园、荷叶塘等变电站的相继投运，220千伏市中心和醴陵北等变电站的先后开工，变电站过载、城区配电网供电能力不足得到有效缓解，地区主电网建设得到加速，新一轮农网改造升级工程全面启动。市电业局完成《地区2011年－2013年电网规划评估报告》，《地区“十二五”配电网规划》等编制工作，炎陵电网规划与项目建设有序推进；完成床单厂、电力设备总厂等4家企业两电分离工程。同时配合株洲城市建设和发展，开展云龙新城、神农城等项目的电力专项规划和施工。为鼓励电力事业更好更快地发展，株洲市委、市政府将株洲电业局纳入株洲市“5115”工程企业，全面享受特殊费用减免、特殊服务和特殊贡献奖励三大优惠政策。（程 铖）

【积极配合市政工程建设】 2010年，市电业局圆满完成2009年以前红旗路、时代大道、泰山西路等杆线入地工程及周龙坡变、响石岭变向阳村变、月形山等变电站10千伏送出工程，较好地解决了鹅颈洲、周龙坡、渌口、向阳村等变电站数10条配电线路“卡脖子”的问题。（程 铖）

【拓展缴费渠道】 2010年，市电业局制定多种电费缴费方式推广方案，并与中国银行株洲分行签署“电费保函”和“居家安心卡”代收电费合作项目。截至年底，全局实行电费保函业务的单位5个，金额500万元；在原有工行合作居民批扣的基础上增加与建行合作的居民电费批扣业务；9个自建营业网点共投运13台自助缴费终端；新增手机缴费、移动POS缴费和率先开通3G移动缴费业务；在大型超市设立新增4个的电费收费网点。（程 铖）

【多举措提升营销服务水平】 一是制定服务进社区总体推进方案，供电服务社区增加到68个，设置用电宣传栏97个。二是在高温季节提出“对客户停电检修不过午时”(即早上6点开工、中午12点前完工)的检修模式。三是组织抄收人员、客服人员收集10余万用户的基本信息，并录入营销系统中，充分利用短信服务方式，对客户电量电费、催费、停电、温馨提示等信息按月发送。四是对1051户客户开展用电安全检查，下达隐患整改通知书567份，协助处理用户用电故障157起，与1087户专变客户签订供用电安全补充协议。（程 铖）

【安全生产卓显成效】 2010年，株洲市电业局进一步强化各级安全生产责任的落实和追究，全面推行周生产例会制度，贯彻落实“季策划、月计划、周安排、日跟踪”的工作机制，充分发挥“三大体系”职能，保持了安全生产局面的持续稳定。截至2010年12月31日，株洲电网实现安全稳定运行3764天，实现人身安全2392天，创历史最长的安全纪录。（程 铖）

【重大荣誉】 2010年，市电业局先后获湖南省委、省政府颁发的“湖南省文明单位”、株洲市委、市政府颁发的“株洲市基层党建帮扶工作红旗单位”、“全市政务公开工作先进单位”、“模范学习型党组织”、“全市内部审计工作先进单位”等称号；获国家电网公司“工会工作先进单位”、湖南省电力公司“2010年度安全生产‘五个一’先进单位”、“信息化工作先进单位”等称号。并自2005年起，连续6年获湖南省电力公司“安全生产先进单位”，连续6年取得湖南省电力公司同业对标第一名；在湖南省电力公司范围内是唯一获此殊荣的地区电业局，不仅创造了株洲电业局的历史纪录，也开创了湖南省电力公司安全生产新纪录。（程 铖）

大唐华银株洲发电有限公司

【概况】 2010年，大唐华银株洲发电有限公司迎来历史机遇。攸县煤电一体化项目获准开工，大唐华银攸县能源有限公司正式组建，为公司发展创造了广阔的空间。截至2010年底，公司总装机容量为62万千瓦，在职员工1517人。安全生产局面持续稳定，实现全年零非停、零异停。节能减排主要指标继续改善，全年油耗率4.33吨/亿千瓦时，油耗率创一流得分排名稳居中国大唐集团公司首位；供电煤耗332.92克/千瓦时，同比下降0.85克/千瓦时；省内首家实现全部机组脱硫烟气挡板铅封；干灰综合利用率屡创新高。项目前期工作取得新突破。嘉禾项目成功实现省内报出，项目煤源控制获政府承诺。全年公司经营性亏损15947万元。具有株电特色的创先争优“自选动作”得到了省委及中国大唐集团公司的高度肯定。公司获“中国大唐集团公司文明单位”、“中国大唐集团公司非计划停运一流指标”、“中国大唐集团公司教育培训和人才评价工作先进集体”、“中国企业创新培训成果金奖”、“中国企业培训示范基地”等称号。公司员工吴志斌、宋丽获“全国中央企业技术能手”称号,黄姝被评为“湖南省劳动模范”,并获“中国大唐集团公司十大杰出高技能人才”称号,李秋仪获“感动大唐十大新闻人物”称号。(蒋　蓉　汤晓阳)

【本质安全型企业创建扎实推进】 2010年,公司从“人、机、料、法、环”5个环节入手,积极创建本质安全型企业,确保了安全生产局面持续平稳。完成3号机组A级检修和4号机组C级检修,有效提升了机组可靠性;全年实现零事故、零非(异)停、零三误,3号炉实现零灭火;实现10年安全生产无事故,安全纪录再创历史新高。截至2010年12月31日,公司实现安全生产无事故3769天,继续保持了“中国大唐集团公司安全生产先进单位”荣誉。

(蒋　蓉　汤晓阳)

【技术经营指标顺利完成】 2010年,公司抓住电(电量、电价)、煤(煤量、煤价)、费(可控费用)3个关键要素,全力以赴增产增收、节约节支。一是稳定设备,抢发电量。未因设备等自身原因损失电量,全年完成发电量32.14亿千瓦时,完成省经信委年初计划的110%;实现发电利用小时5183小时,居全省统调火电厂第一。二是优化管理,确保燃料。全年公司完成煤炭调运量164.75万吨,南北煤比例为54.7:45.3,未发生机组因煤降负荷事件;全年入厂入炉煤热值差完成631.57千焦/千克,同比下降181.79千焦/千克,为湖南分公司系统内最低;受煤价持续走高等因素影响,公司2010年标煤单价高达880.84元/吨,同比上升111.17元/吨,影响燃料成本同比上升11151万元。三是强化管控,降本增收。全年除排污费、脱硫材料费因政策性增支、市场涨价因素导致偏离年初预算外,公司固定成本、可控费用均实现预算目标。(蒋　蓉　汤晓阳)

【城市环保电厂创建初显成效】 2010年,公司有效实施3号机组天然气点火改造,310机组干煤棚南端全封闭,3、4号机组脱硫净烟道、旁路烟道钛钢复合板改造和烟囱防腐改造,3号炉电除尘器改布袋除尘器,脱硫烟气挡板铅封,厂区绿化改造等多项环保提质改造工程,全部污染物实现达标排放,主要环保指标达到国内同行业先进水平。全年实现电除尘器投运率100%,脱硫设施投运率97.89%,脱硫效率94.34%;二氧化硫排放浓度135.61毫克/标立方米,氮氧化物排放浓度509.51毫克/标立方米,烟尘排放浓度38.35毫克/标立方米,均显著低于国家允许排放标准;全年灰渣利用量61.02万吨,利用率93.57%(其中干灰利用率84.17%);脱硫石膏利用量6.15万吨,利用率74.97%,产销率100%。公司连续3年获“中国大唐集团公司两型企业”称号。(蒋　蓉　汤晓阳)

【多产业务稳定健康发展】 2010年,公司坚持发电和非电产业并重的发展思路,积极整合资源、调整布局,增强业务能力,使对外创收率不断提升。电力生产服务方面:完成桑植电厂1号汽轮机本体大修等多个项目;鲤鱼江灰水系统代维等5个项目正在紧张实施。全年实现外部收入1632万元。培训服务方面:全年承接系统内外集控仿真、脱硫、采制化、实体检修等培训班28期,培训人员1538人次;成功承办中国大唐集团公司第四届燃料采制化人员技能竞赛。经公司培训的选手先后在中国大唐集团公司技能竞赛中获10项个人名次和4项团体名次。物业管理方面:顺利取得华银天际前期物业管理项目,增强了对外创收能力。房产方面:“熹悦花都·茉莉香域”全部销售完毕,销售率100%;“熹悦花都·芙蓉倾城”高层项目全面开工。综合利用方面:粉煤灰产量、产值和利润均创历史新高,全年累计生产销售粉煤灰46.21万吨,同比上升24.83%;生产销售砌块1.2万立方米;销售脱硫石膏6.15万吨。(蒋　蓉　汤晓阳)

【项目前期工作有所突破】 2010年,嘉禾项目经不懈努力,由省发改委正式向国家发改委、国家能源局报出。同时,郴州市和嘉禾县政府分别承诺同意华银公司收购4个国有煤矿和依法优先取得4个未开发井田的开采许可权。项目取得国家发改委“路条”之前的各项工作均已完成。核电项目前期工作稳步开展,正在进行核电人才培养工作,与中广核华中新项目筹建处合作事宜正在商讨过程中。

(蒋　蓉　汤晓阳)

湖南省电力公司电瓷电器厂

【概况】 湖南省电力公司电瓷电器厂(简称湖南三电)系湖南省电力公司营业性分支机构,主要生产35~500千伏系列互感器、110~220千伏穿墙套管、变压器套管、氧化锌避雷器、棒型支柱绝缘子以及电瓷瓷套。截至2010年12月底,有在职职工829人,其中高、中级专业技术人员80人,企业总资产24393万元。

2010年,面对电力建设项目大幅压缩、招标采购量大幅减少、产品价格持续下跌等诸多不利因素影响,湖南省电力公司电瓷电器厂深挖内潜增效益,研发产品强实力,转型经营出活力,保持了企业持续健康发展。全年共完成工业总产值33888万元,其中电器产值24531万元,综合产业产值9357万元,全员劳动生产率54773元/人·年。完成订货8700万元,主导产品500千伏六氟化硫电流互感器国内市场占有率达27%,继续保持竞争优势。国际市场进一步拓展,产品出口10个国家和地区,同时,产品直接出口泰国,实现直接出口零的突破。实现销售收入15421万元,上缴税金1474万元,全面完成省公司下达的经营考核指标。(朱冬祥)

【建厂60周年】 2010年10月,湖南省电力公司电瓷电器厂迎来了建厂60华诞,开展了系列庆祝活动。工厂始建于1950年,取名光华电瓷厂,属股份制私营企业,主要生产日用瓷和6.6千伏变压器瓷套及支柱瓷瓶。历经60年，由一个默默无闻的作坊式工厂，步入国家中型企业行列，发展成为国内重要的互感器生产基地，相继获评国内互感器I类供应商，全国互感器五强企业、“湖南省企业技术中心”。

（朱冬祥）

【产品研发结硕果】 2010年，工厂引进国际先进工艺技术，成功研制出500千伏倒置式电流互感器，形成批量生产能力。与华中科技大学合作研发出适应国家智能电网发展需求，具有技术专利的直流供电型110千伏、220千伏电子式互感器，顺利通过国家电器设备质量检测中心型式试验，产品挂网运行稳定。110千伏电子式互感器在国内首批智能变电站、世界首座电压等级最高的智能变电站、陕西延安750千伏变电站以及河北省电力公司培育基地成功应用，标志着企业智能化电子式互感器生产工艺技术水平达到国际一流。（朱冬祥）

【推进精细化管理显成效】 2010年，工厂持续开展工艺质量通病整顿活动，产品性能保持稳定，获评湖南省A级质量信用企业。全员开展“节约一张纸，节约一度电，节约一分钱”的“三节约”活动，通过强化物资集中招标采购、技术改进挖潜、销售费用和管理费用控制，节约成本1500万元，获评省公司“三节约活动先进单位”。强化财务预算管理，获评省电力公司“预算管理先进单位”。推进标准化建设，顺利通过北京认证中心质量、环境和职业健康安全管理体系年度监督审核。

（朱冬祥）

园区工业

董家塅高科园

【概况】 2010年，董家塅高科园突出筹资融资、征地拆迁、招商引资、基础设施4个主战场，强调园区、项目、品牌、效益、新城忧患等6种意识，以人为本、狠抓落实，各项指标快速增长。2010年，园区完成固定资产投资29.8亿元，同比增长49.2%；技工贸收入125亿元，同比增长42.5%；工业总产值120亿元，同比增长42.2%；工业增加值36.6亿元，同比增长43.1%；高新技术产值68.5亿元，同比增长44.6%；上缴税收2.5亿元，同比增长40.1%。开发建成区达2.1平方公里，有企业68家，其中工业企业61家，规模企业50家。工业土地平均产出达90万元/亩，投资强度达200万元/亩。此外通用机场成功获批，园区荣膺国家新型工业化产业示范基地、省文明标兵单位、中国服装品牌孵化基地、省服饰产业创业园称号。

一、基础设施稳步推进。全年园区报批土地155.28公顷。共投入资金4200多万元，完成创业二路、四路、五路的道路沥青罩面面积约9850平方米，人行道铺装面积约3400平方米，行道绿化和侧石安装全部到位。完成航空大道全线地形勘测、道路设计工作、工程施工预算及航空大道创业五路至铁路桥的设计，招标等前期工作；完成航空大道300米的道路下水及路基工程和创业二路400米道路的下水及路基工程；S211拓宽完成土方7.4万立方米；完成创业二路、航空大道（株百段）路基工程；完成欧韩彩印、太平洋服饰项目的土地平整工作。启动服饰二路施工建设以及新迈克水泥机械项目、中国服饰成长型品牌（女裤）基地项目、株百物流项目、东航空大道、惠天然城市公园等10个项目共计42公顷的征地拆迁工作。

二、招商引资成果丰硕。2010年，园区调整招商思路，积极跟踪“技术新、前景好、税收高”的项目。立足产业定位，实现项目招商“月月红”的目标。全年园区签约项目10个：山河智能通用航空产业基地、中航通用航空发动机有限公司、台湾锄祥直升机、中国服饰成长型品牌基地、现代包装彩印织造生产、以纯服饰工业园、秀图服饰工业园、株洲人福机车配件制造、株洲市达力通机车零部件制造、株洲华锐高性能硬质合金数控刀片生产线。其中山河智能、中航通用航空发动机有限公司2个项目进入省重点项目之中。跟踪洽谈项目：美旗物流国际采购和区域物流华中基地、远大住工、南方宇航的南方民品工业园、航空展览馆等15个。

三、项目建设强力突破。园区牢固树立“厂房动工才是真动工”的理念，成立企业服务中心，发挥企业联合工会的作用，建立“一对一”的联系制度，健全考核机制，强调部室联动，设立多个项目征地拆迁指挥部，产业公司作为发包人与项目负责人签订委托合同，约定推进时限，提供必要经费，明确奖惩方式，协调村民关系，维护合法权益，加快征地拆迁，全力推动项目开工建设。全年开工建设项目20个，其中潍柴动力湘火炬机械制造项目、湘宁高中频项目二期、航空大道、枫溪“揽月阁”配套商住项目等12个项目为新开工项目；凯特高新铼业项目、庆云机车配件科研及生产综合楼、精诚硬质合金系列产品及深加工项目、和盛服装厂项目、潍柴动力湘火炬制造项目、以纯服饰工业园项目等11个项目竣工。

四、筹资融资逆势上扬。为保证园区开发建设资金的正常运转和良性循环，园区按市场化运作，转变思维方式，从勇于负债谋发展向敢于让利促发展转变，积极引进外来企业资金。2010年，园区获8.2亿元的项目贷款授信，全年资金流量达6亿多元，其中收入26346万元，支出37223万元，计划融资5亿元，融资到位4亿元，实际到位资金3.6亿元。农行3.5亿元贷款及招商银行1亿元贷款初审资料在省行进行审批，向株洲县农发行申请的1.5亿元新农村建设贷款已报市农发行。同时，园区携手战略投资伙伴，引进中航国际航发投资管理有限公司，年内就战略合作框架协议达成一致。此外，积极向省发改委、省经委、省财政厅等部门申报扶持资金，争取国债指标和各级政府财政收入按一定比例投入园区建设,保证园区建设资金的正常运转。截至2010年年底,争取科技三项经费到位13万元,争取财政贴息到位383万元;争取土地出让金返还及挂牌资金返还、收益部分返还等共计258.73万元;按合同收回土地款2355.48万元。

(邓孟姣)

金山工业园

【概况】 2010年,金山工业园攻坚克难,扎实推进,取得了“园区攻坚战”丰硕成果。全年完成固定资产投资总额13亿元,同比增长105%,完成目标任务的130%;完成技工贸总收入120亿元,同比增长53%,完成目标任务的110%;完成工业增加值40亿元,同比增长43.33%,完成目标任务的115%;完成高新技术产值50亿元,同比增长56%,完成目标任务的125%;上缴税金4.5亿元,同比增长28%,完成目标任务的102%。

(刘三毛)

【项目建设如火如荼】 2010年,华德、三湘、利超、九州先机、怡基星明、湘锐、湘江电焊条、力洲、美特优、九州四维传动机械、温州中良等12个项目开工建设,完成目标任务的240%;三湘、利超、温州中良、孵化器、华德、九洲先机、九州四维传动机械、怡基异型硬质合金、湘中工业电源、华威微波科技等10个项目竣工投产,完成目标任务的250%。

(刘三毛)

【征地拆迁扎实推进】 一是全面完成金钩山村2.73公顷拆迁重建安置地和1公顷消防站建设用地的土石方平整和规划设计工作。二是克服资金困难,在完成一期18.67公顷工业用地和1公顷消防站建设用地的征地拆迁的基础上,完成了各签约项目用地的土石方平整工程。三是启动二期内荷塘大道、一期内规划道路三(宋荷路)等项目建设;完成公交始末站的建设。另外,园区一期项目用地8公顷,以及二期内株洲车辆段项目用地39.07公顷获批;完成园区二期内潍柴动力项目用地78.2公顷、新通项目用地24.8公顷的土地报批。

(刘三毛)

【融资取得重大突破】 全年园区完成融资1.65亿元,完成全年目标任务的165%。一是把握国家支农政策,包装农机产研基地项目,成功向省农发行申请9000万元政策性贷款;利用国家对城市基础设施建设的支持,通过城投集团承贷的方式向国家开发银行贷款,157万元资金已到账。二是做活土地资源文章,做好商住用地开发运作,与杭州外海集团就23.8公顷商住用地开发达成共识并签订正式合同,实现土地融资4000万元。三是采取资产抵押等方式,向商业银行等银行完成3300万元贷款的续贷工作。(刘三毛)

【金山新城强力推进】 2010年,园区完成对金山新城的总体规划和部分控制性详细规划以及规划评审。金山新城总规划范围23平方公里,其中第一期控制性常规规划面积为17.9平方公里。包括明照乡、宋家桥办事处和桂花办事处3个乡镇(街道办事处)及云龙新城小部分,共16个行政村。现状为典型的郊区土地利用形态,除部分村镇建设用地外,大部分为待开发的农用地。一是根据“打造生态大东城,建设宜居新荷塘”的总体战略目标,荷塘区致力于将金山工业园二期打造成一个功能齐全、工业发达、资源节约、生态宜居的“金山新城”。二是聘请国内一流策划公司对金山新城进行总体包装策划;在与潍柴动力、三一重工、湘铁集团、中珠公司等洽谈的同时,积极向全国房地产企业发出开发邀请函,合作开发金山新城。三是园区成功获国家发改委授牌“国家高技术株洲新材料产业基地”。通过对园区二期进行大规划、大策划、大包装,引起了市长王群等领导的重视,积极争取了政策支持。

(刘三毛)

【服务企业不断创新】 2010年,园区进一步创新企业服务手段,扩大企业服务范围。一是实行特派员制度。选派优秀的中层干部和员工到市“5115”工程骨干企业蹲点,实行“点对点”、“特事特办”的服务。二是为企业搭建融资平台。园区定期召开银、企、园座谈会,积极为金融单位和入园企业牵线搭桥,解决企业融资难题。三是建设信息服务平台。搭建“金山工业园硬质合金产业信息服务平台”,为企业提供信息服务。四是开展创业基地建设。5月,园区成功获批成为市十大创业基地之一,并组织各种创业培训、创业扶持活动,引导企业自主创业。五是筹建产学研联盟。以“国家火炬中心”金山科技工业园硬质合金产业基地为基础,联合中南大学、武汉大学、湖南工业大学3个高等院校,以及株洲硬质合金集团有限公司等3个骨干企业筹建“硬质合金产学研联盟”,以提高入园企业的技术水平和技术创新力。

(刘三毛)

【招商引资迈上新台阶】 2010年,园区完成招商项目7个,完成目标任务的120%,合同引进资金8亿元,实际到位4.6216亿元。一是工业项目引进硕果累累。全年共引进工业项目6个,包括:投资6亿元、占地面积24.8公顷的株洲新通铁路装备有限公司“高速铁路铺架及大型铁路机械专用装备”项目;投资5亿元、占地20公顷的株洲车辆段“铁路机车维修基地”项目;投资2000万元的株洲市湘中工业电源厂“高频设备”项目;投资2000万元的株洲华威微波科技有限公司“医药生产设备”项目;投资2000万元的株洲怡基异型硬质合金有限公司“异型硬质合金”项目;投资5000万元的温州中良电气有限公司“中良电气”项目。另外,投资约15.4亿元、占地约66.67公顷的潍柴动力“株洲汽车零部件产业基地”项目,已进入最后洽谈阶段。二是商业合作项目引进形势大好。完成总投资6亿元、占地23.8公顷的杭州外海集团“商住用地开发”项目签约,为园区实现

“以地生财”、实行开发建设方式转变开了一个好头。另外，珠海中珠股份有限公司与荷塘区政府就金山新城的整体开发合作成立洽谈小组，以进一步探讨金山新城开发建设的合作问题；湘铁集团与区政府签订合作备忘录；三一重工有限公司与荷塘区就金山新城整体开发进行多次接洽。三是项目质量大幅提升。已签约的7个项目，建成投产后年产值可达15亿元以上，年纳税额可达1亿元以上，可新增3000个以上就业岗位，效益前景可观。

（刘三毛）

株洲渌口经济开发区

【概况】 2010年，株洲渌口经济开发区为打好“园区攻坚战”，在“体制、设施、产业”3个方面都有重大突破。全年完成固定资产投资总额11.02亿元，同比增长65.30%；技工贸总收入29.97亿元，增长59.02%；完成工业增加值10.2亿元，增长54.50%；上缴工商税金6450万元，增长78.30%。（易薇薇）

【园区基础夯实】 2010年，开发区完成基础设施建设投入1.38亿元。道路建设有突破，渌湘大道硬化、金世纪支路工程开工；南洲、和谐、渌湘大道完成设计和土地报批工作，伏波大道提质改造工程开工建设。电力项目建设全面推进，渌鸿线延伸工程、渌南220千伏、湾塘110千伏变电站等项目进展顺利。南洲新区供水得到保障，新建自来水加压泵站1座，铺设自来水管道2公里，日供水能力达1000吨。工业三废基本实现达标排放，湾塘工业区新建污水提升泵站1个，铺设污水管道3公里，新铺天然气主管道7公里。

（易薇薇）

【园区产业升级】 2010年，开发区签约引进产业项目12个，总投资8.2亿元，提前5个月超额完成年度招商引资任务。抓好项目招商的同时，全力推进项目建设，24个在建项目（新开工项目11个，续建项目13个），有14个项目实现竣工投产。产业规模扩大，规模工业企业达51家，就业人员达5000人以上，工业总产值占全县规模工业总产值比重达42%，新增产值过5亿元企业1家（时代绝缘）、过2亿元企业1家（大成轮胎）、过亿元企业3家（光明重机、创林合金、乐泰金属粉末）。

（易薇薇）

【园区环境优化】 一是项目扶持力度加大。株洲县委、县政府出台《关于加快渌口经济开发区发展的若干优惠政策》，进一步改善投资环境。二是项目服务更周全。实行手续全程代办制，为企业免费代办“规划放线、项目报建、水电气报装、工商登记”等手续。召开银企座谈会，为5家企业担保融资2000万元。三是民企更加和谐。实行周边环境维护责任制，确保开发区良好的建设环境、征地环境、治安环境。

（易薇薇）

【园区动力增强】 2010年，开发区对体制机制，投资融资等两大制约瓶颈实行改革和突破。一是落实责任。建立健全征地拆迁属地管理制度，明确规划、建设、国土、电力、自来水等部门在园区建设中的职责。二是理顺投入体制。明确并执行园区规划范围内土地出让金全额返还，工商税收按比例分成的投入政策。三是搭建融资平台。县财政借款2000万元，并无偿划拨资产3500万元，增加园区产业公司注册资本金。四是公司化运作有进展。全年园区的基础设施建设项目全部由产业公司承担，提高了公司的经营能力。

（易薇薇）

【园区规模扩大】 南洲新区是株洲县发展的战略支点，是未来县域经济核心增长极。一是在基础建设上远近结合。2010年通过调整供电线路，修建加压泵站，铺设管网，硬化路面等一系列工作，及时解决近期新区道路、供电、供水问题，为招商引资和项目建设提供了基础支撑和环境保障。二是在产业建设上强招商、促破题。全年引进项目7个，总投资5.9亿元，其中三联重工、丰达电气装备、达嘉包装设备、凯邦生物科技等4家开工建设，可形成产值10多亿元的生产规模。三是土地储备工作有力度。全年开发区已报批土地688.8公顷，新区的承载力和吸引力不断增强。 （易薇薇）

【园区队伍充实】 以全县重要创建活动为载体，进一步加强新人员的培训教育，锻炼优良作风，增强工作能力，建设一支乐于奉献、善于攻坚的园区队伍。围绕“强素质，作表率”特色主题开展活动。优化工作流程，提高服务效率，落实《关于党政机关厉行节约若干问题的通知》，规范财务管理，严控机关支出，建设节约型和效能型机关。通过这些创建活动的深入开展，干部精神更振奋、作风更扎实、业务更精湛，将园区打造成为了一个团结和谐的集体，一个富有战斗力和开创精神的集体。

（易薇薇）

湖南醴陵陶瓷产业园区

【概况】 湖南醴陵陶瓷产业园区属省级高新技术开发区，控规面积14平方公里，详规面积5.24平方公里。园区地处醴陵“北大门”，是醴陵对外交通的主要出口，被纳入长株潭“两型”社会改革试验区的核心区。截至2010年年底，园区累计完成投资42亿元，建成面积200余公顷，入园企业达54家，其中投产45家。

2010年，全面打响园区攻坚战，园区快速推进“中国醴陵釉下五彩艺术陶瓷园”、“电瓷电器产业园”，“汽车零配件及汽车用品产业园”项目建设，抓紧启动“建筑陶瓷园”等项目，各项经济指标实现快速增长。全年园区累计完成固定资产投资20.2亿元，同比增长190.21%；技工贸总收入63.15亿元，同比增长63.1%;工业增加值15.65亿元,同比增长50.4%;高新技术产值15.18亿元,同比增长72.72%;招商引资到位资金6.8亿元,同比增长83.8%;税金总额2.8亿元,同比增长47.4%;园区劳动力达23253人。通过有效运作,成立醴陵市高新技术产业发展有限公司和园区发展有限公司,融资1.7亿元,储备国有土地226公顷。

(黄小龙)

【规划建设】 为构建园区交通网络,7月,全面启动凤凰大道对接工程;配合政府加快沪昆高速互通、岳汝高速互通、国瓷路互通等工程建设;对建成区的主次干道进行绿化、亮化,提升了整体形象。加快与三产业配套的集中安置区建设,确保了园区征地拆迁工作的顺利推进。做好"西气东输"二线工程的配合协调工作,确保全市天然气能及时足量供应。园区完成污水处理厂一期工程,加快了"环境友好"型园区的构建。启动600毫米自来水管网建设和22万伏变电站建设,为园区的后续发展提供了充足的供给保障。

(黄小龙)

【项目建设】 一是"釉下五彩艺术陶瓷园"项目。2010年,园区成功引进华泽集团,于3月26日签订合作框架协议。截至年底,项目累计完成投资1.8亿元。8月,华泽集团投资1700万元,由意大利阿克雅建筑设计公司完成最终设计规划。同时,园区做好奠基动工的各项准备工作。顺利完成项目新增用地的腾地任务;就李铎艺术馆的建设与李铎将军基本达成共识。

二是"电瓷电器产业园"项目。项目主要为醴陵电瓷电器产业创建一个崭新的发展平台,加快醴陵陶瓷产业形成核心竞争力。1月,成功引进华联火炬电瓷入园并全面开工建设,截至年底,累计完成投资9900万元。华联火炬完成项目的二次平基,进入主体车间施工阶段。同时,园区正在抓紧编制项目的二期用地规划,致力引进更多电瓷电器核心企业入园。

三是"汽车零配件及汽车用品产业园"项目。项目是醴陵市委、市政府2010年确立的一个新型产业项目,以长株潭振兴和发展汽车制造业为契机,拟建成一个以汽车零配件、汽车用品生产为主导,兼汽车物流、汽车商贸、汽车维修、售后服务、远期汽车整车制造为一体的汽车产业特色园。7月,园区启动项目一期用地66.67公顷的征地腾地工作。截至年底,完成投资5100万元,完成土地规划调整和用地资料的上报,平稳推进征地拆迁平基等基础性工作,征拆协议全部签订,拆迁房屋43栋,启动2个安置区小区建设,成功引进广州全盛汽车配件有限公司、湖南元创机械有限公司、湖南坜丰精密金属有限公司、湖南信诚有限公司、湖南震源橡塑有限公司、湖南大华工装设备自动化有限公司6家汽车配件生产企业入园。

四是"建筑陶瓷园"项目。为承接沿海产业梯度转移,尽快接好醴陵市建筑陶瓷这条"短腿",加快醴陵千亿陶瓷产业目标的实现,园区作出该项目的建设计划。2010年,园区初步完成项目433.33公顷用地的规划选址工作,项目内水、电、路、气、市政管网的设计接近尾声。10月,在广交会上,与佛山居道陶瓷有限公司等多家建陶企业达成投资意向。(黄小龙)

【招商引资】 2010年,园区成功引进华联火炬建设"电瓷电器产业园",合同引资2.6亿元;引进华泽集团建设"釉下五彩园",合同引资10亿元;引进6家汽车零配件生产企业,合同引资5.7亿元;引进杰伟国际鞋业有限公司,合同引资1000万美元,引进12家釉下五彩艺术陶瓷企业,合同引资1.5亿元。

(黄小龙)

攸县攸州工业园

【概况】 2010年,攸县攸州工业园以项目建设为抓手,强化日常管理,推进基础设施建设,全力引进项目入园,大力优化环境,全面打造2平方公里核心示范区。全年完成技工贸总收入269600万元;工业增加值100413万元,固定资产投资73370万元,高新技术值43000万元,招商引资92500万元,上缴税收8627万元,被县委、县政府评为全县招商引资先进单位。(谭　彦)

【基础设施】 2010年,园区坚持把基础建设作为推进园区发展的重要平台,切实加大投入,提升园区发展水平。完成2平方公里核心区的平地30公顷、土石方250余万立方和商业东路、兴工路区间段砼盖板涵1629米。动工建设左江排水渠。2万平方米的标准厂房竣工;中小企业服务中心办公楼主体工程封顶。吉兴路、商业路、新城路、兴工路、龙山支路和内环路基本完成,标准化厂房内、兴工路、商业路、兴业路32000平方米绿化完成。同时,园区内自来水主管入园、1000兆光纤入园、3条10000伏入园供电线路的改造建设和部分企业的供电线路架设全面完成。大背岭安置区的下水道、道路工程的招投标工作和水电讯视的规划设计完成,启动桩基工程;乌坳安置区和西阁安置区平地工程全面启动。(谭　彦)

【招商引资】 2010年,园区坚持把项目建设作为推进发展的重要抓手,加大力度引项目,以项目促投入、以投入促发展。全年签约引进14家企业,投资总额为9.25亿元,其中过亿元6家。8家企业开工建设,总投资突破3亿元。通过"委托招商"、"以商招商"和"产业链招商"等多样化招商模式,与8家企业签订意向投资协议,意向总投资超过16亿元。同时,加快对13家园区企业违规用地的清理,有9家清退或签订补充协议。(谭　彦)

【优化服务】 2010年,园区出台《工业园被征地农民生活补助暂行办法》,落实园区内87户失地农民最低生活补助,截至年底,发放260多人次,发放金额约30万元;并对园区51户拆迁户和特困户进行了走访慰问。理顺园区与乡镇部门单位之间的关系，与相关的乡镇和部门单位签订目标管理责任书，进一步明确了责任；推行并落实全程代办制，编制《企业服务指南》，所有涉企事务全部实行一个窗口对外、园区全程代办、规定期限办结；对园区遗留问题和热点难点问题进行摸底，召开各类调度和协调会议170余次，解决遗留问题100余个。（谭 彦）

湖南茶陵经济开发区

【概况】 2010年，湖南茶陵经济开发区狠抓“搭平台、抓项目、优服务、强管理”4个工作环节，突出“陶瓷产业带、商贸物流园、电子电器园、创业孵化园、综合服务区”五大工作重点，着重打造发展“123”6种产业，掀起“园区攻坚”高潮，取得了攻坚战役全面胜利。获中国建筑陶瓷协会授予的“建筑陶瓷产业承接示范基地”称号，被评为株洲市双文明建设红旗单位、市产业承接先进园区。

一、园区经济稳步增长。2010年，“一区五园”63家企业完成技工贸收入26亿元，工业增加值9.05亿元，固定资产投资7.67亿元，税金0.75亿元，招商引资到位资金6.2亿元，高新技术产值1.56亿元，全面超额完成市对县考核指标。

二、项目建设全面铺开。全年共实施项目建设47个，完成固定资产投资近10亿元，其中完成陶瓷园征地100公顷，平地40余公顷；启动开发区综合服务中心建设；4栋4层标准化厂房竣工投入使用，引进3家企业租赁生产；完成园区主干道水泥硬化、弱电入园和10千伏高压线路延伸工程。投资3.8亿元的华盛、光华陶瓷完成主体厂房建设；投资10亿元的德安居陶瓷完成项目建设前期准备工作；物流园和烟草仓储库完成建设选址、立项等；阳光药业、华锋钢构竣工投产。同时，湖南有色加大对湘东钨业投入力度，采选工业园税收突破千万元大关。2010年，建筑陶瓷产业项目挤进省“十二五”发展规划中的项目，6个列入市“十二五”重点项目。

三、招商融资再创纪录。全年签约项目18个，签约资金21.9亿元。5·13“湖南·株洲(佛山)建材产业暨旅游招商推介会”，首次成功引进投资过10亿元的德安居陶瓷项目落户园区，被中国建筑陶瓷协会授予“建筑陶瓷产业转移承接示范基地”称号。包装茶陵大道两厢土地储备开发融资贷款项目，对接省市农发行融资1.5亿元，年初资金可到位；启动面向社会融资建设标准化厂房工作，尝试多元化投资主体合力加快园区基础建设。贵派电器、成功创建“中国驰名商标”，贵派电器、群利化工获省科协“高新技术企业”认证。（陈丽华）

炎陵县九龙经济开发区

【概况】 2010年，炎陵县九龙经济开发区紧紧围绕招商引资、项目建设、企业服务等重点工作，全面打响园区攻坚战，各项工作进展顺利。

九龙经济技术开发区规划占地11平方公里(含中小企业创业园1平方公里)，已建成4平方公里，有入区企业90家(含中小企业创业园11家)，投产企业达55家(中小企业创业园2家)。2010年，开发区工业总产值完成23.54亿元(中小企业创业园2.04亿元)，同比增长56.3%；完成工业增加值7.88亿元(中小企业创业园0.68亿元)，同比增长66.9%；固定资产投资全年达到9.19亿元(中小企业创业园0.18亿元)，同比增长52.4%；实现税收4579万元(中小企业创业园479万元)，同比增长38.2%；年末从业人员达7110人。年内，九龙开发区被省委、省政府授予“全省第一批承接产业转移特色基地”称号。

一、科学谋划攻坚，增强园区创新力。一是加快政策创新。年初，前往茶陵县、攸县、醴陵市、株洲县、荷塘区等兄弟工业园进行实地考察，吸取各园区好的经验，结合炎陵县情，制定《炎陵县园区攻坚战役实施方案》，确定了打造低碳经济示范园区、特色产业(纺织、材料、农产品加工)品牌园区、科技孵化创业园区的发展目标；明确了思想观念、体制创新、招商引资、产业提升、基础设施、企业服务、瓶颈制约、品牌创建8大主攻任务，确定2010年园区攻坚战的“24678”工作目标，即园区企业实现工业产值超20亿元，比上年增长32%以上；工业增加值达7亿元，比上年增长40%；实现税收达4500万元，比上年增长35%，力争完成5000万元；投产企业达60家；年末园区从业人员超7000人，年发放职工工资超1亿元；入园企业达到80家，新增25家以上。二是体制机制创新。年初成立中小企业创业园，全面构建1区(九龙经济技术开发区)2园(九龙工业园、中小企业创业园)发展格局；积极推动园政合一管理体制；实行部门园区考核制，明确相关部门参加园区攻坚战的工作职责，将其在园区的工作任务列入全县政绩考核内容，形成了强大的攻坚合力。三是发展方式创新。引进投资8500万元的光大工业楼宇项目和投资2500万元的富成工业楼宇项目，市场化运作工业楼宇，成功走出一条“借鸡生蛋”的发展之路，为促进产业配套和产业招商打下坚实基础。与粤港澳集团在积极洽谈。四是促进科技创新。通过开展知识讲座、科技成果调研等方式，增强园区企业调整经济结构，转变发展方式的意识，推动科技创新和产业技术升级。江钨博大被认定为炎陵县首家省级高新技术企业，恒源硬材、万昌纺织等多家企业投入大量资金，淘汰老旧、落后设备，引进国内外最新技术和先进设备，提高产品附加值和市场竞争力。

二、突出招商引资，增强园区竞争力。一是突出重点区域招商。为了更好承接产业转移，把长三角、珠三角定为招商的重点区域，8月，组团前往深圳、东莞、佛山、中山、鹤山等地收集项目信息,积极联络项目投资商,寻找招商突破口。二是突出重点人群招商。充分利用炎陵籍在外创业成功人士及开发区企业老板等人脉资源,以情招商,以商招商,2010年召开近百名佛山企业家参加的炎陵招商推介会,成效明显。三是突出重点项目招商。结合园区优势和发展规划,重点围绕纺织服装、材料、农产品加工等产业项目组织招商活动,延伸了现有企业的产业链条,提高了企业集聚度。

全年九龙经济技术开发区共新引进光大楼宇、创美发饰、中山卫浴、新广源硬材、银太物流、富成工业楼宇、九龙化工、广东高尔夫球袋辅件生产、烈山氏旅游工业、胜伟新织造制衣、豫鑫微粉、安东尼服饰、宏大金属颜料、申鑫振动器、深圳鑫鑫蕾毛刷制品、鹤山市新永富鞋业等19个项目,合同引资达8.38亿元,到位资金6.05亿元。中小企业创业园新引进昊坤硬材等13个项目,合同引资3.38亿元,到位资金0.74亿元。其中昊坤硬材、广州科达电子已试生产。

三、狠抓项目建设,增强园区贡献力。以项目建设为支撑,不断增强园区的贡献力,严格推行项目建设分工制、项目建设调度制、项目建设预安销号制。2010年,开发区有新建和扩建项目29个,再创历史新高。新建项目中,时代高科、光大服装、光大工业楼宇、曙光钨钼、时代新材、河北硬材、创美发饰、长兴水泥、中山卫浴、新广源硬材、银太物流等16个项目进展顺利,计划投资额为9.63亿元;其中光大服装一期、时代新材、长兴水泥、创美发饰、曙光灵峰钨钼等5个项目建成投产。扩建技改项目13个,其中万昌纺织二期、瑞和锌材二期、龙港玻纤二期、华驰新材二期、华宇新材二期、江钨博大二期、东信棉业二期、恒源硬材二期、江陵木业技改、杭玻技改等12个项目已竣工投产。

四、完善基础设施,增强园区的承载力。一是推行"四化"工程。重点抓好九龙大道和园区8条主要支干道的硬化、绿化、美化和亮化工程。新建3个巨无霸广告牌;在九龙大道上修建2个开发区地理标志,安置8组精美企业标识牌。二是加强配套设施建设。完成所有新建项目近33.33公顷土地平整任务,确保项目进展顺利;建好河漠水深坑段防洪堤二期工程和石鼓河防洪二期工程;续建供水、供电网络工程稳步推进,总投资5000万元的西园变电站项目在筹备建设之中。三是继续完善城市功能。筹建开发区企业服务中心办公大楼;促成开通县城至西城区的电动公交线,方便园区产业工人及周边群众出行;新建3个绿化广场,提升西城区品位。

五、强化企业服务,增强园区的影响力。一是当好"保姆"。2010年,继续实施中小企业特殊保护期政策,确保企业正常生产秩序不受干扰;为企业提供"一站式"办公和"一条龙"全程服务,为7家企业办好土地证,批回土地62.67公顷。二是做好中介。鼓励银行向开发区企业发放贷款,促进银企合作,实现双赢目的,全年协助企业融资5530万元;收集企业招工意向和要求,及时向社会发布招工信息,为企业招工2000余人,努力解决企业招工难题。三是搞好协调。定期邀请企业负责人到管委会,了解企业生产经营中遇到的问题,并及时和相应职能部门沟通,寻求解决途径。全年召开园企专题座谈会8次,为企业协调劳资纠纷13起,解决实际问题30多个。

(霍德光)

株洲高科集团有限公司

【概况】 2010年,株洲高科集团有限公司着力在招商营销上攻坚、在融资渠道上攻坚、在重点项目上攻坚、在规划战略上攻坚、在机制体制上攻坚,全面加快中央商务区建设,稳步推进新马工业园开发。

截至2010年12月,集团资产规模实现89.8亿元,比年初增加34.6亿元。全年筹集资金37.7亿元,投入园区开发建设资金11.5亿元;销售工业土地111.9公顷,销售商业地土地75.49公顷,实现主营业务收入12.21亿元;筹措资金37.7亿元,获银行贷款17.16亿元;新引进入园工业项目12个、商住开发项目6个。年内集团获"2010年度株洲市模范学习型党组织"称号。

(孙　姝)

【融资工作】 一是子公司实现独立融资,高科发展获得银行贷款4500万元,高科房产获450万元流动性贷款和建行800万元承兑汇票,高科建设获银行贷款1.15亿元。二是10亿元企业债券工作取得实质性进展,协调评级机构获AA的主体评级,完成财务重组、审计及资料准备工作。三是做好2011年商行信托到期的资金准备,获华融湘江银行2.1亿元贷款,并从商业地回款中预留了资金。

(孙　姝)

【园区规划】 2010年,公司利用全市产业发展布局调整和沪昆高速改线的契机,将新马工业园规划面积从12平方公里调增至20平方公里,商住用地比例由15%提高到29%;相继启动武广高铁和京珠之间约7平方公里的汽车运动公园规划,拓宽了公司后续发展空间。

(孙　姝)

【企业服务】 全年对园区4家企业发放170万元孵化资金;为在孵企业中普防雷、天地龙电源科技争取950万元贷款;指导恒天生物等4家企业获221万元国家第一批创新基金;指导企业申报国家专利50件。聘请国家权威专家为企业作专题讲座。截至12月,促进园区在孵企业达47家,实现工业总产值近2亿元,上缴税金约900万元,安排就业达2000多人。思达实业等3家企业经培育孵化毕业。促进园被授予"株洲市创业示范基地"称号。

(孙　姝)

【管理提升】 2010年，高科集团完成组织架构、干部人事和薪酬分配机制的大调整，引进兆富咨询协助公司完成管理变革，推进责权下放、重心下移、压力下解的工作。高科发展完成对高科房产、高科建设、高科企业、钻石切削的股权整合，并投资入股美的高科房产公司进入商务房产领域。高科建设开始试行项目经理承包管理责任制，大大激发了项目经理降低成本、创造利润的主动性。高科房产执行销售提成的奖励机制，推动了销售管理工作的市场化运作。 （孙 姝）

【重点项目】 栗雨休闲谷是中央商务区的“点睛之作”和“全市十大重点工程”，集商业性带动项目于一体，总投资2亿元，规划面积42.1万平方米，2011年2月17日将正式开园；汽配园项目作为“千亿汽车产业集群”配套项目，项目规划分3期，总建筑面积30万平方米。1期项目3.5万平方米7栋厂房年内交付，实现厂房销售面积12.97万平方米；硬质合金园总建筑面积约3.66万平方米，全年完成独栋厂房销售，实现销售收入2000万元；颐景园项目总建筑面积25万平方米，8月30日顺利交房；颐乐园项目总建筑面积3106平方米，11月13日交付；北汽配套公寓于7月中旬交付使用；香山美境1.2期、蓝筹公寓、慧谷阳光等项目均按计划快速推进。 （孙 姝）

农业和农村工作

【概况】 2010年，株洲市农业农村经济呈现好中见快的良好态势，全市农民人均纯收入达7658元，同比增加1156元，增长17.8%，连续7年保持两位数的增长速度，增幅高出全省平均水平7个百分点。县域经济加速发展，醴陵、攸县稳居全省县域经济十强，株洲县、炎陵县进入全省县域经济发展先进县，农村经济综合指标稳居全省第二。

一、农民增收势头强劲。一是农产品量价齐升带动农民增收。全年出栏生猪441万头，生猪销售价格达830元/百斤，同比增长25%。粮食面积和产量分别增加86.67公顷和3.8万吨，稻谷及农产品的销售价格均有较大涨幅。攸县、醴陵获评全国粮食生产先进县。二是非农产业驱动增收。劳务经济保持强劲发展态势，全市转移农村劳动力68万人，实现劳务总收入70亿元，占农民人均纯收入的50.2%，劳务收入成为农民增收的主要渠道。县域经济快速发展，农民从农村二三产业得到的收入大幅增加。三是加快城镇化进程拉动农民增收。城市化和城乡一体化进程加快，农民财产性收入快速增长，人均达210元，增长70.8%。四是惠农政策促动农民增收。落实各项惠农补贴资金6.31亿元，同比增长27%，农民政策性人均增收330元。

二、现代农业发展提速。一是以粮食为主的规模化经营迈出新步伐。全年种植粮食面积26.33万公顷，总产187万吨，是2004年以来连续第7个丰收年。种植业、养殖业向大户、能手集中，全市水稻规模种植面积超过50%，生猪规模养殖出栏比重超过60%。唐人神集团建成国内唯一的中美合资世界顶级种猪场。二是以机收为主的机械化生产实现新突破。农业物质装备水平进一步提高，水稻生产从播种、病虫防治、收获、烘干全部实现机械化，全市水稻生产综合机械化率达60%，高出全省平均水平18个百分点。三是以休闲农业为主的特色农业发展实现大提速。出台促进旅游升温、休闲农业发展的8条优惠政策，全市休闲农庄发展到243家，实现营业总收入3.05亿元。大力引进农产品加工技术和设备，发展农产品加工企业2700多家，培育产值过亿元的农产品加工龙头企业18家；"5115"重点工程企业唐人神集团成为全省最大的农产品加工企业，产值达83亿元；全市农产品加工总产值达150亿元。

三、农村改革不断深化。一是农村土地流转蓬勃发展。加大农村土地流转试点力度，土地流转有序推进，共流转土地5.67万公顷，流转率达33.5%，高出全省平均水平6个百分点。天元区、炎陵县在全省率先推行以土地承包经营权证和林权证抵押贷款。发展农民专业合作组织473家，专业合作社达389家，带动28万户农户增收致富。二是集体林权主体改革顺利完成。通过"山定权、树定根、人定心"，努力实现"生态得保护，林农得实惠，林业得发展"，全市林权主体改革提前完成。省政府在炎陵召开林改新闻发布会，株洲市获评全省林业建设"湘林杯"。三是城乡一体化改革试点取得实效。借鉴高塘村推进城乡一体化试点的经验，在云田、松西子、仙庾、星光等村庄推行城乡一体化试点工作进展顺利，"三变"（土地变国有、农民变市民、村组变社区）、"六化"（基础设施一体化、公共服务均等化、产业发展集聚化、社会保障同城化、社会管理社区化、土地利用集约化）步伐稳步推进。农村"两会一部"兑付工作进展顺利，水务一体化、市渔场改革全面启动，水管单位管理体制改革全面完成，农技、动物防疫、农产品质量安全等服务体系不断完善，农村发展活力明显增强。

四、新农村建设成效明显。坚持以基础设施建设为主推手，切实加强新农村建设。加大基础设施投入，全年全市投入资金5亿元，完成各类水利工程2.9万处，治理病险水库89座，治理水土流失面积102平方公里，开发整理农田0.6万公顷。市水利局获全省"芙蓉杯"水利建设先进单位。完成通畅通达公路建设1135公里，通水泥路的行政村达95%。加强造林绿化，完成造林面积1.52万公顷，森林覆盖率达60.15%，炎陵县建成国家卫生县城，并入选"中国十佳绿色城市"。加强农村环境整治，新建沼气池8386个，建设生活垃圾处理系统356个。农网改造、通讯建设进一步加强。新农村示范村建设扎实推进，全市"一园二区五片示范村"启动项目180个。云田、松西子、仙庾、湘云、百井等村被誉为市农家旅游休闲"五朵金花"，全省新农村建设现场经验交流会在株洲市召开，株洲县、炎陵县获评全省新农村建设先进县。

五、民生实事扎实推进。大力开展农村实用技术培训，全年全市新增农村劳动力转移就业5.9万人，农村绝对贫困人口减少3万人。计生工作强力推进，株洲市被评为全省人口和计划生育工作模范市。在株洲县及城市4区启动农村社会养老保险，新型农村合作医疗参合率达96.5%。改扩建乡镇敬老院6所，完成1115栋农村安居房工程建设，五保户集中供养率超过28%。新解决39万农民饮水不安全问题，加强农产品质量安全工作，全面启动放心粮油示范工程，果蔬农药残留超标率控制在1.02%以内；积极开展粮食项目建设，落实3.5万吨市县（区）储备粮任务。建立气象自动观测站160个，现代气象体系更加完善。实施残疾人技能培训345人，残疾人的保障机制和服务机制逐步健全。防汛抗灾取得全面胜利，动物防疫确保了清净“无疫”，农村社会连续22年无群体性涉农恶性案件。（曾庆忠）

【大力扶持省级示范社建设】 2010年，株洲市有6个农民专业合作社列入了省委、省政府为民办实事农民专业合作社省级示范社，分别为：株洲县湘渌果蔬农民专业合作社、醴陵市协力牲猪养殖专业合作社、醴陵市新立红薯种植农民专业合作社、攸县上升生猪合作社、攸县佳利蔬菜产品合作社、炎陵县平乐黄桃种植专业合作社。

2010年，全市共安排资金200万元，其中市里安排60万元，即50万元专项经费和10万元工作经费。有示范社建设任务的4个县市安排100万元的专项扶持经费和40万元工作经费，共计140万元。具体安排情况是：株洲县共30万元，含专项扶持20万元，工作经费10万元；醴陵市共40万元，含专项扶持30万元，工作经费10万元；攸县共40万元，含专项扶持30万元，工作经费10万元；炎陵县共30万元，含专项扶持20万元，工作经费10万元。炎陵平乐黄桃种植农民专业合作社对农户所产黄桃按不低于6元/公斤的保护价收购，全年产量45万公斤，最高零售价涨至30元/公斤，解决农民劳动力0.6万人，其中，解决残疾人就业100人，为农民创收3500万元。8月上旬，该社所辖平乐乡种植基地便新增农民存款近1000万元。2010年2月合作社荣获省十大示范农民专业合作社称号；5月荣获中国50佳农民专业合作社称号。农民专业合作社省级示范社的建设，促进和带动了全市农民专业合作的发展。截至2010年底，全市有389家农民专业合作社，拥有成员4.1万人，带动农户11.67万户。（彭刚亮）

【规范农村土地流转工作】 2010年，株洲市规范市、县（市）、乡、村4级农村土地承包经营权流转服务中心、站，规范合同订立双方行为。截至年底，全市流转农村土地25.33万公顷，占全市农用地面积的28.5%，其中，耕地流转5.36万公顷，占全市耕地总面积的33.5%。天元区以《农村土地承包经营权流转证书》作为抵押，为1家流入主体解决支农贷款200万元，初步探索出了解决融资难的一条新路。株洲县开心农场探索出让城里人到自己场内租种菜地的新做法。荷塘区出台《鼓励现代农业发展投资暂行办法》，年底奖励流转大户68万元。（彭刚亮）

【强农惠农资金专项清检】 7月初，全市认真开展强农惠农资金专项清理和检查工作。截至9月16日，专项清理和检查工作基本结束，总体情况如下：2007～2009年，株洲市市本级及各县市区级财政共安排强农惠农资金239530万元。其中，市本级财政安排强农惠农资金171059.84万元。自查自纠阶段中，发现违规违纪违法案件41个，违规违纪违法金额858.15万元（包括以往接受检查发现的违规违纪违法案件22个，违规违纪违法金额484.2万元）。重点检查阶段，检查单位320个，资金项目767项，发现违规违纪违法金额1066.7万元。针对省重点检查组指出的“株洲县通乡公路建设工程招标违反省政府规定”、“醴陵市X015唐堆线建设项目没有组织公开招投标”、“攸县农村公路建设招投标不符合相关规定”、“农村公路建设项目资金管理欠规范”4个问题，株洲市农村经济管理处认真落实整改责任，对相关单位和相关人员进行查处，维护了农民群众的利益。截至10月21日，市县两级共发现问题171个，违规违纪违法金额2338.08万元。整改到位163个，涉及金额2295.73万元；正在整改的8个，涉及金额42.35万元；责任追究21人，其中：行政处罚3人；党纪政纪处分7人；移交司法机关处理11人。2010年，全市各地通过“一卡通”发放的惠农补贴项目平均达25项，发放惠农补贴资金达3亿元以上。（彭刚亮）

【规范村级财务审计工作】 2010年，全市开展第七届村级组织财务清查和任期经济责任审计工作。全年全市共有542个村级单位完成专项审计，审计金额达14651.82万元，查出违规违纪金额45.2万元。炎陵县审计村级单位152个，审计金额1180.4万元，查出违规违纪金额20余万元。（彭刚亮）

【完成年度农村两会一部遗留存款兑付工作】 2010年，省处置办安排株洲市配套总额397.52万元，其中株洲县107.36万元；醴陵市6.3万元；攸县231.32万元；茶陵县52.33万元；炎陵县0.21万元。年底前，株洲县、攸县和茶陵县3个县实际兑付任务全部完成。（彭刚亮）

【加大农民专业合作社项目工作】 2010年，中央财政和省财政对农民专业合作社项目扶持数量和金额进一步扩大。全年全市到位项目10个，总额达133万元。其中，中央财政项目7个，金额为110万元。分别为株洲县湘渌果蔬农民专业合作社33.33公顷高产优质葡萄基地建设、品种引进繁育、农民培训10万元；醴陵市协力牲猪养殖专业合作社种猪引进、农民培训、信息网络建设30万元；醴陵市新立红薯种植农民专业合作社新品种引进、技术示范推广、农产品认证、农民培训、信息网络建设10万元；醴陵市湘醴养猪农民专业合作社良种引进、农民培训、专家咨询、营销网络建设20万元；攸县上升生猪合作社5000平方米种猪繁育场新建、种猪引进20万元;攸县佳利蔬菜产品合作社53.33公顷香椿生产基地建设、1000平方米香椿生产加工车间建设、农民培训10万元;茶陵县利民生猪养殖专业合作社信息网络建设、设备购置、农民培训10万元。其中,省财政项目3个,金额为23万元。分别为醴陵市金颖油茶种植专业合作社2万元;攸县穗丰水稻植保合作社(含丰泰水稻社1万元)11万元;炎陵县平乐黄桃种植专业合作社10万元。(彭刚亮)

种 植 业

【概况】 2010年,全市农业系统着眼于调结构、保增收、惠民生工作大局,努力战胜低温、洪涝、病虫害等因素影响,农业经济继续呈现出好中见快的良好态势。全年完成农业增加值123.8亿元,实现农民人均现金收入7658元,分别比上年增长4.2%、17.8%,农村经济综合指标稳居全省第二。

粮食生产再获丰收。全市各级农业部门努力克服长期低温阴雨、洪涝及病虫害的影响,粮食生产再夺丰收。据统计,2010年全市粮食种植面积26.68万公顷,比上年增加0.35万公顷,增长1.31%,总产184.5万吨,比上年增加0.9万吨,增长0.47%,是继2004年以来的第7个丰收年。粮食单产474公斤/亩,水稻单产484公斤/亩,均比上年增加9公斤/亩、高出全省70~80公斤/亩,位居全省第一。优质稻发展到11.33万公顷,其中高档优质稻1.8万公顷。全年规范足额下拨“四补贴”资金28477万元,其中,农作物良种补贴5204万元,粮食直补2890万元,农资综合补贴18423万元,肥料补贴1960万元。全市共流转农村土地25.2万公顷,占全市农用地面积的28.12%,其中耕地流转5.24万公顷,占全市耕地总面积的32.75%。

经济作物稳步发展。全市经济作物总面积10.87万公顷,比上年增加26.67公顷;总产值34.59亿元,较上年增加1.5亿元,增长4.53%,连续6年实现经作产值占种植业比重的50%以上。其中,蔬菜种植面积5.88万公顷,总产132.8万吨,产值22.56亿元,分别比上年增长1.2%、0.75%和5.1%,全市生产和销售的蔬菜种类达37种之多;水果2.16万公顷,比上年增加133.33公顷,总产20.7万吨,产值5.13亿元,桃、梨、李、葡萄等时鲜水果产量有所增加;果用瓜7826公顷,总产15.38万吨,均与上年持平;茶叶1953.33公顷,与上年持平,总产1766吨,比上年增加387吨,产值2900万元,比上年增加241万元。全市农作物设施栽培发展迅速,面积达3.69万公顷,其中,蔬菜设施栽培面积1.2万公顷,比上年增加826.67公顷,增长7.4%;其中大中棚栽培面积1126.67公顷,小拱棚7460公顷,遮阳网2666.67公顷,防虫网746.67公顷;经作设施栽培面积达3546.67公顷,其中水果套袋面积1400公顷;粮食作物设施栽培2.13万公顷。

休闲农业提质扩容。按照市委、市政府打好“旅游升温”战的要求,全市农业产业化主管部门抓住发展机遇,扎实贯彻市政府《关于加快发展休闲农业的意见》文件精神,大力发展休闲农业。9月7日,全市休闲农业工作会议召开,株洲市出台《株洲市鼓励休闲农业发展八项优惠政策》(株政发〔2010〕22号),以发展休闲农业,助推“旅游升温”。8项优惠政策从财政、税收、土地、资金、用水用电、星级评定、激励机制等方面对休闲农庄进行规范和扶植,鼓励全市休闲农业做大做强做优。出台《株洲市鼓励休闲农业发展八项优惠政策》。2010年,全市休闲农业企业发展到243家,其中,省五星级休闲农庄12家、四星级6家、三星级5家,接待游客217.8万人次,比上年增长20%,实现经营总收入3.05亿元,比上年增长19.75%。

农产品加工业势头强劲。全年完成农产品加工业总产值150.48亿元,销售收入145.74亿元,增加值49.9亿元,利润7.05亿元,上缴税金2.7亿元,分别同比增长16.8%、15.2%、29.27%、33.27%、28.57%。全市农产品加工业企业发展到2730家,规模以上企业达135家,农业产业化市级以上龙头企业85家(国家级2家,省级14家,市级69家),龙头企业实现总产值118.5亿元,利税6.6亿元,龙头企业完成总产值占全市农产品加工业总产值的79%。同时,品牌建设成绩喜人,有国家地理标志产品2个、中国驰名商标4个、中国名牌产品3个、绿色食品7个、有机食品3个、省著名商标19个、湖南名牌产品14个,品牌总数位居全省前列,比“十五”期间增加47个。

农产品质量安全可靠。全年全市农业部门先后投入200万元重点建立18个农产品标准化基地,面积达1333.33公顷;开展农产品质量例行监测抽样检查23次,抽检农产品达50余种,样本63930批次,农产品合格率达98.68%,其中抽检蔬菜样本58877批次,合格率98.67%。省农业厅抽检全市农产品7次,农残超标率在省定范围内;全市“三品一标”新认证数达70个(其中无公害农产品67个,绿色食品2个,地理标志产品1个),9个无公害农产品取得复查换证证书,全市“三品一标”认证总数创历史新高,首次突破100个,达125个(其中无公害农产品113个,绿色食品7个,有机食品3个,地理标志产品2个),“三品一标”认证创历史最高纪录,并超额完成省定任务。为有效抑制蔬菜农药残留,确保师生饮食安全,7月2日,株洲市启动“农产品质量安全监管进校园”工程。市农产品质量安全工作领导小组办公室副主任、市农业局局长胡里仁到株洲市五中、株洲市特殊教育学校赠送农产品质量检验检测设备和相关药剂。为确保农产品质量安全,着实抓好生产源头监管,株洲市率先在全省开展农产品生产基地质量安全承诺行动。7月16日,首批农产品生产基地质量安全承诺仪式在芦淞区新庄蔬菜基地举行。来自市区和株洲县的10个农产品生产基地负责人递交了质量安全承诺书，自觉接受社会监督。全年全市没有出现重大农产品质量安全事故，农产品质量安全水平达到近10年来最好水平。在11月省农业厅组织的对全省14个市州农产品质量安全工作交叉检查中，株洲市的做法和所取得的成绩得到检查组和省农业厅的充分肯定，农产品质量安全工作居全省首位。

项目资金和招商引资创新高。全年株洲市向部、省申报农业专项135个，到位资金1.11亿元；完成农业招商项目10个，招商引资到位4430万元，完成市政绩考核目标的147.7%。

（陈　华）

【省市实事圆满完成】 2010年，株洲市农业局承担的省、市为民办实事任务主要有2件，即“7个农村清洁工程示范村建设”和“蔬菜农药残留超标率控制在8%以内”。11月，由市农业、财政、统计等部门组成的验收小组对石峰区云田乡云田村、荷塘区仙庾镇仙庾村、株洲县南阳桥乡南岸村、醴陵孙家湾乡孙家湾村、醴陵东堡乡漏水坪村、攸县菜花坪镇谭桥村、茶陵湖口镇小潭村等7个清洁工程示范村进行实地验收，7个清洁工程建设村全部完成项目所要求的目标任务。根据省农业厅组织检查的结果，株洲市清洁工程的建设质量位居全省前列。全年市农业局对农产品开展多次监督抽查和例行监测，农残超标率均控制在实事要求的8%以内。（陈　华）

【攸县项目区田间工程通过世界银行验收】 1月初，株洲市超级杂交早籼稻良种繁育基地建设子项目攸县项目区田间工程，通过世界银行委托的专家组现场验收。该项目系株洲亚邦种业有限公司承担的世界银行农业科技创新基金项目，分布于攸县4个镇的5个村，建设总面积达275.33公顷。项目区建成后，这5个村的农民通过杂交水稻繁殖、制种，每年可增收330万元。同时可带动周边20个乡镇、1.5万户，每年可增收2.6亿元。专家组认为，通过采取“科研机构+公司+基地+农户”等模式，攸县乃至株洲将成为国内早籼稻良种繁育的重要基地，引领南方稻区早稻产业的可持续发展。

（陈　华）

【天元区绿色食品认证实现零的突破】

3月初，经中国绿色食品发展中心审核认证，天元区湘云葡萄园基地生产的“湘云”葡萄荣获绿色食品A级认证，该基地成为天元区首家荣获国家级绿色食品认证的农产品基地。近年来，天元区群丰镇湘云村9位农民合资数百万元，采用政府引导、农民自愿、公司参与、市场化运作、土地流转的方式，按照“科研单位+公司+基地+农户+协会”的模式，组建株洲市壹加玖水果种植专业合作社，建立湘云葡萄园基地，计划总投资5600万元，分3期实施，逐步扩大规模至50公顷，力创高标准绿色生态果园。基地占地20公顷，基础设施齐全。为提高葡萄质量和品位，基地专门聘请全国著名的葡萄种植专家、省农大石雪晖教授作为技术顾问，邀请株洲市农科所的专家定期进行田间技术指导和全程提供技术支持，澧县葡萄基地委派1名高级技术人员常驻指导，按照农业标准化生产的要求进行生产。园内种植葡萄品种繁多，其中夏黑、红宝石等品种品质优良，深受消费者青睐。（陈　华）

【攸县成立首家金银花专业合作社】 4月14日，攸县首家金银花专业合作社——攸县鑫地金银花专业合作社正式成立，落户上云桥镇。攸县鑫地金银花专业合作社注册资金260万元，首期投入300余万元，在上云桥镇老头岭、冯家坳、圳江3个村建立基地，种植面积近26.67公顷，同时带动周边200余农户种植，推广种植面积达26.67公顷。合作社的成立，将推动攸县金银花种植业的快速发展，有利于带动广大农户快速增收。（陈　华）

【2010年株洲市农业产业化项目银企对接洽谈会】 为促进银企之间的良性互动与互赢，缓解全市农产品加工企业融资压力，4月20日、4月23日，由市农业局组织召开2010年株洲市农业产业化项目银企对接洽谈会，市农发行、市农行主要负责人和全市15家农产品加工企业负责人参加洽谈会。会上，有4家农产品加工企业与银行签订贷款合同，资金总额达3.6亿元。对接活动成效明显，受到了市农产品加工企业的一致好评和普遍欢迎。（陈　华）

【农业部常务副部长危朝安到株洲视察早稻生产】 5月3日，农业部党组副书记、常务副部长危朝安深入醴陵大障镇、泗汾镇等地，检查粮食生产计划落实情况，察看早稻的长势情况。危朝安副部长对株洲市大力发展粮食生产、全面落实粮食面积所取得成绩表示十分满意，特别是对醴陵市发展粮食生产的举措给予了充分肯定，希望全市抓住时节，进一步落实措施，努力提升粮食综合生产能力和整体效益。农业部种植业司司长叶贞琴、省农业厅厅长田家贵等参加督察。（陈　华）

【炎陵县平乐黄桃种植专业合作社入选“中国50佳”】 2010年，由中华合作时报社、中国合作经济杂志社、中国人民大学农业与农村发展学院、中国人民大学中国合作社研究院联合举办的“中国50佳农民专业合作社”评选活动中，炎陵县平乐黄桃种植专业合作社在全国数百家合作经济组织中脱颖而出，成为全省唯一获此殊荣的合作社。炎陵平乐黄桃种植专业合作社以“合作社+基地+农户”为经营机制，以大力开展农民科技培训、增强果农生产技能为立足点，以打造“炎陵黄桃”品牌产品为目标，围绕良种苗木供应、基地高标准创建、产品标准化生产与规范化营销等环节加强技术指导，千方百计带动果农奔康致富。2月，合作社被评选为“湖南省十大示范农民专业合作社”。

（陈　华）

【果品加工物流集散园落户株洲市】 2010年,占地20公顷、总投资达2亿美元的果品加工物流集散园落户金山工业园二期,它将成为辐射全国的大型水果精加工、配送、出口及物流配套园区。5月10日,荷塘区与真滋味坚果有限公司、志宏国际物流公司正式签约入园。真滋味坚果有限公司是一家澳大利亚独资公司,成立于1979年,主要销售各类坚果、干果和点心小吃,该公司与澳大利亚境内和海外的高品质坚果种植者和供应商联系紧密。志宏国际物流公司在香港注册,主要从事货运服务业务,其代理公司分布于中国各大港口城市及世界各地。

(陈 华)

【醴陵首创全省"农产品产地编码标识"制度】 6月上旬,醴陵市农业局将该市全部农产品实行产地编码标识,以更好地监管农产品质量安全,建立基地准出和实行可追溯的产地制度,这在全省属首创。对全部农产品实行产地编码标识,即将生产区域乡镇(街道办事处)、村、组名和产品名称编成10位数阿拉伯数字。凡是基地进入市场销售的农产品,都必须贴有安全编码标识的基地准出证,消费者按照证上的编码,可以在醴陵农业信息网上进行产地查询,做到了农产品消费"心中有数,吃了放心"。 (陈 华)

【全省基层农技推广体系改革与建设示范县工作会议在醴陵召开】 6月21~22日,全省基层农技推广体系改革与建设示范县工作会议在醴陵召开,来自全省14个州、市,33个县市农业局主要领导共110人参加会议。会议代表参观了醴陵市泗汾镇农场村水稻新品种展示基地和泗汾农业技术站建设。会上,省农业厅总农艺师刘年喜要求各项目县学习先进、总结经验,采取得力措施,确保农技推广体系改革与建设工作顺利推进。 (陈 华)

【全省超级杂交稻"种三产四"丰产工程早稻现场会在醴陵举行】 7月6日,湖南省超级杂交稻"种三产四"丰产工程早稻现场会在醴陵市召开。国家杂交水稻工程技术研究中心主任、省政协副主席、中国工程院院士袁隆平亲临大会并讲话。来自全省14个地州市的农业局长、水稻研究专家及36个"种三产四"丰产工程基地县的农业局长等200多人参加会议,并到醴陵市泗汾镇石湾村,现场察看了160公顷超级杂交水稻"种三产四"丰产工程示范基地。

(陈 华)

【炎陵大院高山乌龙茶荣获"国饮杯"特等奖】 8月26日,炎陵县选送的大院农场归龙窝高山乌龙茶园生产的高山乌龙茶在首届"国饮杯"全国茶叶评比(第一阶段)获青茶特等奖。大院农场高山乌龙茶基地在海拔1350~1650米之间,是湖南最高海拔茶园。自台商2001年开发建园以来,按"转变发展方式、调优产业结构"的要求,以大力发展生态特色农业产业为目标。截至2010年初,基地开发种植高山乌龙茶100公顷。此次选送参加全国首届"国饮杯"评比活动的"大院农场归龙窝茶园高山乌龙茶",以其外形颗粒圆结;色泽青绿油润;香气浓郁,有花香;汤色蜜黄;清澈明亮;滋味醇厚、甘醇、鲜爽、灵活;叶底嫩软、绿亮等特点赢得评委的一致好评。此项殊荣的获得,为炎陵打造茶叶知名品牌,做大做强茶叶产业奠定了坚实基础。 (陈 华)

【省农业厅与市政府"厅市合作"协议签约】 10月11日,省农业厅、株洲市人民政府共建"两型"社会、推动现代农业发展合作协议签约仪式在株洲市华天大酒店举行。省农业厅厅长田家贵与市委副书记、市长王群共同签署合作协议,签约仪式由市委常委、副市长黄曙光主持。签约仪式上,市委书记陈君文指出,这次合作协议的签署,为进一步推进株洲市"两型"社会建设,发展现代农业,保障农产品质量安全,提供了一个良好的平台和一次难得的机遇。并表示株洲市将认真履行协议,强化服务监管,着力搭平台、引资金、学技术,努力扶龙头、树品牌、谋发展,全力推动株洲"三农"工作再上新的台阶。田家贵厅长对株洲市在统筹城乡发展、推进新农村建设工作中取得的成绩表示了肯定。 (陈 华)

【醴陵市农作物栽培技术在全省率先步入规范化时代】 10月22~23日,醴陵市水稻、蔬菜、茶叶、甜瓜等20项农作物栽培技术规范通过株洲市评审。此前,醴陵市《醴陵市花椰菜栽培技术规程》等2项标准和《醴陵市早稻翻耕撒播技术规程》等分别通过省、市审定,至此,醴陵市主要农作物技术规范在全省率先实现全覆盖。醴陵市农技推广中心结合本地特色,通过深入调查研究,开展试验示范,广泛征求有关专家意见等方式,制定了一系列栽培技术规范。株洲市农业标准规范专家组一致认为:此次出台的农作物栽培技术规范符合实际,文字简练,通俗实用,可操作性强,对规范醴陵水稻及无公害水果、果用瓜及蔬菜生产,提高产量和优化品质、促进标准化生产等方面都具有重要意义。 (陈 华)

【7个产品获农博会金奖】 11月24日,为期7天的2010中国中部(湖南)国际农博会圆满落下帷幕。株洲市的湖南天源食品有限公司"戴永红"原味南瓜子、奶油蚕豆、原味西瓜子、迁西板栗、原味葵花籽、开口核桃和攸县海源豆制厂攸县"田豆香"卤制品香干等7个产品获2010中国中部(湖南)国际农博会金奖。株洲市农业局获最佳组织奖。株洲市组织唐人神集团、天源食品、金巢食品、鸿华鸭业等11家企业参展,展品数百个。 (陈 华)

【全市农业工作获部、省级多项荣誉】 2010年,全市农业工作在全国、全省斩获多项殊荣。在2010年全国粮食生产先进单位和先进个人评选活动中,市农业局局长胡里仁被评为全国粮食生产先进工作者，攸县、醴陵市被评为全国粮食生产先进县，醴陵市的巫启凤和谢树雪、攸县的朱国林、株洲县的彭满珍等4人被评为全国粮食生产大户。在农业部主办的全国农业执法技能比武活动中，市县2名执法人员曹全国、周湘波与省总队队员彭才英组成湖南代表队获团体三等奖，拍摄的执法短片入选全国农业行政执法教学案例。市农业局获全省2010年度市州农业工作目标管理一等奖、全省2010年度市州乡镇企业局目标管理一等奖。在2010年度全省农业系统创先争优活动中，株洲县农业局、攸县乡镇企业局、醴陵市蔬菜办、醴陵市白兔潭镇农产品质监站、醴陵市泗汾镇农技站均被评为全省农业系统创先争优活动先进单位；醴陵市农业局局长钟国建、炎陵县十都镇农技站站长邹伟华分别被评为全省农业系统创先争优活动“十佳农业局长”之一、“十佳乡镇农技站长”之一。同时，醴陵市被评为湖南省粮食生产标兵县并获奖励100万元；株洲市农产品质量安全监管工作全省第一，市农业局被评为全省农产品质量安全监管工作先进单位，醴陵市农业局被评为全省农产品质量安全综合监管试点县工作先进单位。 （陈　华）

【“茶陵大蒜”、“茶陵黄牛”成功注册国家地理标志证明商标】 12月底，“茶陵大蒜”、“茶陵黄牛”成功注册国家地理标志证明商标，茶陵国家地理标志证明商标实现零的突破。大蒜是茶陵的传统特色农产品，以个大瓣壮、皮紫肉白、包裹严实、香辣浓郁而驰名国内外，因品质上乘，明清时被列为“贡品”。全县种植面积800公顷左右，年总产量约2000吨。茶陵黄牛是该县养殖范围较广的特色农产品，由农民天然放牧。茶陵黄牛肉质细腻、味道鲜美，具有高蛋白、低脂肪，富含氨基酸和矿物元素等特点，在国内外享有盛誉。

（陈　华）

农业科学研究

【概况】 株洲市农业科学研究所建制于1962年6月，1995年加挂株洲市蔬菜研究所，2010年升格为正处级，差(定)额拨款事业单位。

2010年，株洲市农科所科技创新平台进一步夯实，科技创新能力进一步增强，获科技成果奖2项，审定新品种(组合)5个，其中1个新品种通过国家审定，4个新品种通过省级审定。

科研进展呈现强劲势头。“两系法广适型早籼超级稻株两优30的选育与推广”获省科技进步二等奖；“水稻温敏核不育系株1S的选育与应用”获株洲市促进企业技术创新奖。合作选育的籼型两系杂交水稻组合株两优173通过国家农作物品种审定；合作选育的两系中熟杂交早稻组合株两优06通过浙江省农作物品种审定；合作选育的两系中熟杂交早稻组合株两优1733、株两优4026通过湖南省农作物品种审定；合作选育的杂交早稻组合株两优152通过江西省农作物品种审定。

项目取得显著成效。“生物育种实验平台建设及设施维修改造”项目、世行贷款农业项目《株洲市超级杂交早籼稻良种繁育基地》子项目续建、“水稻生长后期喷施叶面肥技术机理研究”项目、“株两优173推广技术集成与示范”项目、“现代农业产业技术体系湘中水稻区域试验站建设依托单位”、“优质稻产业化技术创新项目(协作研究课题)”等6个项目获批。 （易胜前）

【省政协副主席袁隆平视察株洲市农科所】 12月3日，世界杂交水稻之父、中国工程院院士袁隆平应邀到株洲市视察工作。市委书记陈君文陪同视察。

袁隆平院士先后视察了神农城、湘江风光带、市规划展览馆和新落成的株洲现代农业科技创新中心。会上，市委书记陈君文介绍了株洲市情况。党委书记、所长程建强汇报了全市农业科研工作。袁隆平院士高度赞扬株洲市农科所近年来取得的成绩，他要求湖南农业大学、省农科院等科研教学单位，加大对株洲市农科所的支持，开展科技合作研发。

袁隆平院士与市委书记陈君文等专家领导参加株洲现代农业科技创新中心落成暨株洲市农业科学研究所揭牌仪式。湖南农业人学校长周清明，湖南省农科院院长邹学校，湖南省农业厅党组成员、总农艺师刘年喜，株洲市政协主席刘岁文，市委常委、副市长黄曙光，市委常委、市委秘书长蔡典维等专家领导陪同考察。 （易胜前）

【株洲市农科所成为湖南省优质稻产业化技术创新项目攻关协作单位】 9月4日，党委副书记、副所长凌文彬，党委委员、水稻研究室主任石天宝参加湖南省优质稻产业化技术创新项目协作攻关会议。这标志着株洲市农科所正式成为湖南省优质稻产业化技术创新项目攻关协作单位。会议由省农业科学院科研处处长陈学斌主持，省优质稻产业化技术创新项目首席专家、省农业科学院党委书记何铁林就项目的立项背景、项目实施、联合协作攻关等方面作了重要讲话。会上，省优质稻产业化技术创新项目执行专家赵正洪研究员就项目实施方案作了报告说明。市农科所副所长凌文彬就株洲所科研基本情况、科研条件、优质稻育种进展等作了汇报，并代表株洲市农科所与项目首席专家、执行专家签订《高档优质早(中)稻品种选育》专题合同任务书。

（易胜前）

【石天宝获“湖南省先进工作者”光荣称号】 2010年12月，株洲市农科所党委委员、水稻室主任石天宝获“湖南省先进工作者”光荣称号。石天宝先后主持或参与省部级科研课题10项；参与选育通过审定品种(组合)16个，选育的3个品种获得国家农业部植物新品种保护授权，实现株洲市植物新品种保护权

"零"的突破。其中,参与研究的科研成果"水稻低温敏两用核不育系株1S的选育研究"2009年获湖南省科技进步一等奖和农业部"中华农业科技二等奖"。累计创造社会经济效益18亿元以上。（易胜前）

养 殖 业

【概况】 2010年,全市生猪饲养量747.97万头,出栏463.19万头,存栏284.78万头;牛饲养量21.48万头,出栏5.28万头,存栏16.2万头;羊饲养量96.71万只,出栏52.41万只,存栏44.3万只;家禽饲养量3764.53万羽,出笼2255.36万羽,存笼1509.17万羽;全市肉类总产量394007.8万吨,蛋品产量4.6万吨,水产品产量7.9万吨,主要生产指标保持稳定增长。

畜禽规模养殖步伐明显提速。2010年,龙华农牧公司在茶陵新建全省规模最大、栏舍标准最高、自动化管理程度最先进、污染处理效果最好的标准化养猪示范场。唐人神集团在株洲县建成国内唯一的中美合资世界顶级种猪场。炎陵白鹅产业发展迅速,白鹅出笼突破100万羽。唐人神1000万头生猪产业化跨100亿元工程完成立项和选址,百万头生猪屠宰线、西式火腿加工线正式建成投产。"百区千户"工程进展顺利,全市建成标准化养殖小区60个,发展规模养殖户超过500户,规模养殖比重突破60%。治污得力。根据省局要求,全年全市116家存栏生猪500头以上的规模养殖场全面完成治污整改。

动物疫病防控措施明显提效。2010年,全市生猪、牛、羊口蹄疫,猪瘟,高致病性猪蓝耳病,禽流感免疫密度均为100%,其他动物疫病的免疫比上年同期也有所增长。年内,对各地乡、村动物防疫员、养殖大户和其他兽医从业人员集中培训。全市统一出台免疫公示卡制度,印制养殖档案和免疫台账。率先在全省完成市级兽医管理体制改革。

质量安全监管能力明显提高。全年全市通过省级无公害生猪生产产地认证312万头,无公害水产品生产产地认证9160公顷,无公害畜禽水产品标准化生产示范基地12个,无公害畜禽水产品认证9个,大、中生猪免疫标识的挂标率100%。全市开展兽药、饲料专项整治行动17次,查处不合格饲料3.2吨、不合格兽药320公斤,罚款5.15万元,取缔非法饲料、兽药经营户6户。进行生猪产地检疫160万头,查处病畜0.08万头,检疫率为96%;屠宰检疫18万多头,禁宰病猪0.45万头,屠场检疫率为100%。

渔政监督管理水平明显提升。加大对全市渔业市场、酒店、宾馆及各小饭馆的执法检查力度,查处违法经营鲟类鱼小型酒店2家。成功举行"长株潭"三市第三次大型鱼类人工放流活动。全年共抓获违法捕捞渔船8艘,没收电捕设备8套,取缔迷魂阵6套,没收违法渔货物200公斤,处罚2人,有效打击了电鱼、炸鱼、毒鱼等违法行为。全面完成株洲市专业捕捞渔民解困工作的各项任务。

养殖科技推广工作明显提质。全年全市开展业务服务6次,举办技术讲座8场,培训人员1000多人次,印发畜牧水产科技信息资料8000余份,接受养殖户咨询及上门服务达600多人次。重点推介攸县麻鸭、酃县白鹅、杜长大杂交组合(种猪)等49个主导品种,生物发酵床养猪新技术、生猪规模场标准化饲养技术、提高能繁母猪生产能力技术等23项畜牧技术,淡水池塘健康养殖和高效增氧技术、节水和安全功能的池塘养殖技术改造、网箱无公害养殖技术等12项渔业技术。（龙 潭）

【全省畜禽标准化规模养殖现场会】 6月24日,全省畜禽标准化规模养殖现场会在株洲市召开。省农业厅、省发改委、省财政厅、省畜牧水产局及相关处室负责人、全省14个地州市畜牧水产局局长参加会议。与会人员先后参观茶陵县龙华农牧发展有限公司和攸县东方红牧业公司,听取了相关情况汇报。市政协副主席谢罗生陪同参观。省农业厅常务副厅长曹英华对株洲市大力推进标准化规模养殖的发展,以及取得的成果给予充分肯定。（龙 潭）

【省畜牧水产局与株洲市签署合作备忘录】 9月8日,省畜牧水产局与市政府签署共建"两型"社会合作备忘录。双方承诺:将建立紧密联系的工作机制。市委书记陈君文,市委副书记、市长王群会见省畜牧水产局局长曹英华一行。根据备忘录,双方合作内容包括:做好养殖业的规划编制和实施,实施生态健康养殖,加强良种繁育体系、畜禽水产品质量安全体系、动物及水生动物防疫体系建设,完善养殖业行政执法体系建设。双方将建立项目对接和联席会议制度、联动工作和信息共享机制。省畜牧水产局将在技术指导、项目申报、资金投入等方面给予重点支持。王群在签约仪式上致辞。市委常委、副市长黄曙光主持签约仪式。（龙 潭）

【兽医管理体制改革】 为进一步适应畜牧水产工作的新要求,努力推进兽医管理体制改革,株洲市畜牧水产局正式更名为"株洲市畜牧兽医水产局",市动物防疫站正式更名为"株洲市动物卫生监督所"(加挂"株洲市动物疫病防治控制中心")。4月28日,举行更名挂牌仪式。省畜牧水产局党组书记、局长曹英华,株洲市委常委、副市长黄曙光,株洲市人民政府副秘书长张格林,长沙市畜牧水产局局长聂荣富,湘潭市畜牧水产局局长余国伟等参加揭牌仪式。

（龙 潭）

【湘江长株潭段水生生物增殖放流活动】 5月5日,湘江长株潭段水生生物增殖放流活动在株洲市举行。省人大常委会副主任蔡力峰宣布放流活动开始。市委书记陈君文出席活动。此次放流活动，是湘江长株潭段规模最大的一次，长株潭3市联合向湘江投放四大家鱼原种良种鱼苗200万尾、亲本50组、胭脂鱼1000尾、乌龟200只。投放湘江的50组鱼类亲本，每条平均重5公斤，均具备繁殖能力。

长株潭地区城市密集，工业和生活污水排放量大，污染严重。随着水质的恶化，加上过度捕捞，湘江渔业资源大为衰减，有30多种鱼类数量明显减少，年渔获量仅为40年前的两三成。近3年，株洲市累计向湘江投放良种鱼苗500万尾。（龙　潭）

林　业

【概况】 2010年，全市林业用地面积73.35万公顷，占国土面积的65.04%；林地面积59.12万公顷，活立木总蓄积量1813.3万立方米，森林覆盖率61.53%。林业产值达67.07亿元，全市呈现资源增长、产业增效、林农增收的良好态势。

大兴造林，不断夯实生态基础。2010年，全市形成“众志成城促林业，齐心协力抓造林”的良好局面。一是植树造林声势大、效果好。全市完成育苗106.67公顷，提供优质种苗7270.5万株；造林1.52万公顷，为省厅下达任务的1.86倍；义务植树820万株，尽责率达86.7%。二是“三边”造林力度大、质量高。全市“三边”造林总任务0.44万公顷，截至2010年底，完成造林0.3万公顷。市、县两级财政拨款近2000万元开展“三边”造林，醴陵等地采用专业造林队高标准整地、造林。三是大户造林规模大、发展快，全市共有造林公司和大户1156户，面积达2.40万公顷。醴陵金桥油茶专业合作社在醴潭高速公路两边建设万亩油茶基地，森龙公司在株洲县洲坪乡建设油茶基地193.33公顷，广东东莞客商在攸县皇图岭兴建高标准油茶林66.67公顷。

强化管理，全力保护森林资源。一是严防森林火灾。严格执行森林防火责任制，不断加强森林防火体系建设，完善防火扑火应急预案和应急反应机制，提高处置突发事件能力。2010年全市森林火灾发生31起，受害面积133.33公顷，较往年均有大幅度下降。二是防控生物灾害。全年林业有害生物发生面积0.76万公顷，发生率1.3%；成灾0.11万公顷，成灾率1.85‰；无公害防治0.57万公顷，无公害防治率达75%。三是加强自然生态保护。累计建成各级自然保护区14个（其中重要湿地6处）、森林公园5个，总经营面积分别达3.73万公顷、4.67万公顷，建设各级生态公益林30.57万公顷，保护格局初步形成。四是开展湿地普查。调查湿地斑块961个（水田除外），湿地总面积3.58万公顷。在神农谷自然保护区新核定高山沼泽湿地826.7公顷，其中有200公顷具有很高的观赏价值。五是严厉打击涉林犯罪。通过开展“春季行动”、“火案二号”等专项行动，查处各类涉林案件532起，打击处理违法犯罪人员563人，挽回直接经济损失400多万元。

优化服务，着力发展林业产业。一是狠抓项目建设。在项目筛选、包装、申报、实施等各个环节上加大力度，确保林业产业健康有序发展。全年向上级主管部门申报各类建设项目20个，总投资2.70亿元（其中国家投资2.29亿元），到位资金1.50亿元。二是开展测土配方工作。全市对20.29万个小班进行野外核查，完成基础数据入库更新，工作进度、质量居全省前列。三是强化招商引资。全年全市涉林招商引资过亿元，新增省级龙头企业3家，涉林省级龙头企业达17家。四是组织参加省首届家博会。株洲市投入30余万元，布置展区450平方米，组织攸县奇瑞、茶陵木森、炎陵中冠等11家企业参展。参展家具与木竹装饰品共有10大类，近百个品种，上千件展品。香樟缘等4种产品获展览会金奖，株洲市获优秀组织奖。

关注民生，切实解决存在问题。突出建议提案办理工作。全年市林业局共收到建议、提案4件，内容涉及油茶产业发展、森林城市建设、山体水域保护等几个方面。市林业局制定措施，着力解决，先后申报并确定1个国家级、3个省级油茶重点县市，为建设油茶产业强市打下坚实基础；结合“三边造林”积极开展城市森林建设，增加城区森林面积；根据市人大常委会《关于在城乡建设中加强对山体、水域保护的决定》，进一步强化全市山体、湿地的保护工作。4件建议、提案办理见面、满意率均达100%。（许望生　田业强）

【株洲市喜获“湘林杯”】 2010年，株洲市生态建设稳步推进，林业工作亮点纷呈，植树造林、森林防火等重点工作成绩突出。造林面积为省里下达任务的1.86倍；森林火灾发生率和受害率均为全省最低的地市；炎陵县跻身全国林改百强县之列，并承办了全省集体林权制度改革新闻发布会。森林覆盖率、森林蓄积量、林业总产值、林业建设投入的增长及林业有害生物防控等方面也取得了较好的工作实效。在全省林业工作会议上，株洲市人民政府被省政府授予“湘林杯”林业建设目标管理优胜奖，并颁发“湘林杯”。

（许望生　田业强）

【集体林权制度主体改革基本完成】 林改工作是株洲市2010年度的“十大改革”之一，也是全市的“一把手”工程。截至年底，实际完成现场核实面积66.32万公顷，现场核实率达98.92%；完成发证640万公顷，发证率达95.48%；涉及山林纠纷3431件，已调处3300件，纠纷调处率96.18%。通过多措并举，全市于10月提前完成省里下达的年度工作任务。10月25日，省政府新闻办公室在炎陵县龙溪乡莱坪村举办集体林权制度改革新闻发布会，多家国家级、省级主要媒体进行了采访报道。通过政府、媒体、林农直接对话，

向社会展示全省林改的巨大成就,同时也展示了林改给株洲农村带来的巨大变化。（许望生　田业强）

【“厅市合作”推进“两型”社会建设】 8月20日,省林业厅与株洲市政府签署“共建‘两型’社会备忘录”,省林业厅厅长邓三龙、市委书记陈君文、市长王群等省市领导参加活动。根据“备忘录”内容,省林业厅将对株洲森林生态体系建设、林业产业结构优化、林业工程项目扶持和资金投入、林业政策扶植等4个方面重点支持,株洲将在林业生态体系建设、林业建设投入、生态文明建设、林业人才队伍建设等方面强化工作。通过厅市合作协议的签订,强化了林业工作力度,同时给株洲市林业发展带来机遇、给“两型”社会建设增添活力。（许望生　田业强）

【开展湿地普查】 3～10月,株洲市以县市区为单位开展第二次湿地资源调查。经过调查核实,全市有湿地斑块961个,湿地总面积35812.9公顷,其中河流湿地26860.48公顷,湖泊湿地1179.3公顷,沼泽湿地937.6公顷,人工湿地6835.42公顷,湿地植被总面积10547.02公顷,水稻田182793.7公顷。其中,炎陵县桃源洞自然保护区新核定山地沼泽湿地826.7公顷,并有200公顷极具观赏价值。

（许望生　田业强）

【林业测土配方工作】 自3月30日全市林木测土配方信息系统基础数据核查工作动员及培训大会召开以来,全市各地科学统筹,合理安排,在加快集体林权制度改革工作的同时,对测土配方相关工作进行部署安排,积极稳步推进核查工作。株洲市林业局积极采取措施,开展专项监督检查9次,组织召开全市调度会5次,有力地推进了全市测土配方工作。截至年底,全市20.29万个小班立地因子野外核查、基础数据入库更新、土壤肥力因子核查等工作全面完成。测土配方成果在2010年冬季造林中得到应用,预计2011年推广应用率将超过70%。

（许望生　田业强）

水利水电

【概况】 2010年,株洲市水利局内设8个职能科(室):办公室、政工科、内审科、监察室、计划财务科、水利工程建设管理科、水政科、防洪科。下辖15个事业单位:市水库移民开发管理局、市防汛抗旱指挥部办公室、水土保持站、河道堤防管理处、水利水电工程质量监督站、小水电管理站、灌溉实验站、水利经济管理站、水利水电勘测设计院、防汛物资储备管理站、氮水灌区工程管理所、河西防洪排渍管理站、河东防洪排渍管理站、酒埠江灌区管理局、官庄水库管理局。有干部职工327人,其中局机关在职干部64人,离退休干部职工25人。（杨敏晖）

【水利建设】 2010年,全市共筹集水利建设资金5.18亿元,开工并完成各类水利工程2.96万处,在全市城乡掀起新一轮大干水利的高潮,解决了一大批各级政府多年规划、各地群众长年期盼的水利问题。全市共除险加固病险水库95座,新修集中供水工程31处,新解决13.98万农村人口饮水不安全问题,治理水土流失面积123平方公里,继续对官庄灌区进行配套建设,对攸县皮佳如和茶陵岩口灌区的骨干渠系节水改造工程,2327口自分田到户以来从未清淤的“碟子塘”得到防渗扩容,整修加固堤防15公里,治理中小河流22.2公里,全市防洪减灾的工程体系进一步完善。株洲市再次获全省水利系统最高奖项“芙蓉杯”。（杨敏晖）

【防汛抗旱】 2010年,全市共发生10轮强降雨,湘江株洲站2次出现超警戒水位,渌水大西滩站出现超历史水位。7月中下旬开始,出现近2个月的持续晴热高温天气,部分地区出现轻度以上干旱,湘江株洲段11月17日出现29.13米的历史最低水位。面对南北夹击、水旱交替、接踵而至的复杂防汛抗旱形势,全市水利系统科学调度,连续作战,共转移群众8.8万人,成功处置各类险情262处。通过科学调度各类灌溉工程,有效化解了灌溉用水紧张矛盾,有效应对了湘江城市供水危机。取得未垮一堤一库、未发生群死群伤、未因干旱造成大面积经济损失的胜利。12月29日,全省防办工作会议在株洲召开,株洲防办被评为全省防办系统“先进单位”。（杨敏晖）

【依法治水】 加大水法宣传力度,在“世界水日”和“中国水周”期间,依托报纸、电视、广播、网络等媒体,开展领导访谈、有奖竞答、咨询服务等形式多样的宣传活动,收到良好的宣传效果。加大依法行政工作力度,市本级规范17个水行政许可项目的审批流程,实现网上电子审批,全面落实政务公开制度。强化水政执法,充实市河道执法大队人员力量,投入10多万元配备河道巡查执法车辆,建立河道巡查制度,坚持每周下河不少于2次,河道管理由粗放式管理向精细化管理转变。全年市本级共查处违法采砂案件156起,拆除湘江河道内砂石场22个,对株洲大桥上、下游各500米河道障碍物进行清除,按照建立“创卫”工作要求,建立河道长效管理机制,市河道处被省水利厅评为2010年全省先进单位。开展水土保持国策宣传工作,继续严格实行水保“三同时”管理。全年全市共收取各类水利规费464万元,基本做到了应收尽收。

（杨敏晖）

【节水型社会试点】 2010年,全市水利系统继续狠抓水资源管理工作。修订《株洲市水功能区划》《株洲市水资源保护规划》,编制《2010年株洲市水资源公报》《株洲市水资源质量状况通报》,对城市4区地下水情况进行普查并建立管理档案,进一步摸清了全市水资源家底。对炎陵县新开电站等一批涉水建设项目进行取水论证审查，否决了一批对水环境、水生态有潜在影响的建设项目。下大气力推进"节水型"社会试点工作，确定机关、企业、学校等7类19个示范创建单位，制订创建标准和考核办法。狠抓节水项目试点工作，智成化工厂和株洲冶炼厂的节水技改项目顺利通过上级验收。"节水型"社会建设体制创新工作取得历史性突破，成立市水务局，扭转了试点工作停滞不前的局面。（杨敏晖）

【水利管理】 严格"四制"要求，狠抓项目监管，全年共开展项目督查、抽查、稽查23次，风险防范机制更加健全，确保了干部、工程、资金安全。扎实开展水利工程建设领域专项治理工作，对省定的51处水利工程进行整改落实。加大争资引项工作力度，全市共争取到位省级以上水利建设资金2.43亿元，比上年增加1.3倍。完成《株洲水利发展"十二五"规划报告》等10多个单项规划，为争取上级投入、确保项目早日落地奠定了基础。市防办、市水利设计院"三定"方案、领导班子、人员机构落实到位。（杨敏晖）

【移民工作】 2010年，市水利局严格按照"不重、不错、不漏"一人的要求，核定享受直补扶持移民65888人（其中三峡移民1332人），项目扶持4900人。对生产、生活、生存条件很差的移民实施"二次搬迁"，共投入专项资金88.8万元，移民自筹资金139万元，动迁移民148人。编制《2011～2015移民后期扶持规划》，规划项目的编制主要集中在基础设施项目、经济发展和农村社会事业项目上，其中包括农田水利配套、农村交通、中低产田改造、生产开发、劳动技能培训等方面。全市移民区改善道路54公里、防渗渠道16公里、新建移民安全饮水工程18处，总投资达956万元，受益移民32437人。全年共引导、支持移民创建22家各类产业基地。培训移民3740人次。接待移民来信来访126多人次，妥善、平稳地完成洮水水库所有移民搬迁安置任务。（杨敏晖）

农机农具

【概况】 2010年，全市农机化工作以促进农业增效、农民增收为目标，围绕"拓宽农机发展领域，强化农机技术推广，优化农机装备结构，推进农机社会化服务，加强农机安全监管，加快农机产业建设，促进农机化又好又快发展"，为新农村建设提供了有力的支撑。截至2010年底，全市农业机械总动力为36.32万台，239.96万千瓦，分别比上年增长6.5%和6.6%。农机装备在保持耕作机械和收获机械发展态势不减的前提下，植保机械、排灌机械、加工机械、农建机械得到快速发展。全市收割机拥有量达6833台，比上年新推广978台，增长16.7%；拖拉机呈现快速增长，大中型拖拉机和小型拖拉机分别新增480台和3100台，拖拉机总量达21570台，比上年增长20%；插秧机推广措施进一步加强，新增85台；植保机械、加工机械和排灌机械分别比上年新增4500台、3500台、5400台。

扎实开展农机化工作。一是突出农机作业服务。全年全市水稻生产耕种收综合机械化水平达60%，完成机耕23.67万公顷、机收18.73万公顷、机插0.2万公顷。全市农机合作组织新增农机合作组织16家。二是突出农机购置补贴。全年全市完成农机购置补贴4480万元，补贴各种机具34547台，其中补贴收割机973台、拖拉机3585台、插秧机83台、耕整机13815台、挖掘机57台。三是突出加强基层管理。加强农机基层体系建设，做到依法管理、有序发展。全市共完成农机动力技术检测4610台，提高了农机技术状态。依法对126个农机经营网点进行检验，核发"农业机械维修经营技术合格证"60个，进一步规范了全市农机维修、经营市场。在抗灾救灾工作，全市组织6000余台机具投入抗灾救灾，争取到抗灾救灾资金16万元。全年各农机学校共培训各类农民技术人员4598人。四是突出农机安全监管。2010年，农机安全生产工作通过多项措施的落实，取得较好的效果，全市未发生一起重大农机安全生产事故。在"平安农机"创建活动中，建设平安农机示范县1个、平安农机示范乡镇8个、示范村32个、示范户552户。通过开展道路安全整治，全市拖拉机挂牌率达94.8%，拖拉机、联合收割机年检率达85.3%，驾驶员持证率达86.0%，事故统计率为100%，农机"三率"水平迅速提高。全年全市新上户拖拉机3214台，换发拖拉机驾驶证1256本；初次申领和增驾拖拉机驾驶证456人；新上户收割机731台。（易建辉）

【副省长徐明华视察株洲市农机工作】 3月2日，副省长徐明华率省有关单位负责人一行视察株洲市农机工作。徐省长先后视察了现代农装备株洲收割机有限公司、醴陵市农友农机服务中心，要求各级农机部门一定要充分引导、重点扶持农机专业合作组织的发展，为农业发展、农民增收、新农村建设作出更大的贡献。省政府副秘书长陈吉芳、省政府农办主任刘宗林、省农业厅厅长田家贵、省供销社主任陈德礼、省农机局局长谢国华等省市领导陪同视察。（易建辉）

【农业部副部长张桃林考察株洲市农机工作】 10月22日，农业部副部长张桃林考察株洲市农机工作。考察组首先到现代农装株洲联合收割机有限公司，参观了公司研发的各种农业机械。他要求现代农装株洲联合收割机有限公司要着力注重抓好3个结合，一是农机与农艺的结合，二是产学研的结合，三是创新与市场需求的结合，进一步提高为现代农业和农民群众服务的质量，把企业做大做强。随后先后考察和视察了醴陵市泗汾镇金盛农机服务农民专业合作社、云田镇云田村乡村清洁工程、醴陵市基层农技推广体系改革与建设示范县项目、泗汾镇农技站示范县项目基地建设和制度建设等情况。市委副书记、市长王群,市委常委、副市长黄曙光等陪同考察。(易建辉)

气　象

【概况】 2010年,全市气象部门齐心协力,扎实工作,经受住了各种困难考验,圆满完成年初确定的各项任务,全市气象事业继续保持良好的发展势头。株洲市气象台被评为全省气象部门"重大气象服务先进集体"。

一、优化服务,气象防灾减灾取得新成效。

全力以赴做好决策气象服务。2010年,株洲市天气较复杂,共出现7次暴雨天气过程,并出现雨雪、倒春寒、高温、雷电、连阴雨等灾害性天气。全市气象部门全力以赴做好监测预警预报服务工作,超前部署,严密监视,及时预警,主动服务,为市委、市政府及防汛部门防灾减灾决策做好气象保障。主汛期内全市没有出现重大灾情、没有垮一库一坝。全年累计向市委、市政府及市防汛指挥部等报送专题气象服务材料66期;与市国土局联合发布地质灾害气象预警20期;发布暴雨和高温等气象灾害预警信号25次。通过手机短信发布灾害性天气预警信息800余万人(次),向防汛部门及各级责任人免费发送气象预警短信70多万条(次);通过"96121"预警平台进行主叫服务500余万户(次)。

紧贴需求做好公众气象服务。全市气象部门本着"以人为本、无微不至、无所不在"的服务理念,不断提高预报准确率和精细化水平,认真做好公众气象服务。通过手机短信、"96121"电话、电视、报纸、网络等多种方式及时发布春节、五一、端午、高考、中秋、国庆等专题天气预报,为全市重大活动、重大工程开展气象保障服务。针对倒春寒、夏秋高温、秋季寒露风、连阴雨等灾害性天气,及时开展针对性强的特色气象服务。年内接受株洲电视台、株洲日报等媒体采访100余次;发布天气消息及科普文章100余篇;召开重要天气新闻发布会4次;提供专业服务54次。

扎实开展行业气象服务。针对行业需求,开展森林火险、地质灾害、电力、交通、旅游气象服务等行业气象专题服务。与国土局合作的地质灾害预报预警取得较大成效。2010年"6·20"大暴雨期间,根据气象预警信息,炎陵县提前转移安置群众600余人,暴雨引发山体滑坡等地质灾害,造成30余栋民房受损,但无人员伤亡。在"6·24"暴雨中,根据市局与国土局联合发布的地质灾害预警预报,醴陵西山万宜村耿塘组提前转移26户116人,随后发生的泥石流灾害造成较大的经济损失,但无人员伤亡,该成功避险的案例被编入《湖南省地质灾害避险手册》。市国土局作为湖南省唯一的代表在全国地质灾害预警预报工作研讨会上介绍经验。

二、创新管理,基础业务建设凸显新特色。

2010年,全市地面测报、预报质量居全省前列。积极开展农业气象情报服务和粮食作物产量预报,发布农气旬、月报、农气服务情报60余份。积极开展气候预测和气候影响评价工作,发布各类气候预测和气象影响评价服务产品45份,《气候影响评价》被评为全省第1名。加强全市通信线路、局域网和计算机设备的管理维护,全市5个单收站、中规模卫星云图接收站、计算机系统和通信网络运行正常。

三、精心组织,现代业务体系建设取得新进展。

加快公共气象服务系统建设。一是切实提高公共气象服务质量,进一步优化和完善公共气象服务系统。二是完成全市60台DAB数字卫星预警系统建设。三是继续发展手机短信、"96121"、农村有线广播等预警信息发布业务。充分利用公共资源和气象信息员队伍,拓展气象预警信息发布渠道。全市手机短信用户达25万户。"96121"包月用户近2万户。气象信息员队伍达到1000余人。

强化气象预测预报系统建设。2010年,市气象局进一步优化预报预测业务流程,狠抓天气预报会商和预报质量综合考评,重大天气过程预报技术总结逐步常态化。改进和完善气候预测业务流程和方法,努力提高气候预测准确率。及时发布春播、汛期等天气趋势气候预测产品。推进短时临近系统、MICAPS系统、精细化预报产品库、灾情直报系统的建设与应用。

完善综合气象观测系统建设。完成新增13个区域自动观测站建设,全市区域自动站达160个。完成醴陵、茶陵土壤水分观测站建设。按时完成观测场、值班室规范化建设工作。加强对区域自动气象站的管理和维护维修工作,确保了区域自动气象站运行正常。加强气象探测环境保护工作。妥善处理嘉天房地产项目影响气象探测环境事件,增强了株洲市有关部门对保护气象探测环境的认识。

推进气象科技创新体系建设。鼓励业务人员在核心刊物发表优秀论文与技术总结。全年有2篇论文获株洲市自然科学优秀论文一等奖,1篇获二等奖。在国家核心期刊发表论文1篇。2人获全省优秀青年气象科技工作者称号。

四、规范管理,气象依法行政有新起色。

一是认真履行防雷减灾安全管理职能。加强防雷行政审批和防雷技术服务。积极开展防雷安全专项整治活动。二是严格规范施放气球活动,下发规范性文件《关于进一步规范施放气球管理工作的通知》,与气球广告公司签定《施放气球安全责任状》,进行气球巡查126天(次),及时纠正安全隐患。三是加大执法力度,及时查处不法行为。四是加大气象法律法规宣传力度。

2010年，市局政务中心窗口被评为全市集中行政审批先进单位。（廖莉芝）

【获全市政风行风公众测评第二名】 2010年，市气象局秉承“优质文明服务”宗旨，积极主动做好各项气象服务工作。一是不断增强气象综合探测能力，为做好各项防灾减灾工作提供科学依据。二是不断提高天气预报准确率，气象服务质量得到提高。三是大力提升气象灾害预警能力，切实做好防灾减灾服务。四是规范依法行政行为，理性文明执法。全年实现零投诉、零处罚、零积案。在52个具有行政执法职能单位中，获全市“政风行风公众测评”第二名。（廖莉芝）

农村能源工作

【概况】 2010年，株洲市农村能源共使用中央及省级各类补助资金1006.32万元，市、县、乡配套投入145万元，共新建户用沼气池8386个。至此，全市累计建设沼气池已达90000余户，年增收节支规模效益达1.17亿元。建立健全农村能源服务体系。以500余名农民沼气生产工队伍为基础，建立了196个服务网点。全年完成1800户退耕还林户的用能结构改造，1500户使用环形水箱高效节柴灶，300户用上太阳能热水器，巩固了退耕还林成果。

（刘跃辉）

国内外贸易

商　务

【概况】 2010年，全市商务部门努力扩大对外开放，积极承接产业转移，稳步推进内贸流通，深入落实商务促进政策，加大服务力度，加强市场监管，圆满完成各项工作任务。全年新批外商投资企业项目67个，实际到位外资4.02亿美元，增长11.22%，内联引资项目260个，到位资金125亿元，增长32.19%。完成外贸进出口14.76亿美元，增长28.63%，其中出口6.93亿美元，进口7.83亿美元。实现加工贸易进出口2.29亿美元，增长343.78%，增幅居全省第一位。外派劳务1280人，累计在外劳务人数3825人。对外合作营业额4615万美元，增长18%。对外直接投资5900万美元，增长10%。全市社会消费品零售总额426.68亿元，增长19.1%。

全市外贸结构进一步优化。机电和高新技术产品出口比重达51.1%，比上年提高3.2个百分点；加工贸易比重达15.5%，比上年提高11个百分点；服务外包全面启动，实现业务总量4600万美元。市场建设进一步推进。新建改造标准化农贸市场21个，新建农家店515家，配送中心3个，家电、汽摩下乡流通网点30个。市场监测体系进一步完善。新增市场监测企业19家，市场监测企业总数达104家。惠民政策实施效果继续显现。全年家电以旧换新销售数量27483台，销售金额9638.9万元，兑付补贴资金650万元；家电下乡产品销售235559台，销售金额5.3亿元，补贴资金9494.8万元；审核通过汽车以旧换新994台，补贴资金1466.9万元，拉动汽车消费3.1亿元。

（何好俊）

【组团参加"2010国际轨道交通技术展览会"】 9月21～25日，电力机车、时代新材、联诚集团3家轨道交通装备制造骨干企业，首次以参展团的形式，参加在德国柏林举行的"2010国际轨道交通技术展览会"，共商定合作项目2个，合同订单金额达1亿多元。"柏林国际轨道交通技术展览会"是全球轨道交通界的一次盛会，来自世界各地的轨道交通装备制造厂商和专业人士云集于此，开展交流与合作。这次参展，3家轨道交通企业新发展意大利、瑞士等国潜在客户40多家，并与德国西门子公司达成供货意向。（何好俊）

【开展系列招商活动】 5月，组织"2010湖南株洲建材产业暨旅游(佛山)招商推介会"活动，成功签约11个项目，合同总投资21.28亿元(含外资1200万美元)。期间，中国陶瓷协会向茶陵县授牌"中国陶瓷产业转移承接示范基地"。7月，参加上海世博会"湖南周"活动，签约潍柴动力(株洲)产业园、IGBT技术研究及芯片生产线、釉下五彩陶瓷创意园3个重大项目，合同引资总额56.7亿元。8月，组团参加"2010年台湾湖南周暨第六届湘台经贸交流合作论坛"，成功签约直升飞机生产、OLED及贵金属生产、汽车零部件生产等项目。9月，组织参加"第五届中博会"，成功签约20万台汽车零部件生产、汽车座椅调角器及滑轨生产、汽车齿轮生产基地、汽车电子产业园等项目，总投资额达18.55亿元。（何好俊）

【继续推进农贸市场建设改造工程】 农贸市场建设改造工程是2010年市委、市政府确定继续实施的一项重大民生工程，是市政府的"十件实事"之一。全年城区新建改造标准化农贸市场21个，超额完成指标任务，涌现出荷叶塘、戴家岭、大东门、南华、时代国际、兴隆、小湖塘等一批典型标准化农贸市场。通过实施农贸市场建设改造工程，农贸市场购物环境得到彻底改变，解决了传统农贸市场"脏、乱、差"等问题，营造了公平、卫生、安全、放心的购物环境，提升了城市的整体形象。全市农贸市场建设改造工作成绩得到广泛认可，长沙、湘潭、岳阳、常德、益阳、贵阳、宜春等省内外城市纷纷到株洲市参观学习。

（何好俊）

【获准市场监管公共服务体系试点城市】 为加大商贸流通领域执法力度，提高商务行政执法效率，9月，市商务局向国家商务部申请将株洲市列入市场监管公共服务体系项目试点城市，经努力成功获批。这意味着商务部将在资金、政策等方面支持株洲市建设以"12312"举报投诉服务中心为主体，以市、县两级商务综合行政执法队伍为依托，以现代信息技术为支撑的流通领域市场监管公共服务平台，促进了株洲市完善流通领域市场监管公共服务体系。

（何好俊）

【株洲市酒业管理协会成立】 9月21日，株洲市酒业管理协会正式成立。酒业协会的成立是酒类行业交流信息、共享资源、弘扬酒文化、推广发展本地酒类品牌的一个新的交流平台。酒业协会的成立，对于整合全市酒类行业资源,规范行业经营行为,增强自身竞争能力起到积极作用;对于净化酒业市场环境,促进全市酒类生产的健康发展发挥重要影响。（何好俊）

粮油贸易

【概况】 2010年,全市粮食系统全力实施粮油百亿产业、十亿物流、放心粮油“三大工程”,推动了全市粮食流通行政管理工作的开展,确保了全市粮食供应和价格基本稳定。株洲市先后获“全国粮油仓储规范化管理先进单位”、“全国军粮供应工作先进单位”、“全国粮食流通监督检查先进单位”、“省国家农户科学储粮督办工作先进市”、“省粮食仓储管理先进单位”、“省粮食流通统计先进单位”、“省粮油供需平衡调查先进单位”、“市文明机关”、“市食品安全监管先进单位”、“市综合治理先进单位”等荣誉称号,株洲市粮食局党组书记、局长潘才良获评“株洲市学习型领导干部十大优秀个人”、炎陵县粮食局刘宁平获“全国粮食系统先进工作者”称号,直属企业金龙大酒店员工张水清获“省劳动模范”称号,神农米业员工胡亚平获“市劳动模范”称号,金龙大酒店被评为“全省粮食系统先进集体”,朱伟明等4人被评为“全省粮食系统先进个人”。（宋 萍）

【强力推进粮油三大工程】 为根本解决全市粮食产业规模小、物流成本高、粮油监管弱三大难点,市粮食局于2010年6月提出实施全市粮油“百亿产业、十亿物流、放心粮油”三大工程,具体目标是:“十二五”期末,全市粮油加工业销售收入达100亿元,每年递增25%以上,粮油物流业收入10亿元,每年递增20%以上,粮油产品加工转化率达60%,副产品综合利用率达80%;实现从田间到餐桌“放心粮油”网点在全市的全覆盖。三大工程受到了市委、市政府的高度重视。8月,以全面实施三大工程为主要合作内容,市政府与省粮食局签署厅市合作协议。株洲市成立以市委常委、副市长黄曙光为组长,粮食、财政、工商等11个部门为成员单位的全市放心粮油示范工程领导小组,办公室设在市粮食局,由局长潘才良任办公室主任。市粮食局成立专门工作班子,强力推进三大工程。全年完成产业物流、放心粮油2个专项调研,在此基础上制定了具体实施方案,对首批20个放心粮油示范企业(店)创建点授牌。（宋 萍）

【粮食安全保障能力不断增强】 一是认真研判市场形势,全力克服粮食收购工作面临的重重困难,周密部署、协调配合、严格监管、优质服务,真正做到了全市粮食收购一盘棋。各收购库点随到随收、验质公平、结算迅速。全年全市共收购粮食53.1万吨,其中国有或国有控股粮食企业收购11.8万吨。早稻、中晚稻收购均价分别为98元/50公斤、115元/50公斤。株洲市粮食收购工作筹划好、配合好、效果好,受到省粮食局的充分肯定。二是与各县市区粮食局签订《粮食工作目标管理责任状》,强化各方责任意识。3.5万吨市县区储备粮任务全部完成。按要求完成省储粮轮换14507吨,市级储备粮轮换4438吨,县储粮轮换4137吨。全年全市共筹措资金1118万元,新建和维修仓容19.8万吨,储粮设施得到进一步完善。开展仓储企业规范化管理水平评价活动,攸县新市国储库被授予“全国粮油仓储规范化管理先进企业”荣誉称号。加强粮情监测,充分发挥全市17个价格监测点的作用,形成较为完善的价格监测体系。积极撰写分析材料上报上级和反馈给企业,全年共计上报行情测报135期,价格分析报告5篇。认真执行军粮供应政策,坚持以兵为本,做到原料从优、加工从细、质量从严,实现军粮质量合格率100%,部队满意度100%,确保了军粮质量和服务水平“双优”。株洲市被评为“全国军粮供应先进单位”。（宋 萍）

【社会粮食管理】 2010年,市粮食局积极落实《粮食流通管理条例》赋予的职能,坚持依法行政,依法管粮,维护了粮食市场秩序、确保了粮食质量安全。开展世界粮食日和《粮食流通管理条例》6周年系列宣传活动,在《株洲日报》发表市长署名文章,群发世界粮食日公益手机短信40万余条,张贴宣传漫画500份,横幅34条,发放宣传单4000份,走访粮油经营户260余家。开展粮食库存专项检查,获省局充分肯定。加强全市粮油市场监管,日常巡查与专项检查相结合,每月下点检查时间不少于10天,夏秋收购期间不少于15天,完成《食品安全法》执行情况、粮食库存、秋粮收购、政策性粮食销售、节假日粮油市场等专项检查,有力促进了全市粮食消费安全和粮食市场稳定。全年全市共出动执法人员910人次,检查企业380余家,办理案件135起,其中注销收购许可17家,责令整改89户,简易和一般程序处罚21例,处罚金额6550元,未出现投诉和申请行政复议事件,未发生任何坑农、害农事件,无霉变、陈化粮流入口粮市场。（宋 萍）

【粮食行业发展势头良好】 2010年,全市国有和国有控股粮食购销企业通过狠抓粮食购销、强化管理、开源节流,经济效益保持良好态势。全市国有或国有控股粮食企业实现利润358万元。一是做大产业规模。实施“百亿产业、十亿物流”工程,重点扶持龙头企业做大做强。唐人神集团(本部)饲料加工产值过20亿元,仙竹米业、金湘米业、502饲料厂等3家企业销售收入过亿元,神农米业等5家企业销售收入过5000万元。积极推行订单农业,全市粮食优质稻订单面积达7.87万公顷,紧密型基地0.73万公顷,大米加工量23万吨。二是加大争资引项力度。神农米业皇图岭粮库扩建项目投资600

万元新建仓容1万吨。攸县新市粮库改扩建项目成功争取国家补助资金500万元,投资1200万元新建仓容2.5万吨。中南粮油交易中心项目前期工作基本就绪。全年全市共争取省财政技改贴息资金额度1080万元。三是实现国有资产保值增值。神农米业收购粮食22000吨,全面落实市级储备粮任务,提升经营管理水平,企业利润大幅提升。金龙大酒店注重企业文化建设,积极创建绿色饭店,餐饮质量不断提高,客房入住率名列全市星级酒店前茅,被评为“株洲市节水型示范单位”,“金龙”品牌美誉度和影响力进一步扩大。江南商城依法对12年租赁合同进行废除。3个市直国有或国有控股粮食企业均超额完成销售收入和利润等指标,促进了国有资产的保值增值。

(宋　萍)

烟草专卖

【概况】 一、营销网建及卷烟流通工作深入推进。坚持以真实需求为切入点,抓好货源组织。综合考虑各区域市场的需求,结合行业“532”、“461”品牌发展规划,积极与各工业企业协商沟通,在需求预测的基础上,科学制订销售规划,并根据市场变化及时调整销售进度。以平稳健康运行为目标,通过规范信息采集体系收集市场信息,抓好市场调控,切实按市场需求和价格控制投放。积极开展精准营销,探索顺销烟放开销售,增强销售工作针对性和有效性。充分发挥工商协同营销机制的功效,通过品牌培育上柜率和覆盖面考核,助力卷烟销售方式和手段更新,提升品牌培育水平。全年共销售卷烟173516.4万大箱,同比增长4.12%;完成销售收入27.2亿元,同比增长14.47%;实现毛利7.22亿元,增幅达18.37%。

二、现代烟草农业建设有序推进。坚持以“保规范、打基础、提质量”为主线,严格实施烟叶种植合同管理。2010年,茶陵分公司签订烟叶种植收购合同2235份,实际种植面积1386.67公顷,烟农户均种烟0.62公顷,预计收购量为6.6万担,合同签订率100%,规范率100%,较好地完成省局下达的烟叶生产任务。

三、市场监管工作出现新面貌。积极争取市委、市人大、市政府对整顿、规范烟草市场的高度重视与大力支持,进一步健全与公安、检察院、工商、物价、质监等部门的联合执法机制,通过专项行动,定期或不定期检查等措施,严格整治市场。全年共查获违法烟案1200余起,查获违法卷烟2000多万支;向公安机关移送案件26起,案值348万元;向工商部门移送案件165起,案值17万元;刑事拘留涉烟违法犯罪人员44人,判刑19人。其中,查获国家局、公安部标准网络案5起,醴陵、茶陵、株洲县局查获的销售假烟网络案获国家局通报表彰。

(陈文潭)

【网上卷烟订货工作取得进展】 2010年,全市烟草系统积极实施网上订货工程,扎实开展调研摸底、宣传培训、实施巩固等各阶段工作,突出抓好功能运用,及时开展“回头看”,网订工作取得很大进展。全年全市网上订货客户数达13936户,网上订货开通率达95.7%,网上订货成功率99.5%以上。

(陈文潭)

【加强卷烟经营者协会建设】 2010年,卷烟经营者协会注重服务,践行宗旨,积极与金融机构协商,为会员争取优惠政策,办理各种金融优惠卡4976张,使经营户获取无息资金8100余万元,低息资金1.62万元,降低经营成本220万元。积极有效协助行业开展无证户清理、网点合理布局、打假维权、网上订货、品牌培育、明码标价、行风建设等项工作,取得良好成绩。开展各种文体活动,组织优秀协会干部和先进会员外出考察学习,向特困会员送温暖,慰问特困会员550人,慰问金额达12万元,市协会组织向玉树地震灾区捐款585笔,金额达2.1万元,协会凝聚力进一步增强。

(陈文潭)

【积极推进现代烟草农业工作】 2010年,株洲市烟草专卖局、湖南省烟草公司株洲市公司组织召开特色烟叶开发专家座谈会,邀请省内专家对茶陵县特色烟叶生产“问诊把脉”;积极开展现代烟草农业试点工作,在茶陵县建设芙冲村现代烟草农业示范点,新建38条沟渠,4条机耕路,1处52座的烟叶烘烤工场和200公顷漂浮育苗工场,成立首个烟草农业合作社,推进烟叶生产专业化进程;加强烟基建设,完成2009年度烟基项目539个,116条沟渠,41.22千米;9座塘坝,11条机耕路,403座烤房,共计投入补贴资金2530.31万元,在国家局组织的2009年度烟基建设项目验收中得到高度评价。

(陈文潭)

供销合作

【概况】 2010年,株洲市供销社立足“三农”,搞活流通,深入贯彻落实国发〔2009〕40号文件,大力推进“新网工程”建设,积极参与新农村建设,各项工作取得了成效。全年全系统完成销售额13.7亿元,实现利润789.6万元,完成社办工业总产值4亿元,实现利税7812万元,完成网点建设1996个,同比增长分别为27%、88%、72%、323%、40%。市供销社工作在全省供销系统年终综合业绩考核中荣获一等奖。

一、争取项目资金,增强发展后劲。实施项目兴社战略,积极争取中央、省对项目建设的支持,为供销社发展注入动力。全年争取中央财政项目3个,资金146万元;省财政“新网工程”项目4个,资金80万元;已争取2011年中央财政项目2个,资金180万元。

二、壮大社属企业,带动农民致富。

10月，牵头组建株洲市供销新合作农资有限公司，注册资金1200万元。并参股株洲市尧乡农业科技开发有限公司，注册资金2000万元，该公司是集畜牧养殖、屠宰、加工、销售、饲料兽药销售、粮食收购及技术培训于一体的农业综合性公司，拥有20多家养殖基地，400多家联盟养殖户，并被深圳市政府确立为“供深圳无公害生猪生产基地”，解决了攸县生猪销售难的问题，2010年该公司销售过亿元。

各县市供销社积极建立农村现代流通服务网络。醴陵市社成立醴陵市供销发展有限公司，并制订了组建农资公司、再生资源回收有限公司、日用消费品大型超市和配送中心的实施方案。炎陵县社重新组建农村现代流通网络建设服务中心，妥善解决了供销系统企业法人安置的历史遗留问题；并通过联合、合作、开放办社等形式，依托万家福超市、佳美天超市，立足县城，辐射乡镇，延伸村组，形成了初具规模的日用消费品连锁经营网络，共发展日用消费品连锁店108个，全年实现日用消费品销售收入4832.8万元。茶陵县社以烟花爆竹有限公司为龙头，实行统一配送、连锁经营，实现批发销售额3100万元；该县政府高度重视规范烟花爆竹经营市场的管理，将经营监管权赋予茶陵县供销社，不仅大大提高了经营效益，而且有效保障了市场的经营秩序。

三、保障农资供应，帮助农民增收。全年全市供销系统共供应化肥11万吨，农药1300吨。8月，市社牵头组织全市秋粮补贴送肥下乡工作，共为全市供应化肥5000吨，农药100吨，网点数1103个，送肥下乡人数达2271人，送肥到农户数29万户。供销社农资企业在保障市场供给、平抑农资价格上发挥了积极作用，杜绝了坑农、害农事件的发生。同时，在经营活动中，坚持开展送货下乡、测土配肥、用肥、用药指导、信息咨询等服务，既促进了经营，又服务了农业生产。

四、发展“两社一会”，积极为农服务。大力发展综合服务社、专业合作社和行业协会，提升为农服务功能。在原有63家专业合作社的基础上，2010年共发展有代表性、有特色、有规模的专业合作社11家；在原有18家协会的基础上，成立协会5个。专业合作社在发展农业生产、带动农民致富的过程中，发挥了不可替代的重要作用。协会在维护市场秩序、加强行业自律等方面发挥了积极的推动作用。茶陵县供销社领办的利民生猪养殖专业合作社实行“四个统一”，即统一良种购进、统一技术指导、统一质量标准、统一组织销售，把优质、无公害生猪养殖基地作为社员的“第一车间”，市场的“第一仓库”来建设。该社按标准化、规模化要求进一步完善养猪基地13个，养猪大户共存栏母猪1800头，年产仔猪3.6万头，为全县养猪户提供了品质优良的仔猪，共外销生猪18万头，销售额1.8亿元。炎陵县黄桃专业合作社获得全国供销系统专业合作社50强（全省仅此1家），2010年全市供销系统10家专业合作社被评为全国总社“千社千品”示范专业合作社。（邹金成）

石油经营

【概况】 中国石化湖南株洲石油分公司是中国石化驻株洲的成品油销售企业，有在营油库3座，下辖醴陵市、攸县、茶陵县、炎陵县、株洲县5个县市片区，共有在岗员工1078人。2010年，株洲市石油成品油销售历史性地首次突破50万吨大关，实现销售收入33.6亿元，同比增加36%，上缴国家税收4357万元。

2010年，株洲石油抓经营抢市场，内稳外拓，突出重点工程的用油供应和差别化经营，实现销售结构优化、量价互动平衡、规模效益凸显的目标。灵活运用省司的经营政策应对市场竞争，通过“站级配送”、“点对点竞争”、IC卡进社区等营销活动，有效地增加了IC卡客户，稳定了零售市场。积极开展“强化经营管理年”活动，公司被总部评为“优秀地市”和零售管理先进地市公司，润滑油经营部获总部“润滑油先进经营部”称号；炎陵片区和815油库获湖南石油建司60周年先进集体；815油库被国资委授予“中央企业红旗班组”称号。年初，815油库通过总部“优秀油库”的检查验收，成为全省唯一一座总部优秀油库。

开展全员销售竞赛和各类营销活动，内强管理凝聚人心、外拓市场扩销增量，在省公司勇夺30面红旗，位居全省前列，获“比学赶帮超”活动优秀组织奖。精心组织职业技能竞赛和技术比武活动，选派2人代表省公司参加总部决赛，获1银1铜，公司获湖南石油分公司2006～2010年职业技能竞赛和技术比武复赛先进单位。（李　炜）

【零售网点建设】 2010年，公司把加油站网点建设作为工作的重中之重来抓，安排有关部门认真做好加油站行业“十二五”规划的修编工作，加强与市县各级商务、国土、规划等部门的衔接与沟通，努力争取建站商务指标。年内环道三、栗雨、天易等站竣工投产，并对炎陵霞阳、醴陵城东、攸县城中、茶陵云阳等10座加油站进行形象改造，大幅提升了加油站整体形象和零售销量。（李　炜）

【开展“我要安全”活动】 2010年，株洲石油持续深入开展“我要安全”活动，强“三基”、反“三违”、除“四害”，完善各类应急预案并加强演练，员工的安全意识和应对突发事件的处置能力明显提高。3月19日，公司815油库二区库外山头突发山火，油库及时启动应急预案，在驻库武警和友邻单位的支持下，顺利扑灭火灾，保证了油库的安全，受到中石化总部的通报表彰。公司获株洲市“安全管理先进单位”。（李　炜）

盐业专营

【概况】 2010年，湖南省轻工盐业集团有限责任公司株洲盐业分公司(株洲市盐务管理局)以积极探索改革为着力点，转观念、变机构、调结构、换方式，克服重重困难，统筹推进各项工作。全年全系统购进各类盐22640吨，其中计内购进16244吨，完成年计划的92%，购进多品种盐2359吨，完成年计划的153%；全系统销售各类盐25043吨，完成年计划的100.2%，其中销售小包盐15972吨，完成年计划的98.6%，销售多品种盐2904吨，完成年计划的189%，增长2.4倍，确保了民食工需。在盐业行政管理上，加大大案要案的侦破，共查处涉盐违法案件34起，其中简易程序13起，一般程序8起，查获违法盐产品383吨，没收违法盐产品379吨，收缴罚没款103338.5元。食盐市场稳定有序，全市未发生任何食盐安全事故。 (毛志勇)

【整合机构充实一线】 首先，从调整销售结构入手，整合管理部门，使资源配置向营销工作倾斜。将原有的7个营销管理科室缩编为4科1部，成立集管理和营销于一体的市场营销部。同时，恢复成立茶陵支公司，实行集中核算管理。其次，精简机关冗员，充实营销一线。严格控制机关管理人员职数，把具有经营能力的管理本部派往营销一线，使经营性人才合理流动起来，在一线营销成长。精简后，全系统机关管理人员仅11人，仅占在岗员工总数的16%，而分公司本部营销人员在原基础上增加40%。 (毛志勇)

【调整销售结构】 2010年，株洲分公司选择炎陵、茶陵两县试点推广自然盐。从销售利润、绿色食品、健康饮食和抢占市场4个角度，分别做好零售业者、政府部门、人民群众和内部员工等4个层次的工作，成功实现了炎陵、茶陵两县市场自然盐全面覆盖。全系统销售多品种盐2902吨，为年计划的188.5%。其中：炎陵县销售593吨，为年度小包盐销售总量的79.3%；茶陵县销售939吨，为年度小包盐销售总量的59.6%。 (毛志勇)

【推进食盐安全体系建设】 2010年，受盐业专营体制改革舆论的影响，一些不法分子开始蠢蠢欲动，食盐安全受到严重威胁。为此，株洲分公司坚持依法行政，突出工作重点，严格履行监管职责，保持对打击各类盐业违法行为的高压态势，努力维持盐业市场的稳定。先后开展元旦、春节、五一、国庆、中秋等节假日食盐安全专项行动；针对全市所有的学校幼儿园食堂、建筑工地、酒店、夜宵排档，开展盐业市场大检查活动；配合株洲市食品安全委员会开展食品安全体系建设活动，联合当地工商、公安、疾控等部门开展城乡集贸市场、湘赣边界市场和重点区域市场和餐饮行业、食品加工行业和农副产品集中加工地2次集中整治盐业市场行动。加强边界市场走私盐的查、截、堵的力度，先后在沪昆高速醴陵段截获私盐共10车计370吨。

(毛志勇)

海关工作

【概况】 株洲海关有关员26人，内设4个部门：办公室、综合业务科、监管科、服务中心和1个派驻机构，即醴陵办事处。2010年，株洲海关以优化海关监管和服务为主线，狠抓落实，规范管理，防控风险，各项工作上了新的台阶。全年株洲海关共接受进出口报关单3426份，监管货运量22.82万吨，货物进出口总值7.97亿美元，集装箱8446个标箱，加工贸易合同备案29份，备案金额2093.36万美元，审批减免税107批次，减免税款3727万元，税收入库4.14亿元，办理企业注册备案累计413份。 (黄　明)

【税收征管】 2010年，株洲海关建立健全综合治税工作协调、督办机制，定期召开综合治税工作例会，综合治税的工作能力进一步增强。加强归类审价工作，多次与总关审单处、关税处、广州海关价格中心进行沟通联系，加强商品取样送检工作，加强新品种、新设备、新技术的商品预归类工作，同名商品归类差异率为零，归类、审价补税5079.77元，税款及时核销率达100%，价格水平处于较好水平，一般贸易、加工贸易、重点税源和转关运输价格水平均在关区平均水平之上。 (黄　明)

【通关监管】 2010年，株洲海关扎实抓好构建大监管体系建设的前期基础工作，推进分类通关改革，确保实际监管到位。一是加大重点商品的查验布控力度，查验进出口货物87票，查获11票，查获率为12.64%。二是继续推广“属地申报、口岸验放”通关模式，新增适用企业3家，累计达34家。全年共接受“属地报关，口岸验放”进出口报关单1581份，货运量18.67万吨，进出口总值5.28亿美元。三是加强企业分类管理和风险信息分析，建立“风险管理、企业稽查和企业管理”的工作机制；增强稽查工作的针对性，稽查9家企业，稽查查发问题企业3家，其中1家企业涉嫌违规，移交缉私立案，案值为人民币31.2万元，涉税人民币6.5万余元，另外2家企业稽查补税人民币222万余元。针对加工贸易边角料、剩余料件等风险点，开展加工贸易专项稽查，核查企业5家，补税人民币6.2万元。积极宣传海关法律法规和相关政策，组织召开进出口企业、报关企业座谈，引导企业积极申请A类管理企业，全年新增注册企业48家，上调3家企业为A类管理企业，A类企业的进出口总值占到总量的90%以上。 (黄　明)

【打击走私】 2010年,株洲海关坚持依法行政、宽严相济的原则,避免因简单机械执法给企业造成负面影响和带来社会不稳定因素。重点针对由于资金链不足容易引起减免税设备倒卖、抵押的企业进行稽查,发现其抵押情事。全年企业擅自抵押减免税设备问题立案2起,总案值为人民币1919万余元,涉税人民币99万元。(黄 明)

【支持和促进株洲经济发展】 2010年,株洲海关不断完善服务措施,改进工作方法,加大服务力度,在加快建设新株洲进程中作出了贡献。一是提高通关效能服务。坚持预约通关、应急通关、上门验放和担保验放等便捷通关服务,方便企业办理业务。积极推广税费网上支付,网上支付的企业12家,支付税款1.58亿元,网上支付比例达43.8%。落实各项快速通关改革措施,推广跨关区"属地申报、口岸验放"通关模式,通关效率继续保持较好水平,全年进出口平均海关作业时间分别为0.98小时和3.89小时,24小时放行率分别为84.1%和99.2%。二是深化政策宣传咨询。年内,关领导多次带队深入到醴陵、攸县、茶陵、炎陵4县就促进县域加工贸易发展进行工作调研,对4县的进出口情况进行深入了解,并进行政策宣讲。4月,参加株洲市加工贸易重点企业座谈会,向企业宣传加工贸易的相关政策,并帮助企业对加工贸易方面的疑问进行了现场解答。三是突出重点项目服务。积极支持株洲轨道交通、新能源、新材料、航空航天等产业发展,多次到南车时代、南车株机公司、南方航空等企业提供业务咨询,主动为企业提供个性化服务。(黄 明)

2010年株洲市进出口货物总值情况

表7 单位:万美元

项 目	2009年	2010年	比上年(+,-)%
进出口总值	116201.95	148603.16	27.88
出 口	47411.73	69311.81	46.19
进 口	68790.23	79291.34	15.27
超(出+,入-)	-21378.50	-9979.53	-53.32

(黄 明)

2010年株洲市进出口货物市场分布情况

表8 单位:万美元

进口原产国(地区) 出口最终目的国(地区)	2010年			累计比上年同期(+,-)%		
	进出口合计	出 口	进 口	进出口合计	出 口	进 口
APEC	74910.80	36412.22	38498.58	41.42	36.35	46.57
东 盟	3653.88	3554.86	99.02	32.11	29.02	832.77
北美自由贸易区	26893.25	19918.36	6974.89	24.71	39.02	-3.63
欧盟(27国)	46334.35	12033.87	34300.47	4.39	10.16	2.50
亚 洲	44177.79	28216.11	15961.69	73.09	88.97	50.70
非 洲	5109.33	3263.49	1845.85	-26.82	-4.22	-48.36
欧 洲	49569.23	13943.22	35626.01	5.93	17.59	1.97
拉丁美洲	10818.77	3632.39	7186.38	-10.16	62.87	-26.76
北 美 洲	26178.36	19204.08	6974.28	29.73	38.62	10.25
大 洋 洲	12660.86	963.72	11697.14	175.26	-8.21	229.53

(黄 明)

2010年株洲市进出口货物产销国别(地区)情况

表9

单位:万美元

进口原产国(地区) 出口最终目的国(地区)	2010年			累计比上年同期(+,-)%		
	进出口合计	出　口	进　口	进出口合计	出　口	进　口
中国香港	3986.87	3982.37	4.50	0.52	0.62	-45.16
中国台湾	724.01	588.99	135.02	31.84	52.25	-16.81
印　度	2162.86	1371.87	790.98	-45.73	31.20	-73.09
日　本	17298.16	4213.85	13084.31	106.39	71.51	120.86
巴基斯坦	1195.10	201.40	993.70	264.93	-6.48	786.25
韩　国	1360.25	1250.88	109.37	-11.51	56.27	-85.16
哈萨克斯坦	7395.87	7229.18	166.70	2037.38	4520.78	-12.07
乌兹别克斯坦	2493.98	2493.98	-	2125.56	2125.56	-
丹　麦	1002.06	150.20	851.86	58.40	-4.28	79.08
英　国	2945.25	2353.44	591.81	-9.24	1.74	-36.50
德　国	28093.81	2579.78	25514.03	-12.01	-1.67	-12.93
法　国	1724.63	1436.04	288.60	43.37	35.35	103.31
意大利	2565.52	1181.98	1383.54	86.82	33.95	181.86
荷　兰	1449.20	1206.59	242.60	99.02	75.03	525.16
西班牙	1399.42	474.18	925.24	180.10	-5.09	-
奥地利	2340.59	62.62	2277.97	28.81	58.76	28.14
瑞　典	1531.57	627.73	903.84	145.21	5.45	2983.60
瑞　士	1327.19	21.02	1306.18	29.27	66.24	28.81
俄罗斯联邦	1249.49	1249.49	-	28.52	143.96	-
巴　西	1110.48	1110.41	0.08	117.07	122.03	-99.33
智　利	1541.24	499.61	1041.63	134.60	31.14	277.41
秘　鲁	5457.31	225.58	5231.74	-28.59	112.22	-30.58
加拿大	7119.52	5458.88	1660.64	-15.55	20.39	-57.38
美　国	19058.84	13745.20	5313.64	62.21	47.49	118.66
澳大利亚	12510.67	813.54	11697.14	182.29	-7.78	229.53

(黄　明)

2010 年株洲市进出口货物企业性质情况

表 10

单位:万美元

企业性质	2009 年			累计比上年同期(+,-)%		
	进出口合计	出　口	进　口	进出口合计	出　口	进　口
总　　计	148603.16	69311.81	79291.34	27.88	46.19	15.27
国有企业	91959.51	30581.47	61378.04	23.10	96.94	3.72
中外合作企业	159.44	159.44	-	95.55	95.55	-
中外合资企业	34127.64	17419.45	16708.19	44.73	17.57	90.65
外商独资企业	575.06	469.98	105.08	-43.12	-43.51	-41.30
集体企业	5170.46	4903.15	267.31	-4.49	-3.97	-13.02
私营企业	16477.04	15644.31	832.73	46.40	43.67	127.63
个体工商户	134.02	134.02	-	-15.52	-15.52	-
国有企业	148603.16	69311.81	79291.34	27.88	46.19	15.27

(黄　明)

2010 年株洲市进出口运输方式

表 11

单位:万美元

运输方式	2010 年			累计比上年同期(+,-)%		
	进出口合计	出　口	进　口	进出口合计	出　口	进　口
总　　计	148603.16	69311.81	79291.34	27.88	46.19	15.27
水路运输	110070.16	46937.23	63132.93	21.42	27.74	17.11
铁路运输	10553.87	10336.33	217.54	186.64	206.57	-29.88
公路运输	3529.83	2372.21	1157.62	35.24	19.97	82.92
航空运输	24390.06	9617.70	14772.36	26.79	81.30	6.04
邮件运输	49.63	48.34	1.29	150.49	223.36	-73.50

(黄　明)

出入境检验检疫

【概况】 株洲出入境检验检疫局有在编干部职工 20 人,内设检验检疫一科、检验检疫二科、综合科、办公室以及 1 个综合实验室。2010 年,株洲出入境检验检疫局共完成出入境检验检疫 5173 批,货值 3.6 亿美元,同比批次减少 8.7%,货值增加 26.8%。其中出境 4716 批 2.2 亿美元,批次减少 7.7%,金额增加 18.3%,入境 457 批 1.4 亿美元,同比批次减少 17.8%,金额增加 42.7%。包装鉴定 5033 批 4492 万件,分别减少 10.8%和 37%。检出不合格商品 39 批 588 万美元,不合格率为 0.75%。出具各类证书 11384 份,签发产地证书 1008 份,货值 8196 万美元,检验签证周期都在 2 天以内,经检验出具证书的所有出境商品无退货索赔现象,对入境商品的检验结论无人提出异议。

着力加强进出口商品检验监管,特别是加大进口检验监管的力度,召开进口旧机电和进口医疗器械检验监管专题会议,宣讲有关政策和检验监管规定。全年检出不合格进口产品 23 批,为企业挽回经济损失 516 万美元。检疫集装箱 1233 个,木质包装 729 批,1.8 万件,截获埃及伊蚊、树蜂等外来有害生物 24 批次。立案查处株洲某公司擅自进口无 3C 认证机电产品的违法行为,给予该企业罚款 12956 元的行政处罚。

全力做好动物及其产品检验检疫业务的接收和监管工作。3 月,正式从湖南局接管动物及其产品检验检疫业务后,强化检验检疫监管,优质服务企业,向企业宣贯有关法律法规和制度,增加企业法律意识,自觉落实检验检疫要求。完善检验检疫监管措施,强化源头管理和全过程监管,发现问题及时下发监管通知单,限期整改。规范日常检验检疫监管抽样程序,抽取1894份样品进行日常检测监管。组织对辖区6家注册饲养场、73家备案饲养场开展疫情调查,采取有效防控措施。开展兽药残留监控,抽取样品66份,检测项目176个,对5份兽药残留超标样品,根据有关规定要求进行了处理。全年检验检疫进出口动物及其产品509批,7360头/9002.68吨,3061.31万美元,未出现产品质量安全问题。

积极发挥职能作用,大力扶持株洲、邵阳两地外向型经济发展。严格执行检验检疫收费政策,及时落实出口纺织品和农产品减免收费规定,全年为出口企业减免收费22.6万元。充分发挥普惠制原产地证作用,指导出口企业充分利用普惠制原产地证享受进口国的各项关税减免优惠。全年帮助出口企业享受关税减免优惠409.8万美元。积极扶持特色产业,全力促进地域经济的发展。为支持株洲市千亿轨道产业的发展,及时向湖南局领导反映有关情况,提出建设性意见,帮助株洲进口旧机电再制造企业能够顺利复出口,取得了明显的效果,全年有360台国外旧机车电机在株洲市维修后再出口,有2家企业向株洲局提交了进口再制造企业资质申请。唐人神集团股份有限公司是全省规模最大的肉类生产企业,但出口起步晚,规模小,未充分发挥自身优势,株洲局多次主动与该企业高层沟通,进行专题培训,提出进出口的建议。2010年,唐人神集团出口肉类产品39批,690吨,255万美元,重量、货值分别是上年的14倍和26倍。邵东专项工作组优化单证传递流程,提高了检验工作效率,节省了企业费用,出口打火机1701批,7262万美元,同比批次基本持平,货值增长9.5%。

加强内部管理,促进和谐机关建设,努力营造一个风清气正、政通人和的良好氛围。一是认真落实每季度业务和行政工作质量检查制度,及时通报问题,落实整改和严格实施奖罚措施,全年未出现重大的工作质量事故。二是努力营造优化经济发展环境。优化完善邵东工作组通关运行模式,加快进出境通关速度。三是加强信息宣传报道,全年在各类媒体上发表信息44条。四是加强实验室管理,充分发挥实验室技术支撑作用,全年实验室共检测样品335批,1481项。2010年,株洲出入境检验检疫局加强内部管理、服务地方经济的举措,得到了株洲、邵阳两市政府的充分肯定。被邵阳市委、市政府授予2010年度"邵阳市商务工作优质服务先进单位"称号;局机关党支部被湖南局党组授予"先进基层党组织";并且被评为2010年度"湖南检验检疫系统先进集体"。 (汤岳雪)

【开展质量提升活动】 2010年,株洲出入境检验检疫局制定质量提升活动实施方案并细化到各科室,完成检测工作整顿、窗口建设和证单工作质量提升等各项质量提升活动,进一步规范动植检工作。编制发布株洲、邵阳进出口产品质量分析报告,为两地政府提供科学决策和参考。制定多项质量帮扶措施,落实质量提升活动进万企,为企业提供办证、技术等咨询服务,帮助企业排查生产过程质量隐患,免费为竹筷企业培训检验员,解决了硫酸亚铁和硫酸锌等生产厂家产品主含量检测不达标的问题。指导果的食品(湖南)有限公司和株洲市红翻天实业有限公司开展缺陷食品模拟召回演练,增强了企业应急反应和溯源能力。

(汤岳雪)

【有毒有害物质及疫情疫病监控工作】 2010年,株洲局制定年度监测计划,布点90个监测实蝇、红火蚁和外来有害杂草。完成玉竹、莱心和脐橙等植物源性有毒有害物质监控,所抽检的20份样品无农药残留超标。加强进境集装箱和木质包装卫生检验检疫,首次截获有害生物树蜂,并及时进行熏蒸消毒处理,有效防止了其侵入。重新明确"沪九"直通车公共卫生事件应急处置人员名单,完成沪九工作室过期药品、器具的更换。 (汤岳雪)

【开展认证认可工作】 2010年,株洲局根据年度审核和监督管理工作计划,年审企业51家,换证复查6家,注销食品企业、备案饲养基地和蔬菜基地各1家;新增出口备案企业20家;开展企业认证情况检查和出口食品备案/注册企业监督管理工作,对9家企业开展认证有效性执法检查,及时上报相关材料。

(汤岳雪)

【开展专项整治】 2010年,株洲局开展出口肉类专项整治行动,要求生产企业和备案饲养场100%签定《产品质量安全承诺书》,100%建立质量档案和明确监管责任人,严格落实卫生注册编号"专厂、专号、专用"的规定。开展彻查2008年问题乳及乳制品专项行动,未发现有2008年问题乳及乳制品。继续开展打击违法添加非食用物质和滥用食品添加剂专项行动。对剁辣椒和蔬菜罐头原料、半成品及成品共42个样检测非食用物质、甜味剂46项,均未发现违法行为。联合株洲市工商局开展进口食品市场联合执法检查,封存了一批无中文标识和超过保质期的进口食品,确保了流通领域进口食品安全。

(汤岳雪)

【出口工业产品企业分类管理】 2010年,株洲局完成辖区内出口工业产品企业分类工作,确定14家二类企业,22家三类企业。实施科学检验监管,将1家三类企业动态调整升为二类企业。

(汤岳雪)

贸易促进

【概况】 2010年,中国国际贸易促进委员会株洲市支会(简称"市贸促会")暨中国国际商会株洲商会,紧紧围绕

“株洲参博”的中心工作，开拓进取、扎实工作，圆满完成各项任务，先后获“2010年度湖南省贸促工作先进单位”、“2010年对外宣传工作先进单位”和“2010年度市直机关文明建设先进单位”等荣誉称号。

参博任务圆满完成。坚决落实市委、市政府关于株洲参博的指示精神，及时制定《2010年上海世博会株洲市参会工作方案》，科学确定株洲市参与2010年上海世博会主题演绎内容；及时加强与新闻媒体联系，跟踪报道株洲市参博情况；深入企业进行参博宣传，23家会员企业资料进入触摸屏，南车时代、南车株机、华联瓷业、金煌瓷艺等10余家企业积极参博，小炒攸县香干、攸县红豆杉、酃县白鹅、唐人神、好棒美、醴陵陶瓷等成功进入上海世博会参展。位于世博村中华艺萃馆之湖南展区，株洲市参展商品占据半壁江山，为期近200天的展出和销售活动，赢得众多外商青睐，其中，醴陵陶瓷实现销售收入达8000余万元，市八中舞蹈《我的未来不是梦》成功入选“欢聚世博”魅力校园歌舞晚会，“南车时代电动”取得上海世博会50%的纯电动电气系统市场订单、50%的地面充电机订单、100%的超级电容电气系统市场订单和100%的世博游行花车系统订单，在世博会纯电驱动客车领域的综合市场占有率超过70%，成为最大的电动汽车关键部件供应商，特别是“2010年上海世博会株洲城市活动日”的成功举办，实现了在湖南各地市州城市活动日中“规格最高、影响最大、效果最好”的目标，受到各级领导高度好评。

展览联络继续加强。先后组织园区、企业参加北京第十三届科博会、第十五届中国食品博览会、印度孟买机械展、朝鲜平壤中国贸易展、澳大利亚国际食品展、芝加哥消费品展等境内境外展；组织6家企业参加湖南省分会举办的波兰投资说明会、30余家企业参加香港贸发局到株洲举办的专场推介会；围绕应急管理体系、矿业生产设备和路用机械市场、国际商事调解发展趋势解决办法以及城市旅游管理纠纷与投诉的调解等问题，组织市考察团赴南非、埃及、俄罗斯、土耳其等地进行考察交流，达成多个合作意向。

法律工作成效明显。切实加强出证认证服务，全年新增一般原产地证注册申领企业8家，签发一般原产地证1164份，涉外单据认证52份，代办使领馆领事认证34份，涉及出口金额1.66亿美元。充分发挥中国贸促会湖南涉外商事调解中心株洲办事处作用，热忱为企业提供法律咨询、调解等服务，为出口企业保驾护航。1月，成功调解印度Engineering Impex（思吉尼尔）公司与株洲亿宏嘉威硬质合金有限公司国际贸易纠纷案，成为全省首例成功调解案例；3月，成功调解德国August-Berghaus（博格豪期）公司与株洲科迪实业有限公司代理权纠纷案，深受企业好评。

服务企业稳步提升。深入开展“党员干部下基层，服务企业促发展”活动，围绕更新发展观念、转变发展思路、探寻发展举措等问题，由会领导带队，先后6次深入会员企业，调查研究株洲市外向型经济发展存在问题和原因，积极为企业解难帮困，为政府决策提供参考。及时整合各类经贸信息，为会员企业提供最新经贸动态，全年累计印发《贸促动态》12期2900余份，回复企业及境内外机构咨询函件78份，为企业提供各类外经贸信息160余条，带来间接贸易订单1600余万元。（吴玉云）

【株洲中学生“舞”进世博园】 5月30日，株洲市八中舞蹈《我的未来不是梦》在全国2万多个校园节目中脱颖而出，成功入选参加2010年上海世博会文化演艺活动——“欢聚世博”魅力校园歌舞晚会，成为全国入选的15所学校之一，也是湖南省唯一入选的校园节目。在7月27日“欢聚世博”魅力校园精品歌舞晚会上，《我的未来不是梦》作为压轴节目，向中外游客展示了株洲中学生的风采，并获金奖。（吴玉云）

【红豆杉盆景惊艳世博园】 2010年6月5日，上海世博园世界自然基金会会馆日，株洲市推出的由攸县红豆杉苗圃培育的红豆杉盆景，荣登世界自然基金会馆与太空家园馆展台，引起国内外人士高度关注和赞叹。（吴玉云）

【华联瓷业参博】 2010年上海世博会上，湖南华联瓷业有限公司作为全球7家“世博瓷”特许生产厂家之一、作为全省唯一一家生产企业，获2010年上海世博会特许生产、销售商资格，推出百余款“世博瓷”，在世博园内设有3家世博特许专卖店展出销售，实现世博特许商品零售金额6000余万元，申领世博特许防伪标签金额6045111.38元。7月24日，在上海举办以“让世界共享中国价值”为主题的“醴陵造2010年上海世博会特许陶瓷商品新品鉴赏会”，展出的新品世博瓷受到与会人士的高度关注。（吴玉云）

【金煌瓷艺驻世博园展演】 7月9日~8月9日，醴陵金煌瓷艺代表国家非物质文化遗产——醴陵釉下五彩瓷烧制技艺在世博园宝钢大舞台中国元素区瓷坊进行以“薪火相传，五彩缤纷”为主题的、为期1个月的驻场展演，吸引近30万人观看，规格之高、时间之长、影响之大，是建国以来醴陵釉下五彩瓷艺术品展出最为突出的一次。（吴玉云）

【成功举办“2010年上海世博会株洲城市活动日”】 7月25日，以“炎风瓷韵·涌动世博”主题的“2010年上海世博会株洲城市活动日”在上海世博园举办，联合国助理秘书长、联合国驻上海世博局总代表阿瓦尼·贝楠，上海市政协副主席、上海世博会执委会副主任周汉民，中国贸促会秘书长、中国国家馆馆长徐沪滨，湖南省贸促会会长李沛等领导亲临指导，通过“魔比斯环”影像播放、市领导介绍株洲、发放宣传资料和礼品、陶瓷精品展示、《思情鬼歌》歌舞表演以及宝钢大舞台驻场瓷艺表演互动等形式，深入推介炎帝文化、醴陵陶瓷、工业文明和“两型”社会建设成果，吸引了大批游客驻足观看，创造了湖南馆自开馆以来，在中国各省市区联合馆中人气最旺的一天，中央电视台、湖南卫视、凤凰卫视、《中国新闻》、《解放日报》、《湖南日报》等60多家新闻媒体进行了报道，高层次、高密度、大体量的聚焦宣传，增进了世界对株洲的深入了解，扩大了株洲在世界的知名度。省贸促会会长李沛高度评价“株洲城市活动日”，称其在湖南各地市州城市活动日中，“规格最高、影响最大、效果最好”。

(吴玉云)

【组织参加北京第十三届科博会】 5月27日，北京第十三届科博会开幕，株洲市上报项目24个，组织高新技术开发区、云龙示范区、职教园等6个园区参会，全面完成省第十三届北京科博会组委会下达的任务，并参加“2010年湖南(北京)重点园区推介大会暨投资洽谈会”的会中会，组织园区与参会企业对接洽谈，达到了预期效果。

(吴玉云)

旅　游

【概况】 2010年,株洲市旅游局有机关干部26人,内设4科1室:规划发展科、市场开发科、行业管理科、质量监督科和办公室。

株洲旅游资源丰富,共有8大类210项旅游资源,总的特点是"古"、"绿"、"红"、"蓝"四大板块。截至2010年12月31日,全市共有星级宾馆33家,其中,五星级1家,四星级2家,三星级15家,二星级15家;旅行社47家;旅游车队4家;纳入旅游管理的旅游住宿示范单位19家,旅游餐饮示范单位13家,旅游教育示范单位3家;正在开发旅游项目35个,开放的景区(点)20多个。全年全市旅游产业实现接待国内外游客1220万人次,同比增长26.77%;入境游客6.92万人次,同比增长67.14%,国内游客1213.08万人次,同比增长26.6%;实现旅游总收入82亿元,同比增长36.94%;旅游创汇2235万美元,同比增长45.82%;国内旅游收入80.48亿元,同比增长36.77%。新增星级宾馆2家,旅行社4家,星级农家乐10家,全市接待床位达52000张。

存在的主要问题和困难:发展旅游产业的认识还有待进一步提高;大旅游的发展观念和思路有待进一步确立;工作举措有待创新;旅游目的地形象不够鲜明;政府投入和政策支持力度有待进一步加大;旅游发展的保障体系需建立和完善;旅游资源整合力度不够;旅游产品数量和质量不能满足市场需求;旅游产品内涵不够丰富;稳定的市场营销机制还未形成,营销方式和手段有待进一步创新;旅游人才短缺等。 (李　远)

【旅游项目开发全面推进】 2010年,按照"政府主导、多元投入、市场运作"的发展模式,市旅游局通过积极申报争取资金、本级财政自筹资金、向银行融资贷款、招商引资吸纳社会资金等方式,全市确立35个总投资587.8亿元的旅游项目,全年完成项目投资78.8亿元。省"251"重点旅游工程项目,云峰湖国际度假区华强项目第一个主题公园——方特欢乐世界完成投资17亿元,卡通城堡、维苏威火山、奇幻摄影棚等所有25个大型单体设施全部开工建设,其中24个大型单体设施封顶,预计2011年"五一"期间开园。市百亿精品工程项目神农城完成神农广场改造,湘江风光带完成河西段大部分景观建设,2个景区于2010年"十一"期间正式对外开放。市重点旅游工程,投资50亿元的湘水湾生态园5月正式开工建设,株洲县堂市土城休闲度假基地,茶陵华天大酒店、云阳山配套工程,炎陵县红军标语博物馆,荷塘区荷塘月色,醴陵市釉下五彩陶瓷艺术园等22个重点项目加快建设步伐,部分项目已局部对外开放。 (李　远)

【旅游品牌创建有新成绩】 2010年,市旅游局通过开展A级景区、星级农家乐、星级旅行社和省"3521"工程等创建工作,不断提升株洲旅游产品档次,树立品牌形象。炎帝陵创国家5A旅游区顺利推进,创国家风景名胜区通过国家评定;酒仙湖加快完善游客中心、标识标牌、旅游厕所等建设,成功创建国家4A旅游区;神农谷和芦淞服饰市场群开展提质改造工程,并创建成为国家3A景区;茶陵工农兵政府旧址和炎陵中国红军标语博物馆初步入选《全国红色旅游经典景区第二批名录》;神农生态园、唐人神庄园等12家农家休闲场所成为全省首批四星、三星乡村旅游区;中联、鸿飞等6家旅行社成为全省首批四星、三星旅行社;广顺源大酒店等8家社会旅馆成为全省首批家庭旅馆。按照省"3521"工程创建要求,加快推进创建旅游强县、旅游名镇、旅游名村。 (李　远)

【旅游招商有大突破】 2010年,为实现旅游资源资本化,市旅游局精心策划了9个重点旅游项目,编制了旅游项目招商书,为部分项目牵线搭桥,成功签约项目资金超过200亿元。其中,签约投资2亿元的神农湾大酒店和总投资12亿元的炎陵和一国际酒店、和一公馆于11月先后奠基开工。枫溪国际生态水城与香港万博丰国际投资公司签约,完成项目概念性规划。总投资20亿元的大汉希尔顿酒店完成投资2亿元。醴陵仙岳风景区与香港汇银集团完成签约。酒埠江祥龙国际养生大观园在第二届湖南旅游项目招商大会上成功签约。神农农耕文化园和天星寨香樟温泉度假酒店与湖南高速公路投资有限公司签订框架协议。九朗山佛事文化旅游区与嵩山少林寺合作,达成打造潇湘少林寺项目合作意向。中华百姓祖德文化园、空灵国际休闲度假区等一批项目正在积极招商引资。

(李　远)

【旅游规划体系日趋完善】 2010年,市旅游局启动株洲市旅游发展总体规划修编和"十二五"旅游发展规划编制工作。3月,聘请国内知名旅游规划策划公司——湖南远景旅游规划策划公司主持该项工作。4月,规划专家组深入株洲市开展资源普查,了解地方旅游产业发展需要。6月、10月,组织2次旅游规划编制征求意见会,征求相关市直部分负责人、县市区负责人和旅游专家的意见和建议,并与全市“十二五”国民经济社会发展规划,以及有关专项规划进行衔接,确保旅游规划符合株洲发展需求。12月15日,举行高规格的旅游规划评审会,完成规划编制工作。与此同时,攸县酒埠江景区发展规划,石峰区区域旅游发展规划,神农城、云峰湖、荷塘月色等概念性规划基本完成,神农城等单体建设性规划和东阳湖(洮水水库)等景区规划全面启动,全市旅游规划体系日趋完善。

(李　远)

【旅游商品开发成绩突出】 2010年,市旅游局提高旅游购物在旅游经济的比重。一是加大旅游商品企业的指导、加快旅游商品的研发,推进旅游购物市场的建设;二是组织旅游商品企业参展、参赛,精心打造醴陵瓷、炎帝文化系列纪念品、炎陵白鹅、株洲唐人神、好棒美、南宇电瓶车等一批旅游特色商品。在中国(义乌)国际旅游商品博览会上,红官窑制作的《生命之巢》超薄高白玉瓷茶具,获全国旅游商品大赛铜奖;在湖南省首届旅游商品博览会上,株洲市获优秀组织奖和优秀展台奖;在湖南省首届旅游商品设计大赛中,株洲市获1金4银6铜,其中,“色彩韵律”陶瓷获首届旅游商品设计大赛金奖,“东方之冠”装饰陶瓷和“可乐套装”等4件作品获银奖,“炎帝茶叶罐”、“竹报平安”等6件作品获铜奖。(李　远)

【旅游区域合作不断深化】 2010年,市旅游局充分借助武广高铁开通契机,创新思路、大力推进区域旅游合作,成功撬动旅游地接市场。3月、4月、5月,常务副市长王志刚、副市长蔡典维亲率株洲旅游促销团分赴广州、武汉、佛山举办“神农福地·动力株洲”株洲旅游专场推介会,推广株洲旅游品牌,并与广州、韶关、肇庆、惠州、佛山、武汉、咸宁等市结为旅游合作城市,拓展了客源市场。6月,广铁沿线7市旅行商应邀到株洲市踩线,进一步实现市场对接。全年株洲市相继接待400余人的山东旅游专列、300多人的广东旅游专列、800余人的安徽旅游专列和900余人的广西旅游专列,地接市场实现较大幅度增长。(李　远)

【节会活动推陈出新】 2010年3月以来,市旅游局相继举办株洲旅游摄影大赛、首届油菜花休闲旅游节、“湖南省民间拳王争霸赛”、第四届樱花节、“节节高”挖笋节、庚寅清明全省社会各界祭祀炎帝陵大典、“登山观竹海,踏青寻宝藏”、“穿越荷塘”——快乐田园大冲关、“红色七月,走进炎陵”、海峡两岸首届炎帝神农文化祭祀大典、“水韵渌湘,和容天下——走进空灵”、醴陵民间绝技大比拼和首届株洲市旅游形象大使选拔赛等一系列大型活动,打响旅游品牌,做热旅游市场,取得明显成效。株洲市旅游摄影大赛吸引大批摄影爱好者深入景区捕捉美景,收到创作作品600余幅;株洲市首届油菜花节吸引游客15万人次,直接经济收益超过500万元;大型户外竞技活动——“穿越荷塘快乐田园大冲关”,活动时间跨度2个月,参赛选手近3000人,节会期间,仅仙庾岭风景区接待国内外游客15万人次,完成旅游收入2000万元;“红色七月,走进炎陵”活动吸引16万人次参与;海峡两岸首届炎帝神农文化祭活动,吸引了300多名台湾同胞拜祭炎帝陵,促进了两岸的文化交流和炎帝圣火、炎帝精神在台湾的传播。

(李　远)

【旅游宣传卓有成效】 2010年,市旅游局加大在电视、报纸、网络、户外广告、专项宣传品等方面投入,形成了密集宣传攻势。年初,株洲进入中央电视台《朝闻天下》天气预报;年中,通过与湖南省旅游局合作,炎帝陵景区列入《锦绣潇湘,快乐湖南》形象片,于9月2日~12月,在中央电视台1台和新闻频道、中央电视台4台播放;中央电视台10台《走进科学》栏目在茶陵县拍摄《徐霞客》,于7月底连续播放;拍摄剪辑《神农福地,动力株洲》旅游形象宣传片,在株洲电视台、市区各宾馆酒店的电梯口的传媒电视以及星级饭店客房电视中播放;组织“快乐男声”五强到炎帝陵拍摄摇滚音乐电视《炎帝》;在《中国旅游报》、《湖南日报》、《湖南旅游》内外刊等媒体对株洲旅游进行专版专栏宣传,在《株洲日报》开设每周1期“游玩株洲”专栏;在京珠高速、机场高速、武广衡东站、衡炎高速以及株洲大道、炎帝大道上设立的巨型广告牌;“十一”期间,在武广高铁专列的《旅客报》和香港的《商务旅游》杂志分别以4个版面和3个版面刊出《神农福地,动力株洲》旅游新特色。全年市旅游升温战指挥部办公室编发升温战工作简报24期共4000余份,有力地营造了浓厚的旅游升温战氛围。(李　远)

【创新日常宣传营销】 2010年,市旅游局组织参加2010中国(郑州)国内旅游交易会、2010年中国(上海)国际旅游交易会、中国旅游商品博览会、广州国际旅游展销会等旅游专业展会,大力推介株洲旅游系列产品;加印4万份株洲旅游宣传折页,充实星级酒店“四进入”工程,编印《株洲旅游指南》和《株洲旅游交通图》,重新改版设计株洲旅游网,做到随时随地宣传株洲旅游。做旺假日旅游市场,市旅游局多次到省会长沙等重要客源地开展宣传推介,“十一”黄金周期间,全市接待游客25.53万人次,同比增长38.48%,实现旅游总收入1.35亿元,同比增长46.56%。

(李　远)

【旅游产业规模逐步壮大】 2010年，随着一系列旅游产业发展优惠政策出台，以及旅游市场日趋红火，越来越多的社会宾馆和个人投资旅游行业。市旅游局积极引导，热情服务，多次上门免费提供业务咨询和指导，帮助企业创星，全年新增三星级宾馆2家，分别是天域大酒店和攸县坤龙酒店；新增旅行社4家，分别是株洲市华天国际旅游社、株洲添胜旅行社、株洲景华国际旅行社、株洲市华强旅行社；积极帮助企业节能控本，全面落实旅游企业水电气价格优惠政策，督导市区18家星级饭店创建成为“环保型”旅游饭店，华天大酒店、国宾酒店、金龙大酒店还纳入全市节水型饭店试点。全年报考初级导游资格证人员200余人，旅游行业从业队伍进一步壮大。（李　远）

【提升旅游服务质量】 2010年，市旅游局通过在旅游行业广泛开展创青年文明号和青年岗位能手活动，深入开展“旅游服务质量提升年”活动，组织“品质旅游伴你行”和“文明旅游、理性消费”进社区，督导旅游企业开展“旅游质量万里行”在株洲活动，提升旅游服务水平和质量。全年云阳山等14家单位成为2010年株洲市旅游行业青年文明号，谭立曲等14名旅游从业人员成为2010年株洲市旅游行业青年岗位能手。（李　远）

【旅游升温战决策正式出台】 2010年，市委出台1号文件——《关于打好园区攻坚、城市提质、旅游升温“三大战役”的决定》，首次将旅游产业发展纳入全市全局性战略工作，确定旅游升温战要重在旅游规模升温、旅游市场升温和旅游品牌升温，并成立旅游升温战指挥部，由市委副书记、炎陵县委书记李晖任指挥长，副市长蔡典维任副指挥长，市纪委、市财政局、市旅游局等37家单位为成员单位，升温战指挥部办公室设在市旅游局。2月25日，市政府召开“三大战役”动员大会，正式下发《关于打好旅游升温战的实施方案》，自此，旅游升温战全面打响。为推进战役开展，市委、市人大、市政府、市政协主要领导各领衔一个重点项目，市委坚持一季一调度，市政府坚持一月一调度，旅游升温战指挥部坚持一周一调度，及时发现问题、解决困难。同时，市委、市政府将旅游升温战工作纳入年度绩效考核，定期开展督查督办，有力地推进了战役开展。（李　远）

【湖南省旅游项目建设工作会议在株洲市召开】 8月9～11日，湖南省旅游项目建设工作会议在株洲市隆重召开。省政府办公厅、省委宣传部等17个省直部门负责人和14个市州分管旅游工作的副市州长、旅游局局长等近200人参加大会。市委书记陈君文致欢迎词，省旅游局局长杨光荣作工作报告。株洲市、郴州市、岳阳市作典型发言。副省长甘霖出席会议，她充分肯定了株洲市旅游项目建设工作，称株洲旅游定位准、措施实、升温效果好。会上，省政府对2009年全省旅游产业发展先进单位给予表彰和授牌。（李　远）

株洲国宾酒店

【酒店大厨获“首届中国乡土菜烹饪大赛”金奖】 10月25～28日，由中国烹饪协会和湖南省餐饮业协会联合主办的“首届中国乡土菜烹饪大赛”拉开战幕。株洲国宾酒店厨师王文红凭借“渔米之乡”和“千叶熏肠丝”2个作品，征服各路专家评委，一举摘获“首届中国乡土烹饪大赛”热菜项目的金奖。2010年，国宾的菜品得到越来越多新老顾客的好评，酒店餐饮营业额以高于上年同期30%的速度增长。（刘　晖）

【大事摘要】 4月25日，株洲国宾酒店第二届婚庆博览会开幕。婚博会为期2天。

6月13日，员工李秋元在全市公共服务业十大“岗位技能明星”评选——餐厅服务员终评赛获得冠军。员工冯磊以第三名的成绩，获“2010年株洲市公共服务业‘岗位技能明星’评选入围奖”。

8月9日，湖南铁路科技职业技术学院与酒店的人才培养合作意向书签定。这是株洲国宾酒店创建12年来的一次有益尝试和重大人才发展战略。

（何　毅）

株洲天伦商务酒店

【概况】 株洲天伦商务酒店是一家集商务、休闲、娱乐为一体的三星级商务酒店，由具有多年管理经验的精英管理团队管理运作，地处株洲市河西高新技术开发区，楼高28层，总建筑面积10000平方米，俯瞰湘江，与中心广场、火车站仅一桥之隔，毗邻京珠高速入口，离长沙黄花机场仅45分钟车程。酒店于2005年12月正式营业，酒店共有员工120余人，拥有高级客房168间（套），特色中西餐厅1个，康乐休闲会所1个。

酒店秉承“打造品牌酒店，创造一流效益”的企业理想，创造和谐，追求完美，在经营管理以及企业文化建设上都取得了傲人的成绩。2007年，顺利通过旅游局的三星级旅游饭店评定并正式挂牌，经营收入同比增长20.8%，近年来，酒店先后获得绿色环保酒店以及优秀饭店等荣誉称号。酒店独具特色的时尚装修风格和优质的服务，受到中外游客的一致好评。酒店在2006年成功接待了省十运会筹委会成员，受到了省体育局领导熊倪、市委、市政府领导的高度的评价。

天伦商务酒店以商务、时尚路线引领株洲市场,走在时尚的前沿。酒店在注重硬件设施的同时,同时也很注重企业文化的建立,酒店多次组织企业员工到深圳、广州、长沙等地学习。天伦商务酒店本着“关爱社会、回报社会”的宗旨,董事会成员从酒店开张以来,用一片爱心,感恩于社会,在执行董事的带领下,全体董事会成员到革命老区——炎陵县,接受红色革命文化熏陶并为老区人民献上一片爱心;当酒店员工的家属遇到困难时,执行董事又带动酒店全体员工捐款,彰显人间真情。2008年湖南省遭遇50年来的最大冰灾,酒店最高领导层义举爱如星火的大旗,向株洲市慈善总会捐赠一大笔抗冰救灾款;在同年5·12汶川大地震,向株洲市红十字会又一次的捐赠了一笔赠爱心款,为受灾的人民献出浓浓的情,深深的爱。 (凌钰芬)

民营经济

【概况】 截至2010年底，株洲市有个体工商户100527户，比上年减少260户；从业人员131666人；私营企业12390户，比上年增加423户；从业人员达128841人。私营企业注册资本(金)266亿元，比上年增加34亿元，其中注册资本(金)500万元以上至1000万元的有511家，注册资本(金)1000万元以上的有249家；个体工商户资本金达36亿元，户均资金3.6万元，全市个私经济继续保持强劲的发展势头。个私经济结构不断优化，经营领域不断拓展。随着改革的深入、国家有关政策的出台，个私经济不再局限于传统行业，开始向诸如基础设施、公用事业等领域拓展。并且注重产业结构优化升级，一批具有竞争优势的私营企业成为科技创新和高新技术产业发展的主力军。个私企业开始注重塑造企业形象，打造产品品牌，企业素质不断提高，市场竞争力越来越强。年内全市企业新增驰名商标5件，著名商标55件，注册商标800余件。截至2010年底，全市共有驰名商标15件，著名商标128件，注册商标7043件，其中80%为个私企业所拥有。2010年，全市个私企业拥有省级"重守合同"单位115个，市级"重守合同"单位189个。 (肖园喜)

【圆满完成学习实践科学发展观活动任务】 从2009年9月开始，株洲市个私协会组织指导全市组织关系隶属在个私协会的35个非公有制经济组织党委、党支部，466名党员开展深入学习实践科学发展观活动。各级个私协会都成立学习活动指导检查组，召开了动员大会，确定实践活动联系点14个。市个私协会组织人员对县市、城区协会及部分个私企业学习实践活动进行了督查。攸县、茶陵县、株洲县、醴陵市等地个私协会高度重视，精心组织开展学习实践科学发展观活动，取得较好成绩，得到了当地党委政府的充分肯定和赞扬，攸县个私协党委书记王全忠被评为湖南省非公有制经济组织学习实践科学发展观活动先进个人。

(肖园喜)

【组织开展创先争优活动】 2010年，市个协组织全市个私协会系统非公有制经济组织积极开展创先争优活动，下发《关于在全市个私系统非公有制经济组织党组织和党员中深入开展创先争优活动实施的意见》，全市各级个私协会党组织在创先争优活动中，采取上下联动、左右互动、共同推动的方式解决问题，切实兑现向群众作出的承诺，引导基层党组织切实履行职责，共产党员立足本职岗位争创一流，掀起了创先争优活动高潮。各级个私协会根据行业特征，在全体党员中开展"三带、三比"活动和"亮身份、作承诺、当表率"活动，取得较好的效果。茶陵县个协党总支在全县个私协党员中深入开展"读好一些规定书目，设立一批党员示范岗，提出一个金点子，开展一次党性分析评比活动，奉献一份爱心"的"五个一"活动，在广大会员中营造出浓厚的你追我赶，争先创优氛围。2010年，全市个协选送培训入党积极分子40名，转正22名，确定发展对象20名，使个私协会系统党组织力量得到进一步加强。 (肖园喜)

【建立银协企合作平台】 2010年，株洲市个私协会面对融资服务这个全新的工作，积极探索，大胆实践，以扶持个体私营经济为重点，积极开拓新的服务领域，努力打造银协企合作平台，帮助个体工商户、私营企业解决融资难的问题，主要采取工商搭台，协会牵线的方式向工商银行推荐优质企业，对驰名商标、著名商标企业，对国家级、省级、市级"守合同重信用"的企业，对在市场信用分类监管评选活动中评为A级的市场作为重点推荐。工商银行承诺，将工商局、个私协会推荐的客户作为重要的客户和长期合作伙伴，在遵守国家法律、法规的前提下，按照中国工商银行经营原则和信贷政策，为其提供优先、优质和高效的全方位金融服务。年内，市个私协会成功举办2次银协企融资洽谈会，组织140余家企业与银行联姻，融资金额达20.328亿元。组织芦淞市场群专业市场企业融资工作，为800多个体工商户和私营企业融资10亿元。全年经过个私协会的牵线搭桥，为企业融资30余亿元。签约企业的履约率达70%，有效地缓解了企业融资需求。县市协会都开展了融资服务活动。通过协会的牵线搭桥，一大批急需资金的企业项目得以正常运转和启动，许多企业因此摆脱了资金的制约，走出了困境。 (肖园喜)

【促进就业】 围绕就业创业，2010年，全市各级个私协会积极做好安置就业，帮扶创业工作，认真落实省工商局、省个私协会关于实现3年百万高校毕业生就业见习计划的要求，协助有关部门积极落实各项创业就业优惠政策，举办就业招聘会，有效缓解"用工难"、"就业难"。市个私协会通过考查，筛选出45家企业为高校毕业生就业见习单位，协助劳动部门举办4期劳动技能培训班，帮助联系就业岗位2800多个。

（肖园喜）

【维权服务工作】 2010年，全市个私协会系统开展会员企业维权210多次，为会员企业挽回经济损失180多万元。市个私协会法律服务室组织执业律师值班，采取电话、传真、电子邮件等多种方式免费为广大个体工商户和私营企业提供法律咨询，解疑答难。全年共接待咨询120多次，帮助解决问题50多个。各级协会还积极与有关执法部门配合，帮助部分企业积极维权及争创中国驰名商标和省著名商标工作。

（肖园喜）

【开展丰富多彩的会员活动】 2010年，各级个私协会精心组织广大会员和协会干部开展丰富多彩的会员活动，参加中国个协举办的“全国首届个体经营(民营)企业书法展”，送展10余幅作品获3个优秀奖。芦淞区、醴陵市、炎陵县等个私协会举行大众舞蹈、登山、趣味运动会等活动，这些活动展示了个私企业精神风貌，丰富了会员文化生活，增强了协会工作的凝聚力。同时，大力开展“学法、知法、用法”宣传教育活动，增强广大会员的法律意识和诚信意识。全年各地共组织宣传教育84场次，1.2万人参加。（肖园喜）

交　通

【概况】　2010年，株洲交通工作坚持以科学发展观统领全局，重点突出“保二争一”，努力建设“两型交通”，积极践行“三个服务”，全面打响“四大战役”，为株洲社会经济发展作出了积极贡献。年内，株洲市交通工作获全省交通运输发展目标考核一等奖，市交通局被评为“全国交通运输行业文明单位”。

抢抓机遇获得新突破。积极争取税费改革后交通工作主动，促成市政府于1月25日与省交通运输厅签订全省首个“两型交通”厅市共建合作协议，于3月17日与交通运输部公路科学研究院签订院市战略合作框架协议，7月27日，交通运输部公科院长株潭办事处暨北京交科长株潭分院正式挂牌成立。全市“十二五”综合交通发展规划基本完成编制，争得国省进一步加大了对株洲市“十二五”交通发展的支持。高速公路、干线公路、铜塘湾港区和农村公路及水毁工程等项目和资金争取成效明显，全年争取到位国省交通投资资金56亿元。

交通建设取得新业绩。2010年，全市累计完成交通建设投资76亿元，是上年的1.36倍，是“十五”年均交通投资额的10倍。长株高速建成通车，全市高速公路通车里程达205公里。浏醴、醴茶、炎汝、炎睦、茶界、分炎等6条在建高速扎实推进，京港澳高速株洲西互通改造工程开工建设，株潭南环线株洲段前期工作顺利展开；国省干线茶马线、安攸连接线、G106炎帝陵牌坊至炎陵县城段、网朱公路竣工通车；S315龙下至攸县段、芷渌线、S211株洲段、G106炎陵县城至槽里段、S322炎陵至牛岗排段基本完成路基、桥涵、过渡路面建设。全年共提前实施“十二五”规划农村公路建设1135公里，是省“八件实事”考核目标的5.7倍、市年度目标考核的114%；武广高铁株洲汽车站完成征地拆迁；铜塘湾港区一期工程开工建设，华新水泥码头建成3个千吨级泊位。

深化改革实现新进步。交通运输投融资体制改革扎实推进，株洲市交通发展集团有限公司7月8日正式挂牌成立，重组后的交通发展集团公司注册资本达6亿元、资产规模达30亿元。通过积极争取，市交通运输局“三定”方案正式发布。税费改革交通涉改划转人员全部移交到位，交通事务、财务管理趋于规范，深层次问题逐步理顺。交通企业改制进一步深入，局劳服公司破产改制已终结法律程序，航运公司、港务公司职工安置和物资公司改制主体工作基本完成。

依法行政迈上新台阶。报请市政府审定出台《湘江株洲段砂石经营管理办法》，组织制订《株洲市交通行政执法监督办法》，编制发布《市交通规范行政裁量权细则》。集中开展了“安全生产月”、打非治违系列整治活动，道路运输事故频率同比下降60%，水上交通和建设工程保持“零事故”纪录；累计救助水上交通遇险人员16人次、救助遇险船舶9艘次。确保春运、“五一”、世博会和亚(残)运会期间全市交通行业的安全稳定。　（黄志平）

【省交通运输厅与市签署共建合作协议】　1月25日，湖南首个“两型交通”厅市共建合作协议在长沙签订。仪式由株洲市委书记陈君文主持，省交通运输厅党组书记陈明宪出席仪式并讲话。省交通运输厅厅长吴亚中与株洲市委副书记、市长王群签署《关于加快株洲“资源节约型、环境友好型”交通运输发展合作协议》。双方商定，以长株潭城市群“两型”社会建设、国家实施“中部崛起”战略和省委、省政府确定的富民强省目标为契机，合力推进株洲市资源节约型、环境友好型交通运输又好又快发展。株洲市将加强市各相关部门沟通协调，进一步加大交通事业投入力度，积极拓宽融资渠道，保证资金需求，在土地、环保、林业、水利、文物等方面为交通基础设施建设创造便利条件。同时在降低工程造价、确保工程质量，对环境和生态保护等方面加大工作力度，为交通发展营造一个良好环境。省交通运输厅则将加强指导协调力度，加快交通项目前期工作审批速度，帮助株洲市提高前期工作质量，加强项目储备。此外，双方在加快交通体制机制创新、加大政策扶持力度、推进基础设施建设等方面都达成了详细合作协议。

（黄志平）

【醴陵市“村村通水泥路”工程圆满完成】　2月6日，醴陵市最后一个通上水泥路的小山村——官庄乡大阳坑村举行通畅工程竣工通车典礼，标志着醴陵市历时3年的“村村通水泥路”工程圆满完成。自2006年9月，醴陵市委、市政府提出了“十一五”交通规划“5年任务，3年完成，全面实现村村通水泥路”的工作目标。醴陵交通部门抢抓机遇，在上级部门组织领导、财政投入、督导落实等各方面政策倾斜和保障下，在全市范围内迅速掀起了集中会战农村道路建设的热潮。全市公路建设总投入超过8亿元，拓宽改造县道240多公里，等级公路比例翻了3倍，建成了城区与乡镇半小时“通勤圈”；硬化乡村公路2300多公里，超出国家“十一五”交通规划项目里程1倍以上，在全市率先实现所有的行政村“村村通水泥路”。

(黄志平)

【全市交通工作会议召开】 3月10日，全市交通工作会议召开。市委书记陈君文、市人大常委会副主任王建敏、副市长肖文伟、市政协副主席易敏林出席会议并作重要讲话。会议提出，2010年株洲交通工作将重点打好“四大战役”，着力推进“四项改革”。加快交通发展，重点打好“四大战役”：一是推进高速公路建设大会战。建成长株高速公路，加快炎睦、醴茶等7条270公里在建高速公路建设进度，启动株潭高速南环线株洲段、泉南高速茶陵至界首段前期工作。二是打好干线公路建设攻坚战。确保建成S315龙下至攸县段等6条224公里干线公路，加快建设3条139公里。提前实施“十二五”乡村公路建设1000公里。三是推动港站及物流园区开拓战。开工铜塘湾港区一期工程，建成华新水泥5个千吨级泊位，促进长株潭物流园、芦淞服饰物流园等现代物流园区规划、建设。四是拉开湘江砂石市场整治和水运发展持久战。着力推进“四项改革”：一是基本完成交通运输“大部门制”改革。力争在统筹规划、综合利用运输资源方面取得突破。二是适应税费改革、财政省直管县改革等新形势，细化理顺交通建、管、养具体事权责任及运行机制。三是创新交通建设投融资体制，完成重组市交通建设发展集团。四是深化交通企业改革。推进政企分开，保障交通行业弱势群体合法权益。陈君文在讲话中指出，要着眼全市经济社会科学发展和“两型”社会建设，坚定不移地抓好交通先行，全力构建大通道，疏通内循环，打通关节点，形成内成环、外成网、环网相连的现代化综合交通运输网络，全面巩固提升株洲交通枢纽地位。 (黄志平)

【交通运输部公路科学研究院与株洲签署战略合作框架协议】 3月17日，交通运输部公路科学研究院院长周伟与株洲市人民政府市长王群签订战略合作框架协议，双方将在交通建设、智能交通、交通物流、环保与安全、营运与养护管理等方面开展合作研究，不断拓展合作研究领域，积极联合申报和争取地区、省、交通运输部及国家有关部委相关研究项目，以实现优势互补、互利共赢。株洲市委书记陈君文出席签约仪式并致辞。交通运输部公路科学研究院党委书记黄卫津、副院长易振国、副书记郭大进，株洲市人大主任姜玉泉、市政协主席刘岁文、副市长肖文伟出席签约仪式。 (黄志平)

【首批长株潭城际干线竣工通车】 3月25日，长沙芙蓉大道长潭段、红易大道通车典礼在长沙县暮云镇莲华村举行。芙蓉大道长潭段和红易大道是长株潭三市结合部“金三角”地区的“人”字形骨架路网，是长株潭“两型”社会试验区启动建设的首批重大基础设施工程。红易大道株洲段起于莲易高等级公路芭蕉岭隧道西洞口，沿既有莲易高等级公路，经红旗互通、田心互通、清石互通，至株洲大坡里，通过新建大坡里互通及5公里新路，止于湘潭株易路口，与芙蓉大道对接，全长23.25公里。芙蓉大道长潭段和红易大道的建成通车，标志着长株潭一体化进程又迈出了重要的一步，同时也标志着长株潭半小时经济圈基本形成。两条城际干道都是按照城市快速路的标准设计和建设，突破了城际公路交通范畴的局限，大大缩短了三市的时空距离，而且不收通行费。 (黄志平)

【市交通发展集团有限公司成立】 7月8日，株洲市交通发展集团有限公司挂牌成立。该公司是经市人民政府批准设立的国有独资公司，由市政府授权市国资委履行出资人职责，市交通局实施行业归口管理。主要负责市域内高速公路、一级公路、港口码头、城区客运站场的建设与经营管理。公司注册资本6亿元，总资产30.5亿元，集团公司下设3个全资子公司、2个参股公司。株洲市成立交通发展集团，是适应成品油税费改革后交通发展的新形势，进一步加大地方政府支持交通建设、深化交通建设投融资体制改革的重大举措。该公司将充分结合全市交通建设发展需求，坚持“资源资产化、资产资本化、资本证券化”的思路，严格实行市场化运作、公司化管理，盘活交通存量资产，做大资产规模、实现自我良性发展，努力打造为具有持续发展能力的交通事业发展商。 (黄志平)

【北京交科院长株潭办事处挂牌成立】 7月27日，交通运输部公路科学研究院驻长株潭办事处暨北京交科公路勘查设计研究院长株潭分院在株洲市正式挂牌成立。交通运输部公路科学研究院是中国公路交通领域唯一一所交通运输部直属的科研机构，是中国公路交通科技领域重要的科研开发、成果转化和人才培养基地。办事处暨分院的成立，标志着株洲市与中科院的合作迈出了新的实质性的步伐，这对于推进交通科技成果在株洲市和周边长株潭地区的应用和转化，进一步拓展交通科技发展空间，推进交通运输方式的创新和交通行业的科技进步，创建株洲市“两型”社会建设和交通建设发挥重要的作用。 (黄志平)

【省道S211株洲段改建工程开工】 3月15日，省道S211株洲段改建工程开工典礼在南阳桥乡三望冲村举行。市委副书记、市长王群宣布工程开工。S211公路是株洲干线路网中的“脊梁骨”承北启南，是长沙、株洲、衡阳三地的重要连接线路，株洲市境内全长62.45公里。该项目建设，对于改善芦淞区及株洲县的干线路网结构，促进沿线经济社会发展具有重要意义。

(黄志平)

【株洲市出台规范性文件规范湘江株洲段砂石市场】 4月13日，株洲市政府审定发布《湘江株洲段砂石开采经营管理办法》,自发布之日起实施。《办法》明确,株洲市成立由分管交通的副市长任组长的株洲市砂石管理领导小组。领导小组下设联合管理办公室在市交通局,由市交通局局长兼任办公室主任,市水利局、市国土资源局各委派1名副主任,并抽调相关部门人员开展联合办公。领导小组以协调联席会议制度形式,组织协调处理湘江株洲段砂石开采、运输、堆存、经营过程中的许可、处罚、监督、征收税费等方面的问题。组织实施湘江株洲段砂石开采权的有偿出让,出让收入主要用于交通基础设施建设。 (黄志平)

【开展公路水运工程“平安工地”创建活动】 根据交通运输部和省厅的统一部署,株洲市5月份正式启动为期2年的“平安工地”创建活动。活动以“平安工地”建设活动为载体,将安全生产法律法规、技术标准落实到基层,有效控制施工安全风险,减少事故总量、遏制较大事故、杜绝特大事故,推进行业安全管理水平整体提升。活动内容包括建立健全安全生产管理制度,落实安全生产责任,依法执行专项施工方案审查制度,执行劳动用工登记制度和岗前安全培训教育制度,加强施工安全隐患排查治理,施工场地总体布设、施工驻地建设、施工作业安全防护达标,执行施工安全专项费用保障制度等6个方面。活动由各项目建设单位牵头,以施工合同段为单位开展,设计、监理和监测等单位参加。活动自2010年5月开始,2011年底结束,分为宣传发动、示范实施、抽查观摩交流、达标推广等4个阶段。对于创建活动取得显著成效的,市交通部门将组织开展现场观摩和经验交流活动,推广“平安工地”示范经验,并向上级交通运输主管部门推荐先进典型。 (黄志平)

【湘江株洲至城陵矶2000吨级航道一期工程工可报告通过评估】 7月7日,受省发改委委托,省发改委国家投资项目评审中心在长沙组织召开《湘江2000吨级航道建设一期工程(株洲——城陵矶)工程可行性研究报告》评估会议。省发改委、省国土资源厅、省水利厅、省交通运输厅、省航务管理局,长沙、株洲、湘潭和岳阳等4市发改委和交通局,报告编制单位代表及特邀专家参加会议。与会代表和专家听取了关于《工可报告》的汇报,经认真讨论,认为《工可报告》资料齐全、研究内容和深度符合有关要求,可以上报审批。该工程将按Ⅱ(3)级标准建设湘江株洲枢纽——城陵矶281公里航道,主要建设内容为航道整治及航道支持保障系统。工程总投资8.2亿元,已于2010年底开工建设。 (黄志平)

【省政协副主席龚建明视察株洲水运】 7月8日,省政协副主席龚建明率领省交通运输厅、省地方海事局相关负责人,实地考察株洲航电枢纽和铜塘湾港区建设情况。龚建明要求,株洲要对水运的发展方向做好深层次的调研,用好用足各种政策,大力开发水运资源;加强株洲航运枢纽的通航能力建设,进一步扩容,提高运转效率。株洲市委书记陈君文、市政协主席刘岁文、副市长肖文伟、市政协副主席申玉华出席座谈会或陪同调研。 (黄志平)

【株洲市举行第四届机动车驾驶培训教练员技能比武】 9月3~4日,来自全市24所驾校的156名教练员,在株洲职业技术学院交通驾校展开技能大比拼。比赛由株洲市道路运输管理处和市道路运输协会主办,共设小车单S路线进出车、大车连续性越障等6个项目。经过角逐,株洲市职业技术学院交通驾校获得团体第一名,攸县鹏程驾校钟宇峰、攸县丰达驾校张朝晖分获大车、小车比赛第一名。 (黄志平)

【株洲市交通局获评“全国交通运输行业文明单位”】 10月,株洲市交通局被交通运输部正式授予“全国交通运输行业文明单位”称号,也是全省此次获得这一称号的4个单位中唯一一个地市级交通局。这是该局继2009年12月被国家人保部、交通运输部联合授予“全国交通运输系统先进集体”称号,连续13年保持“全省文明单位”称号后,获得的又一省部级荣誉称号。 (黄志平)

【京港澳高速株洲西互通和株洲港铜塘湾港区一期工程开工】 10月28日,由株洲市交发集团投资建设的京港澳高速株洲西互通出口改造工程、株洲港铜塘湾港区一期工程建设开工。京港澳高速株洲西互通改造工程总投资7500万元,改造后将大大提升全市对外形象和进出车流通畅能力。株洲港铜塘湾港区一期工程总投资4.25亿元,拟在建霞作业区分别建设2个多用途泊位和2个件杂货泊位,在白祁庙作业区设立1个烟花鞭炮专用泊位,设计停靠千吨级船舶,兼顾停靠2000吨级船舶,具备运输管理、中转装卸、存储、联运、物流和通关报检等七大功能的现代综合性物流港区。项目建成后,株洲港年吞吐能力提高到130万吨,集装箱9.25万个标箱,同时,为企业每年节省1亿元左右的物流成本。 (黄志平)

【全面完成“十一五部省共建”和“省为民办实事”目标任务】 2010年,省政府下达株洲市的为民办实事目标为“完成农村乡到村水泥(沥青)路建设200公里”,完成“十一五”部省共建目标任务为“建成乡镇通畅工程里程60公里,年末乡镇通畅率达到100%;建成通畅工程600公里,新增通水泥(沥青)路建制村230个,年末建制村通畅率达到95%;完成通达工程49公里,年末建制村通达率达到100%”。截至11月底,全市共完成县到乡镇公路建设60公里,为部省共建年度目标任务的100%,实现乡镇通畅率达到100%;完成建制村通畅工程670.9公里,为部省共建年度目标任务的111.8%,为省为民办实事考核目标的335.45%;新增通水泥(沥青)路行政村249个,全市通畅率达95.06%;完成通村公路通达工程

49.1公里,为部省共建年度目标任务的100.2%;新增通达建制村14个,年末建制村通达率达到100%。(黄志平)

【《株洲市“十二五”综合交通规划》举行评审会】 12月12日,株洲市政府在北京举行株洲市“十二五”综合交通规划评审会,来自国家发改委、交通运输部和交通运输部公路科学研究院、规划研究院的10余位专家和领导应邀出席规划评审会。此次交通规划评审会议,是株洲交通发展历史上首次举行的高规格规划评审会。评审会由副市长肖文伟主持,与会的领导专家从交通规划理论、交通发展形势和项目实施层面对株洲“十二五”交通综合规划进行了询问和讨论,提出了大量高水平、专业化的指导意见,会议同意基本通过该规划并形成了规划评审意见。

(黄志平)

铁　路

株洲车站

【概况】 株洲车站地处京广、沪昆两大主要铁路干线的交汇点,站中心里程为京广线K1618+678,沪昆线K1103+313,属广铁集团直管的特等客运站。车站设有4个站台,5个候车室(3个普通候车室,1个“和谐号”动车候车室,1个软席候车室,候车室总面积3520平方米),4条正线、8条到发线、1条存车线,5个方向接发列车,车站日均接发列车439列,平均每3.2分钟办理一趟列车接发;日均客流量4万余人,运输收入127万元。车站设人劳科、技术科、安全科、财务科、教育科、站办、党群办5科2办,下设运转、客运2个车间,生产班组11个。车站有正式员工726人,其中在岗干部96人(含调研、业务指导34人),在岗职工519人。车站具有技术职称56人,其中工程师6人,助理工程师34人,技术员8人,会计师3人,助理会计师4人,经济师1人,具有政工职称16人,其中政工师5人,助理政工师7人,政工员4人。

一、安全生产稳定趋于常态。2010年,车站不断健全完善安全管理长效机制,优化日常运输组织,对安全隐患进行源头治理;开展领导跟班作业写实,对日常作业安全进行全程卡控;推行干部巡视检查记录工作流程,对现场安全管理进行逐步规范;完善视频监控、录音监听分析制度,对现场作业标准化进行实时监控;推进接发列车、施工、劳动安全等专项整治,进一步巩固了基础。截至2010年12月31日,车站实现无责任铁路交通事故2191天。

二、运输生产任务实现较大增长。2010年,车站通过经常性的经济活动分析,加强市场营销,优化售票组织,规范和加强与旅行社、厂矿企业等部门的沟通联系,不断优化服务质量,运输生产任务实现较大增长。截至12月31日,车站旅客发送668.4万人,完成年度102.8%,运输收入完成46545.4万元,完成年计划108.3%,较上年多创收6983.9万元,增长17.7%,超年计划1289.1万元。中转窗口售票155885张,收入657.5万元。出站口到补人数4.5万人,到补收入136.1万元,尤其是在2010年的春运中,面对实名制带来的新变化,车站提前谋划,统筹安排,全站共发送旅客64万人,完成运输进款5685.4329万元,较上年增加981.081万元,增幅20.85%,春运安全、秩序是历史上最好的一年。

三、队伍素质逐步增强。2010年,车站按照“素质保安全”的要求,不断健全培训机制、创新培训形式、丰富培训内容,累计完成各类培训74期,培训9874人次,培训合格率100%。车站将职工培训、考核与使用、待遇相联系,形成以培训提高素质、以素质决定岗位、以岗位和业绩决定收入的一体化机制;结合春运、暑运等阶段性工作重点,组织适应性培训18期,提升了职工队伍整体业务素质和技能水平;在集团公司主办的接发列车技能比武和客运工种技能竞赛中,车站参赛选手取得了优异的成绩。

四、服务质量全面得到提升。2010年,车站通过深入开展“文明车站”创建活动,积极推行各项便民利民措施,加强客服设施维护,强化多元部门监管,做好重点旅客服务,打造一流的服务品牌,充分展示了株洲城市“文明窗口”的良好形象。全年共收到旅客表扬信180封,锦旗1面,各类媒体表扬16次。

(尹　巍)

株洲北站

【概况】 株洲北站位于株洲市东北郊,为双向纵列式三级七场布局,是长江以南最大的路网性编组站,中国铁路三足鼎立中的南支点。管辖范围为株洲北站、湘潭东站、湘潭车站、株北货场以及田心、白马垅和十里冲3个卫星站,主要办理京广、沪昆两大铁路干线4个方向货物列车的到发、解编工作。同时担负株洲、湘潭两市58条铁路专用线、150多家厂矿企业的货物到发和取送作业以及各方向旅客列车的通过作业,是沟通华东、华南、西南和北方的交通要道。株洲北站设行政办公室、党委办公室、人劳科、财务科、技术统计科、安全科、科技教育科、信息技术科。下设8大车间:上行车间、下行车间、设备检修车间、货检车间、货运车间、湘潭车站、湘潭东站、调度车间;3个中间站:田心站、白马垅站、十里冲站。2010年末在册职工2319人,其中女职工426人,干部222人,高级工程技术人员3人,中级工程技术人员26人,初级工程技术人员87人。全年完成旅客发送55.4万人,货物发送691.7万吨,运输收入7.55亿元,中时7.3,停时28.4;日均解体173.3列,编组174.4列,日均办理18400.7辆,最高20733辆。全力扶助支持多元企业发展,扩展经济增长点,全年物流完成运代收入2417.2万元,装卸完成经营收入1850万元。制定并落实增收节支措施,围绕优化生产过程、盘活人力资源、强化经营管理等关键环节,严控大项支出。全年完成运输总支出1.86亿元,相比清算收入节支34.11万元,确保了全年经营目标的完成。 (刘正喜)

【安全管理】 2010年,车站以干部安全管理能力建设、职工良好习惯的养成为主线,深入推进"3+2"安全管理体系的实施。结合春运、"两会"召开、暑运、国庆安保维稳、冲刺安全年等各个时期特点,有针对性开展安全专项整治活动,通过强化监控分析室管理,提升科技保安全力度,切实解决一大批危及安全生产的隐患。截至2010年12月31日,车站实现无责任一般C类及其以上铁路交通事故1944天。2010年11月16日,实现无职工重伤及其以上事故6周年,创历史最高水平。

(刘正喜)

【职教工作】 2010年,加强各级干部和运输生产人员岗位培训,全站累计完成适应性培训23755人次,行车主要工种脱产培训7526人次。严格准入,抓好"三新"人员培训,通过强化师带徒过程管理,严肃考试纪律,共培训"三新"人员105人,其中新工人15人,复岗人员9人,提改职人员81人,保证了进入现场作业的新人素质达标。先后组织接发列车、货运、客运、调车4个类别12个工种技能竞赛,参加人员达1124人,有62人获得名次。在集团接发列车职业技能竞赛活动中,车站获接发列车团体第一;在铁道部货运系统职业技能竞赛,朱忆香获货运核算员第一名,刘期柏获货检工种第二名。

(刘正喜)

株洲机务段

【概况】 株洲机务段地处京广、沪昆线交汇处,有长沙、株洲、郴州、衡阳、岳阳、永州6个生产地区,管辖路口铺、岳阳南、长沙东、长沙北、湘潭东、耒阳、许家洞、永州8个机务调车点,设13个车间、17个科室,员工8511人。2010年完成机车牵引总重1322.59亿吨公里,机车总走行9052.7万公里,货运日产量157.8万吨公里;完成电力机车中修47台、小辅修1109台,内燃机车中修60台、小辅修896台,完成和谐型电力机车月、季检作业461台,半年检作业27台。年机车整备23万台次。

机务段配属机车601台,其中SS1、SS3、SS6B、SS7C、SS8型电力机车240台,HXD1C、HXD3、HXD3C型电力机车191台,DF4B、DF4d、DF5、DF7c、DF7g、DF12、ND3型内燃机车170台。机车交路涵盖京广、沪昆、益湛、湘桂、石长、焦柳、资许、醴茶、向韶、川黔、广深线共5506公里的牵引总里程,其中客运机车里程5506公里、乘务里程2713公里,货运机车里程1973公里、乘务里程1550公里。主要担当牵引图定旅客列车131.5对、货物列车197对,同时担当株洲、衡阳、长沙、永州4个枢纽及11个区段、中间站调车、小运转任务。主要承担配属的SS6B、SS7C、SS8型电力机车和DF4B、DF4D、DF5、DF7c、DF7G、DF12、ND3型内燃机车的中、小辅修任务,以及HXD1C、HXD3、HXD3C型电力机车月、季、年检作业。

(黄江林)

【开展机车三项整治】 为提高机车设备质量,机务段检修质量系统从8月4日起,扎实开展"机车防火、机车质量及机车文明化"整治工作。45天内完成211台机车的全面整治工作,共解决各类质量隐患问题1200余件,使机车质量、机车文明化、机车防火状态在短期内得到了明显提升。 (黄江林)

【生产力布局调整】 为进一步优化站段管理结构,按照《关于将株洲机务段娄底地区车间班组划归怀化机务段管理的通知》(广劳卫发〔2010〕141号)要求,以2010年7月31日为基准日,株洲机务段株洲(沪昆线)运用车间、娄底(洛湛线)运用车间及其班组和其他车间设在娄底地区的娄底救援列车、娄底化验组等班组的业务、资产、人员成建制划归怀化机务段管理。划转机构的党群组织及其隶属关系一并划转。8月3日,在娄底举行了交接仪式。

为适应运输生产需要,根据《关于怀化机务段永州片区班组成建制划归株洲机务段管理的通知》(广劳卫发〔2010〕290号)精神,从11月30日起,株洲机务段接管怀化机务段永州片区班组和职工,其中全民职工179人(包括业务指导1人、内部退养15人),大集体混岗职工28人。 (黄江林)

【稳妥推进内部改革】 2010年,株洲机务段积极稳妥抓好"迅速开展班组长全解全聘、干部竞争上岗、干部公开招聘、强化对管理者的管理以及建立收入分配机制"5项重点工作的组织实施。先后对全段运用、检修、整备、设备等12个车间的193名工班长全部进行解聘,在段内公开招聘192名工班长,其中原任工班长164人,新任工班长27人,改善了班组长队伍结构,提升工班长整体素质。对全段13个车间、16个科室、劳动服务公司、衡阳救援培训基地等605名管理人员全面实施干部竞争上岗工作。竞争上岗后全段管理人员由原来605人减为530人,减少75人,减幅达12.4%。其中5名车间、科室副职低聘改任一般干部,对行政办、人劳科、长沙检修车间、株洲检修车间等14名正职进行调整,进一步优化段内车间、科室管理人员的素质和结构,基本达到机关瘦身、车间精干的目标。及时修订段"3+2"安全管理办法,在干部管理方面建立发牌和扣分考核机制,与经济、评先、淘汰等挂钩,对落实不到位的工作进行机制上的约束。推行检修、整备系统按台、按件全额计件分配模式,对机车乘务员进行等级管理,在收入分配上向急难险重的岗位倾斜,实行竞争上岗和超员显性化管理。

(黄江林)

【重大荣誉】 12月10日,机务段衡阳运用车间机车司机尹茂建被省人民政府授予"劳动模范"称号。尹茂建成功总结出客运列车内燃机车牵引"尹茂建操纵法",不仅节省燃油消耗,而且列车操纵安全、平稳,在全段范围得到推广。5月1日,株洲检修车间调度长刘斐文被铁道部授予"火车头奖章"。

(黄江林)

株洲工务段

【概况】 株洲工务段地处京广、沪昆两大干线交汇处,是集团公司北大门,担负京广线草鞋铺——株洲、沪昆线株洲——清水塘、石长线长沙——石门、武广高铁K1374+048~1641+103以及岳阳北、长沙北、长沙东和株洲枢纽等站场的线路、道岔、桥梁、隧道、道口等设备的维修养护任务,辖区跨湘、鄂两省的咸宁、岳阳、长沙、株洲、湘潭、益阳、常德等7个地市。2010年,株洲工务段设办公室、人事劳资科、计划财务科、线路技术科、桥隧技术科、职工教育科、安全调度科、材料科;下设27个车间、203个生产班组,有员工2738人,高级技术职称3人,中级技术职称101人,初级技术职称248人。管辖线路2093.545公里(高速线路559.298公里,普通线路1534.247公里),道岔2311组(其中高铁173组),桥梁475座,总长142012米(高铁178座,106643米),其中特大桥78座(高铁63座),大桥124座(高铁99座),中桥120座(高铁16座),小桥153座,隧道78座(高铁52座),涵洞3284座(高铁267座)。固定资产原值37.72亿元。 (周 青)

【综合维修】 全年完成线路综合维修817.8公里、道岔综合维修1672组,验收合格率100%;钢桥维修5.721座/443.5米,圬工桥维修97.24座/9953.91米,隧道维修12座4499.33米,涵洞维修961座/21278.52米,桥隧涵保养质量评定合格率100%,桥隧状态评定合格率95%。 (周 青)

【大中修】 全年开展2次"集中修"施工大会战,完成线路大机捣固722.32公里,道岔大机捣固285组,更换曲磨轨29.8公里,道岔大修29组,道岔打磨200组,中修更换钢轨3.649公里、线路清筛10.7公里,轨枕螺栓重锚24124套,安装轨距杆666根、轨撑1332个,曲线更换调高式扣件25414套,清挖成段翻浆3.88公里,配合大机清筛97公里,配合更换P60无缝线路70公里,桥梁完成大修工程6件、防洪预抢工程4件,路基完成预抢工程21件,大修工程2件,水害复旧14件,清理水沟227.73公里。 (周 青)

【工区调整】 8月25日起对京广正线工区进行布局调整。撤消中途工区11个,组建新工区11个,成建制划拨工区3个,涉及管界调整工区9个,同时在京广正线车间成立机械化工区,调整人员149人。11月撤消3个桥梁大修工区,将人员全部并入桥梁维修工区统一管理。 (周 青)

【武广高铁维护】 坚持边维护边总结,遵循"高铁无小事"的安全理念和"勤检慎修"的养护原则,全年对武广高铁线路及道岔精测132处次28.06公里,实施线路精调65次,共计调整轨枕3456根,调整平面4344头,调整高程3923头,大机打磨光带不良的线路362.842公里、道岔大机打磨17组。完成武广高铁栅栏加高249.313公里,栅栏加密104.683公里,防撞墙加高8.804公里,栅栏底槛吊空整治22.23公里,新建防撞墙13.3公里,工作门等加固1996处,排水不良整治130处,边坡整治55处,清水沟134公里,绿化补强42.89万株灌木、4.4万株乔木、0.8万平方米草皮、15.29万平方米草籽、0.17万株藤本。 (周 青)

公　路

株洲市公路管理局

【概况】 株洲市公路管理局是具有行政职能的正处级事业单位,下辖株洲市公路路政管理处(副处级)、株洲市城郊公路局、株洲县公路局、醴陵市公路局、攸县公路局、茶陵县公路局、炎陵县公路局、株洲市公路物资设备供应站、株洲市公路工程试验检测中心、株洲市公路建设开发总公司、株洲先达公路工程有限公司。全局设养护站(公司)15个,县局路桥公司6个。有在职职工1399人,主要担负株洲市境内1530.323公里国省干线及部分重要支线公路的建设、养护和管理工作。管养线路国道284.24公里,省道415.594公里,县道830.489公里,其中一级公路43.202公里、二级以上公路438.697公里。

2010年,是成品油税费改革正式运行的第一年,市公路管理局规范管理,创新求变,在助推经济发展,优化路网结构,提升出行品质,树立行业形象方面取得新的成绩,整体呈现出"速度加快、质量提升、活力增强、效益向好"的良好态势,圆满完成各项工作目标。全年承接建养项目18个,承接项目产值达11.44亿元(建安费),完成产值4.68亿元。全年公路建设总里程280公里,实际交工86公里。投入养护资金1.01亿元,完成路面大中修工程77.089公里,干支线年平综合优良路率为81.73%,公路的通畅能力和综合服务水平进一步提高。市局被交通运输部评为"全国交通运输依法行政示范单位"、"全国交通运输企业文化建设先进单位";被省交通运输厅评为"交通杯劳动竞赛先进单位";被省公路局评为"文明建设先进单位",并在全省公路工作会议上作综合性典型发言;炎陵局继续保持"省文明单位"称号;攸县局、茶陵局被省公路局评为"文明单位";攸县局、株洲县局被市委、市政府评为"文明建设先进单位”;醴陵局欧国荣荣获“全省先进工作者”荣誉称号,肖石良、袁洁平、段爱平分别被评为全省公路系统“十佳工作者”、“十佳路政执法员”和“十佳养路工”。（李　铁）

【公路建养】 2010年,茶马线(荷塘区分路口至长株高速)、衡炎高速安攸连接线(攸县县城至渌田镇)竣工通车。株洲市普通等级公路上的第一座隧道——南岳冲隧道胜利贯通,历时5年建设的网朱(攸县网岭至株洲县朱亭)线全线通车。芷渌线(株洲县芷线桥至渌口)、S211线株洲段、S315线龙下至攸县路面工程进展顺利。启动G106线、S313线、天小线、攸县东排线、黄兰线大修工程,启动炎陵河漠大桥、茶陵镇南桥等4座危桥改造工程,启动X012等11条线路计91公里的安保工程,完成大中修工程77.089公里,水泥路面换板18922平方米,安装标志牌107块、示警桩1387根、钢护栏15094米。（李　铁）

【行政执法规范有序】 开展阳光政务,进一步规范自由裁量权的运用,精简下放4项行政许可,缩短8项行政许可时限,全年受理路政许可283件,办结率达100%。开展集中整治行动28次,拆除违法建筑物6处(栋),拆除非公路标牌623处(块),清除公路堆积物5721处,检测车辆4.5万台次,查处超限运输车辆1.1万台次,卸(驳)载4.3万吨,办理路政处罚、赔偿案件1.1万起,国省干线超限超载率控制在11%以内,保证了公路的平安畅通。（李　铁）

【积极拓展外部市场】 2010年,全局上下树立经营理念,实施品牌战略,在做好传统主业的同时,全力拓展外部市场。公路建设开发总公司为茶陵县、醴陵市、攸县代建茶陵大道、渌水大桥、迎宾大道等市政工程,工程总产值2.8亿元;先达公司中标工程产值2.6亿元,成功申办公路、市政公用工程施工总承包三级资质,成为全局系统参与市场竞争“生力军”。检测中心和物资供应站盘活现有资源,分别实现经营收入860万元和753万元;6个基层局平均完成产值近6000万元,平均节余200余万元,职工收入有较大增长,发展后劲明显增强。（李　铁）

株洲市农村公路管理处

【概况】 株洲市农村公路管理处是全市县乡公路管理机构,主要负责编制并实施县乡公路中长期规划、年度计划,以及全市农村公路建设、养护、管理。机关在职职工31人,党员28人。设有办公室、财务审计科、养护工程科、路政管理科、城区农村公路管理站和各县市农村公路管理站。2010年,全市实现农村公路建设里程达1141.8公里,其中通乡公路60公里、通畅工程933公里、沙石路改造工148.8公里,高效地完成年初签订的1000公里农村公路建设的目标;完成渡改桥2座、部贫桥14座、危桥改造12座,切实改善了农村道路的通行能力,全市农村公路面貌发生了根本性的改观。（田拥军）

【“十一五”农村公路建设实现跨越式发展】 “十一五”全市农村公路建设共投入18.92亿元,完成农村公路新改建6244.3公里,其投入是“十五”期间农村公路投入4亿元的4倍多,建设里程是“十五”期间1095公里的5倍多;同时完成渡改桥21座、危桥改造18座、村道桥梁25座;完成安保工程84公里。“十一五”期间,株洲市实现100%的乡镇通水泥路、100%的行政村通公路、95%的行政村通水泥路的目标。其中城市4区、醴陵市、攸县基本实现村村通水泥路,全市农村公路面貌发生根本性的变化。据统计,截至2010年,全市公路总里程达13495公里(国道512公里、省道2318公里、县道2106公里、乡道2150公里、村道6409公里),其中四级以上等级公路13168公里,等级率为97.6%、有铺装路面7635公里,路面铺装率为56.6%、公路密度以国土面积计算为11.98公里/百平方公里,以人口数量计算为35.25公里/万人。（田拥军）

【公路行政等级调整】 为进一步优化公路网络结构,适应现代交通运输的要求,2010年下半年,市农村公路管理处按照省厅《农村公路路网调整要求》,认真组织对全市农村公路的调查,积极做好公路行政等级的调整工作。通过与上级主管部门的沟通和大规模的补充调查,先后经过7次调整,株洲市上报的农村公路县道由1496公里增加到2197公里,乡道由1851公里增加到2340公里,村道由6278公里增加到6316公里。调整后,全市农村公路的结构更趋合理,为“十二五”公路建设规划的编制做好准备工作。（田拥军）

【养护管理不断加强】 2010年,成功完成成品油价格和税费改革后的养护体制转型,建立健全县市区、乡、村三级管理的养护体系,即:县道由县市农村公路管理站组织管理养护,乡道由乡镇人民政府组织养护,村道由各乡镇、村自建自养。采取个人或养护公司承包养护等形式进行县道的养护,通过签订目标责任状的方式督促乡镇、村做好了乡、村道的养护工作。为确保养护工作得以顺利开展,市农村公路管理处将抓实县道养护作为2010年养护工作的重点,通过完善管理机制、加强养护监督等方式,全市县道实现优良率年平达68%、年末达70%,均超过株洲市交通运输局下达的考核目标。（田拥军）

【“十二五”规划工作】 一是开展公路调查,为“十二五”农村公路规划编制提供详实的依据。6月初,“十二五”农村公路规划调查工作下达后,利用3个多月的时间,高质高效地完成全市1940个行政村公路情况的调查。据统计,新增农村公路里程3887公里。二是抓好路网结构调整,为“十二五”规划的编制做好准备工作。三是加强农村公路管理的基础性工作。在进行大量现场调查的基础上,建立并更新全市农村公路各项数据库，包括公路信息资源管理平台、公路地理信息系统(GIS系统)、交通部公路统计信息系统、桥梁管理系统、危桥项目库、村道危桥改造项目库、安保工程系统等等，为农村公路建设、管理、养护提供了有力保障。

(田拥军)

湖南省莲易高速公路管理处

【征费工作】 2010年，湖南省莲易高速公路管理处本着“以收费为中心、以服务为宗旨”，从抓职工队伍建设入手，整章建制，规范管理，在全省高路系统“双十佳”评选活动中，株洲北收费站入围“十佳”候选站，杨国英获“十佳”收费员称号。以提高文明优质服务水准为出发点，切实组织开展“岗位练兵与业务技能训练”活动，使职工在练兵活动中增长才干。在全局岗位练兵与技能大比武活动中，管理处获知识竞赛团体优胜奖，选送的情景剧——“优质服务显真情”获表演优胜奖，靳芳获副站长岗位业务知识考试第一名，汤婷、王娜分别获稽查员和收费员岗位业务考试第三名。通过开展形式多样的比武活动，收费员业务能力、文明服务水准普遍提高，征费管理更加规范。全年完成通行费收入4917万元，超额完成省局下达的征费任务。 (陈 晖)

【路政管理】 全年共出动7585人次进行路政巡逻，路政巡查20.5万公里，办理路产路权案件148起，收回理赔款62万元，治理超限车辆3966台，收取公路补偿费2.8万元，交通罚没款229万元，清除路面故障车154台次，清除路面抛洒物782次，收取清障费10.3万元。针对沿线辖区封闭设施被盗、遭破坏现象严重的问题，加大打击力度，清除非公路标志49块，清除非法搭桥、接道、加水点25处等，抓获偷盗公路封闭设施的犯罪嫌疑人6人，为国家挽回经济损失2.2万元。5月，组织新进入路政部门的54人分2批参加省局岗位培训。7月，组织8人参加局行政执法测试，取得了良好的成绩。 (陈 晖)

【工程养护】 2010年，管理处以路面、桥梁为重点，以路基、交通安全设施、附属设施为辅助，以绿化养护为点缀，以委托检测公司检测为手段，科学合理安排好养护施工任务。同时，聘请专业的桥梁养护工程师，将桥梁安全责任落实到人。共完成养护投资4602.72万元，进行路面换板70608平方米，乳化沥青压浆25041平方米，水泥路面裂缝修补77731米，水泥路面灌缝71206米。加固三类桥梁1座，更换13座桥梁的伸缩缝，对17座桥梁的裂缝进行修补，更换16座桥梁的搭板，进行路基维修45处，修复水毁边坡21处。完成国家高速公路路网标志改造工程，使全线标志醒目、公路焕然一新。

(陈 晖)

【抗击冰雪保平安】 2010年入冬以来，全省出现大面积的冰雪天气。为切实做好冰雪防御和救灾工作，管理处积极应对各种突发事件，确保了公路通行安全。通过采用机械破冰、人工铲雪除冰，抛洒防滑材料、撒盐、铺麻袋等措施，及时清除冰雪，并在重点路段，设置醒目的警示标志牌，提醒司乘人员注意安全。同时紧急筹措资金，联系供货和采购，准备麻袋2000个，草袋2000个，盐200吨，防滑链800条，反光锥筒3000个，标志标牌60块，保证了救灾物资的及时供给，并及时增加油料储备，保证油源供应，为保公路安全畅通作出了一定贡献。 (陈 晖)

湖南省潭耒高速公路管理处
现代投资股份有限公司
潭耒分公司

【概况】 湘潭至耒阳高速公路(简称潭耒高速公路)，是国道主干线京港澳高速公路湖南境内重要的一段，起于长潭高速公路终点马家河互通式立交，止于耒阳市陈家坪，接耒宜高速，主线全长168.847公里，另有天易、朱亭、新塘、新市和耒阳5条联络线共长32.469公里；沿线设3对服务区、3对停车场。潭耒高速公路管理处、现代投资股份有限公司潭耒分公司实行“两块牌子，一套班子，合署办公”，主要负责潭耒高速公路的通行费征收、路政管理、工程养护。下设9个收费站、3个养护所、3个路政中队、1个治超站。

潭耒管理处(分公司)坚持“管好路、收好费、育好人、服好务”，深入开展“文明优质服务”、“模范职工之家”及“青年文明号”等一系列文明创建活动，实现物质文明和精神文明的双丰收。通行费年收入和总收入稳居全省高速公路之首，路政安全和路面管养严格、规范，并先后获11项国家级荣誉。其中管理处获“国家环境保护百佳工程奖”、第四届“詹天佑土木工程大奖”、“全国模范职工之家”和“全国交通企业文化建设优秀单位”，2个基层单位获“全国青年文明号”，1个基层单位被评为“全国三八红旗集体”，1个基层单位被评为“全国巾帼文明岗”。潭耒管理处被省委授予“省级基层党建示范点”、“省直机关文明标兵单位”、“湖南省十大杰出青年文明号”、“省直先进团委”、“省交通厅养护经费投入和计划执行先进单位”、省级“园林式单位”、省“交通杯”劳动竞赛“先进集体”等50项省级荣誉。 (谭 峰)

【大事摘要】 4月14日，现代投资股份有限公司董事长宋伟杰视察潭耒分公司，重点就株洲西收费站改造一事进行了调研。

10月28日，株洲西互通改造工程开工典礼在天易联络线举行。省交通运输厅党组副书记、厅长吴亚中，株洲市领导陈君文、王群、姜玉泉，省高管局副局长何海鹰，公司副总经理刘初平等出席开工动员会。

10月28日，省交通运输厅党组副书记、厅长吴亚中，省高管局副局长何海鹰视察潭耒分公司。

11月19日，管理处在长沙接待参加第七届京港澳情联谊会暨高速公路运营管理高峰论坛的河北省代表团。

12月28日，潭耒管理处举行通车10周年庆典。省高管局党委委员、副局长宋祖科，现代投资股份有限公司董事长宋伟杰，公司监事会主席肖和生等参加庆典。（谭 峰）

株洲市道路运输管理处

【概况】 2010年，全市道路运输系统紧紧围绕"建一流队伍、抓一流管理、树一流形象、创一流业绩"的工作目标，深化改革，开拓进取。运管队伍建设、运管形象树立、运输行业管理得到了有效提升。运输保障能力、公共服务水平得到了有效提升，为促进全市经济社会发展，活跃城乡商品流通，方便人民群众生产生活作出了重要贡献。市道路运输管理处被省厅评为湖南省"交通杯"劳动竞赛先进单位，维修科被省厅评为湖南省"交通杯"劳动竞赛先进集体。

运输行业有新发展。客运市场：扶持企业做大做强，积极与省局衔接解决了25台旅游车遗留问题，全市旅游客车增加到83台。支持醴陵鑫发公司投资2000多万元，购置高档客车30台，公司资质由二类班线升至一类班线，促进了客运主体多元化。株洲县首次开通了"渌口至长沙"地级客运班线，结束了株洲县无长途班车的历史，极大地方便了旅客的出行。以人为本，业户至上，自筹资金，自编程序，开发了客运临时、包车远程控制管理系统，极大方便了经营业户。规范客运许可受理、登记、公示、审批程序，实行客运线路集体审批和客运审批流程单制度，审批工作更透明、更科学、更严谨。周密筹划，严密组织了春运和黄金周客运工作，全年完成客运量1000万人次，客运周转量4.4万人公里。早掌握，早预防，及时化解矛盾，全年未发生罢运、集体上访事件，确保了全市客运市场的稳定。驾培市场：通过行业自律、技能比武、优秀教练员评选、核定培训能力等工作，有力提高了驾培机构服务水平和培训质量。全年培训量达4.5万人次，拿证率达90%。自行和配合市纪委对驾培市场进行了2次清理整顿，收到了很好的效果。经过调研出台了驾校管理规定，对驾校规模、档次控制提出了具体要求。市处成功举办了第三届机动车驾驶培训教练员技能比武，攸县运管所成功举办了第一届机动车驾驶培训教练员技能比武，全市共选送6名选手参加全省比赛，取得了团体总分第二名的好成绩。维修市场：行业经营模式不断创新，连锁经营、专业维修得到快速发展。全年新增维修企业12家，4S店已成为株洲市维修行业的主角。同时，创3A企业13家，其中，华天汽修厂等8家企业受到省、部委的表彰。举办维修技工培训班3期，培训人员105人，完成客、货运车辆二级维护检测9.6万台次，完成客车核查、类型等级划分397台次。货运市场：积极引导市场，促进货运企业朝着规模化、公司化、物流化方向发展。大吨位运输、甩挂运输、集装箱运输、特种运输有新突破。严格危货运输企业资质审查，清理整顿危货企业8家，全年未新增危货企业和危货车辆。危货运输监管日益规范，全市1000多台危货车辆全部安装GPS卫星定位系统，确保了危货运输安全。全市300多家运输经营业户经营有序，100多条货运专线生机勃勃。全年货运量1145万吨，货运周转量9.5万吨公里。

运管形象有新提升。一是全力开展运管系统文明创建。以"零投诉"、"零案件"为目标，狠抓工作作风建设。扎实开展岗位练兵、"交通杯"劳动竞赛、"工人先锋号"、"模范职工之家"等活动，激发干部职工工作热情，加强队伍素质建设；开展"群众满意客运站"、"文明窗口"、"文明站场"创建工作，提升了行业整体形象。二是加强监督。强化廉政建设，印发《株洲市道路运输管理处2010年党风廉政建设和推进惩防腐败体系建设责任分解文件》，严格责任追究规定，构建了党政齐抓共管的格局。处领导带领纪委监察室对各业务科室、稽查处罚所、行政许可稽查处罚和服务水平进行定期督查，每月通报1次，建立教育、监督、惩处三位一体的运政监督体系。三是开展行风评议定期走访。处领导每季度率相关科室走访道路运输经营业户和市优化经济环境监测点，开展行风评议，广泛征求社会各界和经营业户的意见，不断改进工作，促进政风、行风根本好转。四是广泛宣传。大力加强正面宣传力度，全年共编制《运管简报》6期，通过株洲运管信息网发布政务信息216条。报刊杂志新闻报道32篇，省市电视电台宣传28次。政风行风得到了好转，运管队伍形象有了很大提升。

专项工作有新业绩。认真做好年度审议和换证工作，全年共审验客货经营业户10593户，审验营运车辆17778台并同步建立了文字和电子档案。全年共受理行政许可1062件。实行行政许可无偿代理制，方便了经营业户。扎实开展打非治违工作，全市共查处各类违规车辆8136台次，非税收入768万元，确保了运管机构的正常运转。严格"三关一监督"，扎实开展安全检查，减少了道路运输事故的发生。（晏明智）

【转变工作思路，科学培育市场】 客运市场：全年新增客运班线4条，新增运力9台，更新车辆74台，中高档客运车辆已占总数的48%。全市客运线路发展到446条，实现了全市100%的乡镇和96%的行政村通了客运班车。醴陵运管所全面推广一线一公司的运作模式，使县际班线逐步走向市场化。货运市场：通过引导和支持货运市场继续朝着公司化、规模化方向迈进，初步形成了一个多功能、多形式、高效率的道路货运体系。全市已有货运公司77家、货运车辆14665台、运输服务业户259家，货运专线已通达全国17个省（市）、连接71个市（州）。驾培市场：全年新增驾校5家，其中陆安驾校的成立填补了炎陵县驾培市场的空白；开展了第四届全市驾培技能比武。全年共培训学员4万多人，实现了社会需求和行业供给的平衡衔接。攸县运管所还组织千名客运司乘人员统一培训,结业后颁发《客运从业人员上岗证》,司乘人员挂牌上岗,自觉接受旅客和群众的监督。维修市场:维修行业经营模式不断创新,电脑检修等先进设备广泛应用,维修技术水平不断提高。全年新增维修经营业户29家;举办中高级技术工人及检验人员培训班5期,参培结业学员150人;二类以上维修企业资信考核率达到100%,其中株洲市华天汽车维修有限责任公司等16家机动车维修企业荣获质量信誉考核3A等级资质;4条检测线通过了省局考核评估、市区360台班线客车通过了类型等级划分。站场建设:全市已建成货运站场96个,道路客运站场44个。其中,一级客运站2个、二级客运站5个、三级客运站4个、五级客运站33个。全市新建农村客运招呼站360个。（晏明智）

湖南长株潭国际物流有限公司

【概况】 2010年,湖南长株潭国际物流有限公司紧紧围绕“靠大做强谋求发展,优化管理实现突破”的工作思路,齐心协力,扎实工作,公司改革发展稳定工作稳步推进。

全年完成铁路运输量300.27万吨,安全生产无任何重大、特大的安全生产、设备、人身事故,千人负伤率为零。在稳固铁路运输核心业务的同时,汽车运输、仓储、仓单质押、电子商务、货代、铁路工程等业务均得到较好的发展。完成10项铁路大修任务,完成铜霞路铁路道口(社会道口)的改扩建工作;内部资源整合,新建散货堆场12000平方米,二期8000平方米的仓库正在建设当中,这些技改工程的建设将进一步完善公司的物流服务功能。6月,通过增资扩股,公司注册资本由原来的3000万元变更为8082.66万元,壮大了企业规模,充实了企业发展后劲。（钟建军）

湖南株洲湘运集团有限责任公司

【概况】 2010年,湖南株洲湘运集团有限责任公司狠抓外交内治,理顺经营机制,深化各项改革,加强队伍建设,不断把企业做大做强,走出了一条适应市场变化、强化内部管理的具有湘运特色的改革和发展之路,经济效益和社会效益取得双丰收。全年完成总收入2.47亿元,同比增长8.8%;上缴税金1500万元,同比增长36.3%;安全形势保持稳定,企业改制与生产两不误,被中国民营企业家协会授予“2010年度中国优秀民营企业”称号,公司参评的《道路运输企业和谐改制、稳定发展的企业战略转型》成果被交通运输部中国交通企业管理协会、交通行业优秀企业管理成果评审委员会评为“2010年度全国交通企业管理现代化创新成果一等奖”。

2010年,公司继续把牢“发展”中心争市场,积极调整经营战略,规范理顺班线管理,大力搞好外交内治,巩固整线承包成果,不断改进服务质量,狠抓黄金假日运输,企业生产经营保持了良好发展势头。全年更新客车87台,新增客运班线3条,积极恢复有开班前景和客源基础的停驶班线,大力抢滩农村客运市场,拓展新的市场发展空间,开辟了新的经济增长点。抢抓开发云龙新区的机遇,通过多方努力,争取了“炎陵广场至云龙新区”公交线路的经营权。公司共开行客运班线271条1400个班次,经营集约化、车辆高档化、服务规范化的企业运输网络日渐成熟,形成一业为主、多业并举、齐头共进的喜人局面。狠抓安全生产,以“预防为主,加强管理,落实责任”为重点,广泛开展以“查隐患、纠违章、压事故、保安全”为主题的各种安全竞赛活动和以“查隐患、堵漏洞、严管理、抓落实”为主题的安全生产大整顿活动,提高了全员对安全管理的参与性,确保了安全形势的基本好转。加快站场建设步伐,集中解决改制房地产办证等遗留问题,企业改制摘牌土地过户办证基本到位,株洲群丰(武广)综合枢纽汽车站项目进入拆迁阶段,醴陵湘运新站建设工程基本竣工,株洲县湘运汽车站顺利通过站级评定,改造扩建了茶陵汽车北站,增加站场有效使用面积近3000平方米,解决了因站场狭小春运期间车辆停放不下的问题。（沈煜翔）

【获“中国优秀民营企业”称号】 2010年底,株洲湘运集团公司被中国民营企业家协会授予“中国优秀民营企业”称号。公司于2005年8月正式启动产权制度改革,2006年12月19日公司由国有改制为民营。4年多来,公司原在岗员工就业率达99%以上,经营业绩连年上台阶,总资产增长1亿多元,给出资者的年投资回报率逐年递增。在2009~2011年全球金融危机国内很多企业员工失业、限薪降薪的大背景下,企业仍然连续3年为在岗员工增加效益工资及福利,增幅为5.24%,使广大员工充分享受企业改革和发展的成果。公司通过改制,改出了活力,改出了效益,社会影响力和政治地位得到显著提升,实现了民营企业资产的保值增值。这种“以人为本、和谐改制”的理念与实践,为株洲市属国企改制提供了一种全新的模式,株洲湘运集团成为全市国企改革取得突出成效的企业之一。（沈煜翔）

【获中交协“优秀会员单位”殊荣】 9月9日,在北京召开的中国交通企业管理协会第五届会员代表大会上,集团公司被中交协第四届理事会授予“优秀会员单位”称号,成为全国交通系统获此殊荣的25家单位之一;公司并被选举为常务理事单位,成为湖南省仅有的3家常务理事单位之一。（沈煜翔）

【株洲湘运房地产开发公司组建成立】 11月28日，株洲湘运房地产开发有限责任公司正式揭牌成立。组建成立株洲湘运房地产开发有限责任公司是株洲湘运集团公司为开辟多元化经营渠道，拓展新的经济增长点，实现企业跨越式发展而作出的重大战略决策。株洲湘运房地产开发有限责任公司的组建成立，将改变公司单靠"车轮子"吃饭的格局，积极盘活和经营好房地产业，适当开发闲置土地，合理利用站场资源，使房地产业成为公司继汽车客运之后的又一主业。（沈煜翔）

株洲市交通行政执法监督处

【维护单位和谐稳定】 燃油税费改革后，由于各种原因，市交通行政执法监督处实质性工作并未真正开展起来，面对这种特殊情况，该处把稳定工作当做首要任务来抓、大事来抓、特事来抓。层层签订《安全维稳工作责任书》，认真落实了安全维稳责任制，强化交通安全管理，把各项安全维稳规定落到实处。全年实现"四无"，即：无一起安全事故，无一起刑事案件，无一起集体上访，无一起违纪违法现象。（陈　文）

【夯实内部管理】 燃油税费改革后，市交通行政执法监督处根据新形势新任务，对内部管理和岗位工作职责等各项制度进行细化量化，并积极抓好各项管理制度的落实，形成了以制度管人、管事、管权管理机制。（陈　文）

【加强机构建设】 根据市编办有关文件精神，结合工作实际，按照"精简、统一、高效"的原则，市交通行政执法监督处进一步加强机构建设，完善内设机构设置，完成了科室干部的配备工作。（陈　文）

水　　路

【概况】 2010年，株洲境内有通航河流10条，航道总里程558公里，形成了以湘江为主干，渌江、洣水为支线干支相连的水运网络，覆盖市区及所辖5县市全境。湘江自南向北横穿全市，通航里程88公里，丰水期通航能力可达3000吨级，可利用深水岸线资源70公里。截至2010年底，辖区有各类码头泊位152座，其中千吨级码头3座7个泊位，500吨级码头8座12个泊位。各类船舶799艘、15.5万总吨，各类水运企业21家，港口经营企业7家。（沈豫湘　罗　炼）

【"十一五"株洲水运实现安全高效发展】 "十一五"期间，株洲水运运力总量、水路货物运输量、水路客运量和港口货物吞吐量等主要指标年平均增长率超过20%，多年保持辖区行业和安全形势稳定，株洲水运综合实力跻身全省前列，为全市交通可持续发展提供了有力支撑。辖区靠泊能力1000吨级泊位由3个增加至11个，新增港口吞吐能力140万吨；全市港口吞吐能力达380万吨，较"十五"末增长60%，水运通过能力明显增强。2010年，全市完成水路运力总量15.5万吨，水路货物运输量661.4万吨，水路客运量0.89万人次，港口货物吞吐量554.3万吨。（沈豫湘　罗　炼）

【新建滨江旅游及海事公务码头】 2010年，市海事局以湘江风光带建设为契机，积极争取市政府支持，投入730万元在湘江城区段四桥上游新建省内建设规格较高、功能较齐全的1座滨江旅游及海事公务码头。（沈豫湘　罗　炼）

【启动铜塘湾港区一期工程建设】 10月28日，铜塘湾港区一期工程宣布开工，湖南省交通运输厅、株洲市委、株洲市政府主要领导出席开工仪式。铜塘湾港区一期工程设计建设千吨级泊位5个，概算投资5.25亿元，计划施工工期26个月。（沈豫湘　罗　炼）

【华新水泥专用码头一期工程完工】 10月，华新水泥专用码头一期工程3个1000吨级泊位建成并试运行。工程总投资4550万元，工程设计吞吐量220万吨/年，设计通过能力为年进口75万吨，出口155万吨。（沈豫湘　罗　炼）

【《湘江株洲段砂石开采经营管理办法》颁布实施】 4月13日，市政府颁布施行《湘江株洲段砂石开采经营管理办法》。《办法》明确了交通牵头，相关单位协同的联合治砂管理机制，将对全市加大治砂力度，规范采砂行为，保障湘江防洪、通航安全等方面起到了积极的作用。（沈豫湘　罗　炼）

【湘江株洲县段砂石资源完成首期出让】 10月，株洲县政府先期对县域内湘江河段砂石资源实施公开出让。拍卖砂石权的河道全长约49公里，共分为5个标段，出让年限均为3年，总成交价8660万元。（沈豫湘　罗　炼）

【枢纽船闸通航量创历史新高】 2010年，湘江株洲航电枢纽船闸通航量达1426.6万吨，同比2009年上升49%，创造了枢纽船闸通航以来的最新纪录。为有效缓解船闸设计通航能力与实际通航需求的矛盾，市海事局采取公示进闸船舶调度、延长通航时间、整治船闸通航秩序等治管结合的方式，全力保障枢纽船闸畅通。（沈豫湘　罗　炼）

【规范船舶修造市场】 2010年，市海事局在积极协调省国防科工委做好株洲瑞海船厂资质申报工作的同时，从严打击滩涂造船等违法行为。10月，成功取缔湘江铜塘湾和株洲桥梁厂水域非法造船场所2处。（沈豫湘　罗　炼）

邮　　电

邮　政

【概况】 2010年,株洲市邮政局积极转变发展方式、调整发展结构、强化基础管理,不断提高服务质量、完善平台体系,全市邮政各方面工作取得可喜的成绩。全年全市邮政实现业务收入2.45亿元,其中邮政企业实现业务收入1.52亿元,增幅11.77%。全市邮政邮储余额达52.37亿元,年度净增8.56亿元,新增余额在本地金融市场的占有率达11.8%,比上年提高2.24个百分点;全市邮政年度累计代收保费2.42亿元,在全市中、农、工、建、邮5家银行代理保险渠道中,邮政系统代理保险业务量排名第一。截至年底,全市邮政有从业人员1320人,有营业网点113个、储蓄网点90个、ATM自动取款机64台,建成"三农"服务站1050个、社区服务站288个。年内,株洲市邮政局获全省邮政"新闻宣传先进单位"、"信息工作先进单位"、"平安工程平安单位"等荣誉称号,获全省邮政营销体系建设组织奖二等奖、量收管理系统建设杯二等奖等奖项,株洲市邮协被省邮协评为2010年度先进单位。(相秀清)

【邮政金融服务地方经济】 2010年,株洲邮政进一步落实"金融代工厂"发展战略,按照"比银行还银行"的标准进行金融网点的装修改造,新打造2个旗舰店、10个精品店。推动全局各层面向突出发展金融类业务的全面转型,积极实施邮政金融进政府、进企业、进商场、进校园、进农村的"五进"工程,为城镇和农村人员提供了便利的金融服务。全年邮政金融业务基础客户群得到扩充,新增22.64万个有效账户、发放邮政绿卡14.35枚,其中新开发绿卡村176个;围绕株洲市十大重点建设项目以及"两型"社会建设所涉及项目开展工作,吸收拆迁补偿资金5.3亿元;成功为商户和农户发放小额贷款3695.5万元,规模排名全省邮政第一;累计销售理财产品936万元,在全省邮政企业中排名第三。 (相秀清)

【强化规范服务管理】 2010年,株洲市邮政局加强对生产班组和农村支局所经营活动监管,狠抓邮件全程时限管理,严把邮件时限、资费、规格关口,其合格率均较上年度提高近10%,处于全省邮政领先位置。加强网点服务设施配置,提升邮政网点的对外服务形象。强力推进规范服务,相继出台投递员、营业员、客户经理等岗位的服务行为规范,开展"示范窗口"和"示范投递部"创建活动,规范营业和投递现场的"5S"管理;在市局营业、储蓄网点开展窗口规范服务PK赛活动,不断提升窗口服务水平和创收能力。按月召开通信服务质量联席会议,有效解决了影响通信服务质量的问题。重新修订社会监督员管理办法,重组由消协、人大、信访等行业共20人组成的社会监督员队伍,完善了邮政服务监督架构。 (相秀清)

【提升信息化运行水平】 6月,株洲市邮政局成立网运建设部,推进网运建设的专业化管理,强化对农家书屋、教育期刊等专项营销项目的支撑。全年实施普通给据邮件封发无纸化、邮件容器信息网上填报、普通邮件分拣封发到支局投递部、大件包裹邮件散件外走封发、普通邮件全程时限作业计划等项目的信息化、规范化管理。以网运"创优争先"竞赛为主线,全面完成网运质量考核,确保了给据邮件网上清单及时准确率中心局达100%、电子化支局网点达99.5%,较好地保证了邮运和服务质量。全年完成社区ADSL线路改造、可视电话高清升级工程、绿卡网与综合网物理隔离等信息化项目的建设。围绕安全运行年竞赛工作,稳步提高了ATM机完好率、邮储类网点设备完好率、邮务类网点设备完好率"三率"成绩。 (相秀清)

【机要通信连续20年质量全红】 2010年,株洲市邮政局不断加强机要队伍建设,层层签订机要通信专业目标管理责任书,按月准期召开质量分析会,重点督促落实机要通信质量安全及机要业务处理程序化、标准化工作,全年实现机要通信失密丢损件数、延误差错率均为零的成绩;机要通信服务满意率达100%;创建了全市机要通信质量全红20年连冠的佳绩。积极开展"提高服务质量,让用户满意"活动,召开市委、市政府、公安、检察、法院等单位参加的用户座谈会,并上门走访市人大机关、军分区、武警支队、湖南工业大学等单位,广泛听取用户单位的意见和建议;延伸服务,由原来的寄件大用户单位到邮局交寄改为上门接送,受到了重点用户的普遍好评。 (相秀清)

电　信

【运营能力有新提升】 2010年,中国电信株洲分公司一手抓移动和宽带网络建设，一手抓网络优化和机线整治，使网络质量明显改善，运营能力得到显著提升。移动网障碍处理及时率提升到99.63%；三网融合工程系统实施，光进铜退及宽带提速全面推进，下一代互联网试点和应用顺利推进，确保了固网宽带的优势和领先地位。通过精心打造装移机和政企客户服务2个精品窗口，使装维服务质量得到有效提升，重点产品好用性明显改善。特别是针对品牌客户推出宽带"障碍2小时上门、24小时装机"的服务承诺，全省装机、查修投诉量下降70%以上；政企11个重点产品全面优化、四大类行业应用全面上线、提升客户感知的流量提醒等服务措施逐步到位，渠道能力稳步提升，为全业务发展提供了强有力的支撑和保障。（邓　喆）

【服务体系逐步建立】　一是积极重构服务管控体系，实行"服务前置、服务自纠、服务补救"的全过程管控和服务质量问责考核机制，以客户满意为导向的服务体系基本成型；二是全面落实全业务服务标准和"五个一"服务举措，严格执行越级投诉管理"4个100%"，有效推动全网投诉持续走低；三是周密部署客户维系专项攻坚行动，强化政策协同，加强维系支撑，精确预警派单，移动中高端用户流失率低于全省平均水平。（邓　喆）

【精确管理全面实施】　一是全面加强预算管理，合理优化资源配置，确保有限的资源向高效益区域和业务倾斜，宽带业务及综合信息投资较上年增长26.4%，投资结构进一步优化；二是以降本增效为核心，出台成本管控20条，可控成本开支较上年同期下降6.2%；三是有效盘活闲置资产，积极创新库存管理模式，并开展重点机房和移动基站节能减排工作。（邓　喆）

【中国电信总经理王晓初深入株洲分公司调研】　1月20日，中国电信集团公司总经理王晓初一行在省公司总经理廖仁斌等陪同下，到株洲分公司调研，并慰问了基层员工、劳动模范和离退休老干部。王晓初一行视察株洲数字城管运营情况后，他对株洲市委、市政府卓有远见地利用现代化信息化技术提升城市管理水平的做法表示赞赏，并希望借此项目深化双方的合作。（邓　喆）

移动通信

【概况】　2010年，中国移动通信集团湖南有限公司株洲分公司深入实践科学发展观，围绕"保二争一"、"为民办实事"的总体目标，团结拼搏，圆满完成各项任务，公司继续保持良好的发展态势。全年完成运营收入13亿元，净增通话客户22万户，期末通话客户超过197万户，TD客户规模超过4万户，推出上百种移动新业务。村通工程全年新建8个基站，解决了29个自然村的移动通信信号覆盖。加快推进电子商务和物联网建设，深化行业信息化服务。加强应急通信管理，通信保障安全可靠。加强企业党建工作，深入开展"讲党性、重品行、作表率"活动和"创先争优"活动。扎实推进惩防体系建设，深入开展反腐倡廉教育，强化重点领域的监督，积极开展专项效能监察。精神文明创建再上新台阶，市公司获"企业宣传思想工作先进单位"及"省三八红旗集体"称号，攸县分公司、株洲县分公司获评"省级精神文明先进单位"，茶陵县分公司获评"市级精神文明先进单位"，株洲县分公司获"全国模范职工小家"称号，红旗路营业厅获评"市级文明窗口"、省"巾帼文明岗"。（程　韵）

【业务发展持续增长】　2010年，公司全面开展两节促销，针对性开展话务量营销，优化品牌资费套餐。以TD终端营销为核心拉动TD客户规模。继续深化"159信息惠农工程"，全市有效村级服务站1800多个。深化与政府、企业的合作，推动农村政务信息化建设。大力开展校园促销，实现市场规模稳定增长。精细化营销数据及信息重点业务，月均活跃用户达18万户，业务稽核率低于10%。坚持"客户为根、服务为本"，不断优化客户服务体系，启动内部监控平台，狠抓垃圾短信治理。渠道营销服务能力进一步增强，投入自助终端200多台，电子渠道业务受占比逐步提升。（程　韵）

【电子商务发展持续提升】　2010年，公司深入推进"618"工程，助力社会信息化建设，一卡通项目数量、用户数量、机具数量均列全省第一，应用单位无用户离网，用户增长率8.31%，话务量增长23.72%。手机支付累计发展现场支付签约商户476家，布放POS机800多台。加强集团单位专线（宽带）建设支撑，大力推进WLAN网络建设，完成WLAN AP布放。完成"数字株洲"项目一、二期工程监控点的建设，全业务网络保障得到稳固提升。（程　韵）

【运营支撑能力全面增强】　完成GSM16A网络建设工程、TD扩容工程，TD基站总规模近500个。主要网络质量考核指标均达到挑战目标，掉话率、接通率稳居全省前列，彩信端到端成功率100%。加大拉网测试力度，全面调整数据网络结构，优化核心网络结构，全年未发生一起网络运维、建设方面重大责任事故、安全事件和重大故障，未出现信息安全重大责任事件。（程　韵）

【不断加强企业管理】　深入推进战略管理，大力开展标准化工作管理专项活动。企业信息化应用逐步扩大，新增并完善了人力资源门户、物资管理系统、创新管理平台、统一报账平台、法务管理平台、班组博客平台等办公系统。强化预算管理和收入资金管理，工程资产管理水平明显提升。加大创新型企业建设，进一步完善企业领导人员和管理干部考核制度，开展劳务用工定向招聘工作。深入落实“五五”普法验收工作,全力做好全业务运营、3G基站建设维护的法律支撑。完善公司萨班斯手册和矩阵,共组织测试8大流程,350个控制点,认真开展收入真实性审计。实施绿色行动计划,全员参与节能节电行动。加强安全检查和隐患整治,提升防卫能力,杜绝了重大安全责任事故发生。 (程 韵)

中国联通

【概况】 中国联合网络通信有限公司株洲市分公司(简称株洲联通)是中国联通在株洲的市级分支机构,负责经营株洲市行政区域内的基础电信业务和增值电信业务。2010年,公司坚持以客户为中心,以市场为导向的营销策略,在渠道建设、网络建设、客户服务、基础管理和企业文化建设等方面开展卓有成效的工作。全年实现通信服务收入超3亿元,上缴税收近千万元,连续8年荣获湖南省A级纳税信誉单位。年内,被评为“株洲市消费者信得过单位”、“12315优秀联络站”、“湖南联通年度运维工作先进集体”、“湖南联通移动网络畅通运行奖”。 (周 宇)

【渠道建设】 大力开展经销渠道建设。2010年共新建手机卖场20余家,各类社会渠道800家,经销渠道总数2000余个,形成5县市4区营销网络的全面覆盖。年内,株洲联通渠道建设初步形成全方位的立体渠道体系。 (周 宇)

【网络建设】 2010年,株洲联通始终坚持“网络领先”的建设理念,实现基站建设和网络质量的跨越式增长。全年共投入建设资金超过亿元,新建基站274座,敷设光缆1218公里,基站总数超过1000个,交换机容量达60万户。积极推进共建共享工作,完成共建共享铁塔247座(含自建预留),预计可为国家节约投资逾千万元。全面开展3G精彩业务,为用户提供视频电话、手机电视、无线上网、手机视频监控等精彩应用。 (周 宇)

【客户服务】 2010年,株洲联通增强服务意识,提升服务质量。开展以“电影周”为代表的大客户回馈活动,受到用户的广泛好评。以用户需求为引导,与株洲地区156家优质通信外服务联盟商签订合作协议,扩大VIP客户可享受的服务范围。借助3G精彩应用高速发展的契机,建立一支素质高、业务精的“3G达人”队伍,并结合3G元素对火车站绿色通道进行软硬件服务改造,给用户提供24小时全天候、无缝隙的周到服务。新增车友俱乐部、健康俱乐部、影迷俱乐部、丽人俱乐部、体育俱乐部等5家实体俱乐部和1家音乐虚拟俱乐部,服务的专业化程度和丰富性得到较大提升。 (周 宇)

财政·税务

财　政

【概况】 2010年,全市完成财政总收入130.93亿元,比上年净增26.3亿元,增长25.02%。其中:一般预算收入78.04亿元,比上年增长22.33%。市本级完成财政总收入37.81亿元,比上年增长13.83%。全市完成财政一般预算支出156.98亿元,比上年增长28.57%。

积极主动促发展。围绕打好"三大战役",统筹运用财政政策与资金,积极支持转方式、调结构、促"两型"。一是筹集资金6.32亿元,加大城市基础设施建设和重点工程项目支持力度,保障城市提质战役顺利实施。二是积极整合各类资源,投入引导资金2.32亿元,重点支持"5115"工程、轨道交通产业园建设和电动汽车产业发展,推进园区攻坚战役。三是安排资金3.6亿元,支持"两型"社会生态建设和企业节能减排。四是设立旅游发展专项资金2300万元,助推旅游升温。五是兑付家电、汽摩下乡补贴资金2.07亿元,拉动城乡消费需求。

倾心尽力保民生。围绕公共财政目标,不断加大民生领域投入,切实改善民生民利。2010年,全市用于教育、三农、社保就业、医疗卫生、环境保护等民生领域支出达105.8亿元,比上年增长34.5%,占一般预算支出比重的67%。一是全力支持教育优先发展,投入20.71亿元,完善农村义务教育经费保障机制,改善中小学校办学条件,支持家庭经济困难学生资助体系建设,推进职教园建设。二是努力健全社会保障体系。完成社保和就业支出26.48亿元,促进重点人群实现就业再就业,支持企业退休职工基本养老金补助标准提高,城乡低保扩面提标和新型农村社会养老保险试点等。三是着力提高公共卫生保障水平。完成医疗卫生支出8.99亿元,重点支持基本医疗保障制度建设,提高医保补助标准和覆盖范围,推进医药卫生体制改革。四是尽力保障"三农"投入。投入资金9.82亿元,支持农村道路、水利等基础设施建设,促进农业产业化发展,健全村级组织运转保障机制,开展农村公益事业一事一议财政奖补试点。五是大力改善城乡困难群众居住条件。筹措资金3.46亿元,支持廉租住房保障工程建设,解决城市低保家庭住房困难等问题;安排资金1720万元,建设农村安居房2000栋,改善农民居住条件。

务实高效抓监管。按照科学化、精细化的管理理念,强化财政监管,确保财政规范运行。一是强化资金监管。深入开展厉行节约,规范和控制预算追加,压缩行政成本,集中财力保障重点支出;积极开展"小金库"、强农惠农资金等监督检查,进一步规范专项资金管理,提高资金使用的效益与安全。二是强化财政投资评审。继续拓宽财政投资评审范围,着力提高评审质量和效益,全年评审金额38.54亿元,审减11亿元,审减率达28.6%。三是强化政府采购管理。着力扩大政府采购规模,加大监管力度,全年完成政府采购预算金额15.33亿元,节约财政资金1.92亿元,节约率达12.5%。四是强化绩效评价。推行预算支出项目绩效评审,提高资金使用效益,科学运用预算绩效评价结果,为预算编制提供有力参考依据。 (祝　甜)

【科学征管非税收入】 2010年,株洲市非税收入征收管理处坚持依法、科学、规范征管,全面加强非税收入管理,实现非税收入的稳定健康增长,全年共完成非税收入32.24亿元。一是突出重点,加强重大收入项目非税收入的征管。针对2010年国土收入的严峻形势,切实加强财政宏观调控,认真开展国土收入管理调研,努力提高国土资源收益。二是完善委托征收,明确征管责任。通过修订和完善非税收入征收管理考核办法,与各委托征收单位签订责任书,加强对委托征收单位的目标管理考核,督促各代征单位依法完成征收目标。三是勤征细管,确保非税收入应收尽收。及时跟踪掌握收入增减变化情况,分析预测收入变化趋势,切实加强与税务、工商等单位的沟通协调,严格按照法律、政策规定组织非税收入,确保非税收入颗粒归仓。 (贾灵霞)

【稳步推进国库集中支付改革】 2010年,市县两级的国库集中支付改革工作全面启动,截至12月,全市纳入国库集中支付的单位329家,其中市本级186家。随着国库集中支付改革的不断深化,国库集中支付监控管理机制、风险控制体系、财库行联网网络系统得以不断完善。此外,为进一步深化国库集中支付改革,加强财政资金管理,提高公务支出的透明度,4月,市本级启动第三批公务卡改革,将84家二级预算单位全部纳入改革范畴。至此,全市纳入公务卡改革范围的预算单位达167家。年内,荷塘区、石峰区、云龙示范区等部分县区也开始推行公务员卡改革试点,促使公务消费置于阳光之下,有力遏制了公务消费腐败。 (宾　薇　何　幸)

【顺利移交"两税"征管职能】 2010年8月,按照市政府要求"确保'两税'征管职能划转工作平稳进行,保证'两税'征管业务顺利衔接,划转期间税收征管正常开展"的目标,株洲市财政部门认真整理"耕地占用税和契税"征管政策依据和征管档案资料,清理收入台账和银行账户。8月20日,与地税部门正式办理"耕地占用税和契税"移交工作,期间,为确保"两税"职能顺利移转,由财政部门继续负责"两税"执收,地税部门派员跟班学习征管业务。8月底,财政部门撤回全部执收人员,并继续做好收入清缴入库、办理代征单位业务费结算等扫尾工作。9月,市财政部门顺利完成"两税"征管职能移交。 (李佐钦)

【积极推行省以下财政体制调整改革】 2010年1月1日,湖南省开始推行省以下财政体制调整改革,改革主要包括重新划分各级财政收入和同步推行"省直管县"财政改革两个方面。改革的基本原则是:分税分享,统一规范;存量不动,增量调整;利益共享,风险共担;精简高效,注重基层。改革开始后,市财政部门积极开展调查研究,认真组织数据测算,及时掌握改革动态,向市委、市政府和市人大专题汇报,并努力向上争取体制内和体制外补助。同时,本着互利双赢的原则,组织县级财政部门召开"省直管县"基数核定协商会,妥善做好市与省、市与各县市的往来资金对账工作,为省以下体制调整改革做好充分准备,并积极与国税、地税、人民银行等部门共同研究制定政策,确保各项收入自2010年5月1日起按新体制入库。通过全市各级各部门的共同努力,株洲市的省以下财政体制调整改革工作进展顺利,成效显著。一是实现省对株洲市补助基数的最大化,确保了株洲的既得利益。二是市对县固定补助基数实现最小化,形成互惠互利的双赢局面。三是收入混库问题得以有效解决。 (马 慧)

【正式启动行政事业单位资产管理信息系统建设】 为全面加强全市行政事业单位国有资产管理,推进行政事业单位资产管理信息化工作,实现对资产的动态监管,2010年11月,株洲市正式启动行政事业单位资产管理信息系统建设。一是召开全市行政事业单位资产管理信息系统建设实施动员大会,举办资产管理信息系统培训班,组织全市500多名行政事业单位的资产管理人员参加培训,确保做好了市本级233家行政事业单位资产管理信息系统基础数据的录入、汇总工作。二是成立专门的督查组,对县市区行政事业单位资产管理信息系统建设进行指导、督查,确保了各县市区基础数据录入和汇总工作的顺利完成。 (肖 恒)

【完成强农惠农资金专项清理检查工作】 2010年7月,株洲市开展强农惠农资金专项清理和检查工作。在各县市区自查自纠基础上,市财政部门重点对《湖南省强农惠农资金专项清理和检查工作实施办法》所列17大项21小项强农惠农专项资金使用管理情况以及资金投入集中,问题反映比较多,管理不规范和自查自纠"零申报"、"零问题"的县市区与部门进行检查。并结合株洲市实际,对安居工程专项资金、"政府支付水费"资金进行重点检查。经过5个多月的扎实工作,全市专项清理检查切实做到了"规定动作不走样、自选动作有特色",圆满完成清查工作任务。通过此次清理检查,全面掌握了近3年来全市强农惠农资金的分配、使用、管理情况,并针对存在的问题认真进行整改,为进一步完善强农惠农资金管理制度,提高强农惠农资金使用效益,推进"三农"事业发展奠定了良好的基础。 (胡 晔)

【扎实做好农业综合开发项目建设】 2010年,株洲市紧紧围绕"发展现代农业,建设社会主义新农村"的主题,以规范管理、全面提升项目建设质量为重点,认真做好农业综合开发工作,全面完成2009年度项目建设任务,并顺利通过上级部门考核验收,有序开展了2010年度的项目申报和实施工作。全年全市完成土地治理项目总投资5065万元,改造中低产田3733.33公顷,改善灌溉面积1993.33公顷,新增节水灌溉面积333.33公顷;实现农村产业化经营项目总投资2347.57万元,完成高新区5000吨低温西式灌肠加工改扩建等4个项目建设任务;并争取世界银行项目资金1984.5万元,全面完成世界银行贷款农业科技项目建设任务。 (黎宇忠)

【开展政府融资平台公司清理规范工作】 2010年,株洲市组织开展政府融资平台公司清理核实和规范管理工作,由财政部门牵头、人民银行和银监局等相关部门予以配合。为确保清理规范工作顺利推进,取得实效,一是加强组织领导。制定《株洲市关于加强地方政府融资平台公司管理实施方案》,成立株洲市人民政府加强地方政府融资平台公司管理领导小组,并从领导小组成员单位抽调专人组成工作组,认真清理核实融资平台公司债务,组织银行、平台公司和政府部门三方会谈,提出平台公司贷款分类处置方案和规范管理的措施。二是严格规范管理。通过抓融资平台债务的清理规范,按"逐包打开、逐笔核对、重新评估、整改保全"的原则规范债务,有效化解债务风险;抓融资平台公司的清理规范,着力建立"借、用、还"为一体的融资运行机制,打造合格平台公司;抓融资担保承诺行为清理规范,严禁政府及部门违法提供担保,确保政府依法行政。 (尹雄伟)

国家税务

【概况】 株洲市国家税务局下设9个县市区国家税务局。机关内设13个行政机构(办公室、政策法规科、货物和劳务税科、所得税科、收入核算科、纳税服务科、征收管理科、财务管理科、人事科、教育科、监察室、大企业和国际税务管理科、进出口税收管理科);2个事业单位(信息中心、机关服务中心);4个直属局(市稽查局、第一稽查局、第二稽查局、车辆购置税征收分局),另设机关党委办公室、离退休干部管理科及工会、团委、妇委会等组织。截至2010年底,在职人员1435人。 (曾 闻)

【税收收入跨越50亿元大关】 2010年,全市国税系统始终坚持依法组织收入原则,认真落实"省直管县"财政体制改革措施,强化经济形势分析、税源调查和税收预测,加强对重点行业和企业的税源监控和纳税评估,完善税收收入质量考核工作机制,及时分析、排查和解决组织收入中存在的问题。全年全市入库国税收入(不含车购税和海关代征)51.24亿元,完成年计划的118.48%,同比增收12亿元,增长30.5%,实现历史性突破;入库车购税3.01亿元,同比增收1亿元,增长50%。 (曾 闻)

【被评为"全市加速推进新型工业化服务工作优秀单位"】 2010年,全市国税系统开展以增值税转型、节能减排、扶持中小企业发展、下岗再就业等税收政策为对象的政策效应调查与评估工作,被省局评为"全省税收调查工作先进单位"。开展规范性文件清理,规范行政裁量权。加强执法监督考核,严格执法过错责任追究。做好重大税务案件审理工作,认真开展纳税信用等级评定。不折不扣落实结构性减税政策和税收调控措施,全年累计减免退税超过8亿元,办理出口(免)退税3.52亿元。年内被市委、市政府评为"全市加速推进新型工业化服务工作优秀单位"和"全市依法行政工作先进单位"。 (曾 闻)

【在全省纳税人满意度调查中名列第一】 2010年,市国税局依托行政效能管理平台,进一步完善"一站式"服务流程,全年共受理"一站式"流转文书11609笔,按时办结率98%,提前办结率达90%以上。整合办税服务厅窗口职能,全市按"综合服务"、"发票管理"两大类事项设置窗口89个,统一全市各办税服务厅外观、标识、服务区等设置和文明服务规范。大力推广网上办税、电子申报缴税、POS机划卡缴税等系统,将小汽车车购税征收权下放到县市,切实减轻纳税人办税负担。纳税人学校开班42期,参加培训5428户次,办学满意度在省局调查中名列榜首。以"株洲国税网站"为主阵地大力实施政府信息公开,全年网站共发布信息1448条,处理咨询、投诉65件,回复率100%。与市政府网站、株洲日报、株洲网等媒体联合发起以"我身边的税收"为主题的文艺作品征集活动,收到全国各地作品1万余篇。在全省国税机关纳税人满意度调查中,名列各市(州)第一。 (曾 闻)

【大力加强税收征管】 作为全省国税系统税源专业化管理改革试点单位,初步构建专业化管理体系。进一步完善税源管理互动机制,推动互动工作由数量型向质量型转变。2010年,全市国税系统共通过互动机制清理、查补入库税款、滞纳金和罚款3.26亿元,互动成果总额、贡献率、纳税评估准确率等指标均居全省前列。在纳入行业税收管理重点的10个行业中,有9个行业的增值税同比提升都在10%以上。加强征管数据管理,全年数据差错率远远低于省局的控制标准。构建企业所得税"软件申报——会审分析——行业预警——深度评估"管理模式,以年报会审为重点着力做好汇算清缴,软件使用率、盈利面等指标居全省第一,查账征收零申报率全省最低。加强与职能部门之间的信息交换,清分比对车辆涉税信息。规范个体工商户核定征收范围和定额调整管理,继续开展"样板街(市场)"创建活动。全年共清理漏征漏管565户,补征税款287万元;调整个体定额2463户,调增税额650余万元。认真开展出口退税评估和预警工作,防范和打击出口骗税。加强反避税工作,健全非居民企业税收管理。落实大企业定点联系和协调制度,积极探索建立大企业专业化管理与服务机制。加大稽查工作力度,以抓大要案为重点深入开展行业专项整治,严厉打击发票违法犯罪活动,全年稽查查补入库各项收入1.5亿元,查处发票违法案件16起,缴获假发票31000份。市稽查局被省政府授予"全省打击发票违法犯罪工作先进单位"称号。 (曾 闻)

地方税务

【概况】 2010年,株洲市地方税务局大力组织收入,加强税收征管,优化纳税服务,强化队伍建设,各项工作取得长足进步和发展。全年共组织收入53.72亿元,突破50亿元大关,增幅位居全省第一,实现了新的历史突破。其中,地方税收(含附加)完成404452.51万元,为年计划的112.98%,同比增长32.14%,费金完成44054.4万元,再创历史新高,社保费在全省14个地州市中率先突破亿元大关。年内,市地税局在全省系统党风廉政知识竞赛中获第一名。 (李东阳 徐 江)

【提升征管质量】 2010年,市地税局修订《征管工作规程》和《综合软件数据管理办法》,使税收征管和数据采集、录入、审核更加科学、规范、有效。开展征期内纳税申报率和税款入库率专项竞赛,征期内的申报率和入库率明显提升,尤其是入库率由原来的50%左右上升到80%以上。大力开展发票四奖工作,举办4期发票开奖活动,宣传了地税形象,扩大了地税影响。深入开展打击假发票专项行动,成功捣毁了2起建局以来最大的跨区域制售发票团伙,抓获6名犯罪嫌疑人,缴获11类假发票4000余份,票面金额近2亿元,在全

省引起了震动。制定39项“五比五看强征管”工作标准,并取得全省第五的好成绩。(李东阳 徐 江)

【优化税源管理】 2010年,市地税局组织营业税税源调查,建立分析制度;强化企业所得税汇缴评估检查,查增事业单位、社会团体和民办非企业单位378户;稳步推进12万元以上个税自行申报工作,申报人数比上年增加752人,补缴税款比上年增加265万元;加大“地方七税”征管力度,开展土地使用税和房产税税源管理竞赛,提高了土地增值税预征率和核查,土地增值税增长4倍多;耕地占用税和契税征管职能成功划转、运行顺利,4个月增收4.6亿元;房地产行业税收项目管理和一体化管理得到进一步强化,全年房地产税收增幅在60%以上,完善饮食服务、娱乐业税收管理,制定税负标准,促进了税负公平。开展房屋租赁税收清理,实行自主征收和委托征收双管齐下,查补税收近600万元。

(李东阳 徐 江)

【科技兴税】 加大对信息化建设的投入,全年市地税局累计投资300万元,对硬件设施进行升级换代。成功实现减免税管理信息系统上线运行。大力推行网上划卡缴税和POS机刷卡缴税,极大方便了纳税人。扎实推广税控机,用机量增加到4942台,使用范围全面涵盖饮食、娱乐、广告、建筑安装、房地产等重点行业,推广应用工作走在全省前列。(李东阳 徐 江)

【依法治税】 加大税收稽查力度,首次组织4县1市的异地稽查,组织A类纳税信誉等级单位的抽检。全年全系统共稽查单位581个,查出违纪金额9171万元,入库9110万元。顺利通过“五五普法”验收,并被评为“全省‘五五普法’先进单位”。(李东阳 徐 江)

【服务发展】 一是服务新型工业化,组织开展云龙示范区、田心高科园等调研,为园区建设大投入、快发展献言献策。二是服务“三大战役”,出台鼓励旅游经济的10条税收优惠政策,有力地促进了全市旅游业发展。三是服务中小企业,制订扶持中小企业发展的税收政策,并制作成宣传手册,办理中小企业的税收减免193户,减免税收2821万元。“12366”纳税服务热线工作接受中央和省新闻单位的采访,《中国税务》和《湖南地税》杂志进行了推介。

(李东阳 徐 江)

【队伍建设】 全年市局共举办各类培训16期,参训人员600多人次。其中,首次举办为期10天、52人参加的税收业务培训班,效果好,影响大,得到了省局领导和主管部门的肯定和表扬。综合治理及突发事件应急处理知识培训,是市级局(办)举办的第一个班,得到市委、市政府的高度肯定。组织业务知识竞赛、“十佳”稽查能手竞赛、税政业务竞赛、“十佳”文秘竞赛等一系列活动,举行全员业务考试,涌现出一批业务能手。(李东阳 徐 江)

金　融

人民银行

【概况】 2010年，中国人民银行株洲市中心支行围绕"一促三创三强化"总体工作目标，以促进地方经济平稳较快发展为主旋律，深入推进金融生态模范城市创建、金融服务创新和总行级文明单位创建，以强化基础提质量、强化内控保安全、强化机制出效能为目标，夯实基础，突出重点，积极创新，中支各项建设取得新成果。

截至2010年末，全市金融机构各项存款本外币并表余额1135.94亿元，比年初增加190.98亿元，增长20.21%，高于全省平均水平1.57个百分点，同比多增1.45亿元，增幅同比下降4.88个百分点；各项贷款本外币余额563.97亿元，比年初增加78.94亿元，增长16.28%。

中支各项建设取得新成果。40余项工作受到上级行和各级政府表彰，其中：存量个人银行账户公民身份信息核实试点、金融生态创建评估、文明单位创建等多项工作获总行、武汉分行、长沙中支高度肯定，获分行级"廉政文化建设示范单位"荣誉称号。获得业务竞赛、金融宣传等各类先进集体37个，先进个人48名。

一、调结构转方式，助推经济发展。一是促增长，强化政策效果。积极建立信贷政策导向效果评估、窗口督导监测和信贷投放监测快报制度，评估银行机构执行信贷政策情况，督促各行制定月度信贷投放计划，确保信贷投放均衡增长。以行长联席会、政策通报会等形式为载体，向市委、市政府和金融机构传达贯彻信贷政策内涵，增强政策执行力与效果。二是优结构，创新制度引导。出台"株洲市货币信贷工作指导意见"和"金融支持城市提质、园区攻坚、旅游升温'三大战役'指导意见"，汇编《金融支持"低碳经济"重点项目名录》，引导金融机构加大对重点产业、节能减排、低碳经济的支持。引导出台扶持配套政策，敦请市政府将全市中介机构融资服务收费标准下调三分之一，年安排1000万元建立中小企业风险补偿基金，并给予0.5%财政贴息。与市经委联合开展中小企业服务周，举行"成长激励日、金融服务日、配套对接日、银企交流日、数字株洲日"等五大主题活动，开设中小企业公共服务平台，构建银企信息高效对接机制，引导金融机构新增贷款19.09亿元扶持中小企业、新增贷款31.2亿元扶持县域经济。三是推产品，拓宽融资渠道。全面推进农村金融产品和服务方式创新，指导县域开办林权质押等多项创新业务，积极扶持大学生"村官"创业富民、返乡农民工创业工程。创新园区企业融资抵押担保机制，引导金融机构探索尝试商标权、专利权等多种抵押方式，破除抵押难题。推动市政府出台《股权投资企业管理试行办法》，支持南车时代电气成功发行短期融资券5亿元，为企业开辟新的融资渠道。

二、强机制优环境，改善金融生态。一是注重政府主导，深入推动县域创建。着力推动省、市两级金融安全区创建，深入开展攸县争取省级金融安全区授牌，醴陵市和炎陵县创建省级金融安全区，茶陵县、株洲县创建市级金融生态达标县等工作，株洲市、醴陵市被授予"中国金融生态城市"称号。积极协助长沙中支修订完善金融生态评估指标60余项，为全省县域金融生态提供"统一评估，分别发布"标准。连续第三次发布金融生态评估报告，得到地方党政和社会各界高度认可。二是夯实信用体系，广泛营造诚信氛围。在全省率先开展中小企业信用担保公司外部评级试点，对63户企业开展外部信用评级，在醴陵市探索开展中小企业信用体系建设试点。大力推进信用村镇建设，炎陵县申报成为全省农村信用体系建设试点，全市评定信用农户53万户，建成信用村镇248个。积极探索企业贷款卡网上年审试点，成功开发中小企业信用信息服务平台，为中小企业融资探索金融服务新模式，工作经验得到人行长沙中支副行长侯加林的高度肯定，并在全省交流推介。加大征信产品应用力度，信用查询服务质量深受客户好评。三是维护金融稳定，稳步推进金融改革。及时监控辖区稳定状况，试点创建城郊、醴陵联社两家法人金融机构风险评估指标体系，制订《株洲市银行业金融机构涉稳重大事项及重要信息报告制度》，加强对金融运行相关非稳定性因素的监测分析。顺利完成城郊联社央行专项票据兑付，积极支持市商行参与华融湘江银行改制重组，探索争取村镇银行、6家小额贷款公司等试点，成立全省首家由县联社改制组建的地方性农村商行——炎陵农村商业银行。

三、重创新求活力，提升服务水平。一是重点推动，大力开展总行存量个人银行账户公民身份信息核实试点。株洲市作为全国2个试点城市之一，中支通过加强组织领导，4次全面摸底调查，出台核实方案，采集账户信息，开展"宣传月"与4期试点培训，开发运行核实辅助系统，全面启动核实工作。截至11月底，共完成存量个人账户身份信息核实321.8万户,占比达81%。整个试点工作推动有力,运行有序,先后得到人行长沙中心支行行长周晓强和总行支付结算司领导的高度肯定。二是力求高效,促进支付结算便利。加大公务卡推广力度,纳入核算单位167家,发卡9000余张。积极推进农村支付环境建设,在炎陵县创建"刷卡无障碍风景区",在攸县推行惠农补贴资金"一卡通"。将181家财政预算单位全部纳入国库集中支付,全面实现国库资金支拨无纸化处理,创新经验在鄂湘赣三省交流推介。在全市推行POS刷卡缴税系统,全年缴税7.5万笔,居全省先列。稳定运行会计核算等"五大"系统,确保资金汇划安全无事故。三是贴近需求,优化金融服务环境。建立卷别供应协调机制和点钞防伪设备评估(检测)机制,及时组织发行基金调拨65次,确保货币投放科学合理。创新开展"一站式"办公,与商务、工商等部门联合,为139家外商和境外投资企业办理年检,受到客户一致认可。创新编写《企业外汇收支业务指南》,得到省分局高度肯定。积极推进示范库创建,茶陵国库获评省级"示范库"。四是查防结合,提升监管服务水平。坚持服务与管理并重,开展结算账户、支库代理等多项检查,强化2家新设银行金融机构服务与管理,规范银行经营行为。高效开展国债监管制度试点,整理汇编《湖南省储蓄国债监管办法》,受到省分库领导充分肯定。创新反洗钱管理,提升监管水平,推动反洗钱监管信息管理和风险评估预警系统试点,推广应用反洗钱监管交互平台系统,协助市公安局查办"澳搏999"网站赌博案,得到长沙中支和市公安局肯定。五是参考谋划,强化监测分析应用。积极创新信息服务产品,扎实开展金融数据收集、整理分析及增值开发,建立有色金属行业、重点商品交易价格跟踪分析制度。全年上报调研信息190余篇,其中8篇被国办、总行采用,120余篇被分行、长沙中支、《金融时报》等内外刊采用。

(李道进)

外汇管理

【概况】 2010年,株洲市国际收支统计申报共30346笔,金额173172万美元。外汇总收入97421万美元,同比增长64%;外汇总支出75751万美元,同比增长24%;其中贸易出口收入77636万美元,同比增长40.8%;进口付汇64351万美元,同比增长12.4%;个人外汇收入5101万美元,同比增长35.1%,个人外汇支出3110万美元,同比增长35.7%;资本和金融项目外汇收入8334万美元,同比增长1093.9%,资本和金融项目外汇支出1411万美元,同比减少38.2%。外汇收支顺差21669万美元。全年全市完成出口收汇核销19598笔,金额69706万美元;完成进口付汇核销1131笔,金额31992万美元。

(彭嘉韬)

【株洲市电力机车出口成绩斐然】 2010年,中国南车集团株洲电力机车有限公司凭借其高超动车技术、优质的项目方案、快捷的推进速度等优势,一举击败国际竞争对手。韩国R0tem公司获得马来西亚政府38列6节编组四动两拖型电力动车组189445万马来西亚币(约40亿人民币,6亿美元)的订单,5月末与马来西亚交通部签订了中标通知书,全部项目将于2012年6月全部执行完毕。6月,马来西亚交通部汇入了约2850余马来西亚币(约1亿美元)预付货款到该公司账上。南车株洲电力机车有限公司系上市公司中国南车股份有限公司旗下控股子公司,在中国轨道交通装备电力机车生产制造中排名第一。

(彭嘉韬)

银行监管

【概况】 2010年末,中国银行业监督管理委员会株洲监管分局有机关工作人员53人。内设办公室(党委办)、银行监管一科(负责大型银行监管)、银行监管二科(负责政策性银行、股份制银行、城市商业银行、邮政储蓄、非银行金融机构监管)、合作金融机构非现场监管科、合作金融机构现场检查科、统计信息科、人事科、监察科、财务会计科。

2010年,株洲银监分局积极引导银行业优化信贷结构,提高信贷质量,增强风险管理能力,有力促进了辖内银行业稳健持续发展。截至2010年末,全市银行业机构各项存款1115.06亿元,各项贷款563.65亿元,比年初分别增加196.6亿元、79.02亿元,增长21.41%和16.30%。不良贷款率比年初下降0.56个百分点。全辖实现盈利10.9亿元,比上年增长36.42%,其中7家农村中小金融机构实现近15年来首次全部盈利。监管指标达标升级成效明显,农村信用社资本充足率、不良贷款率、贷款损失准备充足率、贷款损失准备缺口、弥补历年亏损挂账分别完成目标计划的155.37%、120.1%、177.33%、107.13%、100%,资产流动性比率达50.67%,备付率达30.62%。单个法人机构的重大风险隐患得到有效改善。全市拥有17家银行业机构共613个机构网点,从业人员6746人。监管创新取得新成果,株洲分局"驻行监管"、稽核联动机制等工作受到上级肯定和推介。基础工作进一步强化,分局被省局评为"学习型组织标兵单位","固定资产管理工作先进单位";被授予"湖南省档案工作规范化管理省特级"称号,成为株洲市2010年唯一一家、全省银监系统第二家获此殊荣的单位;分局论文《借鉴国际经验构建我国碳金融发展体系的设想》获第七届银监会系统青年论坛优秀奖。

(曹斯亮)

【银行改革发展实现新跨越】 2010年,分局纵深推进各项改革,银行业机构体系更趋多元化,发展后劲持续增强。扎实推进国有大型银行发展,督促农业银行"三农"服务体系按照其总行构建"三级督导、一级经营"的组织架构稳步推进。引导股份制商业银行准确定位和转型，分析股份行发展存在的过分依赖大客户、企业集团边缘化、年末季末冲时点等三大制约因素，提出培育中小企业和个人客户、实行科学激励机制等监管意见。督促株洲商行做实资产，推动主要监管指标向好发展，强化案件风险排查，消除一切不稳定因素，积极推进其融入"四行一社"改革重组，10月18日，株洲商行作为华融湘江银行株洲分行正式挂牌。农村金融产权制度改革取得重大突破，5月10日，炎陵农村商业银行挂牌营业，这是全省首家由农村信用社改制为股份制商业银行。村镇银行试点迈出新步伐，12月29日，哈尔滨商业银行主发起设立的株洲县融兴村镇银行获准筹建。城郊联社各项指标数据达近15年最好水平，9月6日成功兑付央行票据3.28亿元，至年末可用资金达10.15亿元，备付率达25.64%，实现净利润78.66万元，成功扭转了15年来连续巨额亏损的局面。《株洲分局防范化解城郊联社风险的主要措施、成效及体会》被省局《专报信息》、《工作参考》和银监会《监管工作信息》推介。 （曹斯亮）

【金融服务经济展现新面貌】 2010年，分局引导银行业创新金融服务、优化信贷结构、支持经济发展，取得明显成效。一是坚持"有保有压"，促进信贷结构调整。分局督促银行业严控"两高一剩"贷款，支持节能减排、"两型"社会、低碳经济等重点领域，促进产业结构优化和淘汰落后产能。牵头组织反映银行业支持节能减排、信贷支持民办教育、信贷支持承接产业转移、创新担保模式破解中小企业融资难的做法均被银监会《专报信息》或《监管工作信息》采用。二是加强中小企业和"三农"金融服务。建立中小企业服务"三项"考核机制，每半年对各银行小企业"六项机制"落实情况、"两个不低于"政策落实情况、金融产品实施情况考核通报，推动小企业金融服务取得实质进展；推进"三农"金融服务，通过搬迁网点、扩大金融服务区域解决空白金融乡镇1个。2010年末，全市银行业中小企业贷款205.78亿元，比年初增长25.20%，高出全部贷款增速8.89个百分点，占全部贷款36.51%；农村中小机构涉农贷款76.66亿元，比年初增长26.35%，占该类机构全部贷款的83.29%。三是贯彻"贷款新规"，推动资金进入实体经济。组织16家银行进行集中培训，编印1400余册"贷款新规"读本；在《株洲晚报》等媒体刊发"贷款新规"解读文章，扩大公众知晓面；通过走访监管、监管会谈、现场检查等形式，督促银行业修订贷款合同、业务流程、内部控制等风险管控要素，推进全面风险管理的流程再造，及时纠正化整为零等规避新规行为；开设调研专题，及时反映基层银行实施进展、困难和建议，撰写的《株洲银行业落实"流贷""个贷"办法三部曲》、《株洲银行业以执行"贷款新规"为切入点防控房地产贷款风险》被银监会《监管工作信息》采用，银监会办公厅新闻处、省局组织新华社、经济观察报、金融时报等中央媒体到株洲进行了实地采访报道。通过系列措施，株洲银行业贯彻"贷款新规"成效明显，放款支付更加规范，资金挪用现象减少，信贷服务实体经济效能得到提升。 （曹斯亮）

【风险监管创新取得新成果】 一是推行主监管员驻行（社）监管。实行主监管员每月驻行（社）监管不少于3个工作日，跟踪了解银行经营管理、内控内管、重要事项等，列席其董事会、理事会、行（社）务会等重大会议，定期提交驻行（社）监管报告，实现监管关口前移。二是建立与银行业稽核（内审）联动机制。采取定期会谈、适时培训、后续跟进、事后评价、信息共享等措施，实现与银行稽核内审联动，形成外部监管与内部稽核的监管合力。三是开发监管日志管理信息系统。在全省率先自主研发《监管工作日志管理信息系统》，由主监管员按照年度、月度、实时三种模式，全面记录和反映被监管对象的经营管理、内控内管等情况，科室负责人每季、主管局领导每半年在系统上进行检查督导，实现日常监管等信息电子化、规范化。四是推行银行业金融机构问题整改情况评价与监管。要求银行业机构收到现场检查意见书、风险提示、监管意见书等监管文件后，在规定期限内整改，按季填报《问题整改情况统计表》；由监管员负责收集统计表及相关资料，跟踪核实整改处理情况；分局每半年召开一次评价会，根据银行业问题整改处理情况评价确定好、较好、一般、差4个等级，并实施分类监管，有效推进了问题的整改落实。五是推行银行业金融机构拟任高管人员任职资格考试办法。探索实行管考分离、题库抽题、集中考试的形式，增强拟任高管人员任职资格考试的严肃性和有效性。六是研究制定集团客户贷款监管实施方案及动态监测台账，督促银行防范集中度风险。七是创新重点行业贷款风险分析。建立完善35家集团客户、政府融资平台、房地产贷款三项监测分析机制，增强对风险的前瞻性分析、预警和预判。 （曹斯亮）

【基础工作水平迈上新台阶】 一是依法开展行政许可。审批同意机构筹建3个、开业26个、升格16个、撤销11个、迁址28个、更名21个、其他变更事项5个；核准高管人员任职资格75人、备案1人；依规高效完成216个机构金融许可证换证和222个机构缴证工作。二是提高现场检查效能。开展执行"贷款新规"、贷记卡、贷款偏离度、风险管控、政府融资平台贷款、监管统计、信贷资金流入股市等现场检查项目，全年共派出现场检查组73个，累计投入工作日2246人天，检查机构180家，涉及金额265.8亿元；查出违规机构21家，涉及违规金额16.94亿元，提出整改意见397条，其中整改合格224条；处理机构23家，其中通报批评4家、限期整改23家；责令处分责任人45人，金融机构实际处理责任人49人，其中开除2人。

三是切实履行社会责任。年内,联合团市委、炎陵县委县政府以及辖内15家银行业机构,在炎陵县举办"送金融知识下乡 圆青年创业梦想"活动,通过金融宣传、专家讲座、行长论坛、项目对接等形式,发放宣传资料7500份,提供咨询350人次,促成当地银行与12家青年创业企业签订贷款合约7750万元,在普及农村金融知识、推进银农对接等方面取得了实效,《中国青年报》、《湖南日报》等媒体进行了报道。从11月28日起,组织辖内银行业机构开展持续1个多月的金融知识普及宣传活动。活动当天,共设立实地宣教点31个,发放宣传资料4800份,提供咨询服务1800人次。 (曹斯亮)

农业发展银行

【概况】 2010年,中国农业发展银行精心部署"信贷支农、综合业务发展、清收不良贷款"的三大战役,全面完成了各项工作任务,绩效考核全省同组第二名,被省分行评为全面工作"先进单位"。

一、加大支农力度,社会形象提升。2010年末,全行各项贷款余额32.73亿元,比年初增加5.31亿元,增长19.4%,其中政策性贷款占73%,贷款结构逐步优化。一是做好收购资金供应与管理。按照"保供稳价"和"保收购、保优质企业、不保劣质企业"的总体要求,全年共发放早稻收购贷款27164万元,支持收购粮食16667万公斤;发放中晚稻收购贷款8508万元,收购粮食4272万公斤,同比分别增长146.9%、127%。二是加大农业农村基础设施建设贷款投放力度。按照"抓大放小、抓两头放中间"的思路,积极营销,稳妥投放,共发放农业综合开发、农村基础设施、新农村建设中长期贷款8.6亿元,有力地支持了炎陵县、攸县、醴陵市、株洲县、市园区的基础设施、农村路网、水电等项目建设。三是做好农业产业化龙头企业的维护工作。发放贷款14997万元,支持农华农牧、松本林化、好棒美等农业产业化龙头企业发展与做大做强。

二、坚持存款立行,优化结构提速。2010年,全行各项存款年末余额22.57亿元,全年日均17.91亿元,完成省分行任务111.27%。一是推行"四联动、四挂钩"。拿出专项费用与存款考核挂钩,建立长效机制。二是开展"组织存款百日营销竞赛"活动。全行动员,全员揽存,层层有任务,人人抓存款。全行88人参与个人揽存,参与率62%,揽存金额12.3亿元。有7人被市分行评为揽存能手,2人被省分行评为"十佳揽存标兵"。三是强力推动以贷引存。利用营销项目的机会,与地方政府和企事业单位互动,全年组织县域公众存款3.8亿元。全辖有营业部、攸县和茶陵县支行进入全省系统"存款十强支行"行列。

三、大力清收不良,信贷资产提质。2010年末,全行不良贷款余额206万元、不良贷款率0.06%,分别比年初下降365万元、0.15个百分点,实现"双降"、"双控"目标。一是狠抓新增不良贷款的清收。针对攸县支行出现新增不良贷款,银行及时与当地党政部门、企业沟通,共商具体清收对策,采取"人盯人,人盯库存物资,人盯应收账款"和资产重组、资源盘活等办法,成功收回湘龙竹木、恒源油脂新增不良贷款1660万元。二是启动有保有压的退出机制。全年共收回4家农业小企业和化肥储备企业问题与风险贷款8900万元后,并稳妥退出。三是积极清收存量不良贷款。现金清收不良贷款86万元,核销呆账贷款279.5万元。

四、大力增收节支,经营效益提高。一是认真抓好收息工作。按照"谁主管、谁收息"的要求,落实收息责任,全年全行贷款综合利息收回率99.73%,同比提高0.22个百分点,其中商业性贷款利息收回率100%。二是落实中间业务创收。资费应收尽收,保险应保尽保,全年完成中间业务收入272.1万元,同比增加33万元。三是积极开展增收节支活动。加大资金调度管理,减少资金闲置;强化费用开支管理,精打细算,严把费用审批关。全年实现各项收入19948万元,支出12369万元,账面利润7579万元,全行人均利润53.75万元。全辖5个支行全部盈利,有3个支行账面利润超过1500万元,其中营业部账面利润3872万元,进入全省"利润十强支行"。 (谭 琪)

工商银行

【概况】 2010年,中国工商银行株洲分行牢牢把握发展新机遇,加快结构调整,加快创新步伐,加快改进服务,全面增强在区域市场的竞争发展能力,经营发展取得较大突破,创造了历史最好佳绩。年末,本外币各项存款余额为159亿元,比年初增加9.2亿元,其中对公存款余额55.9亿元,增加2亿元,储蓄存款余额103.3亿元,增加7.2亿元;本外币各项贷款余额67.7亿元,比年初增加13.6亿元;实现中间业务收入1.3亿元,同口径同比增加0.3亿元;全年累计清收处置不良贷款0.91亿元;实现拨备前利润2.4亿元,综合经营业绩在全省工行系统名列前茅。连续7年实现无经济案件和重大责任事故的安全目标,内控案防基础进一步夯实。年内,被株洲市委、市政府授予"株洲市企业文化建设先进单位"、"株洲市文明建设先进单位"。

(李有成 刘 欣)

【支持地方经济发展】 2010年,中国工商银行株洲分行紧紧围绕市委、市政府明确的"四化两型"发展规划和"5115"重点工程,以全市一批重大项目相继动工为重要发展契机,找准信贷市场与国家宏观调控政策的结合点,全力服务优质产业项目,加大对重点企业、重点项目、重点领域的信贷支持力度,加大对高速公路、电力机车、五矿、轨道交通、集团商业、大中型民营企业等优质公司企业客户的贷款支持，向区域优势和支柱产业等经营效益好、产品市场潜力大的名牌企业实行信贷倾斜，对一批新项目积极创造条件支持。建立项目跟踪报告制度，特别是市政府确定的2010年重点推介及建设项目，重点锁定南方航空工业集团有限公司、董家塅高科园产业发展有限公司株洲航空城核心片区二期工程、醴陵——攸县、茶陵——界化陇高速公路、株洲高科集团有限公司、株洲中医药高等专科学校附属第一医院、国投公司、株冶集团循环经济铅冶炼等重点项目。年末，公司业务人民币贷款余额45亿元，比年初增加6亿元。对重点基础客户、大型优质客户和上市公司累计发放流动资金贷款121笔、22亿元。在加大信贷投放力度的同时，多角度、全方位拓宽筹资渠道，一方面加力做好票据业务营销，实现资产业务互补互动、多点推进的良性局面。对辖内重点票据大户进行主动上门服务，建立稳定的票据贴现业务合作关系。年末，完成贴现269笔、金额3.8亿元，转贴现705笔、金额5亿元。另一方面狠抓贸易融资业务发展，加大贸易融资产品创新力度，围绕贸易融资核心客户及重大建设项目，抓住公司有贷户贸易链上下游客户，将全市中小企业、银行的结算客户及有贷户作为目标客户，细分客户需求，有针对性地开展贸易融资业务。年末，共为36家企业办理国内贸易融资业务128笔，金额11.5亿元。同时，积极寻找新的支持重点，为城发集团办理3亿元信托加理财业务，支持株洲湘江大桥五桥建设。工商银行株洲分行为推进长株潭“两型”社会建设、推动地方经济发展发挥了重要作用。（李有成　刘　欣）

【拓展小企业融资业务领域和个人贷款业务】 2010年，中国工商银行株洲分行将服务中小企业作为走新型发展之路的必然选择，优先选择符合国家和地方政府规划、基础设施完善、核心企业带动效果明显的产业集群，针对小企业产业、行业、客户特点和市场需求，设计个性化综合融资方案，开展中小企业公司金融服务，积极创新小企业信贷模式，在银行信贷规模普遍偏紧情况下，充分发挥工行“网贷通”产品不受资金配置影响的特点，着力解决企业融资难题，将“网贷通”业务作为服务中小企业的“利器”大力推广，全年新增“网贷通”客户15户，金额0.6亿元。年末，累计发放小企业贷款97笔，金额2.5亿元，新增小企业客户29户；发放专业市场个人客户贷款1383户，金额0.5亿元；全行新增中小企业客户37户，新增贷款金额2.5亿元。

在个贷业务发展中，不断提升个人信贷利润贡献度。一方面抓住发展重点，做大市场份额。以株洲市春、秋两季“房交会”和“家装会”为契机，开展“幸福贷款”宣传月活动，组织工作人员与优质房地产开发商、民营私营客户等优质客户开展联谊活动，使客户了解工商银行个人贷款相关政策，并建立按揭贷款绿色审批通道，高效率的服务赢得众多客户的青睐。另一方面，抢占业务先机，狠抓产品推广。切实发挥个人贷款新产品在市场拓展中的助推作用，鼓励办理新业务、鼓励业务创新。工总行“个人网贷通”业务投产以来，立即制订方案，锁定营销目标，成功发放全省工行系统首笔个人经营循环“网贷通”自助贷款，实现全省工行系统个人贷款“网贷通”业务零的突破。年末，全行累计发放个人贷款11.6亿元，个贷余额较年初新增7.5亿元。个贷净增额持续保持同业第一。

（李有成　刘　欣）

【转型业务实现量质双提升】 2010年，中国工商银行株洲分行在个人金融业务发展中，调整业务结构，加快推进经营转型，巩固并扩大个贷、理财、基金、保险等重点业务的市场领先地位，提高优质客户占比，有效抢占业务制高点，进一步提升零售业务竞争力。年末，代理销售基金6.6亿元，代理个人保险销售额1.2亿元，累计销售各类个人理财产品36亿元。基金销售和个人理财产品均在同业持续保持领先地位。

在信用卡业务发展中，推广发行牡丹金叶卡，通过金叶卡发行推介会和现场演示会，指派专人到烟草公司和烟草协会进行业务培训和金叶卡发卡宣传等工作方法，推进金叶卡发卡活动，为工商银行株洲分行和烟草公司深度合作奠定了良好的基础。重点加强公务员卡、美食卡等主打产品的推广，提高牡丹卡市场覆盖率，坚持不懈地抓好“一柜一日一卡”活动。利用社会热点和消费旺季，积极开展特惠商户服务活动，大力推广商务POS机，改善信用卡用卡环境，借助消费积分平台开展形式多样的消费积分兑奖活动，促进全行信用卡的动卡率和消费额迅速提高，彰显卡量与签购额匹配发展效应。有效卡存量和信用卡消费额均持续保持全市同业前列。

在电子银行业务发展中，以“电子银行10周年”活动为契机，积极开展富有特色的宣传，加大电子银行业务营销力度。一方面通过开展电子银行新产品现场互动演示，积极引导客户使用网银办理投资、贵金属买卖、理财、缴费等相关业务，培养客户使用电子银行的习惯，进一步巩固和扩大网银业务成果。另一方面建立优质高效的售后服务体系，及时有效解决客户网银使用过程中遇到的问题，发挥电子银行产品领先同业的优势，积极拓展银企互联市场，加快银财互联、银保互联、银银互联的推广步伐，大力推广为中小企业网上在线财务软件、大型客户跨行资金管理系统等重点产品。年末，通过电子银行办理的业务占其业务总量的60%以上，电子银行个人网银、企业网银客户数和收入3项重点指标占比继续占据全市同业领先地位。（李有成　刘　欣）

【中间业务收入实现新突破】 2010年，中国工商银行株洲分行抓牢公司类中间业务收入这一领域，围绕贸易融资、短期融资债券、代客资金交易等产品积极拓展收入来源,并以专业市场为重点,向中小企业及个体工商户延伸服务,重点抓好投融资顾问业务,为企业的资产管理、兼并收购、债务重组、企业理财等活动提供信息咨询、方案策划等财务顾问服务。通过举办"黄金投资稳健理财"沙龙、开展"工银金行家杯"个人黄金递延实盘交易大赛、"金行家"账户黄金业务服务等活动,找准业务卖点,紧盯目标客户,在高端客户贵金属业务营销中,重点介绍工商银行账户黄金交易币种多、点差小、渠道广、时间长、方式多等特点,使客户充分了解工商银行贵金属业务带来投资商机,吸引了一批贵金属业务优质客户,达到了较好的服务效果。年末,实现中间业务收入1.3亿元,同比增加0.3亿元,增长32.99%。全年持续保持中间业务同业占比第一、同业增量第一、同业增幅第一,进一步确立了中间业务的优势地位。 (李有成 刘 欣)

【肖义华获中国工商银行第二届"感动工行"员工荣誉称号】 2010年,中国工商银行株洲分行新华路支行副行长肖义华,在中国工商银行第二届"感动工行"员工评选活动中,成为工商银行湖南省分行首位荣获"感动工行"的员工。肖义华在26年的工行生涯中,克服家庭的不幸,用柔弱的臂膀担起了事业和家庭两副重担,并在工作中取得了优异的成绩,先后荣获株洲市劳动模范、工商银行湖南省分行第四届杰出青年和"全国金融五一劳动奖章"等荣誉称号。 (李有成 刘 欣)

农业银行

【概况】 中国农业银行股份有限公司株洲分行是中国农业银行负责株洲地区所有分支机构管理和业务经营的二级分行,下辖9个县级支行,其中县市支行5个,市区管辖型支行4个。全行有66个经营网点分布在株洲城乡,其中县城及乡镇网点33个。在岗员工1068人。

2010年,农行株洲分行突出价值创造、加快经营转型,积极实施营销工程,以季度综合营销竞赛活动为推手,有效推动主体业务持续发展;以重点推进县支行为龙头,引领促进"三农"县域业务乘势发展;以"三项治理"等专项检查和教育活动为平台,提高认识、强化管理,筑牢内控和案防工作基础。主要指标高速增长,业务经营持续向好,各项工作平稳推进。连续10年未发生经济、刑事案件和重大责任事故。荣获市"文明建设先进单位"、"社会综合治理先进单位"、"银行工作先进单位"称号,保持了省"文明单位"称号。

各项存款再攀新高。年末,各项存款余额为142.1亿元,比年初净增18.8亿元,比上年多增2.4亿元;人民币各项存款余额净增19亿元,排同业第二位;其中,对公存款余额33.6亿元,比年初净增4.8亿元;储蓄存款余额108.4亿元,比年初增加14.2亿元。贷款增量同业第一。年末,各项贷款余额65.3亿元,比上年同期多增6.6亿元,增量市场份额同业第一,其中,人民币贷款增量13.9亿元。中间业务稳步增长。全年实现中间业务收入9914万元,较上年同期增加945万元,增长10.5%。"三农"业务加快推进。年末,全行惠农卡存量161754张,比年初净增55706张;三农人民币各项存款余额比年初净增104550万元,完成省分行计划97.6%,三农人民币贷款余额比年初净增5.9亿元,完成省分行计划123.9%,农户小额贷款余额净增1.2亿元,完成省分行计划138.7%;三农中间业务收入4061万元,完成省分行计划114.2%。拨备前利润大幅提升。2010年,全行实现拨备前利润23820万元,同比增加5459万元,增幅29.7%,完成省分行计划100.5%。信贷管理更加规范。按照省分行部署,加快信贷审批体制改革的步伐,强化了管理。派驻支行风险经理全部到位,独立审批人正式上岗。操作管理基础加强。先后完成柜台指纹认证系统、金库现金调拨系统、对账系统、信贷C3系统等上线工作;平稳实现了中石油上门收款服务的退出;实行凭证集中配送,完成由网点领用凭证到上级行主动配送的重大转变。运营主管预警信息及时核销率达到99.98 %。接受并通过了总行集中审计、金库及安全保卫风险评估。进一步加强了对电视监控中心和会计监控系统的规范和管理。加大风险排查力度,全年先后认真组织开展信贷风险排查、三农业务风险排查、电子银行及渠道设备风险评估、业务条线尽职监督自律检查、案件集中排查和"三项治理"等活动。内外关系更加和谐。积极加大信贷支持株洲市县经济建设的力度,市分行和各县、市区支行都主动加强与市、县、区政府联系沟通,公众形象和社会地位进一步提高。

(何银川 尹湘文)

【支持"两型"社会建设】 2010年,农行株洲分行响应市委、市政府打响"三大战役"的号召,积极跟进项目建设,主动服务市县经济。全行累计发放各项贷款(信用)78.7亿元,年末各项贷款余额65.3亿元,比年初增加14.1亿元,占全市新增贷款总额的18.1%,在所有16家银行机构中排第一位。一方面,转变观念,调整思路,立足株洲市县经济实现加快发展、互利共赢。积极参与园区建设,主动跟进重点工程,倾力支持中小企业,热情服务县域"三农"。为更好地服务于市县经济,加强对接,报请总行、省分行审批同意,对市区机构作出重大调整,设立了与城市4区相对应的荷塘、芦淞、开发区、石峰4个支行。主动加强与市、县、区政府联系沟通,成功与高新区管委会举办了服务中小企业、助推园区经济融资合作洽谈会,与炎陵县政府签订了《关于开展林业开发金融合作框架协议》,并促成省分行与唐人神集团签署支持其1000万头生猪产业链工程合作协议。在省、市两级政府举办的项目签约会上,共与

16个客户(项目)签约,金额达64.1亿元。另一方面,主动服务,积极作为。实施与株洲园区建设相呼应的"5813"工程,目标锁定全市9个省级以上园区,年内对株洲高科集团授信2亿元,对武广新城发放贷款1.5亿元。8月份,面对中小企业融资难的现实,开展"小企业贷款百日攻坚"活动,活动期间,全行小企业贷款新增30户、金额2.1亿元。积极向上级行争取信贷规模,争取政策倾斜,全省农行20强优先发展重点县支行株洲占有二席,在全省仅次于长沙,这一努力的直接效应是醴陵、攸县在信贷支持市、县经济的自主权更大,规模更宽优,尤其是大项目获批更快。醴陵投放了该市单笔最大的渌江大道项目贷款9000万元。在支持县域、服务三农方面,共投放小额农户贷款1.2亿元,完成省分行下达年度任务的138%,排全省第一名。

(何银川　尹湘文)

【银行商会合作 破解融资难题】 6月20日,在株洲市泉州商会第二届会员代表大会上,农行株洲分行行长张定坤与株洲市泉州商会会长胡锡平签订《全面合作协议》,双方本着互利互惠、合作双赢的原则,建立紧密、稳定的银商友好合作关系。银行与商会合作,有利于加强银行与中小企业、个体私营业主的联系沟通,是解决中小企业和个体私营业主发展生产、扩大经营资金瓶颈的有效途径。这次签订全面合作协议后,将更进一步推进双方加强沟通联系,为泉州籍经营者提供更加宽广、优质、高效的金融服务。

(何银川　尹湘文)

【联合推介永丰企业年金产品】 7月,农行株洲分行与中国人寿保险公司株洲分公司在株洲金龙大酒店联袂举办国寿农行永丰企业年金产品推介会。农行和国寿共同邀请的34家VIP企业客户代表,株洲市劳动和社会保障局相关负责人,中国人寿省、市、县(区)三级公司相关负责人,农行省分行机构业务部、株洲市分行及各县市区支行负责人参加推介会。

市农行企业年金托管工作走在全省系统内前列,2008年就托管了株冶集团旗下一个公司的企业年金,开农行系统全省企业年金托管先河,截至2010年托管企业年金90余万元,居全省系统内前列。国寿农行永丰企业年金计划是中国人寿养老保险股份有限公司联合中国人寿资产管理有限公司、中国农业银行共同发起设立,为多个委托人提供资金集中管理、服务便捷高效、运作透明规范的企业年金基金管理计划。农行与国寿联袂推出的永丰型集合企业年金产品具有组合型投资、风险性低、回报稳定、手续费低廉等优势,作为对现有养老金制度的一种补充具有很强的实用性和可操作性。推介会上,多家高端客户表达了合作意向,部分企业已进入托管操作阶段。

(何银川　尹湘文)

【连续3年荣获"株洲市文明建设先进单位"称号】 2010年,农行株洲分行再次被中共株洲市委、株洲市人民政府授予"文明建设先进单位"称号,这是连续第三年荣获此称号。2010年,株洲农行新一届党委带领全行员工围绕株洲市委、市政府打响"三大战役"(即城市提质、园区攻坚、旅游升温)工作重心,积极跟进项目建设,主动服务市县经济,重点营销优质客户,全面拓展各项业务。实现了主体业务的跨越式发展,有力地促进了株洲城乡经济的发展,受到了党政、客户和社会各界广泛好评。一是积极支持株洲市、县经济的发展,配合"两型"社会建设和株洲市委、市政府"保二争一、科学跨越"的奋斗目标,加大信贷支持株洲重点项目建设、中小企业和个体私营经济的力度,重点支持了武广新城、株冶集团、株洲硬质合金集团、中材水泥、唐人神集团等一批重点企业、重点项目建设;支持芦淞市场群的提质改造,农行金穗支付通已成为芦淞市场群经营户中响当当的名牌产品,给客户带来方便、实惠,为农行提升形象、创造效益。二是服务"三农",拓展蓝海领域。株洲分行在支持县市基础设施建设、惠农卡推广,农户小额贷款发放、农户贷款保险、服务新农合等工作领域都进行了有益的尝试,受到了农户、农村和各级党政部门的肯定和赞扬。三是为城乡居民和客户提供优质金融服务。株洲分行把为民众、为客户提供方便、实惠的服务,主动履行应当的社会责任当做实现自身发展壮大的一个重要平台,在送金融下乡,农村建整扶贫、防范金融诈骗犯罪、保护金融消费者利益等方面,敢于担当、主动作为,不但赢得了市、县党委政府的赞赏,也受到了客户的好评,促进了业务的发展。四是加强与驻地街道、社区的联系沟通,努力做好信访维稳、爱国卫生、计划生育、普法教育、爱心慈善等工作,尤其在青少年教育、计划生育、社区治安等方面,积极配合社区做好工作,为社区开展工作提供方便和支援,受到芦淞区、建设街道办事处和钟鼓岭社区各级的一致好评。

(何银川　尹湘文)

中国银行

【概况】 中国银行股份有限公司株洲分行辖27个支行、4个直管分理处,12个内设部门,共有36个营业网点,在册员工732人。2010年,市中行紧扣发展主题,转变发展方式、强化结构调整、努力扩大规模、狠抓内部管理、严控风险隐患,实现经营绩效争先进位,内控案防平安无事。年末,全行各货币折人民币实有资产130.39亿元,实有负债128.75亿元。本外币各项存款余额126.63亿元,新增21.13亿元,增长率20%,其中人民币储蓄存款新增9.29亿元,增长率14.32%;人民币公司存款增长9.51亿元,增长率27.36%。本外币折人民币贷款余额68.14亿元,新增1.18亿元,增长率2%。其中人民币个人消费贷款新增6.88亿元,增长率

47%。中间业务净收入8272万元,同比增长26.5%。实现拨备前利润2.096亿元,同比增长29%;净利润1.376亿元,同比增长74%。不良贷款余额6598万元,不良率0.97%。其中公司贷款不良率0.7%,零售贷款不良率1.55%。 (龙上臣 方可平)

【经营效益创历史新高】 2010年,市中行实现净收入3.61亿元,同比增长28%;实现拨备前利润2.09亿元,同比增长29%;净利润1.38亿元,同比增长74%,均创历史新高。银行把提高经营效益的重点放在中间业务上,采取营销竞赛、费用倾斜、奖罚激励等措施提高中间业务创收能力。全年中间业务净收入8239万元,同比增长26.5%,在湖南省辖各二级分行位居第一。着力保持资产负债合理平衡,通过增加低成本核心存款降低筹资成本,全行各项活期存款年日均增加15.79亿元,比上年增长17%。通过扩大高收益贷款比重来增加收入,人民币个人消费贷款新增6.88亿元,增长率47%,存贷比达53%。注重抓好特色业务提高收入比重,大力发展国际结算、国际国内贸易融资、票据贴现等业务。全年国际结算收入3760万元,同比32.95%,居全省条线首位;外汇资金业务收入753.89万元,同比增长157.43%;票据贴现融资咨询服务费收入186万元,在省辖排名第一。

(龙上臣 方可平)

【国际结算突破10亿美元】 2010年,市中行实现国际结算业务量10.17亿美元,同比增长33.41%;创历史最好水平。其中非贸易国际结算业务量3697.4万美元,同比增长132.25%。一是转变业务模式,以国内贸易融资和保函业务作为突破口,从传统单一的国际贸易结算向"国际、国内两个市场并进"转变。全年叙做国内贸易融资7亿元,占整个贸易融资额的25%,使国际结算市场份额达到65.91%。二是帮助企业规避风险。坚持产品经理驻厂(司)服务制度,对不同的客户采取不同的服务策略。针对人民币汇率不断攀高的市场行情,建议企业在签订合同时与中行签订远期结汇协议,既满足了企业的需求,又培育了新的业务增长点。全年叙做远期结售汇业务74344万美元,外汇资金业务收入616.50万元,同比增长176.62%。国际结算条线实现中间业务收入3760万元,比上年增长32.95%。三是抓好产品组合服务。以新产品为着力点,从核心客户与其上下游的贸易方式寻找突破口,设计适合客户贸易方式的产品组合,满足客户需求。尤其是做好国内供应链融资产品以及项目贷款项下的保理业务、国内信用证业务和"达"字系列新产品推广。全年办理本外币融资折合28.33亿元人民币,同比增加14亿元,增长98%。在省辖首创进口押汇嵌入利率掉期业务,叙做融货达业务1420万元。 (龙上臣 方可平)

【个金业务全面告捷】 2010年,市中行着力转变发展方式,实现个人金融业务的快速发展,在省辖个金板块综合考核、相关指标考核以及银行卡条线考核中均排名第一。银行首先抓核心存款增长。围绕个人存款业务采取一系列措施,每个季度组织营销竞赛,对落后的单位开展支帮促,加大对存款业务的考核等。全年人民币储蓄新增9.29亿元,增长率14.32%,同比多增1.51亿元,增长额居省辖第一。其次抓基础客户群建设。建立以市场为导向的营销体系,实行"公司业务带动"战略,推行"零售业务批发做",实施捆绑组合营销,扩大基础客户群,提高优质客户比例,个人中高端客户较上年增加18%,代发工资单位比上年增长94%,私人银行客户新增户数和银行卡发卡进度位列省辖榜首。第三是抓综合收益提高。积极实施"中银理财"品牌形象提升计划,大力推进三级财富管理,销售个人理财产品38.8亿元,同比增长4.2倍。加强对重点优质开发商和大型房产中介的联系和维护,与汽车经销商、担保公司建立长期战略合作关系,通过"车贷通"、"商贷通"等新业务的推广,个人贷款新增6.88亿元,增长率47%。同时,发展中银商户通、个人网银等多产品争取业务收入。全辖实现个人金融收入2671.3万元,比上年增加677万元,增幅33.95%,总量居省辖第一。 (龙上臣 方可平)

【探索银行内控新途径】 2010年,市中行强化主动内控管理,建立的具有本行特色的"小三道防线",在防范金融风险中发挥了十分重要的作用,成为全省中行系统的典范。"一道防线"为全辖营业机构、市分行部门的业务直接经办岗位;"二道防线"为市分行部门对一道防线业务具有监管职责的岗位;"三道防线"为监察内控保卫部内控岗位。为了发挥"小三道防线"的作用,市中行建立以问题控制为核心的内控考核机制,并明确各机构副职主抓内控工作。把问题控制作为内控考核的唯一目标,按照风险等级明确对应控制比例,实行内控正面引导,全员参与内控,全员关注问题,全员控制业务操作风险。加大检查工作的力度,按照机构和业务线检查覆盖率"2个百分百"的要求,条线开展专项检查20次,全行综合检查3次,使操作性问题数量比2009年下降40%,杜绝了高风险问题。

(龙上臣 方可平)

【新产品破解供用电难题】 8月10日,市中行与株洲市电业局签署战略合作协议,破解供用电难题,支持企业发展。一方面,联系推出"电费保函"业务。株洲市电业局根据企业用电量核定保函额度,企业通过向银行获取授信,用授信额度由中行开立保函。这样既解决了用电客户资金周转问题,缓解企业资金压力,又保证供电企业及时足额收回电费。通过银行电费保函,用电企业不因欠交电费而影响经营,供电企业有效降低供电风险,银行也创造一定的中间业务收益,从而实现用电客户、供电企业和银行三赢的局面。另一方面，依托中国银行长城“居家安心卡”的强大功能，中国银行株洲分行、株洲电业局联合推出利用长城“居家安心缴费卡”为个人客户代缴代扣电费项目，为客户提供方便、周到、实惠的贴心服务。市民无须出门自动缴获费、免费短信明白消费，存款有息，免收交易费和年费，卡上无钱银行透支并享受消费免信期待遇，不会增加任何支出。新的缴费方式的推出，受到了广大用电客户的热捧。　（龙上臣　方可平）

建设银行

【概况】　2010年，中国建设银行股份有限公司株洲市分行贯彻落实“以人为本，以德治行、构和谐、谋发展、保平安”的办行思路，坚持科学发展，狠抓精细管理，加强业务转型和结构调整，提升服务能力和创新能力，取得较好的经营成绩。截至2010年12月31日，建行全口径存款（本外币）时点余额199.08亿元，各项贷款余额81.7亿元，完成中间业务收入10482万元，实现账面利润33413万元。国际结算突破2亿美元大关。完成小企业经营中心和个贷中心标准化的建设。大力开展“零违规、零差错”活动，会计核算差错水平不断下降，被省行评为“双零”活动先进集体。连续7年荣获“人民银行会计核算清算业务和对账工作先进单位”称号；存量个人银行账户居民身份信息核实试点工作得到人民银行总行、省行及人民银行株洲中心支行的表彰。将案件防控作为“一把手”工程来抓，全年未发生重大责任事故和案件，实现了安全运营的目标。加强学习型组织建设，廖立新行长被评为株洲市“学习型领导干部”。　（周旭华　邹　凯）

【信贷结构不断优化】　2010年，建行株洲市分行克服政策调整和规模紧张等不利因素的影响，加强低端和不良客户退出，确保重点客户和项目的信贷投放，保证了武广新城、时代电动汽车、垄茶高速、株冶集团、株硬集团等重点项目和客户的贷款发放。加大新产品营销力度，全年累计发放保理预付款2.3亿元，银团贷款6.8亿元。住房公积金委托贷款余额达到16.17亿元，较年初新增7.15亿元，在株洲市金融机构占比达到67.66%。小企业业务快速发展，小企业达到客户51户，比年初新增11户；小企业信贷余额为28948.6万元，比年初新增8948.6万元。在省行组织的中小企业营销竞赛中获得三等奖。　（周旭华　邹　凯）

【压缩不良资产成效显著】　2010年，建行株洲市分行以开展“贷后管理年”活动为契机，通过组织“排雷行动”和“百日攻坚战”，加大不良贷款的压缩和处置力度，同时采取有效措施化解关注类贷款的风险，现金回收不良贷款8797万元。　（周旭华　邹　凯）

【个人电子和理财产品营销】　2010年，建行株洲市分行在个人金融产品的营销和推广方面呈现许多亮点。全年基金销售额和特色理财产品销售额全省系统排名第一，获省行“财富一号销售精英团队奖”和“理财产品销售优秀组织奖”。个人网上银行、个人电话银行高级客户，个人短信签约客户的新增额在全省系统排名前列，获省行个人电子银行营销活动三等奖。　（周旭华　邹　凯）

【创新服务模式】　2010年，建行株洲市分行大力开展客户服务活动，客户数量稳步提升。持续推进网点二代转型，受到总行的表扬。组织6场高端客户主题活动，在全省建行系统完成首例预约健康关爱服务和私人银行级客户子女出国留学教育服务。　（周旭华　邹　凯）

商业银行

【概况】　2010年是株洲市商业银行加入“四行一社”改革重组之年，市商行通过转变经营观念，强化市场营销，加强内控管理，圆满完成各项任务目标。特别是10月华融湘江银行成立以后，各项存款在全行率先突破100亿元大关，其他各项业务指标均一直稳居全行前列。截至2010年末，各项存款余额103亿元，较年初增长21.5%；各项贷款余额50.55亿元（不含因改革重组剥离的贷款3亿元），较年初增长30.8%，为近年来信贷投放最多的一年；资产规模达109亿元，增幅为22%；不良贷款额和不良贷款率均为零；全年利润总额突破亿元大关，圆满完成了“存款过100亿元，贷款过50亿元，利润过1亿元”的“151”工程目标。　（陈　军）

【顺利融入华融湘江银行】　2010年10月12日，由中国华融资产管理公司和湖南省政府发起组建的华融湘江银行股份有限公司（简称华融湘江银行）在长沙正式挂牌成立。华融湘江银行是中国华融在重组株洲、湘潭、岳阳和衡阳市4家城市商业银行和邵阳市城市信用社基础上新设立的区域性股份制商业银行（简称“四行一社”），总部位于长沙，注册资本40.8亿元。至此，“四行一社”在株洲、湘潭、岳阳、衡阳和邵阳等城市的130余个网点全部改编为华融湘江银行株洲分行。10月19日，华融湘江银行株洲分行盛大开业，株洲市商业银行完成成立13年的历史使命，实现华丽转身，正式成为华融湘江银行重要一员。　（陈　军）

【业务发展再上新台阶】　2010年，市商行充分利用经营多年的基础优势，营销了一大批老客户、大客户和大项目，其中有萍乡钢铁、冷水江钢铁、株化集团、旗滨集团等大企业客户，有廉租房、土地储备、云龙发展基础设施、高科集团汽配园等大项目。分行各项业务实现超常发展，业务进度完成率位居全行前列。一是调整业务发展思路。将原来的“抓小不放大”调整为“大小两手抓，两手都硬”。大，就是抓大企业、大项目、大学校；小，就是中小企业和零售业务；“大小齐抓”的发展思路促进了可持续健康发展。二是大力推进“8个一块”。制订“8个一块”的具体措施,确保“稳定一块、突破一块、扶持一块、发展一块、提升一块、限制一块、储备一块、盘活一块”。即稳定政府类和个人VIP客户;突破大客户和战略客户;扶持优质的中小企业和有潜力的个人客户;发展一般中小企业和个人客户,提升特色业务市场占有率,限制“两高一剩”和政府平台贷款,储备客户和项目资源,盘活土地和房屋资产,提升经营效益。（陈　军）

【内控管理再显新成效】 一是推进“平安”创建活动。强化安全责任机制,落实“一把手”负责制,层层签订目标责任状,加强领导责任和全员参与意识;加强防护设施建设,夯实技防物防基础,全年对6个营业场所进行加固改造,对20个网点的监控设备进行更新,金库和全部网点实现与“110”报警系统联网,基本形成人防、物防、技防相结合的防护体系。二是严把信贷管理关。一方面严把信贷投入关,优化信贷结构,按照“有保有压、区别对待”的原则,严格控制信贷投放的总量和节奏,坚决压缩落后生产能力和高能耗高污染项目贷款,压缩房地产和投机类贷款,彻底解决了贷款集中度问题。另一方面强化内控管理。将内控管理纳入绩效考核范畴,按季对各支行的内控管理情况进行考核评价,全行内控意识不断增强,内控水平得到有效提高,取得连续3年零发案的好成绩。（陈　军）

【积极推动组建新银行】 2010年,市商行在“四行一社”改革重组过程中,积极向市委、市政府请求支持,圆满完成加入重组的各项筹备工作。一是完善资产手续。积极向市委市政府多方请示,先后完善武广片区土地的规划和出让手续、办理25区所有权过户、办妥长沙天心城的所有权证、确认长沙银行股权、完善政府公司类贷款手续等一系列纷繁复杂的工作,最终实现调增净资产44721万元,为顺利加入“四行一社”改革重组扫清了障碍。二是参与业务整合。2010年,改革重组联席办从各行社抽调业务骨干组成业务整合组,下设综合组、公司组、信贷组、零售组、资金组、财务组、营运组、IT组,除IT组设在湘潭商行外,其他小组都设在株洲商行。三是配合筹备工作。年内,银行先后参与审定、修改或签订《“四行一社”改革重组框架协议》、《华融湘江银行股份有限公司发起人协议》、《“四行一社”改革重组区域性商业银行方案》、《土地资产利益补偿协议书》、《股权规范方案》等一系列的重大文件,并组织召开董事会、股东大会,审议并确认《审计报告书》和《资产评估报告书》等法律文书,完成原商行的各项法律手续,为新银行顺利开业作出积极的贡献。（陈　军）

农村信用社

【概况】 2010年,株洲市农村信用社以服务“三农”为中心,着力转变发展方式,努力提高核心竞争力,各项业务得到稳健发展。被株洲市政府授予2010年度“株洲市银行工作先进单位”称号,在全省农村信用社综合考核中名列第二,被省联社评为优胜单位,是株洲市农村信用社历年来在全省系统中排名取得的最好成绩。

年末,各项存款余额168.34亿元,较年初净增30.07亿元,同比增长2.66亿元,存款增量与总量分居全市金融机构第一、第二位;各项贷款余额92.05亿元,较年初净增17.02亿元,增长22.7%,贷款增量、总量均居全市金融机构第一位;累计投放各项贷款55.79亿元,较上年多投放9.21亿元,其中用于支持“三农”贷款达43.71亿元,实现总量、农贷增量的历史大突破。全年财务总收入8.46亿元,较上年多收1.92亿元,增幅达29.28%,实现经营利润2.86亿元。（陈益云　龚玉婷）

【深化信用社改革】 2010年,株洲市农村信用社对内落实责任,对外争取支持,改革创新取得实质性进展。5月10日,全省首家由县级农村信用联社改制组建的农村商业银行在炎陵县挂牌开业;城郊联社集中力量攻坚克难,实现3.22亿元央行票据成功兑付;株洲县、城郊联社统一法人组建条件初步具备,筹建工作正紧锣密鼓地开展;醴陵、攸县、茶陵、天元区联社实现“三会一层”的顺利换届,完善法人治理组织架构,为打造现代金融企业奠定了基础。（陈益云　龚玉婷）

【服务“三农”发展经济】 2010年,株洲市农村信用社坚持以服务“三农”为己任,牢固树立“大三农”理念,始终把“三农”项目和城区固定小商户作为营销重点,充分发挥支农主力军作用。年初,醴陵联社率先举行评级授信示范会,发放资料、集体交流、现场放贷;茶陵联社实施小额农贷评级授信“百村万户”工程;攸县联社专题部署小额农贷推广工作,将支农服务落到实处。全年全市农村信用社累放小额农(商)贷贷款10.13亿元,重点培育支持九龙花木、湘恒竹木、丹陵花木、世纪红调味品等农业产业化企业,产生了良好经济社会效益。在做好传统的小额农(商)贷的基础上,积极探索新型融资方式,攸县、茶陵联社、炎陵农商行推出林权抵押贷款品种,城郊联社发放全市首笔商标专用权质押贷款,天元区联社开办土地承包经营流转权抵押贷款。围绕“三大战役”、中小企业和“三农”项目融资重点,切实加大信贷投放力度,先后与株洲云田花木有限公司、威克尔生物、株洲市粮强饲料责任有限公司等多家中小企业建立信贷合作关系,签约金额达3910万元,有力地支持地方企业做强做大。（陈益云　龚玉婷）

【推进风险等级达标升级】 2010年,株洲市农村信用社积极转变经营发展方式,把持续推进风险等级达标升级作为工作重点,有效促进了各项业务发展。办事处成立风险等级考评组,各行社也相应成立由一把手负责的领导小组,安排专门人员进行等级评定,做到实时掌握、严格考核、严格兑现、严格检查。各行社根据自身实际,分析影响风险等级达标的主要因素,通过加快发展,实现风险指标进一步提高。截至12月末,全市共有6个行社经营等级比上年提升,其中醴陵联社经营等级比上年上升4个等级,城郊、株洲县联社经营等级从八A分别上升到六B和七A。 (陈益云 龚玉婷)

【开展“清非攻坚”活动】 2010年,市农村信用社大力开展“清非攻坚”活动,加强与市金融证券办沟通,市政府办公室印发《关于印发清收农村信用社不良贷款及行政事业单位公职人员拖欠银行不良贷款工作方案的通知》,通过开展清非攻坚活动,全年收回不良贷款285笔,本金1652万元。加大员工自借及担保不良的清收力度,与涉贷员工签署借款确认书和偿还计划,对年底前不能兑现还款计划的员工,一律实施停薪、停职、停岗,年末,共计收回员工自借不良贷款64笔、金额240万元,员工担保不良贷款8笔,金额82.28万元。加强到逾期贷款处置工作,采取缴纳保证金的方式,加大考核力度,实行责任追究;以新老划断、剥离经营为重点,进一步推进茶陵联社综合治理,至12月末,茶陵联社资产中心收回不良贷款2699笔、本金1515万元、利息349万元。年末,全市五级分类不良贷款余额较年初下降37567万元;不良贷款占比较年初下降8.82个百分点。 (陈益云 龚玉婷)

【强化内控管理工作】 2010年,株洲市农村信用社以深入开展案件专项治理为主线,以促进制度落实和安全设施达标为重点,进一步建立完善内控管理工作长效机制。自5月开始,办事处稽核大队对全辖7个行社,57个职能部门、7个营业部,123个基层营业网点进行案件专项治理检查,形成工作底稿391份,检查事实确认书123份,下达整改通知7份,提出整改意见306条。深入开展网点流程控制、内部监督、业务操作、案防措施等方面的自查自纠活动,组织开展网点库存现金检查、资金融通、票据业务管理检查和政府融资平台公司贷款风险检查等专项检查;运用预警监督中心及各行社预警处置小组对全辖228个机构及40台TAM机所发生的业务进行实时监控,在城郊联社、炎陵农商行试点设立远程监控中心,对营业网点柜员日常操作、ATM机运行情况、金库库房管理情况和营业场所的监控一览无余,全年无重大案件和责任事故。

(陈益云 龚玉婷)

兴业银行

【概况】 2010年,兴业银行株洲分行各项存款余额18.83亿元,较年初增长4.35亿元,增幅为30%。其中:公司存款时点13.17亿元,较年初增长1.51亿元,增幅为12.95%;储蓄存款时点5.66亿元,较年初增加2.84亿元,增幅为101%。各项贷款余额14.32亿元,较年初新增2.69亿元,增幅为23.13%。其中:公司贷款余额9.41亿元,较年初新增1.05亿元,增幅为12.55%;个人贷款余额4.91亿元,较年初净增1.64亿元,增幅为50%。

(徐 蔚)

【积极营销符合政策导向的项目贷款及产品】 2010年,兴业银行株洲支行围绕“三大战役”做文章,积极营销“城市提质”项目——株洲市神农城项目、绿化工程项目;“园区攻坚”项目——芦淞区高科工业园项目、荷塘区金山工业园项目;“旅游升温”项目——大汉希尔顿项目、株洲云龙新城的土地储备项目。截至年末,大汉希尔顿项目获批项目资金1.3亿元、株洲云龙新城土储项目获批资金8600万元,兴业银行株洲支行以实际行动为当地经济发展作出了贡献。 (徐 蔚)

【积极投入“城中村”改造和棚户区改造项目】 2010年,兴业银行株洲支行主动营销株洲市重点民生工程——棚户区改造和城中村改造项目。积极跟进芦淞区棚户改造项目、荷塘区棚户改造项目、石峰区棚户改造项目及其中的城中村改造,在促进当地经济发展、关注民生的同时,实现企业的发展。10月,兴业银行株洲支行实现株洲金融业第一笔棚改项目——芦淞区棚户改造项目1.5亿元资金的获批及下柜,石峰区棚改项目在审批中。 (徐 蔚)

【积极投入高产能、低能耗的节能减排项目】 兴业银行株洲支行积极推行绿色金融,以社会持续发展为己任,积极投入节能减排贷款。2010年,与株洲化工集团诚信有限公司建立节能减排项目贷款的合作机会。截至年底,该项目获批,审批金额为1.35亿元,向企业投放4000万用于项目生产。(徐 蔚)

【积极支持当地中小企业发展】 2010年,兴业银行株洲支行寻求上级行专项政策,着力支持当地工业、贸易中小企业发展。截至年末,支行向工业链企业授信11.2亿元,使用授信7.9亿元;向贸易链企业授信1.57亿元,使用授信0.88亿元。通过向工贸企业的政策倾斜,大力扶持,中小企业成为支行基本结算业务的生力军。 (徐 蔚)

浦发银行

【概况】 上海浦东发展银行株洲支行设有3部1室,下辖建设路支行及自助银行7家(随行式2家、离行式5家)、离行式自助服务点1个,员工50人。截至2010年12月末,支行一般存款余额为31.51亿元,比年初增长11.27亿元,增幅55.6%,贷款余额21.74亿元,比年初增长10.15亿元,增幅87.4%。实现利润4360万元。公司、个人业务竞赛双双进入浦发长沙分行系统前三甲、个人业务荣登浦发总行百佳网点第九位,营业部门市服务获评“2010年度湖南省银行业文明规范服务示范窗口单位”及“2010年度中国银行业文明规范服务千佳网点”,同时荣获“2010 年度株洲市银行工作先进单位”。

(陈瑶琴)

【拓宽思路促发展】 2010 年,与支行建立合作关系的上 10 家大型企业客户财务相继上收异地总部,为最大程度弱化这一块业务对支行整体业务发展的影响,支行重新细分株洲市场,明确业务重点:一是抓有现金流覆盖的重点项目,形成对当期的业务支撑;二是抓优质的中小企业客户,形成自己的客户群;三是抓个人业务的发展,形成对未来发展的支撑。全年支行三大项目带动日均存款近 5 亿元;新增中小企业授信客户 30 户,贷款 1.77 亿元,新增存款规模近 2 亿元;储蓄存款较年初增长 2.21 亿元,确保了业务规模的稳步增长。 (陈瑶琴)

【转变方式创效益】 2010 年,支行坚持以人均利润为核心考核导向,变“重规模”为“重效益”,走一条资本节约、效益提升的发展之路。一是将原来在基准利率以下的贷款尽量以资本消耗较低的国内信用证、保理等贸易融资产品代替,有效降低资本成本,提高利润和产出;二是提高议价能力,充分利用宏观调控对银行谈判地位的提升,提高贷款的利率水平和利率变动方式,新增贷款基本控制在上浮 20% 以上;三是调整个贷结构,以 FTP 价为依据,增加高收益的个人经营性贷款和商用房贷款。2010 年,支行实现利润 4360 万元,是上年的 5 倍。 (陈瑶琴)

【服务地方经济发展】 2010 年,支行积极开拓创新,加大信贷投入,有效支持地方经济发展。一是紧紧围绕发展主题,促进地区支柱产业及重点工程项目建设。支行通过加大信贷投入,积极促进株洲市有色金属冶炼、基础化工、轨道交通等支柱性产业及“城市提质”、“园区攻坚”、“旅游升温”等项目建设,其中向天易公司项目授信总额 5 亿元,用于神农城项目建设、向城市轨道交通设施行业的两大企业集团授信总额 12 亿元,累积投放贷款及银行承兑汇票 20 亿元,向云龙新投公司项目授信总额 7 亿元,用于云龙新区项目(华强科技文化产业基地)建设。二是加快金融创新,促进中小企业发展。加大中小企业客户营销力度,持续推广“1 + N”融资模式、企业在中信保公司保险项下的应收账款融资模式、货物质押融资模式、在担保公司担保项下的多种中小企业融资模式。截至 2010 年底,支行对 40 余家中小企业进行各种形式的授信,授信金额 3 亿元,累计发放中小企业贷款 6 亿元,重点支持了一批以生产型为主的中小企业。三是加大对个人消费贷款的投入,增强消费对地方经济的拉动。全年支行累积发放个人贷款 62805 万元,其中生产经营性贷款 16148 万元。 (陈瑶琴)

招商银行

【概况】 2010 年,招商银行在株洲地区设立 2 个支行:招行株洲支行和招行株洲车站路支行,其中株洲支行设 8 个管理和业务部室,株洲车站路支行设 6 个管理和业务部室。招行株洲支行有员工 39 人,其中正式员工 36 人;招行株洲车站路支行有员工 23 人,其中正式员工 19 人。

截至 2010 年 12 月 31 日,招行株洲支行账面自营存款全折人民币 14.14 亿元,较年初增长 2.77 亿元,增长 24.36%。其中:储蓄存款 3.97 亿元,比年初增加 1.4 亿元,增幅为 54.47%。全折人民币储蓄存款年末发力迅猛,一举跃居第三。对公存款 10.17 亿元,比年初新增 2.2 亿元,增幅为 27.60%,在全市排名第七。全折人民币贷款余额 12.78 亿元。其中:一般贷款 10.42 亿元,占比为 81.53%,贴现 2.36 亿元,占比为 18.47%。人民币贷款 12.07 亿元,占比 94.44%,外币贷款 0.71 亿元,占比 5.56%。银行自营贷款全市排名第五。个人贷款业务发展迅速,对公贷款的发放受到规模限制,对公贷款9.35 亿元,比年初减少 0.51 亿元,降幅为 5.17%。个人贷款 3.43 亿元,比年初增加 2.1 亿元,增幅为 157.89%。票据贴现余额 2.36 亿元,年累计办理贴现 8.24亿元,业务发生量较上年增加3.59 亿元,增幅为 77.2%。截至 9 月,实现税前账面利润 3162 万元,较上年增加 1133 万元,增幅为 55.84%。主要来源还是靠利息收入。中间业务账面收入 168 万元,其中对中间业务收入 118 万元,对私中间业务收入 50 万元。储蓄存款在网点增加,年末冲刺的基础上,股份制银行排名第三。

(张兆海 朱诗雯)

【夯实客户基础】 2010 年,招行株洲支行将发展客户作为工作的重中之重。批发业务逐步摆脱被动局面,实现跨越。对公负债日均 6 亿元,比上年增长 1.65 亿元,增幅 38.02%。同业负债时点 2.02 亿元,日均 5 亿元,在系统内排名第一。坚持抓大不放小,继续围绕株冶等株洲市的重点国企以及其上下游中小企业做好资产负债业务和特色业务,培养一批忠诚的优质客户,如株洲广电、松本林化。 (张兆海 朱诗雯)

【打造零售业务服务品牌】 2010 年,招行株洲支行抱着“不抛弃、不放弃”的决心,努力打造招行零售业务服务品牌。截至 12 月末,全折储蓄时点一举突破 3 亿元大关,余额达到 3.12 亿元,较年初新增 0.62 亿元,增幅 24.8%。储蓄日均余额 1.65 亿元,新增 0.5 亿元,增幅 43.47%。全行零售管理客户总资产达 3.58 亿元,新增 1.33 亿元。个人贷款余额 3.43 亿元,较年初新增 2.1 亿元,增幅 157.98%。

(张兆海 朱诗雯)

保　　险

【概况】 2010年，株洲市保险行业呈现出规模增长，质量提高，活力增强，环境优化，影响扩大的良好态势。保险机构队伍不断扩大，全年全市有30余家保险主体，其中经营财产险业务15家：中国人民财产保险股份有限公司株洲市分公司、中国平安财产保险股份有限公司株洲中心支公司、中国太平洋财产保险股份有限公司株洲中心支公司、中华联合财产保险股份有限公司株洲中心支公司、华安保险股份有限公司株洲中心支公司、天安保险股份有限公司株洲中心支公司、中国大地财产保险股份有限公司株洲中心支公司、太平保险有限公司株洲中心支公司、安邦财产保险股份有限公司株洲中心支公司、阳光财产保险股份有限公司株洲中心支公司、都邦财产保险股份有限公司株洲中心支公司、中国人寿财产保险股份有限公司株洲市中心支公司、中银保险有限公司株洲中心支公司、长安责任保险股份有限公司株洲中心支公司、永诚财产保险股份有限公司株洲中心支公司；经营人身险业务14家：中国人寿保险股份有限公司株洲分公司、中国平安人寿保险股份有限公司株洲中心支公司、新华人寿保险股份有限公司株洲中心支公司、中国太平洋人寿保险股份有限公司株洲中心支公司、泰康人寿保险股份有限公司株洲中心支公司、嘉禾人寿保险股份有限公司株洲中心支公司、中国人民人寿保险股份有限公司株洲中心支公司、合众人寿保险股份有限公司株洲中心支公司、中英人寿保险有限公司湖南分公司株洲营销服务部、生命人寿保险股份有限公司株洲中心支公司、民生人寿保险股份有限公司株洲中心支公司、中国人民健康保险股份有限公司株洲中心支公司、阳光人寿保险股份有限公司株洲中心支公司、平安养老保险股份有限公司株洲中心支公司；经营保险中介业务1家：湖南泛华保险代理有限公司株洲分公司；保险四级机构（支公司、营销服务部）扩展到75家。

2010年，全市保险业实现保费收入27.4亿元，其中：财产险保费收入6.80亿元，同比增加1.32亿元，增长24.1%；人身险保费收入20.6亿元，同比增加4.29亿元，增长26.3%，保险密度为708元/人，保险深度为2.36%。全年保险系统为国家累计上缴税收达6335万元，支付赔款49888万元。保险从业人员达到10923人，有效缓解了社会就业压力。 （粟冬红）

中国人民财产保险

【概况】 2010年，中国人民财产保险股份有限公司株洲市分公司立足自身经营管理实际，积极应对复杂的保险市场竞争，狠抓业务发展和经营管控，服务经济社会发展大局，各项工作取得一定成绩。

加快发展，保费收入快速增长。全年累计完成保费收入2.2863亿元，完成省分公司预算目标的103%；净增保费3991万元，比上年增长21.15%，排全省系统第四位；完成实收保费2.2895亿元，完成省分公司预算目标的103.13%，净增保费2911万元，增幅为14.83%。全市系统11家经营单位有4家单位实收保费超额完成全年预算目标，特别是车险业务增速创2003年股改上市以来新高，全年完成实收保费1.7791亿元，净增3882万元，增长27.98%；公司在株洲市财险市场份额为33.18%。

勇担责任，农业保险保障有力。贯彻落实国家、中共湖南省委、省政府、中共株洲市委、市政府以及中国人保总公司、省分公司关于政策性农业保险的要求部署，全力服务社会主义新农村建设。全年共承保株洲县、炎陵县、荷塘区水稻种植保险41359.8公顷，承保株洲县棉花种植保险140公顷，承保炎陵县油菜种植保险591.6公顷，承保天元区、醴陵市、炎陵县能繁母猪养殖保险30016头，育肥猪1026头；全年政策性农险赔款896.84万元。

服务大局，经济补偿功能显现。全年累计承保风险责任523.46亿元，支付赔款1.23亿元，其中影响较大的赔案有：支付株洲县、炎陵县、荷塘区水稻洪涝灾害赔款504.05万元；荷塘区、天元区、醴陵市、株洲县、炎陵县能繁母猪、育肥猪因各种瘟病灾造成死亡赔款392.835万元；株洲硬质合金集团有限公司爆炸事故赔款399.06万元；株洲南车电机股份有限公司爆炸引起火灾赔款252.058万元；湖南省电力公司株洲电业局因暴雨雷击造成线路及电器设备损失支付赔款355.77万元；巴士股份株洲公交有限责任公司车辆损失支付赔款77.94万元；株洲鑫发运输实业有限公司车辆损失累计支付赔款72.3万元等。同时，积极参入株洲市党建帮扶及各种公益活动，捐赠款近100多万元，全年上缴政府各种税收2644.056万元。

防范风险，经营基础不断夯实。着力加强承保、理赔、财务等各个关键环节管控,风险管理水平得到提高,全面推行无现金支付和市分公司集中支付模式,强化费用资金管理,堵塞收支环节漏洞;认真执行“见费出单”管理规定,加强应收保费管控,开展依法合规经营“回头看”以及财务业务数据真实性检查,自查“小金库”、“账外账”清理整治工作。

诚信经营,自觉维护行业形象。在全市系统深入开展整顿经营作风、坚持依法合规经营活动,大力整治分支机构违纪违规经营行为,带头执行保险行业自律公约,自觉维护保险市场竞争秩序,努力提高行业公众形象;积极推广客户服务标准化,推行承保、理赔“绿色通道”。 (康琪璋)

【城区出单管理中心正式运营】 1月10日,中国人保财险株洲市分公司城区所有出单人员实行集中办公,并将出单管理中心的核保、风险评估、数据分析、分保等职责划归产品线负责管理;出单管理中心负责市区各支公司(部)业务的出单工作。县支公司出单人员和出单工作的管理以县支公司为主导,出单管理中心进行指导和监督。通过全面梳理、优化承保业务流程,理顺承保各环节衔接关系,使出单管理向集中化、标准化、专业化不断迈进。这标志着中国人保财险株洲市分公司在集中化、标准化建设上迈进一大步。

(康琪璋)

【成功与株洲南车时代电气股份有限公司签下保险金额18.87亿元】 2月18日,公司时代营销服务部凭借中国人保财险良好的品牌和诚信优质服务以及多年积累的丰富经验,在多家财产保险竞争中,成功与株洲南车时代电气股份有限公司签下国内货物运输保险金额18.87亿元。 (康琪璋)

【人伤案件服务中心挂牌成立】 4月1日,中国人保财险株洲市分公司人伤案件服务中心正式挂牌成立,这标志着株洲市分公司人伤案件理赔服务正式走上标准化、专业化的道路。人伤案件服务中心的成立将有效加强对保险事故涉及人伤案件各理赔环节的管控,提高客户服务满意度。 (康琪璋)

中国人寿保险

【概况】 2010年,中国人寿保险股份有限公司株洲分公司抓住改革机遇,面对挑战砥砺奋进,各项工作取得长足进步,顺利通过了“省级文明单位”复检。

一、抓住机遇,保持发展步伐。全年实现总保费(股份公司)9.45亿元,较上年同期增长14.85%,其中完成寿险新单保费51398万元,期交新单保费14519万元,10年期及以上交保费5662.26万元,短期险保费5070.62万元,意外险保费2703万元,续期保费38007万元。业务结构得到有效调整,期交新单占新单保费的28.3%;意外险占短期险保费的56.1%。截至2010年底,市场份额为46.7%,高于全省系统6.85个百分点。

二、面对挑战,加快改革步伐。一是巩固以城区为重点的寿险市场。公司实行“巨龙腾飞”战略,形成整体效益。注重城区专业化经营,通过提升城区竞争力,巩固中心城区市场。二是建立以绩效为导向的企业文化。宣导一切以绩效说话的理念,倡导公司领导及员工摒弃“官本位”思想,“小富即安”的狭隘心态,树立“围绕市场求发展”的观念。通过绩效考核决定薪酬、升迁、去留。三是优化以资源为核心的配置方式。整合人力资源。将城区支公司的财务管理、销售督察、单证管理和回访等四大职能分别归并到公司相应部门。整合财力资源。加大销售力度,确保费用来源,严格开支节流。整合培训资源。加强培训部建设,强化培训部工作职责。严格公司培训费执行率、使用效率。整合信息资源,建立分公司信息收集分析系统。四是强化以风控为目标的内控管理。进行风控宣传检查工作,落实风控措施,举行“诚信我为先”、“零违规从我做起”、“反洗钱”宣传等活动,号召员工从我做起,从本职岗位做起,确保本岗位不出风险事故,防范和降低风险发生率。规范中介代理手续费支付方式,加强防范短期险经营风险。通过预警系统、信用评估系统进行过程监控。坚决执行收付费零现金、100%客户回访,并对回访工作进行全面排查。

三、注重品牌形象,提升服务水平。继续推行国寿“1+N”服务战略,加大“国寿鹤卡”发放力度,扩充“鹤卡”服务项目。举办“福文化节”收集市民新年祈愿活动;国寿客户节期间组织100余名VIP客户免费健康体检,开展“国寿牵手步步高,共迎鹤彩无限”购物有礼活动及“国寿大讲堂” 等,深受客户欢迎。公司连续第三年开展“诚信我为先”活动,宣导“销售人员实实在在卖保险、消费者明明白白买保险、分支机构规规矩矩做保险”。9月15日,公司销售精英刘永慧获“中国人寿十大诚信标兵”荣誉称号。 (姚迎迎)

【开展第四届国寿客户节】 6月11日~7月初,公司开展第四届“6·16”国寿客户节活动。活动内容主要包括开展“牵手国寿,关注健康”免费为近百名VIP客户提供健康体检、携手东都步步高举办“国寿牵手步步高,共迎鹤彩无限”购物有礼、举办“国寿大讲堂”等,深受广大客户欢迎,体现了国寿“与客户同忧乐”的企业价值观,树立了良好的公司形象。 (姚迎迎)

中国平安人寿保险

【概况】 中国平安人寿保险股份有限公司株洲中心支公司下辖株洲县、醴陵市和攸县3个分支机构,拥有营销业务员650人,客户量11万人,市场占有率稳居全市第二。2010年实现保费收入

2.13亿元,其中个险营销5808万元,续期保费13897万元,个销产1432万元,个销养214万元。累计给付生存金和理赔金2591万元,缴纳税收380万元。

2010年,株洲中心支公司开展诚信教育和合规教育,规范业务队伍的销售行为,强化行业自律和合规经营,“平安人寿代理人专业、规范、负责”的形象深入人心。年内,公司获“株洲市保险机构先进单位”称号。 (张 玲)

【首创移动展业新模式】 2010年,平安人寿首创的移动展业销售模式是现代科技和保险销售的完美结合,它将无纸化、电子化的低碳环保理念付诸实践,成功搭建一条高效、快捷的绿色生产线,开创了业内无纸化投保的先河,在国内乃至国际人寿保险销售领域均处于绝对领先地位。新的移动展业模式下,全自动化的销售平台现场支持客户了解产品、完成投保、获得核保结果、现场交纳保费,现场获得保险保障,整个过程仅需半小时,整个流程纸张耗费降至4张。客户通过该模式投保,在家里或在办公室,透过专业销售人员的各种电子化展示,就可以完成投保。 (张 玲)

【中国平安服务承诺再升级】 2010年,为了提高客户服务质量和客户满意度,让客户有更好的服务体验,公司规范服务标准,优化服务流程,加快服务时效,延续对理赔质量的关注,推出“标准案件,资料齐全,3天赔付”服务承诺,即在客户理赔材料提供齐全后,3个工作日内完成案件审批,对于未达成时效的超期案件,除支付保险金外,将从第4日起按超期天数支付客户超期利息。全面提升综合服务能力,积极开展多渠道和多形式的客户服务工作,着力保护了消费者权益。

(张 玲)

中国太平洋财产保险

【概况】 中国太平洋财产保险股份有限公司株洲中心支公司有攸县、茶陵县2个县级支公司。公司承保各种财产保险、短期健康保险和意外伤害保险业务,主要经营范围:财产险、责任险、信用保险与再保险业务。有员工39人,有3年以上保险从业经验的员工占95%以上。2010年,公司不断进行技术创新,先后开辟移动视频查勘系统、远程定损系统,为客户提供了便捷的一站式服务,提升了客户服务质量,在行业处于领先地位。全年公司完成保费收入约4510.8万元,同比增长31.37%。其中:车险完成保费收入2576万元,保费收入占比5.21%,行业第五;非车险保费收入1934.8万元,保费收入占比10.69%,行业第二。全年赔款支出1492.3万元,赔款支出占行业赔款5.05%,低于保费占比2.21个百分点;简单赔付率33.08%,低于行业9.78个百分点,公司经营绩效,赢利能力一直处于行业领先。 (李军安)

【提升服务品质】 2010年,强化企业管理,提高工作效率,规范员工服务流程,强化服务意识,加强服务品质。一是客户满意度大幅提升。关注客户需要,创新服务手段。移动视频查勘系统、远程定损系统的启用,大大缩短查勘定审的时间,加快了理赔速度,得到用户的一致好评。二是设立客户专线,受理报案。开通365天24小时“95500”客户专线,受理客户出险报案,迅速调度现场查勘;开通“车险承保理赔查询网”,所有客户可随时上网查询车险承保信息以及赔案处理进度。三是现场查勘,限时到达。接到客户车辆事故报案后,查勘员在5分钟内与客户电话联系,中心城区范围内查勘员30分钟内到达现场,县域范围内查勘员2小时内到达现场。四是保险赔款,限时支付。发生车辆保险事故,在客户提交索赔单证齐全后,赔款金额在3000元以内的赔案,1个工作日内赔付;3000元以上1万元以下的赔案,2个工作日内赔付;1万元以上3万元以下的赔案,3个工作日内赔付;3万元以上35万元以下的赔案,7个工作日内赔付;35万元以上的赔案,10个工作日内赔付。 (李军安)

新华人寿保险

【概况】 2010年,新华人寿保险股份有限公司株洲中心支公司以“防风险、调结构、稳增长”和突出效益型期缴产品开拓为业务发展的主旋律,圆满地实现产品结构调整,有效地防范系性结构风险。全年完成总体保费收入29383.88万元,市场占有率14.3%,居株洲寿险市场第二位。其中个人业务渠道完成规模保费3180万元;团体业务渠道完成短意险401万元;银行代理渠道业务完成趸交6098.4万元,期交5458万元;续收业务渠道完成13449万元。年内,株洲中心支公司被湖南分公司评为2010年度“优秀团队”,总经理刘雄姿获总公司2010年度“经理人铜牌”称号。 (辜红霞)

【结构调整实现崭新突破】 2010年,公司注重在发展中调整结构,在调整中稳健发展,在发展业务的同时,产品结构和业务结构进一步优化。一方面,产品结构优势继续保持。公司在株洲销售的保险产品均为保障型的分红险、普通险,在新的会计准则下绝大部分将计入保费规模;另一方面,业务结构持续优化。截至12月31日,期缴型业务实现保费8972.13万元,占保费规模54%,业务结构的进一步优化,推动了

增长方式的转型,提升了公司的可持续发展能力。（辜红霞）

【县级机构建设取得新进展】 2010年,公司将“打造销售服务终端”作为两大核心战略之一,对县级机构提前配置资源,客服柜面建设、费用投入等方面予以重点倾斜;通过推进银保强县、续收和法人业务县域覆盖工程等举措,积极推动四级机构全面发展,进一步提升服务质量,拓展市场空间,使公司的发展基石得到进一步夯实。全年通过加强县级机构建设,株洲新华5家县级机构达标率100%,攸县支公司在全省新契约保费位居系统第二,醴陵支公司位居系统第三。（辜红霞）

城乡建设

城乡规划

【概况】 2010年,株洲市规划局围绕"三大战役"、十大基础工程、十件民生实事等中心工作,大力开展"规划提质年"活动,切实提高规划水平、实施规划提质、提升队伍素质,各项工作取得了明显成效。

规划编制体系更加完善。全年编制规划项目23项。总体规划3项,包括06版城市总体修改,云龙、天易示范区总体规划;专项规划7项,包括综合交通体系规划、排水规划、绿地体系规划等;控制性详细规划及城市设计4项,包括河东、河西核心区城市设计,枫溪山体控制规划等;控制性详细规划6项,包括天元区、石峰区、芦淞区安置用地布局规划等;修建性详细规划2项以及历史文化名城保护规划。编制经费投入近5000万元。

"三大战役"成果丰硕。建成市规划展览馆,完成了神农城控规和详细规划、湘江风光带美化工程设计和有关问题的协调工作,进行亮化提质工程改造方案的审查,以及老旧小区的改造方案的评审。轨道千亿产业园规划已组织专家评审,正在修改完善。

规划审批管理更加高效。全年核发选址意见书56个,用地面积304.2万平方米;规划用地许可证89个,用地面积326.3万平方米;建设工程规划许可证168个,建筑面积205.9万平方米;市政类许可证48个,长度6.9万平方米;临时工程许可证6个,建筑面积2686平方米;竣工验收项目94个,建筑面积224.7万平方米。收取配套费8300万元。

拆违执法工作更加有力。建立健全拆违工作联动机制,重点拆除湘江沿岸、城中村、棚户区改造、土地储备、重点建设项目上的违法建设。全年共拆除违法建设1920栋(处),总面积61.9万余平方米。其中,市考评办考核验收拆违1643栋(处),面积38.1万平方米;服务"三大战役"和储备土地拆违277处,面积23.8万平方米。

(李　礼　汤丽莎)

【大力构筑科学的规划编制体系】 2010年,坚持城乡统筹理念,努力构筑科学合理的规划编制体系,逐步实现分区规划延伸到农村,控制规划覆盖到城镇,详细规划及城市设计细化到重点功能片区,专项规划渗透到各个领域的局面。一是推进06版总规修改工作。根据国家8部委对株洲市城市总体规划修改的要求,明确了本次总规修改的规划目的、规划原则、技术路线。通过调研,掌握了更多详实的资料,为市委、市政府规划决策提供参考。二是推进各类专项规划的编制。在城市总体规划修改工作的同时,启动株洲市综合交通体系规划编制工作,9项专项调查工作全部完成。同时组织编制了排水规划、绿地体系规划、中小学布局规划、保障性住房规划等专项规划7项。完成株洲市"十二五"保障性建设住房规划内审工作。公示千亿轨道产业园、荷塘分区规划、金山新城控规、全市加油(气)站发展规划等规划编制方案。重点开展"六线"控制性详细规划编制。三是开展县域规划编制工作。县域规划是实现城乡统筹发展的关键,拓展城市提质外延的重点,带动县域经济发展的龙头。全年完成醴陵市总体规划修改省级评审工作、攸县总体规划修改专家评审工作。四是不断完善"三级会审"制度。制定《株洲市规划管理技术规定》、《株洲市城乡规划委员会专家委员会技术审查制度》等规章制度。完善市规划委员会、市规划委员会专家委员会、局业务审查例会组成的规划项目三级会议审查制度。

(李　礼　汤丽莎)

【助推"三大战役"】 2010年,市规划局多措并举,全力助推"三大战役",优先办好民生实事。一是做好中心城区、重要地段的设计。完成棚户区、城中村及保障性住房规划设计评审工作,以及天台山公园规划方案、栗雨湖规划建筑方案、神农大道、新塘路、荷塘大道、中环大道(石峰大道段)配套工程方案设计评审工作。二是开辟绿色通道,助推"5115"重点项目。对"5115"重点工程项目实行全程代理,报建单位只需要提交必需的资料,市规划局派专人全程代办相关手续,助推"5115"工程重大项目快速开工建设。三是派出技术力量,确保重点项目规划落实。派出局领导和技术骨干力量,长期坚守在神农城、湘江风光带建设指挥部。四是践行"规划+策划"理念,服务投融资公司。根据相关分区规划、控制性详细规划以及政府相关文件,对全市各大投融资公司可控制用地面积、界限、范围进行全面梳理,建立投融资公司用地资料库。五是阳光规划,搭建交流平台。充分利用规划展览馆接待社会各界人士22万余人,省部级以上领导团队180余个。回复局长信箱、市长热线、网络舆情等信息411条,召开听证会17次,接待群众来访、咨询358人次。办理人大建议、

政协提案 69 件，办结率、见面率和满意率均为 100%。（李 礼 汤丽莎）

城镇建设

【概况】 2010 年，株洲市建设局以“三大战役”为主战场和主攻点，加快实施城镇带动战略，大力推进新型城市化，实现了株洲城市建设持续快速健康发展。市建设局获得全省城市建设管理先进单位、全省城镇污水处理设施建设三年行动计划先进单位、全省建筑节能工作先进单位、全市文明建设工作先进单位、全市创交模工作红旗单位、全市创卫工作先进单位等 17 项荣誉称号。

一、重点工程建设超额完成。全年全市 62 项重点建设项目(基础设施类 28 项，产业发展类 34 项)共完成投资 164.89 亿元，为年计划的 115.79%，其中，基础设施类完成 76.65 亿元，为年计划的 111. 97%，产业发展类完成 88.24亿元，为年计划的 119.33%。湘江风光带沿江景观道路、云龙示范区路网建设、S211 株洲段、欧洲工业园等 47 个项目超额完成年度投资计划。重点工程建设呈现项目优、进度快、环境好的喜人局面。

二、城乡建设快速推进。一是市政道路桥梁建设全面提速。全年共实施 45 条道路建设计划，完成投资 25.44 亿元，为年计划的 116.7%。炎帝大道、时代大道、长株高速、芦淞大桥、田心立交、铜霞路一期、湘江风光带沿江防洪景观道路等项目建成通车，株醴路、东环北路、神农大道、荷塘大道等项目全面启动，响石广场和向阳广场改造工程完工。二是人行道提质改造工程全面完成。全年共实施 42 条人行道提质改造项目，改造总里程 19.3 公里，改造总面积约 12 万平方米。三是公用行业发展全面加快。污水处理行业规范运行，污水集中处理总量达 8200 万吨，污水处理率达 83.5%，污水处理费征收达 8000 万元；河西污水处理厂主干管网全部完工，清水塘污水综合处理利用 BOT 项目成功签约，并完成主体工程；三角叉和长江广场排水系统改造工程进展顺利。加速推进公交车电动化三年行动计划，环保公交车累计采购 420 台。供水管理全面加强，全国“水环境改善和饮用水安全保障”示范城市获住房和城乡建设部审核通过，二次供水合格率达 97%，市本级水质合格率达 100%，县市水质合格率达 99%。燃气发展规划初步完成，燃气供应保障明显加强。四是建宁港等整治工程稳步实施，建宁港景观工程春节前基本完工，其余三港整治进入方案设计阶段。五是小城镇建设快速推进。全年共完成小城镇基础设施建设投资 23.44 亿元，同比增长 38.2%。全市小城镇建成区面积达 215.27 平方公里，建成区常住人口达 107.87 万人，城市化水平达 52%。

三、建筑业持续健康发展。全年完成建筑业总产值 210 亿元，同比增长 16.7%，年内有 4 家企业晋升为国家一级施工总承包企业，全市建筑业规模日益扩大，支柱地位日益凸显，建筑执法和稽查力度明显加大，建筑市场秩序进一步规范。质量安全监管“四化”进程全面推进，质量安全总体形势稳中有升，质量验收合格率达 100%，重大质量安全隐患得到有效遏制。大力推广可再生能源建筑应用，竣工项目 16 个，面积 32.65 万平方米，云田村建筑节能样板房建设得到高度评价，全市建筑节能设计率达 100%，执行率达 97%以上。劳保基金、路桥通行费征收分别完成 1.12 亿元和 5680 万元，同比分别增长 14.2%和 10%。严格初步设计方案和施工图设计审查，设计质量稳步提高。全面实行施工合同备案制，造价行业管理进一步加强。城建档案管理不断加强，馆藏档案更加丰富。智能信息管理步入正轨。装饰装修和商品混凝土市场监管明显加强，平和堂中鸿店装饰工程获全国建筑工程装饰奖，实现株洲市装饰行业国家级奖项零的突破。

四、城市提质、美化工程等成效突出。全面履行市提质办各项工作职责，切实做好督促、指导、协调、服务工作，全年累计组织和参与各级各类提质调度会议 30 多次，以指挥部和提质办名义制定下发各类文件 17 个、简报 12 期、督查通报 4 期，以局名义编发简报 10 期，组织省、市各级领导视察、指导、检查和督导提质工作 40 余次；组织实施全市 114 栋建筑物美化工程，累计拆除防盗窗 4759 个，整治门店招牌 448 块，空调移机 3251 台，安装空调格栅 2709 个；株洲市城市生活垃圾焚烧发电项目正式开工，南 4 县垃圾处理项目进展顺利；政府投资建设工程管理中心正积极筹备，市消防应急救援指挥中心代建工程进展顺利；牵头制定出台《城区建设体制改革方案》；“十二五”城市建设规划初步编制完毕；创卫、创交模、创环模、创文明城市等各项创建年度任务全面完成。

五、各项工作平衡发展。机构改革扎实推进，市路桥管理处升格为副县级单位，市造价站转为全额拨款事业单位；招商引资完成 2.38 亿元，为年计划的 119%。住房政策指导、调控工作进一步加强。（姚军辉 黎志明）

【人行道提质改造全面完成】 2010 年，市建设局全力推进城市基础设施建设。作为提质战役重要内容之一的人行道提质改造工程从 3 月开始，年底全部完成，共完成 42 条人行道提质改造项目，改造总里程 19.3 公里，改造总面积约 12 万平方米。其中，荷塘区 12 条，总里程 3.67 公里，面积 2.1 万平方米；芦淞区 10 条，总里程 3.0 公里，面积 3.83 万平方米；石峰区 13 条，总里程 9.11 公里，面积 4.18 万平方米；天元区 7 条，总里程 3.52 公里，面积 1.82 万平方米。（姚军辉 黎志明）

【重点工程建设】 2010 年，全市 62 项重点项目共完成投资 164.89 亿元，为年计划的 115.79%。其中：基础设施类

28项，年计划投资68亿元，实际完成76.65亿元，为年计划的111.97%；产业发展类34项，年计划投资74亿元，实际完成88.24亿元，为年计划的119.33%。株洲职业教育科技基地、市中心医院、城市提质改造工程等47个项目超额完成年度投资计划；完成年度投资80%～99%的项目有6个，分别是城市道路打捆项目中的株洲大道延伸段和迎宾大道、洮水水库、攸县煤电一体化一期工程、电动汽车整车及关键零部件产业化工程、江山生物医药生产项目。神农城广场、沿江风光带景观道路于国庆期间开园；芦淞大桥（株洲湘江五桥）于12月26日全线通车；河西中心医院主体完工；株洲主电网建设110千伏张家园异地新建工程建成投产；北汽控股南方生产基地质量中心落成，年产20万辆整车项目正式下线；有色金属深加工基地项目PCB棒材及混合料生产线竣工验收；南车时代百亿工程年产300套多兆瓦风电整机及零部件产业化工程正式投产。

株洲市规划展览馆。株洲市规划展览馆是省内目前唯一一家城市规划展览馆，也是国内目前设备最先进的城市规划展览馆。总建筑面积10400余平方米，总投资1.18亿元，集规划展示、科普教育、特色旅游、商务休闲、档案查询等多功能于一体。展馆共分3层，分“印象株洲”、“蓝图总览”和“豪迈开拓”3个展厅，共设置14个展区。主要介绍株洲古老的文明史和辉煌的工业发展史，宣传当前城市规划建设的成就，展示生态宜居之城的灿烂明天。建设业主为株洲市规划局，由湖南高岭建筑集团承建，于2009年4月动工，2010年5月27日正式开馆，免费供市民参观游览。

田心立交。田心立交桥位于石峰区响田路与320国道交汇处，南北主线长1199米，东西主线长1000米。项目建设业主为市城发集团，由湖南省第六工程公司路桥分公司承建，项目总投资3.3亿元。工程于2007年12月正式开工，2010年8月31日竣工通车。

芦淞大桥。芦淞大桥（株洲湘江五桥）位于株洲市二水厂上游约1400米，西起庐山路与长江北路交汇口，东接红港中路与人民北路平交，主线桥总长1821.6米，总投资7.1亿元，项目建设业主为市城发集团，由中交第二航务工程局有限公司承建。工程于2007年10月开工，2010年12月26日竣工通车。

北汽控股南方生产基地。北汽控股南方生产基地位于株洲高新区栗雨工业园内，项目总投资50亿元，其中基本建设投资35亿元，新厂区建设冲压、焊装、涂装、总装四大工艺以及动力配套设施。项目建成后，将形成包括乘用车和商用车两大系列，涵盖轻卡、中卡、皮卡、轻客、SUV和MPV6大品种，年产20万辆汽车整车生产能力。项目于2008年8月26日奠基，2010年7月5日，北汽控股自主研发的BC301Z工程样车交付，10月28日，BC306Z整车正式下线，12月26日，BC301Z整车正式下线，至此标志着株洲北汽控股南方生产基地正式落成。

（谭曼辉　成宏彬）

【小城镇建设】 2010年，5县市及县以下建制镇共完成GDP524.84亿元，实现财政收入37.97亿元，同比分别增长14.9%和34.9%，县域经济在全市经济总量中的份额不断加重，醴陵市和攸县在全省县域经济综合实力排名中分列第五位和第六位，攸县较上年前移一位。全年共完成小城镇基础设施建设投资23.44亿元，同比增长38.2%，其中县（市）城完成投资19.7亿元（株洲县完成1.1亿元，醴陵市完成9亿元，攸县完成6亿元，茶陵县完成1.5亿元，炎陵县完成2.1亿元）；县以下建制镇完成投资3.74亿元。共新增城（镇）区道路453.16公里；新改扩建自来水厂2个，新增日供水能力1.1万吨；新改扩建集贸市场2个，新增市场面积1.04万平方米；新建污水处理厂2个。全市小城镇建成区面积达215.27平方公里，建成区常住人口达107.87万人。全市城镇化水平达52%，较上年提高约1.7个百分点。株洲市在第二轮（2006年～2010年）省示范镇（村）和重点镇建设中取得明显成效，规划引导调控作用进一步强化，城镇扩容提质步伐进一步加快，城镇管理力度进一步加大，产业发展后劲进一步增强，辐射带动作用进一步显现。在第二轮验收中受到省验收组一致好评。攸县酒埠江镇获评湖南省特色景观旅游名镇。

（陈宇彤）

【建筑节能】 2010年，《株洲市建筑节能“十二五”发展规划》、《株洲市人民政府关于推进可再生能源建筑应用工作的实施意见》、《株洲市可再生能源建筑应用工程项目管理办法（试行）》相继出台。全年全市建筑节能设计率达100%，实施率达97.47%。云田村可再生能源建筑应用样板房建设工程全面建成，全省唯一。共包括A、B、C三栋，总面积311平方米，该样板房集太阳能光热技术、太阳能光电技术、地表水水源热泵空调系统技术和水资源综合利用技术于一体，充分体现绿色、低碳、节能的理念，是株洲市推广可再生能源建筑应用技术综合运用的典范。湖南工业大学和株洲南车时代电气股份公司分别成功申报住房和城乡建设部节约型校园建筑节能监管体系项目和太阳能光电建筑应用示范项目：湖南工业大学节约型校园建筑节能监管体系项目采用无线网络进行数据传输和控制，真正做到了“既省电又省钱”；株洲南车时代电气股份公司太阳能光电建筑应用示范项目为117.6KWp屋顶光伏并网电站和5KWp追日型光伏并网发电系统，项目建成投产后，与传统火电站相比，可节约大量标准煤，减排大量有害气体和粉尘、烟尘，具有良好的社会、环境和经济效益。

（吴益民）

【施工图审查】 加强勘察设计单位资质和注册人员动态管理，严格坚持“四公开”和“四严格”的标准，全年完成28家设计单位资质换证初审、118人的注册师考试报名工作及2家新申报资质的上报工作。建立严格的管理制度，规范勘察设计市场行为。制定出台《株洲市勘察设计、施工图审查工作管理办法》，指导完成勘察设计行业自律公约。规范准入条件，加强对外地进入株洲勘察设计单位的备案管理，完善和补充外地进入株洲勘察设计单位管理规定，促进了外地高水平、高质量的队伍进入株洲市，规范了市场行为。截至2010年底，全市有甲级勘察单位5个，丙级勘察单位1个；甲级设计单位2个，乙级设计单位11个，丙级设计单位9个；一类施工图审查机构2家。全市共有勘察设计从业人员2000多人，注册人员109人，全年完成勘察设计产值1.6亿元。（尹桔平）

【工程造价管理】 2010年，全市工程造价管理以作风建设为抓手，在管理中完善服务，获评为全省建筑管理先进单位。积极协调湖南创科硅业有限公司500T多晶硅生产线建设项目等造价纠纷，规范和稳定全市工程造价市场。全年共完成187个项目施工合同备案工作，备案金额为57.19亿元，其中国有投资项目施工合同备案率达100%，全年共完成389人的株洲地区全国造价员考试报名和上报工作，办理全国造价工程师初始注册9人、延续注册62人、变更注册14人；办理湖南省造价工程师年检和续期注册105人、变更注册4人。截至2010年，全市共有全国和省注册造价师388名，造价员609人。（万　军）

【劳保基金统筹管理】 2010年，全市劳保基金收缴额首次突破亿元大关，达1.19亿元，超出省劳保办目标任务4900万元。全年共拨付建筑企业劳保基金4690万元，其中直接为省属、市属等国有企业缴纳养老保险530万元，拨付统筹积累金调剂补助困难企业2167万元，为促进建筑业健康发展、维护社会稳定作出积极的贡献。2010年，市劳保办被评为“湖南省劳保基金统筹管理工作先进单位”。（萧　琼）

【城市用水管理】 2010年，紧扣“两型”社会建设主题，以“确保供水安全”为中心，各项工作目标全面完成。全年市区供水总量达1.6亿立方米，累计完成一户一表改造151656户，市区水质综合合格率达100%，二次供水水质合格率达97%，5县市水质综合合格率达99%。4月市政府正式出台《株洲市城市节约用水管理办法》（株政办发〔2010〕12号），并从2010年起，开展为期2年的“节水型城市”创建活动。为提高全市城镇水污染治理的管理和技术水平，增强饮用水安全保障能力，2010年全力组织开展“全国水环境改善和饮用水安全保障示范城市”申报工作，邀请湖南大学土木工程学院作为水专项课题牵头研究单位，湖南华亿工程设计有限公司结合株洲市实际提出课题项目，组织编写申报材料。9月，株洲市成功进入“全国水环境改善和饮用水安全保障示范城市”第一批候选名单。（肖红志）

【城市燃气管理】 2010年，编制完成《株洲市燃气专业规划》，进一步深化燃气事故保险制度改革，管道燃气和瓶装燃气居民用户参保率分别达50%和100%。继续加大力气抓好燃气行业日常监管。全年完成市区12763户管道燃气和瓶装气用户安检工作。积极指导5县市燃气行业安全生产。严厉打击非法经营、违法倒罐等不法行为，联合公安部门组织开展为期1个月的城区瓶装燃气市场综合整治行动，共暂扣钢瓶486个，取缔10余家非法经营网点和1家严重违规经营的配送站。进一步加大对燃气管道违章压占行为的处理，共查处违章建筑物94处。坚持每季度对瓶装燃气充装站和城区38个配送站(点)开展安全检查，及时消除安全隐患。加强燃气工程通气前的安全验收以及公用燃具的检验，把好燃气燃烧器具端口管理关，全年完成82处公共建筑燃气用户通气前验收和97家公共建筑用户安全复查。积极配合省、市相关部门开展统一钢瓶标识、颜色和检测工作，共检测并编码钢瓶34000个，用户建档34000户。（姚军辉　黎志明）

【城市桥梁维护】 2010年，制定、完善并实施《2010年城市桥梁维护计划》、《株洲市跨湘江特大桥梁安全应急预案》以及相关规划，进一步健全桥梁安全维护管理体系制度和考核办法。建立桥梁及附属设施管养档案管理系统，加大对桥梁及桥梁附属设施的巡视检查，及时维修各种损坏部件。切实抓好城市桥梁日常维护。一是建立健全桥梁安全检测、维修养护和超载监管的长效机制。二是严格按照《城市桥梁养护技术规范》对桥梁进行专项维护，进一步加大维修资金投入。三是针对安全检查中发现的桥墩盖梁表面裂缝、支座运行不畅、伸缩装置松动损坏等问题，积极组织专家进行分析论证，及时组织施工队伍补强加固和更换处理。全年完成路桥通行费征收5680万元，同比增长10%。（姚军辉　黎志明）

建筑质量安全监督管理

【概况】 2010年，全市建设工程质量安全监督管理工作，紧紧围绕“保质量，保安全，争一流”工作主题，内强素质练精兵，外树形象重服务，强化监督管理和行政执法，取得了良好成效，获“湖南省建设工程质量安全监督先进单位”称号。

一、安全形势平稳可控，工程质量再创佳绩。全年全市受监项目504个，发生2起安全生产事故，死亡2人，事故起数及死亡率均控制在指标内；创建省级文明工地20个，市级文明工地28个，示范工地20个，示范工程21个。房屋建筑和市政基础设施工程质量稳中有升，全年全市未发生质量事故和较大质量投诉事件，质量验收合格率100%；创省优质工程14项、芙蓉奖工程2项。炎帝大道、芦淞大桥、神农城等一批重点市政基础设施工程保质保量、如期交付使用，得到社会各界高度评价。

二、监管工作务实创新，执法效能明显提高。一是理顺监管工作关系。加强层级管理，督促引导企业建立健全质量安全保障体系，完善单位内部层级管理体系和考核体系，企业和5县市监督机构履责意识明显增强，一线监督人员的能动性、积极性和工作能力得到充分发挥。加强差别化管理，采取“抓两头，促中间”的方式，集中监管力度，先后对部分项目和危险性较大专项工程进行重点监控和高频次检查，收到较好效果。加大执法力度，严厉打击非法施工、违法违规行为，全年上报不良行为(企业17家，其中严重15家、一般2家；个人16人，其中严重12人、一般4人)，建议暂扣安全生产许可证3项，维护了法律法规的严肃性。二是夯实质量安全基础。按照“标准化强企业、规范化强监管、信息化强联动”的总体思路，着力整治人员配备不齐、人员不到岗、履责不到位和安全文明措施费不达标等违法违规行为；全面推行监督记录本，强化责任追究；加强信息录入和利用，推动建筑市场和施工现场联动监管，夯实了质量安全基础。三是消除质量安全隐患。将市级季度督查与季节性专项检查相结合、季节性专项检查与日常监督检查相结合、日常监督检查与专项治理相结合。全年开展市级季度督查，共抽查在建项目117个；先后开展节后恢复施工专项排查、雨季施工专项检查、高温期间建筑施工专项检查和冬季施工现场消防专项检查等季节性专项检查；开展起重机械专项治理、工程质量检测专项治理、悬挑脚手架专项治理、脚手架及模板支撑系统专项治理、打非治违专项治理、钢筋超冷拉专项治理等6个专项治理活动，签发各类监管文书423份，查处违反工程质量安全强制性技术标准40余项，纠正消除各类隐患近万余处，进一步规范了全市建筑市场和施工现场。四是内外联动，推动工作。主动与各区政府、安监局等相关职能部门加强联系，以多种形式争取外力，推进工作，先后发工作函12份，呈报专题报告6份，联合行动2次，通过内外联动，增强了工作主动性、预见性，提高了监管工作效率。

三、大局意识进一步增强，服务中心工作成效明显。树立大局意识和大局观念，积极主动服务市委、市政府中心工作。充分发挥行业优势，狠抓施工现场文明施工管理，督促工地围挡美化、亮化，多次督促工地食堂卫生和民工宿舍管理，为全市各项创建工作打下了良好的基础；充分发挥专业优势，狠抓重点工程项目质量安全监管，确保了工程质量安全和工程进度，全年城市提质工程没有发生质量安全生产事故。（颜小坤）

城市经营与公用事业

【概况】 2010年2月4日，株洲市城市建设发展集团有限公司正式挂牌成立。公司按照“具有持续发展能力的城建发展商”的战略定位，结合公司发展大局，攻坚克难、积极进取，实现开局良好、平稳运行、健康发展的目标。全年共完成基础设施建设投资10.459亿元，筹措到位资金24.29亿元(公司本部)，分别同比增长14.85%、25.21%；完成土地出让收入3.661亿元，同比增长27.56%。公司资产总额达220.29亿元，同比增长36.44%；资产负债率为41.63%，较2009年下降7.62%。

项目建设方面，田心立交桥于2010年8月31日正式通车，武广客运联络线全面竣工，沿江防洪景观道路工程城区“十一”开园，芦淞大桥于12月26日建成通车。年内公司第七次被评为“省重点建设项目目标管理先进单位”，获省两型办颁发的“项目建设先进单位”以及株洲市“2010年度文明建设先进单位”、“2010年度反腐倡廉工作先进单位”、“株洲市重点建设工程项目管理先进单位”和“株洲市重点基础设施项目管理先进单位”等多项荣誉。公司领导班子被授予省国资系统“四好”领导班子荣誉称号，这是株洲市国资系统唯一获此殊荣的企业。在市委、市政府举办的株洲市“转方式、促两型”十大标志工程、十大功勋人物评选活动中，党委书记、董事长王事兴在全市“十大功勋人物”投票中名列前茅，公司承建的湘江风光带、芦淞大桥、中环大道获评全市“十大标志工程”称号。

（李洪平）

【市城发集团正式挂牌成立】 2月4日，株洲市城市建设发展集团成立暨授牌仪式隆重举行。株洲市城市建设发展集团前身为株洲市城市投资有限公司，市委副书记、市长王群出席仪式并发表重要讲话，要求城发集团要转变观念，开拓国际化视野和战略思维，谋划长远发展。政府各职能部门要创优服务，支持城发集团做大做强。（李洪平）

【武广新城27亿元银团贷款正式签约】 4月20日，在株洲市“三大战役”融资合作洽谈会上，由城发集团下属全资子公司——武广新城开发建设有限公司与建设银行株洲分行牵头，农行株洲分行、中国银行株洲分行、交通银行株洲支行等四大银行参加的银团现场签订27亿元银团贷款合同，用于建设武广新城。市委副书记、市长王群在签约仪式上对武广银团贷款的成功签约给予充分肯定，同时希望城发集团武广公司用好资金，建设好武广新城。

（李洪平）

【田心立交桥顺利通车】 8月31日，田心立交桥举行通车仪式。市委书记陈君文宣布田心立交桥正式通车。市委副书记、市长王群致辞。田心立交桥位于株洲市石峰区田心片区，是长株高速公路、320国道与株洲中环大道相连接的重要工程。项目总投资3.3亿元。由城发集团与长株公司共同出资建设。工程于2007年11月开工建设。田心立交桥通车后,将大大改善田心片区的交通环境,促进田心片区及云龙示范区的开发建设,推动城区拓展与繁荣。(李洪平)

【芦淞路(株醴路)开工】 9月27日,芦淞路举行开工仪式。芦淞路改造工程位于芦淞区,西起芦淞区株董路,东至中环大道东环线,道路全长868米,路幅设计宽30米,设计车速40公里/小时,按城市主干道标准建设。工程概算总投资7090万元。(李洪平)

【东环北路开工】 11月4日,株洲市东环北路正式开工建设。东环北路位于荷塘区,是株洲市中环大道的子项目,为省重点工程。工程南起红旗立交桥,北接新华东路,全长3.81公里。项目概算总投资3.87亿元。东环北路是构建全市“一体三极、一圈三环”城市发展格局的重要组成部分,是株洲市“城市提质战”的重点项目。它的建成,将进一步打开株洲东大门,改善金山工业园片区沿线单位的交通条件,加速周边土地开发,对提升株洲城市品位、拓展城市发展空间、改善交通及投资环境、带动区域经济发展都具有十分重要的意义。(李洪平)

株洲市自来水有限责任公司

【概况】 2010年,株洲市自来水有限责任公司坚持“以人为本、追求卓越,服务社会、科学发展”的经营理念,认真贯彻落实“人才兴司、品牌服务、多元发展”三大战略,实现发展提速、效益提升、满意度提高。公司主业年售水量16年来首次止跌回升,全年实现销售收入19614.25万元,利润总额1677.74万元,是“十一五”期间增长最快的一年。完成水质综合合格率99.96%,管网水压合格率100%,抢修及时率100%,用户满意率99.45%,确保了全市用户的安全优质供水。公司先后获“省文明卫生单位”、“省文明窗口(用户服务大厅)”、“省巾帼文明岗(收费中心)”、“省工人先锋号(收费中心)”、“株洲市党建帮扶先进单位”、“株洲市政务公开先进单位”等多项荣誉。

一、精细规范,管理提质。大力推动“人才兴司”战略落地,编制《公司2010~2015人才兴司战略实施规划纲要》,强化培训机制,员工培训率达67%。继续实行大宗物资集中招标采购制度,设备采购金额比资金年度预算节约15%。强化水表管理,完成16.5万余块水表档案信息核对工作。着力整顿用水秩序,全年查处违章用水稽查69起,用水性质不符22起,破坏供水设施事件128起。对档案馆按省特优标准进行改造,建立用户档案管理体系。进一步完善抄、收和水厂模拟法人运作,综合效益明显,基本水费收入首次突破2亿元,创54年历史新高;水厂维修费用比年计划节约112万元,有效控制成本。对三水厂维修模式改革、四水厂门卫外包,推进水厂维修及门卫专业化管理。

二、夯实基础,保障水质。加强管网建设,投入资金近6800万元,敷设DN200-DN1000管线近35.5公里,创公司历年安装管线长度之最;高质量完成天易示范区、清水塘循环经济工业园、神农城、芦淞服饰城、职教园以及华强文化、北汽控股、武广新站等一系列园区和市重点项目的前期供水和管线配套工程。全年完成管网抢修2282次,其中DN300以上管网抢修167次,切实保障供水安全。优化水厂处理工艺,采用整体浇注新工艺完成三水厂滤池配水系统的改造。新开发10项水质检测项目,增加管网水监测点8个,有效保障供水水质。开展应急技术储备,继续做好原水藻类科研项目研究,完成各水厂粉末活性炭应急投加系统的改造和试投演练工作。成功应对湘江枯水期挑战,出色处理3月12日三水厂3根DN1200原水管爆管事故抢修和5月13日二水厂110千伏进线电缆沟垮塌等重大事件,公司被评为“株洲市应急管理工作先进单位”。

三、以民为本,优质服务。成立表后服务队,为用户解决表后维修难题。合并用户服务大厅和收费大厅,打造“一站式”服务。新增96个邮政代收水费网点,开展预存水费送礼活动。在部分小区安装水费送票箱,方便用户取单。针对“5115”工程、市政重点工程、大客户和用水困难的用户做好跟踪服务,确保绿色通道畅通。坚持“供水服务进社区”活动,自2007年启动以来已遍及全市100个社区。召开市政风行风监督员、供水行风监督员、大客户及田心地区用户代表等系列座谈会,主动接受社会监督。全力推进一户一表改造工程,垫资445万元彻底解决18873户老旧小区(其中34个无人管理小区共计3454户)居民的用水、水压、水质难题。派遣制水分队支援玉树抗震救灾,公司再次被评为“省抗震救灾先进单位”。(刘 毅)

【二水厂提质改造工程顺利开工】 11月4日,公司二水厂提质改造工程正式开工,投资概算近1.7亿元,预计2011年完成常规工艺建设并投入运行,2013年6月整体完工验收。此次改造将取消二水厂原沉淀水35万立方米/天的供水规模,将过滤水供水规模由原20万立方米/天改造为30万立方米/天。增加预臭氧处理工艺、后臭氧及生物活性炭处理工艺,完善原水预警体系及应急投加系统。建成后每天将提供优质过滤水30万立方米,满足株洲城市建设和经济社会可持续发展需要。

(刘 毅)

【项目建设成果斐然】 2010年,公司投资850万元建成国内一流的生产调度系统,实现集流量、压力、突发事件处理于一体的科学调度。投资230万元实施水厂美化亮化工程,四水厂焕然一新。投资480多万元对水质监测站进行建站以来首次大规模整体改造,添加新设备、更新实验环境,水质监测能力大幅提升,位于国内同级城市的前列。 (刘 毅)

【三产业绩取得突破】 2010年,三产业各项经济指标与公司主业平分秋色,全年实现销售收入20330.84万元,利润1042.97万元,分别比上年增长27.59%和20.04%;其中外部业务收入5229.18万元,超过上年1090.1万元,增长26.34%。其中:建安二公司承接的首创项目河西污水收集管网工程顺利完工,取得污水管网建设施工能力的新突破;净化剂厂液体产品外销量比上年增长56.48%;空灵泉纯水厂推出活性氧化水,桶装水量比上年增长25445桶;供水服务公司完成各项抢修工作任务2000余项,确保水厂及管网安全运行;房产公司樱花地带项目稳步推进,天元七区二期土地项目顺利摘牌。 (刘 毅)

株洲市煤气公司

【概况】 2010年,株洲市煤气公司在全面关停生产线、新项目还没有完全争取到的情况下,继续以"内保稳定,外求发展"为总体工作思路,对内依靠新奥投资股份分红确保了员工的基本收入,维持了企业稳定;对外积极寻求新的发展机遇,完善与新奥二期合资的方案。并按照与新奥签订的合资合同。全年安排31人进入株洲新奥合资公司工作,并安排部分中层管理人员到新奥合资公司参加培训,维护了职工队伍的稳定。 (成勇刚)

【经营范围的变更工作】 年内,公司的经营范围完成从"煤气、焦炭和相关化产品的生产"到"煤气技术咨询、劳务输出、土地出租"等内容的变更,为寻求新的发展机遇打下了良好的基础。 (成勇刚)

株洲新奥燃气有限公司

【概况】 2010年,株洲新奥燃气有限公司紧抓机遇,从安全运营、市场拓展、服务建设等方面入手,各项工作取得较好成绩。总经理周金华获"2010年株洲十大杰出环保志愿者"。在安全运营方面,为确保全市冬季供气稳定,公司建成株洲唯一的LNG气化站,并于9月底投入使用,储气能力达100000立方米,有效地缓解了冬日供气紧张的问题。积极开展安全建设年活动,层层签订安全责任状书,全力支撑安全生产。加大安全投入,旧管网改造8.11公里,该项目作为总经理督办的重点项目,从3月份开始,历时8个月,10月18日,公司完成2万块超期普表免费更换工作,共涉及350余个社区,处理安全隐患约3000起,处理漏气立管80根,使户内安全隐患得到整改,大大提高了用户的安全用气意识。加大安全检查力度:累计完成安检149796户,整改户内隐患107867户,工商户安检11897次、隐患整改85户,完成违章占压整改114处。积极拓展市场,全年民用户发展30912户,工商户完成181080.46方/日的接驳。签订油料厂的优质调峰型用户,为全年气量平衡起到积极作用。2010年是公司服务建设年,公司成立服务管理办公室,构建服务体系,梳理18个服务流程。启动一站式服务流程,即零散接驳用户只需到营业厅交纳初装费即可完成所有报装、开通手续,全面实现"以客户尊"的宗旨,规范服务标准、提升服务质量和服务效率。公司坚持"园区规划到哪里,管网建设到哪里",全年敷设管道810.93公里,完成快环线、铜霞路、时代大道、新塘路、华银电力、茶马线、株洲县等主干管的建设。 (林 静)

【株洲县成功使用天然气】 4月23日,株洲新奥燃气公司与株洲县政府成功签订30年管道燃气特许经营权协议,此次签约标志着株洲新奥燃气在市场拓展上又取得了重大进展。5月31日,株洲县天然气利用项目开工典礼隆重举行。历时5个月完成中压A管主干管10公里的敷设。10月30日,渌口镇明德小区成功通气,成为株洲县首批使用天然气的用户。天然气进入株洲县后,全面推进了清洁能源天然气的利用进程,快速提升了株洲县工业现代化水平。 (林 静)

【西南环线天然气建设工程】 快环西线、快环南线天然气建设工程是株洲市政府、株洲新奥公司2009~2010年重点投资项目,该项目天然气管道始于黄河北路,沿快环西线、建宁大桥、快环南线,途中与炎帝大道主干管对接,为株洲武广客运站供气。工程全长14.1公里,总投资约1300万元。2010年,环线拉通,不但消除了株洲大桥负荷过重的国家级重大安全隐患,而且增强了株洲供气的稳定性。同时,快环线与株洲县渌口中压A燃气主干管对接,为株洲县提供可靠的用气保障。 (林 静)

【天然气价格听证会】 2010年,长株潭三市工业用气、营业性用气、非营业性用气价格分类简化合并为非居民用气,执行统一价格,统一调整为3.00元/立方米。为利于三市一体化经济发展,居民用气实行长株潭三市同价为2.45元/立方米。

株洲居民天然气价格一直执行的是2005年确定的价格,5年来原材料及管网气成本分别上涨32%和55%,加上公司上游气源忠武线居民用气出厂价上调0.26元/立方米,给公司经营带来了较大影响,为此公司提出居民用气价格调整的申请。9月8日,株洲市居民天然气价格听证会在西苑宾馆召开,人大代表、政协委员、专家和消费者代表共20多人参加听证会。听证会上代表们就目前情况发表了意见。随后经报市政府审定,省物价局批准,株洲市居民用气“三市同价”由每立方米2.12元调整为2.45元,为保证特困职工、低保户生活不因天然气调价而受到较大影响,每户每月免费用气指标由2立方米增加到4立方米。（林　静）

株洲市公共交通有限责任公司

【概况】 2010年,株洲市公共交通有限责任公司以文明公交创建活动为载体,外树形象,内抓管理,积极完成政府下达的“三年电动化”计划,创新服务,较好地完成一系列工作指标。公司有运营线路64条,运营车辆近907台,运营里程6255万公里,日客运量近50万人次,IC卡发售量累计近50万张,城市公共交通分担率达21%。全年实现营运收入2亿元,安全运送乘客1.76亿人次。2010年,公司获市“创建交通模范城市”红旗单位称号,连续4年获株洲市精神文明建设先进单位称号;在2010年上海世博会车博展上,株洲公交获“电动公交最佳运营商”的国际大奖。

一是优化线网布局,强化安全管理,提高运营效能。公司针对栗雨工业园、董家塅高科园、武广新站、湘江四桥湘江五桥通车、神农城建设与云龙新区的建设,对线网布局和车辆配置进行整合,新开T60、T61、T62、29、T63路公交车,调整线路多条,完善公交线网,填补了公交盲点。公司依据线路特点、运力配制、客流规律、天气状况等情况,实行运营精细化管理,发挥公交优势,积极开发周边城际郊县公交等新市场,提高运营效益和社会效益。通过建立健全重大事故(交通、消防、生产)问责制,组建强有力的安全宣教机构,制定切实有效的年度安宣和培训计划,掌握基层管理动态,建立健全各类事故应急预案,抓住宣传、监督、教育、隐患排查等环节,运用GPS系统、车厢监视系统等智能设备,全面提升管理手段,加大安全管理力度。全年交通事故67起,同比下降16%;重大交通事故3起,死亡3人,同比持平;伤人57人,同比下降27 %;经济损失378万元,同比下降9.7%;全年未发生一起消防安全事故。

二是继续推行公交智能化,提高管理效率。GPS车载系统覆盖市区内所有公交车辆,大大提高了效率,成为全省首家实现GPS调度的公交企业。积极推进智能公交二期工程。ERP公交综合信息管理体系开始分步建设,待机房、维修、运营、收银等12个子系统全部建成后,IC卡系统、GPS系统、ERP系统实现全面对接。

三是完善基础设施,改善营运条件。投入3300万元,完成株浏基地项目报批和征地拆迁工作;在建的有栗雨工业园、田心立交桥下、五桥西头等站场。抓住株洲市创建模范交通管理城市机会,新建港湾站点191个,仿古式站亭200余个,仿古式灯箱站牌77个,电子路牌18个。截至2010年底,站亭总数达447个,站牌564个,犹以仿古式站亭,因设计新颖、工艺精美,为全省公交之最。

存在的问题与不足:一是推行三年电动公交资金压力大、社会监督压力大。二是油价补贴、电动车置换补贴、票价折扣补贴等财政预算补贴资金未能及时到位。三是受燃料、工资、折旧成本的影响,公司客运成本增幅远大于收入的增幅,而低票价运行与营运高成本的矛盾突出。四是城市快速发展与现有的公交后勤站场设施配套不足,有关政策难以到位。五是安全管理有待加强,管理队伍干部素质有待提高,员工素质教育还有待进一步加强,服务意识有待增强,员工工资有待提高。（曾　静）

【“公交电动化”取得阶段性成果】 2010年,公司抓住实施“公交电动化”示范工程机遇,投入巨资置换新车420台,完成总置换任务的67%。创新公司管理,加强员工培训,迅速掌握新车驾驶及维修保养新技术,充分发挥新车的节能、环保效能,不断完善配套工程,整体工程取得阶段性成果。崭新的电动公交车,分布在市内86%的主干路上,总营运里程达2000万公里。

（曾　静）

【开展文明公交创建活动】 2010年,公司相继组织开展以“乘文明公交、做文明乘客”、“迎亚运、文明公交行动计划实施方案”为主题的文明公交创建活动,活动以“五大文明行动”为抓手,借助社会的力量,实现公交司乘文明互动。一是文明创建活动融入城市文明建设之中。将行业与“创交模”、“三大战役”、“城市文明建设”有机结合,顺利完成“创交模”活动的各项指标和“三大战役”的分担任务。二是文明创建活动体现在与市民共建文明,营建公司良好形象的行动中。继续发挥T1路线、33路线等老优秀团队先进模范作用,开展形式多样的树品牌活动,如推行微笑服务竞赛、组织义工跟车服务、开通国庆免费观光车等。T1、T2、T33路被省、市“迎亚运文明交通”活动创建办授予“文明企业”、“文明线路”称号。三是文明创建活动体现在公益公交行动中。5月,落实省政府规定,将老人免费乘车年限提前到65岁;贯彻市政府文件,残疾人免费乘车;继续坚持实行持IC卡乘车票价下浮27.69%的优惠条例;公交承担政府公益性支出每年达7000万元。积极承担政府各项重大活动的交通任务,举办“爱心送考”、“世界无车日”活动等社会公益活动,树立了良好形象。公司获市晚报义工联评选的“爱心企业”称号,黄治峰、谢星、肖国义、袁佩贤获株洲市“创建交通模范城市”先进个人称号。四是文明创建活动反映在热线服务,接受媒体监督,共建和谐社会的行动中。实施24小时服务热线服务,年内共接收办理的投诉、建议及咨询共计774起,其中,市人大代表建议提案13起,市长信箱246起,办理网络投诉118起,网络发帖392起,跟帖回复达数千件,群众满意率达98%。2010年,公司获湖南省政府颁发的“办

事公开示范点”,将公交和谐转化为社会和谐。（曾　静）

【辅营单位服务主业】 物资中心:实施阳光采购、ERP系统电子化物资管理;引进撬式加油站以及全面推广运行IC卡加油系统,将科技优势转化为经营优势。2010年,物资中心获中国城市公共交通协会全国物资委员会先进会员单位的称号。广告公司:公司抓住实施公交电动化的商机,经营业绩显著,实现利润280多万元,在城市创建活动中获市公益宣传先进单位。结算中心:圆满完成结算任务,并在创造了全年售卡12万余张佳绩的前提下,在公司GPS系统的服务建设上作出了重大贡献,成为数字城市化的一员,将城市公交带入一个智能化的时代。房产公司:在年内完成高家坳经济适用房项目,完成株浏基地征地拆迁工作。物业公司:服务主业,完成公司下达的各项任务。公司被评为“株洲市物业行业创建国家卫生城市工作先进单位”。

（曾　静）

株洲市政建设有限公司

【概况】 株洲市政建设有限公司(简称市政公司)是一家国有控股企业,具有国家市政公用工程施工总承包一级,园林二级,公路、水利、建筑三级资质,注册资本4000万元,总资产2亿多元。公司有员工311人,其中各类专业技术人员126人,一级建造师18人,二级建造师14人;下设6部1室,6个分公司、9个项目经理部,拥有设备876台(套),总功率11057千瓦,价值2000多万元。公司技术力量雄厚,其中改性沥青砼生产、施工设备及技术在湖南处于先进水平。截至2010年,公司完成红旗路改造、湘江风光带工程、昆仑山路续建工程、向阳广场改造、响石广场改造等项目。2010年,公司实现中标额3亿多元,上缴税金400多万元。年内,公司获“湖南省质量信用A级企业”等荣誉称号。董事长王洪平获省“三八红旗手”称号。（向　阳）

【湘江株洲段生态治理与防洪工程】 湘江株洲段生态治理与防洪工程总量约2.8亿元,工程起于天元区马家河乡栗雨村廖家屋场,终于群丰镇浅塘村徐家园。施工工程总承包范围包括:提防工程、道路工程、排水工程、防洪排涝设施、生态绿化、配套工程等。于2009年12月正式开工,于2010年9月30日部分大景观顺利开园。风光带优美轮廓悠然展现,成为市民眼中名副其实的“东方莱茵河”。（向　阳）

【昆仑山路续建工程】 昆仑山路续建工程于2010年7月1日开工,同年9月30日竣工。工程总量近1000万元,全标段包括道路工程、排水管线工程、绿化工程。工程东起长江北路,西至黄河北路,全长796米。路面宽24米,两侧各有绿化带2.5米,非机动车道4.5米,人行道7米(含3.5米人行道花坛),全路宽幅48米。道路路拱采用抛物线型路拱,路面横坡为1.5%,非机动车道和人行道横坡为1.5%。道路部分的水稳基础为7900平方米,沥青路面为7900平方米,非机动车道为2700平方米,人行道为2780平方米;排水部分的雨水管道为796米。昆仑山路的续建大大改善了河西的环线交通,缩短了从唐人神等工业基地往石峰区的车程距离。（向　阳）

规划设计

【概况】 株洲市规划设计院下设规划设计分院、市政工程设计分院、景观设计分院、建筑工程设计分院、勘察分院、测绘分院、地理信息数据中心和咨询公司、管线资源经营有限公司(托管)等机构。拥有城乡规划编制、建筑行业(建筑工程)、市政行业(道路工程)、工程勘察、工程测绘等5个甲级资质,风景园林工程专项、市政行业(桥梁工程)、市政行业(排水工程)、土地规划机构等4个乙级资质和各专业相应等级工程咨询资质及地质灾害治理勘查、设计、施工丙级资质。有注册规划师15人,一级注册建筑师4人,一级注册结构工程师11人,其他注册工程师25人,高级职称的专业技术人员66人,硕士研究生以上46人。年生产能力达1亿元以上,获湖南省“十佳规划设计单位”称号,为湖南省“A类”纳税企业。设计软件全部使用正版,2010年,被评为“全国软件正版化工作示范单位”。

狠抓质量建设工作。设计院获“全国优秀项目最佳组织奖”。院长李良获“全国优秀城乡规划设计评选最佳组织奖先进个人”称号,并被评为“湖南省优秀勘察设计院院长”。

加强人才队伍建设。全年设计院引进硕士研究生17人、本科毕业生(主要是测绘、岩土工程)20人、高级工程师3人、工程师5人、一级注册建筑师1人,2人通过一级注册结构工程师考试及注册,晋升高级职称5人,培养注册规划师1人,有效地提高了专业设计人员的业务素质和学识水平。

资质建设取得长足发展。2010年,市政行业道路工程设计资质升甲、桥梁工程资质升乙成功,实现规划编制、道路工程设计、建筑工程设计、工程测量、工程勘察5个甲级。（刘新华）

【重大荣誉】 2010年,设计院获市级以上的优秀勘察设计奖15项。分别是:株洲县两型社会伏波生态区控制性详细规划获建设部2009年度优秀规划设计三等奖;云田生态旅游示范镇(云田旅游度假区)总体规划获建设部2009年优秀规划设计表扬奖;株洲市蝶屏测区1:500地形图测量获湖南省优秀勘察设计三等奖和株洲市优秀工程勘察设计一等奖;株洲市星城平安里小区岩土工程勘察获湖南省优秀工程勘察设计三等奖和株洲市优秀工程勘察设计二等奖;栗雨工业园基础设施(主纵2A)道路工程设计获市优秀工程设计二等奖;株洲市武广客运站联络线新建工程——景观工程获市优秀设计二等奖;株洲市西域名邸岩土工程详细勘察获市优秀勘察设计二等奖;湘江防洪道路景观工程GPS控制测量、株洲市天台路改造工程分别获市优秀工程勘察设计三等奖,另外全年在市级以上刊物发表专业论文36篇。

(刘新华)

建筑设计

【概况】 株洲市建筑设计院有限公司是一家具有甲级建筑设计资质、乙级市政道路及工程建设咨询资质的建筑设计公司。2010年,公司紧紧围绕发展经济这一目标,抓机遇、求发展,全体员工齐心协力,各方面的工作都取得了一定的成绩。

一、狠抓生产,经营业绩不断提高。2010年,公司继续围绕“争创勘察设计之精品”的经营目标,坚持“创造从心开始”的经营理念,坚持科学发展观,把发展经济作为公司发展的第一要务。全年公司承接大型项目有:云龙示范区磐龙生态社区、栗雨商务中心、栗雨·湖景名城、云龙节能减排中心、天元中心学校。全年公司签订的合同及合同金额均达到历史最高水平。

二、完善制度,管理水平不断提高。2010年,公司结合经营管理实际,对管理制度进行修订,内容涉及人事、财务、薪金、奖惩等,基本达到了按制度和规定办事的管理理念,公司管理逐步进入了科学管理的轨道,管理水平不断提高,同时也有效促进了劳动生产率和工作效率的提高。

三、注重培训,员工综合素质不断提高。公司对员工培训工作十分重视,采取外派深造、个人主动学习等多种形式进行培训,并对成绩突出者给予奖励。通过学习培训,有效地提高了广大员工学习的积极性,使员工的整体素质得到了全面的提升。2010年,公司先后多次组织员工培训、考试。有3人报考注册师,其中2人取得了一级注册结构师的资格。多人申报高级工程师,其中4人通过了评审。 (蒋亚平)

招标投标管理

【概况】 2010年,株洲市建筑市场繁荣,招投标市场情况复杂,社会对招投标的关注度和期望值提高,困难与压力并存。株洲市招标投标管理局克服重重困难,开拓进取,奋发图强,招投标各项工作跨上新台阶。

全年市区共监管建设工程招投标项目(标段)764个,预算总投资73.7亿元,总中标价69.7亿元,通过招投标监管共为业主节约建设投资4亿余元。应公开招标的项目,100%进行公开招标。其中房屋建筑工程共招投标监管项目320个,预算总价60.6亿元,总中标价57.1亿元;市政建设工程共招投标监管项目444个,预算总价13.1亿万元,总中标价12.5亿元。采购项目共完成52项,预算总金额2.4亿元,中标成交总金额2亿元,节约采购资金额4011.64万元。政府采购中心采购项目及金额比上年增长40%。2010年,市招投标局荣获全市“模范学习型党组织”、“全市优化经济发展环境先进单位”和“思想政治工作先进单位”称号。

(杜　艺)

【推进“三大战役”项目建设】 城市提质、园区攻坚建设项目时间要求紧,进度要求快,若按常规进行招投标很难达到预期效果。对此,市招标局首先是在确保招投标工作质量的前提下,凡属城市提质、园区攻坚战役的项目,一律打破常规,全力以赴帮助业主把招投标程序到位、简化手续、加快速度。其次,创新监管方式。全市“三大战役”会议之后,主动与建设局和城市4区联系,收集整理全市城市提质项目信息,提早做好计划安排和相关配套工作。为节省项目开评标时间,除了加班加点审查项目招标资料外,还指导业主分类“打捆”项目,集中招投标,为各类项目的早日开工,顺利实施赢得宝贵时间。其三,创新监管制度。出台《政府投资重大项目招投标监督管理办法》,明确由局相关人员和社会监督员组建招标监督委员会,监督政府投资重大项目招标方式核准、抽取异地评委等关键环节。起草《简化政府投资市政重点工程中小项目招投标手续的办法》,科学、统一规范工作流程,为城市提质项目尽可能地开辟绿色通道。其四,改进服务方式。在项目招投标的前期,组织监管人员进行实地考察,了解项目的具体情况,掌握项目招投标的难点和疑点,为正式招投标做好相关操作准备。进入招投标程序后,密切保持与招标人的联系沟通,以最短的时间处理好招投标程序上的问题。招投标程序完成后,开展跟踪核查,要求中标单位严格履行合同,不违法转包、分包。针对城市提质战役项目多采用BT融资,业主缺乏操作经验,融资难度大等困难,市招标局认真研究BT理论与操作实务,积极指导帮助业主规范BT项目招标操作程序,使神农城等一大批BT融资建设项目在合法合规的前提下顺利实施。

(杜　艺)

【全面强化招投标监督管理】 2010年,市招标局针对招投标市场日益严重的围串标、转分包等违法行为,着力创新招投标监管手段,严格依法依规履行招投标监管职能。一是严把资料审查关。在投标报名时严格要求投标人提供的企业资质证书、安全生产许可证书,工程技术人员执业资格等相关资信资料必须绝对真实有效,并在网站对外公示,接受社会广泛监督;同时,严格要求金额大的项目其法人代表必须亲自到场报名,有效防止了部分投标单位出卖资质、挂靠、弄虚作假骗取中标的违法违规行为。二是开展对省外进入本地企业的备案管理,将过去仅对中标企业的备案改为投标报名前对所有省外企业备案。办理备案时,一方面将备案要求写进招标公告,与招标公告同时发布,另一方面除了对承接工程项目的建筑施工企业的资质、资格进行核验外,还对企业的公章进行备案,并要求法人代表(或委托人)、关键岗位人员到场签字。此举对防止资质挂靠的违法行为发挥了积极作用。三是实行投标保证金集中收退制。所有招投标项目的投标保证金的收取与退还,由招标投标交易中心设立专用账户实行集中统一管理。为了杜绝在投标保证金的交纳环节泄漏投标单位信息,市招标局实行投标保证金按年度收取,有效防范了企业资质挂靠、租借,围标、串标、陪标等监管不到位现象。四是对所有投标入围单位实行行贿犯罪档案查询制,凡上了高检“黑名单”的投标人一律取消入围资格。五是对招投标市场所有主体实行廉政承诺制,要求招投标市场所有主体入市时,必须签订廉政承诺书,承诺相关责任,杜绝发生市场违法行为和腐败现象。六是细化监管过程。将整个招投标监管过程划分为3个阶段:即招标准备阶段、招标实施阶段、标后监管阶段;又特别将实施阶段划分为招标方案报批环节、招标公告发布环节、招标文件备案审查环节、资格预审环节、评标定标环节、合同备案审查等6个具体监管环节。同时明晰每个阶段每个环节的风险点和责任点。通过对整个监管程序的合理细化,使对所有进场项目的监管做到重点突出,有条不紊,疏而不漏。

(杜　艺)

【不断提升电子招投标的监管监察功能】 2010年,市招标局不断加大招投标中心软硬件建设投入力度,完善电子招投标的各项配套设施,提升招投标电子监督监察功能。省建设厅湘建价〔2009〕406号文件下发后,结合实施细则编制电子评标所需Excel电子表格格式,广泛征求意见,进行完善修订,组织相关单位进行升级。经过对各计价软件升级后所编制的工程量清单数据进行反复测试,所有系统均符合电子评标工作要求。市招标局电子评标系统通过全面、准确分析投标文件,避免了投标人修改工程量清单、不平衡报价、逻辑计算错误等问题,从技术上保证了招标文件和投标文件清单的一致性,使招投标各方主体(招标人、投标人、招标代理机构)在规范、统一的平台上完成招标、投标、评标、定标全过程。在评标环节上,对技术标部分评审,软件系统量化了评审打分项,并要求评审打分有据可依;对商务标评审,系统自动检查清单报价中的错误,自动计算汇总,并根据总价自动换算成该企业的投标得分,各项得分再由系统进行加权计算,得出投标人的最后总分,并自动排序产生中标候选人,评委随意打分的漏洞被完全堵死,评标过程中的人为因素减小到了最低限度,杜绝了“人情标”,实现真正意义上的“阳光操作”。

(杜　艺)

【加强代理机构和评标专家管理】 贯彻落实株政办发〔2010〕64号《株洲市政府投资工程招标代理单位比选暂行规定》,招标人可采取随机抽取或综合评分的分开竞争的方式选择招标代理服务单位,切断以往政府投资项目招标人与代理服务单位的“感情纽带”,防止招标代理服务单位为达到承揽项目的目的,而满足业主提出不法要求的行为。2011年,将全面推行该制度,今后所有政府投资招标项目均按照招标代理比选暂行规定进行比选。在招标代理机构的管理方面,坚持推行招标代理机构专职人员持证上岗制。招标代理机构的每一招标代理项目,不能少于3个专职人员全程承办。对代理机构的代理行为继续严格按照《招标代理机构考核办法》实行“一标一考”;并贯彻湘建建〔2010〕217号文,将招标相关文件备案等内容纳入考核体系,每个标段招投标后,相关监管科室签署意见,招投标人做出评价,考核评价情况实行季度通报制。同时实施招标代理机构诚信档案公示,在局招投标门户网站开设《招标代理机构信用档案公示栏》,将代理机构的市场行为置于社会的监督之中。在评标专家的管理方面。着重加强评标专家的培训考核。在原来已征集专家的基础上,先后在茶陵县、市委党校举办4期培训班,对600多名评标专家进行大规模的全面培训,并将电子评标纳入培训内容。同时对政府采购类专家进行培训,基本上解决政府采购类评标专家力量不足,专业水平不高的问题。对评标专家继续坚持“一标一考”,定期通报专家的不良行为和优良行为。一年内有2次不良行为记录的专家清除出库,对背弃职业道德和廉洁自律要求的评委立即清除出库,并通报所有评标专家和专家单位。截至年底,有6名专家被除名。(杜　艺)

【积极推行政府投资工程预选承包商制度】 近年来围标、串标及资质挂靠、转借已成为招投标市场的顽症,且有愈演愈烈之势。对此,招投标局对其治理对策进行了潜心研究,探索推行政府投资工程预选承包商制度。对房屋、市政工程施工总承包和园林绿化专业承包施工企业按不同级别、类别进行资格预审、经预审评选后将诚信优秀企业列入预选承包商名录,政府投资工程项目在预选承包商名录中通过选择确定承包人。同时对名录库实行动态管理,对不诚信和施工质量、管理水平低下的企业限制进入政府投资工程领域,确保政府投资工程的质量和社会效益。招投标局先后多次考察学习外地的先进做法,广泛征求项目业主、施工企业、招标代理机构等市场主体的意见,已制定推行政府投资预选承包商制度的一揽子规则办法上报政府,2011年将全面实行该制度。

(杜　艺)

部分知名建筑企业

湖南省火电建设公司

【概况】 2010年,湖南省火电建设公司以"无违章年"、"质量改进年"、"管理效益年"活动为主线,励精图治,顽强拼搏,经营形势继续保持平稳,全年完成施工产值16.55亿元,同比增长10.1%;实现利润988万元,建筑业增加值20793万元,增加值劳动生产率89471元/人·年。多元产业全年完成收入4.5亿元(利德房产、电力物流除外),实现利润3098万元。

工程建设成绩优异。广东坪石#5机组、新疆米东#1机组、太钢#1机组、印度海萨#1机组、内蒙古突泉、河北张北及汕头潮南部分风电机组、输变电白水220kV变电站及新化等110kV输电线路先后投产。火电机组共投产150MW,风电机组投产59台,499MW。广东平海、惠来、湛江、东莞;云南威信、福建南埔;湖南宝庆、岳阳;内蒙古东乌、印度DVC等在建项目克服工期紧、任务重、外部环境复杂、协调难度大等困难,工程进度基本在控。

安全局面持续稳定。2010年,公司始终围绕安全目标,强化"严抓严管",保持"高压态势",强化安全生产责任体系、保证体系和监督体系,加强分承包单位安全管理,扎实开展"无违章年"、"三个不发生"等专题活动,实施班前安全检测制度,强化安全意识,强化现场监督,努力构建本质安全。公司安全氛围良好,安全责任履行到位,安全局面持续稳定,连续第4年被省公司评为"安全生产先进集体"。

工程质量可控在控。大力开展以"提高质量意识,强化工艺纪律,打击质量违章,提升质量水平"为主题的"质量改进年"活动,各项技术质量管理制度得到有效落实,工程整体质量水平得到有效提升,已投产机组主要技术指标优良,其他工程工艺质量稳定。技术创新和QC活动成绩突出。获行业级工法4个,国家一级工法1个,专利7个,中国施工企业管理协会科技成果二等奖1项。先后有10个QC成果在省公司分获一、二、三等奖,2个成果在中电建协获二等奖,平海项目1000MW机组炉膛钢爬梯应用QC成果获国家级优秀成果奖。

市场开拓再创佳绩。在转方式、调结构,倡导低碳的宏观政策背景下,公司积极开拓新能源市场和国际市场,成功中标大唐华银东乌褐煤干燥示范装置项目、大唐清苑2×300MW项目B标段、印度瓦罗拉2×300MW、昌德拉普2×300MW电站项目材料供应及服务、印度兰科技术服务合同、腾龙芳烃(漳州)、华润潮南、大唐突泉、张家口二期风电、平海检修、天穹纸业、锦盛纸业等项目,中标合同额12亿余元。进一步加大市场开拓的力度,进一步理清管理流程和提高管理效率,年内公司成立核电分公司、风电分公司和国际工程事业部。 (张维明 李晓敏)

湖南省第五工程有限公司

【概况】 湖南省第五工程有限公司是国家房屋建筑工程施工总承包一级企业。公司有员工7000多人,各类专业技术人员逾2000人,其中高级职称200余人,中级职称1000余人,一级建造师150余人,二级建造师200余人。公司拥有资产10亿元,各类大、中型施工设备1280台(套),年施工生产能力100亿元以上;具有房屋建筑工程施工总承包、机电安装工程施工总承包、市政公用工程施工总承包、高耸构筑物工程专业承包、建筑装修装饰工程专业承包、土石方工程专业承包、钢结构工程专业承包、地基与基础专业承包、消防设施工程专业承包、建筑智能化工程专业承包、附着升降脚手架工程专业承包、劳务专业承包等10余项一级资质和公路工程施工总承包、水利水电工程施工总承包、起重设备安装、园林古建筑等数项二级资质。下设安装、路桥、机械化施工、设备租赁、金属架料租赁、房地产开发、物业管理等专业及附属单位,拥有实力雄厚的三大劳务公司,经改制分离成立8家具有独立法人资格的控股子公司。在北京、重庆、广东、广西、福建、辽宁、浙江等省市设有分公司。

2010年,公司科学转变发展方式,全面提升发展质量和经济效益,圆满完成各项目标任务。全年承接施工业务总量达60.013亿元,企业总产值达34.85亿元,均创历史新高;单位工程一次验收合格率100%,顾客满意率达到90%,全年安全生产形势平稳;公司被评为"2010年度全国先进施工企业"、"中国建筑业综合实力排序100强企业"、"全国工程建设质量管理小组优秀企业"、"湖南对口支援四川理县灾后重建工作先进集体"、"湖南省守合同重信用单位"、"湖南省质量管理小组活动优秀企业"、"株洲市安全生产先进单位"、"株洲市重合同守合同重信用单位"等10余项社会荣誉。郭秋菊被评为湖南省劳动模范、"十一五"全国建筑业科技进步与技术创新先进个人;龙新乐被评为全国施工企业优秀项目经理;李琚林、李高健被省政府授予湖南对口支援四川理县灾后重建工作先进个人,荣记二等功。 (颜 渊)

【重大荣誉】 桥梁栏杆改造与维修移动式操作平台、一种钢网架结构高空安装用滑移脚手架获国家实用新型专利。

株洲锦绣江山9栋、株洲锦绣江山10栋、温州乐清市维多利亚花园、四川郫县四中新建工程获湖南省芙蓉奖工程。

温州乐清市维多利亚花园、中南大学新校区体育场、湖南教育科学研究院科研楼、四川郫县四中新建工程获湖南省优质工程。

理县商贸中心获四川省"天府杯"金奖工程。

锚杆、钢花管桩组合处理山区地基施工工法(HNJSGF23-2010)、双面自粘橡胶沥青防水卷材湿铺施工工法(HNJSGF47－2010)、高层建筑钢筋混凝土梁式结构转换层施工工法(升级版)〔JSGF2003－04(2010年度升级版－02)〕获湖南省2010年度“工程建设省级工法”。 (颜 渊)

二十三冶集团第二工程有限公司

【概况】 二十三冶集团第二工程有限公司是国有大型工业和民用建筑安装施工企业，位于株洲市红旗中路456号。公司具有国家冶炼工程总承包一级、房屋建筑工程总承包一级资质；并具有机电设备、起重设备、消防设施、非标准钢构件、压力容器、压力管道、锅炉工程设计制造安装等多项专业技术资质。公司通过了ISO9001(质量)、ISO14001(环境)、OHSAS18001(职业健康与安全)管理体系认证。公司业务遍及全国20多个省、市、自治区和海外10多个国家；有承建铜、铝、铅、锌等各类大型有色冶炼工程、钢铁冶炼工程和各种熔积高炉工程的雄厚实力，是中南地区建安驰名企业；公司在承建100米以上高层建筑及高耸构筑物领域独具优势，具有国内领先的钢铁冶炼干熄焦工程施工技术及高炉改造整体推移施工技术，被业界誉为“中南高炉王”。

2010年，公司实现经营收入18.39亿元，完成施工产值12亿元。公司援建项目四川绵竹城北中学工程荣获2010年度南京市建筑工程“金陵杯”、2010年度江苏省“扬子杯”优质工程等称号。 (张巧云)

湖南伟大集团股份有限公司

【概况】 湖南伟大集团股份有限公司是集投资、基金管理、地产开发、工程建设、主题商贸为一体产融结合的大型现代企业集团。2010年，公司全体员工奋力拼搏，取得喜人的成绩。

一是经济总量持续增长。集团全年完成产值(含合资开发产值)6.89亿元，比上年增长23.8%；上缴税费3800万元，比上年增长18.8%。集团连续7年被评为湖南省守合同、重信誉单位，受到省工商局的表彰。

二是项目全面推进。城市公园项目按照“出品质，上规模，求速度”高标准严要求，大胆探索创新工作方法，克服重重艰难险阻，有效化解各种矛盾。时代国际项目一期工程92000平方米竣工交付使用，实现销售收入2亿元，时代国际二期、南车国际、云水郡、白石港美美家居、二站开发等项目全面推进，为集团开发业创出了繁荣发展的大好局面。

三是全国连锁发展良好。城市公园项目首创城乡一体化开发建设新模式在全国引起了强烈反响，推动了全国连锁发展。该项目在建设部被评为“中国城乡建设十大经典案例”，董事长邓天骥被评为“中国城乡建设十大领军人物”后，北京、天津、河北、西安、广东、广西、海南、福建等10多个省市前来参观学习，邀请集团连锁开发，永清城乡一体化项目已签订合作协议，进入实质性推进阶段，为集团的全国连锁翻开新的一页。

四是重组上市取得阶级性成果。市政府召开专门会议，指导和解决了集团重组上市中的一些难点难题。集团抓住时机，完成了股权重组、产业重组、构架重组等基础性工作，重组注册了新的母公司投资控股股份有限公司，打造了新的管控平台，新增设人力资源部、经营管控部、产品研发部、项目发展部，完成“一个主题、一个核心、一个平台、全面发展”的整合。对招标采购实行集约化管理，规范经营管理，为早日上市和健康发展创造条件。

五是基金得到社会认可。“伟大基金”经过精心筹划，积极运作，得到社会的广泛认可，第一、第二、第三、第四支基金已圆满完成，第五支基金已到位，为集团实现产融结合增添了新的盈利渠道。

六是工程建设再创佳绩。全年建设公司完成建安产值1.82亿元，比上年增长7%，创省优工程1项，省文明工地3项，质量、安全、环境三合一认证达标，并为开发项目输送了人才，为项目推进作出了积极的贡献。

七是主题商贸业经营管理有了较大的进步。神农家具城通过品牌提质改造，购物环境进一步优化，稳住了龙头市场地位；白石港建材市场在修桥影响市场经营的情况下，做到了安全无事故，创卫达标，保证了租金的收取，两大市场欠租清零，超收租金80万元；伟大国际一楼商业广场开业，圆满完成租赁收入的承包指标，天鹅湖畔、时代国际的商业经营也逐步打开了局面，白石港市场和二站的开发也做了大量的前期工作，为后续开发创造了条件。

(汤开武)

湖南中天建设集团有限公司

【概况】 湖南中天建设集团有限公司是市属建筑企业中唯一的一家拥有房屋建筑施工总承包一级、市政公用施工总承包一级、建筑装饰装修专业承包一级、地基与基础专业承包一级、钢结构一级四项一级资质企业。企业注册资金8010万元，通过ISO9000质量、环境、职业健康安全体系认证；公司下设长沙、常德及海南、新疆、温州、广州、武汉、厦门、佛山、东莞等区域分公司，下辖湖南中天恒基房地产开发有限公司等6家控股子公司。

2010年，中天建设调结构、转方式，坚持走质量效益型道路。一是巩固本埠施工市场。公司积极扶持建造师创业，以“自营”为主，并推行“大客户战略”，全年承接过亿元的本地项目达6

个,各项目质量安全等指标表现突出。长沙天和家园小区、市环保局环境监察检测综合楼被评为“湖南省安全文明示范工地”,莱茵小镇、地税局怡景苑等4个项目获“湖南省文明工地”称号。二是稳步推进区域市场。截至2010年底,外地分公司(办事处)已发展到11家,外地市场完成产值达到公司总产值的50%,温州电力局项目获“质量安全标准化工地”称号,武汉巴东国税局避险搬迁工程申报参选“楚天杯”,扩大了公司知名度。三是抢抓机遇开发房地产。2010年,子公司恒基地产实现销售收入2.1亿元,莱茵小镇通过国家住建部2A住宅性能终审,成为全市第一家2A楼盘。四是关注企业文化建设。公司推出《中天共同纲领》,制度安排、战略选择、文化塑造走在市属施工企业前沿。打造以执业资格获取为核心的“人才高地”,公司注册一级建造师33人,拥有的注册建造师数量排在市属建筑企业中第一位。全年公司完成营业收入8.7亿元,比上年增长110%,上交国家税收2078万元,实现利润总额1503万元。全年施工面积86万平方米,工程合格率100%;安全工作达标,无施工死亡事故。2010年,公司完成建筑业产值、外拓业务量、2010年度上缴税收连续第三年位居株洲市属建筑业企业的头一名。 (谭文军)

【莱茵小镇成为全市第一家2A楼盘】

2010年11月,湖南中天集团控股子公司湖南中天恒基房地产开发的莱茵小镇通过国家住建部2A住宅性能审核,成为全市第一个2A楼盘。莱茵小镇项目位于田心原株洲起重机厂东厂区,总面积30万平方米,由32栋多层与小高层组成。从规划到施工,投资、开发单位严格依照国家最权威的住宅性能评定技术标准,充分考量项目的适用性能、安全性能、耐久性能、环境性能和经济性能,打造精品。楼盘品质得到购房者的认同和业界的好评,销售率在95%以上。 (谭文军)

株洲华天大酒店

部分荣誉奖牌

会见厅

会谈厅

客房

豪华包厢

株洲华天大酒店系五星级涉外旅游酒店，位于天元区长江广场，距火车站和京珠高速公路5分钟车程，距武广高铁株洲西站15分钟车程。酒店26层，设有总统套房、绿色商务房、豪华标准房等各式客房260间，设有中西餐厅、酒吧，拥有28个豪华包厢以及功能齐全、设施一流的宴会厅、国际会议中心、会见厅，设有格调高雅的桑拿休闲中心、美容美发中心、保健康乐中心等。

酒店由荣膺中国饭店业集团20强、获世界优质服务“五星钻石奖”的中国著名酒店——湖南华天国际酒店管理公司全面负责经营管理。

株洲华天大酒店开业9年以来，先后获得湖南省文明标兵单位、省最佳旅游星级饭店、省诚信经营示范单位、省安全防范信得过单位、省国有企业创建“四好”领导班子先进集体、省五星级饭店优秀品牌奖等荣誉称号。酒店经营收入已突破亿元大关，综合效益跻身全省饭店业前三甲。酒店独具特色的服务，受到中外宾客的高度赞誉。

游泳池

工委、区委领导班子

省委书记周强等领导出席北汽株洲生产基地轿车下线仪式

中国建筑五局株洲光伏生产基地奠基

新落成的办公大楼

天元区在群丰镇新塘村举行首笔“新农保”基础养老金发放仪式，244位年满60岁农民喜领养老金

湘湾小区安置房

南车时代风电产业园生产的风机在郴州仰天湖风场并网发电

新建成的长江南路二三街区

新竣工的株洲大道延伸段

湘江流域重金属污染综合治理正式启动

中共石峰区第四届委员会常委与区人大常委会主任、区政协主席的合影

旗滨光伏玻璃产业基地项目落户清水塘循环经济工业区

铜霞路改扩建一期工程竣工通车

举办征地农民就业培训暨首期技能培训班

省委副书记、省长徐守盛视察南车株洲电力机车有限公司

总投资43亿元的12个轨道交通配套项目落户轨道交通千亿产业园区

湘江流域重金属污染综合治理标志性工程——重金属污水处理工程效果图

市委书记陈君文出席株洲轨道交通产业发展股份有限公司成立大会

正在建设中的明峰生态园

炸除烟囱 营造美好环境

湖南湘江金属物流城项目签约仪式

荷塘区

市委书记陈君文，市委副书记、市长王群到荷塘区检查绿化工作

东环北路开工

旅游升温系列活动启动仪式

区机关干部拔河比赛

区领导带头参加“植树节”植树活动

组织开展劳动技能竞赛活动

打造江南美丽乡村——仙庚村

文明城区 春满荷塘

绿树掩映的新华东路

市委书记陈君文在区委书记李智陪同下视察王塔冲社区

绿色芦淞，低碳出行——市领导骑车畅游五里墩油菜花海

新建的大地精品内衣市场

改造后的中心广场

芦淞大桥

全省第一个3A级购物旅游景区——芦淞市场群

中兴设备安装工程有限责任公司

庆云轨道装备公司

OKE锯齿公司

株洲县

中共株洲县第九届县委常委、县人大主任、县政协主席

省委书记周强到株洲县视察

县委书记汤立斌问计于民

喜获“全国平安建设先进县”称号

211省道株洲县段开工典礼

杨得志同志故居

株洲县污水处理厂

位于株洲县南阳桥乡的500千伏株南变电站

湘江株洲航电枢纽

株洲县十佳民间文体组织评选暨表演大赛

株洲县廉租房小区

醴陵市

株洲市委常委、醴陵市委书记 谢清纯

醴陵市人民政府市长 蒋永清

誉满全球的醴陵陶瓷

醴陵“四大家”领导共同点亮房交会激光球

绚丽璀璨的醴陵烟花

醴陵市区全景

农业部常务副部长危朝安到醴陵视察早稻生产

省委副书记梅克保视察醴陵工作

株洲市委书记陈君文，株洲市委副书记、市长王群到醴陵指导“三大战役”工作

新建成的国瓷路

省级高新技术园区湖南醴陵陶瓷产业园一角

中共攸县第十一届县委常委

省委常委、省委统战部部长李微微宣布株洲攸县煤电一体化工程建设开工

市委书记陈君文，市委副书记、市长王群到攸县视察

中共攸县第十一次代表大会隆重召开

攸县烟花爆竹招商引资签约仪式

酒仙湖风光

文化广场

攸县首届广场文化艺术节现场

衡茶吉铁路建设现场

县城城南防洪堤建设现场

在建的桐坝电站

中共茶陵县第十一届县委常委与县人大常委会主任、县政协主席的合影

湖南茶陵经济开发区陶瓷工业园奠基仪式

茶陵县万樟园林绿化有限公司现代农业科技园

洮水水电站

东阳商街

湖南龙华农牧发展有限公司十里冲基地

茶陵大道

湖南贵派电器有限公司

现代农业科技园精品园区

创信国际小区一隅

生猪养殖基地——配怀舍

炎陵县

中共炎陵县第十一届委员会

时任市委副书记、县委书记李晖和时任县人民政府县长周建光调研棚户区改造

全国劳动模范、优秀村党支部书记兰才干先进事迹报告会在省委礼堂举行

"红色七月·走进炎陵"活动启动仪式现场

庚寅年海峡两岸首届炎帝神农文化祭在炎帝陵隆重举行

国务院办公厅督查室副主任刘斌到炎陵县督查林改工作

市委书记陈君文，市委副书记、市长王群率有关领导在炎帝陵现场检查指导“旅游升温”工作

省高速公路投资集团与县政府签订《神农农耕文化园和香樟温泉大酒店项目框架协议》

湖南炎陵和一国际大酒店暨和一公馆奠基典礼在炎陵隆重举行

崭新的九龙大道

湖南省地质矿产勘查开发局416队

队领导班子成员

队长张国华、书记邓坤江陪同省国土资源厅厅长方先知等领导考察锡田矿区

416队隶属湖南省地质矿产勘查开发局，主要承担湖南省湘东地区的找矿任务。现累计探明煤炭储量3.5亿吨、铅锌储量30万吨、萤石储量1000余万吨、铁矿储量500万吨、银238吨、优质高岭土地质储量7700万吨。探明大型以上矿床4处、中型11处。该队勘查的锡田多金属矿，被国家地调局列为找矿重大突破的典范，并形成锡田模式在全国推广。

该队注册的“湖南省地质工程勘察院”、“湖南省勘察测绘院”、“湖南省地建集团基础工程公司”拥有工程勘察综合甲级、测绘甲级、地质钻探甲级、地质灾害评估甲级、固体矿产勘查甲级、液体矿产勘查甲级、水工环地质勘查甲级、基础工程施工一级等资质。先后出色地完成了数百项国家及省级重点工程项目，并有100多项分别获得国家、省部级科技进步奖、找矿成果奖和优秀工程勘察一、二、三、四等奖。先后被全国勘察协会授予“诚信单位”，被湖南省、株洲市授予“文明单位”荣誉称号。

队技术人员在沪昆铁路建设工程进行水上勘察

株洲新奥燃气有限公司

公司总经理周金华在市广播电台直播现场与用户对话交流

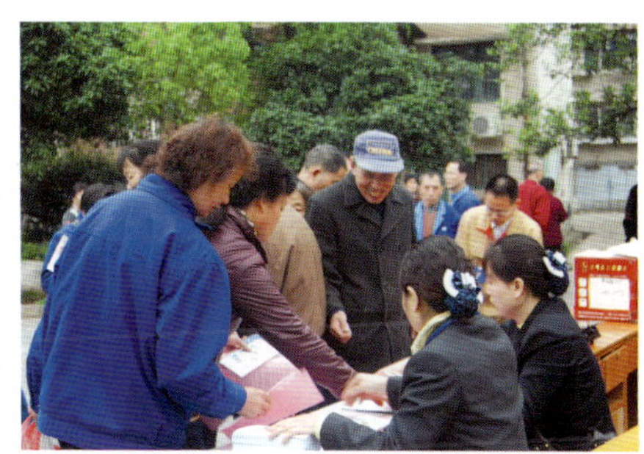

燃气安全宣传进社区

公司荣获“株洲市十大书香企业”

技术人员上门安检和维修服务

株洲新奥燃气有限公司是新奥能源控股有限公司和株洲市城市建设发展集团有限公司共同出资成立的中外合资企业，成立于2003年11月，是政府授予管道燃气“特许经营权”的燃气专业运营商。公司以“创新清洁能源，改善生存环境，提升生活品质”为使命，坚持“以人为本、事求卓越、和谐共生”的核心价值观，为株洲市能源与环境的和谐发展不断创新。

文明窗口单位——中心营业厅

门站储气球罐

株洲市第八中学

校领导班子成员

市委副书记、市长王群，副市长张国浩等市领导视察学校

株洲市八中系湖南省首批示范性高级中学，创办于1969年。西临湘江，南倚神农公园，地理位置得天独厚。40年来，市八中桃李芬芳，英才辈出，近3万名学子从这里走向大江南北、五湖四海。

学校坚持“以人为本、唯才是举、质量第一、学生至上、继承传统、实现发展、改革开放、创建一流”的办学宗旨，秉承“为学生的未来发展奠基、为社会的文明进步育人”的办学理念，不断深化教育教学改革、改善办学条件、规范办学行为、提高办学品位，近年来，学校办学条件不断改善，办学水平不断提升，办学业绩日渐突出。2011年高考二本上线率达64%，学考一次性合格率100%，被评为“株洲市教学质量管理突出贡献单位”。

学校获得“全国学校艺术教育先进单位”、“全国创新型学校”、“全国德育工作先进单位”、全国群众体育先进单位、省现代教育技术实验学校先进单位、省级园林式单位、湖南省“体育传统项目学校”、湖南省“绿色学校”、湖南省依法治校示范校、湖南省安全文明校园、省文明卫生单位、省青少年法制教育示范基地、株洲市文明建设先进单位、市教学质量管理突出贡献奖等100多个荣誉称号。

全国政协委员、省政府参事、省特级教师协会会长王沛清教授和省教育科学规划办主任李昌平教授到学校指导课题研究

省教育厅副厅长葛建中到学校考察

美国麻省理工学院中国教育科技项目在校启动

开展国际教学交流

学校梦航艺术团的舞蹈节目《我的未来不是梦》获上海世博中学生专场舞蹈金奖第一名

学校第三届梦航音乐会

绿树掩映的校园

株洲县第一中学

株洲县第一中学系株洲市示范性高级中学，是长郡中学卫星远程合作学校和综合社会实践活动合作单位，具有优质教学资源，拥有教职工141人，其中高级教师33人；有教学班24个。学校以“管理为本，改革为魂，人和为根”为基本出发点，以“创先争优”活动为契机，以“稳定、发展、突破、飞跃”为奋斗目标，本着“严谨、务实、团结、高效”的原则，锐意进取、真抓实干，取得了良好教学成绩和长足发展。学校曾为国家输送飞行员3名，有4名学生考入清华、北大等著名高校。学校先后获得省“现代教育技术实验学校”、“绿色学校”、“安全文明校园”、市“园林式单位”、市“食品卫生分类管理A级单位”、县“双文明建设红旗单位”等荣誉。

校长聆听学生的心声

园林式校园

天元区城市管理行政执法局

数字城管指挥中心

天元区城市管理局于2000年成立，2007年更名为天元区城市管理行政执法局，下设城管执法大队、环卫处、市政维护管理处、物业管理处、绿化办、网格监督指挥中心。主要职能是负责天元区道路、广场、公共场所的市容监察、卫生清扫保洁、市政设施维护、绿化管理养护、辖区内物业管理的协调指导、城市管理的网络监督指挥等。局紧紧围绕区委、区政府“全市争第一，全省争一流，全国争前移”的总体目标，努力打造亲民城管、高效城管、科技城管、和谐城管。局连续3年被评为市“文明建设”先进单位，区连续9年被评为市城市管理“先进城区”。

环卫车在精细化作业

路面养护作业

大学生体验“城管”

整洁有序的街道

四季有景有花的天台路

株洲大桥西绿化广场

株洲高新区（天元区）财政局

局长陈文君陪同市人大代表调研“一事一议”

局领导班子成员

2010年，株洲高新区（天元区）财政局牢固树立“财政服务经济，支持发展”的理念，坚持积极培植财源，组织收入；依法治税，科学征管；优化结构，增收提质；精细理财，增强绩效；主动服务，强化保障。全区实现财政总收入25.82亿元，比上年增长29.58%。其中一般预算收入完成15.53亿元，增长26.16%；上划中央收入7.9亿元，增长23.19%；上划省级税收完成2.39亿元，增长23.69%；较好地实现了财政收入总量与收入结构的双突破。全年完成财政支出16.5亿元，实现了财政收支平衡，略有结余，有力增强了财政对社会事业、经济建设的服务保障能力，促进了全区财政经济的更好更快发展。同时进一步加强了区财政局的全面建设，提升了“财政人”的社会形象，局荣获“全国巾帼文明岗”称号。

荣获“全国巾帼文明岗”称号

石峰区财政局

局领导班子成员

株洲清水塘循环经济工业区管委会财政局局长、石峰区财政局局长 钟水根

石峰区财政局紧密围绕区委、区政府中心工作，积极组织财政收入，稳妥推进国库集中支付改革，切实加强预算管理和财政监督；以人为本抓管理，强化服务树形象，优质服务树新风；不断建立健全各项规章制度和各种激励机制；以综合考核促进竞争，以典型引路弘扬竞争，以绩效考核鼓励竞争，有力促进了财政工作目标的圆满完成，推动了全区经济的跨越发展。

荣获“湖南省财政系统先进集体”称号

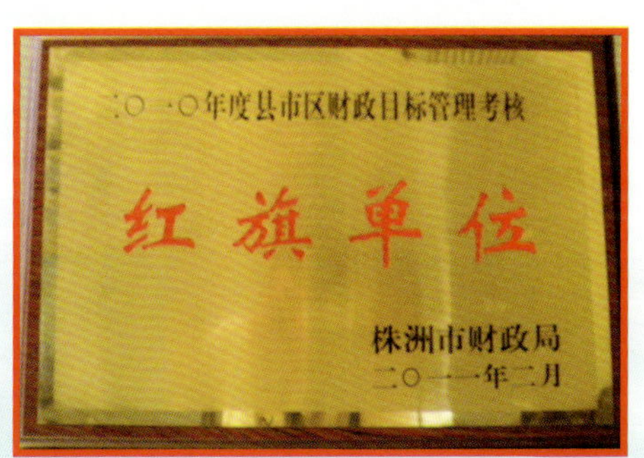

荣获市财政目标管理考核“红旗单位”称号

芦淞区城乡建设局

区委书记李智、时任区长汤立斌陪同省委常委、宣传部部长路建平等省市领导视察王塔冲小区改造

局长　肖立志

芦淞区城乡建设局担负辖区城乡基础设施、园林绿化建设及小街小巷道路、下水、绿化的监察维护、物业管理等职能。全局围绕“五改”、“四创四化”、城市提质等中心工作，精诚团结、顽强拼搏，近年来先后完成了铁西南路、建宁大道、芦淞路、株曲路、43条小街小巷、12个老旧小区、454栋建筑物、184千米乡村公路的建设、提质改造或绿化、美化；城区绿化覆盖率达到50%，绿地面积增加238公顷；老城区路网得到完善，城市品位大大提升。先后获得市“四化”工作红旗单位、老旧小区改造先进单位、为民办实事先进单位、“五改”工程先进单位及区双文明建设红旗单位等荣誉。

提质改造后的王塔冲小区的王庆路

美化、绿化后的中心广场一角

荷塘区宋家桥街道办事处

宋家桥街道办事处辖区面积8.7平方公里，总人口32324人；管辖社区2个、行政村3个；街道党工委下设党总支2个、党支部7个，有中共党员372人，机关干部25人，村干部21人，社区干部15人。宋家桥街道系城郊型街道，经济产业结构以第二产业为主，拥有各类企事业法人单位63家，年销售收入500万元以上的工业企业11家。

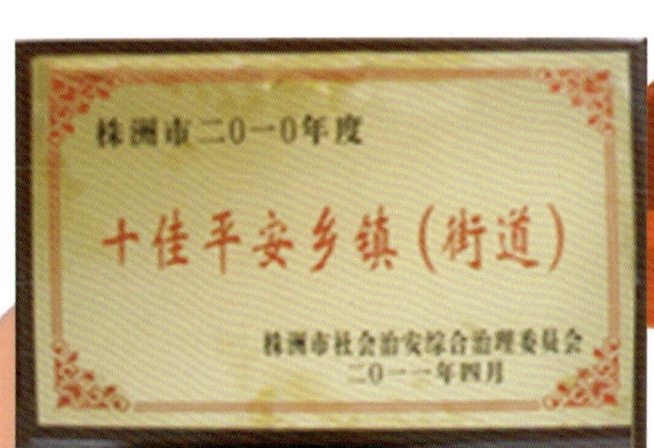

荣获市“十佳平安街道”

市、区领导到处指导工作

街道党工委书记方芳在“母亲节”为贫困母亲送温暖

街道党工委副书记、办事处主任陈柏文带领街道干部参加道路清扫义务劳动

攸县酒埠江镇

镇领导班子成员

镇人大主席彭湘良向先进村组织颁奖

酒埠江街景

葡萄基地

酒仙湖景区

观景长廊

株洲县戴永红炒货食品加工厂

总经理 戴永红

员工合影

卓越团队训练营

炒货加工

戴永红炒货产品

戴永红炒货连锁店

云龙示范区云田社区

2011年3月21日，国家副主席习近平到云田社区视察

云田社区（村）党委书记易仕林荣获市劳动模范称号

花卉生产基地

株洲云龙示范区云田社区（村）总面积5.76平方公里；居民小组25个，村民695户，人口2639人；耕地面积2239亩，花木种植面积3500亩，2010年人均纯收入16000元。有中共党员81名，设党支部2个。社区支两委按照“高起点、高标准、高效率”的要求，团结带领全社区（村）党员群众，全力谋发展、促经济、保稳定，开创了群众安居乐业、产业特征明显、文化生活丰富、全社区（村）政通人和、生产发展、生活宽裕、乡风文明、村容整洁、管理民主的社会主义新农村良好局面。社区（村）先后荣获省市“五好党支部”、“省治安模范村”、“省清洁工程示范村”、“市文明村”等称号。

具有江南风格的民居

云田社区社会主义新农村建设规划图

云龙示范区交通村

村领导班子成员

市、区领导到村指导工作

交通村总面积5.7平方公里，辖24个村民小组，727户，有农田1829亩，旱地230亩，养殖水面465亩，学校1所，村卫生所2个。村以农业、休闲、养殖、苗木和菌草种植、建材加工、杏鲍菇生产为主导产业。境内页岩矿产丰富，建有页岩砖厂6个，洗铁厂1个，农家休闲基地4个，花木基地4个，养鱼基地1个，2011年成立了村级骨干企业——株洲盘龙高科农业开发有限责任公司。近年来，村紧紧围绕“村民富、村庄好、村风正”的要求，新农村建设取得重要成果，先后荣获市“五好”村党组织、市“科普示范村”、镇文明建设先进单位、镇先进基层党组织、市“文明村镇”、云龙示范区先进单位等称号。

阳光计生室与农家书屋

新落成的村企业——株洲盘龙高科农业开发有限责任公司

农民技能培训班

村办公楼

天元区砖桥村

天元区雷打石镇砖桥村总面积3平方公里，有村民小组15个，村民1520人；水田97.2公顷、山地320公顷，固定资产1000万元。2010年村集体收入160余万元，村民年人均纯收入8000元。

村支部书记陈正集带领班子成员谋发展，重民生，促和谐，做大做强村企业，壮大集体经济：村瑞丰建筑工程公司2010年实现产值4.2亿元；食品加工厂生产的亨利牌系列食品畅销省内外；开发数家农家山庄生意兴隆；完善村基础设施，建成环村公路、安装村道路灯、开办村中心幼儿园。大力倡导文明新风尚，开展龙灯、狮舞、腰鼓、健身舞、友谊舞等群众娱乐活动，丰富了村民精神文化生活。村先后被授予“全国文明村”、“全国文明村镇先进单位”、“省先进基层党组织”、“省综合治理先进单位”、“省环保村”等荣誉称号。

村领导班子成员

村支部书记陈正集与小朋友欢庆节日

村食品加工厂

村中心幼儿园

蔬菜基地

天元区铁篱村

市委书记陈君文到雷打石镇铁篱村视察

村领导班子成员

诗词文化墙

休闲农庄

龙虾养殖基地

村部办公大楼

株洲县王家洲村

株洲县渌口镇王家洲村毗邻湘江，位于县经济开发中心，京广线和省道伏波大道穿村而过，交通方便，地理位置优越。辖区4平方公里，有耕地689亩，其中旱土118亩，水田571亩，山林5000亩，山塘36口。辖20个村民小组，居民658户，总人口1726人。设中共党支部1个，党员40人。村先后荣获“治安模范村”、“双文明建设先进单位”等称号。

村支部书记 谭水林

村长 陈绍南

村领导到村企业检查指导工作

村领导班子成员

王家洲砖厂

五华锌业工厂

城市管理

【概况】 2010年,全市城管系统严格按照"深化、延伸、求精"工作要求,着重在长效、精细、规范、优质方面下工夫,创建国家卫生城市工作成果日益巩固,城市环境整洁亮丽,城市品质稳步提升,城市管理各项工作取得良好成绩。在连续2年被评为全市文明建设红旗单位的基础上,年内被省委、省政府评为省文明单位。

"创卫"成果得到巩固。进一步加强监管,建立健全长效机制,创建国家卫生城市工作成果得到巩固和发展。环卫标准进一步提高。完善《株洲市环境卫生工作质量标准》,抓紧抓实环卫管理。一是加大环卫保洁力度。推行小街小巷及社区24小时清扫保洁,严格环卫作业现场管理,城区清扫、清洗、保洁水平和质量不断提高。二是加强基础设施建设。购置环卫清洗车辆17台、垃圾收集车辆20台,更新密闭式垃圾容器2800多个。三是加强城郊环卫管理。在城区近郊乡镇开展环境卫生整治,清理卫生死角,配置环卫基础设施,彻底改变城郊环境卫生状况。市容管理进一步规范。一是着力市容秩序整治。认真落实《株洲市城市容貌规定》,清除乱贴乱画,处罚乱停乱放,拆除乱搭乱建,清理乱拉乱挂,取缔流动摊点,城市容貌保持良好状况。二是强化户外广告管理。坚持内提外拓、提质减量,拆除违规广告牌,整治破损广告位,积极引进新技术,提质中心广场等处立柱广告,户外广告资源品质进一步提升。三是坚持千人上街纠章。督促各区根据实际情况及时调整人员和加大力度,不文明行为得到有效控制。考评力度进一步强化。坚持"公开、公平、廉洁、科学"考评。一是完善考评网络。建立市考区、区考办事处、办事处考社区、社区考单位院落的四级考评网络体系。二是拓展考评范围。把城郊8个乡镇纳入每月检查考评范围,改善城郊地区市容环境卫生状况。三是扩大考评内容。把市政设施维护管理、园林绿化管养、五小行业管理等内容纳入考评。四是创新考评手段。充分发挥数字城管平台作用,全面推行网格化管理,通过车载GPS系统强化对环卫机械化作业的实时监控,利用118个数字城管探头对城区主要干道、重要节点进行全方位监控。

城市提质战役扎实推进。美化方面:继续对城区临江和主干道的临街建筑屋顶、墙面、防盗窗、广告店牌、各类管线进行集中整治,共完善上年未美化的主干道重要节点以及湘江两岸临江建筑物88栋。完成卷闸门试点改造210张。组织城市4区各改造老旧小区2个,分别建设特色样板街1条。提质改造建设北路、响石路、响田路等24条道路路面。绿化方面:在城区主干道、重要次干道、绿化广场、街头游园栽树造景,拆除沿街围墙,完成141个绿化新建和提质改造项目,拆围透(建)绿43处。截至2010年底,城区绿化覆盖率达50%,绿地率达45.5%,人均公共绿地面积12平方米。亮化方面:完成33条小街小巷路灯新建工程和10条道路路灯提质改造。完成天台路、珠江路、长江路和湘江两岸100多处建筑物的亮化提质,进一步提升了城市品位。数字化方面:数字城管信息系统顺利通过国家住房和城乡建设部验收。新开通城市管理市民有奖举报短信平台106291008,进一步拓宽市民参与城市管理的渠道。

精细化管理水平不断提高。市政设施管养进一步加强。严格破占道审批管理,及时维护受损市政设施,城区主干道市政设施完好率100%,次干道市政设施完好率98%。一是整治道路盲点。改造维修城区39处主干道空坪隙地,整修完善城区主干道与街巷、单位院落的喇叭口。引入可调式检查井盖,解决了检查井沉陷难题。二是整治城市内涝。对市区道路排水管网进行"拉网式"清淤,保障了汛期排渍和城区市政设施的正常运转。对易产生城市内涝的地段进行了清淤整治和排水改造。三是加固维修桥梁。对城区桥梁进行全面检测和评估,并对桥梁进行加固维修。灯饰管理水平进一步提升。一是实行定人、定区、定时的"三定"制度,对城区照明设施进行24小时不间断巡查,白天排除线路故障,夜间维修照明设施,路灯亮灯率、设施完好率保持在99%以上。二是依托智能化路灯微机控制系统的"遥控、遥测、遥信"等功能,实现了路灯的自动化管理。三是七一、国庆等节日期间,在城区主干道安装灯箱,在重要节点摆放灯饰小品,营造了浓厚的节日氛围。城市客运秩序进一步规范。进一步加强各出租车经营企业承包合同监管,规范经营权管理,顺利完成城市出租汽车经营权招投标,认真开展出租汽车企业及驾驶员服务质量考核评比,加大对出租车车容车貌和驾驶员不文明行为的整治力度,行业规范、健康发展。积极推进GPS终端在出租车行业内的使用,推广安装车内摄像头、电子显示屏,行业服务水平进一步提高。

队伍整体形象明显提升。进一步加强自身建设,扩大城管工作影响,市民对城管工作的认同感、支持率明显提高。审批程序进一步优化。严格操作流程,在依法行政的前提下,规范行政审批程序,对承诺时限即将到期的实行预警,对逾期未办结的责成解释。进一步规范政务中心行政审批窗口办件程序,全面推行网络审批,行政许可项目集中办理,全年共受理审批2790件,办结率达100%,服务对象满意度明显提升。执法行为进一步规范。一是贯彻人本理念。要求城管队员在执法过程中做到敬礼在先、亮证在先、文明称呼在先、告知公务在先,在执法上以教育为主,对初次违章实施免罚、轻罚或教育警诫处理。二是执行城管禁令。严格实行《七条禁令》、《文明用语》,对索拿卡要、掀摊砸担者予以警告、降职、甚至开除处理。三是区分队伍标志。对全市城管队员、协管员、市容环卫监督员着装和车辆装备进行区分,全市40余台城管执法车辆均统一喷印新的标志标识,300余名城管协管员全部着新制服上岗执勤。宣传力度进一步加大。成功举行大手拉小手献给城市美容师的心里话、庆祝全省第十五届环卫工人节等主题活动;城市春天合唱团代表湖南省赴重庆参加首届中华红歌会并夺得最高奖项“中华杯”;先后接待来自深圳市、重庆市、包头市等地到株洲学习考察的代表团91批,城市管理工作影响力不断扩大。通过协助采编稿件等方式,进一步加强与各家新闻媒体单位的联系,在《湖南日报》、《潇湘晨报》、《三湘都市报》、《株洲日报》等媒体加大正面宣传报道力度。与株洲新闻网联合推出“株洲城管”网络宣传专栏,组织城管系统各单位成立网络宣传队伍,全面掌握网络舆情。畅通信息渠道,坚持局长热线、城市管理监督热线、城市管理有奖短信举报平台24小时值班制度,及时处理各类投诉和建议。认真办理人大建议、政协提案,共办理建议、提案49份,办结率和满意率均保持100%。

(黄俊锋)

【加大城市管理考核评比奖惩力度】 2008年3月份以来,株洲市推出每月奖惩30万元的激励措施,对排名第一的城区奖励30万元,排末名的城区罚款30万元,并通过新闻媒体公布考评名次和各区区长、分管副区长的姓名。2010年元月份起,奖惩力度进一步加大,设立2000万元的城市管理奖励基金,每月对第一名奖励100万元,第二名奖励30万元,第三名奖励20万元,末名不予奖励。2010年6月份起,对末名罚款20万元。 (黄俊锋)

【网格化管理全面推行】 1月15日,株洲市举行建立城管长效机制实施网格化管理启动仪式,全面推行网格化管理。依托数字城管信息系统,把城区划分为113个责任网格,每个网格明确相关工作责任单位、责任人和信息采集员,通过层层考核,奖惩到单位到个人,建立了责任到网格、处置到网格、监管到网格、奖罚到网格的运行机制,城市管理效率明显提高。 (黄俊锋)

【城市春天合唱团喜获“中华杯”】 2010年10月,代表湖南省参加首届“中华红歌会”比赛的株洲市城管执法局城市春天合唱团在63支参演队伍中脱颖而出,夺得最高奖项——中华杯。此次红歌会由文化部和重庆市委、市政府主办,来自全国31个省、自治区、直辖市和新疆建设兵团、中国人民解放军总政治部、中华全国总工会,以及香港地区、台湾地区、新加坡选派的63支合唱队参加汇演评比。 (黄俊锋)

【株洲市成为国家数字化城市管理试点城市】 2010年12月3日,株洲市数字城管信息系统顺利通过国家住房和城乡建设部专家验收,专家组认为,株洲市的数字城管信息系统开创性的融入了多种新的功能,界面友好,系统稳定,运行效果良好,其效能居于全国前列,一致同意通过验收,株洲市被正式授予“国家数字化城市管理试点城市”牌匾,成为全国42个国家数字化城市管理试点城市之一。株洲市数字化城市管理信息系统于2009年7月正式建设,2009年11月底全面完工,可以采集中心城区90平方公里范围内410公里道路实景影像和10个窗口地段360度全景影像。该系统主要围绕市容市貌、环境卫生、市政公用、城市秩序等公共服务领域建立起沟通快捷、责任到位、处置及时、运转高效的城市管理和监督体系。它是国内第一次将3G技术融入数字城管,第一次将视频实时监控技术融入GPS系统。 (黄俊锋)

市政管理

【概况】 2010年,株洲市市政管理处完成市政小修养护产值607.01万元,完成市政大中修产值13780.06万元,完成园林工程产值519万元,固定资产增加1017.976万元。市政处管养的建设中路获评“全国城镇市政养护示范设施”荣誉称号。城南工区获评“全国十佳班组”荣誉称号,处长刘坚获株洲市“十大学习型领导干部”和“全国市政行业先进工作者”荣誉称号。 (何 云)

【全力以赴抓好城市提质】 一是完成建设北路、响田路等9条道路的大修提质和15条主次干道的中修提质,工程量达300269平方米。二是对47座存在病害的桥梁制定加固维修方案。三是牵头组织对白石港、建宁港、陈埠港等天然溪港流域内出现严重排水不畅、产生城市内涝的地段进行现场勘察,并重点对部分干渠的清淤整治工作提出了近期方案。四是对全市39处主干道空坪隙地进行路面改造维修,对局部基层进行修复处理,对主干道与街巷和单位院落的喇叭口进行整修和完善。五是依托“数字城管”积极筹备“数字市政”平台的建设。建设方案于11月27日通过以中国数字研究院副院长、北京大学教授方裕为组长的专家组的评审。

(何 云)

【积极探索拓宽市场经营】 2010年，市政处下属的基础设施建设公司和大华园林艺术有限公司成功实现股份制改造，以独立法人抢占市场。全年基础公司外接长江南路、湘珠路、黑龙江路、松西子社区道路、空四站生活区道路、城市公园小区道路、白鹤园小区和神农小区等沥青砼施工。园林公司先后完成钻石路绿化提质、丁山社区绿化提质、枫溪大道绿化提质及嘉盛华府、嘉盛雅苑绿化景观工程，总产值达519万元。二是基础公司用"借鸡生蛋"的办法与长沙企业合作，学习人家先进技术和经验经营，于2010年独立经营并突破产值1亿元。三是开展苗木基地建设。园林公司投资30多万元建立苗木基地，基地初具规模，种植各类苗木2.67多公顷。四是承包枫溪大道绿化养护，首次跨入园林养护市场。

(何　云)

【健全长效管理机制】 一是实施并首次进行管养分离。市政设施养护分城南、城北和城东3个工区实行人、机、料内部竞标总承包。二是专项维修实行计划管控。处道路排水管理科、桥梁通道管理科根据设施运行状况每月向养护中心下达专项维修计划，并进行现场质量监管，待完工后根据实际工作量安排专项维修资金。三是针对传统修路工艺的弊端，结合株洲市道路实际情况，大胆推广采用"四新技术"(新工艺、新技术、新材料、新设备)。使用新工艺热再生"修路王"对坑洼路面进行修补，消灭次干道"网裂路"；使用新技术"微表处"，大大提高了修补的美观度，消灭主干道"补丁路"；引入欧美技术的可调式检查井盖新材料，消除道路"肚脐眼"；投资1100万元，添置国际顶尖技术的德国戴纳派克沥青摊铺机、振动式压路机和国内一线品牌的沥青砼摊铺机、清淤疏通车、防涝抽排车等各类市政养护维修的先进设备，基本实现机械化养护。 (何　云)

城市客运管理

【概况】 2010年，株洲市城市客运管理处以"创建、稳定、服务"6字方针为主线，着力于强化出租汽车行业的"品质提升、素质提升"，打造文明窗口，加强行业监管，推动全市出租汽车行业稳定、健康、有序发展。

一、抓创建，建设文明窗口。突出行业特色，全力创建"文明城市"。一是营造良好氛围，促行业精神文明建设。组织全系统召开年度总结表彰会、免费服务"两会"代表、"爱心送考"、出租汽车驾驶员"岗位技能明星"评选表彰等一系列活动。二是加大投入，促进硬件提升。2010年，全行业自主筹集资金300余万元，实行出租车"五统一"(统一座套、统一着装、统一标识标志、统一证照、统一创卫设施)，实行车辆每日清洗的制度，各出租汽车企业自筹资金添置了清洗设备。三是出台《株洲市城市出租汽车驾驶员考核记分办法》，对出租汽车驾驶员日常营运行为进行细化考核，对于一个记分周期内2次记满12分的，或者连续2年记满12分的，由出租汽车行业管理部门依法吊销驾驶员服务资格证，3年内不得再从事城市出租汽车服务。四是开展专题培训，提升整体素质。对即将入门的出租汽车驾驶员，采取入门前学习教育的培训方式。对在岗出租汽车驾驶员采用集中学习的培训方式，培训实施小班制、考核制。对于违规违章出租汽车驾驶员，采取待岗学习、重点教育的培训方式。全年培训驾驶员410余人次。五是强化稽查管理，帮扶特殊群体。与交警部门联合，每月对各出租汽车企业的出租汽车交通违法行为进行登记、排名，督促企业加强对违法、违规驾驶员的文明安全教育，全年共检查车辆12000余台次。六是深入发动，营造良好氛围。发放文明创建宣传资料8000余份，更换、张贴宣传标语2000余份。充分利用电视、电台、报纸及自办报纸《株洲出租汽车报》等媒介，积极向广大出租汽车驾驶员宣传"文明交通行动"相关知识及要求。全市出租汽车行业的创"文明"活动效果明显，涌现了行业首位市劳动模范沈智勇，"株洲市岗位技能明星"吴立飏等一批先进典型和代表。出租汽车交通违法率大幅下降，出租汽车行业服务水平显著提升，为株洲市成功创建"全国交通管理模范城市"以及顺利通过省级"文明城市"检查作出了积极贡献。

二、保稳定，促行业和谐发展。一是进一步规范出租车企业承包费。联合价格行政主管部门对全市出租车经营权的承包标准，以及拟对企业承包费进行重新核准。二是积极化解因燃油价格上涨带来的影响。3月，及时、准确地完成全国城乡道路客运燃油消耗信息申报，为下一轮出租车燃油补贴的发放提供了基础数据。8月，配合财政部门组织发放2009年下半年出租车行业燃油补贴，标准为每车2310.95元，由财政直接划拨。11月，报请物价部门将出租车价外燃油附加费上调至1元/车次。在燃油供应紧张期间，积极协调为出租汽车开辟加油绿色通道。三是针对行业管理、公司管理工作中出现的相关问题及时处理、及时回复。全年共受理市长信箱、市长热线、网络舆情、人员来访86次，均及时进行了回复。四是积极推进GPS终端在出租车行业内的推广，完善了出租汽车站场设施。

三、严监管，促行业规范发展。一是继续加强对出租车经营权管理。5~6月，对全市的出租车经营企业的车辆档案和合同进行一次全面的核对清理；8月，组织对全市1955台出租汽车车辆经营合同的逐一清查，同时在市级多家新闻媒体刊登和发布《株洲市城市管理行政执法局关于出租汽车特许经营权转让的风险提示》，以遏制经营权私下转让和营运车辆的私下过户或承包合同的私下转包行为，制止出租车企业和驾驶员高价炒作或变相炒作经营权。二是坚持"三证"的规范办理。

全年共计受理车辆更新50余台次;办理、换发或补领服务资格证2300余本;发放临时运营证或临时运营证延期1000余本;办理发放运营证1000余本。三是2010年起停止柴油出租车的上户,积极推广舒适性、操控性更好的环保型车辆。四是严格把好驾驶员准入关。全年共组织11场出租汽车驾驶员服务资格入门考试、参考人员842人次,考试合格率控制在69%以下。出租汽车驾驶员违章再教育410余人次。五是热情服务,文明执法。全年共查处出租车违章行为676起,其中查处非法安装使用计价器等出租车标识行为2起,无服务资格证296起,不按规定使用计价器116起,不规范服务217起,其余45起。针对武广西站出租车营运秩序不规范的现象,抽调骨干力量,采取全天16小时定点巡查制度,责令违规驾驶员待岗学习45人次。六是周到细致地处理乘客投诉。全年共受理投诉1104起,其中有责投诉484起,无责投诉620起,处理率100%,满意率98%。七是组织全市出租汽车统一"着装"。通过公开征集方案、组织评审、提交市委理论学习中心组的全体领导审定,确定全市出租车上半部分为亮褐色,下半部分暖灰色。

(朱　靖　郭力嘉)

【组织实施出租汽车经营权招投标】 2010年,成功举行株洲市2010年度城市出租汽车经营权招投标。通过以服务质量为主要竞标条件的招投标,不仅有效提升了出租汽车企业及经营者管理水平和服务质量,也有利于实现出租车企业的规模化经营,同时筹集城市建设资金7864.416万元。

(朱　靖　郭力嘉)

园林管理

【概况】 2010年,株洲市园林绿化局围绕"把株洲建设为以现代工业文明为特征的生态宜居城市"奋斗目标,确立"巩固成果,注重特色,增加绿量,完善体系"的园林绿化方针,城市园林绿化工作不断推向纵深发展,9月,株洲市顺利通过"国家园林城市"复查。全年全市新建绿地642公顷,城区绿地面积、绿化覆盖面积和公共绿地面积分别达4550公顷、5000公顷和1360公顷,绿地率45.5%,绿化覆盖率50%,人均公共绿地面积13.6平方米。

完成特色道路绿化工程,对全市15条主次干道进行提质;完成老旧小区绿化提质改造,建成10个社区小公园;新建并对外开放栗雨公园、东湖公园;实施神农、石峰、天鹅湖等公园提质改造和新建街旁游园工程,为市民休闲提供了更多的精品园林;实施立体绿化工程,大力开展城市空间屋顶、墙体、围墙、边坡等立体绿化建设;做好湘江风光带、五桥、田心立交等城市建设项目的配套绿化建设。株洲市容市貌焕然一新,中央四台《中国新闻》、《中国建设报》、湖南日报等媒体纷纷报道了株洲市绿化发展纪实,增强了株洲市在全省、全国的知名度。　(沈舒丹)

【道路绿化建设】 2010年,株洲道路绿化建设继续呈快速发展趋势。全市提质改造15条主次干道绿化,提升57条小街小巷绿化,城区主次干道绿化建设成效明显。一、道路绿化提质改造。以生态林荫为准绳,着力打造一路一景道路绿化景观。为改变道路绿化树种单一、景观特色不鲜明的状况,在2010年的绿化提质建设中,对15条主次干道进行以打造特色、建设生态道路为主要内容的提质改造。在改造中,突破陈旧的观念,在学习深圳、杭州等城市经验的基础上,在人行道宽的地段增植一排乔木,以增加绿量,在原有人工化较强的色块上,自然式增植一种或二种花灌木,并大量栽植乡土花灌木,通过提质改造全市主干道形成以树花为特征的一路一景效果,受到了温家宝、贾庆林等中央领导的充分肯定。二、精品特色道路在提质中。以植物造景为主,辅之以园林小品,提升新华路、党校路、天台路、长江路、建设路、石峰大道等道路绿化档次和品位。被誉为"湖南省最美一条街"的天台路改造后,更加绿意盎然。长江北路在两侧的行道绿带中增植果树和观花树种,让这条连通"株洲大道"的门庭大道成为景观大道。通过美化花化,丰富景观,建成了中心广场、长江广场、红旗广场、响石广场等花街景观,营造出四季有花、春华秋实的季相特色鲜明的景观效果。同时,通过开展屋旁街角绿化、天桥绿化和屋顶阳台绿化,丰富各主要干道沿线的绿化景观。新华路在人行道上通过花坛的改造,沿街建筑物边进行绿化等手法,丰富了绿化景观效果。

(沈舒丹)

【公共绿地建设】 截至2010年底,全市建成区公园15个,绿化广场和街头绿地158个,各具特色的公园和街头绿地成为市民休闲、娱乐的好去处。年内新建成并对外开放栗雨公园、东湖公园;2月重新规划启动以炎帝广场为核心区的神农城建设;5月启动湘水湾生态公园建设,扩建体育公园,并更名为奥林匹克公园;由市财政投资提质改造神农公园、石峰公园、天鹅湖公园、文化园、流芳公园;7月,流芳公园成为全省第三批爱国主义教育基地。石峰公园启动西山杉树山等边缘景区的消防灌溉系统,布置给水管道约1500米,增加消防栓10座,并添置了部分消防辅助设备。全年全市新建和提质24个街旁绿地,拆围透(建)绿43处,透(建)绿近15公顷,为市民提供了大量休闲绿地。

(沈舒丹)

【游龙湖提质改造】 5~10月,对神农公园游龙湖进行提质改造。沿湖新建亲水平台900多平方米,游船码头扩展空中面积270多平方米,游龙湖原有750多米破损护栏全部更换为麻石护栏,增添景观式凳椅和沿湖灯饰。栽植各类乔灌木800多株,地被植物6000多平方米;在湖水面种植1300平方米的水生植物(金鱼藻、竹节草、伊乐草等),放养6万多尾花鲢、白鲢、花骨鱼等水生动物。并通过提升沿湖景观的质量,整治游龙湖的水体,把炎帝文化融入景观建设中,大大提高了公园的品位和品质,成为株洲的"新城市名片"。据不完全统计,改造后日游客量达2万人次,并接待各类团队30余批次,出色地完成10多起重大接待任务。(沈舒丹)

【单位、居住区绿化建设】 为进一步推动单位、居住区的绿化上水平,除在市区继续深入开展园林式单位和小区评比外,着力提质改造老旧小区,建成10个社区小公园,改善天鹅湖社区、中南无线电小区、滨江小区等164个老旧小区的绿化环境,进一步完善了全市绿化布局。9月下旬,与株洲晚报联合在杉木塘社区、袁家湾社区、滨江小区举办"鲜花送家庭,清香留社区"大型公益活动,派送6000多盆鲜花扮靓寻常百姓家,绿化美化社区环境,取得了良好的社会反响。(沈舒丹)

【行业管理】 一、园林行政管理。截至2010年底,完成城市建设项目配套绿地指标核定57件;办理各类城市树木修剪、移植、临时占绿永久占绿项目7件,移植树木项目2件,上缴绿化赔偿补偿费788万元。同时加强古树名木的保护和监管工作,确保了全市现存古树名木的良好发展态势。二、资质企业审批。园林局从源头着手,提高园林绿化企业的准入门槛,按照《株洲市城市园林绿化企业资质管理(暂行)办法》规定,做到严守标准,遵守程序,接受监督,规范管理。2010年,园林局新办理审批三级资质企业20家,审批变更企业3家。全年全市有园林绿化资质企业71家,其中一级企业1家,二级企业16家,三级企业54家。三、全民义务植树。以3·12义务植树节为契机,开展形式多样的绿化宣传活动,组织动员各机关单位、企业单位、学校及广大市民深入发展义务植树活动。据统计,全年全市参加义务植树劳动人数达27.3万人次,种植各类苗木69.07万株,同时还兴建防护林带和城郊结合部的环城林建设,建设面积达4万多平方米。四、绿化管理养护。2010年,城市园林绿化养护管理工作纳入"大城管"考评范围,市园林绿化局成立专门的考评机构,建立健全考评体系,规范考评办法和内容,先后出台《株洲市园林绿化养护标准》、《株洲市园林绿化建设工程施工技术规范和质量验收标准》和《株洲市城区绿地养护考核管理办法(试行)》。2010年,采取自查、巡查、暗检、明检、重点抽查和交叉检查等多种形式,加大园林绿化养护管理和考评力度,有力地促进了园林绿化养护水平的提高。每月召开点评会,定期通报考评情况和结果,并定期发布园林绿化工作每月的养护重点和要点,为提高全市绿地管养水平和品位探索长制有效的办法和途径。五、园林科研。2010年,编写《株洲城市园林绿化植物选择及应用手册》,为城市园林绿化可待持续发展提供指导和参考。在天鹅湖公园进行静水驳岸生态处理的研究,引进新技术生物浮床,利用浮床组合在水面进行水生植物的栽植,提升景观效果并改善了水质。六、启动绿地系统规划修编。2010年,市园林绿化局以株洲市第七次城市规划修编为契机,启动绿地系统规划修编工作,绿地系统规划已启动150平方公里建成区绿地系统规划修编和560平方公里规划区生态概念性规划。(沈舒丹)

灯饰管理

【概况】 2010年,株洲市灯饰管理处紧紧围绕"城市提质战役"工作重点,实行社会服务承诺制,开展24小时"全天候"、"无假日"服务,其路灯维护指标、单位综合实力居全省同行业前列。全年完成43条小街小巷路灯新建工程、改建的民心工程和300多栋建筑物的亮丽工程,为建设以现代工业文明为特征的生态宜居城市作出了一定的贡献,被中国道路照明协会授予"先进单位",被湖南省道路照明协会授予"2010年先进单位",被市城管执法局评为"城市管理目标红旗单位",处长刘海龙被授予"湖南省城市照明协会先进个人"荣誉称号。

抓日常维护,让市民出行更方便。2010年,市灯饰管理处按照"严管精养"的原则,坚持"先亮后丽"的工作要求,不断提升路灯设施的管养水平,城区亮化设施运行正常,路灯亮灯率、设施完好率达98%以上。抓亮化提质,城市夜景更亮丽。全年完成海创路、四季红路等33条小街小巷的路灯新建工程,改造天伦路、纺织路等10条道路路灯;做好主干道100多栋临街建筑物的亮化工作。(孙振国)

【路灯维护实现新模式】 2010年,路灯维护实行定人、定区、定时的"三定"巡查制度,对城区照明设施进行24小时不间断巡查,发现问题及时处理,白天排除线路故障,夜间维修照明设施。并注重与公安、数字城管等部门的联系,全天候、全区域的灯饰维护网络基本建立。建立一系列城市照明养护考核办法,每月采取定期、不定期方式进行考核,并根据考核成绩进行奖惩。全年城区路灯明亮率达98%以上,市民投诉电话明显减少,满意率100%。(孙振国)

【城市亮化出现新气象】 2010年,市灯饰管理处按照体现"晚上丹韵"的城市色彩要求,扎实推进亮化提质,打造以黄白光为主色调,突出株洲城市山、水、桥、城四大元素的规模宏大、点线结合、动静适宜的城市亮化夜景。对城区8条主要道路进行亮化提质,亮化建(构)筑物100多处。重点抓好城区标志性建筑、湘江两岸、天台路、长江路、建设路的夜景亮化提质,形成"两环两面"的亮化景观。(孙振国)

【路灯建设开创新局面】 路灯建设是“城市提质”战役的重要内容，2010年共完成韶山支路、湘银小区、湘大路等33条城市小街小巷路灯工程和10条道路的路灯改造工程。在工程时间紧、任务重、要求高的情况下，灯饰管理处一是实行“5+2”、“白+黑”的工作模式；二是遵守安全施工、严把质量关，优质高效地完成各项工作。（孙振国）

城市户外广告资源管理

【概况】 株洲市城市户外广告资源管理处有干部职工17人。强化户外广告管理 。2010年，管理处根据城市“提质”的要求，先后组织人员拆除清水塘铁路跨街桥、新华路车辆段护坡、建设路体育局楼顶、规划设计院裙楼、碧海蓝天等10多处墙面屋顶重点、难点广告，以及泰山路灯箱广告70杆、中杆灯灯箱广告13杆；路牌、不规范的单位指示牌180块，总面积约5000平方米。通过一系列的户外广告整治活动，净化了城市的视觉环境，进一步完善了户外广告的长效管理。8月，组织相关专业人员对全市的38处高立柱广告牌进行全面检查，拟定维修方案，明确日常巡查工作中的监管重点，强化户外广告牌的安全检查，全年户外广告无任何安全事故发生。年内制订了《关于加强户外广告安全监督管理方案》。

进一步完善户外广告市场化运作机制，全面推行户外广告的公开拍卖和公开招标工作，为广告市场营造一个公开、公平、公正的竞争环境。4月，委托拍卖公司对炎帝大道等5处共10块高立柱广告牌进行公开拍卖，拍卖总金额达501.2万元，拍卖所得分3年上缴市财政。对户外公益广告资源实行统筹安排，全年发布各类公益广告100余处，计15507平方米，建立永久性公益广告位10处，发生制作成本费用1776143万元，充分发挥了户外公益广告在社会、教育、经济建设工作中的舆论导向，宣传造势功能和作用。

（黄 婵）

城市管理行政执法

【日常执法工作成效明显】 支队采取日查夜巡、联合集中整治等措施，大力开展城市客运、园林绿化、市政设施、户外广告等日常执法工作，年度内共查处非法营运案件2480起，查处摩的2260台、黑车220余台次；查处毁绿占绿案件25起，违章破占道案件28起，查处违规户外广告55处，立案查处10起，拆除违规广告牌和临时性喷绘广告布2260余平方米，为城市提质工作和城市创建工作作出突出贡献，支队被评为“全市创交模工作红旗单位”。

（张开耀）

【建立渣土监管长效机制】 2010年，支队突出抓渣土污染的源头管控和渣土公司的规范管理，逐步建立起渣土监管长效机制。建立领导包区联点责任到人到工地制度，使每个工地都有专人监管。统一设计建筑工地洗车平台建设标准，进一步明确洗车平台、减速带、过滤池的设置和建设要求，防止车辆带泥上路污染现象。年内，支队组织全市11家渣土公司、7家混凝土公司召开全市渣土管理工作会议，出台《全市渣土运输企业考核办法》，并建立月通报、季度讲评和年度考核；组织400余名渣土车驾驶员进行资格培训和考核，提高了渣土车驾驶员的安全行车和文明运输意识，渣土公司管理进一步规范，违章运输行为明显减少。

（张开耀）

【市容环卫纠章处罚深入推进】 2010年，支队采取明察与暗访相结合，加大对市容环卫监督员工作的检查和考评力度。坚持每周组织2~3次暗访测试，对监督员不作为情况进行考评，督促监督员文明纠章，严格处罚。加强纠章处罚工作的宣传，深入推进市容环卫纠章处罚工作，既提高了市民文明素质，也为城市管理积累了经验，先后有90余个外地城市到株洲学习考察。

（张开耀）

【为民服务工作取得实效】 2010年，支队积极组织开展各种为民服务活动。组织开展“为民服务月”活动，要求每个城管队员每周做一件好事；在全市城管执法队伍中开展“管理对象大走访”、“困难对象一对一帮扶”等活动，走访沿街门店10377个、大中型企业70余家，发放城管工作意见征求表5900余份，帮扶家庭经济困难管理对象29户。城管工作社会满意度不断提高，在年度政风行风测评中获小组第9名。

（张开耀）

住宅与房地产业

房地产管理

【概况】 2010年，株洲市房地产市场平稳发展，供应结构更加合理；市场监管更为规范，市场秩序更加有序；拆迁任务顺利完成，物管工作更加成熟；公共服务讲求实效，自身建设更加深入，株洲市房产管理局各项工作实现历史性跨越。

廉租房建设快速推进。2010年，全市新增廉租住房7115套，为年任务的117%。新增发放廉租住房租赁补贴3541户，为年计划的354%；全市共筹集资金43623万元。其中，争取中央资金18734万元，省专项资金1437万元，株洲市配套资金23452万元；项目建设顺利，廉租住房小区“和谐家园”全面建成交付；积极推进产权共有试点工作，拟定《株洲市厂矿企业参与建设廉租住房实施办法》、《廉租住房实行产权共有管理办法》。棚户区改造全面铺开。出台《加快推进棚户区改造的若干意见》，启动棚户区改造项目53个，总建筑面积67万平方米，涉迁住户1.3万户；启动国有工矿棚户区改造项目1个。签订城市棚户区拆迁补偿协议4524户；签订国有工矿棚户区拆迁补偿协议791户。

公租房建设快速启动。全国公共租赁住房建设工作会议召开后，迅速拟定公共租赁住房建设管理相关政策文件，全年建成公共租赁住房470套，为年任务的127%。

供应结构明显改善。全市完成房地产开发投资146.6亿元，商品房销售面积513.8万平方米。其中，商品住宅开发投资102.5亿元；90平方米以下商品住宅开发投资10.7亿元，同比增长73.2%。项目品质明显提升。对6个房地产开发项目实施性能认定跟踪服务，其中，2个项目通过2A楼盘预审，1个项目通过3A楼盘预审，1个项目通过2A楼盘终审。

房屋拆迁任务顺利完成。仅用半年时间，顺利完成全市重点公益项目——“神农城”拆迁任务。田心立交拆迁任务的顺利完成，为长株高速8月底顺利通车提供了有效保障。炎帝专修大学的及时拆迁，为河西湘江风光带大景观“十一”开园奠定了基础。“湘江五桥”建设项目拆迁任务全部完成，确保了“五桥”年底通车。

物业管理水平不断提升。建立健全县区两级物业管理模式，实现物业管理基础工作属地管理。启动银行维修资金自缴系统，全年归集住宅专项维修资金2.12亿元，累计归集5.88亿元。受理查勘房屋277幢，签发鉴定文书277份；完成白蚁预防施工379万平方米；开展白蚁灭治33万平方米。

（陈　琪）

【召开全市棚户区(城中村)改造暨保障性住房建设工作会议】 为加快棚户区(城中村)改造步伐，推进保障性住房建设力度，促进房地产市场健康稳定发展，4月13日，市委、市政府组织召开全市棚户区(城中村)改造暨保障性住房建设工作会议，提出3年行动计划，具体目标是：2010年，编制全市棚户区(城中村)改造控详规划和年度计划，制定出台棚户区(城中村)改造相关政策，完成棚户区拆迁任务，完成20万平方米左右城中村改造任务。2011年，在全市范围内大面积地推进棚户区改造建设开发工作，全市完成总量40%城中村改造任务。2012年，全市完成3年总体任务的剩余部分，并进行全面总结。市委书记陈君文出席会议并作重要讲话。（贾　涛）

【株洲市城区第一个大型廉租住房示范小区正式入住】 4月28日，株洲市城区第一个大型廉租住房示范小区“和谐家园”入住仪式举行。仪式当天有842户低收入家庭入住，其中200余户为低保、残疾人、70岁以上老人、重大疾病患者家庭。“和谐家园”位于芦淞区南环线京珠立交桥旁，占地56公顷，总建筑面积86800平方米，建设廉租住房1400多套。一期建成廉租住房849套，二期工程于2009年9月开工，于2010年7月竣工。“和谐家园”小区住房均进行简单装修，拥有幼儿园、超市、管理用房等公共配套设施，租金标准为每月1.2元/平方米，人均住房保障面积为10平方米。市委书记陈君文，市委副书记、市长王群，市人大常委会主任姜玉泉，市政协主席刘岁文，市人民检察院检察长魏启敏出席仪式。（贾　涛）

【全省保障性住房建设调度暨廉租住房共有产权试点工作会议在株洲召开】 9月6日，湖南省保障性住房建设调度暨廉租住房共有产权试点工作会议在株洲召开，全省14个地州市的房地产部门负责人参加会议。省住房和城乡建设厅厅长高克勤、株洲市市委书记陈君文、省住房和城乡建设厅副厅长高东山出席会议。高克勤厅长对株洲市的住房保障工作给予充分肯定，他指出：要高度重视，大力宣传保障性安居工程的重大意义；要大胆探索，努力走出一条保障性安居工程建设的新路子；要加强监管，切实解决好廉租住房建设过程中的质量安全问题。（贾　涛）

【重大荣誉】 2010年,株洲市房产局始终坚持“开拓创新、规范管理、依法行政、优质服务”的工作理念,加快文化建设和文明建设,加快法制建设和党的建设,各项工作均取得显著成效,先后获省非政法系统唯一一家集中清理历史积案先进集体、省文明窗口单位、省白蚁防治先进单位、省文明单位、省住房和城乡建设系统文明行业创建工作先进单位、全国住房和城乡建设系统企业文化建设示范单位等荣誉称号。 (贾 涛)

房地产开发管理

【房地产开发管理】 2010年,全市完成房地产投资146.6亿元,同比增长41.6%,实现房屋竣工面积242万平方米,同比增长44.3%,实现商品房销售面积513万平方米,同比增长19.5%。 (贾 涛)

【严把企业资质审核关】 2010年,全市年检房地产开发企业349家,提出警示38家,降级10家,注销资质16家,初步建立房地产开发企业退出机制,达到警示一批、处理一批、注销一批的效果。 (贾 涛)

【强化项目管理】 2010年,株洲市发放并收回《房地产开发项目手册》150份,对全市重点房地产项进行跟踪管理。同时,对60个房地产开发项目实施监管,监管面积达458万平方米,监控项目资本金15719万元,解控项目资本金7890万元。 (贾 涛)

【开展专项治理】 2010年,对开发企业的销售行为进行重点检查,对在未取得商品房预售许可证的情况下,违规向买受人收取定金、预定款等费用的违规预售商品房行为,及时进行查处,责令企业限期整改,并清退所有违规收取的款项,切实维护了广大购房者的合法权益,进一步肃清了全市房地产市场秩序。 (贾 涛)

房地产权属与市场

【概况】 全年办理各类产权登记73278宗,办理房地产交易36662套,成交面积406.63万平方米,成交金额122.90亿元,其中:商品房25790套,成交面积285.07万平方米,成交金额103.93亿元;二手房10872套,成交面积121.56万平方米,成交金额18.96亿元。核发“商品房预售许可证”316份,批准预售面积281.53万平方米。完成房产修补测约2平方公里。全年共新建房产档案72144卷,接待档案查询58310卷次,其中,为全市重点工程、棚户区改造、住房保障和企业改制等查档约10000卷次。办理房屋租赁登记备案手续23595宗,其中住房租赁登记备案554宗。 (刘智艳)

【信息建设再上新台阶】 不断完善房地产综合管理信息系统。全年完成系统的文档编制和验收、担保系统的上线和主体管理的升级开发工作,系统一、二期开发建设应用顺利通过验收,信息化建设取得阶段性成果。积极开展涵盖物业管理、拆迁管理、二手房交易监管、三维档案库房建设、开发管理、住房保障等的第三期信息化建设相关工作。启动株洲市县域(5县市)房地产管理信息化建设工作。主要是通过建设全市(县)统一的房地产市场监管系统,构建全市(县)统一的市场信息采集、分析监控体系。 (刘智艳)

【历史遗留问题处理力度加大】 积极与各区政府联系,分类清理申报资料,主动派工作人员配合各区政府到国土、规划、消防、质监等部门沟通、协调、提建议,将各类房屋登记历史遗留问题汇总提交市房屋登记历史遗留问题处理工作小组,多次召开遗留问题办证协调会,全年共办结房产证42栋,851户,共计建筑面积为11.07万平方米,有效推动了房屋登记历史遗留问题处理工作进程。 (刘智艳)

【服务重点项目】 2010年,市房产局完成株洲铁路建筑段、南车株洲电力机车有限公司、体育中心、株洲铁路富华商业广场等一系列重点项目、“5115”工程重点企业的房产测量、办证工作,共计197栋;为广铁集团、湖南株洲轮船运输总公司、市冶金矿产总公司、市纺织工业贸易公司等改制办证企业提供办证政策咨询,受理并办结改制资料262宗。 (刘智艳)

物业管理

【概况】 2010年,全市物业管理工作以改善物业管理发展环境,提高业主满意度为重点,积极作为,努力促进物管行业持续健康发展。全年新批三级企业资质24家,三级升二级3家,办理暂定三级资质核定的7家。截至年底,全市共有物业企业208家,其中一级3家,二级21家,三级及暂定三级184家。组织物业管理项目招投标43起,总招标面积235.48万平方米,前期物业管理项目招投标率100%。全年新增物业管理项目45个,面积262万平方米,物业管理覆盖率73%。 (张龙志)

【召开行业文明创建动员会】 5月20日,组织召开物业行业创建文明城市、创建“平安小区”工作再动员大会,150余家企业参加会议。会议对行业创建文明城市、创建“平安小区”工作做了具体的部署和安排,并将组织12个督察小组对全市160余家物业企业,严格对照创建标准进行地毯式的交叉检查,以落实创建工作目标。 (张龙志)

【政策法规体系逐步完善】 起草《株洲市物业管理办法》、《株洲市住宅专项维修资金管理办法》、《关于促进我市物业管理发展的若干意见》等法规,《物管办法》、《若干意见》通过反复论证,将在2011年颁布实施。先后制定《物业承接验收管理办法》、《物业项目退出制度》、《前期费用的管理》、《商品房保修金管理办法》、《专项维修资金交存的若干规定》等7项物业管理规定,拟在时机成熟后颁布实施,以进一步促进物业健康快速发展。 (张龙志)

城市房屋拆迁

【概况】 2010年,共发放房屋拆迁许可证31份,出刊《城市房屋拆迁动态》8期;涉迁房屋建筑面积31.4万平方米,涉迁单位42家,涉迁住户2884户,监管资金2.89亿元。举行听证会6场,组织分户评估64户,受理行政裁决72份(其中经调解达成协议46户,申请专家鉴定58户),下达行政裁决26份。申请行政强制2份(湘江五桥项目、田心立交项目),执行1户(铜霞路项目);申请司法强制1份,执行1户。

(张　红)

【快速推进重点工程项目】 2010年,全市重点工程任务艰巨,集中力量投身"神农城"、"湘江风光带之武术学校"、"湘江五桥二期"、"铜霞路"、"棚改拆迁"等省市重点工程建设。成立专门拆迁工作组服务"三大战役"中的重要项目,派驻拆迁工作人员进驻现场,指导服务工作。在优先保障人员的同时,开辟绿色通道,最大限度压缩拆迁审批时限,提高拆迁工作效率,优先提供服务,为确保拆迁项目的顺利进行提供了坚强的保障。 (张　红)

【不断健全法规政策】 2010年,为了更好地贯彻执行国务院305号令《城市房屋拆迁管理条例》和省政府157号令《湖南省实施〈城市房屋拆迁管理条例〉办法》,结合株洲市的具体实际,市房产局重新制定并上报《株洲市城市房屋拆迁管理实施办法》(以下简称《拆迁办法》)。《拆迁办法》于12月16日以株政发〔2010〕38号文件下发,《拆迁办法》的颁布实施是株洲市拆迁工作的又一里程碑,它充分体现了当前拆迁工作公平、公正,以人为本的服务理念。

(张　红)

【全面推进棚改拆迁】 积极服务棚户区改造拆迁工作,派驻拆迁指导小组进驻各区。截至2010年12月7日,全市棚户区改造共核发房屋拆迁许可证12份,涉迁房屋建筑面积103116.62平方米,基本完成"月形山B段"、"幸福村"2个项目棚改拆迁,其余项目正按计划推进。 (张　红)

【加强拆迁实施队伍管理】 全年年检拆迁实施机构12家,其中年检合格9家,被警示的2家,暂缓的1家。通过严格审查,加强拆迁实施单位的管理,将全市的拆迁实施工作引入了良性竞争轨道。 (张　红)

住房公积金管理

【概况】 2010年,株洲市住房公积金管理中心围绕"保二争一,科学跨越"战略目标,积极进取、扎实工作,努力促进全市住房公积金事业健康快速发展。中心获"全省住房公积金业务管理优秀单位"、"株洲市文明建设先进单位"、"株洲市政务公开先进单位"等称号。

全年归集住房公积金13.03亿元,同比增长30.4%;发放住房公积金个人贷款14.95亿元,同比增长51%;实现住房公积金增值收益7016万元,同比增长9.2%;年末个人贷款逾期率控制在0.058%;呆账率、资金违规运作均为零。

截至2010年底,全市实缴人数26.19万人,覆盖面达83%;累计归集住房公积金60.93亿元,归集余额37.07亿元;累计为职工提取住房公积金23.86亿元;累计为3.6万户职工发放住房公积金个人贷款44.39亿元,贷款余额29.78亿元,支持职工购、建房440多万平方米;累计实现增值收益2.63亿元,其中提供廉租房建设补充资金1.31亿元。 (黄　山)

【归集总额突破60亿元】 截至2010年底,全市住房公积金归集总额达60.77亿元,成为全省除省会城市长沙外第一个突破60亿元的市州。2010年归集业务量占株洲住房公积金制度建立15年总量的四分之一,占"十一五"总量的三分之一。 (黄　山)

【强力推进制度建设】 2010年,市委、市政府首次将住房公积金工作纳入全市政绩考核内容,建立对县市区政府住房公积金工作目标考核机制。市政府先后召开县市政府主要负责人座谈会、政府办公会专题研究住房公积金工作。9月3日,市政府召开近500家单位参加的"全市推进住房公积金制度建设工作会议",印发《关于推进住房公积金制度建设的若干意见》,对今后5年全市住房公积金制度建设提出了明确目标和要求。市人大、市政协就推进非公组织建制先后召开市人大代表和政协委员座谈会,高度关注和支持这项工作。各县市区也相应召开专题会议,研究住房公积金工作,形成全社会上下齐心、协力共建的强大合力。 (黄　山)

【资金运作确保安全】 2010年,中心进一步加强风险防控,确保资金安全。一是通过实施"资金安全"项目,全面加强资金管理链65个风险点的防控;二是成立中心资金管理小组,坚持资金调度分层级集体决策;三是修订完善《内部稽核暂行办法》,加大业务事中、事后稽核力度;四是加强对受托银行考核,延伸风险防控触角;实现"零发案、零事故、零投诉、零呆账、零违规"安全目标,确保资金、财产和人员绝对安全。

(黄　山)

环境保护

【概况】 2010年，全市空气质量达到良好以上的天数为345天，良好率达94.5%，空气质量首年度达到二级。湘江株洲段水质保持Ⅲ类，连续4年未出现重金属超标现象，市区集中式饮用水源水质达标率（单因子评价）首年度100%；全面完成省政府下达的砷、镉、二氧化硫、化学需氧量“十一五”减排任务；连续4年未发生重大环境污染事故；对照环保模范城市26项指标，达标21项，未达标的5项也稳定提升。年内，株洲市环境保护局获全省“企业服务年”先进单位、全省市州环保工作目标责任考核一等奖、全省“十一五”环保宣教工作先进单位、全市创建文明城市工作先进单位，天元分局、市环境监测中心站获全省环保系统精神文明建设先进单位，市环境监察支队通过全省环保系统精神文明建设先进单位的复核。

积极推进创模工作。一是召开市创模领导小组成员会议和创模再动员大会，加大创模力度，年初将尚未达标的7项指标细化成39小项，明确了责任单位和责任人、完成时间，加快各项创建工作进程。二是加强创模协调工作。积极与环保部协调，并邀请到环保部创模专家到株洲市指导创模工作。三是定期召开环保系统创模工作联席会议和创模指标分析会，对创模指标进行全面分析论证。四是开展创模督查。市创建办组织对9个县市区政府、7个专业组和8个重点企业进行专题督察，促进创模工作。

开展未达标企业专项整治和工业企业环境管理规范化建设。对全市污染物未达标排放企业下达限期整改通知，落实整改措施，提高企业污染物排放稳定达标率。全面落实《株洲市工业企业环境保护规范化管理标准》，进一步加强企业环境保护规范化管理，规范企业排污行为，2010年全市完成环境管理规范化建设企业验收的企业436家，关闭和停产企业82家，搬迁企业11家。

开展城市港水污染状况调查工作。组织力量对市枫溪港、建宁港、白石港、霞湾港、铜塘港、老霞湾港，天元区陈埠港、徐家港、渡口排渍站、栗雨高排渠、南部工业园排口、王家坪高排渠，湘江直排口等13个城市港水的水质状况、工业废水污染源状况、生活污水污染源状况、排污口状况、底泥状况、集中污水处理厂及管网状况进行全面摸排调查，形成综合调查报告，为“一江四港”的整治奠定了技术基础。

开展绿色单位创建工作。截至年底，市人大城环委、市政协环资委、市环保局等组织建成500余家绿色学校、绿色社区、绿色工业企业、绿色文化场所、绿色家庭。

完成年度国家污染减排工作。2010年国家认可二氧化硫减排项目9个，认可项目削减量19379.93吨；国家认可化学需氧量减排项目28个，认可项目削减量6567.36吨，全面完成“十一五”污染减排任务。

湘江流域环境综合整治工作。一是5县市加快生活垃圾填埋场建设。醴陵市生活垃圾填埋场投产运行，株洲县、攸县、茶陵县、炎陵县生活垃圾填埋场建设完成选址、可研、环评，正在施工建设中。二是完成规模500头猪以上的畜禽养殖场污染治理。全市完成116家规模化畜禽养殖污染整治，验收112家，退出4家。三是完成茶陵县大地钨业公司、株洲市海达集团新材有限公司、株洲天成化工有限责任公司、株洲好棒美食品有限公司、株洲选矿药剂厂等5家工业企业限期搬迁任务；株洲宏德有色金属材料有限公司、茶陵县虎踞精干麻厂2家企业停产整治到位。四是重金属污染整治工作稳步推进。全年全市完成51家涉重金属企业整治工作，其中取缔关闭7家，淘汰落后生产工艺装备10家，停产整治16家，限期整改18家。

抓好城区环境综合整治工作。一是拆除市区废弃烟囱52根，消除一批环境污染隐患，提升了城市品位。二是开展餐饮油烟污染整治。基本完成第一批263家大中型餐饮业和有周边居民投诉污染问题餐馆的油烟整治工作。三是印发《株洲市机动车排气污染防治管理暂行办法》，强力推进机动车尾气污染治理工作。

抓好农村生态保护工作。一是生态创建工作卓有成效。2010年共创建省级环境优美乡镇10个和生态村19个，国家环境优美乡镇3个。二是开展农村连片环境整治工作。制定《株洲市农村环境连片整治初步方案》，醴陵市、炎陵县2个农村环境连片整治片区纳入省级项目，分别获中央环保专项资金500万元和1200万元。

加强建设项目环境管理。一是严格建设项目环境准入制度。印发《株洲市建设项目环境保护三同时保证金管理暂行办法》，加强施工期环境监管和“三同时”验收工作。全年市本级审批建设项目环境影响评价文件232项，其中环境影响登记表55项，环境影响报告表96项，环境影响报告书81项；完成建设项目环境保护验收67项；收取三同时保证金955.25万元。全市工业建设项目环境影响评价执行率达100%,验收建设项目环保“三同时”执行率和合格率均为100%。二是开展工程建设领域突出问题排查整改行动。对市发改委立项的工程建设项目进行环保审批专项排查,共排查建设项目111个,责令34个建设项目补办环评手续。

加大环境监察力度。一是开展各项专项整治行动。开展蓝天碧水净土静音、存在突出重金属污染安全隐患的企业大排查、整治违法排污企业保障群众健康、沿江沿河化工石化企业环境污染隐患排查整治工作等专项行动,有效保障了全市环境安全。二是开展“非常巡查”、高考禁噪巡查和24小时巡查,大大降低工业企业环境违法行为,较好完成了高考期间护考工作。三是开展环境安全“打非治违”专项行动。重点对攸县和茶陵县煤矿、非煤矿山及尾矿库,醴陵市烟花爆竹行业以及石峰区危险化学品环境安全进行重点清查,限期整改环境安全隐患。四是全市立案查处夜间违规施工、未办理排污申报登记等各类环境违法行为120余件,处罚金额210余万元。

加强辐射固废监管工作。一是落实行政许可制度。核发辐射安全许可证85家,审批35批危险废物的转移、贮存、处置。二是加强日常监管。落实涉辐射源的企业实行24小时值班制,对湘东化机、智成医院等65家存在辐射源安全隐患的单位下达整改通知书,责令整改。督促24家重点企业完成工业固体废物和危险废物申报登记工作、危险废物重点产生源档案工作。三是开展全市二恶英重点排放行业调查,调查企业21家。四是消除固体废物安全隐患。将南方公司、南车时代电气股份有限公司、株洲硬质合金有限公司等单位含氰废物送湖南昊华化工有限责任公司进行处置。

提高应急处置水平。全年处置突发环境事件4起。参加由省应急救援总队组织的“3+5”城市群跨区域消防演习。做好环境信访投诉工作。下大力抓好“12345”市长热线、环境信访、网络投诉、建议提案、污染纠纷和“12369”接处警工作,积极化解矛盾,维护了社会维稳。全年“12369”共受理各类环境污染投诉1885起,其中废气污染投诉857件,废水污染投诉151件,建筑施工污染投诉842件,其他污染投诉174件。处警率、回复率100%,满意率100%;办理省环保厅、市长信箱、市委办、市政府办、市信访局批办件32件;办理市人大建议5件、政协提案10件,办结率、满意率100%;受理群众上访32批70人次;处理农赔等环境污染纠纷7件,补偿面积5600余公顷,落实农赔资金242万元。

开展形式多样的环境宣传活动。一是开展第39个“6·5”世界环境日纪念活动和“无车日”、环保志愿者在行动等活动,围绕“低碳减排·绿色生活”的主题,组织开展“绿色株洲揭开新一页”等系列宣传活动,为全市环保工作营造了良好的社会舆论氛围。二是完成三湘环保世纪行记者团到株洲采访湘江流域水污染综合整治和减排工作。三是邀请中央四台制作以“调整产业结构,转变发展方式”为主题的环境保护专题片。

信息公开工作取得新成效。全年发表环保新闻宣传报道600余篇;向市政府门户网站投稿220余篇,其中优秀稿件10余篇,投稿量月度评分连续位于全市市直机关前列;向省环保厅公众网投稿180余篇,年度投稿量位居全省市州第一位。全年市环保局公众网发布信息450余条,有力地宣传全市环境保护工作,增强了社会认知度和参与度,提高了公众影响力。

启动“数字环保”工程建设。做好“数字环保”工程建设前期调研考察工作,年底,“数字环保”工程方案通过专家评审,为打造全国一流,全省第一的环保监控网络体系奠定了基础。完成污染源普查动态更新调查工作,调查企业1352家。积极争取上级环保专项资金。争取了国家7部委湘江重金属治理项目5个,专项资金8200万元;省级环保治理项目17个,专项资金1720万元。（杨毅刚　文红武）

环境质量

【湘江株洲段水环境质量】 湘江株洲段水质年均值均未超过Ⅲ类水质标准,水质良好;但各断面月均值中氨氮、粪大肠菌群时有超标现象。（邓继福）

【饮用水源质量状况】 全年市区取水总量为16698.95万立方米,取水量达标率100%。市区饮用水源地监测12次,市区3个饮用水水源地水质年均值和月均值均达到《地表水环境质量标准》(GB 3838-2002)Ⅲ类水质标准,饮用水水源达标率实现100%。饮用水源经自来水厂净化处理后,能满足饮用水水质要求。（邓继福）

【城市环境空气质量】 全年株洲市区空气质量达到良好以上的天数为345天,空气质量优良率94.52%,较2009年(92.6%)有所提高。其中二氧化硫年均值首次达到环境空气质量二级标准。全市空气质量达到国家《环境空气质量标准》(GB3095-1996)中年均值二级标准。（邓继福）

【酸雨状况】 全年市区酸雨频率96.3%,酸雨量占全年总雨量的97.0%。全年降水pH值在3.85~6.58之间,年均值为4.62,与2009年(pH均值为4.67,酸雨频率为85.7%)相比,酸雨酸度和酸雨频率都有提高,酸雨状况依然严重。（邓继福）

【声环境质量】 全年市区交通干线平均等效声级值为64.7dB(A),低于国家标准5.3dB(A),较上年上升0.2dB(A)。区域环境噪声平均等效声级为53.4dB(A),较上年相比上升0.8dB(A)。（邓继福）

【环境监测】 2010年,修订《株洲市环境事件应急监测预案》,形成了成熟的污染事故应急监测体系。全年开展各类环境应急监测20余次,出动监测人员1000人次,车辆300余台次,出具应急监测快报54期,做到了反应快速,到位及时,数据准确有效。市环境监测中心站成为继省环境监测中心站、长沙环境监测中心站后省内第三家实现地表水饮用水源地109项全分析能力的监测机构。市环境监测中心站研究的四乙基铅项目液相色谱法分析法为国内首创,得到国家环境监测总站的高度评价。顺利通过国家二级站标准化建设验收,被省环保厅授予能力标准化建设达标单位。荣获全省首届环境监测技能竞赛暨全国大比武选拔活动团体二等奖,其中2人分获个人二、三等奖;荣获2010年度全省环境监测工作先进集体一等奖。 (胡 卉)

环境管理

【环保部原副部长祝光耀到株洲市视察】 4月6日,环保部原副部长祝光耀一行到株洲市视察环境保护工作。祝光耀副部长一行视察了株洲市市容市貌、炎陵县和凯天环保科技有限公司,并寄语株洲市加大节能减排力度,大力发展循环经济,把株洲建设成一座环境良好、生态文明的城市。市委书记陈君文,市委副书记、市长王群等陪同视察。 (杨毅刚)

【环保型单位创建工作初显成效】 2010年,为深入贯彻落实市委、市政府创建国家环保模范城工作目标和决策,株洲市制订《创建环保型单位实施方案》。全年全市组织开展11类环保型单位创建工作。株洲冶炼集团股份有限公司等125家工业企业通过考核检查认定,被评为环保型工业企业;石峰区响石岭街道万泥塘等82家社区被评为环保型社区;市公路局、市科技局等39家机关被评为环保型机关;市商务局创建5家环保型商场并通过验收;旅游局成功创建15家环保型饭店;市卫生局创建37家医院为环保型医院;市农办创建9个环保型乡镇;市交通局创建5个环保型车队;市教育局创建6个环保型学校;市文化局创建138个环保型文化场所。 (文红武 文 利)

【城市港水污染状况调查】 2010年,市环保局组织对城市港水污染状况进行全面调查。调查范围为:河东地区的枫溪港、建宁港、白石港、铜塘港、霞湾港、老霞湾港;河西地区的王家坪高排渠、徐家港、渡口排渍站、南部工业园排口、陈埠港、栗雨高排渠;直排湘江的排污口也被列入调查范围。市环保局全员出动,分成6个调查组于3月底完成现场调查,4月底完成调查报告的汇总和编写。调查报告全面反映市区港水的污染状况,包括各港流域的工业废水和生活污水的排放量、存在的主要污染问题以及整治对策和建议,为城市港水整治工程提供了技术支持。

(杨毅刚 文红武)

【环保部专家组调研指导株洲市创模工作】 9月26~28日,以环保部污防司处长韦洪莲为组长的创建国家环保模范城市专家调研组到株洲市,对重点工业企业污染防治、城市污水处理、生活垃圾处理、饮用水源保护、空气自动监测和污染源在线监测等进行实地考察。28日,调研意见反馈会召开。专家组针对株洲市创模工作中存在的突出问题,提出了指导性意见和具体建议。专家组认为,株洲市经济社会发展迅速,城市面貌焕然一新,环境保护工作取得了突出成绩,创模工作已取得阶段性成果;要求株洲市在创模工作中,以改善环境质量为中心,建立健全创模机制,加大资金投入,认真抓好污染物减排、工业污染防治和环境安全保障重点工作。会上,冯银厂、王世平、杨晓东3位专家被聘请为株洲市创模工作高级顾问。 (文 利)

【省环保厅与株洲市合作共建"两型"社会】 11月11日,省环保厅与株洲市共建"两型"社会签约仪式在天台山庄举行。副市长李异建主持签约仪式,省环保厅厅长蒋益民,市委副书记、市长王群共同签署《共建"两型"社会,推进环境保护事业发展合作协议》。此次厅市合作涵盖创建国家环保模范城市、环境经济政策改革试点、湘江流域生态环境综合治理、工业污染防治工作、清水塘国际环保产业园建设、农村环境保护、环境监管能力建设等方面内容。省环保厅领导彭翔、郑粟、谢立、姚斌等参加签约仪式。 (文 利)

污染治理与环境建设

【湘江流域水污染综合整治】 2010年,株洲市湘江水污染综合治理工作任务8类251个项目历经3年,圆满完成。一是取缔关闭茶陵县康华化肥工业有限公司。二是按期完成株洲市海达集团化工有限公司停产治理。三是按期完成限期治理工业污染治理项目16个。四是完成92家造纸企业污染整治。五是搬迁株洲选矿药剂、株洲海达新材、株洲天成化工、茶陵县大地钨业、株洲好棒美食品等5家污染企业。六是完成123家畜禽养殖场限期治理。七是建成龙泉污水处理厂二期、河西和5县市污水处理厂,共计新增污水处理能力22.5万吨/日。八是按进度完成生活垃圾填埋场建设工作,其中醴陵市生活垃圾填埋场提前完成。 (文红武)

【辐射管理】 2010年,全市共有辐射工作单位219家,其中涉源单位37家,涉射线装置的单位182家。"辐射安全许可证"持证单位214家。核技术应用主要涉及医用放射诊疗，工业探伤，农业种子检测，水泥立窑料位计量等方面。年内市环保局辐射站建立完善放射源动态管理数据库，依法督促涉源单位对放射源数量、种类、活度和安全状况进行排查，建立健全放射源使用、贮存等管理制度和安全保护措施，实施放射源分类身份管理，建立管理动态档案，通过强化和细化管理消除安全隐患，确保了全市辐射环境安全。

（喻　伟）

【医疗废物集中处置有限公司拓宽处理范围】 2010年，株洲市医废处理中心完成医疗废物处置量1500吨，其中株洲市1050余吨，湘潭市450吨。在全省率先开展县市城关镇医疗废物集中处置工作，医疗废物处置率达100%。全年中心处置工业危险废物630余吨，成为全省唯一一家利用医疗废物处置设施处置工业危险废物的单位。

（郑　芳）

农村环保

【全面完成规模化畜禽养殖污染整治任务】 全市7家规模在2000头猪以上的养殖场于2009年完成污染整治工作并通过了省厅的验收。全市116家规模在500头猪以上的养殖场，各县市区人民政府下达限期治理决定。2010年，110家完成限期治理验收，5家退出，1家搬迁。至此全市123家规模化畜禽养殖场全面按期完成《湘江流域水污染综合整治实施方案》中的规模化畜禽养殖污染整治任务。

（卢建新　黄爱云）

【推广农村环保新工艺新技术】 2010年，攸县志锟公司利用好氧发酵技术，用畜禽粪便生产有机肥技术，为畜禽养殖污染防治探索了新的途径。省环保厅组织对该项技术成果进行鉴定，并给予攸县志锟公司省环保专项资金30万元支持该项目。市环保局与市畜牧水产局联合推广该技术，为全市规模化畜禽养殖场污染整治开辟了一条资源化的道路。（卢建新　黄爱云）

总量减排

【减排任务】 2010年，国家认可二氧化硫减排项目9个，认可项目削减量1.94万吨，抵消新增后年度排放量7.17万吨，在2009年排放7.50万吨基础上净削减0.33万吨，削减率4.4%，在2005年排放10.54万吨的基础上净削减3.37万吨，削减率31.97%。“十一五”共完成减排项目81个，超额完成减排任务0.34万吨。国家认可化学需氧量减排项目28个，认可项目削减量0.66万吨，抵消新增后年度排放量为6.18万吨，在2009年排放6.34万吨的基础上净削减0.16万吨，削减率2.52%，在2005年排放6.78万吨的基础上净削减0.6万吨，削减率8.85%。“十一五”共完成减排项目174个，超额完成减排任务0.02万吨。砷排放量7.51吨，在2005年基础上净削减9.79吨，削减率56.59%，超额完成“十一五”减排任务4.69吨。镉排放量1.49吨，在2005年基础上净削减1.4吨，削减率48.44%，超额完成“十一五”减排任务0.51吨。（易广志　文红武）

环境监察

【现场监察】 全年共对国控和省控企业的150套污染处理设施进行现场检查1100余次，加强对株冶、株化等28家直管企业进行日常现场监管，严格执行非常巡查制度，严查非工作时间企业设施运转等情况。湘江枯水期间，对“三涉”、挥发酚及氨氮等高危污染源的设施采取片区责任人每天检查1次、市环境监察支队每3天抽查1次等监察手段。污染源监控中心和国控重点污染源在线监控现场端第三方运营基本正常，基本实现全天候24小时监管，对现场执法、应急处置等工作起到了积极的作用。（熊湘斌）

【排污申报】 2010年，全市1845家企业实施排污申报登记表；其中完成市级申报登记工业企业105家，建筑施工单位55家。（熊湘斌）

【排污收费】 2010年，市本级共征收排污费3669万元，为市财政预算任务3077万元的119.2%。其中市环境监察支队征收3208万元，石峰大队征收115万元，芦淞大队征收135万元，荷塘大队征收81万元，天元大队征收80万元，云龙示范区征收50万元。

（熊湘斌）

【环境执法和专项检查】 2010年，市环保局开展“零点行动”、“非常巡查”、“造纸行业专项整治行动”及“绿色护考”等专项行动20余次，检查企业100多家。全年共立案查处违法企业24家，处罚金额170万元。（熊湘斌）

【环境安全隐患整治】 从8月开始，市环保局组织对有色、化工、重点信访、重点污染源企业及饮用水源保护区进行排查，尤其对四涉（涉砷、涉镉、涉铅、涉铬）企业展开重点排查，共出动环境监察人员700余人次，检查企业210家，对存在环境安全隐患的104家企业建立动态监管档案，做到一厂一档。截至年底，被列入到整治名录的52家企业，取缔关停到位7家，淘汰落后生产工艺装备10家，实施停产整治16家，限期整改19家。（熊湘斌）

【环境突发事件处置】 年内未发生重大环境污染事故。成功处置大石桥京珠高速入口处液罐车侧翻双氧水(过氧化氢)泄露事件、石峰区湘海脱模油厂护坡垮塌漏油事件和石峰区丁山路化学仓库起火事件等3起环境污染事件,处置及时,措施得当,未造成较严重的环境损害。成功组织以清水塘工业区某企业管道出现破裂造成部分高浓度含镉废水外排为背景的突发环境污染事件应急演练行动1次。(熊湘斌)

【环境污染责任保险】 全年全市有41家易发生环境污染事故的企业参加环境污染责任保险,其中续保企业16家,共计完成投保额112.9万元。

(熊湘斌)

环境宣传

【宣传报道】 2010年,市环保局对全市环保重点工作、现场督察、大型宣传活动,都邀请省市新闻媒体参加,及时宣传环保工作先进典型,针砭落后现象,推动了全市创模工作进程。中央电视台播放市创模专题宣传片;省、市电视台等媒体开展环保宣传专题系列采访活动20多次;国家、省、市级媒体发表环保信息稿件1500多篇(条);出版《株洲环境保护》杂志4期;在《株洲日报》、《株洲新闻网》开辟创模专栏。环保工作形成了多媒体、多渠道、立体化的环保宣传。(曹浪波　王际兵)

【环境科研】 2010年,株洲市环境保护研究院积极开展公益性环境科研,以霞湾港重金属污染为对象,联合湖南大学进行重金属污染底泥环保疏浚与生态修复技术研究,配合省环科院进行湘江水环境重金属污染治理关键技术研究与综合示范;参加的国家重大环境科研项目《城郊区环保型特色农业支撑技术研究与示范项目》顺利通过验收;编制完成株洲市"十二五"环保规划。(李小江　李江红)

科学技术

【概况】 2010年,全市科技系统紧扣"转方式、促两型"工作主线,坚持"项目带动、实干兴科"原则,开拓进取,奋力拼搏,各项工作取得新成效。全年全市共争取国家、省级科技项目80多项,其中国家、省重点项目超过20项,争取项目资金3亿元,稳居全省各市州科技局第一。加强自主创新,突出关键产业、关键领域的技术攻关,科技成果转化率达80%以上,科技对经济的贡献率超过50%,居全省前列。高新产业快速发展,全市实现高新技术产值787亿元,同比增长34%,稳居全省前列。技术研发机构数量大幅增长,全市新增国家、省级、市级技术中心7家。全市专利申请量突破2000件,同比增长19.6%。不断完善科技奖励制度,大幅提高科技杰出贡献奖、科技进步奖奖金,率先在全省设立青少年科技创新奖。科技队伍自身建设水平不断加强,株洲市科学技术局在市委政绩考核中进入一等单位前列,在全市政风行风公众测评中获得第一名。 (张江华)

【优化科技发展环境】 2010年,市委、市政府把大力实施"科教先导"战略、建设"智慧株洲"列为株洲"十二五"四大发展战略目标之一,并出台《株洲市创新工程方案》等政策文件。加大公共财政科技投入,全年全市科技投入达4.06亿元,其中市本级财政投入达5000万元,创历史新高。大力鼓励科技创新,继2009年创立200万元的促进企业技术创新奖后,2010年出台新的《株洲市科学技术奖励办法》,将市科技杰出贡献奖的奖金从每人10万元,提高到每人50万元;将市科技进步奖一、二、三等奖的奖金从4万元、2万元、1万元,分别提高到6万元、4万元、2万元,并增设青少年科技创新奖。市本级每年颁发的奖金达500多万元,在全市营造了重视科技、尊重人才、鼓励创新的良好氛围。 (张江华)

【高新产业发展】 2010年,全市科技工作把推动自主创新和转变发展方式结合起来,坚持以项目建设,推动新兴产业规模化、优势产业高端化、特色产业集群化。六轴电力机车、A型地铁、科技富民强县等项目取得重大进展,尤其是电动汽车产业化项目取得重大突破。全年全市新投放电动公交车260台,率先在全省完成省政府下达的新能源汽车推广任务,是长株潭三市中唯一完成任务的城市。全市累计投入运营的电动公交车达420台,占全国自主品牌混合动力公交车推广总量的20%,累计争取科技部、财政部和省政府新能源汽车补贴资金近3亿元,是全国电动公交汽车推广数量最多、运营里程最长、争取国家补贴最多的城市之一。以公交电动化推动电动汽车产业化,全市电动汽车实现产值达4亿元。轨道交通、航空装备等新兴产业发展迅速,全市实现高新技术产品产值787亿元,同比增长34%。 (张江华)

【企业自主创新】 2010年,市科技局强化企业在自主创新的主体地位,不断提高企业的核心竞争力。支持企业建设一批行业技术突出、实验设施齐全、主攻方向明确的研发中心。新组建株洲火炬工业炉有限公司等7家企业工程技术研究中心,国家风力发电工程技术研究中心电机研究室落户株洲,株洲国家电动汽车高新技术产业化基地通过科技部认定。大力开展高新技术产业发展专项计划,积极落实企业研发费用加计扣除、自主创新产品政府采购、高新企业税收优惠等政策。全年为高新企业、民营科技企业减免各种税收近2亿元,是全省执行高新企业税收优惠政策最好的地市。大力实施中小企业科技创新计划,全市获国家中小企业创新基金45项、争取经费3400万元,项目和资金数连续5年大幅增长。加大对高新技术企业的培育和扶持力度,新认定国家高新技术企业28家,全市14个产品被认定为湖南省首批自主创新产品。 (张江华)

【科技合作平台】 2010年,市政府先后与湖南工业大学、湖南师范大学签订科技合作协议,建立市校科技合作机制,扩大合作规模,深化合作领域,提高合作水平。株洲市牵头组建通用航空发动机产业技术创新战略联盟,国内19家高校、科研院所、企业共同参与,参与单位范围之广、数量之多全省领先。市政府与省科技厅签署"两型"社会科技创新体系建设协议,建立厅市科技工作会商制度,株洲近10个项目得到省科技厅的重点关注、大力支持。

(张江华)

2010年度株洲市获国家科技进步奖项目

表12

序号	等级	项目名称	主要完成人	主要完成单位
1	二等奖	特大功率电力电子器件技术研发及推广应用	丁荣军、张　明、刘国友、黄建伟、邹冰艳 童宗鉴、舒丽辉、李世平、吴煜东、彭勇殿	株洲南车时代电气股份有限公司
2	二等奖	大型企业综合电气节能关键技术及应用	罗　安、章　兢、帅智康、王卫安、涂春鸣 罗庚南、赵　伟、欧阳红林、徐先勇、金维宇	湖南大学、株洲变流技术国家工程研究中心有限公司、广州白云电器设备股份有限公司、威胜集团有限公司、长沙华能自控集团有限公司、湖南中科电气股份有限公司、长沙博立电气有限公司

(张江华)

2010年度株洲市获湖南省科学技术进步奖项目

表13

序号	等级	项目名称	主要完成人	主要完成单位
1	一等级	兆瓦风力发电机组和关键零部件研制及产业化	周建雄、罗百敏、黄守道、肖加余、张劲松 李进泽、龙　辛、李春林、胡新林、罗德荣 曾竟成、刘志星	湘潭电机股份有限公司、湖南大学、国防科技大学、株洲南车电机股份有限公司、南车株洲电力机车研究所有限公司
2	一等级	直流传动地铁车辆升级为交流传动地铁车辆关键技术研究及应用	傅成骏、杨　颖、袁立祥、高春宏、周桂法 刘健平、浦汉亮、林文君、沈　涛、李　骏 周永刚、吴顺海	南车株洲电力机车有限公司、株洲南车时代电气股份有限公司、上海申通地铁集团有限公司维护保障中心、株洲南车电机股份有限公司
3	一等级	大功率电力机车交流传动电气系统研究与应用	丁荣军、张大勇、冯江华、刘可安、李群锋 忻　力、高首聪、张　黎、李　鹏、姚中红 冯　昊、刘长清	株洲南车时代电气股份有限公司
4	二等级	高性能精密加工CVD涂层刀具	陈响明、李　屏、王社权、刘王平、易丹青 王以任、李秀萍、汤爱民、刘　敏	株洲钻石切削刀具股份有限公司
5	二等级	基于AC500控制器的兆瓦级双馈型风电机组整机控制系统	张元林、郭　锐、杨十力、叶　伟、姚　辉 宋建秀、王丽广、陈　林、陈　曦	南车株洲电力机车研究所有限公司
6	二等级	200－300公里动车组用TBQ28－3000/25牵引变压器及JD162牵引电机	成　熹、胡　贵、刘　勇、吴顺海、龙谷宗 曹　飞、彭　乡、邓　苹、王长江	株洲南车电机股份有限公司
7	二等级	油菜免耕直播联合播种机的开发与推广	汤楚宙、官春云、吴明亮、陈社员、罗海峰 官　梅、杨文敏、王国槐、向　阳	湖南农业大学、现代农装株洲联合收割机有限公司
8	二等级	高产优质北虫草子实体生产技术研究与应用	李鹄鸣、王菊凤、田云、卢向阳、阳柏苏 陈功锡、易思富、钱国琛、张晓君	湖南农业大学、吉首大学、湖南省益康生物高科技有限公司、湖南炎帝生物工程有限公司、湖南天国力生物工程有限公司、湖南第一师范学院
9	二等级	两系法广适型早籼超级稻株两优30的选育与推广	黄启波、杨远柱、任兴华、黄　庆、陈荣华 王翠兰、彭校宗、邹洪毅、唐平徕	湘潭市农业科学研究所、株洲市农业科学研究所
10	三等级	重载铁路牵引供电网压提高技术装置研制及推广应用	王卫安、谭胜武、王小方、黄燕艳、马雅青 张定华、周方圆	株洲变流技术国家工程研究中心有限公司
11	三等级	低感复合母排工程化	冯江华、李东林、王忠民、邵国平、胡文波 许　多、忻力	株洲南车时代电气股份有限公司

续表 13

序号	等级	项目名称	主要完成人	主要完成单位
12	三等级	SPM750 风电变流器模块	张劲松、蒋耀生、刘志星、盛建科、曹国荣 刘憾宇、许　浩	南车株洲电力机车研究所有限公司
13	三等级	新型悬架用汽车用推力杆的研发和产业化	张亚新、李建林、张俊荣、刘中用、张春良 王　进、邹　波	株洲时代新材料科技股份有限公司
14	三等级	高性能钨钴矿用硬质合金制备技术及产业化	张忠健、邹德良、徐　涛、刘明福、沈　佳 张重彦、许雄亮	株洲硬质合金集团有限公司
15	三等级	基于多功能和全电动式的聚合物复合材料流变特性测试方法及设备	刘跃军、曾广胜、黄宇刚、李祥刚、肖宏彬	湖南工业大学
16	三等级	DK－2 型机车电控制动机研制	傅成骏、刘豫湘、方长征、高殿柱、毛金虎 刘　泉、黄志武	南车株洲电力机车有限公司

（张江华）

科学普及

【概况】 株洲市科学技术协会下设办公室、科普部、学会部，下属市科技进修学院、市科技咨询服务中心、市老年科技工作者协会 3 个事业单位，在职人员 27 人。拥有县市区科协 9 个，市级学会（协会、研究会）50 个，企事业科协 30 个。2010 年，市科协突出抓好科普工作和学会工作 2 个重点，切实强化组织建设、制度建设、基层工作，大力做好科普宣传、工作品牌、创新服务、特色活动，为转变经济发展方式、推进“两型”社会建设、打好“三大战役”、实现“保二争一、科学跨越”战略目标作出了积极贡献。荣获 2010 年度全省科协先进单位，整体工作全省排名第二。

（陈刘传）

【组织建设明显加强】 2010 年，市科协积极与县市区衔接，努力争取实现科协机构独立、班子健全、经费增长。6 月，醴陵市科协恢复独立建制并挂牌办公。11 月 15 日，炎陵县科协独立建制。茶陵县科协独立建制工作已纳入重要议事日程。株洲县时隔 20 年后，胜利召开县科协第三次会员代表大会。株冶科协、430 科协等企业科协进行了换届选举，不少县级科协和大中型企业科协调整和充实了力量，组织建设明显加强。

（陈刘传）

【科普工作再创佳绩】 大力实施《科普法》和《全民科学素质纲要》，市人大对“一法两条例”进行了执法检查。制定出台株洲市“十二五”科普规划，2011 年全市科普人平经费预算将增加 0.1 元，达到人平 0.6 元的标准。科技馆建设纳入市“十二五”整体规划。2010 年，全市开展“全国科普日”、科普进社区、“五下乡”等各类科普活动 500 多项，印发各类科普资料 20 万册。新增 5 个科普示范乡（镇），40 个科普示范村，15 个农村科普示范基地，65 名农村科技示范户。大力实施“科普惠农兴村计划”，表彰扶植 10 个先进农村专业技术协会，10 名农村科普带头人，建立 10 个科普惠农服务站。攸县县委、县政府设立专项资金 30 万元，大力推动“科普惠农兴村计划”的实施，成为湖南省首个实施“科普惠农兴村计划”县，受到省科协的充分肯定和广泛推广。全市 6 个项目（个人）获得国家、省科普惠农表彰和资金支持，获奖项目超过 2008 年、2009 年的总和。株洲县科协获“全省科普工作先进单位”，被国家科协列为“2011～2015 年度全国科普示范县创建单位”。

（陈刘传）

【株洲市高级专家协会成立】 2010 年 12 月 6 日，湖南省首个高级专家协会在株洲成立，协会共吸收 20 多个学科 235 名专家入会，刘友梅院士、尹泽勇院士出任协会首任会长。市委常委、组织部长程绍光，省科协副主席廖任强，省委组织部人才处处长黄爱华等领导到会祝贺。协会将组织开展调查研究、技术服务、学术研讨、成果转化等活动，着力打造成市委、市政府的智囊团和人才库。协会的成立引起了社会的高度关注，新浪网、搜狐网、红网、中国科协网、《三湘都市报》、《长沙晚报》等 40 余家媒体进行了报道。

（陈刘传）

【青少年科技创新教育硕果累累】 2010 年，市科协成功举办株洲市第 30 届青少年科技创新大赛，全市 100 多所学校、3000 多名学生参加，筛选出 500 余件作品参赛，有 187 件作品分别获一、二、三等奖，还选出了 36 件作品参加全省 31 届青少年科技创新大赛，全部获得一、二、三等奖。组团参加湖南省以“探索创新,快乐成长”为主题的中小学机器人竞赛,获一等奖1个,二、三等奖9个。其中1个被选送参加全国比赛获一等奖,参加亚洲机器人锦标赛获金奖。（陈刘传）

【“讲创新、比贡献”竞赛活动】 2010年9月,市科协组织开展以“发展低碳经济,加强节能减排”为主题的“讲、比”活动,围绕企业技术难点、技改重点、技术创新等进行课题攻关、技术开发、决策咨询、建言献策。全年参赛人员达4.6万人次,立项300余项,提出合理化建议3万余条,被采纳2.8万条,为企业新增经济效益6.2亿元。其中,株洲硬质合金集团公司许雄亮获全国“讲、比”竞赛科技标兵称号。（陈刘传）

【“全国科普日”活动】 2010年9月15日,株洲“全国科普日”启动式暨“坚持科学发展、走近低碳生活”科普系列活动在石峰区铜锣湾广场举行。活动现场,市科协、石峰区科协、铜锣湾街道办事处、二医院等十几家单位开展节能环保、食品卫生、医疗保健等科普宣传、咨询服务和义诊活动,展出科普展板12块,赠送科普资料1.6万份。活动期间,其他县市区科协也分别开展了科普知识竞赛、百名专家进乡村讲科普、法律和低碳环保知识宣传、科普大篷车进校园等形式多样的科普活动。（陈刘传）

【长株潭科技发展论坛】 11月9日,株洲市科协联合长沙市科协、湘潭市科协举办长株潭科技发展论坛,深入开展学术交流活动。株洲市科协组织开展的《长株潭城市群低碳经济发展实践与探索——新能源公交车应用与推广示范和湖南电动汽车产业发展调研报告》获得课题组一等奖,另获论文一等奖3个,二等奖10个,三等奖3个。同时,为创新科普工作联动机制,市科协举办了“1+9”科普创新论坛。（陈刘传）

【市老年科协成绩斐然】 2010年,市老年科协坚持以服务“三农”为工作重点,着力推动科技进农户,共办示范园、点、基地120个,示范户425户,科技扶贫376户,参与“三农”服务的离退休农业专业技术人员达1186人。深入开展“3+X”开发,指导新种楠竹222.6公顷,低改3154.2公顷,特色红薯种植1584公顷,办加工厂4个,中药材新增面积103.33公顷,新增经济效益7010万元。广泛推广以“312经络锻炼法”为重点的自然疗法,为“建设长寿城市”作贡献,全市8万余人参加经常性锻炼,锻炼者身体素质明显改善。同时,积极撰写各类调研报告,为党委、政府决策提供科学依据。（陈刘传）

专利工作与知识产权

【专利申请稳步增长】 2010年,株洲市专利申请量为2276件,较上年同期增长19.79%,其中发明专利470件,同比增长37.83%,实用新型专利974件,占42.79%,外观设计专利832件,占36.56%,职务发明1768件,占77.68%,工矿企业申请量1702件,占74.78%,全市年专利授权量1680件,同比增长51.08%。专利申请总量和当年申请量稳居全省第二位。（贺建辉）

【推动中小企业战略工程】 2010年,国家实施中小企业知识产权战略推进工程,株洲市选取市轨道交通制造业和有色金属深加工两大优势产业集群作为板块申报,先后与经委、统计局、商务局、税务局等单位协调联系,选定现代农装株洲联合收割机有限公司和株洲齿轮有限公司两家公司作为湖南省第一批中小企业知识产权推进计划试点企业。11月25日,在株洲市天元区召开湖南中小企业发展知识产权研讨暨长株潭联席工作会议,来自长沙、湘潭、株洲知识产权部门负责人,以及全市20家中小企业、部分市直知识产权管理部门、中介机构、媒体等50余人参加会议。省局局长龚世益出席会议并充分肯定了株洲为中小企业发展所作出的成绩,标志着全市中小企业知识产权事业迈向了新台阶。坚持项目带动服务企业。对符合国家省市产业政策,拥有核心专利技术且有较强的实施开发能力,技术创新能力和专利保护能力的企业,市知识产权局尽力争取上级项目资金,先后组织中国专利奖的项目参展工作及科技局、经委、财政局的推荐项目工作,推荐株冶、新通、时代新材、三新包装、天利铁路、帅科研究所等6家企业申报财政部和工信部的重大科技成果转化项目,成功推荐华联获得工信部中小企业发展专项资金200万元;组织10家单位参展2010·第四届中国专利周湖南展示交易会;完成国家专利产业化工程(申请承担)委托项目的申报,推荐华联瓷业的《茶餐具(五彩缤纷)》获第十二届中国外观设计优秀奖项目称号,推荐湖南华升株洲雪松有限公司的2项国外专利获国家财政部向国外申请专利资助项目的重点资助82万元,并有2家企业专利获得中国专利优秀奖。（贺建辉）

【完善知识产权保护体系】 2010年,共处理专利侵权案件7起,结案5起,其中调处3起,结案率在审限期内达到100%。受理各类知识产权维权援助案件5起。口头警告和现场纠正不正确专利行为50余起。全局网站点击量达125万人次,上报及刊登信息较上年同期增长28%。制定《株洲市2010年专利执法专项行动实施方案》,筛选了千金药店、万博珑家居建材广场、江南电器商城等市场作为走访对象,查处假冒和冒充专利行为。开通维权援助专线电话“12330”,出台中国(株洲)知识产权维权援助中心实施方案,举办了维权援助中心开放日活动,全年共接待来自社会各界关于知识产权的相关专业知识及法律知识的咨询100余起。并获批成立维权科,增设正科实职1名,开展有关维权援助工作。（贺建辉）

【课题研究工作有序开展】 全年申报了4个软课题，其中有3个列入省局软课题计划。联合株硬集团钻石切削公司申报的在研课题被推荐为国家软科学研究课题。支持和参与的《铁路货车领域海外专利布局研究》和《轨道交通信息技术和ATP专利布局分析研究》2项软课题成功通过国家知识产权局的组织验收。同时，积极协助和指导钻石切削刀具股份有限公司和株洲国家变流工程研究中心开展软课题申报和研究，并陪同省局领导督导软课题研究工作的开展。组织参加湖南省首届"专利申请工作"论文评奖，获得全省唯一一个单位组织奖，市知识产权局朱钧和天元区陈林分获个人一等奖和三等奖。 （贺建辉）

【首届全国专利执法知识竞赛获佳绩】 2010年，在全国首届专利执法暨"12330"知识产权维权援助知识竞赛中，株洲市有3人分获一等奖和三等奖。其中株洲南车时代电气股份有限公司张珂和徐璋翊获一等奖，株硬集团工模制造厂曾伟获三等奖。此次参加全国知识竞赛的有23个省、自治区和直辖市的209家单位，人数达16271人，仅有10人获得个人奖一等奖。 （贺建辉）

【举办首次知识产权维权援助中心开放日】 5月26日，株洲举行首次知识产权维权援助中心开放日活动。"中国（株洲）知识产权维权援助中心"于2010年3月正式挂牌。开放日，该中心组织专职人员，为来访者全面介绍中心运行情况，提供知识产权的咨询服务，并安排知识产权专家为市民进行"企业知识产权维权案例"讲座。对于遇到涉外专利等重大知识产权纠纷以及无能力支付纠纷处理和诉讼费用的当事人，经本人申请和中心审核后，中心可提供一定的经费支持。 （贺建辉）

【通用航空发动机产业技术创新战略联盟成立】 7月28日，来自国内19家高校、科研院所、企业会盟株洲，签订联盟协议书，正式成立"通用航空发动机产业技术创新战略联盟"。联盟以中国南方航空工业（集团）有限公司为盟主，国内包括中国科学院、清华大学、湖南大学、株洲南方燃气轮机成套制造安装有限公司等19家知名高校、科研院所、企业结成的战略联盟。将围绕产业技术创新的关键问题，开展技术合作，突破产业发展的核心技术，形成产业技术标准；建立公共技术交流平台，实现创新资源的有效分工与合理衔接，提升产业整体竞争力。 （贺建辉）

【时代电气入选第二批全国企事业知识产权示范创建单位】 2010年，国家知识产权局确定株洲南车时代电气股份有限公司（以下简称时代电气）为第二批全国企事业知识产权示范创建单位。这是时代电气继2008年成为全国专利工作交流站之后，再一次获得国家级知识产权示点示范资格，标志着企业知识产权工作跃上了新的台阶。近年来，时代电气知识产权工作取得了长足的进步和发展，公司建立了较完善的工作制度体系，企业知识产权战略实施工作开始全面铺开，公司知识产权创造、管理、运用和保护的能力和水平居省内前列。此次入选，必将推动公司知识产权工作取得新的突破，更好地为公司的中长期战略服务。 （贺建辉）

【株洲市首笔专利质押获贷款500万元】 12月25日，株洲天地龙电源科技有限公司以一项核心专利进行质押，成功获得浦发银行株洲支行500万元贷款，成为株洲市首笔专利质押贷款，为全市中小企业拓宽融资渠道提供了借鉴。 （贺建辉）

株洲知名的部、省属科研院所

南车株洲电力机车研究所有限公司

【概况】 科技创新。2010年，南车株洲电力机车研究所有限公司重大科研项目和关键技术研发不断取得突破。装载有株洲所关键技术产品的CRH380A新一代高速动车组跑出时速486.1公里的世界铁路运营试验最高速。9600kW机车产品开始批量生产；ATP、大型养路机械电气系统等技术再创新按期推进；160公里/小时轨道车平台研制成功；大功率IGBT器件通过城轨应用考核；实时以太网、永磁同步牵引系统等基础研究项目取得实质性进展。在高分子复合材料应用领域，系统结构、材料及配方等核心技术和装备水平领先行业，研发平台持续提升。2.5兆瓦风机完成样机研制；智能电网低电压穿越技术得到验证。完成串联、并联、混联以及混合动力与纯电动系统和整车等新型产品技术开发、技术升级换代。桩工机械产品实现全系列化；巩固大吨位旋挖钻机领域的领先优势。进一步强化电能质量治理技术的国内领先地位；级联型高压变频技术日趋完善；地铁能量回馈、柔性直流输电等重点项目加快推进。

产业拓展。动车组、机车市场保持稳定、持续增长态势，担当中流砥柱、支撑百亿基业；城轨业务实现新突破，自主牵引系统中标项目首次超过联合体，屏蔽门产业实现"零"的突破；安全装备、大功率半导体器件、复合母排等关键部件市场占有率创新高。新材料产业经营业绩大幅攀升，市场地位不断巩固，桥梁支座、风电叶片等主导产品整体性突破。节能与新能源装备产业奋力开拓，实现预期增长，成长为带动株洲所整体业绩进步的有生力量。风电产业走向壮大，事业部一跃成为株洲所第三个过10亿元规模的业务主体。工程机械完成7大片区销售网点铺建;利用上海宝马展机会扩大行业知名度。电动汽车市场推广继续领跑全国,累计已投放混合动力整车800余辆,占全国三分之一份额。工业变流装置在多个重点市场开花结果,行业影响力稳步提升。光伏发电、智能交通等新兴产业成功起步。

资本运作。南车时代新材公司定向增发圆满成功,募集资金8亿多元;株洲所与辽宁曙光汽车集团资本联姻,电动汽车产业合资合作发展实现重大突破;与华能新能源公司合资成立风电项目公司,实现以投资换市场。利用融资平台,发挥资本优势,株洲所成功开展系列资本运作,有效支撑企业可持续快速发展,在资本运作方面的探索与实践中进一步拓宽了株洲所的发展视野。

管理升级。全面落实“1249”管控思路,加强对公司多元产业发展的战略管控、运营调控、平台建设及资源整合力度,促进了协同发展;“十二五”规划高质量地完成,清晰勾画了株洲所未来5年发展蓝图;“乔”型职业发展体系成功推出,人力资源管理创新又添标志性成果;信息网络基础平台搭建,ERP-SAP系统大面积覆盖,PLM、e-HR系统上线运行,初步形成信息化架构平台;完善IRIS体系、运行FRACAS系统,质量管理跃上新台阶;风险预警体系、风险信息平台全面搭建,启动保密体系建设。

产业能力建设。批量平台化能力建设项目相继启动或续建,为加快实现百亿跨越提质扩能。河西风电基地批量投产,实现产能平滑转移;检测试验体系建设达成规划目标;昌平试制示范厂房主体工程完成;沈阳基地投入使用;天津工业园建设、IGBT芯片实验室、变流产业整合、宝鸡时代改扩建、弹性元件产品扩能、抗震减隔振(震)产品与兆瓦级风电叶片产业化等20多个产业能力提升项目,均取得阶段性成果或标志性进展。 (王 力)

【大事摘要】 1月8日,省委副书记梅克保、副省长陈肇雄率省直机关有关部门就株洲打造轨道交通千亿产业群到公司现场办公。

3月11日,副省长郭开朗到公司进行“提高自主创新能力,加快经济发展方式转变”专题调研。

4月13日,南车时代电气公司与南车四方机车车辆股份有限公司签署140列动车组产品供需合同,为株洲所发展史上最大单笔订单。

4月27日,公司执行董事、总经理丁荣军当选为“全国劳动模范”。

5月7日,南车时代新材公司超过8亿元的募集资金到位,标志着公司上市以来首次再融资工作取得了圆满成功。

5月11日,南车时代电动公司自主研发的TEG6120EV1纯电动城市客车、TEG6119SHEV串联式混合动力城市客车在第10届世界客车博览(世界客博会)亚洲展览会上夺得“2010年度最佳舒适巴士奖”和“年度最佳创新巴士奖”2项客车界世界顶级大奖。

5月12日,南车时代电气公司半导体研发中心启动暨丹尼克斯首条6英寸IGBT芯片线开通庆典仪式在英国举行。

5月21日,科技部副部长杜占元一行到公司就“企业自主创新与高新技术产业发展”进行专题调研。

5月25日,公司举行变流技术产业园奠基典礼。

6月11日,省委书记周强到公司考察。

6月30日,公司参与研制的具有完全自主知识产权B型车暨北京地铁房山线首列车成功下线。

7月7日,省委副书记、代省长徐守盛到公司考察。

7月13~14日,由中国工程院产业工程科技委员会、湖南省科学技术厅、中国南车股份有限公司共同举办,汇集业内知名院士、专家学者的国内轨道交通装备领域学术峰会“轨道交通电力牵引工程论坛”在公司举行。

7月27日,省委常委、常务副省长于来山考察公司半导体三线。

8月6日,株洲所风电事业部自主研发的WT1650风力发电机组获“风力发电机组设计认证”证书,成为国内获CGC认证的7家风电整机企业之一。

8月29日,中央党校研究室副主任周天勇率中央政策研究室、国家发展和改革委员会、清华大学核能技术研究院相关人员就湖南省新能源产业发展情况到公司进行专题调研。

9月7日,国资委监事会主席国一民在中国南车副总裁詹艳景的陪同下考察公司。

9月15日,公司和英维思签订合作协议,携手进入城轨信号市场。

9月12日,南车时代新材公司首批出口智利、白俄罗斯配套1.5MW风电机组的2款叶片在上海罗泾港1号码头顺利装船。

11月19日,省委书记周强到公司专题调研。

12月4日,公司与内蒙古通辽市人民政府正式签署风电基地项目投资协议。

11月23~24日,南车时代电气公司作为唯一一家中国企业参加在澳大利亚珀斯举办的“澳大利亚铁路展”。

12月30日,160公里/小时内燃交流快速轨道车落车成功。

12月30日,公司年销售收入突破100亿元。 (王 力)

【重大荣誉】

先进人物

丁荣军获全国劳动模范

邓恢金、杜劲松、郅建国获铁道部火车头奖章

杨军获詹天佑铁道科学技术奖青年奖

刘可安获国资委中央企业先进职工

张涛获中央企业优秀共青团干部

刘可安获湖南省劳动模范

龚高科、赵广宁获湖南省“青年岗

位能手”

陈娟获湖南省机械行业统计信息工作先进工作者

王红强获浙江省总工会“金锤奖（二等奖）”

先进集体

南车株洲电力机车研究所有限公司获全国模范职工之家

南车时代电气公司获国家发改委“加快培育和发展战略性新兴产业主题展览优秀展示奖”

南车时代电气公司获国家企业排头兵组委会“企业排头兵”

南车时代电气公司获中国软件协会“软件前百家企业”

南车时代电气公司获国家高交会组委会“高交会优秀产品奖”

南车时代电气公司售后服务中心获铁道部火车头奖杯

株洲所信息中心获全国软件正版化示范单位

南车时代电气制造物流团总支部获“中央企业五四红旗团支部”

南车时代电动公司售后服务部、南车时代电动公司变流技术部、南车时代电气公司上海地铁一号线扩编改造项目组、南车时代电气公司安全装备事业部服务培训部获中央企业“迎世博、迎亚运、展风采”优秀服务窗口青年文明号

南车时代电气公司获湖南省机械行业统计信息工作先进集体

南车时代新材公司获全省加速推进新型工业化先进企业

南车时代新材公司获湖南省新材料产业“2010年度增长速度突破奖”

南车时代电气公司技术中心变流技术部获第五届湖南青年科技创新杰出集体

南车时代新材公司弹性元件事业本部制造团支部获湖南省“五四”红旗团支部

南车时代电气公司制造中心工程技术部、南车时代电气电力电子团支部获湖南省“青年文明号” （王　力）

中航工业航空动力机械研究所

【概况】 中航工业航空动力机械研究所占地66.67多公顷，总资产约20亿元，在职职工近2000人，有1名中国工程院院士、50余名国家和省部级突出贡献专家、100余名研究员、400余名博士和硕士。研究所设有博士后科研工作站，是国家教育部指定的硕士学位培养授权单位。截至2010年底，研究所完成20多个型号的设计定型/技术鉴定，为国防和国民经济建设作出了重要贡献。

2010年，动研所突出几大重点：一是突出打好“两大战役”。型号攻坚战果辉煌，实现“二机设计定型”、“八项产品技术鉴定”、“三机首飞”、“三机台架性能达标”和“二机立项”、“三机进入立项程序”，科研生产任务完成率达96.7%。改革攻关成效显著，完成专业设置和组织结构调整；探索并建立多元化的用人机制；6S管理顺利通过集团公司组织的现场达标验收，办公环境有很大的改善；OA系统正式运行，在全所办公区实现无纸化办公，工作效率进一步提高。二是突出加强能力建设。全年共承担6项军工固定资产投资建设项目，节点完成率为93.5%，预算执行率达90.82%。三是突出加快非航产品发展。全年航翔公司完成30多台套产品的生产任务，实现销售收入5000多万元；积极参与中航湖南通用航空发动机公司、民用传动公司及其研发中心的组建；加强与地方企业、国外企业在民用传动领域的合作，与英国SMT公司开展2.05MW风电主增速箱研发合作。四是突出抓好规划论证和专利工作。完成所“十二五”规划及2020年中长期发展规划的编制。“湖南省机械传动工程技术研究中心”和“航空发动机振动技术工程实验室”分别获省科技厅、省发展改革委立项。全年完成专利申请45项，获专利授权50项。五是研究所经济规模进一步提高，资产结构进一步优化，经济运行质量保持较好态势，全面完成集团公司下达的各项经济指标。

年内研究所获中央企业团工委“中央企业五四红旗团委”，中航工业“集团公司科技报告先进单位”、湖南省“国防工业工会工作竞赛先进单位”、株洲市“文明建设先进单位”、“思想政治工作先进单位”等荣誉称号；罗湘源被评为“中航工业2010年度优秀领导干部”，尹泽勇被评为“全国优秀科技工作者”和“中航工业2010年度‘风云人物’”，李东杰被评为“湖南省劳动模范”。

（石东要）

【动研所“航空发动机振动技术工程实验室”获省发改委批复】 2月5日，湖南省发改委批复动研所“航空发动机振动技术工程实验室”项目列入湖南省工程研究中心和工程实验室建设项目计划。项目总投资5010万元。实验室主要建设内容包括：转子动力学和振动分析系统、数据库、机械结构先进模态试验分析系统、立式旋转试验器、卧式旋转试验器、高速旋转试验器、弹支与挤压油膜阻尼器试验器、转速跟踪测试分析系统、中型振动试验系统等平台。力争经过3～5年的软硬件建设，使实验室能够集中攻克一批制约航空发动机研制发展的关键振动技术，能够独立承担国家和省部级部分重大科研项目，并开发适用于航空发动机研制中振动测试与振动试验研究的高端产品，成为应用研究成果向工程技术转化、军用技术向民用技术转化的有效渠道和提升创新能力的支撑平台。 （石东要）

【高起点进入民用传动领域】 3月8日，中航工业发动机《关于开展风电传动系统研制有关工作的函》中明确动研所负责研发风电齿轮箱。11月9日，动研所受中航工业发动机委托，与英国SMT公司签署2.05MW风电主增速箱技术开发合同，标志着动研所发挥航空技术优势，高起点进入民用传动领域。合作研制采取以动研所为主、合作方英

国SMT公司提供技术支持的方式进行,预计1年完成产品设计、试制、GL认证等。合作研制的主增速箱将采用源于航空技术的先进结构,重量与承载能力等技术指标相对市场同类产品提高20%,引领风电主增速箱的技术发展趋势。 (石东耍)

【动研所获6S管理达标级资格】 11月29~30日,中国航空工业集团公司6S管理审核组对动研所进行6S管理达标现场验收审核。审核组专家分安全、现场、办公室、素养4个小组,仔细审核了研究所科研办公区和生产试验区。通过审核,审核组同意研究所通过集团公司6S管理达标现场验收审核,并授予动研所6S管理达标级资格。动研所自2009年4月全面推进6S管理以来,先后投入资金300余万元,建立试验件中心库房及预研机库房,粉刷墙面25487.23平方米,重新铺贴屋面防水材料18157.11平方米,完成门窗刷漆2877.5平方米,修建停车坪5处,新增绿化面积53600平方米,完成60个试车台及全所各办公室的线束整改,加大基础设施的整改力度,改善了工作环境,提升了管理水平。

(石东耍)

【工程协同设计仿真中心大楼开工】 9月21日,动研所工程协同设计仿真中心大楼举行开工典礼。工程协同设计仿真中心大楼总建筑面积24000多平方米,地下1层,地上16层,呈框架结构,建筑总高度约73米,预计2012年年底交付使用。该项目建成之后,将成为动研所的科研办公中心,研究所科研办公条件将得到进一步改善。

(石东耍)

湖南湘瓷科艺股份有限公司

【概况】 2010年,湖南湘瓷科艺股份有限公司通过全面开发产品市场,深挖传统产业潜力,节能增效等方式,实现公司经营较快较好的发展。全年完成生产总值4477万元,实现销售收入4477万元。

公司加大科研投入,积极创新,硕果累累。国家级重点项目"年产60万件电力电子电真空管金属化陶瓷元件"顺利通过验收,标志着公司电真空管产量迈上新的台阶,也确立了公司在电真空管行业的龙头地位。全年公司组织科研项目7项,其中省级项目6项,国家级项目1项。完成公司高新技术企业重新认定的申报工作,以及省级重点实验室年度评估工作。年内,公司充分利用品牌和人才优势,深挖传统产业潜力,加大资金投入,使传统产业步入快速发展的新航道。全年开发陶瓷新器型14件(套)、新花面18件(套),其中大尺寸釉下高温瓷板、薄胎碗、超高大花瓶等新产品,填补了醴陵近20年来釉下彩瓷生产的空白,并创造了较好的经济效益。艺术创作方面,不断推陈出新,屡创佳绩。在广东佛山举办的第九届"全国陶瓷艺术设计创新评比"中,取得1金、3铜和1个优秀奖的好成绩,其中丁海波创作的《古香》作品获金奖;在河南汝州举行的"中国历史名瓷烧制技艺大赛"中,公司参赛作品取得1金2银的优异成绩,其中丁海波创作的《硕榴绽红英》获大赛金奖,刘劲松作品《夏雨》、李家法作品《深秋吟风图》分获大赛银奖。 (陈 利)

中国化工橡胶株洲研究设计院

【概况】 2010年,中国化工橡胶株洲研究设计院积极实行组织变革,不断加强执行力建设,实现了赶超各项目标、全面完成"十一五"规划的完美收官:全院总收入突破5000万元,比上年增长25.37%,利润475万元,比上年增长6.26%。同时,设计院的科技工作取得了一系列新成绩:开展6个科技项目和6项化工行业标准的修订工作;某新型探空气球顺利通过生产定型审查;参加首次在广东阳江举行的第八届世界气象组织国际探空仪比对试验,圆满完成任务;首次向中国气象局申报的"无粉气象气球"项目获得立项,被列入了2011年中国气象局行业专项项目;4项专利获得国家知识产权局专利证书;1600克气象气球获得中国化工集团公司科学技术三等奖。

(钟茂全)

【参加第八届国际探空仪系统比对试验】 7月14日~8月1日,"华一"牌2000克探空气球参加世界气象组织(WMO)在广东阳江主办的第八届国际探空仪系统比对试验。试验结果表明,设计院生产的探空气球升空高度高,升空性能稳定,质量达到世界先进水平,得到了WMO有关专家的一致首肯。这是中国首次承办此类比对试验,同时国内的气象仪器厂家也是首次参与比对试验。 (钟茂全)

【大事摘要】 5~8月,"一种乳胶制品的浸胶机"、"一种胶乳探空气球浸渍模型"、"探空气球爆破测试装置"等3项实用新型专利和"乳胶制品检测仪(避孕套电检仪)"外观设计专利共4项专利获得国家知识产权局专利证书。

8月16日,设计院检测中心顺利通过由中国合格评定国家认可委员会组织的2010年监督评审。

8月15~16日,由设计院承担的项目——"800克气象气球"在株洲通过了由中国气象局组织的静态测试考核;8月25日~9月23日,中国气象局气象探测中心选择多个探空站对该产品进行动态考核,平均升空高度高于规定的指标要求。

10月28日,某新型探空气球顺利通过总参气象水文局组织的生产定型审查。

11月22日,设计院组建的株洲市橡胶工程技术研究中心通过了株洲市科技局组织的验收并获得授牌。

11月30日,设计院协同办公平台项目正式启动,标志着该院信息化建设迈上一个新的台阶。

12月28日,设计院"1600克气象气球"获中国化工集团科学技术三等奖。

(钟茂全)

教　　育

【概况】 2010年，株洲市共有学校（机构）1462所，在校（园）学生536755人，专任教师32141人。其中幼儿园740所，在园幼儿97520人，教职工7806人。全市学前三年幼儿入园（班）率88.8%。小学493所，在校学生214705人，专任教师12273名。全市小学适龄儿童入学率达100%。初级中学150所，在校学生97381人，专任教师8405名。普通高中38所，在校学生47699人，专任教师4229名。特殊教育学校4所，学生577人，教职工109人，专任教师83人。全市各级各类民办教育学校891所，学生238055人。中职教育机构30个，在校生47909人，教职工2073人，专任教师1488人，“双师”型教师548人。全市研究生教育机构1个，在校学生750人，招生317人，毕业202人。全市高等教育机构7人，在校学生25409人（不含中南林业科技大学）。

2010年，株洲教育深化改革、厚积薄发、捷报频传。有41个项目表现优异，全省义务教育均衡发展现场会在株洲市召开，“株洲经验”在业内享誉全省；高中毕业会考、高考实现“保二争一”的目标；职教城建设进展顺利，职业技能大赛斩金获银；“快乐德育”的经验誉满全省，成为株洲教育的又一品牌；全省中学生、中职生运动会在株洲市召开，“阳光体育”被媒体广泛报道；加强教育服务，群众满意度大幅提升，居民主测评组内第8；机关文明建设喜获丰收，被评为全市“文明机关”。

（谭　望）

【经费投入】 2010年，全市教育经费总投入312709.4万元，比上年末增加29356.3万元，增长10.36%；地方投入311262.5万元，比上年末增加36252.2万元，增长13.18%。全市教育经费总支出320100.6万元，比上年增加42581.5万元，增长15.34%；全市普通小学生均预算内教育事业费支出4087.4元，比上年增长8.26%；预算内生均公用经费支出957.26元，比上年增长12.18%。全市普通初中生均预算内教育事业费支出7422.71元，比上年增长9.5%；预算内生均公用经费支出1714.27元，比上年增长27.2%。全市普通高中生均预算内教育事业支出6797.47元，比上年增长47.8%；预算内生均公用经费支出877.29元，比上年增长100.68%。全市职业中学生均预算内教育事业费支出4428.79元，比上年增长41.78%；预算内生均用经费支出862.93元，比上年增长99.23%。

（谭　望）

【教育质量节节攀升】 建立教育质量监控机制和科学的教育评价体系，加强对教学常规工作的监控与评价，大力促进学校校本教研与教学常规管理，提高广大教师对课堂教学与课程实施的理解力。对市直学校开展全面视导评价与常规工作评估，为全面提高学校常规管理质量和水平构建有效的平台。2010年，全市高考总上线率达97.95%，比上年提高8.8个百分点；本科上线率达63.11%，比上年提高12.29个百分点；二本以上上线率达31.74%，比上年提高7.9个百分点，其中600分以上考生379人，是上年的3倍多。2010年高中学业水平考试合格率94.8%，比上年提高15个百分点，优秀率、合格率均居全省第二。

（谭　望）

【学前教育】 制定幼儿教育3年发展规划以及2011年工作计划。组织对茶陵世纪星幼儿园、攸县机关幼儿园中报省级示范性幼儿园进行预评，提出指导性建议和意见。对城区139所幼儿园进行办园水平评估与公示复评，评出优秀幼儿园35所，合格幼儿园97所，不合格幼儿园7所。加强组织专家分别对醴陵小哈佛示范幼儿园和株洲先锋高级中学示范学校进行复查，顺利通过市人民政府教育督导室专家组的复查。3～5岁幼儿毛入学率88.82%，适龄儿童入学率100%，高中阶段毛入学率135.17%，小学合格率100%，初中合格率达94.81%，小学在校生年辍学率控制为零，初中在校生年辍学率0.17%。

（谭　望）

【义务教育】 4月，全省推进义务教育均衡发展现场会在株洲市召开，展示了株洲市推进义务教育均衡发展的阶段性成果。醴陵市、天元区分别被评为全国、全省义务教育均衡发展先进县（市、区）。以市委、市政府名义出台《关于进一步推进义务教育均衡发展的决定》，形成进一步推进义务教育均衡发展的政策依据。建立并实行市领导、市教育局领导联系学校制度、督学责任区制度，加大对薄弱学校的扶持力度。出台《株洲市城市中小学幼儿园规划建设管理办法》，制定《株洲市城市中小学幼儿园布局专项规划》，加强城市住宅区学校配套建设的规划和管理，着手解决城区小学入学难问题。以市委、市政府名义出台《株洲市城区基础教育三年攻坚计划》，通过基础教育扩容工程解决城区小学“入学难”问题；通过城区初中创优工程解决初中“择校热”问题；通过直

属高中教育优质特色建设工程解决高中装备落后问题。（谭　望）

【高中教育】 以特色学校建设为重点，提升高中教育内涵和品质。鼓励各普通高中学校根据自身实际，实行特色发展，提升内涵和品质，打造学校特色品牌，增强学生家长对教育的选择性和社会对教育的满意度。对市十八中申创湖南省美术特色学校给予支持指导和协助迎检。积极探索建立科学的教育评价体系，制定《质量评估监控方法》，加强城区普高评估，奖优罚劣，促进学校提质创优。开展高中新课程培训，与市教科院一起选派120多名教师参加省厅举办的湖南省普通高中新课程省级骨干培训班。推进全市高中新课程改革，更新学校装备，加强队伍建设和校园文化建设，加快学校特色发展。组织召开全市普通高中教育教学管理工作会，对高考、学考、学校管理等方面取得突出成绩的单位进行表彰。组织全市普通高中进行学业水平考察、科目的考察并迎接省厅的抽查。（谭　望）

【职业教育】 成功申报成为“全国高等职业教育综合改革试点城市”。对接地方产业，成立株洲汽车职业教育等多个集团。依托职业院校完成3.5万人次培训任务。推进职业教育课程改革，举办技能竞赛，职业教育毕业生就业率95%以上；获2010年全省职业院校技能竞赛团体总分第二名；市中等职业学校、市工商职业技术学校获第七届全国中等职业学校“文明风采”竞赛全国决赛优秀组织奖；市中等职业学校获全国中等职业学校德育工作先进集体称号；在全国职业院校技能竞赛上，湖南获3枚金牌，其中2枚由株洲市学生摘取。配合“旅游升温”战役，指导10所中高职院校调整开设旅游类专业，培养了旅游专业人才；株洲职业技术学院和市中等职业学校申报成为“湖南省旅游教育培训示范点”。（谭　望）

【民办教育】 2010年，全市各类民办学校(含幼儿园)共有891所，在校(园)学生总数238033人，专职教师8423人。办学领域覆盖了从学前教育到高等教育，从基础教育到职业教育，从学历教育到非学历教育，基本上形成比较完整的民办教育体系。涌现出一大批办学条件好、办学特色明显、教育质量较高、社会声誉良好的民办学校，带动了全市民办教育整体水平的提升。同时，紧扣依法管理职责，有力规范办学行为。与市纠风办、劳动、民政、税务等7部门联合下发《关于全市民办教育(培训)机构办学行为存在的突出问题开展专项治理的实施意见》，制定《对全市民办教育机构办学行为存在的突出问题开展专项治理实施细则》，向民办教育机构印发《株洲市民办教育机构基本情况自查表》。全年对存在问题的民办教育机构下达整改通知书410份；对非法办学单位下达291份停办通知书。3月，对园车集中整治，城市5区共有256辆园车，其中有交警部门颁发的园车标识214辆，无标识的42辆进行整治，有力地保护了师生的生命健康和社会秩序。2010年，市教育局就业指导中心先后4次组织师范院校毕业生供需洽谈见面会，其中在湖南师大、湖南工业大学、湖南科技大学组织了专场招聘会3次，省内8所师范类高校2011届毕业生供需洽谈会1次。全市参加的民办教育机构共计120所，为学校引进教师上百人，进一步优化了全市民办教育的教师结构。（谭　望）

【社区教育】 2010年，株洲市出台《中共株洲市委、株洲市人民政府关于推进终身教育和学习型社会建设的实施意见》、《关于推进终身教育和学习型社会建设的实施方案》；制定《株洲市社区教育示范社区评估标准(试行)》、《株洲市终身教育体系创建工程实施方案》、《株洲市社区教育“家长教育项目”试点方案》，为社区教育建立了良好的政策环境。召开株洲市社区教育试点工作会议，组织观摩学习社区教育“家长教育项目”；在株洲市城区开展社区教育试点；组建社区大学和终身教育服务指导中心，建设株洲终身教育网；支持中小学体育场馆、图书馆有序面向社区居民开放；建立社区少年宫，搭建“孩子开心的活动场所、学生满意的实践基地、家长放心的教育阵地、义工认可的服务平台”。（谭　望）

【非学历教育】 2010年，市教育局认真执行《关于开展中等职业教育综合改革试点工作的通知》，鼓励职业学校招收农民、下岗职工等进行非全日制学历教育，学制为1、2年不等，并将株洲工业学校、株洲市中等职业学校等11所学校作为培训学校。全年中职非全日制学历教育招生7961人，职业学校培训人数58073人，培训企业职工3.5万人次。（谭　望）

【政府实事全面完成】 2010年，投入1.2亿元，建设义务教育合格学校135所，20所省级实事校高标准完成。投资1000万元对城区8所中小学运动场进行塑胶改造。校安工程竣工验收项目382个(学校225所)，建筑面积16万多平方米。多渠道筹措资金，多形式开展救助活动。全市共计发放救助金5000万元，资助各级各类贫困学生7.14万人，完成年度目标的432%。简化程序，扩充学位，有力保障“三类残疾”儿童少年和进城务工人员子女无障碍入学，基本保障进城务工人员子女入学，2010年秋季安排外来务工人员子女学生2.75万人。（谭　望）

【“快乐德育”全面推广】 全面推广市中等职业学校“快乐德育”经验，成立中小学“快乐德育”研究会，启动社区少年宫建设。开展全市“书香校园”创建活动，重点培植白鹤小学、银海学校为建设校园文化特色示范学校，努力培植典型，整体构建德育工作体系，评选出市四中等8所中小学为“书香校园”。指导全市青少年校外活动场所建设，认真布置全市校外活动场所建设调研，通过优化德育环境，全力推进青少年校外教育资源建设和管理。组织环境教育知识竞赛，开展株洲市科技创新大赛、书法绘画比赛，进行以“勿忘国耻、爱我中华”为主题的演讲比赛，与市城管执法局联合开展“小手拉大手”献给城市美容师心里话的活动。将德育融入到学校教育的各个方面，形成“系统的、生活的、快乐的、体验的”德育模式，通过学生乐于参与的形式，使学生在快乐体验的过程中，对道德加以理解，并加以内化，提升道德修养。 （谭 望）

【人文智育扎实推进】 加强对教学常规工作的监控与评价，对市直学校开展全面视导评价与常规工作评估，探索实施多元评价机制。制定《质量评估监控方法（草案）》。进一步加强高中教学与管理工作的调研指导，高考和普通高中学业水平考试、中考等各项考试工作圆满完成。制定《株洲市2010年学业水平考察方案》，组织协调考察命题工作，指导各地做好义务教育课程改革和普通高中新课程实验，落实考察课程的开设，推进学校课程执行力，培养学生创新精神和实践能力。对全市初中毕业师生开展综合素质评价培训，完成对初中毕业生的综合素质评价工作。多次组织城区教育局和公办初中学校领导研究城区初中创优工程，制定“城区初中创优工程方案”。全面启动课改样板校、科技创新示范校建设，建设学生创新实验室，为具有创新兴趣和潜质的学生搭建多样化的创新实践体验平台，促进学生全面发展。 （谭 望）

【阳光体育形成特色】 以工程方式推进阳光体育，得到省厅肯定和推广，全面推广阳光体育手语操。制定并下发《株洲市2010年学生阳光体育工程实施方案》，明确学生阳光体育“123”目标，即：中小学校保证学生每天1小时的体育锻炼；参加2项阳光体育项目；评选表彰30所市级“阳光体育”示范学校。举办“艺术之星”歌舞演奏比赛和近6000名中小学生幼儿参加的“十八中杯”中小幼美术、书法（篆刻）、摄影作品大赛。召开学校体育、卫生及健康教育和艺术教育工作座谈会。组织2010年市级学生“三好杯”运动会，48所中小学校、235个队近3000人参赛。组织中小学生参加全省“三独”比赛，获得优秀组织奖和4金3银5铜的优秀成绩。承办了2010年省中学生、中职生田径运动会。加强健康教育，制定并实施学生体质健康监测制度，促进中小学生生动活泼、健康快乐地成长。 （谭 望）

【提升专业素养】 2010年，市教育局科学合理规划中小学教师培训工作，开展每5年1周期的全员培训；以加强教育人才能力建设为核心，科学设置培训项目，建立培训项目评审、效果评估机制。统筹校本培训、校本教研、远程培训、骨干培训、特色培训与专题培训。建立一批名师培养基地，由名师主持，市、县骨干教师参与，以教育科研项目、教育教学案例以及教育理论研讨为手段打造本地名师；启动建设学科培训基地，遴选一批办学理念先进，教育教学质量高、学科师资力量强的中小学作为市级中小学教师学科教学培训基地。组织400人参加教育部“知行中国——小学班主任培训”；组织1500人参加教育部“2010年全国中小学校长校园安全管理远程专题培训”，选送不同领域的45名骨干教师参加省级培训；组织41名农村中小学教师赴城区跟班学习。开办校长沙龙，建设名校长工作室提高教育管理水平，组织校长赴北京、上海名校挂职，赴新加坡学习，更新教育理念。 （谭 望）

【学生资助工作】 根据年初实事工作目标，2010年，市教育局需救助家庭贫困学生1.65万人。截至2010年，全市共计资助各级各类贫困学生7.14万人，资助资金总额为5000万元，累计完成占全年总目标432%，为151名大学生办理生源地信用助学贷款88.78万元，有2039名农村家庭经济困难中职学生免学费203.9万元，超额完成年初市政府10件实事中资助义务教育阶段贫困学生1.3万人，发放380万元；资助普通高中贫困学生3000人，发放资助金250万元；筹资150万元，资助大一贫困新生500人。同时，有效保障“三类残疾”儿童少年和进城务工人员子女入学，在城市4区就读的学生达2.2万人，各县市城区做到无障碍接收外来务工人员子女入学。 （谭 望）

【教育考试】 2010年，株洲市圆满完成各类教育考试18次，报考总人数127383人（不含大学英语四六级考试、计算机等级考试、剑桥少儿英语等级考试报考人数）。其中普通高校招生考试报考人数21727人，本科上线率63.11%，专科上线率34.85%，共录取17672人，录取率为86.3%，成人高校招生考试6262人。普通高中学业水平考试15652人、补考2069人。初中毕业学业考试59381人。全国高等教育自学考试14655人，总科次为49669科。全国英语等级考试7267人，研究生入学考试370人。同时完成普通高校招生的体检、招飞、军检、志愿填报指导、录取、档案发放，以及自学考试毕业办证、全国英语等级考试合格证发放，初中毕业学业考试命题、阅卷，高中学业水平考试补考阅卷等组织工作。 （谭 望）

【教育科研】 2010年，株洲市共组织专题教研活动130多次（平均每个学科组织4次专题教研活动），为基层学校举办专题讲座137场，各类培训51场，送教下乡11次，深受学校欢迎。坚持深入课堂，指导教学。各研究室坚持集体下校制度，全年人均听评课达100节以上。各学科推广运用“课堂观察诊断法”，对“常态课”进行“跟踪指导”，将听课中发现的问题进行现场会诊、提出对策、即时改课，集中研讨，为听评课提供了技术支撑，提高了观评课的信度和效度。组织教师参加省及省级以上课堂教学竞赛活动,取得优异成绩。有11人获全国一等奖,4人获全国二等奖,3人获全国三等奖;39人获省一等奖,2人获中南六省竞赛一等奖。获奖人数和获奖级别均居全省前列。组织学生参加全国信息技术、数、理、化、生奥林匹克竞赛取得好成绩。1人获全国一等奖,48人获全国二等奖,40人获全国三等奖。株洲教科院公开发表论文27篇,另有3篇论文获国家级一等奖,指导的2项教研成果分别获教育部教育教学成果二、三等奖。主编或参编省级及国家规划教材11本。市教育学会获省教育学会"先进单位奖"。 (谭　望)

【教育装备】 2010年,株洲市教育技术装备工作坚持以推进素质教育和教育现代化为中心,以强化应用为主线,以提高效率为目标,以巩固成果促发展为宗旨,不断强化管理职能与服务意识,圆满完成各项任务。完成市三职、九方中学、十三中、三职的城域网直通改造,完成市四中两机房的无盘改造和二中整个校园网的改造工作。同时,指导荷塘区、天元区、芦淞区教育城域网直通和无盘改造,完成荷塘区教育城域网与市教育城域网的直通。株洲县教育信息网在全国20多个省市近500个参评网站中脱颖而出,获"县级优秀网站"称号。组织50名网络安全管理员参加由省信息中心组织的持证上岗培训。组织召开市直学校网络管理员工作会议。 (谭　望)

【勤工俭学】 2010年,全市勤工俭学(校办产业)完成销售收入及营业额1.26亿元,实现纯收入2976.7万元。上缴税金281.37万元,勤工俭学(校办产业)纯收入补助教育经费实际支出2431.49万元,其中:用于基地建设99.55万元,用于资助贫困学生454.16万元,改善办学条件1157.87万元,改善师生福利719.91万元。全市开展勤工俭学的学校共有725所,拥有农、林、牧、渔基地292个,土地面积374.01公顷。全市有校办工业企业13个,第三产业网点616个;从业人员3581人。攸县、荷塘区教育局勤工俭学管理办公室被评为"省教育生产装备处第四批省级县市区勤工俭学(校办产业)管理机构目标考核合格单位",至此,全市县市区勤工俭学管理机构全部通过省级达标验收。农村学校劳动实践场所建设方面取得较大的发展,全市5个县市均有1~2个市级农村中小学示范场所;炎陵县霞阳中学被省教育厅授予"湖南省农村中小学劳动实践场所建设先进单位"。 (谭　望)

株洲知名学校

湖南工业大学

【概况】 湖南工业大学是一所以工科为主,以包装和冶金教育为特色的多科性大学,素有"中国包装教育的旗帜"、"中国包装人才的摇篮"、"中国包装科研的基地"之称。学校以本科教育为主,兼有研究生、专升本、大专、成人教育等类型的教育。2010年,学校主校区搬迁到河西新校区。学校占地面积达271.27公顷,馆藏图书330万册,固定资产总值125422万元,教学仪器设备总值24216万元,教学用计算机4493台,多媒体教室和语音实验室座位8332个,拥有较先进的计算机网络服务体系和满足体育教学需要的各类运动场地。学校设有16个教学院(部)和1个独立学院,拥有一级学科硕士点10个、二级硕士点48个、本科专业51个、专科专业25个,涵盖工学、理学、管理学、经济学、文学、法学、哲学、教育学等八大学科门类,并拥有招收外国留学生资格、教育部备案的中外合作办学资格以及高水平运动员资格,形成了以包装教育为特色,多学科交叉渗透、协调发展的学科专业体系。2010年,学校全日制在校生33974人,研究生589人,在岗教职工2581人。

(李金桥)

【学科建设】 2010年,学校组织建设"机械设计及理论"、"材料学"、"设计艺术学"3个省级重点学科和17个校级重点学科,初步形成省校两级学科建设体系;重点突出包装特色,初步形成专业齐全、层次较高的包装人才培养体系;重点建设"材料科学与工程"、"机械工程"、"土木工程"、"生物医学工程"、"电气工程"、"计算机科学与技术"等6个一级学科,初步形成工科优势学科群。学位点建设全面推进,"增博工程"强力启动。截至2010年底,学校有一级学科硕士点10个,分别为法学、马克思主义理论、外国语言文学、艺术学、机械工程、材料科学与工程、电气工程、计算机科学与技术、土木工程、工商管理,二级学科硕士点48个。启动生物医学工程等8个博士点建设学科,为2014年申请博士学位授予建设单位奠定了基础。 (李金桥)

【教学科研】 2010年,副校长张昌凡领衔的"包装自动化专业方向教学团队"入选教育部、财政部2010年立项建设的国家级教学团队名单,这是学校首个国家级教学团队。校长王汉青主持的《受限空间多相流动传热与传质机理研究》科研项目获湖南省自然科学奖一等奖,打破了该奖项一等奖长期由省内重点高校垄断的局面,标志着学校科技工作提升到一个新的水平。蒋隆敏教授主持的"HPFL加固RC压弯构件抗火性能试验研究及理论分析"科研项目获国家自然科学基金委员会工程与材料科学部主任专项基金项目资助,资助金额为10万元。 (李金桥)

【研究生质量评估】 11月25日,学校召开研究生培养过程质量评估动员大会。11月29日,由湖南省教育厅副厅长申纪云担任组长的湖南省研究生培养过程质量评估专家组莅临学校,进行为期3天的评估考察工作。研究生培养过程质量评估是学校研究生教育改革和发展的重要机遇和动力,对提高研究生培养质量,增强学校核心竞争力、

冲击博士学位授予权单位具有重要的意义。 （李金桥）

【大事摘要】 1月18日，2009年度湖南省科学技术奖励大会在长沙隆重召开，学校《受限空间多相流动传热与传质机理研究》项目获湖南省自然科学奖一等奖。

5月11日，由中国社会科学院与学校联合组建的全球低碳城市联合研究中心在学校正式成立。

6月1日，在世界包装组织2009年"世界之星"包装设计作品颁奖典礼上，学校汪田明教授、陈艳球老师和研究生汪成共同设计的"归安德化"黑茶包装，获"世界之星"包装设计奖。

6月29日，学校新科技大楼启动仪式在新校区举行。

9月初，国务院学位委员会下达《关于下达2010年新增硕士专业学位授权点的通知》（学位〔2010〕32），批准湖南工业大学新增工程硕士专业学位授权点，包括机械工程、材料工程、电气工程、计算机技术、工业工程、项目管理、物流工程7个工程领域。新增工程硕士点的7个工程领域均被列入2011年全国研究生统一招生专业目录。

9月26日，由学校电气与信息工程学院张昌凡教授领衔的"包装自动化专业方向教学团队"入选2010年立项建设的国家级教学团队，这是学校首个国家级教学团队。 （李金桥）

湖南铁道职业技术学院

【概况】 2010年，湖南铁道职业技术学院设有机电工程系、电气工程系、信息工程系、经贸管理系、人文社科系、轨道交通系等6个专业系，开设26个高职专业，在校生9300余人。学院实质性进入株洲职业教育科技城，制定学院"十二五"发展规划。立项1个国家资源库建设项目，建成3个校级专业资源库，9个校级教学改革与实施项目。立项2门国家级精品课程，4门省级精品课程，41门校级教改课程。截至2010年底，学院共立项12门国家精品课程，立项课程数居全国高职院校第四。完成各类技术开发、推广、服务、咨询及转让等科技项目和有偿服务项目29项，横向到账经费397.8万元。获省级教学成果奖6项，立项省市级课题25项，申请专利6项，出版专著3部；4名教师在湖南省说课大赛中获3个一等奖和1个二等奖。招收高职新生3013人，其中单独招生600人，在校函授本、专科人数及自考本科人数共计673人。2010届毕业生一次就业率93.2%，高出全省平均水平10个百分点，在"湖南省毕业生就业工作一把手工程"专项督察中获优秀。学生严重违纪率为零，学生操行测评优秀率达56.79%，学生犯罪率为零，非正常死亡率为零，成功申报省级大学生思想道德素质提升工程7项。完成32个培训项目、3200余人次的培训任务，培训收入323万元。引进新教师10人；1名教师获2010年湖南省第五届教学名师奖；2人被确定为湖南省青年骨干教师培养对象；立项国家教学团队1个（电气化铁道技术专业团队），湖南省教学团队2个。天一实业完成销售收入1.29亿元；后勤服务综合满意度达80.8%。年内，学院开始新校区建设。12月1日，学院院长姚和芳与株洲市教育资产投资管理有限公司钟立军签订职教城入城协议，标志学院正式入驻职教城。 （王洪乔）

【郭俊获"湖南省见义勇为优秀大学生"】 1月24日，学院机电工程系数控083班郭俊同学冒着严寒和生命危险勇救落水儿童的感人事迹，被《光明日报》、中国教育新闻网、中国高等教育学生信息网等多家媒体报道，在高校和社会各界引起强烈反响。郭俊同学因此获得"湖南省见义勇为优秀大学生"称号。4月19日，郭俊同学参加湖南第一师范学院举办的"向郭俊同学学习的先进事迹报告会"。9月20日，在株洲市首届道德模范颁奖晚会上，郭俊同学再获"见义勇为道德模范提名奖"殊荣。郭俊同学用实际行动展示了当代大学生高度的社会责任感和良好的综合素质，是当代大学生学习的楷模和典范。 （王洪乔）

【成功承办2010年全国高职院校单独招生改革试点交流研讨会】 3月20日，由国家示范性高等职业院校建设工作协作委员会主办、学院承办的2010年高职院校单独招生改革试点交流研讨会在湖南长沙召开。此次会议的目的是为各单独招生申请院校搭建工作交流、政策咨询平台，交流高职单独招生前期试点工作的经验，助推单独招生工作的成功开展。参加此次研讨会的有项目执行委员会的领导和全国73所高职院校的代表共92人。教育部高职高专处处长范唯、省教育厅副厅长王键等领导莅临会议现场指导工作。会上，范处长对《国家中长期教育改革与发展规划纲要（2010～2020年）》（征求意见稿）高职教育相关政策、"国家示范性高等职业院校建设计划"相关政策要求、"教育部2010年工作要点"高职相关工作要求等进行了详细解读并提出了指导意见；王副厅长对湖南省职业教育的发展情况进行了详细介绍，与会代表就招生考试方案设计与实施、招生专业选择与规模拟定、考核标准设定与人才培养要求衔接、招生宣传、"阳光招生"规则等5个议题进行专题研讨和经验交流。会议中，学院示范建设取得的成就和对此次会务工作的周密安排，得到了与会代表的一致肯定。 （王洪乔）

【通过省毕业生就业工作"一把手"工程专项督察】 10月28日，湖南省教育厅副巡视员蒋先龙等4位专家到学院专项督察毕业生就业"一把手"工程。督察组专家听取了学院院长姚和芳所作的《全力落实"一把手工程"，努力实现毕业生充分就业》的汇报，并就相关问题进行个别访谈，对支撑材料进行逐项评分。督察组专家对学院毕业生就业工作和办学水平给予了充分肯定。

学院毕业生就业工作“一把手”工程专项督察获“优秀”等级。（王洪乔）

【学院首个国家级教学资源库建设项目成功立项】 11月5日，教育部下发教高函〔2010〕29号文件，正式确定由学院作为主持单位、院长姚和芳担任主持人的应用电子技术专业国家教学资源库建设项目立项。这是学院立项的首个国家级教学资源库建设项目，中央财政投入建设资金750万元。学院将项目划分成22个子项目，面向整个项目建设团队进行公开招标。12月5日，由上海市教育科学研究院副院长马树超教授为组长的9位专家组成的现场专家评审团，以及网络专家评审团对50份子项目建设应标书进行评审，最终确定由14家单位分别主持22个子项目。其中学院独立主持4个子项目，并分别与伟创力和金华职业技术学院联合主持2个子项目。12月9日，学院召开该项目的研讨培训会议，项目主持单位与各子项目单位之间签订资源库建设协议与责任状，整个项目的建设工作顺利展开。（王洪乔）

【学院首个国家社科基金课题顺利结题】 11月20日，学院举行国家社会科学基金“十一五”规划教育学2007年度一般课题《基于工作过程的高职轨道牵引专业群课程体系和课程标准的研究与实践》的结题鉴定会。全国教育科学规划办公室常务副主任曾天山研究员，湖南省教育厅党组成员、省教育科学研究院院长姜正国教授等5人组成的专家鉴定组，在听取课题组汇报、阅读课题研究材料、质询答辩的基础上对课题进行了鉴定，认为该课题研究问题真实，研究前提可靠，研究体系完整、系统，所取得的成果对解决教育实践问题有创新性的指导意义，有广泛的应用与开发前景。鉴定专家组一致同意结题，通过鉴定，并当场颁发了结题证书。（王洪乔）

湖南铁路科技职业技术学院

【概况】 湖南铁路科技职业技术学院有南、北、东3个校区，占地33.12公顷。设有7系2部，26个专业，在校学生8000余人。有专职教师323人，其中具有正高以上职称5人，副高以上职称82人，中级职称106人。在读博士5人，获硕士学位125人，在读研究生21人，研究生以上学历专职教师60%。“双师素质”教师比例占专职教师总数的70%。学院有30余名教师在全国、省部、市级专业学术团体中任职，其中铁道部科技拔尖人才3人，铁道部车辆专业教学指导委员会主任委员1人、湖南省专业带头人1人，广铁集团行车故障处理专家1人。学院办学层次主要有全日制高等、中等职业教育，职业技能培训鉴定，各类成人学历教育。学院是铁道部高技能人才培养基地，与轨道交通、装备制造、信息与现代服务三大产业建立稳定的企业群，与行业和区域100余家规模企业开展校企合作，与各铁路局、站段和各大企业共建校外实训基地52个。学院设有国家技能鉴定站、教育部ITAT课程教学点和铁道部特有工种鉴定所。（刘　莉）

【启动“创示”工程】 为了进一步全面提升学院内涵建设的水平和层次，9月14日，正式成立创示工作领导小组和创示工作办公室，创示工作全面展开。11月9日，学院与广州铁路集团公司、株洲市人民政府签订共建协议。（刘　莉）

【教育教学改革】 2010年，学院邀请著名职教专家马树超教授和姜大源教授，为学院专业建设和课程改革传经授道。学院成功举行全院教师讲课比赛和“芙蓉杯”女教师说课比赛，对提高广大教师授课质量和参与教学改革的积极性起到了较大的促进作用；制定《湖南铁路科技职业技术学院校本教材建设管理暂行办法》，组织优秀教师按照工作过程系统化课程要求编写项目化校本教材共7本，推进了学院的教育教学改革。各系部充分利用专业资源优势，发挥企业在人才培养过程中的作用，以“校企合作”、“工学结合”为切入点，大力实施“工作过程导向”、“半工半读”、“工学交替、顶岗实习”等人才培养模式，效果明显。启动“百名教师下企业锻炼工程”，暑假期间有69名教师下企业锻炼，使老师们实现由讲到做、由理论到实践、由校内科研到企业攻关工作方式的转变，加深了学院与企业的相互了解，密切了校企关系。（刘　莉）

【科研工作】 2010年，学院科研成果取得新突破。省、市级正式批准立项课题14项，院级批准立项课题8项，全年公开发表论文237篇，出版教材84册，获奖论文6篇，获奖成果(竞赛)22项。全年安排、审核科研经费130多万元，科研成果奖励金额25万余元，极大地调动了广大教职员工的科研积极性，提高了学院的科研实力、服务能力和社会声誉。（刘　莉）

【技能竞赛】 2010年，学院学生获全国高职院校接发列车技能大赛实操比赛二等奖、湖南省职业院校春季技能竞赛物流技能大赛二等奖、湖南省计算机应用技能竞赛计算机程序设计员学生组二等奖、株洲市中等职业院校技能竞赛(工具钳工)三等奖、湖南省高职院校学生技能抽查获优秀等级，学院还被评为株洲市“高技能人才培训先进单位”。（刘　莉）

【招生就业成绩喜人】 2010年，学院招收全日制大专生2100余人，新生报到率为83%，居全省前列，招收5年高职学生230余人，中专生700余人，共计3000余人。截至2010年底，各类全日制在校生总人数突破8000人。2010届毕业生总人数1537人，其中订单培养人数523人，订单率为34.03%，毕业生初次就业率达86.14%，远高于全省同类学校的平均初次就业率，排全省前5名，并在2010年湖南省高校就业工作"一把手"工程专项督查中评为优秀等级。学生就业安全率100%，无一名毕业生投诉。 （刘 莉）

【成人教育发展迅速】 2010年，学院成人教育和职后培训完成8000余人次。年内，学院给广铁集团客运处、社保处、劳卫处、长沙车站、广州通讯段、广州客专基地等单位举行培训班；承接湖南省中职教师计算机与数码产品维修本级教师培训；与西南交通大学合作开展在职工程硕士研究生培养、网络教育；与长沙城建职业学校共同培养长沙地铁大专函授生84名；为思政部与湖南师范大学合作开展自学助考班，有近130名在校生；承接株洲市中考、高中学业水平考试、广州铁路集团车务系统技能竞赛和株洲市农民工培训等项目，职后教育收入比2009年度增长50%以上。 （刘 莉）

湖南中医药高等专科学校

【概况】 2010年，湖南中医药高等专科学校进一步解放思想、艰苦奋斗，在教书育人、管理育人、服务育人等方面取得新的成绩，学校发展迈出了新的步伐。全年完成102个班级共计11.05万学时的教学任务，课时量较上年增加10%。学校顺利通过教育部高职高专人才培养工作评估。成功申报国家级精品课程《推拿手法技术》。招收大、中专新生2579人，全日制在校生历史性突破7000人，各类在籍学生突破9000人。毕业生初次就业率达86.65%，超出了全省平均水平7个百分点。 （管 弦）

【人才评估顺利通过】 2010年，学校围绕人才培养工作评估中心工作，进行一系列行之有效的改革，在软硬件建设等各个方面加大投入。一是大力加强实验实训室建设，在年初经费预算中划拨专项经费用于实验室改建扩建、购置相关仪器设备，充分满足教育教学及科研工作需要；二是大力加强基础设施建设，对东校区办公楼1楼、6楼教室及报告厅进行了改建，东校区篮球场完工并顺利投入使用；三是大力加强教育教学管理，组织编写《教师工作手册》、《教学管理制度》、《教学通讯》，规范教学秩序，开展多个教育层次课堂理论教学和实验教学的随机性检查听课，对教师课堂教学情况进行认真、公正、客观的评议；四是全力做好迎评前期准备，先后邀请省、市及外地专家教授到学校指导评估工作，讲解各项评估指标，现场解答人才培养工作中存在的问题。通过一年努力，学校基本办学条件得到了有效改善，办学控制指标达到评估合格标准。11月28日~12月2日，教育部人才培养工作专家组一行7人到学校进行为期4天的评估检查。专家组通过审核材料、听取汇报、考察校园环境、考察基础设施、了解教学条件及附属医院等实训实习基地等形式，深入考察评价学校。最后，专家组对学校人才培养工作给予了高度评价，学校顺利通过评估。 （管 弦）

【教学改革继续深化】 2010年，学校修订完善10个专业人才培养方案和实习大纲。制定《教学质量保障与监控体系运行管理规定》、《教师工作手册》、《教学管理制度》，对教学行为进行严格规范的管理和监控，采用听课评课、学生教学信息管理、教学例会、教学通讯等方法，及时收集教学中出现的问题，反馈到教学系部和任课教师，以保证教学工作的顺利开展，杜绝教学事故的发生。加大重点和特色专业、教学团队、精品课程及教学名师队伍等质量工程的建设与扶持力度。在校企合作、联合办学方面迈出实质性步伐，学校分别与株洲千金药业股份有限公司、湖南千金金沙大药房零售连锁有限公司、康尔美科技发展有限公司、岳阳市秀媛堂生物工程有限公司、广州亿肽生物科技公司签订合作办学协议，并确定了3个定单式培养班。

加大教育信息化建设投入，信息化建设经费比2009年大大增加，通过与中国电信株洲分公司合作，2010年，学校在信息化建设方面的投入超过320万元。全年投入资金分别建设视频会议室1个、语音室1个、网络多媒体教室86个，全校所有教室均实现网络多媒体教学。 （管 弦）

【招生就业工作有突破】 2010年，学校广泛开展招生宣传，通过各种途径圆满完成了招生指标。全年共招收大专新生1874人，中专生705人，全日制在校生达7168人。招收成教生598人，学校各类在籍学生达9414人。学校被审核为湖南省高职高专招生与就业研究会理事单位，被评为"招生工作先进集体"。学校进一步拓宽"专升本"与"对口升学"渠道，经与湘南学院协商，顺利完成康复治疗技术和药学专业的专升本衔接工作，开设专业都实现专升本对接，为学生提高学历层次创造了良好条件。

学校广泛收集就业信息，广开就业渠道。4月9日，学校举办2010届毕业生供需见面会，有202家用人单位到学校招贤纳才，提供就业岗位3061个，有1500多名毕业学生前去应聘，近800多名学生达成就业意向。应湖南省中医药管理局、湖南省肿瘤医院、株洲市一医院、中国人民解放军总医院等36家用人单位的要求，学校召开36场专场招聘会，提供就业岗位552个。全年有300余毕业生在实习结束时即被实习单位录用，初次就业率达86.65%，超出全省平均水平7个百分点，截至11月底，就业率达90.33%，居全省高校前列。 （管 弦）

【道德工程常抓不懈】 2010年，学校启动"湖南中医药高等专科学校大学生思想道德素质提升工程"，加强大学生思想政治教育体系建设和辅导员队伍建设，开展大学生思想行为调查和一系列社会活动。举行感恩教育系列活动总结暨演讲赛,开展炎帝陵公祭活动和茶陵监狱警示教育,取得了良好效果。大力开展"一帮一"爱心助学活动,对帮扶学生进行关爱、教育和帮助,活动卓有成效,贫困学子身心受益。学校"绿色通道"继续畅通,家庭经济困难的新生顺利入校就读。全年学校为10余名学生办理助学贷款手续;评选出国家奖学金4人、国家励志奖学金116人、国家助学金918人,发放奖助学金2721.2万元。 (管 弦)

【科研学术成绩显著】 2010年,学校组织申报卫生厅药学科研平台建设规划项目,获科研资助40.8万元,建设中药组织培育科研实验室、药学科研实验室,并正式投入使用。全年学校共申报课题60项,获立项30项。组织5个立项课题的开题论证,邀请相关专家进行指导,取得了较好效果。对已经开展的科研课题的研究进展情况进行检查和敦促。向省教育厅上交在研课题研究进展报告2份。组织进行2项教育厅科学研究项目和1项校级教改项目的结题验收,组织2项教育厅教学改革研究课题、1项省教育规划专项课题、1项思想政治课课题的结题申报,均获得通过。申请省中医药科技奖1项、省教学成果奖1项、省科技成果登记1项,获湖南省中医药科技三等奖1项。编辑出版2期《湖南中医药高等专科学校学报》,发表学术论文80篇。

(管 弦)

株洲职业技术学院

【概况】 株洲职业技术学院位于云龙示范区,占地25.6公顷,校舍建筑面积近20万平方米,建有7个实训中心、78个实训室和102个校外实训基地,馆藏纸质图书26万册、电子图书32万册,总资产3.53亿元。有教职员工600余人,专任教师405人,教授6人,副教授116人,双师素质教师124人,硕士研究生151人。学院下设8个系部:汽车工程系、电子工程系、机械工程系、信息工程系、经济管理系、人文旅游系、基础课部和中专部,2个中心:成教培训中心和汽车驾驶员培训中心,1个教育公司:华大菁英教育有限公司。学院开办汽车运用技术、汽车电子技术、机电一体化技术、模具设计与制造、数控技术、应用电子技术、计算机应用技术、电子产品质量检测、计算机硬件与外设、会计电算化、市场营销、导游等涉及7个专业大类的24个专业,在校学生达11000多人。有省级精品专业1个、省级精品课程3门、省级教学团队2个、省级专业带头人3名、省级骨干教师2名。年内,学院立项15项省、市级课题,其中国家教育部重点课题1项。学院教师共发表论文96篇(其中核心期刊10篇)。获湖南省教学成果奖三等奖1项。 (王伟力)

【专业建设强化特色】 2010年,学院根据区域经济社会发展态势和办学实际,围绕汽车产业链,以汽车类专业为龙头打造学院特色专业群,同时做好相关专业的改造、优化和整合工作。圆满完成汽车类、计算机维修类2个省本级项目共计96名中职师资的培训任务。模具设计与制造、汽车运用技术2个专业教学仿真软件项目成功入围省级重点建设项目。《发动机电控系统检修》申报为"教育部高职汽车专业教指委精品课程"。 (王伟力)

【技能抽查、技能竞赛成绩突出】 2010年,学院大力促进技能教学和技能竞赛,经济管理系会计电算化专业学生在全省高职院校学生专业技能抽查测试中合格率100%,优秀率80%,整体测试成绩在全省参加抽检的42所高职院校中名列第二。积极组织学生参加各级各类技能竞赛并取得了优良成绩。其中参加国家级技能竞赛获二等奖3个、三等奖3个,参加省级技能竞赛获一等奖12个、二等奖16个、三等奖21个,一批教师获省级技术能手称号。汽车工程系邹凯、肖湘、肖璀同学获全国高职院校学生职业技能大赛汽车维修与故障排除项目二等奖,袁欣、王朝晖同学获全国高职院校汽车营销技能大赛三等奖;电子工程系吴惠平同学、贺敏同学分获全国电子专业人才设计与技能大赛二等奖、三等奖;经济管理系尚秋雨、朱骏、邓海霞同学获第三届全国高校市场营销大赛二等奖;童译萱等4位同学获第二届全国电子商务"创新、创意及创业"大赛三等奖。基础课部集体诵读作品《相信未来》获教育部语言文字管理局主办的"中华诵·2010经典诵读大赛"全国总决赛第一名。

(王伟力)

【校企合作形势喜人】 2010年,学院以服务区域经济为抓手,相继与北汽控股株洲分公司、湖南华强文化科技有限公司签订校企合作协议,成为"北汽控股株洲分公司员工培训中心"、"湖南华强文化科技有限公司人才培养基地"。同时,学院继续与上海通用汽车、株洲南车时代电气股份有限公司等共同开办"ASEP项目班"、"时代电气班"。与南方时代电动汽车、湘火炬火花塞的合作洽谈进展顺利,开展校企深度合作;与博世汽车公司关于博世汽车诊断实训中心和博世班项目的合作顺利签约。中国汽车工程学会汽车营销工程师、汽车诊断工程师、汽车管理工程师的认证培训申报工作也取得有效进展。以学院为龙头的"株洲汽车职业教育集团"召开筹备工作会议,选举产生集团理事会,2011年5月将正式挂牌。这对于提升株洲职业教育的综合实力及服务经济社会能力具有深远意义。在北京召开"学校+公司"工学结合人才培养模式实践推广会,引起了教育部和国内兄弟院校的高度关注。 (王伟力)

【大学生素质教育成效明显】 2010年,学院持续开展以"健康生活、重点提升、快乐成才"为主旨的主题教育实践活动和大学生文明工程等教育活动,重点提升学生思想素质、文明素质、心理素质、职业素质，取得很好的效果，连续5年保持“学生责任性伤亡率”和“学生群体事件发生率”均为零。标准心理咨询室建设项目获省教育厅、省高教工委成功立项，经过建设，全面改善和提升学院心理咨询室软硬件条件。大学生心理健康教育效果显著，学院被评为“湖南省高校心理健康教育先进单位”。组织实施青年思想引导工程、强基兴团工程、志愿服务工程、青工技能拓展工程、青年就业创业扶持工程、青年成长领航工程等一系列团组织活动，取得优良成绩。在团市委“五四”表彰大会上，院团委先后荣获“株洲市‘五四’红旗团委”、“市青年文明号”等22项集体殊荣；涌现出“中国大学生自强之星”等市级以上先进30多人次。

（王伟力）

【教育培训和招生就业实现新突破】 大力开拓驾驶员培训和成教培训市场，全年学院驾培中心共计培训4874人，成教中心共计培训3076人。完成3年制大专招生2305人，到校3年制中专（含5年制大专）1376人，总计到校3681人。2010届毕业生就业率达92%，其中汽车工程系和电子工程系就业率达96%以上。 （王伟力）

湖南省商业技术学院

【概况】 2010年，湖南省商业技术学院校区占地面积5.33公顷，校舍面积42000平方米，固定资产2354万元；新校区位于云龙示范区职教大学城内，占地面积14.64公顷，总建筑面积80584.13平方米。学院开设有技师、高技（大专）、中专、中技、短期培训5个层次教育，有烹饪、酒店管理、旅游管理、电子商务、计算机网络技术、计算机美术设计、商务英语、会计、电子技术、模具、数控技术、主板技术等20个专业。全年招收入院新生1958人，在校生规模达4800余人。积极开展技能鉴定，鉴定人数2607人，学生就业率达98%。积极开展高技能人才培训、农民工转移培训、下岗失业人员再就业培训等各类短期培训，全年培训1250人。

2010年，学院倾力进行德育教育、教学教研、专业建设和队伍建设4大建设，着力实施新校建设、招生就业、社会培训三大发展战略，圆满完成全年工作任务。学院荣获“省文明卫生单位”、“市技能月”活动优秀组织单位、市技工教育“先进单位”、市中职学校“教学管理先进单位”；学院团委荣获市五四红旗团支部（总支）；经选举成为省餐饮行业协会第四届理事会副会长单位。

（杨 明）

【提升办学层次】 6月24~26日，学院以955分的高分顺利通过省商业技师学院筹设论证评估、评议；8月31日，省人力资源和社会保障厅正式发文（湘人社函〔2010〕142号《关于同意筹建湖南省商业技师学院的批复》），同意学院筹建湖南省商业技师学院。

（杨 明）

【推动整体搬迁】 为实现学院科学发展，经省政府同意，3月省发改委正式发文（湘发改投资〔2010〕34号《关于核准湖南省商业技术学院异地搬迁建设项目的通知》），同意学院整体搬迁至市职教科技园区，新校区占地面积14.64公顷，建筑面积80584.13平方米。4月21日，学院在株洲华天大酒店举行进驻职教城签约仪式。10月19日，新校区开工奠基典礼仪式举行，仪式由市人大常委会主任姜玉泉主持，省机关事务管理局局长林侃钦致辞，市委书记陈君文、省政府副秘书长刘明欣等领导出席仪式。 （杨 明）

【教学科研工作】 4月，学院成功协办株洲市“技能月活动”中的公共服务业十大“岗位技能明星”评选工作。师生参加校外竞赛取得好成绩，全年共获47个奖项，其中国家级竞赛获11个二等奖，7个三等奖；省级竞赛获2个一等奖，5个二等奖，5个三等奖；市级比赛获4个一等奖，10个二等奖，3个三等奖。教师参赛获奖情况：5月，在株洲市中等职业教育学校语文综合实践活动说课比赛中，刘佳明老师获一等奖；在株洲市职业学校数学学科“创新杯”说课比赛中，李玉兰老师获二等奖；在株洲市职业学校职业指导课程说课比赛中，李安华老师获二等奖；在株洲市职业学校商贸类课程“创新杯”说课比赛中，杨曼老师获一等奖；在株洲市职业学校商贸类课程“创新杯”说课比赛中，李晓日老师获二等奖；在株洲市职业学校商贸国中等职业学校“创新杯”语文综合实践活动说课比赛中，刘佳明老师获二等奖；在全国中等职业学校“创新杯”商贸类说课比赛中，杨曼老师获三等奖。学生参赛获奖情况：4月，在湖南省职业院校春季技能竞赛中，获2个一等奖，5个二等奖，5个三等奖。6月，在全国职业院校技能大赛中，获1个二等奖，3个三等奖，2个优秀奖。参加株洲市职业院校学生技能竞赛获2个一等奖，6个二等奖，4个三等奖。参加市“首届大学生创业设计大赛”2009高六班团队获优胜奖，参加第七届全国中职“文明风采”竞赛获9个二等奖，3个三等奖。

学院教师在省级刊物上共发表论文7篇，获奖论文5篇，其中市级论文评审中有3篇获一等奖，1篇获三等奖。在课题研究方面有2个省级课题立项和1个国家级课题通过审核。薛佳老师的省级课题《中职学校酒店管理专业学生英语交际能力的研究》开题，盛金朋老师的省级课题《烹饪专业实践教学改革与创新研究》顺利通过立项，邹薇老师主持的国家级子课题《头脑风暴法在教学中的应用》通过市教科院的审核。

（杨 明）

株洲市职工大学(工业学校)

【国家示范校建设项目成功申报】 2010年,株洲市职工大学(工业学校)以优异的成绩通过省专家组的终结评估验收,成为省级示范性职业学校;服装专业教学及技能培训大楼建设项目被列入中等职业学校基础能力建设省级规划项目,建设经费达1000万元。同时,成功获得100万元的实训基地建设项目。学校在全国近万所中等职业院校中脱颖而出,成为全国首批285所中等职业教育改革发展示范校项目建设单位,全省仅11所,是株洲市唯一入选的中职学校。 (邓家飞)

【教学成绩创历史之最】 2010年,学校狠抓质量建设,以深入推进课改、巩固课改成果为突破口,真抓实干,力求突破,把教学例会开到课堂,落到教室,从实践中发现问题,从细节中寻找问题;抓实践、重落实、找缺点、求创新,把学生调动起来,把效率提高起来,把课改深入下去。在国家、省、市学生技能竞赛中,国赛实现金奖零的突破、省赛获株洲市代表队团体总分第一,市赛实现团体总分"三连冠"。对口升学考试中,上线率居全市同类学校之首;会计从业资格考试,学生通过率位居全市之首,在全省名列前茅。 (邓家飞)

【德育改革卓有成效】 德育工作以强化学生管理,活跃校园文化、构架家庭校园、打造职场德育为主题,开展丰富多彩的教育活动,召开学生家长会,加强学校与家庭的沟通,达到共育的效果。第十二届校运会取得圆满成功;举办学生军训会操、元旦文艺汇演等,丰富了师生校园文化生活,充实了学校德育工作内涵。在全国文明风采大赛上,学校获决赛优秀组织奖,并获10金16银23铜的好成绩。姜佩同学获"全国优秀共青团员"称号,校团委获"株洲市红旗团委"称号。 (邓家飞)

【校企合作初见成效】 就业工作由单纯的推荐就业逐步向校企合作方面转化,2010年,学校先后与深圳欧达可电子有限公司、上海热风时尚连锁管理机构共建校企合作基地。与三一重工、北汽控股株洲分公司、广汽菲亚特等企业达成校企合作意向,并开设"广菲班"。学生实习就业推荐率达96.6%;对口实习就业率80.1%。 (邓家飞)

【培训领域不断拓宽】 2010年,学校成为株洲农村劳动力转移定点培训机构,被省市扶贫办正式确定为2010年度市级扶贫培训学校,获2010年株洲农村劳动力转移职业学历教育培训220人的计划(其中茶陵县140人、炎陵县80人);经过市劳动局的专家评审,学校被确定为2010年企业高技能人才培训市级定点机构,取得纺织服饰产业园开展服饰制作工高级技能工80人的培训计划。2010年技能鉴定人数为859人,取证率达85%,达到了职业技能鉴定工作为教学服务的目的和学生技能水平的提高。 (邓家飞)

株洲广播电视大学

【概况】 2010年,株洲广播电视大学招收各类学生4607人,其中开发教育本科527人,同比增长12%;开发教育专科2561人,同比增长8%;一村一名大学生977人,同比增长3%;成人教育专科215人;奥鹏和中南大学网络教育327人,形成了以开发教育为主体、各种办学形式协调发展的办学格局。年内,学校被评为"全省电大招生工作先进单位"。 (黄玲娣)

【教学科研有新起色】 2010年,学校始终坚持科研为先导、以教学为中心的指导思想,进一步深化教学,不断完善开放教育的教学模式和管理模式。积极组织开展教学科研活动。组织学生参加省电大外国语学院、文法部和中央电大的教学竞赛,学生20人次分别获一等奖、二等奖、三等奖,教师5人次分别获组织奖和优秀指导教师奖。 (黄玲娣)

【终身教育和社区教育工作开展顺利】 为贯彻落实省委、省政府《2010年关于推进终身教育和学习型社会建设》的文件精神,大力开展社区教育,谋求电大新发展的战略部署,5月,学校成立终身教育办公室,健全了机构,明确了职责。在全省电大系统率先参与《株洲市建设教育强市行动计划》(2010～2015年)和《株洲市"十二五"教育发展规划》的起草工作。10月,株洲市人民政府发文批准依托株洲广播电视大学成立株洲社区大学和株洲市终身教育服务指导中心,株洲电大、株洲社区大学和株洲终身教育服务指导中心三块牌子,一套人马,合署办公。学校举行隆重的授牌仪式,并积极开展工作,筹建了株洲终身教育网,开展家长教育示范活动。社区教育工作受到上级的充分肯定,学校被评为2010年度"全省电大社区教育优秀分校"。 (黄玲娣)

湖南工贸技师学院

【概况】 湖南工贸技师学院是一所以培养高技能人才为主要目标的高等职业院校,是国家综合职业培训基地、国家机电类职业技能鉴定所、全国农民工培训示范基地、全国高技能人才培训基地、湖南省技师培训鉴定点、湖南省创业培训基地等。

学院设有工业自动化、机械工程、管理信息、装饰工程4个专业教学系,开设近30个专业,数控技术应用、模具设计与制造、机电技术应用、焊接技术应用等专业在全省乃至全国颇具影响。有专兼职教师233人,其中高级职称教师70人,中级职称教师110人,技师和高级技师98人。此外,学院还拥有1名全国首届"黄炎培杰出教师奖"获得者,1名首届"中国职业院校教学名师奖"获得者,10名省职业技能鉴定专家委员会委员，14 名省、市学科带头人。在校学生 5800 多人，年短期职业技能培训、鉴定 8000 人次。

学院积极开展校企合作，广拓就业渠道，先后与中联重科、山河智能、衡阳特变电工、中铁轨道系统集团、株洲时代集团、南车电机等国内知名企业建立长期战略合作关系，合作形式也由传统的“供需合作”向全方位纵深合作发展，有效促进了高技能人才培养，毕业生就业渠道通畅，生均可选择就业岗位达 4 个以上，实现了从高就业率向优质就业的转变。着力推进学院品牌建设战略，整体提升学院形象。集中向社会推出学院“技所倚 心无疆”的全新形象和标志，学院知名度、美誉度大幅提升，全年各类新闻媒体报道学院 50 余次，在社会上引起较大反响。成功承办湖南省技工院校技能大赛暨第三届全国技工院校技能大赛湖南地区选拔赛等各类大赛，扩大了学院影响力，进一步巩固了学院在省职教领域的排头兵地位。　　（黄智勇）

【校园建设取得新进展】　2010 年 1 月 11 日，省政府批复学院建立湖南工贸技师学院。学院成为株洲市第一家以高技能人才培养为主要目标，集技师、高技、中技学制教育与技能培训鉴定于一体的高等职业院校。新校区自 2009 年 12 月 26 日开工奠基以来，始终坚持高规格设计、高标准建设、高水平管理，电子电气教学大楼成为职教城在建项目首座主体竣工建筑，学生公寓、理实一体化教学大楼和图书行政综合楼等约 10 万平方米建筑进入全面主体施工阶段，2011 年有望成为第一所迁入职教城的学校。　　（黄智勇）

【开门办学获得新成果】　面对生源竞争日趋激烈，初、高中毕业生生源日益减少的严峻形势，学院教职员工群策群力，力保招生就业渠道通畅。2010 年，学院招收全日制新生 2125 人，其中高技、技师层次比例达到 90%，1073 名应届毕业生全部走上工作岗位，天津职业技术师范大学对口升学班升学率高达 80%，2011 届毕业生绝大部分已提前与企业签订就业协议。在做好学制学生培养的同时，学院适时调整办学思路，积极拓展新的培训领域，全年技能培训人数达 8000 人次，创历史新高，业务范围拓展至创业培训、煤矿安全人员培训等新领域，培训质量得到省、市劳动部门和企业好评，省、市新闻媒体对此进行了专题报道。成功承办石峰区、星联公司、南车电机、中铁轨道、联诚集团等政府与企业组织的职工技能竞赛，受到各级政府部门和企业的一致好评。　　（黄智勇）

【技能竞赛再上新台阶】　2010 年，学院在各级技能竞赛中捷报频传。继春季省职业技能大赛获得佳绩之后，各项荣誉接踵而至。6 月，在全国职业院校技能大赛中获金银奖各 1 项；9 月举行的省技工院校技能大赛，学院在全部 8 个单项比赛中以 7 个一等奖、6 个二等奖和 2 个三等奖的骄人战绩荣获团体第一名、优秀教学组织奖和特别组织奖；11 月，在省数控技能竞赛暨第四届全国数控竞赛选拔赛中，学院继 2006 年、2008 年连续 2 届大赛折桂后，再次以绝对优势蝉联冠军，成为全省唯一获得“三连冠”佳绩的学校；在 11 月 13 日结束的第三届全国技工院校技能大赛上，学院从全国 31 个赛区选拔出来的 165 所决赛院校中脱颖而出，总成绩位列全国三甲，以学院为主体的省代表队获得全国第 4 名，取得了湖南省参加全国大赛以来的最佳成绩，受到省人力资源和社会保障厅通报表彰。在全国文明风采大赛上获 3 项第一，并获全国优秀教学组织奖。由于技能人才培养成绩突出和实力强劲，学院被人力资源和社会保障部授予“国家技能人才培育突出贡献单位”荣誉称号，被人力资源和社会保障部、教育部、财政部 3 部委联合评定为“国家职业教育改革发展示范学校”。（黄智勇）

湖南有色金属职工大学

【概况】　湖南有色金属职工大学校园占地面积 3.33 公顷，建筑总面积 28579 平方米，资产总值近 2600 万元，建有教学楼、实验楼、学生宿舍楼、办公楼大型楼宇，可同时容纳 1500 名学生全脱产学习。教育教学设施有图书室、阅览室、多媒体教室、电化教室、计算机中心、实验室、实习工厂、200 米环形跑道的操场、独立的篮球场与较完备的外部体育设施。学校现代化教育设施齐全，着力于校园文化建设，成立校园广播站、校园网站、英语俱乐部、书法社、体育队，丰富了学生的业余生活。学校有 3 个学历层次：成人大专学历校本部共开设 12 个理工类和文史类专业。中专学历教育开设有 11 个专业。技工教育开设 10 个专业。学校有全日制、业余、函授、远程教育等学习形式，设有本科、专科、中专、技校、短期培训及继续教育等办学层次。　　（尹丽娟）

【筹建职院工作】　2010 年是职院去筹的关键年，也是学校的中心工作。年内，职院建设完成的和正在进行的主要工作有：土石方工程、设计、报建、招投标、建筑施工等。截至年底，2 号、3 号学生宿舍楼接近封顶，1 号学生宿舍楼、教学楼、培训楼、学生食堂等均可出正负零，图书馆和行政办公楼基本完成地下基础工程等等；在办学条件筹备方面完成的和正在进行的主要工作有：师资力量招聘、教学设施准备、去筹建院资料编写、佐证资料准备等等。

（尹丽娟）

【招生工作】　2010 年，学校争取到以有色职大名义进行高职招生的计划。在各方面条件极不完备的情况下，克服困难，创造条件，高职招生工作取得比较满意的成绩：高职计划 200 人，录取 174 人。成人和技校招生也取得了较好的成绩：成人大专录取 243 人；技工招生 41 人。　　（尹丽娟）

【培训工作】 2010年,培训工作取得很大成绩。上半年,在市劳动局的支持和帮助下,学校顺利通过培训单位的招标。截至2010年底,为社会和企业培训694人,其中二十三冶安全员培训484人,宝山矿业公司中层干部培训班34人,建设局取证培训176人。特别是宝山中层干部培训班,取得圆满的成功,受到有色局、宝山公司和培训班学员的一致好评,并被宝山公司授予“校企合作先锋,工学结合典范”荣誉牌匾。它的成功举办为学校顺畅开拓有色行业培训市场奠定了良好基础。

(尹丽娟)

株洲市第二中学

【概况】 株洲市第二中学占地面积8.67公顷。2010年,学校有高中教学班48个,在校学生2416人,高中在岗专任教师188人,其中在岗特级教师6人,硕士研究生39人,株洲市级学科带头人及市级骨干教师51人,外籍教师1人。年内,学校被中国教育学会、中国发明协会、中央教育科学研究所授予“中小学生创造力培养示范学校”称号,被株洲市“两型”社会建设综合配套改革领导小组授予“株洲市‘两型’创建先进单位”称号,被国家体育总局、教育部授予“全国体育场馆向公众开放先进单位”称号,被株洲市人民政府授予“参加湖南省第十一届运动会贡献单位”称号,被株洲市教育局授予“株洲市教学质量管理先进单位”称号。

(刘　蓓)

【高考再创佳绩】 2010年,市二中高考二本录取达88%,一本录取达49.5%,创造了二中历史上的最高,文理科的一本上线率和二本上线率均进入全省示范性中学前10名。600分以上人数占株洲地区28%,文科、理科地区前30名学校各占三分之一。0705班鄢虹同学以650分的成绩获地区文科状元,被北京大学录取。0716班李晨熠以666分的成绩并列地区理科考分第一名,被北京大学录取。 (刘　蓓)

【陈金娇当选全国劳模】 陈金娇,女,47岁,大学文化,中共党员,株洲市第十次党代会代表,株洲市二中英语高级教师。她从教25年,用自己独有的方式与人格魅力,精心呵护学生,用真爱感化学生,学生也用真爱给予她丰厚的回报。她13年间担任过6种不同类型班级的班主任,都取得突出的成绩。“学高为师,德高为范”是对她教育事业最好的诠释。她曾荣获:全国优秀教师、全国优秀班主任、湖南省“优秀教师”、湖南省“未成年人思想道德建设先进个人”、株洲市“优秀共产党员”、株洲市“优秀教师”、株洲市“优秀指导教师”等称号,曾2次荣立二等功、1次市三等功,2010年5月,被评为全国劳动模范,并入选全国教育系统先进个人名录。《湖南工人报》、《株洲日报》、《株洲晚报》等媒体多次对她的事迹进行过专题报道。 (刘　蓓)

【大事摘要】 2010年,市二中共投入300万元,对景文楼进行全面维修,高二年级多媒体教学设备全部升级,建配8个高标准的实验室和功能教室,极大地改善了学校的办学条件。

在2010年省高中学业水平考试中,市二中以合格率99.32%,优秀率96.7%的成绩名列省示范性高中前茅。

1月29~30日,市二中七届五次教代会召开,会议通过了《关于修改学校奖励方案的报告》。

5月,市二中申报“全国教育科学‘十一五’规划特色高中”项目;10月,顺利通过全国教育科学规划办和中央教科所审核立项;12月,学校被教育部授予“全国中小学生创造力培养示范学校”称号。

5月,陈金娇老师当选全国劳模。

8月,市二中派出管理团队全面托管云田中学。市二中与株洲市城投公司达成合作办学协议,议定在武广新区建设“株洲市建宁实验中学”,此项目被列入2011年株洲市人民政府十大民生实事,计划2011年6月份动工,2012年8月建成招生。同时启动景炎学校新校区建设工作。至此,以二中为母体,以景炎学校、云田中学、建宁实验中学为核心的二中教育集团初步形成。

8月,徐之乐、王志军、贺月莲3位老师和2名学生参加省教育厅国际交流处组织的访问美国交流团活动,陈莉双老师赴英国参加访问交流。

(刘　蓓)

株洲市南方中学

【概况】 2010年,株洲市南方中学有在校学生1378人,在职教职工242人,全国优秀教师3人,特级教师6名,国家、省级骨干培训教师8人,省市级骨干教师19人,市学科带头人14人。学校走集团化办学之路,组建株洲市第一个教育集团——南方中学教育集团,办学规模逐年扩大,有2个高中、2个初中和2个小学,在校学生总数达到5000多人。

办学质量稳步提升,高考、学考中成绩稳居全市前茅。2010年高考,学校一次性本科上线率达63.76%,易祥力同学获株洲地区理科状元。2010年湖南省学业水平考试合格率100%,居全省第一。英语学科特色突出,国际化办学全省领先。每年举办英语夏令营和冬令营,截至2010年,共培养40多名学生考取新加坡公费留学,人数居湖南省第一。年内,27名学生考取马来西亚沙巴大学留学。拥有一流的体艺场馆和设施,并全部向公众开放。2010年,学校被评为“全国体育场馆向公众开放先进单位”。 (申玉箫　成小燕)

【大事摘要】 2010年,学校获“株洲市文明建设先进单位”称号。同时,被评为“湖南省文明卫生单位”。

2010年学校建成全市第一所教师书吧,成为全市首批“十佳书香校园”之一。校长夏立威被评为“株洲市学习型领导干部先进个人”。

2010年，南方中学成为马来西亚公立大学沙巴大学设在湖南省唯一的招生报名、培训、考试基地。来自长沙、株洲、衡阳的27名学生考取沙巴大学留学，1名考取马来西亚大学留学。

1月7日，石峰区人民政府与株洲南方教育投资有限责任公司签订合作办学协议。南方中学投资5000万元在原省建五公司子弟学校教学区建设面向全国、全省招生的一所九年一贯制的高品位、高规格、现代化品牌学校，将其打造为株洲市“窗口”学校和基础教育“名片”。

3月26日，株洲市特级教师学术年会在学校召开。全市近70名特级教师齐聚一堂。省人民政府参事、特级教师王沛清，省特级教师委员会秘书长刘建琼等出席会议。

5月21日，省人大常委会党组成员、省政府顾问、省民办教育协会会长唐之享，株洲市市委书记陈君文到学校视察。

8月17日，在广西南宁举行的2010年全国阳光体育传统项目羽毛球比赛落幕，南方中学羽毛球代表队摘得2金1银。

10月16日，湖南省第三届“特级教师讲坛”在学校举行。全省8市近600多名优秀教师参加研讨会。

11月，南方中学成为全国第56所、湖南省第二所“全国外国语学校”。

11月4~6日，湖南省新课程标准中学英语教学研讨会暨优秀初中单元教学展评在株洲南方中学召开。

11月30日~12月3日，由省教育厅主办，省体育协会协办的2010年湖南省中学生、中职生田径运动会在株洲市南方中学举行。来自全省14个地州市的500余名中学生、中职生参赛。

12月7日，芦淞区教育局与南方中学正式签订托管协议，将区内的淞南中学交由市南方中学管理。

（申玉箫　成小燕）

株洲市九方中学

【概况】 2010年，株洲市九方中学有教学班24个，在校学生922人，专任教师84人，其中具高级职称58人，特级教师3人，市级学科带头人1名，市级骨干教师13人，教师中有16人具有硕士学位。学校被评为全国教育科学“十五”规划重点课题实验学校、湖南省传统体育运动项目学校、湖南省现代教育技术实验学校、湖南省平安校园、湖南省赴新加坡公费留学生源基地、湖南省具有外籍教师聘请资格学校、湖南省家长示范性学校、株洲市园林式单位等。

2010年，学校237人参加高考，其中二本以上上线人数119人，二本上线率达50.21%，上线率和录取率均居城区中学前三名；高二学业水平考试合格率达99.64%，位居全市第二名；曾博、陶天楚2位同学被新加坡南洋理工大学公费录取，全省仅有15人录取，学校与长沙雅礼中学并列全省第一名。

认真贯彻新课改的精神，加大课程改革的步伐，促进教育教学的专业发展。2010年，学校与长郡中学建立良好合作关系，构建课程开发网络体系，为教师的交流与学习提供了平台；加强校本科研的开发力度，完善校本课程；强化课题建设，课题《家校合力培养孩子健全人格》获省二等奖，教育部“十一五”课题《人教版高中生物新课程学案的构建和应用》被教育部授予“课题研究先进单位”和课题研究A级一等奖等。

加强德育建设，强化学生常规管理，组织开展各种丰富多彩的校园活动，从多个角度培养学生人文素养和综合素质。组织学生参加“为学杯”全国中小学生创新作文大赛，学校有9人获奖；组织学生参加纪念“九一八”演讲比赛，获株洲市一等奖；组织高一、高二年级分别赴井冈山、岳阳参加社会实践活动，树立了学生良好的人生观和价值观；组织“赴儿童福利院送温暖”、“赴石峰区敬老院送温暖”等一系列青年志愿者活动，培养学生的感恩意识；加强社团建设，国学社被评选为株洲市教育局“十佳社团”，“国学精华进校园”等活动在市内媒体中被多次报道。积极争取上级资助基金，全年有1名学生获“芙蓉学子”资助基金，40多名学生获市资助办专项基金资助。

（谢冬云　王玉军）

【开办福彩宏志班】 2010年，株洲市民政局福利彩票发行中心、九方中学开设“福彩宏志班”。9月，第一届“福彩宏志班”正式开班，共招收50名来自全省各地的家庭贫困且品学兼优的初中毕业生，市民政局福彩中心每年为每名“宏志生”资助3000元学费，学校免除学生3年的全部学杂费和住宿费，并提供免费校服和国家交通补助，还根据“宏志生”的家庭具体经济情况，每月给予一定的生活补助费。此做法受到民政部和省民政厅的充分肯定和高度表扬。（谢冬云　王玉军）

株洲市第四中学

【概况】 株洲市第四中学系湖南省示范性普通高级中学，校园面积7.87公顷，绿化面积达50%。有教学班级46个，学生1800余人；在职教职工226人，其中专任教师177人（其中特级教师5人，高级教师84人，国家、省市级骨干教师29人）。年内获评“株洲市2010年教学质量管理先进单位”、“株洲市模范职工之家”、“湖南省未成年人思想道德建设先进单位”、“湖南省文明卫生单位”、“湖南省心理健康教育示范学校”、“湖南省文明单位”、“2010年度中国创新型学校”、“全国学校艺术教育先进单位”等荣誉称号。（李　波）

【德育工作】 2010年，学校严肃校风校纪，加强行为规范教育和养成教育，加强德育科研，提炼推广《高中德育实验室的建设与功效研究》等3个省级德育课题的研究成果经验，开发《德育“四化"》等2个德育课程。完善特色班主任考核制度,落实规范类、特色类、科研类班主任分层分类考核评价,以课题引领特色班级建设。(李　波)

【教学工作】 构建立体监控系统。2010年,学校组织多次教学抽查、教学调查、教学督评、教学视导。组织2次教学开放活动,先后有近500位家长到学校参教议教。加强校本课程管理。全年开设14门校本选修课共32个教学班,基本能满足学生的选课需求。改革教学组织形式。以数理实验班、普职综合班、艺术专业班为实验平台,探索均衡编班条件下的分层次教学,优化按学生兴趣编班的教学形式,形成因材施教、特色办学的长效机制。特邀中南大学等高校专家到学校讲座。特邀奥地利布雷纳音乐学院院长到学校讲学,并达成合作办学意向。(李　波)

【教研教改】 2010年,学校有15个省市级课题研究顺利。2个市级课题《高中生物教学"问题——活动"式教学研究》、《高中数学课型与教学策略研究》和1个省级课题《历史研究性学习理论与实践》通过结题验收。制定《四中校本课程开发的基本要求》,全年共计编写14本校本教材。开展"学科能力建设月"活动,建设研究型、发展型学科组,历史学科组被评为省级"优秀教研组"。开展以"专业发展·精神成长"为主题的第三届学校读书竞赛活动,全年度教师有138篇论文获省级以上奖励或发表,有48人次在市级以上各类教学竞赛中获奖励。有7名教师被评为语、数、外、生、化、音、德育市级学科带头人。(李　波)

【高考竞赛】 2010年,高考二本以上录取273人,录取率49.1%。学业水平考试一次性全科合格率98.7%,语文、物理、生物、政治、历史、地理学科合格率达100%。组队参加市"三好杯"运动会,获得团体总分第四名,其中健美操获团体总分第一名。(李　波)

【艺术品牌】 2010年,学校成功举办"春之声·十年经典"音乐会、大型图片展等活动。组织参加株洲市"艺术之星"比赛和艺术节书法、绘画作品评选,学校获优秀组织奖。圆满承接株洲市首届道德模范标兵颁奖晚会节目调演、《魅力荷塘》晚会文艺调演、"九一八"纪念活动合唱演出、株洲市记者节电视晚会等演出。艺术类高考专业联考合格率超过50%,外省院校合格率超过90%,二本以上共录取70人,录取率超80%。(李　波)

【社团活动】 2010年,学校开展"我有我的特色,你有你的风采"特色团支部活动,建设国旗班、礼仪队等学生示范性群体。为西南灾区、玉树地震灾区募得善款1万余元。0808班团支部被团市委评为"五四红旗团支部"。第三届社团文化艺术节以"青春校园,社彩熠熠"为主题,楚风读书社等社团组织"品书香读书推荐会"、"催眠讲座"、"爱地球每一天"主题宣传等活动。"晓荷文学社"被评为市"十佳学生社团","春之声音乐广场秀"被评为"十佳共青团特色活动"。(李　波)

株洲市第八中学

【概况】 株洲市第八中学是湖南省首批示范性高级中学。学校占地4.67公顷,总建筑面积达56000平方米。2010年,学校有教学班37个,在校学生1315人;在职教职工191人,其中专任教师165人,省特级教师4人,高级职称教师62人,市学科带头人5人,市级骨干教师15人。(丁晓琼)

【教学质量全面提升】 2010年,株洲市第八中学以学生为中心,注重"构建有效课堂、研究有效训练、讲究有效辅导",全面提升了教学质量,并被确定为"中南大学"、"湖南师范大学"等多所名牌大学的优秀生源基地。学校通过开设多元课程,实施导师制、选课制,开展综合实践活动,将适性教育落到了实处。在市教育局的教学视导中,优课率达73%,优良率100%,居全市第一。

高考取得辉煌胜利。2010年,市八中本科一批上线47人,本科二批以上上线236人,二本上线率达47%,全市排名第三。根据市教育局按招生进口下达的高考目标达成率计算,市八中二本上线率排名全市第一。另有本科三批上线150人,本科总上线率突破70%,四批总上线率近100%。这充分体现了市八中"高进优出,低近高出,做优做强小品种"的高考特色。在2010年学考中,市八中403人参加学业水平考试,有399人9科全部合格,一次性合格率高达99.01%。在全市普通高中教育教学管理工作会议上,八中作为全市4所典型学校之一,作2010高考经验介绍,并被评为"教学质量管理突出贡献单位"。(丁晓琼)

【队伍建设有成效】 2010年,学校加强教师的继续教育和校本培训工作,促进教师的专业发展和适应新课改的能力;以青年教师队伍建设为重点,完善"青年教师培养导师制";推动"名师工程"建设等方式,优化教师队伍结构,形成了一支以中青年教师为主干力量的、充满活力的、专业化的教师队伍。年内,湖南教育以《让"第一生产力"充分释放——株洲市八中队伍建设扫描》为题重点推荐和报道了市八中的教师队伍建设成果。在"师德标兵、榜样株洲——株洲市'十佳校长'、'百优教师'评选活动"中,校长曾湘潼作为教育局直属单位中唯一入选者荣获"十佳校长"称号,张亦刚老师荣获"百优教师"称号。在首届"株洲市十佳教坛新秀"的比赛中,学校王慧群、刘娟老师双双入围,稳占十强中的2个席位。(丁晓琼)

【艺体教育铸品牌】 年内,市八中成功举办第二届梦航音乐会,再次展示了学校的艺术教育成果。梦航艺术团的舞蹈节目《我的未来不是梦》作为湖南省唯一的代表队,全国15个节目之一,参加上海世博会“欢聚世博”魅力校园中学生精品节目大联欢，获金奖第一名，并受邀参加2011年全国校园春节联欢晚会。2010年，市八中高考音乐类考生二本上线率达100%，多名学生分别以多所重点大学第一名的成绩通过专业录取线，深圳大学、天津音乐学院、云南艺术学院、西安音乐学院、厦门师范大学舞蹈专业前6名被市八中学生囊括。在2010年省三独比赛中，学校获得3金1银的优异成绩。在湖南省第十一届运动会中，学校学生男子篮球队代表株洲市参赛，获得亚军。在省十一运会上，市八中共获5枚金牌，11枚银牌，被株洲市人民政府授予“湖南省第十一届运动会贡献单位”称号。年内，学校被教育部评为“全国学校艺术教育先进单位”，被省体育局授予“体育后备人才学校”。（丁晓琼）

【德育工作树典范】 市八中推行“新三好”评价方式和全国首提“生命教育”理念在全国引起了较大的反响，并得到广泛的认同和推广。出台《株洲市八中校风育人的有关规定》，以陶铸优良校风为目标，通过开展班主任工作培训，加强德育科研，实行德育课程化，突出德育工作的科学性、针对性和实效性。2010年，学校蝉联“全国德育工作先进单位”称号，并获集体成果一等奖；副校长荣军辉被评为“全国德育工作优秀校长”。（丁晓琼）

【创新教育成果丰】 作为全国“创新型学校”，市八中历来注重培养学生的创新精神，在全国的比赛中多次获奖。2010年，在“第七届WRO世界机器人奥林匹克竞赛中国区选拔赛”中，市八中机器人代表队在“攀竹先机赛”中获二等奖，在湖南省智能机器人大赛中获一等奖，并在全国中小学电脑制作比赛中获市级奖项10余项。积极践行“梦在四方，八中引航”的核心文化精神，深化“为学生的未来发展奠基，为社会的文明进步育人”的办学理念，来自澳大利亚的荷式篮球队、来自俄罗斯的皇家芭蕾舞团到学校交流，这是市八中注重国际交流，推动教育国际化的重要举措。年内，学校获“湖南省依法治校示范校”、“省文明卫生单位”、“市文明建设先进单位”、“市城市创建工作先进单位”等荣誉称号。

（丁晓琼）

北京师范大学株洲附属学校

【概况】 北京师范大学株洲附属学校占地面积15.47公顷，建筑面积14万平方米，有教学班117个，在校学生4629人，教职工478人，专任教师343人，其中博士1人，硕士21人，特级教师3人，高级教师72人，市级以上学科带头人69人。是北京师范大学在中南地区推行成功素质教育的唯一直属实验学校。2010年，学校对教学仪器进行换代升级。创建科技馆，充实了理、化、生实验室、科学课实验室、劳技课实验室，新建300米跑道的田径场和新小学部塑胶运动场，充实图书馆、音乐室、美术室、形体室、语音室，新建高标准的初中部多媒体教室和小学部多功能室。投资3500万元新建小学部，投资200余万元更新校园文化建设。

学校十分重视新入职人员的上岗培训，全年先后赴北京、上海、南京、张家界等地参加北师大组织培训的教师达335人次。年内学校被评为“全国教学研究先进单位”、“湖南省依法治校示范学校”、“湖南省学校心理教育先进单位”、“株洲市民办教育先进单位”、“株洲市‘两型’创建先进单位”、“株洲市教学质量管理先进单位”、“株洲市普通高中学业水平考试先进单位”等称号。

（张献政）

【“三考”创佳绩】 2010年，学校一本上线率35%，二本上线率75%；应届5A生一本上线率70.3%，二本上线率100%；应届理科600分以上人数比例12.5%；应届重点班理科一本上线率30%，二本上线率87%；应届文科重点班一本上线率31%，二本上线率88.5%。其中应届生600分以上者占15.7%，1名应届理科生闯下662分大关，1名美术生获总分1045分（含专业）。中考五A比例保持中上水平，生地统考305人获双A成绩；小学综合素质水平测试合格率100%。（张献政）

【竞赛摘桂冠】 2010年，学校高中部学生参加全国首届数、理、化能力竞赛获1金3银2铜；初中部参加全国化学竞赛2人获一等奖、2人获二等奖。参加全国生物竞赛3人获一等奖。参加数奥17人获一等奖，参加中南六省生物竞赛获一、二等奖118人；7月27～29日，第二届全国中学生数理化学科能力竞赛总决赛在北京落下帷幕，来自全国11个省（直辖市）、56个地市的近2000名选手参加总决赛。学校初中部C0811班刘峥嵘同学荣获金奖，这是湖南省初中学段摘得的唯一一块金奖。小学部参加全国儿童节书画大赛，35人获奖，其中金奖5人、银奖15人、铜奖15人；参加市少儿书画大赛获金奖32人，银奖37人，铜奖39人，优秀奖87人。组织参加由湖南省教育学会、湖南省教育科学研究院、湖南省作家协会、毛泽东文学院、湖南写作学会、湖南教育报刊社联合组织的第五届“科教杯”中小学校园文学大赛，学校共有374人次参加角逐，有315人获奖。（张献政）

【科研上台阶】 2010年，在各级各类教学论文、教案、课例、课件竞赛中，学校共有134人次获奖，其中15人获国家一等奖，38人获省级一等奖，81人获市级一等奖；指导学生在各类竞赛中获国家级奖243人次，省级奖168人次，市级奖588人次。在天元区举办的2010年小学体育“活力课堂”优质课赛课活动中，小学部焦伟老师所执教的《快乐篮球》一课，以骄人的教学效果获一等奖。郭静老师指导的独舞《福娃娃》获全国第八届青少年艺术盛典湖南选拔赛少儿组特金奖，并选送参加7月在香港举行的全国总决赛。承担国家级科研课题2个，省级课题6个。

（张献政）

株洲市特殊教育学校

【概况】 2010年,株洲市特殊教育学校有23个教学班,241名学生,89名在职教职工。学校占地2公顷,是一所集聋教育、聋儿语训康复教育、启智教育和职业教育于一体的市级特殊教育中心学校。

德育工作成效显著。学校充分发挥校团委的作用,周末继续深入开展双休日活动,成立绘画、武术、编织、健美操、礼仪等社团,在"株洲市首届中学生社团文化博览会"中,校"手工艺社团"被评为"局直学校十佳学生社团"。

加强师德师风建设。广泛开展师德师风教育活动,进一步树立教师"敬业爱岗,乐于奉献"的精神,涌现了一批爱岗敬业的优秀教师,宾平老师获"市三八红旗手"、柏珂老师获"株洲市百优教师"称号。学校教工团支部被评为市教育局团委"五四红旗团支部"。扎实开展创先争优活动,多渠道提高党员教师的整体素质。郭秀玲老师被评为市优良师德党员标兵,许艳玲老师被评为市教书育人党员标兵。副校长马雅获省"中华颂——经典诗文诵读大赛"三等奖、市"三字一话"普通话比赛二等奖、团省委"树立正确成长观"演讲比赛三等奖、市教育局"快乐传递 共享成长"演讲比赛一等奖。

教育教学质量稳步提升。在株洲市教育局举办的"我爱老师"征文比赛与"谢谢您的爱"电子贺卡比赛中,学校学生获征文2个二等奖、3个三等奖,电子贺卡获1个一等奖、3个二等奖,4名教师获优秀指导老师光荣称号,学校荣获"优秀组织单位"。2010年,学校7名高三学子参加高考,1名学生考入长春特殊教育学院就读本科专业,其余6名学生分别考入北京联合大学特教学院、中州大学特教学院就读专科专业。

教研教改成绩喜人。学校深化课程改革,加大教研教改活动的力度,先后举办信息技术教学比赛、"市十佳青年教师"教学选拔赛、全省"启音博士杯"语文竞赛选拔赛,并承办株洲市区"启音博士杯"聋校语文竞赛,万巧玲老师获市一等奖,并代表株洲参加全省比赛获三等奖,黄慧老师获市二等奖。学校先后2次邀请台湾高雄师范大学教授、国际知名听力言语康复专家陈晓娟到学校听课、评课、现场指导教师,提高了教师的专业素质和课堂教学水平。积极开展课题研究,将课题交流、教学反思、经验总结、案例搜集等工作常态化,教学与科研同步进行。完成省教育学会的课题《2～6岁残疾儿童康复教育研究》的研究方案,并报请市教科院专家指导、审核。2010年度教师在各级刊物上发表论文4篇,获省级以上奖励34篇,在市级各类专项论文评比中获奖22篇。教学课件获市一等奖1个、二等奖2个、三等奖1个。

(陈 丽)

【艺体特色凸显】 2010年,学校定期召开艺体美教师会议,听取教师的工作汇报和训练阶段小结,指导训练工作更加有效地开展。在株洲市"十八中杯"美术作品比赛中,学校9名学生获一等奖,8名学生获二等奖,13名学生获三等奖;在10月举办的株洲市"三好杯"运动会中,学校1名学生获二等奖,10余名学生获三等奖;11月在湘潭举办的湖南省第八届残疾人运动会上,学校学生取得4枚金牌、12枚银牌和2枚铜牌的优异成绩。 (陈 丽)

【开创职业教育新局面】 2010年,学校新开设陶瓷工艺美术专业,加强与醴陵陶瓷烟花职业技术学校的沟通交流。年内送9名高二学生送到醴陵陶瓷烟花职业技术学校进行学习,提高他们的陶瓷工艺美术的专业技能。积极拓宽职业教育种类,提升学生职业素养,建立学生职业教育培训档案,加强职业就业指导,增强学生了解社会、融入社会的能力,让残疾学生掌握实用的一技之长,能够尽快实现毕业后即就业。 (陈 丽)

【语训康复教育发展迅速】 湖南省"0～6岁贫困残疾儿童抢救性康复项目"是湖南省2010年十大民心工程。学校承办株洲市项目的"0～6岁启障、听障儿童的抢救性康复项目"。先后举办家长培训10次、社会实践活动5次。在社会实践活动中注重与株洲日报社、株洲义工社等社会各界的广泛联系,扩大了活动影响,提升了项目知名度,活动效果显著。11月,完成2010年中残联贫困聋儿救助项目筛查工作和验配工作。全年学校承担3个省市项目,教学水平保持全省领先。 (陈 丽)

文　　化

文　化

【概况】 2010年,全市文化工作紧扣发展大局,着力实施"文化提升"战略,推动了文化事业和文化产业快速发展,取得了骄人成绩:年度工作被省厅评为"目标管理考核红旗单位","株洲合唱节"喜获全国第十五届"群星奖"。

一、群策群力,群文活动精彩不断。

成功延续两大文化活动品牌。延续新春音乐会品牌:邀请中国国家交响乐团到株洲演出,这是株洲市连续7年以来邀请中外优秀团体在株洲举办最高水平的音乐会。延续"周周乐"广场文化活动品牌:截至2010年,"周周乐"活动连续举办12载。年内在文化园广场采取群众歌舞大赛的形式,吸引了来自醴陵、株洲县、市区等53支队伍1000多人参赛,在全市反响强烈,全年累计完成23场。

隆重举行两大节日文化盛会。举行元宵节系列文化盛会:焰火晚会、狮龙大赛、各大公园多姿多彩的民俗民间文艺大餐——游园活动等元宵系列文化活动陆续展开,使株洲"满城火树银花,万民春风沉醉"。举行国庆系列文化盛会:神农城广场的开放典礼演出、5天乐专场歌舞,大型焰火晚会、各大公园系列文化活动轮番登场,非洲莱索托国家艺术团联袂演出,使全市人民度过了一个欢乐祥和的国庆长假。组织参与系列文化赛事活动:群众文化活动品牌——"株洲合唱节"参加全国第十五届"群星奖"评选喜获项目类"群星奖",这是株洲市首次荣获由文化部设立的政府社会文化最高奖;株洲"城市春天"合唱团代表湖南参加全国首届"中华红歌会"大赛一举夺魁,刷新了株洲市合唱团参赛成绩的历史;组织参加全省首届农民汇演喜获1个金穗奖2个银穗奖;组织选拔5个作品参加全省第二届"湘人湘歌"大赛获1金2铜;组织承办2010年全省少年儿童读书活动,白鹤小学获金奖。参加其他艺术赛事硕果累累:唐思源的彩墨画《桑梓情》被中南海152会议室即温家宝总理会议室收藏悬挂,并获参加法国卢浮宫画展中国选区金奖并入选"法国卢浮宫画展",系株洲市有史以来中国画获得的最高殊荣;王征的绘画在全国海洋书画大赛中获一等奖;楚石作品入选"屈原杯"国际书法大赛,被授予"2009湖湘书坛、画坛年度人物"。初步统计,全年全市各类艺术作品省级以上获奖或入选奖120余件。

二、强化服务,民生文化亮点纷呈。

开展"你读书·我买单"公益活动。市图书馆积极创新服务渠道,联合新华书店开展"你读书·我买单"公益活动,活动将"选书权"交给读者,深受广大读者的欢迎。组织系列"送文化下基层"活动。市县两级专业剧团完成演艺惠民送戏下基层781场(超出任务数129场);市图书馆将3000余册图书送到炎陵工业区农民工图书室;市博物馆组织《走进世博会》大型图片巡展活动,免费送展到学校、社区、部队,接待观众23000余人;市群艺馆组织专人深入县市区、街道、社区开展各艺术门类的免费辅导,累计辅导逾万人。

提升公共文化场所免费开放服务水平。市图书馆通过加大图书采购力度等措施吸引了更多读者走进图书馆,全年接待到馆读者6万多人次,外借文献15万余册;全年市博物馆接待观众近20万人次。

三、制定规划,艺术生产蓄势待发。

围绕2010年的建党90周年、建市60周年和2012年湖南省艺术节,制定《株洲市文化艺术创作活动三年规划纲要》,承办全省艺术创作会议,明确了未来几年全市艺术生产的方向和重点。围绕旅游升温和全省"湘人湘歌"大赛创作一系列歌曲如《荷塘月色》、《导游炎陵》、《云游云阳山》、《中国船》;推荐在2009年湖南艺术节摘金的花鼓戏《早春》参评首届全国戏剧文化奖获"小戏剧本一等奖",并被省厅列为2009~2010年度国家舞台艺术精品工程申报剧目;组织参加全省县级剧团调演,《腊鱼庙的传说》、《米水魂》2个剧目从全省69个节目中脱颖而出双双摘金(全省共6个金奖)。

四、夯实基础,文化设施不断改善。

市博物馆提质改造工程进展顺利。市博物馆文物库房改扩建工程项目,经过半年的紧张施工,主体建筑顺利完工并验收合格,新增建筑面积1953平方米。同时,基本陈列改版工作迅速跟进。新的基本陈列《株洲7000年——大型历史文物陈列》的内容方案大纲形成初稿且论证完毕。新的基本陈列比原来的规模扩大3倍,将采用现代化声光电的展示手段,有望打造出全省乃至全国一流的精品陈列。

乡镇综合文化站建设有序推进。全年全市共有112个乡镇综合文化站在建任务,全部被纳入中央计划,中央下达66个项目计划,中央、省、市累计投资1309万元,年内完成59个项目建设任务。

五、多措并举,文化遗产保护有力。

文物普查全面完成:完成全市第三

次文物普查野外实地调查工作,新发现文物点1852个,复查文物点556个,新增文物点3成,数量居全省第一。考古勘探扎实推进:完成全市34处“两建”项目工程和5条交通线路在辖区内的考古勘探工作;完成攸县皇图岭汉晋墓群的勘探和抢救性发掘,出土文物500余件,出土的“陶饼”以及古墓墓壁凹槽系株洲市考古史上首次发现,为研究株洲地区两汉时期的历史提供了重要的实物资料。文物申报工作卓有成效:推荐42个文物点申报第七批“国保”单位,推荐43处文保单位申报第九批“省保”单位,初审公示38处;推荐醴陵市沩山村、株洲县朱亭镇、炎陵县中村乡申报全省第三批历史文化名村名镇顺利成功,实现株洲市历史文化名村名镇零的突破。非物质文化遗产保护措施得力。举办株洲市荣获国家、省、市级非物质文化遗产代表作名录展,组织精彩的“非遗”节目展演,表彰了非遗普查工作先进集体和先进个人,为获评的33项市级、7项省级非物质文化遗产名录授牌;完成全市非物质文化遗产资源分布图、普查资源目录汇编工作,建立非物质文化遗产保护代表性传承人名录。

六、强化管理,文化市场健康有序。

举办全市文化行政执法人员培训班,推行“网上办案系统”;抓好春节、“两会”等重点时期的巡查监管;加强城乡结合部和农村地区等重点地段的整顿治理,开展文化市场安全生产检查、校园周边集中整治、电子游戏经营场所专项整治行动等系列专项行动。建立健全部门之间、专兼职队伍之间的联动协调机制,继续推行网吧视频监控和身份证识别系统,设立“12318”监督举报电话,强化了监督机制。全年共出动执法人员6971人次、检查文化经营场所7235家次、立案处罚违规经营单位136家,确保了整个文化市场的总体平稳、健康发展。

七、攻坚克难,文化产业取得突破。

全年市艺术剧院承办或参与“全市劳动模范颁奖典礼”、“株洲传媒大厦落成庆典主题晚会”等各类演出共计270场,各种经营收入400多万元,比上年净增200余万元。 (熊大庆)

文物工作

【概况】 2010年,全市文物工作全面推进,社会影响进一步扩大,全市文物事业取得显著成绩。

一、文物普查工作开创新局面。圆满完成全市第三次文物普查的复查验收工作。按国家文物局和省文物局“三普”工作要求,株洲市“三普办”组织相关专家深入5县4区,对三普工作进行查漏补缺和资料审查,全年共调查文物点2408处。其中新发现文物点1852处,复查文物556处,上报电子文件2417处,照片图纸20000余幅,所有数据进入省文物普查数据库和国家文物局信息中心。

二、文物保护再上新台阶。一是精心组织“国保”申报补报工作。2009年、2010年全市共申报27处42个文物点,涵盖了从史前遗址、陶瓷大遗址、红色文物、名人故居、工业文化遗产和近现代重要建筑等6大门类。“省保”单位数量翻番。在第九批省级文物保护单位的评审过程中,株洲市申报的43处文物点,通过36处,通过率为81%。截至2010年,全市省级文物保护单位超过60处,数量较前30年翻了一番。“历史文化名镇名村”申报取得突破。在全省第三批历史文化名镇名村的评审中,株洲县朱亭古镇、醴陵市沩山古村、炎陵县中村老墟等3处顺利通过。二是文物维修工作全面推进。全年全市共筹集资金560万元用于文物的日常维护维修。株洲县文物局申请200万元维修资金,对杨得志故居进行修缮和加固,同时在故居旁设立将军生平事迹陈列室。醴陵市文物局投入160万元,启动陈明仁故居、月形湾窑区作坊文物抢修工程。攸县文物管理所投入资金150多万元,完成文明中塔、下塔及南岸列宁室的维修任务,对东冲苏维埃兵工厂进行局部保护性维护,充实完善了原有的复原陈列。炎陵县文物局为洣泉书院的修缮募集资金50万元,作出修缮方案。三是文物保护重点课题进展顺利。2010年,受省文物局委托,株洲市文物局工业文化遗产保护中心承担国家文物局重点课题——“湖南省近现代工业遗产调查与保护规划编制”,全年共行程30000公里对12个市州的工业文化遗产开展调查测绘工作,登记全省工业文化遗产150余处。四是炎帝陵景区的开放利用实现双赢。炎帝陵开放全力推进,连续9年被省旅游局评为“湖南省最佳等级旅游区”,圆满完成各类接待和祭祖活动200余次,接待游客126万余人,门票收入创历史新高。

三、“两建”考古行政审批有序开展。全年受理86家基建单位申报的考古调查勘探任务,调查勘探面积达168万平方米。市考古队配合农田水利建设对攸县鹅形岭汉墓群进行抢救性考古发掘,发掘两汉时期古墓葬15座,出土文物500余件。对天元区马家河镇金龙村清代墓迁坟过程进行监管,征集了道光八年霁蓝釉瓷盘墓志铭和料扣、瓷罐等文物。配合省考古所的考古调查与发掘工作,抽调全市考古力量参与省考古所对衡茶吉铁路茶陵段的古墓群、岳汝高速公路攸县色江宋元窑址、醴陵胡家湾遗址、唐家坳宋元窑址群的考古抢救性发掘,出土文物4000余件。

四、加强民生工程推动博物馆事业新发展。一是加强全市博物馆、纪念馆免费开放的管理力度。二是积极支持民办博物馆建设。醴陵市南四区苏维埃纪念馆成为全省第一批正式挂牌的民办博物馆。指导株洲市海联粮科所建起株洲大米文化博物馆,并对外开放。地方企业家积极投身民办博物馆建设,株洲炎帝服饰博物馆在紧张地筹备之中。三是全面完成馆藏珍贵文物数据库审核工作。将全市所有的馆藏文物数据上报省文物局数据中心,全年共报送珍贵文物1139件,原始照片7375张,大图7344张,成为全省第一个全面完成数据库建设的地市。四是博物馆基础建设呈现新气象。市文化重点工程株洲市博物馆提质改造主体工程完工,新增建筑面积2000平方米,新的基本陈列内容方案完成。炎陵县红军标语博物馆陈列布展内容设计方案通过省委宣传部的审核。株洲县杨得志故居基本陈列完成并对外开放。五是免费开放社会效益显著提升。年内,株洲市博物馆举办《走进世博会》大型图片展免费巡展活动,接待观众5万余人。醴陵市博物馆对原有的名人展进行改版,接待游客18万多人次。炎陵县走红色旅游路线,全年参观人数达12万余人,比上年增加1倍。茶陵县工农兵政府旧址、谭震林生平事迹陈列实现规范化开放。六是文物征集成绩显著。株洲市博物馆新征集了一批老电影放映设备和老电影作品。醴陵市投入800万元征集了158件全国第二届陶瓷艺术大师评审活动的参赛作品。攸县文物局通过群众主动捐献以及在文物普查中征集文物30余件。炎帝陵加强领导题词的征集工作,收集重要题词题字30余幅。

五、加强督查推动文物安全工作深入开展。一是开展全市文物单位消防安全执法检查。市文物局与市公安局消防支队组成联合检查组,对全市10个县(市)、区100余处文物单位开展消防安全大检查。二是坚决打击文物违法犯罪取得成效。炎陵县文物局协同公安部门成功破获一起发生在炎陵县十都镇的古墓盗掘案,缴获国家三级文物2件,7人被刑事判决。

(马 翔)

【攸县皇图岭镇谭家村汉墓群抢救性考古发掘】 2010年5~7月,为配合攸县国土资源局国土开发,株洲市文物局考古队在皇图岭镇谭家村对15座汉墓进行抢救性发掘。15座墓的平面形状全部为“凸”字形。复杂一点的墓由斜坡墓道、天井(沟)、甬道和墓室构成。类似的墓葬有12座。其中砖圹墓4座,券顶墓8座。除M2、M15被盗未出土随葬品外,其余13座墓都出土多少不等的随葬品,大都为日常生活器具,还有一些刀剑兵器,总计500多件。

(马 翔)

【醴陵唐家坳宋元时期古瓷窑址考古发掘】 2010年8月~2011年1月,为配合浏醴高速公路的修建,湖南省文物考古研究所、株洲市文物局、株洲市博物馆、醴陵市文物局联合考古队对醴陵唐家坳宋元时期窑址施行抢救性发掘。该宋元窑址位于醴陵枫林市乡唐家坳村,发掘总面积为7600余平方米。共发掘出宋元时期龙窑7座,其中石桥区的6座龙窑相互交错叠压。龙窑周围为大量窑业废弃堆积,包含大量窑具和瓷器等。窑具有匣钵、碎支圈、垫墩、垫圈、试片等,瓷器以生活用具为主,主要器形有碗、盏、盘、碟、壶、炉、高足杯、瓶、顽童牧牛砚滴等;胎质细腻、厚薄均匀;釉色以青白釉为主,酱黑釉、青釉次之;装饰方法有印模、刻花,饰有菊瓣纹、菊花水波双鱼纹、草叶纹等。代表器物有青白釉菊瓣纹瓷碗、酱黑釉瓷盏、青釉瓷盘、青白釉瓷鼎炉等。此次发掘是首次对醴陵窑进行科学的考古发掘,为研究宋元时期中国南方青白瓷窑系提供了新的材料。唐家坳宋元窑址将醴陵瓷器烧制史推前了600年。 (马 翔)

图书馆工作

【概况】 2010年,株洲市图书馆通过加大图书采购力度,吸引更多读者走进图书馆,做到月月购新书。全年共征订杂志500余种,报纸200余份,采购新书9961种、10041册,加工新书7860种、7920册,对工具书进行回溯建库4684册,对过刊进行回溯建库5317册,修补旧书1942册,新杂志书目数据录入52条,随书随刊光盘数据录入77条,加工赠送图书700种、714册,价值3万余元。全年共接待到馆读者59058人次,外借文献149480册,发展持证读者2072人,完成一般咨询1910条,完成登录省馆数据库32000次。征集地方文献562种、665册;向省馆上交地方文献21种、25册;全年完成课题5个;学术论文17篇,其中在全国核心刊物上发表7篇,省级刊物上发表3篇;全年在《株洲日报》、《株洲晚报》、《株洲电视台》、《株洲电台》、《湖南省图书馆通讯》等新闻媒体上发表文章35篇。

(肖诗纬)

【开展“你读书·我买单”公益活动】 5月29日~6月7日及11月22~30日,株洲市图书馆在市新华书店分别开展2期“你读书·我买单”公益活动。活动通过广泛的宣传以及媒体多次的报道,最大限度地吸引市民参与,提升了市民的读书热情,增强了城市的学习氛围,使更多市民走进了图书馆。据统计,活动期间共办理借书证1385张,借出书籍2930册。活动效应明显,《新华网》、《中国网》等多家媒体对此进行了报道。

(肖诗纬)

【开展“4·23世界读书日”系列活动】 2010年“世界读书日”,市图书馆举办“借书证进机关”、“还书免责”、“专题板报宣传”、“读者座谈会”以及“‘学生该怎样利用图书馆数字资源’专题讲座”等一系列形式各异的主题读书活动,邀请市民一起读书。系列活动得到了广大读者的一致好评,他们充分肯定了市图书馆在公共文化服务中发挥的作用,同时针对图书馆存在的问题提出了不少宝贵的意见和建议。 (肖诗纬)

【承办2010年全省少年儿童读书活动】 11月21日,株洲市图书馆承办三湘读书月——2010年湖南省少年儿童“G3杯迎世博迎亚运讲文明树新风”文明礼仪知识读书活动展演。来自全省14个市州的小选手们通过阅读和学习,用才艺表演的形式为在场观众集中展示了文明礼仪。株洲、长沙、益阳、湘西自治州4个代表团夺得金奖,娄底、邵阳等10个代表队获银奖。(肖诗纬)

图书发行

【概况】 2010年,株洲市新华书店紧扣“二次创业”主题,以市场为导向、经济效益为中心、优质服务为宗旨,争创优秀企业为目标,销售、利润双双刷新历史纪录。全年全区共计完成销售码洋17250万元,为年计划的109.18%,比上年同期增加2490万元,增长16.87%;完成营业收入14035万元,为年计划的107.97%;实现利润818.61万元,为年计划的125.94%。

寻求异业合作领域,在全国首创店馆联合新模式。5月29日,市新华书店与市图书馆携手推出“你读书·我买单”大型公益主题活动。由市图书馆投入20多万元专项拨款资金,借助新华书店平台发展会员,现场办理新书借阅手续,读者、图书馆、新华书店三方共同受益。短短10天,近千名读者参与其间,办证量为图书馆2年的总量。读书月期间,该项活动再次作为保留项目延续。活动产生的轰动效应由省、市辐射至全国,新华社编发专稿予以了报道。

涉足图书网购业务,借助媒体力量扩张声势。为整合新华书店图书经营的资源优势和株洲日报社的配送网络,扩大发行渠道,为读者提供更加方便、快捷、实惠的服务,市新华书店与报社联合,共同开展图书网购业务,即在株洲日报名下的《株洲网》开辟电子商务图书网购专页,这为公司宣传造势、长远发展再造了一个平台。

设立星级宾馆代销店。2010年,新华书店与西苑宾馆签订图书代销合同,以书店特有的品牌、品种、管理及质量优势提升宾馆的消费档次和文化品位,扩展其新的服务领域,同时,新华书店以宾馆为新的平台发展潜在客户,提高市场占有率,达到互利双赢的目的。年内相继与国宾、华天等星级宾馆签约,并在第四中学设立校园书店。

营销活动新颖独特、主题鲜明。公司借助“店庆60周年”以及湖南省第二届“三湘读书月”暨株洲市第四届“读书月”为契机开展一系列丰富多彩的活动:“新年感恩优惠展”、“赠礼快乐购”、“知识成就未来”等等,烘托出浓烈的营销氛围。著名文人《黑道》作者何顿、《国画》作者王跃文签售会、“世界图书日”活动周、新华汽车优惠展、2000册图书漂流活动、青少年书画大赛等等,更是产生了轰动效应,各大媒体争相报道,取得了良好的社会效益和经济效益。仅著名童话作家杨红樱与小读者见面会暨签售活动,2个多小时就销售系列图书800多册,码洋近万元。

打造学习型企业,提升员工整体素质。积极开展“二次创业”献计献策暨分公司店庆60周年文体项目“金点子”征集活动,发动广大干部员工群策群力、集思广益,共收集“二次创业”意见及建议58条。在第14届全省书报刊发行行业论文研讨会上,公司有3篇文章入选参会。其中,总经理朱桂生撰写的2篇论文——《初探新华书店在读书月活动中的角色定位》与《探索星级宾馆代销图书之道》获优秀奖。在全省业务知识技能大赛中,茶陵县书店选手何敏敏夺得“营销方案制定与演示”桂冠,手绘POP、发行业务知识项目均位列第四,并获团体三等奖。

(何　淳)

炎帝文化

【概况】 湖南省炎帝陵基金会办公室设综合、筹资、宣传联络和规划建设4个科,参照公务员管理。2010年,炎帝陵基金会办公室为打造炎帝品牌,助推旅游升温战役,紧紧围绕炎帝陵的筹资、规划建设、炎帝文化的研究与宣传开展工作。一是基本完成一期续建工程扫尾工作。二是积极组织相关部门开展炎帝陵规划建设方面的调研,确定景区规划思路,按照《城市规划编制办法》和国家级风景名胜区、国家5A景区的要求,对核心景区控制性规划进行评估、调整,编制《炎帝陵公祭区修建性详细规划方案》。通过积极请示汇报,落实了省政府对炎帝陵建设专项资金1000万元。三是积极开展民间祭祀活动,大力推介炎帝陵公祭区文化工程,先后策划并组织省农业系统、市建设局、市城管局、市女企业家协会和华成置业等5次民间祭祀活动,得到了企事业单位和社会团体的热情参与和支持,共募捐407万元。四是构建宣传平台,开展文化交流,扩大炎帝陵的影响。组织湖南10多位专家学者,撰写20多篇论文,与中华炎黄文化研究会、黄帝陵基金会成功合办以“中华文化的传承与创新论坛——新时期炎黄文化研究的回顾与思考”为主题的全国性学术研讨会。并通过完善“炎帝陵”网站、研发神农系列礼品、制作宣传光碟、寄发炎帝文化特色台历、为高铁《旅客报》撰稿、编排炎帝陵建设幻灯片等多种形式,初步形成不同载体、形式多样的宣传模式。促成了“庚寅年海峡两岸首届炎帝神农祭祀大典”和海峡两岸炎帝神农文化讲座。随着衡炎、岳汝等高速的开通与建设,炎帝陵的影响日渐增强。

(丁　敢)

【庚寅年首届中国百名书画家祭祀炎帝陵活动】 11月4～7日,炎帝陵基金会和中华爱国工程联合会共同策划并组织“庚寅年首届中国百名书画家炎帝圣陵丹青情”活动。活动邀请百名当代丹青大家聚集株洲,通过炎帝陵祭祖、株洲笔会和醴陵瓷厂画瓷3个主体活动,将当代精湛的书画艺术通过醴陵瓷器的釉下五彩、青花和浮金等传统工艺,与炎帝文化完美结合,是集祭祀、文化、传统工艺为一体的一次盛会,对传承中华文明,宣传和推介炎帝陵,打造株洲名片,更好地推动炎帝陵规划建设有着十分重要的意义,同时也开辟了市场运作捐献书画的新模式。湖南省文联副主席、湖南省美术家协会主席朱训德参加活动,并恭读了祭文。(丁　敢)

【神农城炎帝塑像安土重光“三山五岳之石、中华大地之土”采集活动】 7月16日，为配合“全球华人炎帝文化景观中心”——神农城的建设，特别是为重新修缮的炎帝广场之炎帝塑像培基添彩增色，由湖南天易示范区开发建设有限公司、湖南炎帝陵基金会办公室联合主办，湖南金钱豹旅游文化传媒有限公司策划实施的，华夏人文始祖炎帝塑像安土重光——“三山五岳之石、中华大地之土”采集活动在株洲炎帝广场正式启动。随后，活动以34个省、直辖市、自治区和港澳台地区的采土取石为主线，历时68天，行程约5.7万公里，印发宣传资料1万份，在14个城市进行了盛大的车队巡游及炎帝文化宣传活动，对弘扬炎帝文化、推介株洲旅游起到了极大的辐射作用。这次“三山五岳之石”采集活动以捐赠与现场采集相结合，在各采集地地标性广场举行有当地政府相关领导参加的隆重仪式，所有采集石块均为三山五岳极具代表的原石（350×350×800厘米），安放于炎帝塑像基座四周；而“中华大地之土”的采集，地域范围覆盖全国，得到当地政府机关、社会团体、民间组织以及广大炎黄子孙的鼎力支持和帮助。香港和澳门还邀请当地有关领导、社会名流和各大新闻媒体召开隆重的捐赠仪式暨新闻发布会。9月20日，采集小组到炎帝陵祭拜神农炎帝，并在炎帝圣陵取回“湖南之土”，标志着采集活动圆满结束。至此，34份中华大地之土汇集于神农城炎帝塑像脚下，象征着炎帝始祖屹立于中华大地之上，三山五岳之巅，福佑着普天下炎黄子孙繁荣昌盛和民族大团结。

（丁 敢）

【湖南省炎帝陵基金会第三届三次理事会】 5月27日，炎帝陵基金会第三届三次理事会议在长沙芙蓉华天召开，会议详细汇报了炎帝陵规划建设情况，并调整了部分理事、监事。

（丁 敢）

文艺创作

【概况】 株洲市文学艺术界联合会有株洲县文联、醴陵市文联、攸县文联、茶陵县文联、炎陵县文联等5个县市级文联和市作家协会、音乐家协会、美术家协会、书法家协会、舞蹈家协会、摄影家协会、曲艺家协会、民间文艺家协会、文艺评论家协会、戏剧家协会、设计艺术家协会、少年文艺指导协会、楹联艺术家协会、诗词艺术家协会、硬笔书法家协会15个市属文艺家协会（其中陶瓷艺术家协会、花鸟画家协会和女摄影家协会已合并），以及《文艺窗》报刊、《攸县印象》、《渌湘》、《文笔峰》等各类文学艺术刊物10余种。2010年，市文联吸收市级文艺家会员272人，成功申报省级会员59人，国家级会员11人。

2010年，全市文艺创作硕果累累，市文联获“湖南省文联系统先进单位”称号。据不完全统计，株洲市在省级以上报刊、展览和演出中发表、入选（展）、演、获奖文艺作品123件（场），其中国家级31项。郑玲获中国作协文艺创作60年荣誉奖章和广东省文联颁发的诗歌创作终身成就奖。万宁中篇小说《麻将》获“毛泽东文学奖”，王征国画《自由自在》获中国文联举办的全国海洋书法绘画摄影一等奖，汪田明设计的“归安德化”黑茶包装获“世界之星”包装设计奖，刘晓武摄影作品《玉树·希望·爱》获全国第二十三届摄影艺术作品优秀奖，楚石书法作品获第七届中国文化艺术政府奖“文华奖”最佳创作奖等。

（夏练武）

【配合“旅游升温”战役】 4月中旬，市文联联合省作家网共同举办“春暖花开”湖南作家采风笔会暨湖南作家网14市州站长论坛活动，来自全省各市州的作家以及作家网14市州站长，在攸县酒埠江风景区开展为期4天的采风活动。绿水青山交相辉映让整个笔会活动沉浸在诗情画意之中。省作协领导龚政文、蔡测海、聂鑫森，市委副书记、宣传部长阳卫国等领导出席笔会。采风结束后，与会作家纷纷撰写各类文学作品，同时利用网络平台宣传攸县，对攸县旅游资源起到积极的推介作用。

（夏练武）

【第三届炎帝文艺奖表彰大会】 5月26日，株洲市第三届炎帝文艺奖表彰大会召开。省文联副主席、党组书记江学恭，市委常委、宣传部长阳卫国等领导出席大会并致辞。此届“炎帝文艺奖”共收到符合参评条件的各类文艺作品300余件。通过严格的初评、复评和终评，评出优秀文艺作品94件、重大文艺成果（活动）奖5件（项），其中获一等奖的作品有：聂鑫森《不断延伸的邮路》（文学），杨润勇《伴侣》（美术），阳卫国、肖雅瑜《红色摇篮》（音乐），夏劲风、孟勇《菊花系列》（陶艺），王旭明《百合同春》（陶艺）。有二等奖33件、三等奖54件。这些获奖的作品和活动，从数量上讲，是前两届获奖作品的总和，在质量上也有一定的提升。女诗人郑玲获评“德艺双馨文艺家称号”，醴陵史晓林、攸县谭武怀等10人获评“德艺双馨”文艺工作者。“德艺双馨”文艺家和“德艺双馨”文艺工作者，分别由市政府记二等功、三等功1次。通过“炎帝文艺奖”的评奖，充分展示了株洲的文艺创作成果，也更进一步激发了全市广大文艺工作者的创作热情。

（夏练武）

【举办全市基层文艺骨干培训班】 11月21～26日，由市文联主办的株洲市首届文艺骨干培训班在市文联多功能厅举行。培训人员包括各县市区的基层文艺骨干和市属各文艺家协会的文艺骨干，共计91人。邀请省市的10位文艺界领导和专家授课，为学员们剖析了当前的文艺现状、研讨了最新的文艺理论，同时还解读各门类艺术的业务知识和最新发展动态；艺术理念和创作实践相结合，艺术赏析和经验交流相结合，学员们受益匪浅。此次综合性的文艺骨干脱产培训班在全省地市级文联

尚属首例,充分体现了市委、市政府对文艺事业的关心和重视。 (夏练武)

【黄丰桥镇文联成为全省全国典型】 5月17日,黄丰桥镇文联代表全市基层文联,参加在湘潭举行的湖南省基层文联经验交流会,并在大会上作经验介绍。12月,黄丰桥镇文联作为全省唯一的乡镇文联代表,出席在湖北武汉举行的全国基层文联工作现场会,并在大会上作经验介绍。黄丰桥镇文联是全省首家乡镇文联,自2007年9月成立以来,坚持以"文艺小团体、贯彻大方针、服务大社会、打造大品牌"为工作理念,不断完善壮大队伍、积极开展各类农民文艺活动,给全镇人民带来了极大的欢乐和文化的熏陶,有力地推动了文明和谐的新农村建设,成为了全省一颗璀璨夺目的"文化明珠"。截至2011年底,该镇文联相继成立书法、摄影、美术等10个协会,会员达640人,直接参与活动者超过2000人。近年,该镇选送一批书法、美术、诗词等作品,参加全国、全省大赛,获金奖16个、银奖14个、铜奖6个。 (夏练武)

大众传媒

新闻出版

【概况】 2010年,全市新闻出版版权工作紧紧围绕全市工作大局,切实加强出版物市场监管,全面推进公共文化建设,各项工作都取得较好的成绩。

“扫黄打非”工作平稳有序。一是领导重视,部署周密。年初,国家、省、市层层召开“扫黄打非”工作会议,周密部署全年工作重点。二是部门配合,行动有力。联合全市“扫黄打非”成员单位开展迎世博音像制品专项整治行动、出版物市场专项整治行动、两节期间出版物市场专项整治行动、打击侵犯知识产权和制售假冒伪劣商品专项行动、互联网和手机媒体淫秽色情及低俗信息专项整治行动、虚假违法广告专项整治行动、学校周边综合治理行动。据统计,全年全市共收缴各类非法出版物16万余册,其中:淫秽色情出版物5000余册,封建迷信出版物7000余册,非法报纸43000余份,盗版出版物90000余册(张),盗版音像制品16000余张(盘)。

全民阅读活动誉满三湘。第四届株洲读书月在活动规模、参与人数、活动影响等方面实现新突破。一是成功主办省第二届“三湘读书月”启动式。11月1日,省委常委、副省长郭开朗等省领导,省委副秘书长钟万民、省委宣传部副部长魏委、省新闻出版局局长朱建纲等省“三湘读书月”活动领导小组负责人,市委书记陈君文、市长王群等市领导400余人参加启动式。中央和港澳驻湘媒体、省市媒体共60余家新闻媒体对启动式和株洲全民阅读工作进行了宣传报道。二是第四届株洲读书月精彩纷呈。第四届株洲读书月活动由“启动与配套”、“荐书与展销”、“竞赛与评选”、“征文与演讲”、“论坛与讲学”、“捐赠与公益”、“回眸与展望”七大版块、共50余项子活动组成。全市市县联动,各级各部门和广大市民积极参与,广泛开展荐书、卖书、购书、讲书、评书、征文以及知识竞赛等形式多样的读书主题活动,在全市、特别是在广大机关营造了浓厚的读书氛围。三是全民阅读活动逐步实现“读书月读书”向“天天读书”转变。世界读书日前后,组织全市机关单位、新华书店、市县图书馆等单位开展送书、读书、讲书、借书、谈书活动,网易等国内知名网站、省内外媒体对株洲“世界读书日”活动进行了报道。全民阅读“七进”活动从年初的部署到年终7组“十佳”单位评选出炉,历时1年。株洲读书月组委会获首届“三湘读书月”活动优秀组织奖,市检察院、荷塘区仙庾镇仙庾村、陈宁家庭、中国南方航空工业(集团)有限公司和芦淞区董家塅街道南沿社区,分别被评为全省“书香机关”、“书香村组”、“书香家庭”、“书香企业”和“书香社区”,获奖数量居全省14个市州之首。

农家书屋工程快速推进。通过坚持一手抓建设,一手抓管理,全面完成农家书屋年度建设任务,并确保了已建农家书屋的正常运行。一是严格把握建设标准。对照农家书屋建设标准进行申报实地勘查落实,确保了农家书屋的“房子”达标。为每个农家书屋按标准配送了图书、电子音像制品、报刊、标牌及桌椅等设施。截至5月底,全市提前完成2010年度600家农家书屋的建设任务。二是切实加强运行管理。认真把好管理员选用关,要求各村选派群众信任、有责任心的村干部或有一定文化水平、热心公益事业的村民担任农家书屋管理员。完善农家书屋管理制度,为农家书屋建立管理员工作职责、借阅管理等制度。规范书屋管理,要求出版物分类正确,报刊阅读、视听设备摆放合理,书屋明亮整洁。三是扎实开展人员培训。通过举办农家书屋管理员集中培训,完成600家农家书屋管理员的培训工作。加大下乡辅导力度,深入基层帮助建立农家书屋档案,落实书屋管理制度、管理员职责、图书借阅等制度。利用网络、农家书屋QQ群、电话等方式,听取群众的意见建议,及时解决农家书屋管理工作中的实际问题。 (匡纯清)

【省新闻出版局局长朱建纲到株洲视察工作】 3月4日,湖南省新闻出版局党组书记、局长朱建纲到株洲视察工作。朱建纲一行视察了株洲书城、市双惠包装印刷厂,并听取了株洲开展打击手机网站传播淫秽色情信息专项行动情况汇报。朱建纲对株洲市新闻出版局在春节和“两会”期间开展的市场监管工作予以了充分肯定和高度评价。同时,他希望株洲印刷业要找准定位,强化市场意识和质量标准,加快产业优化升级,利用一切可利用的契机将株洲印刷业推向国际市场,打造“外向型”印刷产业。 (匡纯清)

【加强农家书屋管理长效机制建设】 2010年,株洲市农家书屋建设按照“政府组织建设,鼓励社会捐助,农民自主管理,创新机制发展”的工作思路,已建成756个,全市共有行政村1901个,计划于2012年前实现“村村有书屋”的建设任务。为加强农家书屋的日常管理工作,使农家书屋更好地发挥作用,攸县、荷塘区等县市区采用现场授课、实地参观等形式,组织多次农家书屋管理员的培训,截至2010年底,全市累计培训500多名农家书屋管理员。通过培训,管理员掌握了图书分类、编目、排架、书屋管理等基本知识,进一步了解了图书管理的具体业务流程,增强了自身责任感。(匡纯清)

【市新闻出版(版权)局被评为全国查处侵权盗版案件有功单位】 2010年5月,株洲市新闻出版(版权)局被国家版权局授予“全国查处侵权盗版案件有功单位”称号。2010年,市新闻出版(版权)局加强市场日常监管,加大专项行动力度,全年共开展打击网络侵权盗版专项治理的“剑网行动”、迎世博音像制品整治、打击侵犯知识产权和制售假冒伪劣商品等专项行动,查处侵权盗版案件20余起,收缴了一批侵权盗版出版物,有效打击侵权盗版制售行为,有力震慑违法犯罪分子,净化全市出版物市场。(匡纯清)

【湖南省第二届“三湘读书月”活动在株洲启动】 11月1日,以“倡导全民阅读、共建文明湖南”为主题的湖南省第二届“三湘读书月”活动启动仪式在株洲隆重举行。启动式以一台“读书”为主题的文艺节目形式呈现,在浓浓的书香氛围中,穿插举行首届“三湘读书月”活动先进典型表彰、《读有所得》新书首发式、启动仪式等活动。副省长、省“三湘读书月”活动领导小组组长郭开朗,省军区政治部主任刘新少将,省委副秘书长钟万民,省委宣传部副部长魏委,省新闻出版局局长朱建纲,株洲市领导陈君文、王群、阳卫国、蔡典维、张国浩、曹友华等出席启动仪式。

“三湘读书月”活动是湖南省委省政府组织倡导、社会积极支持、全民广泛参与的一项长期读书活动,其启动式定在株洲举行,正是株洲读书月积极影响的结果。株洲市新闻出版局连续4年牵头举办株洲读书月,积累了丰富的活动策划和举办经验,为第二届“三湘读书月”启动式的精彩呈现奠定了坚实的基础。(匡纯清)

报　刊

株洲日报

【概况】 2010年,株洲日报社紧扣“成立1个集团、建设1个基地、年收入超1亿、年利润过1千万”的“4个1”发展目标,抢抓机遇,真抓实干,各项工作呈现出良好的发展态势。获全国无偿献血促进奖、市文明机关、市基层党建帮扶工作先进单位、宣传思想工作先进单位、创建国家卫生城市先进单位、创“交模”先进单位、读书月组织奖等多种荣誉称号。

一、突出服务大局,打好新闻宣传主动仗。紧扣全市“保二争一、科学跨越”战略目标,围绕市委、市政府工作大局,先后推出一批专栏、专版、专题,加强重点、热点和难点报道的策划,着力抓好“园区攻坚、城市提质、旅游升温”三大战役、“两型”社会建设、“跨越”系列、“两会”、“四创四化”、重点工程(神农城、湘江风光带、职教城、“三湘第一商圈商战”、长株潭城际铁路、北汽控股建设推进等)、辉煌“十一五”、读书月等一系列重大主题宣传报道。寻找工作中的新亮点,捕捉社会舆论的新焦点,主题宣传和民生报道达到有效结合,受到领导和群众的广泛好评。全年全社共有157件(次)作品获国家和省级好新闻奖,出色完成新闻宣传任务,为推动市委、市政府的中心工作提供了强有力的舆论支持。

二、突出提质扩容,拓展媒体发展新领域。2010年,《株洲日报》更新办报理念,创新办报思路,坚持“三贴近”,不断改进作风和文风,创新报道方法、报道手段和报道角度,注重图片新闻、新闻评论、版式设计的质量,注重对舆论导向和差错率的控制把关,报纸的版面更漂亮了,言论的品质和引导水平更高了,重点报道更亮了。《走读株洲》、《游玩株洲》、《家庭》、《健康》等专版和《新闻现场》、《深度报道》、《湘东发现》等专栏,编辑部领导和编辑记者提前介入,深入一线,掌握一手资料,参与形成策划方案,对本土新闻进行深入挖掘,扩大了新闻的宽度和深度。围绕“创交模”工作,编辑部准确把握市委、市政府意图,从网民呼声切入,在1月之内连续集中推出《文明出行》策划报道,组织社会活动,并出版《文明出行》书籍,反响很好。配合“两型”社会建设,推出《低碳城建设如何发力?》栏目,从低碳产业、低碳建筑、低碳环境、低碳社区、低碳交通等方面进行了系列报道。长株潭城际铁路开工,编辑记者主动与长沙、湘潭媒体联系、联动,三市媒体统一采访、发稿,首次实现跨区域媒体合作。《湘东发现》专栏记者深入县区乡村,写史、写今、写物、写人,开拓了新闻的边界。《走读株洲》专版刊发32个整版,发掘株洲历史文化底蕴,为株洲这个现代工业城市钩沉掌故。

《株洲晚报》突出品牌特色,贴近百姓生活,加大信息量,扬长避短,开拓创新,工作亮点纷呈:开辟社区新闻版,设置“社区小喇叭”、“社区人物”等多个栏目,将“炜哥投诉站”升级为“炜哥工作室”,策划组织“义诊进社区 药品送居民”、“端午赛裹棕”、“厨艺达人”等互动活动,服务性强;推出醴陵黑车横行、挖沙船违规作业、石子山三油厂臭气污染居民区、村主任建私房像摊大饼、黑网吧打而不死、株洲县黑诊所泛滥等一批有影响有力度的舆论监督报道,彰显了晚报的锐气和权威；增加春节特刊、龙出潇湘特刊、高考冲刺专刊、世博会特刊、南非世界杯好望脚特刊、奔粤亚运特刊、回眸"十一五"专题报道等等高质量的特刊、专刊及专题报道；增多外派记者，进一步拓展报道范围。玉树地震、世博会、亚运会、四川灾区援建回访等，均派出记者发回最前沿的报道；适应长株潭一体化发展需要，提出"扎根株洲、影响三城"的口号，设置"三城快讯"专栏、"三城网事"专版，对长沙、湘潭热点资讯、事件的报道成为常态。

着力拓展媒体发展领域和空间，逐步构建"四报一刊一网"媒体新格局，为实现全媒体转型奠定良好的基础。《株洲晚报》全新改版获巨大成功，从11月1日起正式从16个版扩为24个版；控股收购《品位》杂志，并进行全新改版，内容更加丰富，内涵更加深刻，填补了株洲市的一项文化产品空白；《株洲网》利用资源和技术优势，新增视频频道等新的宣传手段，与移动、联通和电信合作创办《株洲手机报》，覆盖面和影响力显著增强；建立攸县、醴陵记者站，专题部加强与各单位的联系，激发了形象宣传的积极性，扩大了报纸的容量和报道范围；晚报星期天专刊扩容改为《壹周生活》，不仅报纸的版面多了，内容也更丰富了。

三、突出提量增收，文化产业迈出实质性步伐。面对省城媒体抢滩、同城媒体竞争加剧、新型媒体强大冲击等挑战，日报社改革创新，开拓进取，积极应对，采取有效措施，报业经济实现跨越发展。全社实现总收入6486万元，实现利润1000多万元，分别比上年增长48.1%和515.2%。新闻旅行社经营收入2000万元。一是传统产业显著提量。广告经营加强策划和活动，加强与采编的联动，实现多元全面发展，一举突破4000万元、5000万元2个台阶，全年实现广告收入5014万元，比上年增加1800多万元，增幅达58.2%；发行坚持"创新求发展，产业促效益"，两报日平均期发数为8.8万份，实现报款收入1480万元；印刷厂努力开拓外委业务，完成收入150万元。二是新的产业显著增收。成立湖南品位传媒公司、新闻实业公司、报业文化传播公司、县(市)记者站、株洲网营销中心、专题部和晚报专刊部，经营领域宽了，创收办法多了，在发展报业相关产业的道路上迈开了可喜的实质性步伐，开辟了新的经济增长点。三是基础设施建设显著加强。12月28日，斥资近1000万元引进上海高斯M40印刷机组和北大方正雕龙直接制版系统投产运行，开启了株洲日报社印刷全彩报纸时代，为报社未来的发展搭建了一个很好的平台，投入近400万元，正式签约征地6.67公顷(工业用地5.33公顷、划拨用地1.33公顷)，筹建株洲市文化产业园，投入3570多万元，购置13.33多公顷商业用地，筹建报社新的生活小区。

(邓金星)

【李友明获评"中国地方都市类报纸十佳总编辑"】 5月，中国地市报研究会举办"中国地方都市类报纸十佳总编辑"评选活动。副社长、株洲晚报执行总编辑李友明获评"中国地方都市类报纸十佳总编辑"，为全省唯一获此殊荣者。(邓金星)

【《株洲晚报》创刊10周年】 6月1日，《株洲晚报》创刊10周年。5月29日，株洲日报社举行全省市州晚报"创新与发展研讨会"，并在环洲歌剧院上演"百姓情"。(邓金星)

2010年度湖南省新闻奖获奖情况

表14

序　号	作品标题	体　裁	作　者	等　级
1	中国轻轨首次登陆欧洲	消　息	王罗群	一等
2	株洲，打造国内首个"全电动公交城"	消　息	王　芳	二等
3	在"深蓝"中，行动	通　讯	王　芳	二等
4	"清单"不清，凸现灰色欲望的明目张胆	评　论	贺邦成	二等
5	株洲籍画家贺羽绘制首张胡锦涛巨幅画像	消　息	佘意明	三等
6	"神农"收回"江南"580万国有股	消　息	钟联明	三等
7	湘江潦洲岛的最后20年	通　讯	匡志毅	三等
8	口罩遮住墨西哥的"笑脸"	好标题	王　洋	三等
9	"偷"来好果实"配"出新品种	好标题	钟联明	三等

(邓金星)

2010 年度湖南省好新闻奖副刊作品情况

表 15

序号	作品标题	体裁	作者	等级
1	株洲兄弟,乘一根铁索渡向中国电影最高殿堂	文艺通讯	尹习勤	一等
2	你好!曹国公!	散文	易军	二等
3	草根曹大和	散文	黄建华	三等
4	韩美林的炮轰与于丹的诚实	杂文	何芳	三等

(邓金星)

2010 年度湖南省好新闻奖新闻摄影作品情况

表 16

序号	作品标题	体裁	作者	等级
1	红旗高架桥现场抢险	摄影	刘震	三等

(邓金星)

2010 年度湖南省好新闻奖文摘作品情况

表 17

序号	作品标题	体裁	作者	等级
1	百万遗产分赠千名乡亲	文摘	丁文浩	一等
2	全球 30 万儿童兵调查纪实	文摘	李曙光	二等
3	城市细节如血	文摘	罗小玲	三等

(邓金星)

2010 年度湖南省好新闻奖版面作品情况

表 18

序号	作品标题	体裁	作者	等级
1	2 月 10 日株洲日报 A1 版	版面	刘敏	二等
2	10 月 28 日株洲晚报 12 版	版面	罗春娇	三等

(邓金星)

2010 年度中国地市报新闻奖情况

表 19

序号	作品标题	体裁	作者	等级
1	“英雄母亲”育水稻新品种 32 个	消息	钟联明	一等
2	“青岛”的天空,几分虚拟几分实	通讯	徐滔(龙行天)	一等
3	灾区孩子来株洲	系列报道	江攀	一等
4	中国轻轨首次登陆欧洲	消息	王罗群	二等
5	“神农”收回“江南”580 万国有股	消息	钟联明	二等
6	唐人神 29 头种猪拿到美国“绿卡”	消息	赵云超	二等
7	农民“拳手”承办全省民间拳王争霸赛	消息	沈全华	二等
8	装备 102 台航机飞越天安门“秒米不差”	消息	王罗群	二等
9	小鸭之死引发学校德育工作的思考	消息	刘珠昱 小亮	二等
10	目标:家家连通水泥路,户户住上新楼房:农民袁立志实施扶贫“5 年计划”	消息	黎世伟	二等

续表 19

序　号	作品标题	体　裁	作　者	等　级
11	少数机关大院“禁摩”为哪般？	消　息	江　攀	二等
12	别墅区住户集体砌墙壁　美丽天鹅湖畔大半绿地被圈占	消　息	王建设	二等
13	一个女人的七个角色	通　讯	黄永新	二等
14	谁来为“小巷总理”减负	通　讯	刘建安	二等
15	在“深蓝”，行动	通　讯	王　芳	二等
16	工伤官司，跑不起的“马拉松”	通　讯	郑炜青	二等
17	时速 350！我坐上了世界第一高速列车！	通　讯	王建设	二等
18	“清单”不清，凸现灰色欲望的明目张胆	评　论	贺邦成	二等
19	“猫鼠游戏”的忧思	评　论	编辑：李勇	二等
20	的哥救人闯红灯，能免罚吗？	连续报道	罗　顺　李永亮	二等
21	土地流转，让土地流金	系列报道	钟联明　袁晏松　左慕军	二等
22	眼见汇款将“消失”银、警均称没办法	系列报道	郑炜青	二等
23	气质柳州	散　文	易　军	二等
24	你好，曹国公！	散　文	易　军	二等
25	蛇博士	散　文	丁文浩	二等
26	明星完婚　何需“躲猫猫”	杂　文	彭新华	二等
27	彭雪开：探究湖湘地名的前世今生	报告文学	尹习勤	二等
28	《首届中华茶祖节暨祭炎帝神农茶祖大典》网络专题报道	网络新闻	肖　蓉	二等
29	株洲籍画家贺羽绘制首张胡锦涛巨幅画像	消　息	佘意明	三等
30	大学生 10 个月卖出上万“择优卡”	通　讯	李　淼	三等
31	孤寡聋哑环卫工，贫病无言	通　讯	郑炜青	三等
32	株洲安贞医院“普查门”调查	通　讯	匡志毅	三等
33	卫生执法，教育的底线是什么？	评　论	匡志毅	三等
34	我想当个“新华人”	专　栏	马立明	三等
35	中奖这件事	专　栏	曾彦予	三等

（邓金星）

广播电视

【概况】 2010 年，株洲广播电影电视局围绕“转换经营机制、提高节目水平，为‘三大战役’提供坚强有力的舆论支撑”的工作主题，各项工作取得新的成效。局(台)先后获得“全国城市广播电视台最具经营潜质优秀媒体”、“全国广播影视基层统计工作先进单位”、“全市思想政治工作先进单位”、“全市宣传思想工作先进单位”、“全市政务公开工作先进单位”、“全市政府系统办公室综合调研工作先进单位”等荣誉称号。

一、围绕新平台建成使用，推出适应新要求的系列改革措施。2010 年，广电中心建成并投入使用。新的发展平台将散落在城市 4 区的广电资源整合到一起，技术装备也得到很大提升。新平台的建成与使用，对株洲广播影视事业的发展和有效运行提出了新的更高的要求。为此，局党委提出建成全国一流地市级广播电视台的目标，并推出了一系列与之相适应的体制、机制的改革与创新新举措。年初，对广告经营体制和机制进行较大调整，确定“六个统一”：电视媒体广告经营管理统一、媒体活动管理统一、财务核算统一、技术设备管理和维护统一、播出和制作平台统一、行政保卫和物业管理统一。同时，新成立节目部、播出部、制作部、广告中心、活动部，加强节目的宏观调控管理，进一步强化技术力量、装备设施的统一管理和有效调配，建立媒资库，将所有声像资料集中管理，各媒体随时调用,实现媒体新闻资源和节目资料的互通共享。根据广电事业发展规律,着眼做大文化产业,制定出台《广告和活动经营管理办法》、《电视自办栏目淘汰管理办法》等一系列制度、办法,规范经营行为、完善节目体系。积极探索制播分离改革,建立独立制片人制度,启动大型活动中心改制,进行广告中心、节目制作中心行政正职的公开竞聘。这些举措增强了株洲广电的整体竞争实力,也增强了媒体宣传和产业经营的竞争活力。

二、舆论导向把握正确,新闻宣传有声有色。株洲市广电局是全国广播电视节目监听监看工作的试点局。为此,市广电局推出监听监看节目等一系列新举措,每月出版2期《监听监看信息》,围绕媒体节目生产进行监评。这些措施确保全市广播电视舆论导向正确,得到了广电总局和省局的肯定。全市广电媒体紧紧围绕中心工作,宣传报道不断创新,全年共制订宣传方案100多个,推出专栏、专题900多期,播发广播新闻22866小时,电视新闻16350小时,在全市营造了以科学发展观为统领,促进社会全面和谐发展的舆论氛围。特别是“三大战役”宣传精彩给力,在全市上下产生了很大的反响,受到了市委、市政府主要领导的肯定。“宜居城市、幸福株洲”以及“法制株洲、和谐社会”等民生建设大型采访活动收到很好的效果。对外宣传力度加大,全年市县两级广电媒体在中央级媒体发稿30多条,在省级媒体发稿300多条,其中,炎陵台在央视发稿11条(在央视《新闻联播》栏目发稿3条),在湖南卫视《湖南新闻联播》栏目发稿70多条,在全省名列第一。活动宣传丰富多彩、社会效益大获丰收。先后举办“株洲传媒大厦落成暨媒体推介系列文化活动”、“穿越荷塘——快乐田园大冲关”、“株洲市首届旅游形象小姐大赛”、“第五届汽车消费节”、“第四届樱花节”以及“社区达人”等一系列活动。这些活动既有积极向上的主题,又扩大了株洲广电影响,取得了良好的社会效益和经济效益。

三、事业建设扎实开展,产业发展实力增强。株洲是“三网融合”国家首批试点城市之一。2010年,株洲有线网络公司积极行动,完成15万户双向网改以及24万户机顶盒3.0版本的升级任务,确保了“三网融合”试点工作全年任务的完成。网上政务平台建设强力推进,首次实现网上办理行政许可事项,对本级审批或管理的经济社会管理事项进行全面清查,进一步提高了行政效能。“台内数字化”进程大大加快,投资5000万元,配备国内一流的技术设备,推进广播电视采访、编辑、制作、播出各层面、各环节的科技创新,数字化、网络化、信息化程度大大提高。农村广播电视覆盖率继续提高,完成全市231个自然村“盲村”使用直播卫星接收设施收看广播电视的任务,解决了1848户农户收听收看广播电视节目问题。安全播出体系不断健全,确保十七届五中全会、“两会”、“上海世博会”、“亚(残)运会”以及重要节日等重要时期没有任何安全播出事故发生。电影工作呈现繁荣景象,全市城市电影票房达到3447.9万元,比上年增长80.7%,农村公益电影放映完成20946场,超额完成年度任务,农村电影从萎缩疲软向繁荣发展全面转变。行政执法工作不断深入,全年共出动巡查220次,没收非法卫星接收天线114面,没收非法卫星接收高频头44个,查处无证接收境内29个、境外4个。经营业绩有新突破,全年市直广电总收入实现2.25亿元。数字电视不断发展,有线数字电视加强优质服务和技术改进,用户满意率不断提高,积极推动市县合作发展无线数字电视,无线数字电视用户规模达到6万多户。新兴产业逐步开发,完成长株潭嘉丽购物公司的组建成立,确保了嘉丽购物频道如期开播,产业集团同时还进入了房地产市场。 (范立明)

【株洲传媒大厦全面建成并投入使用】 5月18日,全省市州级规模最大、设备最先进、功能最齐全的广播电视中心——株洲传媒大厦举行落成典礼。传媒大厦位于天元区泰山西路、炎帝广场西南,建设用地3.49公顷,建设面积47000多平方米,总投资2.6亿元,高105米,共21层。该建筑为一主楼两裙楼,布局错落起伏;透明的外墙玻璃体,意喻媒体的社会舆论监督功能;主楼的斜尖顶,表现出理性、敦实、蓬勃向上的气势;斜层面姿态朝下,寓意记者之笔深深扎根人民群众之中。大厦集影视节目制作、传输于一体,拥有国内先进的广播影视制作设备,为影视、演艺、娱乐、传媒、广告、旅游、休闲、会展等文化产业集群的形成与发展提供了平台。传媒大厦于2007年11月28日举行开工典礼,全面启动土建工程。2008年11月18日,广电中心大楼封顶。2010年4月30日,局机关、局直属各媒体、广电产业集团公司和省电广株洲有线网络公司等所有有关单位全部搬进广电中心,全面投入使用。 (范立明)

【“三大战役”宣传创株洲广电新闻宣传之最】 “三大战役”(“城市提质、园区攻坚、旅游升温”)是贯穿全市2010年度的中心工作。8月上旬,株洲广播电视台编委会策划、组织、实施的“‘三大战役’掀高潮”大型采访报道工作正式启动,历时3个多月,先后开展“县区行”、“企业行”、“机关行(服务篇)”3个阶段。全局旗下的广播、电视、报纸、网站媒体全部参与,深入到全市10个县市区和20多家大中型企业、10多家与“三大战役”工作直接联系的市直机关单位采访,全面、系统报道了全市“三大战役”工作所取得的成绩。截至11月底活动结束,各媒体共播出稿件800余篇,对促进全市掀起“三大战役”建设新热潮,提供了良好的舆论氛围,受到了市主要领导的充分肯定。这是株洲广电有史以来策划、组织、实施的规模最大、持续时间最长、发稿最多、反响最好的大型采访报道活动。 (范立明)

【14 小时全程直播实现株洲广电直播的一次飞跃】 5 月 18 日，株洲广播电视台围绕株洲传媒大厦落成典礼组织的 14 小时全程直播，完成了株洲广电直播的一次飞跃，受到市领导、省局领导和湖南广播电视专家的肯定。14 个小时的大型特别直播节目《走向辉煌》，除了株洲传媒大厦落成庆典仪式、主题晚会、前期活动报道和 4 档新闻栏目直播外，还有近 10 个小时的节目需要统筹规划，特别是要确保央视《新闻联播》的准时转播，这对节目编排和组织是最大的考验。在直播前和直播过程中，克服了庆典仪式原定 14:30 开始因故推迟到 15:00 开始，以及临时增加市领导和省局领导视察直播机房的播出时间等特殊情况带来的挑战，整个 14 小时全程直播基本上实现节目间的“无缝对接”。株洲广播电视台旗下的电视、广播、网络 9 大媒体并机直播，直播持续时间之长，参与媒体之多，都是株洲广电史上的第一次。同时，8 名直播主持人中有 4 名来自广播，采用电视和广播主持人同台主持，特别是如此大的广播、电视人才资源的整合，这在广电史也是一大突破。 （范立明）

【传媒大厦落成系列文化活动】 5 月 9 日，市广电局举行书画笔会，省书协主席何满宗等省市书画名家齐聚株洲传媒大厦，挥毫泼墨，以艺术形式反映株洲广电和株洲的发展，拉开了株洲传媒大厦落成系列文化活动的序幕。这一系列文化活动共 20 项，包括反映株洲广播电视事业巨大变化的系列报道，传媒大厦落成典礼、主题晚会和面向社会开展的话剧演出、芭蕾舞表演、电影进社区的放映等。活动从预热期、高潮期到延续期结束，历时 2 个月，对促进“文化提升”战略的实施起到了积极的作用。 （范立明）

【“穿越荷塘——快乐田园大冲关”活动】 由荷塘区政府和市广电局联合打造、电视新闻综合频道承办的生态户外田园竞技挑战活动——“穿越荷塘——快乐田园大冲关”。7 月 10 日在株洲市荷塘区仙庾岭的千亩荷花基地启动，9 月 14 日举行决赛。此次活动历时 2 个多月，活动赛道设 6 关，分周赛和总决赛，共吸引了 2000 多人报名，1000 多人参赛，现场观看的群众达到近 10 万人次。活动内容还在电视新闻综合频道周一至周五每晚九点黄金时间播出。在 2 个月的时间里，荷塘区仙庾镇风景区的游客较上年同期增长了近 3 倍，承办方也获得了良好的收视效果和经济效益；同时也创造了湖南省地市级媒体户外电视活动节目周周录天天播的奇迹。市委书记陈君文、市长王群及参加市委全会的代表到现场观看，肯定该活动促进了旅游升温。

（范立明）

【建成长株潭第一个视听门户网站】 2010 年，市广电局整合广播、电视、报纸优势资源，打造株洲广电新媒体——株洲传媒网，使之成为长株潭地市级第一个获得国家信息网络传播视听节目许可证（许可证号为 1810495）的视听门户网站。该网站拥有自建 A 级机房、拥有 5 台网络数据服务器、8 个采集终端。5 月 5 日，株洲传媒网开通上线，使株洲的广播电视节目随互联网冲出株洲，走向世界。开通上线不到半个月，株洲传媒网就进行了长达 14 小时的网络直播，还承办了“株洲·株洲金融生态城市环境建设宣传启动仪式”等大型活动及其报道。7 月，以其突出的特色和探索与创新获全国地方网站创新发展杰出贡献奖。株洲传媒网以本地视频新闻为主，开设新闻、图片、房产、汽车、教育、健康、美食、旅游等 20 余个频道，每天编发源自电视、广播、报纸等媒体综合资讯数百条，实现株洲广播、电视音视频节目的网上直播、点播，开通株洲新城市报网络版，集广电传媒、视听互动、资讯休闲为一体。

（范立明）

2010 年获省级政府奖湖南新闻奖作品情况

表 20

参评单位	体　裁	标　题	作　者	获奖等级
交通频道	系列、连续报道	低碳经济进行时：2009 年株洲两型社会建设行动手记	陈　庆　杨　智　王　颉	湖南新闻奖二等奖
新闻频道	新闻专题	拿什么拯救你，南飞的候鸟	黄赐俊　李彬彬	湖南新闻奖二等奖
交通频道	新闻专题	“5·17”大救援	王　颉　刘引君　肖　静	湖南新闻奖三等奖

（范立明）

2010年获省级政府奖湖南广播电视奖作品情况

表21

参评单位	体 裁	标 题	作 者	获奖等级
交通频道	系列报道	低碳经济进行时:2009年株洲两型社会建设行动手记	陈 庆 杨 智 王 颉 邱 浩	湖南广播电视奖一等奖
交通频道	现场直播	"5·17"大救援	王 颉 慧 敏 刘引君 邱 浩	湖南广播电视奖一等奖
新闻频道	专 题	拿什么拯救你,南飞的候鸟	黄赐俊 李彬彬	湖南广播电视奖一等奖
新闻综合频道	短消息	将行政执法评判权交给社会公众——株洲对51家行政执法单位进行现场打分	李 涛 黄 滔	湖南广播电视奖一等奖
法制频道	短消息	一条时代路　省钱六个亿	饶 蓉 曾 倩	湖南广播电视奖一等奖
法制频道	长消息	"武广"高铁闪耀"株洲制造"	汤 婷 龙 羽 左兰伊	湖南广播电视奖一等奖
新闻综合频道	系列报道	低碳经济引领株洲新发展	罗依坤 贺文辉 洪 军 李 涛	湖南广播电视奖一等奖
攸县电视台	社教专题	"撤并"的困惑	刘良平 文 凯 刘艳春 罗武吉	湖南广播电视奖一等奖
新闻综合频道	社教专题	株洲记忆	张 谦 吴建勋 刘新智 贺文辉	湖南广播电视奖一等奖
商务频道	信息节目	创业新招:格子铺	马小峰 邓 丽 王 峥	湖南广播电视奖一等奖
攸县电视台	电视文艺	槚山皮影	刘良平 文 凯 刘艳春 陈怡君	湖南广播电视奖一等奖
新闻频道	特别节目	飞跃第一速	张小苗 李支国 倪 伟 李 佳	湖南广播电视奖特别奖
广电报	特别报道	雄关如铁从头越	邓斌贵 曹理微	湖南广播电视奖特别奖
法制频道	栏 目	老樊策交通	游盟长 傅 忠 符政军 游广积 刘跃辉	湖南广播电视奖创新奖
法制频道	栏 目	株洲人物	曾 倩 谢丽菲 李 蓓 欧阳丹龄 张卫明 陈 怡	湖南广播电视奖优秀栏目奖
攸县电视台	短消息	攸县农民掀起购车热	黄 勇 刘 峰	湖南广播电视奖二等奖
新闻综合频道	长消息	新能源推广:三年内株洲市将成为国内首个全国环保公交城	樊 青 陈 思 何 湘	湖南广播电视奖二等奖
企业频道	社教专题	1927·茶陵记忆	高一歌 曹龙武 刘书云 尹 定	湖南广播电视奖二等奖
节目制作中心	信息节目	不能错过的春夏时尚配饰	郭湘江 罗秋林 王 华 黄天笑	湖南广播电视奖二等奖
新闻综合频道	电视文艺	我的小城　我的河	周奕君 陈 重 筱 慧	湖南广播电视奖二等奖
新闻频道	长消息	救命的谎言	周 萃 李支国 陈文韧	湖南广播电视奖三等奖
新闻综合频道	短消息	新能源建设:世界最大风力发电机在株诞生	李 涛 黄 滔	湖南广播电视奖三等奖
炎陵电视台	短消息	基层卫生院新医改"看得见　摸得着"	吕 舟 刘云波	湖南广播电视奖三等奖
商务频道	长消息	上千名大学生创业当老板	马小峰 孙 岱 余水清	湖南广播电视奖三等奖
商务频道	社教专题	东江人家·东江情	梁 箐 文 静 王 峥 茹 洲	湖南广播电视奖三等奖
公共频道	公益广告	大爱无声　一切为了未来公益广告	叶爱平 陈菁然 夏冠湘	湖南广播电视奖三等奖

(范立明)

医疗卫生·体育

卫　生

【概况】　2010年，株洲市卫生系统团结奋进，真抓实干，各项工作任务全面完成，卫生事业保持良好发展态势。公立医院改革被确定为全国试点城市；第五次荣获全国无偿献血先进城市称号；市一医院、市三三一医院获“2010年全国百家改革创新医院”称号；市妇幼保健院被评为“全国医药卫生系统先进集体”。卫生部副部长马晓伟到株洲视察，对株洲市卫生工作及公立医院改革给予了高度评价。人民网、新华网、《健康报》、《中国卫生》等媒体多次宣传推介株洲市医改典型经验。

截至2010年底，全市共有各级各类卫生机构1359家。其中，医院63家，社区卫生服务机构53家，乡镇卫生院113所，诊所、卫生所、医务室1091个，采供血机构1家，妇幼保健院（所站）10家，专科疾病防治所2所，疾病预防控制中心10个，卫生监督机构7个，其他卫生机构9个。全市卫生工作人员总数22835人，每千人口拥有卫生技术人员5.08人、拥有执业医师2.0人、拥有执业护士1.8人、拥有病床数4.2张，均高于全国平均水平。世界卫生组织衡量人群健康的三大指标明显改善，全市人均期望寿命达75岁，孕产妇死亡率和5岁以下儿童死亡率分别控制在18.17/10万和9.73‰，为全省最低水平。　（欧阳浩）

【城乡就医条件有新改善】　2010年，市直医院建设全面推进，投资近9亿元的市中心医院建设稳步推进，主体外装饰工程基本完成，设备安装、配套项目建设全面铺开；市二医院门诊综合楼、市人民医院住院楼、市三医院精神卫生中心大楼开工建设。农村和社区卫生建设项目全面实施，2所县级医院、7个社区卫生服务中心建设有序推进；4所中心卫生院、23所村卫生室项目全面完成。基层医疗卫生单位设备配套全面覆盖，争取国家设备配套项目为全市25个社区卫生服务中心、112所卫生院、1807个村卫生室配备价值2405万元的医疗设备，基层医疗卫生单位设备条件明显改善。　（欧阳浩）

【市民基本医疗保障有新提高】　基本药物制度稳步实施。2010年，在株洲县和城市4区乡镇卫生院、社区卫生服务中心全面启动基本药物制度，覆盖城乡居民145万人。新定市级基本药物88种，基本药物总品种达395种。与2009年相比，实行基本药物制度后基层医疗机构次均门诊费用下降42%、次均住院费用下降31.5%。

公卫服务项目全面落实。一是做好基本公共卫生服务项目实施工作，落实基本公共卫生服务项目要求，建立城镇人口健康档案80.87万份，建档率42%，农村人口健康档案62.4万份，建档率32.8%；大力规范高血压患者、2型糖尿病患者、65岁以上老人、孕产妇、0～36个月儿童健康管理工作，规范管理率分别达到42.2%、48.8%、57.7%、97.5%、74.5%，各项指标全部达到或超过国家要求。二是抓好重大公共卫生服务项目的落实，实施农村孕产妇住院分娩补助2.38万人次，补助金额1262万元；为3.89万名农村孕妇孕期和孕早期补服叶酸；为4048名农村妇女开展了宫颈癌和乳腺癌免费筛查；为8～15岁人群补种乙肝疫苗47.36万剂次；孕产妇HIV检测率达88.07%，开展4例艾滋病母婴阻断；完成贫困白内障患者免费复明手术3600例，全面完成国家任务。

新农合保障水平不断提升。全市参合农民261.3万人，筹集新农合资金3.6亿元（人均筹资140元，其中各级财政补助120元），参合率为95.34%，新农合统筹区域政策范围内住院费用补偿率达到63.2%，最高支付额度提高到6万元。新农合普通门诊统筹全面推广，住院费用在市、县、乡三级定点医疗机构全面实现“即付即补”。

（欧阳浩）

【公立医院改革有新进展】　2010年，株洲市按照“上下联动、内增活力、外加推力”的原则，稳步推进改革试点工作。一是设计改革政策框架。制订《株洲市公立医院改革试点工作实施方案》、《株洲市医药卫生体制改革五年行动计划》、《株洲市公立医院改革三年攻坚计划》、《株洲市城市社区卫生服务机构管理办法》，搭建了公立医院改革的政策框架。二是构建三级医疗服务体系。出台三级医院对口支援二级医院、二级医院对口支持社区卫生服务中心等政策，通过医疗资源布局调整和纵向联合，构建“首诊在社区、小病在社区、大病进医院、康复回社区”的就医格局。三是建立医患纠纷第三方调解机制。出台《株洲市医疗纠纷预防与处置暂行办法》，成立由司法牵头的医疗纠纷人民调解委员会和调解中心，实行医疗责任保险制度。四是优化医院内部运行。以实施绩效考核制度为重点，深入推进人事分配制度改革。以提升服务能力为核心,实施“351”人才行动计划和全科医师转岗培训工作,三三一医院晋升为三级综合医院、恺德微创心血管专科医院晋升为三级专科医院。积极推进门诊病历“一本通”、电子病历、医疗机构检查结果互认,深入开展“优质护理服务示范工程”和临床路径试点,41个临床路径试点病种平均住院费用下降7.2%、药品费用占住院费用的比例从46%下降至36.8%。(欧阳浩)

【公共卫生安全有新加强】 重大疾病防控有力。加强预防接种工作,全年五苗全程接种率为97.2%,免费接种甲型H1N1流感疫苗27.13万人次、麻疹疫苗强化免疫18.56万人次。健全重大疾病防控机制,认真抓好结核病、艾滋病、狂犬病、霍乱、甲型流感等重大疾病防控工作,加强重症和危重病例的抢救工作,全市连续8年无重大传染病暴发疫情。妇幼卫生被评为全省先进。孕产妇死亡率、5岁以下儿童死亡率控制在全省最低水平。

执法监督更趋规范。以餐饮安全、公共场所用品用具、集中供水、二次供水、学校托幼机构及周边卫生等专项整治活动为载体,全面实施公共场所量化分级管理、卫生监督公示制度和餐饮单位卫生监督公示制度,全年公共场所没有发生健康危害事故,全市连续8年无群体性食物中毒事件。严格执行医疗机构执业准入、医疗技术准入审批和实施手术权限审批制度,切实加强医疗安全和临床用血管理,临床用血100%来自无偿献血。卫生行政许可全面提速,实行“一个门受理,一条龙服务”,全年办理各类卫生许可2654件。认真执行行政处罚“三分离、两集中”制度,服务对象对卫生执法行为满意率达94.6%。

应急能力明显提高。加强应急队伍建设,提高突发公共卫生事件应急处置能力。市卫生应急救援指挥中心电话接警35691个,调度救援13526次,出警率100%。认真做好攸县大同桥倒塌、京珠高速重大车祸、清水水泥厂设备倒塌等9起突发事件医疗应急处置工作,圆满完成省市安排的重大活动卫生保障任务51起。(欧阳浩)

【人才队伍建设有新成果】 2010年,株洲市卫生系统面向社会公开招聘专业技术人员255人,培训基层医务人员3000余名。承办“院士专家株洲行”活动卫生项目工作,顺利实现公立医院改革、肝病研究所、骨肿瘤、流行病学、慢性非传染性疾病及病毒检测等“四大项目”对接。选派8名医疗骨干赴德国培训,22名临床科主任、护士长及管理人员赴香港培训,10名科技特派员到炎陵、茶陵、攸县工作。申报省市科研立项27项、国家专利2项,推荐湖南省新世纪121人才工程人选12名。

(欧阳浩)

【政风行风建设有新面貌】 2010年,株洲市卫生局组织系统37名重点岗位人员参观醴陵市检察院警示教育基地,严厉查处收受回扣、乱检查、乱收费等群众反映强烈的问题。全年县以上非营利性医院100%参加药品集中采购,医保目录药品参加集中招标采购达100%,药品、医用耗材集中招标成交总额4.1亿元,让利老百姓3000万元。建立健全行风建设分级负责工作机制,在卫生系统广泛开展“一比二看争三先”作风建设主题竞赛活动,以及“党员身边无事故、党员身边无纠纷、党员身边无投诉”的“三无”主题活动,表彰了卫生系统医生、护士、药师、医德标兵4个“十佳”,选树“党员示范窗口”46个,“党员示范岗”522个。认真开展民营医院规范执业行为和新农合资金使用情况专项治理工作,大力纠正医药购销和医疗服务中的不正之风。组织“院长看病体验日”活动,建立卫生行风短信平台,主动接受社会和群众监督,加强窗口行业规范化建设,积极开展优质服务竞赛,实现了医疗质量提升、服务水平提升、群众满意度提升和医疗费用下降的“三升一降”目标。

(欧阳浩)

爱国卫生工作

【概况】 2010年,全市爱国卫生工作在城区以全面巩固创卫成果为重点,在农村以改厕为突破口,广泛发动群众,深入开展爱国卫生运动,各项工作取得新的进展。

爱卫工作方式有新举措。严格落实工作目标责任制。将全年爱卫工作纳入到市委、市政府对各县市区政府及主要职能部门的政绩考核内容。并根据新的国家卫生城市标准要求,重新修订《株洲市爱国卫生运动委员会各委员部门职责分工》,进一步明确任务,落实责任;建立爱卫工作例会制度。定期召开爱国卫生工作联席会,及时研究分析、协调处理工作中出现的新情况、新问题,有力推进了全市爱国卫生工作的全面开展;完善检查监督和考评机制。制定出台《株洲市城市爱国卫生工作考评方案》,采取“周暗访、月通报、季评比”的方式,坚持暗访与明检相结合、日常检查与集中检查相结合,对城区爱卫工作进行考核评比,加大了城市爱国卫生工作日常监管力度;全面启动城乡环境卫生整洁行动。按照《2010~2012年全国城乡环境卫生整洁行动方案》的要求,科学规划、合理安排、统筹城乡、协力推进,城乡环境卫生得到有效改善,特别是攸县开展的“洁净攸州大行动”,多次得到省爱卫办领导的肯定和表扬。

卫生创建活动有新突破。一是巩固国家卫生城市的创建成果。围绕“目标提高、标准提升、发展提速”的总体要求,市爱卫会各委员部门各司其职,各负其责,下大力气建立健全长效管理机制,积极探索新思路和新方法,开展大量富有成效的巩固提高工作。“四创四化”纵深推进,全年新增绿地面积481公顷,提质改造道路路面及人行道66条,亮化小街小巷33条,美化建筑物88栋,改造地下管网96处、老旧小区8个。国家环保模范城市26项创建指标,有21项达标。创建全国交通管理模范城市一举成功。全市连续8年无重大甲、乙传染病暴发疫情发生。城市提质战果显著，基础设施逐步完善，城市品位全面提升，社会文明程度明显提高。二是创建国家卫生城市辐射带动作用得以彰显。全市卫生创建活动向县市农村不断延伸：炎陵县创建国家卫生县城工作顺利通过了国家暗访和考核验收，被全国爱卫会正式命名，成为株洲市首个"国家卫生县城"；茶陵县积极准备创建国家卫生县城；醴陵市、攸县创建省级卫生城市(县城)工作顺利通过省爱卫会组织的考核验收。三是全年共创建省级文明卫生单位10个、市级文明卫生单位10个，省级卫生村2个、市级卫生村8个。为确保创建质量，市爱卫办实施动态管理，强化日常监督，组织对全市2009年前命名的376家省市级文明卫生单位、26个省市级卫生村进行全面复查。四是进一步加强对外工作交流与学习。受全国爱卫办和省爱卫办的委托，对上海、北京、云南及娄底、怀化等16个省内外地市的创卫活动进行暗访检查和业务指导，全年共接待鄂尔多斯市、贵阳市、三亚市等20多个省内外学习团队。

农村改厕工作有新成效。2010年全市申报中央补助地方农村改厕项目任务11400户，争取资金456万元。为确保如期保质保量完成任务，各项目县区加强领导，层层签订责任状，级级抓落实。在宣传发动、业务培训、技术指导上狠下工夫，共发放改厕宣传资料10万余份，举办不同类型培训班24期，培训业务人员400多人次，对80个项目村进行500余人次的现场技术指导。年内全面完成改厕项目任务，所有工程符合标准，通过全国爱卫办和省爱卫办组织的验收。

除害达标成果有新发展。认真组织开展春秋两季统一除"四害"活动。积极推进除四害市场化运作，完善工作机制，不断拓展市场化运作领域，继城市4区、攸县、炎陵县之后，醴陵市也将公共区域除四害工作纳入市场化管理，全市除四害工作正逐步走入科学化、市场化、专业化、规范化的轨道。各地各部门积极配合、工作扎实、措施到位，城区"四害"密度基本控制在国家标准之内，株洲市灭鼠达标工作顺利通过省爱卫会组织的复查考核，继续保持"灭鼠先进市"的荣誉。

健康教育工作有新起色。组织开展"世界卫生日"、"世界无烟日"等多种形式的健康教育宣传活动；株洲日报、电视台、广播电台等传媒单位，均开设不同形式的健康教育专栏和专题节目。并在《株洲卫生》报开辟"爱卫工作园地"专栏，全年共编辑10期专版，撰写文章80余篇，宣传健康教育知识；全市城区所有社区、医院、机关、企业、学校、公共场所都设置健康教育宣传栏，向广大群众进行有针对性、时效性的卫生防病知识教育；在卫生医疗单位全面开展禁烟工作。举办全省第一期创建无烟医疗卫生系统培训班，共创建无烟单位8个。5月，株洲市代表湖南省接受国家卫生部组织的《全国健康教育与健康促进规划纲要2005～2010年》实施情况督导评估，评估组对株洲市近5年的健康教育工作给予了高度评价。　　（邱　林）

【株洲市获国家卫生城市授牌】 2月26日，创建国家卫生城市授牌暨"三大战役"动员会在市政府礼堂召开。受全国爱卫会委托，副省长郭开朗将"国家卫生城市"的牌匾授予市爱卫会主任、市长王群。会上，市委书记陈君文、市长王群就打好"城市提质、园区攻坚、旅游升温"三大战役分别作了重要讲话；市爱卫会副主任、副市长李异建以"凝心聚力、大干快上、努力推动株洲经济又好又快发展"为题，对株洲市创建国家卫生城市工作进行了全面总结；大会表彰了国家卫生城市创建工作先进单位和先进个人。省卫生厅副厅长林安弟、省爱卫办副主任郑卿等领导出席会议。　　（张胜珠）

【召开爱国卫生工作会议】 2010年，3月11日，市爱卫会召开全市爱国卫生工作会议。市爱卫办主任刘续跃就2009年全市爱卫工作作全面总结，并对2010年全市爱卫工作进行了具体部署；会议对2009年度爱卫工作目标管理考核优胜单位、先进集体和个人及省市级文明卫生单位、卫生村进行了表彰授牌；市爱卫会各委员部门负责人向市政府递交了2010年爱卫工作目标管理责任状；市爱卫会副主任、副市长李异建作题为"巩固创卫成果，服务三大战役，全力推动爱卫工作再上新台阶"的重要讲话。会议由市政府副秘书长段晓茅主持，市人大副主任盛佑生、市政府副市长李异建、市政协副主席段桂生、市委副秘书长朱振湘、市爱卫会各委员部门负责人、县(市)区政府分管爱卫工作的领导、爱卫办主任、城区各街道办事处负责人及受表彰单位负责人参加了会议。　　（张胜珠）

【世界卫生日活动】 4月11日，株洲市举行世界卫生日大型宣传活动，就"在城市化进程中维护公众健康"这一主题进行大力宣传。市委副书记、市长王群向世界卫生组织、全国爱卫会作出承诺，并亲笔签署倡议书。市爱卫办组织在城区4大广场开展大型宣传活动，共展出健康教育板报200余块，设咨询、义诊台35处，发放宣传资料15000余份。　　（黄　莉）

【城区爱卫工作首次考评结果揭晓】 为了加强长效机制建设，巩固创卫成果，4月21～22日，市爱卫办组织有关专家，采取随机抽样的方式，对各区的环境卫生、健康教育、食品卫生、公共场所与二次供水卫生、疾病预防与控制、病媒生物防制的达标情况进行现场考评。通过专家现场考评，并结合每月爱卫工作督查综合排名，天元区获第一名。　　（易建芬）

【株洲市举行世界无烟日宣传活动】 5月31日是第23个世界无烟日，市爱卫办、市健教所在城区开展大规模的世界无烟日专题宣传活动。城市4区围绕

"性别与烟草——抵制针对女性的市场营销"这一主题,选择医院、学校、社区及人口密集的公共场所等28个宣传点,开展多种形式的健康教育与健康活动,共展出宣传板报79块,设控烟宣传咨询台和义诊台30处,发放控烟宣传资料12000份。通过多种形式的宣传,增强了市民对吸烟危害的认识,促进了健康教育活动的深入开展。

(杨胜苏)

【株洲市通过"灭鼠先进城市"复查】 8月21日,株洲市顺利通过"灭鼠先进城市"复查,保留了"灭鼠先进城市"的称号。湖南省爱卫会灭鼠先进城市复查组通过听汇报、查资料、实地察看等形式在株洲检查,并对此进行了通报,对株洲市取得灭鼠先进城市后,继续狠抓巩固工作,将城区鼠密度一直控制在国家规定的标准范围内给予肯定。

(易建芬)

【省爱卫办对市农村改厕项目进行验收】 10月18~22日,省爱卫办组织专家组对株洲市农村改厕项目进行督查验收。此次督查验收抽查了炎陵县霞阳镇草坪村、茶陵县潞水镇庙坪村等11个项目村,每个村抽查改厕农户20家,并进行了逐一登记。通过督查验收,专家组认为,市委市政府高度重视农村改厕工作,市县两级爱卫办能抓住重点,解决改厕工作推进过程中的矛盾,坚持统一原则,确保改厕质量,较好地完成了11400户的改厕项目任务。

(张胜珠)

【重大荣誉】 2010年,株洲市财政局等10家单位被授予"省级文明卫生单位"称号;株洲市行业办公室等10家单位被授予"市级文明卫生单位"称号;茶陵县湖口镇小潭村、荷塘区仙庾镇仙庾村被授予"省级卫生村"称号;天元区群丰镇石塘村、石峰区清水塘街道办事处白马村、醴陵市孙家湾乡孙家湾村、醴陵市孙家湾乡龙虎湾村、攸县新市镇新中村、攸县菜花坪镇谭桥村、茶陵县枣市镇洞头村、茶陵县腰陂镇东山村等8个村被授予"株洲市卫生村"称号。

(张胜珠)

红十字会工作

【青海玉树地震、舟曲泥石流救援工作】 4月14日,青海玉树发生特大地震,株洲市红十字会启动救灾应急预案;15日召开新闻发布会,向社会倡议开展募捐救灾活动,全市共计募集现金4015472.74元;17日,由爱心企业代表、制水技术人员、红十字工作者及志愿者共13人组成的爱心小分队赴玉树灾区一线开展紧急救援:查找ERU制水的水源点和应急供水设备安装地,慰问伤亡严重的玉树县第三完小,平整应急供水基地及一系列前期准备工作;在灾区极为恶劣的生产生活条件下,克服高海拔、低气压、沙尘暴带来的困难,连续工作32天,为灾民生产纯净用水800多吨,实现中国红十字会供水的三大突破。前线救援活动得到了玉树州委、国家红十字会、湖南省政府、省红十字会的高度赞誉;募捐资金工作通过省审计厅的审核,无任何违规违纪行为。舟曲泥石流灾害发生后,市红十字会前往灾区了解灾情、开展救助,全市共募集资金57934.1元。

(刘 静)

【四川汶川重建援助工作】 2010年,株洲市红十字会把四川汶川地震灾后重建援建项目定为年度重点工作,援建理县杂谷脑镇玛瑙村公共基础建设项目资金200万元;全市31户爱心家庭对四川理县贫困家庭支付2000元/年/户爱心款连续2年发放到位;8月理县遭受特大暴雨,造成塔斯、日京村基础设施及农房损毁,市红十字会紧急募集10万元资金用于恢复基础设施的重建。11月24日,市红十字会爱心小分队在理县举行泥石流灾害捐款仪式和援建玛瑙村坎木官组基础设施竣工典礼。

(刘 静)

【暴雨洪涝救灾工作】 5月上旬,株洲部分地区强降暴雨,市红十字会组队深入攸县、醴陵受灾地区,实地察看灾情,调配棉被、消毒药品等62000元救援物资发放;6月下旬,市红十字会执委会成员到炎陵、茶陵灾情较为严重的村镇,在炎陵县三河镇太和村举行物资发放仪式,共计发放物资20万余元。

(刘 静)

【社会救助工作】 连续17年开展的博爱送万家活动,向炎陵县35位麻风病患者、株洲县太湖乡敬老院37位孤寡老人现场慰问,对5县4区贫困群众累计发放物资价值73953元,慰问资金82400元;救助大病患儿29人共计32400元;救助炎陵贫困学生50人计50000元;支援西南旱灾及全市爱心募集72108元;向炎陵县龙渣乡民族学校发放校服、表演服1215件,价值136100元;金秋助学16名高考学生50000元;向中国红十字会基金会争取到50万元的炎陵县中村长江博爱民族学校建设项目;开展"光明行动在株洲"免费救治贫困白内障患者活动,3年计划免费救治300例,年内已救治18人。

(刘 静)

【红十字志愿者工作】 5月2~3日,为支持环保和公益,近800名志愿者进行为期2天的徒步行走,共募集到助学款3.3万元,用于萤火虫公益助学行动,资助株洲市及周边4县的贫困学童。年内,在芦淞区教育青少年绿色营地、市十六中、市妇联爱心屋、湖南工业大学举办逃生避险应急知识救护培训,向1718余名学生和居民详细讲解了溺水、触电、煤气中毒、食物中毒、地震防范等应急知识和急救操作技能。广泛开展红十字医疗义诊、健康教育咨询服务,深入社区、厂矿、乡镇发放《公众应急手册》、无偿献血和造血干细胞捐献资料2万余份,派发5000余元的家庭急救药品,社会服务369人次。

(刘 静)

【重大荣誉】 2010 年，株洲市红十字会获“全省 2010 年救灾工作先进集体”、“市直机关文明建设先进单位”、“全市治理优化经济发展环境工作先进单位”、“造血干细胞捐献工作特别贡献奖”等荣誉称号。 （刘 静）

血站工作

【概况】 2010 年，全市招募无偿献血者 31672 人次，其中招募全血献血者 30898 人次，招募机采血小板献血者 774 人次；采集血液总量 52790.2 单位，其中，采集全血 51961.7 单位，采集机采血小板 828.5 单位。全年临床供血总量 115935.75 单位，其中，供应全血 12 单位，供应红细胞制品 48810 单位，供应机采血小板 816 单位。医疗机构成分血使用率达 99.99%。全市医疗临床用血 100%来自自愿无偿献血，连续 12 年实现医疗临床用血 100%来自自愿无偿献血。在国家卫生部、中国红十字总会、解放军总后勤部召开的 2008～2009 年度全国无偿献血总结表彰大会上，株洲市获“2008～2009 年度全国无偿献血先进市”光荣称号，株洲日报社获“2008～2009 年度全国无偿献血促进奖”光荣称号，全市 109 名无偿献血者获“2008～2009 年度国家无偿献血奉献血奖金奖”。这是株洲市第 5 次荣获全国无偿献血先进市。 （魏 伟）

【2008～2009 年度株洲市无偿献血总结表彰举行】 12 月 30 日，株洲市 2008～2009年度无偿献血总结表彰暨首届十佳无偿献血志愿者颁奖典礼在环洲歌剧院举行。市委副书记、宣传部部长阳卫国，市人大常委会副主任鲁立彬，副市长张国浩，市政协副主席段桂生，省红十字会副会长曾凡国，省卫生厅血液管理办公室主任田宗之，以及市卫生局、市红十字会、市献血办等领导出席典礼。在颁奖典礼上，表彰了 24 个无偿献血促进奖单位、1 个无偿献血先进县（炎陵县）、32 个无偿献血先进单位、109 名无偿献血奉献奖金奖（个人）、75 名无偿献血奉献奖银奖（个人）、193 名无偿献血奉献奖铜奖（个人）、1 名无偿捐献造血干细胞奉献奖（蒋旭胜）及李森虎、肖力杨、周海、元国芳、刘俊杰、冯俭、李林辉、田颖、杨军、萧仲晟 10 名十佳无偿献血志愿者。 （魏 伟）

【第三届“我为祖国献热血”活动】 10 月 1 日，第三届“我为祖国献热血”暨无偿献血志愿者群英会在平和堂商场隆重举行。市卫生局领导、市献血办领导与 500 多名无偿献血志愿者参加活动。同时，株洲市中心血站再次聘请湖南电视台节目主持人赵靓担任株洲市无偿献血形象大使。 （魏 伟）

卫生执法监督

【概况】 2010 年，株洲市卫生执法监督处认真履行职责，加大执法力度，实现全市餐饮消费环节无群体性食物中毒事件、公共场所无卫生危害性侵权事件、职业放射场所无卫生伤害性侵权事件发生。全年办理各类卫生许可 702 件，其中餐饮 76 件，公共场所 6 件，医疗执业 562 件，放射卫生 58 件；监督各类生产经营单位 2462 户次，发出卫生监督意见书 1353 份，实施行政处罚 175 起，处理投诉举报 38 起，满意率 95%以上。12 月，市卫生执法监督处获由方圆标志认证集团颁发的 ISO9001:2008 质量管理体系认证证书，成为全省首家通过质量管理体系认证的卫生监督部门。 （吴喜凤）

【开展学校卫生综合评价试点】 2010 年，市卫生执法监督处在全市开展学校卫生综合评价试点，对学校教学建筑、生活设施、教学卫生、卫生保健室配备、学生饮食、饮水以及公共场所传染病管理等多项卫生指标的监督监测进行量化打分综合评价，比较全面客观地反映学校卫生保健的真实状态和总体达标程度。全年共对 51 家中小学校开展了学校卫生综合评价，其中市本级 9 家，县区级 42 家。通过开展学校卫生综合评价制度，全市学校卫生的工作水平有了明显的提升。 （吴喜凤）

【餐饮卫生保障有力】 一是继续开展打击违法添加非食用物质和滥用食品添加剂的专项执法行动，对市直管和城区范围的 329 家大中型餐饮服务单位进行抽查，未发现违法添加非食用物质和滥用食品添加剂现象。二是组织开展全市餐饮经营单位食用油专项整治执法行动，检查各类餐饮服务单位 12718 家次，未发现“地沟油”、“潲水油”流向餐桌。三是组织开展全市餐饮服务安全专项整顿行动，检查餐饮服务单位 5975 家，责令 1293 家“问题”餐饮服务单位进行整改，取缔餐饮无证经营单位 92 家，立案处罚 377 家、罚款 370900 元，没收不合格食品及食品原料 415 公斤，不合格的一次性筷子 100 包。四是组织开展全市“农家乐”餐饮服务安全专项整顿行动，整顿规范“农家乐”217 家，监督覆盖率 95%以上，查处各类违法案件 80 余起，罚款 50 余家，累计金额 18 万元。五是组织开展建筑工地食堂专项整治，对城市 4 区 15 家在建项目的工地食堂进行抽查，责令 3 家 5 个工地食堂停止餐饮服务活动，对其他存在问题的食堂限期整改，并召集城区全部的工地食堂开会通报督查情况和部署落实工地食堂食品安全的各项措施。六是开展“水上餐饮”取缔行动。37 次责令 13 条渔船停止餐饮服务活动，收缴其餐饮用具、餐桌餐椅，并责令立即驶离。七是圆满完成 14 个、234 天人次的“两节”、“两会”和市委、市政府及各有关职能部门交办的重大会议、重大接待活动、重大聚餐的餐饮安全保障工作，均未出现卫生问题。 （吴喜凤）

【传染病防治监督取得新突破】 一是开展疫情管理、传染病救治的预检分诊和转诊的监督，检查疾控机构和乡镇以上医疗机构等共计61家,对发现存有不规范行为的6家机构责令其整改。二是深入开展血液透析、消毒隔离和院感管理的监督,检查各级各类医院和个体诊所674家,对存有违法行为的20家医疗机构实施行政处罚。三是全面开展医疗废物集中处置、医疗废水消毒处理的专项监督,检查各级各类医疗机构694家,对存在的问题,执法人员在检查中及时提出整改意见,并将检查情况进行通报,对存有违法违规现象的20家医疗机构进行立案查处。截至2010年底,全市签订医疗废物集中处置合同的医疗机构达566家。

(吴喜凤)

【医疗监督成效显著】 对各县市区进行无证非法行医情况的暗访摸排,共取缔无证非法诊所57家。检查开设妇科诊疗科目的医疗机构130家,与计生、公安等部门联合查处1起鉴别胎儿性别并实施中期引产术的违法行为,罚款3.09万元。开展口腔医疗机构执法检查,共检查62家口腔诊所,对60家下达整改意见,对9家违规的诊所进行立案查处。开展医疗广告专项整治工作,加大媒体广告的监测,共监测9家医院发布医疗广告56条,对6家发布违规广告同时涉及医疗执业违法行为的医院给予了行政处罚。开展医疗美容服务专项整治工作,对市区10家生活美容店组织专项检查,对7家美容店下达责令整改的意见,对4家实施行政处罚。大力开展民营医疗机构专项治理。对全市37家民营医院执业行为进行了专项整治,对11家民营医院的违法违规执业行为予以立案查处,经过3个多月的治理,民营医院的执业行为得到较大转变。

(吴喜凤)

【职业卫生监督稳步推进】 2010年,为进一步加强对职业病防治工作的组织领导,市政府成立职业病防治工作领导小组,并组织召开全市职业病防治工作会议,各用人单位签订职业病防治责任状。积极开展《职业病防治法》宣传活动,发放职业病防治知识宣传单5000余份,先后对全市20余家企业的5000多名中层管理人员、一线劳动者分期分批进行职业病防治知识培训讲座。全面开展用人单位职业病危害摸底调查,掌握了全市1050家存在职业病危害因素用人单位的本底情况。组织开展职业健康监护专项整治和新、改、扩建项目预防性卫生监督等专项行动,全年共监督检查用人单位223家,其中警告、责令改正65家。处理群众投诉举报3起。通过监督检查,有力地促进了用人单位的法律意识,对维护劳动者的合法权益发挥了积极作用。

(吴喜凤)

【全面加强公共场所卫生监督】 一是继续深化公共场所卫生监督量化分级管理工作,按照每年分2次复核评审分别公示的既定方法,对全市2454家公共场所经营单位进行量化分级,其中A级59家、B级361家、C级2034家。二是开展公共场所公共用品消毒专项监督检查工作,共监督检查各类公共场所单位331家,其中住宿场所107家,美容美发场所114家,沐浴场所53家,文化娱乐休闲相关场所57家。三是开展游泳场所专项监督检查。对全市15家人工游泳场所进行监督检查,其中市直管10家、县(区)5家,评出A级4家,B级6家,C级5家。抽样检测游泳池水和浸脚消毒池水样各65份,有12家游泳场所监测项目全部符合《游泳场所卫生标准》。

(吴喜凤)

【积极探索卫生监督管理长效机制】 一是继续深化卫生监督量化分级管理。全年全市有2454家各类公共场所,1025家医疗机构,125家生活饮用水单位,11家消毒服务机构,5078家餐饮服务单位实施卫生监督量化分级管理。二是实施"五小"行业月度考评。根据《株洲市城市管理考核评比办法》,将"五小行业"考评纳入全市城市管理工作月度考评,每月1次暗检和明检,对于综合排名第一的给予奖励。天元区获7次第一,荷塘区获3次第一,芦淞区获2次第一。通过实行"五小"行业考评,极大地激发了各区的积极性和能动性,有力地促进了五小行业卫生水平跨上新台阶。三是创建"五小"行业精品示范街。要求各县市区以高标准、严要求打造"五小"行业精品示范街,每年不少于2条。截至12月底,城区创建8条"五小"行业精品示范街。

(吴喜凤)

疾病预防控制

【概况】 2010年,株洲市疾病预防控制中心贯彻以预防为主的方针,坚持一类疫苗、二类疫苗统筹管理,主渠道供应,巩固了国家扩大免疫规划成果,成功预防了各类疫苗针对性传染病;以深化医疗卫生体制改革为契机,助推公共卫生服务均等化,顺利完成了乙肝查漏补种等国家重点专项工作;以"院士专家株洲行"活动为抓手,加强科研、培训及引智工作,成功对接国家疾控中心现场流行病学项目的人员培训,获得了国家级慢病综合示范区项目,并与北京大学医学院实验室合作开展业务培训项目;以强化免疫为手段,全面开展消除麻疹工作并保持无脊灰状态;以甲流防控为突破口,再次提高应对突发公共卫生事件、重大传染病防控及实验室检测检验能力;以防治一体化的思路,加强对结核病的防控力度;以联防联控,多部门合作的办法,加强对性病、艾滋病、地方病的有效防控;以健康教育与健康促进为手段,推进慢病防治工作;在全省绩效考核中分数列居第一。

(王群英)

【全市疾病预防控制工作会议召开】 4月2日,株洲市2010年疾病预防控制工作会议在市卫生局隆重召开,来自全市百余名疾控工作者参加会议。市卫生局局长邓多福和分管局长姚智辉传达了国家、省疾病预防控制工作会议精神,并对2010年疾控工作作了全面的部署和安排。湖南省卫生厅疾控处处长李树民参加会议并对免疫规划、绩效考核、医疗卫生体制改革等重点工作作了重要指示。中心主任龙术国总结2009年全市疾控工作,并对2010年工作进行了部署。会上,对2009年疾病预防控制工作红旗单位、先进单位进行了表彰。（王群英）

【开展“全国预防接种日”宣传活动】 4月25日是“全国预防接种日”,根据卫生部和卫生厅的要求,市疾病预防控制中心组织辖区内疾控机构、预防接种单位开展以“消除麻疹,控制乙肝,你我共参与”为主题的宣传周活动。据统计,共印制并下发宣传单50000份、制作宣传板报2块、宣传横幅3条,图文频道滚动播出宣传核心信息1周,联系株洲电视台、新闻综合频道、株洲法制频道、公共频道、交通频道、《株洲日报》、《株洲晚报》报共7家媒体记者召开专题信息通报会,市疾控中心主任龙术国就国家扩大免疫规划政策、预防接种重要性等核心信息发表讲话。市人大常委会副主任鲁立彬、市政府副市长张国浩、市政协副主席申玉华、市卫生局局长邓多福等领导亲临芦淞区儿童福利院为儿童喂服糖丸,并到城市4区各宣传点进行了视察。各县市区充分利用广播、电视、报纸等媒体进行广泛报道,组织专业人员在城镇繁华地段,流动人口较多的城乡结合部开展宣传,使预防接种知识家喻户晓。据统计,全市共出动宣传车33台,下发宣传画(单)、健教读本、主题海报等89830份,展出宣传板报66块,悬挂宣传日主题横幅461条,悬挂标语164条,接待咨询人员近万余人,电视播报59场次,滚动图文16天,报纸1篇,网络报道1篇,查漏补种3000余人次,知识讲座1期。预防接种日宣传活动的开展,为营造全社会积极参与,支持国家免疫规划实施的良好氛围,奠定了坚实的基础。（王群英）

【“院士株洲行”活动】 为进一步提升株洲市疾病预防控制工作能力和水平,更好地为全市人民的健康保驾护航,4月26~27日,应中共株洲市委、市政府之邀,中国疾病预防控制中心流行病首席科学家曾光教授、中国疾病预防控制中心慢性非传染性疾病预防控制中心常务副主任赵文华教授和北京大学于常海教授到株洲市进行为期2天的指导。

4月26日下午,曾光教授一行到株洲市疾病预防控制中心各业务科室进行考察,并听取了中心情况汇报。会上,各位专家肯定了中心的工作成绩,并就现场考察与汇报情况提出建议。

4月27日上午,“院士专家株洲行”活动流行病、病毒检测和慢病项目学术讲座在华天大酒店举行,市人大副主任鲁立彬和市政协副主席段桂生主持。省疾控中心副主任高立冬、流行病学科科长胡世雄和慢病科科长李光春、市卫生局相关领导及市县两级疾控机构专业人员共计169人参加讲座。下午的总结大会上,曾光教授承诺免费接受株洲市疾病预防控制中心推荐一名符合条件的优秀专业人员到中国疾病预防控制中心,进行现场流行病学培训。赵教授代表中国疾病预防控制中心慢病中心、于教授代表北京大学神经科学研究所于常海实验室分别与株洲市疾病预防控制中心签订技术支持协议书,中国疾病预防控制中心、中国疾病预防控制中心慢病中心、北京大学神经科学研究所于常海实验室将为株洲疾病预防控制中心提供技术支持和人才培养平台,为株洲市疾控中心开展流行病、慢病防控工作、提高实验室检测能力奠定了坚实基础。（王群英）

【加强全市手足口病疫情监测】 3月份以来,株洲市手足口病疫情呈明显上升趋势,市委、市政府、市卫生局等各级部门高度重视,快速反应,有效应对,有序开展各项防控工作,手足口病得到有效控制。

一是加强领导,完善组织。3月11日,株洲市疾控中心下发(株疾控〔2010〕16号)《关于进一步加强我市手足口病监测与防控工作的通知》,对手足口病监测与防控提出了技术措施与工作要求。4月29日,株洲市卫生局下发《关于进一步加强手足口病防控工作的通知》,并成立株洲市手足口病重症病例救治专家组,设立手足口病重症病例6家定点救治医院,制定手足口病诊疗流程和医疗机构采送样流程。同时,市疾控中心成立由二级以上医院分管院长和疾控中心一把手负责的2个领导小组。二是召开专题会议和开展知识培训。4月13日,召开全市疾病预防控制中心手足口病防治工作会议和培训,对全市手足口病防治工作进行全面部署,要求各地成立手足口病防治领导小组,开展手足口病防治知识强化培训,加大对手足口病防治知识的宣传;要求医疗机构落实预检分诊工作制度、托幼机构落实晨检制度。各县市区疾控中心组织对辖区社区、乡镇卫生防疫专干和医疗机构传染病管理人员进行了手足口病防治知识培训。4月29日,市卫生局组织5县市区卫生局分管股长、疾控中心分管副主任和流病科科长及市区二级以上医疗机构医务科科长召开株洲市手足口病防控与医疗救治工作紧急会议,通报了全市手足口病疫情,并对工作进行了安排部署。5月6日,市卫生局、市教育局联合召开全市托幼机构及小学手足口病防控工作会议,要求对全市托幼机构及小学手足口病防治措施落实情况进行全面监督和指导。市卫生局医政科组织医疗医务人员对《手足口病诊疗指南(2010年版)》进行了多次培训。三是积极开展健康教育,提高群众防病意识。充分利用大众媒体,广泛宣传和普及手足口病及灾后卫生防病常识。印发手足口病防治知识宣传单至各学校和托幼机构。四是加强对手足口病的疫情监测工作。各县市区高度关注疫情监测、报告,始终保持疫情监测系统的警觉性。各级卫生行政部门和疾控中心坚持24小时值班,坚持日报告制和零报告制,加大疫情监测工作和疫情网络巡查力度,做到每小时1次,做到全天24小时不断网上巡查疫情,并定期对手足口病疫情进行分析,有针对性地加强疫情监测,确保第一时间发现、报告和处理疫情。五是加强监督与指导,落实各项防控措施。4月19~29日,市卫生局组织市疾控中心开展对医疗机构、托幼机构、疾控机构专项督导并进行了通报。各县市区均按要求开展全面的督导工作,对督导中发现的问题进行及时整改。六是及时处理暴发疫情,抓好环境保护工作。市疾控中心流调人员指导区疾病预防控制中心对聚集性疫情进行现场流行病学调查与疫情处理,并对发生聚集性疫情的幼儿园的晨检、消毒等工作提出了指导性意见,确保了全市无暴发疫情发生。 (王群英)

【食品安全风险监测项目正式启动】 根据2010年湖南省人民政府常务会议纪要、湖南省卫生厅、质监局、食药局等6厅局联合发文通知精神,国家食品安全风险监测工作落户株洲,市疾控中心作为国家级食品安全风险监测点,承担株洲监测工作。5月20日,株洲市卫生局召开食品安全风险监测工作会议,株洲市正式启动食品安全风险监测工作。食品安全风险监测内容包括化学污染物及有害因素监测、食源性致病菌监测和食源性疾病监测三大类,分常规监测和专项监测。湖南省本次共10个监测点,包括5个地市和5个县,株洲市为10个监测点之一,涉及全市共39类食品、142个检测项目和黄酒加工过程。 (王群英)

【株洲首次开展大型男男同性恋艾滋病干预活动】 8月21日晚,在株洲市疾病预防控制中心艾滋病自愿咨询检测室举办"八月桂花香 MSM 人群联谊活动",这是株洲市开展首次大型男男同性恋艾滋病干预活动,近100名男男同性恋者参加了活动。此次活动的开展标志着株洲市男男同性恋人群艾滋病干预平台的正式建立,为株洲市今后男男同性恋艾滋病高危人群的干预工作奠定了基础。2010年,市疾病预防控制中心在全市广泛招募男男同性恋干预工作志愿者,通过专业培训后,将在目标人群中开展同伴教育工作,从而提高目标人群的艾滋病防治知识知晓率,增强艾滋病防病意识,有效遏制艾滋病疫情。 (王群英)

【灾后防病工作】 5月以来,受连续降雨影响,株洲市各县市区均不同程度受灾。市委、市政府高度重视灾后防病工作,多次召开相关工作会议,部署防控工作。为组织开展好灾后疾病预防控制工作,市卫生局、市疾控中心、城市4区政府、卫生局等相关人员58人在市疾控中心主任龙术国的带领下,于6月26日深入受灾较重的石峰区、云龙新区了解灾情,分析影响传染病暴发流行的潜在因素,指导受灾地区的疾病预防控制工作。相关单位及时对受灾地区进行了评估、登记、消毒和健康教育等工作,确保此次灾后无大疫。 (王群英)

【省疾控中心副主任陈培厚一行到株洲考察伤害预防工作】 7月6日,省疾控中心副主任陈培厚、慢病科科长李光春一行到株洲市芦淞区"全国伤害监测"城市点考察工作开展情况。

自2006年伤害监测工作在株洲市开展以来,得到了各级领导的高度重视,相关部门共同努力,取得了较好的成绩,共报告伤害监测卡44345张,在国家核心期刊上发表相关科研论文2篇,依托项目平台成功引进医学硕士1名主要负责该项工作。在做好伤害监测工作的同时,积极成立青年科研小组,利用伤害监测数据申报并成功获批2008年芦淞区科技计划项目,在全省首次开展预防老年人跌倒的伤害干预项目。采取"改善室内外环境为基础、开展健康教育为手段、身心健康检查为重点、鼓励适当锻炼为导向"的综合干预手段,深入社区开展工作,株洲市主流媒体跟踪报道,在社会上引起强烈反响,工作经验公开发表于《中华疾病控制杂志》。

副主任陈培厚对芦淞区伤害预防工作取得的成绩给予高度评价,提出在继续做好伤害监测工作的基础上,力争将伤害干预科研项目做成湖南慢病防控工作的特色品牌。 (王群英)

【顺利开展2010年麻疹疫苗强化免疫工作】 9月11日,全市麻疹强化免疫全面启动。为保证8月龄至4周岁儿童麻疹疫苗的接种安全,各县市区召开消除麻疹工作会议,制订强化免疫活动方案,本着科学布点,合理配备力量的原则,在社区、乡、镇卫生院及托幼机构设置162个固定接种点和1738个临时接种点以及92个巡回接种点,市、县疾控中心对5159名接种人员进行了业务培训,市卫生局与各县市区卫生局、疾控中心;各县市区卫生局与各乡、镇卫生院院长层层签订麻疹强化免疫行动责任书,确保做到领导、投入、摸底、培训、异常反应处理、督查"六到位"。并实行麻疹疫苗强化免疫活动进展日报告制度。积极完善疫情处置队伍,启动县级麻疹实验室,完善应急预案,确保有效接种、安全接种。9月11日安全接种22699人。截至9月20日,全市所有8月龄到4岁,即2005年10月1号~2009年12月31号出生的20万余儿童,凡是没有麻疹疫苗接种禁忌证的儿童都免费接种1剂次麻疹疫苗,并且以县市区为单位的目标人群接种率达95%以上。9月13~14日,卫生部第七督导组一行4人到株洲市现场查看市疾控中心、天元区泰山社区卫生服务中心、荷塘区月塘社区卫生服务中心、醴陵疾控中心、醴陵泗汾卫生院、醴陵南区艺术幼儿园6家单位,对全市2010年麻疹疫苗强化免疫工作开展给予了充分的肯定。 (王群英)

株洲知名及特色医院

株洲市一医院

【概况】 2010年,株洲市一医院以重塑医院良好形象为切入点,以推进公立医院改革为重点,大胆干事,拼搏进取,各项工作形势喜人。医院总资产达9.05亿元，在职职工1524人，拥有高级职称249名，医学博士7名，硕士研究生107名，中南医科大学硕士研究生导师16名。全年实现业务收入5.03亿元，同比增长22.93%；收治住院病人4.08万人次，同比增长18.7%；完成手术10770台次，同比增长11.7%；门急诊接诊病人68.52万人次，同比增长7.1%；平均住院日11.4天，同比减少0.9天；日住院病人持续保持在1300人次左右，最高达1452人次，日门急诊病人最高达2769人次，均创历史新高。在经济收入和病人增长的同时，住院病人人均费用、门诊病人费用与上年基本持平。（谢华丽）

【积极开展新技术、新项目】 2010年，医院感染内科成功救治一名病死率接近100%的晚期暴发性肝炎患者，标志着医院肝病治疗水平已达国内先进水平；口腔科连续独立完成3台口腔癌根治并同期股前外侧皮瓣修复软组织缺损大型手术；泌尿外科成功实施首例腹腔镜下肾癌根治术；肝胆外科顺利实施肝门部胆管癌Ⅳ型(Bismuth分型)根治术；脊柱外科成功为一例T12陈旧性骨折并后凸畸形的病人实施“V”型截骨矫形手术；综合外科成功采用无柄髋关节置换术诊治一股骨头缺血性坏死患者；神经外科为一颅内出血的老年患者成功实施双侧颅内动脉瘤夹闭术。（谢华丽）

【学科建设不断加强】 2010年，医院加大科研教学工作力度，有2项课题获省级科技进步奖，5项课题获市级科技进步奖，在核心期刊发表论文69篇。成立肝病研究所，着力开展肝病研究。与北京大学人民医院、天津市第一中心医院、重庆医科大学附属第二医院、韩国圆光大学附属医院签订对口支援协议，搭建了与国内外顶级医院面对面交流的平台。截至2010年底，医院有国家级临床重点专科1个，湖南省重点学科1个，湖南省临床重点专科3个，株洲市重点学科2个，特色专科8个，取得突破性进展。承办“院士专家株洲行”活动和湖南省病理生理学会第二次学术会议，闻玉梅、姚开泰、曾益新、王红阳、付小兵5名院士，李桂源、陈国强、沈中阳、魏来、任红、郭卫、向阳等多名国内知名专家、教授到医院指导工作，为医院学科发展、人才建设提供智力支持。法国驻华使馆参赞艾维尔·罗妮卡女士、韩国圆光大学附属医院林正淣院长分别率团到医院进行友好访问，寻求合作机会。卫生部副部长马晓伟、湖南省常务副省长于来山等领导到医院进行考察，指导医院发展。（谢华丽）

【医院管理改革成效显著】 2010年，医院进行了一系列改革尝试。试行临床路径管理。对老年性白内障、结节性甲状腺肿、乳腺癌等8个病种实施临床路径管理，成效显著。其中，老年性白内障实施临床路径后，平均住院日从9天下降为5.39天，平均费用从4045元下降为2721元。年内将病种扩大至41个，让老百姓得到更多实惠。开展优质护理服务示范工程。对6个病房试点实行分层管理，将护理服务模式从功能制护理改为“病人包干制”护理，实现护理服务8小时在岗、24小时负责制，把时间让给护士，把护士还给病人，病友的满意度明显提高，实现了医院服务提质。设立“服务天使”。第一时间接待住院病友，解答病友咨询，进行健康宣教，做到：就诊有人引，检查有人陪，入院有人迎，出院有人送，问询有人答，困难有人帮，展示了医院良好的形象。实行科主任综合目标管理。与科主任签订目标管理责任状，落实科主任“责、权、利”，按照经济增长、平均住院日、药品比例、医保费用、赔偿额度、病人满意、医疗指标、工作质量等指标进行考核，对工作水平高，工作能力强，工作业绩突出的科室主任年终给予1~3万元的重奖。实行大输液集中配送。大输液供货公司由过去8家减少至2家，供货价格下降30%左右，为医院节约采购成本300万元，为病人让利100万元左右，既解决了病人看病贵问题，又压缩了供货公司的利润空间，有效遏制了临床促销不法行径。（谢华丽）

【率先向社会公开承诺】 在全国大型公立医院中率先向社会郑重承诺：一不接受患者“红包”，二不收受药品、医疗器械及耗材“回扣”，三不私自收取现金、私设小金库。病人只要举报医生有收受红包、回扣的行为，医院对举报人该次住院的费用全免，切实打造“无红包、无回扣、无提成”医院。承诺公布以来，还没有接到相关举报，取得了良好的效果。2010年，全院医务人员和党员干部拒退红包、回扣、礼金460人次，金额共计23.66万元，退红包的次数、金额均创历史新高。（谢华丽）

【中心医院建设进度加快】 2010年，中心医院建设稳步推进，累计完成投资5.64亿元，4月通过主体工程验收，正在进行室内精装饰装修工程、室外外墙干挂工程，暖通、消防、电梯安装、污水处理等工程按进度在同步进行，医疗制氧系统、空调冷却塔系统的设备全部安装到位，医疗专业工程如手术室及ICU医疗洁净系统、医用物流传输系统、医用供气系统及锅炉设备安装等做好进场施工准备。（谢华丽）

株洲市二医院

【概况】 株洲市二医院占地面积5.7万平方米，建筑面积4.8万平方米，固定资产1,57亿元；在职职工621人，拥有各类专业技术人员519人，其中高级职称58人，中级职称163人。编制床位600张，开设18个临床科室、12个医技科室、11个职能科室。拥有螺旋CT、高能直线加速器、C臂机、数字胃肠机、彩超、腹腔镜、全自动生化仪、系列纤维内窥镜等大中型设备,其中放疗中心配备的瑞典医科达(ELEKTA)高能双光子6档电子线医用电子直线加速器,为株洲市设备最先进的肿瘤放疗设备。

2010年,医院实现总收入1.01亿元,较上年同期增长23.71%;共诊治门、急诊病人79536人次 ,较上年同期增长17 %;收治住院病人12333人次,较上年同期增长11.8%;病人综合满意度达98%。

狠抓医疗质量。以创建三级医院为切入点,加强制度建设,完善监督机制,狠抓工作落实,医疗质量有进一步提高。全国质量万里行检查,名列湖南省二级甲等医院第二名;株洲市卫生局年终目标考核,获一等奖;感染监测获全国先进单位;疫情报告获湖南省先进单位;肿瘤科、脊柱外科通过株洲市特色专科评审;肿瘤科承担卫生部定点的肺癌、食道癌、宫颈癌3种肿瘤规范化诊疗课题;全市病历书写竞赛,内二科获个人二等奖;全市“三基”知识竞赛,护理部获团体二等奖。传染病处置能力不断提高。全年诊治手足口病人1253例,其中住院治疗798例;诊治结核病1396人,其中住院治疗890例。承担国家耐多药结核病的防治工作及全球基金结核病项目医防合作模式试点工作,各项工作进展顺利。

加强医院管理。大胆探索建立科学的绩效评估制,率先在株洲市卫生系统推行“执行院长制”;不断探索建立更加完善、更加科学的绩效工资制,在年初制定的绩效工资考核方案的基础上,结合现金流量、住院病人数、平均住院费、药品比例等多项指标对临床科室进行综合绩效考核;成立物质采购部,规范物资采购管理;强化医保管理,开通与荷塘区、株洲县、石峰区、云龙新区的新农合直补,同时强化与铁路医保、火电医保、老干医保的联系。

科研教学成果显著。积极培养人才,2010年,医院引进各类人才31名;选送15人到省级医院进修学习,109人参加省内外各类专业培训,举办各类学习培训50余次,参加培训人员3000人次。强化对中层技术干部的培养。选送3名中层干部到香港培训学习、选送2人到德国培训学习,选送20多名中层干部到省内外参加各类培训。积极鼓励医务人员开展新技术新项目,打造各专业的技术品牌。全年共开展新项目36项,在核心期刊上发表学术论文50余篇,其中检验科的论文荣获株洲市第十届自然科学学术论文二等奖。加强临床教师的职业化培训,以教学促进学习,以教学提升质量。通过严格考核,医院有90名高、中级专业技术人员成为长沙医学院的授课老师,300名医护人员,担任南华大学、长沙医学院、湖南省中医药高等学校的实习带教老师,出色完成南华大学、长沙医学院等近400名在校大、中专学生的教学任务。

提高医护质量。从转变服务意识入手,创新服务举措,积极办好顺民意、解民忧、惠民生的实事。鼓励科主任走进社区,实行点对点联系,架起与社区沟通的桥梁;对医院药品实现集中配送,降低采购成本,实行惠民、利民的阳光政策,切实缓解老百姓看病难、看病贵的问题;深入贯彻落实“优质护理服务示范工程”活动,开展“夯实基础护理,提供满意服务”为主题的优质护理活动;开辟“三无”病人绿色通道 ,为“三无”病人提供方便、快捷、高效的生命绿色通道;实现后勤社会化管理,提升了服务质量。

加快基础建设。总投资约5000万元,总建筑面积25000平方米,建筑高度13层的门急诊大楼,6月30日完成监理单位的招标,7月28日完成施工单位的招标,8月27日正式开工。

(李建辉)

湖南中医药高等专科学校附属第一医院

【概况】 湖南中医药高等专科学校附属第一医院是一所集中西医临床医疗、科研、教学、预防、康复于一体的三级甲等中医医院。医院占地面积24883平方米,医疗业务用房面积10万余平方米;编制床位1200张、开放床位1500张;设有临床医技科室48个,临床实验室2个,国家级重点中医专科2个,省级重点中医专科7个。有在职职工1151人,其中高级职称105人,中级职称584人,医学博士2人;硕士研究生68人;享受国务院政府特殊津贴专家1人。拥有西门子3.0T超高场磁共振、东芝64排128层螺旋CT、DR、平板大C、西门子数字减影血管造影系统大型血管造影机、全数字化胃肠机、大型直线加速器、氩氦刀、后装机、四维彩超等设备。

2010年,医院门诊量32.9万人次,较上年增加28%;出院人数19911人次,较上年增加20.9%;完成手术4465例,较上年增加26.5%;总收入2.21亿元;固定资产总值2.9亿元。在2010年厅直单位考核中被评为“年度考核先进单位”。并先后荣获全国医院感染监测先进单位,株洲市2010年度突发公共卫生事件救援第二名。

加强信息化建设,投资400余万元,对软硬件进行升级改造。HIS、LIS、PACS、电子病历、物资管理、体检及病案管理系统运行顺利。完成对凤凰县、炎陵县、桂东县中医院的对口支援工作,派出卫生技术人员50名,捐赠医疗设备价值10万余元。

2010年,医院建立科学、公平、公正、公开的人才培养、引进机制,引进32名有工作经验、临床技能高、基础理论扎实、团队协作精神强的使用型人才,其中学科带头人9名;加强人才培养,选送7名科主任、15位业务骨干外出进修,医疗队伍实力逐年增强。重视专科建设,加强国家级重点专科——针灸科、肝病科,省级重点专科——肛肠科、皮肤科、鼻病科、糖尿病科、神经内科等科室的建设工作,并积极创造条件申报新的国家级重点专科。8月,综合住院楼投入使用;9月,顺利完成部分病区向综合楼的搬迁工作。年内新开设ICU、肝胆外科、心胸外科、新生儿科、产科、皮肤科等11个新的临床科室，建设了现代化的层流手术室，呼吸科、心血管科、血液肿瘤科、老干科、神经内科、肝病科一分为二扩容提质。

科研工作成效显著。2010年，医院共有15项科研课题获省市科技进步奖；发表论文86篇；举办国家中医药管理局重点项目"基层常见病多发病适宜技术推广师资培训班"2期；省重点项目"中医药肿瘤高级研修班"1期，株洲市乡镇卫生院医师培训班4期。

（张秋云）

株洲市三医院

【概况】 株洲市三医院是一所以精神专科为主的市属综合性医院，系政府举办的归口于株洲市卫生局管理的非营利性医疗机构。截至2010年12月31日，医院占地面积37036.01平方米，建筑面积29308.39平方米，固定资产原值2669.76万元，净值2669.76万元；在职员工339人，其中在编在岗304人，专业技术人员252人，其中高级职称23人，中级职称104人，初级职称125人；编制床位580张，开设有精神卫生专科、内科、外科、妇产科、疼痛科、心身疾病科、血吸虫病科、自愿戒毒所、门诊部、急诊科等临床科室及功能、CT、放射、检验、病理、药剂科等辅助科室，其中精神卫生专科为株洲市医疗特色专科之一；拥有螺旋CT、500mA X光机、彩超、全自动生化分析仪、C形臂X光机、臭氧及射频微创治疗仪、脑电地形图仪等大中型医疗设施设备。

2010年，医院紧扣"落实科学发展观，加快医院发展"的主题，通过抓干部队伍建设，提高管理人员责任意识和管理水平；抓人才队伍和设施设备建设，提高医疗质量和医疗安全管理水平；抓精神卫生特色专科建设，提升特色专科的品牌效应；抓民主化管理，维护职工的权益，调动职工的积极性；抓政风行风建设，提升医院服务形象等工作举措，年度内未发生重大医疗过失和重大医疗纠纷；门诊及住院病人稳步上升，全年门诊诊疗人次较2009年增长14.5%，住院人次较2009年增长4.6%；经济效益稳步增长，全年完成总收入3525.2万元，较2009年增长19%。医院被卫生部全国医院感染监测网及全国医院感染监控管理培训基地授予"2010年全国医院感染监测先进单位"称号；被株洲市纪委及监察局授予"2010年度株洲市反腐倡廉建设先进单位"称号；被市卫生局评为"2010年度卫生工作综合目标管理一等奖"和"2010年度局直医疗卫生单位政风行风建设一等奖"；医院党委办被市委组织部授予"先进组织部门"称号。

（刘美蓉）

【"株洲市三医院精神疾病急性住院诊疗业务用房建设项目"启动】 2010年8月10日，"株洲市三医院精神疾病急性住院诊疗业务用房建设项目"正式启动。医院在精神科住院部院内举行大型庆典仪式。省发改委副主任邓治平、市人大副主任鲁立彬、市政府副市长张国浩等领导和嘉宾出席了启动仪式。该项目是国家2010年100所精神卫生规范化建设项目单位之一，在湖南各地州市项目备选排列前茅，且被列入株洲市2010年重点建设项目之一。项目总建筑面积20500平方米，总投资4000万元，其中国家专项资金2400万元，株洲市财政配套部分资金。目前，医院先期实施第一期工程项目，建筑内容为精神病第二住院楼和急性重症监护楼，建筑面积11000平方米。

（刘美蓉）

【加强精神科特色专科建设】 一是抓住国家将精神卫生列入公共卫生行列的机遇，积极做好精神科项目申报及建设工作。医院《株洲市三医院精神疾病急性住院诊疗业务用房建设项目》被列入全国首批100家建设单位，8月份正式施工建设，主体工程已进入扫尾阶段。二是巩固精神卫生特色专科成果，努力将精神卫生专科提升为省级重点学科，医院积极创造条件，不断改善软硬件设施，申报材料已上报至省卫生厅。三是加强精神科的人才培养工作，不断提高医务人员的业务素质。每季度组织精神科医务人员参加"湖南省精神疾病专业委员会学术活动"；成功主办了株洲市医学会精神卫生分会学术年会；接受长沙医学院等医药院校的临床学习班学员到医院进行精神病学临床学习，通过授课和带教的途径，提高了医务人员的业务能力。四是加强精神卫生科研工作，提升特色专科科研水平。张必然等人通过近3年的努力，科研课题——"现症血吸虫病人症状自评量表(SCL－90)评定的对照研究"获株洲市2010年科技进步三等奖。五是按照国家、省、市的要求，认真做好株洲地区重性精神病人排查工作，8月份以来，排查重性精神病人共计12000余人。六是按照湖南省对慢性精神病人的管理要求，组织医务人员对桂花街道社区精神病人进行排查，建立健康档案65份，每月对建档精神病人上门回访，进行健康教育、督促服药、促进康复，减少精神病致残率。此项工作的开展得到了市、区残联领导的好评。

（刘美蓉）

【加强疼痛科专科建设】 3月，通过招(投)标，医院投入50余万元为疼痛科添置"赫尔曼"臭氧微创治疗仪和"施络菲"射频微创治疗仪；5月，邀请中华医学会疼痛分会秘书长康妹娟等专家教授一行6人到医院考察指导工作；8月，邀请中华医学会疼痛学会湖南分会主任委员黄东和秘书长廖琴到医院考察指导工作；10月份，邀请美国南加州大学疼痛治疗中心主任莫世湟院士到医院巡诊2天。通过上述举措，达到了预期的目标，疼痛科整体服务水平上了一个新台阶。 （刘美蓉）

【积极参与公立医院改革工作】 2010年，医院积极参与公立医院改革。及时成立公立医院改革领导小组，明确分工，积极开展调查研究，制订株洲市三医院公立医院改革试点工作实施方案,积极稳妥地推进改革。一是采取便民惠民措施,改善就医环境。在门诊大厅设立导医台和指示牌,做到"病人来院有人问、病人就医有人引导",精神病人住院有专人专车护送至病房;实行分类诊疗、365天门诊、一站式服务。二是改革临床护理工作,确定并在外科病房实施"优质护理服务示范工程"。三是实施同级医疗机构检查结果互认工作,不重复检查,减轻了患者负担。四是进一步规范临床检查、诊断、治疗、用药行为,严格实施三级医师查房制度,科主任、上级医生对诊疗工作严格把关,每月在周会上通报经治医生所管病人用药比例情况,制订《株洲市三医院医保费用管理规定》并严格落实处罚措施。五是促进后勤服务社会化,后勤保障如洗涤、保洁、安全保卫、消毒等工作。六是加强医疗质量和医疗安全管理,落实医疗纠纷第三方调解机制,构建和谐医患关系。七是认真贯彻落实湖南省及株洲市公立医院网上药品集中采购工作及社区卫生服务中心药品实行零差率销售的政策精神。

(刘美蓉)

株洲市妇幼保健院

【概况】 株洲市妇幼保健院是一所集全市妇女、儿童、婚姻保健、医疗、科研、教学、计划生育技术指导为一体,并承担着全市妇幼保健公共卫生体系建设政府职能的二级甲等专科医院,是全市唯一取得ISO9000质量管理体系认证的医院。医院有在职职工397人,其中中高级专业技术人员281人次,设有临床、保健、医技及职能科室27个,开设妇科、产科、儿科、小儿外科、乳腺外科病房及体检中心和产后恢复治疗中心,开设病床200张,年门诊量20万余人次,年收治住院病人万余人次。

2010年,医院以"优结构、提质量、强基础、惠民生"为工作重点,以"保稳定、保增长、提质量、促发展"为总体目标,进一步强化内部管理、严格质量控制、加强学科建设、优化服务流程、搞活分配机制,医院整体服务水平显著提升,医院呈现出持续、健康、稳定发展的良好态势。医院强化内部管理、严格质量控制、加强学科建设、优化服务流程、搞活分配机制,进一步提升医院整体服务水平,医院呈现出持续、健康、稳定发展的良好态势。全年医院完成业务收入7314.09万元,同比增长19.27%;完成门诊203021人次;入院9768人次;大中型手术2894台;分娩2381人次。1~9月全市孕产妇死亡率19.15/10万,5岁以下儿童死亡率8.93‰,妇幼卫生工作指标全面完成省市卫生行政部门下达的目标任务。医院患者综合满意率96.2%。医院获"全省妇幼卫生目标管理优胜单位"、"全国医院感染监测先进单位"、"湖南省基层红旗工会"、"株洲市五四红旗团委"等荣誉称号。

(刘　炎)

【承接株洲市"0~6岁贫困残疾儿童抢救性康复项目"】 为切实履行妇幼保健工作职能,充分发挥全市妇幼保健中心的作用,医院主动承接湖南省政府2010年为民办实事项目之一——株洲市"0~6岁贫困残疾儿童抢救性康复项目",并将项目纳入重要工作议程,由保健部牵头,儿童保健科具体承办落实。5月31日~10月26日,医院承担市残联分配的25名脑瘫致肢残儿童的康复训练任务,实际训练达100天。根据0~6岁残障儿童的身体、心理情况,安排科学合理的运动、推拿按摩、物理治疗、针灸、户外活动、看图识字等课程,辅导帮助残障儿童并培养了他们学习和生活的能力。经过康复训练,增加11分以上、达到显效标准的有22例,占88%;增加5~10分的有3例,占12%,孩子的社会交往能力得到100%的改善,生活自理能力得到100%的改善,运动功能100%得到较大提高。

(刘　炎)

【"举办妇科微创技术应用及新进展学术交流会"】 9月3~5日,为了广泛交流妇科微创技术,有力推动微创事业的发展,造福更多的患者,由株洲市妇科微创腔镜中心——市妇幼保健院与市女医师协会联合主办"妇科微创技术应用及新进展学术交流会"。交流会特邀广东省佛山市妇幼保健院谢庆煌教授、省湘雅医院薛敏、张洪文、唐利立教授、市妇幼周春慧教授等省内外知名妇科专家到会指导,省内各地有关医院及协会会员单位派出专家出席交流会。

(刘　炎)

【医院获批开展夫精人工授精(AIH)技术】 丈夫精液人工授精技术(AIH)是运用非性交的方法,以人工的方式优选精子,并将优选的精子送入女性宫腔内,增加生育精子的浓度,促进精子与卵结合,进而促成妊娠的一种治疗措施,主要适用于精液质量异常、生殖器解剖学缺陷、心理障碍、免疫性不育、原因不明性不育等。2月,省卫生厅正式批准医院生殖中心开展丈夫精液人工授精(AIH)技术,标志着医院在生殖技术领域又跨越了一个新的高度。

(刘　炎)

【首例子宫背带式缝合术获成功】 7月,医院产科主任、副主任医师骆柞兰成功为一例双胎妊娠剖宫产术中大出血的产妇实施子宫背带式缝合术,迅速有效地控制了大出血,避免了切除子宫。术后10天,母子3人平安出院。这次子宫背带式缝合术的成功开展属全市领先,是医院产科技术一次新的突破,该技术的开展推广对于提高孕产妇顽固性宫缩乏力性产后大出血的抢救成功率,降低产后出血所致的子宫切除将起到积极的作用。 (刘　炎)

【医院小儿外科获评株洲市特色专科】

12月,经省级评估专家团考核认定,医院小儿外科顺利通过株洲市特色专科评审。医院小儿外科创建于2006年元月,是株洲市目前唯一具有小儿外科专科特色的科室，也是全省地市级医院中规模最大的小儿外科之一，该科以微创腔镜为龙头，以治疗新生儿畸形、小儿常见病、开展小儿腹腔镜手术为特色。拥有小儿全套腹腔镜设备、电离子刀、微波、频谱治疗仪等先进设备，全面开展小儿腹股沟疝、鞘膜积液、阑尾炎、先天性肥厚性幽门狭窄、肠套叠、先天性巨结肠、肛门闭锁、小儿兔唇、小儿血管瘤、淋巴管瘤等疾病的手术治疗。近年来，由小儿外科陈小林主任主持的《腹腔镜下自制疝针治疗小儿腹股沟疝的临床应用》、《1期经肛门巨结肠根治术的推广应用》、《腹腔镜下自制缝针治疗小儿鞘膜积液的临床应用》3项科研项目荣获市级科技进步奖。

（刘　炎）

株洲市人民医院

【概况】 株洲市人民医院是集医疗、预防、科研、教学为一体的一家综合性二级甲等医院。全院占地面积3.73公顷，绿化覆盖面65.67%。在职人员近500人，中级技术职称169人，高级技术职称37人，医学硕士10人。开放床位450张。下设职能科室15个，临床科室13个，医技科室8个。医院建有心血管介入中心、磁共振中心、血液透析中心、震波碎石中心、创伤矫形中心、婴儿游泳中心、CT放射中心、120急救中心、“一体化”体检中心，设有的法医门诊，荣获“2010年专项法律服务活动先进集体”。骨科被株洲市卫生局授予“创伤与矫形特色专科”、“骨科微创中心特色专科”称号。医院拥有数字化血管造影系统、东芝28排/16层螺旋CT、磁共振仪、钬激光、LEEP刀、电子腹腔镜、电子胃镜、多功能X光机、彩色B超机、全自动生化分析仪、动态心电图监测仪、关节镜、椎间盘镜、体外碎石机等先进医疗设备。年内，医院先后获省级“感染横断面调查先进单位”、“感染管理质量控制中心”等荣誉称号。

（苏　慧　闻钰婷）

【医护工作】 一是以“医疗质量万里行”活动为载体，不断落实医疗质量控制管理制度、学习《侵权责任法》、加大医疗质量问题考核力度、坚持医疗工作例会制度、完善医疗报表和病案管理工作；坚持每月医师三基考试，在2010年株洲市三基理论竞赛中，医院获医疗团体“三等奖”，范燕舟获医疗组“三等奖”。二是率先在卫生系统推行无缝隙服务，安排经过培训的实习生轮换在全院各窗口导诊，优化引导服务，深获业内好评，并在其他兄弟医院得以推广；内一科推出管床医生送病人出院和“无铃声服务”；内二科开展“优质服务我先到”活动，倡导“一新、二馨、三勤、四个动、五个一、六个声”服务概念，把内二科定为医院“优质服务示范病房”。

（苏　慧　闻钰婷）

【基础建设】 2010年9月，ICU病房全面投入使用，增强了医院对危重病人救治的能力，在“质量万里行”年度检查中受到行业专家高度好评。为满足患者就医需要，提供更优质服务，医院对血透室进行改造，增加3台血透机；内四科老年病房扩大，新增30张病床；理疗康复室改造扩容，功能全面升级。

（苏　慧　闻钰婷）

株洲市三三一医院

【概况】 2010年，株洲市三三一医院正式在编职工558人，其中正高23人，副高60人，中级职称216人，编制床位610张。全年医院门急诊量达146405人次，收治住院病人15079人，出院15035人，医院总收入1.44亿元，资产达1.95亿元。医院积极配合公立医院改革工作，以创建三级医院为目标，以落实“三重管理”为抓手，努力改善服务态度，不断提高医疗质量，圆满完成各项目标任务，9月16日，顺利通过评审晋升国家三级综合医院。年内，医院获卫生部2010年度“改革创新医院”，“省文明卫生单位”，“湖南省临床用药监测先进单位”，株洲市卫生系统“目标管理考核红旗单位”、“科教工作先进单位”、“放射卫生工作先进单位”，“株洲市医疗器械行业协会先进单位”等荣誉称号；院长肖远红被评为“全国百姓放心示范医院优秀管理者”、“株洲市医院优秀院长”及“株洲市学习型领导干部先进个人”，麻醉科主任彭俊敏被评为“全国卫生援藏先进个人”，张志勇被评为株洲市“十佳医生”，王小莉被评为株洲市“十佳护士”，张积青被评为株洲市“十佳药师”，蒋祁被评为株洲市“医德标兵”。

（王小莉）

【医疗工作】 2010年，医院医疗工作以“三重管理”为抓手，加强重点人员、重点部门的管理和重点环节的监控。顺利通过各项医疗工作检查，在市卫生局组织的“120”急救演练考核中获得第二名。积极配合上级部门的援藏援川工作，选派麻醉科主任彭俊敏援藏半年；选派陈坦、李珊援川3个月。积极参加科技扶贫活动，选派放射科副主任贺中云、眼科胡正再、妇产科易江莲赴湘西泸溪县浦市镇支农。

（王小莉）

【科研教学工作】 张志勇的《补片三点固定法腹腔镜成人疝修补临床应用研究》获第八届湖南医学科技奖三等奖；彭俊敏的《硬膜外深置管分节段连续注药麻醉在腹腔镜胆囊切除术中的应用与研究》获2009年度株洲市科学技术进步奖三等奖；王国兴撰写的《2001～2005年医院常见细菌的分布及耐药性分析》被评为株洲市第十一届自然科学三等优秀学术论文。完成眼科的《中青年近视人群角膜前表面散光与眼球散光定量分析的临床研究》的成果鉴定，并申报株洲市科学技术进步奖。完成检验科的《POCT血糖仪、氧化酶、己糖激酶法检测新生儿血糖的研究》、肛肠外科的《线锯锯刮后脱细胞异体真皮基质填塞治疗肛瘘》项目上报市科技成果立项工作。全年医院上报新技术、新项目共35项;实际开展30项,实际开展率为85%。完成长沙医学院248名学员的教学授课任务;省中医药高等专科学校299名学生的临床见习任务及144名学生的阶段见习任务;接收南华大学等学校实习生202人。承办株洲市抗癌协会2010年学术研讨会及株洲市呼吸专业委员会2010年学术研讨会。 (王小莉)

【护理工作】 落实开展优质护理服务示范工程,在2个病区开展"优质护理服务示范工程"试点工作,加强基础护理的落实,制订生活护士职责。全年无护理严差、无护理事故。基础护理合格率为96%,一级、危重病人护理合格率98%,急救物品完好率100%,常规器械灭菌合格率100%,护理技术操作合格率96%以上。 (王小莉)

【感控工作】 全年医院无感染暴发;未发生医疗废物流失及泄漏事件。年内,建立万级层流病房(重症医学科)、设备齐全的消毒供应中心及一流的内镜清洗消毒室;全面改造血液净化中心;引进先进的腔镜低温灭菌设备(等离子灭菌柜)。 (王小莉)

【基础建设工作】 5月8日,医院投资1500余万元的肿瘤放疗科开业。医院放疗科为株洲地区唯一能够进行三维适形精确放疗的肿瘤专业科室,引进的为全株洲市唯一的德国原装西门子6w医用直线加器及配套设备,是目前世界上性能最先进、功能最齐全的新型加速器,可以为肿瘤患者提供全方位、多层次、一条龙的服务。投资200万元完成ICU的改造,建成一流的重症监护病房;投资40万元完成血透室的改造和搬迁工作;投资45万元对旧住院楼进行改造,成立十八病区(消化内科、肾内科),扩充病床40多张。按三级医院要求完成急诊科、消毒供应中心、病理科、妇科、产科、呼吸内科、手术室、核医学科、新生儿病室等10多个重点科室(部门)的改造。完成大C臂的招标采购及介入中心的建设工作,肿瘤放疗中心投入使用。 (王小莉)

株洲田心医院

【概况】 2010年,株洲田心医院有在册员工288人。编制病床210张,开设内科、外科、妇产科、手术室、五官科、口腔科、门急诊科等临床科室和影像、检验等辅助科室共18个,拥有数字化X光机(DR)、脑循环功能治疗仪等现代化医疗设备。全年医疗业务收入3641.9万元,较上年度增长21.68%,门急诊诊疗人数74910人次,收治住院病人数3640人次。2010年,医院以"精医厚德、精诚服务、团结守纪、共建和谐"为宗旨,改善服务态度,提高医疗质量,规范医疗行为,促进医患和谐,为患者提供"诚信、优质、温馨、便捷"的服务,顺利完成全年各项目标任务,创造了良好的社会效益和经济效益。被评为"株洲市卫生系统工作综合目标管理考核先进单位"。 (胡 靖)

【完善医院管理工作】 一是继续坚持开展技能月活动,通过"三基"理论竞赛、电除颤操作考试、徒手心肺复苏考试等竞赛活动带动全院员工掀起比、学、赶、帮的热潮。参加株洲市卫生局组织的全市二级以上医院医生、护士"三基"理论闭卷考试竞赛获"执业医师类"团体二等奖;副主任医师樊乔帆获"执业医师类40岁<年龄≤50岁组"一等奖。二是开展"规范医疗行为自查活动",随机抽取2010年各科室的部分出院病历,重点对合理治疗、合理检查、合理用药、合理收费、规范书写病历等方面认真自查,发现问题及时整改,以便进一步加强医德医风建设,规范医疗行为,维护医疗秩序,达到外树形象、内增活力、构建和谐医院的局面。三是3月,率先与云龙示范区卫生局、农合办达成合作协议,与云龙示范区农合办签订《株洲市云龙示范区新型农村合作医疗直补服务协议》,医院成为云龙示范区4家新型农村合作医疗定点直补医疗机构之一。四是严格审查药品生产、经营企业的资质,建立规范药品使用环节、处方点评制度和药物咨询制度。加强对药品合理应用的监管力度,严格控制药品库存,出台了《不合理用药导致的严重的药品不良反应事件分析报告》,与院专家和骨干反复讨论、修改,历时3个月编制了《株洲田心医院药品处方集》,涵盖临床用药规章制度、临床基本用药范围以及药物不良反应和注意事项等方面,指导和规范临床医师用药,努力达到规范治疗、合理用药、安全用药的目的。 (胡 靖)

【持续改进医疗技术水平】 5月,医院成功进行取足第二趾拇指再造救治罕见外伤患者;完成高龄髋关节置换术(最长者95岁)30例、经皮穿刺骨水泥椎体成形术、脊柱压缩性骨折开放复位植骨钉棒系统内固定术等在市内均居领先地位。为提高输血安全性、有效性,适应新的医疗形式《临床输血规范》和《医疗事故处理条例》的要求,为医疗事故《举证倒置》做好基础工作,5月,医院引进先进的输血相关技术检验(微柱法)用于临床(全市仅市一、二医院有)。输血相关检查包括血型鉴定、交叉配血、不规则抗体筛选与鉴定、新生儿溶血病血清血检查、微柱法凝胶技术基于抗原抗体免疫反应特异性、离心沉降和生物化学凝胶过滤原理,集三大技术于一体。操作简单,易于标准化,有效预防输血不良反应的发生,保证医疗用血安全。 (胡 靖)

【主动为职工防病保健】 在4~8月南车株洲电力机车有限公司按计划、分31批次安排职工、老干外出疗休期间,医院选派35名医疗技术骨干轮流陪同前往，在做好医疗保健工作的同时，对职工进行有针对性的、通俗、实用的防病保健知识讲座和咨询，传输加强防病的健康理念，让大家学到了许多健康常识，得到了南车株洲电力机车有限公司领导及员工的一致称赞。

（胡　靖）

【全面防控“手足口病”】　根据2010年手足口病流行情况和防控工作总体要求，医院加大手足口病预防和控制的工作力度。4月份重新修订《株洲田心医院“手足口病”防治工作程序及预案》、《手足口病诊疗指南》、《手足口病救治原则》，下发至全院各科室。并先后派出业务副院长、医政科主任和相关科室的医护人员参加卫生部和省卫生厅召开的“手足口病”防控工作电视电话会议、市卫生局举办的“手足口病”医疗救治培训等。4月28日晚举办全院卫生技术人员“手足口病”专题培训，医院儿科专家、副主任医师邓乃沙围绕“手足口病”的流行病学知识、病史采集技能、诊断标准、治疗原则、预防控制措施等方面内容进行了详细、系统的讲解，共有186名医务人员参加了培训。进一步加强环节管理，做好“手足口病”预检分诊工作。开辟专门诊室，接诊手足口病、发热、疱疹病例和疑似肠道病毒感染病人，做到早发现、早诊断、早治疗；全力做好诊室、病房和公共场所、仪器物品的消毒，避免院内交叉感染；每天及时上报疫情情况；加强对田心社区居民和外来务工人员的健康宣教工作，共举办“手足口病及其他重点传染病防治知识”培训12次。

（胡　靖）

【加强社区卫生服务工作】　一、全年社区接种一、二类疫苗30000余人次，为辖区内1500余名婴幼儿进行口服脊髓灰质炎糖丸、1000余名学龄儿童进行免费乙肝疫苗补种，接种甲型HINI型流感疫苗402千支。卡介苗、麻疹疫苗、脊灰疫苗、百白破疫苗、乙肝疫苗五种接种率达100%，适龄儿童麻疹疫苗强化免疫接种率达99.89%，无论是人数还是接种率均达全市之冠。

二、从6月开始，为社区居民共建立电子健康档案12200余份，并实行动态管理。同时为南车株洲电力机车有限公司约6000名职工建立标准化健康档案和健康管理工作。开展慢病基线调查，对35岁以上居民进行健康体检，受到小区居民的热烈欢迎。

三、针对社区内不同的工伤职工，开展个性化的康复测评、职业康复、社会康复等工作；开展工伤家庭病床，为工伤职工送医、送药上门，被省医保局工伤保险管理处定为省工伤保险社区康复服务站培训基地。其开展的工伤服务工作情况在首届海峡两岸和港澳颅脑损伤康复新进展高级研讨班暨首届工伤康复交流峰会作专题报告发言，其论文被“2010国际工伤预防与康复研讨会”录用作大会报告，受到与会专家的认同和好评。

四、全年在社区共举办健康讲座64次，开展义诊10次，制作宣传栏15期，宣传横幅10条，发放健康教育处方8000余份。

五、配合市、区疾控部门加强传染病防治工作，对在家中治疗的结核病人由社区医生进行全程督导服药，每月定期家访。全年共管理社区内高血压患者1163人，随访710人次；随访糖尿病患者225人、冠心病患者551人、慢支患者138人、精神疾病患者54人、结核病患者76人、癌症患者72人次；系统管理孕产妇300余人。（胡　靖）

株洲市劳动卫生职业病防治所

【开展职业病危害摸底调查】　2010年1～4月，株洲市劳动卫生职业病防治所对全市职业病危害企业的分布、职业病危害企业的职业人群分布、市区主要职业危害因素分布等情况的摸底调查。经初步统计：株洲市涉及职业病危害企业为1050家，覆盖煤炭、电力、冶金、有色金属、机械、电子、化工、医药、交通、建材、轻工、纺织和其他13个行业。株洲市职业病危害企业的职工总数为149875人，接触职业病危害因素的人数为66398人，占职工总数的44.30%，接触职业病危害人数最多的是石峰区，其次是攸县。涉及职业病危害企业集中分布在醴陵市、攸县、石峰区。其中醴陵市487家，炎陵县分布最少为32家。（陈时植）

【现场监测、评价】　劳动卫生监测工作：全年完成91家企业5152个物理因素、粉尘、毒物作业点的测定，与上年同期本比分别增长37.2%、39.2%。

放射卫生监测工作：完成对66家拥有射线装置的单位的监测工作，对超标单位的放射作业场所提出了整改意见；完成项目评价23份；并组织放射从业人员健康检查280余人，与前年同期相比，体检人数增加25%，评价增长64.0%。

建设项目职业病危害预评价和控制效果评价：按照《职业病防治法》等法律法规要求，全年完成湖南明珠公司、同一公司、冶炼厂、千金药业、联诚、株洲电厂攸县项目、时代集团风电项目、株洲道岔项目、湘江电焊条厂等11个预、控评价项目，分别比前年增长46.5%。

（陈时植）

【开展职业病防治宣教培训活动】　以宣传《职业病防治法》为主线，以各种不同形式的宣传教育活动为载体，开展形式多样的宣传培训活动。一是以“工作、健康、和谐”为主题的职业病防治宣传周活动，深入企业、社区，贴近劳动者进行宣传、义诊、咨询、免费体检等活动5次，布置展台3个，制作宣传展板12张，发放宣传资料5000份；二是与市工伤保险处联合编印《职业病防治与工伤保险》手册9000本，发放到各企业用人单位；三是在市人大教科文卫委员会和市卫生局的大力支持下，举办全市用人单位法人代表、分管职防工作领导和县

(市)区疾控中心主任、职防科长参加的职业病防治知识学习班,组织编印《劳动者职业病防治知识》手册5000册,培训职业病防治管理人员184人;四是《株洲职防通讯》复刊发行,按双月刊免费赠送到各用人单位,取得良好社会效果;五是投资2万多元在综合办公楼前坪制作8个固定宣传栏,宣传职业病防治的相关知识。 (陈时植)

【职业病治疗诊断】 按照《职业病防治法》有关规定,对诊断职业病的人员进行诊断前的医学观察,住院部共收治疗养病人272人次,与上年同期相比分别增长35%。严格按照国家标准和职业病诊断程序进行诊断,做到无漏诊、误诊,有效保护职业病人的合法权益。全年共诊断职业病109人,其中尘肺103人,职业中毒与物理因素6人。新增职业病人比上年增长22.5%。

(陈时植)

体 育

【概况】 2010年,株洲市体育局竞技体育、群众体育、体育产业“三驾马车”并驾齐驱、加快发展,取得显著实绩。

一、体育产业先行先试、率先发展,承办多个高水平体育赛事。2010年,市体育局全力打造有影响力的城市体育品牌,先后成功承办2009~2010年全国排球联赛株洲赛区(八一男排主场)比赛、全国体操锦标赛、亚洲及大洋洲荷球锦标赛、中澳篮球对抗赛等多个高水平体育赛事,央视体育频道现场直播4场比赛,为服务“三大战役”、宣传推荐株洲、提升株洲城市品位、丰富市民文体生活发挥了重要作用。株洲市是2010年全省承办国际、国内高水平赛事场次最多的城市,成功入选2010年度中央电视台中国十大体育营销城市。

二、竞技体育综合实力位居全省第二,运动成绩斐然。2010年,株洲市竞技体育综合实力继续位居全省第二。8月,郑波获世锦赛羽毛球混双冠军,实现湖南省羽毛球项目在世锦赛上的历史性突破。11月,株洲籍运动员眭禄、李玄旭、胡亚丹代表中国参赛广州亚运会勇夺6金1银,创造株洲籍运动员在亚运会上的历史最好成绩。9月,株洲市体育代表团参赛省十一运会,取得成年组团体总分第二,代表团团体总分、奖牌总数和青少年组团体总分、综合金牌总数、赛会团体总分均列全省第三的优异成绩。

三、群众体育保持全省领先地位,全民健身事业深入推进。2010年,市体育局先后组织开展全国第二个“全民健身日”活动、湘江风光带开园自行车道启动仪式、“云田”杯自行车·钓鱼长株潭联谊赛、首届万人广场舞大赛等丰富多彩的全民健身活动,为服务“三大战役”作出积极贡献。株洲市作为湖南省3个国家样本量城市之一,市体育局积极开展国民体质监测工作,共对城市4区、农村9个乡镇48点进行监测,完成9600个样本量。

四、创建工作提前达标。2010年,市体育局安排体彩公益金投入460多万元,新安装(建设)100套农民体育健身工程,33套全民健身路径,2个全民健身广场,创建全国文明城市工作的2个体育指标提前达标。全市人均体育场地面积达1.1769平方米,参加文体活动人数比例达69.36%。全年免费培训合格社会体育指导员669人(其中国家级4人,一级35人,二级180人,三级450人),进一步夯实了群众体育基层组织网络。

五、体育彩票健康发展,销售额稳步增长。2010年,全市城乡体育彩票销售网点增加到336个,安排就业人员700余人,全年体彩销售额首次实现过亿元的目标。 (周谭清)

【承办第八届亚洲及大洋洲荷球锦标赛】 4月3~8日,第八届亚洲及大洋洲荷式篮球锦标赛在株洲市举行。这是中国首次举办该项赛事。此届锦标赛由亚洲及大洋洲荷式篮球联合会主办,国家体育总局社会体育指导中心、中国荷式篮球协会、市政府承办。中国、澳大利亚、印度、新西兰、巴基斯坦、韩国等国家与中华台北、中国香港地区参赛。亚洲·大洋洲荷式篮球联合会主席郑伟明、国家体育总局社会体育指导中心党委书记栾开封,市领导鲁立彬、张国浩等出席开幕式。 (周谭清)

【成功承办2010年全国体操锦标赛】 8月26~30日,全国体操锦标赛暨第16届广州亚运会、第42届荷兰世界体操锦标赛选拔赛在市体育中心体育馆举行。此次比赛由国家体育总局体操运动管理中心主办,湖南体育局和株洲市政府承办,湖南省体操运动管理中心、株洲市体育局协办,有来自全国23个省市以及香港特别行政区代表队的400多名运动员参加角逐。国家体育总局副局长段世杰,国家体操运动管理中心主任罗超毅,副主任黄玉斌、陆善真,湖南省体育局局长李舜、副局长熊倪等出席开幕式并观看比赛。株洲妹子眭禄包揽了团体、全能、女子平衡木、自由体操4块金牌。 (周谭清)

【参加省第十一届运动会】 9月19日,省第十一届运动会在湘潭市东方红广场闭幕。株洲市体育代表团共派出571名运动员参加除青少年组排球项目比赛外,成年组和青少年组所有大项的比赛,共获金牌123.5枚、银牌77枚、铜牌75.5枚,奖牌总数达276枚,取得成年组团体总分全省第二,团体总分及青少年组金牌、总分、赛会总分均列全省第三的优异成绩。同时,市体育代表团还获运动会组委会颁发的体育道德风尚奖。 (周谭清)

民政·计划生育

民　政

【概况】 株洲市民政局系统在职人员421人,其中局机关在职人员57人。设科室10个。直属事业单位21个,分别是城乡最低生活保障工作管理处、老龄办、基层政权和社区建设工作管理处、民间组织管理处、老区办、地名区划办、募捐办、社会福利和社会事务科、军供站、救助管理站、新华村军干所、石塘冲军干所、徐家冲军干所、儿童社会福利院、按摩医院、殡葬管理办公室、民政实业服务中心、军人接待站、慈善办、社会福利工厂。

2010年,全市民政系统全体干部职工发奋图强,切实履行民政工作职能,狠抓各项工作落实,出色地完成全市各项民政工作任务。年内,株洲市民政局获全国老龄工作先进单位、军交运输工作先进单位、全省救助管理机构规范化建设先进单位、湖南省双拥模范市县、全省民政系统创建行风建设示范窗口先进单位、全省民政系统行风建设示范窗口单位、全省社会救助工作先进单位、救灾减灾工作先进单位、全省老区业务工作目标管理先进单位、全省民政工作先进单位等20余项荣誉。 (黄业尤)

【社会救助保障水平有新提升】 一、规范社会救助管理。2010年,市民政局认真贯彻落实市委、市政府下发的《关于建立健全社会救助帮扶体系的意见》,牵头拟定成员单位职责,梳理了配套政策,组织起草、印发《关于认真贯彻落实<关于建立健全社会救助帮扶体系的意见>的通知》和《株洲市机关单位“一帮一”帮扶活动方案》,在全市初步形成统一规范的社会救助体系。积极开展社会救助“阳光行动”,市本级和县市区分别召开动员大会,并联合相关部门对城乡低保、农村五保对象进行全面清理核查,全市共取消城镇低保对象4250人,新增875人;取消农村低保对象2890人,新增1197人;取消五保对象796人,新增125人,做到了动态管理的应保尽保、应退尽退。

二、加大社会救助力度。2010年,全市共有城镇低保对象4.77万户,8.53万人,人均补差为165元/月,累计发放资金1.67亿元,其中市区城镇低保保障线标准从2010年元月起由270元提高到300元,人均补差为190元/月。全市共有农村低保对象4.9万户,10.5万人,月人均补差64.8元,比上年提高19.8元,累计发放资金13966万元。对暂不符合低保标准,因刚性支出导致生活困难的家庭,建立临时救助制度,共发放救助资金230余万元。在保证困难群众参加城镇医保和新农合的基础上,建立“资助救助、门诊救助、住院医疗救助、临时医疗救助、慈善医疗救助”五位一体的医疗救助制度,全市共筹集医疗救助资金3583万元,累计救助20.8万人次。城乡低保、临时救助、医疗救助等各项救助水平均走在全省前列。

三、营造社会互助氛围。通过加大慈善、福彩宣传力度,开展大型慈善捐赠活动,全市社会互助氛围不断增强。2010年,全市共计发行彩票1.526亿元,与上年同比增长33.3%,超额完成1.43亿元的目标任务。“迎新春送温暖”慰问困难群众200人,发放慰问金40万元;“金秋助学活动”市本级筹集资金190万元;“金叶慈善卡”筹集资金75万元;为青海玉树灾区人民重建家园募集了善款1500万元。 (黄业尤)

【救灾应急管理工作有新进展】 一、救灾应急工作科学高效。2010年,市民政局组织修订完善《株洲市自然灾害救助应急预案》,明确28个各职能部门和有关单位的职责,形成调度科学、反应快速、分工协作、职责明确的救灾应急机制。2010年,株洲市遭受4次较为严重的洪涝灾害,全市共有57个乡镇、8个街道办事处均不同程度受灾,倒塌房屋4538间,损坏房屋7659间,受灾人口达187.5万人,经济损失达11.82亿元。株洲市及时启动救灾预案,最大限度地保障了受灾群众的生命财产安全,有效维护了灾民群众的基本生活权益。国家减灾委专家委员会主任秦大河率国家减灾委专家组到株洲调研后,对株洲市救灾减灾工作给予了充分肯定。

二、灾后重建工作有序推进。为了保障全市受灾困难群体的住房,省市两级政府先后下拨救灾资金1850万元,各县市区财政也作相应配套,专项用于灾区的民房恢复重建。根据省民政厅下达任务要求,2010年,全市民房恢复重建数量1854栋,超额完成324栋;农村危房改造完成1000户,完成年任务的100%。根据市政府为民办实事要求,年内,建设农村安居房1115栋,超额完成115栋。

三、居民防灾减灾意识明显加强。5月12日,在全市启动减灾防灾宣传周活动,进一步强化群众的防灾减灾意识。株洲县借助开展千名干部下乡驻村活动,向广大基层群众广泛宣讲防灾减灾应急知识;茶陵县组织万人防灾减灾签名活动;天元区组织泰山学校3000多名师生进行应急疏散演练,近20个部门工作人员与师生进行面对面的防灾减灾宣传,泰山路街道泰西社区和嵩山街道湘银社区被授予"全国综合减灾示范社区"称号。(黄业尤)

【双拥优抚安置工作有新举措】 一、双拥创建成效明显。2010年,会同军分区政治部完成《株洲市创建"全国双拥模范城"五连冠实施方案》及创建"全国双拥模范城"申报工作。坚持把双拥国防教育纳入全民教育体系,开展领导干部军事日、双拥国防月等活动,营造了良好的双拥氛围;"三送"(送蛋奶、送技术、送服务)活动受到部队官兵和省双拥办的充分肯定。年底,株洲市顺利通过省考核,被评为"省双拥模范城"。

二、优抚政策落实到位。严格按程序、政策和标准及时协调财政下拨城市5区老党员生活补助、抚恤补助资金、"两万三千"关爱优抚对象活动补助资金1890.27万元;妥善处理79参战烈士亲属要求赴广西、云南扫墓上访事件及部分二炮退役人员、伤残军人、转业士官上访问题。对重点优抚对象,落实各项优抚政策,支持他们参加城镇医保和新农合,并实施大病医疗救助和住房救助。

三、安置改革稳步实施。退役士兵的安置继续实行指令性安置与一次性经济补偿安置相结合的办法,并加大退役士兵培训力度。2010年度株洲市共接收退役士兵和转业士官1663人,需安置623人,已安置511人,安置率达82%,其中,自谋职业374人,发放自谋职业补偿金686.38万元,自谋职业率为60%。(黄业尤)

【基层政权和社区建设有新突破】 一、社区建设以创新求突破。株洲市出台《关于进一步加强社区建设的意见》,社区自治机制、共建机制、组织机制和保障机制得到进一步完善,明确市财政拨付城市4区和云龙示范区社区的工作经费,由每年每个社区4万余元增加到7万元,市、区两级财政拨付社区工作经费的比例由1:1调整为1:1.5。积极探索社区管理体制改革,在天元区和芦淞区试点推行"政居分设+选聘结合+公共服务"的管理模式,进一步强化社区党组织的核心作用、居委会的自治作用和政务中心的服务作用。

二、城乡统筹以试点求突破。根据《株洲市城区城乡统筹实施方案》,市民政局组织制定《株洲市统筹城乡发展改革工作社会管理社区化、城中村整治撤村建居实施方案》,加快统筹城乡发展和农村社会管理社区化进程。组织起草《关于推进农村社区建设试点工作的意见》,明确"试点先行、探索推进、由点到面、全面深化"的工作思路,紧紧围绕统筹城乡发展改革,创新农村社区建设模式,构建农村社区服务体系,加强农村社区基础设施建设,重点推进云田、松西子、仙庾和星光等4个新农村建设综合示范片的农村社区建设试点工作,并要求各县市区选择3~5个村开展试点。

三、村务公开以难点求突破。下发《关于进一步加强村务公开民主管理工作的意见》和《关于做好村务公开和民主管理"难点村"治理工作的通知》,对村务公开内容、方法步骤、主要措施等方面进行规范。积极指导各县市区搞好村务公开、民主管理"难点村"的治理工作,每个季度向省民政厅报送整治情况。(黄业尤)

【社会公共服务有新拓展】 一、强化专项社会事务管理。积极稳妥地做好行政区划调整工作,落实市委、市政府打造千亿产业园区的要求,争取省厅支持,指导云龙示范区、石峰区、芦淞区、天元区、株洲县调整了相关乡镇及村级区划。大力推进地名公共服务工程建设,完成85%的乡镇地名设标任务;积极开展创建平安边界活动,完成省界湘赣线的联检工作。深入开展婚姻登记规范化建设活动,全市80%的婚姻登记机关被认定为全国婚姻登记规范化建设示范单位,全年全市共办理结婚登记28531对,全部符合法定结婚年龄,登记合格率达到100%。成立殡葬管理办公室和执法大队,实现执法管理与经营分离,殡葬秩序、殡仪服务及殡葬收费得到进一步规范。

二、加快发展社会福利事业。作为市委、市政府2010年十件民生实事的市儿童社会福利院与市流浪未成年人救助保护中心新建项目年底完成主体工程。2010年共投入建设资金3940万元,新建和改扩建农村敬老6所。截至2010年,全市农村敬老院达113所,基本实现乡乡拥有一所敬老院的目标。全市五保供养对象达2.1万人,其中集中供养5980人,分散供养14939人,集中供养率达28%,集中供养水平3600元/年/人,分散供养水平1500元/年/人。扶持老区项目28个,下拨老区扶持资金68万元。

三、推进社会管理体制创新。以规范管理为主线,以培育发展为重点,优化社会组织布局,有效发挥社会组织服务经济社会发展的积极作用。2010年,新登记成立社会团体14个、民办非企业单位19个、社会团体分支机构2个,办理社会组织变更登记52件,办理注销登记1件。目前,市本级共有社会团体700个,民办非企业单位357个,初步形成门类齐全、层次不同、覆盖广泛的社会组织体系。(黄业尤)

计划生育

【概况】 2010年,全市总人口404.82万人,人口自然增长率6.89‰,符合政策生育率87.02%,出生性别比111.12,保持了连续20年无重大事故和恶性案件的纪录,全面完成年度人口计划。株洲在连续19年获省先进城市后,首次被省委、省政府评为全省人口计生工作模范市。9个县市区全部被评为省人口计生优质服务先进单位,芦淞区、天元区继续保持“国优”单位称号,荷塘区成功晋升“国优”单位,株洲市被评为全国婚育新风进万家活动示范市、全国人口计生综合改革示范市、全省整治“两非”工作先进市。株洲市人口和计划生育委员会被评为全国科技大练兵先进单位称号,继续保持全省文明建设先进单位地位。 (周 勇)

【开展计生服务】 全年免费为育龄群众施行计划生育手术5余万例,免费发送价值145万余元的避孕药具,为32万余名育龄妇女进行免费生殖健康检查,为群众减免诊治费近400万元。大力推进出生缺陷干预工作,免费检测夫妇474对。推广新型节育措施,为不适宜结扎的育龄妇女免费安放吉妮环。大力开展“四优一满意”服务站所创建活动,全市有28个单位成功晋升省“四优一满意”计划生育服务站所,2个乡所被评为全国计划生育优质服务示范所。 (周 勇)

【规范计生执法】 加强计生执法队伍建设,规范计生执法程序,坚持实行持证上岗制度,炎陵县、攸县、株洲县、醴陵市和荷塘区均成立计生行政执法队伍,天元区、芦淞区将法院、城管纳入综治单位,增强计生执法能力,促进了依法行政、文明执法。落实联合执法机制。各级普遍建立优化人口计生执法环境联席会议制度和联合执法制度,为计生执法保驾护航。市中级法院要求各级法院按照立案审查快、合法审查快、案件执行快的“三快”原则,强化计生执法。 (周 勇)

【强化计生利益导向】 2010年,市人口计生委增设利益导向科,专门负责政策兼容与利益导向政策协调。市政府办公会议追加资金近1000万元,用于落实城镇独生子女父母奖励制度,按财政体制分担比例配套城市4区奖励资金。全年全市确定农村奖励扶助对象9162人,独生子女死亡(伤残)救助对象1259人,发放奖扶款800.54万元。开展城镇独生子女父母奖励试点工作,在试点单位石峰区确定2010年奖励对象5581人。株洲县、醴陵市、攸县、茶陵县财政买单,为计生家庭购买家庭平安险。 (周 勇)

【加强人口信息化建设】 2010年,全市各级共投入700多万元用于人口信息化建设,全员人口信息入库405.24万人,比评估数多1.31%;采集流入人口16.27万人,占报表数的140.65%;流出人口50.09万人,占报表数的136.68%,第一次较全面地掌握全市人口基本情况,为政府决策及开展计生服务管理打下了坚实的基础。 (周 勇)

【健全流入人口服务管理体系】 2010年,全市聘请社区流管员1326人、市场信息员509人,设立市场计生办12个。城市4区全部建立流入人口技术服务中心,各专业市场、社区均设立流入人口服务咨询点、孕检室、宣传栏。各县市区计生、公安等部门建立信息联合采集机制,对新增且匹配到位的流入人口信息,市级给予奖励。全年全市录入更新流入人口信息11.16万条,提交流入孕检信息3.03万条,网上办理《婚育证明》2.86万个。 (周 勇)

【推进协会工作】 扎实开展基层协会组织评估认定工作,2010年,全市重新登记村以上协会组织2598个,会员29.19万人,清退会员4.15万人,新增会员5.30万人。积极开展协会活动,编印纪念公开信发表30周年画册《足迹》,开展“生育关怀”活动951场次,参与人数达11.55万人次;向社会募集资金144.46万元,走访慰问计生贫困户13440户;救助计生贫困家庭5007户;走访基层计生干部3881人次,是近年来筹集资金最多、群众受益最多的一年。开展“人口计生基层群众自治万村示范行动”,全市村(居)民自治合格率同比大幅提高,达75.58%。(周 勇)

【实施“阳光计生”工程】 开展“四级联创,打造千村阳光计生”活动,全年全市投入创建经费1520万元,新建1043个阳光计生村级单位,所有建成村均实现“四化”:阵地标准化,办公设施标准化,服务设施标准化,政务公开标准化。 (周 勇)

【开展创先争优活动】 2010年,市人口计生委各支部以争创全省人口计生工作模范市、“服务中心,建强队伍,改进作风,提高效能”为主题,委机关党员和党组织全部公开承诺,主动接受监督。在全省纪念《中共中央关于控制我国人口增长问题致全体共产党员、共青团员的公开信》发表30周年开展的表彰活动中,株洲市人口计生系统获省第五届人口奖1人,获省一等功1人,二等功2人,三等功7人,被授予全省计生模范共产党员称号3人。在市人大对市人口计生委的专项工作评议中,满意率、基本满意率2项合计达96.3%,名列第3,在全市政风行风千人测评中,名列小组第5名。委党组书记、主任汤少云被评为“全市学习型领导干部”。 (周 勇)

区·县市

高新区 天元区

高新区

工委书记 谢高进
工委副书记、管委会主任 何剑波
工委委员、管委会副主任 邓尚文
工委委员、纪工委书记 马光辉
工委委员、管委会副主任 马立恒
袁生华 费水牛
工委委员 文迪波 姚永告
工委委员、工委办主任 金 勇
工委委员、创业服务中心主任
谈志明
管委会副主任 刘 跃
高科集团董事长 巢 亮
高科集团总经理 陈大雄
管委办主任 何登科
招商合作局局长 聂敏林
产业发展局局长 周玉智
开发建设局局长 吴 兵
劳动人事局局长 齐艳辉
财政局局长 陈文君

天元区

中共天元区委书记 谢高进
副书记 何剑波 姚永告
区委常委、常务副区长 邓尚文
区委常委、区纪委书记 马光辉
区委常委、区人民政府党组成员
马立恒 袁生华
文迪波
区委常委、组织部部长 杨爱云
区委常委、区委办公室主任 金 勇
区委常委、政法委书记 陈远瑞
区委常委、宣传部部长 谢维红
区委常委、区人武部部长 刘建南
区委常委、区统战部部长 程 燕

区人大常委会主任 粟建华
人大副主任 王力行 唐仁奇
汪建梅 王亚东
区人民政府区长 何剑波
副区长 邓尚文 马立恒
姚永告 童举纲
张 意 李征兵
黄 芳
区政协主席 文季纯
副主席 罗世安 易冬林
王征宇 肖 玲
周定良
区人民法院院长 黄伟波
区人民检察院检察长 刘新文

【概况】 株洲天元区总面积150平方公里,辖马家河、群丰2个镇,嵩山、泰山和栗雨3个街道办事处,14个行政村,47个居委会,年末户籍总人口15.88万人,其中城镇人口12.78万人,乡村人口3.1万人。

一、综合实力大幅提高。2010年,新区完成GDP305亿元,增长16%,占全市的比重接近1/4;完成工业总产值730亿元、全社会固定资产投资175亿元,同比分别增长(下同)20%、35%。天元区完成GDP133.6亿元,增长14.8%;完成财政收入25.8亿元,增长29%,总量连续5年排名全市第一;三次产业结构比为2.4:54.6:43,工业主导地位进一步巩固,产业结构更趋合理。完成工业总产值205.5亿元,增长31.4%,高新技术产业增加值占GDP的比重达60%,连续4年获全省新型工业化红旗单位;完成社会消费品零售额34亿元,增长25.7%,城镇居民可支配收入、农村居民纯收入达21347元、11359元,分别增长12.6%、19.7%。

二、发展活力不断增强。全年合同引资85.5亿元,到位资金37.1亿元,引进中建五局光伏幕墙、时代新材、湘煤立达、三湘湘雅健康城等一批投资5亿元以上的大项目。开工建设工业项目16个,完成工业固定资产投资29.3亿元,时代风电整机、北汽集团株洲基地一期、凯天环保、天一焊接等12个项目竣工投产。天台金谷、中小企业促进园引进企业35家,新增租赁面积3万平方米,创业服务中心毕业企业2家。新增规模工业企业13家,总数达118家。新增国家级高新技术企业11家、民营企业2家,组织申报各类科技项目99个,获得资金支持1.1亿元,为历年之最。获批"国家大学生科技创业见习基地"、"湖南省承接产业转移示范园区"、"国家新型工业化示范基地",被评为省"十大最具投资价值产业园区"之首。《株洲天易示范区"两型"社会建设改革总体实施方案》、《株洲天易示范区建设总体规划》获市政府批复,"两型"示范点创建工作有序开展,20家单位创建成功。创建生态型园区迈出重要步伐,成为省内首个通过国家论证的工业园区。园区开发投入资金11.57亿元,完成场平208.53公顷。销售工业用地127.23公顷,出让商业用地75.47公顷。融资规模取得重大突破,高科集团融资35亿元,天易公司融资48亿元,208.73公顷地块一期实现融资6.5亿元。

三、城市品位显著提升。株洲大道延伸段、嵩山路一街区、长江北支路、七区规划路竣工通车,昆仑山路三街区、长江南路二三街区基本建成,完成长江南路一二街区地下通道及韶山中路改造,滨江路临街建筑物美化、亮化工程全面完成。完成绿化提质项目36个，新增绿地面积198.8公顷，拆墙透绿1715.5米。全区绿化覆盖率达50%，绿地率达45%。打造6条特色样板路，提质改造了城区5条主干道。投入840万元改造2个老旧小区，完成1850户水、电改造和532户权证办理。成立城市管理监督指挥中心，构建完善的数字化城管长效机制，城市管理月度考核、年度考核、奖金总额排名均列全市第一。神农广场正式对外开放，湘水湾生态公园完成一期工程量的70%，栗雨休闲谷春节前将正式开园。

四、城乡统筹步伐加快。加快推进"农民变市民、村组变社区、村民变股民、集体变国有"的进程，完成高塘村、栗雨村等16个"村改居"试点，启动实施户籍制度改革。新增休闲基地、农家乐14家，神农生态园、唐人神生态园、合花紫薇山庄获评省级五星级农家乐、休闲基地，湘云葡萄基地进一步扩大，中路村56.67公顷白薯喜获丰收，高塘蔬菜基地初具规模。投资343万元，完成水利建设141处，获全市"芙蓉杯"水利竞赛三连冠。完成马石公路硬化，修缮湘新公路等6条乡村道路。启动湘云农民新村建设。林改工作顺利推进，发证率96.8%，植树造林36.86公顷。建立农村环境整治长效机制，马家河、群丰镇两次排名全市卫生考核第一。新农合筹资标准由每人每年100元提高到140元，人均补偿高出全市800元。加强农产品检测，合格率99.7%。落实汽车、家电下乡和以旧换新补贴200万元。完成农民实用技术培训2500人，新增农村劳动力转移就业1486人。

五、民生民利明显改善。完成5所合格学校建设，栗雨小学实现秋季新生入学，新增学位1770个。成功承办湖南省推进义务教育均衡发展现场会，获评省"义务教育先进县区"。创新就业培训方式，完成首批免费学历培训19人。高新区人力资源市场被推荐为全市唯一国家级人力资源保障系统优质服务示范窗口，组织举办大型招聘会12场。全年新增就业人数5141人，失业人员再就业2229人，零就业家庭动态援助100%。企业养老保险参保达21915人，率先在城区实施新型农村养老保险，有19601人参保，参保率达85%，位居城区第一，基本实现"社会保障全覆盖"。城乡最低生活保障标准由270元、140元提高到300元、160元，发放保障金1666万元，大病医疗救助280人次，援建农村安居房10户，改造危房50户，基本实现"社会救助全覆盖"。实施药品零差价销售，就医费用平均下降50%。累计建立居民健康档案54042份，初步实现医疗服务均等化。计生工作继续保持"国优"，连续14年获"全省计生优质服务先进单位"。打击、遏制违法建筑，累计拆违786处14.5万平方米。新建和提质改造农贸市场4家。开通T61路公交车进园区，方便企业员工出行。投资9.08亿元，开工建设安置房7260套，建成2940套。为民办实事项目全面完成，其中16项超额完成。

存在的问题：经济增长的内生动力不强，转变发展方式难度较大；园区开发、基础设施建设和城市管理的任务繁重，财政收支矛盾加剧；项目策划和包装水平不高，带动能力强的项目不多，发展后劲有待加强；扩大城乡就业、维护社会稳定的压力较大。

（田　光）

【"十一五"目标全面超额完成】 2010年是"十一五"最后一年，在前4年提前完成"十一五"各项经济指标的基础上，2010年新区完成GDP305亿元，增长16%，占全市的比重接近1/4；完成工业总产值730亿元、全社会固定资产投资175亿元，同比分别增长20%、35%。天元区完成GDP133.6亿元，增长14.8%；完成财政收入25.8亿元，增长29.6%。城镇居民可支配收入21347元，同比增长12.6%；农村居民纯收入11359元，同比增长19.7%，全面、超额完成"十一五"各项任务。5年来，新区主要经济指标总量和增幅均处于全市、全省前列，经济总量达到全市2000年的水平，圆满完成2000年市委下达的"奋战十年，再造新城"的任务。

（田　光）

【园区建设迅猛推进】 全年投入园区开发建设资金11.57亿元，创历史新高。完成工业用地场平208.53公顷，销售工业用地127.23公顷。栗雨工业园基本完成工业用地开发和产业布局，园区开发建设主阵地实现向新马工业园转移。新马工业园规划面积从12平方公里增至20平方公里，商住用地比例由15%提高到29%，拓宽了后续发展空间。工业楼宇开发方面，重点建设汽车零配件产业园，该项目规划分3期，总建筑面积30万平方米，其中1期项目3.5万平方米7栋厂房年底交付。

（田　光）

【招商引资再创佳绩】 2010年共引进内外资项目54个，过亿元项目5个，实际到位资金30亿元，其中外资1.2亿美元，引进一批符合"两型"要求的大项目、好项目。中建五局投资5亿元，用地13.33公顷建设非晶硅薄膜电池及光伏幕墙研发生产基地；中都物流投资5亿元，用地20公顷建设北汽集团配套的物流基地；时代新材新增资4亿元，征地11.6公顷建设汽车配套产品、轨道线路产品及新产业生产基地；湘煤集团投资20亿元，用地66.67公顷建设煤机·新能源产业装备制造基地；三湘集团和中南大学湘雅医院投资建设三湘湘雅健康城，首期医院项目投资30亿元，总投资达200亿元。（田　光）

【"两型"产业蓬勃发展】 2010年10月，高新区成为湖南省首个通过国家生态园区论证的工业园区。新能源、电动汽车、风力发电、节能环保等"两型"产业在新区发展迅猛，时代风电叶片、风能整机、中建五局太阳能、百时得、凯天环保等一大批"两型"产业项目达产后可实现年工业产值235亿元。全年成功申报创新基金项目37个，争取创新基金2790万元,新增国家级高新技术企业11家,获批“国家大学生科技创业见习基地”、“湖南省承接产业转移示范园区”,被评为“湖南十大最具价值投资园区”第一名。(田　光)

【千亿汽车产业初具雏形】 10月28日,北汽集团株洲南方生产基地首款产品BC306Z下线,12月26日首款轿车BC301Z下线,项目全部建成后,将实现整车产能20万辆,发动机产能20万台的目标。与之配套的51.6公顷汽车零配件产业园进展顺利,其中占地20公顷的海纳川汽车零部件基地启动建设,建成后将实现与北汽集团乘用车及周边整车厂完全配套。同时,中高档汽车4S店商业片区建设顺利,引进宝马、丰田等一批知名品牌汽车4S店。截至2010年底,河西示范园已建或在建的汽车产业项目超过20个,预计到2015年,新区汽车产业将发展成为千亿级的支柱型产业。(田　光)

【获全省推进义务教育均衡发展先进区】 2010年4月,天元区被评为“全省推进义务教育均衡发展先进县(市)区”,并作为先进典型,在全省推进义务教育均衡发展现场会上作经验介绍。全年全区完成教育投资7000万元。8月26日,总投资达5000万元的栗雨小学落成。栗雨小学占地3.89公顷,总建筑面积18000平方米,学校规划36个教学班,1600多个学位,分2期完成。9月开始招生,共20个班,教职工74名、学生720名,学校建成后解决了园区范围内流动人口、进城务工人员和农民工子女入学问题。(田　光)

【城乡统筹稳步推进】 6月28日,新区召开天易示范区“两型”社会建设综合配套改革工作会议,正式启动村级配套改革工作,将原有村改为社区,并在社区设立社区政务服务中心,逐步建立城乡居民政策制度统一、经办管理统一、信息平台统一的城乡统筹社会保障体系。截至2010年底,16个“村改居”工作试点已完成,户籍制度改革工作启动。继2009年启动实施被征地人员基本生活保障制度后,2010年新区又率先启动实施新型农村养老保险,惠及新区10余万人民群众,全区社会保障覆盖面达95%,高于全市、全省水平。(田　光)

【安置房建设规模空前】 全年完成安置房建设投资9.08亿元,在竹山、新泰、湘湾、凿山、新高塘、王家坪6个安置小区建成安置房2940套,另有4320套安置房在11个安置小区内正在建设,并全面推进相关配套设施的完善,全年内建成安置房数量相当于2004~2009年安置房建设总量,可基本解决被征地农民的住房问题,为失地农民建设了全新的幸福家园。(田　光)

【城市道路进一步扩展】 2010年,启动城区8条主干道建设。长江南路二三四街区完成投资1.3亿元,年底实现通车;长江西路、嵩山路一街区、长江北支路、昆仑山路三街区全面完工;全部完成泰山西路七街区、长江北路一二街区、滨江路、韶山路的提质改造。株洲大道延伸段东起大石桥,西抵株洲与湘潭交界处,全长4.7公里,路幅宽80~120米,投资概算约5.4亿元,工程内容包括主道提质和2条辅道、9座桥梁、1个地下通道的建设以及路灯、绿化、管网配套设施等,2010年底实现通车。(田　光)

芦淞区

中共芦淞区区委书记	李　智
区委副书记	汤立斌　刘克胤
区委常委、纪委书记	何恒仁
区委常委、宣传部部长	谭义群
区委常委、组织部部长	姚智辉
区委常委、常务副区长	王建勇
区委常委、区委办主任	罗春风
区委常委	杨晓江
区委常委、副区长	刘海宾
区委常委、政法委书记	尹自力
区委常委、人武部部长	曹运社
区委常委、统战部部长	陈　刚
区人大常委会主任	王放鸣
副主任	张　伶　朱建琼　文　健(兼)　欧阳友才　陈小平
区人民政府区长	汤立斌
副区长	王建勇　刘海宾　凌志文　程铁辉　刘　斌(挂)
区政协主席	陈友元
副主席	刘　觉　赵　兵(兼)　胡丽霞(兼)　葛惠琪　周红兵(兼)
区人民法院院长	颜会明
区人民检察院检察长	周小刚

【概况】 芦淞区辖贺家土、建设、建宁、董家塅、龙泉、庆云、枫溪7个街道办事处,白关1个镇,五里墩、姚家坝2个乡,拥有国家级开发区董家塅高科技工业园1个,省级开发区建宁开发区1个,大京风景区管理委员会1个,共55个行政村,46个社区居委会,总面积216.8平方公里,耕地面积790公顷,常住人口24.75万人,其中户籍人口19.41万人。

全年GDP实现155.97亿元,增长14.9%,其中一、二、三产业分别完成增加值1.55亿元、68.03亿元、86.39亿元,分别增长4.2%、19.4%、11.8%。完成财政总收入5.59亿元,为年计划的118%,增长27.4%,其中一般预算收入2.79亿元,为年计划的111%,增长24.9%,税收收入占财政总收入比重达89.6%,财税结构为全市城区最优。完成全社会固定资产投资122.27亿元,为年计划的106%,增长40.2%。城镇居民人均可支配收入达21296元,增长12.6%,农民人均纯收入达10833

元,增长19.7%。实现社会消费品零售总额133.17亿元,增长19.9%。实际利用外资5023万美元,增长25.8%,实际利用内资10.38亿元,增长18%。完成规模工业增加值36.28亿元,增长22.9%。市场年成交额达287亿元,增长23%。2010年,全区财政总收入、一产业、三产业、全社会固定资产投资、城镇居民可支配收入、农民人均纯收入和实际利用外资等指标的增幅均排名全市城区第一。

"三大战役"亮点纷呈。城市提质强势推进,芦淞大桥顺利通车,南站西路、中瑞路、贺嘉东路延伸段先后竣工,果园路、百江路、鑫盛路、株醴路即将完工,长株潭城际铁路、航空大道进入征地拆迁阶段,江渌路、株渌路、天池路等重点前期项目进展顺利。新增绿地14万平方米,区域绿化率提升至50%,积极推进芦淞服饰城综合提质。棚改工作全面铺开,大园项目获得1.5亿元全市首笔专项贷款,月形山项目在全市第一个完成房屋拆迁。在全省城管系统和全市行政机关率先引进ISO9001质量管理体系并通过验收认证,城市管理水平和队伍形象大幅提升。园区攻坚成效显著。全年董家塅高科园共申报土地144.67公顷,批回44.67公顷。新引进项目10个,新开工20个,竣工14个。山河智能、南方燃机、台湾佑祥等项目落户园区,株洲通用航空临时起降点成功获批,董家塅高科园成为国家工信部授牌的全国首批、湖南省唯一军民结合型新型工业化产业示范基地。康泰、新芦淞服饰(一期)工业园建成投产,与佛山童服协会签订战略合作协议,整体承接佛山童装产业转移。现代物流取得突破,服饰物流仓储配送中心、株百物流、烟草物流相继开工。旅游升温如火如荼。首届"芦淞·五里墩油菜花休闲旅游节"打响全市"旅游升温战役"第一枪,五里墩休闲农业观光基地建设稳步推进,芦淞服饰城获批全省首个国家"3A"级购物旅游景区。

"三大主业"初见雏形。大力丰富市场业态,成功引进杭州四季青、浪莎等知名品牌,王府井百货、大地商城、芦淞皮具城、义乌商贸城顺利开业,欧洲城、金冠等4个商业项目主体工程完成封顶,全年共实现社会消费品零售总额134亿元,增长19.9%。新兴工业,服饰工业园发展步伐不断加快,成功引进"中国少儿时尚创意产业园","宇奴"牵手沃尔玛。"新芦淞"、"康泰"竣工投产,新建标准厂房15万平方米。芦淞服饰荣获"中国服装品牌孵化基地"称号,在中国国际服装服饰博览会上,芦淞区有10个自主品牌被授予"中国服装成长型品牌",接近占到本批次全国授牌总数的七分之一。航空产业建设取得历史性突破,山河智能通用飞机项目正式落户,中航通用航空发动机项目完成签约,机场项目已获批。发展现代服务业,株百物流、芦淞物流、烟草物流等项目已奠基开工,中南粮油物流中心项目正进行手续报批。

社会事业全面发展。为民办实事任务全面完成。新增城镇就业8704人,再就业4927人,分别完成目标任务的105%、130%;百分之百实现城镇零就业家庭动态援助。新增廉租房443套,新增租赁补贴300户。投入资金1430万元,新建改造农贸市场6个,多元化社会救助体系进一步完善,市儿童福利院及流浪儿救助中心开工建设,中心敬老院改扩建完成征地拆迁,城乡低保、医疗救助、优抚安置、慈善救济和"五保之家"建设工作有序开展。高质量完成第六次全国人口普查工作。全区计划生育率达95%;被评为全省"综合治理性别比偏高问题工作先进单位"、"人口和计划生育工作优质服务先进单位"。古大桥村、何家坳和漂家井社区荣获全国"妇联基层组织建设示范社区"。深入推进科教事业,成功组建国家级"通用航空发动机产业技术创新战略联盟",景炎新校正式签约,高质量通过省教育"两项督导评估"、省"学前三年教育先进县(区)"评审验收。加快发展医疗卫生事业,全面完成公园、建宁、枫溪3个社区卫生服务中心规范化建设,基本药物制度实施率达100%,新农合参合率达91.97%。启动了消防社会防火墙工程,成立了芦淞服饰城应急救援中队,枫溪街道被评为2010年省级"安全生产示范乡镇"。大力开展"五五"普法,着力创新社区矫正工作机制。进一步加大"三所一会"、警司联调力度,"法治芦淞"创建和基层民主法治建设取得实效,成功化解多起群访、集访、重复访等涉稳事件,全区刑事发案总量较上年下降1.35%,继续保持全省"平安县市(区)"称号。档案、粮食、物价、编制、人防、残联、老龄、老干、工会、青年、妇女儿童、机关事务等其他各项工作都有新的发展。

存在的困难和问题:经济总量不大,发展速度有待进一步加快;产业竞争力不强,经济发展缺乏强大的产业作支撑;财政增收压力大,政策性刚性支出逐年增加,收支矛盾突出;重点项目由于征地拆迁、企业改制等因素影响,推进难度大;社会稳定形势依然严峻,信访突出问题和群体性事件处理难度加大;发展社会事业、优化经济环境、转变政府职能还需积极作为等等。

(李　青)

【摘取"中国全面小康成长型百佳县市"桂冠】 在2010年举行的第五届中国全面小康论坛上,通过提名推荐、网上投票、专项调查和专家评议,芦淞区一举摘得"2010年中国全面小康成长型百佳县市"桂冠,成为株洲市惟一获奖的县市区。近年来,芦淞区对照"经济发展、民主健全、科教进步、文化繁荣、社会和谐、民生殷实"六方面标准,在全面建设小康社会实践中作出了积极的努力和探索。2010年完成全社会固定资产投资122.27亿元,同比增长40.2%;实现财政总收入5.59亿元,同比增长27.4%。 (李　青)

【"中华诗词之乡"花落芦淞】 10月,中华诗词学会授予芦淞区"中华诗词之乡"称号。芦淞区是株洲的发祥地。三国东吴在此设建宁郡,留下鲁班殿、洋屋岭战国古墓等古迹,唐代杜甫、北宋朱熹、南宋文天祥等人在此留下诗词佳作,近代,工业文化、红色文化、移民文化、服饰文化和宗教文化等相继在这里交织碰撞,融会贯通,这些都为"创建诗词之乡"提供了深厚的文化底蕴。近年来全区诗词创作队伍迅速发展,芦淞诗词协会共有诗词分会11个,诗词创作小组共61个,区内有诗词爱好者(诗社组织成员)近500人,骨干诗人150余人,逐步形成了区级有诗词协会、乡(办)有诗词分会、社区(村)有诗词小组的三级网络。共出版诗词书籍32本(个人出版诗集21本),出版诗词报刊60余册,打造了庆云山碑林、徐家桥诗廊等10多个诗词景点。(李　青)

【芦淞服饰城获全省首个国家"3A"级购物旅游景区】 8月,芦淞区围绕打造"旅游名城、购物天堂"、打造"千亿服饰产业集群"这一目标,启动芦淞服饰城地下管网改造、地下人防工程建设,人民路步行改造、服饰城美化亮化工程,创国家"3A"级购物旅游景区工程,投入改造资金近亿元,对景区的道路、管网、景观小品、标识标志、游客服务中心、旅游厕所等硬件设施进行完善,同时对金帝女装城、智超时尚广场、环洲服饰城、中国城服装市场等4个定点购物旅游市场的硬件设施以及内部管理机制进行提升。通过开展国家"3A"级购物旅游景区创建工作,芦淞服饰城基础设施建设、旅游功能配套、旅游服务质量、景区旅游业态都发生了巨大的变化。12月底,省旅游局组织专家对芦淞服饰城创建国家"3A"级购物旅游景区进行了检查验收并给予肯定。

(李　青)

【首届芦淞五里墩油菜花休闲旅游节】 3月15～22日,芦淞区首届油菜花休闲旅游节在五里墩乡举行,10万余名游客前往该乡田间观看"油菜花海"盛景,创经济收入400余万元。为提高五里墩休闲旅游景点环境质量,芦淞区委、区政府在大范围种植133.33公顷油菜的基础上,投入145万元完善村道、车站、交通标识等设施,投入10万元维护景区环境卫生,同时发掘境内旅游资源,整合古樟、古塔、古井、古寺、剪纸和龙狮表演艺术,整理好三座塔,恢复百口井,持续半个多月的旅游节,推出农家游、宗教游和亲子游三大特色休闲游,开展摄影活动、户外运动、剪纸表演,活动把旅游资源和文化资源有机融合起来,凸现了五里墩乡特有的田园风光和民俗风情。打响了株洲市"旅游升温"战的第一场重大战役。

(李　青)

【全省首个株洲通用航空临时起降点落户芦淞】 12月19日,空军司令部向省人民政府复函同意设立株洲通用航空临时起降点,选址芦淞区五里墩境内,株洲通用机场(临时起降点)建设取得了准入证,进入正式建设阶段。这次批复结束了株洲无机场历史,对株洲通用航空产业的发展具有划时代的意义。通用机场一期工程按运12飞机使用要求进行设计,可以起降最大起飞重量5500公斤以下的各型通用飞机、直升机,飞行区等级为1B,按昼夜目视飞行要求建设,跑道长度为800米,宽30米,一期工程预计投资近2亿元,计划2011年6月30日完成项目的工程设计和土地平整,2011年底将完成一期工程建设。株洲是国内最大的中小型航空发动机研发和生产基地,通用机场的建设,将使株洲航空产业实现由航空发动机制造向飞机整机制造的历史性飞跃。通用机场也是通用航空运营与培训的平台,可以为长株潭地区乃至全省提供通用航空服务。

(李　青)

【城管引入ISO9001质量管理体系】 12月8日,芦淞区城市管理工作通过ISO9001:2008质量管理体系国家级专家组的现场审核,成为湖南省城市管理系统和市区(县)政府组成行政机关首家通过该体系认证的部门。ISO9001:2008质量管理体系是国际认可的、较为科学规范的管理体系,包括编制修订标准、贯彻执行标准、对标准实施进行监督3个过程。通过导入ISO9001:2008标准,芦淞区城市管理工作从机制上、行政运作流程上趋于严谨、科学和有序,促进了城市管理职能由"管理"向"服务"转变,更加适应了行政管理与国际接轨的要求。(李　青)

荷　塘　区

中共荷塘区委书记	杨玉芳
副　书　记	周晓理　徐红宇　顾　锋
区委常委、常务副区长	周小毛
区委常委、政法委书记	易笑平
区委常委、统战部部长	刘金鹏
区委常委、宣传部部长	李　斌
区委常委、副区长、金山工业园党工委副书记(兼)	唐卫湘
区委常委、区纪委书记	张赐华
区委常委、组织部部长	刘曙红
区委常委、副区长	邬凌云
区委常委、金山工业园党工委书记	欧阳光
区委常委、区委办主任	王定国
区委常委、武装部部长	杨金华
区人大常委会主任	胡开元
区人大常委副主任	程富饶　曾育军　陈科华(兼)　何幼慧
区人民政府区长	周晓理
区人民政府副区长	周小毛　唐卫湘　邬凌云　张辉兵　刘湘林　冯湘玲　刘国梁
政协荷塘区委员会主席	肖支前
副　主　席	朱家来　陈立塔　喻秋良(兼)　廖　山(兼)　黄　静(兼)
区人民法院院长	沈建平
区人民检察院检察长	彭物明

【概况】 2010年，荷塘区辖1镇(仙庾镇)、1乡(明照乡)、5个城市街道办事处(月塘、茨菇塘、宋家桥、桂花、金山)、1个管委会(合泰)，39个行政村，34个社区。土地总面积143平方公里，其中耕地面积2560公顷。年末总人口27.89万人，计划生育率为98.68%，人口自然增长率为6.52‰。

全年完成地区生产总值123.7亿元，增长14.8%。其中第一产业增加值2.4亿元，增长4.0%；第二产业增加值79.0亿元，增长18.4%；第三产业增加值42.3亿元，增长10%。三次产业结构比为1.9:63.9:34.2。全年完成财政收入4.6亿元，增长25%，其中一般预算收入2.7亿元，增长31.8%；上划中央收入1.6亿元，增长17.9%，增收2447万元；上划省级收入3572万元，增长12.66%，增收401万元。全社会固定资产投资67.8亿元，增长35.5%，其中房地产投资24.9亿元，占全区固定资产投资的36.7%；工业投资29.5亿元。全年引进市外境内资金11.8亿元，增长12.1%，新项目个数为46个；实际到位外资4950万美元，增长5.3%，新项目个数为10个。

农业和农村经济保持平稳发展。实现农业产值3.8亿元，增长4.1%，完成农业增加值2.4亿元，增长4.0%。粮食作物播种面积4.3千公顷。新发展仙庾、亭子前荷花基地种植面积达40公顷。经济作物播种面积达2.6千公顷。林业产值0.2亿元，增长5.2%。中幼林抚育86.8公顷，封山育林426公顷，森林覆盖率达43.0%。牧业产值1.2亿元，增长2.6%。出栏肉猪8.0万头，羊2.2万头。渔业产值0.2亿元，增长4.2%，水产品总量2202吨，增长3.6%。休闲农业呈现特色，有农家休闲业80余家，从业人员2500人。新型工业化稳步推进。规模工业总产值达215.8亿元，增长31.6%，规模工业增加值69.2亿元，增长20.9%，工业增加值占生产总值比重达60.1%。规模工业企业总数达71家，其中产值过亿元企业23家。工业企业经济运行质量效益得到提高，规模以上工业企业经济效益综合指数为216。汽齿、电业局、株硬集团、千金药业、南车长江等5家企业进入市“5115”工程。建筑企业完成增加值4.7亿元，增长8.5%。消费品市场销售旺盛。社会消费品零售总额28.6亿元，增长20.0%。其中批发业商品销售额17亿元，增长24.8%；零售业商品销售额25.8亿元，增长23.1%；住宿和餐饮业营业额5.7亿元，增长23%。

“三大战役”创佳绩。全力实施“城市提质、园区攻坚、旅游升温”三大战役，倾力打造生态大东城，建设宜居新荷塘。城市质量明显提升。全面完成小街小巷改造工程，共完成小街小巷改造51条，总投资约7000万元。全面撤除新华西路中央绿化带，实施向阳广场改造工程，启动棚户区改造工作。农村公路建设获双佳绩，通畅工程累计完成44.8公里，通达工程累计完成10.9公里。城区绿地面积进一步扩大，种植各类树木14000株。全年新增绿地面积30公顷，城市绿地率和绿化覆盖率分别达38%和43.8%。环境保护建设项目审批率和“三同时”执行率均达100%，工业固体废物综合利用和处置率达100%，万元规模工业增加值能耗降低率为11.9%，空气良好率保持在95%左右。城市管理常态化机制基本形成。投入专项资金200多万元，推动创卫工作向农村延伸，农村卫生得到根本好转。园区经济进一步发展。金山工业园引进企业达到50家，累计完成固定资产投资18.6亿元。旅游产业大发展。相继引进开发“荷塘月色”文化生态休闲旅游区、婆仙岭竹海文化风景区、茶马线生态景观带等15个旅游项目，成功举办春季踏青、夏季赏荷、秋季登高、冬季养生系列旅游活动，推动了旅游高潮的形成。全年接待游客人次和旅游收入分别增长22.15%和25.14%。

社会事业全面进步。科技高新产品增长值达33.9亿元，增长35%。全年专利申请量稳居株洲市城区前列。教育办学条件进一步改善，全区中小学基本完成了塑胶体育运动场和各类功能科室建设。3～5岁幼儿入园率达85%，适龄健全儿童入学率达100%，三残儿童入学率达98%，年辍学率为零，小学升学率达100%，初中年辍学率为0.03%。城乡文化体育事业不断繁荣发展，图书馆株洲车辆厂分馆正式挂牌成立，建设11家“农家书屋”。成功举办区第四届大众运动会。医卫工作积极参加市“卫康”行动，开展了医疗市场专项整治行动。以“新农合”为契机，扎实推进农村医疗卫生工作，农村居民参合率达85%。城区社区卫生服务网络覆盖率达100%。孕产妇系统管理率达95.5%，住院分娩率、新法接生率均达100%。严厉打击各类违法犯罪，加强社会治安综合治理，创新实施“警灯工程”、警务亭建设等措施，施行大巡防，加大法律宣传，认真做好信访接待，积极化解人民内部矛盾，保持了“全省平安县区”先进称号。

民生事业不断发展。基本建立以五大保险和城乡低保为主体的社会保障体系，保障能力明显增强。新型农村合作医疗住院医疗补偿率达到64.4%，城镇居民基本医疗保险住院医疗补偿率达到60.1%；新增新型农村养老保险参保人数2.5万人；新增企业养老保险参保人数0.7万人；稳定城镇居民医疗保险参保人数11.8万人。城镇和农村“低保”覆盖面均达100%。“五保”对象集中供养率达50%。就业再就业体系基本建立。全年新增城镇就业人员1.1万人；失业人员再就业0.6万人；城镇零就业家庭实现动态就业援助100%；新增农村劳动力转移就业1955人。“农村安居工程”全面完工，兴建房屋15栋，灾后恢复重建35栋。居民收入稳步增长，城镇居民人均可支配收入达21086元，增长12.5%；农民人均纯收入达10878元，增长19.4%。

存在的问题和困难：经济结构还不尽合理；发展环境还不够优化；主导产业优势还不够明显；一些影响社会稳定的因素依然存在等。（易新星）

【八达小学校长登上清华讲坛】 11月7日,第八届全国中小学校长高峰论坛在北京清华大学召开。此次高峰论坛云集全国各地400多名名校校长。全国各地精英校长“华山论剑”环节仅邀请3位校长参加,荷塘区八达小学校长刘影成为全国唯一的一位小学校长代表,讲座题为《辅导与激励——教师专业成长中的校长引领》,以八达小学成功的“课堂观察”、“督导文化”、“绩效共担”等方法为例,讲述了校长如何掌握激发教师潜能的密码及精确调遣团队的本领,引起了广大校长的共鸣。

(易新星)

【唱响“荷塘月色”】 2010年,荷塘区旅游项目“荷塘月色”迎来大发展,先后引进开发旅游项目15个,完成项目总投资3亿元。旅游区基础建设和耕食记、仙泉谷、开心农场等景点建设全面推进,开辟千亩荷花、千亩蔬菜、千亩瓜果“三千基地”,营造了“接天莲叶无穷碧,映日荷花别样红”的人间美景。为助推旅游升温,荷塘区精心策划并成功举办春季踏青“登山观竹海、踏青寻宝藏”、夏季赏荷“穿越荷塘——快乐田园大冲关”、秋季登高“荷塘月色中秋吟唱会”、冬季养生“美食文化节”等系列旅游宣传活动,唱响了“荷塘月色”品牌,浓郁了“荷塘月色”的文化内涵。“穿越荷塘——快乐田园大冲关”活动,在短短2个月内带动旅游消费超过2000万元。全年共接待游客177.66万人,同比增长22.15%,实现旅游收入11.5亿元,同比增长25.14%。

(易新星)

【成功举办株洲第五届汽车消费节】 10月29日~11月1日,荷塘区在株洲(国家)汽车城成功举办2010“印象华都”株洲第五届汽车消费节。本届汽车消费节共有50多家车商参展,展出近300款品牌车型,是历届参展商和参展车型最多的一届。共销售车辆1964台,销售金额2.16亿元。消费节期间,开展以“梦圆·车·生活”为主题的主体活动,通过“拆装英雄”轮胎安装大赛、“狂轰一吨油”新车主抽奖、看车展中汽车现场抽奖、新车亮相、“玩转我的车”趣味车游戏、最具魅力销售顾问网络评选等一系列丰富多彩的活动,将汽车文化与经贸活动有机地融合起来,不断把节日气氛推向高潮。市委书记陈君文,市委副书记、宣传部长阳卫国,市委常委、副市长龚凤祥,市委常委、市委秘书长蔡典维,副市长张国浩等领导先后到汽车城活动现场视察和观摩车展,并给予了高度评价。 (易新星)

【城市提质大手笔】 2010年,荷塘区聘请国内知名专家和公司,对城市进行大视野顶层规划设计,开建“五纵五横”路网框架,营造“一廊一带、三点成面”的生态景观。先后完成分区规划及城市基础设施建设、金山新城、荷塘月色、荷塘商贸城、棚户区改造等规划,报批土地186.67余公顷,为上年的10倍。道路建设完成未来3~5年的前期规划。文育路、石宋路三期、向阳中路、东环北路、育才北路、S211、荷塘大道等7条道路开工建设,道路格局实现向“网格化”转变。投资1000余万元,改造向阳广场。投资4000余万元,完成125个老旧小区和城中村、道路绿化提质改造。“香柚大道”、“桂花大道”、“樱花堤”等一批特色街纷纷涌现。启动6处棚户区改造征地拆迁工作。高效建成合泰服饰特色街。全面撤除新华西路中央绿化带,美化建筑28栋。城市常态化管理机制基本形成,城市质量得到大的跃升。 (易新星)

【经济发展创新高】 2010年,荷塘区共策划包装项目183个,增长46%,其中投资过5000万元的61个,过亿元的25个。完成全社会固定资产投资67.8亿元,增长35.5%。地区生产总值、财政总收入分别增长14.8%和25%,社会消费品零售总额增长20%。税收占财政收入比重达80%以上,在株洲市名列前茅。万元GDP能耗下降10%。经济发展速度和效益均创历史新高。工业企业经济运行质量和效益明显提高,规模以上工业企业经济效益综合指数为216,其中资本保值增值率69%,总资产贡献率8.4%,全员劳动生产率20.8万元/人,产销率98.7%。实现主营业务收入129亿元,增长32.5%;实现利润总额4.1亿元,增长45.8%。

(易新星)

【民生事业大改善】 2010年,荷塘区投入民生资金达3.68亿元,占全区财政总支出的67.35%,有力地推进了各项民生事业。省市实事全面完成;全面落实免费义务教育,投入资金2000万元,完成9所合格学校建设;全面实施国家基本药物制度改革;新型农村合作医疗有效运行;基本建立以五大保险和城乡低保为主体的社会保障体系和就业再就业体系;“阳光家园”1001套廉租房建设主体工程基本完成;新建、改造农贸市场4家,改造工作居全市第一。

(易新星)

【荣获“全国残疾人社区康复示范区”】

2010年,民政部、卫生部、中残联联合命名株洲市荷塘区为第二批“全国残疾人社区康复示范区”。荷塘区委、区政府高度重视残疾人康复工作,将残疾人社区康复工作纳入区经济社会发展规划、社区建设规划和区域卫生规划,并列入政府年度工作计划和部门工作考核目标,形成政府牵头、部门联动、全方位开展康复服务的工作格局,制定残疾人康复保障、康复救助等优惠政策,完善康复管理网络,为社区康复提供了有力的组织保障。荷塘区做到了残疾人各种数据清楚,康复需求筛查工作扎实,康复服务档案资料规范、齐全,区5个残疾人康复技术指导中心较好地发挥了技术示范、人员培训、基层指导、知识普及和咨询转介作用。全区14个社区康复站、60个社区康复训练点的场地、设施、人员落实,工作制度健全,各类康复服务内容落实,效果明显,残疾人满意率达90%以上。100余名基层康复人员全部经过培训,实现持证上

岗,提高了基层康复工作的管理水平和技术含量。 (易新星)

石 峰 区

株洲清水塘循环经济工业区

工委书记 罗伟
工委副书记、管委会主任 冯建湘
工委副书记、管委会常务副主任 肖建平
工委委员 陈进生 王亚男 尹念群 屈邵阳 邓元连 凌红旗 康月林 邹展晖 颜曼文 李立新 兰军
管委会副主任 刘振球 陈国林 喻华军
管委会办公室主任 朱斌
开发建设局局长 朱宏
产业发展局局长 周立君
财政局局长 钟水根
劳动人事局局长 贺建平
招商合作局局长 罗艳

石峰区

中共石峰区区委书记 罗伟
副书记 冯建湘 肖建平 陈进生
区委常委、宣传部部长 王亚男
区委常委、组织部部长 尹念群
区委常委、政法委书记 屈邵阳
区委常委、纪委书记 邓元连
区委常委、区委办主任 凌红旗
区委常委、常务副区长 康月林
区委常委、副区长 邹展晖
区委常委、统战部部长 颜曼文
区委常委、人武部部长 胡家湘
区人大常委会主任 王立平
副主任 唐恒明 易桂芝 李德义 刘业余 蒋会平(兼)
区人民政府区长 冯建湘
副区长 肖建平 康月林 邹展晖 李立新 余群明 陈丰华 兰军 欧阳政 江洪治
政协石峰区委员会主席 黄幼刚
副主席 王湘琳 潘一帆 杜三元 杨洋(兼)
区人民法院院长 贺武夷

【概况】 2010年,石峰区辖5个街道,共12个行政村,36个社区居委会,总面积91.3平方公里,总人口23.7万人。

综合实力大幅跃升。全区GDP突破200亿元大关,达到224.8亿元,增长20.1%,增幅居全市第一。三次产业结构由上年的1.4:83.8:14.8调整为0.6:86.7:12.7。财政总收入达到7.31亿元,增长26.3%;收入质量显著提高,税收收入占财政总收入的比重达87.6%,高出全市平均水平12个百分点,财政工作荣获全省先进。工业经济快速发展。实现规模工业增加值189亿元,增长25.4%。轨道交通产业突飞猛进,完成产值329亿元,占全区工业总量的59.8%。南车株机、株冶集团、南车株洲所3家企业销售收入均过百亿元,天桥起重成功上市。推进新型工业化工作排名全市第一、全省十强。商贸旅游快速升温。编制了商业、旅游发展规划,成功引进上海大众4S店、餐谋天下、时代影城等商业品牌,铜锣湾家居广场全面开业,万博珑家居广场二期工程正式启动,明峰生态园、石峰水上乐园等旅游休闲项目相继动工,亿都国际、湘依名都等商业楼盘火热开发,株洲首届建材博览会成功举办,商气人气不断聚集。实现第三产业增加值28.6亿元,增长6.8%,社会消费品零售总额达23.1亿元,增长19.9%。"三农"工作稳健推进。发展"农家乐"17家,硬化乡村道路39.7公里,完成水利工程420处,林权制度改革基本完成,"三边"绿化造林61.13公顷,完成农业总产值1.7亿元,增长4%。

园区攻坚首战告捷。制约园区开发建设的体制、空间、土地、资金"四大瓶颈"得到全线突破。轨道科技城规划蓝图已经绘就,"园政合一"体制全面实施。积极创造条件,争取将轨道科技城的发展空间拓展到31.2平方公里,园区土地实现"封闭运行"。引进优质民营资本共同组建的轨道交通产业发展股份有限公司成功运营,首期注册资本达4亿元。创新思路,推行"监管前移、重心下移、总体包干、司法前置"的征地拆迁新模式,创造了新的"石峰速度",重金属污水处理工程16天完成征地拆迁,轨道交通千亿产业园一期37公顷征地全面完成,二期120公顷征地工作顺利推进。清水塘循环经济工业区建设改革方案通过专家评审,环保装备制造基地获省批复,19个污染治理项目纳入国家湘江流域治理专项规划,争取国家专项资金7500万元。铜霞路一期工程竣工通车,重金属污水处理工程、铜塘湾港区一期工程、城市生活垃圾焚烧发电厂开工建设,产业转型升级步伐加快。

项目建设成效显著。变流技术产业园、田林路改扩建、10万平方米标准厂房、亿都国际商业配套项目、井龙安置小区启动建设,南车株机百亿扩能、南车时代百亿工程、株冶循环经济等27个重点工业项目如期推进。全年完成全社会固定资产投资72.9亿元,其中工业完成投资58.1亿元,增长22.8%。招商引资持续发力。建立项目入园评审机制,设立了项目审批服务中心。策划包装招商项目25个,成功引进项目30个,其中总投资43亿元的12个轨道交通配套项目落户轨道科技城,投资35亿元的旗滨光伏玻璃产业基地和投资15亿元的湖南湘江金属物流城等项目落户清水塘工业区。全年实际利用外资4165万美元,实际到位内资11.7亿元,获评"全省内联引资工作先进单位"、"全市招商引资工作红旗单位"。

城市提质日新月异。田心立交、长株高速、迎宾大道相继通车,长株潭城际铁路征地拆迁全面启动。建设北路、石峰大道高标准提质,北站路、新民路等9条小街小巷全新改造,响石广场渠化导流岛如期完工。新建改造农贸市场6家,启动棚户区改造项目3个,新增绿地142.2公顷。城管网格化管理全面推行,长效管理机制得到落实,创卫成果进一步巩固。依法关停污染企业和落后生产线7家,完成煤改天然气12家,安全拆除废弃烟囱21根,取缔非法煤、渣场8家,减排二氧化硫1.34万吨、化学需氧量422吨,主要污染物减排任务全面完成。

民生事业亮点纷呈。教育投入力度空前。出台《推进义务教育跨越发展行动纲要(2010—2012)》,投入2400万元,建成义务教育合格学校6所,启动光明学校、杉木塘小学和九方小学扩建工程,为所有中小学校更换了课桌椅、黑板等设施,为所有教师配备了笔记本电脑,完成了17所学校的校安工程,教学质量大幅提升,中考成绩排名全市城区第一。社会保障提标扩面。新增城镇就业人员10357人,失业人员再就业4988人。新型农村社会养老保险试点全面启动。城镇低保由每月270元提高到300元。建设农村安居房20栋、渔民解困住房4栋、灾后重建住房20栋。医疗卫生惠民为先。井龙社区卫生服务中心顺利竣工,在6个社区卫生服务中心实行药品零差率销售,就诊药品费用大幅下降。科技工作不断进步。正式列为省可持续发展实验区,顺利通过省知识产权试点区验收。文体事业日益繁荣。节庆游园、体操比赛、首届"读书节"活动精彩纷呈。计生工作推陈出新。打造"阳光计生"深入推进,城镇独生子女父母退休奖励试点率先实行,计划生育率保持稳定。第六次全国人口普查入户登记工作顺利完成。国防动员、民兵预备役、消防、人事、人防、物价、老龄老干、档案、残联、外事侨务、侨联、民族宗教、机关事务等工作都取得新的成绩,各项民生实事圆满完成。

存在的问题:转变发展方式步伐不快,产业结构性矛盾突出,环境治理任务艰巨,发展空间严重受限,公共服务体系有待完善,维护社会稳定压力较大,政务环境仍需优化。(张志峰)

【获省、市加速推进新型工业化工作一等奖】 2010年,石峰区抢抓轨道交通产业发展和国家治理湘江流域的历史性机遇,大力实施"工业主导、城市带动"两大战略,扎实推进"南提北拓"两项工程,把轨道交通千亿产业园和清水塘循环经济工业区作为加速推进新型工业化的主战场,大胆创新,推行"园政合一"的园区管理模式,形成园区攻坚的强大合力。按照"政府主导、市场运作、合作共赢"的理念,引进民营资本组建了轨道交通千亿产业园园区基础设施和项目建设投融资主体——株洲轨道交通产业发展股份有限公司。创新思路,推行"监管前移、重心下移、总体包干、司法前置"的征地拆迁新模式,创造了新的"石峰速度"。深入开展企业服务活动,推行企业联络员制度,帮助企业协调解决存在的困难和问题。全力推进项目建设,总投资43亿元的12个轨道交通产业项目落户轨道科技城,投资35亿元的旗滨光伏玻璃产业基地和投资15亿元的湖南湘江金属物流城等项目落户清水塘工业区。全年完成规模工业总产值550亿元,实现规模工业增加值190.4亿元,分别增长37.9%和26.3%,规模工业增加值占GDP的比重达85.1%,对经济增长的贡献率达95.2%,工业项目完成投资58.1亿元,增长22.8%,规模工业经济效益综合指数达308.5%,同比提高58.1个百分点。加速推进新型工业化工作荣获省、市一等奖。(张志峰)

【轨道交通千亿产业园开发建设形势喜人】 2010年,石峰区围绕建设千亿产业园区,打造轨道交通装备制造千亿产业集群宏伟目标,按照生产、生活、生态相协调的理念,用造城的方式支撑轨道交通千亿产业园区建设和轨道交通千亿产业集群发展。委托中国城市规划设计院围绕"国际一流的轨道科技之都、全国示范的低碳活力新城"的总体定位,编制《轨道交通科技城规划》;争取市委、市政府的重视支持,将长株高速以西、沪昆高速以南、京广铁路以北、长沙——株洲边界以东范围内31.2平方公里的土地作为园区发展用地,并实行封闭运行;组建株洲首家由民营资本参股、注册资金达4亿元的园区开发运营商——株洲轨道交通产业发展股份有限公司,得到工商银行15亿元、国开行10亿元授信支持;推行重心下移、位置前移,实行"园政合一"的管理体制;加快土地开发,上报国土资源部土地259.33公顷,完成一期37公顷土地征地拆迁,启动二期120公顷土地征地拆迁工作;加快项目建设,南车株洲变流技术产业园奠基,中国南车IGBT、南车株机不锈钢钢轨等27个项目全面推进,总投资43亿元的12个轨道交通产业项目签订入园协议。

(张志峰)

【教育强区成效显著】 坚持教育优先发展,出台《推进义务教育跨越发展行动纲要(2010—2012)》,投入2400万元,建成田心中学、荷花小学等6所合格学校,全面启动光明学校、杉木塘小学扩建和九方小学寄宿部建设,为全区所有中小学校更换了课桌椅、黑板等硬件设施,为所有的教师配备了笔记本电脑,完成17所学校的校安工程。着力建设高素质师资队伍,大力推行中小学教师"三定"、"三考"和"三交流"等改革措施,面向社会公开招考了49名优秀教师。2010年中考,石峰区人平总分、5A总人数、区合格率均在全市城市5区公办初中排名第一,教育质量明显提高。

(张志峰)

【旅游升温有声有色】 充分挖掘整合辖区工业旅游和生态旅游资源,大力推进旅游开发建设,编制《石峰区旅游产业发展总体规划》和《九郎山风景名胜区发展详规》,启动投资2亿元的明峰生态园建设,投资500万元建成荷花园星级"农家乐",编制了《石峰区旅游手册》,邀请媒体实地采风,成功举办九郎山山地越野车热身赛,进一步扩大了影响力。着力挖掘工业文化底蕴,加强对轨道交通装备制造产业工业旅游的包装策划,通过有机整合生态旅游、工业旅游资源,着力打造集生态旅游、工业旅游、科普旅游、人文旅游四位一体的特色旅游产业,推动全区旅游业大发展。

(张志峰)

株洲县

中共株洲县委书记	王建平
副书记、县长	蔡周良
副书记	罗琼
县人大常委会主任	罗禧瑰
政协株洲县委员会主席	陈光国
县委常委、常务副县长	罗克俭
县委常委、纪委书记	黄亮文
县委常委、组织部部长	莫大德
县委常委、副县长	曾文飞
县委常委、统战部部长	稂水云
县委常委、宣传部部长	曹道忠
县委常委	钟勇军
县委常委、渌口经济开发区党工委书记	黎平
县委常委、县委办主任	王顺安
县委常委、副县长	谭润洪
县委常委、武装部政委	彭喜雨
县委常委、政法委书记、法院院长	欧阳曦
县人大常委会副主任	郭兴龙 侯石泉 何沙(兼) 李桂香 曾永中
县人民政府副县长	罗克俭 曾文飞 谭润洪 刘新宇 张德云 李文亮 刘美和
县政协副主席	唐新明 于大平 吴牧师(兼) 瞿梅(兼) 陈代陆(兼)
县人民检察院检察长	陈毅清

【概况】 2010年,株洲县辖11个乡、7个镇、1个风景区管委会、1个场,共有23个居民委员会、332个村民委员会。土地总面积1381平方公里,有耕地面积26897.87公顷,其中,水田24294.4公顷,旱土2603.47公顷。年末全县总人口为45.74万人(户籍人口),增长0.15%。据计生局统计,全年新出生人口5474人,出生率为11.98‰;死亡人口2322人,死亡率为5.08‰;全年净增人口3152人,人口自然增长率为6.9‰。2010年为异常偏暖年,年平均气温18.5℃,比常年偏高0.9℃;平均年降水量为1769.7毫米,较常年偏多293.3毫米。

2010年,株洲县按照"保增长、保民生、保稳定"的总体要求,全面打响"三大战役",全县经济总体上保持了平稳较快发展。全年全县GDP完成76.5亿元,同比增长13.6%,其中:第一产业实现增加值19.24亿元,同比增长4.2%;第二产业实现增加值35.86亿元,同比增长21.1%;第三产业实现增加值21.4亿元,同比增长10.2%。十一五期间全县经济快速发展,GDP年均递增13.3%。三次产业比重由上年的26.5:43.3:30.2调整为25.1:46.9:28。完成财政总收入5.63亿元,增长27.3%,一般预算收入3.86亿元,增长28.4%;全社会固定资产投资达54.13亿元,增长56.9%;完成社会消费品零售总额25.36亿元,增长16.8%。全省县域经济综合考核排名上升到29名,连续两年进入全省县域经济发展"十快县"行列。

全年全县完成工业总产值773633万元,比上年增长47.47%,其中:规模以上工业企业127个,实现现价总产值585675万元,同比增长39.8%,占全部工业的75.7%,同比上升2.95个百分点,规模以下工业企业实现现价总产值187958万元,同比增长20.5%。"5115"工程有效推进,时代绝缘年产值过5亿元,华新水泥、光明重机、创林合金、航电枢纽、时代散热等年产值过1亿元。高新技术产业快速增长,实现产值103821万元,比2009年增长65.9%。新增规模工业企业26家,达到127家,完成总产值58.57亿元,增长39.8%。渌口经济开发区完成技工贸收入29.97亿元,实现税收6450万元。4月26日,南洲新区3家企业开工建设,实现三年产业破题目标。等级以上建安企业完成产值22亿元,实现税收2300万元,跃达公司晋升为一级建安企业。规模以上工业企业实现利税总额34733万元,同比增长112.7%,规模以上工业企业产品销售率为97.6%。规模以上工业实现出口交货值8527万元,比2009年增长48.9%。等级以上建筑企业完成总产值25.53亿元,同比增长22.74%。

2010年,全社会完成固定资产投资541285万元,较上年增加19.63亿元,增长56.9%。城镇以上固定资产投资450649万元,同比增长53.3%。农村固定资产完成投资90559万元,增长77.48%。全年实现社会消费品零售总额253625万元,比上年增长16.8%,消费品市场呈现平稳增长的态势。实际利用外资2187万美元,同比增长58.1%,实际利用市外境内资115541万元,同比增长49.6%。交通运输和邮电通信业继续发展。全年各种运输方式完成客货运换算周转量为4.81亿吨公里,同比增长25%。邮政业务总量完成1073万元。

全县实现财政总收入56318万元,同比增长27.3%。地方财政一般预算收入38638万元,增长28.4%。基金收入1523万元,同比增长58.5%。全县实现财政支出121084万元,同比增长31.89%。其中财政一般预算支出112338万元,基金预算支出8746万元。

年末金融机构人民币各项存款余额480819万元,同比增长22.87%,引进哈尔滨银行在县内设立株洲市首家村镇银行。全县城镇居民人均可支配收入15779元,同比增长13%;人均消费性支出10306元,同比增长9.48%,城市恩格尔系数为38.79%,上升3.61个百分点。农村居民人均纯收入7650元,同比增长15.27%;人均生活消费支出5766元,增长10.14%。

农业经济平稳增长。全县完成农林牧渔业总产值275376万元,同比增长4.2%,其中:农业产值122792万元,同比增长3.7%;林业产值14770万元,同比增长5.9%;牧业产值117791万元,同比增长4%;渔业产值12743万元,同比增长7.3%,农林牧渔服务业7080万元,同比增长6.1%。农产品获得全面丰收,完成粮食总产量33.05万吨,蔬菜总产量23.58万吨,出栏生猪76.42万头,同比增长3.21%;出笼家禽258.39万羽,同比增长7.8 %;水产品总产量13476吨,同比下降4.93 %。全县森林覆盖率保持在51.18%,森林总蓄积量为108.16万立方米,同比增长8.5%,实现油茶林面积24000公顷。农业基础设施进一步完善。2010年末,全县农业机械总动力34.08万千瓦,82789台,分别比上年增长9.98%和10.8%。

科技、教育、卫生事业稳步发展。2010年,株洲县组织实用技术培训4820人次,科技人员下乡1910人次,申请专利41项,技术合同成交额1350万元。2010年末,全县共有小学72所,比上年减少6所,在校学生17211人,比上年减少793人,专任教师1441人,比上年减少100人,学龄儿童入学率100%;共有初级中学24所,其中民办学校1所,在校学生9853人,比上年增加135人,普通高中5所(含民办学校1所),在校学生5206人,比上年减少655人;中等专业学校和技工学校3所,在校学生2036人,比上年减少281人。年末全县共有卫生机构(含诊所)405个,其中,医院、卫生院21处,卫生防疫机构1处,妇幼保健机构1处,门诊部(所)、卫生保健所、医务室62处,村卫生室319个。年末各类卫生技术人员1129人,其中执业医师和执业助理医师474人,注册护士291人,全县医院、卫生院拥有医疗床位1062张,比上年增加23张,实际参加农村合作医疗农民373444人,参合率达94.2%。

第三产业发展来势看好。松西子、杨梅等新农村示范点建设成效显著,获得全省新农村建设先进县称号。松西子白鹤小学分校和社区活动中心主体工程建成。大力实施"水韵渌湘"旅游发展战略,堂市土城、空灵寺、杨得志故居等景点建设取得实效,成功举办"水韵渌湘·和容天下——走进千年圣地空灵岸"等系列活动、纪念杨得志诞辰100周年、"国策杯"全国诗词大赛等活动。年内共接待游客72.85万人次,实现旅游收入3.98亿元。

项目建设有效推进。全县共确定了173个建设项目,总投资38.65亿元。在建项目108个,已投资19.38亿元。建成投产项目65个,完成投资19.27亿元。全年新引进项目134个,合同引资87.19亿元,到位17.46亿元,分别增长43%、26%。与中国水电建设集团新能源开发有限公司成功签约风电开发项目,总投资20亿元。湾塘工业园的水、电、路、气等设施基本完善,南洲新区南洲、和谐、渌湘3条主干道完成设计和土地报批。总投资1.9亿元、全长9.6公里的湘江防洪景观道路工程顺利开工。株南500千伏变电站一期工程送电运行,渌南220千伏变电站建设全面铺开,桐山110千伏变电站完成前期工作。

民生保障力度加大。年内城镇新增就业2420人,新增农村劳动力转移就业7835人。继续加强养老、失业、医疗、工伤和生育保险,新增参保8314人。年末全县参加基本养老保险人数为285309人,新型农村养老保险参保19.43万人,参保率89.41%,连续2年名列全省第一。新型农村合作医疗参合率97.08%,发放补偿款4672.9万元。参加失业保险人数为9006人,全年累计领取失业保险金的人数为764人。共为7781名城镇居民发放最低生活保障金2032.5万元,农村最低生活保障人数为16011人,发放最低生活保障金1126万元。在全市率先启动国家基本药物零差率销售,门诊费用平均下降23.98%,住院费用平均下降26.51%。完成灾后重建房屋917栋,发放补助资金732万元。新建农村沼气池2320口,解决10422名农村人口饮水安全问题;城镇廉租住房完成面积850套,新建农村安居房180栋。渔民解困工作全面完成,11户无房户、18户危房户得到妥善安置。巩固退耕还林成果,发放退耕还林资金4082万元、生态公益林补助资金1200余万元。7个乡镇文化站、105家农家书屋、23所合格学校、11所乡镇中心幼儿园、8个计生服务站(所)建成并投入使用。新建廉租房276套、14084平方米,发放租赁补贴220万元、1840户。村级"一事一议"财政奖补试点工作得到全省通报表扬。第六次全国人口普查工作有序开展。全面完成了县城1万多用户的有线电视数字化整体平移工作。为民办实事荣膺全省"三连冠"。深入开展县委书记大接访,建立维稳风险评估机制,加强社会治安综合治理,狠抓安全生产,被评为全省安全生产合格县,保持全省平安县。城乡发展步伐加快。网朱公路、太长公路建设改造完工通车,芷渌等干线公路全面推进,总投资2.4亿元、连接8个乡镇、贯穿县域南北经济发展的生命线——省道S211改扩建工程启动并全力推进,全县大通道路网格局基本成形。

政务管理不断加强。出台《株洲县重点工程建设资金管理暂行办法》等系列文件,健全完善了政府工作规则。开展专项欠款清查追缴行动,清收欠款1047万元。查处"小金库"3个。成立土地管理委员会,全年报批项目用地和储备用地359.86公顷,批回建设用地209.6公顷。全年接待上访群众581批1708人次,处理群众来信来访1912件次。继续推进一般干部交流,共交流干部42名。

党建工作成效实。扎实开展创先争优活动,派驻千名机关干部进村组,全力推行"四议两公开"工作法。完成乡镇机关"五小"设施和62个村级(社区)活动中心主体建设。健全一般干部交流常态机制,选派一批年轻机关干部担任村第一书记,选聘一批高校毕业生担任村官,充实农村基层干部队伍。严格落实党风廉政建设责任制,切实加强

廉政风险防范，营造了风清气正的干事创业氛围。（文　汇）

【县域区划调整】　经省人民政府批准，12月17日，湘民行发〔2010〕26号文件规定：株洲县白关镇（含原代管的大京风景区）、姚家坝乡划归芦淞区管辖。区划调整后，株洲县辖10个乡、6个镇、总面积1231.2平方公里，总人口39.9万人，县人民政府驻地不变。

（张恺鹏）

【千名干部进村组】　组织开展"千名干部进村组，落实'四议两公开'，破解难题促发展"主题活动，派遣1031名机关干部进驻全县332个建制村，集中1个月的时间，全面推行"四议两公开"工作法，着力破解耕地抛荒、集体林权制度改革、森林防火和规范农村低保四大难题。通过这次活动，全县800多名不符合条件或已死亡的低保户退出低保，治理抛荒耕地约1066.67公顷，切实推进了集体林权制度改革，实现了森林火灾零发生。活动得到了上级组织部门的充分肯定，被《湖南日报》、《株洲日报》、《湘组信息》、人民网、新华网等重要媒体专题推介。（张恺鹏）

【选派年轻干部任村党组织第一书记】

2010年，为加强年轻干部实践锻炼，改变年轻干部经历单一的现状，通过组织报名、资格审查、酝酿方案等程序，选派了20名年轻机关干部到村党组织任第一书记，协助村书记抓好村级班子建设、党员队伍管理和农业农村发展等工作。年底，县委组织部通过查阅资料、现场查看、民主测评、个别谈话的方式，对这批选派干部进行任期考核。其中，3名实绩突出、作风扎实、群众公认的第一书记得到提拔重用。

（张恺鹏）

【天然气利用工程顺利供气】　4月23日，株洲县与株洲市新奥燃气有限公司签订燃气项目开发合作协议。该项目一期工程投资5000万元，2010年完成投资1800万元，主管道（φ300）沿S211从芦淞区与株洲县交界处铺设至县五中门口，共计8.5公里。工程于5月31日举行开工典礼，10月30日明德小区实现供气入户。（张恺鹏）

【"三大战役"成效明显】　2010年，株洲县委、县政府坚持以"三大战役"转变发展方式，调整经济结构，夯实发展基础。园区攻坚有突破。湾塘工业区的水、电、路、气等设施已基本完善，南洲新区道路、电力、自来水等基础设施建设取得突破，承载力、带动力不断增强。渌口经济开发区开工建设项目24个，建成投产项目14个。4月26日，南洲新区3家企业开工建设，实现三年内产业破题目标。43家企业完成技工贸收入29.97亿元，上缴工商税收6450万元，园区真正成为产业发展的"孵化器"。城镇提质有成效。以"栽大树、建高楼、引燃气、筑东湖"为标志，加快县城基础设施建设。人均公共绿地面积达到3.38平方米。惠天然城市公园加快建设。天然气利用工程实现供气。伏波大道提质改造顺利推进，小街小巷加快改造建设。东湖生态区启动前期工作。积极创建省级卫生县城，卫生状况大为改观。旅游升温有亮点。"水韵渌湘"战略加快推进，堂市土城、空灵岸、松西子社区等景点建设加快，杨得志故居修缮开放。举办"水韵渌湘·和容天下——走进千年圣地空灵寺岸"、纪念杨得志同志诞辰100周年活动，株洲县的影响力和知名度不断提高。

（张恺鹏）

【松西子社区新农村建设】　渌口镇的子规、西塘、松岗3个行政村于2008年被确定为株洲市新农村建设示范点，合并成松西子社区。松西子社区距株洲县县城0.5公里，土地总面积7.84平方公里，社区辖34个组，1574户，5134人，2010年人平纯收入达到6500余元。

2010年，按照建设"现代生态田园社区"的定位，按照试点先行的理念，全面推进了社区经济社会发展。年内，松西子社区平整土地200余公顷，完成投资2600万元，新增耕地8余公顷；路网建设基本竣工，"一环一横一纵"已经成型，环线已完成全部改性沥青油面铺设，沿环线分布的穿衣戴帽已基本完工120户，总投资600万元；占地2.73公顷的白鹤小学松西子分校一期工程已完成，实施"三清、五改"工程，实现环卫工作专业化。坚持产业为重，已投资1000万元对农业体验项目区进行土地整改，建成出口蔬菜基地46.67公顷，其中广心菜33.33公顷，娃娃菜和其他菜种13.33公顷；完成1个田园农业合作社，培植2个葡萄基地（40公顷）、3个农业产业基地（66.67公顷），投资400万完成"开心农场"一期工程建设；带动农家休闲产业蓬勃发展，已扶植20余户农家乐。坚持先行先试，积极推进管理创新，探索"3+X"模式，加大城乡统筹改革力度，建立了新农村建设管理新模式。（张恺鹏）

醴陵市

中共醴陵市委书记　谢清纯
副书记　蒋永清　罗绍昀
市委常委、纪委书记　徐林娟
市委常委、陶瓷产业园区党工委书记　杨　龙
市委常委、组织部部长　刘　伟
市委常委、常务副市长　刘正平
市委常委、副市长　易顶峰
市委常委、政法委书记　林伯芝
市委常委、统战部部长　罗立新
市委常委、市委秘书长、办公室主任　向　平
市委常委、宣传部部长　丁奇志
市委常委、人武部部长　周　刚
醴陵市人大常委会主任　李　理
副主任　李运波　刘跃峰　冯志明　刘苏朝（兼）　李亿平

醴陵市人民政府市长	蒋永清
副　市　长	刘正平　易顶峰 汤云辉　李忆湘 李荣佳　廖宏力 曾市南(挂职)
政协醴陵市委员会主席	陈立耀
副　主　席	陈建军　江孝凡 乔德良(兼) 程轶辉(兼) 唐青柏(兼)
醴陵市城市管理委员会书记	郭向辉
主　任	翁菊清
醴陵市人民法院院长	高建明
醴陵市人民检察院检察长	李　大

【概况】 2010年,醴陵市设立“中共醴陵长庆示范区工作委员会”和“醴陵长庆示范区管理委员会”,分别为中共醴陵市委、市人民政府派出机构,其管辖范围尚未正式确定。至此,醴陵市辖城区管理委员会1个,长庆示范区,街道办事处4个、乡镇26个(其中,8个乡、18个镇),行政村342个,居委会56个(其中17个社区居委会)。全市总面积2157.2平方公里,耕地面积为34.79千公顷。年末,全市户籍人口为103.23万人。人口出生率为11.59‰,人口自然增长率为7.33‰,比上年降低0.03个千分点。醴陵市年平均气温18.2℃,高于常年平均值0.7℃,比上年偏低0.2℃,属显著偏高年份。年最高气温达40.5℃,年极端最低气温为-1.4℃。全年总日照时数为1647.7小时,较历年偏多79.8小时,比上年偏少60.3小时,属偏多年份。全年总降水量为2037.3毫米,较常年偏多558.7毫米,属异常偏多年份。为1971年以来降水量最多的一年,较上年偏多597.8毫米。

2010年,全市深入实施“三三方略”(即:三大带动战略‘城市发展带动、优势产业带动、先进文化带动’;三大战役‘城市提质战、园区攻坚战、旅游升温战’;推进30大重点项目建设),加快推进“四化两型”建设进程,积极应对全球金融危机、国内宏观环境变化以及自然灾害等困难和挑战,全力以赴保增长、促发展,全市经济社会发展呈现出高开高走、又好又快的良好势头。经济发展全面提速,质量效益、民利民生福祉明显提升,基础后劲全面提强,城市环境明显改善,党的建设明显加强。年内,醴陵市被评为“全国科技进步先进县(市、区)”、“全国粮食生产先进县”、“全国推进义务教育均衡发展工作先进市”、“全国人口和计划生育工作优质服务先进单位”、“全国婚姻登记规范化单位”、“全国农村五保供养工作先进县(市)”、“中国十佳和谐可持续发展城市(中小城市)”、“中国金融生态城市”、“中国绿色名县”、“中国陶瓷历史文化名城”、“湖南省卫生城市”、“湖南省发展乡镇企业先进县(市)”、“湖南省建设教育强县(市、区)先进集体”、“湖南省学前三年教育先进县(市)”、“湖南省安全生产监督管理工作先进县(市)”、“湖南省‘芙蓉杯’水利建设先进县(市、区)”、“湖南省推进新型工业化工作红旗单位”,同时获批“国家粮食生产储备基地县(市)”。

全年全市实现地区生产总值265.75亿元,比上年增长16.6%。其中,第一产业实现增加值32.62亿元,增长4.0%;第二产业实现增加值159.12亿元,增长20.8%;第三产业实现增加值74.01亿元,增长14.9%。三次产业结构比为12.3:59.9:27.8。全市财政总收入突破20亿元,达20.23亿元,增长39.1%。其中,完成一般预算收入13亿元,增长51.6%。

2010年,全市实现农林牧渔业总产值46.5亿元,比上年增长4%。粮食总产量达47.48万吨,比上年增加0.16万吨。全年农作物播种面积为93.72千公顷,比上年增加5.26千公顷。肉类总产量9.77万吨,增长1.7%。出栏肉猪113.9万头,比上年增加1.22万头;出栏羊31.63万头,与上年持平;出笼家禽682.65万羽,比上年增加1.5万羽。水产品产量达2.06万吨,增长5.1%。新农村建设稳步推进,启动了新农村示范村建设和50个村整建规划工作;投入项目资金1870万元,落实并实施项目29项,整建规划设计村50个、规范示范村4个。改造县乡公路8.7公里,新建乡村水泥路30公里。新建、整修、配套、清淤各类水利工程9160处,除险加固病险水库23座,农田有效灌溉面积达3.433万公顷。投入2037万元,建设饮水解困工程,解决了48458人的饮水困难。年末拥有农业机械总动力60.04万千瓦,增长7.8%。新建农村沼气池2101个,清洁能源的使用进一步推广。

积极推进新型城镇化建设。年内,省示范镇白兔潭镇投资800万余元,完善了镇域基础设施项目建设。省重点镇船湾镇投资200万余元,完成了集镇垃圾处理和排污等基础设施建设;泗汾镇投资200万余元,完成了垃圾场拓宽、下水道建设、自来水管网延伸等设施工程。株洲市重点镇石亭镇投资300万余元,完成了垃圾场、绿化、道路硬化等工程;官庄乡投资150万余元,完成了长连新村道路硬化、亮化工程。全市新型农村合作医疗工作得到快速推进,全年全市新型农村合作医疗参合人数达80.17万人,参合率达93.64%。

2010年,全市新增500万元主营业务收入工业企业80家,总数达508家。全年实现工业总产值473.45亿元,增长34%,其中规模以上工业企业完成产值315.78亿元,增长41.9%。实现工业增加值146.10亿元,增长20.6%,其中规模以上工业企业实现增加值120.58亿元,增长28.7%。支柱产业发展强劲,全年陶瓷产业实现产值210亿元,增长20%;规模以上陶瓷企业177家,实现工业产值118.3亿元,增长39.97%。完成日用陶瓷40.2亿件,增长16.5%;工业陶瓷产量54.51万吨,增长25%。年内,湖南醴陵陶瓷产业园累计完成投资42亿元,园区建成区面积达200余公顷,入园企业总数达54家,其中已投产企业45家。实现园区增加值15.56亿元,高新技术产值15.18亿元;完成固定资产投资20.2亿元。园区规模工业增加值占全部规模工业增加值的比重达14.59%;启动了凤凰大道对接工程,“中国(醴陵)陶瓷艺术城”、“电瓷电器产业园”、“汽车零配件及汽车用品产业园”、“建筑陶瓷园”等项目建设工程进展顺利。新型化工业扎实推进,工业增加值占GDP的比重达55%,比上年提高3.1个百分点;规模工业全部资产利税率达26.4%,万元规模工业增加值能耗比上年降低17.4%,高新技术产品增加值占工业增加值比重达7%,工业固定资本投资总额达92.83%、比上年增长73.7%,工业技术改造投资比上年增长80.5%。

全年投入各类水利工程建设资金1.2亿元,整修、新建水利工程9160处,除险加固病险水库23座,改造危桥15座,建设乡镇自来水厂3个。加强了5个重点集镇建设。年内,西气东输二线工程建设启动,进展顺利。

2010年,全市重点工程建设以“城市发展带动”战略和“城市提质战”为契机,城乡建设明显提速,项目建设加快推进。争取上级资金9.9亿元,融资到位7.3亿元。全年拨付5630万元,其中醴陵大道4000万元、宝塔路1000万元、渌江防洪堤300万元、江源大桥300万元、渌江大道30万元。7月,总投资2300万元的左权南路延伸段建设工程竣工通车。8月,总投资1800万元的车顿桥广场重点工程建设项目竣工并投入使用。11月,总投资1800万元的励节路竣工通车;总投资1500万元的渌江拦河坝工程建设工程竣工。渌江大道三、四期工程,其中三期工程基本完工,四期工程进展顺利,预计2011年4月竣工。预算总投资1.65亿元、总面积5.13公顷、建筑面积1.03万平方米的泉湖体育馆工程建设,年内完成投资9000万元,主馆建设工程启动;预计2011年10月完工。总投资2700万元的塔前路,完成了道路立项、规划、施工设计、征地、房屋拆迁等工作,路基土方施工已完成80%,雨污水管道完成70%;预计2011年6月竣工通车。渌江风光带建设工程共分3期,全长6公里。其中一期工程于2005年10月竣工。年内,总投资7亿元的二期工程建设启动,房屋拆迁、体育馆至渌江大桥段的防洪堤工程有序推进;三期工程建设正处前期各项准备工作之中。年内,总投资约8亿元,长6596米、宽100米的醴陵大道建设工程的路基工程完工,排水工程接近尾声;铺设沥青路面底层26.04万平方米、中层铺设20.98万平方米;完成预制人行道板8.86万平方米,安装侧石3.94万延米;全线共种植树木6262棵,路中绿化带栽培树木4.8公里;总投资1200万元的流星潭桥主体工程竣工。岳汝高速(醴陵段)完成投资2.2亿元,征地、拆迁工作全面完成,全线10个标段进入施工阶段。莲易高等级公路(G320醴陵段)拓宽、改造工程已完成工可和评审;预计2011年启动。投资约3.78亿元的沪昆高铁(醴陵段)客运专线建设施工进展顺利。投资近2000万元、长2650米的大林河引水工程全线贯通,预计2011年竣工并投入使用。启动了长庆大道、渌江防洪堤二、三期等工程。釉下五彩艺术陶瓷园、汽车零部件及汽车用品产业园、湘东国际物流园、仙岳山文化景区等产业项目建设步伐加快推进。启动了花炮商检海关联合监装点、花炮燃放试验场、电瓷检测实验室、口岸联检大楼等系列口岸配套设施建设,其中花炮燃放试验场投资900万元、占地20公顷。

2010年,招商引资成绩显著,外贸出口稳中有增。全市有外商投资企业34家,其中陶瓷企业22家,完成外贸出口总额6.09亿美元,出口创汇2.43亿美元。积极实施“走出去”战略,全力推介醴陵、宣传醴陵,全年全市组织市相关企业参加了德国法兰克福陶瓷礼品展、德国汉诺威工业博览会、春夏“广交会”、上海“世博会”等。上海“世博会”期间,赠送由醴陵制作的“世界和瓶”;由省长周强向台湾亲民党主席等赠送“盛世牡丹”、“国色天香”瓶等。成功举办醴陵首届“中国醴陵内销烟花爆竹经营高层座谈会”,来自北京、新疆等19省市、近200名高端经营商与会。6月,醴陵制作的“万花赏瓶”,以市委、市政府名义赠送给台湾影视歌“三栖明星”刘若英(醴陵籍)。7月,组织参加湖南省“上海世博”招商活动周和湖南省、株洲市项目推介会暨重大项目投资签约仪式,其间“醴陵釉下五彩陶瓷创意园”等项目成功签约。8月,市长蒋永清随同湖南省“2010年台湾湖南周暨第六届湘台经贸交流合作论坛”代表团,赴台参加了论坛。全年新批自营进出口权企业14家,年末全市拥有自营进出口权企业183家。组团参加“上海世博活动周”、“第五届中博会”、“湘台经贸活动周”等招商活动;举行产业招商推介会,组织开展建筑陶瓷招商恳谈会和大型项目签约活动。全年签约引进新项目24项,实际利用外资6560万美元,实际到位内资16.132亿元。

交通运输业稳步发展,全市境内公路总里程3085.21公里,其中高速公路96.5公里、国道129.96公里、省道51.57公里、县道296.36公里、乡道381.72公里、村道2129.11公里。有东、南、西、北客运站、株洲集团醴陵汽车站和嘉树等13个农村客运站,共拥有营运货车3242辆、营运客车623辆。拥有公交线路5条,公交车109辆。全年完成客货运换算周转量87.1亿吨公里,其中完成货运量8550万吨、货物周转量86.2亿吨公里、客运量7180万人次、旅客周转量30.1亿人公里。邮电通信业稳健发展,全年完成邮电通信业务总量4.56亿元,增长12.3%。年末拥有固定电话用户19.9万户,其中农村电话用户12.1万户;有移动电话用户54.6万户,互联网用户5.3万户。消费品市场持续走旺,实现社会消费品零售总额83.11亿元,增长18.8%。全市共设立家电下乡备案网点224家,汽摩下乡备案网点56家,全年共销售下乡产品16.07万台,销售额达4.87亿元。

沩山古窑址的沩山村成功申报“湖南省历史文化名村”,李立三故居被评为国家“AAA”级旅游景区。文艺创作硕果累累,史晓林创作的歌曲《家乡的油纸伞》获湖南省第二届“湘人湘歌”大赛银奖;《科学发展好前程》被评为中华颂第二届全国小戏小品曲艺大展二等奖;《非常年夜饭》小戏小品获株洲市第三届“炎帝文艺奖”三等奖。《思情鬼歌》获湖南省首届农民文艺会演“丰收奖”。群众文化体育事业蓬勃发展,醴陵市获“全国全民健身工作先进县(市)”称号。在参加湖南省第十一届运动会中获5金、17银、21铜。全年新建9个乡镇综合文化站、120家“农家书屋”;送戏下乡演出210场次,下乡放映电影4060场、送书1270册。科技兴市战略进一步推进,科技工作跻身国家首批知识产权强县行列,连续7年保持“全国科技进步先进县(市)”称号。安排各类科技计划项目45项,投入科技经费2550万元;申报国家级科技项目6项、省级5项,引进科技项目发展资金465万元;申请专利590件,其中企业申请专利427件。年末,全市拥有高新技术企业11家,实现高新技术产值22亿元。教育事业协调发展。醴陵市荣获“湖南省建设教育强县(市、区)先进集体”、“全省推进义务教育均衡发展工作先进市”。全年财政性教育经费支出44021万元,教育财政拨款35149万元。征收教育费附加1999万元、城市教育费附加1000万元。全市小学入学率100%,辍学率为“零”,升学率为100%;初中入学率为100%,辍学率控制在0.4%以内。全年拥有普通中学49所,在校学生33173人;小学177所,在校学生51837人。全年高考上二本以上达1769人,三本以上上线3129人,上线率65.7%。其中,本科录取2158人、专科录取1817人。卫生事业全面发展,新型农村合作医疗工作继续保持全省领先地位,着力推进乡镇卫生院项目建设,逐步形成了覆盖城乡的公共卫生服务体系和医疗服务体系。投资250万元,提升、改造了白兔潭、大障镇等2所中心卫生院的综合大楼;总投资8000万元的市中(一)医院住院综合大楼启动;总投资725万元,改、扩、建了来龙门、西山街道办事处社区卫生服务中心。广播电视“村村通”目标全面实现;电视综合覆盖率达100%、广播综合覆盖率达99.39%。全年投资3500万元,治理污染项目50余项,建造清洁能源窑炉48座,治理废水22项,拆除燃煤窑炉33座,减排二氧化硫274吨,削减率为11.55%;减少COD排放1100吨、削减率为20.18%。人民生活水平不断提高,城镇居民收入稳步增长,全市城镇居民人均可支配收入达18280元,农民人均纯收入9304.25元。

(汪建平)

【醴陵大道建设】 醴陵大道是醴陵市城市“一环六放射”交通骨架中的主放射道路。西起醴泉路路口,东至沪昆高速(醴陵段)黄沙互通口。道路总长6.6公里、路幅宽100米,双向八车道,主线时速为50公里/小时。大道建设工程涉及2个乡镇、3个街道办事处、8个行政村、39个村民小组。截止2010年12月底,财政累计投资3.5亿元,其中工程直接投入2.6亿元,为概算的74.25%。年内,完成土石方271.7万方,占总工程量的111.2%;路基填方207.4万方,占总工程量的98.3%;清淤换填16.08万方、抛石挤淤2856方,粉喷桩12.5万延米,箱涵475.35米,分别为工程量的100%。完成排水工程圆管涵1770延米、雨水管7462.5延米,雨水检查井240座,污水管道8143米;流星潭主线桥工程的桩基、系梁、承台、墩柱、盖梁和台肋板等工程完工,制作预制梁120块,为工程总量的68.1%。完成人行道板7.87万平方米、占工程总量的82.9%;完成绿化给水管铺设2468米,占工程总量的41%;铺设水稳层20.9万平方米,占工程总量的63%。K5+100路段的3.5万伏高压杆线搬迁完成。

年内,市政府投资3138.2万元,征地14.62公顷,对239户拆迁户分别在珊田、马脑、东岸、黄沙、钟鼓、庄埠村分别设立6个安置区,并以栋(户)安置形式进行集中安置。截至12月,6个安置区建设工程基本完工。大道两厢各20米绿化带征地完工、共征地37.84公顷,105户拆迁户妥善安置。针对320国道立交桥梁施工、管线搬迁、路基沉降、道路稳定层施工,绿化(20米)带扩征等建设项目,进行研究分析、设计、施工、监理、质监、检测,制定了技术处理方案。针对K0+000-K0+500段中的6个土溶洞,投入3台桩基设备,采取挤密碎石桩工艺施工处理;针对大道全线(长6594米),挖填搭界部位40余处。为保证路基质量,在普通光轮压路机分层压实路基的基础上,使用羊角碾、冲击式压路机,对全线的填石路基、挖填(搭接)部位加强冲击碾压。为了确保施工顺利进行,指挥部加强施工环境协调工作,组织干警上路巡查,深入乡、村、组和施工现场,将工程重点前移,做到在施工过程中发生环境协调问题,随叫随到,及时做好疏导工作;对破坏、阻挠道路建设的违法事件,坚决予以打击,将矛盾纠纷化解在萌芽状态、解决在施工现场。加强违法建设清查整治,组织专门班子对沿线道路的违法建设进行摸底清查,共查出违法建筑及搭建房屋72处,拆除24处,约2000平方米。

(汪建平)

【“上海世博醴陵瓷”展览】 7月,醴陵市商务局牵头组织“强风头、呈异彩”的“上海世博醴陵瓷”展览,市委书记谢清纯、市长蒋永清、市人大主任李理、市政协主席陈立耀等醴陵市主要领导亲临现场。

“上海世博会”醴陵陶瓷的成功展览,再现了“醴陵瓷城”风采,展示了醴陵瓷器的美轮美奂,让世界进一步了解了醴陵釉下五彩瓷文化。一是现场赠送醴陵瓷器,展示醴陵釉下五彩瓷最高艺术,醴陵陶瓷成为“湖南名片”。在“上海世博会”期间,中国奥组委主要领导向原国际奥组委主席萨马兰奇等官员,分别赠送了由醴陵制作的《世界和瓶》;湖南省省长周强向台湾亲民党主席等,赠送了由醴陵制作的《盛世牡丹》瓶、国务院总理办公系列用瓷和湖南省人民政府曾赠给香港回归十周年的《国色天香》;株洲市市委书记陈君文向联合国助理秘书长贝楠先生、世博中国国家馆馆长徐沪滨等，赠送了永久珍藏的醴陵釉下五彩精品陶瓷。通过赠送醴陵陶瓷活动，进一步增强了醴陵陶瓷在世界各国交往的友情，彰显了醴陵陶瓷的声誉和魅力，让世界更多国家和人民深层次了解了醴陵釉下五彩瓷的缤纷世界。二是现场演绎醴陵瓷器手工拉坯制作环节，展示醴陵釉下五彩瓷的制作秘诀。“湖南活动周”期间，在宝钢大舞台独设了中国元素传习区，是专为醴陵釉下五彩瓷现场表演单独设立的瓷坊。五彩瓷现场制作表演，热闹非凡，吸引众多的中外游客。三是由醴陵市人民政府与湖南华联瓷业共同举办了醴陵世博瓷新品鉴赏会，展示了醴陵瓷器的美轮美奂。鉴赏会上，其展示的瓷器作品采用高白玉、釉下五彩等经典工艺类型，并首次把特种陶瓷材料以邮票形式表现，具有很高的观赏和收藏价值。其中，市金煌瓷艺为世博特制的醴陵釉下五彩瓷《万花赏》，将聚集参与“上海世博会”近200个国家的国花元素符号和文化与釉下五彩进行完美结合、紧密融合，寓意“城市，让生活更美好；醴陵釉下五彩瓷，让各国国花更艳丽”。融合制作的百余款鲜花醴瓷在“世博会”中大放异彩。陶瓷邮票薄如蝉翼、瓷雕海宝灵动活泼、瓷质吊坠高雅华丽。四是新闻聚焦，让世界了解醴陵釉下五彩瓷文化。新闻媒体聚焦醴陵瓷器，釉下五彩瓷誉满全球，世界各国媒体纷纷报道。中央电视台、湖南卫视、香港凤凰卫视等主要电视媒体，中国新闻、《解放日报》、《潇湘晨报》、《香港大公报》等平面媒体，《人民网》、《红网》等40余家网络媒体，分别从不同角度报导了醴陵釉下五彩瓷。据不完全统计，在“上海世博会”期间，共有60余家新闻媒体，分别报导或发表醴陵釉下五彩瓷文化近100篇。通过“世博会”的高层次、高密度、大体量的聚焦宣传，醴陵釉下五彩瓷文化在全世界广为传播，醴陵釉下五彩瓷艺术的知名度誉满全球。五是在“上海世博会”的“湖南活动周”期间，醴陵市大展风采，收获累累硕果。期间，醴陵市签约了3大项目。其中，按国家AAAA景区标准建设的仙岳山文化景区开发项目与醴陵市正式签约；成功引进投资10亿元的中国醴陵釉下五彩陶瓷创意园；南方汽车制造中心投资1000万美元、年生产能力达60万台的汽车零部件项目尘埃落定。

（汪建平）

攸　县

中共攸县县委书记	邝邹飞
副　书　记	胡湘之　谭智勇
县委常委、纪委书记	彭良平
县委常委、政法委书记	尹诺昂
县委常委、常务副县长	李能斌
县委常委、副县长	张建勇
县委常委、组织部部长	熊　炜
县委常委、统战部部长	汤小红
县委常委、武装部部长	杨峥嵘
县委常委、县委办公室主任	毛春良
县委常委、宣传部部长	吴爱清
县委常委、攸州工业园党工委书记	李子善
县人大常委会主任	颜建斌
副　主　任	贺新国　颜学勤（兼）　黄清秀　宾玉良　谭小宁
攸县人民政府县长	胡湘之
副　县　长	李能斌　张建勇　谈湘旭　陈可勇　陈运发　文　斌
政协攸县委员会主席	夏玉珠
副　主　席	彭新立　彭国强（兼）　罗志勇（兼）　肖顺昌（兼）
县人民法院院长	邓国平
县人民检察院检察长	王友武
株洲市生物工程中专党委书记	蔡德和

【**概况**】　2010年，攸县辖15个建制镇，即：城关镇、鸾山镇、黄丰桥镇、柏市镇、酒埠江镇、网岭镇、皇图岭镇、丫江桥镇、新市镇、大同桥镇、上云桥镇、菜花坪镇、渌田镇、石羊塘镇、桃水镇；5个乡，即：湖南坳乡、坪阳庙乡、槚山乡、莲塘坳乡、鸭塘铺乡。11月，莲塘坳乡撤乡设镇。2010年，全县共223582户，年末总人口78.45万人，比上年增加6242人；城镇在册人口10.91万人；乡村人口67.54万人；出生9446人，死亡4169人。全县土地总面积2664.7平方公里；耕地总面积55828公顷，基本农田面积46966.67公顷。林地面积168.02千公顷，森林蓄积量311.87万立方米，森林覆盖率57.24%。煤炭资源探明储量2.93亿吨。年平均气温18.6℃，较历年同期偏高0.8℃；年最高气温40.1℃，年最低气温-1.4℃；年总降水量为1794.8毫米，比历年同期偏多310.6毫米。

县域经济综合实力继续居全省十强。全县国民生产总值174.45亿元，增长15.3%，5年增长1.3倍，实现5年翻番的目标。其中：第一产业增加值33.6亿元，增长4.3%，第二产业增加值84.73亿元，增长21.5%，第三产业增加值56.12亿元，增长13.4%。三次产业增加值比重由上年的26.1:36.3:37.6调整为19.3:48.6:32.1，产业结构进一步优化。人均（GDP）22237元，实现财政总收入13亿元，增长42.5%，是2005年的3.7倍，实现5年翻番的目标；其中地方财政收入8.7亿元，增长53.35%；财政总支出17.6亿元，增长25.7%。财政收入占GDP的比重为7.5%，提高0.9个百分点。

全年实现农林牧渔业总产值52.27亿元，增长4.3%。其中农林牧渔及服务业总产值比例由上年的37.8:8:48.6:2.1:3.5调整为45.5:7:40:2.9:4.6。粮食播种面积7.1万公顷，比上年增长0.6%；油料作物种植面积0.9万公顷，比上年增长6.3%，蔬菜种植面积1.5万公顷，比上年增长6.4%。主要农产品产量为：粮食50.6万吨，增长0.5%；油料1.1万吨，增长6%；茶叶320吨，增长6.6%；水果4.4万吨，增长5.5%；蔬菜61.63万吨，增长6.6%；肉类9.1万吨，增长7.0%；水产品1.7万吨，增长8.6%;出栏生猪117.89万头,增长2.8%;出栏牛1.92万头,增长2.1%;出栏羊4.65万头,增长2.4%;禽蛋产量1.24万吨,增长2.4%。农业产业化水平进一步提高。有农业龙头企业22家,其中省级4家,市级7家。全县有农民专业合作社72家,其中被列为省级规范化作业推进项目2个,专业合作领域由农业生产加工向农业服务业拓展。农业农村基础条件不断改善。全县开工各类水利工程5200处,水利建设完成土石方1060万立方米,资金总投入8000万元,总投工1030万个。新增农田有效灌溉面积39960公顷,新增节水灌溉面积70公顷。治理水土流失面积4533平方公里。高标准完成6个粮食主产村中低产田改造项目,总投资966万元,集中连片改造中低产田733.33公顷。高标准农田建设示范工程县项目在8个粮食主产村启动,总投资1360万元。土地治理项目全面推进,总投资1155万元,集中连片改造中低产田800公顷。农业机械化水平进一步提高。年末拥有农业机械总动力69.1万千瓦;农村用电总量2.6亿千瓦时,比上年增长18%。道路通汽车率100%;自来水通水率32%,解决安全饮水27609人。

全年实现工业总产值233.95亿元,增长45.2%;工业增加值77.4亿元,增长22.0%。其中民营工业实现产值215.24亿元,增长45.0%。在全部工业中,规模以上工业企业265家,规模工业完成产值172.34亿元,增加值67.95亿元,增长48.5%,其中轻工业15.7亿元,增长56.28%;重工业52.2亿元,增长30.89%。工业效益明显提高。规模以上工业实现主营业务收入171.6亿元,增长31.46%;实现利税12.4亿元,增长33.9%,其中利润5.8亿元,增长31.62%。规模以上工业综合效益指数484.51%,比上年提高103个百分点。主要工业产品产量为:原煤产量783.4万吨,增长29.12%;发电量0.85亿千瓦时,增长72.33%;水泥197.1万吨,增长19.51%。规模以上工业企业产品销售率99.36%,比上年增长0.75个百分点。工业园区建设进一步加快。园区完成固定资产投资7.96亿元,增长42.14%。新增入园企业2家,累计入园40家,签约项目9个,引进资金9.25亿元,完成工业总产值28亿元,增长52.58%。

全年完成社会固定资产投资118.6亿元,增长53.4%。其中城镇固定资产投资额108.9亿元,增长65.39%。投资对经济发展贡献62%。总投资中,国有经济投资25.03亿元,增长46.98%;非国有经济投资86.94亿元,增长77.65%,年内新开工工业项目523个。规模以上投资中,第一产业投资3.18亿元;第二产业投资77.02亿元;第三产业投资35.46亿元。三次产业投资结构由上年的2.1:52.4:45.5调整为1.9:51:47.1。工业固定资产投资76.06亿元,增长51.7%,占全社会固定资产投资的比重为64%。其中工业技术改造投资70.9亿元,比上年增长54.9%;采掘业投资27.37亿元,比上年增长52.3%;制造业投资34.42亿元,比上年增长65.9%;电力投资10.82亿元,增长91.5%;燃气及水的生产和供应业投资0.94亿元,比上年减少32.4%。争取中央、省、市投资项目40个,资金10636.2万元。实施重点项目68个,总投资超过200亿元,其中实施城建项目32个,总投资10亿元。重点工程进展顺利。洣江风光带、文化广场、污水处理厂、无害化垃圾处理场、燃气入攸等一大批城市配套设施相继建成并投入使用,内环路全线通车,迎宾大道、城南防洪堤、规划展示馆等工程相继开工,东城新区建设全面启动。

全县境内公路总里程7990公里(含村道),等级公路达1553公里;全县499个建制村全部实现通水泥(油)路,有320个村实现组组通水泥路,有196个村实现户户通水泥路。全面完善公路网络结构,工程建设顺利推进。醴茶高速基本完成第二批拆迁;S315攸县龙下至乌坳段提质改造工程路基工程基本完成,完成第一层水稳层80公里;网朱公路南岳冲隧道11月份全线贯通;攸安连接线于8月底竣工通车。旅客周转量为8.88亿人公里,增长9.8%;客运量727.13万人,增长11.2%;货运周转量为5.19亿吨公里,货运量为624万吨,分别增长10.3%和12.1%,交通运输创税近1.7亿元。全年邮电业务总量为2.28亿元,增长19.98%;年末固定电话用户8.5万户,固定电话普及率82.83%;移动电话用户34.1万户,增长10%,普及率37.09%。国际互联网用户1.9万户。

全年实现社会消费品零售额57.21亿元,增长18.8%。批发零售贸易业零售额49.4亿元,增长18.7%;限额以上贸易企业91家,比上年增加65家。全年实际工资利用外资3300万美元,增长67.37%;新签对外承包工程、劳务合作和设计咨询合同金额247万美元。居民消费物价上涨3.08%;服务项目价格上涨5.32%,消费品价格上涨1.32%。粮食类消费品价格上涨7.98,房屋价格上涨12.7%。全年合同利用外资3305万美元,利用市外境内资金11.47亿元,比上年增长116.04%;实现进出口总额293万美元,比上年增长7.6%;新签对外承包、劳务合作和设计咨询合同金额236万美元,完成营业额176万美元。旅游业规模不断扩大。全年共接待游客336.42万人次,增长23.9%;旅游总收入9.8亿元,增长68.97%;实现外汇收入166.2万美元,增长22.02%。酒仙湖景区被国家旅游局批准为国家AAAA级旅游景区,酒埠江镇被评为湖南省第二批特色旅游名镇。

全年完成财政总收入13亿元,比上年增长42.51%,其中,一般预算收入完成86986万元,占年计划的135.86%,增长53.35%。全年非税收入入库45372万元,其中国资运营和土地收入21624万元。财政收入占国内生产总值的比重为7.5%,提高0.9个百分点。财政总支出17.6亿元,增长25.7%。教育支出33614万元,社保、就业、民政和住房保障支出28079万元,增长32.84%,医疗卫生支出13885万元,农林水支出21884万元,城乡社区事务和交通运输支出23838万元,乡村转移支付村均补助标准由4万元提高到5万元,统筹拨付重点工程资金102708万元。完成地方税收32000万元,为年度计划的105.52%,增加5749.9万元,增长21.9%。县级任务完成22888.4万元,为年计划的107.19%,比上年增长1570.1万元,增长7.37%。完成国家税收收入4.2亿元(不含车购税),比上年增长24.5%。其中:两税收入41400万元,同比增收8295万元,增长24.4%;企业所得税收入530万元,较上年同期增收135万元,增长35%;个人利息所得税收入42万元;另外,车购税入库2200万元,为年计划的17倍,较上年增收2050万元,增长近20倍。

全县金融机构各项存款余额为89.98亿元,下降3.56%。其中,企事业单位存款余额10.16亿元,下降8.23%;城乡居民储蓄存款余额67.87亿元,增长2.59%。各项贷款余额38.63亿元,增长39.4%;年末银行业不良贷款余额3.75亿元,下降14.17%。全年保险公司保费收入2.62亿元,比上年增长22.43%。

全县有公办学校173所,其中小学137所(含教学点),乡镇初中24所,九年一贯制学校1所,县属高中4所、职校和特校各1所,幼儿园5所。公办学校在校学生65454人,其中小学38414人,初中17367人、高中(含职高)9673人。社会力量办学机构154个,其中民办幼儿园128所,在园幼儿14517人;民办中小学校4所,在校学生9906人;其他民办培训(含高考补习职校、职业技术培训和艺术培训)机构22个,在校学生1204人。有在岗公办教职工4454人,其中义务教育阶段教职工3361人。普通高考录取3721人录取率85.37%,普通本科录取1797人,录取率41.15%,其中二本以上上线1648人。

全县共有各类技术人员6967人,县本级科技三项费用支出1816万元。全年完成专利申请145件,专利授权87件。全县全年完成高新技术产值10.28亿元,增长53%,占规模以上工业总产值比重为6%,比上年提高2个百分点。全年新增株洲市民营科技企业3家,累计发展民营科技企业37家,新增市级企业技术研发中心1个、县级企业技术研发中心1个,神农动物药业公司通过国家高新技术企业认证,增幅29%以上。全年共向上级申报各类科技计划项目10余项,其中湖南易达机械设备有限公司成功获国家中小企业创新基金项目;攸县桐坝综合枢纽工程项目通过CDM国际认证机构审核,成为攸县首家通过CDM审核的项目。

全县有艺术表演团体180个,文化馆、图书馆、博物馆、群众艺术馆各1所,综合档案馆1所,馆藏档案10万余册。有广播电台、电视台各1座,广播和电视人口覆盖率为99%,有线电视模拟6套、数字电视72套节目,有线电视用户9.5万户;有电影院2所,全年放映电影6300场。全县有体育场馆185座,运动场184个,游泳池1个,各种训练房13所;全年共开展全民健身项目16个,参加人数21万人;举办了以龙舟赛、职工男子篮球赛、职工乒乓球赛为内容的“健康生活·生活健康”系列活动。有农村文化服务点20个,举办“好日子”赛歌会等大型文艺活动30余场次,剧团演出251场。在村、组完善100个“乡村大舞台”功能设施配套建设,建立42个农民体育健身工程示范村和148家农家书屋。

全县共有医疗卫生机构754个;其中卫生系统共有33家医疗卫生单位(县直医疗卫生单位7家、中心卫生院7家、乡镇卫生院19家);村卫生室509家,民营医院6家,厂矿职工医院4家,个体诊所20家。开设床位1835张,在职人员2185人。2010年,年门诊量73.75万人次,住院量6.97万人次。全县共有63.98人参加新型农村合作医疗,覆盖率96.7%;全年共补偿71084人次,补偿金额7520万元,统筹地区内综合补偿率提高到63.34%。9项基本公共卫生服务建立居民档案27万多份,城乡居民电子建档率分别达到43%、34%。

城市人均拥有绿地面积2.3平方米,全年排放二氧化硫6442.88吨,削减964.72吨,排放化学需氧量7138.6吨,削减2084.03吨。城市污水集中处理率27.98%,生活垃圾无害化处理率95%,工业三废排放达标率89%,工业项目环保“三同时”执行合格率100%,空气质量达到二级城市标准;县城污水处理厂一期工程建设,形成日处理2.5万吨污水处理能力,同时配套建成了污水收集管网。治污减排和结构减排有序推进,污染减排任务全面完成。全年完成造林面积3667公顷,退耕还林面积1.3万公顷,森林覆盖率57.24%,有国家级生态示范园1个,自然保护区5个。

全年城镇居民人均可支配收入17305元,增长12.83%;社会生活消费支出12080.5元,增长10.92%,恩格尔系数27.8%。农村居民人均纯收入9045元,增长17.7%;人均生产消费支出5100元,增长3.7%,恩格尔系数38%。年末城镇居民人均住房面积67.5平方米,农村居民人均住房面积66.45平方米。年内新建农村安居工程300户,城镇廉租房11万平方米,2024套。

存在的困难和问题:经济总量不大,结构不尽合理,工业发展速度不快,产业转型任务繁重;农业基础相对薄弱,农民增收空间拓展不够;资源环境约束增强,节能减排任务艰巨;影响社会和谐稳定的因素较多,安全维稳压力较大;政府自身建设需要继续加强,执行力、创新力有待进一步提升等等。

(焦润泉)

【“十一五”规划目标全面完成,科学编制“十二五”规划】 “十一五”时期,通过全县上下的共同努力,各项目标任务全面完成。全县GDP由2005年的74亿元增加到2010年的174.45亿元,增长1.3倍,年均增长14.2%;人均GDP突破2万元,达到2.49万元,是2005年的2.3倍。2010年财政总收入达到13亿元,比上年增长42.5%,比2005年净增9.5亿元,增长2.7倍,年均递增30%。城镇居民人均可支配收入由8733元增加到17309元,年均增长14.7%;农民人均纯收入由4569元增加到9045元,年均增长14.8%。县域综合实力连续5年跻身全省十强,居中部6省第42位。2010年,委托北京灵思创智城市经济发展咨询有限公司,科学编制了国民经济和社会发展第十二个五年规划纲要。"十二五"规划,确定了"五年倍增、福民强县"主题,提出了实施科教先导、产业兴县、城镇带动、民生优先"四大战略",建设智慧攸县、实力攸县、魅力攸县、幸福攸县"四个攸县"。通过实施"三四五六"工程(争创三个"一流":世界一流中等城市、全国一流县级工业园区、全国一流景区;力争4个百亿项目:煤电一体化、株化集团搬迁、抽水蓄能、酒埠江旅游风景区;招引5家以上世界500强、全国500强或上市公司的战略投资者;打造六大产业基地:建设能源供应、化工机械制造、烟花鞭炮生产、旅游休闲、优质农产品供应和湘东南、赣西北现代物流基地),实现"五年倍增"目标(GDP、财政总收入、固定资产投资、城乡居民收入5年翻番)。 (刘　琦)

【"三大战役"全面打响】 园区攻坚势头强劲。继续投入1亿元资金,着力加快园区基础设施建设,益力盛电子、明珠选矿药剂等6家投资过亿企业成功入驻。研究出台招商引资"八个零"政策,大力实施"51151"工程,成功引进华盛烟花、长江化肥等战略投资者,煤电一体化和干法水泥项目正式获批动工。城市提质战果显著。抓好了新一轮城市总体规划以及东城新区、火车南站片区等重点详规编制。投入资金10亿元,用于城市重点工程建设,洣江风光带、文化广场建成并投入使用,内环路路基全线成型,规划展示馆、垃圾处理场、迎宾大道等工程相继开工建设。"三创四化"深入推进,投入3000万元对城区主干次街道临街建筑"穿衣戴帽",建成交通智能监控系统,探索了城市管理长效机制,延伸了"洁净攸县"大行动,摸索推行了农村垃圾处理"四分法",农村清洁工程的做法和经验得到省、市的充分肯定。旅游开发不断升温。投入1000万元编制旅游产业总规和核心景点详规。积极组建旅游开发投资公司推动旅游开发,组织策划湖南作家走进酒埠江等活动,酒仙湖4A景区创建成功。 (刘　琦)

【成功创建国家级平安畅通县和省级卫生县城】 2010年,攸县获"全国平安畅通县区"殊荣。2008年,攸县正式启动"平安畅通县"创建工作。两年多来,全县紧紧围绕"降事故、保安全、保畅通、促和谐"的总体要求,大力加强道路交通基础设施建设和安全管理工作,道路交通条件大为改善,安全和通畅水平逐年提升。2009年,全县道路交通事故万车死亡率、10万人口死亡率、亿元GDP死亡率分别为3.82、3.38、0.1,同比分别下降18.5%、14.8%、20%,未发生一起死亡3人以上的特大道路交通事故,没有周期性严重交通阻塞现象,道路交通安全和畅通水平大幅提高。2010年,攸县顺利通过国家评估验收,列居湖南省首位。 (文　魁)

【迎宾大道开工建设】 7月3日,迎宾大道正式动工。它是连接攸县新老城区的通道。该工程起于醴茶高速攸县互通A匝道,跨攸水至县城边缘与S315平交,与内环路对接,全长5.27公里。该道路设计为60公里/小时的双向八车道,路面设计为沥青混凝土面层,路宽设计为100米,其中机动车道30米,非机动车道12米,人行道10米,绿化带48米,是县内路幅最宽、标准最高的城市主干道。工程建设包括通道、桥梁、排水、绿化、管网、亮化等工程,项目总占用土地面积72.18公顷,概算总投资4.8亿元,其中攸水大桥桥梁跨度达1017.08米,是攸县跨度最大的桥梁工程。工程计划2011年完成道路路面工程,实现全线通车,2012年与醴茶高速同步运行。 (邓卢水)

【洣江风光带一期工程竣工】 2010年5月,洣江风光带一期工程竣工,以全新的面貌向市民开放。作为攸县精心设计打造的集商贸、居住、休闲为一体的标志性城市景观带,一期工程项目东起铁路桥头与望岳东路交叉口,沿洣水北岸而下,至洣水一桥桥头,全长2158米,包括城防堤、滨江大道、休闲广场、景观绿化和亮化,总投资1.2亿元。项目以2001年11月开始动工修建的城北防洪堤一、二、三期工程为基础,滨江大道沿防洪堤而筑,道路宽度20米,其中车行道宽12米,人行道宽8米,道路采用沥青混凝土路面,为城市Ⅱ级次干道;绿化景观带占地面积1.76公顷,设有3个市民活动小广场,将"望江楼"、"十二景墙"、"二龙戏珠"、"高山流水"等景观穿插其中;以临街商业旺铺和高档滨江住宅建设,带动城市建设提质,全面提升城市品位,改善人居环境。洣江风光带是攸县首个功能齐全、设施完善、景点别致的市民休闲活动场所,成为县城一道亮丽的风景线。 (丁志永)

【成功创建全国绿化模范县】 4月,攸县被全国绿化委员会授予"全国绿化模范县"称号,标志着历时3年的创建取得成功。创建工作中,全县大力推行绿化责任制,积极开展义务植树、"三边"造林和"千棵大树进城"等活动,加强园林建设管护、林业项目建设和生态环境保护,绿化工作成果丰硕。截至2010年初,全县林业用地面积达到16.69万公顷,林业用地绿化率达97.9%,森林覆盖率达56.82%;城区人均公共绿地10.2平方米,绿地率达37%,街道绿化率达98%;建制镇人均公共绿地8.6平方米,绿化率达35%;水域和道路绿化率分别达到99%、95.2%。全县共创建省级园林式单位11个,市级园林式单位22个，县级园林式单位68个。“全国绿化模范县”的成功创建，进一步推动了攸县林业经济发展，促进了农业增效农民增收，进一步改善了生态环境，为经济社会全面可持续发展奠定了坚实基础。（丁志永）

【成功举办首届广场文化艺术节】 2010年，总面积5.2万平方米，总投资2500万元，集休闲广场、生态公园、标志性景观于一体的县城文化广场建成。在文化广场举行的首届广场文化艺术节，旨在“弘扬攸县精神，唱响美好生活”，是全县为打造乡村大舞台文化服务品牌，拓展“健康生活、生活健康”系列活动之一。活动于10月19日开幕，10月24日结束，为期5天6晚，期间好戏连台、精彩纷呈，有龙灯、太极拳、广场健身舞、趣味体育等群众性活动，也有皮影、挎竹舞、打铁水、唱插花等列入省市非物质文化遗产保护的民间传统节目。整个活动盛况空前，有来自20个乡镇、12个社区、63个县直单位以及老年协会、老年大学、老年体协、艺术学校等共5000余名表演（比赛）人员，超过20万群众参加，是攸县有史以来参加人员最广泛、节目表演最丰富，最具文化性、趣味性和互动性的大型群众文化活动。（丁志永）

茶陵县

中共茶陵县委书记 毛朝晖
副书记、代县长 龙志华
副书记 彭新军 尹朝晖(援藏)
县委常委、纪委书记 刘日炎
县委常委、统战部部长 姜衡湘
县委常委、常务副县长 谭红日
县委常委、副县长 李艳平
县委常委、茶陵经济开发区工委书记 彭小中
县委常委、宣传部部长 龙东华
县委常委、政法委书记 邓小艳
县委常委、人武部部长 尹楚平
县委常委、组织部部长 谢志军
县委常委、县委办主任 李鹏程
县委常委 杨忠民(挂职)
县人大常委会主任 罗尔胜
副主任 颜定良 陈晓雅 邝有光 陈普辉(兼)
县人民政府代县长 龙志华
副县长 谭红日 李艳平 谭小华 罗正初 王友文 万晖
政协茶陵县委员会主席 周德才
副主席 刘祖光 周萍 罗九保(兼) 谭外生(兼) 陈艳娟(兼)
县人民法院院长 黄玉丰
县人民检察院检察长 周育平

【概况】 茶陵县下辖14个建制镇6个乡2个办事处，总面积2500平方公里，耕地总面积2.84万公顷。2010年末总人口59.97万人，其中城镇人口86449人。人口出生率为18.65‰，人口自然增长率4.88‰。全年年平均气温18.7℃，较常年偏高0.8℃；年最高气温39.6℃，最低气温－2.1℃。全年总日照时数为1590.4小时，较常年偏多53.5小时。全年总降水量为1050.3毫米，较常年偏少41.1毫米。

经济实力新突破。全年实现地区生产总值81.47亿元，增长13.6%（比上年，下同）。人均生产总值13584元。产业结构不断优化，产业结构由上年的28.72∶32.08∶39.2，发展为27.1∶35.6∶37.3，其中农业产值完成12.96亿元，增长4.0%；林业产值3.35亿元，增长5.8%；牧业13.71亿元，增长4.1%；渔业1.25亿元，增长8.5%；农林牧渔服务业产值0.44亿元，增长6.1%。全年实现财政收入5.31亿元，增长20.3%；财政收入占GDP比重6.5%，比上年提高0.2个百分点。全年完成固定资产投资491059万元，增长54.4%。城镇以上投资中第一产业投资87718万元，增长51.5%；第二产业投资403341万元，增长61%；其中工业投资280790万元，增长64%。全年实现社会消费品零售总额29.54亿元，增长19%。其中县级以上零售额25.63亿元，增长74.8%；县级以下零售额3.91亿元，下降57%。全年实现财政收入5.31亿元，增长23.9%。其中，一般预算收入完成37876万元，增长6.9%；上划“两税”收入完成12117万元，增长28.4%。财政支出结构不断优化，重点支出得到保证。全县财政支出12.05亿元，增长2.1%。其中一般公共服务支出1.38亿元，下降21%；教育事业费支出1.89亿元，下降8.8%；农林水事务支出1.99亿元，下降16.7%；医疗卫生支出1.13亿元，增长20.9%。全县年末金融机构存款余额79.27亿元，比上年增加12.69亿元；人民币贷款余额25.95亿元，同比增加6.58亿元。保险事业快速发展。年末全县保险业务收入10546万元，增长24%。全县城镇居民可支配性收入15650元，增长12.7%。农民人均纯收入2999元，增长0.2%。城乡居民储蓄存款余额581247万元，增长19.4%；人均城乡居民储蓄存款9692元，增长19%。

工业发展新步伐。全年实现工业总产值47.68亿元，增长47.07%，其中，规模以上工业企业115户，完成增加值18.5亿元，同比增长26.6%，其中国有企业工业增加值18833万元，增长73%；集体工业企业增加值16395万元，增长60.5%；其他经济类型企业增加值95898万元，增长45.6%。；规模以上工业企业实现销售收入39.8亿元，同比增长44%。工业固定资产投资28.62亿元，同比增长67.3%；万元规模工业增加值能耗降低24.3%；工业技改投入同比增长64.5%；规模工业从业人员同比增长17.5%；全县完成国税税收13739万元，同比增长76.7%，占县级财政收入的25.9%。初步形成了以茶陵经济开发区为龙头，国企主导、民营主导和政府主导的“一区四园”工业发展新格局。园区基础设施

不断完善。投资2.08亿元,顺利完成金孟路水泥硬化、弱电入园和10千伏高压线路延伸工程,加快实施主干道排水、排污和云湖高压线路搬迁改道工程。园区洼地效应不断扩大。全年共签约项目27个,合同投资39.85亿元,创历史新高;投资10亿元的德安居陶瓷、投资3.8亿元的华盛和光华陶瓷,项目推进速度日益加快;腰陂东山石材工业园发展来势喜人,湘东钨业收购整合湘宁钽铌公司工作进展顺利。投资6亿元的湘赣物流园项目,即将与省高管局签订合同。经济开发区被中国建筑陶瓷协会授予"全国陶瓷产业转移承接示范基地",贵派电器获批"中国驰名商标"。截至2010年,在"一区四园"落户的规模以上工业企业达55家,其中投资规模过亿元的5家。设立"园区企业服务中心"、"园区经济环境监测室",加强软环境监管。同时,创新招商引资方式,整合部门资源,增设晋江招商小分队,市场运作组建招商服务公司,定地区、定产业有针对性地开展招商引资。全年共签约项目27个,到位投资8.4亿元。重点工程提质提速。洮水水库工程建设进展顺利,移民搬迁任务圆满结束,安置点建设加紧施工,移民后扶政策正式出台;94公里的洮水水库环库公路路基全线拉通,洮酃公路竣工通车。"两高一铁"重点工程施工环境日趋优化,工程进度不断加快,茶常高速公路步入规划评审阶段。

城市建设新面貌。城市管理更加科学,城市基础设施更加健全,城市形象更具魅力。围绕打造"宜居茶陵"的目标,全面打响城市提质战。城市总规第五次修编通过上级审批。紫云街、茶陵大道竣工通车,朝阳街进入路基工程建设阶段;东阳商街、缇香小镇、南浦凤凰城、云龙山庄等一批高档次开发项目顺利推进;城区亮化工程深入实施,城市建设展现新面貌。市政建设力度加大。新建茶陵大道等5条城市道路,全长4129米;新建渠化岛3个,占地面积40341平方米;新修桥梁1座;完成陵园路、交通街等11条主次道路13309.8米的弱电管网建设;架设高架灯17座,安装红绿灯5处。投资400万元完成县污水处理厂后续建设项目二期管网建设工程;投资67万元完成花园式水厂的建设工程;投资151万元建设供水加压站;加大犀城大道和二期工业园的给水工程建设力度,铺设水管1650米;投资360万元,铺设茶陵大道给水主管3560米;投资156万元,完成苗圃、云龙开发区、家具建材城、燕子窝居民区等给水工程,铺设管网2412米。工程建设总投资1.06亿元。小城镇建设进展顺利。对界首、虎踞、浣溪、腰陂等4个省市重点镇继续实行县属国有资产处置和国有土地出让金全额返回的政策倾斜和扶持。虎踞镇投资690万元,完成农贸市场改建、建材市场新建、虎踞大道等工程;浣溪镇投资640万元完成垃圾处理厂、农村客运站、二期农贸市场扩建等工程;腰陂镇对集镇进行重新规划;界首镇投资20多万元完成垃圾处理厂以及镇区路灯亮化工程。各建制镇的城建事业得到更好、更快的发展,建设工作有声有色。市容市貌管理加强。推进"三化"工程建设。投资500多万元完成赤松仙路、犀城大道等绿化栽植工程,新增绿化面积4900平方米;进一步推行广告资源经营,实行市场化运作,规范经营路灯(灯箱)广告500个;新装路灯700余盏,街道路灯亮化率达98%以上。加大卫生保洁力度。成立"牛皮癣"清理专业队伍,查处并治安拘留"牛皮癣"制造者55人;严格落实门前"三包"责任制,签订门前"三包"责任状3万余份。加强城区客运秩序管理。严厉打击非法营运,定期不定期组织集中打击行动180余次,查处非法营运面的360余辆次,摩的2800余辆次。大力整治违法建设。依法拆除城区占道搭设棚亭、雨棚等违章建筑物、构筑物420余处。依法拆除东山坝八组、九组、头铺村等违章建筑构筑物76处,拆除城区范围内违法建房38栋,有效遏制违法建设蔓延的势头。

三农工作新进展。全县种植粮食面积4.71万公顷,同比增长1.2%,产粮35.33万吨,建立优质稻、超级稻生产示范区(片)6个,水稻品种优质率95%。脐橙种植面积0.13万公顷,年出产3500吨,产值达2100万元。秩堂镇晓塘村绿康脐橙种植协会成功注册"零仙果"商标;建有种植食用菌基地66.67公顷,年产量近万吨,年产值达8000万元;大蒜种植120公顷,生姜种植133.33公顷。特色农业的持续、健康发展。年出栏生猪88万头,龙华畜牧30万头无公害养殖基地第二期工程竣工,成功获批"全国畜禽标准化养殖示范场";茶陵大蒜、茶陵黄牛获国家地理标志;长沙红星集团投资油茶精深加工项目顺利实施,带动新造、垦复油茶0.22万公顷,种植烤烟0.14万公顷,产量6万担;万樟园林苗木基地、慧科生态园等现代休闲农业初具规模。建设农村饮水安全工程项目3个,解决农村3.2万人的饮水安全问题;完成通村通组公路173公里,舲舫中洲大桥、湖口洣渡大桥、严塘三益大桥等8个渡改桥和危桥改造项目全部竣工通车;投资100余万元实施农村清洁工程建设,50个农村清洁家园示范村建设成效喜人,已经成为全省样板工程。

社会事业新气象。大局更加稳定。全国两会、世博会和亚运会期间,茶陵实现上访"零登记";综合治理在全省排名前移19位,成为合格县;安全生产形势平稳,获全省先进。教育更具信心。坚持按教育规律办事,明确云阳中学为完全独立的公办初级中学;推行校长负责制,逐步取消学校行政级别;县政府每年安排300万元,同时成立启动资金200万元的贵恒教育基金会,加大对优秀学校和师生的奖励力度,加大对贫困学生的扶助力度。建成合格学校7所和村级合格小学14所,启动校舍安全工程,消除隐患270余处。统筹更为有力。全县共有481747人参加合作医疗,"新农合"参合率达95.3%;新建人民医院门诊大楼投入使用,总建筑面积为16500平方米,投资1280万元。计生率达87.35%,计生工作再获省优。全年申报各类科技项目10项,派市、县两级科技特派员50名。建成农家书屋128家、乡镇综合文化站4个。现代湘剧《洣水魂》获全省戏剧展演金奖。全面完成城郊电视网络的升级改造。群众体育和竞技体育协调发展,在省十一届运动会上茶陵共获11块金牌。建设农村饮水安全工程项目3个,解决农村3.2万多人的饮水安全问题。新增城镇就业2575人,新增农村劳动力转移就业1.2万多人,失业人员再就业1746人。全县"五险"参保总人数达16.3万人,筹集五项社保资金2.5亿元。积极开展社会救助"阳光行动",城乡低保实行动态管理,城乡低保资金发放到位率达100%。新增"两房"768套。城市居民最低生活保障线提高到260元。兴建农村安居房260套,帮助600户住房困难的特困群众进行危房改造。完成社会福利中心、洣水社区服务用房建设,全县6个城市社区全部完成办公大楼建设,走在全市前列。荣获"全国敬老模范单位"、"全国法制城市创建先进县"等称号。计划生育、综合治理、安全生产3项工作全省排名大幅提升,成为全省唯一的三项工作全部夺牌的县市。全县各项社会事业呈现蓬勃发展新气象。

存在的问题:经济结构需优化,农民增收渠道需拓宽,投资环境需改善,干部作风需改进。(苏明亮　谭　超)

【"三大三创"创出风清气正新局面】8~11月,为提升公众安全感和满意度,县委、县政府组织全县力量在全县开展"三大三创"活动(即:"民心访谈'大走访'、社会治安'大打防'、干部作风'大整治',努力创建'法治茶陵、和谐茶陵、满意茶陵'")。机关干部白天按照"县级领导牵头包乡镇、县直机关负责到村、机关干部上门到户"的要求,深入基层问情于民、问需于民、问计于民,对困难户、上访户、致富户,实行结对帮扶,帮助村级组织建立健全各项规章制度。晚上9点~次日凌晨2点,在县级领导的带领下,上街徒步巡防。凌晨2点~6点,由民警组织在重点治安混乱地区蹲点巡防和"警车闪烁"流动巡防。同时,各乡镇、村相应组建义务巡逻队。为确保工作落实到位,县纪委抽调50余干部成立13个督查小组,深入各乡镇、机关单位及楼堂馆所等经营场所,开展明察暗访,将督查触角延伸到8小时之外。此次活动共发动机关党员干部走遍全县85%以上的居民户,收集意见建议、矛盾纠纷、具体困难等各类信息12000多条;妥处矛盾纠纷430起,成功息访20户;为致富户融资120万元;破获各类刑事案件143起,查处违法犯罪嫌疑人539人;全县"两抢一盗"等侵财案下降50%;查处作风不实干部49人,查处违纪典型案件5起,免职4人,党纪政纪追究5人。

(谭米文　曾　辉)

【旅游升温形势喜人】2010年,茶陵县按照"一山一水一城一府"旅游工作的战略发展思路,强力推进云阳山景区、工农兵政府旧址、南宋古城工程建设、洮水水库工程和云阳大酒店5大重点项目。成立旅游升温战及旅游产业发展领导小组,出台《茶陵县旅游产业发展暨旅游升温战实施方案》,将任务逐一分解到各级、各有关部门。精心编制了《株洲也好玩》旅游宣传手册,详细介绍了吃、住、行、游、购、娱6个方面的内容。发起"茶陵人免费游茶陵"活动,激发了本地人旅游的热情,增强了旅游氛围。向全国公开征集旅游传播语、形象广告语征集活动。举办祖庵美食文化节、迎驾庙会等系列大型特色节庆活动。洮水水库(东阳湖)旅游规划完成初步方案设计,云阳大酒店主体楼建设封顶,酒店与华天大酒店签订托管协议,将成为茶陵首家四星级大酒店;国家3A级景点工农兵政府旧址入选全国"十二五"红色旅游线路精品景点,成为全省爱国主义教育基地,云阳山风景区被评为湖南省文明景区。据统计,全年茶陵县共接待国内外旅游者人数100.18万人次,实现旅游总收入4.42亿元。(伍志华)

【交通建设跨越发展】2010年,紧紧围绕"红色摇篮,湘赣枢纽"、"构建3211交通大框架,打造全县一小时交通圈"的发展要求,大手笔抓交通建设。为进一步打好"旅游升温战",支持洮水水库工程建设,总投资2960万元,保质保量完成长46公里的洮郛公路建设,9月全面竣工通车。投资1500万元,完成通畅工程173公里。投资总额达1950万元,完成年内投入建设的8个渡改桥和危桥改造项目,舲舫中洲大桥、湖口洣渡大桥全面竣工通车,严塘三益大桥、腰陂东南大桥、马伏江桥等渡改桥和危桥改造工程全面完工。新开工的泉南、岳汝2条高速56.5公里,高速公路穿越平水、下东等11个乡镇和42个行政村,成为出县、出省的交通"主动脉"。"两高一铁"重点工程施工环境日趋优化,工程进度不断加快,茶常高速公路步入规划评审阶段。(伍志华)

【安全生产工作被评为全省先进】2010年,茶陵县安全生产工作紧扣"安全发展"主题,牢固树立"安全第一"思想,全面落实安全生产方针,严格安全生产监管,深化安全专项整治,重点排查治理隐患,狠抓基层基础工作,全县安全生产保持了稳定好转的良好态势。全年因各类安全事故死亡13人,比控制指标少6人,同比下降48%,亿元GDP事故死亡率为0.159,比控制指标少0.087,工矿商贸十万从业人员事故死亡率为0.661,比控制指标少1.323,全年没有发生较大以上事故,全面实现市政府下达的控制目标。在全省安全生产工作会议上,茶陵县被评为"湖南省安全生产工作先进单位"。(肖洪义)

【城市提质战成果丰硕】2010年,自城市提质战役打响以来,县委、县政府明确城市提质战役的工作目标,为做好城市建设工作打下了坚实的基础。一是遵循"传承历史、操作现在、留白未来"的理念,依托"一江两岸、一城三区"

城市构架和“3211”交通网络,坚持科学规划、严格执法。以县城第五次总体规划修编为蓝本,提升规划品位,同步推进各中心集镇的规划。认真贯彻执行《城乡规划法》,加强规划执法,重点清理城区违规建设,强制拆除违章建筑20余处,建筑面积达2000余平方米,有效杜绝了私购、乱批、乱占、乱建行为。二是加快推进新城区开发建设。县法院、公安局、交警大队、中医院等13个机关单位迁建新城区选址设计工作基本完成。武装部等一批单位新办公楼已建成即将投入使用。投资1亿元在新城区储备土地66.67余公顷。三是加快一批重点工程建设步伐。投资6亿元的东阳商街于年底正式开街,成为新老城区的重要连接线。投资1.9亿元的海龙云山墅、投资1.5亿元的南浦凤凰城、投资1亿元的云龙山庄、投资3亿元的创信国际新城等一批高档次开发项目强力推进。投资3.5亿元的老虎塘移民安置区、投资8000万元的世纪星城小区建设初具规模。投资2500万元、总长650米的紫云街7月份通车,投资5000万元、总长2000米,连接衡茶吉火车站的茶陵大道和投资2000万元的犀城大道上3个渠化岛10月底全面竣工。投资7335万元的垃圾处理场完成规划选址、地质勘查、环境影响评估、可行性研究(立项批复)、林业用地审核等前期准备工作。四是小城镇建设掀起新的高潮。界首镇投资2000万元完善镇区基础设施,重点打造工业品、农副产品、木材加工家具3个专业市场。浣溪镇投资120万元新建1个垃圾处理厂,投资1000万元对农贸市场、柳沙洲商住新区等进行开发建设。腰陂镇通过多种渠道吸纳资金1800万元,投入到基础建设中,较大地改变了集镇面貌。虎踞镇投资390万元完成农贸市场改建工程,投资400万元新建1个建材市场,投资100万元完善下水道、路灯等基础配套设施。创新城市建设融资模式,筹建云阳城市建设发展有限公司,注册资金1.5亿元,成功揭牌原氮肥厂、原造纸厂、原弹药库25.8公顷土地作为开发用地。

(刘业昌)

【农业产业发展趋向多元化】 “十一五”期间,茶陵农业产业结构持续优化升级,由原来的粮食“一头沉”向产业多元化、特色化方向发展,截至2010年“十一五”期末,新型现代化农业产业格局基本形成。

传统产业得到巩固。全县水稻种植面积由2005年的4.58万公顷增长至4.71万公顷,增长2.8%;水稻总产量由2005年的33.89万吨,增加至35.33万吨,增长4.2%。在严塘、马江、枣市等粮食主产区建立优质稻、超级稻生产示范区(片)10个,推广优质、高效、高产品种30多个,2010年水稻品种优质率达95%。种养大户逐年增多。全县水稻种植面积达33.33公顷以上的有2户,3.33公顷以上的122户,种植大户的数量和种植规模均创新高。出栏生猪100头以上的养殖大户1800多户,比2005年增加900多户,出栏500头生猪以上的养殖大户320多户,出栏50头以上的养牛大户84户,出笼鸡或鸭1000羽以上的养禽大户286户,养鱼水面3.33公顷以上的渔业大户162户。

特色产业厚积薄发。“十一五”期间,茶陵县被确定为省重点产烟县,先后在枣市、界首、马江、火田、腰陂等10余个乡镇发展烤烟种植,全县烤烟种植面积由2005年的702.67公顷发展到1400公顷,带动45个村的2235户农民发展致富。脐橙在在严塘、高陇、火田、秩堂、腰陂等乡镇得到大力推广,新建脐橙基地266.67公顷。截至2010年,全县脐橙面积达1266.67公顷,挂果面积1000公顷,年产量约14300吨,产值8500万元。全县食用菌种植面积120多公顷,遍及界首、平水等11个乡镇,种植0.67公顷以上的大户53户,年总产量8000多吨,产值1亿多元,产品远销广东、上海、长沙。油茶是茶陵县重点发展的传统特色产业。全县有油茶林面积2.05万公顷,主要分布在严塘、桃坑、秩堂、平水、虎踞、界首、湖口、潞水、马江等20个乡镇,其中油茶林面积666.67公顷以上的乡镇9个。

生态农业初具规模。“十一五”期间,全县新型生态农业发展起点高,规模大。慧科生态园、万樟园林等休闲观光农业成为茶陵县现代农业的新标杆、新看点。株洲市慧科农业生态园占地133.33公顷,计划投资6000万元,发展集“特种养殖”、“农业生态观光”、“休闲娱乐”、“苗木园林”于一体的立体生态农业。截至2010年,完成3000余万元的前期投资,休闲生态农业的架构已初具规模。公司预计年产值达1000万元,年利税100万元以上,5年后将成为全市乃至全省一流的生态农业园。万樟园林公司占地757.33公顷,是集园林景观欣赏、度假、休闲、避暑、会议、垂钓、狩猎为一体的综合性生态农业园。

农业企业不断壮大。全县建成农产品加工企业192个,涌现龙华农牧、红星盛康油脂公司、东方米业、万利粮油、好恰油业、古城香业等一批规模农产品加工企业,带动农户4万余户、联结基地2.67余万公顷,推动了一批具有竞争优势的产业建立。龙华畜牧责任公司集原种猪扩繁、育肥、饲料加工销售、沼气生态循环利用为一体,近期投资1亿元,建成年出栏30万头的无公害生猪养殖基地一期工程,全面完工后可成为全省最大的生猪养殖基地。和上市公司株洲唐人神牵手合作,发展前景十分光明。湖南盛康油脂股份有限公司计划投资6000万元,在平虎工业园建成一个占地面积20公顷的农产品生态加工物流园,一条年加工1.2万吨茶籽,产茶油3000吨,茶皂素700吨,高碱活性炭1300吨,茶饼4000吨的生产线,年产值在1.8亿元以上。这将对推动茶陵县油茶产业建设发挥积极作用。

(谭　娟)

【农村饮水安全项目惠民生】 2010年,湖口镇、虎踞镇、界枣集中供水工程等3个农村饮水安全工程项目,被列为省、市政府为民办实事重要考核内容。项目计划总投资1519.51万元,解决

30500人的饮水安全问题，涉及4个乡镇35个行政村。为了圆满完成各项工程任务，茶陵县以加强组织领导为抓手，成立由水利、计划、财政、卫生等职能部门组成的建设领导小组，由水利部门具体负责项目的实施，发改局、财政局、卫生局等有关部门和乡镇协调配合，保障顺利施工。以打造精品工程为核心，坚持"统筹规划，突出重点；因地制宜，科学规划"的原则，组织专门班子，科学规划，精心组织，着力打造虎踞镇集中供水工程等上规模、上档次的精品工程。加强建后管理为关键，确保饮水工程的后期良性运行。全年实际完成总投资1608.15万元，其中国家投资1286.52万元，省、市配套资金164.91万元，群众自筹156.72万元。完成土石方9.1万立方米，浆砌石1078立方米，砼及钢筋砼2145立方米，铺设管网（DN315－50）130公里，投入劳动工日5.03万个。解决了32393人的饮水安全问题，占计划任务的106.2%。

（谭　娟）

【洮水水库移民搬迁工作全面完成】 截止2010年9月底，历时6载的移民搬迁任务圆满完成，涉及移民达9189人。从2005年4月启动移民搬迁试点至今，历届县委、县政府按照"统一组织、有序进行、分批实施、连续搬迁"的工作思路，不断推动移民工作上新台阶。据统计，全县共有131个部门，3万余人次先后投入到这项宏伟的工程中。累计投入移民安置点和基础设施建设资金2.1亿元；发放移民补偿款3.1亿元。在库区复建工程和安置区基础设施建设上，投资4300万元，完成库区100公里环库公路路基和5座大中型桥梁工程复建；投资1000万元，完成39.55公里的10千伏线路架设和36.55公里的400伏线路架设。共发放建房补助1200万元、商业门面价值和基础设施建设补助2600万元，安排过渡房1200套；帮助解决465名移民子女就学，956名移民优先纳入低保。桃坑乡政府、学校、医院、敬老院等单位乔迁新楼，新集镇农贸市场成功开墟。后期帮扶工作成效显著。按照新农村建设的要求，共规划建设移民安置点16个，其中后靠安置点12个，外迁集中安置点4个，可安置移民2000多户。采取联建开发的形式，启动100余套安置房或经济适用房建设，其中有40户入住。有效整合培训资源，兴建热窝里手工编织、贵派电器技工等培训基地，培训移民3000余名，有1200余名移民上岗就业。规划"水果、养殖、油茶、茶叶、榆木"等五大农业产业生产基地、移民创业园工业产业基地，以及"老虎塘、热窝里、大窝里、鄄坑集镇、盘古岭"等5个农贸市场。（段晚连　曾　辉）

【招商引资实现新突破】 2010年，县委、县政府继续把招商引资作为发展县域经济的突破口，创新招商方式，理顺运作机制，优化投资环境，招商引资工作实现新突破。招商任务超额完成。全县新签约项目17个，其中固定资产投资1000万元以上的项目15个，过10亿元的项目2个，合同投资总额37.81亿元，实际到位资金8.4亿元，完成年计划的280%。新增外资项目1个，合同投资1200万美元，实际到位外资920万美元，完成年计划的109%。招商质量大幅提升。积极参与"港洽周"、"2010湖南株洲建材产业暨旅游招商（佛山）推介会"等招商活动，招商引资质量得到大幅提升。成功引进华润新能源开发有限公司投资20亿元的风能发电项目、恩平市会德丰陶瓷有限公司投资10亿元的建筑陶瓷生产项目、佛山彩蝶陶瓷科技有限公司投资3亿元的建筑陶瓷生产项目，为优化全县经济发展方式、调整产业结构奠定了坚实的基础。招商机制不断健全。建立健全招商引资考核机制，加强对大项目、新项目、工业项目的考核，既考核引进资金的数量，又考核引进企业的开工率、投产率、贡献率。继续推行"一站式"服务机制，建立完善重大招商引资项目跟踪推进和县级领导联系帮扶制度，对5000万元以上的招商项目实行分层调度，及时解决项目落地过程中存在的问题。全年共召开项目落户协调会30余次，协调解决实际问题80余个。

（肖洪义）

炎陵县

中共炎陵县委书记　李　晖
县委副书记、县长　周建光
县委副书记　戴诗平
县委常委、组织部部长　章文才
县委常委、常务副县长　王勇明
县委常委、副县长　欧阳鹏志
县委常委、纪委书记　许志汉
县委常委、县委办主任　刘会才
县委常委、政法委书记　饶祥明
县委常委、统战部部长　黄建中
县委常委、宣传部部长　崔家盛
县委常委、人武部政委　郭　林
县委常委、九龙工业园党工委书记　谭新林
县委常委　左华荣（挂职）　吴文刚（挂职）
县人大常委会主任　古友发
副主任　张若平　李润生　范洪奇　谢协农
县人民政府县长　周建光
副县长　王勇明　欧阳鹏志　吴文刚（挂职）　盘淑芳　王衡鄗　彭　志　邓绍宏　盘晓文　邹建平　李　奇
政协炎陵县委员会主席　李秋明
副主席　王爱祖　赖春秀　萧学菊　罗光杰
县人民检察院检察长　刘永初

【概况】 2010年，炎陵县辖9个乡6个镇1个乡级农场。土地总面积2030平方公里，耕地面积10740公顷。全县森林覆盖率83.51%，全省第一。年末全县总户数为57239户，人口出生率14.52‰，自然增长率10.47‰。年平均气温17.8℃，年内最高气温38.4℃，最

低气温-3.3℃,年日照时数1620.4小时,年降雨量1741.4毫米。

全年实现地区生产总值28.58亿元,增长15.3%。其中第一产业完成增加值5.54亿元,增长4%;第二产业完成增加值13.23亿元,增长21%;第三产业完成增加值9.8亿元,增长13.7%,发展质量不断提高,三次产业结构调整为19.4:46.3:34.3。财税实现新突破,全年完成财政总收入3.325亿元,增长24.5%。其中,一般预算收入完成2.256亿元,增长24.9%。税收收入完成2.168亿元,增长26.2%,其中国税完成1.02亿元,增长24.6%;地税完成1.21亿元,增长27.6%。财政完成1.1亿元,增长21.1%。城乡居民收入不断提高,城镇居民人均可支配收入14245元,增长13.3%;农民人均纯收入达2970元,增长3.4%。

旅游经济日渐升温。炎帝陵创国家风景名胜区顺利通过国评,神农谷景区创国家4A景区顺利通过省评,炎陵和一国际大酒店、神农湾酒店开工建设,红军标语博物馆建设进展顺利,鹿原陂小镇综合开发项目成功签约,积极推动中华文化论坛会址永久落户炎陵,成功举办"庚寅年海峡两岸首届炎帝神农文化祭"等颇具影响的祭祀活动,旅游市场不断拓展,旅游人气迅速升温,全年共接待游客150万人次,实现门票收入2802万元,旅游综合收入8亿元,分别增长47%、29%、56%。工业经济快速发展。年末全县规模企业68家,产值过亿元工业企业8家。全年完成工业总产值41.316亿元,增长41.2%,其中规模以上工业总产值30.87亿元,增长49.9%。九龙经济技术开发区(含中小企业创业园)仍是县域经济发展的增长极,园区全年完成工业总产值22.99亿元,增长52.5%,完成工业增加值7.69亿元,增长50.6%,实现利润总额1.04亿元,增长38.1%,税收总额4162万元,增长25.6%。农村经济平稳发展。完成农林牧渔业总产值81431万元,增长4.1%。农作物总播种面积20.13千公顷,增长3.43%。粮食播种面积15.48千公顷。全年粮食产量93337吨,油料产量2132吨,水果产量13204吨。生猪出栏13.7万头,家禽出栏47.4万羽。全年完成造林面积1420公顷。

推进城镇建设。累计投资9亿多元,实施24个城镇提质重点项目。炎陵文化广场、草坪河沿河风光带、县府路与炎帝陵神农大道徽派风貌改造等工程基本完工。给水扩建一期工程建设完成,城区水道管网覆盖率达90%。城区大街小巷道路硬化率、亮化率分别达95%和98%。县城污水处理厂建成运营,日处理生活污水1万吨。开通全省首条电动汽车旅游示范线,成为全省首个"电动公交示范城"。推进交通建设。加快"三高一铁"重点工程建设;完成S321县城至睦村段21.7公里、县城至炎帝陵牌坊段6.962公里的公路改造工程;启动G106县城至桂东槽里段67.362公里、S322牛岗排至深坳段10.981公里的公路改造工程;新建乡镇到村水泥(沥青)路25.4公里,全县县乡公路全部硬化,所有行政村实现了通公路。推进新农村建设。新建农村安居房150栋,农村危房改造400栋,新建农村沼气池903个,解决农村饮水不安全人数8700人,行政村实现互联网宽带上网49个,新建农村综合信息服务示范点6个,新增通电话自然村10个,农村广播电视"村村通"、"户户通"覆盖率分别达100%、92.5%。全年全社会固定资产完成投资额38.49亿元,增长55.8%。其中,第一产业投资8551万元,增长50.5%;第二产业投资31.63亿元,增长60.4%;第三产业投资6.01亿元,增长35.8%。非公有制经济固定资产完成投资额33.67亿元,增长61.2%。城镇以上资产完成投资额35.96亿元,增长59.6%。农村资产完成投资额2.23亿元,增长2%。招商引资效果明显。全年共策划、包装项目390个,向上申报争取上级支持项目65个,项目总投资8.44亿元,争取到位项目22个,争取到位资金5024万元。开发水平大幅提高。全年引进内资项目43个(县外境内),合同引进内资26亿元,实际利用内资5.06亿元,增长41.8%。引进外资企业2家,外资到位资金650万美元,增长8.3%。全年实现重大工程项目融资1.7亿元,中小企业融资5970万元。县信用联社成功改制为全省首家农村商业银行。银太小额贷款股份有限公司正式挂牌营业。福来喜鹅业有限责任公司列入全省158家上市后备企业。项目建设有序推进。全年全县亿元项目3个。其中,G106炎陵至桂东槽里公路改造工程计划投资3.86亿元,完成14903万元,炎陵白鹅产业建设项目计划投资1.2亿元,完成2100万元,湖南时代高科建设项目计划投资3亿元,完成8250万元。投资规模500万元以上项目172个,本年投资项目个数143个。

全年实现社会消费品零售总额9.27亿元,增长18.8%。按销售地区分,城镇7.33亿元,增长19.1%;乡村1.93亿元,增长16.2%。从行业看,批发和零售业贸易额12.25亿元,增长29%;住宿和餐饮业实现营业总额2.75亿元,增长26.6%。金融平台健康稳定发展,年末全县金融机构各项存款余额33.49亿元,增长27.9%;各项贷款余额14.02亿元,增长17.8%。

教育强县稳步推进。年末全县共有中小学28所,其中普通中学19所,小学9所,职业技术学校1所,幼儿园30所。高中学业水平合格率达96.6%,居全市第一。继续推进"教育强县"战略,深入推动与湖南第一师范、长沙市一中合作办学,筹集"炎陵教育发展促进金"500万元,大力实施"校安工程"、"合格学校"、"多媒体班班通"、"标准化课桌椅"等工程建设。医疗卫生水平不断提高。全县各级医疗卫生机构20个,村级卫生室143个,覆盖率71%,16个乡镇(场)卫生院设施更趋完善。县人民医院与省人民医院合作办院,建立科学规范的双向转诊制度,县人民医院门诊人次同比增加60%,住院人次增长40%,业务收入增长45%,药品收入比例较上年下降10%。医疗保障基本实现全覆盖，新型农村合作医疗在全市首创“银行代缴筹资模式”，居全市第一，参合率98.58%，住院医疗费补偿率64.45%。各乡镇全面启动了基本药物制度实行和药物零差率销售工作。文体事业蓬勃发展。全年演出文艺活动215场，观众13万人次。免费送戏下乡60场次。完成80家“农家书屋”建设，乡镇综合文化站10个，县宣传文化体育中心主体基本完工。县图书馆获评国家一级馆。文物、文化遗产保护工作得到加强，被评为株洲市第一个拥有国家、省级、市级、县级非物质文化遗产保护名录的“金牌县”。社会保障稳步发展。新增城镇就业1500人，城镇登记失业率控制在4%。全县职工参加基本养老保险人数5319人，企业参加基本养老保险的离退休人员3049人，参加失业保险11000人，参加医疗保险10972人。拥有敬老院14个，集中供养人数479人。新增廉租住房159套。城乡低保实现应保尽保，全县享受最低生活保障9748人，农村五保对象607人。农民获家电下乡政策性补贴500万元。社会政治和谐稳定，社会综合治理工作考评排名全市第一，全省第八。

存在的问题：一是经济总量偏小，支撑县域经济发展的规模企业和品牌项目不多，实现财政状况根本好转、增强县域综合实力的任务艰巨；二是统筹城乡发展的压力巨大，农民增收渠道有待进一步拓宽；三是发展环境还不优，资金、土地等要素制约比较明显，改革开放的步伐还有待进一步加快。

（廖俊敏　刘文彦）

【炎陵县连续5年蝉联省级“平安县”】 1月4日，省委办公厅、省政府办公厅公布2009年度市州及县市区社会治安综合治理考核评估结果，炎陵县再次被评为“平安县”，连续5年蝉联省级“平安县”。近年来，炎陵县在县城5平方公里范围内的主要路口等处安装6个电子眼，在居民小区、商业网点安装视频监控设施36处。在县城组织20名巡警、36名专业治安巡防队员，利用配备的4台电动巡逻车日夜巡逻，提高了街面防控能力。针对农村点多面广、治安管理难度大、警力相对不足的矛盾，炎陵县为各乡镇农村警务室配备2名辅警，协助民警处理突发纠纷等。组织青年农民义务巡防队，每天轮流巡查保治安。开展“平安县”、“法治炎陵”创建工作，推进“平安乡镇”、“平安村组”、“平安单位”等创建活动。

（廖俊敏　刘文彦）

【G106炎陵县城至桂东槽里段公路提质改造动工建设】 3月，G106炎陵县城至桂东槽里段公路改造工程正式动工建设。该路段全长67.362公里，预算总投资3.8605亿元，建设工期24个月，途经霞阳、垄溪、水口、中村、龙渣、平乐等6个乡镇，24个村（居）民委员会，全线由原三级公路标准提至二级公路标准，共分8个建设标段。年底完成工程形象进度40%，完成总投资14903万元，其中路基土方100.15万立方米、路基石方178.12万立方米、挡土墙47479.67千立方米、路面基层6605.76千平方米、桥梁786.49米、涵洞3777.46米。G106是株洲的“南大门”，是炎陵县境内唯一的一条国道，该路段提质改造后将极大改善炎陵县的外部交通条件。（廖俊敏　刘文彦）

【省首家县级农村商业银行落户炎陵】 4月30日，湖南省炎陵农村商业银行创立大会隆重举行，省、市银监局、信用联社负责人及县内外8家法人股东、151个自然人股东出席会议。湖南炎陵农村商业银行是在原炎陵县农村信用合作联社的基础上，由县内外8家法人股东、151个自然人股东发起，并经中国银行业监督管理委员会批准筹建的全省第一家由县级农村信用合作联社改制组建的农村商业银行。新创立的炎陵农村商业银行坚持服务“三农”、服务“中小企业”，服务县域经济发展为目标，充分发挥机制和体制的灵活性，大力组织存款，全力支持炎陵县域经济发展。截至4月30日，炎陵农村商业银行共募集股金1.21亿元，各项存款余额12.22亿元，各项贷款余额8.2亿元，不良贷款占比仅为2.4%，资本充足率达19.23%，贷款损失准备充足率达389.56%，从业人员220人。

（廖俊敏　刘文彦）

【炎陵县开通全省首条电动汽车旅游示范线】 7月4日，“湖南省首条电动汽车旅游示范线开通仪式”在炎陵县隆重举行，14辆崭新的节能、环保新型电动公交车“亮相”炎陵县城。副市长张国浩出席启动仪式。该县此次投入电动汽车旅游示范线的车辆共14台。其中，电混汽车4台，额定载客67人，单程8公里，采用油电混合动力模式，汽车的节油率可达20%以上，废气排放可减少30%以上，主要用于开通县城至九龙经济技术开发区（西城区）、炎帝陵牌坊运营线路；电动汽车10台，每台14座，用于开通炎陵县城区2条运营线路。炎陵电动公交旅游线路的开通运行，对于提升炎帝陵景区形象、促进旅游升温、打响生态旅游品牌、打造低碳经济示范区，具有重大的推动作用。

（廖俊敏　刘文彦）

【炎陵高新技术企业发展实现新突破】 8月，炎陵县九龙经济技术开发区企业株洲江钨博大硬面材料有限公司被国家科技部高新技术企业认定管理工作网认定为湖南省2010年第一批高新技术企业，这是炎陵县首次成功申报认定的高新技术企业，实现了高新技术企业零的突破。近年来，九龙经济技术开发区从配套实施、管理体制、招商引资上攻坚克难，促推园区竞争力提升。大力发展符合低碳经济、“两型”社会要求的环保型工业，鼓励引导企业推进技术改造。园区初步形成纺织、材料、农产品加工三大产业集群，先后夺得“湖南省棉纺织产业基地”、“湖南省综合性高技术产业基地”、“湖南省第一批承接产业转移纺织行业特色基地”、“株洲市承接产业转移先进单位”等4块牌子。高新技术企业认定将有效增加企业科研经费，提升自主创新能力，为企业的健康快速发展提供强有力的科技支持。

(廖俊敏　刘文彦)

【炎陵县再获“全国文化先进县”荣誉称号】 9月25日，炎陵县顺利通过国家考评，获“全国文化先进县”殊荣。这是炎陵县继1991年首获该项荣誉之后再次获此殊荣，也是株洲市唯一获此殊荣的县市区。近年来，炎陵县紧紧围绕市“文化提升”战略，推进全国文化信息资源共享工程建设，强化乡镇综合文化站、农家书屋建设，实施农村电影放映工程，发掘红色文化资源，建设全国首家红军标语博物馆，保护县域内的“古、红、绿”文化资源。“炎帝陵祭典”、“炎陵三人龙”、“炎陵客家山歌”、“苏区歌谣”、“炎帝传说”等分别入选国家级、省、市级首批非物质文化遗产保护名录。与此同时，通过强化文化市场管理，净化文化环境，完善公共文化服务体系等措施，着力夯实文化产业基础。炎陵县还相继被评为湖南省文物保护“五纳入”工作示范县和先进县、湖南省“县域文化建设基地”、湖南省“百县千乡”宣传文化工程第二批计划项目定点县、文化信息资源共享工程省试点县、“湖南省文化市场稽查机构目标管理考核先进集体”、“株洲市文化市场行政执法工作先进集体”等荣誉称号。

(廖俊敏　刘文彦)

【炎陵开通株洲首条县长热线】 9月29日，炎陵县正式开通县长热线，着力构建便民服务“绿色通道”，成为株洲市首个开通“县长热线”的县。该热线利用现代网络与通讯技术，整合全县各部门的特服号码，开通政府便民服务新平台，群众有咨询、建议、意见和投诉，只需拨打“26312345”，就可以与该县政府相连接。县长热线实行24小时全天候服务，安排专人接听，依据“集中受理、分级负责、归口管理、限时办结”的原则，予以当即答复、电话转办、网络交办和书面批办等形式进行办理，力求交办事项办结率和群众满意率达100%，做到“件件有着落、事事有回音”，努力建成政府的生命线、群众的感情线、招商的联络线、旅游的服务线。

(廖俊敏　刘文彦)

【炎陵县跻身全国林改百强县】 10月10日，在全国集体林权制度改革百县经验交流会上，炎陵县被授予“全国集体林权制度改革百强县”称号。炎陵县林业用地面积155.19公顷，森林覆盖率83.5%，居全省第一。2008年，炎陵县启动新一轮集体林权制度改革，并提出健全林业社会化服务体系，让国家的惠林政策深入千家万户，真正实现“生态受保护、农民得实惠、林业持续发展”的目标。在林改的同时，谋划“林业管理体制改革的稳步推进、林业社会化服务体系的逐步完善”，做到“组织领导、工作机构到位；宣传培训、责任落实到位；民主决策、程序规范到位；依法林改、权属落实到位”。全县集体林权制度改革取得重大突破和良好的社会效益，受到国务院办公厅督查组的高度肯定，农民群众称之为最彻底、最让人放心的改革运动。截至10月底，炎陵县林地现场核实率为100%，发证率为95%，输机打证14.2多万公顷，发放新证9万多本。　(廖俊敏　刘文彦)

【炎陵县获省“双拥模范县”三连冠】 11月30日，全省双拥模范城(县)命名暨双拥模范单位和个人表彰大会在长沙隆重举行，炎陵县被命名为省“双拥模范县”，是株洲市唯一获此殊荣的县，成功实现创建省“双拥模范县”三连冠。此前，2003年、2006年炎陵县2次荣获省“双拥模范县”称号。近年来，炎陵县为切实加强创建全省“双拥模范县”工作，成立由县长任组长的“双拥”工作领导小组，将双拥工作列入县“十一五”、“十二五”规划内容。大力宣传营造双拥工作良好氛围，突出重点，全面落实优抚政策，提高军人立功、家属受奖标准，高度重视征兵工作，实现连续35年37次无责任退兵。(廖俊敏　刘文彦)

【全国劳动模范兰才干优秀事迹在全省推广】 12月13日，全国劳动模范、优秀村党支部书记兰才干先进事迹报告会在省委礼堂举行。报告会要求全省各级各部门认真组织开展向兰才干学习活动。兰才干担任炎陵县梅岗村村支部书记一职以来，17年如一日，扎根农村，无私奉献，虽然身患胃癌仍坚守岗位，带领村民共同致富。兰才干的先进事迹经媒体报道后，在全省乃至全国引起强烈反响，中共中央政治局委员、书记处书记、中组部部长李源潮作出重要批示：“村支书兰才干同志无私奉献赢得群众拥护的事迹很感人，请注意总结、宣传。”湖南省委书记、省人大常委会主任周强强调，要在全省广泛宣传兰才干的先进事迹，推动广大党员干部学先进、创先争优作表率。

(廖俊敏　刘文彦)

【成功创建国家卫生县城】 12月21日，炎陵县被正式命名为“国家卫生县城”，成为株洲市首个国家级卫生县城。自2008年全面铺开创建国家卫生县城工作以来，炎陵县大力推进小城镇建设，整治县城面貌，改善居住环境。投入3亿元完成县城污水处理厂、无害化垃圾处理场、县城下水道管网等卫生项目建设，提质改造47条小街小巷。改造建设神农、东区、坎坪等农贸市场；投入2000万元建成湘山滨水、接龙桥休闲广场、草坪河风光带等绿色休闲景观6处，县城景观面积达8.5公顷；开通全省首条电动汽车旅游示范线。先后获得“中国十佳绿色城市”、“中国绿色名县”2张名片。在创卫过程中，炎陵县结合创卫中的难点和重点问题，集中开展市容环境卫生、病媒生物防制、农贸市场、“五小”行业等综合整治，建立健全长效管理机制，切实改善县城面貌。城区主次干道和背街背巷实行12小时保洁，城市垃圾密闭式运输达100%，空气质量优良天数100%。开展系列宣传活动，群众参与率大幅提升。经调查，居民对县城卫生状况满意度达96%，形成了全民创卫的良好氛围。

（廖俊敏　刘文彦）

【在全省率先探索新农合单病种管理模式】 2010年，为有效解决农民看病难、看病贵问题，炎陵县在全省率先实施新农合单病种管理模式，将59个病种列入管理范围，可报费用达100%，实际补助比例县、乡分别达60%、70%以上，人民群众受益明显。炎陵县新农合始于2006年，近年来，炎陵县积极探索新农合管理方式并取得突破，对单病种实行“病种确定、费用评估、协议管理、定额补助、超支自负、审核监督”的管理办法。同时，积极促成了省人民医院与县人民医院协作办院，引进人才与设备，开设特色专科，使单病种管理得到有效实施。2010年炎陵县新型农村合作医疗在全市首创“银行代缴筹资模式”，基本实现新农合全覆盖，参合率98.58%，住院费用实际补偿率64.45%，均居全市第一、全省前列。单病种次均住院费用较一般住院病种费用人均降低了456元，年度节约基金70.47万元，大大减轻了农民就医负担。

（廖俊敏　刘文彦）

示 范 区

株洲云龙示范区

党工委书记 蔡 溪
党工委副书记、管委会主任 顾 峰
党工委副书记 周晓理
党工委副书记、管委会副主任 黄 杰
党工委委员、管委会副主任 张亚军
唐 震
党工委委员、管委会副主任、株洲市云龙发展投资控股集团有限公司董事长
谭跃飞
党工委委员、管委会副主任 黄继军
党工委委员、纪工委书记 欧阳真云
党工委委员、管委会副主任 王宏杰
党务工作部部长 文 毅
综合管理部部长 刘秀云
发展规划部部长 徐江琪
国土建设部部长 陈文元
招商合作部部长 李 浩
社会事业部部长 王海明
财政金融部部长 刘一卫
株洲市云龙发展投资控股集团有限公司副总经理 罗 广

【概况】 株洲云龙示范区辖2镇(云田、龙头铺)1办事处(学林),共23个社区居委会。

2010年,株洲云龙示范区咬定“五个十”(即十大产业发展项目、十大基础设施工程、十大招商引资项目、十项重点改革、十件民生实事)工作目标,敢闯敢试、先行先试、边干边试,全面铺开9平方公里的开发建设,经济社会保持了快速发展的良好态势。全年云龙示范区完成地区生产总值11.9亿元,同比增长16%。完成财政总收入2.25亿元,同比增长93.08%,其中一般预算收入1.31亿元,同比增长145.5%。完成全社会固定资产投资33.2亿元,同比增长103.7%,其中城镇固定资产投资32.5亿元,同比增长100.7%,增幅高于全市平均水平64.4个百分点。城镇居民人均可支配收入达18321元,同比增长13%;农民人均纯收入10898元,同比增长19.2%。

基础设施建设迅速铺开。坚持基础先行,迅速启动以路网为重点的基础设施建设,“六纵四横三互通”路网骨架初具雏形。“六纵”中,老株长路完成提质改造;长株高速竣工通车;迎宾大道、华强路基本完成路面工程;云龙大道全部开工建设,正在加速推进路基工程;云水路完成项目前期并启动征拆工作。“四横”中,云峰大道建成通车,玉龙路(田明路)启动征拆,学林路、林东路等道路前期工作有序推进。“三互通”中,龙头铺互通、云田互通与长株高速同步通车,林东互通前期工作正抓紧进行。同时,水、电、气、通信等管网工程与路网建设同步配套,全年累计铺设各类管网40多公里,云龙示范区的发展基础进一步夯实。

“两型”产业体系加快构建。紧扣“生态城、文化城、旅游城”的定位,以项目为抓手,加快构建“两型”产业体系,提升云龙示范区长远竞争力。全年共策划包装重大开发项目100多个,总投资1000余亿元;成功签约重点项目30多个,合同引进资金近1000亿元;完成立项57个,正式动工27个,累计完成投资45.6亿元。湖南华强文化科技产业基地、株洲职教大学城、云峰湖体育公园、欧洲小镇、湖湘文化城、云龙发展中心、总部经济园、数码科技产业基地等重点项目推进顺利。

社会事业协调发展。积极改善被安置群众生活环境,按城市居民小区设计标准,开工建设榕树花园、甘子塘等高品质安置小区14个、安置房41栋、建筑面积11万平方米,其中,33栋9.2万平方米797套即将建成。积极开展“就业技能月”、“春风行动”、“长株大型现场招聘会”、社会救助“阳光行动”等系列援助服务活动,失地农民就业、培训、养老保险力度不断加大;义务教育合格学校创建、农村安居工程、农贸市场建设、血防等工作全面推进,教育、医疗、卫生、计生水平不断提高;“三清三整三打”专项整治行动有效开展,群防群治体系迅速构建,全年云龙示范区实现重大刑事案件、重大群体性事件、赴省进京群体上访事件、特大安全事故4个“零发生”的目标。财政投入民生事业1.1亿元,省市27项民生实事任务全部或超额完成,逐步解决了人民群众最关心、最直接、最现实的利益问题。

改革创新稳步推进。坚持边干边试,在关键环节和重点领域实现重点突破:行政管理方面,通过进一步明晰责权,大部制运行日益成熟,效率明显提高;20个行政村村改社区改革全面完成;行政许可制度改革深入推进,许可事项精简30%,政务服务中心严格执行“同窗口进出、限时间办结”、受理回单制、例会缺席和超时不办默认制。土地管理方面,土地征收和农用地转用相对分离改革试点有效开展,云田、五星等村的土地整理和村庄整治项目扎实推进。投融资管理方面,云龙发展(集

团)法人治理结构不断完善,市场主体地位不断提升,造血和融资能力不断增强,在银根紧缩等政策条件下,全年共融资21.9亿元,到位14.9亿元。

(周祖武)

【云峰湖国际旅游度假区项目正式启动】 云峰湖国际旅游度假区项目包括长株高速以东、云峰大道以北、荷塘区以西、浏阳市以南约30平方公里区域。区域内的云峰湖水域总面积超过100公顷,此外湖边还有数千公顷山林,人文自然景观丰富,是“天然氧吧”和“城市之肺”。项目以打造新农村建设的示范区、绿色生态旅游的体验区、低碳文化与理念的推广区为目标,分为内圈、中圈、外圈,内圈依托云峰湖构筑生态绿心,中圈围绕绿心建设生态体育公园;内圈和中圈紧密融合,形成集商务酒店、商业水街、旅游休闲小镇、精品酒店、综合运动公园、企业绿色生态会馆群、生态高尔夫等于一体的生态核心区;外圈由新农村、生态地产和各类文化公园组成,建设佛教文化园、生态体验园2个生态园区和花木文化村云田村、旅游休闲村五星村、腊菜文化村云峰村、工业文化艺术村美泉村、茶油文化村柏岭村等5个特色示范新农村。整个项目总投资约70亿元,2020年全部建成,其中一期总投资6亿元,3年内建成。2010年,一期云峰湖体育公园已正式启动建设,正在进行房屋签拆工作。 (周祖武)

【湖湘文化博物馆群及影视文化村项目正式签约】 10月29日,株洲云龙示范区湖湘文化博物馆群及影视文化村项目签约仪式在株洲华天大酒店隆重举行。项目位于云田村,占地面积133.33公顷,由湖南文化艺术产业集团、香港泽华国际控股集团、湖南大河商务有限公司合作开发建设,总投资80亿元左右,旨在以博物馆群为特点,打造以旅游、影视摄影以及配套文化为主的影视文化村,进而形成“博物馆群+影视文化村+旅游”的文化产业模式,并成为湖南文化产业和文化旅游的著名品牌。 (周祖武)

【云龙大道项目开工建设】 4月28日,云龙大道项目签约仪式及开工典礼隆重举行,标志着全市一次性设计施工、一次性投资最大的城市主干道正式开工建设。云龙大道是长株潭城市群城际主干道——洞株路的株洲段,是株洲市“九纵十六横”公路骨架之一,起于红旗路与红港路的交汇处,止于云田镇马鞍村与长沙的交界处,全长15.8公里,双向8车道,总投资约14.6亿元,建设期18个月,计划于2011年底竣工通车。 (周祖武)

【云田互通与长株高速同步通车】 8月31日,贯穿云龙示范区南北的“大动脉”——长株高速竣工通车,云田互通作为其在云龙示范区内的重要互通口同步投入使用。长株高速为省重点建设工程,在云龙示范区内设有龙头铺和云田2个互通口。其中,云田互通原为长株高速预留工程,计划2014年左右实施,云龙示范区通过积极沟通,将云田互通项目由预留工程改为提前实施,同时垫资2000余万元实施征地拆迁并如期交地建设,使项目实现与长株高速同步通车。项目通车后,株洲市的“北大门”完全畅通,云龙示范区到黄花国际机场约20分钟车程,区位交通优势更加凸显。 (周祖武)

【云峰大道竣工通车】 云峰大道(茶马线)是湖南省干线公路网的重要一环,是东西横跨株洲云龙示范区的主干道之一,始于醴潭高速株洲东互通,经分路口、仙庾、黄塘、美泉、云峰湖、五星、云田、长株高速云田互通、高福,终于马鞍山,接县道001,通往长沙,全长17.5公里。其中云龙示范区段长约10公里,总投资5800万元。项目全线按二级公路标准建设,设计时速为60公里/小时,行车道宽为7米,路面宽为9米,路基宽为12米。项目于2009年9月正式开工建设,2010年8月正式竣工通车。

(周祖武)

【华强路开工建设】 9月21日,株洲云龙示范区举行隆重的开工典礼。华强路南起云龙大道,向北与云峰大道相交,总长约3.3公里,总投资约2.8亿元,双向6车道,计划2011年5月份竣工通车。云龙示范区将以建设“谋求合作双赢的开放路、加快富民兴区的希望路、推动‘两型’建设的示范路”为目标,全力推进华强路建设,努力将其打造成为配套服务华强文化科技产业基地项目、助推云龙示范区旅游产业快速发展的重要通道。 (周祖武)

【融资工作逆势突破创新高】 云龙示范区始终坚持狠抓融资工作,在银根紧缩等政策条件下,一方面加大融资力度,主动与各银行沟通协调,积极争取支持;另一方面拓宽融资渠道,创新融资模式,开展BT等招商融资,积极探索基金、债券融资,为开发建设提供了强有力的资金保障。2010年共实现融资21.9亿元,到位14.9亿元;挂牌成立一年多以来,累计实现融资45.81亿元,到位28.61亿元。 (周祖武)

【云龙示范区村级综合配套改革全面启动】 11月22日,云龙示范区召开村级综合配套改革动员大会,标志着村级综合配套改革工作正式启动。村级综合配套改革是云龙示范区十大重点改革任务之一,其目的在于通过综合配套改革,努力把云龙示范区建设成为全省乃至全国统筹城乡发展改革的先行样板、推进“两型”社会建设的成功典范、构建和谐社会的示范窗口,实现“两变、六化”目标,“两变”即农民变市民、村庄变社区;“六化”即基础设施一体化、公共服务均等化、产业发展集聚化、社会保障同城化、社会管理社区化、土地利用集约化。改革在村庄变社区过程中推行“政居分设,选聘结合”的社区管理模式,在实现集体资产保值增值的同时,突出强化基层治理,进一步提升了基层服务水平。截至2010年,所有20个行政村全部完成村改社区工作,其他相关配套工作正在深入推进。

(周祖武)

【率先启动全市城区新型农村社会养老保险试点工作】 11月10日,株洲市城区新型农村社会养老保险试点启动仪式在云龙示范区云田镇隆重举行,云龙示范区60周岁以上农民在全市城区第一批领到养老保险金存折,标志着全市城区新农保试点工作正式步入实施阶段。开展新型农村社会养老保险,是株洲市实现“养老不犯愁”的又一项重大惠民政策,对于解决农民老有所养、增加农民收入具有非常重要的意义。

(周祖武)

人　　物

新闻人物

兰才干　男，畲族，高中文化，1956年6月生，1984年7月加入中国共产党，炎陵县中村乡梅岗村人。1984年10月至1986年1月任村会计、秘书、团支部书记，1986年2月至1989年2月任村党支部副书记兼村会计、秘书，1989年3月至1993年任村党支部书记。为炎陵县第九次、第十次党代会代表、第十四届、第十五届人大代表。1990年至2009年期间，先后被评为县"计划生育先进个人"、县"优秀共产党员"、县"人大代表活动积极分子"、市"社会治安先进个人"；2010年被评为炎陵县"优秀模范村支书"、株洲市"文明公民"、株洲市首届"道德模范"、感动株洲十大人物、全国劳动模范。

1997年，山洪冲毁梅岗村40多亩农田、1000多米水渠，建到一半的村校已停工6年。面对遭遇了前所未有的困难，51位村民联名，重新推选兰才干为村党支部书记。兰才干转让了他在县城经营红火的搬运公司，回到村里担任年薪仅有700元的村支书。他带领党员干部和村民义务投工投劳，半年修筑河堤1200多米，恢复水毁农田。半年后，学校竣厂。他在担任村支书19年里，带领村干部在改变村容村貌、促进农民增收等方面取得了成效，赢得群众的广泛赞誉。他推行党务、村务、财务三公开，定期开民主生活会征求群众意见，四处筹资200多万元修建惠及全村12个村民小组的"环村"水泥公路，兴建农贸市场、茶园引进玻璃纤维厂等3家企业，被梅岗村父老一致称为"能干事、善谋事"的"为民支书"。

2011年3月28日7时20分，以顽强意志与病魔搏斗两年的兰才干不幸逝世，终年55岁。

肖　敬　1986年6月6日生，湖南省醴陵市人，"关爱生命万里行"志愿服务活动小组创始人。现担任分管中国生命关怀协会志愿者工作委员会救灾活动的负责人，为中国宋庆龄基金会青少年生命教育组委会专家委员、醴陵市德育辅导员，在国际计划等国际国内多个组织担任顾问、督导、专家、委员。近10年来一直从事为青少年提供生命教育和心理支持为内容的志愿服务。先后获得全国生命彩虹奖、湖南省青少年科技创新二等奖，被评为湖南省十大教育新闻人物、株洲市精神文明先进个人、株洲市优秀青年志愿者等。

2000年初，读初一的肖敬意外被大火烧伤。出院后，肖敬创办了一个同伴教育组织，开始相关的志愿服务。2003年12月，正在读高二的肖敬读到北京某大学一名大学生因心理问题跳楼自杀的报道后，开始系统收集相关的案例，开始关注预防青少年自杀和加强生命教育的问题，撰写的调查报告获得了湖南省青少年科技创新大赛二等奖。2004年4月30日，肖敬在湖南省醴陵市成立了全国第一个以预防青少年自杀和加强生命教育为主题的民间公益群体——"关爱生命万里行"活动小组。

肖敬发起的关爱生命万里行"活动小组自成立以来，进行有规划的生命教育试点工作。通过主题讲座、学生论坛、学生沙龙、辩论赛、讨论会、电影赏析等各种方式在全国举办生命教育活动，内容涉及青春期教育、心理教育、安全教育、健康教育、环境教育、禁毒和预防艾滋病教育、法制教育、死亡教育等内容。活动小组已在全国建立了8个工作站，多个联络处，建立了一支遍及全国且以心理咨询师、教育工作者、社会工作者、医务工作者为主体的危机干预和生命教育的志愿者队伍。2008年汶川地震发生后，活动小组联合全国志愿者组织了5次关爱生命赴川行动，行程步及北川、汶川、理县、安县，辐射人群达上万人；2010年玉树地震和甘肃舟曲泥石流发生后，活动小组的先锋志愿者24小时抵达灾区，组织力量为老人、孩子提供医护、心理和社会支持，共救治、帮助各类病人、困难群众上万人次，募集或转介物资达80多万元。6年来，活动小组通过书信、因特网、电话、面对面等方式共为1000多位有自杀意念的青年或青少年提供了心理服务，面对面地进行心理疏导最长的历时104天；共发放《浅谈生命教育读本》等生命教育类图书、手册上万余本；印发各类宣传单数万余份；举办生命教育活动100多场次；在报纸、期刊发表相关文章10多篇。主办的一年一届的茉莉花论坛已经成为民间加强改进未成年人和大学生思想道德建设、探讨市场经济环境下自我价值实现与生命和谐问题的交流平台。肖敬介导的"关爱生命万里行"志愿服务活动，先后得到温家宝总理的两次指示。湖南省委书记周强,省委常委、宣传部长路建平亲自部署,宣传推介这一活动小组。

逝世人物

林熙业 1912年12月生,湖南长沙县人,毕业于国立中央大学建筑系。1949年11月参加革命工作,先后在军管资源委员会第二区特种矿产管理处、中南工业部有色金属管理局湖南分局、湖南省建筑工程局设计室、株洲市城市建设委员会、株洲市城市建设局、株洲市房地产管理局等单位担任技术骨干和行政主要领导,他学术精湛、知识渊博,是株洲市建筑设计方面的权威。1956~1966年,连任湖南省人民代表大会二、三、四届代表,被推选为省政协一、四、五届委员。1980年12月,担任株洲市政协副主席,直至1988年3月退休。2010年3月,因病医治无效,在株洲逝世,享年98岁。

市党、政、军及各部门、单位负责人

中共株洲市委及其工作部门负责人

中共株洲市委

书　　记　　陈君文
副 书 记　　王　群　李　晖　阳卫国
常　　委　　程绍光　王志刚　毛爱良　龚凤祥　黄曙光　张　雄　刘力量　黄　跃　蔡典维　谢清纯
秘 书 长　　蔡典维
副秘书长　　廖子良　黄诗燕　谭卫平　陈德浩　蒋湘晖　朱振湘　李伟平　周南洋　尹光良　彭建国

中共株洲市纪委(监察局)

书　　记　　刘力量
副 书 记　　夏春华
副书记、监察局长　　唐　萍
副 书 记　　冯海军
监察局副局长　　谢一明
常　　委　　欧阳瑞丰
常委、秘书长　　曹新耀
常　　委　　何恒仁
常委、监察局副局长　　张友华
常　　委　　杨友元　朱胜辉
监察局副局长　　陈和平
办公室主任　　蒋　峰
监察综合室主任　　陈跃平
调研法规室主任　　易文星
党风廉政建设室主任　　汪金庚
监督检查室主任　　周　平
执法监察室主任　　蒋羽翔
纪检监察一室主任　　陆　文
纪检监察二室主任　　罗伏林
案件审理室主任　　曾治平
信访室主任　　易卫平
宣传教育室主任　　全林海
纠风室主任　　罗显明
干部室主任　　邹建雄
行政效能监察室主任　　齐国良
案件监督管理室主任　　言罗根

市优化办

主　　任　　谢一明
副 主 任　　王　忠

市委办公室

主　　任　　黄诗燕
副 主 任　　苏立群　谭鑫华　徐冬生　文专文
纪检组长　　马建辉
工会主席　　刘文星
机要局局长　　尹光良(兼)

市国家保密局

局　　长　　苏立群
副 局 长　　朱美香　凌　冰　曾毅鹏

市委组织部

部　　长　　程绍光
常务副部长　　刘柏生
副 部 长　　陈　诚　周雪辉　朱志强　周　琪　文建平(兼)　吴晓光(兼)

部务委员、正处级组织员　李　伟
市委党建办主任　朱忠彪

市委宣传部
部　　长　阳卫国
常务副部长　颜　峻
副部长　文　闻　邓天日　何辉宇　汤建平　余霞初(兼)　李湘怀　赵先辉
纪检组长　姚跃进
部务委员　张明慧　乔英镭　李建平

市文明办
主　　任　李湘怀
副主任　王爱初

市委统战部
部　　长　张　雄
副部长　杨剑涛　钟正文　张长高　黄荣辉　蔡　平

市委政法委员会(综治办)
书　　记　毛爱良
副书记　陈招生　罗高其　谭建新　曹跃良　胡　湘(兼)
综治办主任　罗高其(兼)
维稳办主任　曹跃良(兼)
综治办副主任　刘国瑞　罗　伟　罗卫东
委　　员　陈国连　刘鹏飞　何冬祥　谭红波
纪检组长　张于力

市委政策研究室
主　　任　黄诗燕
副主任　周康波　段谭云
工会主席　颜三元

市直机关工委
书　　记　颜国庆
副书记　李　辉　曾广新　赵大喜
委员、工会主席　贺文举
委员、纪工委书记　袁章孝
委　　员　胡铁男　马玉花

市机构编制委员会办公室
党组书记、主任　侯李平
党组成员、副主任　龙承坤　谢宜初
党组成员、纪检组长　廖文辉
工会主席　王晓灿

市委农村工作部(市人民政府农村工作办公室)
党组书记、主任　唐武生
副主任　陈思龙　谭曼珍　陈汉林
纪检组长　曹　艺
副主任　胡湘生
工会主席　张白杨

市农村经济管理处
主　　任　袁晏松

市扶贫开发和农民素质教育办
主　　任　刘素明

市委防范和处理邪教问题领导小组办公室
主　　任　胡　湘
副主任　余霞初　程　武

市委老干部局
局　　长　吴晓光
副局长　邓跃武　蒋　丹
工会主席　颜　宇
纪检组长　李志君
市老干部休养活动管理中心主任　刘厚明

市信访局
党组书记、局长　何建红
副局长　闻爱国　梁景利
纪检组长　刘小安
副局长　谭　辉　唐　杰

市委台湾工作办公室
主　　任　蔡　平
副主任　周　磊　谭湘来　禹雄根

株洲警卫处

处长	张涌
副处长	刘汉典

市委市政府接待处

党组书记、处长	李伟平
党组副书记、副处长	顾晓芳
党组成员、副处长	马青云　冯辉　刘锦东
党组成员、工会主席	胡迪华

市委讲师团

主任	何辉宇
副主任	康心富　段熠珠

市委党史办

主任	彭建国
副主任	李剑秋　吴志平

市委党校、市行政学院

校（院）长	聂方红
副校（院）长	赖建明
副院长	戴卫丁
副校（院）长	周成湘　左宗元　邹鲁清
纪检组长	张云霞
教育长	黄夏先
工会主席	宋定奇

株洲市十三届人大常委会、市人大专门委员会、常委会工作机构负责人

市人大常委会

党组书记、主任	姜玉泉
副主任	盛佑生　王丽沙　鲁立彬　杨宋虎　王建敏　王建之　张政佳
秘书长	宾兴林
副秘书长	钟学群　杨长春　崔玉新　郝建东　刘畅儿　李晓彤　王龙才

市人大内务司法委员会

主任委员	黄洪波
副主任委员	张胜全　刘览
委员	王隽

市人大财政经济委员会

主任委员	唐亚明
副主任委员	喻正仁　刘利忠

市人大教育科学文化卫生委员会

主任委员	董忠良
副主任委员	李向军　张艾萍
委员	肖和贵

市人大城乡建设环境资源保护委员会

副主任委员	曾佐
委员	文中东

市人大农业与农村委员会

主任委员	肖渊泉
副主任委员	刘凤华

市人大常委会办公室

主任	钟学群
副主任	曾建佳
信访办主任	赵卫民

市人大常委会选举任免代表联络工作委员会

主任	邓玲玲
副主任	唐仲林

市人大常委会研究室

主任	杨长春
副主任	李文波　尹舜

市人大常委会预算工作委员会

主任	唐亚明
副主任	郭俭平　唐理佳

市人大常委会机关

党委书记	钟学群
副书记、工会主席	王文南
副处级纪检员	董琦

株洲市人民政府及工作部门负责人

市人民政府

市长	王群
常务副市长	王志刚
副市长	龚凤祥 黄曙光 张国浩 李异建 张汉华 肖文伟 蔡溪 杨玉芳
正厅级干部	翟笃培
副厅级干部	陈立新 唐向阳
市长助理	蒋涤非 余明刚
秘书长	陈旌
副秘书长	段晓茅 刘方 李玉玲 谭伟奇 张格林 洪卫 龙松林 林小军 何建红 李勇敏 李一平 易湘东 何朝晖 苏涛

市人民政府办公室

主任	段晓茅
副主任	刘泠 罗光明
纪检组长	陈军
工会主席	梁德才
应急办主任	尹亚平
督查室主任	廖达平

市人民政府研究室

主任	段晓茅
副主任	邓小龙 欧阳元初

市无线电管理处

主任	唐儒林

市政务服务中心

主任	李勇敏

市发展和改革委员会

党组书记、主任	曾侃融
党组成员、副主任	杨泽民 徐业伟 宋宇 梁国荣
党组成员	陈玉明 范为民
党组成员、纪检组长	龙念军
工会主席	李波
总经济师	资儆吏
委员	胡德宝 陈朝阳
市“两型”办主任	曾侃融
市“两型”办常务副主任	陈玉明
市“两型”办副主任	付深根 刘湘元
市园区办主任	宋宇
市经济信息中心主任	范为民
市重大项目前期办主任	谭桂龙

市企业发展促进局(经委)

党组书记、局长	刘剑飞
副局长	程远见 王坚 周文军 邹志超
纪检组长	危天任
工会主席	何为
委员	吴健 张春来 邹毅 张华

市教育局

局长	钟燕
党委书记	毛大训
党委副书记	刘遂弦
副局长	李建国 姜衡松 易可佳
工会主席	胡祥和
纪委书记	晏贤明
副局长	徐晓芳

市教师培训中心

主任	吴金辉

市教育考试院

院长	唐海国
书记	曾来云

市教育科学研究院

院长	吴刘光明

市科技局

局长、党组书记	晏首先
党组成员、副局长	龙凡平 李建荣 周述勇
党组成员、工会主席	余群跃

党组成员、知识产权局局长　江　华
党组成员、高新办主任　邓冬明
党组成员、纪检组长　朱　亿
地震局局长　万义民
知识产权局副局长　段永兴　杜晓鸿

市公安局
党委(组)书记、局长　唐向阳
党委(组)副书记、副局长　李明放　黄进革　彭冬明
党委(组)成员、副局长　周祥会　高　军　凌　娅
党委(组)成员、副局长、政治部主任兼警官培训中心第一主任　贺建初
党委(组)成员、纪检组长　阴福安
党委(组)成员、副局长　曹拥军(挂职)
副局长　肖国斌
工会主席　徐远明

市公安局交通警察支队
党委书记、支队长　黄耀斌
党委副书记、政委　晏猛条

市民政局
党组书记、局长　马民杰
党组副书记、副局长　习志芳
副局长　邓　群
党组成员、副局长　颜金仲　卢仲良
党组成员、纪检组长　肖其林
党组成员、救助处处长　汤爱军
工会主席　刘志红
总会计师　周艳玲
老龄工作委员会办公室主任　谭修其
基层政权和社区建设工作管理处处长　张金华
民间组织管理处主任　黄童华
慈善办公室主任　巫金桂

市司法局
党组书记、局长　王剑波
党组副书记、副局长　段桃庚
副局长　夏　剑
党组成员、副局长　刘文清　周运斌
党组成员、劳教所所长　冯春岗
党组成员、政治部主任　程建梓
工会主席　刘明福
党组成员、纪检组长　杨陵安

市劳动教养所
党委书记、所长　冯春岗
党委副书记、政委　陈满生

市国信公证处
主任　喻志强

市财政局
党组书记、局长　谭可敏
党组副书记、纪检组长　殷静娟
党组成员、副局长　李德贵　金美芳　唐哲文　邓小荣　杨光昊
党组成员、总会计师　肖建忠
党组成员、市非税收入征收管理处处长　吴建辉
工会主席　陈建强
总经济师　陈方照

市农业综合开发办公室
主任　周　峰

市乡镇财政管理处
处长　龙霞林

市行政事业单位资产管理处
处长　罗江华

市国库集中支付处
处长　李拥军

市政府融资与债务管理办公室
主任　杨正明

市财政监督监察室
主任　唐金桥

市政府采购办公室
主任　王庆玲

市财政投资评审中心
主任　叶　晖

市人事局
党组书记、局长 文建平
党组副书记、副局长 陈社平
党组成员、副局长 裴 迪
副 局 长 吴春雪
党组成员、市人才服务中心主任 张建军
工 会 主 席 首莉莎
市干部考试培训中心主任 熊超群

市劳动和社会保障局
党组书记、局长 周光耀
党组成员、副局长 刘泽贵 贺湘原 张 蔚
党组成员、纪检组长 戴乐元
党组成员、总会计师 于志美
党组成员、就业处处长 厉 鸣
机关社保处处长 徐争雄
工伤保险处处长 陈志鸿
劳动保障监察支队队长 徐 湘
社会劳动保险事业处处长 田智思
劳动争议仲裁院院长 陈 勇

市国土资源局
局 长 何安国
党组副书记、副局长、地产集团党委书记 谢洪富
党组成员、副局长 严隆潜 刘新恒
党组成员、纪检组长 钟福林
党组成员、总工程师 丁桂云
党组成员、工会主席 伍 海
党组成员、副局长 黄晓军 何若愚
党组成员、总经济师 唐运刚
党组成员、执法监察支队长 熊永生

市国土资源局执法监察支队
支 队 长 熊永生(兼)
政 委 黄子根

市国土资源局土地征用处
处 长 蔡 勇

市国土资源局土地储备中心
主 任 王承才

市建设局
党组书记、局长 蒋开建
党组副书记 潘腱平
党组副书记、副局长 贾先才
党组成员、副局长 杨世钢 张建伟 关坦良
党组成员、纪检组长 毛承义
党组成员、副局长 陈华仁
党组成员、工会主席 王利君
党组成员、总工程师 谭家利
党组成员、总经济师 刘骏清
党 组 成 员 屈 纲

市建设工程质量安全监督管理处
处 长 曾 靖
党 委 书 记 骆文玲

市重点办
主 任 左 皓

市城建档案馆
馆 长 颜春成

市交通局
党组书记、局长 刘玉平
党组副书记、副局长 邓锡华
党组成员,市交发集团党委书记、董事长 彭剑文
党组成员、副局长 王中华 江余生 朱文龙
党组成员、工会主席 吴长华
党组成员、总工程师 谭仕永
党组成员、纪检组长 王永忠
总 会 计 师 刘 翡

市交通行政执法监督处
处 长 朱卫全

市道路运输管理处
处 长 谢跃飞

市农村公路管理处
处 长 晏小云
党 委 书 记 龚飞鹏

市地方海事局
局 长 刘家文
党 委 书 记 余 高

市水利局

职务	姓名
党组书记、局长	朱剑波
党组成员、副局长	黄　帆　谭建根　罗海林
党组成员、纪检组长	匡新平
党组成员、总工程师	黄正平
党组成员、酒埠江灌区管理局局长	洪见波
副　局　长	帅运良
工　会　主　席	范柏春
总　会　计　师	汤水平

市防汛抗旱指挥部办公室

职务	姓名
主　　任	饶　应

市水库移民开发管理局

职务	姓名
局　　长	肖立光

官庄水库管理局

职务	姓名
局　　长	邱运众

市农业局

职务	姓名
党组书记、局长	胡里仁
党组成员、副局长	周真明　刘晓理
副　局　长	董　岩
党组成员、纪检组长	李桃阳
工　会　主　席	王佑云
总　农　艺　师	罗细明

市农业科学研究所(市蔬菜科学研究所)

职务	姓名
党委书记、所长	程建强
党委副书记、副所长	凌文彬
党委委员、副所长	罗智勇　吴龙云

市林业局

职务	姓名
党组书记、局长	夏昌武
党组成员、副局长	言新明　刘建华　陈显军
党组成员、工会主席	胡长明
党组成员、总工程师	苏　勇
党组成员、机关党委书记	凌春华
党组成员、纪检组长	黄青松
总　会　计　师	于　波

市商务局

职务	姓名
党组书记、局长	董小平
党组副书记、副局长	汪钢一
党组成员、副局长	江　林　张玉成　许发武　张国民
党组成员、纪检组长	黄克琦
工　会　主　席	罗　云

市牲畜屠宰管理办公室

职务	姓名
主　　任	易家贵

市酒类产销管理办公室

职务	姓名
主　　任	尹东林

市供销合作社联合社

职务	姓名
党组书记、理事会主任	郭敏祥
党组成员、监事会主任	贺定文
党组成员、理事会副主任	章湘玲
党组成员、纪检组长	苏泽建

市文化局

职务	姓名
党组书记、局长	杨小幼
副　局　长	周煦惠
党组成员、纪检组长	陈太明
党组成员、副局长	胡　炯　陈建新
党组成员、文物局局长	席道合
工　会　主　席	张海松

市卫生局

职务	姓名
局　　长	邓多福
党　组　书　记	廖社庚
副　局　长	丁云龙　王意薇　姚智辉
纪　检　组　长	刘　飞
工　会　主　席	郭跃钢
总　会　计　师	李晓兵

市人口和计划生育委员会

职务	姓名
党组书记、主任	汤少云
党组副书记、副主任	王达运
党组成员、副主任	杨盛莉　邓跃东　杜志强
党组成员、纪检组长	朱鹏程
党组成员、副主任	刘世文
工　会　主　席	周建明
市计生协会副会长	卓新民

市审计局

职务	姓名
党组书记、局长	侯建国
党组副书记、副局长	杨长云

党组副书记、纪检组长　阎敬堂
党组成员、副局长　傅依全　戴　勇
副　局　长　颜梦香
党组成员、总审计师　邓海林
党组成员、工会主席　王小琴
党组成员、经济责任审计处处长　刘运华
党组成员、总会计师　龚军军

市环境保护局
党组书记、局长　李必农
党组副书记、副局长　胡方林
党组成员、副局长　何　冰　刘倩生　何长顺
副　局　长　褚洪波
党组成员、纪检组长　李文英
党组成员、总工程师　廖　斌
党组成员、工会主席　刘克林

市环境监测中心站
站　长　钟学才
党委书记　王定升

市环境监察支队
队　长　宋建武
党委书记　杨大威

市环境保护研究院
院　长　李小江
党委书记　刘国胜

市粮食局
党组书记、局长　潘才良
党组成员、副局长　陈接发　孙其龙　杨夏鸣
党组成员、纪检组长　余章新
工会主席　余定光
总会计师　何孟君

市物价局
党组书记　何先社
局　长　刘春生
党组副书记、副局长　张　文
党组成员、副局长　刘海清　贺桂香　谢大鸣　蒋国生
党组成员、纪检组长　李德胜
党组成员、工会主席　周运勇
总会计师　彭朝晖
市价格监督检查局局长　金　江
市价格监督检查局党委书记　蒋红晓
市价格调节基金办公室主任　段秋华

市统计局
党组书记、局长　丁润高
副　局　长　信长华　姚应龙　谭祖德　刘慧龙
总统计师　谢海秋
纪检组长　刘永东
工会主席　彭再强
经济社会调查中心主任　杨连平

市城市管理行政执法局
党组书记、局长　朱振湘
党组副书记、副局长　杨子雄
党组成员、副局长　张正佳
党组成员、总园艺师　夏荣明
党组成员、纪检组长　陈　波
党组成员、副局长　文广平　崔旭艳
工会主席　王长林

市园林绿化局
局　长　张正佳
党委书记　郭兰芝
副　局　长　王志坚　彭　岚

市城市客运管理处
处　长　崔旭艳

市灯饰管理处
处　长　刘海龙
党委书记　肖极夫

市政工程管理处
处　长　刘　坚
党委书记　陶文辉

市数字城管监督指挥中心
主　任　宋光辉

市城市管理行政执法支队
支　队　长　晏东方

市城市户外广告资源管理处
主　　任　夏君勇
副 主 任　朱　伟　曾　心

市安全生产监督管理局
党组书记、局长　裴晋平
党组副书记、副局长　殷顺堂
党组成员、副局长　周兴伟　刘映雷　刘　永
党组成员、总工程师　桂新民
党组成员、纪检组长　王海宁
党组成员、工会主席　刘　元

市规划局
党组书记　谢云山
党组副书记、局长　边　宁
党组成员、副局长　黄革平　黄升阳　王亚军
党组成员、纪检组长　黄　光
工会主席　郭　敏
总规划师　曹　阳
规划监察支队队长　熊敏华

市外事侨务办公室
党组书记、主任　黄上峰
副 主 任　郭晓丹　成小兵
纪检组长　杨志华
工会主席　刘玉光

市食品药品监督管理局
党组书记、局长　张纯良
党组副书记、副局长　石　强
党组成员、副局长　唐小鹏　张　波　胡泽文　陈成钢
党组成员、纪检组长　李　红
工会主席　彭爱云

市行业办公室
党委书记、主任　阳美玲
党委副书记、副主任　朱继明
党委委员、副主任　彭广焰
党委委员、纪委书记　赵敏波
党委委员、副主任　谭学扬
工会主席　刘　艳

市创建办
主　　任　苏　涛
副 主 任　胡　旭　刘奇伟　曾湘华　黄　萍

市档案局
党组书记、局长　沈柏兰
党组成员、副局长　黄　娅　贺亚兵
党组成员、纪检组长　宁萍花
工会主席　旷　晖

市人民防空办公室
党组书记、主任　褚彭明
副 主 任　王益良　马岳健　冷大潮
纪检组长　王　珏
总工程师　朱新萸
工会主席　周孔明

市信息产业局
局　　长　许剑鸣
副 局 长　张　勇　张熠云
纪检组长　舒八跃

市体育局
局长、党组书记　郑　剑
党组成员、副局长　成晓鸣　王建志
党组成员、纪检组长　刘飞天
副局长、市体育中心管理处处长　王海程
工会主席　龙庆云

市体育学校
校　　长　唐建国
党委书记　何结良

市畜牧兽医水产局
党组书记、局长　唐铁城
党组副书记、副局长　丁石春
党组成员、副局长　刘开元　邹培云　唐建平
党组成员、纪检组长　张　芳
党组成员、市动物卫生监督所所长　董艳德
工会主席　吴飞鹏
总工程师　刘正坤

市动物卫生监督所
所　　长　董艳德
党委书记　李飞跃

市房产管理局
党委书记、局长　刘希山
党委副书记、纪委书记　韦敏权
党委委员、副局长　文三忠　凌　勇
雷少华　杨晓斌
党委委员、工会主席　袁宇星
党　委　委　员　游贵祥
总　工　程　师　李跃纲

市房地产经营管理处
党委书记、处长　游贵祥

市房地产权属与市场管理处
处　　长　尹春燕

市房地产开发管理办公室
主　　任　邱伯军

市物业管理处
处　　长　朱　志

市住房保障处
处　　长　李　圣

市旅游局
党组书记、局长　林线平
党组副书记、副局长　李华麟
党组成员、副局长　熊芳明
党组成员、纪检组长　陈润儿
工　会　主　席　喻丽珍

市农业机械管理局
党组书记、局长　卢　炜
党组成员、副局长　周　平　李钢粮
党组成员、纪检组长　陈　璟
党组成员、工会主席　王　勇

市地方志办公室
党组书记、主任　林小军
党组成员、副主任　金祖远　陈北宏

市人民政府法制办公室
党组书记、主任　龙松林
党组副书记、副主任　邓　进
党组成员、副主任　刘海英
党组成员、纪检组长　王文平
工　会　主　席　周　慧

市公路管理局
党委书记、局长　王国安
党委委员、副局长　谭若坚　欧阳华
王　勇　易树松
刘文元
党委委员、纪委书记　刘展科
党委委员、工会主席　胡春林
党委委员、总工程师　叶光华
党委委员、总会计师　刘晓贞
党委委员、路政处长　马意军

市民族宗教事务局
党组书记、局长　田　辉
党组副书记、副局长　曾祥明
党组成员、副局长　王云娥　田　璐
党组成员、纪检组长　梁利余
党组成员、工会主席　姜季夫

市国有资产监督管理委员会
主任、党委副书记　郭　平
党　委　书　记　吴佳辉
党委委员、副主任　李　葵　杨耀飞
刘建荣　谭育喜
党委委员、纪委书记　潘鸣放
党委委员、工会主席　杨晓丰

市住房公积金管理中心
主任、党组副书记　龙金玉
党　组　书　记　王建梁
党组副书记、副主任　贺最希
党组成员、副主任　陈　梁　吴桂云
党组成员、纪检组长　吴维申
工　会　主　席　王民钢
总　会　计　师　戴韶湘

市金融证券办
党　组　书　记　汪珠宝
主　　任　唐　琪
副　主　任　万正春　马小勇
纪　检　组　长　谭焕藻
副　主　任　崔静波

市招投标管理局
局　　长　李　建

党组书记　陈志大
副局长　孟祥智　罗兵和　白淑芬
纪检组长　刘铁文
总工程师　苏晓青
工会主席　田志高

市新闻出版(版权)局

党组书记、局长　吴安浩
党组成员、副局长　彭　雁　刘吉余
党组成员、纪检组长　唐跃进
党组成员、工会主席　刘友根
党组成员、副局长　郑国桢

市广播电视局

党委书记、局长、广播电视台台长
编委会主任、实业中心主任　唐群策
党委副书记、副局长　张耀刚
党委委员、副局长　向小陶
党委委员、纪委书记 、总台副台长　李跃平
党委委员、副局长　宁光辉
党委委员、广播电视台副台长　李跃社
党委委员、总工程师　谢刚祥
党委委员、实业中心副主任　欧　斌
党委委员、广播电视台编委会副主任　马建平　邓斌贵
党委委员、实业中心副主任　贺文辉
工会主席　章鸣豪
广播电视台副台长　孔繁琴
广播电视台编委会委员　曾庆智

湖南省炎帝陵基金会办公室

党组书记、主任　张建兵
党组成员、副主任　黄　毅　傅永东
党组成员、纪检组长　张卓勇

株洲仲裁委员会

主任　黄自能
副主任　胡楚解　谭建成　曾庆鹏　夏云华　韩　峰

政协株洲市七届委员会及工作部门负责人

党组书记、主席　刘岁文
党组副书记　陈建泽　张　雄　历铁夫
副主席　陈建泽　谢罗生　段桂生　戴卫丁(兼)　周罗轩(兼)　申玉华(兼)　朱道弘(兼)　贺夏盛　易敏林
秘书长　朱庸靖
副秘书长　彭炎武　唐耀辉　袁镇茹　王岿然　唐聪莲(兼)　徐良剑(兼)　曾思华(兼)

市政协办公室

主任　彭炎武
副主任　蔡业海

提案委员会

主任　丁忠仁
副主任　陈德浩(兼)　谭伟奇(兼)　董　岩(兼)

经济和科技委员会

主任　黄一鸣
副主任　石慧彬　雷新仁(兼)　陈思龙(兼)　李德贵(兼)　陈跃平(兼)
专职委员　何革宜　张　雅

人口和资源环境委员会

主任　文佳初
副主任　褚洪波(兼)　蒋开建(兼)　龙金玉(兼)

文教卫体委员会

主任　刘初元
副主任　刘朝晖(兼)　肖长海(兼)　毛大训(兼)　周伦祥(兼)　黄　勇(兼)

专职委员　邱克俭

社会法制和民族宗教委员会

主　任　漆本蛟
副主任　罗晓虹
陈招生(兼)
陶　岳(兼)
蒋　智(兼)
田　辉(兼)
周志辉(兼)
陈书梅(兼)

港澳台侨外事和文史学习委员会

主　任　周祥新
副主任　何辉宇(兼)
曾湘文(兼)
周文杰(兼)
封向东(兼)

研究室

主　任　唐耀辉

市政协办信访办

主　任　王　萍

株洲市市属事业单位负责人

株洲日报社

社长、总编辑　文　闻
副社长　刘白杨
副社长、副总编辑　李友明　颜青春
社委、副总编辑　于　波　张绿林
翁少平　张　莉
社委委员　胡栋华
编委委员　吴小平　杨硕奇
工会主席　张　萍
编委委员　陈汉秋　万　宁
刘珍龙

市一医院

党委书记、院长　杨正文
副院长　凌国灿　周　恕
李　璨　包正军
袁仕炜　何　毅
纪委书记　陈典照
工会主席　谢　莹

市二医院

院长　蒋会平
党委书记　汤世晶
副院长　王卫平　邓晓芝
纪委书记　费清文
总会计师　吴敬红
副院长　丁建华　易　健
李康华

市三医院

党委书记、院长　邹祖倡

市妇幼保健院

党委副书记、院长　龙国锋
党委书记　周春慧
副院长　文朝晖　陈湘红
副院长、工会主席　伍秧田
纪委书记　李秋良
副院长　宋兵文

湖南中医药高等专科学校附属第一医院(株洲市中医院)

院长　陈建龙
党委书记　姚　旭
副院长　王大海
纪委书记　罗　琼
副院长　刘光喜　周锦颢
工会主席　成　钢
副院长　夏建成　全　韩

市人民医院

院长　周常奇
副院长　刘铁林　杨宏亮
张　平
党委副书记、纪委书记　邓小翔

株洲市三三一医院

院长、党委副书记　肖远红
党委书记　王湘富
党委委员、副院长　成启范
党委委员、纪委书记　何鹏云
党委委员、副院长　胡　良　张志勇
彭怀德
党委委员、工会主席　卢玉霞

株洲田心医院
院　　　长　　聂益利
党委书记、工会主席　　黄旭平

市劳动卫生职业病防治所
所　　　长　　朱新河
党　委　书　记　　刘昕晨

株洲市政建设有限公司
董事长、党委书记　　王洪平
总　经　理　　仉清正

市规划设计院
院长、党总支书记　　李　良

市建筑设计院有限公司
董事长、总经理　　邹　毅
副　总　经　理　　宋建敏　汤逢清
总　工　程　师　　邓建珠
工　会　主　席　　周永红

市公共交通总公司
总经理、党委书记　　肖长江
常务副总经理　　袁迎春
副　总　经　理　　宋太松
工　会　主　席　　王志资
纪　委　书　记　　谭剑平
财　务　总　监　　刘杰军

株洲高科集团有限公司
董　事　长　　巢　亮
总　经　理　　陈大雄
副　总　经　理　　王洪宇　刘　倩
纪　检　书　记　　罗红群

董家塅高科工业园
党工委书记　　李　智
管委会主任　　文定国

金山工业园
党工委书记　　欧阳光
主　　　任　　朱兴来

株洲渌口经济开发区管理委员会
党工委书记　　黎　平
主　　　任　　晏永辉

湖南醴陵陶瓷产业园区
党工委书记　　杨　龙
管委会主任　　付访华
党工委副书记、纪工委书记　　江曙明
管委会副主任　　李启福　胡应建

攸县攸州工业园
党工委书记　　李子善
管委会主任　　唐晓明
党工委副书记　　张志伟
管委会副主任　　钟怡富　刘世平
党　工　委　员　　刘光大

茶陵经济开发区
党工委书记　　彭小中
管委会主任　　刘晓伟

炎陵县九龙经济开发区
党工委书记　　谭新林
管委会主任　　何美存

市疾病预防控制中心
主　　　任　　龙术国
党　委　书　记　　黄觉之

市卫生执法监督处
处　　　长　　谭新宇

市爱卫办
主　　　任　　刘续跃

市红十字会
会　　　长　　张国浩
党组书记、常务副会长　　张丽岩
党组副书记、副会长　　谭剑新
党组成员、副会长　　王立军　张国勇

市中心血站
站　　　长　　罗贤瑞

市国有资产投资控股集团有限公司
党委书记、董事长　　吴春泉
党委副书记、副董事长、总经理　　武　忠
党委副书记、监事会主席　　沈健斌
党委委员、副总经理　　龙九文　杨尚荣　樊　圣　王洪平

党委委员、财务总监　周富强
党委委员、工会主席　罗太平
副总经理　钟海飚
党委委员、纪委书记　王志红

市城市建设发展集团有限公司
党委书记、董事长　王事兴
党委副书记、副董事长、总经理　廖放明
党委副书记、监事会主席　旷竹生
党委委员、副总经理　廖晖　谢锦辉
党委委员、工会主席　邓树松
副总经理　王安
党委委员、副总经理　肖才胜　袁斌
党委委员、财务总监　黄元政
副总经理　蒋智(挂职)

市兴业资产管理有限公司
董事长　蒋笑波
总经理　张兴仁
副总经理　丁明辉　易莹
高波

中国国际贸易促进委员会株洲市支会
会长　王扬
副会长　刘志刚　李余粮
陈湘伟

株洲市人民法院、人民检察院负责人

株洲市中级人民法院
党组书记、院长　何剑
党组副书记、副院长　吴秋林　刘君瑜
党组成员、副院长　罗佳良　蔡怡
黄文
党组成员、纪检组长　贺观连
副院长　戴晓辉
党组成员、工会主席　陈铁军
党组成员、政治部主任　马丽
审委会专职委员　肖青松

市人民检察院
党组书记、检察长　魏启敏
党组副书记、副检察长　张鼎立　湛晓丹
党组成员、副检察长　陈自力
副检察长　袁满玖
党组成员、纪检组长　窦建平
党组成员、副检察长　陈忠
党组成员、政治部主任　丁子明
党组成员、反贪局长　张展
党组成员、检察委员会专职委员　龙年喜
党组成员、工会主席　唐秉成
检察委员会专职委员　李家凯　谭益平

各民主党派、群众团体、工商联负责人

中国国民党革命委员会株洲市委员会
主任委员　段桂生
副主任委员　唐聪莲
刘春生(兼)
刘一宁(兼)
陈益元(兼)
褚洪波(兼)

中国民主同盟会株洲市委员会
主任委员　鲁立彬
副主任委员　尹剑峰
刘亚云(兼)
易龙(兼)
谭孝敖(兼)
杨胜跃(兼)

中国民主促进会株洲市委员会
主任委员　周罗轩
副主任委员　刘朝晖
郝建东(兼)
孙曼莉(兼)
胡丽霞(兼)

中国民主建国株洲市委员会
主任委员　戴卫丁
副主任委员　徐良剑
刘扩军(兼)
周煦惠(兼)
唐琪(兼)

中国农工民主党株洲市委员会
主任委员　申玉华
副主任委员　肖长海
周恕(兼)
王意薇(兼)
杨毅(兼)

中国致公党株洲市委员会

主　任　委　员　朱道弘
副　主　任　委　员　曾思华(兼)　罗朝阳(兼)　吴春雪(兼)　林小红(兼)

九三学社株洲市委员会

主　任　委　员　张国浩
副　主　任　委　员　肖运平　朱龙驹(兼)　邓　群(兼)　李放群(兼)　路向阳(兼)

市总工会

主　　　席　乐永明
党　组　书　记　王继恩
党组副书记、副主席　陶　岳
党组成员、副主席　肖建国　秦跃辉　胡建明
党组成员、经审会主任　刘金伟
党组成员、纪检组长　袁建武

共青团株洲市委员会

书记、党组书记　罗　勇
党组成员、副书记　蒋　智
党组成员、纪检组长　李　彦
党组成员、副书记　梁天琛

市妇联

党组书记、主席　江小忠
党组成员、副主席　谢逢娥　尹秋娥　杨　洁
党组成员、纪检组长　刘建湘
党组成员、工会主席　陈书梅

市科学技术协会

党组书记、主席　周志辉
副　主　席　张瑞琳　申光伟
纪　检　组　长　管　葵
副　主　席　黄民族
工　会　主　席　陈永春

市文学艺术界联合会

主　　　席　黄　勇
党　组　书　记　张明慧(兼)
党组成员、副主席　秦世平
副　主　席　娄　雷
工　会　主　席　罗树慧

市归国华侨联合会

党组书记、主席　封向东
党　组　副　书　记　阎利华
党组成员、副主席　彭利民

市工商业联合会

主　　　席　杨胜跃
党　组　书　记　张长高
党组副书记、副主席　周建新
党组成员、副主席　李　虹　周道平　刘超雄
党组成员、纪检组长　孟力平
党组成员、工会主席　易新明

市总商会

会　　　长　杨胜跃
副　会　长　周建新　李　虹　周道平　刘超雄
兼　职　副　会　长　言新民　彭达义　汤国华　方　正　袁　毅　唐文刻　龙志勇　周训根　王　鹏　罗　平　兰　晖　吴培辉

市残疾人联合会

党组书记、理事长　胥明浩
党组成员、副理事长　戴碧蓉　谢　华　邓彬华
党组成员、纪检组长　张琳君
工　会　主　席　曾　杰

市社会科学界联合会(社科院)

主　　　席　周文杰
副　主　席　陈建光　郭　燕

市个体私营协会

会　　　长　唐小林

市消费者委员会

会　　　长　张国平

副　会　长　　李　俊

株洲市保险行业协会

会　　长　　付晓琴
副　会　长　　卢新平
秘　书　长　　傅湘华

株洲驻军、武警部队负责人

株洲军分区

司　令　员　　黄　跃
政治委员　　黄　敏
副司令员　　陈拴柱
参　谋　长　　张龙慧
政治部主任　　曹友华
后勤部长　　王政文

荷塘区人武部

部　　长　　杨金华
政　　委　　温朝晖
副　部　长　　洪　伟

芦淞区人武部

部　　长　　曹运社
政　　委　　李金华
副　部　长　　宁伟豪

天元区人武部

部　　长　　刘建南
政　　委　　彭文骅
副　部　长　　李辉军

石峰区人武部

部　　长　　胡家湘
政　　委　　傅铁桥
副　部　长　　易小龙　谢水生

株洲县人武部

部　　长　　柏国顺
政　　委　　彭喜雨
副　部　长　　畅俊文

醴陵市人武部

部　　长　　周　刚
政　　委　　贺建军
副　部　长　　吴安平

攸县人武部

部　　长　　杨峥嵘
政　　委　　杨建平
副　部　长　　谭同武　梁惠德

茶陵县人武部

部　　长　　尹楚平
政　　委　　廖海斌
副　部　长　　贺武基

炎陵县人武部

部　　长　　王中凡
政　　委　　郭　林
副　部　长　　蓝曙光

军分区干休所

所　　长　　王细毛
政　　委　　毛亚文
副　所　长　　高文明

中国人民武装警察部队株洲市支队

支　队　长　　张　忠
第一政治委员　　邹安宝
政治委员　　董冬林
副支队长　　李建忠　吴向群
副政治委员　　陈正经
参　谋　长　　唐　俊
政治处主任　　宋　明
后勤处处长　　陈邦俊

武警株洲市消防支队

支　队　长　　邹田荣
政治委员　　陈建强
副支队长　　李　旺　宁佳来　谢文攀
副政治委员　　王杰义
司令部参谋长　　黄金贤
政治处主任　　邓　军
后勤处处长　　谢爱民
防火处处长　　谢冠中

湖南陆军预备役步兵师炮兵团

团　　长　　孙武川
政治委员　　卢　涛

副团长　陈捌宝
参谋长　蒋虎韬
政治处主任　王　华
后装处长　贺文基

中央、省驻株洲机构负责人

市国家税务局
党组书记、局长　杨宏莲
党组副书记、副局长　陈跃平
党组成员、副局长　杨红叶　张一波　李文科
党组成员、纪检组长　旷苏平
党组成员、总经济师　陈　陵
党组成员、总会计师　阳世云

市地方税务局
党组书记、局长　彭友山
党组成员、副局长　祝卫平　龙晓红　毛东庆
党组成员、副局长、纪检组长　费锡奇
党组成员、总会计师　杨小兰
工会主任　董　锋

市地税局省级税收征收分局
局长　谭光平

天元区地方税务局
局长　毛东庆(兼)

市工商行政管理局
党组书记、局长　张国平
党组副书记、副局长　李北平
党组成员、副局长　杨冬奇　李　俊　胡文彬　陈文力
党组成员、纪检组长　姚　晓

株洲海关
关长　谢受之
副关长　刘探担　阎小东

市气象局
党组书记、局长　易湘文
党组成员、副局长　周细海
党组成员、纪检组长　鲁金舟
党组成员、副局长　阳令文

市电业局
局长　苏　跃
党委书记　李洪芳
副局长　熊　巨
纪委书记　曹小军
副局长　李国雄　周铁钢　张建明
工会主席　徐克林
总会计师　黄晓曦
总工程师　凌志勇

市质量技术监督局
党组书记、局长　王艳雁
党组成员、副局长　金伟奇　周志强
党组成员、纪检组长　谭勇征
党组成员、副局长　田承文　肖阳伟

国家统计局株洲调查队
队长　马光泉
副队长　刘建新
纪检组长　罗友权
副队长　倪志华

湖南省轻工盐业集团有限责任公司株洲盐业分公司(株洲市盐务管理局)
总经理(局长)　周　伟
党委书记(副局长)　易金满
副总经理(副局长)　刘志立　丁朝晖

市烟草专卖局(公司)
党组书记、局长(经理)　杨万松
党组成员、副局长　高志强
党组成员、副经理　肖跃华　张红兵
党组成员、纪检组长　何江平

株洲出入境检验检疫局
党组书记、局长　廖　衍
副局长　文国华
纪检组长　刘显吉

市邮政局
党委书记、局长　黄青荣
副局长　何　文　李胜军

副局长、工会主席、纪委书记　姜正科

中国电信株洲市分公司

总经理、党委书记　文中春
纪委书记、工会主席　赵小明
副总经理　龙佩涛　罗　昊　王金华

中国移动通信集团湖南有限公司株洲分公司

总经理　包万郑
党委书记　郭希平
副总经理　肖京建
总经理助理　李长林　吴英杰

中国联合网络通信有限公司株洲分公司

总经理　陈　雷
副总经理　周浩光　雷　鸣　周胜文

株洲市水文局

党委书记、局长　朱兆军

湖南省莲易高速公路管理处

党委书记　陈作建
纪委书记　苏星明
副处长　王祚钧　王晓明

湖南省潭耒高速公路管理处(现代投资股份有限公司潭耒分公司)

处长、总经理　张建军
副处长、副总经理　许　文　余超良　冯仕清
纪委书记、工会主席　曹政荣

湖南省茶陵监狱

党委书记、监狱长　陈泽龙
党委副书记、政委　宁建春
党委副书记　许碧炎
党委副书记、纪委书记　朱跃湘
副监狱长　马卫华　刘向东　罗佚民
政治处主任　李　春
工会主席　刘荣华

湖南省万安达集团渌江农工贸有限责任公司

总经理　许碧炎
副总经理　刘湘阳
总农艺师　廖述文

湖南省白马垅劳教(强戒)所

党委书记、所长　李　勋
党委委员、纪委书记　张　琳
党委委员、副所长　郭建武　丁彩兰　欧　勇　刘建中
党委委员、政治处主任　唐秀红
党委委员、副所长　彭真品
工会主席　郑　晋

湖南省网岭监狱(铭德公司)

党委书记、监狱长　颜忠毅
党委副书记、政治委员　阙明生
党委副书记、纪委书记　蒋亚平
党委委员、常务副总经理　张亚平
党委委员、副监狱长　文　学
党委委员、总会计师　彭开华
党委委员、副监狱长　唐　建
党委委员、政治处主任　罗建勇
副总经理　赵剑波　李朝鹏
总经济师　蔡　伟

市新华书店

总经理兼党委书记　朱桂生

株洲金融、保险机构各单位负责人

中国人民银行株洲市中心支行

行长、党委书记　刘社会
副行长　胡坚强　郑桂华　王　霞
纪委书记　朱　论

国家外汇管理局株洲市中心支局

局长　刘社会
副局长　郑桂华

中国银行业监督管理委员会株洲监管分局

党委书记、局长　徐建国
党委委员、副局长　沈志锋　张京华
党委委员、纪委书记　刘伟良

中国农业发展银行股份有限公司株洲市分行
党委书记、行长 张卫国
党委委员、副行长、纪委书记 李清文
党委委员、副行长 彭硕彬

中国工商银行株洲分行
党委书记、行长 蒋　勤
党委委员、副行长 谭旺良
党委委员、纪委书记 罗国安
党委委员、副行长 黄小鹏　李志高　兰向红

中国农业银行股份有限公司株洲分行
党委书记、行长 张定坤
党委副书记、副行长 雷德宏
党委委员、纪委书记、副行长 杨仲华
党委委员、副行长 戴晓玲
行长助理 蔡　武

中国银行股份有限公司株洲分行
党委书记、行长 杨　斌
副行长 向自强　杨杖藜　谭文明　刘高汉
纪委书记 刘高汉

中国建设银行股份有限公司株洲市分行
党委书记、行长 廖立新
党委副书记、副行长 王俊伟
风险主管 李三平
纪委书记、工会主任 唐　星
副行长 杨正良　陈伟乔　江　波

市商业银行
董事长 袁　波
党委书记 李　锐
行长 蒋俊文
副行长 易查忠　李洛维
工会主席 郭海滨
纪委书记 谭学良

湖南省农村信用联合社株洲办事处
党组书记、主任 张石屏
党组成员、副主任 陈兴旺
纪检组长、副主任 贺新启

上海浦东发展银行株洲支行
行长 邹剑平
行长助理 易　宏　刘新来

兴业银行股份有限公司株洲支行
行长 谭松建
副行长 郭　燚　胡　海

招商银行股份有限公司株洲支行
行长 万春铭
副行长 黄红光

中国人民财产保险股份有限公司株洲市分公司
党委书记、总经理 邓靖生
纪委书记、副总经理 陈跃明
工会主席、总经理助理 邵　卫
党委委员、总经理助理 陈　斌
总经理助理兼天元支公司经理 刘剑锋

中国人寿保险股份有限公司株洲分公司
党委书记、总经理 傅晓琴
纪委书记、副总经理、工会主席 张志存
副总经理 李仁松　刘　亚

中国平安人寿保险股份有限公司株洲中心支公司
总经理 胡广桔
销售总经理 周利银
后援总经理 黄　青

中国太平洋财产保险公司株洲中心支公司
总经理、党组书记 卢新平
总经理助理 刘玉青　丁　胜

新华人寿保险股份有限公司株洲中心支公司
总经理 刘雄姿
副总经理 刘剑波

中央、省属企事业单位负责人

中航工业南方航空工业（集团）有限公司
董事长、总经理、党委副书记 李宗顺
党委书记、副总经理 彭建武
副总经理 方　正　夏光耀
副总经理、总工程师 杨先锋
副总经理 彭天祥　唐加林　朱黎明　刘忠杰

党委副书记、工会主席、纪委书记　唐宏伟
副总经理　王健明

中国南车集团株洲电力机车有限公司
执行董事、总经理　徐宗祥
副总经理　刘　宁(兼)　马克湘　周清和　陈又专　傅成骏　肖高华　张洪权　罗崇甫
副总经理、财务总监　李铁生
副总经理、总工程师　索建国　杨志华(挂职)
副总工程师　彭奇彪　余卫斌　杨　颖　高春宏　樊运新　陈喜红
副总经济师　秦　宇　胡列兵　张旻宇　肖经行　黄大祥　李　扬　单　勇　廖洪涛　张明理　陈　成　丁有军
党委书记　刘　宁
党委副书记　徐宗祥(兼)　郭鹏飞
纪委书记　郭鹏飞(兼)
纪委副书记　刘继元
工会主席　郭鹏飞(兼)
工会副主席　张迎春　赵　雄
团委书记　李　姝
株机厂厂长　马克湘

南车长江公司株洲分公司
总经理　赵维宗
党委书记　蒋庆平
副经理　杨志刚　姜强俊　姚建云
党委副书记　邓建荣

株洲硬质合金集团有限公司
董事长、党委书记　杨伯华
总经理、董事、党委委员　吴国根
党委委员、董事　李　屏
副总经理、党委委员　王辉平　张忠健
副总经理　蔡家发　胡启明

株洲冶炼集团有限责任公司
董事长、党委书记、股份公司董事长　傅少武
副董事长　涂光明
董事、总经理　黄忠民
董事、副总经理兼总工程师　王　辉
董事、副总经理　吴孟秋　张劲松
董事、党委副书记、纪委书记、工会主席　邓灿烂
董事、股份公司总经理　曾炳林
董事　石　爽　倪小惠　唐明成
董事会秘书　王治文

中盐湖南株洲化工集团有限公司
董事长　董永胜
副董事长　曾寿彬
总经理　陆振荣
党委书记　刘湘民
党委副书记、工会主席、纪委书记　彭青松
副总经理　高庄员　王焕树　周　维
总会计师　杨晓岚

中国石油化工股份有限公司湖南株洲石油分公司
经理　吴世胜
党委书记、副经理　李小平
副经理　肖蔚明　龙　虎　文金亮

湖南湘东化工机械有限公司
董事长、总经理　苏　成
党委书记、纪委书记、工会主席　林德晃
副总经理　徐元钦　廖　勇　姜衡阳
总工程师　文建伟
副总经理　阳热平

株洲天桥起重机股份有限公司
董事长、党委书记　成固平
总经理　邓乐安
副总经理、总工程师　郑正国
副总经理　徐乐平
董秘、副总经理　范洪泉
财务总监　老学嘉
监事会主席　谭竹青

湖南省第五工程有限公司
董事长、党委副书记　熊用机
党委书记　罗贵生
总经理　叶有泉

中国航空动力机械研究所
所长、党委副书记　罗湘源
党委书记　蔡三定
总设计师　尹泽勇
党委副书记、纪委书记　李中朝
副所长　包延年　李概奇　吴施志　艾克波
党委副书记、工会主席　吴静
副所长　李刚

中国南车集团株洲电力机车研究所
执行董事、总经理、党委副书记　丁荣军
党委书记、副总经理　邓恢金
党委副书记、纪委书记、工会主席　杨首一
副总经理　刘连根
副总经理兼财务总监　贺文成
副总经理兼技术总监　冯江华
副总经理　曾鸿平

湖南湘瓷科艺股份有限公司
董事长　杜仁堂
总经理　杨子初

大唐华银株洲发电有限公司
总经理　彭朝晖
党委书记　赵彪
副总经理　陈泽彦　王乾　肖海庄
嘉禾筹建处常务副主任　陈新国
嘉禾筹建处副主任　陈立新
工会主席　曾嘉湘

湖南省火电建设公司
总经理　皮新民
党委书记　钟术蒙
副总经理兼总工程师　李维国
副总经理　黄卫东　乐周礼　周玉良　吴杰　赵小军　李和平
纪委书记　秦跃辉
工会主席　周玉良(兼)
总经济师　胡刚军

湖南省电力公司电瓷电器厂
厂长　万四海
党委书记　钟成会
副厂长　刘自强　李朝晖　蒋俊成　刘杰
纪委书记　钟成会(兼)
总工程师　李朝晖(兼)
工会主席　车志红
总会计师　袁棒子

中铁株洲桥梁有限公司
董事长　郑建华
党委书记　刘亚平
党委副书记兼纪委书记　王开明
总经理　刘勇
副总经理　朱高翔　黄天柱　张跃陵　王珠江　侯毅平
总会计师　成芳
工会主席　刘亚平(兼)

中材株洲虹波有限公司
董事长、总经理　周明智
董事、党委书记　周继承
副总经理　谷丽娜　赵智勇　粟群

中国化工橡胶株洲研究设计院
院长、党委书记　孙建华
副院长、党委副书记　谢引玉
纪委书记、工会主席　姚冬文
副院长、党委委员　符剑喜

株洲中铁电气物资有限公司
董事长、总经理　周海祥
党委书记　姜文斌
党委副书记、工会主席、纪委书记　屈知识
副总经理　朱洁军　张玉成　叶海波
总会计师　袁超财

湖南长株潭国际物流有限公司
董事长、总经理　王麦秋
党委书记　陈伟民

学校负责人

湖南工业大学

书　记	侯清麟
校　长	王汉青
正校级督导	周雄文　刘太刚　刘建国
副校级督导	唐成努　唐　萍
副书记	王汉青　彭希林
副校长	范进军　张昌凡　罗定提　金继承　谷正气　曹　兴　刘跃军　刘宇文
纪委书记	陈邵桂
总会计师	唐成努
校长助理	朱和平

市职工大学(工业学校)

党委书记	于坤平
党委副书记、校长	严建国
党委副书记、纪检书记	唐红敏
副校长	周京平　肖周志　龙建安
工会主席	肖声忠

湖南中医药高等专科学校

党委书记	刘后红
党委副书记、校长	郭争鸣
党委副书记	潘　斌
党委委员、副校长	姚　旭
党委委员、纪委书记	徐伟辉
工会主席	夏晓凯
党委委员、副校长	陈建龙
党委委员、副校长	间　明
副校长	申玉华　刘　杰

株洲广播电视大学

书记、校长	王小青
副校长	钟牛平　汤　毅
纪委书记	文新生

湖南铁道职业技术学院

党委书记	钟建宁
院长、党委副书记	姚和芳
党委副书记、工会主席	贾崇田
副院长	杨利军　肖耀南　方全民　首　珩　方明忠
纪委书记	彭新宇

湖南铁路科技职业技术学院

党委书记	李良定
院长、党委副书记	万友根
党委副书记、副院长	韩先满
党委委员、副院长	戴联华　陈　彬
党委委员、工会主席	梁　伟
党委委员、纪委书记	袁清武
党委委员、副院长	刘　蓉
副院长	石纪虎

湖南工贸技师学院

院　长	陈洪星
党委书记	谢再荣
副院长	唐　懿　郭　莉　左　荣　易幸育
工会主席	皮步安
纪委书记	余祖斌

株洲职业技术学院

党委书记	颜莉芝
院　长	邓志革

湖南有色金属职工大学
湖南有色金属职业技术学院(筹)

党委书记、校长	江长尧
副校长、纪检书记、工会主席	肖教稳
副校长	张晓山

湖南省商业技术学院

院　长	孙从建
党委书记	张小毛
副院长	罗人桓　粟长生　罗　莹
副院长、工会主席	谷金星

市二中

校　长	张　辉
党委书记	肖　翔
党委委员、纪委书记	黄国雄

党委委员、副校长　陈　嵩
党委委员、工会主席　唐曦之
党委委员、副校长　李学红　赵振翔

市四中
校长　姜野军

市八中
校长　曾湘漳
党委书记　谭志红

九方中学
校长　米仁金
党委书记　谢学宁
副校长　李久森　叶美雄　李平军
纪委书记　徐国强

株洲市南方中学
校长　夏立威
党委书记　林喜元
副校长　陈其北　谭志中　叶　欣
纪委书记　周亚娟
工会主席　曾四喜

北京师范大学株洲附属学校
理事长、党总支书记　余年初
校监　刘显钢
督学　许晞初
校长　田宝军
执行校长、教师委员会主任　谢学政
副校长、教学委员会主任　郭俊富
副校长、学生工作委员会主任　王迎春
副校长、后勤服务委员会主任、党总支副书记　姜治富
理事会秘书长、校办主任　杨昭瑞
工会主席　肖　玲

株洲市部分知名企业负责人

株洲市自来水有限责任公司
总经理、党委副书记　谢锦辉
党委书记、纪委书记　王洪安
副总经理　李　民　罗　勇　胡恢利　罗　武
工会主席　冯　毅
总工程师　贺海生
总会计师　刘国宜
总经济师　陈　趁

株洲千金药业股份有限公司
董事长　江端预
总经理　王琼瑶
监事会主席　张顺利
副总经理　陈　更　李伏君　刘建武
董事会秘书、党委副书记、工会主席　吕芳元
财务总监　谢爱维
管理总监　谢志锋

湖南千金湘江药业股份有限公司
董事长　王琼瑶
总经理　刘若辉
工会主席、行政总监　朱大明
生产总监　尹玉斌
技术总监　袁秀菊
营销总监　孟东山
财务总监　凌　敏

株洲齿轮有限责任公司
董事长　李贵阳
总经理、党委副书记　潘晓东
党委书记　罗干忠
副总经理　肖　衡　马　军　赵尚吾
财务总监　罗炳庚

株洲旗滨玻璃集团有限公司
总经理　袁小敏
副总经理　李栓方　李　涛

株洲联诚集团有限责任公司
董事长、总经理、党委副书记　肖勇民
党委书记、副董事长、工会主席　王丽宗
董事、副总经理　杨　炯　常　青
董事、副总经理、纪委书记　陈子岗
副总经理、专家委员会主任　刘能文
董事、总会计师　湛　建
总经理助理　刘　清　谢高荣

监事会副主席、纪委副书记　文艳霞

市煤气公司

总经理　欧阳肃
党委书记　沈智强
执行经理　皮小青
纪委书记兼工会主席　陈昌盛
总工程师　肖乾初

株洲新奥燃气有限公司

董事长　欧阳肃
总经理　周金华
副总经理　尹　勇
党委书记、工会主席　陈富初
副总经理、总工程师　肖雄兵
总会计师　王　波
总经理助理　彭志伟

湖南株洲湘运集团有限责任公司

董事长、总经理　朱远东
党委书记　匡永康
工会主席　李细毛
纪委书记　张维才
总经理业务顾问　朱修华
监事会主席　彭光荣
副总经理　胡卫国　姚钟达　罗　卫　刘　平
总会计师　袁罗先
高级政工师　黄余芳

湖南华联瓷业股份有限公司

董事长　许君奇
党委书记、总裁　唐小武
副总裁　丁学文

二十三冶集团第二工程有限公司

董事长、总经理　胡建军
党委书记、副总经理　谢帮银
常务副总经理　肖云亮
副总经理、工会主席、纪委书记　王晓帆
副总经理、总工程师　路惠明
副总经理、总会计师　戴文斌
副总经理　付　燕　黎胜良　薛沧洋　龙铁桥

湖南伟大集团股份有限公司

董事长　邓天骥
副董事长　刘九冬
董事　刘泽芳　谢庆安　汪政家　张伟峰　吴文觉　曾孟旭　易文志
监事长　刘柱江
监事　韩湘琴　苏幸福　阳亮宇

湖南中天建设集团有限公司

董事长兼总经理　杨中杰
党委书记　罗小毛
监事长　杨海军
执行总经理　刘小红
副总经理　唐明策　谭学文
总工程师　陈培润
总经济师　任永宏
总会计师　许忠光

株洲国宾酒店

总经理　周瑞华

株洲铁路地区各单位负责人

株洲车站

站长　王洪军
党委书记　易卫华
纪委书记　丁开元
副站长　袁伟新　凌建华　吴建华　王湘琼　杨　晖
总工程师　朱从利
工会主席　兰鹏飞

株洲北站

站长　徐一平
党委书记　王晨曦
党委副书记、纪委书记　彭武生
副站长　匡世心　段克修　李志刚　符益群　卢建平
工会主席　孟　粱
总工程师　陶玉石

株洲机务段

段　长	高　明
党委书记	余文龙
纪委书记	袁宜清
工会主席	姜正斌
副段长	陈积俊　刘　彬
	李光伟　王　健
	汤武平　涂学革
总工程师	吴　杰
总会计师	李庆山
段长助理	盛　斌　赵云初
	莫智晖

株洲工务段

段　长	方学兵
党委书记	陆开永
副段长	周福林　邵臣飞
	傅黄明　袁跃龙
	刘双合　谢光志
	李鲲鹏
总工程师	屈文胜
总会计师	蒋宇红
纪委书记	余建良
工会主席	邓迪文

索　引

说明：

一、本索引把年鉴的专稿、条目(特载，大事记，市党、政、军及部门、单位负责人，表格除外)用主题分析的方法，按汉语拼音字母顺序排列。

二、株洲知名的部、省属科研院所，株洲市知名学校选介，株洲及特色医院，区·县市，示范区中的条目未作索引。

三、类目、专稿标题和地名用黑体字标明。

四、索引名称后的阿拉伯数字表示内容所在的页码，英文字母(a、b、c)表示栏别(从左至右分 1、2、3 栏)。

A

B

C

D

E

F

G

H

J

K

L

M

N

P

Q

T

W

X

Y

Z